# 湖北农村统计年鉴

## 2006

《湖北农村统计年鉴》编辑委员会编

中国统计出版社
China Statistics Press

(京)新登字 041 号

图书在版编目(CIP)数据

湖北农村统计年鉴.2006/湖北省统计局编. -北京:中国统计出版社,2006.11
ISBN 7-5037-5102-9
Ⅰ.湖…
Ⅱ.湖…
Ⅲ.农业统计-统计资料-湖北省-2006-年鉴
Ⅳ.F327.63-66
中国版本图书馆 CIP 数据核字(2006)第 136389 号

湖北农村统计年鉴—2006

作　　者/湖北省统计局
责任编辑/郑淼淼
E-mail/yearbook@stats.gov.cn
责任校对/张晓　周克莉
出版发行/中国统计出版社
通信地址/北京市西城区三里河月坛南街 75 号　中国统计出版社
电　　话/(010)63262295
印刷装订/湖北省统计局印刷厂
经　　销/新华书店
开　　本/890×1240 毫米　1/16
字　　数/60 万字
印　　张/28 印张
印　　数/900 册
版　　别/2006 年 9 月第 1 版
版　　次/2006 年 9 月第 1 次印刷
书　　号/ISBN 7-5037-5102-9/F·2409
定　　价/178.00 元

# 编　辑　说　明

一、《湖北农村统计年鉴》(2006)由湖北省统计局、农业厅、水利厅、林业厅、水产办、农机办、畜牧局、农垦总公司、监狱管理局等部门共同编辑。

本年鉴中国营林统计资料由省林业局提供;畜食品种改良、畜牧兽医组织、国营种畜、草地建设及饲料利用情况统计资料,由省畜牧局提供;水产统计资料由省水产办提供;农业机械统计资料由省农机办提供;水利建设资料由省水利厅提供;农业技术推广、应用和种植业、生猪的成本收益调查资料由省农业厅提供;农垦和监狱系统农场资料由省农垦总公司和省监狱管理局提供;其余资料由省统计局提供。

二、"#"表示其中数。

三、本年鉴由于组稿、资料整理和编辑时间紧迫,难免有失误之处,敬请广大读者谅解,并欢迎指正。

# 《湖北农村统计年鉴》编辑委员会

# 目　　录


1. 农村基本情况

农村基本情况 …… 3

农村从业人员 …… 5

耕地情况 …… 9

2. 农村产值

农林牧渔业总产值 …… 13

农林牧渔服务业总产值（按现价计算） …… 15

农林牧渔服务业增加值 …… 17

全省农林牧渔业增加值及中间消耗 …… 19

3. 种植业

全省主要农作物播种面积和产量 …… 23

农作物播种面积 …… 24

主要农产品产量 …… 36

4. 林业和土特产

全省林业生产情况 …… 45

造林面积 …… 46

竹木采伐量 …… 50

主要林产品产量 …… 52

茶叶、水果产量 …… 56

茶园、果园面积 …… 60

5. 畜牧业

全省畜牧业生产 …… 65

主要畜产品产量 …… 66

牧畜出栏 …… 70

大牧畜年末存栏 …… 72

生猪年末存栏 …… 76

能繁殖母畜年末存栏 …… 78

当年出生的仔畜 …… 80

家禽年内出笼及蚕茧产量 …… 82

生猪品种改良 …… 84

牛品改情况 …… 88

家禽品种改良 …… 90

农村基层乡镇畜牧兽医站基本情况 …… 94

县以上畜牧三站机构及人员 …… 98

畜禽规模饲养场情况(一) …… 100

畜禽规模饲养场情况(二) …… 102

2005 年度畜产品加工企业情况(一) …… 104

2005 年度畜产品加工企业情况(二) …… 105

2005 年度畜牧养殖小区情况(一) …… 106

2005 年度畜牧养殖小区情况(二) …… 107

畜禽及产品交易市场情况 …… 108

畜牧兽医技术培训情况 …… 108

2004 年规模饲养情况汇总表 …… 109

2004 年畜牧部门饲料加工业情况(一) …… 111

2004 年畜牧部门饲料加工业情况(二) …… 112

规模饲养情况 …… 113

草地建设及饲料利用情况 …… 114

6. 渔业

全省渔业生产情况 …… 117

水产品总产量及捕捞产量 …… 118

各类水面养殖产量 …… 120

分类水面养殖单产 …… 122

养殖产量(一) …… 124

养殖产量(二) …… 126

养殖产量(三) …… 128

养殖产量(四) …… 130

主要名特优水产品养殖面积(一) …… 132

主要名特优水产品养殖面积(二) ……… 134
2004 年渔船舶拥有量(一) ……………… 136
2004 年渔船舶拥有量(二) ……………… 138
水生经济植物…………………………… 140
集约化养殖……………………………… 142
水产苗种………………………………… 144
水产品加工(一) ……………………… 146
水产品加工(二) ……………………… 148
养殖水面分类面积……………………… 150
稻田养殖………………………………… 152
渔业组织、人口、劳力…………………… 154
渔业行业经济总产值…………………… 156
渔业二产业产值分类…………………… 158
渔业三产业产值分类…………………… 160
饲料投入情况…………………………… 162
水产重点县基本情况…………………… 164
渔民家庭当年收支情况调查(一) …… 165
渔民家庭当年收支情况调查(二) …… 166
渔业固定资产投资……………………… 167
可养水面分类统汁年报表……………… 168
渔业灾害(一) ………………………… 169
渔业灾害(二) ………………………… 170
2004 年全国渔业主要省份统计指标
对比分析(淡水) ……………………… 171

**7. 农业机械化**

全省主要农业机械拥有量……………… 177
农业机械年未拥有量…………………… 178
农业机械化水平………………………… 192
农业机械作业量………………………… 194
农机化新技术推广……………………… 196
农机化管理机构及人员………………… 198
省、地、市、州直属单
位机构人员……………………………… 208
县(市)以下乡村农机人员 …………… 209
国营农林牧渔场农机人员……………… 211
培训农机人员…………………………… 213
全省农机经营服务效益………………… 214
县以下已审定级别的
农机修理网点…………………………… 219
全省农机修理网点……………………… 220
农机修理网点…………………………… 221

**8. 农村用电及化肥施用**

农村电气化……………………………… 229
按折纯量计算的化肥施用量…………… 231

**9. 农业技术推行及应用**

全省农作物不同耕作制度所占
耕地面积………………………………… 235
农作物不同耕作制度所占耕地面积……… 236
全省农业技术推广面积………………… 246
农业技术推广面积……………………… 248
全省经济作物技术推广情况…………… 288
经济作物技术推广情况………………… 289
全省主要粮食作物良种面积…………… 303
主要粮食作物良种面积………………… 305
全省主要油料作物良种面积产量……… 323
主要油料作物良种面积产量…………… 324
全省棉花良种面积产量
及主要麻类作物面积…………………… 334
棉花良种面积产量主要
麻类作物良种面积……………………… 335
全省粮、棉、油杂交生产情况…………… 343
粮、棉、油杂交生产情况………………… 344
全省粮食作物优质专用品种
面积、产量 …………………………… 350
主要粮食作物优质专用品种
面积、产量 …………………………… 351
全省无公害农产品(种植业)
生产情况………………………………… 363
全省无公害农产品生产情况…………… 364
全省经作特产良种面积产量…………… 368
经作特产良种面积产量………………… 369
2005 年种植业产品生产

成本效益与劳动生产率…………………… 381
2005年种植业产品每亩物质费用
计算表 ……………………………………… 385
2005年种植业产品每亩用工计算表 …… 389
全省35种高效种养模式面积 …………… 391
35种高效种养模式面积 ………………… 392
10. 水利建设
灌溉面积…………………………………… 399
机电排灌面积情况………………………… 401
有效灌溉面积减少原因…………………… 403
机电排灌站………………………………… 405
节水灌溉面积……………………………… 407
除涝面积…………………………………… 409
水土流失治理情况………………………… 411
已建成水库………………………………… 413
万亩以上灌区……………………………… 415
水闸………………………………………… 417
机电井……………………………………… 419
水利总投入………………………………… 420
水利工程全年供水量……………………… 422
分工程类型水利工程供水………………… 424
堤防………………………………………… 426
11. 农垦和监狱系统农场
农垦基本情况……………………………… 431
农垦农作物播种面积和产量……………… 433
农垦畜牧、水产、林业生产情况………… 434
农垦主要工业产品产量…………………… 435
农垦产值、增加值、出口情况…………… 436
监狱系统农场基本情况…………………… 437
监狱系统农场农业总产值、增加值、
国内生产总值……………………………… 438
监狱系统农场生产情况…………………… 439

# 1 农村基本情况

# 农村基本情况

| | 农村基层组织(个) | | | | | 乡村人口(万人) | 乡村户数(万户) |
|---|---|---|---|---|---|---|---|
| | 乡政府 | 镇政府 | 办事处 | 村委会 | 村民小组 | | |
| **湖北省** | **217** | **737** | **163** | **26678** | **212587** | **3991.47** | **1015.72** |
| **武汉市** | **15** | **20** | **32** | **2066** | **18479** | **278.23** | **72.91** |
| 武汉市辖区 | 10 | 4 | 3 | 279 | 1875 | 34.51 | 11.01 |
| 蔡甸区 | 1 | 2 | 8 | 302 | 2151 | 32.10 | 8.87 |
| 江夏区 | 2 | 5 | 5 | 337 | 3439 | 44.43 | 11.47 |
| 黄陂区 | 2 | 6 | 7 | 595 | 6247 | 92.72 | 23.42 |
| 新洲区 | | 3 | 9 | 553 | 4767 | 74.47 | 18.14 |
| 黄石市 | 1 | 27 | 11 | 711 | 7168 | 132.87 | 30.83 |
| 黄石市辖区 | | 1 | 7 | 36 | 276 | 5.77 | 1.55 |
| 大冶市 | 1 | 10 | 4 | 365 | 4233 | 61.97 | 15.98 |
| 阳新县 | | 16 | | 310 | 2659 | 65.13 | 13.30 |
| **十堰市** | **43** | **62** | **17** | **1838** | **10461** | **249.46** | **67.95** |
| 十堰市辖区 | 4 | 3 | 8 | 117 | 612 | 8.10 | 2.56 |
| 丹江口市 | 1 | 12 | 3 | 232 | 1153 | 33.63 | 9.79 |
| 郧　县 | 3 | 15 | | 343 | 1782 | 54.32 | 14.79 |
| 郧西县 | 7 | 9 | | 286 | 2221 | 43.88 | 12.37 |
| 竹山县 | 8 | 9 | 4 | 253 | 1428 | 40.89 | 10.31 |
| 竹溪县 | 8 | 7 | 2 | 303 | 1678 | 29.12 | 7.75 |
| 房　县 | 12 | 7 | | 304 | 1587 | 39.52 | 10.38 |
| **荆州市** | **14** | **88** | **5** | **2508** | **20162** | **423.86** | **101.04** |
| 荆州市辖区 | 3 | 10 | 1 | 221 | 1545 | 40.90 | 10.22 |
| 江陵县 | 2 | 7 | | 202 | 1544 | 29.28 | 6.01 |
| 松滋市 | 2 | 14 | | 241 | 2297 | 66.51 | 17.38 |
| 公安县 | 2 | 14 | | 326 | 3157 | 78.40 | 19.29 |
| 石首市 | 1 | 11 | 2 | 276 | 2654 | 47.17 | 11.35 |
| 监利县 | 3 | 18 | | 777 | 6082 | 101.23 | 22.29 |
| 洪湖市 | 1 | 14 | 2 | 465 | 2883 | 60.37 | 14.50 |
| **宜昌市** | **25** | **62** | **10** | **1448** | **8455** | **269.90** | **82.48** |
| 宜昌市辖区 | 4 | 2 | 4 | 100 | 664 | 17.51 | 5.45 |
| 夷陵区 | 3 | 8 | 1 | 205 | 1174 | 39.83 | 12.61 |
| 宜都市 | 4 | 5 | 1 | 127 | 850 | 29.08 | 9.08 |
| 枝江市 | | 8 | 1 | 198 | 870 | 32.49 | 9.56 |
| 当阳市 | | 7 | 3 | 161 | 924 | 34.63 | 10.49 |
| 远安县 | 1 | 6 | | 111 | 580 | 15.71 | 4.97 |
| 兴山县 | 2 | 6 | | 102 | 540 | 14.76 | 4.43 |
| 秭归县 | 5 | 7 | | 186 | 1152 | 32.46 | 10.12 |
| 长阳县 | 3 | 8 | | 154 | 970 | 35.37 | 10.41 |
| 五峰县 | 3 | 5 | | 104 | 731 | 18.06 | 5.36 |
| **襄樊市** | **4** | **72** | **15** | **2417** | **15078** | **364.00** | **91.95** |
| 襄樊市辖区 | 1 | 6 | 5 | 232 | 1552 | 39.00 | 10.42 |
| 老河口市 | 1 | 5 | 4 | 228 | 1623 | 27.95 | 7.40 |
| 襄阳区 | | 13 | | 438 | 3081 | 71.45 | 16.46 |
| 枣阳市 | | 12 | 3 | 525 | 3696 | 77.77 | 19.39 |
| 宜城市 | | 7 | 3 | 178 | 1329 | 43.90 | 10.15 |
| 南漳县 | | 10 | | 282 | 1371 | 42.52 | 11.28 |
| 谷城县 | 1 | 9 | | 267 | 1197 | 38.34 | 10.59 |
| 保康县 | 1 | 10 | | 267 | 1229 | 23.07 | 6.26 |
| 农场小计 | | | | | | | |

续表

| | 农村基层组织(个) | | | | | 乡村人口（万人） | 乡村户数（万户） |
|---|---|---|---|---|---|---|---|
| | 乡政府 | 镇政府 | 办事处 | 村委会 | 村民小组 | | |
| **鄂州市** | **3** | **18** | **4** | **320** | **4067** | **75.00** | **19.93** |
| 荆门市 | 2 | 50 | 10 | 1504 | 10108 | 192.61 | 48.66 |
| 荆门市辖区 | 1 | 8 | 9 | 251 | 1719 | 27.26 | 7.34 |
| 沙洋县 | | 13 | | 349 | 2720 | 49.82 | 12.38 |
| 钟祥市 | 1 | 15 | 1 | 499 | 3323 | 70.89 | 17.72 |
| 京山县 | | 14 | | 405 | 2346 | 41.64 | 11.22 |
| 沙洋农场 | | | | | | | |
| **孝感市** | **23** | **72** | **12** | **2912** | **23247** | **392.87** | **95.97** |
| 孝感市辖区 | 3 | 8 | 4 | 452 | 3662 | 58.34 | 14.83 |
| 孝昌县 | 4 | 8 | | 440 | 3475 | 57.05 | 12.92 |
| 大悟县 | 3 | 14 | | 360 | 3660 | 50.27 | 12.32 |
| 安陆市 | 4 | 9 | 2 | 387 | 3044 | 46.64 | 11.30 |
| 云梦县 | 3 | 9 | | 286 | 2411 | 47.12 | 11.33 |
| 应城市 | | 10 | 5 | 412 | 3209 | 56.16 | 13.78 |
| 汉川市 | 6 | 14 | 1 | 575 | 3786 | 77.29 | 19.49 |
| **黄冈市** | **20** | **95** | **11** | **4288** | **35035** | **562.38** | **142.97** |
| 黄冈市辖区 | 1 | 3 | 4 | 116 | 860 | 19.08 | 5.19 |
| 团风县 | 2 | 8 | | 286 | 2324 | 32.10 | 8.67 |
| 红安县 | 1 | 10 | | 395 | 3762 | 50.57 | 13.21 |
| 麻城市 | 2 | 14 | 3 | 715 | 4611 | 88.88 | 24.95 |
| 罗田县 | 5 | 7 | | 411 | 4112 | 47.54 | 13.12 |
| 英山县 | 3 | 8 | | 307 | 2447 | 32.09 | 8.95 |
| 浠水县 | 1 | 12 | | 649 | 5642 | 83.15 | 19.08 |
| 蕲春县 | 1 | 13 | | 578 | 4540 | 79.25 | 18.59 |
| 武穴市 | | 8 | 4 | 319 | 2675 | 55.86 | 13.72 |
| 黄梅县 | 4 | 12 | | 512 | 4062 | 73.86 | 17.49 |
| 其中:龙感湖农场 | | | | | | | |
| **咸宁市** | **12** | **51** | **6** | **1049** | **10145** | **204.54** | **48.34** |
| 咸安区 | 1 | 9 | 3 | 267 | 2412 | 33.89 | 7.95 |
| 嘉鱼县 | | 8 | | 82 | 540 | 28.11 | 7.19 |
| 赤壁市 | 1 | 9 | 3 | 152 | 1681 | 35.99 | 8.05 |
| 通城县 | 2 | 9 | | 177 | 1933 | 36.27 | 8.82 |
| 崇阳县 | 4 | 8 | | 186 | 1851 | 36.07 | 8.27 |
| 通山县 | 4 | 8 | | 185 | 1728 | 34.21 | 8.06 |
| **随州市** | **4** | **33** | **8** | **878** | **8393** | **193.46** | **47.32** |
| 曾都区 | | 23 | 5 | 509 | 4083 | 116.10 | 29.99 |
| 广水市 | 4 | 10 | 3 | 369 | 4310 | 77.36 | 17.33 |
| **恩施自治州** | **46** | **37** | **5** | **2899** | **27350** | **341.72** | **92.95** |
| 恩施市 | 10 | 3 | 3 | 580 | 5987 | 64.53 | 17.81 |
| 建始县 | 5 | 5 | | 407 | 3582 | 46.25 | 12.29 |
| 巴东县 | 2 | 10 | | 491 | 3918 | 43.55 | 12.18 |
| 利川市 | 6 | 6 | 2 | 575 | 6094 | 77.28 | 20.51 |
| 宣恩县 | 6 | 3 | | 279 | 2692 | 31.62 | 8.39 |
| 咸丰县 | 5 | 5 | | 184 | 1901 | 33.07 | 9.33 |
| 来凤县 | 5 | 3 | | 185 | 1832 | 26.45 | 6.80 |
| 鹤峰县 | 7 | 2 | | 198 | 1344 | 18.97 | 5.64 |
| **仙桃市** | | **15** | **3** | **653** | **4701** | **120.13** | **28.13** |
| **天门市** | **1** | **21** | **2** | **787** | **6759** | **130.59** | **30.16** |
| **潜江市** | | **10** | **5** | **336** | **2653** | **54.99** | **12.81** |
| **神农架林区** | **4** | **4** | **7** | **64** | **326** | **4.86** | **1.32** |

# 农 村 从 业 人 员

单位:万人

| | 一、乡村从业人员 | | | | | | |
|---|---|---|---|---|---|---|---|
| | 合计 | 1. 农林牧渔业 | 2. 工业 | 3. 建筑业 | 4. 交通运输业 | 5. 仓储及邮电通讯业 | 6. 信息传输、计算机服务和软件业 |
| **湖北省** | **1931.15** | **1101.29** | **122.41** | **128.43** | **45.93** | **3.08** | **2.81** |
| **武汉市** | **129.54** | **70.08** | **11.93** | **16.23** | **6.03** | **0.35** | **0.13** |
| 武汉市辖区 | 20.77 | 9.09 | 3.18 | 1.40 | 1.46 | 0.14 | 0.03 |
| 蔡甸区 | 14.40 | 7.48 | 2.20 | 1.73 | 1.19 | 0.03 | 0.02 |
| 江夏区 | 17.17 | 9.26 | 0.90 | 1.32 | 0.73 | 0.04 | 0.01 |
| 黄陂区 | 42.93 | 20.97 | 3.43 | 9.01 | 1.68 | 0.11 | 0.06 |
| 新洲区 | 34.27 | 23.28 | 2.22 | 2.77 | 0.97 | 0.03 | 0.01 |
| **黄石市** | **62.04** | **29.85** | **6.63** | **5.03** | **1.87** | **0.07** | **0.04** |
| 黄石市辖区 | 3.13 | 1.18 | 0.74 | 0.21 | 0.16 | 0.01 | |
| 大冶市 | 29.48 | 13.74 | 4.39 | 3.39 | 0.96 | 0.05 | 0.02 |
| 阳新县 | 29.43 | 14.93 | 1.50 | 1.43 | 0.75 | 0.01 | 0.02 |
| **十堰市** | **119.78** | **64.03** | **7.54** | **7.79** | **2.52** | **0.07** | **0.05** |
| 十堰市辖区 | 3.94 | 1.92 | 0.22 | 0.10 | 0.14 | | |
| 丹江口市 | 15.84 | 8.86 | 0.63 | 0.55 | 0.42 | | |
| 郧 县 | 25.04 | 15.16 | 2.74 | 2.34 | 0.77 | 0.01 | 0.01 |
| 郧西县 | 22.66 | 9.96 | 2.25 | 2.24 | 0.45 | | |
| 竹山县 | 19.58 | 11.39 | 0.73 | 1.42 | 0.33 | 0.01 | 0.01 |
| 竹溪县 | 13.22 | 7.25 | 0.57 | 0.53 | 0.19 | 0.05 | 0.02 |
| 房 县 | 19.50 | 9.49 | 0.40 | 0.61 | 0.22 | | 0.01 |
| **荆州市** | **208.51** | **137.53** | **7.63** | **6.98** | **3.82** | **0.22** | **0.09** |
| 荆州市辖区 | 20.08 | 12.83 | 2.24 | 1.22 | 1.04 | 0.05 | |
| 江陵县 | 12.38 | 8.66 | 0.76 | 0.32 | 0.18 | 0.01 | |
| 松滋市 | 35.71 | 22.83 | 0.91 | 1.67 | 0.48 | 0.01 | |
| 公安县 | 39.08 | 27.06 | 0.68 | 0.80 | 0.50 | 0.02 | 0.02 |
| 石首市 | 23.75 | 14.29 | 1.25 | 0.81 | 0.35 | 0.10 | 0.03 |
| 监利县 | 46.43 | 28.11 | 0.95 | 1.14 | 0.66 | 0.01 | 0.03 |
| 洪湖市 | 31.08 | 23.75 | 0.84 | 1.02 | 0.61 | 0.02 | 0.01 |
| **宜昌市** | **145.57** | **91.14** | **7.13** | **5.20** | **3.54** | **0.10** | **0.07** |
| 宜昌市辖区 | 8.78 | 4.42 | 0.72 | 0.44 | 0.37 | 0.02 | 0.01 |
| 夷陵区 | 20.71 | 12.43 | 1.30 | 0.99 | 0.66 | 0.01 | 0.01 |
| 宜都市 | 15.32 | 7.70 | 1.49 | 1.15 | 0.57 | 0.04 | 0.01 |
| 枝江市 | 17.18 | 10.99 | 0.92 | 0.43 | 0.37 | 0.01 | |
| 当阳市 | 18.02 | 12.75 | 0.68 | 0.46 | 0.46 | 0.01 | 0.01 |
| 远安县 | 8.76 | 5.58 | 0.35 | 0.25 | 0.19 | | 0.01 |
| 兴山县 | 8.01 | 5.79 | 0.19 | 0.12 | 0.13 | | |
| 秭归县 | 18.87 | 13.00 | 0.73 | 0.57 | 0.32 | 0.01 | 0.01 |
| 长阳县 | 20.29 | 11.83 | 0.59 | 0.64 | 0.36 | | 0.01 |
| 五峰县 | 9.63 | 6.65 | 0.16 | 0.15 | 0.11 | | |
| **襄樊市** | **179.85** | **121.41** | **9.23** | **9.19** | **4.06** | **0.53** | **0.08** |
| 襄樊市辖区 | 21.14 | 11.92 | 1.64 | 1.63 | 0.78 | 0.04 | 0.02 |
| 老河口市 | 16.48 | 10.06 | 1.74 | 0.86 | 0.28 | 0.03 | 0.01 |
| 襄阳区 | 38.17 | 30.20 | 1.23 | 1.56 | 0.71 | 0.05 | 0.02 |
| 枣阳市 | 34.93 | 26.00 | 1.76 | 1.16 | 0.79 | 0.02 | 0.01 |
| 宜城市 | 18.91 | 12.84 | 0.83 | 0.89 | 0.40 | 0.01 | 0.01 |
| 南漳县 | 21.71 | 13.09 | 0.48 | 0.93 | 0.40 | 0.27 | |
| 谷城县 | 15.71 | 9.12 | 1.02 | 1.71 | 0.45 | 0.10 | |
| 保康县 | 12.80 | 8.18 | 0.53 | 0.45 | 0.25 | 0.01 | 0.01 |
| 农场小计 | | | | | | | |

续表1　　　　单位:万人

| | 一、乡村从业人员 | | | | | | |
|---|---|---|---|---|---|---|---|
| | 合计 | 1.农林牧渔业 | 2.工业 | 3.建筑业 | 4.交通运输业 | 5.仓储及邮电通讯业 | 6.信息传输、计算机服务和软件业 |
| **鄂州市** | **38.73** | **22.68** | **3.90** | **4.28** | **1.62** | **0.10** | **0.04** |
| **荆门市** | **85.78** | **56.77** | **4.49** | **2.43** | **1.85** | **0.08** | **0.12** |
| 荆门市辖区 | 13.92 | 8.83 | 1.04 | 0.50 | 0.41 | 0.01 | 0.01 |
| 沙洋县 | 23.94 | 17.11 | 0.86 | 0.46 | 0.42 | 0.02 | 0.01 |
| 钟祥市 | 28.30 | 19.55 | 2.11 | 1.00 | 0.67 | 0.03 | 0.09 |
| 京山县 | 19.62 | 11.28 | 0.48 | 0.47 | 0.35 | 0.02 | 0.01 |
| 沙洋农场 | | | | | | | |
| **孝感市** | **195.46** | **102.36** | **15.40** | **26.34** | **4.54** | **0.66** | **1.20** |
| 孝感市辖区 | 28.04 | 14.52 | 1.60 | 6.51 | 0.62 | 0.04 | 0.75 |
| 孝昌县 | 25.26 | 14.62 | 1.13 | 4.73 | 0.49 | 0.04 | 0.12 |
| 大悟县 | 25.24 | 13.41 | 2.15 | 3.16 | 0.37 | 0.32 | 0.20 |
| 安陆市 | 23.09 | 9.77 | 1.00 | 2.83 | 0.49 | 0.07 | 0.02 |
| 云梦县 | 27.68 | 13.83 | 2.59 | 5.60 | 0.91 | 0.01 | |
| 应城市 | 23.74 | 10.46 | 2.05 | 1.33 | 0.67 | 0.11 | 0.10 |
| 汉川市 | 42.41 | 25.75 | 4.88 | 2.18 | 0.99 | 0.07 | 0.01 |
| **黄冈市** | **272.15** | **136.59** | **19.23** | **22.82** | **5.60** | **0.44** | **0.39** |
| 黄冈市辖区 | 7.62 | 3.80 | 0.38 | 0.73 | 0.21 | | 0.01 |
| 团风县 | 14.75 | 8.01 | 0.68 | 1.49 | 0.31 | 0.01 | 0.01 |
| 红安县 | 21.91 | 10.05 | 1.15 | 1.33 | 0.41 | 0.04 | 0.07 |
| 麻城市 | 49.03 | 27.37 | 1.23 | 2.35 | 0.64 | 0.04 | |
| 罗田县 | 25.22 | 11.30 | 0.99 | 1.50 | 0.42 | | |
| 英山县 | 17.33 | 9.98 | 1.03 | 1.42 | 0.28 | 0.02 | 0.04 |
| 浠水县 | 43.57 | 19.51 | 6.28 | 5.80 | 1.87 | 0.20 | 0.09 |
| 蕲春县 | 34.02 | 16.80 | 2.38 | 1.65 | 0.44 | 0.03 | 0.03 |
| 武穴市 | 26.38 | 13.66 | 2.83 | 1.85 | 0.40 | 0.03 | 0.06 |
| 黄梅县 | 32.32 | 16.11 | 2.28 | 4.70 | 0.62 | 0.07 | 0.08 |
| 其中:龙感湖农场 | | | | | | | |
| **咸宁市** | **84.05** | **43.01** | **5.94** | **3.38** | **1.94** | **0.06** | **0.07** |
| 咸安区 | 13.94 | 8.34 | 0.69 | 0.60 | 0.40 | 0.01 | |
| 嘉鱼县 | 12.02 | 7.06 | 0.86 | 0.36 | 0.35 | 0.02 | 0.02 |
| 赤壁市 | 12.99 | 6.52 | 0.84 | 0.28 | 0.35 | 0.02 | 0.04 |
| 通城县 | 16.81 | 7.42 | 2.48 | 1.17 | 0.26 | | |
| 崇阳县 | 15.61 | 8.23 | 0.63 | 0.55 | 0.35 | 0.01 | 0.01 |
| 通山县 | 12.68 | 5.44 | 0.44 | 0.42 | 0.23 | | |
| **随州市** | **91.22** | **51.00** | **7.51** | **6.81** | **2.37** | **0.16** | **0.16** |
| 曾都区 | 54.50 | 29.49 | 5.58 | 3.68 | 1.58 | 0.07 | 0.12 |
| 广水市 | 36.72 | 21.51 | 1.93 | 3.13 | 0.79 | 0.09 | 0.04 |
| **恩施自治州** | **179.51** | **102.65** | **4.54** | **5.80** | **3.18** | **0.04** | **0.10** |
| 恩施市 | 33.56 | 19.47 | 1.05 | 1.45 | 0.78 | | 0.04 |
| 建始县 | 25.13 | 14.59 | 0.55 | 0.63 | 0.47 | | |
| 巴东县 | 22.19 | 14.31 | 0.37 | 0.56 | 0.40 | | |
| 利川市 | 38.29 | 19.37 | 1.17 | 1.51 | 0.56 | 0.03 | 0.02 |
| 宣恩县 | 16.18 | 9.99 | 0.20 | 0.39 | 0.22 | | 0.01 |
| 咸丰县 | 18.10 | 10.47 | 0.42 | 0.44 | 0.25 | 0.01 | 0.02 |
| 来凤县 | 16.50 | 8.36 | 0.48 | 0.50 | 0.24 | | |
| 鹤峰县 | 9.56 | 6.09 | 0.30 | 0.32 | 0.26 | | 0.01 |
| **仙桃市** | **60.35** | **28.85** | **6.65** | **3.47** | **1.45** | **0.07** | **0.03** |
| **天门市** | **52.62** | **28.46** | **3.22** | **1.95** | **1.04** | **0.09** | **0.21** |
| **潜江市** | **23.40** | **13.35** | **1.40** | **0.71** | **0.44** | **0.04** | **0.03** |
| **神农架林区** | **2.59** | **1.53** | **0.04** | **0.02** | **0.06** | | |

续表2

单位:万人

| | 一、乡村从业人员 | | | | 二、国营农林牧渔场从业人员 | | |
|---|---|---|---|---|---|---|---|
| | 7. 批发与零售贸易业 | 8. 住宿和餐饮业 | 9. 其他行业从业人员 | 其中:外出合同工、临时工 | 合计 | 1. 农业从业人员 | 2. 非农业从业人员 |
| **湖北省** | **70.42** | **24.69** | **432.09** | **346.14** | **55.73** | **35.27** | **20.46** |
| **武汉市** | **7.12** | **3.33** | **14.34** | **7.83** | **12.14** | **6.04** | **6.10** |
| 武汉市辖区 | 1.56 | 0.85 | 3.06 | 0.97 | 8.15 | 3.78 | 4.37 |
| 蔡甸区 | 1.03 | 0.68 | 0.04 | 0.02 | 0.23 | 0.16 | 0.07 |
| 江夏区 | 0.86 | 0.33 | 3.72 | 2.30 | 1.03 | 0.62 | 0.41 |
| 黄陂区 | 2.32 | 1.19 | 4.16 | 2.34 | 1.98 | 0.95 | 1.03 |
| 新洲区 | 1.35 | 0.28 | 3.36 | 2.20 | 0.75 | 0.53 | 0.22 |
| **黄石市** | **2.90** | **0.91** | **14.74** | **13.08** | **1.72** | **1.02** | **0.70** |
| 黄石市辖区 | 0.23 | 0.16 | 0.44 | 0.30 | 0.21 | 0.14 | 0.07 |
| 大冶市 | 1.67 | 0.59 | 4.67 | 3.76 | 0.10 | 0.08 | 0.02 |
| 阳新县 | 1.00 | 0.16 | 9.63 | 9.02 | 1.41 | 0.80 | 0.61 |
| **十堰市** | **3.17** | **1.11** | **33.50** | **29.16** | **2.09** | **1.31** | **0.78** |
| 十堰市辖区 | 0.10 | 0.05 | 1.41 | 1.31 | 0.02 | 0.02 | |
| 丹江口市 | 0.28 | 0.18 | 4.92 | 4.60 | 0.35 | 0.26 | 0.09 |
| 郧 县 | 0.83 | 0.46 | 2.72 | 2.28 | 0.65 | 0.33 | 0.32 |
| 郧西县 | 0.72 | | 7.04 | 7.04 | 0.02 | 0.02 | |
| 竹山县 | 0.68 | 0.25 | 4.76 | 1.62 | 0.07 | 0.03 | 0.04 |
| 竹溪县 | 0.26 | 0.12 | 4.23 | 3.89 | 0.41 | 0.31 | 0.10 |
| 房 县 | 0.30 | 0.05 | 8.42 | 8.42 | 0.57 | 0.34 | 0.23 |
| **荆州市** | **5.28** | **2.11** | **44.85** | **37.12** | **11.18** | **8.17** | **3.01** |
| 荆州市辖区 | 0.88 | 0.44 | 1.38 | 1.28 | 2.19 | 1.54 | 0.65 |
| 江陵县 | 0.19 | 0.05 | 2.21 | 1.58 | 2.09 | 1.26 | 0.83 |
| 松滋市 | 0.81 | 0.32 | 8.68 | 8.11 | 0.35 | 0.30 | 0.05 |
| 公安县 | 0.99 | 0.43 | 8.58 | 7.49 | 0.36 | 0.14 | 0.22 |
| 石首市 | 0.71 | 0.29 | 5.92 | 5.01 | 0.49 | 0.43 | 0.06 |
| 监利县 | 1.11 | 0.34 | 14.08 | 10.90 | 2.65 | 1.93 | 0.72 |
| 洪湖市 | 0.59 | 0.24 | 4.00 | 2.75 | 3.05 | 2.57 | 0.48 |
| **宜昌市** | **4.03** | **1.63** | **32.73** | **26.93** | **1.47** | **1.37** | **0.10** |
| 宜昌市辖区 | 0.52 | 0.23 | 2.05 | 1.41 | 0.01 | | 0.01 |
| 夷陵区 | 0.69 | 0.26 | 4.36 | 3.32 | | | |
| 宜都市 | 0.51 | 0.19 | 3.66 | 3.04 | 0.01 | 0.01 | |
| 枝江市 | 0.40 | 0.14 | 3.92 | 3.77 | 0.02 | 0.01 | 0.01 |
| 当阳市 | 0.70 | 0.28 | 2.67 | 2.15 | 1.37 | 1.30 | 0.07 |
| 远安县 | 0.14 | 0.10 | 2.14 | 1.92 | | | |
| 兴山县 | 0.16 | 0.07 | 1.55 | 1.25 | | | |
| 秭归县 | 0.39 | 0.13 | 3.71 | 2.67 | | | |
| 长阳县 | 0.38 | 0.17 | 6.31 | 5.11 | 0.03 | 0.02 | 0.01 |
| 五峰县 | 0.14 | 0.06 | 2.36 | 2.29 | 0.03 | 0.03 | |
| **襄樊市** | **4.79** | **1.45** | **29.11** | **17.16** | **2.89** | **1.84** | **1.05** |
| 襄樊市辖区 | 0.89 | 0.33 | 3.89 | 2.64 | 0.15 | 0.14 | 0.01 |
| 老河口市 | 0.44 | 0.11 | 2.95 | 2.85 | 0.06 | 0.05 | 0.01 |
| 襄阳区 | 0.96 | 0.20 | 3.24 | 1.19 | 0.45 | 0.34 | 0.11 |
| 枣阳市 | 1.12 | 0.34 | 3.73 | 1.51 | 0.92 | 0.71 | 0.21 |
| 宜城市 | 0.34 | 0.23 | 3.36 | 3.30 | 0.15 | 0.10 | 0.05 |
| 南漳县 | 0.34 | 0.06 | 6.14 | 2.02 | 0.39 | 0.31 | 0.08 |
| 谷城县 | 0.53 | 0.10 | 2.68 | 1.73 | 0.02 | | 0.02 |
| 保康县 | 0.17 | 0.08 | 3.12 | 1.92 | 0.06 | 0.05 | 0.01 |
| 农场小计 | | | | | 0.69 | 0.14 | 0.55 |

续表3　　　　　　　　　　　　　　　　　　　　　　　　　　单位:万人

| | 一、乡村从业人员 | | | | 二、国营农林牧渔场从业人员 | | |
|---|---|---|---|---|---|---|---|
| | 7.批发与零售贸易业 | 8.住宿和餐饮业 | 9.其他行业从业人员 | 其中:外出合同工、临时工 | 合计 | 1.农业从业人员 | 2.非农业从业人员 |
| **鄂州市** | **1.59** | **0.65** | **3.87** | **2.18** | **1.17** | **0.91** | **0.26** |
| **荆门市** | **2.76** | **1.17** | **16.11** | **13.66** | **6.23** | **3.62** | **2.61** |
| 荆门市辖区 | 0.55 | 0.20 | 2.37 | 1.90 | 2.91 | 1.30 | 1.61 |
| 沙洋县 | 0.67 | 0.43 | 3.96 | 3.20 | 0.03 | 0.03 | |
| 钟祥市 | 1.16 | 0.39 | 3.30 | 2.50 | 1.53 | 1.28 | 0.25 |
| 京山县 | 0.38 | 0.15 | 6.48 | 6.06 | 0.29 | 0.19 | 0.10 |
| 沙洋农场 | | | | | 1.47 | 0.82 | 0.65 |
| **孝感市** | **10.09** | **2.84** | **32.03** | **23.78** | **3.99** | **2.32** | **1.67** |
| 孝感市辖区 | 1.50 | 0.35 | 2.15 | 1.08 | 1.15 | 0.72 | 0.43 |
| 孝昌县 | 1.03 | 0.09 | 3.01 | 2.31 | | | |
| 大悟县 | 1.71 | 0.16 | 3.76 | 2.10 | 0.15 | 0.08 | 0.07 |
| 安陆市 | 0.64 | 0.28 | 7.99 | 6.70 | | | |
| 云梦县 | 1.92 | 0.35 | 2.47 | 1.15 | 0.04 | 0.04 | |
| 应城市 | 0.74 | 0.51 | 7.77 | 7.39 | 0.08 | 0.02 | 0.06 |
| 汉川市 | 2.55 | 1.10 | 4.88 | 3.05 | 2.57 | 1.46 | 1.11 |
| **黄冈市** | **10.61** | **4.28** | **72.19** | **65.74** | **2.55** | **1.92** | **0.63** |
| 黄冈市辖区 | 0.36 | 0.11 | 2.02 | 1.46 | 0.28 | 0.20 | 0.08 |
| 团风县 | 0.43 | 0.06 | 3.75 | 3.40 | 0.20 | 0.11 | 0.09 |
| 红安县 | 1.08 | 0.57 | 7.21 | 7.01 | 0.15 | 0.09 | 0.06 |
| 麻城市 | 1.00 | 0.24 | 16.16 | 12.88 | 0.24 | 0.18 | 0.06 |
| 罗田县 | 0.69 | 0.28 | 10.04 | 9.96 | 0.07 | 0.04 | 0.03 |
| 英山县 | 0.53 | 0.21 | 3.82 | 3.26 | 0.15 | 0.08 | 0.07 |
| 浠水县 | 4.31 | 1.81 | 3.70 | 3.00 | 0.27 | 0.12 | 0.15 |
| 蕲春县 | 0.91 | 0.33 | 11.45 | 11.40 | 0.20 | 0.16 | 0.04 |
| 武穴市 | 0.56 | 0.20 | 6.79 | 6.13 | | | |
| 黄梅县 | 0.74 | 0.47 | 7.25 | 7.24 | 0.99 | 0.94 | 0.05 |
| 其中:龙感湖农场 | | | | | | | |
| **咸宁市** | **2.73** | **0.77** | **26.15** | **21.32** | **1.29** | **0.72** | **0.57** |
| 咸安区 | 0.57 | 0.17 | 3.16 | 2.54 | 0.26 | 0.15 | 0.11 |
| 嘉鱼县 | 0.43 | 0.14 | 2.78 | 2.58 | 0.06 | 0.05 | 0.01 |
| 赤壁市 | 0.62 | 0.17 | 4.15 | 3.48 | 0.54 | 0.35 | 0.19 |
| 通城县 | 0.48 | 0.08 | 4.92 | 4.04 | 0.03 | 0.01 | 0.02 |
| 崇阳县 | 0.40 | 0.13 | 5.30 | 4.08 | 0.24 | 0.11 | 0.13 |
| 通山县 | 0.23 | 0.08 | 5.84 | 4.60 | 0.16 | 0.05 | 0.11 |
| **随州市** | **3.53** | **1.22** | **18.46** | **9.07** | **0.73** | **0.48** | **0.25** |
| 曾都区 | 2.02 | 0.65 | 11.31 | 8.78 | 0.69 | 0.46 | 0.23 |
| 广水市 | 1.51 | 0.57 | 7.15 | 0.29 | 0.04 | 0.02 | 0.02 |
| **恩施自治州** | **3.65** | **0.93** | **58.62** | **53.50** | **0.45** | **0.36** | **0.09** |
| 恩施市 | 0.84 | 0.20 | 9.73 | 8.26 | 0.32 | 0.26 | 0.06 |
| 建始县 | 0.43 | 0.09 | 8.37 | 7.37 | | | |
| 巴东县 | 0.53 | 0.15 | 5.87 | 5.87 | | | |
| 利川市 | 0.74 | 0.22 | 14.67 | 13.74 | 0.03 | 0.02 | 0.01 |
| 宣恩县 | 0.21 | 0.06 | 5.10 | 4.74 | 0.01 | 0.01 | |
| 咸丰县 | 0.35 | 0.07 | 6.07 | 5.41 | 0.03 | 0.02 | 0.01 |
| 来凤县 | 0.35 | 0.09 | 6.48 | 5.93 | | | |
| 鹤峰县 | 0.20 | 0.05 | 2.33 | 2.18 | 0.06 | 0.05 | 0.01 |
| **仙桃市** | **4.54** | **0.67** | **14.62** | **11.53** | **0.86** | **0.48** | **0.38** |
| **天门市** | **2.91** | **1.34** | **13.40** | **9.62** | **1.24** | **0.85** | **0.39** |
| **潜江市** | **0.67** | **0.26** | **6.50** | **3.77** | **5.70** | **3.86** | **1.84** |
| **神农架林区** | **0.05** | **0.02** | **0.87** | **0.69** | **0.03** | | **0.03** |

# 耕 地 情 况

单位：千公顷

| | 年末耕地总资源 | 常用耕地 | 水田 | 旱地 | 临时性耕地 | 25度以上坡耕地 | 当年增加的耕地 | 当年减少的耕地 |
|---|---|---|---|---|---|---|---|---|
| **湖北省** | **3817.06** | **3161.17** | **1856.17** | **1305.00** | **655.89** | **172.92** | **59.60** | **40.70** |
| **武汉市** | **207.74** | **206.79** | **128.34** | **78.45** | **0.95** | | **4.83** | **3.15** |
| 武汉市辖区 | 35.57 | 35.38 | 12.91 | 22.47 | 0.19 | | 0.63 | 0.89 |
| 蔡甸区 | 26.91 | 26.68 | 16.48 | 10.20 | 0.23 | | 0.23 | 0.30 |
| 江夏区 | 45.09 | 44.56 | 27.87 | 16.69 | 0.53 | | 1.63 | 0.96 |
| 黄陂区 | 53.45 | 53.45 | 43.29 | 10.16 | | | 1.55 | 0.75 |
| 新洲区 | 46.72 | 46.72 | 27.79 | 18.93 | | | 0.79 | 0.25 |
| **黄石市** | **107.89** | **76.65** | **53.23** | **23.42** | **31.24** | **0.76** | **1.54** | **1.60** |
| 黄石市辖区 | 2.65 | 1.46 | 0.67 | 0.79 | 1.19 | 0.01 | 0.06 | 0.04 |
| 大冶市 | 48.09 | 35.28 | 26.30 | 8.98 | 12.81 | | 0.15 | 0.16 |
| 阳新县 | 57.15 | 39.91 | 26.26 | 13.65 | 17.24 | 0.75 | 1.33 | 1.40 |
| **十堰市** | **220.67** | **144.20** | **37.44** | **106.76** | **76.47** | **36.30** | **6.02** | **3.22** |
| 十堰市辖区 | 6.75 | 1.99 | 0.46 | 1.53 | 4.76 | | 0.22 | 0.13 |
| 丹江口市 | 20.64 | 18.60 | 6.17 | 12.43 | 2.04 | | 0.54 | 0.28 |
| 郧 县 | 40.66 | 30.72 | 7.19 | 23.53 | 9.94 | 6.14 | 0.03 | 0.16 |
| 郧西县 | 42.49 | 24.26 | 3.25 | 21.01 | 18.23 | 1.81 | 1.34 | 0.71 |
| 竹山县 | 39.95 | 21.44 | 6.69 | 14.75 | 18.51 | 14.94 | 1.28 | 0.61 |
| 竹溪县 | 30.12 | 21.22 | 5.54 | 15.68 | 8.90 | 7.34 | 1.38 | 0.39 |
| 房 县 | 40.06 | 25.97 | 8.14 | 17.83 | 14.09 | 6.07 | 1.23 | 0.94 |
| **荆州市** | **659.21** | **452.85** | **304.60** | **148.25** | **206.36** | | **1.53** | **2.18** |
| 荆州市辖区 | 73.71 | 42.83 | 27.44 | 15.39 | 30.88 | | 0.15 | 0.10 |
| 江陵县 | 64.89 | 38.21 | 27.08 | 11.13 | 26.68 | | 0.04 | |
| 松滋市 | 87.44 | 60.05 | 33.11 | 26.94 | 27.39 | | 0.03 | |
| 公安县 | 105.16 | 80.33 | 45.35 | 34.98 | 24.83 | | | |
| 石首市 | 45.78 | 34.55 | 23.09 | 11.46 | 11.23 | | 0.52 | 0.55 |
| 监利县 | 171.54 | 135.97 | 104.95 | 31.02 | 35.57 | | | |
| 洪湖市 | 114.02 | 64.24 | 43.58 | 20.66 | 49.78 | | 0.79 | 1.53 |
| **宜昌市** | **322.05** | **227.53** | **89.48** | **138.05** | **94.52** | **32.16** | **2.21** | **5.85** |
| 宜昌市辖区 | 8.11 | 6.27 | 1.50 | 4.77 | 1.84 | 0.68 | 0.03 | 0.18 |
| 夷陵区 | 39.21 | 23.98 | 12.95 | 11.03 | 15.23 | 4.63 | 0.60 | 2.53 |
| 宜都市 | 22.82 | 15.71 | 7.64 | 8.07 | 7.11 | 0.17 | 0.09 | 0.16 |
| 枝江市 | 44.38 | 43.59 | 21.15 | 22.44 | 0.79 | 0.01 | 0.60 | 0.59 |
| 当阳市 | 62.92 | 43.63 | 28.79 | 14.84 | 19.29 | 0.05 | 0.45 | 0.18 |
| 远安县 | 16.30 | 11.39 | 8.28 | 3.11 | 4.91 | | 0.05 | 0.20 |
| 兴山县 | 22.56 | 13.23 | 2.46 | 10.77 | 9.33 | 2.81 | 0.08 | 0.48 |
| 秭归县 | 27.87 | 20.38 | 3.49 | 16.89 | 7.49 | 2.03 | 0.21 | 1.32 |
| 长阳县 | 50.77 | 31.67 | 2.80 | 28.87 | 19.10 | 12.35 | 0.10 | 0.10 |
| 五峰县 | 27.11 | 17.68 | 0.42 | 17.26 | 9.43 | 9.43 | | 0.11 |
| **襄樊市** | **408.10** | **400.62** | **203.73** | **196.89** | **7.48** | **4.70** | **9.80** | **1.93** |
| 襄樊市辖区 | 31.15 | 31.09 | 17.95 | 13.14 | 0.06 | 0.05 | 0.72 | 0.16 |
| 老河口市 | 41.41 | 37.45 | 14.03 | 23.42 | 3.96 | 1.88 | 0.82 | |
| 襄阳区 | 88.85 | 88.23 | 46.04 | 42.19 | 0.62 | 0.62 | 0.22 | 0.01 |
| 枣阳市 | 98.00 | 97.71 | 48.77 | 48.94 | 0.29 | 0.27 | 1.20 | 0.32 |
| 宜城市 | 49.42 | 49.41 | 30.82 | 18.59 | 0.01 | | 4.72 | |
| 南漳县 | 42.54 | 41.16 | 22.86 | 18.30 | 1.38 | 0.94 | 1.50 | 0.61 |
| 谷城县 | 26.59 | 26.44 | 18.03 | 8.41 | 0.15 | | 0.38 | 0.06 |
| 保康县 | 23.46 | 22.45 | 3.90 | 18.55 | 1.01 | 0.94 | 0.21 | 0.77 |
| 农场小计 | 6.68 | 6.68 | 1.33 | 5.35 | | | 0.03 | |

续表1　　　　　　　　　　　　　　　　　　　　　　　　　　单位:千公顷

| | 年末耕地总资源 | 常用耕地 | | | 临时性耕地 | | 当年增加的耕地 | 当年减少的耕地 |
|---|---|---|---|---|---|---|---|---|
| | | | 水田 | 旱地 | | 25度以上坡耕地 | | |
| **鄂州市** | **42.18** | **40.60** | **26.53** | **14.07** | **1.58** | | **0.83** | **0.06** |
| **荆门市** | **251.12** | **249.44** | **172.97** | **76.47** | **1.68** | **0.41** | **2.19** | **2.42** |
| 荆门市辖区 | 37.69 | 37.07 | 28.45 | 8.62 | 0.62 | | 0.21 | 0.39 |
| 沙洋县 | 62.14 | 62.14 | 51.73 | 10.41 | | | | 0.01 |
| 钟祥市 | 81.03 | 80.88 | 43.29 | 37.59 | 0.15 | 0.03 | | 0.04 |
| 京山县 | 56.07 | 55.16 | 45.13 | 10.03 | 0.91 | 0.38 | 1.85 | 1.97 |
| 沙洋农场 | 14.19 | 14.19 | 4.37 | 9.82 | | | 0.13 | 0.01 |
| **孝感市** | **298.50** | **246.12** | **183.59** | **62.53** | **52.38** | **4.91** | **4.46** | **0.69** |
| 孝感市辖区 | 47.22 | 31.53 | 26.01 | 5.52 | 15.69 | | | 0.02 |
| 孝昌县 | 29.89 | 29.45 | 23.13 | 6.32 | 0.44 | | 0.75 | 0.18 |
| 大悟县 | 41.01 | 24.47 | 18.09 | 6.38 | 16.54 | 4.51 | 0.08 | 0.01 |
| 安陆市 | 51.00 | 33.33 | 28.27 | 5.06 | 17.67 | 0.40 | 1.42 | |
| 云梦县 | 26.18 | 24.89 | 18.14 | 6.75 | 1.29 | | 0.10 | 0.10 |
| 应城市 | 37.70 | 37.70 | 30.66 | 7.04 | | | 0.04 | 0.07 |
| 汉川市 | 65.50 | 64.75 | 39.29 | 25.46 | 0.75 | | 2.07 | 0.31 |
| **黄冈市** | **341.27** | **318.61** | **243.95** | **74.66** | **22.66** | **10.32** | **9.14** | **2.80** |
| 黄冈市辖区 | 8.26 | 8.14 | 4.75 | 3.39 | 0.12 | | 0.21 | 0.01 |
| 团风县 | 16.40 | 16.00 | 14.18 | 1.82 | 0.40 | 0.35 | 0.50 | 0.07 |
| 红安县 | 36.62 | 34.54 | 25.48 | 9.06 | 2.08 | 0.82 | 1.48 | 0.85 |
| 麻城市 | 54.37 | 53.27 | 37.02 | 16.25 | 1.10 | 0.60 | | 0.06 |
| 罗田县 | 26.41 | 24.42 | 19.57 | 4.85 | 1.99 | 1.37 | 0.50 | 0.28 |
| 英山县 | 17.40 | 17.14 | 14.54 | 2.60 | 0.26 | 0.08 | 3.80 | 0.74 |
| 浠水县 | 45.95 | 43.77 | 33.17 | 10.60 | 2.18 | 1.80 | 0.55 | 0.56 |
| 蕲春县 | 38.93 | 38.51 | 33.40 | 5.11 | 0.42 | 0.20 | 0.01 | |
| 武穴市 | 34.73 | 34.54 | 29.71 | 4.83 | 0.19 | 0.04 | 1.89 | 0.17 |
| 黄梅县 | 62.20 | 48.28 | 32.13 | 16.15 | 13.92 | 5.06 | 0.20 | 0.06 |
| 其中:龙感湖农场 | 4.16 | 3.91 | 2.34 | 1.57 | 0.25 | | 0.06 | 0.06 |
| **咸宁市** | **178.94** | **138.30** | **102.92** | **35.38** | **40.64** | **24.94** | **11.09** | **1.86** |
| 咸安区 | 29.60 | 25.08 | 19.33 | 5.75 | 4.52 | 3.06 | 2.41 | 0.20 |
| 嘉鱼县 | 28.77 | 27.72 | 17.32 | 10.40 | 1.05 | | 2.43 | 0.25 |
| 赤壁市 | 32.98 | 31.40 | 24.10 | 7.30 | 1.58 | | 4.86 | 0.03 |
| 通城县 | 25.17 | 16.82 | 15.91 | 0.91 | 8.35 | 5.76 | 0.19 | 0.19 |
| 崇阳县 | 35.05 | 22.91 | 17.07 | 5.84 | 12.14 | 6.16 | 0.49 | 0.60 |
| 通山县 | 27.37 | 14.37 | 9.19 | 5.18 | 13.00 | 9.96 | 0.71 | 0.59 |
| **随州市** | **191.24** | **134.13** | **109.28** | **24.85** | **57.11** | **21.02** | **1.42** | **4.89** |
| 曾都区 | 116.75 | 95.95 | 76.84 | 19.11 | 20.80 | 20.80 | 1.19 | 4.79 |
| 广水市 | 74.49 | 38.18 | 32.44 | 5.74 | 36.31 | 0.22 | 0.23 | 0.10 |
| **恩施自治州** | **312.66** | **254.66** | **71.45** | **183.21** | **58.00** | **36.98** | **4.46** | **8.93** |
| 恩施市 | 49.82 | 48.91 | 10.55 | 38.36 | 0.91 | 0.47 | 0.50 | 1.02 |
| 建始县 | 39.97 | 33.60 | 3.83 | 29.77 | 6.37 | 5.50 | 0.63 | 0.45 |
| 巴东县 | 43.89 | 34.90 | 1.99 | 32.91 | 8.99 | 6.41 | 1.00 | 4.47 |
| 利川市 | 59.64 | 58.05 | 22.61 | 35.44 | 1.59 | 0.44 | 1.32 | 0.58 |
| 宣恩县 | 39.24 | 24.51 | 9.34 | 15.17 | 14.73 | 4.51 | 0.06 | 0.39 |
| 咸丰县 | 35.40 | 22.70 | 11.18 | 11.52 | 12.70 | 10.78 | | 0.49 |
| 来凤县 | 24.95 | 16.71 | 9.18 | 7.53 | 8.24 | 6.92 | 0.29 | 1.16 |
| 鹤峰县 | 19.75 | 15.28 | 2.77 | 12.51 | 4.47 | 1.95 | 0.66 | 0.37 |
| **仙桃市** | **94.33** | **90.43** | **57.52** | **32.91** | **3.90** | | | **0.16** |
| **天门市** | **107.66** | **107.66** | **40.27** | **67.39** | | | | **0.64** |
| **潜江市** | **66.40** | **66.40** | **30.79** | **35.61** | | | | **0.01** |
| **神农架林区** | **7.10** | **6.18** | **0.08** | **6.10** | **0.92** | **0.42** | **0.08** | **0.31** |

# 2 农村产值

# 农林牧渔业总产值

单位:万元

| | 现　　价 | 可比价 |
|---|---|---|
| 农林牧渔业总产值 | 17755754 | 17659482 |
| 一、农业产值 | 9321461 | 9496662 |
| 1. 谷物及其他作物 | 5343537 | 5814782 |
| (1)谷物 | 3039154 | 460799 |
| 其中:小麦 | 352519 | 460799 |
| 稻谷 | 2362076 | 2676915 |
| 玉米 | 299598 | 316147 |
| (2)薯类 | 326527 | 324314 |
| (3)油料 | 840067 | 891079 |
| 其中:花　生 | 205002 | 214684 |
| 油菜籽 | 519279 | 563454 |
| (4)豆类 | 199326 | 230277 |
| 其中:大豆 | 123444 | 154395 |
| (5)棉花 | 601563 | 558813 |
| (6)麻类 | 41416 | 40978 |
| (7)糖料 | 33481 | 29265 |
| (8)烟草 | 108166 | 108798 |
| (9)其他农作物 | 153837 | 151027 |
| 其中:饲料作物 | 9387 | 9104 |
| 2. 蔬菜园艺作物 | 3056935 | 2874059 |
| (1)蔬菜(含菜用瓜) | 2992157 | 2803558 |
| (2)花卉 | 6714 | 5712 |
| (3)其他园艺作物 | 58064 | 64789 |
| 3. 水果、坚果、饮料和香料作物 | 744984 | 638140 |
| (1)水果、坚果(含果用瓜) | 588607 | 489418 |
| 其中:苹果 | 1259 | 1608 |
| 梨 | 47428 | 46803 |
| 柑桔 | 189007 | 171301 |
| (2)茶及其他饮料 | 156377 | 148722 |
| 其中:茶 | 156377 | 148722 |
| 4. 中药材 | 176005 | 169681 |

续表　　　　　单位:万元

| | 现　　价 | 可比价 |
|---|---|---|
| 二、林业产值 | 372997 | 338160 |
| (一)林木的培育和种植 | 149527 | 131190 |
| 1. 育种育苗 | 21322 | 21403 |
| 2. 造林 | 46843 | 43006 |
| 3. 抚育和管理 | 81362 | 66781 |
| (二)竹木采运 | 153359 | 142133 |
| 其中:村及村以下 | 115741 | 107443 |
| (三)林产品 | 70111 | 64837 |
| 三、牧业产值 | 5454005 | 5408446 |
| (一)牲畜饲养 | 298140 | 298438 |
| 1. 牛的饲养 | 180424 | 186075 |
| 2. 羊的饲养 | 72295 | 68323 |
| 3. 其他牲畜饲养 | 1658 | 15448 |
| 4. 奶产品 | 26892 | 26889 |
| 5. 毛绒产品 | 130 | 126 |
| (二)猪的饲养 | 3707806 | 3771436 |
| (三)家禽饲养 | 1420265 | 1311472 |
| 1. 肉禽 | | |
| 2. 禽蛋 | 798537 | 731700 |
| 3. 羽绒 | 261 | 275 |
| (四)狩猎和捕捉动物 | 1799 | 1749 |
| (五)其他畜牧业 | 25994 | 25351 |
| 其中:蚕茧 | 18616 | 17622 |
| 兔 | 859 | 857 |
| 四、渔业产品 | 2364870 | 2177676 |
| 其中:养殖 | | |
| 1. 鱼　类 | 1919188 | 1757846 |
| 2. 甲壳类 | 282594 | 263238 |
| 3. 贝　类 | 8233 | 8171 |
| 4. 其　他 | 154855 | 148421 |
| 五、农林牧渔服务业 | 242421 | 238538 |

# 农林牧渔服务业总产值

（按现价计算）　　单位:万元

| | 农林牧渔服务业总产值 | 1.农业产值 | 2.林业产值 | 3.牧业产值 | 4.渔业产值 | 5.服务业产值 |
|---|---|---|---|---|---|---|
| **湖北省** | **17755754** | **9321461** | **372997** | **5454005** | **2364870** | **242421** |
| **武汉市** | **1805957** | **1033226** | **14974** | **458194** | **289117** | **10446** |
| 武汉市辖区 | 414649 | 215017 | 1743 | 101191 | 93967 | 2731 |
| 蔡甸区 | 192516 | 123637 | 1957 | 33623 | 32299 | 1000 |
| 江夏区 | 391072 | 224200 | 5780 | 87573 | 72738 | 781 |
| 黄陂区 | 451484 | 250223 | 2785 | 153882 | 41311 | 3283 |
| 新洲区 | 356236 | 220149 | 2709 | 81925 | 48802 | 2651 |
| **黄石市** | **468201** | **254550** | **15434** | **104068** | **82718** | **11431** |
| 黄石市辖区 | 40343 | 23777 | 477 | 10919 | 5021 | 149 |
| 大冶市 | 211207 | 114927 | 1563 | 52027 | 37281 | 5409 |
| 阳新县 | 216651 | 115846 | 13394 | 41122 | 40416 | 5873 |
| **十堰市** | **602365** | **366206** | **24866** | **186900** | **18599** | **5794** |
| 十堰市辖区 | 25978 | 16475 | 837 | 7692 | 625 | 349 |
| 丹江口市 | 96864 | 44919 | 2994 | 33217 | 14902 | 832 |
| 郧 县 | 108925 | 67074 | 5255 | 33749 | 1847 | 1000 |
| 郧西县 | 113848 | 74632 | 5172 | 32794 | 142 | 1108 |
| 竹山县 | 87719 | 57749 | 3693 | 25209 | 294 | 774 |
| 竹溪县 | 84978 | 56649 | 2439 | 24828 | 142 | 920 |
| 房 县 | 84053 | 48708 | 4476 | 29411 | 647 | 811 |
| **荆州市** | **2078088** | **1090013** | **22135** | **445574** | **489425** | **30941** |
| 荆州市辖区 | 332329 | 176863 | 1242 | 62256 | 86838 | 5130 |
| 江陵县 | 165032 | 102273 | 1539 | 37998 | 20696 | 2526 |
| 松滋市 | 254157 | 127554 | 1939 | 106154 | 15307 | 3203 |
| 公安县 | 315529 | 195449 | 2135 | 67823 | 45386 | 4736 |
| 石首市 | 205044 | 107365 | 5009 | 45668 | 43855 | 3147 |
| 监利县 | 449438 | 243697 | 4846 | 89560 | 104694 | 6641 |
| 洪湖市 | 356559 | 136812 | 5425 | 36115 | 172649 | 5558 |
| **宜昌市** | **1385982** | **778611** | **22755** | **496107** | **81643** | **6866** |
| 宜昌市辖区 | 79891 | 52892 | 434 | 24059 | 2376 | 130 |
| 夷陵区 | 215552 | 121421 | 2570 | 86063 | 5182 | 316 |
| 宜都市 | 133246 | 61672 | 1060 | 64572 | 5309 | 633 |
| 枝江市 | 242295 | 126736 | 879 | 83719 | 29533 | 1428 |
| 当阳市 | 284369 | 160549 | 1865 | 89613 | 31907 | 435 |
| 远安县 | 74588 | 42565 | 4558 | 25452 | 1633 | 380 |
| 兴山县 | 69810 | 37896 | 1896 | 29629 | 209 | 180 |
| 秭归县 | 86916 | 56324 | 1780 | 27899 | 417 | 496 |
| 长阳县 | 124957 | 71760 | 2697 | 42791 | 4994 | 2715 |
| 五峰县 | 74358 | 46796 | 5016 | 22310 | 83 | 153 |
| **襄樊市** | **2142973** | **1233026** | **43810** | **736357** | **97912** | **31868** |
| 襄樊市辖区 | 169990 | 106284 | 4126 | 49844 | 7576 | 2160 |
| 老河口市 | 239790 | 151478 | 2654 | 68838 | 15260 | 1560 |
| 襄阳区 | 500603 | 252315 | 11526 | 200114 | 26148 | 10500 |
| 枣阳市 | 516094 | 323625 | 1610 | 156113 | 24688 | 10058 |
| 宜城市 | 254538 | 150440 | 2266 | 85142 | 14310 | 2380 |
| 南漳县 | 187512 | 92951 | 6339 | 84113 | 3261 | 848 |
| 谷城县 | 169503 | 90105 | 8630 | 61830 | 6198 | 2740 |
| 保康县 | 92416 | 58535 | 6590 | 25585 | 214 | 1492 |
| 农场小计 | 12527 | 7293 | 69 | 4778 | 257 | 130 |

注:全省合计为调整数、故分市、州合计不等于全省数。

续表 单位:万元

| | 农林牧渔服务业总产值 | 1.农业产值 | 2.林业产值 | 3.牧业产值 | 4.渔业产值 | 5.服务业产值 |
|---|---|---|---|---|---|---|
| **鄂州市** | **421036** | **176175** | **7349** | **94194** | **142121** | **1197** |
| **荆门市** | **1355248** | **758574** | **23638** | **353159** | **187170** | **32707** |
| 荆门市辖区 | 218456 | 127767 | 7211 | 62908 | 15452 | 5118 |
| 沙洋县 | 322017 | 171680 | 3393 | 59428 | 81089 | 6427 |
| 钟祥市 | 467210 | 265562 | 5239 | 127642 | 57067 | 11700 |
| 京山县 | 310802 | 173239 | 6935 | 93899 | 29818 | 6911 |
| 沙洋农场 | 36763 | 20326 | 860 | 9282 | 3744 | 2551 |
| **孝感市** | **1642301** | **800231** | **34128** | **540063** | **239551** | **28328** |
| 孝感市辖区 | 186665 | 102345 | 1209 | 39441 | 39990 | 3680 |
| 孝昌县 | 165021 | 88516 | 2236 | 59238 | 12831 | 2200 |
| 大悟县 | 164461 | 86447 | 14176 | 50055 | 13298 | 485 |
| 安陆市 | 217617 | 87093 | 6635 | 93408 | 23518 | 6963 |
| 云梦县 | 226289 | 112694 | 1824 | 89629 | 20884 | 1258 |
| 应城市 | 324757 | 151034 | 5782 | 103347 | 58410 | 6184 |
| 汉川市 | 357491 | 172102 | 2266 | 104945 | 70620 | 7558 |
| **黄冈市** | **1800924** | **988822** | **51660** | **481497** | **247874** | **31071** |
| 黄冈市辖区 | 68486 | 37052 | 653 | 11247 | 17824 | 1710 |
| 团风县 | 70746 | 40484 | 1550 | 17301 | 9767 | 1644 |
| 红安县 | 146125 | 103776 | 4342 | 29415 | 4314 | 4278 |
| 麻城市 | 312022 | 178035 | 12060 | 102341 | 15473 | 4113 |
| 罗田县 | 122878 | 71019 | 17004 | 29777 | 3865 | 1213 |
| 英山县 | 138972 | 98516 | 3396 | 30393 | 3912 | 2755 |
| 浠水县 | 257971 | 137943 | 4371 | 66114 | 47953 | 1590 |
| 蕲春县 | 194459 | 73120 | 4010 | 66418 | 47343 | 3568 |
| 武穴市 | 222833 | 111387 | 1845 | 76136 | 32165 | 1300 |
| 黄梅县 | 266432 | 137490 | 2429 | 52355 | 65258 | 8900 |
| 其中:龙感湖农场 | 25096 | 6416 | 143 | 7213 | 11324 | |
| **咸宁市** | **863036** | **512303** | **46824** | **176862** | **118347** | **8700** |
| 咸安区 | 141384 | 81809 | 11201 | 30187 | 16871 | 1316 |
| 嘉鱼县 | 232716 | 148168 | 1287 | 18336 | 62716 | 2209 |
| 赤壁市 | 188166 | 113497 | 10311 | 34099 | 28182 | 2077 |
| 通城县 | 104404 | 53806 | 3478 | 44211 | 1776 | 1133 |
| 崇阳县 | 117654 | 70182 | 11330 | 29162 | 5695 | 1285 |
| 通山县 | 78712 | 44841 | 9217 | 20867 | 3107 | 680 |
| **随州市** | **869888** | **508138** | **23701** | **277932** | **50268** | **9849** |
| 曾都区 | 575793 | 332512 | 10141 | 194239 | 29712 | 9189 |
| 广水市 | 294095 | 175626 | 13560 | 83693 | 20556 | 660 |
| **恩施自治州** | **1084767** | **657230** | **30832** | **386193** | **3763** | **6749** |
| 恩施市 | 212141 | 134322 | 3363 | 72905 | 430 | 1121 |
| 建始县 | 143582 | 84552 | 3417 | 54646 | 87 | 880 |
| 巴东县 | 127426 | 74651 | 3200 | 48634 | 161 | 780 |
| 利川市 | 225308 | 147024 | 8021 | 67918 | 1465 | 880 |
| 宣恩县 | 98095 | 57169 | 2221 | 37737 | 218 | 750 |
| 咸丰县 | 123729 | 62322 | 5500 | 54391 | 338 | 1178 |
| 来凤县 | 85020 | 48220 | 1976 | 33360 | 994 | 470 |
| 鹤峰县 | 69466 | 48970 | 3134 | 16602 | 70 | 690 |
| **仙桃市** | **556243** | **237605** | **4684** | **130765** | **172719** | **10470** |
| **天门市** | **444691** | **238192** | **1527** | **131217** | **66371** | **7384** |
| **潜江市** | **426539** | **209437** | **4162** | **127351** | **77225** | **8364** |
| **神农架林区** | **15230** | **8827** | **518** | **5582** | **47** | **256** |

# 农林牧渔服务业增加值

单位:万元

| | 农林牧渔服务业增加值 | 1. 农业 | 2. 林业 | 3. 牧业 | 4. 渔业 | 5. 服务业 |
|---|---|---|---|---|---|---|
| **湖北省** | **10812253** | **5718691** | **206387** | **3241876** | **1523100** | |
| **武汉市** | **1095658** | **638954** | **6047** | **247526** | **197492** | **5639** |
| 武汉市辖区 | 245895 | 129792 | 971 | 58730 | 55227 | 1175 |
| 蔡甸区 | 120790 | 78315 | 685 | 15967 | 25309 | 514 |
| 江夏区 | 232650 | 151636 | 255 | 31382 | 49065 | 312 |
| 黄陂区 | 270660 | 147204 | 1932 | 91537 | 27727 | 2260 |
| 新洲区 | 225663 | 132007 | 2204 | 49910 | 40164 | 1378 |
| **黄石市** | **305610** | **171270** | **11035** | **57687** | **60456** | **5162** |
| 黄石市辖区 | 26870 | 17477 | 291 | 5750 | 3281 | 71 |
| 大冶市 | 130905 | 72874 | 555 | 28477 | 26693 | 2306 |
| 阳新县 | 147835 | 80919 | 10189 | 23460 | 30482 | 2785 |
| **十堰市** | **360779** | **220081** | **13945** | **109513** | **13789** | **3451** |
| 十堰市辖区 | 16042 | 10699 | 523 | 4254 | 247 | 319 |
| 丹江口市 | 57093 | 25248 | 1082 | 18474 | 11997 | 292 |
| 郧 县 | 66046 | 39494 | 2973 | 21960 | 950 | 669 |
| 郧西县 | 67168 | 43219 | 3215 | 19979 | 93 | 662 |
| 竹山县 | 53840 | 39426 | 2154 | 11781 | 205 | 274 |
| 竹溪县 | 50887 | 33572 | 1132 | 15298 | 61 | 824 |
| 房 县 | 49703 | 28423 | 2866 | 17767 | 236 | 411 |
| **荆州市** | **1184253** | **628830** | **12253** | **246746** | **280334** | **16090** |
| 荆州市辖区 | 191870 | 106494 | 433 | 33445 | 48830 | 2668 |
| 江陵县 | 93410 | 59223 | 668 | 20952 | 11253 | 1314 |
| 松滋市 | 143769 | 74876 | 1034 | 57558 | 8635 | 1666 |
| 公安县 | 180343 | 111902 | 978 | 38506 | 26494 | 2463 |
| 石首市 | 117333 | 63176 | 3097 | 24727 | 24697 | 1636 |
| 监利县 | 255478 | 139003 | 2431 | 51355 | 59236 | 3453 |
| 洪湖市 | 202050 | 74156 | 3612 | 20203 | 101189 | 2890 |
| **宜昌市** | **849795** | **501015** | **12639** | **292735** | **39649** | **3757** |
| 宜昌市辖区 | 48953 | 36553 | 301 | 11146 | 888 | 65 |
| 夷陵区 | 132253 | 78225 | 1019 | 51285 | 1548 | 176 |
| 宜都市 | 80890 | 37148 | 597 | 39340 | 3237 | 568 |
| 枝江市 | 147320 | 84966 | 570 | 48859 | 12210 | 715 |
| 当阳市 | 177952 | 99758 | 897 | 59623 | 17399 | 275 |
| 远安县 | 48100 | 28912 | 2685 | 15382 | 871 | 250 |
| 兴山县 | 43181 | 24668 | 763 | 17609 | 86 | 55 |
| 秭归县 | 52991 | 34049 | 1102 | 17307 | 258 | 275 |
| 长阳县 | 72414 | 46579 | 1853 | 19540 | 3112 | 1330 |
| 五峰县 | 45741 | 30157 | 2852 | 12644 | 40 | 48 |
| **襄樊市** | **1219147** | **731631** | **23085** | **403174** | **48793** | **12464** |
| 襄樊市辖区 | 92600 | 67292 | 987 | 19764 | 3897 | 660 |
| 老河口市 | 139884 | 101030 | 1598 | 28431 | 7715 | 1110 |
| 襄阳区 | 274149 | 147836 | 6960 | 99591 | 15523 | 4239 |
| 枣阳市 | 296648 | 181075 | 434 | 97483 | 13761 | 3895 |
| 宜城市 | 140292 | 88633 | 787 | 44808 | 5254 | 810 |
| 南漳县 | 110055 | 55746 | 4070 | 48733 | 1208 | 298 |
| 谷城县 | 103301 | 52986 | 3758 | 44394 | 1273 | 890 |
| 保康县 | 55229 | 33041 | 4471 | 17165 | 40 | 512 |
| 农场小计 | 6989 | 3992 | 20 | 2805 | 122 | 50 |

注:全省数为调整数、故市、州相加不等于合计。

续表

单位:万元

| | 农林牧渔服务业总产值 | 1.农业产值 | 2.林业产值 | 3.牧业产值 | 4.渔业产值 | 5.服务业产值 |
|---|---|---|---|---|---|---|
| **鄂州市** | **236985** | **93557** | **2174** | **56363** | **84639** | **252** |
| **荆门市** | **802451** | **483395** | **15471** | **172381** | **109494** | **21710** |
| 荆门市辖区 | 123244 | 80191 | 3942 | 27694 | 7805 | 3612 |
| 沙洋县 | 195369 | 114793 | 2460 | 30186 | 43752 | 4178 |
| 钟祥市 | 273106 | 163844 | 3158 | 57472 | 40596 | 8036 |
| 京山县 | 194203 | 113121 | 5208 | 54837 | 15446 | 5591 |
| 沙洋农场 | 16529 | 11446 | 703 | 2192 | 1895 | 293 |
| **孝感市** | **956263** | **500404** | **19223** | **292379** | **132765** | **11492** |
| 孝感市辖区 | 105970 | 56751 | 702 | 18125 | 27744 | 2648 |
| 孝昌县 | 101965 | 54957 | 1419 | 35633 | 8016 | 1940 |
| 大悟县 | 103136 | 52597 | 8831 | 32389 | 9011 | 308 |
| 安陆市 | 118561 | 58686 | 2857 | 47290 | 8799 | 929 |
| 云梦县 | 129285 | 65475 | 1220 | 50103 | 11717 | 770 |
| 应城市 | 180149 | 100752 | 2500 | 49651 | 24613 | 2633 |
| 汉川市 | 217197 | 111186 | 1694 | 59188 | 42865 | 2264 |
| **黄冈市** | **1155237** | **667707** | **28002** | **283391** | **168198** | **7939** |
| 黄冈市辖区 | 42965 | 22451 | 354 | 6736 | 12964 | 460 |
| 团风县 | 48325 | 27916 | 424 | 10277 | 8914 | 794 |
| 红安县 | 101638 | 79540 | 1639 | 16958 | 2759 | 742 |
| 麻城市 | 194908 | 104304 | 7663 | 68811 | 13007 | 1123 |
| 罗田县 | 78500 | 43241 | 12348 | 19635 | 3213 | 63 |
| 英山县 | 89880 | 70858 | 303 | 17315 | 977 | 427 |
| 浠水县 | 164236 | 95969 | 2316 | 36615 | 28248 | 1088 |
| 蕲春县 | 103024 | 45041 | 976 | 29207 | 27122 | 678 |
| 武穴市 | 148309 | 81161 | 1114 | 42383 | 23501 | 150 |
| 黄梅县 | 183452 | 97226 | 865 | 35454 | 47493 | 2414 |
| 其中:龙感湖农场 | 8720 | 3273 | 104 | 2705 | 2638 | |
| **咸宁市** | **540083** | **328056** | **32127** | **96203** | **78721** | **4976** |
| 咸安区 | 87486 | 49835 | 7949 | 17854 | 11097 | 751 |
| 嘉鱼县 | 147212 | 92713 | 659 | 9376 | 43178 | 1286 |
| 赤壁市 | 115104 | 73896 | 6068 | 16712 | 17229 | 1199 |
| 通城县 | 65474 | 34577 | 2307 | 26734 | 1179 | 677 |
| 崇阳县 | 77781 | 49666 | 9032 | 14582 | 3826 | 675 |
| 通山县 | 47026 | 27369 | 6112 | 10945 | 2212 | 388 |
| **随州市** | **529505** | **293604** | **16489** | **170015** | **41508** | **7889** |
| 曾都区 | 349018 | 186775 | 7115 | 121440 | 26349 | 7339 |
| 广水市 | 180487 | 106829 | 9374 | 48575 | 15159 | 550 |
| **恩施自治州** | **712706** | **447356** | **19449** | **239827** | **2222** | **3852** |
| 恩施市 | 140242 | 92132 | 2095 | 45031 | 268 | 716 |
| 建始县 | 98677 | 57980 | 1965 | 38115 | 57 | 560 |
| 巴东县 | 84601 | 49900 | 1878 | 32286 | 107 | 430 |
| 利川市 | 141266 | 98433 | 5586 | 35829 | 888 | 530 |
| 宣恩县 | 64352 | 39746 | 1238 | 22948 | 44 | 376 |
| 咸丰县 | 83131 | 40497 | 3578 | 38211 | 215 | 630 |
| 来凤县 | 55339 | 34563 | 1208 | 18683 | 615 | 270 |
| 鹤峰县 | 45098 | 34105 | 1901 | 8724 | 28 | 340 |
| **仙桃市** | **346071** | **168419** | **1253** | **54380** | **114218** | **7801** |
| **天门市** | **291173** | **155903** | **540** | **82644** | **46918** | **5168** |
| **潜江市** | **267866** | **140410** | **1457** | **68716** | **51885** | **5398** |
| **神农架林区** | **8671** | **5099** | **198** | **3196** | **19** | **159** |

# 全省农林牧渔业增加值及中间消耗

单位:万元

| | 数　量 |
|---|---|
| 农业林牧渔业总产值 | 17755754 |
| 农业产值 | 9321461 |
| 林业产值 | 372997 |
| 牧业产值 | 5454005 |
| 渔业产值 | 2364870 |
| 农林牧渔业服务业总产值 | 242421 |
| 农林牧渔业中间消耗 | 6943501 |
| 农业中间消耗 | 3602770 |
| 林业中间消耗 | 167610 |
| 牧业中间消耗 | 2212129 |
| 渔业中间消耗 | 841770 |
| 农林牧渔业服务业中间消耗 | 119222 |
| 农林牧渔业中间消耗合计 | 6943501 |
| 一、农业中间消耗合计 | 3602770 |
| (一)物质消耗 | 3060584 |
| (1) 用种量 | 524936.0 |
| (2)役畜用饲料、饲草 | 291034.0 |
| (3)肥料 | 1065331.0 |
| (4)燃料 | 191402.0 |
| (5)农药 | 239686.0 |
| (6)农用薄膜 | 88670.0 |
| (7)用电量 | 209453.0 |
| (8)小农具购置 | 400072.0 |
| (9)办公用品购置 | 10000.0 |
| (10)其他 | 40000.0 |
| (二)生产服务支出 | 542186.0 |
| 二、林业中间消耗合计 | 167610 |
| 1. 用种量 | 64582.0 |
| 2. 肥料 | 24580.0 |
| 3. 燃料 | 7948.0 |
| 4. 农药 | 7173.0 |
| 5. 用电量 | 8342.0 |
| 6. 小农机具购置 | 18808 |
| 7. 办公用品购置 | 1000.0 |
| 8. 其他 | 4000.0 |

续表 单位:万元

| | 数　量 |
|---|---|
| (二)生产服务支出 | 31177.0 |
| 三、牧业中间消耗合计 | 2212129 |
| 1. 用种量 | 146845.0 |
| 2. 饲料、饲草 | 1494923.0 |
| 3. 燃料 | 70857.0 |
| 4. 用电量 | 44973.0 |
| 5. 畜牧用药品 | 52003.0 |
| 6. 其他 | 167041.0 |
| (二)生产服务支出 | 235487.0 |
| 四、渔业中间消耗合计 | 841770 |
| (一)物质消耗 | 711614 |
| 1. 饲料 | 376965.0 |
| 2. 燃料 | 35758.0 |
| 3. 用电量 | 62270.0 |
| 4. 办公用品购置 | 2000.0 |
| 5. 其他 | 234621.0 |
| (二)生产服务支出 | 130146.0 |
| 五、农林牧渔服务业中间消耗合计 | 119222.0 |
| (一)物质消耗 | 113222.0 |
| (二)生产服务支出 | 6000.0 |
| 农林牧渔业增加值 | 10812253 |
| 农业增加值 | 5718691 |
| 林业增加值 | 205387 |
| 牧业增加值 | 3241876 |
| 渔业增加值 | 1523100 |
| 农林牧渔业服务业增加值 | 123199 |

# 3 种植业

# 全省主要农作物播种面积和产量

| | 播种面积（千公顷） | 总产量（吨） |
|---|---|---|
| 农作物总播种面积 | 7391.30 | |
| 一、粮食作物 | 4068.05 | 21773800 |
| 夏粮 | 1067.34 | 3024900 |
| 小麦 | 730.61 | 2088500 |
| 蚕豌豆 | 84.81 | 170907 |
| 杂粮 | 50.02 | 168771 |
| 马铃薯 | 201.90 | 621724 |
| 秋粮 | 3000.71 | 18748900 |
| 稻谷 | 2162.39 | 15353200 |
| 早稻 | 364.19 | 2068700 |
| 中稻 | 1386.17 | 10754000 |
| 双季晚稻 | 411.49 | 2530500 |
| 玉米 | 428.79 | 149100 |
| 红薯 | 184.56 | 880700 |
| 大豆 | 179.79 | 434300 |
| 其他杂粮 | 0.94 | 14600 |
| 二、棉花 | 360.95 | 374994 |
| 三、油料作物 | 1460.20 | 2938995 |
| #油菜籽 | 1178.65 | 2191484 |
| 花生 | 171.71 | 601916 |
| 芝麻 | 102.52 | 136739 |
| 四、麻类合计 | 23.64 | 48638 |
| #黄红麻 | 0.98 | 3361 |
| 苎麻 | 22.56 | 44519 |
| 五、糖料合计 | 9.95 | 428974 |
| #甘蔗 | 9.95 | 428974 |
| 六、烟叶 | 58.36 | 111398 |
| #烤烟 | 43.68 | 78805 |
| 白肋烟 | 11.29 | 26627 |
| 七、药材 | 61.46 | |
| 八、蔬菜（含菜用瓜） | 1004.82 | 29169108 |
| 九、其他农作物面积 | 258.57 | |
| #青饲料面积 | 94.71 | |
| 绿肥面积 | 114.45 | |

# 农作物播种面积

单位:千公顷

| | 农作物总播种面积 | 一、粮食作物 | (一)夏收粮食 | 1.小麦 | 2.蚕豌豆 | 3.杂粮 | 4.马铃薯 |
|---|---|---|---|---|---|---|---|
| **湖北省** | **7391.30** | **4068.05** | **1067.34** | **730.61** | **84.81** | **50.02** | **201.90** |
| **武汉市** | **566.53** | **242.51** | **32.64** | **18.52** | **7.86** | **4.77** | **1.49** |
| 武汉市辖区 | 94.10 | 25.59 | 4.79 | 1.63 | 1.19 | 1.96 | 0.01 |
| 蔡甸区 | 70.69 | 28.17 | 5.00 | 1.75 | 2.19 | 1.06 | |
| 江夏区 | 126.84 | 59.32 | 5.18 | 2.55 | 1.94 | 0.39 | 0.30 |
| 黄陂区 | 151.66 | 73.36 | 9.17 | 5.81 | 1.53 | 1.31 | 0.52 |
| 新洲区 | 123.24 | 56.07 | 8.50 | 6.78 | 1.01 | 0.05 | 0.66 |
| **黄石市** | **222.47** | **132.00** | **14.65** | **10.11** | **2.81** | **0.15** | **1.58** |
| 黄石市辖区 | 5.31 | 1.68 | 0.49 | 0.07 | 0.20 | 0.01 | 0.21 |
| 大冶市 | 98.59 | 61.75 | 7.97 | 5.27 | 1.80 | 0.07 | 0.83 |
| 阳新县 | 118.57 | 68.57 | 6.19 | 4.77 | 0.81 | 0.07 | 0.54 |
| **十堰市** | **365.62** | **237.37** | **78.99** | **56.39** | **7.40** | **0.03** | **15.17** |
| 十堰市辖区 | 5.25 | 1.75 | 0.53 | 0.50 | 0.03 | | |
| 丹江口市 | 33.73 | 21.83 | 8.49 | 7.88 | 0.52 | | 0.09 |
| 郧　县 | 64.56 | 45.78 | 19.09 | 17.16 | 1.13 | | 0.80 |
| 郧西县 | 71.72 | 45.91 | 17.06 | 12.73 | 0.83 | | 3.50 |
| 竹山县 | 74.99 | 49.92 | 12.39 | 6.90 | 2.23 | 0.01 | 3.25 |
| 竹溪县 | 62.36 | 36.01 | 10.58 | 3.88 | 2.01 | | 4.69 |
| 房　县 | 53.01 | 36.17 | 10.85 | 7.34 | 0.65 | 0.02 | 2.84 |
| **荆州市** | **937.95** | **459.04** | **72.06** | **46.51** | **9.90** | **13.04** | **2.61** |
| 荆州市辖区 | 101.14 | 47.16 | 11.61 | 7.96 | 0.80 | 2.04 | 0.81 |
| 江陵县 | 78.91 | 43.25 | 13.39 | 8.87 | 0.45 | 3.91 | 0.16 |
| 松滋市 | 137.93 | 69.58 | 13.77 | 7.30 | 1.34 | 4.19 | 0.94 |
| 公安县 | 163.50 | 73.18 | 10.94 | 7.32 | 1.70 | 1.92 | |
| 石首市 | 75.81 | 30.69 | 1.13 | 0.24 | 0.65 | 0.18 | 0.06 |
| 监利县 | 261.63 | 130.75 | 9.05 | 4.97 | 3.55 | 0.16 | 0.37 |
| 洪湖市 | 125.13 | 70.53 | 18.27 | 15.95 | 1.41 | 0.64 | 0.27 |
| **宜昌市** | **544.41** | **303.29** | **81.95** | **25.04** | **6.96** | **6.32** | **43.63** |
| 宜昌市辖区 | 16.25 | 6.64 | 0.87 | 0.53 | 0.19 | | 0.15 |
| 夷陵区 | 68.81 | 38.54 | 8.02 | 0.49 | 0.86 | 0.08 | 6.59 |
| 宜都市 | 38.86 | 25.01 | 5.61 | 0.81 | 0.72 | 0.01 | 4.07 |
| 枝江市 | 97.11 | 48.66 | 13.43 | 10.69 | 1.65 | 0.21 | 0.88 |
| 当阳市 | 103.25 | 50.23 | 9.07 | 1.92 | 0.78 | 5.05 | 1.32 |
| 远安县 | 26.26 | 15.99 | 3.85 | 1.49 | 0.26 | 0.97 | 1.13 |
| 兴山县 | 34.01 | 20.30 | 7.61 | 1.76 | 0.52 | | 5.33 |
| 秭归县 | 49.00 | 29.29 | 10.18 | 2.73 | 0.97 | | 6.48 |
| 长阳县 | 64.07 | 40.39 | 13.53 | 3.52 | 0.85 | | 9.16 |
| 五峰县 | 46.79 | 28.24 | 9.78 | 1.10 | 0.16 | | 8.52 |
| **襄樊市** | **818.34** | **538.80** | **249.42** | **231.70** | **4.68** | **8.10** | **4.94** |
| 襄樊市辖区 | 63.38 | 36.32 | 15.62 | 15.32 | 0.26 | 0.04 | |
| 老河口市 | 86.49 | 45.37 | 20.98 | 19.40 | 1.58 | | |
| 襄阳区 | 180.91 | 131.38 | 71.65 | 68.45 | 0.64 | 2.56 | |
| 枣阳市 | 191.18 | 136.58 | 68.54 | 62.96 | 0.94 | 4.64 | |
| 宜城市 | 99.60 | 55.41 | 20.24 | 20.00 | 0.06 | 0.18 | |
| 南漳县 | 82.74 | 57.45 | 20.88 | 19.86 | 0.35 | 0.09 | 0.58 |
| 谷城县 | 54.32 | 36.97 | 14.54 | 13.40 | 0.66 | | 0.48 |
| 保康县 | 48.83 | 30.47 | 12.35 | 8.28 | 0.18 | 0.01 | 3.88 |
| 农场小计 | 10.89 | 8.85 | 4.62 | 4.03 | 0.01 | 0.58 | |

续表1　　　　单位:千公顷

| | 农作物总播种面积 | 一、粮食作物 | (一)夏收粮食 | 1.小麦 | 2.蚕豌豆 | 3.杂粮 | 4.马铃薯 |
|---|---|---|---|---|---|---|---|
| **鄂州市** | **108.48** | **50.40** | **5.93** | **3.85** | **1.67** | **0.41** | |
| **荆门市** | **548.20** | **283.68** | **72.65** | **63.85** | **4.41** | **4.00** | **0.39** |
| 荆门市辖区 | 98.13 | 44.82 | 9.19 | 8.28 | 0.57 | 0.18 | 0.16 |
| 沙洋县 | 135.85 | 68.48 | 13.74 | 12.52 | 0.97 | 0.21 | 0.04 |
| 钟祥市 | 163.02 | 78.49 | 23.59 | 20.82 | 1.67 | 1.04 | 0.06 |
| 京山县 | 131.7 | 83.94 | 24.21 | 22.77 | 1.20 | 0.24 | |
| 沙洋农场 | 22.17 | 10.62 | 4.59 | 2.13 | | 2.33 | 0.13 |
| **孝感市** | **545.50** | **306.55** | **88.89** | **76.86** | **9.17** | **2.86** | |
| 孝感市辖区 | 70.98 | 42.60 | 11.39 | 9.73 | 0.99 | 0.67 | |
| 孝昌县 | 64.00 | 43.96 | 16.60 | 14.88 | 1.02 | 0.70 | |
| 大悟县 | 59.43 | 34.00 | 12.19 | 11.17 | 0.20 | 0.82 | |
| 安陆市 | 67.97 | 45.50 | 16.37 | 15.40 | 0.93 | 0.04 | |
| 云梦县 | 61.18 | 32.38 | 8.75 | 7.90 | 0.82 | 0.03 | |
| 应城市 | 99.48 | 52.38 | 7.22 | 5.35 | 1.87 | | |
| 汉川市 | 125.13 | 58.40 | 16.37 | 12.43 | 3.34 | 0.60 | |
| **黄冈市** | **821.39** | **460.73** | **68.23** | **52.00** | **4.25** | **1.97** | **10.01** |
| 黄冈市辖区 | 21.65 | 9.52 | 1.60 | 1.38 | 0.10 | | 0.12 |
| 团风县 | 42.84 | 28.15 | 2.58 | 2.15 | 0.17 | 0.08 | 0.18 |
| 红安县 | 84.74 | 45.03 | 4.82 | 4.37 | 0.16 | 0.21 | 0.08 |
| 麻城市 | 141.51 | 75.95 | 18.58 | 17.09 | 0.21 | 0.98 | 0.30 |
| 罗田县 | 58.39 | 37.47 | 11.56 | 10.91 | 0.21 | 0.13 | 0.31 |
| 英山县 | 45.38 | 27.34 | 7.54 | 5.76 | 0.51 | 0.39 | 0.88 |
| 浠水县 | 129.26 | 64.48 | 4.00 | 2.27 | 0.57 | 0.05 | 1.11 |
| 蕲春县 | 93.59 | 59.48 | 6.15 | 1.04 | 0.39 | 0.05 | 4.67 |
| 武穴市 | 88.88 | 51.67 | 3.73 | 2.10 | 0.81 | 0.01 | 0.81 |
| 黄梅县 | 115.15 | 61.64 | 7.67 | 4.93 | 1.12 | 0.07 | 1.55 |
| 其中:龙感湖农场 | 8.06 | 3.91 | 1.39 | 1.32 | 0.07 | | |
| **咸宁市** | **402.59** | **205.08** | **17.03** | **7.55** | **6.60** | **0.39** | **2.49** |
| 咸安区 | 75.81 | 34.34 | 2.38 | 0.28 | 1.48 | 0.05 | 0.57 |
| 嘉鱼县 | 75.22 | 28.24 | 3.44 | 2.08 | 1.20 | | 0.16 |
| 赤壁市 | 91.26 | 42.64 | 3.39 | 0.74 | 1.70 | 0.01 | 0.94 |
| 通城县 | 50.68 | 30.61 | 2.83 | 2.01 | 0.40 | | 0.42 |
| 崇阳县 | 67.00 | 42.63 | 2.25 | 1.17 | 0.72 | | 0.36 |
| 通山县 | 42.62 | 26.62 | 2.74 | 1.27 | 1.10 | 0.33 | 0.04 |
| **随州市** | **287.10** | **202.51** | **85.74** | **78.41** | **5.16** | **2.17** | |
| 曾都区 | 198.30 | 145.54 | 63.70 | 57.83 | 4.26 | 1.61 | |
| 广水市 | 88.80 | 56.97 | 22.04 | 20.58 | 0.90 | 0.56 | |
| **恩施自治州** | **652.34** | **406.50** | **139.04** | **17.94** | **5.92** | **0.08** | **115.10** |
| 恩施市 | 129.20 | 71.68 | 26.42 | 5.63 | 0.80 | | 19.99 |
| 建始县 | 87.48 | 53.26 | 24.63 | 5.36 | 0.60 | | 18.67 |
| 巴东县 | 91.06 | 62.39 | 23.41 | 5.68 | 2.24 | | 15.49 |
| 利川市 | 145.51 | 93.13 | 28.03 | 0.56 | 1.41 | | 26.06 |
| 宣恩县 | 56.04 | 35.03 | 9.82 | 0.29 | 0.19 | | 9.34 |
| 咸丰县 | 62.49 | 39.84 | 11.54 | 0.35 | 0.14 | | 11.05 |
| 来凤县 | 44.76 | 29.41 | 6.30 | 0.07 | 0.52 | 0.08 | 5.63 |
| 鹤峰县 | 37.47 | 23.43 | 8.89 | | 0.02 | | 8.87 |
| **仙桃市** | **211.68** | **87.31** | **12.69** | **4.92** | **2.84** | **4.01** | **0.92** |
| **天门市** | **215.02** | **94.81** | **29.60** | **22.62** | **4.52** | **1.35** | **1.11** |
| **潜江市** | **135.22** | **52.78** | **17.36** | **15.89** | **0.64** | **0.35** | **0.48** |
| **神农架林区** | **10.84** | **7.07** | **2.41** | **0.39** | **0.02** | **0.02** | **1.98** |

续表2 单位:千公顷

| | (二)秋收粮食 | 1.稻谷 | #早稻 | #中稻 | #晚稻 | 2.玉米 |
|---|---|---|---|---|---|---|
| **湖北省** | **3000.71** | **2162.39** | **364.19** | **1386.71** | **411.49** | **428.79** |
| **武汉市** | **209.87** | **170.78** | **54.59** | **55.96** | **60.23** | **11.53** |
| 武汉市辖区 | 20.80 | 9.84 | 0.87 | 7.58 | 1.39 | 6.12 |
| 蔡甸区 | 23.17 | 17.97 | 2.06 | 12.95 | 2.96 | 3.37 |
| 江夏区 | 54.14 | 39.63 | 13.37 | 10.93 | 15.33 | 1.61 |
| 黄陂区 | 64.19 | 58.89 | 20.36 | 17.47 | 21.06 | 0.19 |
| 新洲区 | 47.57 | 44.45 | 17.93 | 7.03 | 19.49 | 0.24 |
| **黄石市** | **117.35** | **84.84** | **34.17** | **13.38** | **37.29** | **11.46** |
| 黄石市辖区 | 1.19 | 0.73 | 0.29 | 0.17 | 0.27 | 0.05 |
| 大冶市 | 53.78 | 43.14 | 17.49 | 6.29 | 19.36 | 2.59 |
| 阳新县 | 62.38 | 40.97 | 16.39 | 6.92 | 17.66 | 8.82 |
| **十堰市** | **158.38** | **35.47** | | **35.47** | | **67.40** |
| 十堰市辖区 | 1.22 | 0.33 | | 0.33 | | 0.57 |
| 丹江口市 | 13.34 | 6.01 | | 6.01 | | 3.85 |
| 郧　县 | 26.69 | 6.54 | | 6.54 | | 9.37 |
| 郧西县 | 28.85 | 2.86 | | 2.86 | | 13.12 |
| 竹山县 | 37.53 | 6.55 | | 6.55 | | 18.67 |
| 竹溪县 | 25.43 | 5.26 | | 5.26 | | 10.01 |
| 房　县 | 25.32 | 7.92 | | 7.92 | | 11.81 |
| **荆州市** | **386.98** | **349.87** | **57.66** | **223.66** | **68.55** | **15.53** |
| 荆州市辖区 | 35.55 | 30.14 | 3.19 | 23.14 | 3.81 | 3.47 |
| 江陵县 | 29.86 | 28.23 | 0.20 | 28.00 | 0.03 | 0.07 |
| 松滋市 | 55.81 | 42.50 | 9.53 | 21.96 | 11.01 | 8.25 |
| 公安县 | 62.24 | 58.94 | 13.17 | 31.04 | 14.73 | 0.54 |
| 石首市 | 29.56 | 28.40 | 5.06 | 17.48 | 5.86 | 0.20 |
| 监利县 | 121.70 | 114.94 | 22.54 | 64.09 | 28.31 | 1.11 |
| 洪湖市 | 52.26 | 46.72 | 3.97 | 37.95 | 4.80 | 1.89 |
| **宜昌市** | **221.34** | **90.02** | **6.75** | **74.76** | **8.51** | **83.78** |
| 宜昌市辖区 | 5.77 | 0.92 | | 0.92 | | 2.49 |
| 夷陵区 | 30.52 | 10.68 | | 10.66 | 0.02 | 12.75 |
| 宜都市 | 19.40 | 6.80 | 0.20 | 6.35 | 0.25 | 7.82 |
| 枝江市 | 35.23 | 27.43 | 6.55 | 12.64 | 8.24 | 4.53 |
| 当阳市 | 41.16 | 28.41 | | 28.41 | | 7.78 |
| 远安县 | 12.14 | 7.63 | | 7.63 | | 3.35 |
| 兴山县 | 12.69 | 2.16 | | 2.16 | | 7.55 |
| 秭归县 | 19.11 | 2.87 | | 2.87 | | 8.86 |
| 长阳县 | 26.86 | 2.70 | | 2.70 | | 15.83 |
| 五峰县 | 18.46 | 0.42 | | 0.42 | | 12.82 |
| **襄樊市** | **289.38** | **191.35** | | **191.35** | | **78.56** |
| 襄樊市辖区 | 20.70 | 17.53 | | 17.53 | | 2.61 |
| 老河口市 | 24.39 | 13.56 | | 13.56 | | 7.76 |
| 襄阳区 | 59.73 | 41.14 | | 41.14 | | 16.04 |
| 枣阳市 | 68.04 | 46.90 | | 46.90 | | 16.76 |
| 宜城市 | 35.17 | 29.53 | | 29.53 | | 4.74 |
| 南漳县 | 36.57 | 22.47 | | 22.47 | | 13.79 |
| 谷城县 | 22.43 | 16.09 | | 16.09 | | 5.02 |
| 保康县 | 18.12 | 3.66 | | 3.66 | | 11.70 |
| 农场小计 | 4.23 | 0.47 | | 0.47 | | 0.14 |

续表3　　　　　　　　　　　　　　　　　　　　　　　　　　　　单位:千公顷

| | (二)秋收粮食 | 1. 稻谷 | | | | 2. 玉米 |
|---|---|---|---|---|---|---|
| | | | #早稻 | #中稻 | #晚稻 | |
| **鄂州市** | **44.47** | **39.28** | **14.57** | **9.31** | **15.40** | **0.62** |
| **荆门市** | **211.03** | **177.64** | **6.08** | **165.03** | **6.53** | **15.94** |
| 荆门市辖区 | 35.63 | 29.39 | | 29.39 | | 3.30 |
| 沙洋县 | 54.74 | 51.82 | 0.59 | 51.05 | 0.18 | 0.63 |
| 钟祥市 | 54.90 | 41.64 | | 41.64 | | 5.31 |
| 京山县 | 59.73 | 49.97 | 5.49 | 38.13 | 6.35 | 6.12 |
| 沙洋农场 | 6.03 | 4.82 | | 4.82 | | 0.58 |
| **孝感市** | **217.66** | **204.64** | **28.05** | **143.46** | **33.13** | **1.06** |
| 孝感市辖区 | 31.21 | 30.40 | 4.85 | 19.82 | 5.73 | 0.06 |
| 孝昌县 | 27.36 | 26.67 | 3.82 | 18.70 | 4.15 | 0.01 |
| 大悟县 | 21.81 | 18.61 | 0.50 | 17.56 | 0.55 | 0.15 |
| 安陆市 | 29.13 | 27.20 | 0.06 | 27.06 | 0.08 | 0.03 |
| 云梦县 | 23.63 | 21.64 | 4.67 | 11.80 | 5.17 | 0.42 |
| 应城市 | 45.16 | 42.83 | 12.06 | 15.75 | 15.02 | 0.02 |
| 汉川市 | 42.03 | 39.36 | 2.09 | 35.44 | 2.43 | 0.37 |
| **黄冈市** | **392.50** | **356.23** | **109.26** | **122.70** | **124.27** | **2.31** |
| 黄冈市辖区 | 7.92 | 7.37 | 2.44 | 2.35 | 2.58 | 0.03 |
| 团风县 | 25.57 | 24.75 | 9.31 | 5.37 | 10.07 | 0.01 |
| 红安县 | 40.21 | 37.22 | 13.26 | 8.51 | 15.45 | |
| 麻城市 | 57.37 | 52.66 | 15.14 | 20.32 | 17.20 | 0.22 |
| 罗田县 | 25.91 | 20.36 | 1.05 | 18.37 | 0.94 | 0.10 |
| 英山县 | 19.80 | 15.27 | 0.73 | 12.15 | 2.39 | 0.56 |
| 浠水县 | 60.48 | 55.11 | 23.11 | 6.73 | 25.27 | 0.68 |
| 蕲春县 | 53.33 | 49.12 | 15.72 | 16.08 | 17.32 | 0.04 |
| 武穴市 | 47.94 | 45.56 | 15.86 | 12.19 | 17.51 | 0.06 |
| 黄梅县 | 53.97 | 48.81 | 12.64 | 20.63 | 15.54 | 0.61 |
| 其中:龙感湖农场 | 2.53 | 2.42 | | 2.42 | | |
| **咸宁市** | **188.05** | **136.24** | **35.00** | **64.03** | **37.21** | **16.70** |
| 咸安区 | 31.96 | 21.70 | 2.67 | 15.97 | 3.06 | 2.28 |
| 嘉鱼县 | 24.80 | 19.56 | 2.85 | 13.90 | 2.81 | 3.77 |
| 赤壁市 | 39.25 | 32.17 | 9.36 | 13.31 | 9.50 | 0.38 |
| 通城县 | 27.78 | 25.47 | 9.68 | 5.47 | 10.32 | 0.55 |
| 崇阳县 | 40.38 | 27.66 | 9.80 | 7.02 | 10.84 | 3.49 |
| 通山县 | 23.88 | 9.68 | 0.64 | 8.36 | 0.68 | 6.23 |
| **随州市** | **116.77** | **110.75** | | **110.75** | | **1.53** |
| 曾都区 | 81.84 | 77.68 | | 77.68 | | 1.41 |
| 广水市 | 34.93 | 33.07 | | 33.07 | | 0.12 |
| **恩施自治州** | **267.46** | **69.40** | | **69.40** | | **114.53** |
| 恩施市 | 45.26 | 10.17 | | 10.17 | | 19.48 |
| 建始县 | 28.63 | 3.83 | | 3.83 | | 16.31 |
| 巴东县 | 37.31 | 1.91 | | 1.91 | | 22.63 |
| 利川市 | 65.10 | 22.08 | | 22.08 | | 25.48 |
| 宣恩县 | 25.21 | 9.36 | | 9.36 | | 8.18 |
| 咸丰县 | 28.30 | 10.47 | | 10.47 | | 8.22 |
| 来凤县 | 23.11 | 8.92 | | 8.92 | | 6.24 |
| 鹤峰县 | 14.54 | 2.66 | | 2.66 | | 7.99 |
| **仙桃市** | **74.62** | **64.44** | **7.85** | **48.02** | **8.57** | **3.09** |
| **天门市** | **65.21** | **50.71** | **9.80** | **30.36** | **10.55** | **1.21** |
| **潜江市** | **35.42** | **30.65** | **0.41** | **28.99** | **1.25** | **1.10** |
| **神农架林区** | **4.66** | **0.08** | | **0.08** | | **2.88** |

续表4 单位:千公顷

| | 3. 黍谷 | 4. 高粱 | 5. 大豆 | 6. 杂豆 | 7. 薯类 | 8. 其他杂粮 |
|---|---|---|---|---|---|---|
| **湖北省** | **0.55** | **3.23** | **179.79** | **29.17** | **195.85** | **0.94** |
| **武汉市** | | **0.05** | **15.29** | **4.07** | **8.13** | **0.02** |
| 武汉市辖区 | | | 4.25 | 0.25 | 0.34 | |
| 蔡甸区 | | | 1.21 | 0.29 | 0.33 | |
| 江夏区 | | | 7.62 | 2.03 | 3.23 | 0.02 |
| 黄陂区 | | 0.05 | 1.31 | 0.79 | 2.96 | |
| 新洲区 | | | 0.90 | 0.71 | 1.27 | |
| **黄石市** | | **0.51** | **7.49** | **1.80** | **11.23** | **0.02** |
| 黄石市辖区 | | 0.01 | 0.13 | 0.04 | 0.22 | 0.01 |
| 大冶市 | | 0.13 | 2.32 | 0.84 | 4.76 | |
| 阳新县 | | 0.37 | 5.04 | 0.92 | 6.25 | 0.01 |
| **十堰市** | | **0.13** | **20.70** | **6.28** | **28.40** | |
| 十堰市辖区 | | | 0.11 | 0.01 | 0.20 | |
| 丹江口市 | | 0.12 | 0.67 | 0.28 | 2.41 | |
| 郧　县 | | 0.01 | 2.21 | 0.89 | 7.67 | |
| 郧西县 | | | 3.49 | 1.54 | 7.84 | |
| 竹山县 | | | 6.05 | 1.30 | 4.96 | |
| 竹溪县 | | | 4.77 | 1.90 | 3.49 | |
| 房　县 | | | 3.40 | 0.36 | 1.83 | |
| **荆州市** | | **0.28** | **15.68** | **0.63** | **4.89** | **0.10** |
| 荆州市辖区 | | 0.06 | 0.98 | 0.18 | 0.72 | |
| 江陵县 | | | 1.37 | 0.02 | 0.17 | |
| 松滋市 | | 0.07 | 1.95 | 0.19 | 2.85 | |
| 公安县 | | 0.05 | 2.05 | 0.08 | 0.58 | |
| 石首市 | | | 0.82 | 0.01 | 0.12 | 0.01 |
| 监利县 | | 0.10 | 5.17 | 0.07 | 0.31 | |
| 洪湖市 | | | 3.34 | 0.08 | 0.14 | 0.09 |
| **宜昌市** | | | **13.71** | **1.37** | **32.46** | |
| 宜昌市辖区 | | | 0.17 | 0.07 | 2.12 | |
| 夷陵区 | | | 1.60 | 0.24 | 5.25 | |
| 宜都市 | | | 0.38 | 0.18 | 4.22 | |
| 枝江市 | | | 1.10 | 0.06 | 2.11 | |
| 当阳市 | | | 3.42 | 0.09 | 1.46 | |
| 远安县 | | | 0.34 | 0.04 | 0.78 | |
| 兴山县 | | | 1.32 | 0.16 | 1.50 | |
| 秭归县 | | | 1.77 | 0.21 | 5.40 | |
| 长阳县 | | | 1.95 | 0.24 | 6.14 | |
| 五峰县 | | | 1.66 | 0.08 | 3.48 | |
| **襄樊市** | | **0.05** | **11.33** | **1.41** | **6.66** | **0.02** |
| 襄樊市辖区 | | | 0.37 | | 0.19 | |
| 老河口市 | | | 0.71 | 0.28 | 2.08 | |
| 襄阳区 | | | 1.54 | 0.31 | 0.70 | |
| 枣阳市 | | 0.03 | 2.29 | 0.66 | 1.40 | |
| 宜城市 | | | 0.46 | 0.02 | 0.42 | |
| 南漳县 | | 0.01 | 0.11 | 0.01 | 0.16 | 0.02 |
| 谷城县 | | | 0.54 | 0.12 | 0.66 | |
| 保康县 | | 0.01 | 1.69 | 0.01 | 1.05 | |
| 农场小计 | | | 3.62 | | | |

续表 5 　　　　单位:千公顷

| | 3. 黍谷 | 4. 高粱 | 5. 大豆 | 6. 杂豆 | 7. 薯类 | 8. 其他杂粮 |
|---|---|---|---|---|---|---|
| **鄂州市** | | **0.05** | **2.02** | **0.75** | **1.75** | |
| **荆门市** | | | **12.94** | **1.02** | **3.49** | |
| 荆门市辖区 | | | 1.21 | 0.40 | 1.33 | |
| 沙洋县 | | | 1.73 | 0.29 | 0.27 | |
| 钟祥市 | | | 7.30 | | 0.65 | |
| 京山县 | | | 2.07 | 0.33 | 1.24 | |
| 沙洋农场 | | | 0.63 | | | |
| **孝感市** | | **0.15** | **7.94** | **0.84** | **3.03** | |
| 孝感市辖区 | | | 0.46 | 0.12 | 0.17 | |
| 孝昌县 | | | 0.55 | 0.02 | 0.11 | |
| 大悟县 | | 0.15 | 0.96 | 0.19 | 1.75 | |
| 安陆市 | | | 1.15 | 0.23 | 0.52 | |
| 云梦县 | | | 1.54 | | 0.03 | |
| 应城市 | | | 1.74 | 0.24 | 0.33 | |
| 汉川市 | | | 1.54 | 0.04 | 0.12 | |
| **黄冈市** | | **1.79** | **13.25** | **3.40** | **15.18** | **0.34** |
| 黄冈市辖区 | | 0.03 | 0.21 | 0.06 | 0.22 | |
| 团风县 | | 0.04 | 0.27 | 0.11 | 0.38 | 0.01 |
| 红安县 | | 0.05 | 1.08 | 0.36 | 1.50 | |
| 麻城市 | | 0.03 | 1.50 | 0.42 | 2.54 | |
| 罗田县 | | 0.15 | 2.35 | 0.56 | 2.25 | 0.14 |
| 英山县 | | 0.15 | 1.18 | 0.48 | 2.05 | 0.11 |
| 浠水县 | | 1.17 | 2.37 | 0.61 | 0.54 | |
| 蕲春县 | | 0.09 | 0.83 | 0.37 | 2.86 | 0.02 |
| 武穴市 | | 0.05 | 1.01 | 0.12 | 1.14 | |
| 黄梅县 | | 0.03 | 2.45 | 0.31 | 1.70 | 0.06 |
| 其中:龙感湖农场 | | | 0.11 | | | |
| **咸宁市** | | | **12.68** | **3.11** | **19.05** | **0.27** |
| 咸安区 | | | 2.84 | 0.91 | 4.18 | 0.05 |
| 嘉鱼县 | | | 0.94 | 0.30 | 0.23 | |
| 赤壁市 | | | 2.25 | 1.14 | 3.31 | |
| 通城县 | | | 0.84 | 0.20 | 0.72 | |
| 崇阳县 | | | 4.25 | 0.36 | 4.60 | 0.02 |
| 通山县 | | | 1.56 | 0.20 | 6.01 | 0.20 |
| **随州市** | | **0.04** | **1.77** | **0.23** | **2.45** | |
| 曾都区 | | 0.03 | 0.89 | 0.07 | 1.76 | |
| 广水市 | | 0.01 | 0.88 | 0.16 | 0.69 | |
| **恩施自治州** | | **0.15** | **22.91** | **3.22** | **57.20** | **0.05** |
| 恩施市 | | 0.02 | 5.32 | 0.81 | 9.41 | 0.05 |
| 建始县 | | 0.04 | 2.29 | 0.80 | 5.36 | |
| 巴东县 | | 0.02 | 3.39 | 0.91 | 8.45 | |
| 利川市 | | 0.05 | 4.43 | 0.33 | 12.73 | |
| 宣恩县 | | 0.01 | 2.27 | 0.11 | 5.28 | |
| 咸丰县 | | | 2.92 | 0.07 | 6.62 | |
| 来凤县 | | 0.01 | 1.26 | 0.16 | 6.52 | |
| 鹤峰县 | | | 1.03 | 0.03 | 2.83 | |
| **仙桃市** | | **0.03** | **5.52** | **0.76** | **0.78** | |
| **天门市** | **0.55** | | **11.89** | **0.18** | **0.67** | |
| **潜江市** | | | **3.52** | **0.04** | **0.10** | **0.01** |
| **神农架林区** | | | **1.15** | **0.06** | **0.38** | **0.11** |

续表 6　　　　单位：千公顷

|  | 二、棉花 | 三、油料 | 1. 油菜籽 | 2. 花生 | 3. 芝麻 | 四、麻类 | 1. 黄红麻 |
|---|---|---|---|---|---|---|---|
| **湖北省** | **360.95** | **1460.20** | **1178.65** | **171.71** | **102.52** | **23.64** | **0.98** |
| **武汉市** | **22.92** | **107.14** | **75.85** | **13.30** | **17.96** | **1.39** |  |
| 武汉市辖区 | 7.86 | 5.81 | 3.20 | 0.65 | 1.96 |  |  |
| 蔡甸区 | 4.11 | 11.79 | 8.53 | 1.46 | 1.80 |  |  |
| 江夏区 | 0.12 | 27.36 | 14.67 | 2.52 | 10.14 | 1.39 |  |
| 黄陂区 | 2.32 | 35.21 | 25.13 | 7.07 | 3.01 |  |  |
| 新洲区 | 8.51 | 26.97 | 24.32 | 1.60 | 1.05 |  |  |
| **黄石市** | **2.29** | **48.91** | **36.27** | **4.42** | **8.22** | **5.31** |  |
| 黄石市辖区 | 0.03 | 0.77 | 0.42 | 0.11 | 0.24 | 0.06 |  |
| 大冶市 | 0.43 | 22.63 | 18.25 | 1.67 | 2.71 | 0.98 |  |
| 阳新县 | 1.83 | 25.51 | 17.60 | 2.64 | 5.27 | 4.27 |  |
| **十堰市** | **0.13** | **52.55** | **30.49** | **7.62** | **13.39** |  |  |
| 十堰市辖区 |  | 0.27 | 0.13 | 0.10 | 0.04 |  |  |
| 丹江口市 | 0.02 | 6.97 | 4.49 | 0.41 | 2.07 |  |  |
| 郧　县 | 0.09 | 7.75 | 2.99 | 1.09 | 3.62 |  |  |
| 郧西县 |  | 5.48 | 2.51 | 1.17 | 1.69 |  |  |
| 竹山县 |  | 12.36 | 7.87 | 2.16 | 2.23 |  |  |
| 竹溪县 |  | 13.33 | 7.73 | 1.97 | 2.88 |  |  |
| 房　县 | 0.02 | 6.39 | 4.77 | 0.72 | 0.86 |  |  |
| **荆州市** | **92.34** | **227.45** | **221.48** | **1.80** | **4.17** | **0.96** | **0.84** |
| 荆州市辖区 | 11.56 | 25.53 | 24.40 | 0.42 | 0.71 |  |  |
| 江陵县 | 10.31 | 18.61 | 18.09 | 0.33 | 0.19 | 0.10 | 0.10 |
| 松滋市 | 13.54 | 37.78 | 36.73 | 0.53 | 0.52 |  |  |
| 公安县 | 23.90 | 40.58 | 40.16 | 0.14 | 0.28 | 0.10 |  |
| 石首市 | 9.95 | 22.50 | 22.32 | 0.01 | 0.17 | 0.03 | 0.03 |
| 监利县 | 16.87 | 58.43 | 56.87 | 0.26 | 1.30 | 0.67 | 0.65 |
| 洪湖市 | 6.21 | 24.02 | 22.91 | 0.11 | 1.00 | 0.06 | 0.06 |
| **宜昌市** | **17.16** | **104.52** | **86.52** | **14.02** | **2.80** |  |  |
| 宜昌市辖区 |  | 2.08 | 1.37 | 0.65 | 0.06 |  |  |
| 夷陵区 | 0.01 | 10.92 | 8.57 | 1.86 | 0.30 |  |  |
| 宜都市 | 0.04 | 8.39 | 7.70 | 0.66 | 0.03 |  |  |
| 枝江市 | 12.32 | 20.90 | 18.78 | 1.49 | 0.63 |  |  |
| 当阳市 | 4.77 | 31.21 | 24.78 | 5.30 | 1.13 |  |  |
| 远安县 | 0.02 | 5.78 | 5.44 | 0.30 | 0.04 |  |  |
| 兴山县 |  | 4.25 | 3.45 | 0.32 | 0.12 |  |  |
| 秭归县 |  | 8.34 | 5.96 | 1.66 | 0.44 |  |  |
| 长阳县 |  | 8.66 | 6.93 | 1.44 | 0.04 |  |  |
| 五峰县 |  | 3.99 | 3.54 | 0.34 | 0.01 |  |  |
| **襄樊市** | **32.54** | **130.67** | **81.69** | **32.50** | **16.41** | **1.13** | **0.01** |
| 襄樊市辖区 | 1.10 | 10.42 | 6.74 | 2.37 | 1.24 |  |  |
| 老河口市 | 3.35 | 12.83 | 7.14 | 1.92 | 3.77 |  |  |
| 襄阳区 | 8.00 | 26.98 | 9.94 | 14.59 | 2.45 |  |  |
| 枣阳市 | 12.99 | 26.67 | 15.74 | 5.30 | 5.63 | 0.01 | 0.01 |
| 宜城市 | 5.53 | 26.70 | 20.02 | 5.66 | 1.02 |  |  |
| 南漳县 | 0.57 | 14.17 | 13.37 | 0.30 | 0.50 | 1.12 |  |
| 谷城县 | 0.34 | 5.95 | 3.26 | 1.39 | 1.30 |  |  |
| 保康县 |  | 5.90 | 5.24 | 0.41 | 0.25 |  |  |
| 农场小计 | 0.66 | 1.05 | 0.24 | 0.56 | 0.25 |  |  |

续表 7

单位:千公顷

| | 二、棉花 | 三、油料 | 1. 油菜籽 | 2. 花生 | 3. 芝麻 | 四、麻类 | 1. 黄红麻 |
|---|---|---|---|---|---|---|---|
| **鄂州市** | **2.66** | **27.78** | **21.99** | **1.31** | **4.48** | **0.24** | |
| **荆门市** | **35.80** | **154.02** | **126.53** | **20.54** | **6.95** | **0.07** | |
| 荆门市辖区 | 5.91 | 29.34 | 24.12 | 4.05 | 1.17 | | |
| 沙洋县 | 7.11 | 45.18 | 40.69 | 2.71 | 1.78 | | |
| 钟祥市 | 11.64 | 50.82 | 41.81 | 7.66 | 1.35 | | |
| 京山县 | 4.97 | 25.48 | 18.34 | 4.49 | 2.65 | 0.07 | |
| 沙洋农场 | 6.17 | 3.20 | 1.57 | 1.63 | | | |
| **孝感市** | **23.87** | **110.22** | **87.98** | **17.47** | **4.77** | **0.01** | |
| 孝感市辖区 | 1.17 | 13.71 | 12.22 | 1.00 | 0.49 | | |
| 孝昌县 | 0.48 | 12.84 | 8.81 | 3.33 | 0.70 | | |
| 大悟县 | 0.13 | 14.52 | 4.37 | 9.82 | 0.33 | 0.01 | |
| 安陆市 | 0.53 | 12.57 | 9.79 | 1.60 | 1.18 | | |
| 云梦县 | 1.56 | 8.08 | 7.46 | 0.36 | 0.26 | | |
| 应城市 | 3.23 | 22.64 | 20.62 | 0.66 | 1.36 | | |
| 汉川市 | 16.77 | 25.86 | 24.71 | 0.70 | 0.45 | | |
| **黄冈市** | **34.24** | **197.98** | **156.44** | **30.74** | **9.22** | **2.07** | **0.02** |
| 黄冈市辖区 | 2.07 | 3.78 | 3.16 | 0.12 | 0.50 | | |
| 团风县 | 0.62 | 9.58 | 7.72 | 0.97 | 0.88 | | |
| 红安县 | 1.02 | 30.30 | 14.83 | 15.29 | 0.18 | | |
| 麻城市 | 6.30 | 31.31 | 22.38 | 6.28 | 2.02 | 0.04 | 0.02 |
| 罗田县 | 0.07 | 11.47 | 8.60 | 1.71 | 1.16 | 0.02 | |
| 英山县 | 0.09 | 6.84 | 5.20 | 0.52 | 0.33 | 0.07 | |
| 浠水县 | 2.26 | 31.35 | 26.95 | 2.85 | 1.55 | 0.01 | |
| 蕲春县 | 0.66 | 17.32 | 15.08 | 1.19 | 0.90 | 1.56 | |
| 武穴市 | 5.85 | 24.84 | 23.39 | 0.79 | 0.66 | 0.37 | |
| 黄梅县 | 15.30 | 31.19 | 29.13 | 1.02 | 1.04 | | |
| 其中:龙感湖农场 | 1.50 | 2.52 | 2.32 | 0.01 | 0.19 | | |
| **咸宁市** | **1.44** | **62.14** | **49.91** | **6.97** | **5.26** | **12.18** | |
| 咸安区 | 0.20 | 22.01 | 17.37 | 2.93 | 1.71 | 2.33 | |
| 嘉鱼县 | 0.39 | 8.69 | 6.69 | 0.45 | 1.55 | 4.36 | |
| 赤壁市 | 0.81 | 17.60 | 14.85 | 0.95 | 1.80 | 5.48 | |
| 通城县 | | 4.37 | 3.52 | 0.83 | 0.02 | | |
| 崇阳县 | 0.04 | 4.90 | 3.82 | 1.02 | 0.06 | | |
| 通山县 | | 4.57 | 3.66 | 0.79 | 0.12 | 0.01 | |
| **随州市** | **8.86** | **29.64** | **17.40** | **8.29** | **3.57** | | |
| 曾都区 | 6.36 | 17.82 | 12.11 | 3.34 | 1.99 | | |
| 广水市 | 2.50 | 11.82 | 5.29 | 4.95 | 1.58 | | |
| **恩施自治州** | **0.02** | **47.22** | **38.41** | **5.40** | **0.44** | **0.04** | |
| 恩施市 | 0.02 | 8.52 | 7.31 | 0.75 | | 0.03 | |
| 建始县 | | 7.19 | 6.00 | 0.59 | | | |
| 巴东县 | | 9.04 | 6.02 | 1.69 | 0.43 | | |
| 利川市 | | 4.06 | 2.78 | 0.45 | 0.01 | 0.01 | |
| 宣恩县 | | 4.45 | 3.72 | 0.65 | | | |
| 咸丰县 | | 6.62 | 6.13 | 0.43 | | | |
| 来凤县 | | 4.52 | 3.84 | 0.67 | | | |
| 鹤峰县 | | 2.82 | 2.61 | 0.17 | | | |
| **仙桃市** | **22.16** | **58.23** | **54.82** | **0.90** | **2.51** | **0.21** | **0.08** |
| **天门市** | **37.31** | **62.79** | **55.77** | **5.13** | **1.89** | | |
| **潜江市** | **27.21** | **38.67** | **36.91** | **1.29** | **0.47** | **0.03** | **0.03** |
| **神农架林区** | | **0.27** | **0.19** | **0.01** | **0.01** | | |

续表 8　　　　　　　　　　　　　　　　　　　　　　　　　　　　单位:千公顷

| | 2.苎麻 | 五、糖料 | 六、烟叶 | 1.烤烟 | 2.白肋烟 | 七、药材 | 八、蔬菜、瓜类 |
|---|---|---|---|---|---|---|---|
| **湖北省** | **22.56** | **9.95** | **58.36** | **43.68** | **11.29** | **61.46** | **1090.12** |
| 武汉市 | 1.39 | 1.56 | 0.05 | | | 0.89 | 170.83 |
| 武汉市辖区 | | 0.04 | | | | 0.50 | 49.18 |
| 蔡甸区 | | | | | | 0.18 | 23.35 |
| 江夏区 | 1.39 | 0.15 | | | | | 31.04 |
| 黄陂区 | | 0.86 | | | | 0.01 | 37.75 |
| 新洲区 | | 0.51 | 0.05 | | | 0.20 | 29.51 |
| **黄石市** | **5.31** | **0.08** | | | | **1.26** | **28.30** |
| 黄石市辖区 | 0.06 | | | | | 0.01 | 2.64 |
| 大冶市 | 0.98 | 0.07 | | | | 0.02 | 9.53 |
| 阳新县 | 4.27 | 0.01 | | | | 1.23 | 16.13 |
| **十堰市** | | **0.65** | **3.47** | **2.84** | | **13.70** | **55.92** |
| 十堰市辖区 | | | | | | 0.02 | 3.20 |
| 丹江口市 | | | 0.13 | | | 0.89 | 3.89 |
| 郧　县 | | | | | | 0.44 | 10.47 |
| 郧西县 | | 0.64 | 1.27 | 0.80 | | 3.64 | 14.08 |
| 竹山县 | | | 0.99 | 0.98 | | 3.80 | 7.78 |
| 竹溪县 | | 0.01 | 0.77 | 0.77 | | 1.27 | 10.97 |
| 房　县 | | | 0.31 | 0.29 | | 3.64 | 5.53 |
| **荆州市** | **0.02** | **2.76** | **0.03** | | | **0.02** | **95.18** |
| 荆州市辖区 | | 0.34 | | | | | 13.91 |
| 江陵县 | | 0.36 | | | | | 4.89 |
| 松滋市 | | 0.49 | 0.03 | | | 0.02 | 14.15 |
| 公安县 | | 0.51 | | | | | 15.22 |
| 石首市 | | 0.20 | | | | | 9.29 |
| 监利县 | 0.02 | 0.67 | | | | | 27.85 |
| 洪湖市 | | 0.19 | | | | | 9.87 |
| **宜昌市** | | **0.11** | **6.82** | **4.24** | **2.09** | **3.99** | **86.91** |
| 宜昌市辖区 | | | | | | 0.03 | 7.42 |
| 夷陵区 | | | 0.05 | 0.01 | 0.01 | 1.18 | 14.35 |
| 宜都市 | | | 0.02 | | | 0.01 | 4.47 |
| 枝江市 | | 0.03 | | | | | 10.62 |
| 当阳市 | | 0.08 | | | | 0.09 | 13.80 |
| 远安县 | | | | | | 0.33 | 2.55 |
| 兴山县 | | | 2.47 | 2.44 | | 0.67 | 4.65 |
| 秭归县 | | | 1.80 | 1.62 | | 0.43 | 8.96 |
| 长阳县 | | | 0.64 | 0.12 | 0.34 | 0.40 | 13.51 |
| 五峰县 | | | 1.84 | 0.05 | 1.74 | 0.85 | 6.58 |
| **襄樊市** | **1.12** | **0.13** | **7.53** | **7.50** | | **3.66** | **93.43** |
| 襄樊市辖区 | | | | | | 1.02 | 13.74 |
| 老河口市 | | | 1.84 | 1.84 | | | 22.69 |
| 襄阳区 | | | 0.09 | 0.09 | | 0.11 | 12.99 |
| 枣阳市 | | 0.12 | 0.29 | 0.29 | | 0.17 | 14.31 |
| 宜城市 | | 0.01 | | | | | 11.90 |
| 南漳县 | 1.12 | | 1.82 | 1.80 | | 0.02 | 4.98 |
| 谷城县 | | | | | | 0.56 | 7.13 |
| 保康县 | | | 3.49 | 3.48 | | 1.78 | 5.36 |
| 农场小计 | | | | | | | 0.33 |

续表 9

单位：千公顷

| | 2. 苎麻 | 五、糖料 | 六、烟叶 | 1. 烤烟 | 2. 白肋烟 | 七、药材 | 八、蔬菜、瓜类 |
|---|---|---|---|---|---|---|---|
| **鄂州市** | **0.24** | **0.56** | | | | **0.31** | **23.97** |
| **荆门市** | **0.07** | **0.56** | | | | **1.60** | **55.57** |
| 荆门市辖区 | | 0.11 | | | | 0.89 | 14.03 |
| 沙洋县 | | 0.38 | | | | | 11.33 |
| 钟祥市 | | | | | | 0.61 | 18.57 |
| 京山县 | 0.07 | 0.07 | | | | 0.10 | 11.33 |
| 沙洋农场 | | | | | | | 0.31 |
| **孝感市** | **0.01** | **0.48** | | | | **1.21** | **95.08** |
| 孝感市辖区 | | 0.13 | | | | 0.13 | 12.85 |
| 孝昌县 | | 0.11 | | | | 0.70 | 5.71 |
| 大悟县 | 0.01 | 0.01 | | | | 0.16 | 9.62 |
| 安陆市 | | 0.01 | | | | 0.07 | 8.67 |
| 云梦县 | | | | | | | 18.85 |
| 应城市 | | 0.04 | | | | 0.03 | 18.59 |
| 汉川市 | | 0.18 | | | | 0.12 | 20.79 |
| **黄冈市** | **2.05** | **0.90** | **0.07** | **0.01** | | **10.33** | **96.83** |
| 黄冈市辖区 | | 0.04 | | | | | 5.34 |
| 团风县 | | 0.04 | 0.07 | 0.01 | | 0.10 | 3.49 |
| 红安县 | | 0.01 | | | | 0.21 | 7.09 |
| 麻城市 | 0.02 | 0.07 | | | | 0.64 | 21.59 |
| 罗田县 | 0.02 | 0.08 | | | | 0.83 | 7.75 |
| 英山县 | 0.07 | 0.06 | | | | 5.70 | 3.65 |
| 浠水县 | 0.01 | 0.09 | | | | 0.05 | 29.75 |
| 蕲春县 | 1.56 | 0.23 | | | | 2.80 | 6.80 |
| 武穴市 | 0.37 | 0.18 | | | | | 4.94 |
| 黄梅县 | | 0.10 | | | | | 6.43 |
| 其中:龙感湖农场 | | | | | | | 0.12 |
| **咸宁市** | **12.18** | **0.72** | | | | **0.72** | **93.25** |
| 咸安区 | 2.33 | 0.05 | | | | 0.06 | 14.45 |
| 嘉鱼县 | 4.36 | 0.25 | | | | | 31.57 |
| 赤壁市 | 5.48 | 0.34 | | | | 0.31 | 21.23 |
| 通城县 | | | | | | 0.03 | 6.50 |
| 崇阳县 | | 0.08 | | | | 0.21 | 10.52 |
| 通山县 | 0.01 | | | | | 0.11 | 8.98 |
| **随州市** | | **0.06** | **0.07** | **0.07** | | **0.19** | **39.31** |
| 曾都区 | | 0.04 | | | | 0.11 | 23.14 |
| 广水市 | | 0.02 | 0.07 | 0.07 | | 0.08 | 16.17 |
| **恩施自治州** | **0.04** | **0.08** | **40.30** | **29.02** | **9.20** | **22.29** | **85.59** |
| 恩施市 | 0.03 | 0.03 | 6.89 | 3.48 | 3.15 | 9.96 | 23.72 |
| 建始县 | | | 5.12 | 1.37 | 3.62 | 3.17 | 7.80 |
| 巴东县 | | | 4.45 | 3.30 | 1.02 | 1.26 | 8.19 |
| 利川市 | 0.01 | | 8.17 | 7.11 | | 4.22 | 22.77 |
| 宣恩县 | | | 4.95 | 4.80 | | 0.74 | 8.14 |
| 咸丰县 | | | 5.07 | 4.82 | | 1.78 | 5.49 |
| 来凤县 | | 0.05 | 1.89 | 1.79 | | 0.66 | 6.14 |
| 鹤峰县 | | | 3.76 | 2.35 | 1.41 | 0.50 | 3.34 |
| **仙桃市** | **0.13** | **0.97** | | | | | **35.21** |
| **天门市** | | **0.27** | | | | | **18.69** |
| **潜江市** | | **0.06** | | | | | **14.14** |
| **神农架林区** | | | **0.02** | | | **1.29** | **1.91** |

续表 10　　　　单位:千公顷

| | 八、蔬菜、瓜类 | | 九、花卉园艺 | 十、其他作物 | | | |
|---|---|---|---|---|---|---|---|
| | 1. 蔬菜(含菜用瓜) | 2. 果用瓜 | | | 1. 青饲料 | 2. 绿肥 | 3. 其他 |
| **湖北省** | **1004.82** | **85.30** | **9.79** | **248.78** | **94.71** | **114.45** | **39.62** |
| **武汉市** | **154.32** | **16.51** | **1.71** | **17.53** | **7.72** | **6.94** | **2.87** |
| 武汉市辖区 | 44.12 | 5.06 | 1.26 | 3.86 | 2.46 | 1.10 | 0.30 |
| 蔡甸区 | 20.59 | 2.76 | 0.04 | 3.05 | 0.46 | 2.59 | |
| 江夏区 | 26.35 | 4.69 | 0.27 | 7.19 | 2.84 | 2.60 | 1.75 |
| 黄陂区 | 35.48 | 2.27 | 0.09 | 2.06 | 1.24 | 0.64 | 0.18 |
| 新洲区 | 27.78 | 1.73 | 0.05 | 1.37 | 0.72 | 0.01 | 0.64 |
| **黄石市** | **26.93** | **1.37** | **0.20** | **4.12** | **1.46** | **2.66** | |
| 黄石市辖区 | 2.62 | 0.02 | 0.03 | 0.09 | 0.01 | 0.08 | |
| 大冶市 | 9.20 | 0.33 | 0.08 | 3.10 | 0.77 | 2.33 | |
| 阳新县 | 15.11 | 1.02 | 0.09 | 0.93 | 0.68 | 0.25 | |
| **十堰市** | **54.43** | **1.49** | **0.01** | **1.82** | **0.43** | **0.66** | **0.73** |
| 十堰市辖区 | 3.16 | 0.04 | 0.01 | | | | |
| 丹江口市 | 3.83 | 0.06 | | | | | |
| 郧　县 | 9.19 | 1.28 | | 0.03 | 0.03 | | |
| 郧西县 | 14.06 | 0.02 | | 0.70 | | | 0.70 |
| 竹山县 | 7.78 | | | 0.14 | 0.03 | 0.08 | 0.03 |
| 竹溪县 | 10.90 | 0.07 | | | | | |
| 房　县 | 5.51 | 0.02 | | 0.95 | 0.37 | 0.58 | |
| **荆州市** | **82.01** | **13.17** | **0.52** | **59.65** | **20.96** | **37.79** | **0.90** |
| 荆州市辖区 | 11.47 | 2.44 | 0.27 | 2.37 | 0.87 | 1.30 | 0.20 |
| 江陵县 | 3.60 | 1.29 | | 1.39 | 0.45 | 0.86 | 0.08 |
| 松滋市 | 12.42 | 1.73 | 0.16 | 2.18 | 1.31 | 0.87 | |
| 公安县 | 13.13 | 2.09 | 0.04 | 9.97 | 3.00 | 6.97 | |
| 石首市 | 7.91 | 1.38 | 0.04 | 3.11 | 0.66 | 2.45 | |
| 监利县 | 24.94 | 2.91 | | 26.39 | 5.92 | 20.47 | |
| 洪湖市 | 8.54 | 1.33 | 0.01 | 14.24 | 8.75 | 4.87 | 0.62 |
| **宜昌市** | **82.79** | **4.12** | **0.13** | **21.48** | **14.16** | **5.25** | **2.07** |
| 宜昌市辖区 | 7.41 | 0.01 | 0.01 | 0.07 | 0.01 | 0.06 | |
| 夷陵区 | 13.76 | 0.59 | 0.07 | 3.69 | 2.32 | 1.37 | |
| 宜都市 | 4.42 | 0.05 | | 0.92 | 0.73 | 0.13 | 0.06 |
| 枝江市 | 9.01 | 1.61 | 0.03 | 4.55 | 3.25 | 1.30 | |
| 当阳市 | 12.16 | 1.64 | | 3.07 | 1.93 | 1.14 | |
| 远安县 | 2.53 | 0.02 | | 1.59 | 0.92 | 0.67 | |
| 兴山县 | 4.63 | 0.02 | | 1.67 | 1.45 | 0.22 | |
| 秭归县 | 8.85 | 0.11 | | 0.18 | 0.06 | 0.12 | |
| 长阳县 | 13.46 | 0.05 | 0.02 | 0.45 | 0.28 | 0.17 | |
| 五峰县 | 6.56 | 0.02 | | 5.29 | 3.21 | 0.07 | 2.01 |
| **襄樊市** | **81.88** | **11.55** | **0.08** | **10.37** | **1.30** | **7.12** | **1.95** |
| 襄樊市辖区 | 13.40 | 0.34 | 0.03 | 0.75 | | 0.75 | |
| 老河口市 | 21.47 | 1.22 | 0.01 | 0.40 | | | 0.40 |
| 襄阳区 | 11.26 | 1.73 | | 1.36 | | 1.03 | 0.33 |
| 枣阳市 | 11.23 | 3.08 | | 0.04 | 0.02 | 0.02 | |
| 宜城市 | 7.21 | 4.69 | | 0.05 | 0.01 | 0.04 | |
| 南漳县 | 4.96 | 0.02 | | 2.61 | 0.43 | 1.17 | 1.01 |
| 谷城县 | 7.02 | 0.11 | 0.04 | 3.33 | 0.70 | 2.42 | 0.21 |
| 保康县 | 5.26 | 0.10 | | 1.83 | 0.14 | 1.69 | |
| 农场小计 | 0.07 | 0.26 | | | | | |

续表 11　　　　　　　　　　　　　　　　　　　　　　　　　　单位:千公顷

| | 八、蔬菜、瓜类 | | 九、花卉园艺 | 十、其他作物 | | | |
|---|---|---|---|---|---|---|---|
| | 1、蔬菜(含菜用瓜) | 2、果用瓜 | | | 1. 青饲料 | 2. 绿肥 | 3. 其他 |
| **鄂州市** | **21.72** | **2.25** | **0.32** | **2.24** | **1.73** | **0.42** | **0.09** |
| **荆门市** | **48.60** | **6.97** | **0.27** | **16.63** | **4.71** | **11.68** | **0.24** |
| 荆门市辖区 | 12.17 | 1.86 | 0.12 | 2.91 | 1.33 | 1.48 | 0.10 |
| 沙洋县 | 10.77 | 0.56 | | 3.37 | 0.99 | 2.38 | |
| 钟祥市 | 16.91 | 1.66 | 0.15 | 2.74 | 0.61 | 2.13 | |
| 京山县 | 8.44 | 2.89 | | 5.74 | 1.76 | 3.84 | 0.14 |
| 沙洋农场 | 0.31 | | | 1.87 | 0.02 | 1.85 | |
| **孝感市** | **88.85** | **6.23** | **0.34** | **7.74** | **0.73** | **7.01** | |
| 孝感市辖区 | 11.56 | 1.29 | 0.04 | 0.35 | 0.10 | 0.25 | |
| 孝昌县 | 5.35 | 0.36 | 0.10 | 0.10 | | 0.10 | |
| 大悟县 | 9.11 | 0.51 | | 0.98 | | 0.98 | |
| 安陆市 | 7.67 | 1.00 | 0.03 | 0.59 | 0.18 | 0.41 | |
| 云梦县 | 17.89 | 0.96 | 0.05 | 0.26 | | 0.26 | |
| 应城市 | 17.02 | 1.57 | 0.08 | 2.49 | 0.18 | 2.31 | |
| 汉川市 | 20.25 | 0.54 | 0.04 | 2.97 | 0.27 | 2.70 | |
| **黄冈市** | **93.13** | **3.70** | **5.31** | **12.93** | **4.95** | **4.67** | **3.31** |
| 黄冈市辖区 | 4.88 | 0.46 | 0.13 | 0.77 | 0.57 | 0.01 | 0.19 |
| 团风县 | 3.20 | 0.29 | | 0.79 | 0.22 | 0.15 | 0.42 |
| 红安县 | 6.75 | 0.34 | 0.04 | 1.04 | 0.07 | 0.10 | 0.87 |
| 麻城市 | 21.22 | 0.37 | 5.00 | 0.61 | 0.14 | 0.47 | |
| 罗田县 | 7.45 | 0.30 | 0.02 | 0.68 | 0.37 | 0.25 | 0.06 |
| 英山县 | 3.62 | 0.03 | | 1.63 | 0.88 | 0.75 | |
| 浠水县 | 29.29 | 0.46 | 0.05 | 1.22 | 0.85 | 0.27 | 0.10 |
| 蕲春县 | 6.33 | 0.47 | 0.03 | 4.71 | 1.62 | 2.15 | 0.94 |
| 武穴市 | 4.25 | 0.69 | | 1.03 | 0.17 | 0.21 | 0.65 |
| 黄梅县 | 6.14 | 0.29 | 0.04 | 0.45 | 0.06 | 0.31 | 0.08 |
| 其中:龙感湖农场 | 0.05 | 0.07 | 0.01 | | | | |
| **咸宁市** | **86.34** | **6.91** | **0.39** | **26.67** | **6.23** | **20.27** | **0.17** |
| 咸安区 | 12.46 | 1.99 | 0.02 | 2.35 | 1.73 | 0.62 | |
| 嘉鱼县 | 29.75 | 1.82 | | 1.72 | 0.35 | 1.20 | 0.17 |
| 赤壁市 | 19.15 | 2.08 | 0.16 | 2.69 | 0.39 | 2.30 | |
| 通城县 | 6.46 | 0.04 | 0.01 | 9.16 | 2.35 | 6.81 | |
| 崇阳县 | 9.71 | 0.81 | 0.07 | 8.55 | 1.29 | 7.26 | |
| 通山县 | 8.81 | 0.17 | 0.13 | 2.20 | 0.12 | 2.08 | |
| **随州市** | **36.81** | **2.50** | | **6.46** | **2.07** | **4.39** | |
| 曾都区 | 21.92 | 1.22 | | 5.29 | 1.82 | 3.47 | |
| 广水市 | 14.89 | 1.28 | | 1.17 | 0.25 | 0.92 | |
| **恩施自治州** | **84.82** | **0.77** | **0.11** | **50.19** | **23.86** | **0.57** | **25.76** |
| 恩施市 | 23.55 | 0.17 | 0.08 | 8.27 | 1.34 | | 6.93 |
| 建始县 | 7.64 | 0.16 | 0.03 | 10.91 | 6.13 | 0.02 | 4.76 |
| 巴东县 | 8.09 | 0.10 | | 5.73 | 2.27 | 0.19 | 3.27 |
| 利川市 | 22.74 | 0.03 | | 13.15 | 9.30 | 0.08 | 3.77 |
| 宣恩县 | 8.11 | 0.03 | | 2.73 | 2.27 | 0.01 | 0.45 |
| 咸丰县 | 5.46 | 0.03 | | 3.69 | 0.31 | 0.07 | 3.31 |
| 来凤县 | 5.94 | 0.20 | | 2.09 | 0.32 | 0.02 | 1.75 |
| 鹤峰县 | 3.29 | 0.05 | | 3.62 | 1.92 | 0.18 | 1.52 |
| **仙桃市** | **30.03** | **5.18** | **0.39** | **7.20** | **3.11** | **2.75** | **1.34** |
| **天门市** | **17.83** | **0.86** | | **1.15** | **0.83** | **0.32** | |
| **潜江市** | **12.43** | **1.71** | **0.01** | **2.32** | **0.37** | **1.95** | |
| **神农架林区** | **1.90** | **0.01** | | **0.28** | **0.09** | | **0.19** |

# 主要农产品产量

单位:吨

| | 粮食总产量 | 夏收粮食 | 秋收粮食 | 稻谷 | 1.早稻 | 2.中稻 | 3.晚稻 |
|---|---|---|---|---|---|---|---|
| **湖北省** | **21773800** | **3024900** | **18748900** | **15353200** | **2068700** | **10754000** | **2530500** |
| **武汉市** | **1375166** | **87999** | **1287167** | **1105374** | **308641** | **431904** | **364829** |
| 武汉市辖区 | 147923 | 15943 | 131980 | 72046 | 4945 | 58163 | 8938 |
| 蔡甸区 | 171747 | 11075 | 160672 | 124743 | 11121 | 98395 | 15227 |
| 江夏区 | 329812 | 13916 | 315896 | 267011 | 82875 | 86275 | 97861 |
| 黄陂区 | 421851 | 23804 | 398047 | 371745 | 106762 | 135377 | 129606 |
| 新洲区 | 303833 | 23261 | 280572 | 269829 | 102938 | 53694 | 113197 |
| **黄石市** | **637778** | **32422** | **605356** | **464560** | **167815** | **100362** | **196383** |
| 黄石市辖区 | 8098 | 1420 | 6678 | 4538 | 1690 | 1212 | 1636 |
| 大冶市 | 307362 | 18540 | 288822 | 233836 | 91479 | 39390 | 102967 |
| 阳新县 | 322318 | 12462 | 309856 | 226186 | 74646 | 59760 | 91780 |
| **十堰市** | **790494** | **224135** | **566359** | **194440** | | **194440** | |
| 十堰市辖区 | 6238 | 1394 | 4844 | 1385 | | 1385 | |
| 丹江口市 | 78632 | 27713 | 50919 | 28391 | | 28391 | |
| 郧　县 | 136765 | 47818 | 88947 | 30008 | | 30008 | |
| 郧西县 | 164912 | 54179 | 110733 | 21275 | | 21275 | |
| 竹山县 | 143655 | 31274 | 112381 | 37727 | | 37727 | |
| 竹溪县 | 147193 | 32228 | 114965 | 38402 | | 38402 | |
| 房　县 | 113099 | 29529 | 83570 | 37252 | | 37252 | |
| **荆州市** | **3222033** | **219827** | **3002206** | **2845511** | **375151** | **1988238** | **482122** |
| 荆州市辖区 | 361211 | 41269 | 319942 | 299496 | 26239 | 243797 | 29460 |
| 江陵县 | 332702 | 51066 | 281636 | 273951 | 1410 | 272350 | 191 |
| 松滋市 | 378401 | 30384 | 348017 | 287194 | 53158 | 166209 | 67827 |
| 公安县 | 534894 | 33060 | 501834 | 488816 | 87019 | 302805 | 98992 |
| 石首市 | 251839 | 3801 | 248038 | 243607 | 34830 | 166310 | 42467 |
| 监利县 | 859559 | 19359 | 840200 | 820700 | 140095 | 481486 | 199119 |
| 洪湖市 | 524472 | 40888 | 462539 | 431747 | 32400 | 355281 | 44066 |
| **宜昌市** | **1456232** | **221491** | **1234741** | **668507** | **43098** | **568313** | **57096** |
| 宜昌市辖区 | 11637 | 2194 | 9443 | 4521 | | 4521 | |
| 夷陵区 | 200251 | 23368 | 176883 | 79686 | | 79491 | 195 |
| 宜都市 | 135139 | 16338 | 118801 | 50678 | 1197 | 47531 | 1950 |
| 枝江市 | 288401 | 35199 | 253202 | 210595 | 41901 | 113743 | 54951 |
| 当阳市 | 333676 | 31926 | 301750 | 219789 | | 219789 | |
| 远安县 | 86595 | 12197 | 74398 | 53282 | | 53282 | |
| 兴山县 | 72582 | 19386 | 53196 | 14911 | | 14911 | |
| 秭归县 | 115973 | 29483 | 86490 | 17919 | | 17919 | |
| 长阳县 | 120977 | 29953 | 91024 | 14940 | | 14940 | |
| 五峰县 | 91001 | 21447 | 69554 | 2186 | | 2186 | |
| **襄樊市** | **3295055** | **1180862** | **2114193** | **1623802** | | **1623802** | |
| 襄樊市辖区 | 240917 | 72233 | 168684 | 150580 | | 150580 | |
| 老河口市 | 273162 | 104041 | 169121 | 114783 | | 114783 | |
| 襄阳区 | 879767 | 379717 | 500050 | 369543 | | 369543 | |
| 枣阳市 | 816886 | 336789 | 480097 | 371939 | | 371939 | |
| **宜城市** | **462897** | **111132** | **351765** | **307323** | | **307323** | |
| 南漳县 | 298820 | 73863 | 224957 | 164089 | | 164089 | |
| 谷城县 | 201806 | 53403 | 148403 | 120922 | | 120922 | |
| 保康县 | 92075 | 26356 | 65719 | 22107 | | 22107 | |
| 农场小计 | 28725 | 23328 | 5397 | 2516 | | 2516 | |

续表 1　　　　　　　　　　　　　　　　　　　　　　　　　单位:吨

| | 粮食总产量 | 夏收粮食 | 秋收粮食 | 稻谷 | 1. 早稻 | 2. 中稻 | 3. 晚稻 |
|---|---|---|---|---|---|---|---|
| **鄂州市** | **294826** | **17213** | **277613** | **254385** | **87450** | **69131** | **97804** |
| **荆门市** | **2107595** | **267180** | **1840415** | **1668445** | **47494** | **1571255** | **49696** |
| 荆门市辖区 | 283815 | 31856 | 251959 | 223292 | | 223292 | |
| 沙洋县 | 583789 | 53849 | 529940 | 517327 | 4507 | 511462 | 1358 |
| 钟祥市 | 676712 | 87249 | 589463 | 512270 | | 512270 | |
| 京山县 | 607955 | 74154 | 436696 | 387605 | 42987 | 296280 | 48338 |
| 沙洋农场 | 52429 | 20072 | 32357 | 27951 | | 27951 | |
| **孝感市** | **2115949** | **271933** | **1844016** | **1777312** | **189350** | **1346451** | **241511** |
| 孝感市辖区 | 260239 | 33423 | 226816 | 223508 | 27836 | 159730 | 35942 |
| 孝昌县 | 278505 | 52039 | 226466 | 224338 | 27555 | 167531 | 29252 |
| 大悟县 | 267721 | 38575 | 229146 | 203571 | 3250 | 196369 | 3952 |
| 安陆市 | 328951 | 56693 | 272258 | 266492 | 451 | 265445 | 596 |
| 云梦县 | 229149 | 30087 | 199062 | 190146 | 34551 | 119441 | 36154 |
| 应城市 | 367007 | 19208 | 347799 | 340415 | 81578 | 141062 | 117775 |
| 汉川市 | 408555 | 41908 | 366647 | 353020 | 14129 | 321051 | 17840 |
| **黄冈市** | **2827169** | **202343** | **2624826** | **2472408** | **653086** | **981329** | **837993** |
| 黄冈市辖区 | 56077 | 3999 | 52078 | 49978 | 14356 | 17788 | 17834 |
| 团风县 | 156733 | 6153 | 150580 | 148427 | 48425 | 39031 | 60971 |
| 红安县 | 266337 | 16514 | 249823 | 242098 | 78126 | 70938 | 93034 |
| 麻城市 | 495812 | 55299 | 440513 | 426656 | 119225 | 196120 | 111311 |
| 罗田县 | 192806 | 28573 | 164233 | 150475 | 6331 | 137859 | 6285 |
| 英山县 | 164327 | 23285 | 141042 | 121574 | 4759 | 101089 | 15726 |
| 浠水县 | 437955 | 13330 | 424625 | 382345 | 131000 | 55500 | 195845 |
| 蕲春县 | 359116 | 14862 | 344254 | 323057 | 81903 | 125447 | 115707 |
| 武穴市 | 316729 | 13225 | 303504 | 292871 | 90666 | 91153 | 111052 |
| 黄梅县 | 381277 | 27103 | 354174 | 334927 | 78295 | 146404 | 110228 |
| 其中:龙感湖农场 | 19897 | 3900 | 15997 | 15734 | | 15734 | |
| **咸宁市** | **1018353** | **29801** | **988552** | **794009** | **176464** | **400601** | **216944** |
| 咸安区 | 184443 | 4694 | 179749 | 139000 | 13841 | 107152 | 18007 |
| 嘉鱼县 | 163471 | 7457 | 156014 | 128203 | 15421 | 95281 | 17501 |
| 赤壁市 | 216293 | 8043 | 208250 | 187453 | 48258 | 86333 | 52862 |
| 通城县 | 155686 | 3215 | 152471 | 144852 | 47676 | 32612 | 64564 |
| 崇阳县 | 192047 | 3284 | 188763 | 147617 | 47966 | 39463 | 60188 |
| 通山县 | 106413 | 3108 | 103305 | 46884 | 3302 | 39760 | 3822 |
| **随州市** | **1279732** | **300392** | **979340** | **946629** | | **946629** | |
| 曾都区 | 860190 | 217920 | 642270 | 619289 | | 619289 | |
| 广水市 | 419542 | 82472 | 337070 | 327340 | | 327340 | |
| **恩施自治州** | **1535837** | **311840** | **1223997** | **412893** | | **412893** | |
| 恩施市 | 244639 | 50198 | 194441 | 62266 | | 62266 | |
| 建始县 | 222023 | 64996 | 157027 | 28087 | | 28087 | |
| 巴东县 | 200201 | 49291 | 143895 | 10359 | | 10359 | |
| 利川市 | 347046 | 70718 | 276328 | 114414 | | 114414 | |
| 宣恩县 | 135279 | 20803 | 114476 | 54863 | | 54863 | |
| 咸丰县 | 162976 | 20196 | 142780 | 68011 | | 68011 | |
| 来凤县 | 137845 | 16261 | 121584 | 56244 | | 56244 | |
| 鹤峰县 | 92843 | 19377 | 73466 | 18649 | | 18649 | |
| **仙桃市** | **657133** | **32532** | **624601** | **578318** | **52375** | **461038** | **64905** |
| **天门市** | **478204** | **69734** | **408470** | **369629** | **59109** | **237804** | **72716** |
| **潜江市** | **375092** | **54454** | **320638** | **301899** | **3261** | **289728** | **8910** |
| **神农架林区** | **18868** | **6498** | **12370** | **375** | | **375** | |

续表 2　　　　单位:吨

| | 小麦 | 玉米 | 薯类 | #红薯 | 大豆 | 棉花 | 油料 |
|---|---|---|---|---|---|---|---|
| **湖北省** | **2088500** | **1949100** | **1562000** | **880700** | **434300** | **374994** | **2938995** |
| **武汉市** | **50038** | **90466** | **48517** | **38135** | **36186** | **27717** | **190372** |
| 武汉市辖区 | 6213 | 44407 | 3906 | 3707 | 11135 | 9016 | 10282 |
| 蔡甸区 | 3768 | 32146 | 1270 | 1270 | 2078 | 6617 | 19864 |
| 江夏区 | 7341 | 10899 | 17977 | 17222 | 16499 | 123 | 45274 |
| 黄陂区 | 14445 | 1884 | 18972 | 11305 | 4451 | 3007 | 68435 |
| 新洲区 | 18271 | 1130 | 6392 | 4631 | 2023 | 8954 | 46517 |
| **黄石市** | **21443** | **45265** | **73533** | **69185** | **15672** | **2818** | **69600** |
| 黄石市辖区 | 135 | 228 | 1304 | 830 | 505 | 36 | 1290 |
| 大冶市 | 12856 | 10489 | 37496 | 35695 | 5553 | 520 | 35227 |
| 阳新县 | 8452 | 34548 | 34733 | 32660 | 9614 | 2262 | 33083 |
| **十堰市** | **162537** | **223675** | **118314** | **117194** | **24057** | **82** | **69653** |
| 十堰市辖区 | 1350 | 2309 | 983 | 983 | 152 | | 485 |
| 丹江口市 | 26416 | 12340 | 8913 | 8776 | 855 | 8 | 9275 |
| 郧　县 | 43999 | 24001 | 32690 | 32031 | 1673 | 53 | 7001 |
| 郧西县 | 39042 | 47459 | 36125 | 36125 | 4817 | | 8865 |
| 竹山县 | 19139 | 49864 | 17724 | 17400 | 5982 | 4 | 15436 |
| 竹溪县 | 12310 | 52448 | 15410 | 15410 | 6483 | | 19634 |
| 房　县 | 20281 | 35254 | 6469 | 6469 | 4095 | 17 | 8957 |
| **荆州市** | **142604** | **88580** | **24500** | **15205** | **40845** | **123702** | **454999** |
| 荆州市辖区 | 24903 | 11868 | 5400 | 150 | 2613 | 17052 | 57657 |
| 江陵县 | 32433 | 382 | 1879 | | 5083 | 13686 | 51565 |
| 松滋市 | 16561 | 46240 | 10036 | 10036 | 4172 | 14792 | 65915 |
| 公安县 | 22914 | 2902 | 3843 | 3843 | 5977 | 33377 | 88349 |
| 石首市 | 779 | 1636 | 571 | 571 | 2191 | 15547 | 42998 |
| 监利县 | 10960 | 6117 | 1523 | 603 | 11353 | 20774 | 91387 |
| 洪湖市 | 55099 | 19435 | 1248 | 2 | 9456 | 8474 | 57128 |
| **宜昌市** | **62596** | **403030** | **133144** | **126482** | **28041** | **22356** | **213328** |
| 宜昌市辖区 | 1256 | 1322 | 3324 | 3167 | 180 | | 3903 |
| 夷陵区 | 913 | 66797 | 27490 | 25104 | 2494 | 18 | 21165 |
| 宜都市 | 2222 | 48075 | 19095 | 19095 | 653 | 46 | 17164 |
| 枝江市 | 29555 | 27649 | 11525 | 10918 | 3318 | 14915 | 50061 |
| 当阳市 | 6269 | 58952 | 9041 | 5872 | 13817 | 7356 | 72208 |
| 远安县 | 4683 | 15977 | 4274 | 4274 | 777 | 21 | 11463 |
| 兴山县 | 3838 | 32376 | 4230 | 4230 | 1396 | | 6700 |
| 秭归县 | 6785 | 45883 | 19944 | 19619 | 2584 | | 13484 |
| 长阳县 | 5495 | 50391 | 23810 | 23810 | 1623 | | 11752 |
| 五峰县 | 1580 | 55608 | 10411 | 10393 | 1199 | | 5428 |
| **襄樊市** | **1107211** | **412021** | **52406** | **52356** | **22739** | **30149** | **374756** |
| 襄樊市辖区 | 71453 | 16540 | 1206 | 1186 | 358 | 1807 | 28896 |
| 老河口市 | 98127 | 39800 | 11993 | 11993 | 2001 | 2299 | 22607 |
| 襄阳区 | 363683 | 116878 | 8335 | 8335 | 4657 | 6412 | 121725 |
| 枣阳市 | 308333 | 83783 | 15156 | 15126 | 7822 | 12324 | 70494 |
| 宜城市 | 109784 | 37980 | 4544 | 4544 | 1849 | 6243 | 82280 |
| 南漳县 | 69590 | 53469 | 5700 | 5700 | 1257 | 508 | 26905 |
| 谷城县 | 47812 | 24303 | 2007 | 2007 | 1064 | 186 | 12296 |
| 保康县 | 17371 | 38383 | 3465 | 3465 | 1735 | | 7356 |
| 农场小计 | 21058 | 885 | | | 1996 | 370 | 2197 |

续表 3 单位:吨

| | 小麦 | 玉米 | 薯类 | #红薯 | 大豆 | 棉花 | 油料 |
|---|---|---|---|---|---|---|---|
| **鄂州市** | **12299** | **3986** | **12498** | **12468** | **4767** | **2693** | **54643** |
| **荆门市** | **238463** | **98118** | **31260** | **30602** | **40762** | **43369** | **366592** |
| 荆门市辖区 | 28775 | 18573 | 6730 | 6730 | 2546 | 6869 | 67843 |
| 沙洋县 | 50161 | 3253 | 4091 | 4091 | 4701 | 9993 | 105451 |
| 钟祥市 | 79601 | 39275 | 10204 | 9546 | 27711 | 13225 | 127240 |
| 京山县 | 79860 | 33644 | 10235 | 10235 | 4771 | 7134 | 56813 |
| 沙洋农场 | 9406 | 3373 | | | 1033 | 6148 | 9245 |
| **孝感市** | **245506** | **8190** | **26987** | **26987** | **28507** | **28446** | **192743** |
| 孝感市辖区 | 29768 | 439 | 1252 | 1252 | 1290 | 1409 | 21892 |
| 孝昌县 | 47998 | 68 | 679 | 679 | 1348 | 386 | 24774 |
| 大悟县 | 35957 | 1254 | 19393 | 19393 | 3207 | 162 | 32765 |
| 安陆市 | 54630 | 124 | 2508 | 2508 | 2719 | 538 | 20484 |
| 云梦县 | 27962 | 3102 | 197 | 197 | 5617 | 1780 | 15820 |
| 应城市 | 15072 | 96 | 1904 | 1904 | 4902 | 4610 | 34909 |
| 汉川市 | 34119 | 3107 | 1054 | 1054 | 9424 | 19561 | 42099 |
| **黄冈市** | **156000** | **9511** | **79046** | **66860** | **44805** | **45700** | **407599** |
| 黄冈市辖区 | 3495 | 139 | 1213 | 692 | 551 | 2956 | 7069 |
| 团风县 | 5249 | 22 | 1250 | 1030 | 518 | 1023 | 14292 |
| 红安县 | 15594 | | 4955 | 4805 | 2242 | 1338 | 92460 |
| 麻城市 | 54484 | 67 | 9814 | 9814 | 3173 | 7943 | 57208 |
| 罗田县 | 27046 | 657 | 6625 | 5783 | 4708 | 75 | 20177 |
| 英山县 | 17298 | 1544 | 12614 | 10952 | 3574 | 99 | 13761 |
| 浠水县 | 5837 | 3200 | 7600 | 6800 | 20500 | 3510 | 62280 |
| 蕲春县 | 2267 | 103 | 17509 | 12908 | 2433 | 895 | 28544 |
| 武穴市 | 7485 | 413 | 7049 | 6195 | 2737 | 8113 | 56270 |
| 黄梅县 | 17245 | 3366 | 10417 | 7881 | 4369 | 19748 | 55538 |
| 其中:龙感湖农场 | 3700 | | | | 263 | 1582 | 3831 |
| **咸宁市** | **11961** | **85363** | **83695** | **83695** | **20812** | **1656** | **84494** |
| 咸安区 | 491 | 11107 | 22627 | 22627 | 5414 | 208 | 35264 |
| 嘉鱼县 | 4788 | 24775 | 847 | 847 | 1747 | 436 | 12360 |
| 赤壁市 | 1657 | 1707 | 14042 | 14042 | 3537 | 973 | 21676 |
| 通城县 | 1903 | 1550 | 4000 | 4000 | 1684 | | 4490 |
| 崇阳县 | 1520 | 13668 | 20802 | 20802 | 6309 | 39 | 5946 |
| 通山县 | 1602 | 32556 | 21377 | 21377 | 2121 | | 4758 |
| **随州市** | **282093** | **7844** | **17170** | **17170** | **6715** | **10672** | **60728** |
| 曾都区 | 205212 | 7198 | 11764 | 11764 | 3487 | 7610 | 28962 |
| 广水市 | 76881 | 646 | 5406 | 5406 | 3228 | 3062 | 31766 |
| **恩施自治州** | **28699** | **556634** | **216693** | **211806** | **33890** | **18** | **61963** |
| 恩施市 | 7534 | 93796 | 31801 | 31519 | 5575 | 18 | 10630 |
| 建始县 | 10442 | 99894 | 24889 | 24889 | 3356 | | 10859 |
| 巴东县 | 8879 | 94009 | 34589 | 34589 | 3967 | | 11713 |
| 利川市 | 1007 | 119102 | 32985 | 32521 | 9258 | | 6528 |
| 宣恩县 | 430 | 34682 | 21736 | 21592 | 3027 | | 5764 |
| 咸丰县 | 312 | 43775 | 26012 | 25969 | 4880 | | 7260 |
| 来凤县 | 95 | 27474 | 35240 | 31286 | 2378 | | 5986 |
| 鹤峰县 | | 43902 | 9441 | 9441 | 1449 | | 3223 |
| **仙桃市** | **12171** | **20840** | **5112** | **1376** | **18206** | **20607** | **130237** |
| **天门市** | **51427** | **5393** | **3821** | **3821** | **27851** | **43152** | **108939** |
| **潜江市** | **48276** | **5763** | **1607** | **1607** | **11281** | **32250** | **98083** |
| **神农架林区** | **866** | **10235** | **976** | **976** | **630** | | **266** |

续表 4 单位:吨

| | 油料 | | | 麻类 | 糖类 | 烟叶 | 蔬菜(含菜用瓜) |
|---|---|---|---|---|---|---|---|
| | #油菜籽 | #花生 | #芝麻 | | | | |
| **湖北省** | **2191484** | **601916** | **136739** | **48638** | **428974** | **111398** | **29169108** |
| **武汉市** | **125448** | **37978** | **26878** | **3673** | **71644** | **227** | **5762791** |
| 武汉市辖区 | 6123 | 1921 | 2238 | | 2950 | | 1380576 |
| 蔡甸区 | 13534 | 3255 | 3075 | | | | 567699 |
| 江夏区 | 22541 | 7552 | 15113 | 3673 | 2273 | | 1159705 |
| 黄陂区 | 42232 | 21337 | 4866 | | 31978 | | 1415688 |
| 新洲区 | 41018 | 3913 | 1586 | | 34443 | 227 | 1239123 |
| **黄石市** | **50128** | **9371** | **10101** | **9123** | **2128** | | **670755** |
| 黄石市辖区 | 767 | 214 | 309 | 145 | | | 138895 |
| 大冶市 | 27915 | 3747 | 3565 | 2817 | 2008 | | 304210 |
| 阳新县 | 21446 | 5410 | 6227 | 6161 | 120 | | 227650 |
| **十堰市** | **46199** | **13734** | **8793** | | **13115** | **5177** | **1076678** |
| 十堰市辖区 | 243 | 207 | 35 | | | | 107109 |
| 丹江口市 | 7479 | 899 | 897 | | | 100 | 136441 |
| 郧　县 | 3391 | 1406 | 2176 | | | 4 | 218836 |
| 郧西县 | 3849 | 2746 | 2097 | | 12840 | 1386 | 262371 |
| 竹山县 | 10885 | 3399 | 1039 | | 50 | 1834 | 94346 |
| 竹溪县 | 13144 | 3891 | 2015 | | 225 | 1385 | 151471 |
| 房　县 | 7208 | 1186 | 534 | | | 468 | 106104 |
| **荆州市** | **442905** | **4992** | **7102** | **3576** | **119614** | **14** | **2262116** |
| 荆州市辖区 | 55070 | 1322 | 1265 | | 13490 | | 654008 |
| 江陵县 | 49705 | 1451 | 409 | 518 | 24686 | | 123746 |
| 松滋市 | 64462 | 861 | 592 | | 10089 | 14 | 186246 |
| 公安县 | 87383 | 521 | 445 | 767 | 23326 | | 283639 |
| 石首市 | 42679 | 32 | 287 | 84 | 10091 | | 305265 |
| 监利县 | 88938 | 512 | 1937 | 1856 | 29269 | | 474772 |
| 洪湖市 | 54668 | 293 | 2167 | 351 | 8663 | | 234440 |
| **宜昌市** | **172942** | **35328** | **3775** | | **3267** | **14745** | **2184530** |
| 宜昌市辖区 | 2596 | 1235 | 72 | | | | 249516 |
| 夷陵区 | 16526 | 3993 | 460 | | | 97 | 377365 |
| 宜都市 | 15788 | 1326 | 50 | | | 48 | 111409 |
| 枝江市 | 43768 | 5228 | 1065 | | 851 | | 163367 |
| 当阳市 | 53818 | 17096 | 1294 | | 2416 | | 500179 |
| 远安县 | 10723 | 700 | 40 | | | 7 | 100781 |
| 兴山县 | 5495 | 575 | 135 | | | 4889 | 93717 |
| 秭归县 | 9394 | 3200 | 628 | | | 4066 | 152878 |
| 长阳县 | 10107 | 1442 | 24 | | | 1243 | 323926 |
| 五峰县 | 4727 | 533 | 7 | | | 4395 | 111392 |
| **襄樊市** | **181141** | **172933** | **20682** | **2685** | **10953** | **13572** | **3360369** |
| 襄樊市辖区 | 18863 | 8421 | 1612 | | | | 499146 |
| 老河口市 | 12578 | 6506 | 3523 | | | 4509 | 680426 |
| 襄阳区 | 22794 | 94215 | 4716 | | | 161 | 418735 |
| 枣阳市 | 35387 | 28392 | 6715 | 130 | 9925 | 545 | 861539 |
| 宜城市 | 53208 | 27713 | 1359 | | 1028 | | 220786 |
| 南漳县 | 24414 | 1614 | 877 | 2555 | | 2994 | 146424 |
| 谷城县 | 7179 | 3604 | 1513 | | | | 365184 |
| 保康县 | 6521 | 677 | 158 | | | 5363 | 165575 |
| 农场小计 | 197 | 1791 | 209 | | | | 2554 |

续表 5　　　　单位:吨

| | 油料 | | | 麻类 | 糖类 | 烟叶 | 蔬菜(含菜用瓜) |
|---|---|---|---|---|---|---|---|
| | #油菜籽 | #花生 | #芝麻 | | | | |
| **鄂州市** | **44260** | **3462** | **6921** | **270** | **57394** | | **802620** |
| **荆门市** | **267140** | **87610** | **11842** | **290** | **18862** | **7** | **1652060** |
| 荆门市辖区 | 51509 | 14524 | 1810 | | 1954 | | 304084 |
| 沙洋县 | 94671 | 7742 | 3038 | | 14359 | | 302996 |
| 钟祥市 | 81354 | 42104 | 3782 | | 160 | | 695465 |
| 京山县 | 36674 | 16927 | 3212 | 290 | 2389 | 7 | 345152 |
| 沙洋农场 | 2932 | 6313 | | | | | 4363 |
| **孝感市** | **134445** | **51363** | **6935** | **9** | **22237** | | **2711943** |
| 孝感市辖区 | 17057 | 4030 | 805 | | 7873 | | 397773 |
| 孝昌县 | 12859 | 11076 | 839 | | 4406 | | 187390 |
| 大悟县 | 4975 | 27264 | 526 | 9 | 110 | | 279586 |
| 安陆市 | 15702 | 3235 | 1547 | | 362 | | 203668 |
| 云梦县 | 13732 | 1528 | 560 | | | | 579489 |
| 应城市 | 30831 | 2108 | 1970 | | 2594 | | 536400 |
| 汉川市 | 39289 | 2122 | 688 | | 6892 | | 527637 |
| **黄冈市** | **286034** | **106114** | **13510** | **4451** | **41926** | **161** | **2355965** |
| 黄冈市辖区 | 6065 | 229 | 775 | | 1519 | | 176697 |
| 团风县 | 11987 | 1273 | 1025 | | 1628 | 161 | 43985 |
| 红安县 | 29390 | 62722 | 348 | | 795 | | 145738 |
| 麻城市 | 35095 | 18597 | 3082 | 5 | 293 | | 584457 |
| 罗田县 | 14500 | 4375 | 1302 | 58 | 2582 | | 151500 |
| 英山县 | 11459 | 1098 | 573 | 69 | 1375 | | 111852 |
| 浠水县 | 50710 | 9820 | 1750 | 3 | 3400 | | 338200 |
| 蕲春县 | 23370 | 2789 | 1516 | 3395 | 6316 | | 323034 |
| 武穴市 | 52883 | 2139 | 1248 | 921 | 21467 | | 210575 |
| 黄梅县 | 50575 | 3072 | 1891 | | 2551 | | 269927 |
| 其中:龙感湖农场 | 3581 | 30 | 220 | | | | 1721 |
| **咸宁市** | **64476** | **14065** | **5953** | **23423** | **35748** | | **1878650** |
| 咸安区 | 26843 | 6584 | 1837 | 3205 | 1290 | | 250918 |
| 嘉鱼县 | 9653 | 778 | 1929 | 10636 | 16980 | | 900233 |
| 赤壁市 | 17803 | 1893 | 1980 | 9575 | 13722 | | 310200 |
| 通城县 | 2999 | 1466 | 25 | | 30 | | 108681 |
| 崇阳县 | 3992 | 1899 | 55 | | 3726 | | 168858 |
| 通山县 | 3186 | 1445 | 127 | 7 | | | 139760 |
| **随州市** | **26473** | **28236** | **5998** | | **3222** | **141** | **1365872** |
| 曾都区 | 15762 | 10253 | 2926 | | 2183 | | 770094 |
| 广水市 | 10711 | 17983 | 3072 | | 1039 | 141 | 595778 |
| **恩施自治州** | **46755** | **10244** | **392** | **73** | **1862** | **77326** | **1479388** |
| 恩施市 | 8620 | 1377 | | 42 | 434 | 13917 | 372479 |
| 建始县 | 8701 | 1034 | 5 | | | 12443 | 158662 |
| 巴东县 | 6655 | 3418 | 372 | | | 8230 | 120482 |
| 利川市 | 4099 | 1112 | 15 | 31 | | 15282 | 439154 |
| 宣恩县 | 4639 | 1030 | | | | 8357 | 108914 |
| 咸丰县 | 6407 | 767 | | | | 8755 | 82954 |
| 来凤县 | 4733 | 1243 | | | 1428 | 2918 | 109385 |
| 鹤峰县 | 2901 | 263 | | | | 7424 | 87358 |
| **仙桃市** | **123353** | **2358** | **4526** | **915** | **15706** | | **475819** |
| **天门市** | **88897** | **17514** | **2528** | | **8616** | | **497616** |
| **潜江市** | **90689** | **6595** | **799** | **150** | **2680** | | **599586** |
| **神农架林区** | **199** | **19** | **4** | | | **28** | **32350** |

# 4 林业和土特产

# 全省林业生产情况

| 指　　标 | 计量单位 | 数　量 |
|---|---|---|
| 一、营林情况 | | |
| （一）造林面积 | 公顷 | 177946 |
| 1. 按经济成份分 | | |
| （1）公有经济造林 | 公顷 | 48290 |
| ①国有经济造林 | 公顷 | 35106 |
| ②集体经济造林 | 公顷 | 13184 |
| （2）非公有经济造林 | 公顷 | 129656 |
| 2. 按造林方式分 | | |
| （1）人工造林 | 公顷 | 177946 |
| 其中：竹林面积 | 公顷 | 6511 |
| （2）飞播造林 | 公顷 | |
| 3. 按林种用途分 | | |
| （1）用材林 | 公顷 | 56848 |
| 其中：速生丰产林 | 公顷 | 13271 |
| （2）经济林 | 公顷 | 31712 |
| （3）防护林 | 公顷 | 86839 |
| （4）薪炭林 | 公顷 | 1873 |
| （5）特种用途林 | 公顷 | 674 |
| （二）年末实有封山（沙）育林面积 | 公顷 | 1673087 |
| 其中：本年新封 | 公顷 | 100308 |
| 1. 无林地和疏林地封育面积 | 公顷 | 560020 |
| 其中：本年新封 | 公顷 | 41068 |
| 2. 有林地封育面积 | 公顷 | 862500 |
| 其中：本年新封 | 公顷 | 41260 |
| 3. 灌木林地封育面积 | 公顷 | 250567 |
| 其中：本年新封 | 公顷 | 17980 |
| （三）迹地更新面积 | 公顷 | 2261 |
| 其中：人工更新面积 | 公顷 | 2261 |
| （四）低产低效林改造面积 * | 公顷 | 5548 |
| （五）零星（四旁）植树 | 株 | 111859813 |
| （六）幼林抚育作业面积 | 公顷次 | 807730 |
| （七）幼林抚育实际面积 * | 公顷 | 567663 |
| （八）成林抚育面积 | 公顷 | 276761 |
| 其中：中、幼龄林抚育面积 * | 公顷 | 198548 |
| （九）抚育改造出材量 * | 立方米 | 160775 |
| 其中：中、幼龄林抚育出材量 * | 立方米 | 118165 |
| （十）林木种子采集量 * | 吨 | 5627 |
| （十一）当年苗木产量 * | 株 | 435372797 |
| （十二）育苗面积 * | 公顷 | 24613 |
| 其中：本年新增育苗面积 | 公顷 | 6983 |
| （十三）年末实有母树林面积 * | 公顷 | 7669 |
| （十四）年末实有种子园面积 * | 公顷 | 2311 |
| 二、主要林产品产量（含自用） | | |
| 1. 生　漆 | 吨 | 4413 |
| 2. 油桐籽 | 吨 | 10315 |
| 3. 油茶籽 | 吨 | 9928 |
| 4. 乌桕籽 | 吨 | 10669 |
| 5. 五倍子 | 吨 | 814 |
| 6. 棕　片 | 吨 | 1830 |
| 7. 松　脂 | 吨 | 8334 |
| 8. 竹笋干 | 吨 | 3139 |
| 9. 核　桃 | 吨 | 9051 |
| 10. 板　栗 | 吨 | 128099 |
| 11. 紫　胶（原胶） | 吨 | |

# 造林面积

单位:公顷

| | 造林面积 | 按造林方式分 | | 按主要林种用途分 | | | | |
|---|---|---|---|---|---|---|---|---|
| | | 人工造林 | 飞播造林 | 用材林 | 经济林 | 防护林 | 薪炭林 | 特种用途林 |
| **湖北省** | **186372** | **186372** | | **79474** | **39837** | **58717** | **6815** | **1529** |
| **武汉市** | **6030** | **6030** | | **2954** | **2118** | **874** | **67** | **17** |
| 武汉市辖区 | 705 | 705 | | 370 | 113 | 205 | | 17 |
| 蔡甸区 | 921 | 921 | | 715 | 199 | 7 | | |
| 江夏区 | 1558 | 1558 | | 707 | 616 | 235 | | |
| 黄陂区 | 2245 | 2245 | | 862 | 1044 | 272 | 67 | |
| 新洲区 | 601 | 601 | | 300 | 146 | 155 | | |
| **黄石市** | **5761** | **5761** | | **1413** | **575** | **3773** | | |
| 黄石市辖区 | | | | | | | | |
| 大冶市 | 1873 | 1873 | | 213 | 107 | 1553 | | |
| 阳新县 | 3888 | 3888 | | 1200 | 468 | 2220 | | |
| **十堰市** | **16292** | **16292** | | **2508** | **3890** | **6233** | **3182** | **479** |
| 十堰市辖区 | 485 | 485 | | 242 | 137 | 103 | 1 | 2 |
| 丹江口市 | 4539 | 4539 | | 871 | 950 | 428 | 1814 | 476 |
| 郧　县 | 2933 | 2933 | | | | 2933 | | |
| 郧西县 | 2206 | 2206 | | | 803 | 236 | 1167 | |
| 竹山县 | 4129 | 4129 | | 1128 | 1600 | 1200 | 200 | 1 |
| 竹溪县 | 667 | 667 | | 267 | 400 | | | |
| 房　县 | 1333 | 1333 | | | | 1333 | | |
| **荆州市** | **14722** | **14722** | | **11177** | **1624** | **1915** | **5** | **1** |
| 荆州市辖区 | 688 | 688 | | 605 | 29 | 54 | | |
| 江陵县 | 1989 | 1989 | | 1722 | | 267 | | |
| 松滋市 | 1040 | 1040 | | 1006 | | 34 | | |
| 公安县 | 1950 | 1950 | | 1196 | 118 | 636 | | |
| 石首市 | 2255 | 2255 | | 1607 | 531 | 111 | 5 | 1 |
| 监利县 | 4667 | 4667 | | 3398 | 860 | 409 | | |
| 洪湖市 | 2133 | 2133 | | 1643 | 86 | 404 | | |
| **宜昌市** | **14724** | **14724** | | **1771** | **4337** | **7117** | **832** | **667** |
| 宜昌市辖区 | 513 | 513 | | 10 | 80 | | 423 | |
| 夷陵区 | 2173 | 2173 | | | 160 | 2013 | | |
| 宜都市 | 334 | 334 | | 103 | 129 | 102 | | |
| 枝江市 | 1789 | 1789 | | | 790 | 999 | | |
| 当阳市 | 1666 | 1666 | | 261 | 935 | 470 | | |
| 远安县 | 652 | 652 | | 641 | 11 | | | |
| 兴山县 | 804 | 804 | | 87 | 221 | 286 | 210 | |
| 秭归县 | 2620 | 2620 | | 48 | 614 | 1921 | 37 | |
| 长阳县 | 1538 | 1538 | | 149 | 480 | 747 | 162 | |
| 五峰县 | 2635 | 2635 | | 472 | 917 | 579 | | 667 |
| **襄樊市** | **19771** | **19771** | | **10555** | **2441** | **5472** | **1287** | **16** |
| 襄樊市辖区 | 1897 | 1897 | | 1518 | 233 | 130 | | 16 |
| 老河口市 | 1853 | 1853 | | 1131 | 687 | 35 | | |
| 襄阳区 | 2390 | 2390 | | 892 | 790 | 708 | | |
| 枣阳市 | 1333 | 1333 | | 1318 | 15 | | | |
| 宜城市 | 2333 | 2333 | | 133 | 1 | 993 | 1206 | |
| 南漳县 | 3153 | 3153 | | 2424 | 435 | 213 | 81 | |
| 谷城县 | 3673 | 3673 | | | 280 | 3393 | | |
| 保康县 | 3139 | 3139 | | 3139 | | | | |
| 农场小计 | | | | | | | | 0 |
| **鄂州市** | **2263** | **2263** | | **971** | **671** | **619** | | **2** |

续表 1

单位:公顷

| | 造林面积 | 按造林方式分 | | 按主要林种用途分 | | | | |
|---|---|---|---|---|---|---|---|---|
| | | 人工造林 | 飞播造林 | 用材林 | 经济林 | 防护林 | 薪炭林 | 特种用途林 |
| **荆门市** | **11904** | **11904** | | **7720** | **2327** | **1511** | | **346** |
| 荆门市辖区 | 3985 | 3985 | | 2242 | 1216 | 527 | | |
| 沙洋县 | 1667 | 1667 | | 1667 | | | | |
| 钟祥市 | 2600 | 2600 | | 1661 | 49 | 890 | | |
| 京山县 | 3300 | 3300 | | 1802 | 1058 | 94 | | 346 |
| 沙洋农场 | 352 | 352 | | 348 | 4 | | | |
| **孝感市** | **13767** | **13767** | | **6492** | **2417** | **4858** | | |
| 孝感市辖区 | 652 | 652 | | 226 | 264 | 162 | | |
| 孝昌县 | 2034 | 2034 | | 614 | 1336 | 84 | | |
| 大悟县 | 3986 | 3986 | | | | 3986 | | |
| 安陆市 | 2611 | 2611 | | 2342 | 269 | | | |
| 云梦县 | 802 | 802 | | 295 | 70 | 437 | | |
| 应城市 | 2541 | 2541 | | 2067 | 391 | 83 | | |
| 汉川市 | 1141 | 1141 | | 948 | 87 | 106 | | |
| **黄冈市** | **22856** | **22856** | | **5145** | **4660** | **12640** | **410** | **1** |
| 黄冈市辖区 | 803 | 803 | | 240 | 9 | 554 | | |
| 团风县 | 1208 | 1208 | | 490 | 595 | 113 | 10 | |
| 红安县 | 3394 | 3394 | | 1049 | 2344 | | | 1 |
| 麻城市 | 4735 | 4735 | | 500 | 1573 | 2662 | | |
| 罗田县 | 3400 | 3400 | | | | 3000 | 400 | |
| 英山县 | 2000 | 2000 | | | | 2000 | | |
| 浠水县 | 2000 | 2000 | | 600 | 11 | 1389 | | |
| 蕲春县 | 2000 | 2000 | | 667 | 30 | 1303 | | |
| 武穴市 | 1619 | 1619 | | | | 1619 | | |
| 黄梅县 | 1697 | 1697 | | 1599 | 98 | | | |
| 其中:龙感湖农场 | 70 | 70 | | | | | | |
| **咸宁市** | **19186** | **19186** | | **14955** | **2542** | **1479** | **210** | |
| 咸安区 | 2761 | 2761 | | 2445 | 313 | 3 | | |
| 嘉鱼县 | 2793 | 2793 | | 1720 | 140 | 933 | | |
| 赤壁市 | 2800 | 2800 | | 2374 | 406 | 13 | 7 | |
| 通城县 | 3330 | 3330 | | 1876 | 1104 | 280 | 70 | |
| 崇阳县 | 4467 | 4467 | | 4238 | 229 | | | |
| 通山县 | 3035 | 3035 | | 2302 | 350 | 250 | 133 | |
| **随州市** | **10133** | **10133** | | **4770** | **2939** | **1770** | **654** | |
| 曾都区 | 3450 | 3450 | | 1650 | 130 | 1670 | | |
| 广水市 | 6683 | 6683 | | 3120 | 2809 | 100 | 654 | |
| **恩施自治州** | **22433** | **22433** | | **4460** | **7897** | **9908** | **168** | |
| 恩施市 | 2810 | 2810 | | 752 | 1036 | 963 | 59 | |
| 建始县 | 1799 | 1799 | | | 47 | 1752 | | |
| 巴东县 | 2680 | 2680 | | | 307 | 2373 | | |
| 利川市 | 3302 | 3302 | | 2246 | 612 | 335 | 109 | |
| 宣恩县 | 1450 | 1450 | | 63 | 1189 | 198 | | |
| 咸丰县 | 7070 | 7070 | | 3 | 3666 | 3401 | | |
| 来凤县 | 2456 | 2456 | | 1396 | 873 | 187 | | |
| 鹤峰县 | 866 | 866 | | | 167 | 699 | | |
| **仙桃市** | **3509** | **3509** | | **2155** | **1270** | **84** | | |
| **天门市** | **693** | **693** | | **533** | **101** | **59** | | |
| **潜江市** | **2061** | **2061** | | **1895** | **28** | **138** | | **0** |
| **神农架林区** | **267** | **267** | | | | **267** | | **0** |

续表 2

单位:公顷

|  | 迹地更新面积 | 零星(四旁)植树(万株) | 当年育苗面积 | 幼林抚育作业面积 | 成林抚育作业面积 |
|---|---|---|---|---|---|
| **湖北省** | **21109** | **18660.93** | **13151** | **405895** | **383949** |
| **武汉市** | **6358** | **784.15** | **3095** | **13386** | **39180** |
| 武汉市辖区 | 13 | 139.64 | 415 | 1835 | 1957 |
| 蔡甸区 | 5340 | 62.11 | 196 | 1417 | 1282 |
| 江夏区 | 610 | 130.05 | 2240 | 3766 | 5084 |
| 黄陂区 | 369 | 253.05 | 175 | 2603 | 7650 |
| 新洲区 | 26 | 199.30 | 69 | 3765 | 23207 |
| **黄石市** | **246** | **805.89** | **318** | **3878** | **5352** |
| 黄石市辖区 | 67 | 83.03 | 47 | 263 | 189 |
| 大冶市 |  | 136.00 | 100 | 2000 | 1333 |
| 阳新县 | 179 | 586.86 | 171 | 1615 | 3830 |
| **十堰市** | **632** | **1251.70** | **606** | **65453** | **30799** |
| 十堰市辖区 | 35 | 59.70 | 41 | 1457 | 1169 |
| 丹江口市 |  | 113.00 | 140 | 11249 | 6367 |
| 郧　县 | 420 | 170.00 | 120 | 5700 | 5312 |
| 郧西县 |  | 313.00 | 96 | 6338 | 4867 |
| 竹山县 | 67 | 136.00 | 40 | 6509 | 2064 |
| 竹溪县 |  | 125.00 | 67 | 20000 |  |
| 房　县 | 110 | 335.00 | 102 | 14200 | 11020 |
| **荆州市** | **1008** | **1572.32** | **1136** | **22687** | **16160** |
| 荆州市辖区 | 8 | 159.33 | 308 | 499 | 1111 |
| 江陵县 |  | 85.00 | 69 | 2140 | 1953 |
| 松滋市 | 18 | 159.00 | 54 | 1361 | 2467 |
| 公安县 | 140 | 128.98 | 57 | 1531 | 1219 |
| 石首市 | 230 | 184.01 | 123 | 1151 | 3479 |
| 监利县 | 355 | 686.00 | 79 | 14398 | 3309 |
| 洪湖市 | 257 | 170.00 | 446 | 1607 | 2622 |
| **宜昌市** | **168** | **588.96** | **248** | **18034** | **8685** |
| 宜昌市辖区 |  | 6.60 | 3 | 126 | 814 |
| 夷陵区 |  | 23.00 | 16 | 740 | 33 |
| 宜都市 |  | 118.00 | 41 | 981 | 174 |
| 枝江市 |  | 60.00 | 5 | 346 | 1726 |
| 当阳市 | 3 | 101.10 | 100 | 4164 | 656 |
| 远安县 |  | 90.50 | 13 | 589 | 632 |
| 兴山县 |  | 39.00 | 19 | 5043 | 1875 |
| 秭归县 | 85 | 1.86 | 1 | 2 | 8 |
| 长阳县 | 1 | 115.00 | 12 | 3526 | 2025 |
| 五峰县 | 79 | 33.90 | 38 | 2517 | 742 |
| **襄樊市** | **379** | **2334.21** | **908** | **31418** | **15514** |
| 襄樊市辖区 | 127 | 408.00 | 155 | 497 | 2367 |
| 老河口市 |  | 337.13 | 133 | 2260 | 1231 |
| 襄阳区 |  | 367.13 | 80 | 4792 | 87 |
| 枣阳市 |  | 341.00 | 54 | 1684 | 1453 |
| 宜城市 | 7 | 60.00 | 80 | 5333 |  |
| 南漳县 | 211 | 450.00 | 124 | 3519 | 2376 |
| 谷城县 | 34 | 280.00 | 222 | 5333 | 8000 |
| 保康县 |  | 86.95 | 23 | 8000 |  |
| 农场小计 |  | 4.00 | 37 |  | 0 |
| **鄂州市** | **97** | **378.13** | **479** | **2546** | **5827** |

续表 3　　　　　　　　　　　　　　　　　　　　单位:公顷

| | 迹地更新面积 | 零星(四旁)植树(万株) | 当年育苗面积 | 幼林抚育作业面积 | 成林抚育作业面积 |
|---|---|---|---|---|---|
| **荆门市** | **51** | **1220.63** | **643** | **28224** | **31109** |
| 荆门市辖区 | | 119.08 | 188 | 4262 | 7806 |
| 沙洋县 | 47 | 500.00 | 173 | 6035 | 8721 |
| 钟祥市 | 1 | 347.00 | 187 | 7078 | 7527 |
| 京山县 | | 234.98 | 83 | 7906 | 6014 |
| 沙洋农场 | 3 | 19.57 | 12 | 2943 | 1041 |
| **孝感市** | **442** | **2276.38** | **1316** | **56334** | **41518** |
| 孝感市辖区 | 5 | 284.86 | 58 | 144 | 399 |
| 孝昌县 | 152 | 43.60 | 298 | 637 | 5756 |
| 大悟县 | | 340.00 | 150 | 45800 | 16667 |
| 安陆市 | 152 | 161.60 | 138 | 3810 | 5968 |
| 云梦县 | 27 | 106.00 | 200 | 583 | 583 |
| 应城市 | 89 | 1186.00 | 291 | 4925 | 7075 |
| 汉川市 | 17 | 154.32 | 181 | 435 | 5070 |
| **黄冈市** | **1723** | **2096.14** | **621** | **43099** | **34051** |
| 黄冈市辖区 | | 44.12 | 40 | 933 | 443 |
| 团风县 | 98 | 112.00 | 19 | 388 | 986 |
| 红安县 | 172 | 258.00 | 26 | 10158 | |
| 麻城市 | 8 | 380.00 | 133 | 1400 | 1700 |
| 罗田县 | 11 | 508.00 | 68 | 4709 | 6354 |
| 英山县 | 53 | 123.00 | 33 | 3333 | |
| 浠水县 | 800 | 320.00 | 67 | 10000 | 10000 |
| 蕲春县 | | 2.80 | 75 | 7500 | |
| 武穴市 | 20 | 91.00 | 42 | 1738 | 7222 |
| 黄梅县 | 561 | 257.22 | 118 | 2940 | 7346 |
| 其中:龙感湖农场 | | 7.00 | 14 | 600 | 603 |
| **咸宁市** | **6649** | **1838.00** | **1631** | **43568** | **85788** |
| 咸安区 | 4264 | 365.00 | 1058 | 14871 | 29077 |
| 嘉鱼县 | | 30.00 | | 3333 | 885 |
| 赤壁市 | 124 | 362.00 | 226 | 7414 | 37238 |
| 通城县 | 38 | 618.00 | 24 | 861 | 685 |
| 崇阳县 | 1233 | 334.00 | 196 | 12482 | 13984 |
| 通山县 | 990 | 129.00 | 127 | 4607 | 3919 |
| **随州市** | **2229** | **1795.50** | **971** | **31744** | **47879** |
| 曾都区 | 18 | 440.00 | 150 | 4687 | 1890 |
| 广水市 | 2211 | 1355.50 | 821 | 27057 | 45989 |
| **恩施自治州** | **89** | **672.93** | **324** | **39940** | **14273** |
| 恩施市 | | 111.68 | 5 | 1765 | 8530 |
| 建始县 | | 104.29 | 50 | 1389 | |
| 巴东县 | | 55.00 | | | |
| 利川市 | 43 | 253.07 | 53 | 6558 | 4338 |
| 宣恩县 | | 31.64 | 140 | 1895 | |
| 咸丰县 | | 54.90 | 26 | 18344 | 510 |
| 来凤县 | 13 | 35.43 | 30 | 5496 | 381 |
| 鹤峰县 | 33 | 26.92 | 20 | 4493 | 514 |
| **仙桃市** | **185** | **532.80** | **395** | **3041** | **5009** |
| **天门市** | **3** | **345.15** | **53** | **227** | **547** |
| **潜江市** | **850** | **168.03** | **399** | **2316** | **2258** |
| **神农架林区** | | **0.01** | **8** | | **0** |

# 竹木采伐量

| | 木材 | #村及村以下采伐 | 竹材 | #村及村以下采伐 | 1. 楠竹 | 2. 杂竹 |
|---|---|---|---|---|---|---|
| **湖北省** | **1360019** | **986799** | **25708.37** | **18249.21** | **3609.13** | **22099.24** |
| **武汉市** | **21747** | **16702** | **110.38** | **79.87** | **18.39** | **91.99** |
| 武汉市辖区 | 5919 | 2636 | 1.41 | 0.41 | 0.41 | 1.00 |
| 蔡甸区 | 3943 | 3712 | 4.89 | 3.19 | 0.44 | 4.45 |
| 江夏区 | 7513 | 6967 | 60.00 | 36.15 | 16.34 | 43.66 |
| 黄陂区 | 621 | 596 | 1.20 | 1.20 | 0.60 | 0.60 |
| 新洲区 | 3751 | 2791 | 42.88 | 38.92 | 0.60 | 42.28 |
| **黄石市** | **62883** | **24900** | **3577.07** | **1101.54** | **65.97** | **3511.10** |
| 黄石市辖区 | | | 30.54 | 30.54 | 0.24 | 30.30 |
| 大冶市 | 4000 | 3500 | 8.00 | 8.00 | 8.00 | |
| 阳新县 | 58883 | 21400 | 3538.53 | 1063.00 | 57.73 | 3480.80 |
| **十堰市** | **51878** | **36168** | **2196.50** | **2196.50** | **148.00** | **2048.50** |
| 十堰市辖区 | 2352 | 2352 | 11.50 | 11.50 | | 11.50 |
| 丹江口市 | 3949 | 3949 | 157.00 | 157.00 | | 157.00 |
| 郧　县 | 6000 | 6000 | 595.00 | 595.00 | 148.00 | 447.00 |
| 郧西县 | 13971 | 13971 | 472.00 | 472.00 | | 472.00 |
| 竹山县 | 1906 | 1892 | 750.00 | 750.00 | | 750.00 |
| 竹溪县 | 5100 | 5100 | 18.00 | 18.00 | | 18.00 |
| 房　县 | 18600 | 2904 | 193.00 | 193.00 | | 193.00 |
| **荆州市** | **148725** | **86157** | **258.90** | **56.90** | **189.60** | **69.30** |
| 荆州市辖区 | 1894 | 1683 | 0.30 | 0.30 | | 0.30 |
| 江陵县 | 8293 | 3865 | | | | |
| 松滋市 | 14933 | 11523 | 18.00 | 17.00 | 2.50 | 15.50 |
| 公安县 | 16403 | 10700 | 9.60 | 7.60 | 2.10 | 7.50 |
| 石首市 | 37511 | 24451 | 189.00 | 32.00 | 182.00 | 7.00 |
| 监利县 | 16392 | 6718 | 42.00 | | 3.00 | 39.00 |
| 洪湖市 | 53299 | 27217 | | | | |
| **宜昌市** | **154258** | **113446** | **2017.25** | **942.55** | **33.77** | **1983.48** |
| 宜昌市辖区 | 230 | 230 | 90.30 | 90.30 | | 90.30 |
| 夷陵区 | 16393 | 15733 | 32.00 | 32.00 | | 32.00 |
| 宜都市 | 5642 | 5642 | 19.75 | 19.75 | 5.37 | 14.38 |
| 枝江市 | 2251 | 1723 | 7.20 | 2.50 | 0.40 | 6.80 |
| 当阳市 | 11563 | 9770 | 159.00 | 159.00 | | 159.00 |
| 远安县 | 33163 | | 986.00 | | | 986.00 |
| 兴山县 | 9244 | 8799 | 108.00 | 108.00 | 1.00 | 107.00 |
| 秭归县 | 5869 | 3361 | 355.00 | 280.00 | 12.00 | 343.00 |
| 长阳县 | 14540 | 12825 | 182.00 | 173.00 | 15.00 | 167.00 |
| 五峰县 | 55363 | 55363 | 78.00 | 78.00 | | 78.00 |
| **襄樊市** | **167005** | **143780** | **2852.00** | **1021.00** | **54.00** | **2798.00** |
| 襄樊市辖区 | 19427 | 18815 | 512.00 | 512.00 | | 512.00 |
| 老河口市 | 6198 | 5791 | 36.00 | 36.00 | | 36.00 |
| 襄阳区 | 3369 | 3369 | 11.00 | 11.00 | | 11.00 |
| 枣阳市 | | | | | | |
| 宜城市 | 12000 | 11000 | 60.00 | 60.00 | | 60.00 |
| 南漳县 | 34711 | 29505 | 301.00 | 280.00 | | 301.00 |
| 谷城县 | 32000 | 16000 | 1810.00 | | 54.00 | 1756.00 |
| 保康县 | 59300 | 59300 | 122.00 | 122.00 | | 122.00 |
| 农场小计 | | | | | | |
| **鄂州市** | **13701** | **10653** | **1352.00** | **1340.00** | **280.00** | **1072.00** |

续表 1

| | 木材 | #村及村以下采伐 | 竹材 | #村及村以下采伐 | 1. 楠竹 | 2. 杂竹 |
|---|---|---|---|---|---|---|
| **荆门市** | **116279** | **64973** | **1608.30** | **1145.00** | | **1608.30** |
| 荆门市辖区 | 47275 | 44518 | 1022.00 | 572.00 | | 1022.00 |
| 沙洋县 | 8175 | 8175 | 178.00 | 178.00 | | 178.00 |
| 钟祥市 | 36565 | 4598 | 164.00 | 162.00 | | 164.00 |
| 京山县 | 19930 | 6982 | 244.30 | 233.00 | | 244.30 |
| 沙洋农场 | 4334 | 700 | | | | |
| **孝感市** | **53143** | **35936** | **1942.00** | **1942.00** | **0.20** | **1941.80** |
| 孝感市辖区 | 3868 | 3625 | | | | |
| 孝昌县 | 431 | 131 | 1.00 | 1.00 | 0.20 | 0.80 |
| 大悟县 | 8643 | 1943 | | | | |
| 安陆市 | 5241 | 4190 | 1308.00 | 1308.00 | | 1308.00 |
| 云梦县 | 14985 | 12169 | | | | |
| 应城市 | 4069 | 4069 | 633.00 | 633.00 | | 633.00 |
| 汉川市 | 15906 | 9809 | | | | |
| **黄冈市** | **152890** | **119690** | **1955.61** | **1722.59** | **950.92** | **1004.69** |
| 黄冈市辖区 | 2072 | 214 | 29.47 | 17.13 | 0.21 | 29.26 |
| 团风县 | 2820 | 2344 | 173.00 | 147.00 | 35.00 | 138.00 |
| 红安县 | 18134 | 7434 | 78.17 | 77.51 | 45.88 | 32.29 |
| 麻城市 | 12000 | 11610 | 1191.00 | 1191.00 | 566.00 | 625.00 |
| 罗田县 | 77200 | 66022 | 150.70 | 143.50 | 25.80 | 124.90 |
| 英山县 | 15000 | 15000 | 6.30 | 6.30 | 3.20 | 3.10 |
| 浠水县 | 4000 | 3800 | 100.00 | 100.00 | 80.00 | 20.00 |
| 蕲春县 | 11000 | 4600 | 180.00 | 20.00 | 160.00 | 20.00 |
| 武穴市 | 5243 | 3975 | 45.40 | 19.84 | 33.30 | 12.10 |
| 黄梅县 | 5421 | 4691 | 1.57 | 0.31 | 1.53 | 0.04 |
| 其中:龙感湖农场 | 500 | | | | | |
| **咸宁市** | **190597** | **140116** | **2372.02** | **1987.52** | **1555.71** | **816.31** |
| 咸安区 | 42216 | 31637 | 542.52 | 519.52 | 298.71 | 243.81 |
| 嘉鱼县 | 4529 | 4529 | 5.50 | 5.50 | 5.50 | |
| 赤壁市 | 36553 | 34495 | 767.00 | 665.00 | 481.00 | 286.00 |
| 通城县 | 7740 | 3285 | 50.00 | 45.50 | 35.50 | 14.50 |
| 崇阳县 | 45078 | 21889 | 285.00 | 258.00 | 224.00 | 61.00 |
| 通山县 | 54481 | 44281 | 722.00 | 494.00 | 511.00 | 211.00 |
| **随州市** | **23628** | **15871** | **2129.00** | **1754.00** | **28.00** | **2101.00** |
| 曾都区 | 12330 | 7729 | 1686.00 | 1311.00 | 28.00 | 1658.00 |
| 广水市 | 11298 | 8142 | 443.00 | 443.00 | | 443.00 |
| **恩施自治州** | **140457** | **116038** | **3125.94** | **2750.34** | **284.57** | **2841.37** |
| 恩施市 | 11257 | 7602 | 180.44 | 105.15 | 45.34 | 135.10 |
| 建始县 | 15690 | 15690 | 433.04 | 433.04 | 44.68 | 388.36 |
| 巴东县 | 16263 | 16263 | 507.00 | 507.00 | | 507.00 |
| 利川市 | 47234 | 41838 | 1011.74 | 860.16 | 75.18 | 936.56 |
| 宣恩县 | 10866 | 10566 | 242.91 | 237.65 | 28.44 | 214.47 |
| 咸丰县 | 18745 | 12744 | 232.68 | 203.58 | 55.83 | 176.85 |
| 来凤县 | 6116 | 6116 | 132.33 | 115.46 | 29.10 | 103.23 |
| 鹤峰县 | 14286 | 5219 | 385.80 | 288.30 | 6.00 | 379.80 |
| **仙桃市** | **20951** | **20951** | **1.50** | **1.50** | | **1.50** |
| **天门市** | **6033** | **5574** | **19.50** | **17.50** | | **19.50** |
| **潜江市** | **30958** | **30958** | **190.40** | **190.40** | | **190.40** |
| **神农架林区** | **4886** | **4886** | | | | |

# 主要林产品产量

单位:吨

| | 生漆 | 油桐籽 | 油茶籽 | 乌桕籽 | 五倍子 | 棕片 |
|---|---|---|---|---|---|---|
| **湖北省** | **261675** | **15353** | **14337** | **8999** | **1049** | **2193** |
| **武汉市** | | **875** | **333** | **42** | **1** | |
| 武汉市辖区 | | | | | | |
| 蔡甸区 | | | 3 | | | |
| 江夏区 | | 833 | 26 | | | |
| 黄陂区 | | 37 | 51 | 42 | 1 | |
| 新洲区 | | 5 | 253 | | | |
| **黄石市** | | **558** | **2565** | | | **142** |
| 黄石市辖区 | | 190 | 530 | | | |
| 大冶市 | | 180 | 400 | | | |
| 阳新县 | | 188 | 1635 | | | 142 |
| **十堰市** | **26331** | **5172** | **43** | **292** | **338** | **75** |
| 十堰市辖区 | 230 | 30 | | | 6 | |
| 丹江口市 | | 248 | 30 | 45 | 1 | |
| 郧　县 | 120 | 2560 | | 232 | 26 | |
| 郧西县 | 181 | 2001 | 9 | 15 | 34 | 3 |
| 竹山县 | 6000 | 121 | 2 | | 238 | 14 |
| 竹溪县 | 18800 | 93 | | | 17 | 50 |
| 房　县 | 1000 | 119 | 2 | | 16 | 8 |
| **荆州市** | | **11** | **14** | **1** | | **7** |
| 荆州市辖区 | | | | | | |
| 江陵县 | | | | | | |
| 松滋市 | | 11 | 14 | 1 | | 7 |
| 公安县 | | | | | | |
| 石首市 | | | | | | |
| 监利县 | | | | | | |
| 洪湖市 | | | | | | |
| **宜昌市** | **9253** | **394** | **28** | **91** | **95** | **897** |
| 宜昌市辖区 | | 4 | | | 1 | 20 |
| 夷陵区 | 240 | 23 | 2 | 3 | 1 | 25 |
| 宜都市 | 52 | 112 | | 12 | 1 | 322 |
| 枝江市 | | | | | | |
| 当阳市 | | | | | | |
| 远安县 | | 44 | 2 | 47 | 1 | 41 |
| 兴山县 | 600 | 139 | 20 | | 9 | 19 |
| 秭归县 | | 5 | | | | 8 |
| 长阳县 | 4294 | 53 | 4 | 27 | 13 | 223 |
| 五峰县 | 4067 | 14 | | 2 | 69 | 239 |
| **襄樊市** | **4310** | **367** | **353** | **120** | **41** | **184** |
| 襄樊市辖区 | | | | | | |
| 老河口市 | | | | | | |
| 襄阳区 | | | | | | |
| 枣阳市 | | 4 | 59 | 15 | | |
| 宜城市 | | 35 | 15 | | 3 | 8 |
| 南漳县 | 3452 | 56 | 13 | 93 | 29 | 68 |
| 谷城县 | 450 | 201 | 249 | 12 | 3 | 94 |
| 保康县 | 408 | 71 | 17 | | 6 | 14 |
| 农场小计 | | | | | | 0 |
| **鄂州市** | | **79** | **112** | | | **0** |

续表 1

| | 生漆 | 油桐籽 | 油茶籽 | 乌桕籽 | 五倍子 | 棕片 |
|---|---|---|---|---|---|---|
| **荆门市** | **50** | **90** | **44** | **174** | **12** | **150** |
| 荆门市辖区 | | | 21 | | 12 | 58 |
| 沙洋县 | | | | | | |
| 钟祥市 | 50 | 13 | 9 | 93 | | 76 |
| 京山县 | | 77 | 14 | 81 | | 16 |
| 沙洋农场 | | | | | | |
| **孝感市** | | **1308** | **912** | **5407** | | |
| 孝感市辖区 | | | | | | |
| 孝昌县 | | 18 | 222 | 4 | | |
| 大悟县 | | 1200 | 650 | 5300 | | |
| 安陆市 | | 86 | 39 | 98 | | |
| 云梦县 | | | | | | |
| 应城市 | | 4 | 1 | 5 | | |
| 汉川市 | | | | | | |
| **黄冈市** | **7483** | **3573** | **4684** | **1571** | **7** | **22** |
| 黄冈市辖区 | | | | | | |
| 团风县 | | 15 | 118 | 7 | | |
| 红安县 | | 20 | 826 | 158 | 5 | |
| 麻城市 | | 1183 | 2074 | | | |
| 罗田县 | | 782 | 350 | 1131 | | |
| 英山县 | | 1441 | 317 | 263 | 2 | 2 |
| 浠水县 | | 12 | 38 | 12 | | |
| 蕲春县 | 7483 | 75 | 744 | | | 4 |
| 武穴市 | | | 81 | | | |
| 黄梅县 | | 45 | 136 | | | 16 |
| 其中:龙感湖农场 | | | | | | |
| **咸宁市** | | **186** | **3028** | | | **162** |
| 咸安区 | | 27 | 156 | | | 10 |
| 嘉鱼县 | | | | | | |
| 赤壁市 | | 36 | 100 | | | 61 |
| 通城县 | | 12 | 770 | | | |
| 崇阳县 | | 30 | 1028 | | | 86 |
| 通山县 | | 81 | 974 | | | 5 |
| **随州市** | | **2405** | **2109** | **1206** | **254** | **37** |
| 曾都区 | | 938 | 717 | 1110 | 117 | 37 |
| 广水市 | | 1467 | 1392 | 96 | 137 | |
| **恩施自治州** | **214242** | **335** | **112** | **95** | **296** | **513** |
| 恩施市 | 42402 | 37 | 4 | 76 | 43 | 39 |
| 建始县 | 39248 | 12 | 24 | 7 | 27 | 93 |
| 巴东县 | 12004 | 37 | 1 | 11 | 6 | 32 |
| 利川市 | 39174 | 95 | 7 | | 152 | 122 |
| 宣恩县 | 6287 | 9 | 1 | | 16 | 32 |
| 咸丰县 | 66788 | 43 | 9 | 1 | 14 | 33 |
| 来凤县 | 1310 | 97 | 59 | | 22 | 19 |
| 鹤峰县 | 7029 | 5 | 7 | | 16 | 143 |
| **仙桃市** | | | | | | |
| **天门市** | | | | | | |
| **潜江市** | | | | | | |
| **神农架林区** | **6** | | | | **5** | **4** |

续表 2

单位:吨

| | 松脂 | 竹笋干 | 核桃 | 板栗 | 白果 | 其他 |
|---|---|---|---|---|---|---|
| **湖北省** | **5250782** | **2746** | **3402** | **86914** | **2782631** | **37427** |
| **武汉市** | **10020** | **21** | **22** | **2832** | **2424** | **238** |
| 武汉市辖区 | | | | | | |
| 蔡甸区 | | | | | | 3 |
| 江夏区 | | | | 310 | | 10 |
| 黄陂区 | 10020 | 21 | 22 | 1749 | 2424 | 225 |
| 新洲区 | | | | 773 | | |
| **黄石市** | | **194** | | **587** | | |
| 黄石市辖区 | | 3 | | 30 | | |
| 大冶市 | | 80 | | 152 | | |
| 阳新县 | | 111 | | 405 | | |
| **十堰市** | | **215** | **1566** | **3823** | **9406** | **466** |
| 十堰市辖区 | | 4 | 4 | 511 | 500 | |
| 丹江口市 | | 26 | 9 | 88 | 5600 | 16 |
| 郧　县 | | | 55 | 352 | | 327 |
| 郧西县 | | 2 | 1251 | 879 | 14 | 45 |
| 竹山县 | | 117 | 43 | 227 | | 10 |
| 竹溪县 | | 20 | 143 | 1115 | | |
| 房　县 | | 46 | 61 | 651 | 3292 | 68 |
| **荆州市** | | | **15** | **9** | | |
| 荆州市辖区 | | | | 2 | | |
| 江陵县 | | | | | | |
| 松滋市 | | | 15 | 1 | | |
| 公安县 | | | | | | |
| 石首市 | | | | 6 | | |
| 监利县 | | | | | | |
| 洪湖市 | | | | | | |
| **宜昌市** | **361100** | **40** | **457** | **4615** | **217638** | **1030** |
| 宜昌市辖区 | | 5 | | 13 | | 89 |
| 夷陵区 | 41100 | 21 | 49 | 1094 | 86880 | 30 |
| 宜都市 | | | 29 | 143 | 370 | |
| 枝江市 | | | | 15 | | |
| 当阳市 | 27000 | | | 63 | | 17 |
| 远安县 | 293000 | 1 | 27 | 390 | 60450 | |
| 兴山县 | | 13 | 194 | 354 | 53820 | 112 |
| 秭归县 | | | 24 | 1804 | 12 | 4 |
| 长阳县 | | | 67 | 382 | 9681 | 142 |
| 五峰县 | | | 67 | 357 | 6425 | 636 |
| **襄樊市** | **82100** | **68** | **348** | **2127** | **503838** | **22111** |
| 襄樊市辖区 | | | | | | |
| 老河口市 | | | | | | 755 |
| 襄阳区 | 2100 | | | | | 20900 |
| 枣阳市 | | | 15 | 94 | | 50 |
| 宜城市 | 80000 | | 26 | 466 | | |
| 南漳县 | | 2 | 143 | 130 | 373442 | 45 |
| 谷城县 | | 20 | 54 | 518 | 11652 | 112 |
| 保康县 | | 46 | 110 | 919 | 118744 | 249 |
| 农场小计 | | | | | | 0 |
| **鄂州市** | **6200** | | **78** | **18** | | **0** |

续表3　　　　单位:吨

| | 松脂 | 竹笋干 | 核桃 | 板栗 | 白果 | 其他 |
|---|---|---|---|---|---|---|
| **荆门市** | **1267470** | | **119** | **5060** | **359200** | **80** |
| 荆门市辖区 | 979000 | | 100 | 404 | | |
| 沙洋县 | 131080 | | | 20 | | |
| 钟祥市 | 3500 | | 12 | 164 | 16700 | 80 |
| 京山县 | 153890 | | 7 | 4472 | 342500 | |
| 沙洋农场 | | | | | | |
| **孝感市** | **75930** | | **11** | **20318** | **741026** | **1510** |
| 孝感市辖区 | | | | 26 | | |
| 孝昌县 | 14530 | | | 1892 | 26 | |
| 大悟县 | 400 | | | 18000 | 430000 | |
| 安陆市 | | | 4 | 162 | 308000 | 1510 |
| 云梦县 | | | | 5 | | |
| 应城市 | 61000 | | 7 | 233 | 3000 | |
| 汉川市 | | | | | | |
| **黄冈市** | **990781** | **149** | **10** | **38892** | **99442** | **1050** |
| 黄冈市辖区 | | | 6 | | | 1 |
| 团风县 | | | | 478 | | 3 |
| 红安县 | | 6 | | 1321 | 886 | 50 |
| 麻城市 | 184600 | 18 | | 8430 | 53785 | 975 |
| 罗田县 | 15000 | 36 | 3 | 20806 | 28665 | 1 |
| 英山县 | 200000 | 10 | 1 | 2134 | 10950 | 14 |
| 浠水县 | 7200 | 4 | | 3000 | 5100 | |
| 蕲春县 | 527910 | 27 | | 2267 | 56 | 6 |
| 武穴市 | 8971 | 26 | | 18 | | |
| 黄梅县 | 47100 | 22 | | 438 | | |
| 其中:龙感湖农场 | | | | | | |
| **咸宁市** | **110** | **1910** | | **936** | **21500** | **4374** |
| 咸安区 | | 100 | | 35 | | |
| 嘉鱼县 | | | | | | |
| 赤壁市 | 110 | 284 | | 190 | 21500 | 290 |
| 通城县 | | 25 | | 344 | | |
| 崇阳县 | | 1466 | | 355 | | 4084 |
| 通山县 | | 35 | | 12 | | |
| **随州市** | **2345071** | | **181** | **6205** | **742228** | **847** |
| 曾都区 | 712871 | | 144 | 3826 | 703436 | 567 |
| 广水市 | 1632200 | | 37 | 2379 | 38792 | 280 |
| **恩施自治州** | **112000** | **149** | **392** | **852** | **82629** | **5721** |
| 恩施市 | | 7 | 110 | 129 | 4486 | 38 |
| 建始县 | | | 118 | 77 | 12020 | 13 |
| 巴东县 | | | 64 | 284 | 49305 | 3 |
| 利川市 | 18000 | 94 | 56 | 80 | 9060 | 10 |
| 宣恩县 | | | 13 | 15 | 50 | 682 |
| 咸丰县 | 90000 | 22 | 8 | 103 | 3570 | 251 |
| 来凤县 | 4000 | 26 | 15 | 80 | 300 | |
| 鹤峰县 | | | 8 | 84 | 3838 | 4724 |
| **仙桃市** | | | | | | |
| **天门市** | | | | | | |
| **潜江市** | | | | | | |
| **神农架林区** | | | **203** | **640** | **3300** | |

# 茶叶、水果产量

单位:吨

| | 茶叶产量 | 红毛茶 | 绿毛茶 | 水果产量 | #柑桔 |
|---|---|---|---|---|---|
| **湖北省** | **84976** | **6546** | **67221** | **5667685** | **1462596** |
| 武汉市 | 1510 | 20 | 943 | 542571 | 16966 |
| 武汉市辖区 | 123 | | 123 | 141319 | 5586 |
| 蔡甸区 | 13 | | 13 | 83075 | 1799 |
| 江夏区 | 1131 | 20 | 564 | 153517 | 7752 |
| 黄陂区 | 125 | | 125 | 97241 | 305 |
| 新洲区 | 118 | | 118 | 67419 | 1524 |
| **黄石市** | **322** | | **301** | **81219** | **13128** |
| 黄石市辖区 | 18 | | 18 | 4489 | 1661 |
| 大冶市 | 49 | | 48 | 33981 | 2082 |
| 阳新县 | 255 | | 235 | 42749 | 9385 |
| **十堰市** | **2234** | | **2226** | **158466** | **102707** |
| 十堰市辖区 | 29 | | 29 | 3198 | 1112 |
| 丹江口市 | 111 | | 111 | 88192 | 85697 |
| 郧　县 | 131 | | 123 | 55978 | 13198 |
| 郧西县 | 33 | | 33 | 3815 | 689 |
| 竹山县 | 600 | | 600 | 2009 | 746 |
| 竹溪县 | 1001 | | 1001 | 1997 | 100 |
| 房　县 | 329 | | 329 | 3277 | 1165 |
| **荆州市** | **33** | | **32** | **644062** | **136189** |
| 荆州市辖区 | | | | 128878 | 24588 |
| 江陵县 | | | | 54022 | 1688 |
| 松滋市 | 12 | | 12 | 98095 | 52284 |
| 公安县 | 14 | | 13 | 113230 | 35179 |
| 石首市 | 7 | | 7 | 85448 | 19605 |
| 监利县 | | | | 113443 | 2101 |
| 洪湖市 | | | | 50946 | 744 |
| **宜昌市** | **16100** | **877** | **14987** | **1107481** | **911739** |
| 宜昌市辖区 | 471 | 10 | 461 | 138120 | 137235 |
| 夷陵区 | 5142 | 14 | 5122 | 242887 | 220490 |
| 宜都市 | 2698 | 50 | 2623 | 128035 | 124401 |
| 枝江市 | 37 | | 37 | 216429 | 144130 |
| 当阳市 | 63 | | 63 | 177343 | 96072 |
| 远安县 | 634 | | 634 | 9006 | 5069 |
| 兴山县 | 428 | 2 | 384 | 38496 | 34476 |
| 秭归县 | 1069 | | 1016 | 125647 | 121960 |
| 长阳县 | 952 | | 872 | 28616 | 26555 |
| 五峰县 | 4606 | 801 | 3775 | 2902 | 1351 |
| **襄樊市** | **5184** | **3** | **5158** | **1065773** | **42832** |
| 襄樊市辖区 | 33 | | 33 | 15401 | 920 |
| 老河口市 | 104 | | 104 | 128083 | 3330 |
| 襄阳区 | 3 | | 3 | 130433 | 1044 |
| 枣阳市 | 213 | | 213 | 494022 | 2820 |
| 宜城市 | 168 | | 168 | 245850 | 21361 |
| 南漳县 | 423 | | 423 | 15596 | 10777 |
| 谷城县 | 2884 | 3 | 2858 | 15577 | 1279 |
| 保康县 | 1355 | | 1355 | 6618 | 1049 |
| 农场小计 | 1 | | 1 | 14193 | 252 |
| **鄂州市** | **172** | | **172** | **180430** | **11608** |

续表 1 单位:吨

| | 茶叶产量 | 红毛茶 | 绿毛茶 | 水果产量 | #柑桔 |
|---|---|---|---|---|---|
| **荆门市** | **188** | | **187** | **484908** | **93008** |
| 荆门市辖区 | 56 | | 56 | 95007 | 20394 |
| 沙洋县 | 16 | | 16 | 38035 | 10038 |
| 钟祥市 | 87 | | 87 | 188123 | 29371 |
| 京山县 | 26 | | 26 | 163643 | 33179 |
| 沙洋农场 | 3 | | 2 | 100 | 26 |
| **孝感市** | **1539** | | **1534** | **382588** | **3910** |
| 孝感市辖区 | 83 | | 83 | 68246 | 608 |
| 孝昌县 | 490 | | 490 | 51468 | 1897 |
| 大悟县 | 620 | | 620 | 12150 | |
| 安陆市 | 160 | | 160 | 49559 | 202 |
| 云梦县 | | | | 39597 | 36 |
| 应城市 | 181 | | 181 | 103458 | 695 |
| 汉川市 | 5 | | | 58110 | 472 |
| **黄冈市** | **18040** | **2802** | **15132** | **140024** | **37861** |
| 黄冈市辖区 | | | | 17473 | 1404 |
| 团风县 | 32 | | 29 | 7164 | 549 |
| 红安县 | 1183 | | 1080 | 4107 | 41 |
| 麻城市 | 813 | | 813 | 8242 | 161 |
| 罗田县 | 249 | | 249 | 6893 | 180 |
| 英山县 | 14756 | 2800 | 11956 | 2691 | 371 |
| 浠水县 | 842 | 2 | 840 | 32310 | 10806 |
| 蕲春县 | 73 | | 73 | 19573 | 7632 |
| 武穴市 | 50 | | 50 | 32663 | 15210 |
| 黄梅县 | 42 | | 42 | 8908 | 1507 |
| 其中:龙感湖农场 | | | | 2368 | 20 |
| **咸宁市** | **16392** | **54** | **6531** | **233085** | **17371** |
| 咸安区 | 1104 | | 388 | 58132 | 428 |
| 嘉鱼县 | 1339 | | 667 | 57834 | 856 |
| 赤壁市 | 11596 | 5 | 4322 | 71756 | 2708 |
| 通城县 | 861 | 21 | 454 | 3025 | 2096 |
| 崇阳县 | 520 | | 349 | 26579 | 1540 |
| 通山县 | 972 | 28 | 351 | 15759 | 9743 |
| **随州市** | **1188** | **9** | **1179** | **238961** | **7098** |
| 曾都区 | 887 | 9 | 878 | 129472 | 6394 |
| 广水市 | 301 | | 301 | 109489 | 704 |
| **恩施自治州** | **21996** | **2781** | **18761** | **101201** | **49292** |
| 恩施市 | 3930 | 451 | 3437 | 17788 | 9562 |
| 建始县 | 683 | 3 | 610 | 4649 | 1588 |
| 巴东县 | 324 | | 324 | 8073 | 5297 |
| 利川市 | 3988 | 1304 | 2634 | 20575 | 2581 |
| 宣恩县 | 2268 | 159 | 2067 | 13880 | 11839 |
| 咸丰县 | 2252 | 238 | 1940 | 12120 | 2264 |
| 来凤县 | 303 | | 243 | 21443 | 14202 |
| 鹤峰县 | 8248 | 626 | 7506 | 2673 | 1959 |
| **仙桃市** | | | | **154433** | **14060** |
| **天门市** | | | | **55790** | **2624** |
| **潜江市** | | | | **96104** | **2203** |
| **神农架林区** | **78** | | **78** | **589** | |

续表2 单位:吨

| | #梨子 | #桃子 | #西瓜 | #甜瓜 | #草莓 |
|---|---|---|---|---|---|
| **湖北省** | **501856** | **468766** | **2611891** | **382325** | **23822** |
| 武汉市 | 30077 | 16647 | 375793 | 89213 | 4006 |
| 武汉市辖区 | 9103 | 5736 | 74116 | 37837 | 2613 |
| 蔡甸区 | 32 | 380 | 55206 | 25016 | 471 |
| 江夏区 | 575 | 1335 | 124111 | 17664 | 408 |
| 黄陂区 | 8531 | 3138 | 79220 | 4596 | 109 |
| 新洲区 | 11836 | 6058 | 43140 | 4100 | 405 |
| **黄石市** | **1062** | **1063** | **58045** | **5421** | **1065** |
| 黄石市辖区 | 358 | 288 | 660 | 670 | 515 |
| 大冶市 | 284 | 445 | 25950 | 4557 | 230 |
| 阳新县 | 420 | 330 | 31435 | 194 | 320 |
| **十堰市** | **487** | **3879** | **40374** | **1057** | **1262** |
| 十堰市辖区 | 3 | 841 | | | 260 |
| 丹江口市 | 14 | 267 | 1678 | | 4 |
| 郧　县 | 178 | 895 | 37285 | 1057 | 998 |
| 郧西县 | 131 | 624 | 195 | | |
| 竹山县 | 127 | 312 | 23 | | |
| 竹溪县 | | 180 | 902 | | |
| 房　县 | 34 | 760 | 291 | | |
| **荆州市** | **23072** | **9569** | **388570** | **82535** | **31** |
| 荆州市辖区 | 3835 | 3439 | 70537 | 25814 | 10 |
| 江陵县 | 625 | 28 | 48778 | 2827 | |
| 松滋市 | 4319 | 447 | 36819 | 3960 | 15 |
| 公安县 | 3818 | 746 | 62223 | 9960 | 6 |
| 石首市 | 3464 | 2815 | 43072 | 15393 | |
| 监利县 | 5394 | 1907 | 82798 | 21115 | |
| 洪湖市 | 1617 | 187 | 44343 | 3466 | |
| **宜昌市** | **31560** | **14936** | **88467** | **20266** | **1361** |
| 宜昌市辖区 | 20 | 734 | | | 3 |
| 夷陵区 | 257 | 2093 | 13338 | 2988 | 1027 |
| 宜都市 | 345 | 150 | 2363 | 137 | 50 |
| 枝江市 | 25451 | 7962 | 24103 | 12905 | 75 |
| 当阳市 | 3292 | 1894 | 44054 | 4191 | 148 |
| 远安县 | 801 | 910 | 1340 | | 1 |
| 兴山县 | 373 | 398 | 400 | | 20 |
| 秭归县 | 335 | 385 | 1949 | | 26 |
| 长阳县 | 435 | 298 | 220 | 45 | 11 |
| 五峰县 | 251 | 112 | 700 | | |
| **襄樊市** | **128153** | **247329** | **569485** | **29146** | **1428** |
| 襄樊市辖区 | 2064 | 3659 | 3170 | 1630 | 1194 |
| 老河口市 | 52521 | 19003 | 32291 | 10192 | 69 |
| 襄阳区 | 39570 | 17056 | 55202 | 5804 | |
| 枣阳市 | 25586 | 198914 | 251565 | 7017 | |
| 宜城市 | 4470 | 3771 | 207315 | 3390 | |
| 南漳县 | 770 | 1595 | 1073 | 236 | 47 |
| 谷城县 | 3120 | 2544 | 4251 | 877 | |
| 保康县 | 52 | 692 | 772 | | 118 |
| 农场小计 | | 95 | 13846 | | 0 |
| **鄂州市** | **1725** | **3434** | **122948** | **30375** | **6100** |

续表 3 单位:吨

| | #梨子 | #桃子 | #西瓜 | #甜瓜 | #草莓 |
|---|---|---|---|---|---|
| **荆门市** | **128384** | **37406** | **188420** | **16069** | **238** |
| 荆门市辖区 | 8447 | 8808 | 48948 | 4932 | 160 |
| 沙洋县 | 4716 | | 19002 | 1597 | |
| 钟祥市 | 79134 | 15011 | 55492 | 816 | |
| 京山县 | 36087 | 13518 | 64978 | 8724 | 78 |
| 沙洋农场 | | 69 | | | |
| **孝感市** | **27684** | **64541** | **243179** | **22252** | **276** |
| 孝感市辖区 | 2040 | 11570 | 48840 | 4766 | 46 |
| 孝昌县 | 1004 | 37593 | 6600 | 813 | |
| 大悟县 | 2463 | 3356 | 4365 | 945 | 59 |
| 安陆市 | 2843 | 2693 | 37538 | 4128 | 160 |
| 云梦县 | 1912 | 2180 | 31600 | 1486 | 11 |
| 应城市 | 3751 | 4562 | 79191 | 5954 | |
| 汉川市 | 13671 | 2587 | 35045 | 4160 | |
| **黄冈市** | **5862** | **7693** | **63858** | **16156** | **793** |
| 黄冈市辖区 | 250 | 343 | 13613 | 1673 | 162 |
| 团风县 | 57 | 236 | 5355 | 634 | 20 |
| 红安县 | 201 | 380 | 2809 | 203 | 10 |
| 麻城市 | 1102 | 765 | 4866 | 77 | 3 |
| 罗田县 | 130 | 165 | 2956 | 215 | 378 |
| 英山县 | 872 | 1033 | 262 | | 21 |
| 浠水县 | 430 | 2443 | 10910 | 7120 | 150 |
| 蕲春县 | 943 | 665 | 7553 | 1932 | 46 |
| 武穴市 | 260 | 1168 | 12043 | 3100 | 3 |
| 黄梅县 | 1617 | 495 | 3491 | 1202 | |
| 其中:龙感湖农场 | 1100 | 63 | 1085 | 100 | |
| **咸宁市** | **3537** | **3728** | **194669** | **6985** | **1140** |
| 咸安区 | 121 | 540 | 55291 | 1289 | 8 |
| 嘉鱼县 | | 290 | 54755 | 1774 | 5 |
| 赤壁市 | 1938 | 1713 | 58110 | 3712 | 928 |
| 通城县 | 26 | 162 | 598 | 109 | |
| 崇阳县 | 413 | 886 | 22495 | 9 | 49 |
| 通山县 | 1039 | 137 | 3420 | 92 | 150 |
| **随州市** | **8253** | **46409** | **114418** | **26203** | **4111** |
| 曾都区 | 6392 | 26070 | 42800 | 20532 | 2068 |
| 广水市 | 1861 | 20339 | 71618 | 5671 | 2043 |
| **恩施自治州** | **26813** | **3188** | **9195** | **1317** | **572** |
| 恩施市 | 826 | 1060 | 2232 | 559 | 156 |
| 建始县 | 469 | 266 | 92 | 5 | |
| 巴东县 | 124 | 372 | 1058 | | |
| 利川市 | 15544 | 176 | 569 | | 6 |
| 宣恩县 | 515 | 421 | 498 | | |
| 咸丰县 | 8443 | 207 | 423 | | |
| 来凤县 | 600 | 535 | 4246 | 753 | 390 |
| 鹤峰县 | 292 | 151 | 77 | | 20 |
| **仙桃市** | **41346** | **5568** | **69505** | **20999** | **1379** |
| **天门市** | **22480** | **1957** | **25912** | **2629** | |
| **潜江市** | **21266** | **1353** | **59008** | **11702** | **60** |
| **神农架林区** | **95** | **66** | **45** | | **0** |

# 茶园、果园面积

单位:公顷

| | 茶园面积 | #本年采摘 | 果园面积 | #柑桔园 | #梨园 | #桃园 |
|---|---|---|---|---|---|---|
| **湖北省** | **138433** | **101620** | **265051** | **143151** | **35895** | **43450** |
| **武汉市** | **2676** | **2175** | **8944** | **2065** | **3019** | **2512** |
| 武汉市辖区 | 159 | 138 | 1317 | 180 | 357 | 536 |
| 蔡甸区 | 67 | 41 | 396 | 222 | 14 | 68 |
| 江夏区 | 849 | 673 | 2612 | 1459 | 336 | 408 |
| 黄陂区 | 987 | 819 | 2364 | 36 | 1191 | 879 |
| 新洲区 | 614 | 504 | 2255 | 168 | 1121 | 621 |
| **黄石市** | **1577** | **1217** | **6679** | **4734** | **411** | **573** |
| 黄石市辖区 | 13 | 8 | 303 | 184 | 37 | 12 |
| 大冶市 | 431 | 242 | 1321 | 691 | 89 | 219 |
| 阳新县 | 1133 | 967 | 5055 | 3859 | 285 | 342 |
| **十堰市** | **18955** | **9356** | **30259** | **21721** | **377** | **940** |
| 十堰市辖区 | 252 | 199 | 1266 | 438 | 1 | 217 |
| 丹江口市 | 885 | 626 | 13331 | 13189 | 7 | 44 |
| 郧　县 | 1990 | 919 | 11707 | 6762 | 242 | 324 |
| 郧西县 | 374 | 313 | 1494 | 416 | 70 | 129 |
| 竹山县 | 5333 | 3333 | 659 | 280 | 45 | 89 |
| 竹溪县 | 9461 | 3546 | 590 | 146 | | 35 |
| 房　县 | 660 | 420 | 1212 | 490 | 12 | 102 |
| **荆州市** | **332** | **317** | **15231** | **12834** | **1368** | **577** |
| 荆州市辖区 | | | 1039 | 566 | 168 | 212 |
| 江陵县 | | | 215 | 150 | 46 | 16 |
| 松滋市 | 91 | 86 | 10245 | 9541 | 551 | 68 |
| 公安县 | 46 | 41 | 2199 | 1825 | 236 | 41 |
| 石首市 | 195 | 190 | 836 | 561 | 71 | 121 |
| 监利县 | | | 516 | 147 | 180 | 107 |
| 洪湖市 | | | 181 | 44 | 116 | 12 |
| **宜昌市** | **26597** | **20457** | **71473** | **66136** | **1734** | **1540** |
| 宜昌市辖区 | 541 | 374 | 4108 | 3994 | 1 | 48 |
| 夷陵区 | 6566 | 4742 | 14491 | 13651 | 41 | 271 |
| 宜都市 | 3865 | 2567 | 10830 | 10538 | 58 | 181 |
| 枝江市 | 29 | 29 | 10553 | 8919 | 1041 | 489 |
| 当阳市 | 149 | 148 | 9214 | 8644 | 194 | 250 |
| 远安县 | 1066 | 991 | 1214 | 709 | 152 | 157 |
| 兴山县 | 1109 | 803 | 4169 | 3874 | 73 | 32 |
| 秭归县 | 2158 | 1800 | 10661 | 10180 | 44 | 39 |
| 长阳县 | 3046 | 2890 | 5638 | 5336 | 97 | 25 |
| 五峰县 | 8068 | 6113 | 595 | 291 | 33 | 48 |
| **襄樊市** | **11790** | **8727** | **31431** | **3550** | **6652** | **17109** |
| 襄樊市辖区 | 59 | 57 | 505 | 99 | 101 | 129 |
| 老河口市 | 73 | 71 | 5086 | 179 | 2881 | 1051 |
| 襄阳区 | 511 | 511 | 3816 | 33 | 1341 | 1672 |
| 枣阳市 | 1073 | 1033 | 15552 | 283 | 1098 | 13594 |
| 宜城市 | 321 | 312 | 1710 | 1157 | 378 | 74 |
| 南漳县 | 1386 | 1099 | 1356 | 1078 | 151 | 39 |
| 谷城县 | 4142 | 2876 | 3177 | 625 | 691 | 485 |
| 保康县 | 4221 | 2764 | 180 | 79 | 11 | 65 |
| 农场小计 | 4 | 4 | 49 | 17 | | 0 |
| **鄂州市** | **163** | **149** | **5719** | **1966** | **1023** | **780** |

续表 1

单位:公顷

| | 茶园面积 | #本年采摘 | 果园面积 | #柑桔园 | #梨园 | #桃园 |
|---|---|---|---|---|---|---|
| **荆门市** | **1013** | **907** | **16867** | **6991** | **5496** | **1951** |
| 荆门市辖区 | 319 | 259 | 5326 | 2928 | 663 | 895 |
| 沙洋县 | 7 | 5 | 1308 | 611 | 420 | 175 |
| 钟祥市 | 416 | 397 | 6457 | 2276 | 2822 | 318 |
| 京山县 | 231 | 216 | 3729 | 1142 | 1591 | 551 |
| 沙洋农场 | 40 | 30 | 47 | 34 | | 12 |
| **孝感市** | **9423** | **5795** | **12788** | **742** | **2736** | **7079** |
| 孝感市辖区 | 413 | 342 | 2187 | 60 | 111 | 1925 |
| 孝昌县 | 1744 | 1247 | 3602 | 501 | 37 | 2445 |
| 大悟县 | 6429 | 3410 | 2589 | | 723 | 1491 |
| 安陆市 | 302 | 286 | 1551 | 39 | 848 | 413 |
| 云梦县 | | | 933 | 23 | 273 | 295 |
| 应城市 | 509 | 486 | 1080 | 69 | 297 | 297 |
| 汉川市 | 26 | 24 | 846 | 50 | 447 | 213 |
| **黄冈市** | **15412** | **11524** | **10981** | **4589** | **1351** | **1538** |
| 黄冈市辖区 | 11 | 7 | 197 | 122 | 32 | 41 |
| 团风县 | 145 | 102 | 720 | 225 | 44 | 176 |
| 红安县 | 1582 | 1245 | 957 | 16 | 236 | 160 |
| 麻城市 | 1737 | 1475 | 1643 | 22 | 318 | 225 |
| 罗田县 | 682 | 682 | 665 | 145 | 59 | 96 |
| 英山县 | 9371 | 6314 | 398 | 68 | 103 | 153 |
| 浠水县 | 1178 | 1108 | 1830 | 688 | 186 | 320 |
| 蕲春县 | 229 | 171 | 910 | 647 | 78 | 102 |
| 武穴市 | 191 | 174 | 2555 | 2236 | 27 | 133 |
| 黄梅县 | 286 | 246 | 1106 | 420 | 268 | 132 |
| 其中:龙感湖农场 | | | 103 | 1 | 49 | 53 |
| **咸宁市** | **9886** | **8492** | **11645** | **5364** | **1194** | **1499** |
| 咸安区 | 745 | 624 | 479 | 171 | 53 | 113 |
| 嘉鱼县 | 679 | 679 | 364 | 135 | | 110 |
| 赤壁市 | 3068 | 3030 | 2698 | 815 | 377 | 527 |
| 通城县 | 2400 | 1595 | 1046 | 884 | 32 | 56 |
| 崇阳县 | 820 | 718 | 2299 | 883 | 200 | 464 |
| 通山县 | 2174 | 1846 | 4759 | 2476 | 532 | 229 |
| 随州市 | 9326 | 8987 | 15926 | 792 | 1744 | 5828 |
| 曾都区 | 6392 | 6250 | 11568 | 674 | 1072 | 3176 |
| 广水市 | 2934 | 2737 | 4358 | 118 | 672 | 2652 |
| **恩施自治州** | **30648** | **23014** | **20311** | **10575** | **4095** | **957** |
| 恩施市 | 9055 | 5710 | 4052 | 2393 | 329 | 97 |
| 建始县 | 1704 | 1505 | 1311 | 471 | 85 | 59 |
| 巴东县 | 1412 | 1124 | 2998 | 2101 | 21 | 289 |
| 利川市 | 3669 | 2726 | 2399 | 309 | 1443 | 214 |
| 宣恩县 | 3087 | 2320 | 3604 | 2801 | 452 | 24 |
| 咸丰县 | 3169 | 2247 | 2775 | 464 | 1635 | 52 |
| 来凤县 | 767 | 667 | 2489 | 1619 | 93 | 127 |
| 鹤峰县 | 7785 | 6715 | 683 | 417 | 37 | 95 |
| **仙桃市** | | | **4159** | **699** | **2785** | **303** |
| **天门市** | **2** | | **1344** | **248** | **884** | **180** |
| **潜江市** | | | **1294** | **145** | **1026** | **84** |
| **神农架林区** | **633** | **503** | | | | **0** |

# 5 畜牧业

# 全省畜牧业生产

| | 单位 | 数　量 | | 单位 | 数　量 |
|---|---|---|---|---|---|
| 一、当年出售和自宰的 | | | (1)山羊 | 只 | 1414865 |
| (一)大牲畜 | 头 | 1157421 | (2)绵羊 | 只 | 3835 |
| 1. 牛 | 头 | 1154863 | 四、当年生仔畜 | | |
| 2. 马 | 头 | 1863 | 1. 牛 | 头 | 745465 |
| 3. 驴 | 头 | 545 | (1)黄牛 | 头 | 398719 |
| 4. 骡 | 头 | 150 | (2)水牛 | 头 | 328657 |
| (二)猪 | 万头 | 3345.18 | (3)良种及改良种乳牛 | 头 | 9430 |
| (三)羊 | 只 | 3811508 | (4)菜牛 | 头 | 8659 |
| 1. 山羊 | 只 | 3805445 | 2. 马 | 头 | 1500 |
| 2. 绵羊 | 只 | 6063 | 3. 驴 | 头 | 426 |
| (四)兔 | 只 | 428854 | 4. 骡 | 头 | 128 |
| (五)家禽 | 万只 | 37075.36 | 5. 猪 | 万头 | 910.97 |
| 二、畜禽期末存栏(笼)数 | | | 五、畜禽肉产量 | 吨 | 3426328 |
| (一)大牲畜 | 头 | 3843160 | 1. 牛 | 吨 | 169123 |
| #能劳役的 | 头 | 2688564 | 2. 马 | 吨 | 195 |
| 1. 牛 | 头 | 3821372 | 3. 驴 | 吨 | 46 |
| (1)黄牛 | 头 | 1967035 | 4. 骡 | 吨 | 154 |
| (2)水牛 | 头 | 1756025 | 5. 猪 | 吨 | 2712342 |
| (3)良种及改良种乳牛 | 头 | 46878 | 6. 羊 | 吨 | 59962 |
| (4)菜牛 | 头 | 51434 | (1)山羊 | 吨 | 59876 |
| 2. 马 | 头 | 15814 | (2)绵羊 | 吨 | 86 |
| 3. 驴 | 头 | 4418 | 7. 兔 | 吨 | 972 |
| 4. 骡 | 头 | 1556 | 8. 家禽 | 吨 | 479440 |
| (二)猪 | 万头 | 2289.05 | 六、活的畜禽产品 | | |
| (三)羊 | 只 | 3376627 | (一)奶类产量 | 吨 | 122224 |
| 1. 山羊 | 只 | 3369721 | #牛奶产量 | 吨 | 122223 |
| 2. 绵羊 | 只 | 6906 | (二)山羊毛产量 | 公斤 | 15925 |
| 三、能繁殖的母畜 | | | (三)绵羊毛产量 | 公斤 | 3856 |
| 1. 牛 | 头 | 1606840 | #细羊毛 | 公斤 | 840 |
| (1)黄牛 | 头 | 777947 | 半细羊毛 | 公斤 | 1420 |
| (2)水牛 | 头 | 783505 | (四)禽蛋产量 | 吨 | 1212500 |
| (3)良种及改良乳牛 | 头 | 30539 | 七、其他动物及产品 | | |
| (4)菜牛 | 头 | 14849 | (一)蜂蜜产量 | 公斤 | 7889726 |
| 2. 马 | 头 | 4227 | (二)蚕茧产量 | 吨 | 10690 |
| 3. 驴 | 头 | 1012 | 1. 桑蚕茧 | 吨 | 10525 |
| 4. 猪 | 万头 | 171.45 | 2. 柞蚕茧 | 吨 | 165 |
| 5. 羊 | 只 | 1418700 | 3. 其他蚕茧 | 吨 | |

# 主要畜产品产量

单位:吨

| | 肉类总产量 | #猪肉 | #牛肉 | #羊肉 | #禽肉 | 奶类产量 | #牛奶 |
|---|---|---|---|---|---|---|---|
| **湖北省** | **3426328** | **2712342** | **169123** | **59962** | **479440** | **122224** | **122223** |
| **武汉市** | **304905** | **227417** | **11533** | **1202** | **64398** | **92796** | **92796** |
| 武汉市辖区 | 70787 | 55384 | 1259 | 166 | 13964 | 61844 | 61844 |
| 蔡甸区 | 23323 | 17708 | 950 | 57 | 4608 | 4652 | 4652 |
| 江夏区 | 66063 | 43190 | 983 | 6 | 21593 | | |
| 黄陂区 | 99851 | 75436 | 7234 | 698 | 16460 | 26300 | 26300 |
| 新洲区 | 44881 | 35699 | 1107 | 275 | 7773 | | |
| **黄石市** | **79104** | **67208** | **1210** | **1026** | **9457** | **270** | **270** |
| 黄石市辖区 | 8124 | 6910 | 71 | 80 | 994 | 270 | 270 |
| 大冶市 | 38576 | 33436 | 397 | 136 | 4503 | | |
| 阳新县 | 32404 | 26862 | 742 | 810 | 3960 | | |
| **十堰市** | **133190** | **111253** | **6851** | **6863** | **7551** | **687** | **687** |
| 十堰市辖区 | 4914 | 4114 | 64 | 129 | 606 | 680 | 680 |
| 丹江口市 | 22706 | 17840 | 2591 | 377 | 1862 | | |
| 郧　县 | 25069 | 21330 | 1256 | 558 | 1895 | | |
| 郧西县 | 22193 | 18027 | 1441 | 1885 | 837 | | |
| 竹山县 | 19601 | 17584 | 520 | 234 | 681 | | |
| 竹溪县 | 17047 | 16000 | 408 | 181 | 458 | | |
| 房　县 | 21660 | 16358 | 571 | 3499 | 1212 | 7 | 7 |
| **荆州市** | **304425** | **251014** | **5130** | **1704** | **46409** | **114** | **114** |
| 荆州市辖区 | 39978 | 29259 | 471 | 534 | 9631 | 90 | 90 |
| 江陵县 | 24822 | 20445 | 977 | 221 | 3162 | | |
| 松滋市 | 81583 | 73891 | 467 | 625 | 6588 | | |
| 公安县 | 44920 | 38462 | 340 | 174 | 5939 | | |
| 石首市 | 30572 | 22571 | 1225 | 57 | 6676 | 24 | 24 |
| 监利县 | 58369 | 47427 | 803 | 26 | 10105 | | |
| 洪湖市 | 24181 | 18959 | 847 | 67 | 4308 | | |
| **宜昌市** | **377689** | **324689** | **4518** | **13184** | **35237** | **14031** | **14031** |
| 宜昌市辖区 | 21235 | 17426 | 73 | 115 | 3621 | 2222 | 2222 |
| 夷陵区 | 59886 | 54867 | 561 | 1017 | 3426 | 11000 | 11000 |
| 宜都市 | 48768 | 39365 | 1867 | 3275 | 4248 | 9 | 9 |
| 枝江市 | 61360 | 51662 | 321 | 637 | 8740 | | |
| 当阳市 | 68500 | 52725 | 649 | 2591 | 12530 | 800 | 800 |
| 远安县 | 17460 | 15859 | 384 | 491 | 718 | | |
| 兴山县 | 24425 | 22761 | 182 | 1045 | 437 | | |
| 秭归县 | 28097 | 26707 | 116 | 797 | 477 | | |
| 长阳县 | 28128 | 24773 | 289 | 2242 | 805 | | |
| 五峰县 | 19830 | 18544 | 76 | 974 | 235 | | |
| **襄樊市** | **456612** | **315870** | **54971** | **12544** | **72745** | **2104** | **2104** |
| 襄樊市辖区 | 31817 | 23158 | 2902 | 679 | 5061 | 1676 | 1676 |
| 老河口市 | 34674 | 23230 | 5520 | 1080 | 4805 | 388 | 388 |
| 襄阳区 | 123806 | 79204 | 22762 | 3782 | 17970 | 40 | 40 |
| 枣阳市 | 98819 | 61710 | 8762 | 3172 | 24905 | | |
| 宜城市 | 57464 | 39288 | 7138 | 658 | 10379 | | |
| 南漳县 | 47012 | 42444 | 1217 | 593 | 2722 | | |
| 谷城县 | 42825 | 28682 | 6023 | 1969 | 6121 | | |
| 保康县 | 16404 | 14363 | 647 | 611 | 782 | | |
| 农场小计 | 3791 | 3791 | | | | | 0 |
| **鄂州市** | **64800** | **51225** | **2565** | **205** | **10800** | **32** | **32** |

续表 1　　　　单位:吨

| | 肉类总产量 | #猪肉 | #牛肉 | #羊肉 | #禽肉 | 奶类产量 | #牛奶 |
|---|---|---|---|---|---|---|---|
| **荆门市** | **259663** | **207970** | **6769** | **4697** | **40160** | **35** | **35** |
| 荆门市辖区 | 47560 | 38313 | 802 | 2009 | 6393 | 35 | 35 |
| 沙洋县 | 40381 | 27754 | 1733 | 227 | 10666 | | |
| 钟祥市 | 93387 | 75135 | 2631 | 1304 | 14294 | | |
| 京山县 | 67849 | 56318 | 1581 | 1157 | 8793 | | |
| 沙洋农场 | 10486 | 10450 | 22 | | 14 | | |
| **孝感市** | **290987** | **190008** | **13778** | **1004** | **84774** | **135** | **135** |
| 孝感市辖区 | 22844 | 16543 | 964 | 23 | 5284 | 135 | 135 |
| 孝昌县 | 37787 | 22060 | 1386 | 101 | 14237 | | |
| 大悟县 | 34306 | 26550 | 3959 | 316 | 3253 | | |
| 安陆市 | 49938 | 34100 | 4597 | 392 | 10390 | | |
| 云梦县 | 44404 | 26542 | 1738 | 42 | 16050 | | |
| 应城市 | 45835 | 29361 | 719 | 91 | 15032 | | |
| 汉川市 | 55873 | 34852 | 415 | 39 | 20528 | | |
| **黄冈市** | **330174** | **262774** | **34946** | **3611** | **28653** | **4757** | **4757** |
| 黄冈市辖区 | 8185 | 6927 | 346 | 19 | 888 | 216 | 216 |
| 团风县 | 12955 | 10590 | 220 | 72 | 2073 | | |
| 红安县 | 20821 | 17176 | 2337 | 79 | 1176 | | |
| 麻城市 | 79215 | 55165 | 18620 | 1179 | 4223 | 20 | 20 |
| 罗田县 | 16761 | 14100 | 1135 | 391 | 1122 | | |
| 英山县 | 21938 | 18854 | 453 | 893 | 1729 | | |
| 浠水县 | 36130 | 30800 | 1600 | 202 | 3512 | 15 | 15 |
| 蕲春县 | 42044 | 25875 | 8550 | 569 | 7049 | 4503 | 4503 |
| 武穴市 | 61658 | 57181 | 1061 | 149 | 3227 | | |
| 黄梅县 | 30467 | 26106 | 624 | 58 | 3654 | 3 | 3 |
| 其中:龙感湖农场 | | | | | | | |
| **咸宁市** | **127384** | **115790** | **2235** | **1647** | **7166** | **6329** | **6329** |
| 咸安区 | 20262 | 17800 | 313 | 133 | 2009 | 5100 | 5100 |
| 嘉鱼县 | 12750 | 11422 | 453 | 14 | 861 | | |
| 赤壁市 | 19293 | 15354 | 678 | 310 | 2582 | 90 | 90 |
| 通城县 | 37628 | 36945 | 214 | 30 | 439 | 1109 | 1109 |
| 崇阳县 | 23497 | 21787 | 450 | 293 | 825 | 30 | 30 |
| 通山县 | 13954 | 12482 | 127 | 867 | 450 | | |
| **随州市** | **156205** | **109742** | **12828** | **5530** | **27880** | **93** | **93** |
| 曾都区 | 109881 | 79348 | 8539 | 3861 | 17976 | | |
| 广水市 | 46324 | 30394 | 4289 | 1669 | 9904 | 93 | 93 |
| **恩施自治州** | **297923** | **277962** | **5789** | **5885** | **8166** | **676** | **675** |
| 恩施市 | 56381 | 52295 | 1005 | 1465 | 1598 | 402 | 402 |
| 建始县 | 43111 | 40305 | 226 | 1873 | 702 | | |
| 巴东县 | 37262 | 35711 | 193 | 826 | 529 | | |
| 利川市 | 52966 | 49215 | 1549 | 525 | 1610 | 9 | 8 |
| 宣恩县 | 28680 | 26749 | 755 | 245 | 904 | 176 | 176 |
| 咸丰县 | 41812 | 39319 | 1291 | 115 | 1087 | | |
| 来凤县 | 24871 | 22832 | 496 | 48 | 1495 | 59 | 59 |
| 鹤峰县 | 12840 | 11536 | 274 | 788 | 241 | 30 | 30 |
| **仙桃市** | **77292** | **67744** | **2350** | **64** | **6229** | **160** | **160** |
| **天门市** | **70634** | **58214** | **1703** | **76** | **10611** | **5** | **5** |
| **潜江市** | **89729** | **68557** | **1896** | **295** | **18975** | | |
| **神农架林区** | **5612** | **4905** | **51** | **425** | **229** | | |

续表 2

单位：吨

| | 禽蛋产量（吨） | 蜂蜜产量（公斤） | 绵羊毛产量（公斤） | #细羊毛 | #半细羊毛 | 山羊毛产量（公斤） |
|---|---|---|---|---|---|---|
| **湖北省** | **1212500** | **7889726** | **3856** | **840** | **1420** | **15925** |
| 武汉市 | 176329 | 1128151 | | | | 559 |
| 武汉市辖区 | 19454 | 38700 | | | | 559 |
| 蔡甸区 | 9081 | 26440 | | | | |
| 江夏区 | 28672 | 27300 | | | | |
| 黄陂区 | 64017 | 372004 | | | | |
| 新洲区 | 55105 | 663707 | | | | |
| **黄石市** | **15681** | **22701** | | | | |
| 黄石市辖区 | 1322 | 6550 | | | | |
| 大冶市 | 9059 | 14100 | | | | |
| 阳新县 | 5300 | 2051 | | | | |
| **十堰市** | **21591** | **285701** | | | | |
| 十堰市辖区 | 450 | | | | | |
| 丹江口市 | 6266 | 70599 | | | | |
| 郧　县 | 3863 | 68130 | | | | |
| 郧西县 | 3625 | 4521 | | | | |
| 竹山县 | 2304 | 34000 | | | | |
| 竹溪县 | 1975 | 20230 | | | | |
| 房　县 | 3108 | 88221 | | | | |
| **荆州市** | **118123** | **132223** | | | | |
| 荆州市辖区 | 18033 | 15450 | | | | |
| 江陵县 | 10598 | 3 | | | | |
| 松滋市 | 11890 | 18350 | | | | |
| 公安县 | 18047 | 56500 | | | | |
| 石首市 | 14809 | 32120 | | | | |
| 监利县 | 31535 | | | | | |
| 洪湖市 | 13211 | 9800 | | | | |
| **宜昌市** | **36965** | **457253** | | | | **1446** |
| 宜昌市辖区 | 786 | 15375 | | | | |
| 夷陵区 | 3300 | 70538 | | | | |
| 宜都市 | 3630 | 70795 | | | | |
| 枝江市 | 6798 | 75250 | | | | |
| 当阳市 | 16729 | 103550 | | | | |
| 远安县 | 1357 | 49312 | | | | |
| 兴山县 | 858 | 19550 | | | | 1446 |
| 秭归县 | 1378 | 10995 | | | | |
| 长阳县 | 1356 | 32070 | | | | |
| 五峰县 | 773 | 9818 | | | | |
| **襄樊市** | **157736** | **2024873** | **1596** | | | **11775** |
| 襄樊市辖区 | 8297 | 74300 | | | | |
| 老河口市 | 24818 | 905781 | 1421 | | | |
| 襄阳区 | 44462 | 192100 | | | | |
| 枣阳市 | 36648 | 588868 | 175 | | | 9628 |
| 宜城市 | 15506 | 103910 | | | | |
| 南漳县 | 6998 | 125013 | | | | |
| 谷城县 | 18739 | 17450 | | | | |
| 保康县 | 2268 | 17451 | | | | 2147 |
| 农场小计 | | | | | | |
| **鄂州市** | **28564** | **36911** | | | | |

续表 3　　　　单位:吨

|  | 禽蛋产量（吨） | 蜂蜜产量（公斤） | 绵羊毛产量（公斤） | #细羊毛 | #半细羊毛 | 山羊毛产量（公斤） |
|---|---|---|---|---|---|---|
| **荆门市** | **85989** | **529525** |  |  |  | **75** |
| 荆门市辖区 | 12203 | 220625 |  |  |  |  |
| 沙洋县 | 19164 | 40000 |  |  |  |  |
| 钟祥市 | 28009 | 101810 |  |  |  |  |
| 京山县 | 26591 | 167090 |  |  |  | 75 |
| 沙洋农场 | 22 |  |  |  |  |  |
| **孝感市** | **223191** | **544934** |  |  |  |  |
| 孝感市辖区 | 12791 | 5753 |  |  |  |  |
| 孝昌县 | 19550 | 24998 |  |  |  |  |
| 大悟县 | 16000 | 96900 |  |  |  |  |
| 安陆市 | 36664 | 38671 |  |  |  |  |
| 云梦县 | 45018 | 182000 |  |  |  |  |
| 应城市 | 60364 | 51912 |  |  |  |  |
| 汉川市 | 32804 | 144700 |  |  |  |  |
| **黄冈市** | **95148** | **511809** |  |  |  | **1930** |
| 黄冈市辖区 | 2737 | 12675 |  |  |  |  |
| 团风县 | 4187 | 27500 |  |  |  |  |
| 红安县 | 6738 | 38560 |  |  |  | 1930 |
| 麻城市 | 25160 | 147041 |  |  |  |  |
| 罗田县 | 5309 | 18484 |  |  |  |  |
| 英山县 | 3343 | 35479 |  |  |  |  |
| 浠水县 | 24910 | 181000 |  |  |  |  |
| 蕲春县 | 10572 | 15600 |  |  |  |  |
| 武穴市 | 6936 | 11300 |  |  |  |  |
| 黄梅县 | 5256 | 24170 |  |  |  |  |
| 其中:龙感湖农场 | 141 |  |  |  |  |  |
| **咸宁市** | **27856** | **574674** |  |  |  |  |
| 咸安区 | 6309 | 54900 |  |  |  |  |
| 嘉鱼县 | 2794 | 30372 |  |  |  |  |
| 赤壁市 | 13913 | 297552 |  |  |  |  |
| 通城县 | 1638 | 65130 |  |  |  |  |
| 崇阳县 | 2054 | 93160 |  |  |  |  |
| 通山县 | 1148 | 33560 |  |  |  |  |
| **随州市** | **77297** | **1244662** |  |  |  |  |
| 曾都区 | 49497 | 704947 |  |  |  |  |
| 广水市 | 27800 | 539715 |  |  |  |  |
| **恩施自治州** | **15714** | **128553** | **2260** | **840** | **1420** |  |
| 恩施市 | 2317 | 40582 |  |  |  |  |
| 建始县 | 1622 | 5890 |  |  |  |  |
| 巴东县 | 1407 | 12353 |  |  |  |  |
| 利川市 | 2994 | 14330 | 790 | 790 |  |  |
| 宣恩县 | 2001 | 15350 | 50 | 50 |  |  |
| 咸丰县 | 2396 | 19507 |  |  |  |  |
| 来凤县 | 2451 | 10769 | 1420 |  | 1420 |  |
| 鹤峰县 | 526 | 9772 |  |  |  |  |
| **仙桃市** | **46936** | **146260** |  |  |  | **40** |
| **天门市** | **52183** | **34845** |  |  |  |  |
| **潜江市** | **32828** | **38800** |  |  |  | **100** |
| **神农架林区** | **369** | **47851** |  |  |  |  |

# 牲畜出栏

|  | 猪出栏（万头） | 牛出栏（头） | 羊出栏（只） | 家禽出笼（万只） | 兔出笼（只） |
|---|---|---|---|---|---|
| **湖北省** | **3345.18** | **1154863** | **3811508** | **37075.36** | **428854** |
| **武汉市** | **230.62** | **73607** | **54992** | **4600.02** | **32299** |
| 武汉市辖区 | 62.59 | 8061 | 8353 | 806.68 | 7312 |
| 蔡甸区 | 19.46 | 5872 | 2760 | 344.69 |  |
| 江夏区 | 43.19 | 6550 | 277 | 1542.34 | 80 |
| 黄陂区 | 68.58 | 45209 | 23884 | 1303.84 | 15078 |
| 新洲区 | 36.80 | 7915 | 19718 | 602.47 | 9829 |
| **黄石市** | **90.66** | **8176** | **57396** | **553.01** | **5455** |
| 黄石市辖区 | 9.51 | 506 | 3896 | 64.67 | 516 |
| 大冶市 | 44.85 | 2670 | 8500 | 308.34 | 4408 |
| 阳新县 | 36.30 | 5000 | 45000 | 180.00 | 531 |
| **十堰市** | **133.07** | **49973** | **398800** | **594.38** | **21835** |
| 十堰市辖区 | 5.18 | 548 | 8170 | 72.99 | 600 |
| 丹江口市 | 22.30 | 17270 | 25113 | 124.14 | 13300 |
| 郧　县 | 23.70 | 10155 | 37200 | 126.30 | 1020 |
| 郧西县 | 22.53 | 12011 | 125714 | 83.70 | 1849 |
| 竹山县 | 20.12 | 3466 | 15622 | 45.38 | 1875 |
| 竹溪县 | 20.00 | 2719 | 12048 | 61.07 |  |
| 房　县 | 19.24 | 3804 | 174933 | 80.80 | 3191 |
| **荆州市** | **344.36** | **37951** | **109636** | **3478.86** | **900** |
| 荆州市辖区 | 41.58 | 3389 | 32024 | 737.58 | 750 |
| 江陵县 | 29.25 | 8188 | 14241 | 274.15 |  |
| 松滋市 | 100.09 | 3630 | 42027 | 494.52 | 100 |
| 公安县 | 54.17 | 2612 | 11509 | 424.14 | 50 |
| 石首市 | 30.91 | 8718 | 3578 | 531.23 |  |
| 监利县 | 62.79 | 5474 | 1620 | 701.86 |  |
| 洪湖市 | 25.57 | 5940 | 4637 | 315.38 |  |
| **宜昌市** | **431.04** | **30736** | **786390** | **2250.21** | **11309** |
| 宜昌市辖区 | 23.55 | 511 | 7623 | 236.66 | 121 |
| 夷陵区 | 69.12 | 3268 | 56599 | 236.44 | 3232 |
| 宜都市 | 55.23 | 12446 | 163752 | 283.17 | 1349 |
| 枝江市 | 68.66 | 1814 | 35027 | 596.69 | 100 |
| 当阳市 | 68.17 | 4222 | 142050 | 733.82 | 2942 |
| 远安县 | 23.60 | 2491 | 37303 | 34.72 | 735 |
| 兴山县 | 30.35 | 2487 | 69657 | 29.13 |  |
| 秭归县 | 34.02 | 902 | 39214 | 29.59 | 133 |
| 长阳县 | 33.33 | 1937 | 161834 | 53.84 | 2386 |
| 五峰县 | 25.01 | 658 | 73331 | 16.15 | 311 |
| **襄樊市** | **397.90** | **388059** | **849586** | **5292.38** | **154465** |
| 襄樊市辖区 | 29.25 | 23867 | 35654 | 373.08 | 3260 |
| 老河口市 | 30.65 | 41287 | 56888 | 490.65 | 23623 |
| 襄阳区 | 100.62 | 138176 | 281935 | 1535.00 | 20000 |
| 枣阳市 | 72.60 | 87622 | 260253 | 1660.32 | 98891 |
| 宜城市 | 48.10 | 46050 | 43870 | 691.91 | 350 |
| 南漳县 | 60.98 | 8620 | 41728 | 185.45 | 4341 |
| 谷城县 | 31.87 | 36951 | 89501 | 306.05 |  |
| 保康县 | 19.41 | 5486 | 39757 | 49.92 | 4000 |
| 农场小计 | 4.42 |  |  |  |  |
| **鄂州市** | **68.30** | **10695** | **9134** | **881.88** | **1579** |

续表 1　　　　单位:吨

| | 猪出栏（万头） | 牛出栏（头） | 羊出栏（只） | 家禽出笼（万只） | 兔出笼（只） |
|---|---|---|---|---|---|
| **荆门市** | **271.14** | **53945** | **312785** | **2803.18** | **11520** |
| 荆门市辖区 | 50.43 | 6196 | 133606 | 403.52 | 10030 |
| 沙洋县 | 37.01 | 13865 | 15105 | 743.34 | 340 |
| 钟祥市 | 100.18 | 21044 | 86931 | 1021.00 | 950 |
| 京山县 | 70.40 | 12628 | 77143 | 633.31 | 200 |
| 沙洋农场 | 13.12 | 212 | | 2.01 | |
| **孝感市** | **235.79** | **101155** | **89734** | **7588.18** | **47161** |
| 孝感市辖区 | 21.48 | 7304 | 1994 | 414.12 | 1584 |
| 孝昌县 | 25.17 | 10652 | 10000 | 1014.56 | 1072 |
| 大悟县 | 29.50 | 30024 | 30962 | 308.00 | 8600 |
| 安陆市 | 42.27 | 30426 | 33364 | 864.84 | 12391 |
| 云梦县 | 34.47 | 13904 | 3809 | 1284.00 | 9790 |
| 应城市 | 37.64 | 5527 | 7031 | 1307.11 | 1348 |
| 汉川市 | 45.26 | 3318 | 2574 | 2395.55 | 12376 |
| **黄冈市** | **293.78** | **206923** | **251716** | **2321.42** | **47026** |
| 黄冈市辖区 | 7.29 | 1216 | 982 | 69.08 | 245 |
| 团风县 | 10.60 | 1993 | 3500 | 145.02 | 13 |
| 红安县 | 16.92 | 20313 | 9539 | 118.00 | 229 |
| 麻城市 | 50.15 | 93100 | 78600 | 281.52 | 24221 |
| 罗田县 | 17.97 | 11351 | 25978 | 73.28 | 4065 |
| 英山县 | 19.98 | 4526 | 71187 | 123.60 | 8403 |
| 浠水县 | 37.70 | 10600 | 10100 | 351.20 | 6000 |
| 蕲春县 | 34.50 | 57000 | 38000 | 470.00 | 300 |
| 武穴市 | 60.20 | 5089 | 6506 | 303.28 | 1220 |
| 黄梅县 | 38.47 | 1735 | 7324 | 386.44 | 2330 |
| 其中:龙感湖农场 | 12.70 | | 550 | 10.65 | |
| **咸宁市** | **130.75** | **13888** | **103774** | **591.00** | **14225** |
| 咸安区 | 19.24 | 2155 | 8267 | 180.37 | 5190 |
| 嘉鱼县 | 14.36 | 2661 | 1469 | 77.26 | 10 |
| 赤壁市 | 19.11 | 3482 | 7842 | 171.87 | 6777 |
| 通城县 | 38.07 | 1010 | 1758 | 61.64 | 68 |
| 崇阳县 | 23.33 | 3592 | 17968 | 62.37 | 1560 |
| 通山县 | 16.64 | 988 | 66470 | 37.49 | 620 |
| **随州市** | **133.78** | **92014** | **384864** | **2387.71** | **57865** |
| 曾都区 | 97.96 | 60134 | 262658 | 1605.00 | 23312 |
| 广水市 | 35.82 | 31880 | 122206 | 782.71 | 34553 |
| 恩施自治州 | 329.85 | 47814 | 349781 | 559.26 | 12313 |
| 恩施市 | 63.85 | 7824 | 90665 | 106.66 | 2216 |
| 建始县 | 47.42 | 1532 | 93704 | 46.88 | 715 |
| 巴东县 | 42.01 | 1291 | 59039 | 44.94 | 30 |
| 利川市 | 59.35 | 13430 | 28184 | 112.68 | 5457 |
| 宣恩县 | 31.39 | 6574 | 16832 | 60.08 | 3000 |
| 咸丰县 | 43.71 | 10760 | 5721 | 72.45 | 425 |
| 来凤县 | 28.53 | 4124 | 3152 | 99.61 | 356 |
| 鹤峰县 | 13.59 | 2279 | 52484 | 15.96 | 114 |
| **仙桃市** | **90.32** | **15669** | **4231** | **685.78** | **9322** |
| **天门市** | **77.61** | **11352** | **5017** | **1010.59** | **920** |
| **潜江市** | **80.73** | **12407** | **19987** | **1460.57** | **660** |
| **神农架林区** | **5.48** | **499** | **23685** | **16.93** | |

# 大牲畜年末存栏

单位:头

| | 大牲畜 | #能劳役的 | 1. 牛 | (1)黄牛 | (2)水牛 |
|---|---|---|---|---|---|
| **湖北省** | **3843160** | **2688564** | **3821372** | **1967035** | **1756025** |
| 武汉市 | 251882 | 158014 | 251485 | 52787 | 151468 |
| 武汉市辖区 | 33017 | 11905 | 33017 | 701 | 14973 |
| 蔡甸区 | 21873 | 13848 | 21872 | 1197 | 18896 |
| 江夏区 | 34922 | 25984 | 34922 | 613 | 34309 |
| 黄陂区 | 119689 | 78783 | 119689 | 30017 | 62136 |
| 新洲区 | 42381 | 27494 | 41985 | 20259 | 21154 |
| **黄石市** | **78817** | **66681** | **78762** | **30193** | **48376** |
| 黄石市辖区 | 1860 | 1169 | 1855 | 978 | 788 |
| 大冶市 | 33457 | 30512 | 33407 | 13715 | 19588 |
| 阳新县 | 43500 | 35000 | 43500 | 15500 | 28000 |
| **十堰市** | **270727** | **167543** | **269627** | **260650** | **6387** |
| 十堰市辖区 | 2920 | 2127 | 2920 | 2913 | 7 |
| 丹江口市 | 88876 | 58438 | 88876 | 87223 | 1653 |
| 郧　县 | 75310 | 42121 | 74422 | 73817 | 605 |
| 郧西县 | 49662 | 29947 | 49662 | 49662 | |
| 竹山县 | 18735 | 12611 | 18735 | 15903 | 242 |
| 竹溪县 | 11655 | 8017 | 11615 | 11127 | 488 |
| 房　县 | 23569 | 14282 | 23397 | 20005 | 3392 |
| **荆州市** | **205376** | **148988** | **200950** | **32243** | **167496** |
| 荆州市辖区 | 30690 | 19710 | 30469 | 1881 | 28527 |
| 江陵县 | 15713 | 13105 | 15365 | 704 | 14354 |
| 松滋市 | 40713 | 35474 | 40272 | 16804 | 23468 |
| 公安县 | 21864 | 18706 | 21107 | 2392 | 18493 |
| 石首市 | 20468 | 12122 | 19716 | 6102 | 13568 |
| 监利县 | 50466 | 29977 | 48564 | 4085 | 44315 |
| 洪湖市 | 25462 | 19894 | 25457 | 275 | 24771 |
| **宜昌市** | **194600** | **158375** | **194360** | **111240** | **78725** |
| 宜昌市辖区 | 5495 | 3906 | 5495 | 3900 | 682 |
| 夷陵区 | 28944 | 21178 | 28944 | 17707 | 8233 |
| 宜都市 | 22723 | 20696 | 22721 | 21142 | 1563 |
| 枝江市 | 33310 | 29490 | 33260 | 10164 | 23086 |
| 当阳市 | 33417 | 29271 | 33394 | 3203 | 29739 |
| 远安县 | 13930 | 9890 | 13925 | 6749 | 7176 |
| 兴山县 | 13761 | 9660 | 13761 | 10277 | 3484 |
| 秭归县 | 10780 | 8180 | 10776 | 6646 | 4130 |
| 长阳县 | 19870 | 15540 | 19785 | 19296 | 489 |
| 五峰县 | 12370 | 10564 | 12299 | 12156 | 143 |
| **襄樊市** | **840311** | **535492** | **840067** | **558380** | **265186** |
| 襄樊市辖区 | 53376 | 32583 | 53354 | 33120 | 19895 |
| 老河口市 | 93394 | 65614 | 93393 | 68770 | 23890 |
| 襄阳区 | 205377 | 138573 | 205375 | 141547 | 63793 |
| 枣阳市 | 176922 | 93969 | 176878 | 116056 | 45904 |
| 宜城市 | 135179 | 76500 | 135133 | 79570 | 55463 |
| 南漳县 | 51464 | 46012 | 51442 | 39399 | 12017 |
| 谷城县 | 88699 | 60411 | 88604 | 47178 | 41076 |
| 保康县 | 35900 | 21830 | 35888 | 32740 | 3148 |
| 农场小计 | | | | | |
| **鄂州市** | **36981** | **29688** | **36981** | **7750** | **29132** |

续表1　　　　单位:头

| | 大牲畜 | #能劳役的 | 1.牛 | (1)黄牛 | (2)水牛 |
|---|---|---|---|---|---|
| **荆门市** | **216592** | **180680** | **214997** | **27290** | **186783** |
| 荆门市辖区 | 28650 | 24014 | 28632 | 481 | 28147 |
| 沙洋县 | 68525 | 65115 | 68376 | 8072 | 60304 |
| 钟祥市 | 61406 | 42821 | 60175 | 11972 | 47623 |
| 京山县 | 57718 | 48456 | 57521 | 6765 | 50416 |
| 沙洋农场 | 293 | 274 | 293 | | 293 |
| **孝感市** | **399812** | **321317** | **394486** | **152366** | **231115** |
| 孝感市辖区 | 35479 | 30549 | 35234 | 8438 | 25438 |
| 孝昌县 | 68939 | 59159 | 68493 | 41131 | 27069 |
| 大悟县 | 92000 | 61917 | 92000 | 53360 | 38640 |
| 安陆市 | 101906 | 88054 | 101579 | 36196 | 59422 |
| 云梦县 | 36947 | 28453 | 36316 | 10689 | 22450 |
| 应城市 | 41505 | 33711 | 39019 | 2481 | 36538 |
| 汉川市 | 23036 | 19474 | 21845 | 71 | 21558 |
| **黄冈市** | **542200** | **340732** | **541864** | **392738** | **142817** |
| 黄冈市辖区 | 6049 | 4327 | 6039 | 646 | 5180 |
| 团风县 | 23200 | 15000 | 23192 | 11800 | 11367 |
| 红安县 | 78648 | 44763 | 78646 | 48683 | 25460 |
| 麻城市 | 193510 | 101600 | 193200 | 178400 | 14800 |
| 罗田县 | 57960 | 38246 | 57960 | 53890 | 4070 |
| 英山县 | 27320 | 20974 | 27320 | 21992 | 5328 |
| 浠水县 | 42000 | 28000 | 42000 | 22000 | 20000 |
| 蕲春县 | 69000 | 49000 | 69000 | 37000 | 30500 |
| 武穴市 | 27552 | 24263 | 27552 | 9442 | 18082 |
| 黄梅县 | 16961 | 14559 | 16955 | 8885 | 8030 |
| 其中:龙感湖农场 | 305 | 284 | 305 | | 284 |
| **咸宁市** | **120570** | **94898** | **120570** | **32134** | **83761** |
| 咸安区 | 24673 | 20180 | 24673 | 3920 | 19417 |
| 嘉鱼县 | 11704 | 10215 | 11704 | 50 | 11369 |
| 赤壁市 | 31935 | 23917 | 31935 | 6220 | 25289 |
| 通城县 | 14267 | 12545 | 14267 | 7961 | 6118 |
| 崇阳县 | 21689 | 15905 | 21689 | 6375 | 12874 |
| 通山县 | 16302 | 12136 | 16302 | 7608 | 8694 |
| **随州市** | **249366** | **158145** | **249203** | **58422** | **189822** |
| 曾都区 | 153699 | 97627 | 153571 | 42595 | 110551 |
| 广水市 | 95667 | 60518 | 95632 | 15827 | 79271 |
| 恩施自治州 | 289190 | 210896 | 283344 | 199685 | 82851 |
| 恩施市 | 53665 | 39042 | 50545 | 37569 | 12588 |
| 建始县 | 17862 | 11905 | 17625 | 13088 | 4537 |
| 巴东县 | 20518 | 15737 | 20419 | 15211 | 5208 |
| 利川市 | 80330 | 53649 | 78631 | 59145 | 19187 |
| 宣恩县 | 39635 | 30672 | 39339 | 24500 | 14779 |
| 咸丰县 | 49722 | 37931 | 49719 | 32225 | 17494 |
| 来凤县 | 16330 | 13238 | 16318 | 7948 | 8315 |
| 鹤峰县 | 11128 | 8722 | 10748 | 9999 | 743 |
| **仙桃市** | **40421** | **31219** | **40055** | **4536** | **35116** |
| **天门市** | **57472** | **47844** | **55955** | **24271** | **31555** |
| **潜江市** | **38694** | **32854** | **38556** | **12290** | **25435** |
| **神农架林区** | **10149** | **5198** | **10110** | **10060** | |

续表 2 单位:头

| | (3)乳牛 | (4)菜牛 | 2. 马 | 3. 驴 | 4. 骡 |
|---|---|---|---|---|---|
| **湖北省** | **46878** | **51434** | **15814** | **4418** | **1556** |
| **武汉市** | **23919** | **23311** | **1** | **396** | |
| 武汉市辖区 | 17297 | 46 | | | |
| 蔡甸区 | 1774 | 5 | 1 | | |
| 江夏区 | | | | | |
| 黄陂区 | 4822 | 22714 | | | |
| 新洲区 | 26 | 546 | | 396 | |
| **黄石市** | **30** | **163** | **55** | | |
| 黄石市辖区 | 30 | 59 | 5 | | |
| 大冶市 | | 104 | 50 | | |
| 阳新县 | | | | | |
| **十堰市** | | **2590** | **205** | **459** | **436** |
| 十堰市辖区 | | | | | |
| 丹江口市 | | | | | |
| 郧 县 | | | 138 | 327 | 423 |
| 郧西县 | | | | | |
| 竹山县 | | 2590 | | | |
| 竹溪县 | | | | 40 | |
| 房 县 | | | 67 | 92 | 13 |
| **荆州市** | **49** | **1162** | **3961** | **380** | **85** |
| 荆州市辖区 | 25 | 36 | 152 | 56 | 13 |
| 江陵县 | | 307 | 237 | 96 | 15 |
| 松滋市 | | | 272 | 120 | 49 |
| 公安县 | | 222 | 666 | 84 | 7 |
| 石首市 | 24 | 22 | 732 | 19 | 1 |
| 监利县 | | 164 | 1902 | | |
| 洪湖市 | | 411 | | 5 | |
| **宜昌市** | **4030** | **365** | **191** | **35** | **14** |
| 宜昌市辖区 | 630 | 283 | | | |
| 夷陵区 | 2984 | 20 | | | |
| 宜都市 | 16 | | | 2 | |
| 枝江市 | | 10 | 32 | 18 | |
| 当阳市 | 400 | 52 | 9 | 8 | 6 |
| 远安县 | | | | 5 | |
| 兴山县 | | | | | |
| 秭归县 | | | 3 | | 1 |
| 长阳县 | | | 83 | 1 | 1 |
| 五峰县 | | | 64 | 1 | 6 |
| **襄樊市** | **14584** | **1917** | **83** | **140** | **21** |
| 襄樊市辖区 | 279 | 60 | 11 | 11 | |
| 老河口市 | 110 | 623 | | | 1 |
| 襄阳区 | 35 | | | 2 | |
| 枣阳市 | 14160 | 758 | 19 | 19 | 6 |
| 宜城市 | | 100 | 10 | 24 | 12 |
| 南漳县 | | 26 | 4 | 17 | 1 |
| 谷城县 | | 350 | 34 | 61 | |
| 保康县 | | | 5 | 6 | 1 |
| 农场小计 | | | | | |
| **鄂州市** | **39** | **60** | | | |

续表 3 单位:头

| | | | 2. 马 | 3. 驴 | 4. 骡 |
|---|---|---|---|---|---|
| | (3)乳牛 | (4)菜牛 | | | |
| **荆门市** | **38** | **886** | **1432** | **151** | **12** |
| 荆门市辖区 | 4 | | 4 | 14 | |
| 沙洋县 | | | 138 | 11 | |
| 钟祥市 | | 580 | 1158 | 61 | 12 |
| 京山县 | 34 | 306 | 132 | 65 | |
| 沙洋农场 | | | | | |
| **孝感市** | **100** | **10905** | **3115** | **2091** | **120** |
| 孝感市辖区 | 97 | 1261 | 46 | 199 | |
| 孝昌县 | 3 | 290 | 380 | 59 | 7 |
| 大悟县 | | | | | |
| 安陆市 | | 5961 | 147 | 173 | 7 |
| 云梦县 | | 3177 | 85 | 500 | 46 |
| 应城市 | | | 1788 | 659 | 39 |
| 汉川市 | | 216 | 669 | 501 | 21 |
| **黄冈市** | **1651** | **4658** | | **320** | **16** |
| 黄冈市辖区 | 146 | 67 | | 10 | |
| 团风县 | | 25 | | 8 | |
| 红安县 | | 4503 | | 2 | |
| 麻城市 | | | | 294 | 16 |
| 罗田县 | | | | | |
| 英山县 | | | | | |
| 浠水县 | | | | | |
| 蕲春县 | 1500 | | | | |
| 武穴市 | | 28 | | | |
| 黄梅县 | 5 | 35 | | 6 | |
| 其中:龙感湖农场 | 5 | | | | |
| **咸宁市** | **1646** | **3029** | | | |
| 咸安区 | 1327 | 9 | | | |
| 嘉鱼县 | | 285 | | | |
| 赤壁市 | 131 | 295 | | | |
| 通城县 | 188 | | | | |
| 崇阳县 | | 2440 | | | |
| 通山县 | | | | | |
| **随州市** | **120** | **839** | **131** | **31** | **1** |
| 曾都区 | 24 | 401 | 101 | 26 | 1 |
| 广水市 | 96 | 438 | 30 | 5 | |
| **恩施自治州** | **485** | **323** | **4962** | **155** | **729** |
| 恩施市 | 388 | | 2835 | 14 | 271 |
| 建始县 | | | 184 | | 53 |
| 巴东县 | | | 71 | 3 | 25 |
| 利川市 | 11 | 288 | 1532 | 2 | 165 |
| 宣恩县 | 60 | | 135 | 4 | 157 |
| 咸丰县 | | | 1 | | 2 |
| 来凤县 | 20 | 35 | 12 | | |
| 鹤峰县 | 6 | | 192 | 132 | 56 |
| **仙桃市** | **25** | **378** | **222** | **128** | **16** |
| **天门市** | **69** | **60** | **1323** | **107** | **87** |
| **潜江市** | **93** | **738** | **130** | **8** | |
| **神农架林区** | | **50** | **3** | **17** | **19** |

# 生猪年末存栏

单位:万头

| | 合 计 | #能繁殖的母畜 | #当年生仔畜 |
|---|---|---|---|
| **湖北省** | **2289.05** | **171.45** | **910.97** |
| 武汉市 | 154.54 | 9.34 | 59.31 |
| 武汉市辖区 | 25.23 | 1.94 | 12.94 |
| 蔡甸区 | 13.42 | 0.49 | 5.59 |
| 江夏区 | 33.25 | 3.46 | 10.48 |
| 黄陂区 | 54.51 | 2.63 | 25.03 |
| 新洲区 | 28.13 | 0.82 | 5.27 |
| **黄石市** | **55.21** | **4.21** | **17.67** |
| 黄石市辖区 | 5.31 | 0.43 | 1.56 |
| 大冶市 | 23.10 | 2.10 | 6.31 |
| 阳新县 | 26.80 | 1.68 | 9.80 |
| **十堰市** | **127.30** | **5.49** | **47.67** |
| 十堰市辖区 | 5.10 | 0.12 | 1.42 |
| 丹江口市 | 22.02 | 0.91 | 18.20 |
| 郧　县 | 21.32 | 0.81 | 2.13 |
| 郧西县 | 21.37 | 1.39 | 6.27 |
| 竹山县 | 20.73 | 0.78 | 0.82 |
| 竹溪县 | 18.73 | 0.65 | 2.18 |
| 房　县 | 18.03 | 0.83 | 16.65 |
| **荆州市** | **224.27** | **10.36** | **54.54** |
| 荆州市辖区 | 20.03 | 1.19 | 9.29 |
| 江陵县 | 16.27 | 1.05 | 8.49 |
| 松滋市 | 58.08 | 3.53 | 13.22 |
| 公安县 | 40.69 | 1.71 | 5.07 |
| 石首市 | 23.16 | 0.47 | 3.62 |
| 监利县 | 41.75 | 1.40 | 6.74 |
| 洪湖市 | 24.29 | 1.01 | 8.11 |
| **宜昌市** | **262.71** | **28.52** | **94.75** |
| 宜昌市辖区 | 10.55 | 0.57 | 3.32 |
| 夷陵区 | 35.42 | 3.61 | 22.58 |
| 宜都市 | 30.01 | 2.13 | 4.55 |
| 枝江市 | 38.28 | 8.06 | 15.76 |
| 当阳市 | 32.14 | 6.01 | 13.25 |
| 远安县 | 16.43 | 1.25 | 2.41 |
| 兴山县 | 20.49 | 1.55 | 11.07 |
| 秭归县 | 30.03 | 1.53 | 16.54 |
| 长阳县 | 28.94 | 2.35 | 2.63 |
| 五峰县 | 20.42 | 1.46 | 2.64 |
| **襄樊市** | **272.13** | **25.05** | **125.55** |
| 襄樊市辖区 | 15.51 | 0.86 | 6.43 |
| 老河口市 | 23.72 | 4.77 | 7.27 |
| 襄阳区 | 63.34 | 8.05 | 28.53 |
| 枣阳市 | 40.71 | 3.35 | 9.80 |
| 宜城市 | 40.95 | 2.66 | 34.96 |
| 南漳县 | 37.48 | 2.96 | 29.80 |
| 谷城县 | 25.07 | 0.82 | 3.75 |
| 保康县 | 22.03 | 1.24 | 2.03 |
| 农场小计 | 3.32 | 0.34 | 2.98 |
| **鄂州市** | **34.05** | **1.34** | **18.34** |

续表　　单位:万头

| | 合 计 | #能繁殖的母畜 | #当年生仔畜 |
|---|---|---|---|
| **荆门市** | **157.56** | **11.61** | **57.27** |
| 荆门市辖区 | 25.59 | 1.78 | 14.05 |
| 沙洋县 | 21.12 | 1.22 | 3.74 |
| 钟祥市 | 67.77 | 5.04 | 29.12 |
| 京山县 | 35.21 | 2.79 | 7.30 |
| 沙洋农场 | 7.87 | 0.78 | 3.06 |
| **孝感市** | **184.13** | **13.11** | **42.11** |
| 孝感市辖区 | 17.37 | 0.97 | 8.46 |
| 孝昌县 | 23.10 | 2.27 | 7.33 |
| 大悟县 | 26.80 | 1.83 | 2.64 |
| 安陆市 | 25.65 | 1.98 | 5.36 |
| 云梦县 | 27.82 | 2.43 | 4.10 |
| 应城市 | 30.94 | 2.71 | 5.73 |
| 汉川市 | 32.45 | 0.92 | 8.49 |
| **黄冈市** | **222.14** | **16.81** | **177.35** |
| 黄冈市辖区 | 4.89 | 0.61 | 3.32 |
| 团凤县 | 8.30 | 0.34 | 3.53 |
| 红安县 | 15.48 | 1.44 | 12.20 |
| 麻城市 | 35.24 | 1.68 | 30.20 |
| 罗田县 | 16.07 | 1.26 | 14.30 |
| 英山县 | 21.04 | 1.04 | 20.00 |
| 浠水县 | 29.65 | 1.85 | 27.80 |
| 蕲春县 | 27.40 | 4.25 | 23.00 |
| 武穴市 | 34.41 | 1.98 | 25.67 |
| 黄梅县 | 29.66 | 2.36 | 17.33 |
| 其中:龙感湖农场 | 4.63 | 0.76 | |
| **咸宁市** | **85.72** | **4.40** | **41.17** |
| 咸安区 | 14.80 | 0.69 | 7.52 |
| 嘉鱼县 | 8.62 | 0.70 | 4.18 |
| 赤壁市 | 14.77 | 0.68 | 6.39 |
| 通城县 | 17.65 | 0.92 | 10.20 |
| 崇阳县 | 15.44 | 0.55 | 5.31 |
| 通山县 | 14.44 | 0.86 | 7.57 |
| **随州市** | **80.77** | **5.18** | **37.50** |
| 曾都区 | 56.82 | 3.98 | 28.04 |
| 广水市 | 23.95 | 1.20 | 9.46 |
| **恩施自治州** | **289.03** | **26.07** | **107.63** |
| 恩施市 | 51.34 | 5.77 | 22.18 |
| 建始县 | 38.85 | 2.88 | 11.73 |
| 巴东县 | 43.03 | 3.08 | 16.89 |
| 利川市 | 52.72 | 4.03 | 27.49 |
| 宣恩县 | 25.81 | 2.42 | 7.87 |
| 咸丰县 | 40.43 | 5.52 | 10.51 |
| 来凤县 | 21.24 | 1.48 | 3.78 |
| 鹤峰县 | 15.61 | 0.89 | 7.18 |
| **仙桃市** | **56.98** | **4.61** | **6.77** |
| **天门市** | **39.89** | **3.10** | **5.07** |
| **潜江市** | **37.78** | **1.95** | **14.25** |
| **神农架林区** | **4.84** | **0.30** | **4.02** |

# 能繁殖母畜年末存栏

单位:头

| | 1.牛 | | | | | 2.马 | 3.驴 |
|---|---|---|---|---|---|---|---|
| | | (1)黄牛 | (2)水牛 | (3)乳牛 | (4)菜牛 | | |
| **湖北省** | **1606840** | **777947** | **783505** | **30539** | **14849** | **4227** | **1012** |
| **武汉市** | **109473** | **16010** | **71877** | **15867** | **5719** | | **115** |
| 武汉市辖区 | 19651 | 128 | 7778 | 11745 | | | |
| 蔡甸区 | 9108 | 303 | 8802 | | 3 | | |
| 江夏区 | 17780 | 343 | 17437 | | | | |
| 黄陂区 | 46669 | 8853 | 28307 | 4117 | 5392 | | |
| 新洲区 | 16265 | 6383 | 9553 | 5 | 324 | | 115 |
| **黄石市** | **32843** | **12471** | **20306** | **25** | **41** | **10** | |
| 黄石市辖区 | 303 | 160 | 107 | 25 | 11 | | |
| 大冶市 | 11540 | 4811 | 6699 | | 30 | 10 | |
| 阳新县 | 21000 | 7500 | 13500 | | | | |
| **十堰市** | **85208** | **82796** | **2412** | | | **47** | **48** |
| 十堰市辖区 | 897 | 893 | 4 | | | | |
| 丹江口市 | 29492 | 28824 | 668 | | | | |
| 郧　县 | 23180 | 23070 | 110 | | | 22 | 8 |
| 郧西县 | 13114 | 13114 | | | | | |
| 竹山县 | 5566 | 5523 | 43 | | | | |
| 竹溪县 | 4211 | 4133 | 78 | | | | 6 |
| 房　县 | 8748 | 7239 | 1509 | | | 25 | 34 |
| **荆州市** | **78621** | **12901** | **65388** | **25** | **307** | **1056** | **40** |
| 荆州市辖区 | 12990 | 1113 | 11841 | 25 | 11 | 54 | 14 |
| 江陵县 | 6722 | 310 | 6212 | | 200 | 59 | 3 |
| 松滋市 | 15031 | 6093 | 8938 | | | 58 | |
| 公安县 | 9298 | 1202 | 8066 | | 30 | 205 | 21 |
| 石首市 | 7996 | 2497 | 5499 | | | 285 | 2 |
| 监利县 | 15454 | 1603 | 13791 | | 60 | 395 | |
| 洪湖市 | 11130 | 83 | 11041 | | 6 | | |
| **宜昌市** | **74212** | **39194** | **31488** | **3480** | **50** | **40** | **8** |
| 宜昌市辖区 | 2276 | 1413 | 391 | 422 | 50 | | |
| 夷陵区 | 13131 | 6469 | 3920 | 2742 | | | |
| 宜都市 | 9395 | 8663 | 716 | 16 | | | 1 |
| 枝江市 | 15721 | 5017 | 10704 | | | 10 | 6 |
| 当阳市 | 10797 | 919 | 9578 | 300 | | | |
| 远安县 | 5649 | 2418 | 3231 | | | | |
| 兴山县 | 4465 | 3295 | 1170 | | | | |
| 秭归县 | 3683 | 2090 | 1593 | | | | |
| 长阳县 | 6584 | 6423 | 161 | | | 15 | |
| 五峰县 | 2511 | 2487 | 24 | | | 15 | 1 |
| **襄樊市** | **374855** | **244128** | **121404** | **8429** | **894** | **26** | **27** |
| 襄樊市辖区 | 26420 | 14803 | 11357 | 260 | | | |
| 老河口市 | 46119 | 33092 | 12391 | 103 | 533 | | |
| 襄阳区 | 95599 | 65154 | 30421 | 24 | | | |
| 枣阳市 | 90488 | 57761 | 24324 | 8042 | 361 | 10 | 4 |
| 宜城市 | 61570 | 36602 | 24968 | | | 4 | 3 |
| 南漳县 | 18292 | 12656 | 5636 | | | | 6 |
| 谷城县 | 23313 | 12467 | 10846 | | | 11 | 13 |
| 保康县 | 13054 | 11593 | 1461 | | | 1 | 1 |
| 农场小计 | | | | | | | |
| **鄂州市** | **13589** | **2332** | **11174** | **33** | **50** | | |

续表 单位:头

| | 1.牛 | (1)黄牛 | (2)水牛 | (3)乳牛 | (4)菜牛 | 2.马 | 3.驴 |
|---|---|---|---|---|---|---|---|
| **荆门市** | **94127** | **12646** | **80981** | **23** | **477** | **490** | **39** |
| 荆门市辖区 | 13948 | 224 | 13720 | 4 | | 2 | 6 |
| 沙洋县 | 28511 | 4303 | 24208 | | | 45 | |
| 钟祥市 | 23290 | 5305 | 17628 | | 357 | 400 | 14 |
| 京山县 | 28246 | 2814 | 25293 | 19 | 120 | 43 | 19 |
| 沙洋农场 | 132 | | 132 | | | | |
| **孝感市** | **181570** | **55588** | **120826** | **43** | **5113** | **861** | **644** |
| 孝感市辖区 | 17979 | 4318 | 13219 | 41 | 401 | 8 | 67 |
| 孝昌县 | 30803 | 17711 | 13078 | 2 | 12 | 200 | 1 |
| 大悟县 | 36800 | 11419 | 25381 | | | | |
| 安陆市 | 52658 | 16661 | 32912 | | 3085 | 2 | 57 |
| 云梦县 | 16190 | 4749 | 9904 | | 1537 | 33 | 200 |
| 应城市 | 19133 | 715 | 18418 | | | 463 | 185 |
| 汉川市 | 8007 | 15 | 7914 | | 78 | 155 | 134 |
| **黄冈市** | **226731** | **161110** | **63815** | **902** | **904** | | **5** |
| 黄冈市辖区 | 3271 | 246 | 3003 | 2 | 20 | | 1 |
| 团风县 | 9200 | 4078 | 5120 | | 2 | | 4 |
| 红安县 | 27484 | 17211 | 9414 | | 859 | | |
| 麻城市 | 86200 | 77500 | 8700 | | | | |
| 罗田县 | 18155 | 16117 | 2038 | | | | |
| 英山县 | 10780 | 8689 | 2091 | | | | |
| 浠水县 | 18000 | 11000 | 7000 | | | | |
| 蕲春县 | 37900 | 20400 | 16600 | 900 | | | |
| 武穴市 | 9837 | 3003 | 6811 | | 23 | | |
| 黄梅县 | 5904 | 2866 | 3038 | | | | |
| 其中:龙感湖农场 | 6 | | 6 | | | | |
| **咸宁市** | **41147** | **10228** | **28804** | **1335** | **780** | | |
| 咸安区 | 8296 | 1354 | 5735 | 1207 | | | |
| 嘉鱼县 | 4882 | 28 | 4789 | | 65 | | |
| 赤壁市 | 9579 | 1327 | 8243 | | 9 | | |
| 通城县 | 5224 | 2813 | 2283 | 128 | | | |
| 崇阳县 | 7513 | 2378 | 4429 | | 706 | | |
| 通山县 | 5653 | 2328 | 3325 | | | | |
| **随州市** | **118895** | **27041** | **91563** | **35** | **256** | **18** | **9** |
| 曾都区 | 79309 | 21577 | 57512 | | 220 | 14 | 5 |
| 广水市 | 39586 | 5464 | 34051 | 35 | 36 | 4 | 4 |
| 恩施自治州 | 109587 | 77348 | 31767 | 287 | 185 | 1224 | 9 |
| 恩施市 | 17722 | 12887 | 4614 | 221 | | 380 | 9 |
| 建始县 | 4355 | 3124 | 1231 | | | | |
| 巴东县 | 6065 | 4658 | 1407 | | | | |
| 利川市 | 33442 | 25616 | 7657 | 7 | 162 | 788 | |
| 宣恩县 | 16989 | 10394 | 6554 | 41 | | 53 | |
| 咸丰县 | 19212 | 13098 | 6114 | | | | |
| 来凤县 | 7508 | 3887 | 3580 | 18 | 23 | | |
| 鹤峰县 | 4294 | 3684 | 610 | | | 3 | |
| **仙桃市** | **20065** | **1960** | **18083** | **16** | **6** | **60** | **51** |
| **天门市** | **25477** | **13273** | **12165** | **39** | | **374** | **14** |
| **潜江市** | **17129** | **5610** | **11452** | | **67** | **21** | **3** |
| **神农架林区** | **3311** | **3311** | | | | | |

# 当年出生的仔畜

单位:头

| | 1. 牛 | (1)黄牛 | (2)水牛 | (3)乳牛 | (4)菜牛 | 2. 马 | 3. 驴 |
|---|---|---|---|---|---|---|---|
| **湖北省** | **745465** | **398719** | **328657** | **9430** | **8659** | **1500** | **426** |
| **武汉市** | **47001** | **7125** | **31837** | **5071** | **2968** | | **23** |
| 武汉市辖区 | 8514 | 143 | 3643 | 4727 | 1 | | |
| 蔡甸区 | 3316 | 109 | 3207 | | | | |
| 江夏区 | 5160 | 147 | 5013 | | | | |
| 黄陂区 | 23706 | 3490 | 17105 | 344 | 2767 | | |
| 新洲区 | 6305 | 3236 | 2869 | | 200 | | 23 |
| **黄石市** | **11915** | **4166** | **7739** | | **10** | **8** | |
| 黄石市辖区 | 141 | 91 | 40 | | 10 | | |
| 大冶市 | 4274 | 1575 | 2699 | | | 8 | |
| 阳新县 | 7500 | 2500 | 5000 | | | | |
| **十堰市** | **39147** | **38226** | **921** | | | **9** | **11** |
| 十堰市辖区 | 400 | 400 | | | | | |
| 丹江口市 | 14497 | 14277 | 220 | | | | |
| 郧　县 | 9308 | 9216 | 92 | | | 7 | 3 |
| 郧西县 | 6569 | 6569 | | | | | |
| 竹山县 | 2339 | 2318 | 21 | | | | |
| 竹溪县 | 2180 | 2176 | 4 | | | | 1 |
| 房　县 | 3854 | 3270 | 584 | | | 2 | 7 |
| **荆州市** | **23431** | **4856** | **18418** | | **157** | **314** | **16** |
| 荆州市辖区 | 3900 | 376 | 3512 | | 12 | 14 | 3 |
| 江陵县 | 2018 | 100 | 1835 | | 83 | 30 | 6 |
| 松滋市 | 3474 | 1681 | 1793 | | | 6 | |
| 公安县 | 2909 | 634 | 2253 | | 22 | 65 | 7 |
| 石首市 | 3930 | 1416 | 2514 | | | 80 | |
| 监利县 | 4564 | 578 | 3949 | | 37 | 119 | |
| 洪湖市 | 2636 | 71 | 2562 | | 3 | | |
| **宜昌市** | **19458** | **12349** | **6644** | **450** | **15** | **2** | |
| 宜昌市辖区 | 676 | 343 | 110 | 208 | 15 | | |
| 夷陵区 | 2105 | 1424 | 439 | 242 | | | |
| 宜都市 | 4792 | 4495 | 297 | | | | |
| 枝江市 | 3451 | 1570 | 1881 | | | 2 | |
| 当阳市 | 3104 | 390 | 2714 | | | | |
| 远安县 | 1246 | 552 | 694 | | | | |
| 兴山县 | 1576 | 1273 | 303 | | | | |
| 秭归县 | 430 | 251 | 179 | | | | |
| 长阳县 | 1297 | 1275 | 22 | | | | |
| 五峰县 | 781 | 776 | 5 | | | | |
| **襄樊市** | **213552** | **140696** | **69295** | **3382** | **179** | **11** | **15** |
| 襄樊市辖区 | 17905 | 11354 | 6532 | 19 | | | |
| 老河口市 | 33129 | 24811 | 8311 | 7 | | | |
| 襄阳区 | 61028 | 37643 | 23380 | 5 | | | |
| 枣阳市 | 53654 | 34582 | 15542 | 3351 | 179 | 1 | |
| 宜城市 | 24076 | 14823 | 9253 | | | 2 | 2 |
| 南漳县 | 6002 | 4338 | 1664 | | | | |
| 谷城县 | 12280 | 8081 | 4199 | | | 8 | 13 |
| 保康县 | 5478 | 5064 | 414 | | | | |
| 农场小计 | | | | | | | |
| **鄂州市** | **6044** | **1340** | **4692** | **2** | **10** | | |

续表

单位:头

| | 1.牛 | (1)黄牛 | (2)水牛 | (3)乳牛 | (4)菜牛 | 2.马 | 3.驴 |
|---|---|---|---|---|---|---|---|
| **荆门市** | **33126** | **5919** | **27087** | **6** | **114** | **193** | **14** |
| 荆门市辖区 | 4062 | 167 | 3895 | | | 1 | 4 |
| 沙洋县 | 7760 | 2186 | 5574 | | | | |
| 钟祥市 | 11581 | 2681 | 8811 | | 89 | 183 | 2 |
| 京山县 | 9710 | 885 | 8794 | 6 | 25 | 9 | 8 |
| 沙洋农场 | 13 | | 13 | | | | |
| **孝感市** | **87035** | **31629** | **51623** | **11** | **3772** | **252** | **220** |
| 孝感市辖区 | 6318 | 1537 | 4580 | 11 | 190 | | 12 |
| 孝昌县 | 16997 | 9785 | 7206 | | 6 | 60 | 3 |
| 大悟县 | 17480 | 5336 | 12144 | | | | |
| 安陆市 | 29539 | 12309 | 14689 | | 2541 | | 33 |
| 云梦县 | 8264 | 2373 | 4924 | | 967 | 8 | 81 |
| 应城市 | 6360 | 280 | 6080 | | | 120 | 41 |
| 汉川市 | 2077 | 9 | 2000 | | 68 | 64 | 50 |
| **黄冈市** | **121958** | **92252** | **28602** | **330** | **774** | | **121** |
| 黄冈市辖区 | 821 | 92 | 729 | | | | |
| 团风县 | 3096 | 1967 | 1124 | | 5 | | |
| 红安县 | 13048 | 8162 | 4121 | | 765 | | |
| 麻城市 | 52300 | 47500 | 4800 | | | | 121 |
| 罗田县 | 14504 | 12601 | 1903 | | | | |
| 英山县 | 5502 | 4613 | 889 | | | | |
| 浠水县 | 8000 | 5000 | 3000 | | | | |
| 蕲春县 | 18000 | 9700 | 7970 | 330 | | | |
| 武穴市 | 5258 | 1819 | 3435 | | 4 | | |
| 黄梅县 | 1429 | 798 | 631 | | | | |
| 其中:龙感湖农场 | 6 | | 6 | | | | |
| **咸宁市** | **18872** | **5098** | **13313** | **120** | **341** | | |
| 咸安区 | 3336 | 719 | 2489 | 120 | 8 | | |
| 嘉鱼县 | 2384 | 9 | 2350 | | 25 | | |
| 赤壁市 | 5056 | 919 | 4124 | | 13 | | |
| 通城县 | 1826 | 1074 | 752 | | | | |
| 崇阳县 | 2978 | 1109 | 1574 | | 295 | | |
| 通山县 | 3292 | 1268 | 2024 | | | | |
| **随州市** | **66689** | **18322** | **48272** | **12** | **83** | **7** | **1** |
| 曾都区 | 42079 | 14017 | 27997 | | 65 | 6 | 1 |
| 广水市 | 24610 | 4305 | 20275 | 12 | 18 | 1 | |
| 恩施自治州 | 37187 | 27642 | 9445 | 18 | 82 | 571 | |
| 恩施市 | 5120 | 4009 | 1111 | | | 142 | |
| 建始县 | 845 | 718 | 127 | | | 9 | |
| 巴东县 | 1535 | 1234 | 301 | | | | |
| 利川市 | 12684 | 9945 | 2660 | 1 | 78 | 396 | |
| 宣恩县 | 5318 | 4058 | 1251 | 9 | | 15 | |
| 咸丰县 | 7208 | 5112 | 2096 | | | | |
| 来凤县 | 3561 | 1721 | 1834 | 2 | 4 | | |
| 鹤峰县 | 916 | 845 | 65 | 6 | | 9 | |
| **仙桃市** | **5841** | **877** | **4958** | **4** | **2** | **25** | |
| **天门市** | **7440** | **4725** | **2701** | **14** | | **100** | **5** |
| **潜江市** | **5564** | **2292** | **3110** | **10** | **152** | **8** | |
| **神农架林区** | **1205** | **1205** | | | | | |

# 家禽年内出笼及蚕茧产量

单位:头

| | 家禽(万只) | 兔(只) | 蚕茧产量(吨) | 1.桑蚕茧 | 2.柞蚕茧 |
|---|---|---|---|---|---|
| **湖北省** | **37075.36** | **428854** | **10690** | **10525** | **165** |
| **武汉市** | **4600.02** | **32299** | | | |
| 武汉市辖区 | 806.68 | 7312 | | | |
| 蔡甸区 | 344.69 | | | | |
| 江夏区 | 1542.34 | 80 | | | |
| 黄陂区 | 1303.84 | 15078 | | | |
| 新洲区 | 602.47 | 9829 | | | |
| **黄石市** | **553.01** | **5455** | | | |
| 黄石市辖区 | 64.67 | 516 | | | |
| 大冶市 | 308.34 | 4408 | | | |
| 阳新县 | 180.00 | 531 | | | |
| **十堰市** | **594.38** | **21835** | **626** | **626** | |
| 十堰市辖区 | 72.99 | 600 | | | |
| 丹江口市 | 124.14 | 13300 | 11 | 11 | |
| 郧　县 | 126.30 | 1020 | 611 | 611 | |
| 郧西县 | 83.70 | 1849 | | | |
| 竹山县 | 45.38 | 1875 | | | |
| 竹溪县 | 61.07 | | 4 | 4 | |
| 房　县 | 80.80 | 3191 | | | |
| **荆州市** | **3478.86** | **900** | | | |
| 荆州市辖区 | 737.58 | 750 | | | |
| 江陵县 | 274.15 | | | | |
| 松滋市 | 494.52 | 100 | | | |
| 公安县 | 424.14 | 50 | | | |
| 石首市 | 531.23 | | | | |
| 监利县 | 701.86 | | | | |
| 洪湖市 | 315.38 | | | | |
| **宜昌市** | **2250.21** | **11309** | **2863** | **2863** | |
| 宜昌市辖区 | 236.66 | 121 | 276 | 276 | |
| 夷陵区 | 236.44 | 3232 | 494 | 494 | |
| 宜都市 | 283.17 | 1349 | 346 | 346 | |
| 枝江市 | 596.69 | 100 | 3 | 3 | |
| 当阳市 | 733.82 | 2942 | | | |
| 远安县 | 34.72 | 735 | 1672 | 1672 | |
| 兴山县 | 29.13 | | | | |
| 秭归县 | 29.59 | 133 | 46 | 46 | |
| 长阳县 | 53.84 | 2386 | 26 | 26 | |
| 五峰县 | 16.15 | 311 | | | |
| **襄樊市** | **5292.38** | **154465** | **1376** | **1376** | |
| 襄樊市辖区 | 373.08 | 3260 | | | |
| 老河口市 | 490.65 | 23623 | | | |
| 襄阳区 | 1535.00 | 20000 | | | |
| 枣阳市 | 1660.32 | 98891 | | | |
| 宜城市 | 691.91 | 350 | | | |
| 南漳县 | 185.45 | 4341 | 1229 | 1229 | |
| 谷城县 | 306.05 | | | | |
| 保康县 | 49.92 | 4000 | 147 | 147 | |
| 农场小计 | | | | | |
| **鄂州市** | **881.88** | **1579** | | | |

续表 单位:头

| | 家禽(万只) | 兔(只) | 蚕茧产量(吨) | 1. 桑蚕茧 | 2. 柞蚕茧 |
|---|---|---|---|---|---|
| **荆门市** | **2803.18** | **11520** | | | |
| 荆门市辖区 | 403.52 | 10030 | | | |
| 沙洋县 | 743.34 | 340 | | | |
| 钟祥市 | 1021.00 | 950 | | | |
| 京山县 | 633.31 | 200 | | | |
| 沙洋农场 | 2.01 | | | | |
| **孝感市** | **7588.18** | **47161** | | | |
| 孝感市辖区 | 414.12 | 1584 | | | |
| 孝昌县 | 1014.56 | 1072 | | | |
| 大悟县 | 308.00 | 8600 | | | |
| 安陆市 | 864.84 | 12391 | | | |
| 云梦县 | 1284.00 | 9790 | | | |
| 应城市 | 1307.11 | 1348 | | | |
| 汉川市 | 2395.55 | 12376 | | | |
| **黄冈市** | **2321.42** | **47026** | **5516** | **5516** | |
| 黄冈市辖区 | 69.08 | 245 | | | |
| 团风县 | 145.02 | 13 | | | |
| 红安县 | 118.00 | 229 | | | |
| 麻城市 | 281.52 | 24221 | 2853 | 2853 | |
| 罗田县 | 73.28 | 4065 | 1502 | 1502 | |
| 英山县 | 123.60 | 8403 | 1137 | 1137 | |
| 浠水县 | 351.20 | 6000 | 24 | 24 | |
| 蕲春县 | 470.00 | 300 | | | |
| 武穴市 | 303.28 | 1220 | | | |
| 黄梅县 | 386.44 | 2330 | | | |
| 其中:龙感湖农场 | 10.65 | | | | |
| **咸宁市** | **591.00** | **14225** | **40** | **40** | |
| 咸安区 | 180.37 | 5190 | | | |
| 嘉鱼县 | 77.26 | 10 | | | |
| 赤壁市 | 171.87 | 6777 | | | |
| 通城县 | 61.64 | 68 | | | |
| 崇阳县 | 62.37 | 1560 | 40 | 40 | |
| 通山县 | 37.49 | 620 | | | |
| **随州市** | **2387.71** | **57865** | **165** | | **165** |
| 曾都区 | 1605.00 | 23312 | 165 | | 165 |
| 广水市 | 782.71 | 34553 | | | |
| **恩施自治州** | **559.26** | **12313** | **104** | **104** | |
| 恩施市 | 106.66 | 2216 | | | |
| 建始县 | 46.88 | 715 | | | |
| 巴东县 | 44.94 | 30 | | | |
| 利川市 | 112.68 | 5457 | 19 | 19 | |
| 宣恩县 | 60.08 | 3000 | | | |
| 咸丰县 | 72.45 | 425 | | | |
| 来凤县 | 99.61 | 356 | 85 | 85 | |
| 鹤峰县 | 15.96 | 114 | | | |
| **仙桃市** | **685.78** | **9322** | | | |
| **天门市** | **1010.59** | **920** | | | |
| **潜江市** | **1460.57** | **660** | | | |
| **神农架林区** | **16.93** | | | | |

# 生猪品种改良

| | 生猪人工授精站数（个） | 人工授精员（人） | 开展人工授精的村（个） | 年末种公猪存栏（头） | #地方良种 | #外来良种 |
|---|---|---|---|---|---|---|
| **全省合计** | **1582** | **5414** | **19460** | **13046** | **1005** | **12041** |
| **武汉市** | **41** | **338** | **1478** | **1316** | **81** | **1235** |
| 黄石市辖区 | 4 | 7 | 18 | 1070 | 20 | 1050 |
| 蔡甸区 | 12 | 95 | 302 | 55 | 55 | |
| 江夏区 | | | | | | |
| 黄陂区 | 14 | 218 | 603 | 141 | 6 | 135 |
| 新州区 | 11 | 18 | 555 | 50 | | 50 |
| **黄石市** | **12** | **37** | **84** | **259** | **29** | **230** |
| 黄石市辖区 | 1 | 6 | | 57 | | 57 |
| 大冶市 | 1 | 6 | | 57 | | 57 |
| 阳新县 | 10 | 25 | 84 | 145 | 29 | 116 |
| **十堰市** | **98** | **207** | **1542** | **619** | | **619** |
| 十堰市辖区 | 1 | 1 | 27 | 3 | | 3 |
| 丹江口市 | 16 | 17 | 280 | 87 | | 87 |
| 郧县 | 7 | 14 | 318 | 66 | | 66 |
| 郧西县 | 8 | 14 | 93 | 93 | | 93 |
| 竹山县 | 34 | 34 | 170 | 102 | | 102 |
| 竹溪县 | 16 | 69 | 394 | 88 | | 88 |
| 房县 | 16 | 58 | 260 | 180 | | 180 |
| **荆州市** | **56** | **149** | **915** | **1706** | **14** | **1692** |
| 荆州市辖区 | | | | | | |
| 江陵县 | 10 | 23 | 40 | 120 | | 120 |
| 松滋市 | 15 | 40 | 410 | 1000 | | 1000 |
| 公安县 | 15 | 58 | 120 | 208 | 6 | 202 |
| 石首市 | 3 | 8 | 115 | 147 | | 147 |
| 监利县 | 5 | 10 | 80 | 106 | 8 | 98 |
| 洪湖市 | 8 | 10 | 150 | 125 | | 125 |
| **宜昌市** | **295** | **1085** | **1094** | **1329** | **135** | **1194** |
| 宜昌市辖区 | 5 | 65 | 45 | 40 | 12 | 28 |
| 夷陵区 | 29 | 50 | 216 | 254 | 14 | 240 |
| 宜都市 | 28 | 80 | 127 | 267 | 25 | 242 |
| 枝江市 | 21 | 54 | 159 | 170 | 30 | 140 |
| 当阳市 | | | | | | |
| 远安县 | 1 | 121 | 112 | 25 | | 25 |
| 兴山县 | 47 | 86 | 132 | 147 | | 147 |
| 秭归县 | 15 | 456 | 79 | 156 | 54 | 102 |
| 长阳县 | 126 | 126 | 141 | 147 | | 147 |
| 五峰县 | 23 | 47 | 83 | 123 | | 123 |
| **襄樊市** | **93** | **305** | **1886** | **1193** | **74** | **1119** |
| 襄樊市辖区 | 2 | 24 | 129 | 350 | | 350 |
| 老河口市 | 10 | 22 | 240 | 170 | | 170 |
| 襄阳县 | 11 | 102 | 194 | 187 | 8 | 179 |
| 枣阳市 | 15 | 45 | 425 | 159 | 54 | 105 |
| 宜城市 | 15 | 15 | 179 | 56 | | 56 |
| 南漳县 | 22 | 61 | 282 | 80 | | 80 |
| 谷城县 | 10 | 14 | 197 | 21 | 12 | 9 |
| 保康县 | 8 | 22 | 240 | 170 | | 170 |
| 农场小计 | | | | | | |

续表 1

| | 生猪人工授精站数（个） | 人工授精员（人） | 开展人工授精的村（个） | 年末种公猪存栏（头） | #地方良种 | #外来良种 |
|---|---|---|---|---|---|---|
| **鄂州市** | **16** | **65** | **296** | **364** | **119** | **245** |
| **荆门市** | **39** | **68** | **644** | **596** | **182** | **414** |
| 荆门市辖区 | | | | | | |
| 沙洋县 | 8 | 17 | 159 | 148 | 2 | 146 |
| 钟祥市 | 17 | 30 | 100 | 300 | 100 | 200 |
| 京山县 | 14 | 21 | 385 | 148 | 80 | 68 |
| 沙洋农场 | | | | | | |
| 五三农场 | | | | | | |
| **孝感市** | **59** | **313** | **2373** | **553** | **63** | **490** |
| 孝感市辖区 | 8 | 75 | 435 | 33 | | 33 |
| 孝昌县 | 11 | 31 | 359 | 102 | 27 | 75 |
| 大悟县 | 17 | 40 | 160 | 216 | 21 | 195 |
| 安陆市 | 9 | 36 | 300 | 70 | 10 | 60 |
| 云梦县 | 1 | 31 | 256 | 7 | 1 | 6 |
| 应城市 | 4 | 85 | 417 | 57 | | 57 |
| 汉川市 | 9 | 15 | 446 | 68 | 4 | 64 |
| **黄冈市** | **126** | **304** | **3853** | **1250** | **112** | **1138** |
| 黄冈市辖区 | 2 | 2 | 46 | 514 | 8 | 506 |
| 团风县 | 10 | 14 | 265 | 72 | 60 | 12 |
| 红安县 | 11 | 57 | 361 | 134 | | 134 |
| 麻城市 | 18 | 21 | 565 | 91 | 21 | 70 |
| 罗田县 | 12 | 30 | 401 | 50 | 10 | 40 |
| 英山县 | 11 | 11 | 309 | 42 | 1 | 41 |
| 浠水县 | 11 | 39 | 557 | 141 | 2 | 139 |
| 蕲春县 | 30 | 45 | 545 | 104 | | 104 |
| 武穴市 | 12 | 17 | 324 | 42 | 2 | 40 |
| 黄梅县 | 9 | 68 | 480 | 60 | 8 | 52 |
| **咸宁市** | **36** | **350** | **985** | **542** | **57** | **485** |
| 咸安区 | 5 | 80 | 211 | 114 | 23 | 91 |
| 嘉鱼县 | 4 | 25 | 195 | 70 | | 70 |
| 赤壁市 | 7 | 32 | 103 | 208 | | 208 |
| 通城县 | 6 | 185 | 193 | 65 | 29 | 36 |
| 崇阳县 | 7 | 21 | 160 | 68 | 3 | 65 |
| 通山县 | 7 | 7 | 123 | 17 | 2 | 15 |
| **恩施自治州** | **611** | **823** | **1933** | **1159** | **29** | **1130** |
| 恩施市 | 120 | 160 | 150 | 380 | 5 | 375 |
| 建始县 | 80 | 120 | 404 | 126 | 6 | 120 |
| 巴东县 | | | | | | |
| 利川市 | 80 | 80 | 570 | 150 | | 150 |
| 宣恩县 | 72 | 191 | 270 | 106 | | 106 |
| 咸丰县 | 157 | 170 | 187 | 245 | 2 | 243 |
| 来凤县 | 55 | 55 | 185 | 84 | 16 | 68 |
| 鹤峰县 | 47 | 47 | 167 | 68 | | 68 |
| **随州市** | **53** | **1231** | **1419** | **422** | **30** | **392** |
| 曾都区 | 33 | 1206 | 909 | 160 | 30 | 130 |
| 广水市 | 20 | 25 | 510 | 262 | | 262 |
| **仙桃市** | **1** | | | **1068** | **56** | **1012** |
| **天门市** | **25** | **112** | **596** | **378** | **18** | **360** |
| **潜江市** | **16** | **22** | **320** | **197** | | **197** |
| **神农架林区** | **5** | **5** | **42** | **95** | **6** | **89** |

续表2

| | 年内人工授精头数（头） | 人工授精受胎数（头） | 人工授精总受胎率（%） | 年末核心群母猪存栏数（头） | 年末繁殖群母猪存栏数（头） | 杂交肉猪出栏量（万头） | |
|---|---|---|---|---|---|---|---|
| | | | | | | | 三元杂交肉猪出栏数 |
| **全省合计** | **2502836** | **2245582** | **89.72** | **16789** | **85700** | **3082.26** | **1940.2** |
| **武汉市** | **106480** | **99907** | **93.83** | **502** | **5708** | **187.43** | **89.40** |
| 黄石市辖区 | 5100 | 5100 | 100 | | 3137 | 62.59 | 37.08 |
| 蔡甸区 | 14407 | 14119 | 98 | | | 19.46 | |
| 江夏区 | | | | | | | |
| 黄陂区 | 64758 | 61374 | 94.7 | 416 | 1906 | 68.58 | 27.2 |
| 新州区 | 22215 | 19314 | 87 | 86 | 665 | 36.8 | 25.12 |
| **黄石市** | **34600** | **32570** | **94.13** | **600** | **2600** | **90.66** | **62.60** |
| 黄石市辖区 | 13000 | 12200 | 93.85 | 210 | 750 | 9.51 | 11.8 |
| 大冶市 | 13000 | 12200 | 93.85 | 210 | 750 | 44.85 | 21.8 |
| 阳新县 | 8600 | 8170 | 95.00 | 180 | 1100 | 36.3 | 29 |
| **十堰市** | **83521** | **76690** | **91.82** | **806** | **2119** | **133.07** | **58.12** |
| 十堰市辖区 | 720 | 654 | 90.83 | | | 5.18 | 0.42 |
| 丹江口市 | 12500 | 12300 | 98.40 | 100 | 240 | 22.3 | 13 |
| 郧县 | 9845 | 8860 | 89.99 | 250 | 750 | 23.7 | 18 |
| 郧西县 | 7956 | 7081 | 89.00 | 40 | 289 | 22.53 | 6.8 |
| 竹山县 | 25000 | 23000 | 92.00 | | | 20.12 | 7.2 |
| 竹溪县 | 11500 | 9795 | 85.17 | 26 | 210 | 20 | 8.2 |
| 房县 | 16000 | 15000 | 93.75 | 390 | 630 | 19.24 | 4.5 |
| **荆州市** | **106150** | **92787** | **87.41** | **2440** | **5876** | **302.78** | **199.40** |
| 荆州市辖区 | | | | | | | |
| 江陵县 | 19000 | 17000 | 89.47 | 205 | 860 | 29.25 | 16.8 |
| 松滋市 | 55000 | 48000 | 87.27 | 350 | 480 | 100.09 | 50 |
| 公安县 | 19800 | 17060 | 86.16 | 105 | 1450 | 54.17 | 48 |
| 石首市 | 3850 | 3527 | 91.61 | 144 | 786 | 30.91 | 21.6 |
| 监利县 | 3500 | 3200 | 91.43 | 136 | 1000 | 62.79 | 45 |
| 洪湖市 | 5000 | 4000 | 80.00 | 1500 | 1300 | 25.57 | 18 |
| **宜昌市** | **586253** | **518122** | **88.38** | **2992** | **11376** | **362.87** | **241.78** |
| 宜昌市辖区 | 6450 | 4495 | 69.69 | 350 | 30 | 23.55 | 1.5 |
| 夷陵区 | 50206 | 46957 | 93.53 | | | 69.12 | 56.44 |
| 宜都市 | 32000 | 28480 | 89.00 | 50 | 1280 | 55.23 | 48 |
| 枝江市 | 18208 | 14567 | 80.00 | 220 | 2649 | 68.66 | 63.4 |
| 当阳市 | | | | | | | |
| 远安县 | 34500 | 30360 | 88.00 | | | 23.6 | 12 |
| 兴山县 | 371200 | 326600 | 87.98 | 73 | 334 | 30.35 | 14.03 |
| 秭归县 | 13526 | 12333 | 91.18 | 2212 | 6389 | 34.02 | 15.37 |
| 长阳县 | 41163 | 37800 | 91.83 | 87 | 580 | 33.33 | 19.74 |
| 五峰县 | 19000 | 16530 | 87.00 | | 114 | 25.01 | 11.3 |
| **襄樊市** | **294877** | **272909** | **92.55** | **3278** | **18829** | **393.48** | **257.38** |
| 襄樊市辖区 | 30000 | 29500 | 98.33 | 2000 | 2000 | 29.25 | 15.68 |
| 老河口市 | 20000 | 18800 | 94.00 | 65 | 185 | 30.65 | 12 |
| 襄阳县 | 53890 | 50660 | 94.01 | 130 | 2570 | 100.62 | 75.79 |
| 枣阳市 | 55000 | 44000 | 80.00 | 120 | 2300 | 72.6 | 55.42 |
| 宜城市 | 47860 | 47380 | 99.00 | | 2450 | 48.1 | 28.5 |
| 南漳县 | 53200 | 51657 | 97.10 | | 800 | 60.98 | 42 |
| 谷城县 | 14927 | 12112 | 81.14 | 898 | 8339 | 31.87 | 15.99 |
| 保康县 | 20000 | 18800 | 94.00 | 65 | 185 | 19.41 | 12 |
| 农场小计 | | | | | | | |

续表3

| | 年内人工授精头数（头） | 人工授精受胎数（头） | 人工授精总受胎率（%） | 年末核心群母猪存栏数（头） | 年末繁殖群母猪存栏数（头） | 杂交肉猪出栏量（万头） | 三元杂交肉猪出栏数 |
|---|---|---|---|---|---|---|---|
| **鄂州市** | **31645** | **26524** | **83.82** | **756** | **5172** | **68.3** | **52** |
| **荆门市** | **39547** | **36293** | **91.77** | **50** | **350** | **207.59** | **137.40** |
| 荆门市辖区 | | | | | | | |
| 沙洋县 | 11347 | 11232 | 98.99 | | | 37.01 | 25.3 |
| 钟祥市 | 10000 | 9500 | 95.00 | 50 | 350 | 100.18 | 70 |
| 京山县 | 18200 | 15561 | 85.50 | | | 70.4 | 42.10 |
| 沙洋农场 | | | | | | | |
| 五三农场 | | | | | | | |
| **孝感市** | **213090** | **197456** | **92.66** | **727** | **6213** | **235.79** | **144.22** |
| 孝感市辖区 | 21660 | 21075 | 97.30 | 80 | 756 | 21.48 | 12.16 |
| 孝昌县 | 71000 | 66400 | 93.52 | 110 | 700 | 25.17 | 12.35 |
| 大悟县 | 16193 | 15367 | 94.90 | 124 | 832 | 29.5 | 18.04 |
| 安陆市 | 20000 | 19600 | 98.00 | 230 | 1250 | 42.27 | 31.73 |
| 云梦县 | 2600 | 2210 | 85.00 | 51 | 717 | 34.47 | 19 |
| 应城市 | 54897 | 49407 | 90.00 | 76 | 1124 | 37.64 | 25.74 |
| 汉川市 | 26740 | 23397 | 87.50 | 56 | 834 | 45.26 | 25.2 |
| **黄冈市** | **412764** | **373795** | **90.56** | **1431** | **6881** | **293.78** | **172.88** |
| 黄冈市辖区 | 13000 | 12230 | 94.08 | 500 | 970 | 7.29 | 7 |
| 团风县 | 141213 | 136734 | 96.83 | 58 | 241 | 10.6 | 3.5 |
| 红安县 | 19158 | 17480 | 91.24 | 91 | 650 | 16.92 | 9.12 |
| 麻城市 | 19210 | 15370 | 80.01 | 62 | 76 | 50.15 | 23.6 |
| 罗田县 | 18500 | 15725 | 85.00 | 30 | 525 | 17.97 | 9 |
| 英山县 | 5800 | 5200 | 89.66 | 400 | 1850 | 19.98 | 7.8 |
| 浠水县 | 19200 | 15300 | 79.69 | 54 | 141 | 37.7 | 27.3 |
| 蕲春县 | 105000 | 93140 | 88.70 | 56 | 1080 | 34.5 | 27.3 |
| 武穴市 | 48600 | 42280 | 87.00 | 100 | 650 | 60.2 | 45.2 |
| 黄梅县 | 23083 | 20336 | 88.10 | 80 | 698 | 38.47 | 13.06 |
| **咸宁市** | **79731** | **70662** | **88.63** | **331** | **7894** | **130.75** | **82.30** |
| 咸安区 | 8451 | 8240 | 97.50 | 20 | 450 | 19.24 | 13.3 |
| 嘉鱼县 | 7512 | 7025 | 93.52 | 15 | 100 | 14.36 | 11.6 |
| 赤壁市 | 7618 | 6780 | 89.00 | 13 | 264 | 19.11 | 8.15 |
| 通城县 | 39650 | 35288 | 89.00 | 108 | 5600 | 38.07 | 27.1 |
| 崇阳县 | 4800 | 4320 | 90.00 | 160 | 1080 | 23.33 | 14.5 |
| 通山县 | 11700 | 9009 | 77.00 | 15 | 400 | 16.64 | 7.65 |
| **恩施自治州** | **358642** | **311210** | **86.77** | **1411** | **7349** | **287.84** | **164.37** |
| 恩施市 | 64000 | 55000 | 85.94 | 48 | 2296 | 63.85 | 38.7 |
| 建始县 | 56000 | 50400 | 90.00 | 40 | 1000 | 47.42 | 25.65 |
| 巴东县 | | | | | | | |
| 利川市 | 65900 | 56000 | 84.98 | 30 | 800 | 59.35 | 32.4 |
| 宣恩县 | 35944 | 31956 | 88.90 | 30 | 660 | 31.39 | 20.73 |
| 咸丰县 | 81780 | 69452 | 84.93 | 30 | 500 | 43.71 | 23.34 |
| 来凤县 | 39641 | 35597 | 89.80 | 40 | 518 | 28.53 | 15.91 |
| 鹤峰县 | 15377 | 12805 | 83.27 | 1193 | 1575 | 13.59 | 7.64 |
| **随州市** | **85100** | **75350** | **88.54** | **290** | **1553** | **133.78** | **89.30** |
| 曾都区 | 67100 | 60850 | 90.69 | 70 | 895 | 97.96 | 71.8 |
| 广水市 | 18000 | 14500 | 80.56 | 220 | 658 | 35.82 | 17.5 |
| **仙桃市** | | | | **900** | **1310** | **90.32** | **64.35** |
| **天门市** | **60000** | **51600** | **86.00** | **80** | **2000** | **77.61** | **70** |
| **潜江市** | **8723** | **8054** | **92.33** | **189** | **470** | **80.73** | **54.6** |
| **神农架林区** | **1713** | **1653** | **96.50** | **6** | | **5.48** | **0.1** |

# 牛品改情况

| | 当年改良配种头数（头） | 冻配头数（头） | 冻配受胎数（头） | 年内产杂交犊牛数（头） | 当年杂交犊牛成活数（头） | 年末改良牛存栏（头） |
|---|---|---|---|---|---|---|
| **全省合计** | **271476** | **126684** | **100851** | **222078** | **207238** | **732107** |
| **武 汉 市** | **5268** | **4263** | **3599** | **10728** | **2717** | **11958** |
| 黄石市辖区 | | | | | | |
| 蔡甸区 | | | | | | |
| 江夏区 | | | | | | |
| 黄陂区 | 3688 | 3043 | 2684 | 1818 | 1812 | 3008 |
| 新州区 | 1580 | 1220 | 915 | 8910 | 905 | 8950 |
| **黄石市** | **1800** | **1800** | **860** | **410** | **380** | **1500** |
| 黄石市辖区 | | | | | | |
| 大冶市 | | | | | | |
| 阳新县 | 1800 | 1800 | 860 | 410 | 380 | 1500 |
| **十堰市** | **11000** | **10000** | **7982** | **6935** | **6845** | **43905** |
| 十堰市辖区 | | | | | | |
| 丹江口市 | 6150 | 6150 | 4926 | 4120 | 4038 | 15069 |
| 郧 县 | 3600 | 3600 | 2880 | 2730 | 2730 | 27300 |
| 郧西县 | 1230 | 230 | 161 | 79 | 72 | 1529 |
| 竹山县 | 20 | 20 | 15 | 6 | 5 | 7 |
| 竹溪县 | | | | | | |
| 房 县 | | | | | | |
| **荆 州 市** | **7362** | **1160** | **974** | **5802** | **5647** | **14225** |
| 荆州市辖区 | | | | | | |
| 江陵县 | | | | | | |
| 松滋市 | | | | | | |
| 公安县 | | | | | | |
| 石首市 | 2160 | 1160 | 974 | 952 | 947 | 4125 |
| 监利县 | | | | | | |
| 洪湖市 | 5202 | | | 4850 | 4700 | 10100 |
| **宜昌市** | **3409** | **2168** | **1478** | **9336** | **8806** | **9250** |
| 宜昌市辖区 | | | | | | |
| 夷陵区 | 400 | 400 | 285 | 270 | 255 | |
| 宜都市 | 371 | | | 2870 | 2810 | 1040 |
| 枝江市 | 123 | 23 | 18 | 6 | 6 | 710 |
| 当阳市 | | | | | | |
| 远安县 | 2200 | 1500 | 930 | 1500 | 1450 | 1800 |
| 兴山县 | | | | | | |
| 秭归县 | 245 | 245 | 245 | 290 | 285 | 353 |
| 长阳县 | 70 | | | 4400 | 4000 | 5347 |
| 五峰县 | | | | | | |
| **襄樊市** | **143262** | **50532** | **43259** | **128561** | **123947** | **403844** |
| 襄樊市辖区 | 8000 | 6000 | 5800 | 8200 | 8150 | 20000 |
| 老河口市 | | | | | | |
| 襄阳县 | 92780 | 7018 | 6246 | 90620 | 86937 | 147870 |
| 枣阳市 | 15000 | 12500 | 10000 | 5125 | 4895 | 148925 |
| 宜城市 | 14000 | 14000 | 12560 | 12560 | 11932 | 27980 |
| 南漳县 | 12600 | 10151 | 8019 | 11551 | 11543 | 54570 |
| 谷城县 | 882 | 863 | 634 | 505 | 490 | 4499 |
| 保康县 | | | | | | |
| 农场小计 | | | | | | |

续表

| | 当年改良配种头数（头） | 冻配头数（头） | 冻配受胎数（头） | 年内产杂交犊牛数（头） | 当年杂交犊牛成活数（头） | 年末改良牛存栏（头） |
|---|---|---|---|---|---|---|
| **鄂 州 市** | **3812** | **218** | **127** | **2164** | **2164** | **11324** |
| **荆 门 市** | **6786** | **3209** | **2415** | **11467** | **11398** | **9128** |
| 荆门市辖区 | | | | | | |
| 沙洋县 | 1936 | 359 | 241 | 9189 | 9173 | 4678 |
| 钟祥市 | 4000 | 2000 | 1600 | 1550 | 1500 | 3000 |
| 京山县 | 850 | 850 | 574 | 728 | 725 | 1450 |
| 沙洋农场 | | | | | | |
| 五三农场 | | | | | | |
| **孝感市** | **18821** | **11004** | **9104** | **8890** | **8750** | **46000** |
| 孝感市辖区 | | | | | | |
| 孝昌县 | | | | | | |
| 大悟县 | 8321 | 504 | 284 | 280 | 271 | |
| 安陆市 | 10500 | 10500 | 8820 | 8610 | 8479 | 46000 |
| 云梦县 | | | | | | |
| 应城市 | | | | | | |
| 汉川市 | | | | | | |
| **黄冈市** | **18951** | **18826** | **15161** | **11580** | **11132** | **44094** |
| 黄冈市辖区 | | | | | | |
| 团风县 | 4026 | 4026 | 3570 | 2013 | 2004 | 2786 |
| 红安县 | 3925 | 3800 | 3325 | 3245 | 2953 | 4558 |
| 麻城市 | 7890 | 7890 | 5996 | 5634 | 5523 | 32650 |
| 罗田县 | | | | | | |
| 英山县 | 810 | 810 | 670 | 530 | 495 | 1600 |
| 浠水县 | | | | | | |
| 蕲春县 | 2300 | 2300 | 1600 | 158 | 157 | 2500 |
| 武穴市 | | | | | | |
| 黄梅县 | | | | | | |
| **咸 宁 市** | **1850** | **120** | **105** | **1350** | **1310** | **3220** |
| 咸安区 | | | | | | |
| 嘉鱼县 | | | | | | |
| 赤壁市 | | | | | | |
| 通城县 | | | | | | |
| 崇阳县 | 1850 | 120 | 105 | 1350 | 1310 | 3220 |
| 通山县 | | | | | | |
| **恩施自治州** | **14295** | **5125** | **4731** | **12098** | **11840** | **50653** |
| 恩施市 | 8900 | | | 5400 | 5250 | 25100 |
| 建始县 | | 150 | 128 | 115 | 115 | 7500 |
| 巴东县 | | | | | | |
| 利川市 | 1250 | 1250 | 950 | 1270 | 1206 | 3600 |
| 宣恩县 | 491 | 71 | 17 | 1695 | 1668 | 2722 |
| 咸丰县 | | | | | | |
| 来凤县 | 3654 | 3654 | 3636 | 3618 | 3601 | 11731 |
| 鹤峰县 | | | | | | |
| **随 州 市** | **21100** | **14523** | **7960** | **3110** | **3090** | **29921** |
| **曾都区** | **12400** | **10923** | **6010** | **100** | **90** | **400** |
| **广水市** | **8700** | **3600** | **1950** | **3010** | **3000** | **29521** |
| **仙 桃 市** | | | | | | |
| **天 门 市** | **12000** | **2086** | **1794** | **8660** | **8227** | **48500** |
| **潜 江 市** | **1650** | **1650** | **1302** | **892** | **890** | **4100** |
| **神农架林区** | **110** | | | **95** | **95** | **485** |

# 家禽品种改良

| | 1.良种孵化场(个) | 2.年内孵化雏禽(万只) | 1.雏鸡(万只) | 2.雏鸭(万只) | 3.雏鹅(万只) | 4.雏特禽(万只) |
|---|---|---|---|---|---|---|
| **全省合计** | **2261** | **31531.10** | **23270.06** | **6105.66** | **1045.88** | **1109.50** |
| **武 汉 市** | **81** | **1560.70** | **1125.30** | **404.70** | **12.30** | **18.40** |
| 武汉市辖区 | 1 | 150 | 150 | | | |
| 蔡甸区 | | | | | | |
| 江夏区 | | | | | | |
| 黄陂区 | 75 | 1026.7 | 685.3 | 324.7 | 12.3 | 4.4 |
| 新州区 | 5 | 384 | 290 | 80 | | 14 |
| **黄石市** | **24** | **150.00** | **125.00** | **23.00** | **1.50** | **0.50** |
| 黄石市辖区 | | | | | | |
| 大冶市 | | | | | | |
| 阳新县 | 24 | 150 | 125 | 23 | 1.5 | 0.5 |
| **十堰市** | **21** | **62.50** | **57.50** | **5.00** | | |
| 十堰市辖区 | | | | | | |
| 丹江口市 | 20 | 60.00 | 55 | 5 | | |
| 郧 县 | | | | | | |
| 郧西县 | 1 | 2.50 | 2.5 | | | |
| 竹山县 | | | | | | |
| 竹溪县 | | | | | | |
| 房 县 | | | | | | |
| **荆 州 市** | **397** | **4642.30** | **2465.20** | **1588.50** | **566.40** | **22.20** |
| 荆州市辖区 | | | | | | |
| 江陵县 | 60 | | 600 | 350 | 10 | |
| 松滋市 | 120 | 600 | 480 | 100 | 20 | |
| 公安县 | 65 | 750 | 420 | 250 | 80 | |
| 石首市 | 48 | 482.3 | 365.2 | 88.5 | 16.4 | 12.2 |
| 监利县 | 104 | 850 | 600 | 200 | 50 | |
| 洪湖市 | | 70 | | 600 | 390 | 10 |
| **宜昌市** | **64** | **842.00** | **766.90** | **40.30** | **32.90** | **1.90** |
| 宜昌市辖区 | | | | | | |
| 夷陵区 | 4 | 109 | 105 | 3 | 1 | |
| 宜都市 | 11 | 83.6 | 82 | 1.3 | | 0.3 |
| 枝江市 | 48 | 648.5 | 579 | 36 | 31.9 | 1.6 |
| 当阳市 | | | | | | |
| 远安县 | | | | | | |
| 兴山县 | | | | | | |
| 秭归县 | | | | | | |
| 长阳县 | 1 | 0.9 | 0.9 | | | |
| 五峰县 | | | | | | |
| **襄樊市** | **220** | **3617.33** | **3276.00** | **323.27** | **15.36** | **2.70** |
| 襄樊市辖区 | | | | | | |
| 老河口市 | 3 | 30 | 30 | | | |
| 襄阳县 | 72 | 2247.73 | 2210 | 30.27 | 7.16 | 0.3 |
| 枣阳市 | 3 | 450 | 350 | 100 | | |
| 宜城市 | 46 | 555.6 | 366 | 185 | 4.2 | 0.4 |
| 南漳县 | 91 | 300 | 286 | 8 | 4 | 2 |
| 谷城县 | 2 | 4 | 4 | | | |
| 保康县 | 3 | 30 | 30 | | | |
| 农场小计 | | | | | | |

续表 1

| | 1. 良种孵化场(个) | 2. 年内孵化雏禽(万只) | | | | |
|---|---|---|---|---|---|---|
| | | | 1. 雏鸡(万只) | 2. 雏鸭(万只) | 3. 雏鹅(万只) | 4. 雏特禽(万只) |
| 鄂州市 | 148 | 4503 | 1132 | 414 | 41 | 16 |
| 荆门市 | 160 | 2400.30 | 2106.00 | 272.20 | 19.40 | 2.70 |
| 荆门市辖区 | | | | | | |
| 沙洋县 | 75 | 806.3 | 726 | 62.2 | 15.4 | 2.7 |
| 钟祥市 | 50 | 1000 | 900 | 100 | | |
| 京山县 | 35 | 594 | 480 | 110 | 4 | |
| 沙洋农场 | | | | | | |
| 五三农场 | | | | | | |
| **孝感市** | **158** | **7200.10** | **5052.60** | **1081.40** | **89.30** | **976.80** |
| 孝感市辖区 | 25 | 985.00 | 810 | 165 | 10 | |
| 孝昌县 | | | | | | |
| 大悟县 | | | | | | |
| 安陆市 | 35 | 810.00 | 720 | 90 | | |
| 云梦县 | 8 | 670.00 | 600 | 70 | | |
| 应城市 | 46 | 1366.10 | 1082.6 | 219.4 | 41.3 | 22.8 |
| 汉川市 | 44 | 3369.00 | 1840 | 537 | 38 | 954 |
| **黄冈市** | **231** | **2045.10** | **1853.20** | **170.30** | **17.80** | **3.80** |
| 黄冈市辖区 | 1 | 15.1 | 5 | 10 | 0.1 | |
| 团风县 | 8 | 71.3 | 49 | 21 | 3.1 | |
| 红安县 | 31 | 182.5 | 176 | 6.5 | | |
| 麻城市 | 11 | 92 | 88.2 | 3.8 | | |
| 罗田县 | 6 | 20.9 | 13 | 7 | 0.4 | 0.5 |
| 英山县 | | | | | | |
| 浠水县 | 11 | 308.4 | 282 | 25 | | 1.4 |
| 蕲春县 | 43 | 309.6 | 220 | 85 | 3.2 | 1.4 |
| 武穴市 | 52 | 350 | 180 | 2 | 8 | 0.5 |
| 黄梅县 | 68 | 853 | 840 | 10 | 3 | |
| **咸宁市** | **61** | **448.35** | **376.25** | **65.80** | **3.30** | **3.00** |
| 咸安区 | 6 | 205.6 | 176.95 | 27.3 | 1.35 | |
| 嘉鱼县 | 8 | 93.9 | 72 | 18 | 0.9 | 3 |
| 赤壁市 | 11 | 42 | 32 | 10 | | |
| 通城县 | 12 | 37.65 | 35.8 | 1.55 | 0.3 | |
| 崇阳县 | 12 | 38 | 35 | 2.85 | 0.15 | |
| 通山县 | 12 | 31.2 | 24.5 | 6.1 | 0.6 | |
| **恩施自治州** | **12** | **82.34** | **79.03** | **0.19** | **3.12** | |
| 恩施市 | 1 | 32 | 32 | | | |
| 建始县 | 1 | 40 | 40 | | | |
| 巴东县 | | | | | | |
| 利川市 | | | | | | |
| 宣恩县 | 4 | 1.5 | 1.4 | 0.1 | | |
| 咸丰县 | | | | | | |
| 来凤县 | 4 | | | | 3.12 | |
| 鹤峰县 | 2 | 5.72 | 5.63 | 0.09 | | |
| **随州市** | **143** | **1248.08** | **1023.08** | **139.00** | **50.00** | **36.00** |
| 曾都区 | 5 | 346.08 | 173.08 | 90 | 48 | 35 |
| 广水市 | 138 | 902 | 850 | 49 | 2 | 1 |
| **仙桃市** | **134** | **2310** | **1250** | **1030** | **30** | |
| **天门市** | **144** | **2115** | **1650** | **280** | **160** | **25** |
| **潜江市** | **260** | **1203** | **931** | **268** | **3.5** | **0.5** |
| **神农架林区** | **3** | **1** | **1** | | | |

续表2

| | 3.父母代种鸡生产情况 | | | |
|---|---|---|---|---|
| | 蛋用父母代鸡年末存笼（万只） | 年内提供商品代种蛋.雏（万枚、只） | 肉用父母代鸡年末存笼（万只） | 年内提供商品代种蛋.雏（万枚、只） |
| **全省合计** | **26.75** | **3052.90** | **20.73** | **3121.30** |
| **武汉市** | **3.00** | **240.00** | | |
| 武汉市辖区 | | | | |
| 蔡甸区 | | | | |
| 江夏区 | | | | |
| 黄陂区 | | | | |
| 新州区 | 3 | 240 | | |
| **黄石市** | | | | |
| 黄石市辖区 | | | | |
| 大冶市 | | | | |
| 阳新县 | | | | |
| **十堰市** | | | | |
| 十堰市辖区 | | | | |
| 丹江口市 | | | | |
| 郧县 | | | | |
| 郧西县 | | | | |
| 竹山县 | | | | |
| 竹溪县 | | | | |
| 房县 | | | | |
| **荆州市** | | | | |
| 荆州市辖区 | | | | |
| 江陵县 | | | | |
| 松滋市 | | | | |
| 公安县 | | | | |
| 石首市 | | | | |
| 监利县 | | | | |
| 洪湖市 | | | | |
| **宜昌市** | | | | |
| 宜昌市辖区 | | | | |
| 夷陵区 | | | | |
| 宜都市 | | | | |
| 枝江市 | | | | |
| 当阳市 | | | | |
| 远安县 | | | | |
| 兴山县 | | | | |
| 秭归县 | | | | |
| 长阳县 | | | | |
| 五峰县 | | | | |
| **襄樊市** | **1.10** | **115.00** | **8.00** | **1442.00** |
| 襄樊市辖区 | | | | |
| 老河口市 | | | | |
| 襄阳县 | 0.3 | 105 | 6.5 | 1092 |
| 枣阳市 | | | 1.5 | 350 |
| 宜城市 | | | | |
| 南漳县 | 0.8 | 10 | | |
| 谷城县 | | | | |
| 保康县 | | | | |
| 农场小计 | | | | |

续表 3

| | 3. 父母代种鸡生产情况 | | | |
|---|---|---|---|---|
| | 蛋用父母代鸡年末存笼（万只） | 年内提供商品代种蛋. 雏（万枚、只） | 肉用父母代鸡年末存笼（万只） | 年内提供商品代种蛋. 雏（万枚、只） |
| **鄂 州 市** | | | | |
| **荆 门 市** | **4.00** | **289.70** | | |
| 荆门市辖区 | | | | |
| 沙洋县 | 4 | 289.7 | | |
| 钟祥市 | | | | |
| 京山县 | | | | |
| 沙洋农场 | | | | |
| 五三农场 | | | | |
| **孝感市** | **6.20** | **1131.00** | **0.50** | **100.00** |
| 孝感市辖区 | 4.5 | 900 | | |
| 孝昌县 | | | | |
| 大悟县 | | | | |
| 安陆市 | | | | |
| 云梦县 | | | 0.5 | 100 |
| 应城市 | 1.7 | 231 | | |
| 汉川市 | | | | |
| **黄冈市** | **6.40** | **259.00** | **0.03** | **2.50** |
| 黄冈市辖区 | | | 0.03 | 2.5 |
| 团风县 | | | | |
| 红安县 | | | | |
| 麻城市 | 0.3 | 58 | | |
| 罗田县 | | | | |
| 英山县 | | | | |
| 浠水县 | 1.6 | 151 | | |
| 蕲春县 | | | | |
| 武穴市 | 4.5 | 50 | | |
| 黄梅县 | | | | |
| **咸 宁 市** | | | **0.35** | **20.50** |
| 咸安区 | | | | |
| 嘉鱼县 | | | | |
| 赤壁市 | | | | |
| 通城县 | | | 0.35 | 20.5 |
| 崇阳县 | | | | |
| 通山县 | | | | |
| **恩施自治州** | **0.25** | **24.70** | **4.35** | **74.30** |
| 恩施市 | 0.25 | 24.7 | 0.35 | 34.3 |
| 建始县 | | | 4 | 40 |
| 巴东县 | | | | |
| 利川市 | | | | |
| 宣恩县 | | | | |
| 咸丰县 | | | | |
| 来凤县 | | | | |
| 鹤峰县 | | | | |
| **随 州 市** | **5.80** | **993.50** | **7.00** | **1470.00** |
| 曾都区 | 5.8 | 993.50 | 4.5 | 1310 |
| 广水市 | | | 2.5 | 160 |
| **仙 桃 市** | | | **0.5** | **12.00** |
| **天 门 市** | | | | |
| **潜 江 市** | | | | |
| **神农架林区** | | | | |

# 农村基层乡镇畜牧兽医站基本情况

| | 一、基层畜牧兽医站数（个） | 二、职工总人数（人） | 在编人员 | 三、离退休人员（人） | 四、在职人员技术职称状况 1.高级技术职称（人） | 2.中级技术职称（人） | 3.初级技术职称及技术员（人） |
|---|---|---|---|---|---|---|---|
| **全省合计** | **1102** | **23262** | **10757** | **6120** | **51** | **3032** | **16410** |
| **武汉市** | **63** | **816** | **511** | **262** | **3** | **133** | **496** |
| 武汉市辖区 | 26 | 255 | 131 | 72 | 2 | 39 | 135 |
| 蔡甸区 | 12 | 159 | 108 | 38 | | 33 | 50 |
| 江夏区 | 13 | 166 | 36 | 62 | | 15 | 151 |
| 黄陂区 | | | | | | | |
| 新州区 | 12 | 236 | 236 | 90 | 1 | 46 | 160 |
| **黄石市** | **38** | **433** | **569** | **131** | **1** | **66** | **188** |
| 黄石市辖区 | 2 | 10 | 7 | | 1 | 2 | 7 |
| 大冶市 | 15 | 258 | 205 | 70 | | 42 | 38 |
| 阳新县 | 21 | 165 | 357 | 61 | | 22 | 143 |
| **十堰市** | **122** | **1869** | **715** | **292** | **5** | **372** | **965** |
| 十堰市辖区 | 16 | 110 | 32 | 28 | 3 | 37 | 69 |
| 丹江口市 | 17 | 284 | 114 | 76 | 2 | 63 | 139 |
| 郧县 | 19 | 360 | 360 | 60 | | 50 | 259 |
| 郧西县 | 18 | 292 | | 8 | | 13 | 78 |
| 竹山县 | 17 | 322 | | 56 | | 64 | 200 |
| 竹溪县 | 15 | 210 | 83 | 64 | | 86 | 89 |
| 房县 | 20 | 291 | 126 | | | 59 | 131 |
| **荆州市** | **101** | **2288** | **591** | **468** | **1** | **187** | **854** |
| 荆州市辖区 | | | | | | | |
| 江陵县 | 11 | 212 | 74 | 85 | 1 | 34 | 196 |
| 松滋市 | 17 | 415 | 112 | 71 | | 31 | 204 |
| 公安县 | 16 | 748 | 252 | 123 | | 26 | 129 |
| 石首市 | 14 | 188 | 103 | 6 | | 16 | 87 |
| 监利县 | 23 | 488 | | 78 | | 78 | 98 |
| 洪湖市 | 20 | 237 | 50 | 105 | | 2 | 140 |
| **宜昌市** | **98** | **3109** | **1045** | **837** | **8** | **312** | **2789** |
| 宜昌市辖区 | 11 | 132 | 30 | 23 | | 31 | 101 |
| 夷陵区 | 12 | 424 | 60 | 82 | 1 | 26 | 397 |
| 宜都市 | 10 | 448 | 78 | 80 | | 38 | 410 |
| 枝江市 | 9 | 343 | 315 | 116 | | 46 | 297 |
| 当阳市 | 10 | 387 | 140 | 130 | 6 | 46 | 335 |
| 远安县 | 7 | 121 | 56 | 69 | | 10 | 111 |
| 兴山县 | 8 | 158 | 74 | 3 | | 16 | 142 |
| 秭归县 | 12 | 436 | 197 | 117 | 1 | 11 | 424 |
| 长阳县 | 11 | 432 | 95 | 161 | | 72 | 360 |
| 五峰县 | 8 | 228 | | 56 | | 16 | 212 |
| **襄樊市** | **93** | **2184** | **782** | **831** | **4** | **415** | **1765** |
| 襄樊市辖区 | 6 | 176 | | 21 | 1 | 15 | 160 |
| 老河口市 | 10 | 96 | | 67 | | 30 | 66 |
| 襄阳县 | 12 | 535 | | 138 | | 75 | 460 |
| 枣阳市 | 17 | 275 | 226 | 159 | | 67 | 208 |
| 宜城市 | 10 | 388 | | 104 | 2 | 42 | 344 |
| 南漳县 | 17 | 275 | 226 | 159 | | 67 | 208 |
| 谷城县 | 10 | 275 | 226 | 159 | | 67 | 208 |
| 保康县 | 11 | 164 | 104 | 24 | 1 | 52 | 111 |
| 农场小计 | | | | | | | |

续表 1

| | 一、基层畜牧兽医站数（个） | 二、职工总人数（人） | 在编人员 | 三、离退休人员（人） | 四、在职人员技术职称状况 1.高级技术职称（人） | 2.中级技术职称（人） | 3.初级技术职称及技术员（人） |
|---|---|---|---|---|---|---|---|
| **鄂州市** | **22** | **281** | **175** | **106** | | **93** | **188** |
| **荆门市** | **54** | **1735** | **472** | **325** | **6** | **224** | **1451** |
| 荆门市辖区 | 10 | 203 | 68 | 66 | | 40 | 109 |
| 沙洋县 | 13 | 203 | 25 | 94 | 4 | 54 | 145 |
| 钟祥市 | 17 | 764 | 214 | 165 | 2 | 63 | 699 |
| 京山县 | 14 | 565 | 165 | | | 67 | 498 |
| 沙洋农场 | | | | | | | |
| 五三农场 | | | | | | | |
| **孝感市** | **110** | **1615** | **952** | **278** | **3** | **214** | **1257** |
| 孝感市辖区 | 13 | 218 | 90 | 43 | | 40 | 140 |
| 孝昌县 | 13 | 209 | 152 | 39 | | 38 | 147 |
| 大悟县 | 17 | 220 | 220 | 28 | | 18 | 202 |
| 安陆市 | 15 | 419 | 177 | 51 | 1 | 32 | 386 |
| 云梦县 | 12 | 70 | 26 | 19 | | 5 | 65 |
| 应城市 | 16 | 259 | 115 | 39 | 1 | 48 | 131 |
| 汉川市 | 24 | 220 | 172 | 59 | 1 | 33 | 186 |
| **黄冈市** | **133** | **3291** | **2054** | **780** | **1** | **519** | **1994** |
| 黄冈市辖区 | 9 | 69 | | 34 | | 5 | 64 |
| 团风县 | 10 | 180 | 168 | 41 | | 22 | 152 |
| 红安县 | 12 | 370 | 260 | 110 | 1 | 82 | 185 |
| 麻城市 | 18 | 238 | 186 | 121 | | 88 | 145 |
| 罗田县 | 12 | 424 | 382 | 49 | | 36 | 173 |
| 英山县 | 11 | 348 | 306 | 70 | | 34 | 314 |
| 浠水县 | 19 | 466 | | 127 | | 36 | 181 |
| 蕲春县 | 14 | 380 | 268 | 73 | | 76 | 104 |
| 武穴市 | 12 | 496 | 424 | 85 | | 88 | 408 |
| 黄梅县 | 16 | 320 | 60 | 70 | | 52 | 268 |
| **咸宁市** | **70** | **952** | **714** | **119** | **4** | **40** | **844** |
| 咸安区 | 13 | 85 | 65 | 14 | | 5 | 80 |
| 嘉鱼县 | 8 | 141 | 64 | 29 | | 7 | 134 |
| 赤壁市 | 14 | 187 | 113 | 28 | | 3 | 184 |
| 通城县 | 11 | 174 | 124 | 25 | | 8 | 110 |
| 崇阳县 | 12 | 228 | 228 | 15 | 4 | 12 | 212 |
| 通山县 | 12 | 137 | 120 | 8 | | 5 | 124 |
| **恩施自治州** | **89** | **2720** | **1153** | **859** | **5** | **131** | **2367** |
| 恩施市 | 16 | 486 | 132 | 166 | 1 | 17 | 468 |
| 建始县 | 10 | 290 | 268 | 144 | | 16 | 274 |
| 巴东县 | 12 | 351 | 134 | 15 | | 3 | 316 |
| 利川市 | 14 | 670 | 465 | 196 | | 60 | 582 |
| 宣恩县 | 9 | 217 | 52 | 158 | 1 | 4 | 212 |
| 咸丰县 | 11 | 319 | 34 | 114 | | 17 | 219 |
| 来凤县 | 8 | 238 | 29 | 61 | 1 | 11 | 226 |
| 鹤峰县 | 9 | 149 | 39 | 5 | 2 | 3 | 70 |
| **随州市** | **44** | **545** | **263** | **388** | **4** | **91** | **376** |
| 曾都区 | 28 | 288 | 261 | 242 | 4 | 77 | 200 |
| 广水市 | 16 | 257 | 2 | 146 | | 14 | 176 |
| **仙桃市** | **18** | **391** | **358** | **149** | **6** | **39** | **39** |
| **天门市** | **25** | **842** | **68** | **122** | | **148** | **694** |
| **潜江市** | **14** | **143** | **335** | **140** | | **36** | **107** |
| **神农架林区** | **8** | **48** | | **33** | | **12** | **36** |

续表2

| | 五、站内经营情况 | | | | | |
|---|---|---|---|---|---|---|
| | 全年总收入（万元） | 全年总支出（万元） | 当年盈余站数（个） | 当年盈余总额（万元） | 当年亏损站数（个） | 当年亏损额（万元） |
| **全省合计** | **14687.94** | **15170.64** | **379** | **881.39** | **461** | **1364.09** |
| **武汉市** | **933.47** | **989.32** | **20** | **56.40** | **35** | **112.25** |
| 武汉市辖区 | 501.37 | 541.42 | 4 | 4.9 | 18 | 44.95 |
| 蔡甸区 | 145.7 | 137.9 | 9 | 7.8 | | |
| 江夏区 | 181.4 | 197 | 3 | 5.2 | 9 | 20.8 |
| 黄陂区 | | | | | | |
| 新州区 | 105 | 113 | 4 | 38.5 | 8 | 46.5 |
| **黄石市** | **666.10** | **642.80** | **23** | **24.50** | **5** | **1.20** |
| 黄石市辖区 | | | | | | |
| 大冶市 | 380.5 | 365 | 12 | 15.5 | | |
| 阳新县 | 285.6 | 277.8 | 11 | 9 | 5 | 1.2 |
| **十堰市** | **738.00** | **740.30** | **26** | **47.20** | **68** | **49.50** |
| 十堰市辖区 | 71.4 | 77.9 | 1 | 0.5 | 14 | 7 |
| 丹江口市 | 240 | 210 | 14 | 30 | | |
| 郧县 | | | | | | |
| 郧西县 | 45 | 54 | | | 15 | 9 |
| 竹山县 | 46 | 65 | | | 16 | 19 |
| 竹溪县 | 123.4 | 111 | 9 | 14.9 | 6 | 2.5 |
| 房县 | 212.2 | 222.4 | 2 | 1.8 | 17 | 12 |
| **荆州市** | **1959.00** | **2010.78** | **20** | **68.60** | **47** | **120.38** |
| 荆州市辖区 | | | | | | |
| 江陵县 | 139 | 134 | 5 | 29 | 6 | 24 |
| 松滋市 | 700 | 705 | 8 | 20 | 2 | 25 |
| 公安县 | 302 | 305.9 | 4 | 8.6 | 6 | 12.5 |
| 石首市 | 280 | 280 | | | | |
| 监利县 | 482 | 510.88 | | | 16 | 28.88 |
| 洪湖市 | 56 | 75 | 3 | 11 | 17 | 30 |
| **宜昌市** | **1334.85** | **1299.89** | **42** | **106.06** | **22** | **71.10** |
| 宜昌市辖区 | 129 | 117.3 | 2 | 11.7 | | |
| 夷陵区 | | | | | | |
| 宜都市 | 203 | 194.3 | 6 | 13.1 | 3 | 4.4 |
| 枝江市 | 186.7 | 198 | 5 | 2.4 | 3 | 13.7 |
| 当阳市 | 80 | 50 | 8 | 30 | | |
| 远安县 | 82.13 | 80 | 6 | 2.13 | | |
| 兴山县 | 84.9 | 78.7 | 3 | 9.7 | 4 | 3.5 |
| 秭归县 | 264.63 | 260.4 | 6 | 24.23 | 2 | 20 |
| 长阳县 | 132.3 | 157.1 | 1 | 0.2 | 8 | 25 |
| 五峰县 | 172.19 | 164.09 | 5 | 12.6 | 2 | 4.5 |
| **襄樊市** | **1281.43** | **1480.27** | **15** | **50.41** | **28** | **249.25** |
| 襄樊市辖区 | 25.61 | 43.44 | 2 | 20.6 | 4 | 38.43 |
| 老河口市 | 24.3 | 24.3 | | | | |
| 襄阳县 | 366.52 | 374.03 | 2 | 1.21 | 9 | 8.72 |
| 枣阳市 | 160 | 258 | | | 2 | 98 |
| 宜城市 | 155 | 202.6 | | | 9 | 47.6 |
| 南漳县 | 160 | 216 | | | 2 | 56 |
| 谷城县 | 90 | 71.9 | 1 | 18.6 | 2 | 0.5 |
| 保康县 | 300 | 290 | 10 | 10 | | |
| 农场小计 | | | | | | |

续表3

| | 五、站内经营情况 | | | | | |
|---|---|---|---|---|---|---|
| | 全年总收入（万元） | 全年总支出（万元） | 当年盈余站数（个） | 当年盈余总额（万元） | 当年亏损站数（个） | 当年亏损额（万元） |
| **鄂州市** | **367.3** | **363.8** | **17** | **6.5** | **5** | **3** |
| **荆门市** | **1349.80** | **1316.41** | **20** | **161.49** | **18** | **128.10** |
| 荆门市辖区 | 94.80 | 156.80 | | | 10 | 62.00 |
| 沙洋县 | 205.3 | 229.91 | 6 | 38.49 | 6 | 63.1 |
| 钟祥市 | 740 | 620 | 14 | 123 | 2 | 3 |
| 京山县 | 309.7 | 309.7 | | | | |
| 沙洋农场 | | | | | | |
| 五三农场 | | | | | | |
| **孝感市** | **796.97** | **817.61** | **57** | **49.98** | **53** | **70.62** |
| 孝感市辖区 | 188.33 | 175.4 | 13 | 12.93 | | |
| 孝昌县 | 58.6 | 56.4 | 13 | 2.2 | | |
| 大悟县 | 92 | 95.6 | 4 | 1.2 | 13 | 4.8 |
| 安陆市 | 62.84 | 87.71 | 1 | 0.5 | 14 | 25.37 |
| 云梦县 | 49.5 | 61.7 | 1 | 0.2 | 11 | 12.4 |
| 应城市 | 83.6 | 94.2 | 4 | 0.35 | 12 | 10.95 |
| 汉川市 | 262.1 | 246.6 | 21 | 32.6 | 3 | 17.1 |
| **黄冈市** | **1979.56** | **2184.12** | **44** | **54.40** | **85** | **258.96** |
| 黄冈市辖区 | 33.16 | 31.36 | 8 | 1.8 | | |
| 团风县 | 141 | 126 | 10 | 15 | | |
| 红安县 | 189.5 | 195.8 | 5 | 6.2 | 7 | 12.5 |
| 麻城市 | 182 | 225 | 2 | 2 | 14 | 45 |
| 罗田县 | 545 | 529.1 | 10 | 17.6 | 2 | 1.7 |
| 英山县 | 120.9 | 230 | | | 11 | 109.1 |
| 浠水县 | 378 | 390 | 5 | 3.8 | 14 | 15.8 |
| 蕲春县 | 92 | 114 | 1 | 2 | 13 | 24 |
| 武穴市 | 153 | 182 | 3 | 6 | 9 | 35 |
| 黄梅县 | 145 | 160.86 | | | 15 | 15.86 |
| **咸宁市** | **611.30** | **625.41** | **24** | **23.15** | **32** | **37.26** |
| 咸安区 | 88 | 95 | 3 | 0.5 | 9 | 7.5 |
| 嘉鱼县 | 70 | 67 | 3 | 15 | 4 | 12 |
| 赤壁市 | 65.8 | 64.8 | 6 | 1.2 | 2 | 0.2 |
| 通城县 | 156.5 | 162.3 | 3 | 5.4 | 8 | 11.2 |
| 崇阳县 | 109 | 114.8 | 5 | 0.2 | 7 | 6 |
| 通山县 | 122 | 121.51 | 4 | 0.85 | 2 | 0.36 |
| **恩施自治州** | **1447.44** | **1505.39** | **35** | **35.95** | **41** | **93.90** |
| 恩施市 | 301.77 | 330.77 | 7 | 2.6 | 9 | 31.6 |
| 建始县 | 160.86 | 172.94 | 6 | 3 | 4 | 15.08 |
| 巴东县 | 114.03 | 112.83 | 4 | 5.20 | 3 | 4.00 |
| 利川市 | 186 | 210 | | | 14 | 24 |
| 宣恩县 | 199 | 212 | 3 | 1 | 6 | 14 |
| 咸丰县 | 179.13 | 173.85 | 5 | 9.5 | 4 | 4.22 |
| 来凤县 | 164.15 | 160.6 | 6 | 4.55 | 1 | 1 |
| 鹤峰县 | 142.5 | 132.4 | 4 | 10.1 | | |
| **随州市** | **500.90** | **474.90** | **16** | **112.10** | **21** | **87.30** |
| 曾都区 | 274.4 | 184.7 | 16 | 112.1 | 5 | 23.6 |
| 广水市 | 226.5 | 290.2 | | | 16 | 63.7 |
| **仙桃市** | **316.82** | **330.64** | **6** | **68.65** | **6** | **82.47** |
| **天门市** | **139** | **139** | | | | |
| **潜江市** | **242** | **226** | **14** | **16** | | |
| **神农架林区** | **24** | **24** | | | | |

# 县以上畜牧三站机构及人员

| | 一、畜牧兽医站数(个) | 职工人数(人) | 二、动物检疫站数(个) | 职工人数(人) | 三、品种改良站数(个) | 职工人数(人) |
|---|---|---|---|---|---|---|
| **全省合计** | **96** | **1368** | **98** | **1968** | **55** | **224** |
| **武 汉 市** | **11** | **172** | **9** | **144** | **4** | **6** |
| 武汉市辖区 | 6 | 97 | 5 | 125 | 1 | 5 |
| 蔡甸区 | 3 | 28 | 1 | | 1 | |
| 江夏区 | | | 1 | 1 | | |
| 黄陂区 | | | | | | |
| 新州区 | 1 | 12 | 1 | 18 | 1 | 1 |
| **黄石市** | **2** | **13** | **3** | **62** | **1** | **10** |
| 黄石市辖区 | | | | | | |
| 大冶市 | 1 | | 1 | | | |
| 阳新县 | 1 | 13 | 1 | 20 | 1 | 10 |
| **十堰市** | **9** | **69** | **6** | **143** | **5** | **30** |
| 十堰市辖区 | 2 | 12 | | | | |
| 丹江口市 | 1 | 23 | 1 | 17 | 1 | 7 |
| 郧 县 | 1 | | 1 | 13 | | |
| 郧西县 | 1 | | | | | |
| 竹山县 | 1 | | 1 | 49 | 1 | 6 |
| 竹溪县 | 1 | | 1 | 7 | 1 | 3 |
| 房 县 | 1 | 18 | 1 | 9 | 1 | 11 |
| **荆 州 市** | **7** | **134** | **7** | **313** | **1** | **4** |
| 荆州市辖区 | | | | | | |
| 江陵县 | 1 | 2 | 1 | 22 | | |
| 松滋市 | 1 | 21 | 1 | 29 | 1 | 4 |
| 公安县 | 1 | 25 | 1 | 39 | | |
| 石首市 | 1 | 28 | 1 | 40 | | |
| 监利县 | 1 | 21 | 1 | 26 | | |
| 洪湖市 | 1 | 18 | 1 | 26 | | |
| **宜昌市** | **13** | **159** | **12** | **152** | **4** | **17** |
| 宜昌市辖区 | 4 | 28 | 3 | 4 | | |
| 夷陵区 | 1 | 39 | 1 | 13 | | |
| 宜都市 | 1 | 7 | 1 | 25 | | |
| 枝江市 | 1 | 14 | 1 | 12 | 1 | 5 |
| 当阳市 | 1 | 27 | 1 | 24 | | |
| 远安县 | 1 | 4 | 1 | 11 | | |
| 兴山县 | 1 | 5 | 1 | 5 | 1 | 4 |
| 秭归县 | | | | | | |
| 长阳县 | 1 | 13 | 1 | 24 | | |
| 五峰县 | 1 | 2 | 1 | 3 | 1 | 1 |
| **襄樊市** | **6** | **130** | **7** | **219** | **2** | **12** |
| 襄樊市辖区 | | | | | | |
| 老河口市 | 1 | 21 | 1 | 43 | | |
| 襄阳县 | | | 1 | 41 | | |
| 枣阳市 | | | | | | |
| 宜城市 | 1 | 63 | 1 | 34 | | |
| 南漳县 | 1 | 13 | 1 | 28 | 1 | 8 |
| 谷城县 | 1 | 14 | 1 | 32 | | |
| 保康县 | 1 | 7 | 1 | 7 | | |
| 农场小计 | 1 | 12 | 1 | 34 | 1 | 4 |

续表

| | 一、畜牧兽医站数(个) | 职工人数(人) | 二、动物检疫站数(个) | 职工人数(人) | 三、品种改良站数(个) | 职工人数(人) |
|---|---|---|---|---|---|---|
| **鄂州市** | **1** | **18** | **1** | **20** | | |
| **荆门市** | **6** | **90** | **5** | **167** | **2** | **18** |
| 荆门市辖区 | 2 | 14 | | | | |
| 沙洋县 | 1 | 13 | 1 | 22 | | |
| 钟祥市 | 1 | 17 | 2 | 37 | | |
| 京山县 | 1 | 20 | 1 | 44 | 1 | 8 |
| 沙洋农场 | | | | | | |
| 五三农场 | | | | | | |
| **孝感市** | **8** | **96** | **8** | **187** | **2** | **24** |
| 孝感市辖区 | 1 | 23 | 1 | 49 | | |
| 孝昌县 | 1 | 10 | 1 | 13 | | |
| 大悟县 | 1 | 11 | 1 | 32 | 1 | 4 |
| 安陆市 | 1 | 6 | 1 | 19 | | |
| 云梦县 | 1 | 13 | 1 | 22 | | |
| 应城市 | 1 | 13 | 1 | 23 | | |
| 汉川市 | 1 | 16 | 1 | 20 | 1 | 20 |
| **黄冈市** | **11** | **86** | **12** | **219** | **7** | **26** |
| 黄冈市辖区 | 2 | 11 | 2 | 30 | 1 | 5 |
| 团风县 | 1 | 2 | 1 | 7 | 1 | |
| 红安县 | 1 | 11 | 1 | 25 | 1 | 7 |
| 麻城市 | | | 1 | 46 | 1 | 7 |
| 罗田县 | 1 | 4 | 1 | 8 | 1 | 3 |
| 英山县 | 1 | 5 | 1 | 8 | 1 | 2 |
| 浠水县 | 1 | 19 | 1 | 15 | | |
| 蕲春县 | 1 | 4 | 1 | 17 | | |
| 武穴市 | 1 | 22 | 1 | 33 | 1 | 2 |
| 黄梅县 | 1 | 3 | 1 | 30 | | |
| **咸宁市** | **7** | **72** | **7** | **164** | **4** | **11** |
| 咸安区 | 1 | 7 | 1 | 49 | | |
| 嘉鱼县 | 1 | 3 | 1 | 14 | 1 | 2 |
| 赤壁市 | 1 | 11 | 1 | 25 | 1 | 1 |
| 通城县 | 1 | 28 | 1 | 21 | 1 | 5 |
| 崇阳县 | 1 | 10 | 1 | 13 | 1 | 3 |
| 通山县 | 1 | 8 | 1 | 36 | | |
| **恩施自治州** | **8** | **130** | **15** | **51** | **21** | **43** |
| 恩施市 | 1 | | 1 | 12 | | |
| 建始县 | 1 | 33 | 9 | 8 | 17 | 17 |
| 巴东县 | | | | | | |
| 利川市 | 1 | 15 | 1 | 12 | 1 | 9 |
| 宣恩县 | 1 | 16 | | | | |
| 咸丰县 | 1 | 3 | 1 | 6 | 2 | 14 |
| 来凤县 | 1 | 5 | 1 | 6 | | |
| 鹤峰县 | 1 | 39 | 1 | 3 | 1 | 3 |
| **随州市** | **3** | **64** | **2** | **47** | **1** | **22** |
| 曾都区 | 1 | 22 | 1 | 39 | 1 | 22 |
| 广水市 | 1 | 24 | 1 | 8 | | |
| **仙桃市** | **1** | **37** | **1** | **17** | | |
| **天门市** | **1** | **36** | **1** | **21** | | |
| **潜江市** | **1** | **59** | **1** | **40** | | |
| **神农架林区** | **1** | **3** | **1** | **2** | **1** | **1** |

# 畜禽规模饲养场情况(一)

| | 1. 养猪场（个、户） | (1)年出栏1～2999头（个、户） | (2)年出栏3000头以上（个、户） | 2. 商品肉鸡场（个、户） | (1)年出笼1～9999只（个、户） | (2)年出笼1万只以上（个、户） | 3. 商品蛋鸡场（个、户） | (1)年存笼1～9999只（个、户） | (2)年存笼1万只以上（个、户） |
|---|---|---|---|---|---|---|---|---|---|
| **全省合计** | **6878390** | **6878019** | **371** | **1358820** | **1357298** | **1522** | **571855** | **571554** | **301** |
| **武 汉 市** | **290167** | **290116** | **51** | **37682** | **37381** | **301** | **27589** | **27440** | **149** |
| 武汉市辖区 | 22614 | 22589 | 25 | 1215 | 1206 | 9 | 12178 | 12168 | 10 |
| 蔡甸区 | 45460 | 45457 | 3 | 80 | 78 | 2 | 150 | 148 | 2 |
| 江夏区 | 44033 | 44019 | 14 | 1166 | 910 | 256 | 39 | 39 | 1 |
| 黄陂区 | 118901 | 118893 | 8 | 35221 | 35187 | 34 | 13185 | 13176 | 9 |
| 新州区 | 59158 | 59158 | 1 | | | | 2036 | 1909 | 127 |
| **黄石市** | **226808** | **226800** | **8** | **82273** | **82269** | **4** | **9077** | **9074** | **3** |
| 黄石市辖区 | 12683 | 12681 | 2 | 2195 | 2191 | 4 | 483 | 483 | 1 |
| 大冶市 | 120095 | 120091 | 4 | 78 | 78 | | 8581 | 8581 | |
| 阳新县 | 94030 | 94028 | 2 | 80000 | 80000 | | 12 | 10 | 2 |
| **十堰市** | **550076** | **550075** | **1** | **25863** | **25862** | **1** | **13398** | **13398** | |
| 十堰市辖区 | 16135 | 16135 | | 1291 | 1290 | 1 | 3179 | 3179 | |
| 丹江口市 | 72350 | 72350 | | 7696 | 7696 | | 6159 | 6159 | |
| 郧 县 | 112959 | 112959 | | 1062 | 1062 | | | | |
| 郧西县 | 100016 | 100016 | | 1060 | 1060 | | 6 | 6 | |
| 竹山县 | 109500 | 109500 | | 960 | 960 | | | | |
| 竹溪县 | 66943 | 66942 | 1 | 6673 | 6673 | | | | |
| 房 县 | 72173 | 72173 | | 7121 | 7121 | | 4054 | 4054 | |
| **荆州市** | **642676** | **642646** | **30** | **12698** | **12657** | **41** | **88893** | **88883** | **10** |
| 荆州市辖区 | | | | | | | | | |
| 江陵县 | 53901 | 53891 | 10 | 10442 | 10440 | 2 | 4998 | 4997 | 1 |
| 松滋市 | 150000 | 149998 | 2 | | | | 9020 | 9020 | |
| 公安县 | 156036 | 156034 | 2 | 296 | 296 | | 23580 | 23580 | |
| 石首市 | 62300 | 62293 | 7 | 1198 | 1161 | 37 | 8198 | 8194 | 4 |
| 监利县 | 146814 | 146810 | 4 | 742 | 740 | 2 | 33882 | 33882 | |
| 洪湖市 | 73625 | 73620 | 5 | 20 | 20 | | 9215 | 9210 | 5 |
| **宜昌市** | **663717** | **663689** | **28** | **135987** | **135903** | **84** | **21893** | **21889** | **4** |
| 宜昌市辖区 | 33128 | 33123 | 5 | 1341 | 1306 | 35 | 1420 | 1420 | |
| 夷陵区 | 99342 | 99342 | | 18872 | 18848 | 24 | 3407 | 3406 | 1 |
| 宜都市 | 57374 | 57370 | 4 | 78319 | 78301 | 18 | 2111 | 2110 | 1 |
| 枝江市 | 86433 | 86430 | 3 | 31467 | 31466 | 1 | 5223 | 5223 | |
| 当阳市 | 86141 | 86132 | 9 | 5693 | 5690 | 3 | 2227 | 2227 | |
| 远安县 | 50589 | 50589 | | | | | 1504 | 1502 | 2 |
| 兴山县 | 38000 | 37994 | 6 | 293 | 290 | 3 | 437 | 437 | |
| 秭归县 | 87603 | 87603 | | | | | 5084 | 5084 | |
| 长阳县 | 81077 | 81077 | | 2 | 2 | | 230 | 230 | |
| 五峰县 | 44030 | 44029 | 1 | | | | 250 | 250 | |
| **襄樊市** | **632448** | **632416** | **32** | **235863** | **235730** | **133** | **84013** | **83995** | **18** |
| 襄樊市辖区 | 54245 | 54241 | 4 | 21 | 8 | 13 | 3015 | 3015 | |
| 老河口市 | 65613 | 65613 | | 45074 | 45071 | 3 | 5763 | 5758 | 5 |
| 襄阳县 | 110607 | 110600 | 7 | 124068 | 124053 | 15 | 27630 | 27625 | 5 |
| 枣阳市 | 115753 | 115746 | 7 | 2284 | 2240 | 44 | 25600 | 25599 | 1 |
| 宜城市 | 45843 | 45834 | 9 | 16095 | 16050 | 45 | 6508 | 6507 | 1 |
| 南漳县 | 96084 | 96079 | 5 | 29630 | 29628 | 2 | 6458 | 6453 | 5 |
| 谷城县 | 82303 | 82303 | | 18686 | 18676 | 10 | 3337 | 3337 | |
| 保康县 | 62000 | 62000 | | 5 | 4 | 1 | 5702 | 5701 | 1 |
| 农场小计 | | | | | | | | | |

续表

| | 1.养猪场（个、户） | (1)年出栏1～2999头（个、户） | (2)年出栏3000头以上（个、户） | 2.商品肉鸡场（个、户） | (1)年出笼1～9999只（个、户） | (2)年出笼1万只以上（个、户） | 3.商品蛋鸡场（个、户） | (1)年存笼1～9999只（个、户） | (2)年存笼1万只以上（个、户） |
|---|---|---|---|---|---|---|---|---|---|
| **鄂州市** | **75473** | **75447** | **26** | **389** | **382** | **7** | **6385** | **6383** | **2** |
| **荆门市** | **380485** | **380470** | **15** | **73667** | **73643** | **24** | **44328** | **44303** | **25** |
| 荆门市辖区 | 65788 | 65782 | 6 | | | | 207 | 207 | |
| 沙洋县 | 86084 | 86083 | 1 | 1490 | 1488 | 2 | 11880 | 11876 | 4 |
| 钟祥市 | 150063 | 150058 | 5 | 357 | 350 | 7 | 28687 | 28674 | 13 |
| 京山县 | 78550 | 78547 | 3 | 71820 | 71805 | 15 | 3554 | 3546 | 8 |
| 沙洋农场 | | | | | | | | | |
| 五三农场 | | | | | | | | | |
| **孝感市** | **634150** | **634120** | **30** | **47043** | **46224** | **819** | **63889** | **63854** | **35** |
| 孝感市辖区 | 131411 | 131409 | 2 | 17073 | 17068 | 5 | 24641 | 24635 | 6 |
| 孝昌县 | 127948 | 127948 | | 3145 | 3145 | | 21860 | 21860 | |
| 大悟县 | 97325 | 97325 | | 3972 | 3972 | | 152 | 152 | |
| 安陆市 | 85093 | 85093 | 4 | 1930 | 1926 | 4 | 384 | 379 | 5 |
| 云梦县 | 63809 | 63803 | 6 | 7632 | 7605 | 27 | 7148 | 7143 | 5 |
| 应城市 | 74898 | 74885 | 13 | 12076 | 12076 | 17 | 9646 | 9627 | 19 |
| 汉川市 | 53662 | 53657 | 5 | 1198 | 432 | 766 | 58 | 58 | |
| **黄冈市** | **965312** | **965261** | **51** | **169852** | **169852** | | **116002** | **115977** | **25** |
| 黄冈市辖区 | 28045 | 28023 | 22 | 60 | 60 | | 109 | 109 | |
| 团风县 | 10516 | 10515 | 1 | | | | 565 | 551 | 14 |
| 红安县 | 97114 | 97111 | 3 | 94222 | 94222 | | 20112 | 20112 | |
| 麻城市 | 178570 | 178570 | | 8 | 8 | | 25368 | 25368 | |
| 罗田县 | 110043 | 110043 | 1 | 5000 | 5000 | | 21003 | 21003 | |
| 英山县 | 78251 | 78251 | | | | | 2 | 2 | |
| 浠水县 | 160932 | 160929 | 3 | | 47051 | | 26886 | 26879 | 7 |
| 蕲春县 | 133283 | 133282 | 1 | 23190 | 23190 | | 3098 | 3095 | 3 |
| 武穴市 | 75057 | 75046 | 11 | 310 | 310 | | 80 | 79 | 1 |
| 黄梅县 | 93500 | 93491 | 9 | 11 | 11 | | 18779 | 18779 | |
| **咸宁市** | **353114** | **353104** | **10** | **206208** | **206190** | **18** | **29057** | **29050** | **7** |
| 咸安区 | 52212 | 52211 | 1 | 10203 | 10193 | 10 | 5168 | 5167 | 1 |
| 嘉鱼县 | 37788 | 37788 | | 36081 | 36080 | 1 | 3609 | 3608 | 1 |
| 赤壁市 | 71893 | 71890 | 3 | 21183 | 21177 | 6 | 5484 | 5484 | |
| 通城县 | 56438 | 56433 | 5 | 1033 | 1033 | | 1010 | 1005 | 5 |
| 崇阳县 | 74166 | 74165 | 1 | 73050 | 73050 | | 7321 | 7321 | |
| 通山县 | 60617 | 60617 | | 64658 | 64657 | 1 | 6465 | 6465 | |
| **恩施自治州** | **758063** | **758062** | **1** | **72680** | **72668** | **12** | **17132** | **17131** | **1** |
| 恩施市 | 238168 | 238168 | | 15424 | 15421 | 3 | 983 | 983 | |
| 建始县 | 124500 | 124500 | | 17852 | 17851 | 1 | 9852 | 9851 | 1 |
| 巴东县 | | | | | | | | | |
| 利川市 | 164922 | 164922 | | 682 | 676 | 6 | 374 | 374 | |
| 宣恩县 | 85497 | 85497 | | 13667 | 13665 | 2 | 2977 | 2977 | |
| 咸丰县 | 14582 | 14582 | | 7 | 7 | | | | |
| 来凤县 | 60481 | 60481 | | 12705 | 12705 | | 208 | 208 | |
| 鹤峰县 | 69913 | 69912 | 1 | 12343 | 12343 | | 2738 | 2738 | |
| **随州市** | **192893** | **192867** | **26** | **103074** | **103031** | **43** | **14134** | **14126** | **8** |
| 曾都区 | 146050 | 146027 | 23 | 1438 | 1400 | 38 | 14102 | 14101 | 1 |
| 广水市 | 46843 | 46840 | 3 | 101636 | 101631 | 5 | 32 | 25 | 7 |
| **仙桃市** | **138589** | **138568** | **21** | **285** | **252** | **33** | **10865** | **10853** | **12** |
| **天门市** | **214389** | **214370** | **19** | **8931** | **8931** | | **12709** | **12707** | **2** |
| **潜江市** | **146520** | **146498** | **22** | **146310** | **146309** | **1** | **10086** | **10086** | |
| **神农架林区** | **13510** | **13510** | | **14** | **14** | **1** | **2405** | **2405** | |

# 畜禽规模饲养场情况(二)

| | 4. 年出栏1头以上的奶牛场（个、户） | 5. 年出栏1头以上的肉牛场（个、户） | 6. 年出栏1只以上的肉羊场（个、户） | 7. 年出栏100只以上的水禽饲养场（个、户） | 8. 年出笼1000只以上特禽饲养场（个、户） | 9. 年出栏50只以上的肉兔饲养场（个、户） | 10. 年出栏30只以上的肉狗饲养场（个、户） |
|---|---|---|---|---|---|---|---|
| **全省合计** | **10104** | **294005** | **516818** | **71885** | **1249** | **4313** | **773** |
| **武 汉 市** | **9542** | **8592** | **2783** | **3667** | **211** | **167** | **1** |
| 武汉市辖区 | 7980 | | 162 | 518 | | 2 | |
| 蔡甸区 | 2 | 197 | 99 | 225 | | | |
| 江夏区 | | 2237 | 121 | 1780 | 10 | | |
| 黄陂区 | 1560 | 1642 | 2100 | 1077 | 186 | 162 | 1 |
| 新州区 | | 4516 | 301 | 67 | 15 | 3 | |
| **黄石市** | | **1716** | **9426** | **246** | **16** | **14** | |
| 黄石市辖区 | | 307 | 814 | 26 | 6 | 7 | |
| 大冶市 | | 749 | 1388 | 26 | 6 | 7 | |
| 阳新县 | | 660 | 7224 | 194 | 4 | | |
| **十堰市** | **1** | **25253** | **94953** | **807** | | | |
| 十堰市辖区 | 1 | 402 | 594 | 4 | | | |
| 丹江口市 | | 8076 | 1465 | 760 | | | |
| 郧 县 | | 5504 | 24971 | | | | |
| 郧西县 | | 5105 | 43837 | 5 | | 10 | |
| 竹山县 | | 2536 | 7820 | | | | |
| 竹溪县 | | 2745 | 3449 | | | | |
| 房 县 | | 885 | 12817 | 38 | | | |
| **荆 州 市** | | **2399** | **1821** | **14825** | **240** | **30** | |
| 荆州市辖区 | | | | | | | |
| 江陵县 | | 172 | 394 | 2500 | 240 | | |
| 松滋市 | | | 820 | 1 | | 30 | |
| 公安县 | | 600 | 202 | 4600 | | | |
| 石首市 | | 872 | 20 | 694 | | | |
| 监利县 | | 653 | 45 | 5080 | | | |
| 洪湖市 | | 102 | 340 | 1950 | | | |
| **宜昌市** | **164** | **31611** | **72124** | **4788** | | **398** | **1** |
| 宜昌市辖区 | 6 | 200 | 1424 | 23 | | | |
| 夷陵区 | 149 | 369 | 4626 | 17 | | 75 | |
| 宜都市 | 1 | 8631 | 15533 | 1610 | | 25 | |
| 枝江市 | | 3248 | 4137 | 625 | | 45 | |
| 当阳市 | 8 | 3501 | 1170 | 1610 | | 50 | |
| 远安县 | | 4012 | 4930 | 3 | | 40 | |
| 兴山县 | | 2300 | 9796 | 600 | | 10 | |
| 秭归县 | | 650 | 11314 | | | 20 | |
| 长阳县 | | 1900 | 7100 | 300 | | 83 | 1 |
| 五峰县 | | 6800 | 12094 | | | 50 | |
| **襄樊市** | **79** | **76457** | **119864** | **15543** | **29** | **2474** | |
| 襄樊市辖区 | 1 | 3204 | 903 | 170 | | 16 | |
| 老河口市 | 42 | 9857 | 14313 | 332 | 3 | 37 | |
| 襄阳县 | 9 | 17741 | 33258 | 407 | 6 | 72 | |
| 枣阳市 | 25 | 15925 | 40344 | 14060 | 20 | 1125 | |
| 宜城市 | 1 | 10276 | 2717 | 498 | | 11 | |
| 南漳县 | 1 | 3973 | 2371 | 43 | | 1200 | |
| 谷城县 | | 7871 | 11653 | 33 | | 13 | |
| 保康县 | | 7610 | 14305 | | | | |
| 农场小计 | | | | | | | |

续表

| | 4. 年出栏<br>1 头以上的<br>奶牛场<br>（个、户） | 5. 年出栏<br>1 头以上的<br>肉牛场<br>（个、户） | 6. 年出栏<br>1 只以上的<br>肉羊场<br>（个、户） | 7. 年出栏<br>100 只以上的<br>水禽饲养场<br>（个、户） | 8. 年出笼<br>1000 只以上<br>特禽饲养场<br>（个、户） | 9. 年出栏<br>50 只以上的<br>肉兔饲养场<br>（个、户） | 10. 年出栏<br>30 只以上的<br>肉狗饲养场<br>（个、户） |
|---|---|---|---|---|---|---|---|
| **鄂 州 市** | **12** | **532** | **2564** | **1356** | **18** | **10** | **23** |
| **荆 门 市** | **1** | **11623** | **6823** | **1051** | **14** | **141** | |
| 荆门市辖区 | | 59 | 40 | | | 18 | |
| 沙洋县 | | 8144 | 577 | 256 | 2 | 3 | |
| 钟祥市 | | 2548 | 751 | 215 | | | |
| 京山县 | 1 | 872 | 5455 | 580 | 12 | 120 | |
| 沙洋农场 | | | | | | | |
| 五三农场 | | | | | | | |
| **孝感市** | **5** | **42771** | **20608** | **7812** | **596** | **303** | **104** |
| 孝感市辖区 | 4 | 8036 | 182 | 779 | 9 | 7 | |
| 孝昌县 | | 7350 | 8789 | 65 | | | |
| 大悟县 | | 11585 | 9909 | 815 | | 95 | |
| 安陆市 | | 5664 | 413 | 1167 | | 128 | 95 |
| 云梦县 | | 4345 | 500 | 506 | 190 | | |
| 应城市 | | 4692 | 632 | 475 | 136 | | |
| 汉川市 | 1 | 1099 | 183 | 4005 | 261 | 73 | 9 |
| **黄冈市** | **78** | **44728** | **42941** | **1779** | **29** | **216** | **154** |
| 黄冈市辖区 | 2 | 179 | 170 | 70 | | | |
| 团风县 | | 1275 | 2759 | 81 | | | |
| 红安县 | | 1094 | 2217 | 37 | | | |
| 麻城市 | 1 | 12345 | 5071 | 152 | | 86 | |
| 罗田县 | | 9015 | 9150 | 55 | 5 | 30 | 100 |
| 英山县 | | 631 | 10118 | 32 | | | |
| 浠水县 | 1 | 4337 | 2163 | 456 | 7 | 11 | 4 |
| 蕲春县 | 74 | 13607 | 10851 | 235 | 12 | 4 | 32 |
| 武穴市 | | 1684 | 221 | 563 | 5 | 85 | 18 |
| 黄梅县 | | 561 | 221 | 98 | | | |
| 咸宁市 | 64 | 7298 | 22329 | 780 | | 6 | |
| 咸安区 | 54 | 2373 | 1649 | 180 | | 5 | |
| 嘉鱼县 | 0 | 1912 | 15 | 45 | | | |
| 赤壁市 | 0 | 355 | 186 | 245 | | | |
| 通城县 | 8 | 903 | 106 | 225 | | | |
| 崇阳县 | 2 | 1382 | 523 | 48 | | | |
| 通山县 | | 373 | 19850 | 37 | | 1 | |
| **恩施自治州** | **25** | **21331** | **40627** | **391** | | **1** | |
| 恩施市 | 7 | 9776 | 23749 | 1 | | | |
| 建始县 | 7 | 2000 | 5437 | | | | |
| 巴东县 | | | | | | | |
| 利川市 | 1 | 3850 | 1622 | 160 | | | |
| 宣恩县 | 8 | 4300 | 3315 | 227 | | 1 | |
| 咸丰县 | 1 | | | | | | |
| 来凤县 | 1 | 368 | 1324 | | | | |
| 鹤峰县 | | 1037 | 5180 | 3 | | | |
| **随州市** | **5** | **11963** | **76065** | **1205** | **65** | **500** | **350** |
| 曾都区 | 3 | 6641 | 58675 | 505 | 1 | 500 | 350 |
| 广水市 | 2 | 5322 | 17390 | 700 | 64 | | |
| **仙 桃 市** | **1** | **3983** | **90** | **5481** | | | |
| **天门市** | **126** | **1682** | **356** | **1246** | **8** | **50** | **140** |
| **潜江市** | | **2064** | **1338** | **10907** | **23** | **3** | |
| **神农架林区** | **1** | **2** | **2106** | **1** | | | |

# 2005年度畜产品加工企业情况(一)

| 地区 | 加工企业总数(个) | 从业劳动力(人)总数 | 年销售收入(万元)总数 | 肉制品 | | | | |
|---|---|---|---|---|---|---|---|---|
| | | | | 加工企业个数(个) | 从业劳动力(人)数量 | 固定资产(万元)数量 | 加工能力(吨)数量 | 实际产量(吨)数量 |
| 全省合计 | 96 | 13212 | 381100 | 96 | 13212 | 115390 | 1078847 | 312464.85 |
| 武汉市 | 7 | 4372 | 67164 | 7 | 4372 | 21509 | 192640 | 67244.65 |
| 黄石市 | 2 | 940 | 14850 | 2 | 940 | 20000 | 47000 | 15650 |
| 十堰市 | 2 | 37 | 497 | 2 | 37 | 528 | 1700 | 234 |
| 荆州市 | 4 | 325 | 8320 | 4 | 325 | 1390 | 304950 | 8015 |
| 宜昌市 | 36 | 2491 | 73215 | 36 | 2491 | 31522 | 209582 | 130113.9 |
| 襄樊市 | 9 | 293 | 14695 | 9 | 293 | 1370 | 38165 | 13750 |
| 鄂州市 | 1 | 350 | 7500 | 1 | 350 | 1300 | 10000 | 5000 |
| 荆门市 | 8 | 962 | 25250 | 8 | 962 | 8959 | 64350 | 15950 |
| 孝感市 | 4 | 66 | 187 | 4 | 66 | 30 | 4000 | 80 |
| 黄冈市 | 8 | 566 | 24184 | 8 | 566 | 2425 | 47520 | 15110 |
| 咸宁市 | 3 | 68 | 2597 | 3 | 68 | 21 | 10040 | 2130 |
| 恩施州 | 5 | 1168 | 113491 | 5 | 1168 | 12676 | 25380 | 20192.3 |
| 仙桃市 | 3 | 146 | 18350 | 3 | 146 | 5500 | 120500 | 14195 |
| 天门市 | 2 | 60 | 3500 | 2 | 60 | 1000 | 3020 | 2100 |
| 潜江市 | 2 | 1368 | 7300 | 2 | 1368 | 7160 | — | 2700 |

续表

| 地区 | 禽蛋制品 | | | | | |
|---|---|---|---|---|---|---|
| | 加工企业个数(个) | 从业劳动力(人)数量 | 固定资产(万元)数量 | 加工能力(吨)数量 | 实际产量(吨)数量 | 年销售收入(万元)数量 |
| 全省合计 | 50 | 2043 | 40122 | 202445 | 127965 | 71009.6 |
| 武汉市 | | | | | | |
| 黄石市 | 1 | 130 | 300 | 1600 | 1000 | 2000 |
| 十堰市 | | | | | | |
| 荆州市 | 25 | 774 | 939 | 33745 | 27389 | 20499.6 |
| 宜昌市 | | | | | | |
| 襄樊市 | 1 | 17 | 500 | 100 | 50 | 100 |
| 鄂州市 | 1 | 120 | 230 | 5000 | 2320 | 2500 |
| 荆门市 | 2 | 36 | 940 | 2650 | 1480 | 1180 |
| 孝感市 | 10 | 754 | 33668 | 143150 | 83046 | 29700 |
| 黄冈市 | 2 | 11 | 40 | 200 | 180 | 230 |
| 咸宁市 | | | | | | |
| 恩施州 | | | | | | |
| 仙桃市 | 4 | 111 | 3450 | 10000 | 8000 | 10300 |
| 天门市 | 4 | 90 | 55 | 6000 | 4500 | 4500 |
| 潜江市 | | | | | | |

# 2005 年度畜产品加工企业情况(二)

| 地　　址 | 乳　制　品 | | | | | |
|---|---|---|---|---|---|---|
| | 加工企业个数(个) | 从业劳动力(人)数量 | 固定资产(万元)数量 | 加工能力(吨)数量 | 实际产量(吨)数量 | 年销售收入(万元)数量 |
| 全省合计 | 12 | 5926 | 44064 | 255800 | 122300 | 45807.61 |
| 武汉市 | 3 | 3650 | 25382 | 187800 | 104800 | 37560.61 |
| 黄石市 | | | | | | |
| 十堰市 | | | | | | |
| 荆州市 | | | | | | |
| 宜昌市 | 4 | 1950 | 12000 | 20000 | 7300 | 6000 |
| 襄樊市 | 1 | 24 | 82 | 2000 | 800 | 192 |
| 鄂州市 | | | | | | |
| 荆门市 | | | | | | |
| 孝感市 | | | | | | |
| 黄冈市 | 1 | 60 | 5000 | 40000 | 4200 | 575 |
| 咸宁市 | 1 | 120 | 1300 | 4000 | 1500 | 300 |
| 恩施州 | 1 | 110 | 200 | 1800 | 3600 | 1080 |
| 仙桃市 | 1 | 12 | 100 | 200 | 100 | 100 |
| 天门市 | | | | | | |
| 潜江市 | | | | | | |

续表

| 地　　址 | 蜂　制　品 | | | | | |
|---|---|---|---|---|---|---|
| | 加工企业个数(个) | 从业劳动力(人)数量 | 固定资产(万元)数量 | 加工能力(吨)数量 | 实际产量(吨)数量 | 年销售收入(万元)数量 |
| 全省合计 | 3 | 130 | 1180 | 4540 | 2775 | 2850 |
| 武汉市 | 1 | 90 | 300 | 3000 | 1500 | 1000 |
| 黄石市 | | | | | | |
| 十堰市 | | | | | | |
| 荆州市 | | | | | | |
| 宜昌市 | | | | | | |
| 襄樊市 | | | | | | |
| 鄂州市 | | | | | | |
| 荆门市 | | | | | | |
| 孝感市 | | | | | | |
| 黄冈市 | 1 | 30 | 780 | 1500 | 1250 | 1500 |
| 咸宁市 | | | | | | |
| 恩施州 | | | | | | |
| 仙桃市 | | | | | | |
| 天门市 | 1 | 10 | 100 | 40 | 25 | 350 |
| 潜江市 | | | | | | |

# 2005 年度畜牧养殖小区情况(一)

| 地　区 | 从业劳动力(人)总数 | 小区总数(个) | 生猪 从业劳动力(人)数量 | 生猪 小区数(个) | 生猪 出栏总量(头) |
|---|---|---|---|---|---|
| 全省合计 | 49852 | 371 | 49852 | 371 | 4739011 |
| 武汉市 | 1430 | 36 | 1430 | 36 | 820489 |
| 黄石市 | | | | | |
| 荆州市 | 1313 | 28 | 1313 | 28 | 483000 |
| 宜昌市 | 17745 | 75 | 17745 | 75 | 691350 |
| 襄樊市 | 5204 | 35 | 5204 | 35 | 537733 |
| 鄂州市 | 4610 | 5 | 4610 | 5 | 49450 |
| 荆门市 | 6719 | 34 | 6719 | 34 | 520630 |
| 孝感市 | 1947 | 35 | 1947 | 35 | 225210 |
| 黄冈市 | 1736 | 50 | 1736 | 50 | 305400 |
| 咸宁市 | 1290 | 13 | 1290 | 13 | 174080 |
| 恩施州 | 4544 | 11 | 4544 | 11 | 97829 |
| 随州市 | 1867 | 20 | 1867 | 20 | 163200 |
| 仙桃市 | 100 | 3 | 100 | 3 | 90000 |
| 天门市 | 804 | 16 | 804 | 16 | 166000 |
| 潜江市 | 543 | 10 | 543 | 10 | 414640 |

续表

| 地　区 | 家禽 | | | | | | | | |
|---|---|---|---|---|---|---|---|---|---|
| | 蛋鸡 | | | 肉鸡 | | | 蛋鸭 | | |
| | 从业劳动力(人)数量 | 小区数(个) | 存笼总量(只) | 从业劳动力(人)数量 | 小区数(个) | 出笼总量(只) | 从业劳动力(人)数量 | 小区数(个) | 存笼总量(只) |
| 全省合计 | 12072 | 93 | 11395300 | 4305 | 60 | 22180300 | 2586 | 23 | 2570720 |
| 武汉市 | 263 | 10 | 2236500 | 110 | 5 | 1150000 | | | |
| 黄石市 | | | | | | | 26 | 2 | 100000 |
| 荆州市 | 415 | 5 | 795000 | 198 | 6 | 1585000 | 282 | 5 | 1410000 |
| 宜昌市 | | | | 692 | 18 | 4878400 | | | |
| 襄樊市 | 1138 | 12 | 1498500 | 1289 | 10 | 4776700 | 239 | 5 | 374100 |
| 鄂州市 | 6100 | 2 | 250000 | 440 | 1 | 200000 | 1520 | 1 | 142000 |
| 荆门市 | 1002 | 7 | 1462000 | 155 | 1 | 160000 | 90 | 2 | 40500 |
| 孝感市 | 2216 | 28 | 2726200 | 814 | 10 | 3770000 | 152 | 3 | 131100 |
| 黄冈市 | 792 | 25 | 1777000 | | | | | | |
| 咸宁市 | | | | 89 | 2 | 350200 | | | |
| 恩施州 | | | | | | | | | |
| 随州市 | 74 | 2 | 250000 | 218 | 6 | 3810000 | | | |
| 仙桃市 | 60 | 1 | 300000 | 300 | 1 | 1500000 | 56 | 1 | 100000 |
| 天门市 | | | | | | | | | |
| 潜江市 | 12 | 1 | 100100 | | | | 221 | 4 | 273020 |

## 2005 年度畜牧养殖小区情况(二)

| 地区 | 家禽 | | | | | |
|---|---|---|---|---|---|---|
| | 肉鸭 | | | 鹅 | | |
| | 从业劳动力(人)数量 | 小区数(个) | 出笼总量(只) | 从业劳动力(人)数量 | 小区数(个) | 出栏总量(只) |
| 全省合计 | 2211 | 17 | 6138480 | 2585 | 9 | 1026000 |
| 武汉市 | | | | | | |
| 黄石市 | | | | | | |
| 荆州市 | 50 | 1 | 100000 | 40 | 1 | 200000 |
| 宜昌市 | | | | 50 | 1 | 80000 |
| 襄樊市 | 253 | 3 | 2437480 | | | |
| 鄂州市 | | | | | | |
| 荆门市 | 140 | 1 | 200000 | 1000 | 1 | 30000 |
| 孝感市 | 817 | 9 | 1119000 | 155 | 4 | 516000 |
| 黄冈市 | 465 | 2 | 2260000 | | | |
| 咸宁市 | | | | 980 | 1 | 100000 |
| 恩施州 | 486 | 1 | 22000 | | | |
| 随州市 | | | | | | |
| 仙桃市 | | | | | | |
| 天门市 | | | | 360 | 1 | 100000 |
| 潜江市 | | | | | | |

续表

| 地区 | 牛 | | | | | | 羊 | | |
|---|---|---|---|---|---|---|---|---|---|
| | 奶牛 | | | 肉牛 | | | | | |
| | 从业劳动力(人)数量 | 小区数(个) | 出栏总量(头) | 从业劳动力(人)数量 | 小区数(个) | 出栏总量(头) | 从业劳动力(人)数量 | 小区数(个) | 出栏总量(只) |
| 全省合计 | 2699 | 27 | 25124 | 2174 | 22 | 31768 | 5857 | 43 | 286501 |
| 武汉市 | 1261 | 15 | 18114 | | | | | | |
| 黄石市 | | | | | | | | | |
| 荆州市 | | | | 29 | 2 | 2300 | 572 | 3 | 16200 |
| 宜昌市 | 705 | 9 | 4650 | 405 | 3 | 3750 | 3304 | 18 | 155500 |
| 襄樊市 | 381 | 1 | 700 | 365 | 4 | 6788 | 906 | 7 | 38491 |
| 鄂州市 | | | | 620 | 1 | 2400 | | | |
| 荆门市 | | | | 15 | 1 | 1130 | 350 | 1 | 14000 |
| 孝感市 | 266 | 1 | 800 | 446 | 6 | 6600 | 478 | 8 | 23710 |
| 黄冈市 | 86 | 1 | 860 | 31 | 1 | 2000 | 43 | 2 | 7000 |
| 咸宁市 | | | | | | | | | |
| 恩施州 | | | | | | | 10 | 1 | 4600 |
| 随州市 | | | | 255 | 3 | 5000 | 194 | 3 | 27000 |
| 仙桃市 | | | | | | | | | |
| 天门市 | | | | | | | | | |
| 潜江市 | | | | 8 | 1 | 1800 | | | |

## 2005年度畜禽及产品交易市场情况

| 项目 | 单位 | 数量 | 项目 | 单位 | 数量 |
|---|---|---|---|---|---|
| 一、总个数 | 个 | 2310 | 5. 禽蛋市场 | 个 | 140 |
| (一)按级别分类 | | | 6. 特禽市场 | 个 | 7 |
| 1. 市级 | 个 | 27 | 二、年成交量 | (头、只) | 187182654 |
| 2. 县级 | 个 | 239 | 1. 猪 | 头 | 16000723 |
| 3. 乡镇级 | 个 | 2044 | 2. 牛 | 头 | 784657 |
| (二)按类别分类 | | | 3. 羊 | 只 | 1200913 |
| 1. 综合类 | 个 | 811 | 4. 家禽 | 只 | 160353646 |
| 2. 生猪市场 | 个 | 824 | 5. 特禽 | 只 | 8842715 |
| 3. 牛市场 | 个 | 426 | 三、年成交额 | 万元 | 979964.09 |
| 4. 羊市场 | 个 | 102 | | | |

## 2005年度畜牧兽医技术培训情况

| 项目 | 单位 | 2005年 | 2004年 | 2005年比2004年 | |
|---|---|---|---|---|---|
| | | | | 绝对数 | % |
| 一、本系统内职工培训总人数 | 人次 | 56824 | 63445 | -6621 | -10.44 |
| (1)参加全国培训班人次 | 人次 | 483 | 97 | 386 | 397.94 |
| (2)参加省级培训班人次 | 人次 | 1026 | 773 | 253 | 32.73 |
| (3)参加市级培训班人次 | 人次 | 5946 | 9729 | -3783 | -38.88 |
| (4)参加县级培训班人次 | 人次 | 49373 | 52846 | -3473 | -6.57 |
| 二、畜牧兽医知识普及情况 | | | | | |
| 农民参加畜牧部门举办的培训班、讲座人次 | 人次 | 1737587 | 1600109 | 137478 | 8.59 |
| 其中:专业户参加培训和讲座人次 | 人次 | 403782 | 268747 | 135035 | 50.25 |
| 三、年内县级以上畜牧部门用于培训的经费 | 万元 | 535.06 | 492.45 | 42.61 | 8.65 |
| 四、畜牧部门推广配方饲料的情况 | | | | | |
| (1)推广预混料 | 吨 | 87067.7 | 60750.6 | 26317.1 | 43.32 |
| (2)推广浓缩料 | 吨 | 321497.5 | 275865.8 | 45631.7 | 16.54 |
| (3)推广配合饲料 | 吨 | 1574674 | 1617267 | -42593 | -2.63 |
| (4)应用配方饲料的农户数 | 户 | 4792447 | 5158542 | -366095 | -7.10 |

# 2005 年规模饲养情况汇总表

| 单位 \ 项目 | 畜禽规模饲养总户数（个、户） | 生猪出栏 500 头以上 | | 蛋鸡存笼 500 只以上 | | | 肉鸡出笼 2000 只以上 | |
|---|---|---|---|---|---|---|---|---|
| | | 场、户数（个、户） | 年出栏量（头） | 场、户数（个、户） | 年存笼量（只） | 鸡蛋产量（吨） | 场、户数（个、户） | 年出笼量（只） |
| 全省合计 | 18032 | 2210 | 4325200 | 10178 | 25076600 | 259100 | 5644 | 58465900 |
| 武汉市 | 3417 | 187 | 576200 | 2026 | 6437000 | 66700 | 1204 | 13525600 |
| 黄石市 | 120 | 28 | 82400 | 32 | 137800 | 1400 | 60 | 343200 |
| 十堰市 | 231 | 26 | 27300 | 120 | 472000 | 5700 | 85 | 269700 |
| 荆州市 | 1047 | 100 | 268600 | 656 | 1119000 | 10500 | 291 | 1926000 |
| 宜昌市 | 651 | 265 | 452200 | 104 | 232500 | 4900 | 282 | 4334100 |
| 襄樊市 | 2782 | 267 | 418800 | 1590 | 3915000 | 26600 | 925 | 12654800 |
| 鄂州市 | 630 | 247 | 266300 | 334 | 260700 | 2600 | 49 | 338000 |
| 荆门市 | 1555 | 160 | 292200 | 1173 | 3557400 | 30500 | 222 | 1936000 |
| 孝感市 | 3329 | 160 | 300000 | 1564 | 2010000 | 29000 | 1605 | 15390000 |
| 黄冈市 | 1192 | 153 | 381700 | 952 | 2779500 | 40000 | 87 | 297900 |
| 咸宁市 | 211 | 39 | 108000 | 121 | 337000 | 2400 | 51 | 1789000 |
| 恩施州 | 91 | 8 | 17600 | 36 | 82300 | 1200 | 47 | 409200 |
| 随州市 | 909 | 176 | 395600 | 450 | 1075000 | 10800 | 283 | 2800000 |
| 仙桃市 | 1070 | 193 | 276200 | 676 | 2133400 | 21200 | 201 | 1756900 |
| 天门市 | 205 | 49 | 183000 | 143 | 241000 | 2200 | 13 | 42000 |
| 潜江市 | 552 | 150 | 278000 | 201 | 287000 | 3400 | 201 | 626000 |
| 神农架林区 | 4 | 2 | 1100 | | | | 2 | 27500 |

续表

| 单位 \ 项目 | 奶牛存栏20头以上 | | | 肉牛出栏500头以上 | | 羊出栏100只以上 | |
|---|---|---|---|---|---|---|---|
| | 场、户数（个、户） | 年出栏量（头） | 奶产量吨 | 场、户数（个、户） | 年出栏量（头） | 场、户数（个、户） | 年出栏量（只） |
| 全省合计 | 275 | 28816 | 108458.7 | 466 | 41300 | 807 | 271600 |
| 武汉市 | 190 | 20254 | 76601 | 6 | 500 | 11 | 3000 |
| 黄石市 | | | | 16 | 1000 | 9 | 2400 |
| 十堰市 | 1 | 400 | 800 | 2 | 100 | 8 | 2000 |
| 荆州市 | | | | 27 | 2200 | 19 | 4900 |
| 宜昌市 | 44 | 3871 | 13470 | 3 | 500 | 229 | 87400 |
| 襄樊市 | 5 | 453 | 2515.5 | 53 | 6200 | 170 | 44400 |
| 鄂州市 | 1 | 32 | 83 | 7 | 700 | 3 | 1300 |
| 荆门市 | | | | 42 | 4100 | 228 | 80800 |
| 孝感市 | 3 | 981 | 3964 | 16 | 3800 | | |
| 黄冈市 | 16 | 1190 | 3327 | 26 | 1700 | 30 | 8300 |
| 咸宁市 | 9 | 1417 | 7148.2 | 4 | 300 | 9 | 3100 |
| 恩施州 | 4 | 166 | 346 | | | 11 | 4500 |
| 随州市 | 1 | 22 | 54 | 168 | 13500 | 32 | 14000 |
| 仙桃市 | 1 | 30 | 150 | 93 | 6200 | 3 | 1500 |
| 天门市 | | | | | | | |
| 潜江市 | | | | 3 | 500 | 21 | 6500 |
| 神农架林区 | | | | | | | |

# 2005年度畜牧部门饲料加工业情况(一)

| 单位 | 一、饲料加工厂(站)个数(个) | 二、从业劳动力(人) | 三、年销售额(万元) | 四、全年实际产量(吨) | | | | |
|---|---|---|---|---|---|---|---|---|
| | | | | 合计 | 1.预混料 | 2.浓缩饲料 | 3.配合饲料 小计 | 3.配合饲料 猪用 |
| 全省合计 | 1208 | 4918 | 236375.25 | 1525389 | 59813 | 138625 | 1159177 | 499257 |
| 年产1000吨以下 | 1035 | 2570 | 39836.49 | 277066 | 2370 | 5740 | 164047 | 74592 |
| 年产1001－2000吨 | 58 | 292 | 19179.46 | 89095 | 4100 | 4326 | 62057 | 44727 |
| 年产2001－4000吨 | 52 | 218 | 15812.68 | 148480 | 720 | 110 | 128600 | 31245 |
| 年产4001－10000吨 | 32 | 416 | 32139.32 | 199098 | 30400 | 8000 | 156115 | 86318 |
| 年产10001吨以上 | 31 | 1422 | 129407.3 | 811650 | 22223 | 120449 | 648358 | 262375 |

续表

| 单位 | 四、全年实际产量(吨) | | | | | | | |
|---|---|---|---|---|---|---|---|---|
| | 3.配合饲料 禽用 | 3.配合饲料 奶牛用 | 3.配合饲料 鱼虾用 | 3.配合饲料 其他 | 4.混合饲料 | 5.药物添加剂 | 6.矿物质添加剂 | 7.其他饲料 |
| 全省合计 | 383355 | 2558 | 268053 | 16154 | 131153 | 342 | 2317 | 22462 |
| 年产1000吨以下 | 84130 | 178 | 4978 | 1669 | 87463 | 6 | 19 | 15921 |
| 年产1001－2000吨 | 13330 | _ | 2850 | 6150 | 13580 | 8 | 3 | 21 |
| 年产2001－4000吨 | 88015 | _ | 9300 | 4040 | 13470 | 130 | 1310 | 140 |
| 年产4001－10000吨 | 39047 | 2000 | 28750 | 1500 | 2500 | 98 | 985 | _ |
| 年产10001吨以上 | 158833 | 380 | 222175 | 2795 | 14140 | 100 | _ | 6380 |

# 2005 年度畜牧部门饲料加工业情况(二)

| 单　位 | 一、饲料加工厂(站)个数(个) | 1、年产 4000 吨以下 | 2、年产 4001 吨以上 | 全年实际产量(吨) | | |
|---|---|---|---|---|---|---|
| | | | | 合计 | 1. 预混料 | 2. 浓缩饲料 |
| 全省合计 | 1208 | 1145 | 63 | 1525389 | 59813 | 138625 |
| 武汉市 | 761 | 741 | 20 | 650317 | 10373 | 60359 |
| 黄石市 | 1 | 1 | _ | 1180 | _ | _ |
| 十堰市 | 4 | 4 | _ | 3000 | _ | 120 |
| 荆州市 | 37 | 35 | 2 | 59700 | _ | 900 |
| 宜昌市 | 3 | 3 | _ | 4800 | 1800 | 600 |
| 襄樊市 | 6 | 6 | _ | 7400 | _ | _ |
| 鄂州市 | _ | _ | _ | _ | _ | _ |
| 荆门市 | 40 | 32 | 8 | 152120 | 1750 | 38700 |
| 孝感市 | 120 | 110 | 10 | 190998 | 27000 | 5510 |
| 黄冈市 | 123 | 116 | 7 | 186347 | 3520 | 286 |
| 咸宁市 | 5 | 5 | _ | 5090 | 10 | 30 |
| 恩施州 | 7 | 7 | _ | 1437 | 460 | 920 |
| 随州市 | 1 | _ | 1 | 26700 | 600 | 13000 |
| 仙桃市 | 11 | 3 | 8 | 64500 | _ | 10200 |
| 天门市 | 82 | 80 | 2 | 125500 | 9100 | 8000 |
| 潜江市 | 6 | 1 | 5 | 46200 | 5200 | _ |
| 神农架林区 | 1 | 1 | _ | 100 | _ | _ |

续表

| 单　位 | 全年实际产量(吨) | | | | | |
|---|---|---|---|---|---|---|
| | 3. 配合饲料 | | | | | |
| | 小计 | 猪用 | 禽用 | 奶牛用 | 鱼虾用 | 其他 |
| 全省合计 | 1159177 | 499257 | 383355 | 2558 | 268053 | 16154 |
| 武汉市 | 564465 | 178382 | 202423 | 2000 | 180815 | 845 |
| 黄石市 | 680 | 600 | 80 | _ | _ | _ |
| 十堰市 | 480 | 480 | _ | _ | _ | _ |
| 荆州市 | 44200 | 40650 | 2800 | _ | 750 | 12000 |
| 宜昌市 | 2400 | 1600 | 600 | _ | _ | 200 |
| 襄樊市 | 6400 | 6400 | _ | _ | _ | _ |
| 鄂州市 | _ | _ | _ | _ | _ | _ |
| 荆门市 | 103120 | 51200 | 16320 | _ | 35600 | _ |
| 孝感市 | 129535 | 37918 | 85617 | _ | 5850 | 150 |
| 黄冈市 | 134040 | 118270 | 9655 | _ | 2308 | 2007 |
| 咸宁市 | 3000 | 500 | _ | _ | 2500 | _ |
| 恩施州 | 57 | 57 | _ | _ | _ | _ |
| 随州市 | 13000 | 10000 | 3000 | _ | _ | _ |
| 仙桃市 | 54300 | 13100 | 19500 | _ | 21700 | _ |
| 天门市 | 62400 | 34000 | 18360 | 558 | 8530 | 952 |
| 潜江市 | 41000 | 6000 | 25000 | _ | 10000 | _ |
| 神农架林区 | 100 | 100 | _ | _ | _ | _ |

# 规模饲养情况

| 项　　目 | 场、户数（个、户） | 年存、出栏(笼)量（头、万只） | 商品量（头、万只、吨） | 商品收入（万元） |
|---|---|---|---|---|
| 生猪出栏 1 头以上 | 6878390 | 3345.18 | | 2516172.46 |
| 商品肉鸡出笼 1 只以上 | 1358820 | 10732.39 | | |
| 商品蛋鸡存笼 1 只以上 | 571855 | 8461.55 | 94.40 | |
| 年存栏奶牛 1 头以上 | 10104 | 66900 | 122223 | |
| 年出栏肉牛 1 头以上 | 294005 | 1154900 | | |
| 年出栏肉羊 1 只以上 | 516818 | 381.15 | | |
| 年出笼水禽 100 只以上 | 71604 | 4834.68 | 4640.13 | 112306.60 |
| 年出笼特禽 1000 只以上 | 1254 | 827.15 | 820.03 | 7318.93 |
| 年出栏肉兔 50 只以上 | 4073 | 50.66 | 49.20 | 959.28 |
| 年出栏肉狗 30 只以上 | 773 | 3.47 | 3.25 | 362.81 |

# 2005年草原建设利用基本情况

| 项　　目 | 单　位 | 2005年 | 2004年 | 2005年比2004年 | |
|---|---|---|---|---|---|
| | | | | 绝对值 | % |
| 1. 草地总面积 | 千公顷 | 6571.33 | 6571.33 | 0.00 | 0.00 |
| 2. 已利用草地面积 | 千公顷 | 3395.94 | 3395.94 | 0.00 | 0.00 |
| 3. 累计种草保留面积 | 公顷 | 189530.00 | 159282.68 | 30247.32 | 18.99 |
| (1)人工种草 | 公顷 | 95020.00 | 79243.00 | 15777.00 | 19.91 |
| (2)改良草地 | 公顷 | 88280.00 | 72610.68 | 15669.32 | 21.58 |
| (3)飞播牧草 | 公顷 | 6230.00 | 7429.00 | -1199.00 | -16.14 |
| 4. 当年新增种草面积 | 公顷 | 33.13 | 29381.84 | -29348.71 | -99.89 |
| (1)人工种草 | 公顷 | 17.46 | 15823.24 | -15805.78 | -99.89 |
| (2)改良草地 | 公顷 | 15.67 | 12268.60 | -12252.93 | -99.87 |
| (3)飞播牧草 | 公顷 | | 1290.00 | | |
| 5. 累计退耕还草保留面积 | 公顷 | 38940 | 32112 | 6828.00 | 21.26 |
| 其中:当年新增面积 | 公顷 | 6830.00 | 8692.75 | -1862.75 | -21.43 |
| 6. 累计草场围栏保留面积 | 公顷 | 7740 | 9989.3 | -2249.30 | -22.52 |
| 其中:当年新增面积 | 公顷 | 700 | 2426.54 | -1726.54 | -71.15 |
| 7. 草种田面积 | 公顷 | 2100 | 2402.1 | -302.10 | -12.58 |
| 8. 当年种子产量 | 吨 | 1011.14 | 1275.2 | -264.06 | -20.71 |

续表

| 项　　目 | 单位 | 2005年 | 2004年 | 2004年比2003年 | |
|---|---|---|---|---|---|
| | | | | 绝对值 | % |
| 9. 草地承包面积 | 公顷 | 103830 | 721732.6 | -617902.6 | -85.61 |
| 其中:有偿使用面积 | 公顷 | 4410 | 63545.14 | -59135.14 | -93.06 |
| 10. 年内鼠虫害发生面积 | 公顷 | 6050 | 5377 | 673 | 12.52 |
| (1)鼠害面积 | 公顷 | 1990 | 1387 | 603 | 43.48 |
| (2)虫害面积 | 公顷 | 4060 | 3322 | 738 | 22.22 |
| 11. 年内灭鼠面积 | 公顷 | 940 | 283 | 657 | 232.16 |
| 其中:生物防治面积 | 公顷 | 840 | 94 | 746 | 793.62 |
| 12. 年内治虫面积 | 公顷 | 7680 | 3156 | 4524 | 143.35 |
| 其中:生物防治面积 | 公顷 | 4070 | 532 | 3538 | 665.04 |
| 13. 当年草原火灾受害面积 | 公顷 | 760 | 1198 | -438 | -36.56 |
| 14. 当年耕地种草面积 | 公顷 | 37290 | 29176.1 | 8113.9 | 27.81 |
| 其中:冬闲田种草面积 | 公顷 | 28940 | 19066.7 | 9873.3 | 51.78 |
| 15. 当年打贮草总量 | 吨 | 630213.5 | 939472 | -309258.5 | -32.92 |
| 16. 专用饲料地面积 | 公顷 | 78502.31 | 91395.41 | -12893.1 | -14.11 |
| 17. 当年饲料作物产量 | 吨 | 2177190.4 | 1987092 | 190098.4 | 9.57 |
| 18. 青贮、微贮饲草饲料量 | 吨 | 547735 | 469289.24 | 78445.76 | 16.72 |
| 19. 氨化秸秆数量 | 吨 | 1435730 | 1060941 | 374789 | 35.33 |

# 6 渔　　业

## 湖北省渔业生产情况

| 项　　目 | 2005年 | 2004年 | 同比增、减 | 增减幅度 |
|---|---|---|---|---|
| 一、产量指标 | | | | |
| 总产量(万吨) | 318 | 302.1 | 15.9 | 5.3% |
| 1.捕捞产量(万吨) | 43.6 | 39.1 | 4.5 | 11.5% |
| 2.养殖产量(万吨) | 274.4 | 263 | 11.4 | 4.3% |
| 其中:克氏螯虾(吨) | 14770 | 11592 | 3178 | 27.4% |
| 河蟹养殖(吨) | 36292 | 33915 | 2377 | 7.0% |
| 甲鱼养殖(吨) | 13199 | 14056 | -857 | -6.1% |
| 鳜鱼养殖(吨) | 10008 | 10578 | -570 | -5.4% |
| 珍珠养殖(公斤) | 208618 | 190012 | 18606 | 9.8% |
| 乌龟养殖(吨) | 1386 | 1466 | -80 | -5.5% |
| 青虾养殖(吨) | 8971 | 9501 | -530 | -5.6% |
| 银鱼养殖(吨) | 1615 | 1557 | 58 | 3.7% |
| 鳝鱼养殖(吨) | 74329 | 65377 | 8952 | 13.7% |
| 黄颡鱼养殖(吨) | 18953 | 16472 | 2481 | 15.1% |
| 大口鲶养殖(吨) | 13819 | 12737 | 1082 | 8.5% |
| 鮰鱼养殖(吨) | 22176 | 7996 | 14180 | 177.3% |
| 泥鳅养殖(吨) | 5778 | 5543 | 235 | 4.2% |
| 观赏鱼养殖(万条) | 98 | 60 | 38 | 63.3% |
| 二、面积及单产指标 | | | | |
| 面积(万亩) 1.总面积 | 1010 | 1007.2 | 2.8 | 0.3% |
| 2.塘堰养殖面积 | 178.8 | 180.1 | -1.3 | -0.7% |
| 3.湖泊养殖面积 | 263 | 246.6 | 16.4 | 6.7% |
| 4.水库养殖面积 | 153.3 | 153.7 | -0.4 | -0.3% |
| 5.精养鱼池面积 | 330.6 | 329.9 | 0.7 | 0.2% |
| 单产(公斤/亩) 1.平均单产 | 274.8 | 267.4 | 7.4 | 2.8% |
| 2.塘堰养殖单产 | 217.4 | 213.3 | 4.1 | 1.9% |
| 3.湖泊养殖单产 | 108 | 102 | 6 | 5.9% |
| 4.水库养殖单产 | 81.7 | 72.5 | 9.2 | 12.7% |
| 5.精养鱼池单产 | 537 | 519.8 | 17.2 | 3.3% |
| 稻田养殖 1.产量(万吨) | 3 | 3.3 | -0.3 | -9.1% |
| 2.面积(万亩) | 32 | 36.9 | -4.9 | -13.3% |
| 三、产值、效益指标(亿元 现价) | | | | |
| 1.渔民人均纯收入(元) | 4800 | 4600 | 200 | 4.3% |
| 2.淡水渔业产值(现价) | 236.48 | 205.68 | 30.8 | 15.0% |
| 3.占大农业比重(现价) | 13.8% | 12.9% | 增0.9个百分点 | |
| 4.水产行业第二产业产值(加工等) | 19.3 | 17.2 | 2.1 | 12.2% |
| 5.水产行业第三产业产值(流通\服务等) | 42.8 | 37.8 | 5 | 13.2% |
| 6.苗种产值(现价) | 18 | 15.4 | 2.6 | 16.9% |
| 四、其它指标 | | | | |
| 1.淡水水产品人均占有量(公斤) | 53 | 50 | 3 | 6.0% |
| 2.渔业人口(万人) | 164 | 164 | | 0.0% |
| 3.渔业劳动力(万人) | 98.8 | 98.8 | | 0.0% |
| 4.淡水苗种产量(亿尾) | 521 | 498 | 23 | 4.6% |
| 5.淡水鱼种产量(万吨) | 54 | 52 | 2 | 3.8% |
| 6.水产品加工总量(万吨) | 22.7 | 18.3 | 4.4 | 24.0% |

# 水产品总产量及捕捞产量

单位:吨

| | 合计 | 养殖产量 | 捕捞产量 | | | | | | |
|---|---|---|---|---|---|---|---|---|---|
| | | | 小计 | 鱼类 | 甲壳类 | | | 贝类 | 其它类 |
| | | | | | 小计 | 虾 | 蟹 | | |
| **全省合计** | **3180255** | **2744494** | **33677** | **30395** | **2764** | **2764** | | **518** | |
| 武汉市 | 394280 | 360602 | 33677 | 30395 | 2764 | 2764 | | 518 | |
| 武汉市辖区 | 125921 | 119992 | 5928 | 4782 | 1018 | 1018 | | 128 | |
| 蔡甸区 | 46995 | 42612 | 4383 | 3673 | 335 | 335 | | 375 | |
| 江夏区 | 91268 | 74499 | 16769 | 16301 | 468 | 468 | | | |
| 黄陂区 | 58000 | 55800 | 2200 | 1785 | 400 | 400 | | 15 | |
| 新洲区 | 72096 | 67699 | 4397 | 3854 | 543 | 543 | | | |
| **黄石市** | **99052** | **93731** | **5322** | **2508** | **2256** | **2254** | **2** | **555** | **2** |
| 黄石市辖区 | 6456 | 6399 | 58 | 57 | | | | | |
| 大冶市 | 47096 | 44968 | 2128 | 1026 | 1008 | 1006 | 2 | 92 | 2 |
| 阳新县 | 45500 | 42364 | 3136 | 1425 | 1248 | 1248 | | 463 | |
| **十堰市** | **27736** | **18998** | **8738** | **8540** | **195** | **195** | | | **3** |
| 十堰市辖区 | 2054 | 1041 | 1013 | 1013 | | | | | |
| 丹江口市 | 22080 | 15500 | 6580 | 6454 | 123 | 123 | | | 3 |
| 郧　县 | 2120 | 1280 | 840 | 775 | 65 | 65 | | | |
| 郧西县 | 201 | 154 | 47 | 40 | 7 | 7 | | | |
| 竹山县 | 273 | 183 | 90 | 90 | | | | | |
| 竹溪县 | 278 | 220 | 58 | 58 | | | | | |
| 房　县 | 730 | 620 | 110 | 110 | | | | | |
| **荆州市** | **651006** | **558606** | **92400** | **72748** | **13144** | **12589** | **555** | **5366** | **1142** |
| 荆州市辖区 | 97138 | 84278 | 12860 | 11458 | 1400 | 1363 | 37 | | 2 |
| 江陵县 | 26770 | 24511 | 2259 | 1938 | 299 | 299 | | 2 | 20 |
| 松滋市 | 23869 | 21251 | 2618 | 2462 | 154 | 154 | | 2 | |
| 公安县 | 77008 | 56399 | 20609 | 15174 | 2650 | 2480 | 170 | 1945 | 840 |
| 石首市 | 53536 | 42997 | 10539 | 9216 | 797 | 600 | 197 | 386 | 140 |
| 监利县 | 133778 | 114232 | 19546 | 12979 | 3793 | 3793 | | 2634 | 140 |
| 洪湖市 | 238907 | 214938 | 23969 | 19521 | 4051 | 3900 | 151 | 397 | |
| **宜昌市** | **124181** | **105347** | **18834** | **17753** | **1032** | **1032** | | **3** | **46** |
| 宜昌市辖区 | 7811 | 3610 | 4201 | 4196 | 5 | 5 | | | |
| 夷陵区 | 8314 | 7563 | 751 | 680 | 58 | 58 | | 3 | 10 |
| 宜都市 | 5685 | 4822 | 863 | 786 | 77 | 77 | | | |
| 枝江市 | 45087 | 39837 | 5250 | 4978 | 271 | 271 | | | 1 |
| 当阳市 | 47006 | 41552 | 5454 | 5070 | 372 | 372 | | | 12 |
| 远安县 | 2521 | 2147 | 374 | 360 | 14 | 14 | | | |
| 兴山县 | 349 | 165 | 184 | 178 | 6 | 6 | | | |
| 秭归县 | 782 | 591 | 191 | 175 | 16 | 16 | | | |
| 长阳县 | 6504 | 5000 | 1504 | 1268 | 213 | 213 | | | 23 |
| 五峰县 | 122 | 60 | 62 | 62 | | | | | |
| **襄樊市** | **160384** | **143706** | **16678** | **15318** | **1238** | **1200** | **38** | | **122** |
| 襄樊市辖区 | 14368 | 12609 | 1759 | 1749 | 10 | 10 | | | |
| 老河口市 | 24652 | 21745 | 2907 | 2791 | 98 | 78 | 20 | | 18 |
| 襄阳区 | 41801 | 39852 | 1949 | 1892 | 48 | 48 | | | 9 |
| 枣阳市 | 42175 | 40714 | 1461 | 1165 | 296 | 296 | | | |
| 宜城市 | 23782 | 19868 | 3914 | 3648 | 256 | 256 | | | 10 |
| 南漳县 | 5252 | 4545 | 707 | 571 | 84 | 76 | 8 | | 52 |
| 谷城县 | 7653 | 3867 | 3786 | 3307 | 446 | 436 | 10 | | 33 |
| 保康县 | 291 | 96 | 195 | 195 | | | | | |
| 农场小计 | 410 | 410 | | | | | | | |
| **鄂州市** | **190200** | **150710** | **39490** | **38413** | **1077** | **993** | **84** | | |

续表 单位:吨

| | 合计 | 养殖产量 | 捕捞产量 | | | | | | |
|---|---|---|---|---|---|---|---|---|---|
| | | | 小计 | 鱼类 | 甲壳类 | | | 贝类 | 其它类 |
| | | | | | 小计 | 虾 | 蟹 | | |
| **荆门市** | **243943** | **219511** | **24432** | **21614** | **2257** | **2182** | **75** | **509** | **52** |
| 荆门市辖区 | 25055 | 15450 | 9605 | 8593 | 591 | 590 | 1 | 421 | |
| 沙洋县 | 93600 | 89356 | 4244 | 3639 | 540 | 540 | | 65 | |
| 钟祥市 | 82408 | 74354 | 8054 | 7308 | 671 | 622 | 49 | 23 | 52 |
| 京山县 | 36140 | 33611 | 2529 | 2074 | 455 | 430 | 25 | | |
| 沙洋农场 | 6740 | 6740 | | | | | | | |
| **孝感市** | **321833** | **267804** | **54029** | **40456** | **9971** | **9971** | | **3359** | **243** |
| 孝感市辖区 | 52954 | 38381 | 14573 | 12913 | 1660 | 1660 | | | |
| 孝昌县 | 20229 | 16083 | 4146 | 3573 | 571 | 571 | | | 2 |
| 大悟县 | 20024 | 18278 | 1746 | 1448 | 298 | 298 | | | |
| 安陆市 | 33791 | 28591 | 5200 | 4126 | 991 | 991 | | | 83 |
| 云梦县 | 30019 | 27259 | 2760 | 2112 | 648 | 648 | | | |
| 应城市 | 54731 | 43467 | 11264 | 8381 | 1881 | 1881 | | 845 | 157 |
| 汉川市 | 110085 | 95745 | 14340 | 7903 | 3922 | 3922 | | 2514 | 1 |
| **黄冈市** | **322306** | **264763** | **57543** | **37943** | **8821** | **8713** | **108** | **10342** | **437** |
| 黄冈市辖区 | 26474 | 23601 | 2873 | 2808 | 18 | 18 | | 26 | 21 |
| 团风县 | 12959 | 12312 | 647 | 641 | 4 | 1 | 3 | | 2 |
| 红安县 | 6112 | 5444 | 668 | 602 | 47 | 47 | | | 19 |
| 麻城市 | 26202 | 23826 | 2376 | 2075 | 173 | 173 | | 115 | 13 |
| 罗田县 | 5475 | 5475 | | | | | | | |
| 英山县 | 5963 | 5505 | 458 | 426 | 15 | 15 | | | 17 |
| 浠水县 | 62528 | 49566 | 12962 | 8662 | 1448 | 1386 | 62 | 2757 | 95 |
| 蕲春县 | 58056 | 49233 | 8823 | 6858 | 801 | 798 | 3 | 1066 | 98 |
| 武穴市 | 38799 | 27563 | 11236 | 5416 | 1825 | 1825 | | 3928 | 67 |
| 黄梅县 | 79738 | 62238 | 17500 | 10455 | 4490 | 4450 | 40 | 2450 | 105 |
| **咸宁市** | **144336** | **127735** | **16601** | **13843** | **2631** | **2626** | **5** | **98** | **29** |
| 咸安区 | 20156 | 19428 | 728 | 647 | 81 | 81 | | | |
| 嘉鱼县 | 75020 | 66945 | 8075 | 6360 | 1715 | 1715 | | | |
| 赤壁市 | 34599 | 28647 | 5952 | 5176 | 675 | 675 | | 72 | 29 |
| 通城县 | 2800 | 2600 | 200 | 131 | 58 | 58 | | 11 | |
| 崇阳县 | 8231 | 7685 | 546 | 479 | 52 | 47 | 5 | 15 | |
| 通山县 | 3530 | 2430 | 1100 | 1050 | 50 | 50 | | | |
| **随州市** | **74720** | **55807** | **18913** | **17561** | **1299** | **1279** | **20** | | **53** |
| 曾都区 | 41056 | 34067 | 6989 | 6012 | 950 | 950 | | | 27 |
| 广水市 | 30112 | 22188 | 7924 | 7549 | 349 | 329 | 20 | | 26 |
| **恩施州** | **5609** | **4465** | **1144** | **1144** | | | | | |
| 恩施市 | 690 | 556 | 134 | 134 | | | | | |
| 建始县 | 130 | 101 | 29 | 29 | | | | | |
| 巴东县 | 208 | 148 | 60 | 60 | | | | | |
| 利川市 | 2155 | 1792 | 363 | 363 | | | | | |
| 宣恩县 | 324 | 245 | 79 | 79 | | | | | |
| 咸丰县 | 496 | 328 | 168 | 168 | | | | | |
| 来凤县 | 1515 | 1233 | 282 | 282 | | | | | |
| 鹤峰县 | 91 | 62 | 29 | 29 | | | | | |
| **仙桃市** | **238691** | **217967** | **20724** | **18454** | **2002** | **2002** | | **268** | |
| **天门市** | **85955** | **75185** | **10770** | **10770** | | | | | |
| **潜江市** | **96022** | **79557** | **16465** | **12391** | **2904** | **2904** | | **1150** | **20** |
| **神农架林区** | | | | | | | | | |

# 各类水面养殖产量

单位:吨

| | 合计 | 湖泊 | 水库 | 塘堰 | 精养池 | 河沟 | #其它 |
|---|---|---|---|---|---|---|---|
| **全省合计** | **2744494** | **284369** | **125207** | **388745** | **1775404** | **60326** | **80315** |
| **武汉市** | **360602** | **59025** | **5133** | **57592** | **223778** | **2779** | **12121** |
| 武汉市辖区 | 119992 | 18507 | 95 | 10268 | 89512 | 1610 | |
| 蔡甸区 | 42612 | 5933 | | 11735 | 24855 | | |
| 江夏区 | 74499 | 16251 | 1189 | 12942 | 31564 | 432 | 12121 |
| 黄陂区 | 55800 | 14290 | 3350 | 8615 | 29140 | 320 | |
| 新洲区 | 67699 | 4044 | 499 | 14032 | 48707 | 417 | |
| **黄石市** | **93731** | **34846** | **2343** | **8929** | **47466** | **106** | |
| 黄石市辖区 | 6399 | 2282 | 113 | 228 | 3767 | 9 | |
| 大冶市 | 44968 | 17157 | 1445 | 2394 | 23834 | 97 | |
| 阳新县 | 42364 | 15407 | 785 | 6307 | 19865 | | |
| **十堰市** | **18998** | | **1846** | **1718** | **2049** | | **13385** |
| 十堰市辖区 | 1041 | | 465 | 289 | 287 | | |
| 丹江口市 | 15500 | | 525 | 1000 | 1240 | | 12735 |
| 郧　县 | 1280 | | 280 | 100 | 250 | | 650 |
| 郧西县 | 154 | | 154 | | | | |
| 竹山县 | 183 | | 140 | 43 | | | |
| 竹溪县 | 220 | | 110 | 110 | | | |
| 房　县 | 620 | | 172 | 176 | 272 | | |
| **荆州市** | **558606** | **70501** | **4670** | **36023** | **376067** | **27067** | **22455** |
| 荆州市辖区 | 84278 | 13717 | 3345 | 4880 | 60557 | 1013 | 125 |
| 江陵县 | 24511 | | | 2685 | 21564 | 15 | 247 |
| 松滋市 | 21251 | 2696 | 857 | 3482 | 13203 | 1013 | |
| 公安县 | 56399 | 10949 | 160 | 6400 | 36909 | 1981 | |
| 石首市 | 42997 | 5387 | 308 | | 21722 | 652 | 14908 |
| 监利县 | 114232 | 7216 | | 18576 | 51417 | 9120 | 6980 |
| 洪湖市 | 214938 | 30536 | | | 170695 | 13273 | 195 |
| **宜昌市** | **105347** | **2007** | **15689** | **8673** | **78550** | **269** | **159** |
| 宜昌市辖区 | 3610 | 3 | 58 | | 3549 | | |
| 夷陵区 | 7563 | 4 | 1050 | 659 | 5800 | 50 | |
| 宜都市 | 4822 | 25 | 350 | 3373 | 1018 | 15 | 41 |
| 枝江市 | 39837 | 1867 | 1436 | 770 | 35714 | 30 | 20 |
| 当阳市 | 41552 | 108 | 7224 | 3108 | 31112 | | |
| 远安县 | 2147 | | 440 | 350 | 1357 | | |
| 兴山县 | 165 | | | | | 165 | |
| 秭归县 | 591 | | 171 | 342 | | | 78 |
| 长阳县 | 5000 | | 4960 | 20 | | | 20 |
| 五峰县 | 60 | | | 51 | | 9 | |
| **襄樊市** | **143706** | | **19435** | **37892** | **85533** | **785** | **61** |
| 襄樊市辖区 | 12609 | | 1448 | 2220 | 8776 | 165 | |
| 老河口市 | 21745 | | 2888 | 3318 | 15539 | | |
| 襄阳区 | 39852 | | 3886 | 9079 | 26887 | | |
| 枣阳市 | 40714 | | 6800 | 14989 | 18305 | 620 | |
| 宜城市 | 19868 | | 2604 | 5526 | 11738 | | |
| 南漳县 | 4545 | | 1010 | 1500 | 2035 | | |
| 谷城县 | 3867 | | 750 | 1050 | 2023 | | 44 |
| 保康县 | 96 | | 24 | 25 | 30 | | 17 |
| 农场小计 | 410 | | 25 | 185 | 200 | | |
| **鄂州市** | **150710** | **20643** | **327** | **10465** | **118773** | **163** | **339** |

续表 单位:吨

| | 合计 | 湖 泊 | 水 库 | 塘 堰 | 精养池 | 河 沟 | #其它 |
|---|---|---|---|---|---|---|---|
| **荆门市** | **219511** | **22865** | **15883** | **24462** | **153451** | **2070** | **780** |
| 荆门市辖区 | 15450 | | 2670 | 2363 | 10227 | 190 | |
| 沙洋县 | 89356 | 17976 | 4515 | 8402 | 57205 | 1258 | |
| 钟祥市 | 74354 | 4122 | 6145 | 6354 | 56426 | 527 | 780 |
| 京山县 | 33611 | | 2508 | 6857 | 24151 | 95 | |
| 沙洋农场 | 6740 | 767 | 45 | 486 | 5442 | | |
| **孝感市** | **267804** | **8283** | **22078** | **60850** | **163199** | **12423** | |
| 孝感市辖区 | 38381 | 2516 | 205 | 4502 | 30444 | 574 | |
| 孝昌县 | 16083 | | 3256 | 7609 | 4987 | 231 | |
| 大悟县 | 18278 | | 4417 | 9568 | 4227 | | |
| 安陆市 | 28591 | | 10791 | 5885 | 11490 | 325 | |
| 云梦县 | 27259 | | 421 | 9086 | 16421 | 1084 | |
| 应城市 | 43467 | 1870 | 2988 | 8718 | 29376 | 492 | |
| 汉川市 | 95745 | 3897 | | 15482 | 66254 | 9717 | |
| **黄冈市** | **263165** | **35029** | **19515** | **54895** | **147983** | **2424** | **4133** |
| 黄冈市辖区 | 23601 | 3303 | 53 | 3526 | 15699 | 585 | 2236 |
| 团风县 | 12959 | 1457 | 1865 | 3188 | 6216 | 15 | |
| 红安县 | 5444 | | 450 | 3500 | 1444 | 50 | |
| 麻城市 | 23841 | | 2941 | 13038 | 7847 | | 950 |
| 罗田县 | 5439 | | 1825 | 2664 | | | |
| 英山县 | 5505 | | 3890 | 1613 | | | 947 |
| 浠水县 | 49566 | 6085 | 2320 | 11186 | 28165 | 123 | |
| 蕲春县 | 49235 | 7691 | 1882 | 8880 | 30149 | 633 | |
| 武穴市 | 27575 | 7918 | 3089 | 4500 | 12038 | 18 | |
| 黄梅县 | 60000 | 8575 | 1200 | 2800 | 46425 | 1000 | |
| **咸宁市** | **127735** | **16854** | **6995** | **20855** | **61860** | **1267** | |
| 咸安区 | 19428 | 7073 | 1020 | 4000 | 7023 | 250 | |
| 嘉鱼县 | 66945 | 3832 | 1335 | 5832 | 39180 | 873 | |
| 赤壁市 | 28647 | 5946 | 2466 | 7449 | 9391 | 144 | |
| 通城县 | 2600 | | 420 | 1358 | 804 | | |
| 崇阳县 | 7685 | | 1400 | 1280 | 4935 | | |
| 通山县 | 2430 | 3 | 354 | 936 | 527 | | |
| **随州市** | **56255** | | **9685** | **29122** | **17358** | **90** | |
| 曾都区 | 34067 | | 8562 | 14247 | 11258 | | |
| 广水市 | 22188 | | 1123 | 14875 | 6100 | 90 | |
| **恩施州** | **4465** | **77** | **926** | **1805** | **1643** | | |
| 恩施市 | 690 | | 109 | 297 | 150 | | |
| 建始县 | 101 | | 18 | 82 | | | |
| 巴东县 | 148 | 7 | 90 | 24 | 27 | | |
| 利川市 | 1792 | 70 | 495 | 588 | 639 | | |
| 宣恩县 | 245 | | 76 | 135 | 34 | | |
| 咸丰县 | 328 | | 20 | 105 | 190 | | |
| 来凤县 | 1233 | | 100 | 530 | 603 | | |
| 鹤峰县 | 62 | | 18 | 44 | | | |
| **仙桃市** | **217967** | **5657** | | **8908** | **182759** | **8794** | |
| **天门市** | **72432** | **5772** | **1130** | **13656** | **50885** | **989** | |
| **潜江市** | **79557** | **2810** | | **12900** | **61247** | **1100** | |
| **神农架林区** | | | | | | | |

# 各类水面养殖单产

单位:公斤/公顷

| | 合　计 | 其中: | | | | | |
|---|---|---|---|---|---|---|---|
| | | 湖　泊 | 水　库 | 塘　堰 | 精养池 | 河　沟 | 其它养殖 |
| **全省合计** | **4122** | **1622** | **1225** | **3261** | **8056** | **2756** | **2324** |
| **武汉市** | **3828** | **1432** | **1040** | **3277** | **8560** | **2436** | **835** |
| 武汉市辖区 | | | | | | | |
| 蔡甸区 | 2660 | 686 | | 2986 | 7282 | | 835 |
| 江夏区 | 2636 | 1106 | 2093 | 2929 | 8519 | 1521 | |
| 黄陂区 | 3425 | 2712 | 939 | 2257 | 8743 | 1143 | |
| 新洲区 | 4298 | 859 | 657 | 4085 | 7277 | 2690 | |
| **黄石市** | **2623** | **1433** | **1563** | **2730** | **7308** | **779** | |
| 黄石市辖区 | 5628 | 3868 | 2511 | 3931 | 8561 | 2250 | |
| 大冶市 | 3439 | 2340 | 1217 | 1974 | 7448 | 735 | |
| 阳新县 | 1969 | 940 | 2940 | 3154 | 6958 | | |
| **十堰市** | **1205** | | **616** | **1472** | **4139** | | **7609** |
| 十堰市辖区 | | | | | | | |
| 丹江口市 | 2142 | | 1124 | 2141 | 3473 | | 7290 |
| 郧　县 | 525 | | 287 | 588 | 4545 | | 54167 |
| 郧西县 | 433 | | 433 | | | | |
| 竹山县 | 436 | | 400 | 614 | | | |
| 竹溪县 | 647 | | 531 | 827 | | | |
| 房　县 | 948 | | 566 | 607 | 4533 | | |
| **荆州市** | **4802** | **1792** | **1375** | **3730** | **7870** | **3901** | **3892** |
| 荆州市辖区 | | | | | | | |
| 江陵县 | 8159 | | | 5837 | 8791 | 246 | 911 |
| 松滋市 | 2781 | 1474 | 547 | 1981 | 7068 | 1634 | |
| 公安县 | 3437 | 1437 | 904 | 3356 | 6353 | 2208 | |
| 石首市 | 3254 | 930 | 4813 | | 8237 | 4939 | 5249 |
| 监利县 | 3928 | 949 | | 3741 | 7074 | 4272 | 2680 |
| 洪湖市 | 5346 | 2165 | | | 7413 | 4433 | 5000 |
| **宜昌市** | **5128** | **1009** | **2119** | **3569** | **9323** | **1019** | **605** |
| 宜昌市辖区 | | | | | | | |
| 夷陵区 | 7189 | 500 | 4449 | 5730 | 9206 | 794 | |
| 宜都市 | 3951 | 625 | 516 | 9067 | 8930 | 2500 | 488 |
| 枝江市 | 5418 | 1027 | 993 | 1228 | 10699 | 250 | 323 |
| 当阳市 | 4920 | 900 | 1790 | 4723 | 8568 | | |
| 远安县 | 2291 | | 1594 | 931 | 4761 | | |
| 兴山县 | 4125 | | | | | 4125 | |
| 秭归县 | 1522 | | 1745 | 1431 | | | 1814 |
| 长阳县 | 8204 | | 8493 | 870 | | | 270 |
| 五峰县 | 1091 | | | 2550 | | 257 | |
| **襄樊市** | **3099** | | **897** | **3214** | **6920** | **1487** | **1488** |
| 襄樊市辖区 | | | | | | | |
| 老河口市 | 3165 | | 816 | 3151 | 6824 | | |
| 襄阳区 | 3982 | | 974 | 3499 | 7850 | | |
| 枣阳市 | 2835 | | 939 | 3603 | 7402 | 1268 | |
| 宜城市 | 3575 | | 981 | 3878 | 7942 | | |
| 南漳县 | 1849 | | 673 | 2555 | 5500 | | |
| 谷城县 | 1376 | | 792 | 966 | 2715 | | 1333 |
| 保康县 | 2469 | | 1600 | 2500 | 4286 | | 2125 |
| 农场小计 | 1491 | | 758 | 1156 | 2439 | | |
| **鄂州市** | **4138** | **1365** | **731** | **3549** | **7837** | **337** | **150** |

续表　　　　单位:公斤/公顷

| | 主要养殖水面单产 | 湖　泊 | 水　库 | 塘　堰 | 精养池 | 河　沟 | #其它 |
|---|---|---|---|---|---|---|---|
| **荆门市** | **3660** | **2246** | **809** | **2249** | **8805** | **1267** | **13000** |
| 荆门市辖区 | | | | | | | |
| 沙洋县 | 4622 | 2288 | 1834 | 2759 | 11067 | 1571 | |
| 钟祥市 | 4619 | 2076 | 1123 | 2786 | 9544 | 1889 | 13000 |
| 京山县 | 2801 | | 647 | 1863 | 5843 | 304 | |
| 沙洋农场 | 6401 | 2269 | 2250 | 5010 | 9100 | | |
| **孝感市** | **4185** | **747** | **2615** | **3329** | **7853** | **2406** | |
| 孝感市辖区 | 3610 | 828 | 375 | 1346 | 8290 | 2446 | |
| 孝昌县 | 3090 | | 1695 | 3465 | 5752 | 1079 | |
| 大悟县 | 3610 | | 2344 | 3818 | 6930 | | |
| 安陆市 | 4494 | | 4538 | 3096 | 7190 | 670 | |
| 云梦县 | 5190 | | 1114 | 4820 | 6774 | 1919 | |
| 应城市 | 4058 | 709 | 1888 | 3353 | 8493 | 1152 | |
| 汉川市 | 4616 | 720 | | 3949 | 8111 | 3000 | |
| **黄冈市** | **3834** | **2341** | **1403** | **3784** | **6470** | **1603** | **2657** |
| 黄冈市辖区 | 5992 | 4381 | 1325 | 5799 | 7405 | 1701 | 2100 |
| 团风县 | 3849 | 3087 | 2594 | 3217 | 5750 | 319 | 3354 |
| 红安县 | 1057 | | 162 | 2222 | 2114 | 463 | |
| 麻城市 | 2929 | | 865 | 3829 | 5900 | | |
| 罗田县 | 1574 | | 1362 | 1762 | | | 2056 |
| 英山县 | 2661 | | 2732 | 2505 | | | |
| 浠水县 | 5344 | 3622 | 5617 | 4863 | 6287 | 1414 | 4172 |
| 蕲春县 | 4476 | 3036 | 1283 | 4217 | 6276 | 7033 | |
| 武穴市 | 4106 | 2906 | 2250 | 5000 | 7069 | 1500 | |
| 黄梅县 | 3818 | 1261 | 1259 | 5983 | 6960 | 1214 | |
| **咸宁市** | **2863** | **1344** | **921** | **2735** | **6524** | **3002** | **2668** |
| 咸安区 | 2450 | 1613 | 1010 | 3333 | 5552 | 5319 | 6889 |
| 嘉鱼县 | 4349 | 950 | 912 | 4989 | 8147 | 3282 | 3226 |
| 赤壁市 | 2657 | 1444 | 1713 | 3150 | 6150 | 1321 | 1404 |
| 通城县 | 1153 | | 459 | 1208 | 4020 | | 667 |
| 崇阳县 | 1565 | | 665 | 1116 | 3058 | | |
| 通山县 | 1348 | 1500 | 535 | 1512 | 7866 | | 3851 |
| **随州市** | **2386** | | **1092** | **2454** | **7076** | **231** | |
| 曾都区 | 2413 | | 1607 | 2020 | 6496 | | |
| 广水市 | 2347 | | 317 | 3095 | 8472 | 231 | |
| **恩施州** | **1988** | **1481** | **896** | **2375** | **4181** | | **0** |
| 恩施市 | 1829 | | 801 | 2320 | 3750 | | |
| 建始县 | 885 | | 228 | 2412 | | | |
| 巴东县 | 1558 | 1400 | 1406 | 1200 | 4500 | | |
| 利川市 | 2240 | 1489 | 1500 | 2202 | 4096 | | |
| 宣恩县 | 854 | | 472 | 1174 | 3091 | | |
| 咸丰县 | 1313 | | 299 | 1438 | 1900 | | |
| 来凤县 | 3670 | | 658 | 5096 | 7538 | | |
| 鹤峰县 | 969 | | 400 | 2316 | | | |
| **仙桃市** | **8653** | **3825** | | **5574** | **9941** | **3728** | **4685** |
| **天门市** | **6225** | **3060** | **3373** | **4648** | **8698** | **1580** | |
| **潜江市** | **8426** | **2371** | | **6757** | **10427** | **3716** | |
| **神农架林区** | | | | | | | |

# 养殖产量(一)

单位:吨

| | 养殖产量合计 | 其中:一、鱼类 | | | | | | |
|---|---|---|---|---|---|---|---|---|
| | | 小计 | 鲟鱼 | 鳗鱼 | 青鱼 | 草鱼 | 鲢鱼 | 鳙鱼 |
| **全省合计** | **2744494** | **2643636** | **1274** | **130** | **79290** | **725802** | **704124** | **331971** |
| **武汉市** | **360602** | **353925** | **11** | **0** | **12796** | **97139** | **104960** | **49426** |
| 武汉市辖区 | 119992 | 117335 | 0 | 0 | 5654 | 30620 | 35136 | 16106 |
| 蔡甸区 | 42612 | 42316 | | | 843 | 12328 | 15176 | 6224 |
| 江夏区 | 74499 | 71692 | | | 2516 | 24016 | 15290 | 11489 |
| 黄陂区 | 55800 | 55073 | | | 532 | 11514 | 16665 | 8332 |
| 新洲区 | 67699 | 67509 | 11 | | 3251 | 18661 | 22693 | 7275 |
| **黄石市** | **93731** | **89611** | | | **1842** | **20185** | **36635** | **8272** |
| 黄石市辖区 | 6399 | 6116 | | | 247 | 1276 | 2008 | 772 |
| 大冶市 | 44968 | 43390 | | | 497 | 10976 | 16062 | 3485 |
| 阳新县 | 42364 | 40105 | | | 1098 | 7933 | 18565 | 4015 |
| **十堰市** | **18998** | **18990** | **8** | | **400** | **1906** | **8236** | **1937** |
| 十堰市辖区 | 1041 | 1041 | 8 | | | 169 | 307 | 310 |
| 丹江口市 | 15500 | 15500 | | | 400 | 1500 | 6972 | 1358 |
| 郧　县 | 1280 | 1275 | | | | 50 | 580 | 150 |
| 郧西县 | 154 | 154 | | | | 6 | 87 | 22 |
| 竹山县 | 183 | 183 | | | | 12 | 100 | 63 |
| 竹溪县 | 220 | 220 | | | | 35 | 110 | |
| 房　县 | 620 | 617 | | | | 134 | 80 | 34 |
| **荆州市** | **558606** | **528157** | **116** | | **15895** | **178654** | **135415** | **46183** |
| 荆州市辖区 | 84278 | 79883 | 85 | | 1898 | 18992 | 22483 | 2085 |
| 江陵县 | 24511 | 23998 | | | 1418 | 8642 | 2677 | 4374 |
| 松滋市 | 21251 | 21148 | | | 39 | 4524 | 9780 | 2098 |
| 公安县 | 56399 | 54119 | | | 644 | 15808 | 17969 | 6773 |
| 石首市 | 42997 | 42507 | | | 5665 | 17543 | 4244 | 4000 |
| 监利县 | 114232 | 105339 | 25 | | 4175 | 29335 | 31033 | 6183 |
| 洪湖市 | 214938 | 201163 | 6 | | 2056 | 83810 | 47229 | 20670 |
| **宜昌市** | **105347** | **105315** | **680** | **130** | **1016** | **15595** | **29980** | **15658** |
| 宜昌市辖区 | 3610 | 3610 | 5 | 130 | 92 | 950 | 1028 | 600 |
| 夷陵区 | 7563 | 7560 | 32 | | 165 | 1962 | 3047 | 1000 |
| 宜都市 | 4822 | 4819 | 154 | | 7 | 210 | 890 | 239 |
| 枝江市 | 39837 | 39816 | 50 | | 272 | 5053 | 10188 | 5224 |
| 当阳市 | 41552 | 41550 | 262 | | 430 | 5781 | 13609 | 7288 |
| 远安县 | 2147 | 2147 | 2 | | | 387 | 675 | 187 |
| 兴山县 | 165 | 165 | | | | | 123 | 42 |
| 秭归县 | 591 | 591 | 80 | | | 100 | 120 | 80 |
| 长阳县 | 5000 | 4997 | 95 | | 50 | 1112 | 300 | 998 |
| 五峰县 | 60 | 60 | | | | 40 | | |
| **襄樊市** | **143706** | **142949** | **99** | | **960** | **26182** | **44186** | **32895** |
| 襄樊市辖区 | 12609 | 12601 | 5 | | | 2188 | 4413 | 2454 |
| 老河口市 | 21745 | 21446 | 94 | | 33 | 3744 | 7410 | 4900 |
| 襄阳区 | 39852 | 39662 | | | 197 | 7803 | 12004 | 7682 |
| 枣阳市 | 40714 | 40582 | | | 672 | 7636 | 13911 | 9274 |
| 宜城市 | 19868 | 19853 | | | 2 | 3120 | 5713 | 5125 |
| 南漳县 | 4545 | 4513 | | | | 850 | | 2513 |
| 谷城县 | 3867 | 3786 | | | 56 | 745 | 700 | 911 |
| 保康县 | 96 | 96 | | | | 24 | | |
| 农场小计 | 410 | 410 | | | | 72 | 35 | 36 |
| **鄂州市** | **150710** | **133574** | | | **3357** | **46443** | **29781** | **20018** |

续表　　　　　　　　　　　　　　　　　　　　　　　　　　　　　　　单位:吨

| | 养殖产量合计 | 其中:一、鱼类 | | | | | | |
|---|---|---|---|---|---|---|---|---|
| | | 小计 | 鲟鱼 | 鳗鱼 | 青鱼 | 草鱼 | 鲢鱼 | 鳙鱼 |
| **荆门市** | **219511** | **209836** | **260** | | **3674** | **55812** | **52948** | **22067** |
| 荆门市辖区 | 15450 | 15220 | 10 | | 343 | 2497 | 3893 | 1609 |
| 沙洋县 | 89356 | 86292 | | | 1736 | 26570 | 23503 | 7323 |
| 钟祥市 | 74354 | 70031 | | | 1226 | 16135 | 15836 | 8701 |
| 京山县 | 33611 | 31553 | 250 | | 368 | 8880 | 8006 | 3722 |
| 沙洋农场 | 6740 | 6740 | | | 1 | 1730 | 1710 | 712 |
| **孝感市** | **267804** | **259797** | | | **6242** | **80616** | **71925** | **34332** |
| 孝感市辖区 | 38381 | 37458 | | | 1414 | 8379 | 12313 | 5274 |
| 孝昌县 | 16083 | 16076 | | | 397 | 6074 | 3229 | 2030 |
| 大悟县 | 18278 | 18219 | | | 6 | 4524 | 3560 | 4396 |
| 安陆市 | 28591 | 28302 | | | 52 | 805 | 6796 | 4336 |
| 云梦县 | 27259 | 27188 | | | 264 | 7585 | 8612 | 2106 |
| 应城市 | 43467 | 39611 | | | 971 | 16346 | 8771 | 3914 |
| 汉川市 | 95745 | 92943 | | | 3138 | 36903 | 28644 | 12276 |
| **黄冈市** | **264763** | **255070** | **82** | | **7120** | **53064** | **63139** | **46268** |
| 黄冈市辖区 | 23601 | 23466 | | | 302 | 5120 | 7000 | 6500 |
| 团风县 | 12312 | 12280 | | | 268 | 3094 | 3982 | 580 |
| 红安县 | 5444 | 5394 | 15 | | 40 | 1400 | 1578 | 1000 |
| 麻城市 | 23826 | 23759 | 65 | | 92 | 4478 | 12526 | 2284 |
| 罗田县 | 5475 | 5439 | | | 194 | 779 | 1850 | 906 |
| 英山县 | 5505 | 5454 | | | 202 | 789 | 2162 | 1200 |
| 浠水县 | 49566 | 45733 | | | 420 | 9386 | 6030 | 10078 |
| 蕲春县 | 49233.1 | 46153 | | | 1535 | 10039 | 7953 | 9406 |
| 武穴市 | 27563 | 27309 | 2 | | 877 | 6404 | 10008 | 3335 |
| 黄梅县 | 62238 | 60083 | | | 3190 | 11575 | 10050 | 10979 |
| **咸宁市** | **127735** | **123326** | | | **6000** | **30031** | **32433** | **13351** |
| 咸安区 | 19428 | 18766 | | | 932 | 5965 | 3075 | 1009 |
| 嘉鱼县 | 66945 | 64526 | | | 4110 | 16704 | 15215 | 6605 |
| 赤壁市 | 28647 | 27607 | | | 816 | 4851 | 10603 | 3528 |
| 通城县 | 2600 | 2593 | | | 22 | 389 | 881 | 697 |
| 崇阳县 | 7685 | 7504 | | | 45 | 1881 | 2328 | 1050 |
| 通山县 | 2430 | 2330 | | | 75 | 241 | 331 | 462 |
| **随州市** | **56255** | **55359** | | | **4060** | **8436** | **12399** | **14102** |
| 曾都区 | 34067 | 33720 | | | 1823 | 4917 | 7899 | 9656 |
| 广水市 | 22188 | 21639 | | | 2237 | 3519 | 4500 | 4446 |
| **恩施州** | **4465** | **4450** | **18** | | | **2114** | **649** | **82** |
| 恩施市 | 556 | 554 | 1 | | | 215 | 80 | 16 |
| 建始县 | 101 | 101 | | | | 74 | 2 | 1 |
| 巴东县 | 148 | 148 | 15 | | | 64 | 3 | 6 |
| 利川市 | 1792 | 1779 | | | | 922 | 319 | |
| 宣恩县 | 245 | 245 | 2 | | | 105 | 34 | 27 |
| 咸丰县 | 328 | 328 | | | | 108 | 45 | 29 |
| 来凤县 | 1233 | 1233 | | | | 591 | 161 | |
| 鹤峰县 | 62 | 62 | | | | 35 | 5 | 3 |
| **仙桃市** | **217967** | **214982** | | | **8768** | **86134** | **53415** | **9400** |
| **天门市** | **75185** | **72432** | | | **3228** | **14976** | **23975** | **14880** |
| **潜江市** | **79557** | **76312** | | | **3932** | **22725** | **16048** | **4000** |
| **神农架林区** | | | | | | | | |

# 养殖产量(二)

单位:吨

| | 一、鱼类(续1) | | | | | | | | | |
|---|---|---|---|---|---|---|---|---|---|---|
| | 鲤 鱼 | 鲫 鱼 | 鳊 鱼 | 泥 鳅 | 鲶 鱼 | 鮰鱼 | 黄颡鱼 | 河 豚 | 池沼公鱼 | 银鱼 |
| **全省合计** | **187345** | **319760** | **109302** | **5778** | **13819** | **22176** | **18953** | **5** | | **1615** |
| **武汉市** | **25448** | **29434** | **18770** | **790** | **1391** | **874** | **3471** | | | **25** |
| 武汉市辖区 | 6225 | 10654 | 6148 | 130 | 1024 | 314 | 921 | | | 25 |
| 蔡甸区 | 2220 | 2555 | 1367 | 89 | 120 | 20 | 562 | | | |
| 江夏区 | 6521 | 5652 | 2768 | 5 | 97 | 20 | 925 | | | |
| 黄陂区 | 5832 | 5724 | 3348 | 528 | 92 | 520 | 448 | | | |
| 新洲区 | 4650 | 4849 | 5139 | 38 | 58 | | 615 | | | |
| **黄石市** | **2441** | **10143** | **4217** | **184** | **495** | **1335** | **511** | **5** | | **170** |
| 黄石市辖区 | 208 | 753 | 396 | 12 | 50 | 3 | 8 | | | |
| 大冶市 | 866 | 6829 | 2483 | 118 | 30 | 403 | 293 | | | |
| 阳新县 | 1367 | 2561 | 1338 | 54 | 415 | 929 | 210 | 5 | | 170 |
| **十堰市** | **1442** | **886** | **989** | **4** | **773** | **480** | **17** | | | **516** |
| 十堰市辖区 | 128 | 26 | 33 | | 54 | | | | | |
| 丹江口市 | 1000 | 800 | 700 | | 700 | 480 | 10 | | | 500 |
| 郧 县 | 80 | 30 | 250 | | 5 | | | | | 15 |
| 郧西县 | 13 | 6 | 2 | 1 | 1 | | 7 | | | 1 |
| 竹山县 | 5 | 1 | 1 | | 1 | | | | | |
| 竹溪县 | 70 | 5 | | | | | | | | |
| 房 县 | 146 | 18 | 3 | 3 | 12 | | | | | |
| **荆州市** | **25908** | **69135** | **10011** | **1045** | **2819** | **2326** | **3097** | | | **11** |
| 荆州市辖区 | 4321 | 23765 | 1888 | 464 | 180 | 1175 | 919 | | | |
| 江陵县 | 1321 | 2573 | 675 | 21 | 332 | | 103 | | | |
| 松滋市 | 1994 | 1471 | 506 | 28 | 87 | 2 | 32 | | | 10 |
| 公安县 | 4267 | 4677 | 1699 | 112 | 201 | 17 | 439 | | | |
| 石首市 | 2535 | 6965 | 440 | 56 | 149 | | 241 | | | 1 |
| 监利县 | 4624 | 7002 | 3868 | 218 | 1507 | 122 | 804 | | | |
| 洪湖市 | 6846 | 22682 | 935 | 146 | 363 | 1010 | 559 | | | |
| **宜昌市** | **9898** | **17153** | **5320** | **85** | **1128** | **5563** | **1422** | | | **127** |
| 宜昌市辖区 | 116 | 545 | 60 | 1 | 45 | 3 | | | | 22 |
| 夷陵区 | 398 | 774 | 153 | 2 | 1 | 9 | | | | |
| 宜都市 | 192 | 134 | 69 | | 14 | 2888 | 6 | | | |
| 枝江市 | 4600 | 10109 | 2600 | | 300 | 600 | 400 | | | |
| 当阳市 | 3555 | 4928 | 2277 | 82 | 674 | 574 | 998 | | | 12 |
| 远安县 | 313 | 389 | 141 | | 20 | 17 | 8 | | | |
| 兴山县 | | | | | | | | | | |
| 秭归县 | 90 | 42 | 8 | | 10 | 60 | | | | |
| 长阳县 | 629 | 217 | 12 | | 64 | 1412 | 10 | | | 93 |
| 五峰县 | 5 | 15 | | | | | | | | |
| **襄樊市** | **15023** | **15075** | **4346** | **204** | **655** | **700** | **446** | | | **278** |
| 襄樊市辖区 | 1438 | 1914 | 12 | | 84 | | | | | |
| 老河口市 | 1989 | 1491 | 448 | 17 | 136 | 359 | 169 | | | 75 |
| 襄阳区 | 4258 | 3757 | 2584 | 122 | 261 | 217 | 175 | | | 50 |
| 枣阳市 | 3545 | 4689 | 95 | 50 | 124 | 34 | 83 | | | 7 |
| 宜城市 | 2730 | 2310 | 700 | 5 | 50 | | 10 | | | 10 |
| 南漳县 | 318 | 450 | 227 | 10 | | 90 | 9 | | | 32 |
| 谷城县 | 605 | 320 | 280 | | | | | | | 104 |
| 保康县 | 72 | | | | | | | | | |
| 农场小计 | 68 | 144 | | | | | | | | |
| **鄂州市** | **6244** | **10886** | **10169** | **612** | **187** | | **1078** | | | |

续表　　　　　　　　　　　　　　　　　　　　　　　　　　　　单位:吨

| | 一、鱼类(续1) | | | | | | | | | |
|---|---|---|---|---|---|---|---|---|---|---|
| | 鲤　鱼 | 鲫　鱼 | 鳊　鱼 | 泥　鳅 | 鲶　鱼 | 鮰鱼 | 黄颡鱼 | 河　豚 | 池沼公鱼 | 银　鱼 |
| **荆门市** | **20991** | **32522** | **9071** | **437** | **801** | **1882** | **1350** | | | **194** |
| 荆门市辖区 | 1592 | 2620 | 1093 | 62 | 71 | 131 | 48 | | | 156 |
| 沙洋县 | 6393 | 10283 | 4005 | 305 | 300 | 183 | 692 | | | 13 |
| 钟祥市 | 8701 | 12857 | 2523 | 43 | 398 | 1544 | 595 | | | |
| 京山县 | 3300 | 5490 | 1140 | 27 | 32 | 24 | 15 | | | 25 |
| 沙洋农场 | 1005 | 1272 | 310 | | | | | | | |
| **孝感市** | **16056** | **35567** | **7618** | **689** | **747** | **198** | **613** | | | |
| 孝感市辖区 | 3191 | 3900 | 1498 | 77 | 103 | | 64 | | | |
| 孝昌县 | 1834 | 1240 | 639 | 295 | | | | | | |
| 大悟县 | 3801 | 1447 | 363 | 40 | 35 | | 5 | | | |
| 安陆市 | 891 | 14050 | 542 | 92 | 150 | 120 | 65 | | | |
| 云梦县 | 792 | 5844 | 429 | | 210 | 56 | 205 | | | |
| 应城市 | 2411 | 4076 | 1578 | 117 | 133 | 4 | 155 | | | |
| 汉川市 | 3136 | 5010 | 2569 | 68 | 116 | 18 | 119 | | | |
| **黄冈市** | **21925** | **35052** | **16978** | **345** | **2101** | **128** | **1730** | | | |
| 黄冈市辖区 | 1569 | 2220 | 454 | 60 | 60 | | | | | |
| 团风县 | 1252 | 1084 | 697 | 45 | 632 | 2 | 80 | | | |
| 红安县 | 349 | 320 | 500 | 42 | 50 | | 30 | | | |
| 麻城市 | 707 | 1100 | 628 | 82 | 550 | 11 | 26 | | | |
| 罗田县 | 312 | 305 | 794 | 13 | 10 | | | | | |
| 英山县 | 535 | 254 | 59 | 38 | 122 | | | | | |
| 浠水县 | 4024 | 10130 | 4260 | 10 | 212 | 48 | 205 | | | |
| 蕲春县 | 4602 | 6520 | 3900 | 23 | 25 | | 600 | | | |
| 武穴市 | 1955 | 2429 | 1266 | | 70 | 42 | 81 | | | |
| 黄梅县 | 6620 | 10690 | 4420 | 32 | 370 | 25 | 708 | | | |
| **咸宁市** | **9035** | **18642** | **4465** | **230** | **326** | **3791** | **619** | | | **231** |
| 咸安区 | 3478 | 3732 | 109 | 48 | 1 | | 54 | | | 2 |
| 嘉鱼县 | 3209 | 11519 | 2389 | | 103 | 3500 | 248 | | | |
| 赤壁市 | 1540 | 2356 | 1287 | 144 | 161 | 9 | 237 | | | 68 |
| 通城县 | 210 | 166 | 150 | | | | | | | 21 |
| 崇阳县 | 413 | 644 | 402 | 20 | 31 | 52 | 50 | | | 60 |
| 通山县 | 185 | 225 | 128 | 18 | 30 | 230 | 30 | | | 80 |
| **随州市** | **4806** | **7331** | **2035** | **442** | **438** | | **29** | | | **63** |
| 曾都区 | 2602 | 4296 | 1708 | 222 | 430 | | 23 | | | 16 |
| 广水市 | 2204 | 3035 | 327 | 220 | 8 | | 6 | | | 47 |
| **恩施州** | **1251** | **222** | **24** | | **38** | **45** | | | | |
| 恩施市 | 163 | 55 | 10 | | 2 | 12 | | | | |
| 建始县 | 24 | | | | | | | | | |
| 巴东县 | 17 | 1 | | | 20 | 21 | | | | |
| 利川市 | 452 | 86 | | | | | | | | |
| 宣恩县 | 60 | 9 | 1 | | 1 | 2 | | | | |
| 咸丰县 | 106 | 18 | 12 | | | 10 | | | | |
| 来凤县 | 417 | 49 | | | 15 | | | | | |
| 鹤峰县 | 12 | 4 | 1 | | | | | | | |
| **仙桃市** | **14057** | **25530** | **7207** | **167** | **288** | **380** | **2626** | | | |
| **天门市** | **4622** | **2069** | **3748** | | **484** | **1336** | **1134** | | | |
| **潜江市** | **8798** | **10114** | **4334** | **544** | **1148** | **428** | **810** | | | |
| **神农架林区** | | | | | | | | | | |

# 养殖产量(三)

单位:吨

| | 一、鱼类(续2) | | | | | | | | | |
|---|---|---|---|---|---|---|---|---|---|---|
| | 短盖巨脂鲤 | 长吻鮠 | 黄　鳝 | 鳜　鱼 | 鲈　鱼 | 乌　鳢 | 罗非鱼 | 白鱼鮰鱼 | 其它 | 观赏鱼(万条) |
| **全省合计** | **72** | **68** | **74329** | **10008** | **445** | **15662** | **2495** | **8452** | **10761** | **98** |
| **武汉市** | **52** | **19** | **1419** | **2423** | **23** | **1538** | **367** | **330** | **3219** | |
| 武汉市辖区 | | | 1061 | 306 | 9 | 269 | 231 | 161 | 2341 | |
| 蔡甸区 | | | 124 | 139 | | 546 | | 3 | | |
| 江夏区 | 2 | 19 | 34 | 1512 | | 538 | | 40 | 248 | |
| 黄陂区 | 50 | | 80 | 340 | 14 | 162 | 136 | 126 | 630 | |
| 新洲区 | | | 120 | 126 | | 23 | | | | |
| **黄石市** | **16** | | **650** | **793** | **11** | **845** | **429** | **406** | **26** | |
| 黄石市辖区 | 1 | | 170 | 2 | | | 210 | | | |
| 大冶市 | 15 | | 335 | 356 | 11 | 155 | 219 | 231 | 26 | |
| 阳新县 | | | 145 | 435 | | 690 | | 175 | | |
| **十堰市** | **4** | | **19** | **297** | **50** | **258** | **260** | **508** | | |
| 十堰市辖区 | | | | 6 | | | | | | |
| 丹江口市 | | | 10 | 270 | 50 | 250 | | 500 | | |
| 郧　县 | | | | 20 | | 5 | 90 | | | |
| 郧西县 | | | 7 | 1 | | | | | | |
| 竹山县 | | | | | | | | | | |
| 竹溪县 | | | | | | | | | | |
| 房　县 | 4 | | 2 | | | 3 | 170 | 8 | | |
| **荆州市** | | **37** | **28894** | **1174** | **20** | **4285** | **50** | **813** | **4269** | **98** |
| 荆州市辖区 | | | 1554 | | | 1608 | 50 | 359 | 57 | 98 |
| 江陵县 | | | 1746 | | 5 | 94 | | | 17 | |
| 松滋市 | | | 451 | 44 | | 31 | | 51 | | |
| 公安县 | | | 671 | 95 | | 316 | | 293 | 138 | |
| 石首市 | | 33 | 78 | 120 | 10 | 117 | | | 310 | |
| 监利县 | | 2 | 15014 | 541 | | 856 | | 30 | | |
| 洪湖市 | | 2 | 9380 | 374 | 5 | 1263 | | 80 | 3747 | |
| **宜昌市** | | **1** | **407** | **117** | | **569** | | **241** | **225** | |
| 宜昌市辖区 | | | 1 | | | | | | 12 | |
| 夷陵区 | | | | | | | | | | |
| 宜都市 | | | 3 | | | | | 13 | 1 | |
| 枝江市 | | | | 4 | | | | 12 | | |
| 当阳市 | | | 350 | 20 | | | | 50 | | |
| 远安县 | | | 45 | 93 | | 569 | | 161 | 212 | |
| 兴山县 | | | 3 | | | | | 5 | | |
| 秭归县 | | | | | | | | | | |
| 长阳县 | | 1 | | | | | | | | |
| 五峰县 | | | 5 | | | | | | | |
| **襄樊市** | | | **357** | **1** | **2** | **484** | | **869** | **187** | |
| 襄樊市辖区 | | | | | | | | | 55 | |
| 老河口市 | | | 4 | | | | | | 89 | |
| 襄阳区 | | | 75 | | | | | 506 | | |
| 枣阳市 | | | 105 | | | 193 | | 254 | | |
| 宜城市 | | | 59 | 1 | 2 | 288 | | 109 | 3 | |
| 南漳县 | | | 35 | | | 3 | | | 40 | |
| 谷城县 | | | 14 | | | | | | | |
| 保康县 | | | 65 | | | | | | | |
| 农场小计 | | | | | | | | | | |
| **鄂州市** | | | **819** | **385** | | **1538** | | **2057** | | |

续表

| | 一、鱼类(续2) | | | | | | | | | |
|---|---|---|---|---|---|---|---|---|---|---|
| | 短盖巨脂鲤 | 长吻鮠 | 黄　鳝 | 鳜　鱼 | 鲈　鱼 | 乌　鳢 | 罗非鱼 | 白鱼鲴鱼 | 其它 | 观赏鱼(万条) |
| **荆门市** | | **10** | **3571** | **982** | | **1816** | **196** | **1202** | **50** | |
| 荆门市辖区 | | 10 | 349 | 95 | | 217 | 150 | 274 | | |
| 沙洋县 | | | 2631 | 447 | | 991 | 40 | 877 | | |
| 钟祥市 | | | 529 | 400 | | 468 | | 25 | 50 | |
| 京山县 | | | 62 | 40 | | 140 | 6 | 26 | | |
| 沙洋农场 | | | | | | | | | | |
| **孝感市** | | | **2347** | **594** | **65** | **1254** | **334** | **475** | **125** | |
| 孝感市辖区 | | | 451 | 210 | 15 | 511 | | 58 | | |
| 孝昌县 | | | 213 | | | 125 | | | | |
| 大悟县 | | | 28 | | | 5 | | 9 | | |
| 安陆市 | | | 295 | | | 50 | 58 | | | |
| 云梦县 | | | 333 | 42 | | 183 | 207 | 320 | | |
| 应城市 | | | 600 | 232 | 30 | 140 | 69 | 7 | 57 | |
| 汉川市 | | | 427 | 110 | 20 | 240 | | 81 | 68 | |
| **黄冈市** | | | **2377** | **1929** | **234** | **678** | **46** | **624** | **1250** | |
| 黄冈市辖区 | | | 26 | 50 | 105 | | | | | |
| 团风县 | | | 404 | 104 | 2 | 54 | | | | |
| 红安县 | | | 10 | 20 | | 40 | | | | |
| 麻城市 | | | 240 | 47 | | 110 | | 210 | 603 | |
| 罗田县 | | | 26 | 131 | | 12 | | 21 | 86 | |
| 英山县 | | | 29 | | | | 46 | 14 | 4 | |
| 浠水县 | | | 148 | 250 | 76 | 217 | | 13 | 226 | |
| 蕲春县 | | | 610 | 940 | | | | | | |
| 武穴市 | | | 344 | 69 | 1 | 47 | | 286 | 93 | |
| 黄梅县 | | | 540 | 318 | 50 | 198 | | 80 | 238 | |
| **咸宁市** | | | **868** | **474** | **40** | **803** | **813** | **375** | **799** | |
| 咸安区 | | | 77 | 2 | | 230 | | 42 | 10 | |
| 嘉鱼县 | | | 79 | 93 | | 154 | | | 598 | |
| 赤壁市 | | | 607 | 266 | | 311 | 592 | 178 | 53 | |
| 通城县 | | | 55 | | | | 2 | | | |
| 崇阳县 | | | 35 | 47 | | 59 | 159 | 90 | 138 | |
| 通山县 | | | 15 | 66 | 40 | 49 | 60 | 65 | | |
| **随州市** | | | **340** | | | **430** | | | | **448** |
| 曾都区 | | | 109 | | | 19 | | | | |
| 广水市 | | | 231 | | | 411 | | | | 448 |
| **恩施州** | | **1** | **5** | **1** | | | | | | |
| 恩施市 | | | | | | | | | | |
| 建始县 | | | | | | | | | | |
| 巴东县 | | 1 | | | | | | | | |
| 利川市 | | | | | | | | | | |
| 宣恩县 | | | 3 | 1 | | | | | | |
| 咸丰县 | | | | | | | | | | |
| 来凤县 | | | | | | | | | | |
| 鹤峰县 | | | 2 | | | | | | | |
| **仙桃市** | | | **4502** | **261** | | **1084** | | **552** | **611** | |
| **天门市** | | | **1502** | **478** | | | | | | |
| **潜江市** | | | **3252** | **99** | | **80** | | | | |
| **神农架林区** | | | | | | | | | | |

# 养殖产量(四)

单位:吨

| | 二、甲壳类 | | | | | | | 三、贝类 | | | | 四、其它类 | | | | |
|---|---|---|---|---|---|---|---|---|---|---|---|---|---|---|---|---|
| | 小计 | 虾 | | | | | 河蟹 | 小计 | 河蚌 | 螺 | 蚬 | 小计 | 龟 | 鳖 | 蛙 | 珍珠(公斤) |
| | | 小计 | 罗氏沼虾 | 青虾 | 克氏原螯虾 | 南美白对虾 | | | | | | | | | | |
| **全省合计** | **72** | **68** | **74329** | **10008** | **445** | **15662** | **2495** | **8452** | **10761** | **98** | | | | | | |
| **武汉市** | **52** | **19** | **1419** | **2423** | **23** | **1538** | **367** | **330** | **3219** | | | | | | | |
| 武汉市辖区 | | | 1061 | 306 | 9 | 269 | 231 | 161 | 2341 | | | | | | | |
| 蔡甸区 | | | 124 | 139 | | 546 | | 3 | | | | | | | | |
| 江夏区 | 2 | 19 | 34 | 1512 | | 538 | | 40 | 248 | | | | | | | |
| 黄陂区 | 50 | | 80 | 340 | 14 | 162 | 136 | 126 | 630 | | | | | | | |
| 新洲区 | | | 120 | 126 | | 23 | | | | | | | | | | |
| **黄石市** | **16** | | **650** | **793** | **11** | **845** | **429** | **406** | **26** | | | | | | | |
| 黄石市辖区 | 1 | | 170 | 2 | | | 210 | | | | | | | | | |
| 大冶市 | 15 | | 335 | 356 | 11 | 155 | 219 | 231 | 26 | | | | | | | |
| 阳新县 | | | 145 | 435 | | 690 | | 175 | | | | | | | | |
| **十堰市** | **4** | | **19** | **297** | **50** | **258** | **260** | **508** | | | | | | | | |
| 十堰市辖区 | | | | 6 | | | | | | | | | | | | |
| 丹江口市 | | | 10 | 270 | 50 | 250 | | 500 | | | | | | | | |
| 郧　县 | | | | 20 | | 5 | 90 | | | | | | | | | |
| 郧西县 | | | 7 | 1 | | | | | | | | | | | | |
| 竹山县 | | | | | | | | | | | | | | | | |
| 竹溪县 | | | | | | | | | | | | | | | | |
| 房　县 | 4 | | 2 | | | 3 | 170 | 8 | | | | | | | | |
| **荆州市** | | **37** | **28894** | **1174** | **20** | **4285** | **50** | **813** | **4269** | **98** | | | | | | |
| 荆州市辖区 | | | 1554 | | | 1608 | 50 | 359 | 57 | 98 | | | | | | |
| 江陵县 | | | 1746 | | 5 | 94 | | | 17 | | | | | | | |
| 松滋市 | | | 451 | 44 | | 31 | | 51 | | | | | | | | |
| 公安县 | | | 671 | 95 | | 316 | | 293 | 138 | | | | | | | |
| 石首市 | | 33 | 78 | 120 | 10 | 117 | | | 310 | | | | | | | |
| 监利县 | | 2 | 15014 | 541 | | 856 | | 30 | | | | | | | | |
| 洪湖市 | | 2 | 9380 | 374 | 5 | 1263 | | 80 | 3747 | | | | | | | |
| **宜昌市** | | **1** | **407** | **117** | | **569** | | **241** | **225** | | | | | | | |
| 宜昌市辖区 | | | 1 | | | | | | 12 | | | | | | | |
| 夷陵区 | | | | | | | | | | | | | | | | |
| 宜都市 | | | 3 | | | | | 13 | 1 | | | | | | | |
| 枝江市 | | | | 4 | | | | 12 | | | | | | | | |
| 当阳市 | | | 350 | 20 | | | | 50 | | | | | | | | |
| 远安县 | | | 45 | 93 | | 569 | | 161 | 212 | | | | | | | |
| 兴山县 | | | 3 | | | | | 5 | | | | | | | | |
| 秭归县 | | | | | | | | | | | | | | | | |
| 长阳县 | | 1 | | | | | | 1 | | | | | | | | |
| 五峰县 | | | 5 | | | | | | | | | | | | | |
| **襄樊市** | | | **357** | **1** | **2** | **484** | | **869** | **187** | | | | | | | |
| 襄樊市辖区 | | | | | | | | | 55 | | | | | | | |
| 老河口市 | | | 4 | | | | | | 89 | | | | | | | |
| 襄阳区 | | | 75 | | | | | 506 | | | | | | | | |
| 枣阳市 | | | 105 | | | 193 | | 254 | | | | | | | | |
| 宜城市 | | | 59 | 1 | 2 | 288 | | 109 | 3 | | | | | | | |
| 南漳县 | | | 35 | | | 3 | | | 40 | | | | | | | |
| 谷城县 | | | 14 | | | | | | | | | | | | | |
| 保康县 | | | 65 | | | | | | | | | | | | | |
| 农场小计 | | | | | | | | | | | | | | | | |
| **鄂州市** | | | **819** | **385** | | **1538** | | **2057** | | | | | | | | |

续表 单位:吨

| | 二、甲壳类 | | | | | | | 三、贝 类 | | | | 四、其它类 | | | | |
|---|---|---|---|---|---|---|---|---|---|---|---|---|---|---|---|---|
| | 小计 | 虾 | | | | | 河蟹 | 小计 | 河蚌 | 螺 | 蚬 | 小计 | 龟 | 鳖 | 蛙 | 珍珠（公斤） |
| | | 小计 | 罗氏沼虾 | 青虾 | 克氏原螯虾 | 南美白对虾 | | | | | | | | | | |
| **荆门市** | | **10** | **3571** | **982** | | **1816** | **196** | **1202** | **50** | | | | | | | |
| 荆门市辖区 | | 10 | 349 | 95 | | 217 | 150 | 274 | | | | | | | | |
| 沙洋县 | | | 2631 | 447 | | 991 | 40 | 877 | | | | | | | | |
| 钟祥市 | | | 529 | 400 | | 468 | | 25 | 50 | | | | | | | |
| 京山县 | | | 62 | 40 | | 140 | 6 | 26 | | | | | | | | |
| 沙洋农场 | | | | | | | | | | | | | | | | |
| **孝感市** | | | **2347** | **594** | **65** | **1254** | **334** | **475** | **125** | | | | | | | |
| 孝感市辖区 | | | 451 | 210 | 15 | 511 | | 58 | | | | | | | | |
| 孝昌县 | | | 213 | | | 125 | | | | | | | | | | |
| 大悟县 | | | 28 | | | 5 | | 9 | | | | | | | | |
| 安陆市 | | | 295 | | | 50 | 58 | | | | | | | | | |
| 云梦县 | | | 333 | 42 | | 183 | 207 | 320 | | | | | | | | |
| 应城市 | | | 600 | 232 | 30 | 140 | 69 | 7 | 57 | | | | | | | |
| 汉川市 | | | 427 | 110 | 20 | 240 | | 81 | 68 | | | | | | | |
| **黄冈市** | | | **2377** | **1929** | **234** | **678** | **46** | **624** | **1250** | | | | | | | |
| 黄冈市辖区 | | | 26 | 50 | 105 | | | | | | | | | | | |
| 团风县 | | | 404 | 104 | 2 | 54 | | | | | | | | | | |
| 红安县 | | | 10 | 20 | | 40 | | | | | | | | | | |
| 麻城市 | | | 240 | 47 | | 110 | | 210 | 603 | | | | | | | |
| 罗田县 | | | 26 | 131 | | 12 | | 21 | 86 | | | | | | | |
| 英山县 | | | 29 | | | | 46 | 14 | 4 | | | | | | | |
| 浠水县 | | | 148 | 250 | 76 | 217 | | 13 | 226 | | | | | | | |
| 蕲春县 | | | 610 | 940 | | | | | | | | | | | | |
| 武穴市 | | | 344 | 69 | 1 | 47 | | 286 | 93 | | | | | | | |
| 黄梅县 | | | 540 | 318 | 50 | 198 | | 80 | 238 | | | | | | | |
| **咸宁市** | | | **868** | **474** | **40** | **803** | **813** | **375** | **799** | | | | | | | |
| 咸安区 | | | 77 | 2 | | 230 | | 42 | 10 | | | | | | | |
| 嘉鱼县 | | | 79 | 93 | | 154 | | | 598 | | | | | | | |
| 赤壁市 | | | 607 | 266 | | 311 | 592 | 178 | 53 | | | | | | | |
| 通城县 | | | 55 | | | | 2 | | | | | | | | | |
| 崇阳县 | | | 35 | 47 | | 59 | 159 | 90 | 138 | | | | | | | |
| 通山县 | | | 15 | 66 | 40 | 49 | 60 | 65 | | | | | | | | |
| **随州市** | | | **340** | | | **430** | | | | **448** | | | | | | |
| 曾都区 | | | 109 | | | 19 | | | | | | | | | | |
| 广水市 | | | 231 | | | 411 | | | | 448 | | | | | | |
| **恩施州** | | **1** | **5** | **1** | | | | | | | | | | | | |
| 恩施市 | | | | | | | | | | | | | | | | |
| 建始县 | | | | | | | | | | | | | | | | |
| 巴东县 | | 1 | | | | | | | | | | | | | | |
| 利川市 | | | | | | | | | | | | | | | | |
| 宣恩县 | | | 3 | 1 | | | | | | | | | | | | |
| 咸丰县 | | | | | | | | | | | | | | | | |
| 来凤县 | | | | | | | | | | | | | | | | |
| 鹤峰县 | | | 2 | | | | | | | | | | | | | |
| **仙桃市** | | | **4502** | **261** | | **1084** | | **552** | **611** | | | | | | | |
| **天门市** | | | **1502** | **478** | | | | | | | | | | | | |
| **潜江市** | | | **3252** | **99** | | **80** | | | | | | | | | | |
| **神农架林区** | | | | | | | | | | | | | | | | |

# 主要名特优水产品养殖面积(一)

面积:公顷;温室面积:平方米

| | 龟 | | 鳖 | | 河蟹 | 鳜鱼 | 青虾 | 蛙 | 珍珠 |
|---|---|---|---|---|---|---|---|---|---|
| | 小计 | #温室 | 小计 | #温室 | | | | | |
| **全省合计** | **625** | **70880** | **14653** | **958200** | **148614** | **53371** | **32539** | **884** | **12565** |
| **武汉市** | **35** | **10780** | **213** | **72580** | **35826** | **7888** | **5025** | **17** | **287** |
| 武汉市辖区 | 31 | 8280 | 131 | 32600 | 1812 | 541 | 85 | 17 | 214 |
| 蔡甸区 | | | 44 | 19980 | 4833 | 437 | 2413 | | 33 |
| 江夏区 | 4 | 2500 | 26 | 20000 | 20067 | 4333 | 1667 | | 40 |
| 黄陂区 | | | 7 | | 4800 | 2500 | 860 | | |
| 新洲区 | | | 5 | | 4314 | 77 | | | |
| **黄石市** | **15** | | **28** | **8380** | **15608** | **6402** | **3950** | **16** | **1150** |
| 黄石市辖区 | 13 | | 18 | 2880 | 175 | 2 | | | |
| 大冶市 | 2 | | 10 | 5500 | 6100 | 2400 | 2950 | 1 | 150 |
| 阳新县 | | | | | 9333 | 4000 | 1000 | 15 | 1000 |
| **十堰市** | | | **3** | **500** | **200** | **3** | | | |
| 十堰市辖区 | | | | | | 1 | | | |
| 丹江口市 | | | 2 | | | 2 | | | |
| 郧　县 | | | | | 200 | | | | |
| 郧西县 | | | | | | | | | |
| 竹山县 | | | | | | | | | |
| 竹溪县 | | | | | | | | | |
| 房　县 | | | 1 | 500 | | | | | |
| **荆州市** | **138** | **47300** | **1143** | **282040** | **45271** | **17523** | **6386** | **12** | **6026** |
| 荆州市辖区 | 25 | 19500 | 218 | 140000 | 12114 | | | 1 | 45 |
| 江陵县 | 7 | | 69 | 1500 | 297 | | 13 | | 340 |
| 松滋市 | | | | | 667 | 13 | | | 200 |
| 公安县 | | | 176 | 3510 | 640 | 50 | 16 | 1 | 1212 |
| 石首市 | 33 | 20000 | 250 | 100000 | 4000 | 200 | 667 | | 4000 |
| 监利县 | 73 | 7800 | 430 | 37030 | 12553 | 3260 | 5690 | 9 | 229 |
| 洪湖市 | | | | | 15000 | 14000 | | 1 | |
| **宜昌市** | | | **17** | **10000** | | **210** | | | |
| 宜昌市辖区 | | | | | | | | | |
| 夷陵区 | | | | | | | | | |
| 宜都市 | | | 3 | | | | | | |
| 枝江市 | | | 4 | 10000 | | 50 | | | |
| 当阳市 | | | 10 | | | 160 | | | |
| 远安县 | | | | | | | | | |
| 兴山县 | | | | | | | | | |
| 秭归县 | | | | | | | | | |
| 长阳县 | | | | | | | | | |
| 五峰县 | | | | | | | | | |
| **襄樊市** | **10** | | **63** | **7580** | **1242** | **43** | **2065** | **3** | **36** |
| 襄樊市辖区 | | | | | | | 50 | | |
| 老河口市 | | | | | 15 | 20 | 10 | | |
| 襄阳区 | | | 20 | 480 | 286 | 9 | 400 | | |
| 枣阳市 | | | 13 | | 939 | 14 | 1600 | 3 | |
| 宜城市 | | | 30 | 7100 | | | | | 36 |
| 南漳县 | 10 | | | | | | 5 | | |
| 谷城县 | | | | | 2 | | | | |
| 保康县 | | | | | | | | | |
| 农场小计 | | | | | | | | | |
| **鄂州市** | **20** | | **41** | | **10800** | **531** | **667** | **550** | **3733** |

续表

面积:公顷;温室面积:平方米

| | 龟 | | 鳖 | | 河蟹 | 鳜鱼 | 青虾 | 蛙 | 珍珠 |
|---|---|---|---|---|---|---|---|---|---|
| | 小计 | #温室 | 小计 | #温室 | | | | | |
| **荆门市** | **161** | **9750** | **568** | **125980** | **803** | **218** | **155** | **42** | **53** |
| 荆门市辖区 | 13 | 550 | 21 | 7460 | 14 | 21 | | 1 | |
| 沙洋县 | 7 | 5000 | 295 | 52700 | 751 | 99 | 107 | 35 | 53 |
| 钟祥市 | 8 | 3000 | 68 | 38620 | 10 | 89 | 11 | | |
| 京山县 | 133 | 1200 | 184 | 27200 | 28 | 9 | 37 | 6 | |
| 沙洋农场 | | | | | | | | | |
| **孝感市** | **8** | | **555** | **51300** | **13824** | **9659** | **6** | **10** | |
| 孝感市辖区 | | | 167 | 25000 | 3067 | 2800 | | | |
| 孝昌县 | | | | | 6 | | | | |
| 大悟县 | 8 | | | | | | | | |
| 安陆市 | | | | | 334 | | | | |
| 云梦县 | | | 10 | | 25 | 200 | | | |
| 应城市 | | | 378 | 26300 | 3725 | 2659 | 6 | 10 | |
| 汉川市 | | | | | 6667 | 4000 | | | |
| **黄冈市** | **21** | **1350** | **92** | **3740** | **7743** | **8289** | **7528** | **173** | **1133** |
| 黄冈市辖区 | | | | | 500 | 300 | | 5 | 133 |
| 团风县 | 1 | 130 | 2 | 150 | 333 | 110 | 30 | | |
| 红安县 | 13 | | 33 | | | 10 | 20 | 10 | |
| 麻城市 | | | 10 | 200 | | 77 | | 50 | |
| 罗田县 | 1 | 200 | 18 | 1300 | 20 | 400 | 6 | 4 | |
| 英山县 | 1 | | 3 | | 1 | | 2 | 5 | |
| 浠水县 | 3 | 420 | 8 | 610 | 1407 | 1872 | 4820 | 9 | 300 |
| 蕲春县 | | | | | 1815 | 3340 | | 10 | 200 |
| 武穴市 | 2 | 600 | 2 | 1200 | 1667 | 80 | 150 | | 400 |
| 黄梅县 | | | 16 | 280 | 2000 | 2100 | 2500 | 80 | 100 |
| **咸宁市** | | | **8** | **200** | **10202** | **1584** | **1775** | **3** | **47** |
| 咸安区 | | | 3 | | 3000 | 100 | | | |
| 嘉鱼县 | | | | | 4200 | 334 | 350 | | |
| 赤壁市 | | | 5 | 200 | 3000 | 1000 | 20 | | 47 |
| 通城县 | | | | | | | | 1 | |
| 崇阳县 | | | | | 2 | 50 | 105 | 2 | |
| 通山县 | | | | | | 100 | 1300 | | |
| **随州市** | **200** | **200** | **11700** | **11700** | **1312** | | **3800** | **3** | |
| 曾都区 | 200 | 200 | 3200 | 3200 | 1112 | | 466 | 3 | |
| 广水市 | | | 8500 | 8500 | 200 | | 3334 | | |
| **恩施州** | | | | | | | | | |
| 恩施市 | | | | | | | | | |
| 建始县 | | | | | | | | | |
| 巴东县 | | | | | | | | | |
| 利川市 | | | | | | | | | |
| 宣恩县 | | | | | | | | | |
| 咸丰县 | | | | | | | | | |
| 来凤县 | | | | | | | | | |
| 鹤峰县 | | | | | | | | | |
| **仙桃市** | **15** | **500** | **200** | **13000** | **3200** | **668** | **680** | **55** | **100** |
| **天门市** | | | | **366300** | **2283** | **268** | **502** | | |
| **潜江市** | **2** | **1000** | **22** | **4900** | **300** | **85** | | | |
| **神农架林区** | | | | | | | | | |

# 主要名特优水产品养殖面积(二)

面积:公顷

| | 银鱼 | 黄颡鱼 | 鳝鱼 | 泥鳅 | 鲶鱼 | 鮰鱼 | 鲟鱼 | 罗非鱼 | 长吻鮠 | 其它 |
|---|---|---|---|---|---|---|---|---|---|---|
| **全省合计** | **62783** | **48217** | **9474** | **3276** | **12608** | **3958** | **253** | **1043** | **29** | **22597** |
| **武汉市** | | **14747** | **77** | **1025** | **2944** | **460** | **42** | **131** | **12** | **227** |
| 武汉市辖区 | | 1620 | 60 | 51 | 630 | 59 | | 95 | | 227 |
| 蔡甸区 | | 2426 | 5 | 259 | 207 | 133 | | | | |
| 江夏区 | | 3067 | | | 1680 | 267 | | | 12 | |
| 黄陂区 | | 2300 | 3 | 670 | 427 | 1 | | 36 | | |
| 新洲区 | | 5334 | 9 | 45 | | | 42 | | | |
| **黄石市** | **3333** | **6008** | **243** | **45** | **310** | **516** | | **15** | | |
| 黄石市辖区 | | 8 | 3 | 10 | | 3 | | 9 | | |
| 大冶市 | | 1800 | 140 | 12 | 110 | 180 | | 6 | | |
| 阳新县 | 3333 | 4200 | 100 | 23 | 200 | 333 | | | | |
| **十堰市** | **27450** | **3** | **22** | **1** | **8** | **5** | | **14** | | |
| 十堰市辖区 | | | | | 1 | | | | | |
| 丹江口市 | 24667 | 2 | 3 | | 5 | 5 | | | | |
| 郧　县 | 2000 | | | | | | | 4 | | |
| 郧西县 | 733 | 1 | 18 | | | | | | | |
| 竹山县 | | | | | | | | | | |
| 竹溪县 | | | | | | | | | | |
| 房　县 | 50 | | 1 | 1 | 2 | | | 10 | | |
| **荆州市** | | **2562** | **3095** | **95** | **265** | **74** | **10** | **10** | **7** | |
| 荆州市辖区 | | 660 | 115 | 3 | 3 | 50 | 5 | 10 | | |
| 江陵县 | | 38 | 590 | 8 | 78 | | | | | |
| 松滋市 | | | 33 | | 3 | | | | | |
| 公安县 | | 357 | 96 | 11 | 40 | 10 | | | | |
| 石首市 | | 333 | 40 | 6 | 10 | | | | 6 | |
| 监利县 | | 1174 | 2221 | 67 | 131 | 14 | 5 | | 1 | |
| 洪湖市 | | | | | | | | | | |
| **宜昌市** | **7460** | **1368** | **60** | | **1163** | **283** | **34** | **2** | | |
| 宜昌市辖区 | 10 | | | | | | | | | |
| 夷陵区 | | | 2 | | 10 | | | | | |
| 宜都市 | | | | | 1 | 12 | 1 | | | |
| 枝江市 | | 70 | 45 | | 2 | 70 | 20 | | | |
| 当阳市 | 250 | 1290 | 10 | | 1140 | 167 | 11 | | | |
| 远安县 | | 8 | 3 | | 10 | 19 | 2 | 2 | | |
| 兴山县 | | | | | | | | | | |
| 秭归县 | | | | | | | | | | |
| 长阳县 | 7200 | | | | | 15 | | | | |
| 五峰县 | | | | | | | | | | |
| **襄樊市** | **8116** | **583** | **35** | **12** | **610** | **148** | **1** | | | **7** |
| 襄樊市辖区 | | | 2 | 1 | | | | | | |
| 老河口市 | 3336 | 500 | 10 | 8 | 420 | 50 | 1 | | | 7 |
| 襄阳区 | 200 | 30 | 1 | 1 | 30 | 65 | | | | |
| 枣阳市 | 3400 | 35 | | 2 | 150 | 20 | | | | |
| 宜城市 | 580 | 5 | 8 | | 10 | | | | | |
| 南漳县 | 500 | 8 | 14 | | | | | | | |
| 谷城县 | 100 | 5 | | | | 13 | | | | |
| 保康县 | | | | | | | | | | |
| 农场小计 | | | | | | | | | | |
| **鄂州市** | | **5338** | **667** | **1200** | **110** | | | | | **6560** |

续表 面积:公顷

| | 银鱼 | 黄颡鱼 | 鳝鱼 | 泥鳅 | 鲶鱼 | 鲴鱼 | 鲟鱼 | 罗非鱼 | 长吻鮠 | 其它 |
|---|---|---|---|---|---|---|---|---|---|---|
| **荆门市** | **1807** | **300** | **794** | **97** | **178** | **314** | **26** | **33** | **10** | **15791** |
| 荆门市辖区 | 474 | 11 | 78 | 14 | 16 | 22 | 1 | 25 | 10 | 3697 |
| 沙洋县 | 456 | 154 | 585 | 68 | 67 | 31 | | 7 | 3341 | |
| 钟祥市 | | 132 | 118 | 10 | 88 | 257 | | | | 5441 |
| 京山县 | 877 | 3 | 14 | 6 | 7 | 4 | 25 | 1 | ]2312 | |
| 沙洋农场 | | | | | | | | | 1000 | |
| **孝感市** | | **7097** | **786** | **183** | **2216** | **193** | | **289** | | |
| 孝感市辖区 | | 2000 | 167 | 3 | 1000 | | | | | |
| 孝昌县 | | | 10 | 18 | | | | | | |
| 大悟县 | | 7 | 6 | 133 | 13 | | | | | |
| 安陆市 | | 1000 | 14 | 10 | 103 | 147 | | 20 | | |
| 云梦县 | | 1520 | 60 | | 120 | 40 | | 250 | | |
| 应城市 | | 570 | 196 | 19 | 313 | 6 | | 19 | | |
| 汉川市 | | 2000 | 333 | | 667 | | | | | |
| **黄冈市** | | **7831** | **569** | **226** | **4376** | **460** | **130** | **44** | | |
| 黄冈市辖区 | | 300 | 30 | 30 | 150 | | | 10 | | |
| 团风县 | | 442 | 100 | 20 | 1920 | 30 | | | | |
| 红安县 | | 50 | 50 | 18 | 40 | | 20 | | | |
| 麻城市 | | 75 | 30 | 45 | 300 | 22 | 80 | | | |
| 罗田县 | | | 3 | 5 | 15 | | | | | |
| 英山县 | | | 6 | 8 | 15 | | | 6 | | |
| 浠水县 | | 664 | 79 | 20 | 169 | 286 | | 18 | | |
| 蕲春县 | | 3000 | 134 | 30 | 67 | | 30 | | | |
| 武穴市 | | 500 | 67 | | | 2 | | | | |
| 黄梅县 | | 2800 | 70 | 50 | 1700 | 120 | | 10 | | |
| **咸宁市** | **9717** | **1156** | **406** | **113** | **128** | **1004** | | **505** | | |
| 咸安区 | 150 | 600 | 10 | 2 | | | | | | |
| 嘉鱼县 | | 334 | 67 | | | 800 | | | | |
| 赤壁市 | 2800 | 67 | 27 | 10 | 28 | 2 | | 90 | | |
| 通城县 | 200 | | 200 | | | | | | | |
| 崇阳县 | 1067 | 55 | 2 | 1 | | 2 | | 115 | | |
| 通山县 | 5500 | 100 | 100 | 100 | 100 | 200 | | 300 | | |
| **随州市** | **4900** | **18** | **69** | **201** | **215** | | | | | |
| 曾都区 | 367 | 8 | 57 | 141 | 215 | | | | | |
| 广水市 | 4533 | 10 | 12 | 60 | | | | | | |
| **恩施州** | | | | | | | | | | |
| 恩施市 | | | | | | | | | | |
| 建始县 | | | | | | | | | | |
| 巴东县 | | | | | | | | | | |
| 利川市 | | | | | | | | | | |
| 宣恩县 | | | | | | | | | | |
| 咸丰县 | | | | | | | | | | |
| 来凤县 | | | | | | | | | | |
| 鹤峰县 | | | | | | | | | | |
| **仙桃市** | | **670** | **1070** | **68** | **55** | **350** | **10** | | | |
| **天门市** | | **511** | **81** | | | **136** | | | | |
| **潜江市** | | **25** | **1500** | **10** | **30** | **15** | | | | |
| **神农架林区** | | | | | | | | | | |

# 渔业船舶拥有量(一)

| | 机动渔船合计 | | | | | | | | | | | | | | |
|---|---|---|---|---|---|---|---|---|---|---|---|---|---|---|---|
| | 艘 | 总吨 | 千瓦 | 机动渔船中:生产渔船小计 | | | | | | | | | | | |
| | | | | 艘 | 总吨 | 千瓦 | 生产渔船中、捕捞渔船小计 | | | | | | | | |
| | | | | | | | 艘 | 总吨 | 千瓦 | 45千瓦(61马力)以上 | | | 44千瓦(60马力)以上 | | |
| | | | | | | | | | | 艘 | 总吨 | 千瓦 | 艘 | 总吨 | 千瓦 |
| **全省合计** | **30091** | **66498** | **149833** | **28213** | **61051** | **138555** | **10820** | **28305** | **78202** | **22** | **393** | **923** | **10798** | **27912** | **77279** |
| **武汉市** | **916** | **1924** | **5924** | **736** | **1551** | **4771** | **245** | **667** | **1355** | **4** | **90** | **267** | **241** | **577** | **1088** |
| 武汉市辖区 | 152 | 377 | 1187 | 149 | 362 | 1093 | 80 | 297 | 767 | 4 | 90 | 267 | 76 | 207 | 500 |
| 蔡甸区 | 136 | 278 | 1523 | 135 | 270 | 1488 | | | | | | | | | |
| 江夏区 | 413 | 806 | 2132 | 384 | 743 | 1972 | 100 | 200 | 400 | | | | 100 | 200 | 400 |
| 黄陂区 | 150 | 293 | 894 | 3 | 6 | 30 | | | | | | | | | |
| 新洲区 | 65 | 170 | 188 | 65 | 170 | 188 | 65 | 170 | 188 | | | | 65 | 170 | 188 |
| **黄石市** | **408** | **1421** | **2862** | **356** | **1342** | **2365** | **288** | **1110** | **2011** | **10** | **27** | **235** | **278** | **1083** | **1776** |
| 黄石市辖区 | 38 | 108 | 343 | 38 | 108 | 343 | 25 | 69 | 319 | 10 | 27 | 235 | 15 | 42 | 84 |
| 大冶市 | 48 | 198 | 530 | 39 | 170 | 402 | 27 | 106 | 296 | | | | 27 | 106 | 296 |
| 阳新县 | 322 | 1115 | 1989 | 279 | 1064 | 1620 | 236 | 935 | 1396 | | | | 236 | 935 | 1396 |
| **十堰市** | **2367** | **8898** | **23456** | **2293** | **8103** | **22244** | **1797** | **5084** | **17538** | | | | **1797** | **5084** | **17538** |
| 十堰市辖区 | 12 | 44 | 78 | 8 | 32 | 36 | 4 | 20 | 20 | | | | 4 | 20 | 20 |
| 丹江口市 | 1790 | 3870 | 18150 | 1740 | 3500 | 17400 | 1300 | 1000 | 13200 | | | | 1300 | 1000 | 13200 |
| 郧　县 | 530 | 4913 | 4940 | 510 | 4500 | 4520 | 465 | 4000 | 4030 | | | | 465 | 4000 | 4030 |
| 郧西县 | 30 | 53 | 253 | 30 | 53 | 253 | 23 | 46 | 253 | | | | 23 | 46 | 253 |
| 竹山县 | | | | | | | | | | | | | | | |
| 竹溪县 | | | | | | | | | | | | | | | |
| 房　县 | 5 | 18 | 35 | 5 | 18 | 35 | 5 | 18 | 35 | | | | 5 | 18 | 35 |
| **荆州市** | **21433** | **36420** | **103710** | **19965** | **31122** | **92767** | **4038** | **5985** | **31168** | **6** | **196** | **300** | **4032** | **5789** | **30868** |
| 荆州市辖区 | | | | | | | | | | | | | | | |
| 江陵县 | 55 | 55 | 198 | 55 | 55 | 198 | 55 | 55 | 198 | | | | 55 | 55 | 198 |
| 松滋市 | 117 | 140 | 440 | 109 | 109 | 400 | 109 | 109 | 400 | | | | 109 | 109 | 400 |
| 公安县 | 206 | 401 | 731 | 206 | 401 | 731 | 164 | 317 | 581 | | | | 164 | 317 | 581 |
| 石首市 | 766 | 1446 | 5018 | 417 | 764 | 4282 | 300 | 524 | 1320 | 6 | 196 | 300 | 294 | 328 | 1020 |
| 监利县 | 5619 | 5598 | 27735 | 5608 | 5543 | 27476 | 1560 | 2120 | 9989 | | | | 1560 | 2120 | 9989 |
| 洪湖市 | 14670 | 28780 | 69588 | 13570 | 24250 | 59680 | 1850 | 2860 | 18680 | | | | 1850 | 2860 | 18680 |
| **宜昌市** | **1260** | **2108** | **7008** | **1255** | **2007** | **6582** | **1191** | **1939** | **6072** | **2** | **80** | **121** | **1189** | **1859** | **5951** |
| 宜昌市辖区 | 291 | 447 | 1513 | 288 | 367 | 1172 | 288 | 367 | 1172 | 2 | 80 | 121 | 286 | 287 | 1051 |
| 夷陵区 | 268 | 322 | 1608 | 268 | 322 | 1608 | 268 | 322 | 1608 | | | | 268 | 322 | 1608 |
| 宜都市 | 143 | 248 | 397 | 142 | 244 | 370 | 142 | 244 | 370 | | | | 142 | 244 | 370 |
| 枝江市 | 127 | 143 | 562 | 126 | 126 | 504 | 126 | 126 | 504 | | | | 126 | 126 | 504 |
| 当阳市 | 54 | 46 | 472 | 54 | 46 | 472 | | | | | | | | | |
| 远安县 | | | | | | | | | | | | | | | |
| 兴山县 | | | | | | | | | | | | | | | |
| 秭归县 | 351 | 712 | 1824 | 351 | 712 | 1824 | 341 | 690 | 1786 | | | | 341 | 690 | 1786 |
| 长阳县 | 26 | 190 | 632 | 26 | 190 | 632 | 26 | 190 | 632 | | | | 26 | 190 | 632 |
| 五峰县 | | | | | | | | | | | | | | | |
| **襄樊市** | **711** | **1656** | **5464** | **636** | **1506** | **5010** | **447** | **1082** | **3640** | **20** | **27** | **160** | **427** | **1055** | **3480** |
| 襄樊市辖区 | 43 | 58 | 346 | 43 | 58 | 346 | 20 | 27 | 160 | 20 | 27 | 160 | | | |
| 老河口市 | 33 | 80 | 342 | 30 | 75 | 266 | 20 | 50 | 178 | | | | 20 | 50 | 178 |
| 襄阳区 | 47 | 84 | 720 | 43 | 79 | 647 | 12 | 25 | 245 | | | | 12 | 25 | 245 |
| 枣阳市 | 83 | 172 | 499 | 49 | 102 | 339 | 9 | 22 | 103 | | | | 9 | 22 | 103 |
| 宜城市 | 96 | 224 | 438 | 96 | 224 | 438 | 74 | 160 | 350 | | | | 74 | 160 | 350 |
| 南漳县 | 28 | 64 | 197 | 26 | 60 | 180 | 13 | 30 | 90 | | | | 13 | 30 | 90 |
| 谷城县 | 381 | 974 | 2922 | 349 | 908 | 2794 | 299 | 768 | 2514 | | | | 299 | 768 | 2514 |
| 保康县 | | | | | | | | | | | | | | | |
| 农场小计 | | | | | | | | | | | | | | | |
| **鄂州市** | **294** | **494** | **1372** | **264** | **435** | **1141** | **234** | **376** | **910** | | | | **234** | **376** | **910** |

续表

| | 机动渔船合计 | | | | | | | | | | | | | | |
|---|---|---|---|---|---|---|---|---|---|---|---|---|---|---|---|
| | | | | 机动渔船中:生产渔船小计 | | | | | | | | | | | |
| | | | | | | | 生产渔船中、捕捞渔船小计 | | | | | | | | |
| | | | | | | | | | | 45千瓦(61马力)以上 | | | 44千瓦(60马力)以上 | | |
| | 艘 | 总吨 | 千瓦 | 艘 | 总吨 | 千瓦 | 艘 | 总吨 | 千瓦 | 艘 | 总吨 | 千瓦 | 艘 | 总吨 | 千瓦 |
| **荆门市** | **594** | **1266** | **3376** | **562** | **1232** | **3064** | **376** | **775** | **2111** | | | | **376** | **775** | **2111** |
| 荆门市辖区 | 3 | 3 | 103 | | | | | | | | | | | | |
| 沙洋县 | 362 | 899 | 1879 | 335 | 872 | 1683 | 230 | 540 | 1097 | | | | 230 | 540 | 1097 |
| 钟祥市 | 155 | 182 | 759 | 153 | 178 | 746 | 101 | 113 | 445 | | | | 101 | 113 | 445 |
| 京山县 | 74 | 182 | 635 | 74 | 182 | 635 | 45 | 122 | 569 | | | | 45 | 122 | 569 |
| 沙洋农场 | | | | | | | | | | | | | | | |
| **孝感市** | **797** | **836** | **10716** | **615** | **690** | **8146** | **615** | **690** | **8146** | | | | **615** | **690** | **8146** |
| 孝感市辖区 | 5 | 8 | 44 | 4 | 7 | 26 | 4 | 7 | 26 | | | | 4 | 7 | 26 |
| 孝昌县 | 32 | 51 | 96 | 32 | 51 | 96 | 32 | 51 | 96 | | | | 32 | 51 | 96 |
| 大悟县 | 7 | 19 | 53 | 6 | 18 | 46 | 6 | 18 | 46 | | | | 6 | 18 | 46 |
| 安陆市 | 7 | 22 | 45 | 7 | 22 | 45 | 7 | 22 | 45 | | | | 7 | 22 | 45 |
| 云梦县 | 157 | 206 | 3060 | 157 | 206 | 3060 | 157 | 206 | 3060 | | | | 157 | 206 | 3060 |
| 应城市 | 65 | 34 | 525 | 50 | 19 | 395 | 50 | 19 | 395 | | | | 50 | 19 | 395 |
| 汉川市 | 524 | 496 | 6893 | 359 | 367 | 4478 | 359 | 367 | 4478 | | | | 359 | 367 | 4478 |
| **黄冈市** | **1823** | **2991** | **13368** | **1710** | **2871** | **12851** | **1394** | **2208** | **10863** | **18** | **114** | **152** | **1376** | **2094** | **10711** |
| 黄冈市辖区 | 114 | 109 | 952 | 114 | 109 | 952 | 34 | 33 | 284 | | | | 34 | 33 | 284 |
| 团风县 | 100 | 484 | 657 | 93 | 472 | 574 | 45 | 259 | 336 | 18 | 114 | 152 | 27 | 145 | 184 |
| 红安县 | 5 | 25 | 74 | 5 | 25 | 74 | | | | | | | | | |
| 麻城市 | 21 | 85 | 272 | 21 | 85 | 272 | 21 | 85 | 272 | | | | 21 | 85 | 272 |
| 罗田县 | | | | | | | | | | | | | | | |
| 英山县 | 9 | 18 | 72 | 9 | 18 | 72 | 9 | 18 | 72 | | | | 9 | 18 | 72 |
| 浠水县 | 337 | 627 | 1649 | 332 | 607 | 1624 | 180 | 325 | 856 | | | | 180 | 325 | 856 |
| 蕲春县 | 106 | 84 | 359 | 11 | 8 | 10 | | | | | | | | | |
| 武穴市 | 42 | 103 | 433 | 36 | 91 | 373 | 16 | 32 | 143 | | | | 16 | 32 | 143 |
| 黄梅县 | 1089 | 1456 | 8900 | 1089 | 1456 | 8900 | 1089 | 1456 | 8900 | | | | 1089 | 1456 | 8900 |
| **咸宁市** | **1537** | **2557** | **5547** | **1533** | **2545** | **5493** | **610** | **1295** | **2700** | | | | **610** | **1295** | **2700** |
| 咸安区 | 110 | 303 | 850 | 110 | 303 | 850 | 5 | 13 | 35 | | | | 5 | 13 | 35 |
| 嘉鱼县 | 1157 | 1582 | 3396 | 1157 | 1582 | 3396 | 469 | 1032 | 2071 | | | | 469 | 1032 | 2071 |
| 赤壁市 | 137 | 428 | 698 | 134 | 418 | 673 | 4 | 8 | 20 | | | | 4 | 8 | 20 |
| 通城县 | 8 | 14 | 43 | 8 | 14 | 43 | 8 | 14 | 43 | | | | 8 | 14 | 43 |
| 崇阳县 | 101 | 152 | 507 | 100 | 150 | 478 | 100 | 150 | 478 | | | | 100 | 150 | 478 |
| 通山县 | 24 | 78 | 53 | 24 | 78 | 53 | 24 | 78 | 53 | | | | 24 | 78 | 53 |
| **随州市** | **80** | **393** | **904** | **78** | **330** | **874** | **40** | **140** | **74** | | | | **28** | **140** | **74** |
| 曾都区 | 28 | 140 | 74 | 56 | 240 | 74 | 28 | 100 | 54 | | | | 28 | 100 | 54 |
| 广水市 | 52 | 253 | 830 | 22 | 90 | 800 | 12 | 40 | 20 | | | | 12 | 40 | 20 |
| **恩施州** | **75** | **700** | **300** | **75** | **700** | **300** | **75** | **700** | **300** | | | | **75** | **700** | **300** |
| 恩施市 | | | | | | | | | | | | | | | |
| 建始县 | | | | | | | | | | | | | | | |
| 巴东县 | 75 | 700 | 300 | 75 | 700 | 300 | 75 | 700 | 300 | | | | 75 | 700 | 300 |
| 利川市 | | | | | | | | | | | | | | | |
| 宣恩县 | | | | | | | | | | | | | | | |
| 咸丰县 | | | | | | | | | | | | | | | |
| 来凤县 | | | | | | | | | | | | | | | |
| 鹤峰县 | | | | | | | | | | | | | | | |
| **仙桃市** | **258** | **466** | **1257** | **123** | **221** | **680** | **74** | **133** | **400** | | | | **74** | **133** | **400** |
| **天门市** | **129** | **154** | **532** | **102** | **122** | **262** | **42** | **80** | **262** | | | | **42** | **80** | **262** |
| **潜江市** | **203** | **475** | **462** | **203** | **475** | **462** | **203** | **475** | **462** | | | | **203** | **475** | **462** |
| **神农架林区** | | | | | | | | | | | | | | | |

# 渔业船舶拥有量(二)

| | 机动渔船中:辅助渔船 | | | | | | | | | 非机动渔船合计 | |
|---|---|---|---|---|---|---|---|---|---|---|---|
| | 艘 | 总吨 | 千瓦 | 其中:捕捞辅助船 | | | 其中:渔业执法船 | | | 艘 | 总吨 |
| | | | | 艘 | 总吨 | 千瓦 | 艘 | 总吨 | 千瓦 | | |
| **全省合计** | **1878** | **5447** | **11278** | **1819** | **5043** | **9625** | **59** | **404** | **1653** | **59564** | **46250** |
| **武汉市** | **180** | **373** | **1153** | **176** | **350** | **1024** | **4** | **23** | **129** | **13588** | **9350** |
| 武汉市辖区 | 3 | 15 | 94 | | | | 3 | 15 | 94 | 5070 | 3469 |
| 蔡甸区 | 29 | 63 | 160 | 29 | 63 | 160 | | | | 2025 | 2769 |
| 江夏区 | | | | | | | | | | 4058 | 1502 |
| 黄陂区 | 147 | 287 | 864 | 147 | 287 | 864 | | | | 815 | 800 |
| 新洲区 | 1 | 8 | 35 | | | | 1 | 8 | 35 | 1620 | 810 |
| **黄石市** | **52** | **79** | **497** | **51** | **73** | **422** | **1** | **6** | **75** | **3734** | **2043** |
| 黄石市辖区 | | | | | | | | | | 100 | 96 |
| 大冶市 | 9 | 28 | 128 | 9 | 28 | 128 | | | | 2404 | 1202 |
| 阳新县 | 43 | 51 | 369 | 42 | 45 | 294 | 1 | 6 | 75 | 1230 | 745 |
| **十堰市** | **74** | **795** | **1212** | **49** | **582** | **607** | **25** | **213** | **605** | **1169** | **3256** |
| 十堰市辖区 | 4 | 12 | 42 | 4 | 12 | 42 | | | | 35 | 19 |
| 丹江口市 | 50 | 370 | 750 | 30 | 270 | 300 | 20 | 100 | 450 | 850 | 2500 |
| 郧　县 | 20 | 413 | 420 | 15 | 300 | 265 | 5 | 113 | 155 | 172 | 625 |
| 郧西县 | | | | | | | | | | | |
| 竹山县 | | | | | | | | | | 112 | 112 |
| 竹溪县 | | | | | | | | | | | |
| 房　县 | | | | | | | | | | | |
| **荆州市** | **1468** | **5298** | **10943** | **1464** | **5251** | **10797** | **4** | **47** | **146** | **71195** | **43928** |
| 荆州市辖区 | | | | | | | | | | | |
| 江陵县 | | | | | | | | | | | |
| 松滋市 | 8 | 31 | 40 | 8 | 31 | 40 | | | | | |
| 公安县 | | | | | | | | | | | |
| 石首市 | 349 | 682 | 736 | 348 | 670 | 707 | 1 | 12 | 29 | 720 | 918 |
| 监利县 | 11 | 55 | 259 | 10 | 50 | 200 | 1 | 5 | 59 | 4625 | 4320 |
| 洪湖市 | 1100 | 4530 | 9908 | 1098 | 4500 | 9850 | 2 | 30 | 58 | 65850 | 38690 |
| **宜昌市** | **5** | **101** | **426** | | | | **5** | **101** | **426** | **3322** | **2383** |
| 宜昌市辖区 | 3 | 80 | 341 | | | | 3 | 80 | 341 | 28 | 30 |
| 夷陵区 | | | | | | | | | | | |
| 宜都市 | 1 | 4 | 27 | | | | 1 | 4 | 27 | 161 | 81 |
| 枝江市 | 1 | 17 | 58 | | | | 1 | 17 | 58 | | |
| 当阳市 | | | | | | | | | | 2825 | 1869 |
| 远安县 | | | | | | | | | | 155 | 125 |
| 兴山县 | | | | | | | | | | | |
| 秭归县 | | | | | | | | | | | |
| 长阳县 | | | | | | | | | | 153 | 278 |
| 五峰县 | | | | | | | | | | | |
| **襄樊市** | **75** | **150** | **454** | **70** | **141** | **346** | **5** | **9** | **108** | **904** | **1271** |
| 襄樊市辖区 | | | | | | | | | | | |
| 老河口市 | 3 | 5 | 76 | | | | 3 | 5 | 76 | 132 | 198 |
| 襄阳区 | 4 | 5 | 73 | 4 | 5 | 73 | | | | 315 | 390 |
| 枣阳市 | 34 | 70 | 160 | 33 | 68 | 144 | 1 | 2 | 16 | 212 | 318 |
| 宜城市 | | | | | | | | | | 112 | 140 |
| 南漳县 | 2 | 4 | 17 | 2 | 4 | 17 | | | | 2 | 4 |
| 谷城县 | 32 | 66 | 128 | 31 | 64 | 112 | 1 | 2 | 16 | 131 | 221 |
| 保康县 | | | | | | | | | | | |
| 农场小计 | | | | | | | | | | | |
| **鄂州市** | **30** | **30** | **147** | **27** | **27** | **129** | **3** | **3** | **18** | **2174** | **2714** |

续表

| | 机动渔船中:辅助渔船 | | | | | | | | | 非机动渔船合计 | |
|---|---|---|---|---|---|---|---|---|---|---|---|
| | | | | 其中:捕捞辅助船 | | | 其中:渔业执法船 | | | | |
| | 艘 | 总吨 | 千瓦 | 艘 | 总吨 | 千瓦 | 艘 | 总吨 | 千瓦 | 艘 | 总吨 |
| **荆门市** | **32** | **34** | **312** | **28** | **29** | **200** | **4** | **5** | **112** | **1923** | **1286** |
| 荆门市辖区 | 3 | 3 | 103 | | | | 3 | 3 | 103 | 5 | 10 |
| 沙洋县 | 27 | 27 | 196 | 27 | 27 | 196 | | | | 1825 | 1230 |
| 钟祥市 | 2 | 4 | 13 | 1 | 2 | 4 | 1 | 2 | 9 | | |
| 京山县 | | | | | | | | | | 93 | 46 |
| 沙洋农场 | | | | | | | | | | | |
| **孝感市** | **182** | **146** | **2570** | **180** | **135** | **2527** | **2** | **11** | **43** | **11672** | **5679** |
| 孝感市辖区 | 1 | 1 | 18 | | | | 1 | 1 | 18 | 1790 | 575 |
| 孝昌县 | | | | | | | | | | 20 | 20 |
| 大悟县 | 1 | 1 | 7 | 1 | 1 | 7 | | | | 42 | 55 |
| 安陆市 | | | | | | | | | | 435 | 322 |
| 云梦县 | | | | | | | | | | 285 | 112 |
| 应城市 | 15 | 15 | 130 | 15 | 15 | 130 | | | | 2450 | 1270 |
| 汉川市 | 165 | 129 | 2415 | 164 | 119 | 2390 | 1 | 10 | 25 | 6650 | 3325 |
| **黄冈市** | **113** | **120** | **517** | **112** | **118** | **462** | **1** | **2** | **55** | **4780** | **4387** |
| 黄冈市辖区 | | | | | | | | | | 220 | 135 |
| 团风县 | 7 | 12 | 83 | 6 | 10 | 28 | 1 | 2 | 55 | 350 | 535 |
| 红安县 | | | | | | | | | | 20 | 15 |
| 麻城市 | | | | | | | | | | 203 | 287 |
| 罗田县 | | | | | | | | | | 750 | 900 |
| 英山县 | | | | | | | | | | 563 | 242 |
| 浠水县 | 5 | 20 | 25 | 5 | 20 | 25 | | | | 1892 | 1513 |
| 蕲春县 | 95 | 76 | 349 | 95 | 76 | 349 | | | | 100 | 80 |
| 武穴市 | 6 | 12 | 60 | 6 | 12 | 60 | | | | 215 | 300 |
| 黄梅县 | | | | | | | | | | 467 | 380 |
| **咸宁市** | **4** | **12** | **54** | **3** | **10** | **25** | **1** | **2** | **29** | **1766** | **930** |
| 咸安区 | | | | | | | | | | | |
| 嘉鱼县 | | | | | | | | | | 851 | 226 |
| 赤壁市 | 3 | 10 | 25 | 3 | 10 | 25 | | | | 375 | 265 |
| 通城县 | | | | | | | | | | 34 | 17 |
| 崇阳县 | 1 | 2 | 29 | | | | 1 | 2 | 29 | 506 | 422 |
| 通山县 | | | | | | | | | | | |
| **随州市** | **2** | **3** | **30** | | | | **2** | **3** | **30** | **1214** | **978** |
| 曾都区 | | | | | | | | | | 214 | 428 |
| 广水市 | 2 | 3 | 30 | | | | 2 | 3 | 30 | 1000 | 550 |
| **恩施州** | | | | | | | | | | | |
| 恩施市 | | | | | | | | | | | |
| 建始县 | | | | | | | | | | | |
| 巴东县 | | | | | | | | | | | |
| 利川市 | | | | | | | | | | | |
| 宣恩县 | | | | | | | | | | | |
| 咸丰县 | | | | | | | | | | | |
| 来凤县 | | | | | | | | | | | |
| 鹤峰县 | | | | | | | | | | | |
| **仙桃市** | **135** | **245** | **577** | **134** | **235** | **533** | **1** | **10** | **44** | **2620** | **3000** |
| **天门市** | **35** | **42** | | **27** | **32** | | | | | **288** | **346** |
| **潜江市** | | | | | | | | | | **688** | **402** |
| **神农架林区** | | | | | | | | | | | |

# 水生经济植物

| | 水生经济植物（面积－公顷；产量－吨） | | | | | | | | | |
|---|---|---|---|---|---|---|---|---|---|---|
| | 藕 | | 莲籽 | 菱角 | | 芡实 | | 莼菜 | | 产值（万元） |
| | 面积 | 产量 | 产量 | 面积 | 产量 | 面积 | 产量 | 面积 | 产量 | |
| **全省合计** | **63149** | **986300** | **29690** | **8106** | **27592** | **1194** | **5470** | **369** | **23456** | **178178** |
| **武汉市** | **11608** | **247207** | **3401** | **659** | **1753** | **160** | **1018** | | | **29833** |
| 武汉市辖区 | 2093 | 57908 | 393 | 8 | 236 | 33 | 1000 | | | 7968 |
| 蔡甸区 | 1350 | 15188 | 1390 | 100 | 120 | 127 | 18 | | | 3713 |
| 江夏区 | 1717 | 30637 | 761 | | | | | | | 4584 |
| 黄陂区 | 1379 | 36804 | 428 | 211 | 721 | | | | | 4551 |
| 新洲区 | 5069 | 106670 | 429 | 340 | 676 | | | | | 9017 |
| **黄石市** | **2053** | **42367** | **2420** | **500** | **1231** | | | | | **8651** |
| 黄石市辖区 | 293 | 4117 | 178 | | | | | | | 546 |
| 大冶市 | 660 | 13500 | 190 | 400 | 630 | | | | | 2350 |
| 阳新县 | 1100 | 24750 | 2052 | 100 | 601 | | | | | 5755 |
| **十堰市** | **502** | **3961** | | | | | | | | **792** |
| 十堰市辖区 | | | | | | | | | | |
| 丹江口市 | 270 | 1000 | | | | | | | | 200 |
| 郧　县 | | | | | | | | | | |
| 郧西县 | 7 | 13 | | | | | | | | 3 |
| 竹山县 | 59 | 1020 | | | | | | | | 204 |
| 竹溪县 | 30 | 40 | | | | | | | | 8 |
| 房　县 | 136 | 1888 | | | | | | | | 377 |
| **荆州市** | **3164** | **25459** | **4538** | **559** | **2614** | **154** | **63** | **2** | **5** | **6016** |
| 荆州市辖区 | | | | | | | | | | |
| 江陵县 | 1270 | 842 | 105 | 70 | 45 | | | | | 450 |
| 松滋市 | 400 | 6000 | | 10 | 15 | | | | | |
| 公安县 | 375 | 3683 | 336 | 146 | 1004 | 154 | 63 | 2 | 5 | 1566 |
| 石首市 | 533 | 5784 | 1500 | 133 | 300 | | | | | |
| 监利县 | 586 | 9150 | 2597 | 200 | 1250 | | | | | 4000 |
| 洪湖市 | | | | | | | | | | |
| **宜昌市** | **485** | **6943** | | | | | | | | **460** |
| 宜昌市辖区 | | | | | | | | | | |
| 夷陵区 | | | | | | | | | | |
| 宜都市 | 100 | 350 | | | | | | | | |
| 枝江市 | 300 | 4500 | | | | | | | | 460 |
| 当阳市 | | | | | | | | | | |
| 远安县 | 85 | 2093 | | | | | | | | |
| 兴山县 | | | | | | | | | | |
| 秭归县 | | | | | | | | | | |
| 长阳县 | | | | | | | | | | |
| 五峰县 | | | | | | | | | | |
| **襄樊市** | **5403** | **111412** | | **13** | **26** | | | | | **14719** |
| 襄樊市辖区 | 250 | 1350 | | | | | | | | 196 |
| 老河口市 | 1410 | 36920 | | | | | | | | 3384 |
| 襄阳区 | 350 | 9728 | | | | | | | | 1559 |
| 枣阳市 | 1360 | 10100 | | 5 | 10 | | | | | 1050 |
| 宜城市 | 500 | 20964 | | 8 | 16 | | | | | 3354 |
| 南漳县 | 33 | 660 | | | | | | | | 106 |
| 谷城县 | 1500 | 31690 | | | | | | | | 5070 |
| 保康县 | | | | | | | | | | |
| 农场小计 | | | | | | | | | | |
| **鄂州市** | **993** | **29670** | **4965** | **75** | **269** | | | | | **12622** |

续表

| | 水生经济植物(面积－公顷;产量－吨) | | | | | | | | | |
|---|---|---|---|---|---|---|---|---|---|---|
| | 藕 | | 莲籽 | 菱角 | | 芡实 | | 莼菜 | | 产值 |
| | 面积 | 产量 | 产量 | 面积 | 产量 | 面积 | 产量 | 面积 | 产量 | (万元) |
| **荆门市** | **6311** | **87552** | **702** | **1698** | **1392** | **83** | **174** | | | **14193** |
| 荆门市辖区 | 2600 | 3327 | 1 | 393 | 462 | 45 | 14 | | | 561 |
| 沙洋县 | 456 | 10010 | 440 | 80 | 480 | 38 | 160 | | | 2029 |
| 钟祥市 | 2650 | 57200 | 260 | 1210 | 400 | | | | | 9007 |
| 京山县 | 600 | 17000 | 1 | 15 | 50 | | | | | 2594 |
| 沙洋农场 | 5 | 15 | | | | | | | | 2 |
| **孝感市** | **9988** | **173202** | **2528** | **157** | **2315** | **47** | **220** | | | **31733** |
| 孝感市辖区 | 1250 | 37250 | 770 | | | | | | | 8270 |
| 孝昌县 | 57 | 641 | | 13 | 92 | | | | | 85 |
| 大悟县 | 240 | 2826 | | | | | | | | 339 |
| 安陆市 | 190 | 5019 | | | | | | | | 753 |
| 云梦县 | 1530 | 42308 | 734 | | | | | | | 5012 |
| 应城市 | 3000 | 45000 | 74 | 61 | 468 | 20 | 200 | | | 7424 |
| 汉川市 | 3721 | 40158 | 950 | 83 | 1755 | 27 | 20 | | | 9850 |
| **黄冈市** | **5479** | **62496** | **2099** | **2203** | **6196** | **460** | **1130** | | | **11654** |
| 黄冈市辖区 | 100 | 600 | 200 | | | | | | | 160 |
| 团风县 | 250 | 2000 | 300 | 40 | 50 | | | | | 520 |
| 红安县 | 508 | 1625 | | 100 | 88 | | | | | 450 |
| 麻城市 | 200 | 2500 | | | | | | | | 700 |
| 罗田县 | 300 | 1220 | | | | | | | | 340 |
| 英山县 | 5 | 75 | | | | | | | | 15 |
| 浠水县 | 1736 | 20920 | 507 | 387 | 2193 | | | | | 3400 |
| 蕲春县 | 1000 | 20200 | 242 | 956 | 850 | 210 | 130 | | | 3080 |
| 武穴市 | 580 | 6000 | 50 | | | | | | | 1400 |
| 黄梅县 | 800 | 7356 | 800 | 720 | 3015 | 250 | 1000 | | | 1589 |
| **咸宁市** | **3786** | **69055** | **4573** | **1362** | **1828** | **240** | **2540** | | **21000** | **13944** |
| 咸安区 | 692 | 15527 | 556 | 102 | 55 | | | | | |
| 嘉鱼县 | 298 | 7026 | 1211 | 100 | 50 | | | | | 2582 |
| 赤壁市 | 2078 | 36517 | 2806 | 1160 | 1723 | 240 | 2540 | | 21000 | 10000 |
| 通城县 | 77 | 1149 | | | | | | | | |
| 崇阳县 | 441 | 8036 | | | | | | | | 1285 |
| 通山县 | 200 | 800 | | | | | | | | 77 |
| **随州市** | **6936** | **13987** | **610** | **60** | **200** | | | **75** | **8** | |
| 曾都区 | 336 | 6987 | | | | | | | | |
| 广水市 | 6600 | 7000 | 610 | 60 | 200 | | | 75 | 8 | |
| **恩施州** | **278** | **3250** | | | | | | **292** | **2443** | **2963** |
| 恩施市 | 40 | 500 | | | | | | | | 80 |
| 建始县 | 21 | 240 | | | | | | | | 38 |
| 巴东县 | 20 | 230 | | | | | | | | 37 |
| 利川市 | 85 | 950 | | | | | | 260 | 2000 | 2152 |
| 宣恩县 | 26 | 300 | | | | | | 32 | 443 | 491 |
| 咸丰县 | 46 | 600 | | | | | | | | 96 |
| 来凤县 | 28 | 320 | | | | | | | | 51 |
| 鹤峰县 | 12 | 110 | | | | | | | | 18 |
| **仙桃市** | **4745** | **98384** | **3206** | **691** | **9285** | | | | | **20368** |
| **天门市** | **418** | **9405** | **398** | **125** | **469** | | | | | |
| **潜江市** | **1000** | **1950** | **250** | **4** | **14** | **50** | **325** | | | **630** |
| **神农架林区** | | | | | | | | | | |

# 集约化养殖方式

| | 围栏 | | 网箱 | | 工厂化 | |
|---|---|---|---|---|---|---|
| | 面积(公顷) | 产量(吨) | 面积(公顷) | 产量(吨) | 面积(公顷) | 产量(吨) |
| **全省合计** | **46821** | **74157** | **30350.5** | **66807** | **33** | **109** |
| **武汉市** | **14511** | **12121** | **516** | **2338** | **33** | **109** |
| 武汉市辖区 | | | 371 | 1415 | | |
| 蔡甸区 | | | 32 | 124 | | |
| 江夏区 | 14511 | 12121 | 17 | 79 | 33 | 109 |
| 黄陂区 | | | 36 | 600 | | |
| 新洲区 | | | 60 | 120 | | |
| **黄石市** | **5200** | **11858** | **99** | **2275** | | |
| 黄石市辖区 | | | 31 | 130 | | |
| 大冶市 | 4000 | 9358 | 18 | 260 | | |
| 阳新县 | 1200 | 2500 | 50 | 1885 | | |
| **十堰市** | **1667** | **1615** | **2010** | **12195** | | |
| 十堰市辖区 | | | 10 | 425 | | |
| 丹江口市 | 1667 | 1615 | 800 | 11120 | | |
| 郧　县 | | | 1200 | 650 | | |
| 郧西县 | | | | | | |
| 竹山县 | | | | | | |
| 竹溪县 | | | | | | |
| 房　县 | | | | | | |
| **荆州市** | **3789** | **13770** | **2486** | **14370** | | |
| 荆州市辖区 | 633 | 8150 | 80 | 367 | | |
| 江陵县 | | | | | | |
| 松滋市 | | | 100 | 300 | | |
| 公安县 | | | 113 | 242 | | |
| 石首市 | | | 72 | 100 | | |
| 监利县 | 3156 | 5620 | 2121 | 13361 | | |
| 洪湖市 | | | | | | |
| **宜昌市** | **100** | **158** | **291.5** | **8624** | | |
| 宜昌市辖区 | | | | | | |
| 夷陵区 | | | 14 | 200 | | |
| 宜都市 | | | 92 | 3041 | | |
| 枝江市 | | | 10 | 10 | | |
| 当阳市 | | | 2 | 291 | | |
| 远安县 | 100 | 158 | 0.5 | 9 | | |
| 兴山县 | | | | | | |
| 秭归县 | | | 20 | 173 | | |
| 长阳县 | | | 153 | 4900 | | |
| 五峰县 | | | | | | |
| **襄樊市** | **464** | **980** | **10** | **11** | | |
| 襄樊市辖区 | | | | | | |
| 老河口市 | 200 | 350 | | | | |
| 襄阳区 | | | | | | |
| 枣阳市 | 64 | 30 | 2 | 2 | | |
| 宜城市 | | | | | | |
| 南漳县 | | | | | | |
| 谷城县 | 200 | 600 | | | | |
| 保康县 | | | 8 | 9 | | |
| 农场小计 | | | | | | |
| **鄂州市** | **3733** | **560** | **150** | **1305** | | |

续表

| | 围栏 | | 网箱 | | 工厂化 | |
|---|---|---|---|---|---|---|
| | 面积(公顷) | 产量(吨) | 面积(公顷) | 产量(吨) | 面积(公顷) | 产量(吨) |
| **荆门市** | **4470** | **9170** | **330** | **6870** | | |
| 荆门市辖区 | | | 45 | 690 | | |
| 沙洋县 | 4070 | 9150 | 227 | 1730 | | |
| 钟祥市 | 400 | 20 | 46 | 4200 | | |
| 京山县 | | | 12 | 250 | | |
| 沙洋农场 | | | | | | |
| **孝感市** | **327** | **760** | **420** | **1223** | | |
| 孝感市辖区 | | | 80 | 220 | | |
| 孝昌县 | | | | | | |
| 大悟县 | | | | | | |
| 安陆市 | | | | | | |
| 云梦县 | | | 128 | 388 | | |
| 应城市 | | | | | | |
| 汉川市 | 327 | 760 | 212 | 615 | | |
| **黄冈市** | **1972** | **3337** | **691** | **2703** | | |
| 黄冈市辖区 | | | 12 | 50 | | |
| 团风县 | | | 10 | 50 | | |
| 红安县 | | | 2 | 15 | | |
| 麻城市 | | | 82 | 418 | | |
| 罗田县 | | | 52 | 380 | | |
| 英山县 | 580 | 1540 | 33 | 150 | | |
| 浠水县 | 726 | 997 | 60 | 236 | | |
| 蕲春县 | | | | | | |
| 武穴市 | | | 300 | 804 | | |
| 黄梅县 | 666 | 800 | 140 | 600 | | |
| **咸宁市** | **10588** | **19828** | **667** | **5844** | | |
| 咸安区 | 3000 | 3860 | 2 | 7 | | |
| 嘉鱼县 | 4921 | 12393 | 48 | 3500 | | |
| 赤壁市 | 2667 | 3575 | 405 | 1707 | | |
| 通城县 | | | | | | |
| 崇阳县 | | | 2 | 60 | | |
| 通山县 | | | 210 | 570 | | |
| **随州市** | | | **50** | **230** | | |
| 曾都区 | | | | | | |
| 广水市 | | | 50 | 230 | | |
| **恩施州** | | | **16380** | **317** | | |
| 恩施市 | | | 4700 | 70 | | |
| 建始县 | | | | | | |
| 巴东县 | | | 4800 | 87 | | |
| 利川市 | | | | | | |
| 宣恩县 | | | 3000 | 70 | | |
| 咸丰县 | | | 1000 | 30 | | |
| 来凤县 | | | 2880 | 60 | | |
| 鹤峰县 | | | | | | |
| **仙桃市** | | | **3600** | **5250** | | |
| **天门市** | | | | | | |
| **潜江市** | | | **2650** | **3252** | | |
| **神农架林区** | | | | | | |

# 水 产 苗 种

| | 投放鱼种数量（吨） | 鱼种产量（吨） | 鱼苗生产数量（亿尾） | | 扣蟹（公斤） | 稚龟（万只） | 稚鳖（万只） | 虾类育苗（亿尾） | 贝类育苗（万粒） |
|---|---|---|---|---|---|---|---|---|---|
| | | | 合 计 | 其中：罗非鱼 | | | | | |
| **全省合计** | **570788** | **540436** | **521** | **4** | **3425245** | **257** | **2475** | **4** | **53625** |
| **武汉市** | **71542** | **58009** | **80** | | **43800** | **65** | **208** | | |
| 武汉市辖区 | 21124 | 14073 | 22 | | 40000 | 5 | 168 | | |
| 蔡甸区 | 11267 | 10541 | 6 | | | 23 | | | |
| 江夏区 | 15145 | 13753 | 26 | | 3800 | 37 | 40 | | |
| 黄陂区 | 14050 | 11100 | 3 | | | | | | |
| 新洲区 | 9956 | 8542 | 23 | | | | | | |
| **黄石市** | **18670** | **18965** | **13** | | | **12** | | | **1700** |
| 黄石市辖区 | 1270 | 765 | 5 | | | 2 | | | |
| 大冶市 | 8900 | 8920 | 5 | | | | | | 200 |
| 阳新县 | 8500 | 9280 | 3 | | | 10 | | | 1500 |
| **十堰市** | **4693** | **4165** | **2** | | | | **11** | | |
| 十堰市辖区 | 175 | 10 | | | | | | | |
| 丹江口市 | 3800 | 3500 | 1 | | | | | | |
| 郧　县 | 475 | 580 | | | | | | | |
| 郧西县 | 105 | 4 | | | | | | | |
| 竹山县 | 16 | 5 | | | | | | | |
| 竹溪县 | 35 | 28 | | | | | | | |
| 房　县 | 87 | 38 | | | | | 11 | | |
| **荆州市** | **112401** | **122577** | **116** | | **4935** | **58** | **565** | | **3535** |
| 荆州市辖区 | 15770 | 17260 | 21 | | | 25 | 200 | | |
| 江陵县 | 5195 | 4890 | 6 | | 2000 | 7 | 37 | | |
| 松滋市 | 4000 | 4200 | 2 | | | | | | |
| 公安县 | 12471 | 12010 | 11 | | 1935 | | 77 | | 1535 |
| 石首市 | 15000 | 18000 | 8 | | | 5 | 8 | | 2000 |
| 监利县 | 19965 | 21217 | 18 | | 1000 | 11 | 43 | | |
| 洪湖市 | 40000 | 45000 | 50 | | | 10 | 200 | | |
| **宜昌市** | **21782** | **21349** | **7** | | | | **3** | | |
| 宜昌市辖区 | 700 | | | | | | | | |
| 夷陵区 | 2250 | 2100 | 1 | | | | | | |
| 宜都市 | 850 | 610 | | | | | | | |
| 枝江市 | 6820 | 6820 | 3 | | | | 3 | | |
| 当阳市 | 9699 | 10055 | 2 | | | | | | |
| 远安县 | 779 | 869 | | | | | | | |
| 兴山县 | 24 | | | | | | | | |
| 秭归县 | 150 | 195 | | | | | | | |
| 长阳县 | 500 | 700 | | | | | | | |
| 五峰县 | 10 | | | | | | | | |
| **襄樊市** | **24484** | **21788** | **19** | | **1470** | | **33** | | |
| 襄樊市辖区 | 2524 | 1608 | 2 | | | | | | |
| 老河口市 | 2330 | 2350 | 2 | | 260 | | | | |
| 襄阳区 | 6980 | 5580 | 3 | | 1210 | | 3 | | |
| 枣阳市 | 6450 | 6050 | 4 | | | | | | |
| 宜城市 | 4100 | 4250 | 4 | | | | 30 | | |
| 南漳县 | 900 | 950 | 4 | | | | | | |
| 谷城县 | 1200 | 1000 | 1 | | | | | | |
| 保康县 | | | | | | | | | |
| 农场小计 | | | | | | | | | |
| **鄂州市** | **33500** | **11000** | **1** | | | | **6** | | **48000** |

续表

| | 投放鱼种数量（吨） | 鱼种产量（吨） | 鱼苗生产数量（亿尾） | | 扣蟹（公斤） | 稚龟（万只） | 稚鳖（万只） | 虾类育苗（亿尾） | 贝类育苗（万粒） |
|---|---|---|---|---|---|---|---|---|---|
| | | | 合 计 | 其中：罗非鱼 | | | | | |
| **荆门市** | **55050** | **61030** | **38** | | **1300** | **91** | **748** | | |
| 荆门市辖区 | 5730 | 6770 | 7 | | | | | | |
| 沙洋县 | 19400 | 21000 | 10 | | 1000 | 3 | 393 | | |
| 钟祥市 | 19480 | 21660 | 10 | | | 13 | 140 | | |
| 京山县 | 9400 | 10100 | 11 | | 300 | 75 | 215 | | |
| 沙洋农场 | 1040 | 1500 | 1 | | | | | | |
| **孝感市** | **56050** | **55080** | **44** | | **219600** | **1** | **290** | | |
| 孝感市辖区 | 9800 | 9900 | 6 | | 7500 | | 70 | | |
| 孝昌县 | 4500 | 3650 | 1 | | 2500 | | | | |
| 大悟县 | 3600 | 2880 | 3 | | | | | | |
| 安陆市 | 5300 | 4900 | 4 | | 3600 | | | | |
| 云梦县 | 4850 | 4950 | 4 | | | | 5 | | |
| 应城市 | 9000 | 9200 | 10 | | 76000 | 1 | 180 | | |
| 汉川市 | 19000 | 19600 | 17 | | 130000 | | 35 | | |
| **黄冈市** | **51095** | **49952** | **100** | | **15900** | **17** | **99** | **4** | **390** |
| 黄冈市辖区 | 5000 | 4800 | 55 | | 100 | | | | |
| 团风县 | 2038 | 1805 | 2 | | 100 | | | | |
| 红安县 | 1810 | 1630 | 9 | | | 1 | 2 | | |
| 麻城市 | 4600 | 4160 | 4 | | | | 3 | | |
| 罗田县 | 900 | 700 | 2 | | | | 2 | | |
| 英山县 | 1210 | 960 | 3 | | | | | | |
| 浠水县 | 13157 | 13262 | 10 | | 12000 | 16 | 90 | 1 | 40 |
| 蕲春县 | 7000 | 7305 | 6 | | 500 | | | | 50 |
| 武穴市 | 4400 | 4050 | 6 | | 200 | | 3 | 1 | 300 |
| 黄梅县 | 10980 | 11280 | 5 | | 3000 | | | 2 | |
| **咸宁市** | **22809** | **23330** | **22** | **2** | **118030** | | **1** | | |
| 咸安区 | 2500 | 3000 | 5 | | 28000 | | 1 | | |
| 嘉鱼县 | 13389 | 12600 | 8 | | 71030 | | | | |
| 赤壁市 | 4200 | 4900 | 6 | 2 | 19000 | | | | |
| 通城县 | 600 | 700 | 1 | | | | | | |
| 崇阳县 | 1500 | 1580 | 1 | | | | | | |
| 通山县 | 620 | 550 | 2 | | | | | | |
| **随州市** | **13360** | **7824** | **8** | | **2460** | **1** | **35** | | |
| 曾都区 | 7560 | 3024 | 4 | | 2460 | 1 | 10 | | |
| 广水市 | 5800 | 4800 | 4 | | | | 25 | | |
| **恩施州** | **1045** | **1040** | **1** | | | | | | |
| 恩施市 | 132 | 138 | | | | | | | |
| 建始县 | 23 | 21 | | | | | | | |
| 巴东县 | 32 | 30 | | | | | | | |
| 利川市 | 420 | 430 | | | | | | | |
| 宣恩县 | 51 | 49 | | | | | | | |
| 咸丰县 | 58 | 40 | | | | | | | |
| 来凤县 | 315 | 320 | 1 | | | | | | |
| 鹤峰县 | 14 | 12 | | | | | | | |
| **仙桃市** | **46000** | **47500** | **40** | | **50000** | **2** | **18** | | |
| **天门市** | **20157** | **22617** | **15** | | **2965300** | | **434** | | |
| **潜江市** | **18150** | **14210** | **16** | | **2450** | **10** | **24** | | |
| **神农架林区** | | | | | | | | | |

# 水产品加工（一）

| | 水产加工企业 | | 水产冷库 | | | | | | 水产品 | 用于加工 |
|---|---|---|---|---|---|---|---|---|---|---|
| | 总数（个） | 加工能力（吨/年） | 座数（座） | 冻结能力（吨/日） | 冷藏能力（吨/次） | 制水能力（吨/日） | 冷藏总量（吨） | 制水总量（吨） | 加工总量（吨） | 的水产品总量（吨） |
| **全省合计** | **175** | **436042** | **116** | **2687** | **14743** | **1307** | **30541** | **29404** | **226727** | **385042** |
| **武汉市** | **25** | **30882** | **11** | **38** | **56** | **15** | **1066** | **364** | **23289** | **28504** |
| 武汉市辖区 | 8 | 20930 | 2 | | | | | | 13234 | 16926 |
| 蔡甸区 | 2 | 2500 | 2 | 12 | 12 | 2 | 460 | 260 | 1214 | 1915 |
| 江夏区 | 4 | 2000 | 5 | 20 | 40 | 10 | 600 | 100 | 1000 | 1500 |
| 黄陂区 | 1 | 1000 | 2 | 6 | 4 | 3 | 6 | 4 | 595 | 980 |
| 新洲区 | 10 | 4452 | | | | | | | 7246 | 7183 |
| **黄石市** | **8** | **5000** | **2** | **20** | **200** | **38** | **200** | **400** | **3230** | **4380** |
| 黄石市辖区 | | | | | | | | | | |
| 大冶市 | 8 | 3000 | 2 | 20 | 200 | 38 | 200 | 400 | 3000 | 4000 |
| 阳新县 | | | | | | | | | 230 | 380 |
| **十堰市** | | | **2** | **14** | **300** | **5** | **500** | | **3100** | **5100** |
| 十堰市辖区 | | | | | | | | | | |
| 丹江口市 | | | 2 | 14 | 300 | 5 | 500 | | 3100 | 5100 |
| 郧　县 | | | | | | | | | | |
| 郧西县 | | | | | | | | | | |
| 竹山县 | | | | | | | | | | |
| 竹溪县 | | | | | | | | | | |
| 房　县 | | | | | | | | | | |
| **荆州市** | **38** | **65895** | **44** | **524** | **3570** | **75** | **7910** | **1200** | **50585** | **96100** |
| 荆州市辖区 | 1 | 1000 | | | | | | | 300 | 800 |
| 江陵县 | | | | | | | | | | |
| 松滋市 | | | | | | | | | | |
| 公安县 | 16 | 4395 | 5 | | 660 | | 260 | | 2885 | 6500 |
| 石首市 | 2 | 1300 | 1 | 50 | 10 | | 250 | | 700 | 1800 |
| 监利县 | 7 | 30700 | 20 | 74 | 1700 | 40 | 3400 | 400 | 17200 | 36000 |
| 洪湖市 | 12 | 28500 | 18 | 400 | 1200 | 35 | 4000 | 800 | 29500 | 51000 |
| **宜昌市** | **3** | **56000** | **5** | **100** | **1000** | **30** | **2000** | **20000** | **10100** | **40000** |
| 宜昌市辖区 | | | | | | | | | | |
| 夷陵区 | | | | | | | | | | |
| 宜都市 | 1 | 6000 | | | | | | | 2100 | |
| 枝江市 | 2 | 50000 | 5 | 100 | 1000 | 30 | 2000 | 20000 | 8000 | 40000 |
| 当阳市 | | | | | | | | | | |
| 远安县 | | | | | | | | | | |
| 兴山县 | | | | | | | | | | |
| 秭归县 | | | | | | | | | | |
| 长阳县 | | | | | | | | | | |
| 五峰县 | | | | | | | | | | |
| **襄樊市** | **1** | **200** | **2** | **4** | **25** | **1** | **455** | **50** | **1408** | **5050** |
| 襄樊市辖区 | | | | | | | | | | |
| 老河口市 | 1 | 200 | 1 | 2 | 5 | | 5 | | 500 | 550 |
| 襄阳区 | | | | | | | | | | |
| 枣阳市 | | | 1 | 2 | 20 | 1 | 450 | 50 | 908 | 4500 |
| 宜城市 | | | | | | | | | | |
| 南漳县 | | | | | | | | | | |
| 谷城县 | | | | | | | | | | |
| 保康县 | | | | | | | | | | |
| 农场小计 | | | | | | | | | | |
| **鄂州市** | **30** | **44190** | **8** | **530** | **1400** | **650** | **5980** | **1300** | **31255** | **57931** |

续表

| | 水产加工企业 | | 水产冷库 | | | | | | 水产品加工总量（吨） | 用于加工的水产品总量（吨） |
|---|---|---|---|---|---|---|---|---|---|---|
| | 总数（个） | 加工能力（吨/年） | 座数（座） | 冻结能力（吨/日） | 冷藏能力（吨/次） | 制水能力（吨/日） | 冷藏总量（吨） | 制水总量（吨） | | |
| **荆门市** | **8** | **16530** | **4** | **25** | **200** | **52** | **2250** | **600** | **11195** | **15777** |
| 荆门市辖区 | 2 | 12220 | 1 | | | | 200 | | 5310 | 2350 |
| 沙洋县 | 2 | 2060 | | | | | | | 4285 | 6137 |
| 钟祥市 | 2 | 2000 | 1 | 12 | 200 | 2 | 1800 | 600 | 1600 | 6540 |
| 京山县 | 2 | 250 | 2 | 13 | | 50 | 250 | | | 750 |
| 沙洋农场 | | | | | | | | | | |
| **孝感市** | **17** | **10980** | **3** | **58** | **340** | **14** | **2450** | **1820** | **3940** | **8220** |
| 孝感市辖区 | 1 | 200 | | | | | | | 30 | 40 |
| 孝昌县 | | | | | | | | | | |
| 大悟县 | | | | | | | | | | |
| 安陆市 | 1 | 480 | 1 | 20 | 40 | | | | 160 | 1600 |
| 云梦县 | 8 | 1000 | | | | | | | 450 | 580 |
| 应城市 | 1 | 3000 | 1 | 8 | 200 | 6 | 1000 | 1500 | 800 | 2000 |
| 汉川市 | 6 | 6300 | 1 | 30 | 100 | 8 | 1450 | 320 | 2500 | 4000 |
| **黄冈市** | **15** | **6245** | **7** | **216** | **330** | **97** | **1700** | **1830** | **10630** | **26630** |
| 黄冈市辖区 | 2 | 500 | 1 | | | | 100 | | 180 | 380 |
| 团风县 | | | | | | | | | 500 | 1200 |
| 红安县 | | | 1 | 100 | 50 | 80 | 50 | 1250 | 50 | 140 |
| 麻城市 | | | 1 | 80 | 100 | 5 | 700 | 350 | 1860 | 2200 |
| 罗田县 | | | | | | | | | | |
| 英山县 | | | | | | | | | | |
| 浠水县 | 8 | 3360 | | | | | | | 6880 | 20640 |
| 蕲春县 | 1 | 1370 | 1 | 15 | 100 | 10 | 810 | 210 | 1000 | 1500 |
| 武穴市 | 1 | 15 | 1 | 8 | | | | | 70 | 300 |
| 黄梅县 | 3 | 1000 | 2 | 13 | 80 | 2 | 40 | 20 | 90 | 270 |
| **咸宁市** | **6** | **2620** | **10** | **43** | **172** | **200** | **2850** | **40** | **2445** | **4000** |
| 咸安区 | | | | | | | | | | |
| 嘉鱼县 | 2 | 2000 | 1 | 3 | 75 | | 250 | | 645 | 1200 |
| 赤壁市 | 2 | 370 | 4 | 20 | 27 | | 2400 | | 1600 | 2300 |
| 通城县 | | | | | | | | | | |
| 崇阳县 | | | | | | | | | | |
| 通山县 | 2 | 250 | 5 | 20 | 70 | 200 | 200 | 40 | 200 | 500 |
| **随州市** | **1** | **200** | **2** | **15** | **150** | **30** | **180** | **200** | **100** | **100** |
| 曾都区 | | | | | | | | | | |
| 广水市 | 1 | 200 | 2 | 15 | 150 | 30 | 180 | 200 | 100 | 100 |
| **恩施州** | | | | | | | | | | |
| 恩施市 | | | | | | | | | | |
| 建始县 | | | | | | | | | | |
| 巴东县 | | | | | | | | | | |
| 利川市 | | | | | | | | | | |
| 宣恩县 | | | | | | | | | | |
| 咸丰县 | | | | | | | | | | |
| 来凤县 | | | | | | | | | | |
| 鹤峰县 | | | | | | | | | | |
| **仙桃市** | **10** | **85000** | **4** | **150** | **2000** | **100** | **3000** | **1600** | **35500** | **55000** |
| **天门市** | **3** | **500** | | | | | | | **500** | **1000** |
| **潜江市** | **9** | **61000** | **12** | **150** | **5000** | | | | **33450** | **37250** |
| **神农架林区** | | | | | | | | | | |

# 水产品加工(二)

| | 水产品加总量中(吨) | | | | | | | | | | | | |
|---|---|---|---|---|---|---|---|---|---|---|---|---|---|
| | (一)水产品冷冻 | | | (二)鱼糜及干腌制品 | | | (三) | (四)饲料 | | (五) | (六)其它水产品加工 | | |
| | 小计 | #冷冻品 | #冷冻加工品 | 小计 | #鱼糜制品 | #干制品 | 罐制品 | 小计 | #鱼粉 | 鱼油制品 | 小计 | #助剂添加剂 | #珍珠(公斤) |
| **全省合计** | **101698** | **56675** | **45023** | **62052** | **16421** | **33631** | **8405** | **53570** | **50** | | **1002** | | **1800** |
| **武汉市** | **10440** | **9500** | **940** | **12004** | **6086** | **5918** | **345** | | | | **500** | | |
| 武汉市辖区 | 9790 | 9500 | 290 | 2599 | 245 | 2354 | 345 | | | | 500 | | |
| 蔡甸区 | 100 | | 100 | 900 | | 900 | | | | | | | |
| 江夏区 | | | | 7246 | 5841 | 1405 | | | | | | | |
| 黄陂区 | 550 | | 550 | 45 | | 45 | | | | | | | |
| 新洲区 | | | | 1214 | | 1214 | | | | | | | |
| **黄石市** | **500** | **500** | | **2730** | **100** | **2630** | | | | | | | |
| 黄石市辖区 | | | | | | | | | | | | | |
| 大冶市 | 500 | 500 | | 2500 | 100 | 2400 | | | | | | | |
| 阳新县 | | | | 230 | | 230 | | | | | | | |
| **十堰市** | **2100** | **2100** | | **1000** | | **1000** | | | | | | | |
| 十堰市辖区 | | | | | | | | | | | | | |
| 丹江口市 | 2100 | 2100 | | 1000 | | 1000 | | | | | | | |
| 郧　县 | | | | | | | | | | | | | |
| 郧西县 | | | | | | | | | | | | | |
| 竹山县 | | | | | | | | | | | | | |
| 竹溪县 | | | | | | | | | | | | | |
| 房　县 | | | | | | | | | | | | | |
| **荆州市** | **18910** | **3000** | **15910** | **20625** | **425** | **2200** | | **10550** | **50** | | **500** | | |
| 荆州市辖区 | | | | 300 | 100 | 200 | | | | | 500 | | |
| 江陵县 | | | | | | | | | | | | | |
| 松滋市 | | | | | | | | | | | | | |
| 公安县 | 10 | | 10 | 325 | 325 | | | 2550 | 50 | | | | |
| 石首市 | 200 | | 200 | | | | | 500 | | | | | |
| 监利县 | 4200 | 1500 | 2700 | 10000 | | 2000 | | 3000 | | | | | |
| 洪湖市 | 14500 | 1500 | 13000 | 10000 | | | | 4500 | | | | | |
| **宜昌市** | **8100** | **3000** | **5100** | | | | | **2000** | | | | | |
| 宜昌市辖区 | | | | | | | | | | | | | |
| 夷陵区 | | | | | | | | | | | | | |
| 宜都市 | 100 | | 100 | | | | | 2000 | | | | | |
| 枝江市 | 8000 | 3000 | 5000 | | | | | | | | | | |
| 当阳市 | | | | | | | | | | | | | |
| 远安县 | | | | | | | | | | | | | |
| 兴山县 | | | | | | | | | | | | | |
| 秭归县 | | | | | | | | | | | | | |
| 长阳县 | | | | | | | | | | | | | |
| 五峰县 | | | | | | | | | | | | | |
| **襄樊市** | **950** | **940** | **10** | **8** | | **8** | | **450** | | | | | |
| 襄樊市辖区 | | | | | | | | | | | | | |
| 老河口市 | 500 | 500 | | | | | | | | | | | |
| 襄阳区 | | | | | | | | | | | | | |
| 枣阳市 | 450 | 440 | 10 | 8 | | 8 | | 450 | | | | | |
| 宜城市 | | | | | | | | | | | | | |
| 南漳县 | | | | | | | | | | | | | |
| 谷城县 | | | | | | | | | | | | | |
| 保康县 | | | | | | | | | | | | | |
| 农场小计 | | | | | | | | | | | | | |
| **鄂州市** | **4848** | | **4848** | **6345** | **650** | **5695** | **8060** | **12000** | | | **2** | | **1800** |

续表

| | 水产品加总量中(吨) | | | | | | | | | | | | |
|---|---|---|---|---|---|---|---|---|---|---|---|---|
| | (一)水产品冷冻 | | | (二)鱼糜及干腌制品 | | | (三) | (四)饲料 | | (五) | (六)其它水产品加工 | | |
| | 小计 | #冷冻品 | #冷冻加工品 | 小计 | #鱼糜制品 | #干制品 | 罐制品 | 小计 | #鱼粉 | 鱼油制品 | 小计 | #助剂添加剂 | #珍珠(公斤) |
| **荆门市** | **5250** | **5000** | **250** | **2445** | **1950** | **6495** | | **3500** | | | | | |
| 荆门市辖区 | 5250 | 5000 | | 60 | 50 | 10 | | | | | | | |
| 沙洋县 | | | | 785 | 300 | 485 | | 3500 | | | | | |
| 钟祥市 | | | | 1600 | 1600 | 6000 | | | | | | | |
| 京山县 | | | 250 | | | | | | | | | | |
| 沙洋农场 | | | | | | | | | | | | | |
| **孝感市** | **3460** | **2000** | **1460** | **480** | **480** | | | | | | | | |
| 孝感市辖区 | | | | 30 | 30 | | | | | | | | |
| 孝昌县 | | | | | | | | | | | | | |
| 大悟县 | | | | | | | | | | | | | |
| 安陆市 | 160 | | 160 | | | | | | | | | | |
| 云梦县 | | | | 450 | 450 | | | | | | | | |
| 应城市 | 800 | | 800 | | | | | | | | | | |
| 汉川市 | 2500 | 2000 | 500 | | | | | | | | | | |
| **黄冈市** | **6330** | **6095** | **235** | **9300** | **6225** | **3075** | | | | | | | |
| 黄冈市辖区 | | | | 180 | 80 | 100 | | | | | | | |
| 团风县 | | | | 500 | 460 | 40 | | | | | | | |
| 红安县 | 50 | 50 | | | | | | | | | | | |
| 麻城市 | 210 | 210 | | 1650 | 1650 | | | | | | | | |
| 罗田县 | | | | | | | | | | | | | |
| 英山县 | | | | | | | | | | | | | |
| 浠水县 | | | | 6880 | 4000 | 2880 | | | | | | | |
| 蕲春县 | 1000 | 800 | 200 | | | | | | | | | | |
| 武穴市 | | | | 70 | 20 | 50 | | | | | | | |
| 黄梅县 | 70 | 35 | 35 | 20 | 15 | 5 | | | | | | | |
| **咸宁市** | **1600** | **1440** | **160** | **775** | **505** | **270** | | **70** | | | | | |
| 咸安区 | | | | | | | | | | | | | |
| 嘉鱼县 | 570 | 570 | | 75 | 75 | | | | | | | | |
| 赤壁市 | 830 | 770 | 60 | 700 | 430 | 270 | | 70 | | | | | |
| 通城县 | | | | | | | | | | | | | |
| 崇阳县 | | | | | | | | | | | | | |
| 通山县 | 200 | 100 | 100 | | | | | | | | | | |
| **随州市** | **100** | **100** | | | | | | | | | | | |
| 曾都区 | | | | | | | | | | | | | |
| 广水市 | 100 | 100 | | | | | | | | | | | |
| **恩施州** | | | | | | | | | | | | | |
| 恩施市 | | | | | | | | | | | | | |
| 建始县 | | | | | | | | | | | | | |
| 巴东县 | | | | | | | | | | | | | |
| 利川市 | | | | | | | | | | | | | |
| 宣恩县 | | | | | | | | | | | | | |
| 咸丰县 | | | | | | | | | | | | | |
| 来凤县 | | | | | | | | | | | | | |
| 鹤峰县 | | | | | | | | | | | | | |
| **仙桃市** | **4500** | **2000** | **2500** | **6000** | | **6000** | | **25000** | | | | | |
| **天门市** | **300** | | **300** | **200** | | **200** | | | | | | | |
| **潜江市** | **33310** | **20000** | **13310** | **140** | | **140** | | | | | | | |
| **神农架林区** | | | | | | | | | | | | | |

# 养殖水面分类面积

单位:公顷

| | 合计 | 湖泊 | 水库 | 塘堰 | 精养池 | 河沟 | 其它养殖 |
|---|---|---|---|---|---|---|---|
| **全省合计** | **673548** | **175344** | **102182** | **119196** | **220372** | **21892** | **34562** |
| **武汉市** | **105508** | **41205** | **4935** | **17573** | **26143** | **1141** | **14511** |
| 武汉市辖区 | 19327 | 7893 | 40 | 1973 | 8999 | 4220 | |
| 蔡甸区 | 15988 | 8645 | | 3930 | 3413 | | |
| 江夏区 | 38175 | 14689 | 568 | 4418 | 3705 | 284 | 14511 |
| 黄陂区 | 16267 | 5269 | 3568 | 3817 | 3333 | 280 | |
| 新洲区 | 15751 | 4709 | 759 | 3435 | 6693 | 155 | |
| **黄石市** | **35714** | **24313** | **1499** | **3271** | **6495** | **136** | |
| 黄石市辖区 | 1137 | 590 | 45 | 58 | 440 | 4 | |
| 大冶市 | 13065 | 7333 | 1187 | 1213 | 3200 | 132 | |
| 阳新县 | 21512 | 16390 | 267 | 2000 | 2855 | | |
| **十堰市** | **6417** | | **2996** | **1167** | **495** | | **1759** |
| 十堰市辖区 | 397 | | 337 | 37 | 23 | | |
| 丹江口市 | 3038 | | 467 | 467 | 357 | | 1747 |
| 郧　县 | 1212 | | 975 | 170 | 55 | | 12 |
| 郧西县 | 356 | | 356 | | | | |
| 竹山县 | 420 | | 350 | 70 | | | |
| 竹溪县 | 340 | | 207 | 133 | | | |
| 房　县 | 654 | | 304 | 290 | 60 | | |
| **荆州市** | **112886** | **39342** | **3396** | **9658** | **47783** | **6938** | **5769** |
| 荆州市辖区 | 9382 | 2391 | 1589 | 567 | 4721 | 99 | 15 |
| 江陵县 | 3245 | | | 460 | 2453 | 61 | 271 |
| 松滋市 | 7641 | 1829 | 1566 | 1758 | 1868 | 620 | |
| 公安县 | 16410 | 7619 | 177 | 1907 | 5810 | 897 | |
| 石首市 | 11466 | 5793 | 64 | | 2637 | 132 | 2840 |
| 监利县 | 24580 | 7607 | | 4966 | 7268 | 2135 | 2604 |
| 洪湖市 | 40162 | 14103 | | | 23026 | 2994 | 39 |
| **宜昌市** | **20776** | **1989** | **7405** | **2430** | **8425** | **264** | **263** |
| 宜昌市辖区 | 481 | 3 | 51 | | 427 | | |
| 夷陵区 | 1052 | 8 | 236 | 115 | 630 | 63 | |
| 宜都市 | 1294 | 40 | 678 | 372 | 114 | 6 | 84 |
| 枝江市 | 7411 | 1818 | 1446 | 627 | 3338 | 120 | 62 |
| 当阳市 | 8445 | 120 | 4036 | 658 | 3631 | | |
| 远安县 | 937 | | 276 | 376 | 285 | | |
| 兴山县 | 40 | | | | | 40 | |
| 秭归县 | 380 | | 98 | 239 | | | 43 |
| 长阳县 | 681 | | 584 | 23 | | | 74 |
| 五峰县 | 55 | | | 20 | | 35 | |
| **襄樊市** | **46395** | | **21675** | **11790** | **12361** | **528** | **41** |
| 襄樊市辖区 | 4013 | | 1757 | 713 | 1504 | 39 | |
| 老河口市 | 6870 | | 3540 | 1053 | 2277 | | |
| 襄阳区 | 10008 | | 3988 | 2595 | 3425 | | |
| 枣阳市 | 14362 | | 7240 | 4160 | 2473 | 489 | |
| 宜城市 | 5557 | | 2654 | 1425 | 1478 | | |
| 南漳县 | 2458 | | 1501 | 587 | 370 | | |
| 谷城县 | 2812 | | 947 | 1087 | 745 | | 33 |
| 保康县 | 40 | | 15 | 10 | 7 | | 8 |
| 农场小计 | 275 | | 33 | 160 | 82 | | |
| **鄂州市** | **36420** | **15123** | **447** | **2948** | **15154** | **483** | **2266** |

续表 单位:公顷

| | 合计 | 湖泊 | 水库 | 塘堰 | 精养池 | 河沟 | 其它养殖 |
|---|---|---|---|---|---|---|---|
| **荆门市** | **59821** | **10181** | **19640** | **10878** | **17428** | **1634** | **60** |
| 荆门市辖区 | 11445 | | 7813 | 1775 | 1616 | 241 | |
| 沙洋县 | 19334 | 7857 | 2462 | 3045 | 5169 | 801 | |
| 钟祥市 | 15989 | 1986 | 5471 | 2281 | 5912 | 279 | 60 |
| 京山县 | 12000 | | 3874 | 3680 | 4133 | 313 | |
| 沙洋农场 | 1053 | 338 | 20 | 97 | 598 | | |
| **孝感市** | **63755** | **11089** | **8444** | **18277** | **20781** | **5164** | |
| 孝感市辖区 | 10498 | 3040 | 300 | 3269 | 3655 | 234 | |
| 孝昌县 | 5198 | | 1921 | 2196 | 867 | 214 | |
| 大悟县 | 5000 | | 1884 | 2506 | 610 | | |
| 安陆市 | 6362 | | 2378 | 1901 | 1598 | 485 | |
| 云梦县 | 5252 | | 378 | 1885 | 2424 | 565 | |
| 应城市 | 10705 | 2636 | 1583 | 2600 | 3459 | 427 | |
| 汉川市 | 20740 | 5413 | | 3920 | 8168 | 3239 | |
| **黄冈市** | **68722** | **14964** | **13912** | **14509** | **22871** | **1512** | |
| 黄冈市辖区 | 4066 | 754 | 40 | 608 | 2120 | 344 | 65 |
| 团风县 | 3375 | 472 | 719 | 991 | 1081 | 47 | |
| 红安县 | 5149 | | 2783 | 1575 | 683 | 108 | |
| 麻城市 | 8135 | | 3400 | 3405 | 1330 | | 462 |
| 罗田县 | 3314 | | 1340 | 1512 | | | |
| 英山县 | 2068 | | 1424 | 644 | | | 227 |
| 浠水县 | 9187 | 1680 | 413 | 2300 | 4480 | 87 | |
| 蕲春县 | 11000 | 2533 | 1467 | 2106 | 4804 | 90 | |
| 武穴市 | 6713 | 2725 | 1373 | 900 | 1703 | 12 | |
| 黄梅县 | 15715 | 6800 | 953 | 468 | 6670 | 824 | |
| **咸宁市** | **45073** | **12536** | **7598** | **7624** | **9482** | **422** | |
| 咸安区 | 7915 | 4384 | 1010 | 1200 | 1265 | 47 | |
| 嘉鱼县 | 16666 | 4032 | 1464 | 1169 | 4809 | 266 | |
| 赤壁市 | 11860 | 4118 | 1440 | 2365 | 1527 | 109 | |
| 通城县 | 2267 | | 916 | 1124 | 200 | | |
| 崇阳县 | 4867 | | 2106 | 1147 | 1614 | | |
| 通山县 | 1498 | 2 | 662 | 619 | 67 | | |
| **随州市** | **23574** | | **8866** | **11866** | **2453** | **389** | |
| 曾都区 | 14120 | | 5327 | 7060 | 1733 | | |
| 广水市 | 9454 | | 3539 | 4806 | 720 | 389 | |
| **恩施州** | **2239** | **52** | **1034** | **760** | **393** | | |
| 恩施市 | 304 | | 136 | 128 | 40 | | |
| 建始县 | 113 | | 79 | 34 | | | |
| 巴东县 | 95 | 5 | 64 | 20 | 6 | | |
| 利川市 | 800 | 47 | 330 | 267 | 156 | | |
| 宣恩县 | 287 | | 161 | 115 | 11 | | |
| 咸丰县 | 240 | | 67 | 73 | 100 | | |
| 来凤县 | 336 | | 152 | 104 | 80 | | |
| 鹤峰县 | 64 | | 45 | 19 | | | |
| **仙桃市** | **25348** | **1479** | | **1598** | **18384** | **2359** | |
| **天门市** | **11635** | **1886** | **335** | **2938** | **5850** | **626** | |
| **潜江市** | **9264** | **1185** | | **1909** | **5874** | **296** | |
| **神农架林区** | | | | | | | |

# 稻田养殖

面积:公顷　产量:吨　单产:公斤/公顷

| | 面积 | 蟹 | 鳝 | 鳅 | 产量 | 蟹 | 鳝 | 鳅 | 单产 |
|---|---|---|---|---|---|---|---|---|---|
| **全省合计** | **21426** | **8083** | **1730** | **684** | **30128** | **4868** | **4679** | **338** | **1406** |
| **武汉市** | **523** | | | **523** | **174** | | | **174** | **333** |
| 武汉市辖区 | | | | | | | | | |
| 蔡甸区 | 256 | | | 256 | 89 | | | 89 | 348 |
| 江夏区 | | | | | | | | | |
| 黄陂区 | 267 | | | 267 | 85 | | | 85 | 318 |
| 新洲区 | | | | | | | | | |
| **黄石市** | **68** | **20** | **42** | **6** | **41** | **2** | **30** | **2** | **603** |
| 黄石市辖区 | | | | | | | | | |
| 大冶市 | 68 | 20 | 42 | 6 | 41 | 2 | 30 | 2 | 603 |
| 阳新县 | | | | | | | | | |
| **十堰市** | | | | | | | | | |
| 十堰市辖区 | | | | | | | | | |
| 丹江口市 | | | | | | | | | |
| 郧　县 | | | | | | | | | |
| 郧西县 | | | | | | | | | |
| 竹山县 | | | | | | | | | |
| 竹溪县 | | | | | | | | | |
| 房　县 | | | | | | | | | |
| **荆州市** | **16455** | **7393** | **1097** | **52** | **21823** | **4456** | **3045** | **65** | **1326** |
| 荆州市辖区 | 67 | | 67 | | 641 | | 641 | | 9567 |
| 江陵县 | | | | | | | | | |
| 松滋市 | | | | | | | | | |
| 公安县 | | | | | | | | | |
| 石首市 | 18 | | 10 | | 20 | | 5 | | 1111 |
| 监利县 | 15972 | 6995 | 1020 | 52 | 20923 | 4217 | 2399 | 65 | 1310 |
| 洪湖市 | 398 | 398 | | | 239 | 239 | | | 601 |
| **宜昌市** | | | | | | | | | |
| 宜昌市辖区 | | | | | | | | | |
| 夷陵区 | | | | | | | | | |
| 宜都市 | | | | | | | | | |
| 枝江市 | | | | | | | | | |
| 当阳市 | | | | | | | | | |
| 远安县 | | | | | | | | | |
| 兴山县 | | | | | | | | | |
| 秭归县 | | | | | | | | | |
| 长阳县 | | | | | | | | | |
| 五峰县 | | | | | | | | | |
| **襄樊市** | | | | | | | | | |
| 襄樊市辖区 | | | | | | | | | |
| 老河口市 | | | | | | | | | |
| 襄阳区 | | | | | | | | | |
| 枣阳市 | | | | | | | | | |
| 宜城市 | | | | | | | | | |
| 南漳县 | | | | | | | | | |
| 谷城县 | | | | | | | | | |
| 保康县 | | | | | | | | | |
| 农场小计 | | | | | | | | | |
| **鄂州市** | | | | | | | | | |

续表

面积:公顷　产量:吨　单产:公斤/公顷

| | 面积 | 蟹 | 鳝 | 鳅 | 产量 | 蟹 | 鳝 | 鳅 | 单产 |
|---|---|---|---|---|---|---|---|---|---|
| **荆门市** | | | | | | | | | |
| 荆门市辖区 | | | | | | | | | |
| 沙洋县 | | | | | | | | | |
| 钟祥市 | | | | | | | | | |
| 京山县 | | | | | | | | | |
| 沙洋农场 | | | | | | | | | |
| **孝感市** | **1428** | | **12** | | **971** | | **22** | | **680** |
| 孝感市辖区 | 335 | | | | 140 | | | | 418 |
| 孝昌县 | | | | | | | | | |
| 大悟县 | 68 | | | | 66 | | | | 971 |
| 安陆市 | 67 | | | | 100 | | | | 1493 |
| 云梦县 | 47 | | | | 23 | | | | 489 |
| 应城市 | 733 | | 12 | | 247 | | 22 | | 337 |
| 汉川市 | 178 | | | | 395 | | | | 2219 |
| **黄冈市** | **735** | | **311** | **63** | **784** | | **30** | **8** | **1067** |
| 黄冈市辖区 | 20 | | | | 15 | | | | 750 |
| 团风县 | 15 | | | | | | | | |
| 红安县 | 18 | | | | | | | | |
| 麻城市 | | | | | 15 | | | | |
| 罗田县 | | | | | | | | | |
| 英山县 | 2 | | 1 | 1 | 2 | | 1 | 1 | 1000 |
| 浠水县 | 660 | | 300 | 57 | 740 | | 26 | 6 | 1121 |
| 蕲春县 | | | | | | | | | |
| 武穴市 | 20 | | 10 | 5 | 12 | | 3 | 1 | 600 |
| 黄梅县 | | | | | | | | | |
| **咸宁市** | **419** | | **2** | **8** | **130** | | **2** | **4** | **310** |
| 咸安区 | | | | | | | | | |
| 嘉鱼县 | | | | | | | | | |
| 赤壁市 | 33 | | 2 | 8 | 20 | | 2 | 4 | 606 |
| 通城县 | | | | | | | | | |
| 崇阳县 | 333 | | | | 70 | | | | 210 |
| 通山县 | 53 | | | | 40 | | | | 755 |
| **随州市** | | | | | | | | | |
| 曾都区 | | | | | | | | | |
| 广水市 | | | | | | | | | |
| **恩施州** | **44** | | | | **14** | | | | **318** |
| 恩施市 | | | | | | | | | |
| 建始县 | 4 | | | | 1 | | | | 250 |
| 巴东县 | | | | | | | | | |
| 利川市 | | | | | | | | | |
| 宣恩县 | | | | | | | | | |
| 咸丰县 | 40 | | | | 13 | | | | 325 |
| 来凤县 | | | | | | | | | |
| 鹤峰县 | | | | | | | | | |
| **仙桃市** | **1074** | **670** | **266** | **32** | **4691** | **410** | **1550** | **85** | **4368** |
| **天门市** | | | | | | | | | |
| **潜江市** | **680** | | | | **1500** | | | | **2206** |
| **神农架林区** | | | | | | | | | |

# 渔业组织、人口、劳力

| | 渔业乡（个） | 渔业村（个） | 渔业户（户） | 渔业人口（人） | | 渔业劳动力（人） | | | | | |
|---|---|---|---|---|---|---|---|---|---|---|---|
| | | | | 小计 | 其中：传统渔民 | 合计 | 其中：专业劳动力 | | | | 兼业劳动力 |
| | | | | | | | 小计 | 捕捞 | 养殖 | 其它 | |
| **全省合计** | **30** | **436** | **455575** | **1644555** | **726647** | **988551** | **699049** | **70524** | **601050** | **27475** | **289502** |
| **武汉市** | | **97** | **41464** | **145273** | **64237** | **96302** | **67908** | **6690** | **58328** | **2890** | **28394** |
| 武汉市辖区 | 69 | 11172 | 39162 | 21198 | 31435 | 27769 | 1149 | 25728 | 892 | 3666 | |
| 蔡甸区 | | 15 | 5775 | 18885 | 7964 | 11999 | 10124 | 2102 | 7975 | 47 | 1875 |
| 江夏区 | | 7 | 4535 | 22370 | 7298 | 13776 | 9468 | 880 | 8405 | 183 | 4308 |
| 黄陂区 | | 6 | 11000 | 35050 | 22350 | 20073 | 8978 | 860 | 7440 | 678 | 11095 |
| 新洲区 | | | 8982 | 29806 | 5427 | 19019 | 11569 | 1699 | 8780 | 1090 | 7450 |
| **黄石市** | | **16** | **11201** | **42634** | **8270** | **28873** | **16741** | **1568** | **14724** | **449** | **12132** |
| 黄石市辖区 | | 2 | 2268 | 1311 | 821 | 1042 | 858 | 238 | 466 | 154 | 184 |
| 大冶市 | | 3 | 5136 | 24894 | 1240 | 12966 | 8706 | 1130 | 7386 | 190 | 4260 |
| 阳新县 | | 11 | 3797 | 16429 | 6209 | 14865 | 7177 | 200 | 6872 | 105 | 7688 |
| **十堰市** | | | **10520** | **41934** | **23292** | **23364** | **16074** | **6116** | **9293** | **665** | **7290** |
| 十堰市辖区 | | | 173 | 1032 | 137 | 457 | 274 | | 255 | 19 | 183 |
| 丹江口市 | | | 6530 | 30500 | 18598 | 17030 | 12830 | 4400 | 7800 | 630 | 4200 |
| 郧　县 | | | 2810 | 6030 | 3500 | 3450 | 2080 | 1400 | 680 | | 1370 |
| 郧西县 | | | 89 | 312 | 48 | 173 | 146 | 76 | 54 | 16 | 27 |
| 竹山县 | | | 316 | 1501 | | 782 | 232 | 90 | 142 | | 550 |
| 竹溪县 | | | 100 | 450 | | 300 | 200 | | 200 | | 100 |
| 房　县 | | | 502 | 2109 | 1009 | 1172 | 312 | 150 | 162 | | 860 |
| **荆州市** | **11** | **130** | **87967** | **323903** | **175293** | **185113** | **144578** | **11541** | **129455** | **3582** | **40535** |
| 荆州市辖区 | | 5 | 22878 | 89362 | 15999 | 22486 | 19052 | 557 | 16808 | 1687 | 3434 |
| 江陵县 | | 1 | 2959 | 13077 | 12671 | 7833 | 6548 | 110 | 6215 | 223 | 1285 |
| 松滋市 | | | 2040 | 12725 | 6000 | 9342 | 6248 | 770 | 5428 | 50 | 3094 |
| 公安县 | | 24 | 7067 | 25043 | 6254 | 15283 | 12965 | 1624 | 11104 | 237 | 2318 |
| 石首市 | | | 3450 | 9435 | 8600 | 4125 | 4010 | 1725 | 1930 | 355 | 115 |
| 监利县 | 1 | 10 | 20573 | 84261 | 49769 | 66044 | 43755 | 4755 | 38970 | 30 | 22289 |
| 洪湖市 | 10 | 90 | 29000 | 90000 | 76000 | 60000 | 52000 | 2000 | 49000 | 1000 | 8000 |
| **宜昌市** | | **6** | **18562** | **74339** | **8691** | **41901** | **30404** | **3001** | **26482** | **921** | **11497** |
| 宜昌市辖区 | | | 143 | 11230 | 4099 | 4693 | 3946 | 129 | 3814 | 3 | 809 |
| 夷陵区 | | | 1150 | 3485 | 1450 | 2750 | 1350 | 500 | 700 | 150 | 1400 |
| 宜都市 | | 2 | 685 | 2861 | 120 | 2840 | 1740 | 500 | 1140 | 100 | 1100 |
| 枝江市 | | | 9359 | 32745 | 1500 | 16117 | 11541 | 492 | 10609 | 440 | 4514 |
| 当阳市 | | 4 | 4446 | 15114 | 1322 | 9785 | 8452 | 256 | 8059 | 137 | 1333 |
| 远安县 | | | 1700 | 5100 | 200 | 3360 | 2153 | 498 | 1620 | 35 | 1207 |
| 兴山县 | | | 78 | 390 | | | | | | | |
| 秭归县 | | | 410 | 1020 | | 622 | 70 | 30 | 40 | | 552 |
| 长阳县 | | | 560 | 1499 | | 1284 | 952 | 596 | 300 | 56 | 332 |
| 五峰县 | | | 31 | 895 | | 450 | 200 | | 200 | | 250 |
| **襄樊市** | | | **38922** | **116355** | **107041** | **74604** | **43316** | **2649** | **40031** | **636** | **31288** |
| 襄樊市辖区 | | | 16771 | 35850 | 93288 | 22568 | 16412 | 3 | 16033 | 76 | 6762 |
| 老河口市 | | | 12483 | 22958 | 60 | 14408 | 7898 | 668 | 7530 | | 5910 |
| 襄阳区 | | | 3575 | 13581 | 10185 | 7233 | 4283 | 950 | 3098 | 235 | 2950 |
| 枣阳市 | | | 3620 | 30420 | 2650 | 22030 | 9610 | 120 | 9380 | 110 | 12420 |
| 宜城市 | | | 1058 | 7655 | 120 | 5439 | 3073 | 241 | 2812 | 20 | 2366 |
| 南漳县 | | | 600 | 2710 | 435 | 1350 | 1000 | 140 | 750 | 110 | 350 |
| 谷城县 | | | 785 | 3061 | 300 | 1506 | 1000 | 522 | 428 | 50 | 500 |
| 保康县 | | | 30 | 120 | 3 | 70 | 40 | 5 | | 35 | 30 |
| 农场小计 | | | | | | | | | | | |
| **鄂州市** | **2** | **15** | **15208** | **40516** | **26188** | **26723** | **22544** | **2582** | **19348** | **614** | **4179** |

续表

| | 渔业乡（个） | 渔业村（个） | 渔业户（户） | 渔业人口（人） | | 渔业劳动力（人） | | | | | |
|---|---|---|---|---|---|---|---|---|---|---|---|
| | | | | 小计 | 其中：传统渔民 | 合计 | 其中：专业劳动力 | | | | 兼业劳动力 |
| | | | | | | | 小计 | 捕捞 | 养殖 | 其它 | |
| **荆门市** | **3** | **50** | **47003** | **131223** | **67235** | **82869** | **71029** | **5559** | **62430** | **3040** | **11840** |
| 荆门市辖区 | | 2 | 14914 | 21472 | 11044 | 9661 | 8707 | 1634 | 6638 | 435 | 954 |
| 沙洋县 | 3 | 21 | 13140 | 43005 | 34630 | 28010 | 25920 | 1370 | 24000 | 550 | 2090 |
| 钟祥市 | | 27 | 7943 | 38376 | 1421 | 25808 | 20842 | 1255 | 19462 | 125 | 4966 |
| 京山县 | | | 9700 | 24450 | 18600 | 17330 | 14020 | 1300 | 10860 | 1860 | 3310 |
| 沙洋农场 | | | 1306 | 3920 | 1540 | 2060 | 1540 | | 1470 | 70 | 520 |
| **孝感市** | **1** | **38** | **32863** | **123439** | **85806** | **86131** | **59857** | **5686** | **50367** | **3804** | **26274** |
| 孝感市辖区 | | | 5568 | 15041 | 15891 | 14863 | 3511 | 1229 | 1111 | 1171 | 2082 |
| 孝昌县 | | | 4600 | 11800 | 9600 | | 6740 | 280 | 6350 | 110 | 2530 |
| 大悟县 | | | 2879 | 10974 | 2728 | 9754 | 3976 | | 3577 | 399 | 5778 |
| 安陆市 | | | 4380 | 20451 | 18400 | 18685 | 13675 | 348 | 12865 | 462 | 5010 |
| 云梦县 | | | 3142 | 11028 | 2720 | 7552 | 5039 | 326 | 4713 | | 2513 |
| 应城市 | | | 3725 | 16722 | 6250 | 10931 | 9692 | 805 | 8862 | 25 | 1239 |
| 汉川市 | 1 | 38 | 8569 | 37423 | 30217 | 24346 | 17224 | 2698 | 12889 | 1637 | 7122 |
| **黄冈市** | **1** | **34** | **51360** | **213433** | **109692** | **111645** | **71996** | **8615** | **58649** | **4732** | **39649** |
| 黄冈市辖区 | | | 1169 | 21195 | 8190 | 10261 | 8321 | 1233 | 6943 | 145 | 1940 |
| 团风县 | | 2 | 2377 | 8645 | 2000 | 4535 | 2915 | 340 | 2345 | 230 | 1620 |
| 红安县 | | | 2800 | 11800 | | 7600 | 2600 | 400 | 2200 | | 5000 |
| 麻城市 | | | 3090 | 12835 | | 7799 | 4723 | 210 | 4283 | 230 | 3076 |
| 罗田县 | | | 2300 | 8700 | 1320 | 3520 | 1320 | 180 | 1140 | | 2200 |
| 英山县 | | 19 | 1803 | 7272 | 3200 | 6325 | 2725 | 150 | 2455 | 120 | 3600 |
| 浠水县 | | | 15636 | 48412 | 31652 | 19721 | 12504 | 1232 | 11062 | 210 | 7217 |
| 蕲春县 | | 1 | 4727 | 15674 | 10512 | 14606 | 9366 | 755 | 8221 | 390 | 5240 |
| 武穴市 | | 1 | 6200 | 30000 | 18000 | 13000 | 9200 | 370 | 8700 | 130 | 3800 |
| 黄梅县 | 1 | 11 | 11258 | 48900 | 34818 | 24278 | 18322 | 3745 | 11300 | 3277 | 5956 |
| **咸宁市** | **12** | **40** | **13340** | **79420** | **19904** | **39727** | **18617** | **2876** | **15431** | **310** | **21110** |
| 咸安区 | 8 | 25 | 1188 | 5680 | 550 | 1621 | 1604 | 74 | 1480 | 50 | 17 |
| 嘉鱼县 | 1 | 6 | 8412 | 33630 | 4520 | 15350 | 6850 | 1100 | 5600 | 150 | 8500 |
| 赤壁市 | 3 | 9 | 3280 | 16170 | 12674 | 8092 | 2149 | 292 | 1787 | 70 | 5943 |
| 通城县 | | | 260 | 3800 | | 6500 | 4500 | | 4500 | | 2000 |
| 崇阳县 | | | | 15000 | | 5544 | 1294 | 110 | 1174 | 10 | 4250 |
| 通山县 | | | 200 | 5140 | 2160 | 2620 | 2220 | 1300 | 890 | 30 | 400 |
| **随州市** | | | **30603** | **96030** | **4200** | **42703** | **13445** | **1269** | **10876** | **1300** | **29258** |
| 曾都区 | | | 24103 | 72309 | | 28923 | 5319 | 269 | 5050 | | 23604 |
| 广水市 | | | 3500 | 16900 | 4500 | 12900 | 4600 | 1300 | 3000 | 300 | 8300 |
| **恩施州** | | | **3452** | **12250** | | **8563** | **3862** | **166** | **3696** | | **4701** |
| 恩施市 | | | 586 | 2421 | | 1040 | 430 | | 430 | | 610 |
| 建始县 | | | 95 | 395 | | 180 | 45 | | 45 | | 135 |
| 巴东县 | | | 102 | 359 | | 185 | 116 | 42 | 74 | | 69 |
| 利川市 | | | 600 | 2100 | | 1700 | 1100 | | 1100 | | 600 |
| 宣恩县 | | | 64 | 276 | | 314 | 180 | | 180 | | 134 |
| 咸丰县 | | | 463 | 1239 | | 692 | 20 | | 20 | | 672 |
| 来凤县 | | | 720 | 2350 | | 1630 | 850 | | 850 | | 780 |
| 鹤峰县 | | | 60 | 240 | | 60 | 10 | | 10 | | 50 |
| **仙桃市** | | **10** | **26385** | **108106** | **908** | **78424** | **67810** | **5023** | **60504** | **2283** | **10614** |
| **天门市** | | | **15933** | **52984** | **821** | **36851** | **31737** | **5197** | **25413** | **1127** | **5114** |
| **潜江市** | | | **10792** | **42716** | **25069** | **24758** | **19131** | **1986** | **16023** | **1122** | **5627** |
| **神农架林区** | | | | | | | | | | | |

# 渔业行业经济总产值

单位:万元

| | 渔业行业经济总产值 | | 一、渔业产值 | | 其中:水产苗种 | | 二产业产值小计 | | 三产业产值小计 | |
|---|---|---|---|---|---|---|---|---|---|---|
| | 产值合计 | 增加值合计 | 产值 | 增加值 | 产值小计 | 增加值小计 | 产值 | 增加值 | 产值 | 增加值 |
| **全省合计** | **3156022** | **1765518** | **2534798** | **1500108** | **181543** | **104095** | **192992** | **86805** | **428232** | **178606** |
| 武汉市 | 383898 | 239194 | 303272 | 191145 | 21913 | 15991 | 18086 | 10511 | 62540 | 37538 |
| 武汉市辖区 | 146563 | 91187 | 90479 | 59054 | 62 | 22 | 7145 | 3425 | 48939 | 28709 |
| 蔡甸区 | 87834 | 53727 | 79364 | 48412 | 5916 | 4159 | 2100 | 1302 | 6370 | 4013 |
| 江夏区 | 65732 | 40233 | 55915 | 34108 | 8072 | 6381 | 5941 | 3683 | 3876 | 2442 |
| 黄陂区 | 47909 | 31258 | 43034 | 27848 | 2985 | 1857 | 2000 | 1381 | 2875 | 2029 |
| 新洲区 | 35860 | 22788 | 34480 | 21723 | 4877 | 3573 | 900 | 720 | 480 | 346 |
| **黄石市** | **103458** | **61267** | **88510** | **53202** | **5792** | **2692** | **6655** | **3208** | **8293** | **4857** |
| 黄石市辖区 | 4022 | 3300 | 3321 | 1153 | 300 | 90 | | | 701 | 2147 |
| 大冶市 | 51963 | 30009 | 41610 | 25406 | 3329 | 1641 | 6320 | 3098 | 4033 | 1505 |
| 阳新县 | 47473 | 27958 | 43579 | 26643 | 2163 | 961 | 335 | 110 | 3559 | 1205 |
| **十堰市** | **30490** | **13983** | **23066** | **10900** | **809** | **446** | **2900** | **960** | **4524** | **2123** |
| 十堰市辖区 | 762 | 1571 | 597 | 358 | | | | | 165 | 1213 |
| 丹江口市 | 25627 | 10913 | 18807 | 9133 | 320 | 205 | 2900 | 960 | 3920 | 820 |
| 郧　县 | 2322 | 902 | 2235 | 863 | 406 | 223 | | | 87 | 39 |
| 郧西县 | 145 | 88 | 145 | 88 | 3 | 1 | | | | |
| 竹山县 | 210 | 132 | 208 | 131 | 8 | 4 | | | 2 | 1 |
| 竹溪县 | 610 | 170 | 260 | 120 | 50 | 10 | | | 350 | 50 |
| 房　县 | 814 | 207 | 814 | 207 | 22 | 3 | | | | |
| **荆州市** | **682194** | **362444** | **540521** | **316106** | **40395** | **19988** | **25744** | **9091** | **115929** | **37247** |
| 荆州市辖区 | 106390 | 87244 | 92028 | 55717 | 4380 | 4288 | 2200 | 4160 | 12162 | 27367 |
| 江陵县 | 21653 | 12761 | 21653 | 12761 | 135 | 86 | | | | |
| 松滋市 | 15516 | 9048 | 15516 | 9048 | 204 | 98 | | | | |
| 公安县 | 56832 | 30021 | 45855 | 28385 | 406 | 226 | 2460 | 497 | 8517 | 1139 |
| 石首市 | 46310 | 27914 | 45110 | 27174 | 1200 | 750 | 1200 | 740 | | |
| 监利县 | 217745 | 74461 | 114611 | 67026 | 6070 | 3340 | 11884 | 2694 | 91250 | 4741 |
| 洪湖市 | 217748 | 120996 | 205748 | 115996 | 28000 | 11200 | 8000 | 1000 | 4000 | 4000 |
| **宜昌市** | **116573** | **54087** | **93681** | **46315** | **11083** | **6630** | **11500** | **3795** | **11392** | **3977** |
| 宜昌市辖区 | 10347 | 3034 | 2426 | 918 | 50 | 30 | | | 7921 | 2116 |
| 夷陵区 | 6232 | 2231 | 5812 | 1968 | 630 | 420 | | | 420 | 263 |
| 宜都市 | 6949 | 3866 | 5849 | 3566 | 540 | 321 | 650 | 130 | 450 | 170 |
| 枝江市 | 43499 | 18298 | 32848 | 14165 | 3315 | 1955 | 8050 | 2705 | 2601 | 1428 |
| 当阳市 | 36207 | 19623 | 35407 | 19463 | 3500 | 2064 | 800 | 160 | | |
| 远安县 | 1676 | 875 | 1676 | 875 | 43 | 25 | | | | |
| 兴山县 | 209 | 86 | 209 | 86 | | | | | | |
| 秭归县 | 631 | 310 | 631 | 310 | 5 | 3 | | | | |
| 长阳县 | 10738 | 5724 | 8738 | 4924 | 3000 | 1812 | 2000 | 800 | | |
| 五峰县 | 85 | 40 | 85 | 40 | | | | | | |
| **襄樊市** | **119141** | **56630** | **109296** | **51752** | **11445** | **5445** | **883** | **387** | **8962** | **4492** |
| 襄樊市辖区 | 8007 | 5004 | 6911 | 4434 | 335 | 667 | | | 1096 | 571 |
| 老河口市 | 17990 | 8804 | 16511 | 8166 | 1314 | 657 | 323 | 185 | 1156 | 453 |
| 襄阳区 | 29446 | 14704 | 28066 | 13876 | 1918 | 863 | | | 1380 | 828 |
| 枣阳市 | 29845 | 12433 | 27175 | 11222 | 2486 | 112 | 560 | 202 | 2110 | 1010 |
| 宜城市 | 20351 | 9480 | 17151 | 7860 | 2840 | 1420 | | | 3200 | 1620 |
| 南漳县 | 6103 | 2888 | 6103 | 2888 | 1842 | 1421 | | | | |
| 谷城县 | 6928 | 3104 | 6908 | 3094 | 710 | 305 | | | 20 | 10 |
| 保康县 | 214 | 96 | 214 | 96 | | | | | | |
| 农场小计 | 257 | 116 | 257 | 116 | | | | | | |
| **鄂州市** | **260325** | **154515** | **142853** | **103213** | **732** | **512** | **53960** | **26506** | **63512** | **24796** |

续表

单位:万元

| | 渔业行业经济总产值 | | 一、渔业产值 | | 其中:水产苗种 | | 二产业产值小计 | | 三产业产值小计 | |
|---|---|---|---|---|---|---|---|---|---|---|
| | 产值合计 | 增加值合计 | 产值 | 增加值 | 产值小计 | 增加值小计 | 产值 | 增加值 | 产值 | 增加值 |
| **荆门市** | **208326** | **132366** | **190955** | **123396** | **4794** | **3356** | **7802** | **4048** | **9570** | **4922** |
| 荆门市辖区 | 22726 | 13953 | 16384 | 10768 | 836 | 586 | 2537 | 1242 | 3805 | 1943 |
| 沙洋县 | 84348 | 53633 | 80702 | 51909 | 1281 | 897 | 2158 | 1055 | 1489 | 669 |
| 钟祥市 | 62714 | 40185 | 58668 | 38015 | 1711 | 1198 | 2420 | 1450 | 1626 | 720 |
| 京山县 | 33949 | 21637 | 30612 | 19746 | 622 | 435 | 687 | 301 | 2650 | 1590 |
| 沙洋农场 | 4590 | 2958 | 4590 | 2958 | 344 | 241 | | | | |
| **孝感市** | **333507** | **148632** | **263782** | **121065** | **16411** | **10875** | **6220** | **1736** | **63505** | **25831** |
| 孝感市辖区 | 63786 | 45696 | 40546 | 26756 | 560 | 480 | 50 | 40 | 23190 | 18900 |
| 孝昌县 | 13662 | 9698 | 13252 | 9591 | 432 | 373 | | | 410 | 107 |
| 大悟县 | 16010 | 10286 | 15615 | 10126 | 2317 | 1158 | 78 | 54 | 317 | 107 |
| 安陆市 | 23789 | 14273 | 23789 | 14273 | 972 | 583 | | | | |
| 云梦县 | 40095 | 17450 | 22552 | 13606 | 1670 | 985 | 540 | 243 | 17003 | 3601 |
| 应城市 | 61689 | 21561 | 58909 | 20618 | 500 | 175 | 1980 | 633 | 800 | 310 |
| 汉川市 | 114477 | 29668 | 89120 | 26096 | 9960 | 7120 | 3572 | 766 | 21785 | 2806 |
| **黄冈市** | **307958** | **175951** | **272426** | **160682** | **25003** | **15096** | **17250** | **7814** | **18282** | **7455** |
| 黄冈市辖区 | 21102 | 11998 | 18552 | 11169 | 727 | 1632 | 1670 | 660 | 3050 | 911 |
| 团风县 | 12815 | 6242 | 10645 | 5500 | 758 | 455 | 80 | 40 | 490 | 225 |
| 红安县 | 6104 | 3008 | 5534 | 2743 | 913 | 516 | 1600 | 800 | 1550 | 465 |
| 麻城市 | 22485 | 11200 | 19335 | 9935 | 2010 | 1005 | | | 39 | 12 |
| 罗田县 | 4184 | 2074 | 4145 | 2062 | 280 | 130 | 58 | 29 | 131 | 54 |
| 英山县 | 4621 | 2016 | 4432 | 1933 | 520 | 261 | 5984 | 2420 | 3162 | 1357 |
| 浠水县 | 63193 | 36205 | 54047 | 32428 | 5958 | 3575 | 1900 | 1100 | 2100 | 1040 |
| 蕲春县 | 56143 | 32846 | 52143 | 30706 | 4800 | 2300 | 850 | 300 | 3500 | 1500 |
| 武穴市 | 34508 | 20896 | 30158 | 19096 | 1992 | 996 | 5108 | 2465 | 4260 | 1891 |
| 黄梅县 | 82803 | 49466 | 73435 | 45110 | 7045 | 4227 | | | | |
| **咸宁市** | **137672** | **88333** | **127175** | **84014** | **8828** | **5293** | **2780** | **1463** | **7717** | **2856** |
| 咸安区 | 23361 | 13853 | 18871 | 12097 | 2000 | 1000 | 2780 | 1463 | 7717 | 2856 |
| 嘉鱼县 | 70284 | 47297 | 67714 | 46176 | 4998 | 2998 | | | | |
| 赤壁市 | 31112 | 18576 | 28912 | 17669 | 730 | 440 | | | | |
| 通城县 | 2163 | 1454 | 2126 | 1424 | 350 | 245 | | | | |
| 崇阳县 | 6595 | 4556 | 6395 | 4406 | 700 | 580 | | | | |
| 通山县 | 4157 | 2597 | 3157 | 2242 | 50 | 30 | | | | |
| **随州市** | **57733** | **44262** | **49958** | **39335** | **2005** | **950** | **570** | **350** | **7205** | **4577** |
| 曾都区 | 36211 | 27576 | 29402 | 23776 | 805 | 320 | 200 | 150 | 550 | 355 |
| 广水市 | 21306 | 16064 | 20556 | 15559 | 1200 | 630 | 370 | 200 | 6655 | 4222 |
| **恩施州** | **10302** | **5201** | **5559** | **3438** | **958** | **575** | | | **4743** | **1763** |
| 恩施市 | 262 | 649 | 695 | 429 | 130 | 78 | | | 143 | 60 |
| 建始县 | 301 | 118 | 126 | 78 | 19 | 11 | | | 275 | 62 |
| 巴东县 | 474 | 187 | 199 | 125 | 27 | 16 | | | 1007 | 387 |
| 利川市 | 5154 | 2008 | 2147 | 1321 | 387 | 232 | | | 437 | 99 |
| 宣恩县 | 751 | 295 | 315 | 196 | 48 | 29 | | | 623 | 140 |
| 咸丰县 | 1076 | 427 | 453 | 287 | 40 | 24 | | | 2141 | 987 |
| 来凤县 | 2078 | 1435 | 1537 | 948 | 297 | 178 | | | 119 | 27 |
| 鹤峰县 | 205 | 81 | 87 | 55 | 11 | 6 | | | | |
| **仙桃市** | **237059** | **153868** | **194081** | **132463** | **21362** | **11181** | **21180** | **10451** | **21798** | **10954** |
| **天门市** | **78727** | **21575** | **63883** | **16971** | **5263** | **2316** | **2462** | **985** | **12381** | **3620** |
| **潜江市** | **88660** | **54210** | **65780** | **46110** | **4750** | **2750** | **15000** | **5500** | **7880** | **2600** |
| **神农架林区** | | | | | | | | | | |

# 渔业二产业产值分类

单位:万元

| | 水产品加工 | | 渔用机械制造 | | 渔用饲料 | | 渔用药物 | | 建　筑 | | 其　它 | |
|---|---|---|---|---|---|---|---|---|---|---|---|---|
| | 产值 | 增加值 | 产值 | 增加值 | 产值 | 增加值 | 产值 | 增加值 | 产值 | 增加值 | 产值 | 增加值 |
| **全省合计** | **153466** | **70395** | **5731** | **2938** | **16867** | **6350** | **3017** | **1445** | **11754** | **4526** | **2157** | **1150** |
| 武汉市 | 14746 | 8635 | | | | | | | 2990 | 1638 | 350 | 238 |
| 武汉市辖区 | 4955 | 2330 | | | | | | | 2190 | 1095 | | |
| 蔡甸区 | 900 | 720 | | | | | | | | | | |
| 江夏区 | 2100 | 1302 | | | | | | | | | | |
| 黄陂区 | 850 | 600 | | | | | | | 800 | 543 | 350 | 238 |
| 新洲区 | 5941 | 3683 | | | | | | | | | | |
| **黄石市** | **6355** | **3088** | | | **300** | **120** | | | | | | |
| 黄石市辖区 | | | | | | | | | | | | |
| 大冶市 | 6020 | 2978 | | | 300 | 120 | | | | | | |
| 阳新县 | 335 | 110 | | | | | | | | | | |
| **十堰市** | **2350** | **830** | **550** | **130** | | | | | | | | |
| 十堰市辖区 | | | | | | | | | | | | |
| 丹江口市 | 2350 | 830 | 550 | 130 | | | | | | | | |
| 郧　县 | | | | | | | | | | | | |
| 郧西县 | | | | | | | | | | | | |
| 竹山县 | | | | | | | | | | | | |
| 竹溪县 | | | | | | | | | | | | |
| 房　县 | | | | | | | | | | | | |
| **荆州市** | **23204** | **8226** | **20** | **6** | **1910** | **493** | **610** | **366** | | | | |
| 荆州市辖区 | 1000 | 3600 | | | 1100 | 320 | 100 | 240 | | | | |
| 江陵县 | | | | | | | | | | | | |
| 松滋市 | | | | | | | | | | | | |
| 公安县 | 1220 | 232 | 20 | 6 | 710 | 133 | 510 | 126 | | | | |
| 石首市 | 1100 | 700 | | | 100 | 40 | | | | | | |
| 监利县 | 11884 | 2694 | | | | | | | | | | |
| 洪湖市 | 8000 | 1000 | | | | | | | | | | |
| **宜昌市** | **8000** | **3200** | | | **1700** | **235** | | | **1800** | **360** | | |
| 宜昌市辖区 | | | | | | | | | | | | |
| 夷陵区 | | | | | | | | | | | | |
| 宜都市 | | | | | 650 | 130 | | | | | | |
| 枝江市 | 6000 | 2400 | | | 1050 | 105 | | | 1000 | 200 | | |
| 当阳市 | | | | | | | | | 800 | 160 | | |
| 远安县 | | | | | | | | | | | | |
| 兴山县 | | | | | | | | | | | | |
| 秭归县 | | | | | | | | | | | | |
| 长阳县 | 2000 | 800 | | | | | | | | | | |
| 五峰县 | | | | | | | | | | | | |
| **襄樊市** | **660** | **320** | **3** | **1** | **120** | **36** | **20** | **4** | **60** | **18** | **20** | **8** |
| 襄樊市辖区 | | | | | | | | | | | | |
| 老河口市 | 300 | 180 | 3 | 1 | | | 20 | 4 | | | | |
| 襄阳区 | | | | | | | | | | | | |
| 枣阳市 | 360 | 140 | | | 120 | 36 | | | 60 | 18 | 20 | 8 |
| 宜城市 | | | | | | | | | | | | |
| 南漳县 | | | | | | | | | | | | |
| 谷城县 | | | | | | | | | | | | |
| 保康县 | | | | | | | | | | | | |
| 农场小计 | | | | | | | | | | | | |
| **鄂州市** | **49174** | **24831** | | | **2400** | **720** | | | **1266** | **380** | **1120** | **575** |

续表 单位:万元

| | 水产品加工 | | 渔用机械制造 | | 渔用饲料 | | 渔用药物 | | 建　筑 | | 其　它 | |
|---|---|---|---|---|---|---|---|---|---|---|---|---|
| | 产值 | 增加值 | 产值 | 增加值 | 产值 | 增加值 | 产值 | 增加值 | 产值 | 增加值 | 产值 | 增加值 |
| **荆门市** | **4702** | **2618** | | | **1400** | **680** | **1700** | **750** | | | | |
| 荆门市辖区 | 837 | 492 | | | | | 1700 | 750 | | | | |
| 沙洋县 | 1178 | 565 | | | 980 | 490 | | | | | | |
| 钟祥市 | 2420 | 1450 | | | | | | | | | | |
| 京山县 | 267 | 111 | | | 420 | 190 | | | | | | |
| 沙洋农场 | | | | | | | | | | | | |
| **孝感市** | **4090** | **1303** | **460** | **15** | **782** | **180** | | | **861** | **220** | **27** | **18** |
| 孝感市辖区 | 50 | 40 | | | | | | | | | | |
| 孝昌县 | | | | | | | | | | | | |
| 大悟县 | | | | | | | | | 51 | 36 | 27 | 18 |
| 安陆市 | | | | | | | | | | | | |
| 云梦县 | 540 | 243 | | | | | | | | | | |
| 应城市 | 1200 | 420 | | | 600 | 150 | | | 180 | 63 | | |
| 汉川市 | 2300 | 600 | 460 | 15 | 182 | 30 | | | 630 | 121 | | |
| **黄冈市** | **15380** | **7199** | **108** | **40** | **1205** | **349** | **287** | **115** | | | **270** | **111** |
| 黄冈市辖区 | 350 | 180 | | | | | | | | | 200 | 80 |
| 团风县 | 320 | 160 | | | 800 | 240 | | | | | | |
| 红安县 | 80 | 40 | | | | | | | | | | |
| 麻城市 | 1600 | 800 | | | | | | | | | | |
| 罗田县 | | | | | | | | | | | | |
| 英山县 | 58 | 29 | | | | | | | | | | |
| 浠水县 | 5430 | 2215 | | | 197 | 59 | 287 | 115 | | | 70 | 31 |
| 蕲春县 | 1900 | 1100 | | | | | | | | | | |
| 武穴市 | 850 | 300 | | | | | | | | | | |
| 黄梅县 | 4792 | 2375 | 108 | 40 | 208 | 50 | | | | | | |
| **咸宁市** | **2680** | **1401** | | | **100** | **62** | | | | | | |
| 咸安区 | | | | | | | | | | | | |
| 嘉鱼县 | 1230 | 861 | | | | | | | | | | |
| 赤壁市 | 1100 | 435 | | | 100 | 62 | | | | | | |
| 通城县 | | | | | | | | | | | | |
| 崇阳县 | | | | | | | | | | | | |
| 通山县 | 350 | 105 | | | | | | | | | | |
| **随州市** | **200** | **150** | | | | | | | | | **370** | **200** |
| 曾都区 | | | | | | | | | | | 370 | 200 |
| 广水市 | 200 | 150 | | | | | | | | | | |
| **恩施州** | | | | | | | | | | | | |
| 恩施市 | | | | | | | | | | | | |
| 建始县 | | | | | | | | | | | | |
| 巴东县 | | | | | | | | | | | | |
| 利川市 | | | | | | | | | | | | |
| 宣恩县 | | | | | | | | | | | | |
| 咸丰县 | | | | | | | | | | | | |
| 来凤县 | | | | | | | | | | | | |
| 鹤峰县 | | | | | | | | | | | | |
| **仙桃市** | **5440** | **2500** | **4590** | **2746** | **6950** | **3475** | **400** | **210** | **3800** | **1520** | | |
| **天门市** | **1486** | **594** | | | | | | | **977** | **391** | | |
| **潜江市** | **15000** | **5500** | | | | | | | | | | |
| **神农架林区** | | | | | | | | | | | | |

# 渔业三产业产值分类

单位:万元

| | 水产流通 | | 水产(仓储)运输 | | 休闲渔业 | | 其　它 | |
|---|---|---|---|---|---|---|---|---|
| | 产　值 | 增加值 | 产　值 | 增加值 | 产　值 | 增加值 | 产　值 | 增加值 |
| **全省合计** | **273706** | **96592** | **26832** | **11042** | **101935** | **56920** | **25759** | **15052** |
| 武汉市 | 6154 | 4033 | 2588 | 1642 | 31972 | 18767 | 21826 | 13097 |
| 武汉市辖区 | 15 | 10 | 44 | 25 | 27054 | 15577 | 21826 | 13097 |
| 蔡甸区 | 2660 | 1676 | 450 | 284 | 3260 | 2054 | | |
| 江夏区 | 1249 | 787 | 1904 | 1200 | 723 | 455 | | |
| 黄陂区 | 2230 | 1560 | 190 | 134 | 455 | 335 | | |
| 新洲区 | | | | | 480 | 346 | | |
| **黄石市** | **6135** | **3834** | **370** | **176** | **1788** | **847** | | |
| 黄石市辖区 | | | | | 701 | 147 | | |
| 大冶市 | 3188 | 1956 | | | 845 | 549 | | |
| 阳新县 | 2947 | 1878 | 370 | 176 | 242 | 151 | | |
| **十堰市** | **3102** | **1591** | **270** | **50** | **1000** | **431** | **152** | **51** |
| 十堰市辖区 | | | | | 165 | 213 | | |
| 丹江口市 | 2700 | 1520 | 270 | 50 | 800 | 200 | 150 | 50 |
| 郧　县 | 52 | 21 | | | 35 | 18 | | |
| 郧西县 | | | | | | | | |
| 竹山县 | | | | | | | 2 | 1 |
| 竹溪县 | 350 | 50 | | | | | | |
| 房　县 | | | | | | | | |
| **荆州市** | **99767** | **29388** | **3662** | **359** | **12500** | **7500** | | |
| 荆州市辖区 | | | | | 12162 | 7367 | | |
| 江陵县 | | | | | | | | |
| 松滋市 | | | | | | | | |
| 公安县 | 4517 | 647 | 3662 | 359 | 338 | 133 | | |
| 石首市 | | | | | | | | |
| 监利县 | 91250 | 24741 | | | | | | |
| 洪湖市 | 4000 | 4000 | | | | | | |
| **宜昌市** | **6300** | **2415** | **1616** | **156** | **785** | **423** | **170** | **107** |
| 宜昌市辖区 | 4000 | 1000 | 1000 | 80 | 400 | 160 | | |
| 夷陵区 | 130 | 75 | | | 180 | 120 | 110 | 68 |
| 宜都市 | 400 | 150 | | | 50 | 20 | | |
| 枝江市 | 1770 | 1190 | 616 | 76 | 155 | 123 | 60 | 39 |
| 当阳市 | | | | | | | | |
| 远安县 | | | | | | | | |
| 兴山县 | | | | | | | | |
| 秭归县 | | | | | | | | |
| 长阳县 | | | | | | | | |
| 五峰县 | | | | | | | | |
| **襄樊市** | **5316** | **2418** | **1456** | **833** | **2140** | **1211** | **50** | **30** |
| 襄樊市辖区 | 1000 | 514 | 6 | 3 | 90 | 54 | | |
| 老河口市 | 656 | 212 | 100 | 40 | 400 | 201 | | |
| 襄阳区 | 300 | 180 | 350 | 210 | 680 | 408 | 50 | 30 |
| 枣阳市 | 1360 | 612 | 100 | 40 | 650 | 358 | | |
| 宜城市 | 2000 | 900 | 900 | 540 | 300 | 180 | | |
| 南漳县 | | | | | | | | |
| 谷城县 | | | | | 20 | 10 | | |
| 保康县 | | | | | | | | |
| 农场小计 | | | | | | | | |
| **鄂州市** | **42832** | **12849** | **7680** | **4147** | **13000** | **7800** | | |

续表 单位:万元

| | 水产流通 | | 水产(仓储)运输 | | 休闲渔业 | | 其　它 | |
|---|---|---|---|---|---|---|---|---|
| | 产　值 | 增加值 | 产　值 | 增加值 | 产　值 | 增加值 | 产　值 | 增加值 |
| **荆门市** | **6053** | **3105** | | | **2517** | **1416** | | |
| 荆门市辖区 | 2010 | 1136 | | | 795 | 407 | | |
| 沙洋县 | 1123 | 449 | | | 366 | 219 | | |
| 钟祥市 | 1320 | 560 | | | 306 | 160 | | |
| 京山县 | 1600 | 960 | | | 1050 | 630 | | |
| 沙洋农场 | | | | | | | | |
| **孝感市** | **54100** | **10733** | **1450** | **175** | **1704** | **831** | **250** | **92** |
| 孝感市辖区 | 16580 | 4680 | | | 480 | 170 | 130 | 50 |
| 孝昌县 | 410 | 107 | | | | | | |
| 大悟县 | 270 | 89 | | | 21 | 10 | 25 | 8 |
| 安陆市 | | | | | | | | |
| 云梦县 | 16500 | 3300 | | | 503 | 301 | | |
| 应城市 | 450 | 157 | 100 | 35 | 200 | 100 | 50 | 18 |
| 汉川市 | 19890 | 2400 | 1350 | 140 | 500 | 250 | 45 | 16 |
| **黄冈市** | **7590** | **2259** | **1075** | **273** | **7596** | **3774** | **2021** | **1149** |
| 黄冈市辖区 | 1200 | 257 | | | 800 | 312 | | |
| 团风县 | 700 | 150 | | | 250 | 132 | 100 | 60 |
| 红安县 | 150 | 55 | | | 240 | 120 | 100 | 50 |
| 麻城市 | 1100 | 330 | 80 | 24 | 370 | 111 | | |
| 罗田县 | 14 | 3 | | | 25 | 9 | | |
| 英山县 | 31 | 8 | | | 100 | 46 | | |
| 浠水县 | 476 | 95 | 595 | 89 | 1110 | 584 | 981 | 589 |
| 蕲春县 | 900 | 540 | | | 1200 | 500 | | |
| 武穴市 | 1500 | 300 | | | 2000 | 1200 | | |
| 黄梅县 | 1519 | 521 | 400 | 160 | 1501 | 760 | 840 | 450 |
| **咸宁市** | **5995** | **1833** | **50** | **30** | **1542** | **967** | **130** | **26** |
| 咸安区 | 3240 | 1048 | | | 1120 | 682 | 130 | 26 |
| 嘉鱼县 | 1340 | 260 | | | | | | |
| 赤壁市 | 915 | 375 | | | 85 | 35 | | |
| 通城县 | | | | | 37 | 30 | | |
| 崇阳县 | | | | | 200 | 150 | | |
| 通山县 | 500 | 150 | 50 | 30 | 100 | 70 | | |
| **随州市** | **4416** | **2530** | **60** | **25** | **2513** | **1400** | | |
| 曾都区 | 4256 | 2400 | | | 2183 | 1200 | | |
| 广水市 | 160 | 130 | 60 | 25 | 330 | 200 | | |
| **恩施州** | **3671** | **1334** | | | **1072** | **429** | | |
| 恩施市 | 34 | 17 | | | 133 | 53 | | |
| 建始县 | 151 | 50 | | | 24 | 10 | | |
| 巴东县 | 239 | 78 | | | 36 | 14 | | |
| 利川市 | 1577 | 615 | | | 430 | 172 | | |
| 宣恩县 | 378 | 76 | | | 59 | 24 | | |
| 咸丰县 | 544 | 109 | | | 79 | 31 | | |
| 来凤县 | 645 | 369 | | | 296 | 118 | | |
| 鹤峰县 | 104 | 21 | | | 15 | 6 | | |
| **仙桃市** | **12738** | **6085** | **6175** | **3086** | **2325** | **1393** | **560** | **390** |
| **天门市** | **7137** | **1784** | | | **5244** | **1836** | | |
| **潜江市** | **2400** | **400** | **380** | **90** | **4500** | **2000** | **600** | **110** |
| **神农架林区** | | | | | | | | |

# 饲 料 投 入 情 况

单位:面积－公顷;产量－万吨

| | 旱地青饲料种植 | | 湖地底青饲料种植 | | 肥料、饲料投喂数量 | | | |
|---|---|---|---|---|---|---|---|---|
| | 面 积 | 产 量 | 面 积 | 产 量 | 精饲料 | 颗粒饲料 | 无机肥 | 其 它 |
| **全省合计** | **56557** | **546** | **32547** | **256** | **179** | **100** | **162** | **140** |
| 武汉市 | 9311 | 54 | 6322 | 69 | 21 | 14 | 29 | 8 |
| 武汉市辖区 | 2299 | 21 | 471 | 2 | 6 | 5 | 3 | 2 |
| 蔡甸区 | 1600 | 6 | 3000 | 9.0 | 5.0 | 4.0 | 3.0 | 4.0 |
| 江夏区 | 1227 | 3 | 633 | 1.6 | 2.8 | 2.5 | 4.4 | 0.5 |
| 黄陂区 | 1485 | 4 | 1418 | 8.0 | 3.0 | 2.0 | 18.0 | 2.0 |
| 新洲区 | 2700 | 20 | 800 | 48.0 | 4.0 | 1.0 | 1.0 | |
| **黄石市** | **2271** | **12** | **4852** | **16** | **4** | **2** | **4** | **5** |
| 黄石市辖区 | 41 | 0.2 | 12 | 0.1 | 0.1 | 0.2 | | |
| 大冶市 | 1200 | 8 | 1340 | 4 | 3 | 1 | 2 | 3 |
| 阳新县 | 1030 | 4 | 3500 | 12 | 1 | 1 | 2 | 2 |
| **十堰市** | **87** | **152** | | | **2** | | **46** | **61** |
| 十堰市辖区 | 20 | 150 | | | | | 10 | 60 |
| 丹江口市 | 67 | 2 | | | 2 | | 1 | 1 |
| 郧 县 | | | | | | | | |
| 郧西县 | | | | | | | 35 | |
| 竹山县 | | | | | | | | |
| 竹溪县 | | | | | | | | |
| 房 县 | | | | | | | | |
| **荆州市** | **8857** | **71** | **1474** | **5** | **42** | **14** | **16** | **29** |
| 荆州市辖区 | 700 | 3 | | | 7 | 6 | 2 | 2 |
| 江陵县 | 401 | 3 | | | 3 | 2 | 1 | |
| 松滋市 | 58 | 1 | 15 | | 2 | 1 | 3 | 1 |
| 公安县 | 1518 | 15 | 272 | 2 | 3 | 1 | 3 | 1 |
| 石首市 | 400 | 1 | 867 | 1 | 1 | 1 | 1 | |
| 监利县 | 1780 | 19 | 260 | 1 | 7 | 1 | 3 | 11 |
| 洪湖市 | 4000 | 29 | 60 | 1 | 19 | 2 | 3 | 14 |
| **宜昌市** | **943** | **1** | **130** | **1** | **4** | **6** | **7** | **2** |
| 宜昌市辖区 | | | | 1 | | | | |
| 夷陵区 | 28 | 0.3 | | | 0.6 | 0.2 | 0.4 | 0.6 |
| 宜都市 | | | | | 1.0 | 1.0 | 1.0 | |
| 枝江市 | 55 | 0.2 | 10 | | 0.1 | 2.5 | 1.5 | 0.8 |
| 当阳市 | 720 | 0.6 | | | 1.9 | 1.4 | 4.4 | |
| 远安县 | 140 | 0.4 | 120 | | | 0.9 | 0.2 | 0.9 |
| 兴山县 | | | | | | | | |
| 秭归县 | | | | | | 0.03 | | |
| 长阳县 | | | | | | | | |
| 五峰县 | | | | | | | | |
| **襄樊市** | **1835** | **31** | **300** | **2** | **6** | **3** | **7** | **10** |
| 襄樊市辖区 | 180 | 3 | | | | | | 1 |
| 老河口市 | 530 | 16 | | | 0.2 | 0.1 | 0.5 | 0.5 |
| 襄阳区 | 330 | 4 | | | 1 | 1 | 2 | 1 |
| 枣阳市 | 380 | 5 | 150 | 1 | 3 | | 2 | 6 |
| 宜城市 | 55 | | | | 2 | 1 | 1 | 1 |
| 南漳县 | 100 | 1 | | | 0.2 | | 1 | 1 |
| 谷城县 | 260 | 3 | 150 | 1 | 0.1 | 0.01 | 1 | 1 |
| 保康县 | | | | | | | | |
| 农场小计 | | | | | | | | |
| **鄂州市** | **4500** | **27** | **2033** | **57** | **28** | **23** | **5** | |

续表

单位：面积－公顷；产量－万吨

| | 旱地青饲料种植 | | 湖池底青饲料种植 | | 肥料、饲料投喂数量 | | | |
|---|---|---|---|---|---|---|---|---|
| | 面　积 | 产　量 | 面　积 | 产　量 | 精饲料 | 颗粒饲料 | 无机肥 | 其　它 |
| **荆门市** | **3657** | **16** | **1289** | **1** | **15** | **2** | **9** | **3** |
| 荆门市辖区 | 718 | 1 | 747 | | 1 | 1 | 1 | 1 |
| 沙洋县 | 570 | 0.8 | 120 | 0.01 | 1.0 | 0.7 | 0.7 | 0.3 |
| 钟祥市 | 1422 | 9.3 | 226 | 0.5 | 9.0 | 0.5 | 4.6 | |
| 京山县 | 827 | 4.3 | 188 | 0.6 | 3.5 | 0.2 | 2.6 | 1.9 |
| 沙洋农场 | 120 | 0.6 | 8 | 0.02 | 0.7 | | 0.4 | 0.1 |
| **孝感市** | **9586** | **73** | **7104** | **43.0** | **17.0** | **3.0** | **18.0** | **11.0** |
| 孝感市辖区 | 2133 | 7 | 1667 | 1 | 3 | 1 | 2 | 5 |
| 孝昌县 | 200 | 3 | | | 2 | | | |
| 大悟县 | 1200 | 7 | 110 | 1 | 1 | | | |
| 安陆市 | 667 | 15 | | | 3 | | 1 | 2 |
| 云梦县 | 520 | 4 | 260 | 1 | 1 | | 1 | 2 |
| 应城市 | 1200 | 30 | 267 | 4 | 1 | 1 | 1 | 2 |
| 汉川市 | 3666 | 7 | 4800 | 36 | 6 | 1 | 13 | |
| **黄冈市** | **4655** | **34** | **6680** | **48** | **9** | **9** | **5** | **8** |
| 黄冈市辖区 | 300 | 3 | 500 | 4 | 2 | 0.1 | 0.3 | 0.5 |
| 团风县 | 150 | 1 | 200 | 2 | 1 | 0.1 | 0.3 | 0.1 |
| 红安县 | 80 | 1 | | | 0.1 | | 0.2 | 0.1 |
| 麻城市 | 35 | 0.2 | | | 0.2 | | 0.4 | 0.9 |
| 罗田县 | 240 | 2.0 | | | 0.1 | | 1 | 1 |
| 英山县 | 20 | | | | | | 1 | 0 |
| 浠水县 | 1230 | 9 | 1280 | 9 | 2 | 3 | 1 | 2 |
| 蕲春县 | 667 | 5 | 1500 | 11 | 1 | 2 | 1 | 1 |
| 武穴市 | 533 | 4 | 1200 | 8 | 1 | | 0 | 1 |
| 黄梅县 | 1400 | 10 | 2000 | 14 | 2 | 3 | 1 | 2 |
| **咸宁市** | **3912** | **35** | **1308** | **11** | **7** | **1** | **4** | **2** |
| 咸安区 | 665 | 4 | 135 | 2 | 1 | | 1 | |
| 嘉鱼县 | 820 | 12 | 423 | 4 | 5 | 1 | 2 | 1 |
| 赤壁市 | 1067 | 7 | 600 | 4 | 1 | | 1 | |
| 通城县 | 470 | 4 | | | | | | |
| 崇阳县 | 756 | 7 | 150 | 1 | | | | |
| 通山县 | 134 | 1 | | | | | | 1 |
| **随州市** | **276** | **1** | | | **2** | | **10** | |
| 曾都区 | 276 | 1 | | | 2 | | 10 | |
| 广水市 | | | | | | | | |
| **恩施州** | | | | | | | | |
| 恩施市 | | | | | | | | |
| 建始县 | | | | | | | | |
| 巴东县 | | | | | | | | |
| 利川市 | | | | | | | | |
| 宣恩县 | | | | | | | | |
| 咸丰县 | | | | | | | | |
| 来凤县 | | | | | | | | |
| 鹤峰县 | | | | | | | | |
| **仙桃市** | **5400** | **35** | **1055** | **3** | **22** | **23** | **2** | |
| **天门市** | **1267** | **4** | | | **1** | **1** | | |
| **潜江市** | | | | | | | | |
| **神农架林区** | | | | | | | | |

# 水产重点县基本情况

单位:公斤/公顷

| 重点县(市) | 水产品产量(吨) | | | 养殖面积(公顷) | 主要养殖水面养殖单产 | 重点县(市) | 水产品产量(吨) | | | 养殖面积(公顷) | 主要养殖水面养殖单产 | 重点县(市) | 水产品产量(吨) | | | 养殖面积(公顷) | 主要养殖水面养殖单产 |
|---|---|---|---|---|---|---|---|---|---|---|---|---|---|---|---|---|---|
| | 合计 | 养殖产量 | 捕捞产量 | | | | 合计 | 养殖产量 | 捕捞产量 | | | | 合计 | 养殖产量 | 捕捞产量 | | |
| 洪湖市 | 238907 | 214938 | 23969 | 40162 | 5346 | 黄陂区 | 58000 | 55800 | 2200 | 16267 | 3425 | 武穴市 | 38799 | 27563 | 11236 | 6713 | 4106 |
| 仙桃市 | 233691 | 217967 | 15724 | 25348 | 8655 | 应城市 | 54731 | 43467 | 11264 | 10705 | 4058 | 京　山 | 36140 | 33611 | 2529 | 12000 | 2801 |
| 监利县 | 133778 | 114232 | 19546 | 24580 | 3928 | 石首市 | 53536 | 42997 | 10539 | 11466 | 3254 | 赤　壁 | 34599 | 28647 | 5952 | 11860 | 2657 |
| 汉川市 | 110085 | 95745 | 14340 | 20740 | 4616 | 孝南区 | 52036 | 37546 | 14490 | 10400 | 3610 | 安陆市 | 33791 | 28591 | 5200 | 6362 | 4494 |
| 沙　洋 | 93600 | 89356 | 4244 | 19334 | 4622 | 华容区 | 49886 | 47319 | 2567 | 8054 | 8054 | 广水市 | 30112 | 22188 | 7924 | 9454 | 2347 |
| 潜　江 | 92022 | 79557 | 12465 | 9264 | 8426 | 荆州区 | 49040 | 41811 | 7229 | 6025 | 6829 | 云梦县 | 30019 | 27259 | 2760 | 5252 | 5190 |
| 江夏区 | 91268 | 74499 | 16769 | 38175 | 2636 | 大　冶 | 47096 | 44968 | 2128 | 13065 | 3439 | 江陵县 | 26770 | 24511 | 2259 | 3245 | 8159 |
| 天　门 | 84955 | 75185 | 9770 | 11635 | 6225 | 当　阳 | 47006 | 41552 | 5454 | 13540 | 3069 | 黄州区 | 26474 | 23601 | 2873 | 4066 | 5992 |
| 钟　祥 | 82408 | 74354 | 8054 | 15989 | 4619 | 蔡甸区 | 46995 | 42612 | 4383 | 15988 | 2665 | 麻城市 | 26202 | 23826 | 2376 | 8135 | 2929 |
| 黄梅县 | 79738 | 62238 | 17500 | 15715 | 3818 | 阳　新 | 45500 | 42364 | 3136 | 21512 | 1969 | 老河口 | 24652 | 21745 | 2907 | 6870 | 3165 |
| 公安县 | 77008 | 56399 | 20609 | 16410 | 3437 | 枝　江 | 45087 | 39837 | 5250 | 7411 | 5418 | 松滋市 | 23869 | 21251 | 2618 | 7641 | 2781 |
| 嘉　鱼 | 75020 | 66945 | 8075 | 16666 | 4349 | 沙市区 | 45003 | 40372 | 4631 | 3145 | 12837 | 宜城市 | 23782 | 19868 | 3914 | 5557 | 3575 |
| 新洲区 | 72096 | 67699 | 4397 | 15751 | 4298 | 枣阳市 | 42175 | 40714 | 1461 | 14362 | 2835 | 汉南区 | 21473 | 19643 | 1830 | 2111 | 9305 |
| 浠水县 | 62528 | 49566 | 12962 | 9187 | 5232 | 襄阳区 | 41801 | 39852 | 1949 | 10008 | 3982 | 孝昌县 | 20229 | 16083 | 4146 | 5198 | 3090 |
| 梁子区 | 61636 | 43188 | 18448 | 15517 | 2783 | 曾都区 | 41056 | 34067 | 6989 | 14120 | 2413 | 咸　安 | 20156 | 19428 | 728 | 7915 | 2455 |
| 鄂城区 | 61612 | 48810 | 12802 | 10838 | 4503 | 洪山区 | 40480 | 38337 | 2143 | 10235 | 3745 | 大悟县 | 20024 | 18278 | 1746 | 5000 | 3610 |
| 蕲春县 | 58056 | 49233 | 8823 | 11000 | 4476 | 东西湖区 | 40078 | 38127 | 1951 | 4395 | 8673 | | | | | | |

# 渔民家庭当年收支情况调查表(一)

单位:万元

| | 全年总收入 | 渔业收入 | 其它经营收入 | 其它非经营收入 | 全年总支出 | 渔业生产费用 | 其它生产费用 | 缴纳税款 | | 上交承包款 | | 缴纳其他杂费 | 其它非经营支出 | 全年纯收入 | 全年渔业纯收入 | 调查户数 | 调查家庭人口数 | 调查家庭劳动力人数 | 人均纯收入 | 劳均纯收入 |
|---|---|---|---|---|---|---|---|---|---|---|---|---|---|---|---|---|---|---|---|---|
| | | | | | | | | 小计 | 其中:经营渔业缴纳 | 小计 | 其中:上交承包渔业款 | | | | | | | | | |
| 合计 | 4753.75 | 4254.52 | 397.68 | 101.56 | 3135.62 | 2587.74 | 133.69 | 23.69 | 23.69 | 239.25 | 238.07 | 2.45 | 148.80 | 1618.13 | 1405.02 | 601 | 2286 | 1349 | 7078 | 11995 |
| 新洲 | 873.59 | 759.00 | 71.30 | 43.29 | 564.20 | 467.40 | 36.60 | | | 34.40 | 34.40 | | 25.80 | 309.39 | 257.20 | 100 | 382 | 241 | 8099 | 12838 |
| 沙洋 | 872.16 | 815.30 | 40.56 | 16.31 | 598.40 | 521.20 | 14.15 | 4.90 | 4.90 | 50.85 | 50.55 | 0.10 | 7.20 | 273.76 | 238.64 | 100 | 381 | 217 | 7185 | 12615 |
| 应城 | 776.38 | 691.09 | 77.54 | 7.75 | 530.42 | 427.59 | 39.67 | 3.05 | 3.05 | 35.02 | 34.92 | 2.20 | 22.89 | 245.97 | 225.53 | 100 | 386 | 225 | 6372 | 10932 |
| 鄂州 | 1012.95 | 867.59 | 125.45 | 19.91 | 646.53 | 518.43 | 8.20 | 15.74 | 15.74 | 16.07 | 16.07 | | 88.09 | 366.42 | 317.35 | 100 | 400 | 235 | 9161 | 15592 |
| 监利 | 681.83 | 619.10 | 48.43 | 14.30 | 452.97 | 353.60 | 19.63 | 0.00 | 0.00 | 74.92 | 74.92 | 0.00 | 4.82 | 228.86 | 190.58 | 101 | 394 | 223 | 5809 | 10263 |
| 仙桃 | 536.84 | 502.44 | 34.40 | 0.00 | 343.10 | 299.52 | 15.44 | 0.00 | 0.00 | 27.99 | 27.21 | 0.15 | 0.00 | 193.74 | 175.71 | 100 | 343 | 208 | 5648 | 9314 |

# 渔民家庭当年收支情况调查表(二)

单位:万元、户、人

| | 购置生产性固定资产支出 | 生活消费支出 | | | | | | 调查户中 | | 主管部门核定数 | | | | | |
|---|---|---|---|---|---|---|---|---|---|---|---|---|---|---|---|
| | | 总计 | 用于物质生活 | | | | 用于文化生活 | 捕捞户 | 养殖户 | 渔业人口 | 渔业劳动力 | 纯收入(万元) | 其中:渔业纯收入(万元) | 人均纯收入(元/人) | 劳均纯收入(元/人) |
| | | | 小计 | 食物支出 | 建房支出 | 购大件支出 | | | | | | | | | |
| 合计 | 149.66 | 599.16 | 449.83 | 303.50 | 96.01 | 50.56 | 149.33 | | 601 | 1644555 | 988551 | 789386 | 686766 | 4800 | 7985 |
| 新洲 | 64.10 | 27.40 | 22.50 | 21.40 | 1.10 | | 4.90 | | 100 | | | | | 8360 | 13452 |
| 沙洋 | 16.37 | 125.63 | 71.08 | 51.49 | 8.65 | 10.94 | 54.55 | | 100 | | | | | 5100 | 7200 |
| 应城 | 35.23 | 98.90 | 83.00 | 64.89 | 13.34 | 4.77 | 15.90 | | 100 | | | | | 4700 | 7190 |
| 鄂州 | 15.29 | 88.15 | 80.40 | 72.68 | | 7.72 | 7.75 | | 100 | | | | | 6785 | 15592 |
| 监利 | 7.45 | 168.17 | 114.92 | 44.32 | 59.70 | 10.90 | 53.25 | | 101 | | | | | 5500 | 9000 |
| 仙桃 | 11.22 | 90.91 | 77.93 | 48.72 | 13.22 | 16.23 | 12.98 | | 100 | | | | | 5500 | 7602 |

# 渔业固定资产投资

| | 投资总额（万元） | | | | | | | | | | | | | | | | | | | 本年新增固定资产 |
|---|---|---|---|---|---|---|---|---|---|---|---|---|---|---|---|---|---|---|---|---|
| | 合计 | 按资金来源分 | | | | | | 按建设用途分 | | | | | | | | | | | | |
| | | 中央 | 地方 | 自筹 | | | | | | | | | | | | | | | | |
| | | | | 小计 | #国内贷款 | #利用外资 | #其它 | 捕捞生产 | 养殖生产 | 水产加工 | 市场流通 | 渔业执法 | 渔港 | 科研教育 | 技术推广 | 渔业检测 | 资源保护 | 苗种生产 | 其他 | |
| 合计 | 74461 | 4318 | 4687 | 65456 | 12781 | 1495 | 51180 | 2491 | 33745 | 28104 | 575 | 817 | 1013 | 33 | 258 | 2194 | 1418 | 2692 | 1122 | 45759 |
| 武汉 | 4142 | 548 | 1604 | 1990 | 110 | | 1880 | 23 | 1324 | 872 | | 136 | 205 | 18 | 59 | 10 | 754 | 481 | 260 | 2366 |
| 黄石 | 1717 | 58 | 43 | 1616 | 219 | | 1397 | 24 | 1116 | 350 | 10 | 91 | | 5 | 21 | | | 79 | 21 | 430 |
| 十堰 | 846 | | | 846 | 170 | 190 | 486 | 273 | 482 | | | 14 | | | 5 | | 57 | 15 | | 320 |
| 荆州 | 2099 | 706 | 527 | 866 | | 75 | 791 | | 386 | 50 | | 20 | 433 | | 4 | 348 | | 850 | 8 | 1420 |
| 宜昌 | 12762 | 686 | 114 | 11962 | 300 | | 11662 | 625 | 3030 | 8000 | 240 | 125 | | | | 282 | 10 | 20 | 430 | 6815 |
| 襄樊 | 1340 | | 124 | 1216 | 80 | | 1136 | 72 | 1054 | | 40 | 2 | | | 13 | | 2 | 35 | 122 | 460 |
| 鄂州 | 8645 | 501 | 67 | 8077 | 8077 | | | | 6767 | 1250 | | | 375 | | | 140 | | 113 | | 6000 |
| 荆门 | 7349 | 390 | 176 | 6783 | 2880 | 880 | 3023 | 1313 | 4452 | 445 | 215 | 23 | | | 10 | 280 | | 411 | 200 | 2809 |
| 孝感 | 7314 | 416 | 364 | 6534 | | | 6534 | 90 | 6247 | 150 | 12 | 15 | | 10 | 40 | 280 | 40 | 420 | 10 | 6654 |
| 黄冈 | 2429 | 100 | 332 | 1997 | 135 | | 1862 | 4 | 1677 | 85 | 58 | 24 | | | 105 | 194 | 102 | 180 | | 870 |
| 咸宁 | 1350 | 93 | 77 | 1180 | 300 | 350 | 530 | | 960 | 80 | | 70 | | | | 140 | 30 | 20 | 50 | 490 |
| 恩施 | 772 | 406 | 66 | 300 | | | 300 | | 300 | | | 70 | | | | | 402 | | | 600 |
| 随州 | 1133 | | | 1133 | | | 1133 | 25 | 1076 | | | 2 | | | 1 | | 8 | | 21 | 918 |
| 仙桃 | 10190 | 93 | 97 | 10000 | | | 10000 | | 30 | 10020 | | | | | | 140 | | | | 5000 |
| 天门 | 3096 | 93 | 47 | 2956 | 510 | | 2446 | 42 | 2532 | 302 | | | | | | 140 | 13 | 68 | | 1470 |
| 潜江 | 8140 | 93 | 47 | 8000 | | | 8000 | | 1500 | 6500 | | | | | | 140 | | | | 8000 |
| 其它 | 1137 | 135 | 1002 | | | | | | 812 | | | 225 | | | | 100 | | | | 1137 |

# 可养水面分类统计年报表

单位:公顷

| | 合 计 | 湖 泊 | 塘 堰 | 水 库 | 河 沟 | 精养池 | 其 它 |
|---|---|---|---|---|---|---|---|
| 合计 | 789918.5 | 184756 | 140049.5 | 149045 | 25030 | 219929 | 71109 |
| 武汉 | 117663 | 49106 | 19636 | 5751 | 2354 | 26305 | 14511 |
| 黄石 | 41001 | 25304 | 3425 | 5587 | 149 | 6536 | |
| 十堰 | 33652.5 | | 1315.5 | 30271 | | 521 | 1545 |
| 荆州 | 116411 | 30824 | 12091 | 3756 | 4728 | 49884 | 15128 |
| 宜昌 | 28912 | 1196 | 3609 | 7375 | 572 | 8488 | 7672 |
| 襄樊 | 49530 | | 12832 | 22357 | 348 | 12285 | 1708 |
| 鄂州 | 42117 | 19485 | 3638 | 447 | 510 | 15087 | 2950 |
| 荆门 | 62872 | 10348 | 12924 | 19987 | 1873 | 17340 | 400 |
| 孝感 | 71501 | 7924 | 24049 | 8564 | 3739 | 19969 | 7256 |
| 黄冈 | 88439 | 21503 | 17341 | 15757 | 2635 | 22272 | 8931 |
| 咸宁 | 55460 | 14112 | 7807 | 14545 | 2810 | 8901 | 7285 |
| 恩施 | 4988 | | 1256 | 3007 | | 312 | 413 |
| 随州 | 28853 | | 13376 | 11056 | 200 | 2342 | 1879 |
| 仙桃 | 25367 | 1356 | 1596 | | 2402 | 18682 | 1431 |
| 天门 | 13963 | 2487 | 2858 | 585 | 2325 | 5708 | |
| 潜江 | 9389 | 1111 | 2296 | | 385 | 5597 | |
| 林区 | | | | | | | |

# 渔 业 灾 害 （一）

单位:水产品数量－吨;损失价值:万元

| | 经济损失总计 | 水产品损失 | | | | | | | | | | 人员损失(人) | | |
|---|---|---|---|---|---|---|---|---|---|---|---|---|---|---|
| | | 总量 | 价值 | #病害 | | #旱涝 | | #污染 | | #其它 | | 失踪 | 死亡 | 重伤 |
| | | | | 数量 | 价值 | 数量 | 价值 | 数量 | 价值 | 数量 | 价值 | | | |
| 合计 | 144266 | 92373 | 139868 | 69294 | 119721 | 10239 | 7476 | 11930 | 11797 | 910 | 874 | | | |
| 武汉 | 17210 | 12020 | 16910 | 9000 | 14000 | | | 3000 | 2900 | 20 | 10 | | | |
| 黄石 | 4598 | 2904 | 4522 | 1110 | 3515 | 1020 | 493 | 724 | 484 | 50 | 30 | | | |
| 十堰 | 3033 | 2392 | 2206 | | | 1172 | 881 | 520 | 625 | 700 | 700 | | | |
| 荆州 | 37320 | 23507 | 37245 | 17222 | 31033 | 120 | 70 | 6160 | 6124 | 5 | 18 | | | |
| 宜昌 | 11319 | 8765 | 11319 | 5020 | 8725 | 3650 | 2530 | 95 | 64 | | | | | |
| 襄樊 | 4107 | 1790 | 2307 | 605 | 1363 | 1120 | 900 | 65 | 44 | | | | | |
| 鄂州 | 5900 | 2537 | 5900 | 2075 | 5560 | 262 | 210 | 200 | 130 | | | | | |
| 荆门 | 9280 | 6500 | 9070 | 5000 | 7800 | 600 | 270 | 900 | 1000 | | | | | |
| 孝感 | 16620 | 9857 | 16195 | 9100 | 15600 | 720 | 500 | 24 | 60 | 13 | 35 | | | |
| 黄冈 | 15739 | 11291 | 15054 | 9967 | 13475 | 960 | 1132 | 242 | 366 | 122 | 81 | | | |
| 咸宁 | 5640 | 3810 | 5640 | 3195 | 5150 | 615 | 490 | | | | | | | |
| 恩施 | | | | | | | | | | | | | | |
| 随州 | | | | | | | | | | | | | | |
| 仙桃 | 9500 | 5000 | 9500 | 5000 | 9500 | | | | | | | | | |
| 天门 | 2000 | 1000 | 2000 | 1000 | 2000 | | | | | | | | | |
| 潜江 | 2000 | 1000 | 2000 | 1000 | 2000 | | | | | | | | | |
| 林区 | | | | | | | | | | | | | | |

# 渔业灾害（二）

单位：经济损失价值－万元

| | 经济损失总计 | 总损失中：渔业设施损毁 | | | | | | | | | | | | | | | | |
|---|---|---|---|---|---|---|---|---|---|---|---|---|---|---|---|---|---|---|
| | | 沉船 | | 受灾养殖面积 | | 堤坝 | | 泵站 | | 涵闸 | | 码头 | | 护岸 | | 防波堤 | | 其它设施损失 |
| | | 艘 | 价值 | 公顷 | 价值 | 米 | 价值 | 座 | 价值 | 座 | 价值 | 米 | 价值 | 米 | 价值 | 米 | 价值 | |
| 合计 | 4398 | 1 | 5 | 6775 | 3563 | 33800 | 493 | 3 | 26 | 96 | 38 | | | 3700 | 63 | 1400 | 20 | 190 |
| 武汉 | 300 | | | 2000 | 300 | | | | | | | | | | | | | |
| 黄石 | 76 | | | 73 | 56 | | | 1 | 10 | 15 | 10 | | | | | | | |
| 十堰 | 827 | 1 | 5 | 1502 | 690 | 1000 | 50 | | | | | | | 200 | 3 | | | 79 |
| 荆州 | 75 | | | 100 | 25 | 1000 | 10 | | | | | | | | | | | 40 |
| 宜昌 | | | | | | | | | | | | | | | | | | |
| 襄樊 | 1800 | | | 1330 | 1500 | 3500 | 250 | | | | | | | | | | | 50 |
| 鄂州 | | | | | | | | | | | | | | | | | | |
| 荆门 | 210 | | | 420 | 210 | | | | | | | | | | | | | |
| 孝感 | 425 | | | 520 | 400 | 25000 | 15 | | | 70 | 10 | | | | | | | |
| 黄冈 | 685 | | | 830 | 382 | 3300 | 168 | 2 | 16 | 11 | 18 | | | 3500 | 60 | 1400 | 20 | 21 |
| 咸宁 | | | | | | | | | | | | | | | | | | |
| 恩施 | | | | | | | | | | | | | | | | | | |
| 随州 | | | | | | | | | | | | | | | | | | |
| 仙桃 | | | | | | | | | | | | | | | | | | |
| 天门 | | | | | | | | | | | | | | | | | | |
| 潜江 | | | | | | | | | | | | | | | | | | |
| 林区 | | | | | | | | | | | | | | | | | | |

# 2005 年全国渔业主要省份统计指标对比分析（淡水）

| 项　　目 | 居全国位次 | 占全国比重（%） | 全国数据 | 湖北2003 | 湖北2004 | 同比增减 | 增减幅度 | 内陆省份 2005 年相关数据 | | | | 沿海省份 2005 年相关数据 | | | | 备注 |
|---|---|---|---|---|---|---|---|---|---|---|---|---|---|---|---|---|
| | | | | | | | | 安徽 | 江西 | 湖南 | 重庆 | 广东 | 江苏 | 浙江 | 山东 | |
| 一、产量指标 | | | | | | | | | | | | | | | | |
| 1. 淡水产品总产量(万吨) | 1 | 14.1% | 2263 | 318 | 301 | 17 | 5.6% | 177 | 168 | 172 | 25 | 297 | 274 | 81 | 100 | |
| 2. 虾蟹类总产量(吨) | 6 | 6.9% | 1637505 | 113003 | 104976 | 8027 | 7.6% | 203671 | 77023 | 28129 | 762 | 220273 | 544725 | 116838 | 58266 | 江苏第一 |
| 3. 河蟹养殖(吨) | 3 | 8.7% | 415714 | 36292 | 33915 | 2377 | 7.0% | 51308 | 9446 | 3294 | 54 | 1009 | 225551 | 14595 | 17081 | 江苏第一 |
| 4. 甲鱼养殖(吨) | 4 | 8.1% | 163257 | 13199 | 14056 | -857 | -6.1% | 4346 | 6915 | 5622 | 122 | 27859 | 17702 | 68226 | 2201 | 浙江第一 |
| 5. 鳜鱼养殖(吨) | 5 | 5.9% | 168650 | 10008 | 10578 | -570 | -5.4% | 15336 | 14659 | 10118 | 95 | 90158 | 18360 | 5090 | 625 | 广东第一 |
| 6. 珍珠养殖(公斤) | 6 | 4.7% | 4438072 | 208618 | 190012 | 18606 | 9.8% | 411880 | 452000 | 728140 | | 774 | 924053 | 1691621 | | 浙江第一 |
| 7. 乌龟养殖(吨) | 2 | 14.9% | 9325 | 1386 | 1466 | -80 | -5.5% | 426 | 856 | 968 | | 625 | 1077 | 3448 | 5 | 浙江第一 |
| 8. 青虾养殖(吨) | 5 | 4.2% | 213078 | 8971 | 9501 | -530 | -5.6% | 46000 | 13630 | 2759 | 31 | 2321 | 98027 | 30092 | 3348 | 江苏第一 |
| 9. 银鱼养殖(吨) | 2 | 13.7% | 11823 | 1615 | 1557 | 58 | 3.7% | 328 | 627 | 426 | | 334 | 119 | 188 | 2396 | 山东第一 |
| 10. 鳝鱼养殖(吨) | 1 | 54.1% | 137486 | 74329 | 65377 | 8952 | 13.7% | 9796 | 27048 | 15620 | 463 | 1141 | 7259 | 1069 | 498 | |
| 11. 黄颡鱼(吨) | 1 | 30.1% | 63062 | 18953 | 16472 | 2481 | 15.1% | 9898 | 8695 | 9065 | 361 | 969 | 5438 | 1205 | 824 | |
| 12. 鮰鱼(吨) | 2 | 21.9% | 101096 | 22176 | 7996 | 14180 | 177.3% | 4488 | 11533 | 4472 | 4137 | 8596 | 6008 | 264 | 279 | 四川第一 24000 |
| 13. 鲟鱼(吨) | 4 | 8.3% | 15407 | 1274 | 1508 | -234 | -15.5% | 26 | 251 | 47 | 390 | 3251 | 582 | 284 | 1045 | 广东第一 |

续表 1

| 项目 | 居全国位次 | 占全国比重(%) | 全国数据 | 湖北2004 | 湖北2003 | 同比增减 | 增减幅度 | 内陆省份2004年相关数据 | | | | 沿海省份2004年相关数据 | | | | 备注 |
|---|---|---|---|---|---|---|---|---|---|---|---|---|---|---|---|---|
| | | | | | | | | 安徽 | 江西 | 湖南 | 重庆 | 广东 | 江苏 | 浙江 | 山东 | |
| 二、面积及单产指标 | | | | | | | | | | | | | | | | |
| 1. 内陆养殖总面积 | 1 | 11.5% | 8776 | 1010 | 1007.2 | 2.8 | 0.3% | 884 | 546 | 680 | 103 | 567 | 951 | 307.5 | 416 | |
| 2. 池塘养殖面积 | 1 | 13.6% | 3743 | 510 | 510 | | 0.0% | 336.3 | 188 | 354 | 48.6 | 383.1 | 502.5 | 96 | 211.5 | 包括精养池和塘堰 |
| 3. 湖泊养殖面积 | 2 | 18.2% | 1446 | 263 | 246.6 | 16.4 | 6.7% | 290 | 127 | 94 | | | 165 | | 28.5 | 安徽第一 |
| 4. 水库养殖面积 | 6 | 5.7% | 2712 | 153.3 | 153.7 | -0.4 | -0.3% | 119 | 198 | 166 | 34.5 | 171 | 39 | 135 | 162 | 江西第一 |
| 5. 内陆养殖平均单产 | 9 | | 217 | 274.8 | 267.4 | 7.4 | 2.8% | 147 | 230 | 213 | 209.7 | 475.4 | 225 | 211.5 | 233 | 广东最高 |
| 6. 池塘养殖单产 | 10 | | 377 | 425 | 411.6 | 13.4 | 3.3% | 236 | 389 | 317 | 273 | 651 | 297 | 337.3 | 301 | 福建最高671.1 |
| 7. 湖泊养殖单产 | 8 | | 85 | 108 | 102 | 6 | 5.9% | 92 | 129 | 83 | | | 117 | | 236 | 天津最高386.5 |
| 8. 水库养殖单产 | 13 | | 82 | 81.7 | 72.5 | 9.2 | 12.7% | 61 | 143 | 81 | 109 | 132 | 116 | 38.5 | 130 | |
| 稻田养殖 | | | | | | | | | | | | | | | | |
| 1. 产量(万吨) | 9 | 2.9% | 102 | 3 | 3.3 | -0.3 | -9.1% | 5 | 7.5 | 9.3 | 3.2 | 1.7 | 18 | 18.2 | 0.1 | 浙江第一 |
| 2. 面积(万亩) | 13 | 1.3% | 2392 | 32 | 36.9 | -4.9 | -13.3% | 61 | 176.6 | 418 | 150 | 11 | 300 | 165 | 1 | 湖南第一 |
| 三、产值、效益指标(亿元) | | | | | | | | | | | | | | | | |
| 1. 淡水渔业产值 | 3 | 10.9% | 2160 | 236.48 | 205.68 | 30.8 | 15.0% | 162 | 162 | 129 | 23 | 394 | 388 | 100.4 | 83 | 广东第一 |
| 2. 占大农业比重(现价) | | | | 13.8% | 12.90% | | 0.0% | | | | | | | | | |

续表 2

| 项目 | 居全国位次 | 占全国比重(%) | 全国数据 | 湖北2004 | 湖北2003 | 同比增减 | 增减幅度 | 内陆省份2004年相关数据 | | | | 沿海省份2004年相关数据 | | | | 备注 |
|---|---|---|---|---|---|---|---|---|---|---|---|---|---|---|---|---|
| | | | | | | | | 安徽 | 江西 | 湖南 | 重庆 | 广东 | 江苏 | 浙江 | 山东 | |
| 水产行业第二产业产值(加工等) | 9 | 1.1% | 1716 | 19.3 | 17.2 | 2.1 | 12.2% | 5 | 34.9 | 6 | 3.5 | 173 | 173 | 346 | 517 | 山东第一(含海水) |
| 水产行业第三产业产值(流通/服务等) | 7 | 2.2% | 1723 | 37.8 | 37.8 | | 0.0% | 44 | 159 | 3 | 6.5 | 304 | 114 | 232 | 292 | 广东第一(含海水) |
| 苗种产值 | 1 | 9.3% | 194 | 18 | 15.4 | 2.6 | 16.9% | 9.2 | 17 | 7.3 | | 17 | 6.6 | 11 | 10 | |
| 收　入 | | | | | | | | | | | | | | | | |
| 渔民人均纯收入(元) | 16 | | 5869 | 4800 | 4600 | 200 | 4.3% | 4884 | 4770 | 4328 | 4386 | 7300 | 6818 | 7905 | 7200 | 上海第一 |
| 渔民劳均纯收入(元) | 14 | | 9405 | 7652 | 7652 | | 0.0% | 7144 | 7218 | 5999 | 6423 | 15500 | 8721 | 12431 | 12457 | 广东第一 |
| 四、其它指标 | | | | | | | | | | | | | | | | |
| 1. 淡水水产品人均占有量(公斤) | 1 | | 16.4 | 53 | 50 | 3 | 6.0% | 28 | 34 | 25 | | 32 | 32 | 16 | 12 | |
| 2. 渔业人口(万人) | 6 | 7.9% | 2068 | 164 | 164 | | 0.0% | 84 | 109 | 128 | 76 | 299 | 161 | 127 | 181 | 广东第一 |
| 3. 渔业劳动力(万人) | 6 | 7.7% | 1290 | 98.8 | 98.8 | | 0.0% | 58 | 71 | 90 | 51 | 140 | 126 | 80 | 103 | 湖南第一 |
| 4. 淡水鱼苗产量(亿尾) | 2 | 7.3% | 7152 | 521 | 498 | 23 | 4.6% | 183 | 171 | 264 | 41 | 4720 | 335 | 71 | 67 | 广东第一 |
| 5. 淡水鱼种产量(万吨) | 2 | 19.1% | 282 | 54 | 52 | 2 | 3.8% | 21 | 14 | 31 | 4 | 64 | 26 | 4 | 8 | 广东第一 |
| 6. 淡水水产品加工总量(万吨) | 2 | 20.3% | 112 | 22.7 | 18.3 | 4.4 | 24.0% | 3.3 | 10 | 6 | 0.3 | 24 | 15 | 7 | 6 | 广东第一 |

# 7 农业机械化

# 全省主要农业机械拥有量

| | 单位 | 数量 | | 单位 | 数量 |
|---|---|---|---|---|---|
| 农业机械总动力合计 | 万千瓦 | 2057.37 | 谷物烘干机 | 台 | 556 |
| 柴油发动机 | 万千瓦 | 1386.77 | 扬场机 | 台 | 6042 |
| 汽油发动机 | 万千瓦 | 101.36 | 机动喷雾(粉)器 | 万台 | 15.93 |
| 电动机 | 万千瓦 | 569.23 | 饲料粉碎机 | 万台 | 15.01 |
| 大中型拖拉机 | 台 | 76644 | 渔用机动船 | 万艘 | 1.56 |
| | 万千瓦 | 182.02 | | 万吨 | 3.87 |
| 小型拖拉机 | 台 | 483915 | | 万千瓦 | 8.45 |
| | 万千瓦 | 352.62 | 饲料加工机 | 台 | 3853 |
| 耕整机 | 台 | 109629 | 增氧机 | 万台 | 5.70 |
| | 万千瓦 | 58.07 | | 万千瓦 | 13.08 |
| 机耕(滚)船 | 艘 | 8413 | 池塘挖掘机 | 台 | 2180 |
| | 万千瓦 | 6.82 | 农副产品加工机动力机械 | 万台 | 54.51 |
| 机动插秧机 | 部 | 336 | | 万千瓦 | 334.66 |
| | 万千瓦 | 0.10 | 农副产品加工机械 | 万台 | 58.08 |
| 大中型拖拉机机引农具 | 万部 | 9.36 | #碾米机 | 万台 | 22.82 |
| #机引犁 | 万部 | 3.34 | 磨面机 | 万台 | 18.07 |
| 旋耕机 | 万部 | 2.74 | 轧花机 | 万台 | 1.23 |
| 机引耙 | 万部 | 1.99 | 榨油机 | 万台 | 3.30 |
| 机引播种机 | 万部 | 0.16 | 淀粉加工机 | 万台 | 2.19 |
| 小型拖拉机配套农具 | 万部 | 96.69 | 农用载重汽车 | 万辆 | 2.78 |
| #机引犁 | 万部 | 41.39 | | 万千瓦 | 165.19 |
| 旋耕机 | 万部 | 12.10 | 机动运输船 | 万艘 | 0.85 |
| 机引耙 | 万部 | 33.10 | | 万吨 | 17.16 |
| 机引播种机 | 万部 | 1.26 | | 万千瓦 | 12.41 |
| 农用排灌动力机械 | 万台 | 49.91 | 油罐车 | 辆 | 251 |
| | 万千瓦 | 518.49 | 农用运输车 | 万辆 | 6.74 |
| 农用水泵 | 万台 | 55.92 | | 万千瓦 | 187.71 |
| 喷灌机械 | 套 | 15537 | 机动三轮车 | 万辆 | 10.41 |
| 联合收割机 | 台 | 16085 | | 万千瓦 | 102.35 |
| | 万千瓦 | 56.01 | 大中型拖车 | 万辆 | 6.24 |
| 机动收割机 | 台 | 3562 | 小型拖车 | 万辆 | 48.42 |
| | 万千瓦 | 2.25 | 农用推土机 | 台 | 6177 |
| 机动脱粒机 | 万台 | 14.33 | | 万千瓦 | 33.30 |
| 种子精选机 | 台 | 302 | 水稻工厂化育设备秧 | 套 | 51 |

# 农业机械年末拥有量

| | 农业机械总动力(千瓦) | | | | 大中型拖拉机 | | 小型拖拉机 | |
|---|---|---|---|---|---|---|---|---|
| | 合 计 | 柴油发动机动力 | 汽油发动机动力 | 电 动机动力 | 台 | 千 瓦 | 台 | 千 瓦 |
| **全省合计** | **20573673** | **13867730** | **1013638** | **5692305** | **76644** | **1820240** | **483915** | **3526241** |
| **武汉市** | **1791300** | **945873** | **231377** | **614050** | **6294** | **148230** | **8790** | **79642** |
| 市郊区 | 548634 | 270556 | 155942 | 122136 | 1436 | 40654 | 1203 | 10391 |
| 蔡甸区 | 280066 | 120099 | 17492 | 142475 | 467 | 12418 | 828 | 7272 |
| 江夏区 | 324987 | 140934 | 33740 | 150313 | 739 | 21907 | 2436 | 23683 |
| 黄陂区 | 325834 | 204316 | 15256 | 106262 | 1597 | 29589 | 2255 | 19819 |
| 新洲区 | 311779 | 209968 | 8947 | 92864 | 2055 | 43662 | 2068 | 18477 |
| **黄石市** | **442428** | **172910** | **58837** | **210681** | **2669** | **54750** | **1471** | **12733** |
| 市郊区 | 11261 | 8207 | 179 | 2875 | 77 | 1787 | 14 | 110 |
| 大冶市 | 251563 | 88196 | 42848 | 120519 | 1711 | 31265 | 310 | 2781 |
| 阳新县 | 179604 | 76507 | 15810 | 87287 | 881 | 21698 | 1147 | 9842 |
| **十堰市** | **837657** | **526979** | **97028** | **213650** | **1841** | **38486** | **3011** | **30766** |
| 市郊区 | 56912 | 25154 | 24151 | 7607 | 65 | 1368 | 42 | 358 |
| 丹江口市 | 155381 | 117037 | 13866 | 24478 | 105 | 2192 | 1246 | 7476 |
| 郧 县 | 148770 | 70074 | 34396 | 44300 | 286 | 8630 | 200 | 3010 |
| 郧西县 | 142971 | 84497 | 220 | 58254 | 205 | 3785 | 10 | 95 |
| 竹山县 | 114003 | 84223 | 13733 | 16047 | 250 | 6339 | 352 | 7145 |
| 竹溪县 | 115846 | 80916 | 5030 | 29900 | 373 | 5952 | 1017 | 11233 |
| 房 县 | 103774 | 65078 | 5632 | 33064 | 557 | 10220 | 144 | 1449 |
| **荆州市** | **2406606** | **1744408** | **73854** | **588344** | **6020** | **195545** | **30268** | **302680** |
| 市郊区 | 325983 | 235186 | 14061 | 76736 | 476 | 19245 | 9741 | 97410 |
| 江陵县 | 214279 | 159384 | 14529 | 40366 | 863 | 32190 | 2776 | 2760 |
| 松滋区 | 251460 | 138288 | 14708 | 98464 | 1004 | 30560 | 1999 | 19990 |
| 公安县 | 33362 | 261965 | 5843 | 65554 | 724 | 22540 | 4412 | 44120 |
| 石首市 | 192881 | 141672 | 1357 | 49852 | 360 | 11400 | 356 | 3560 |
| 监利县 | 629764 | 479657 | 19679 | 130428 | 1605 | 49630 | 5444 | 54440 |
| 洪湖市 | 458877 | 328256 | 3677 | 126944 | 988 | 29980 | 5540 | 55400 |
| **宜昌市** | **1837513** | **1190173** | **146270** | **501070** | **6606** | **149369** | **51735** | **335494** |
| 市郊区 | 72400 | 39007 | 16852 | 16541 | 84 | 2131 | 238 | 1990 |
| 宜昌县 | 207120 | 111295 | 20119 | 75706 | 434 | 8325 | 1469 | 15338 |
| 宜都市 | 148998 | 121330 | 4061 | 23607 | 926 | 18529 | 592 | 3868 |
| 枝江市 | 587146 | 335454 | 80138 | 171554 | 1974 | 53298 | 17136 | 106891 |
| 当阳市 | 328052 | 275849 | 11360 | 40843 | 998 | 26262 | 24829 | 157951 |
| 远安县 | 125855 | 84536 | 6094 | 35225 | 293 | 5892 | 6295 | 41257 |
| 兴山县 | 61577 | 38663 | 1791 | 21123 | 315 | 5786 | 364 | 2655 |
| 秭归县 | 127380 | 68089 | 2287 | 57004 | 1152 | 21168 | 152 | 921 |
| 长阳县 | 105559 | 86233 | 1450 | 17876 | 258 | 4850 | 120 | 1057 |
| 五峰县 | 73426 | 29717 | 2118 | 41591 | 172 | 3128 | 540 | 3566 |
| **襄樊市** | **3249697** | **2652238** | **61193** | **536266** | **14219** | **354301** | **196872** | **1346712** |
| 市郊区 | 406325 | 326069 | 15472 | 64784 | 1400 | 27694 | 20443 | 163482 |
| 老河口市 | 246984 | 192604 | 5169 | 49211 | 1331 | 26869 | 12326 | 95096 |
| 襄阳区 | 745494 | 695824 | 13770 | 35900 | 3082 | 97833 | 44998 | 341740 |
| 枣阳市 | 501277 | 335021 | 14692 | 151564 | 1545 | 47694 | 22856 | 151192 |
| 宜城市 | 624951 | 542186 | 2335 | 80430 | 2994 | 67665 | 58104 | 337645 |
| 南漳县 | 343626 | 322888 | 3745 | 16993 | 1080 | 27783 | 29867 | 196781 |
| 谷城县 | 214848 | 141422 | 2969 | 70457 | 2232 | 43524 | 6975 | 49203 |
| 保康县 | 147739 | 82127 | 2673 | 62939 | 381 | 7003 | 1242 | 11207 |
| 襄北农场 | 18453 | 14097 | 368 | 3988 | 174 | 8236 | 61 | 366 |
| **鄂州市** | **404911** | **176378** | **34536** | **193997** | **1832** | **40304** | **1698** | **12735** |

续表 1

| | 农业机械总动力(千瓦) | | | | 大中型拖拉机 | | 小型拖拉机 | |
|---|---|---|---|---|---|---|---|---|
| | 合 计 | 柴油发动机动力 | 汽油发动机动力 | 电 动机动力 | 台 | 千 瓦 | 台 | 千 瓦 |
| **荆门市** | **1822921** | **1430217** | **54492** | **338212** | **6534** | **148263** | **103829** | **730513** |
| 市郊区 | 307241 | 257069 | 10178 | 39994 | 858 | 18627 | 23444 | 148977 |
| 钟祥市 | 893092 | 723268 | 28745 | 141079 | 2469 | 46578 | 56203 | 386227 |
| 京山县 | 284091 | 212167 | 5808 | 66116 | 1488 | 35526 | 11998 | 96141 |
| 沙洋县 | 282000 | 196786 | 8693 | 76521 | 1218 | 28201 | 11646 | 95429 |
| 沙洋农场 | 24450 | 16323 | 709 | 8418 | 181 | 8159 | 28 | 741 |
| 五三农场 | 31047 | 24604 | 359 | 6084 | 320 | 11172 | 510 | 2998 |
| **孝感市** | **1643991** | **971188** | **34389** | **638414** | **5852** | **142885** | **9759** | **89770** |
| 市郊区 | 256206 | 140949 | 9570 | 105687 | 694 | 27085 | 1202 | 12414 |
| 孝昌县 | 154674 | 96768 | 1770 | 56136 | 385 | 7545 | 820 | 6113 |
| 大悟县 | 147797 | 84019 | 546 | 63232 | 624 | 11655 | 612 | 6232 |
| 安陆市 | 215741 | 123321 | 2020 | 90400 | 1061 | 22758 | 368 | 3760 |
| 云梦县 | 187337 | 137250 | 785 | 49302 | 658 | 14599 | 924 | 9019 |
| 应城市 | 266084 | 165796 | 2693 | 97595 | 1392 | 32245 | 1504 | 13090 |
| 汉川市 | 416152 | 223085 | 17005 | 176062 | 1038 | 26998 | 4329 | 39142 |
| **黄冈市** | **1515067** | **961340** | **51430** | **502297** | **8124** | **162315** | **7357** | **69272** |
| 市郊区 | 71777 | 34234 | 4186 | 33357 | 630 | 13271 | 345 | 3294 |
| 团风县 | 95971 | 62112 | 2060 | 31799 | 527 | 14719 | 305 | 3294 |
| 红安县 | 134727 | 75691 | 518 | 58518 | 1105 | 20311 | 677 | 6891 |
| 麻城市 | 176788 | 130617 | 258 | 45913 | 1332 | 24043 | 622 | 6015 |
| 罗田县 | 140160 | 90108 | 18490 | 31562 | 629 | 11174 | 1794 | 16437 |
| 英山县 | 110612 | 72753 | 1155 | 36704 | 554 | 9383 | 424 | 4673 |
| 浠水县 | 172584 | 103376 | 3873 | 65335 | 1409 | 28289 | 1940 | 17892 |
| 蕲春县 | 225471 | 131848 | 7344 | 86279 | 1300 | 23940 | 762 | 6096 |
| 武穴市 | 158161 | 89207 | 9342 | 59612 | 100 | 2090 | 50 | 446 |
| 黄梅县 | 228816 | 171394 | 4204 | 53218 | 538 | 15095 | 438 | 4234 |
| **咸宁市** | **942978** | **575819** | **42375** | **324784** | **2989** | **64707** | **4894** | **44176** |
| 咸安区 | 146096 | 82742 | 6990 | 56364 | 271 | 6508 | 676 | 5943 |
| 嘉鱼县 | 207811 | 117577 | 728 | 89506 | 856 | 21937 | 1609 | 13842 |
| 赤壁市 | 255535 | 170742 | 8629 | 76164 | 1148 | 21100 | 601 | 5301 |
| 通城县 | 144712 | 98221 | 14638 | 31853 | 402 | 7557 | 1140 | 9899 |
| 崇阳县 | 97662 | 52269 | 9697 | 35696 | 214 | 5492 | 370 | 3110 |
| 通山县 | 91178 | 54284 | 1693 | 35201 | 98 | 2113 | 498 | 6081 |
| **恩施自治州** | **813262** | **578980** | **40811** | **193471** | **2686** | **60509** | **2658** | **34729** |
| 恩施市 | 159737 | 144837 | 234 | 14666 | 38 | 715 | 28 | 740 |
| 建始县 | 113752 | 58122 | 19667 | 35963 | 465 | 8510 | 120 | 1800 |
| 巴东县 | 77631 | 56424 | 7158 | 14049 | 685 | 12021 | 25 | 256 |
| 利川市 | 135150 | 83245 | 3437 | 48468 | 308 | 5484 | 600 | 6179 |
| 宣恩县 | 74110 | 54246 | 313 | 19551 | 385 | 8238 | 75 | 665 |
| 咸丰县 | 74647 | 59561 | 1633 | 13453 | 110 | 2020 | 1137 | 17055 |
| 来凤县 | 63705 | 41827 | 5493 | 16385 | 470 | 16906 | 473 | 6270 |
| 鹤峰县 | 114530 | 80718 | 2876 | 30936 | 225 | 6615 | 200 | 1764 |
| **随州市** | **724563** | **547044** | **16894** | **160625** | **4258** | **80314** | **15437** | **90578** |
| 曾都区 | 580913 | 445380 | 16228 | 119305 | 2890 | 55144 | 15146 | 87846 |
| 广水市 | 143650 | 101664 | 666 | 41320 | 1368 | 25170 | 291 | 2732 |
| **仙桃市** | **798360** | **562145** | **12150** | **224065** | **1234** | **30150** | **12388** | **105152** |
| **天门市** | **783823** | **500223** | **23744** | **259856** | **2517** | **71694** | **15125** | **132341** |
| **潜江市** | **528336** | **316746** | **34258** | **177332** | **2624** | **72044** | **18623** | **108948** |
| **神农架林区** | **30260** | **15069** | | **15191** | **345** | **6374** | | |

续表 2

| | 大中型拖拉机引农具(部) | | | | | 耕整机 | | 机耕(滚)船 | |
|---|---|---|---|---|---|---|---|---|---|
| | 合　计 | 机引型 | 旋耕机 | 机引耙 | 机　引<br>播种机 | 台 | 千　瓦 | 艘 | 千　瓦 |
| **全省合计** | **93583** | **33437** | **27423** | **19924** | **1607** | **109629** | **580748** | **8413** | **68228** |
| **武汉市** | **3229** | **1097** | **906** | **550** | **80** | **5435** | **26556** | **1213** | **13540** |
| 市郊区 | 1311 | 512 | 373 | 207 | 57 | 1781 | 8066 | 508 | 4467 |
| 蔡甸区 | 504 | 129 | 220 | 110 | 2 | 690 | 3414 | 152 | 1684 |
| 江夏区 | 593 | 252 | 94 | 83 | 2 | 1029 | 5651 | 476 | 6685 |
| 黄陂区 | 253 | 70 | 61 | 39 | 9 | 886 | 3871 | 48 | 432 |
| 新洲区 | 568 | 134 | 158 | 111 | 10 | 1049 | 5554 | 29 | 272 |
| **黄石市** | **3862** | **1623** | **1607** | **394** | | **875** | **3220** | **473** | **4358** |
| 市郊区 | 50 | 10 | 39 | 1 | | 10 | 68 | 6 | 72 |
| 大冶市 | 2700 | 1156 | 1200 | 106 | | 653 | 1443 | 242 | 2133 |
| 阳新县 | 1112 | 457 | 368 | 287 | | 212 | 1709 | 225 | 2153 |
| **十堰市** | **1571** | **571** | **498** | **284** | | **1844** | **12802** | | |
| 市郊区 | 4 | 2 | 2 | | | 150 | 669 | | |
| 丹江口市 | 147 | 48 | 15 | 48 | | 500 | 3000 | | |
| 郧　县 | 511 | 245 | 172 | 87 | | 535 | 4280 | | |
| 郧西县 | 198 | 60 | 35 | 58 | | 368 | 2605 | | |
| 竹山县 | 85 | 20 | 50 | 15 | | 73 | 1011 | | |
| 竹溪县 | 135 | 5 | 90 | | | 160 | 960 | | |
| 房　县 | 491 | 151 | 134 | 76 | | 58 | 277 | | |
| **荆州市** | **5712** | **1600** | **2577** | **1155** | **83** | **17652** | **70608** | **2048** | **12288** |
| 市郊区 | 935 | 405 | 303 | 227 | | 396 | 1584 | 2 | 12 |
| 江陵县 | 651 | 224 | 148 | 188 | 23 | 148 | 592 | 8 | 48 |
| 松滋区 | 427 | 140 | 174 | 113 | | 625 | 2500 | 1 | 6 |
| 公安县 | 396 | 8 | 301 | 87 | | 4514 | 18056 | 50 | 300 |
| 石首市 | 416 | 118 | 234 | 64 | | 2187 | 8748 | 175 | 1050 |
| 监利县 | 2089 | 586 | 921 | 293 | 60 | 4532 | 18128 | 495 | 2970 |
| 洪湖市 | 798 | 119 | 496 | 183 | | 5250 | 21000 | 1317 | 7902 |
| **宜昌市** | **9634** | **2539** | **3931** | **950** | **297** | **4984** | **30755** | | |
| 市郊区 | 39 | 12 | 7 | 10 | | 87 | 358 | | |
| 宜昌县 | 158 | 73 | 75 | 10 | | 450 | 2498 | | |
| 宜都市 | 1403 | 368 | 322 | 14 | | 609 | 2993 | | |
| 枝江市 | 3555 | 926 | 1975 | 362 | 292 | 1042 | 4584 | | |
| 当阳市 | 2983 | 1046 | 1413 | 463 | 5 | 62 | 889 | | |
| 远安县 | 298 | 85 | 129 | 84 | | 1773 | 14751 | | |
| 兴山县 | 12 | 11 | 1 | | | 72 | 290 | | |
| 秭归县 | 1158 | 3 | 3 | | | 87 | 384 | | |
| 长阳县 | 6 | 3 | 3 | | | 710 | 3550 | | |
| 五峰县 | 22 | 12 | 3 | 7 | | 92 | 458 | | |
| **襄樊市** | **28861** | **12300** | **4382** | **9511** | **392** | **7597** | **58755** | | |
| 市郊区 | 2517 | 1136 | 303 | 1070 | 2 | 300 | 2320 | | |
| 老河口市 | 2749 | 1065 | 530 | 1110 | 6 | | | | |
| 襄阳区 | 5231 | 2643 | 709 | 1569 | 65 | 3745 | 27567 | | |
| 枣阳市 | 3390 | 1236 | 659 | 753 | 68 | 937 | 6198 | | |
| 宜城市 | 7485 | 2604 | 1721 | 2320 | 150 | 830 | 7304 | | |
| 南漳县 | 1953 | 968 | 53 | 932 | | 1716 | 14761 | | |
| 谷城县 | 4042 | 2205 | 72 | 1438 | 17 | 14 | 302 | | |
| 保康县 | 990 | 346 | 298 | 175 | 10 | 55 | 303 | | |
| 襄北农场 | 504 | 97 | 37 | 144 | 74 | | | | |
| **鄂州市** | **1442** | **336** | **667** | **364** | **40** | **858** | **5040** | **355** | **2605** |

续表 3

| | 大中型拖拉机引农具(部) | | | | | 耕整机 | | 机耕(滚)船 | |
|---|---|---|---|---|---|---|---|---|---|
| | 合　计 | 机引型 | 旋耕机 | 机引耙 | 机　引<br>播种机 | 台 | 千　瓦 | 艘 | 千　瓦 |
| **荆门市** | **10492** | **3541** | **2897** | **2429** | **340** | **530** | **5991** | **12** | **111** |
| 市郊区 | 1065 | 257 | 315 | 78 | | 35 | 332 | | |
| 钟祥市 | 5136 | 1765 | 1708 | 1448 | 215 | 83 | 1972 | | |
| 京山县 | 2045 | 782 | 529 | 493 | 5 | 285 | 3170 | 3 | 26 |
| 沙洋县 | 930 | 518 | 135 | 184 | 77 | 127 | 517 | 9 | 85 |
| 沙洋农场 | 641 | 64 | 55 | 71 | 43 | | | | |
| 五三农场 | 675 | 155 | 155 | 155 | | | | | |
| **孝感市** | **6468** | **2587** | **2633** | **833** | **178** | **8888** | **47261** | **423** | **4172** |
| 市郊区 | 1148 | 390 | 294 | 330 | 86 | 320 | 1760 | 112 | 1253 |
| 孝昌县 | 447 | 168 | 164 | 90 | | 280 | 1400 | | |
| 大悟县 | 362 | 182 | 146 | 34 | | 656 | 3936 | | |
| 安陆市 | 839 | 298 | 291 | 135 | | 5747 | 31609 | | |
| 云梦县 | 1328 | 619 | 632 | 2 | 50 | 590 | 3070 | 52 | 379 |
| 应城市 | 1169 | 489 | 499 | 112 | 40 | 708 | 2275 | 5 | 40 |
| 汉川市 | 1223 | 441 | 607 | 130 | 2 | 587 | 3211 | 254 | 2500 |
| **黄冈市** | **8438** | **2131** | **3437** | **604** | **40** | **6742** | **35046** | **1367** | **10379** |
| 市郊区 | 420 | | 420 | | | 2 | 41 | 13 | 115 |
| 团风县 | 784 | 408 | 315 | 23 | 4 | 417 | 1918 | 96 | 892 |
| 红安县 | 646 | 212 | 195 | 131 | 28 | 414 | 2129 | 30 | 272 |
| 麻城市 | 2005 | 496 | 379 | 221 | 7 | 56 | 262 | | |
| 罗田县 | 541 | 280 | 156 | 105 | | 339 | 2383 | 62 | 498 |
| 英山县 | 505 | 68 | 55 | 22 | | 296 | 1463 | 70 | 417 |
| 浠水县 | 1371 | 202 | 1054 | 63 | | 695 | 3602 | 457 | 2059 |
| 蕲春县 | 1625 | 395 | 680 | | 1 | 537 | 3222 | 255 | 2420 |
| 武穴市 | 250 | 39 | 39 | 22 | | 635 | 2330 | 81 | 608 |
| 黄梅县 | 291 | 31 | 144 | 17 | | 3351 | 17696 | 303 | 3098 |
| **咸宁市** | **3848** | **875** | **1171** | **757** | **56** | **14492** | **58409** | **447** | **3993** |
| 咸安区 | 422 | 211 | 100 | 62 | 41 | 362 | 2000 | 44 | 404 |
| 嘉鱼县 | 432 | 169 | 122 | 141 | | 2528 | 8244 | 135 | 1234 |
| 赤壁市 | 2148 | 245 | 568 | 382 | 15 | 1796 | 7902 | 253 | 2232 |
| 通城县 | 568 | 139 | 289 | 106 | | 7553 | 32485 | | |
| 崇阳县 | 211 | 91 | 65 | 46 | | 1877 | 5722 | 12 | 110 |
| 通山县 | 67 | 20 | 27 | 20 | | 376 | 2056 | 3 | 13 |
| **恩施自治州** | **276** | **156** | **67** | **41** | | **1346** | **6027** | | |
| 恩施市 | | | | | | 108 | 540 | | |
| 建始县 | 92 | 75 | 5 | 12 | | 135 | 595 | | |
| 巴东县 | 4 | 2 | 2 | | | 295 | 1295 | | |
| 利川市 | 29 | 14 | | 15 | | 176 | 744 | | |
| 宣恩县 | 2 | 1 | | 1 | | 84 | 401 | | |
| 咸丰县 | 31 | 13 | 5 | 13 | | 188 | 846 | | |
| 来凤县 | | | | | | 260 | 1092 | | |
| 鹤峰县 | 118 | 51 | 55 | | | 100 | 514 | | |
| **随州市** | **1439** | **716** | **207** | **373** | | **31535** | **182917** | | |
| 曾都区 | 1218 | 628 | 191 | 323 | | 24100 | 139780 | | |
| 广水市 | 221 | 88 | 16 | 50 | | 7435 | 43137 | | |
| **仙桃市** | **1640** | **963** | **542** | **120** | **8** | **5200** | **29636** | **1794** | **14500** |
| **天门市** | **3135** | **1159** | **1269** | **567** | **71** | **743** | **3358** | **219** | **1787** |
| **潜江市** | **3509** | **1234** | **623** | **983** | **22** | **898** | **4128** | **62** | **495** |
| **神农架林区** | **27** | **9** | **9** | **9** | | **10** | **239** | | |

续表4

| | 小型拖拉机引农具(部) | | | | | 拖车(台) | | 机动脱粒机(台) |
|---|---|---|---|---|---|---|---|---|
| | 合　计 | 机引犁 | 旋耕机 | 机引耙 | 机引播种机 | 大中型 | 小　型 | |
| **全省合计** | **966928** | **413941** | **121036** | **331012** | **12627** | **62443** | **484298** | **143302** |
| **武汉市** | **11899** | **2845** | **4592** | **1283** | **340** | **5452** | **7452** | **8735** |
| 市郊区 | 1656 | 656 | 632 | 199 | 8 | 1117 | 1151 | 1193 |
| 蔡甸区 | 1006 | 333 | 543 | 121 | | 386 | 688 | 1640 |
| 江夏区 | 2768 | 982 | 877 | 542 | 9 | 636 | 1548 | 1434 |
| 黄陂区 | 2342 | 463 | 1589 | 290 | | 1592 | 2180 | 1335 |
| 新洲区 | 4127 | 411 | 951 | 131 | 323 | 1721 | 1885 | 3133 |
| **黄石市** | **1850** | **675** | **642** | **402** | **8** | **1538** | **680** | **4293** |
| 市郊区 | 13 | 6 | 7 | | | | | 5 |
| 大冶市 | 529 | 102 | 280 | 105 | 8 | 1399 | 140 | 3166 |
| 阳新县 | 1308 | 567 | 355 | 297 | | 139 | 540 | 1122 |
| **十堰市** | **4594** | **1820** | **611** | **1405** | **21** | **1302** | **2474** | **22593** |
| 市郊区 | 137 | 47 | 13 | 12 | | 65 | 30 | 425 |
| 丹江口市 | 2097 | 876 | 95 | 876 | | 105 | 1670 | 2474 |
| 郧　县 | 1050 | 395 | 326 | 50 | 6 | 120 | 185 | 4190 |
| 郧西县 | 751 | 368 | 5 | 368 | | 205 | 45 | 5980 |
| 竹山县 | 218 | 58 | 64 | 35 | 15 | 250 | 400 | 2012 |
| 竹溪县 | 115 | 20 | 70 | | | | | 4500 |
| 房　县 | 226 | 56 | 38 | 64 | | 557 | 144 | 3012 |
| **荆州市** | **18744** | **7998** | **3289** | **5089** | **209** | **4857** | **25402** | **14735** |
| 市郊区 | 1070 | 420 | 365 | 285 | | 138 | 7834 | 1783 |
| 江陵县 | 558 | 164 | 164 | 164 | 21 | 786 | 1552 | 2115 |
| 松滋区 | 875 | 343 | 299 | 233 | | 934 | 1852 | 2560 |
| 公安县 | 533 | 215 | 206 | 65 | 5 | 578 | 3475 | 65 |
| 石首市 | 548 | 195 | 189 | 164 | | 229 | 300 | 839 |
| 监利县 | 5170 | 1921 | 598 | 1557 | 63 | 1459 | 5253 | 3338 |
| 洪湖市 | 9990 | 4740 | 1468 | 2621 | 120 | 733 | 5136 | 4035 |
| **宜昌市** | **118604** | **56362** | **29079** | **23954** | **1176** | **6261** | **49457** | **17374** |
| 市郊区 | 283 | 112 | 148 | 13 | | 47 | 149 | 54 |
| 宜昌县 | 2816 | 1030 | 1008 | 199 | | 414 | 1469 | 1334 |
| 宜都市 | 1899 | 627 | 495 | 72 | | 909 | 592 | 955 |
| 枝江市 | 30845 | 21114 | 5305 | 2365 | 374 | 1974 | 17136 | 2171 |
| 当阳市 | 63803 | 24729 | 18099 | 15508 | 802 | 746 | 22630 | 656 |
| 远安县 | 16136 | 7591 | 3065 | 5480 | | 274 | 6295 | 1652 |
| 兴山县 | 957 | 404 | 154 | 164 | | 315 | 374 | 556 |
| 秭归县 | 268 | 25 | 91 | | | 1152 | 152 | 917 |
| 长阳县 | 1561 | 710 | 710 | 141 | | 258 | 120 | 2850 |
| 五峰县 | 36 | 20 | 4 | 12 | | 172 | 540 | 6229 |
| **襄樊市** | **412783** | **193974** | **43912** | **163023** | **5647** | **11908** | **190207** | **15929** |
| 市郊区 | 32932 | 20274 | 142 | 12283 | 10 | 1322 | 18870 | 350 |
| 老河口市 | 27622 | 11872 | 4110 | 11617 | 23 | 1245 | 13385 | 2610 |
| 襄阳区 | 68155 | 37595 | 4728 | 25420 | 196 | 2714 | 46661 | 349 |
| 枣阳市 | 45429 | 22350 | 985 | 21360 | 369 | 1485 | 19826 | 3425 |
| 宜城市 | 165609 | 65446 | 22418 | 69440 | 4266 | 1356 | 53456 | 1029 |
| 南漳县 | 56967 | 28886 | 10250 | 16226 | 698 | 1080 | 29732 | 2986 |
| 谷城县 | 13604 | 6810 | 406 | 6248 | 70 | 2226 | 6975 | 980 |
| 保康县 | 2345 | 681 | 873 | 369 | 15 | 381 | 1242 | 4200 |
| 襄北农场 | 120 | 60 | | 60 | | 99 | 60 | |
| **鄂州市** | **4180** | **639** | **1158** | **413** | **112** | **1367** | **1382** | **4180** |

续表 5

| | 小型拖拉机引农具(部) | | | | | 拖车(台) | | 机动脱粒机(台) |
|---|---|---|---|---|---|---|---|---|
| | 合计 | 机引犁 | 旋耕机 | 机引耙 | 机引播种机 | 大中型 | 小型 | |
| **荆门市** | **233231** | **87352** | **13931** | **80719** | **3737** | **5793** | **104379** | **7310** |
| 市郊区 | 49473 | 19446 | 6272 | 17850 | | 740 | 22032 | 1737 |
| 钟祥市 | 156111 | 55776 | 20 | 55350 | 3668 | 2206 | 58203 | 3010 |
| 京山县 | 13137 | 5609 | 3499 | 3942 | 25 | 1488 | 11998 | 1191 |
| 沙洋县 | 13762 | 6269 | 3896 | 3325 | 44 | 1218 | 11646 | 1372 |
| 沙洋农场 | | | | | | | | |
| 五三农场 | 748 | 252 | 244 | 252 | | 50 | 500 | |
| **孝感市** | **28884** | **10071** | **7248** | **8150** | **289** | **4299** | **13645** | **11546** |
| 市郊区 | 2470 | 822 | 1152 | 342 | 73 | 200 | 615 | 1283 |
| 孝昌县 | 1658 | 450 | 500 | 200 | 28 | 360 | 920 | 1690 |
| 大悟县 | 1010 | 350 | 450 | 210 | | 610 | 284 | 1712 |
| 安陆市 | 13340 | 5749 | 895 | 5632 | 29 | 911 | 5562 | 2031 |
| 云梦县 | 2663 | 865 | 894 | 826 | 78 | 499 | 727 | 772 |
| 应城市 | 2882 | 969 | 1012 | 771 | 77 | 1199 | 1302 | 2705 |
| 汉川市 | 4861 | 866 | 2345 | 169 | 4 | 520 | 4235 | 1353 |
| **黄冈市** | **23435** | **6233** | **5720** | **4619** | **743** | **6052** | **4602** | **10217** |
| 市郊区 | 764 | 136 | 569 | 59 | | 601 | 347 | 296 |
| 团风县 | 953 | 309 | 281 | 296 | 32 | 413 | 302 | 720 |
| 红安县 | 1806 | 321 | 312 | 241 | 356 | | | 308 |
| 麻城市 | 2114 | 509 | 803 | 370 | 3 | 1332 | 622 | 1448 |
| 罗田县 | 565 | 320 | 160 | 85 | | 630 | 1250 | 1580 |
| 英山县 | 1138 | 415 | 212 | 196 | | 554 | 440 | 1585 |
| 浠水县 | 4180 | 615 | 1645 | 42 | 242 | 805 | 607 | 1216 |
| 蕲春县 | 952 | 186 | 766 | | | 900 | 620 | 1300 |
| 武穴市 | 1980 | 640 | 100 | 640 | 110 | 390 | 40 | 900 |
| 黄梅县 | 8983 | 2782 | 872 | 2690 | | 427 | 374 | 864 |
| **咸宁市** | **7895** | **2289** | **2429** | **1869** | **10** | **2183** | **4051** | **2874** |
| 咸安区 | 373 | 186 | 116 | 71 | | 269 | 677 | 577 |
| 嘉鱼县 | 2924 | 994 | 916 | 1014 | | 681 | 1933 | 1030 |
| 赤壁市 | 2274 | 380 | 423 | 315 | 10 | 756 | 425 | 716 |
| 通城县 | 1630 | 463 | 652 | 396 | | 301 | 755 | 516 |
| 崇阳县 | 590 | 242 | 242 | 73 | | 176 | 261 | |
| 通山县 | 104 | 24 | 80 | | | | | 35 |
| **恩施自治州** | **1598** | **669** | **494** | **420** | | **1856** | **1410** | **9706** |
| 恩施市 | 75 | 31 | 20 | 24 | | | | 680 |
| 建始县 | 111 | 56 | 3 | 52 | | 448 | 110 | 1576 |
| 巴东县 | 501 | 151 | 298 | 37 | | 685 | 25 | 281 |
| 利川市 | 314 | 124 | 68 | 122 | | 258 | 585 | 2209 |
| 宣恩县 | | | | | | 240 | 60 | 1080 |
| 咸丰县 | 59 | 55 | 4 | | | | | 1610 |
| 来凤县 | 386 | 185 | 16 | 185 | | | 430 | 762 |
| 鹤峰县 | 152 | 67 | 85 | | | 225 | 200 | 1508 |
| **随州市** | **77253** | **35604** | **1351** | **36448** | **92** | **4665** | **36704** | **3309** |
| 曾都区 | 61924 | 28169 | 1351 | 29013 | | 2780 | 36413 | 2546 |
| 广水市 | 15329 | 7435 | | 7435 | 92 | 1885 | 291 | 763 |
| **仙桃市** | **3300** | **1430** | **1260** | **610** | | **918** | **11788** | **3917** |
| **天门市** | **13496** | **3984** | **4562** | **1223** | **219** | **1668** | **12042** | **2003** |
| **潜江市** | **5136** | **1988** | **738** | **1367** | **24** | **2324** | **18623** | **4581** |
| **神农架林区** | **46** | **8** | **20** | **18** | | | | |

续表6

| | 农用排灌动力机械 | | | | | | 农用水泵（台） | 喷灌机械（套） |
|---|---|---|---|---|---|---|---|---|
| | 合计 | | 柴油机 | | 电动机 | | | |
| | 台 | 千瓦 | 台 | 千瓦 | 台 | 千瓦 | | |
| **全省合计** | **499071** | **5184920** | **205993** | **1904482** | **285278** | **3259098** | **559199** | **15537** |
| **武汉市** | **35937** | **520839** | **14716** | **114502** | **20576** | **403655** | **38757** | **927** |
| 市郊区 | 8601 | 100992 | 1671 | 14630 | 6804 | 86031 | 12490 | 318 |
| 蔡甸区 | 4589 | 117285 | 1532 | 14825 | 3025 | 102371 | 5175 | 8 |
| 江夏区 | 7997 | 113508 | 2222 | 18019 | 5315 | 93361 | 6221 | 519 |
| 黄陂区 | 8571 | 92377 | 5503 | 31997 | 3042 | 60248 | 8486 | 47 |
| 新洲区 | 6179 | 96677 | 3788 | 35031 | 2390 | 61644 | 6385 | 35 |
| **黄石市** | **11456** | **139086** | **1136** | **9883** | **10268** | **128621** | **10259** | **1094** |
| 市郊区 | 633 | 2353 | 13 | 99 | 620 | 2254 | 724 | 522 |
| 大冶市 | 5552 | 75552 | 560 | 4516 | 4990 | 70851 | 5856 | 280 |
| 阳新县 | 5271 | 61181 | 563 | 5268 | 4658 | 55516 | 3679 | 292 |
| **十堰市** | **13044** | **80314** | **2589** | **32154** | **9674** | **45613** | **15084** | **1573** |
| 市郊区 | 917 | 3795 | 17 | 156 | 271 | 2043 | 2133 | 208 |
| 丹江口市 | 2068 | 15493 | 617 | 6787 | 1451 | 8706 | 3412 | 1031 |
| 郧　县 | 1650 | 10032 | 126 | 1705 | 1524 | 8327 | 960 | 150 |
| 郧西县 | 4845 | 13164 | 95 | 1137 | 4750 | 12027 | 4845 | 30 |
| 竹山县 | 924 | 7434 | 454 | 4403 | 318 | 2080 | 984 | 79 |
| 竹溪县 | 2182 | 26235 | 1161 | 16311 | 1021 | 9924 | 1854 | 35 |
| 房　县 | 458 | 4161 | 119 | 1655 | 339 | 2506 | 896 | 40 |
| **荆州市** | **78480** | **933916** | **43616** | **523392** | **34619** | **410028** | **69895** | **317** |
| 市郊区 | 6970 | 78240 | 1812 | 21744 | 5158 | 56496 | 6024 | 10 |
| 江陵县 | 4159 | 47464 | 1767 | 21204 | 2147 | 25764 | 2793 | 42 |
| 松滋区 | 7404 | 88848 | 2527 | 30324 | 4877 | 58524 | 7980 | 251 |
| 公安县 | 10721 | 128652 | 6964 | 83568 | 3757 | 45084 | 8547 | 4 |
| 石首市 | 7204 | 86448 | 4306 | 51672 | 2898 | 34776 | 6891 | 10 |
| 监利县 | 23423 | 281076 | 15694 | 188328 | 7729 | 92748 | 17749 | |
| 洪湖市 | 18599 | 223188 | 10546 | 126552 | 8053 | 96636 | 19911 | |
| **宜昌市** | **89937** | **266769** | **8155** | **57066** | **81243** | **207754** | **93004** | **1298** |
| 市郊区 | 4511 | 10193 | 104 | 585 | 4407 | 9608 | 7294 | 14 |
| 宜昌县 | 26311 | 32084 | 199 | 2830 | 26071 | 28538 | 26226 | 17 |
| 宜都市 | 5807 | 33429 | 4263 | 27317 | 1544 | 6112 | 7467 | 3 |
| 枝江市 | 27189 | 121678 | 1020 | 13087 | 26169 | 108591 | 27293 | 1255 |
| 当阳市 | 6194 | 30542 | 777 | 5292 | 5372 | 24968 | 8462 | 5 |
| 远安县 | 12163 | 20948 | 219 | 1896 | 11944 | 19052 | 7474 | 1 |
| 兴山县 | 1260 | 3126 | 855 | 2029 | 405 | 1097 | 1103 | |
| 秭归县 | 5941 | 12867 | 574 | 2787 | 4914 | 9129 | 7129 | 3 |
| 长阳县 | 480 | 1417 | 120 | 1057 | 360 | 360 | 480 | |
| 五峰县 | 81 | 485 | 24 | 186 | 57 | 299 | 76 | |
| **襄樊市** | **24291** | **354385** | **5954** | **69769** | **18337** | **284616** | **41856** | **1285** |
| 市郊区 | 3407 | 41771 | 1695 | 19577 | 1712 | 22194 | 9433 | 34 |
| 老河口市 | 2118 | 34436 | 653 | 8775 | 1465 | 25661 | 2550 | 230 |
| 襄阳区 | 2798 | 24784 | 620 | 7156 | 2178 | 17628 | 3437 | 90 |
| 枣阳市 | 3950 | 108926 | 985 | 10859 | 2965 | 98067 | 9564 | 327 |
| 宜城市 | 3264 | 57795 | 368 | 5667 | 2896 | 52128 | 7131 | 206 |
| 南漳县 | 1958 | 11737 | 485 | 3636 | 1473 | 8101 | 3044 | 164 |
| 谷城县 | 3922 | 46774 | 497 | 4638 | 3425 | 42136 | 3922 | 79 |
| 保康县 | 2735 | 25050 | 605 | 9075 | 2130 | 15975 | 2700 | 100 |
| 襄北农场 | 139 | 3112 | 46 | 386 | 93 | 2726 | 75 | 55 |
| **鄂州市** | **8675** | **145387** | **2449** | **21053** | **5886** | **121109** | **9937** | **180** |

续表 7

| | 农用排灌动力机械 | | | | | | 农用水泵（台） | 喷灌机械（套） |
|---|---|---|---|---|---|---|---|---|
| | 合 计 | | 柴油机 | | 电动机 | | | |
| | 台 | 千 瓦 | 台 | 千 瓦 | 台 | 千 瓦 | | |
| **荆门市** | **27844** | **306948** | **10847** | **95657** | **16884** | **211158** | **48692** | **200** |
| 市郊区 | 2928 | 33689 | 1113 | 9157 | 1815 | 24532 | 13686 | 2 |
| 钟祥市 | 12760 | 128506 | 5707 | 52486 | 7053 | 76020 | 19723 | |
| 京山县 | 5884 | 72871 | 2157 | 19508 | 3614 | 53230 | 7589 | 135 |
| 沙洋县 | 5982 | 61022 | 1853 | 13993 | 4129 | 47029 | 7438 | |
| 沙洋农场 | 215 | 6480 | 17 | 513 | 198 | 5967 | 146 | 19 |
| 五三农场 | 75 | 4380 | | | 75 | 4380 | 110 | 44 |
| **孝感市** | **66436** | **704995** | **29871** | **232172** | **32199** | **464769** | **59031** | **3749** |
| 市郊区 | 6616 | 119452 | 3795 | 28243 | 2729 | 88363 | 9532 | 1750 |
| 孝昌县 | 8870 | 70700 | 5200 | 31200 | 3580 | 39260 | 8550 | 348 |
| 大悟县 | 3568 | 46780 | 1418 | 16180 | 2150 | 30600 | 3048 | 342 |
| 安陆市 | 5533 | 78502 | 1720 | 14426 | 3813 | 64076 | 5133 | 212 |
| 云梦县 | 20496 | 73623 | 7043 | 37151 | 13453 | 36472 | 19038 | 71 |
| 应城市 | 5449 | 100376 | 3252 | 37785 | 2197 | 62591 | 4486 | 856 |
| 汉川市 | 15904 | 215562 | 7443 | 67187 | 4277 | 143407 | 9244 | 170 |
| **黄冈市** | **29731** | **440986** | **17648** | **182866** | **11606** | **256802** | **42665** | **1588** |
| 市郊区 | 1318 | 33311 | 546 | 7129 | 772 | 26182 | 1832 | 56 |
| 团风县 | 1875 | 38415 | 695 | 11545 | 1167 | 26841 | 1790 | 151 |
| 红安县 | 2203 | 35824 | 1546 | 13893 | 657 | 21931 | 4010 | 390 |
| 麻城市 | 5258 | 49378 | 4297 | 36223 | 961 | 13155 | 4676 | 82 |
| 罗田县 | 1040 | 9440 | 381 | 3810 | 539 | 5390 | 6850 | 150 |
| 英山县 | 464 | 5505 | 175 | 2317 | 84 | 2514 | 4090 | 162 |
| 浠水县 | 4704 | 68975 | 2098 | 20322 | 2606 | 48653 | 4795 | 164 |
| 蕲春县 | 4033 | 67847 | 2444 | 26622 | 1589 | 41225 | 6924 | 265 |
| 武穴市 | 4736 | 80209 | 3280 | 36734 | 1456 | 43475 | 3680 | 56 |
| 黄梅县 | 4100 | 52082 | 2186 | 24271 | 1775 | 27436 | 4018 | 112 |
| **咸宁市** | **23610** | **284571** | **9840** | **86160** | **13760** | **198381** | **28330** | **567** |
| 咸安区 | 3983 | 47552 | 1642 | 14769 | 2331 | 32753 | 5357 | 22 |
| 嘉鱼县 | 5640 | 97896 | 2466 | 26089 | 3174 | 71807 | 5856 | 90 |
| 赤壁市 | 4096 | 87290 | 2048 | 30630 | 2048 | 56660 | 3324 | 421 |
| 通城县 | 7668 | 25488 | 3079 | 9398 | 4589 | 16090 | 8247 | 4 |
| 崇阳县 | 1954 | 19675 | 540 | 3690 | 1414 | 15985 | 1964 | 26 |
| 通山县 | 269 | 6670 | 65 | 1584 | 204 | 5086 | 3582 | 4 |
| **恩施自治州** | **4154** | **20168** | **1142** | **9980** | **2966** | **10022** | **5459** | **211** |
| 恩施市 | 26 | 2040 | 6 | 90 | 20 | 1950 | 28 | |
| 建始县 | 128 | 629 | 50 | 436 | 78 | 193 | 280 | |
| 巴东县 | 20 | 492 | 15 | 282 | 5 | 210 | 120 | 150 |
| 利川市 | 2396 | 6329 | 285 | 2417 | 2103 | 3864 | 2453 | 5 |
| 宣恩县 | 202 | 1724 | 82 | 850 | 120 | 874 | 320 | |
| 咸丰县 | 704 | 3054 | 214 | 1620 | 452 | 1316 | 1300 | 14 |
| 来凤县 | 378 | 3510 | 240 | 2080 | 138 | 1430 | 378 | |
| 鹤峰县 | 300 | 2390 | 250 | 2205 | 50 | 185 | 580 | 42 |
| **随州市** | **8137** | **105455** | **2924** | **31928** | **5213** | **73527** | **24783** | **1902** |
| 曾都区 | 6475 | 79782 | 2260 | 26074 | 4215 | 53708 | 14451 | 1850 |
| 广水市 | 1662 | 25673 | 664 | 5854 | 998 | 19819 | 10332 | 52 |
| **仙桃市** | **44355** | **390746** | **36295** | **256267** | **8060** | **134479** | **44758** | |
| **天门市** | **22578** | **318027** | **14549** | **136701** | **7843** | **181168** | **16779** | **388** |
| **潜江市** | **10337** | **171877** | **4214** | **44510** | **6123** | **127367** | **9889** | **248** |
| **神农架林区** | **69** | **451** | **48** | **422** | **21** | **29** | **21** | **10** |

续表 8

| | 农副产品加工机械(台) | | | | | | 联合收割机 | | 机动收割机 | | 水稻工厂化育秧设备(套) |
|---|---|---|---|---|---|---|---|---|---|---|---|
| | 合计 | 碾米机 | 磨面机 | 轧花机 | 榨油机 | 淀粉加工机 | 台 | 千瓦 | 台 | 千瓦 | |
| **全省合计** | **580787** | **228166** | **180717** | **12316** | **33018** | **21929** | **16085** | **560055** | **3562** | **22564** | **51** |
| **武汉市** | **15797** | **5712** | **2535** | **542** | **1588** | **542** | **412** | **14193** | **334** | **1552** | **5** |
| 市郊区 | 1944 | 600 | 274 | 109 | 161 | 19 | 169 | 5183 | 11 | 68 | |
| 蔡甸区 | 1356 | 604 | 246 | 68 | 43 | 123 | 56 | 2043 | 12 | 251 | |
| 江夏区 | 5603 | 1614 | 434 | 38 | 265 | 125 | 101 | 4101 | 72 | 295 | 4 |
| 黄陂区 | 3936 | 1598 | 866 | 154 | 807 | 131 | 30 | 980 | 30 | 92 | |
| 新洲区 | 2958 | 1296 | 715 | 173 | 312 | 144 | 56 | 1886 | 209 | 846 | 1 |
| **黄石市** | **10248** | **4172** | **2453** | **346** | **1330** | **878** | **154** | **6915** | **38** | **384** | |
| 市郊区 | 34 | 13 | 5 | | 14 | 2 | | | 1 | 8 | |
| 大冶市 | 4502 | 2261 | 828 | 153 | 477 | 243 | 33 | 1089 | 20 | 44 | |
| 阳新县 | 5712 | 1898 | 1620 | 193 | 839 | 633 | 121 | 5826 | 17 | 332 | |
| **十堰市** | **58118** | **15574** | **20213** | **255** | **2881** | **2866** | **40** | **1102** | **93** | **653** | |
| 市郊区 | 748 | 304 | 399 | | 38 | | | | | | |
| 丹江口市 | 10236 | 1835 | 1898 | 62 | 511 | 98 | 6 | 204 | 10 | 60 | |
| 郧　县 | 9418 | 2599 | 2707 | 139 | 440 | 631 | 4 | 100 | 75 | 540 | |
| 郧西县 | 13710 | 2250 | 4555 | 19 | 595 | 6 | 9 | 156 | 3 | 7 | |
| 竹山县 | 7736 | 3217 | 3542 | 18 | 399 | 43 | 1 | 40 | 4 | 40 | |
| 竹溪县 | 7237 | 2356 | 1926 | | 515 | 2040 | 2 | 70 | | | |
| 房　县 | 9033 | 3013 | 5186 | 17 | 383 | 48 | 18 | 532 | 1 | 6 | |
| **荆州市** | **26221** | **14298** | **3416** | **1866** | **2465** | **1568** | **3016** | **96512** | **315** | **945** | **3** |
| 市郊区 | 1208 | 646 | 95 | 137 | 230 | 100 | 116 | 3712 | 3 | 9 | |
| 江陵县 | 1728 | 1296 | 86 | 161 | 172 | 13 | 234 | 7488 | 85 | 255 | 3 |
| 松滋区 | 5402 | 2662 | 1880 | 247 | 302 | 66 | 280 | 8960 | | | |
| 公安县 | 5239 | 2245 | 506 | 465 | 486 | 626 | 451 | 14432 | | | |
| 石首市 | 2370 | 1170 | 95 | 226 | 343 | 536 | 330 | 10560 | | | |
| 监利县 | 8522 | 5591 | 464 | 524 | 636 | 67 | 1258 | 40256 | 227 | 681 | |
| 洪湖市 | 1752 | 688 | 290 | 106 | 296 | 160 | 347 | 11104 | | | |
| **宜昌市** | **142588** | **50736** | **62148** | **845** | **3276** | **4497** | **682** | **20006** | **28** | **656** | **2** |
| 市郊区 | 1428 | 325 | 905 | 2 | 85 | 11 | 3 | 42 | | | |
| 宜昌县 | 21560 | 10181 | 8913 | 34 | 565 | 182 | 15 | 484 | | | |
| 宜都市 | 7982 | 2387 | 634 | 31 | 181 | 15 | 12 | 291 | | | |
| 枝江市 | 8273 | 2981 | 849 | 616 | 1227 | 30 | 246 | 8250 | | | 2 |
| 当阳市 | 3170 | 1992 | 441 | 141 | 210 | 2 | 334 | 8368 | 28 | 656 | |
| 远安县 | 3631 | 1355 | 953 | 21 | 180 | 609 | 71 | 2542 | | | |
| 兴山县 | 11817 | 2990 | 8010 | | 228 | 124 | | | | | |
| 秭归县 | 30622 | 26104 | | | 49 | 3449 | | | | | |
| 长阳县 | 20843 | 2224 | 15605 | | 432 | | 1 | 29 | | | |
| 五峰县 | 33262 | 197 | 25838 | | 119 | 75 | | | | | |
| **襄樊市** | **54630** | **15738** | **22382** | **1392** | **5640** | **1536** | **3707** | **126548** | **251** | **2966** | **33** |
| 市郊区 | 2060 | 348 | 259 | 84 | 1083 | 283 | 180 | 7677 | | | |
| 老河口市 | 4381 | 1410 | 1462 | 560 | 781 | 72 | 230 | 870 | 70 | 620 | 12 |
| 襄阳区 | 2669 | 972 | 869 | 256 | 298 | 154 | 662 | 31515 | | | |
| 枣阳市 | 5231 | 2086 | 1642 | 289 | 823 | 95 | 1215 | 34312 | 85 | 1249 | |
| 宜城市 | 2676 | 1097 | 260 | 40 | 278 | 194 | 815 | 29945 | 67 | 637 | 9 |
| 南漳县 | 6183 | 2173 | 3055 | 63 | 456 | | 386 | 11580 | | | |
| 谷城县 | 4078 | 1622 | 1335 | 90 | 371 | 18 | 142 | 5780 | 19 | 380 | 10 |
| 保康县 | 27210 | 6030 | 13500 | 10 | 1550 | 720 | 26 | 872 | 10 | 80 | 2 |
| 襄北农场 | 142 | | | | | | 51 | 3997 | | | |
| **鄂州市** | **5861** | **1511** | **1300** | **150** | **360** | **90** | **42** | **1576** | **129** | **387** | |

续表 9

| | 农副产品加工机械(台) | | | | | | 联合收割机 | | 机动收割机 | | 水稻工厂化育秧设备(套) |
|---|---|---|---|---|---|---|---|---|---|---|---|
| | 合　计 | 碾米机 | 磨面机 | 轧花机 | 榨油机 | 淀　粉加工机 | 台 | 千瓦 | 台 | 千瓦 | |
| **荆门市** | **13520** | **5482** | **3674** | **738** | **1476** | **415** | **2520** | **96903** | **107** | **1630** | **8** |
| 市郊区 | 1715 | 889 | 387 | 56 | 280 | 23 | 452 | 15486 | | | |
| 钟祥市 | 6772 | 2296 | 1886 | 334 | 758 | 266 | 936 | 34743 | 22 | 1037 | 1 |
| 京山县 | 2690 | 1059 | 804 | 149 | 240 | 42 | 661 | 24572 | 85 | 593 | 2 |
| 沙洋县 | 2138 | 1168 | 532 | 159 | 193 | 84 | 236 | 8382 | | | |
| 沙洋农场 | 54 | | | 35 | | | 50 | 4840 | | | 5 |
| 五三农场 | 151 | 70 | 65 | 5 | 5 | | 185 | 8880 | | | |
| **孝感市** | **23103** | **9996** | **5611** | **1986** | **2207** | **935** | **1189** | **40649** | **283** | **2078** | |
| 市郊区 | 2149 | 995 | 376 | 103 | 481 | 38 | 83 | 3015 | 26 | 183 | |
| 孝昌县 | 3947 | 1690 | 810 | 390 | 470 | 332 | 100 | 2940 | | | |
| 大悟县 | 4098 | 1580 | 1290 | 720 | 208 | 186 | 22 | 955 | 12 | 102 | |
| 安陆市 | 4253 | 1874 | 896 | 164 | 528 | 251 | 248 | 8468 | | | |
| 云梦县 | 1683 | 691 | 416 | 97 | 116 | | 82 | 2897 | | | |
| 应城市 | 4353 | 2220 | 1496 | 261 | 198 | 55 | 294 | 9044 | 128 | 1152 | |
| 汉川市 | 2620 | 946 | 327 | 251 | 206 | 73 | 360 | 13330 | 117 | 641 | |
| **黄冈市** | **48743** | **22612** | **10004** | **1423** | **4764** | **1056** | **547** | **19044** | **1074** | **6230** | |
| 市郊区 | 651 | 302 | 213 | 54 | 82 | | 9 | 81 | 1 | 7 | |
| 团风县 | 1618 | 870 | 561 | 121 | 57 | | 38 | 1406 | 23 | 276 | |
| 红安县 | 3249 | 1958 | | | 715 | 39 | 10 | 280 | 256 | 1420 | |
| 麻城市 | 6105 | 2940 | 2084 | 90 | 725 | 140 | 44 | 1452 | 20 | 92 | |
| 罗田县 | 7683 | 3562 | 2585 | 50 | 586 | 120 | 28 | 1400 | 103 | 309 | |
| 英山县 | 14905 | 7540 | 2570 | 110 | 425 | 100 | 29 | 694 | 13 | 99 | |
| 浠水县 | 3558 | 1536 | 879 | 166 | 716 | 78 | 60 | 2268 | 175 | 1029 | |
| 蕲春县 | 4676 | 1800 | 280 | | 866 | | 66 | 2310 | 230 | 1840 | |
| 武穴市 | 2290 | 890 | 325 | 320 | 335 | 200 | 80 | 2690 | | | |
| 黄梅县 | 4008 | 1214 | 507 | 512 | 257 | 379 | 183 | 6463 | 253 | 1158 | |
| **咸宁市** | **22846** | **11698** | **2256** | **356** | **1235** | **3858** | **774** | **21272** | **680** | **3505** | |
| 咸安区 | 2657 | 1843 | 159 | 48 | 223 | 195 | 82 | 2607 | 85 | 591 | |
| 嘉鱼县 | 1978 | 855 | 174 | 87 | 219 | 66 | 211 | 7724 | 22 | 66 | |
| 赤壁市 | 2630 | 1717 | 312 | 30 | 145 | 50 | 113 | 3955 | 440 | 2644 | |
| 通城县 | 3379 | 1781 | 562 | 115 | 334 | 434 | 275 | 4535 | | | |
| 崇阳县 | 3699 | 1967 | 638 | 16 | 115 | 595 | 58 | 1627 | 23 | 115 | |
| 通山县 | 8503 | 3535 | 411 | 60 | 199 | 2518 | 35 | 824 | 110 | 89 | |
| **恩施自治州** | **124494** | **54240** | **36983** | **17** | **1777** | **3332** | **14** | **434** | **28** | **83** | |
| 恩施市 | 14611 | 5453 | 8299 | | 143 | | | | | | |
| 建始县 | 34126 | 16873 | 14827 | 7 | 184 | 287 | 3 | 111 | 6 | 18 | |
| 巴东县 | 11287 | 1521 | 1916 | | 789 | 565 | | | | | |
| 利川市 | 28959 | 14918 | 597 | | 129 | 1540 | 1 | 22 | 2 | 6 | |
| 宣恩县 | 11529 | 5830 | 4127 | 10 | 27 | 185 | | | | | |
| 咸丰县 | 9385 | 3400 | 3250 | | 275 | | | | | | |
| 来凤县 | 4499 | 2540 | 385 | | 94 | 635 | 10 | 301 | | | |
| 鹤峰县 | 10098 | 3705 | 3582 | | 136 | 120 | | | 20 | 59 | |
| **随州市** | **16050** | **6841** | **4011** | **1161** | **2038** | **271** | **1131** | **45466** | **75** | **672** | |
| 曾都区 | 13700 | 5660 | 3576 | 912 | 2038 | 271 | 978 | 39120 | 30 | 267 | |
| 广水市 | 2350 | 1181 | 435 | 249 | | | 153 | 6346 | 45 | 405 | |
| **仙桃市** | **4859** | **3675** | **533** | **78** | **268** | **25** | **546** | **19465** | | | |
| **天门市** | **8196** | **3559** | **2177** | **792** | **321** | **7** | **1005** | **38201** | **79** | **578** | |
| **潜江市** | **5433** | **2301** | **992** | **369** | **1362** | **53** | **306** | **11769** | **48** | **245** | |
| **神农架林区** | **80** | **21** | **29** | | **30** | | | | | | |

续表 10

|  | 农用载重汽车 |  | 其中:柴油汽车 |  | 农用运输车 |  | 农用机动三轮车 |  |
|---|---|---|---|---|---|---|---|---|
|  | 辆 | 千 瓦 | 辆 | 千 瓦 | 辆 | 千 瓦 | 辆 | 千 瓦 |
| **全省合计** | **27813** | **1651897** | **16739** | **902776** | **67434** | **1877072** | **104116** | **1023506** |
| **武汉市** | **5061** | **343882** | **2090** | **132983** | **8393** | **215637** | **7946** | **68261** |
| 市郊区 | 2989 | 201542 | 871 | 53496 | 2703 | 60100 | 4707 | 41584 |
| 蔡甸区 | 631 | 49683 | 424 | 33626 | 780 | 21937 | 154 | 1550 |
| 江夏区 | 591 | 47257 | 217 | 17475 | 762 | 16747 | 382 | 4971 |
| 黄陂区 | 477 | 24476 | 287 | 10688 | 2563 | 72946 | 1380 | 7405 |
| 新洲区 | 373 | 20924291 | 17698 | 1585 | 43907 | 1323 | 12751 |  |
| **黄石市** | **998** | **62901** | **129** | **5704** | **1829** | **45529** | **1530** | **11411** |
| 市郊区 | 6 | 280 | 4 | 160 | 109 | 3613 | 13 | 52 |
| 大冶市 | 786 | 46052 | 85 | 3708 | 979 | 25044 | 915 | 7402 |
| 阳新县 | 206 | 16569 | 40 | 1836 | 741 | 16872 | 602 | 3957 |
| **十堰市** | **2046** | **154652** | **901** | **64353** | **4096** | **96426** | **8907** | **74178** |
| 市郊区 | 311 | 30110 | 80 | 7740 | 299 | 10802 | 114 | 987 |
| 丹江口市 | 279 | 17856 | 109 | 4796 | 518 | 14504 | 3974 | 38370 |
| 郧　县 | 630 | 42925 | 161 | 10233 | 800 | 18980 | 910 | 7655 |
| 郧西县 | 79 | 3237 | 79 | 3237 | 1175 | 12510 | 1320 | 13416 |
| 竹山县 | 408 | 28560 | 241 | 16870 | 495 | 11281 | 1750 | 2708 |
| 竹溪县 | 153 | 15300 | 103 | 10300 | 351 | 19305 | 514 | 5654 |
| 房　县 | 186 | 16664 | 128 | 11178 | 458 | 9044 | 325 | 5388 |
| **荆州市** | **1871** | **93550** | **1158** | **57900** | **7694** | **269290** | **3203** | **48045** |
| 市郊区 | 306 | 15300 | 122 | 6100 | 1969 | 68915 | 286 | 4290 |
| 江陵县 | 503 | 25150 | 383 | 19150 | 953 | 33355 | 602 | 9030 |
| 松滋区 | 95 | 4750 | 76 | 3800 | 649 | 22715 | 363 | 5445 |
| 公安县 | 274 | 13700 | 266 | 13300 | 687 | 24045 | 322 | 4830 |
| 石首市 |  |  |  |  | 1089 | 38115 | 123 | 1845 |
| 监利县 | 524 | 26200 | 178 | 8900 | 1626 | 56910 | 510 | 7650 |
| 洪湖市 | 169 | 8450 | 133 | 6650 | 721 | 25235 | 997 | 14955 |
| **宜昌市** | **3645** | **235928** | **2291** | **130542** | **8349** | **201744** | **12209** | **109777** |
| 市郊区 | 550 | 35373 | 340 | 19537 | 242 | 8521 | 230 | 2204 |
| 宜昌县 | 717 | 40713 | 448 | 22449 | 1294 | 31657 | 1204 | 12404 |
| 宜都市 | 146 | 10776 | 100 | 7404 | 991 | 20621 | 1199 | 12736 |
| 枝江市 | 1241 | 84112 | 703 | 31166 | 2374 | 63925 | 2291 | 30005 |
| 当阳市 | 214 | 12974 | 142 | 7979 | 675 | 19727 | 6280 | 41880 |
| 远安县 | 92 | 9713 | 28 | 3693 | 391 | 11091 |  |  |
| 兴山县 | 165 | 7670 | 157 | 6870 | 103 | 2359 | 160 | 1662 |
| 秭归县 | 212 | 12423 | 202 | 11360 | 1240 | 20771 | 285 | 3286 |
| 长阳县 | 205 | 13325 | 92 | 13325 | 645 | 9675 | 560 | 5600 |
| 五峰县 | 103 | 8849 | 79 | 6759 | 394 | 13397 |  |  |
| **襄樊市** | **2707** | **147712** | **1916** | **98107** | **4829** | **138660** | **35920** | **349573** |
| 市郊区 | 713 | 30511 | 423 | 15444 | 771 | 21926 | 3117 | 55121 |
| 老河口市 | 158 | 8039 | 128 | 5086 | 617 | 12396 | 3683 | 30758 |
| 襄阳区 | 514 | 30736 | 322 | 19523 | 481 | 15215 | 16627 | 148609 |
| 枣阳市 | 335 | 27595 | 203 | 15746 | 757 | 27424 | 3265 | 30386 |
| 宜城市 | 330 | 19470 | 305 | 17995 | 375 | 10350 | 5246 | 47214 |
| 南漳县 | 453 | 16830 | 414 | 14430 | 396 | 11880 | 1385 | 12465 |
| 谷城县 | 63 | 4739 | 37 | 2287 | 460 | 13518 | 1595 | 14166 |
| 保康县 | 140 | 9706 | 83 | 7510 | 972 | 25951 | 1002 | 10854 |
| 襄北农场 | 1 | 86 | 1 | 86 |  |  |  |  |
| **鄂州市** | **970** | **52150** | **350** | **24983** | **1152** | **31104** | **853** | **5032** |

续表 11

| | 农用载重汽车 | | 其中:柴油汽车 | | 农用运输车 | | 农用机动三轮车 | |
|---|---|---|---|---|---|---|---|---|
| | 辆 | 千瓦 | 辆 | 千瓦 | 辆 | 千瓦 | 辆 | 千瓦 |
| **荆门市** | **2056** | **133665** | **1480** | **93263** | **3010** | **91880** | **6208** | **72299** |
| 市郊区 | 563 | 39314 | 423 | 29964 | 650 | 14585 | 1092 | 11867 |
| 钟祥市 | 1199 | 75932 | 859 | 53261 | 1422 | 50347 | 3956 | 47019 |
| 京山县 | 110 | 6370 | 54 | 1971 | 326 | 10443 | 554 | 7707 |
| 沙洋县 | 184 | 12049 | 144 | 8067 | 597 | 16133 | 566 | 5266 |
| 沙洋农场 | | | | | | | | |
| 五三农场 | | | | | 16 | 372 | 40 | 440 |
| **孝感市** | **877** | **35414** | **705** | **25539** | **5332** | **167234** | **5667** | **70784** |
| 市郊区 | 170 | 9921 | 130 | 7364 | 930 | 27900 | 1050 | 12153 |
| 孝昌县 | 60 | 1980 | 50 | 1650 | 920 | 27000 | 700 | 7700 |
| 大悟县 | 8 | 470 | 6 | 390 | 176 | 4876 | 1264 | 16484 |
| 安陆市 | | | | | 672 | 25122 | 266 | 3197 |
| 云梦县 | | | | | 841 | 39579 | 680 | 14989 |
| 应城市 | 166 | 5902 | 134 | 4294 | 589 | 21620 | 523 | 4920 |
| 汉川市 | 473 | 17141 | 385 | 11841 | 1204 | 21137 | 1184 | 11341 |
| **黄冈市** | **1451** | **86257** | **1038** | **50690** | **6405** | **148092** | **7423** | **72408** |
| 市郊区 | 61 | 4472 | 10 | 550 | 192 | 3530 | 49 | 438 |
| 团风县 | 302 | 10903 | 267 | 9345 | 329 | 4277 | 317 | 2948 |
| 红安县 | 118 | 4342 | 118 | 4342 | 272 | 5840 | 1055 | 11021 |
| 麻城市 | 13 | 718 | 13 | 718 | 512 | 14799 | 1489 | 15913 |
| 罗田县 | 196 | 18943 | 15 | 1683 | 650 | 19500 | 1179 | 8253 |
| 英山县 | 93 | 6870 | 93 | 6870 | 537 | 13890 | 181 | 4810 |
| 浠水县 | 87 | 3498 | 62 | 1702 | 507 | 7795 | 359 | 3161 |
| 蕲春县 | 160 | 6400 | 128 | 4736 | 744 | 28863 | 545 | 6341 |
| 武穴市 | 120 | 11616 | 48 | 3108 | 1350 | 24480 | 420 | 3084 |
| 黄梅县 | 301 | 18495 | 284 | 17636 | 1312 | 25118 | 1829 | 16439 |
| **咸宁市** | **1753** | **85787** | **1125** | **50662** | **4935** | **139320** | **2743** | **28839** |
| 咸安区 | 353 | 18633 | 235 | 11861 | 712 | 20794 | 392 | 3647 |
| 嘉鱼县 | 143 | 4635 | 143 | 4635 | 735 | 14371 | 163 | 1438 |
| 赤壁市 | 474 | 18960 | 324 | 11340 | 1790 | 53700 | 1150 | 13661 |
| 通城县 | 330 | 16573 | 106 | 5009 | 812 | 17377 | 422 | 3914 |
| 崇阳县 | 240 | 14578 | 129 | 7087 | 388 | 11090 | 378 | 3989 |
| 通山县 | 213 | 12408 | 188 | 10730 | 498 | 21988 | 238 | 2190 |
| **恩施自治州** | **2447** | **138910** | **2041** | **104887** | **5775** | **190183** | **5387** | **57262** |
| 恩施市 | 1534 | 73632 | 1534 | 73632 | 1144 | 32040 | 1794 | 21528 |
| 建始县 | 208 | 24276 | 56 | 4640 | 512 | 17920 | 1900 | 20127 |
| 巴东县 | 112 | 8935 | 38 | 1876 | 392 | 13572 | 1305 | 11418 |
| 利川市 | 240 | 12083 | 179 | 9252 | 1384 | 45267 | 48 | 632 |
| 宣恩县 | | | | | 930 | 32550 | 85 | 748 |
| 咸丰县 | 115 | 9750 | 107 | 8350 | 370 | 9100 | 85 | 935 |
| 来凤县 | 158 | 5530 | 47 | 2433 | 233 | 6990 | 10 | 110 |
| 鹤峰县 | 80 | 4704 | 80 | 4704 | 810 | 32744 | 160 | 1764 |
| **随州市** | **836** | **33315** | **536** | **22333** | **853** | **19538** | **3946** | **35687** |
| 曾都区 | 825 | 33000 | 525 | 22018 | 638 | 14403 | 3000 | 30881 |
| 广水市 | 11 | 315 | 11 | 315 | 215 | 5135 | 946 | 4806 |
| **仙桃市** | **289** | **9125** | **289** | **9125** | **2970** | **77941** | **580** | **3374** |
| **天门市** | **548** | **22767** | **506** | **20923** | **655** | **18776** | **303** | **3306** |
| **潜江市** | **258** | **15882** | **184** | **10781** | **1018** | **22061** | **1108** | **9773** |
| **神农架林区** | | | | | **139** | **3657** | **183** | **3497** |

续表 12

| | 扬场机（台） | 种子精选机（台） | 谷物烘干机（台） | 动力喷雾（粉）机 | | 饲料粉碎机（台） | 农业机械原值（万元） | |
|---|---|---|---|---|---|---|---|---|
| | | | | 部 | 千瓦 | | 合计 | #当年购买农机资金 |
| **全省合计** | **6042** | **302** | **556** | **159287** | **221066** | **238801** | **1178225.64** | **125821.44** |
| **武汉市** | **744** | **6** | **5** | **11435** | **16960** | **3119** | **90537.21** | **5516.48** |
| 市郊区 | | | | 3775 | 7071 | 185 | 29729.57 | 1540.7 |
| 蔡甸区 | 212 | | | 687 | 1346 | 169 | 15681 | 766 |
| 江夏区 | 82 | 6 | 4 | 1167 | 1492 | 754 | 15960 | 1189 |
| 黄陂区 | | | | 857 | 1336 | 1261 | 16708.3 | 1132.7 |
| 新洲区 | 450 | | 1 | 4949 | 5715 | 750 | 12458.34 | 888.08 |
| **黄石市** | **62** | **37** | **61** | **580** | **1004** | **1874** | **18666** | **2251** |
| 市郊区 | 4 | | | 45 | 59 | 11 | 3679 | 916 |
| 大冶市 | 32 | 22 | 58 | 120 | 265 | 1255 | 7754 | 706 |
| 阳新县 | 26 | 15 | 3 | 415 | 680 | 608 | 7233 | 629 |
| **十堰市** | **792** | **3** | **23** | **1140** | **2474** | **19601** | **32357.08** | **2706.14** |
| 市郊区 | | | | 30 | 89 | 458 | 2787.1 | 81 |
| 丹江口市 | | | 13 | 365 | 730 | 1455 | 8769 | 417 |
| 郧　县 | 30 | | | 420 | 1004 | 3725 | 4576 | 305 |
| 郧西县 | | | | 96 | 220 | 7865 | 5940 | 1300 |
| 竹山县 | | | | 85 | 255 | 4230 | 3887 | 192 |
| 竹溪县 | 350 | | | 20 | 30 | | 3000 | 100 |
| 房　县 | 412 | 3 | 10 | 124 | 146 | 1868 | 3397.98 | 311.14 |
| **荆州市** | **225** | **6** | **106** | **29111** | **36058** | **6306** | **111998** | **10905** |
| 市郊区 | | 1 | | 3639 | 4861 | 338 | 15660 | 109 |
| 江陵县 | 171 | | | 5540 | 7811 | 292 | 9616 | 2093 |
| 松滋区 | 54 | | | 11577 | 13388 | 2692 | 9960 | 450 |
| 公安县 | | | | 4735 | 5443 | 313 | 15140 | 2805 |
| 石首市 | | 5 | 1 | 1237 | 1357 | 420 | 9676 | 506 |
| 监利县 | | | 105 | 976 | 1369 | 1611 | 32146 | 3142 |
| 洪湖市 | | | | 1407 | 1829 | 640 | 19800 | 1800 |
| **宜昌市** | **55** | **24** | **16** | **31348** | **38482** | **43261** | **135929.8** | **14872.5** |
| 市郊区 | | | | 487 | 848 | 490 | 5575 | 708 |
| 宜昌县 | | | | 615 | 899 | 1242 | 9622.3 | 710 |
| 宜都市 | 37 | | | 353 | 689 | 3932 | 5691.5 | 671.5 |
| 枝江市 | 18 | 24 | 16 | 22623 | 27147 | 1772 | 66286 | 6200 |
| 当阳市 | | | | 5087 | 6083 | 543 | 18594 | 4237 |
| 远安县 | | | | 66 | 74 | 1228 | 7948 | 786 |
| 兴山县 | | | | 486 | 991 | 933 | 1830 | 190 |
| 秭归县 | | | | 161 | 273 | 4996 | 11072 | 600 |
| 长阳县 | | | | 1450 | 1450 | 15200 | 3812 | 520 |
| 五峰县 | | | | 20 | 28 | 12925 | 5499 | 250 |
| **襄樊市** | **214** | **27** | **46** | **7809** | **11286** | **8526** | **225530.52** | **21574.56** |
| 市郊区 | 46 | | | 158 | 405 | 358 | 26858.26 | 878.38 |
| 老河口市 | 23 | 5 | | 1710 | 2216 | 1170 | 20561 | 2980 |
| 襄阳区 | | 2 | | 2000 | 2357 | 980 | 57350 | 2135 |
| 枣阳市 | | 8 | 45 | 1565 | 2843 | 1220 | 30657 | 2786 |
| 宜城市 | 95 | 8 | | 396 | 758 | 538 | 31800 | 3515 |
| 南漳县 | | | | 897 | 1345 | 621 | 19876 | 6500 |
| 谷城县 | | | | 433 | 517 | 963 | 8892.48 | 1958.48 |
| 保康县 | | | | 420 | 477 | 2650 | 28000 | 600 |
| 襄北农场 | 50 | 4 | 1 | 230 | 368 | 26 | 1535.78 | 221.7 |
| **鄂州市** | **610** | **3** | **4** | **1603** | **1966** | **1011** | **27518** | **2580** |

续表 13

| | 扬场机（台） | 种子精选机（台） | 谷物烘干机（台） | 动力喷雾（粉）机 | | 饲料粉碎机（台） | 农业机械原值（万元） | |
|---|---|---|---|---|---|---|---|---|
| | | | | 部 | 千瓦 | | 合计 | #当年购买农机资金 |
| **荆门市** | **441** | **137** | **52** | **6910** | **10567** | **3236** | **97969.96** | **19074.16** |
| 市郊区 | 12 | | | 414 | 828 | 281 | 13546.76 | 3541.16 |
| 钟祥市 | | 15 | 3 | 1316 | 2941 | 1378 | 62792 | 11495 |
| 京山县 | 244 | 100 | 4 | 733 | 1217 | 765 | 2555 | 3130 |
| 沙洋县 | 83 | 0 | 3 | 3802 | 4711 | 729 | 14432 | 760 |
| 沙洋农场 | 52 | 20 | 20 | 581 | 709 | 7 | 2794 | 78 |
| 五三农场 | 50 | 2 | 22 | 64 | 161 | 76 | 1850.2 | 70 |
| **孝感市** | **1349** | **13** | **13** | **12289** | **15910** | **2181** | **90772** | **9377** |
| 市郊区 | 279 | | | 2450 | 3675 | 130 | 21072 | 1800 |
| 孝昌县 | 40 | 8 | 4 | 600 | 1200 | 430 | 429 | 280 |
| 大悟县 | 250 | | | 398 | 408 | 1002 | 6210 | 820 |
| 安陆市 | | | | 1674 | 2020 | 303 | 16529 | 1519 |
| 云梦县 | | | | 665 | 785 | 310 | 15690 | 1020 |
| 应城市 | 23 | 4 | 9 | 714 | 1085 | 6 | 6972 | 1563 |
| 汉川市 | 757 | 1 | | 5788 | 6737 | | 19570 | 2375 |
| **黄冈市** | **757** | **13** | **44** | **6495** | **13781** | **10265** | **115883.87** | **12668.3** |
| 市郊区 | 7 | | 11 | 72 | 264 | | 3712 | 855 |
| 团风县 | 29 | 3 | 7 | 315 | 473 | 185 | 4869 | 413 |
| 红安县 | 303 | | | 460 | 504 | | 8734 | 321 |
| 麻城市 | 3 | 3 | | 237 | 258 | 2680 | 12051 | 402 |
| 罗田县 | 320 | | | 295 | 590 | 2325 | 8500 | 120 |
| 英山县 | 5 | 5 | 10 | 619 | 481 | 2410 | 17030 | 2100 |
| 浠水县 | 7 | | 15 | 1154 | 2077 | 1066 | 12233.87 | 957.3 |
| 蕲春县 | | | | 710 | 5680 | 760 | 18324 | 2500 |
| 武穴市 | 83 | 1 | | 426 | 834 | 552 | 7040 | 1500 |
| 黄梅县 | | 1 | 1 | 2207 | 2620 | 287 | 23390 | 3500 |
| **咸宁市** | **277** | **10** | **80** | **3443** | **5260** | **3252** | **45459** | **3873** |
| 咸安区 | 9 | | 5 | 74 | 188 | 130 | 8450 | 520 |
| 嘉鱼县 | 126 | | | 364 | 728 | 400 | 13051 | 1071 |
| 赤壁市 | 142 | 10 | 75 | 253 | 609 | 395 | 6989 | 785 |
| 通城县 | | | | 1258 | 1514 | 1121 | 7803 | 687 |
| 崇阳县 | | | | 1472 | 2206 | 1008 | 5160 | 430 |
| 通山县 | | | | 22 | 15 | 198 | 4006 | 380 |
| **恩施自治州** | | **13** | **21** | **943** | **1401** | **122859** | **33432.7** | **1907.5** |
| 恩施市 | | | | 234 | 234 | | 2665 | 35 |
| 建始县 | | 2 | | 40 | 31 | 34903 | 5019.9 | 196.5 |
| 巴东县 | | | | 87 | 99 | | 3210 | 140 |
| 利川市 | | | 1 | 295 | 558 | 856 | 4660 | 146 |
| 宣恩县 | | | | 150 | 198 | 84002 | 2457.8 | 470 |
| 咸丰县 | | 4 | 8 | 65 | 115 | 2340 | 2800 | 400 |
| 来凤县 | | | | 38 | 46 | 590 | 4500 | 400 |
| 鹤峰县 | | 7 | 12 | 34 | 120 | 168 | 8120 | 120 |
| **随州市** | **430** | **8** | **8** | **3431** | **5912** | **3140** | **51265** | **6074** |
| 曾都区 | 420 | 8 | 8 | 2849 | 5246 | 3140 | 42711 | 2800 |
| 广水市 | | | | 582 | 666 | | 8554 | 3274 |
| **仙桃市** | **96** | | | **6600** | **11350** | **716** | **30937** | **6050** |
| **天门市** | | **2** | **77** | **18127** | **21620** | **423** | **41717.5** | **3411.8** |
| **潜江市** | | | | **18023** | **27035** | | **26488** | **2780** |
| **神农架林区** | | | | | | **9031** | **1764** | **200** |

# 农业机械化水平

| | 机耕面积（千公顷） | 机播面积（千公顷） | 机收面积（千公顷） | 机械植保面积（千公顷） | 机械铺膜面积（千公顷） |
|---|---|---|---|---|---|
| **全省合计** | **2015.93** | **233.66** | **1407.62** | **2848.66** | **30.64** |
| **武汉市** | **163.6** | **18** | **43.5** | **200.81** | **1.37** |
| 市郊区 | 38.19 | 4.2 | 12.87 | 50.54 | 0.21 |
| 蔡甸区 | 24.46 | 1.5 | 8.4 | 24.77 | |
| 江夏区 | 31.8 | 2.23 | 4.22 | 40.92 | 1.16 |
| 黄陂区 | 31.8 | 2.07 | 4 | 24.67 | |
| 新洲区 | 37.35 | 8 | 14.01 | 59.91 | |
| **黄石市** | **42.31** | **3.8** | **40.1** | **157.05** | |
| 市郊区 | 0.31 | | 0.1 | 133.25 | |
| 大冶市 | 21 | | 10 | 15.6 | |
| 阳新县 | 21 | 3.8 | 30 | 8.2 | |
| **十堰市** | **38.61** | **3.1** | **20.8** | **96.87** | **1.6** |
| 市郊区 | 1.47 | | | 2.7 | |
| 丹江口市 | 8.7 | 0.47 | 2.9 | 20 | |
| 郧　县 | 7.5 | 0.47 | 3.8 | 22 | |
| 郧西县 | 7.07 | 0.48 | 3.57 | 22.67 | |
| 竹山县 | 5.67 | 0.35 | 3 | 13.5 | |
| 竹溪县 | 8.2 | 0.73 | 2.83 | 16 | 1.6 |
| 房　县 | 10 | 0.6 | 4.7 | 24 | |
| **荆州市** | **232.11** | **12.97** | **224.01** | **379.1** | |
| 市郊区 | 27.81 | 0.09 | 21.81 | 67.2 | |
| 江陵县 | 17.1 | 7.05 | 24.6 | 20.7 | |
| 松滋区 | 38.2 | 0.03 | 16 | 55.8 | |
| 公安县 | 45.8 | 1.47 | 42 | 120 | |
| 石首市 | 18.2 | 0.03 | 12.6 | 20.4 | |
| 监利县 | 45 | 0.2 | 72 | 35 | |
| 洪湖市 | 40 | 4.1 | 35 | 60 | |
| **宜昌市** | **141.39** | **12.17** | **56.4** | **248.97** | **15.54** |
| 市郊区 | 1.51 | | 0.07 | 2.57 | |
| 宜昌县 | 12.5 | 0.26 | 2.3 | 27.1 | |
| 宜都市 | 9.6 | 0.41 | 3.63 | 25.2 | |
| 枝江市 | 42.5 | 5.08 | 30 | 60 | 3.2 |
| 当阳市 | 60.2 | 5.32 | 16 | 52 | 0.12 |
| 远安县 | 9.76 | 0.4 | 4.4 | 15.2 | |
| 兴山县 | 1.52 | | | 11.6 | |
| 秭归县 | 1.62 | 0.03 | | 30.2 | |
| 长阳县 | 1.38 | 0.67 | | 20.1 | 2.22 |
| 五峰县 | 0.8 | | | 5 | 10 |
| **襄樊市** | **301.56** | **98.67** | **244.38** | **324.95** | |
| 市郊区 | 11 | 1.5 | 11.2 | | |
| 老河口市 | 24.5 | 2.02 | 8.4 | 50 | |
| 襄阳区 | 76 | 21.04 | 70 | 80 | |
| 枣阳市 | 88.4 | 45.1 | 77.1 | 71.5 | |
| 宜城市 | 45 | 16 | 35.06 | 30.67 | |
| 南漳县 | 25.83 | 3.33 | 25.11 | 11.52 | |
| 谷城县 | 16.53 | 0.93 | 7.67 | 40 | |
| 保康县 | 4 | 0.55 | 0.8 | 32 | |
| 襄北农场 | 10.3 | 8.2 | 9.04 | 9.26 | |
| **鄂州市** | **27.78** | **6.08** | **26** | **36** | |

续表

| | 机耕面积（千公顷） | 机播面积（千公顷） | 机收面积（千公顷） | 机械植保面积（千公顷） | 机械铺膜面积（千公顷） |
|---|---|---|---|---|---|
| **荆门市** | **220.29** | **14.69** | **167.27** | **259.36** | **0.7** |
| 市郊区 | 29.36 | | 19.27 | 30.92 | |
| 钟祥市 | 78.7 | 5.6 | 50.7 | 76.8 | |
| 京山县 | 42.5 | 0.32 | 54 | 70 | 0.7 |
| 沙洋县 | 50.73 | 3.77 | 34 | 68.34 | |
| 沙洋农场 | 10 | 5 | 3.5 | 9.1 | |
| 五三农场 | 9 | | 5.8 | 4.2 | |
| **孝感市** | **207.35** | **21.26** | **146.83** | **243.47** | **2.6** |
| 市郊区 | 33.3 | 8.94 | 20.5 | 73 | 0.6 |
| 孝昌县 | 24 | 1.52 | 22.5 | 25.2 | |
| 大悟县 | 18.1 | 0.11 | 10 | 10 | 2 |
| 安陆市 | 29.6 | 2.18 | 29.5 | 29.6 | |
| 云梦县 | 18.95 | 3.18 | 14.13 | 21.47 | |
| 应城市 | 29.4 | 3.93 | 23.9 | 26.2 | |
| 汉川市 | 54 | 1.4 | 26.3 | 58 | |
| **黄冈市** | **218.47** | **18.07** | **139.16** | **282.23** | **0.65** |
| 市郊区 | 6.84 | | 2.65 | 36.98 | |
| 团风县 | 17.1 | 0.71 | 5.4 | 95.3 | 0.15 |
| 红安县 | 22 | 4.8 | 8.3 | 4.8 | 0.5 |
| 麻城市 | 38.1 | | 13.75 | 0.05 | |
| 罗田县 | 12 | | 14 | 12 | |
| 英山县 | 12 | 8.35 | 17.8 | 12 | |
| 浠水县 | 26 | 1.87 | 18.7 | 58.8 | |
| 蕲春县 | 24.65 | 0.31 | 16.26 | 21 | |
| 武穴市 | 23.18 | 1.7 | 15.4 | 20.2 | |
| 黄梅县 | 36.6 | 0.33 | 26.9 | 21.1 | |
| **咸宁市** | **87.24** | **3.28** | **66.16** | **59.51** | **0.5** |
| 咸安区 | 22 | 0.03 | 4.4 | 6.5 | |
| 嘉鱼县 | 19.74 | 2.52 | 18.59 | 28.69 | |
| 赤壁市 | 19 | 0.73 | 18 | 21 | 0.5 |
| 通城县 | 15.7 | | 18.87 | 3.32 | |
| 崇阳县 | 8 | | 4 | | |
| 通山县 | 2.8 | | 2.3 | | |
| **恩施自治州** | **22.87** | | **18.17** | **169.88** | **6** |
| 恩施市 | 2.33 | | 1.8 | 112 | |
| 建始县 | 5 | | 2.67 | 5 | |
| 巴东县 | 2.6 | 0.5 | 7 | 0.5 | |
| 利川市 | 3.5 | 4.8 | 1.78 | | |
| 宣恩县 | 1.14 | 1.4 | 16.8 | | |
| 咸丰县 | 3 | | 2.8 | 8.6 | |
| 来凤县 | 4.5 | | 3 | 15.5 | |
| 鹤峰县 | 0.8 | | 1.2 | 3.2 | 5.5 |
| **随州市** | **119.3** | **4.95** | **86** | **147** | **0.15** |
| 曾都区 | 82 | 4.48 | 70 | 97 | 0.15 |
| 广水市 | 37.3 | 0.47 | 16 | 50 | |
| **仙桃市** | **60** | **2** | **48.5** | **50** | |
| **天门市** | **88.63** | **13.55** | **53.34** | **104.45** | **0.53** |
| **潜江市** | **43.38** | **1.07** | **27** | **89.01** | |
| **神农架林区** | **1.04** | | | | **1** |

# 农业机械作业量

| | 机电排灌作业量（千公顷） | 机械加工农副产品（万吨） | 机械脱粒量（万吨） | 农机运输作业量（万吨公里） | 全年农机消耗柴油（吨） | 乡镇农机供油站点（个） |
|---|---|---|---|---|---|---|
| **全省合计** | **3728.92** | **3792.82** | **2130.45** | **427297.12** | **1376541** | **1065** |
| **武汉市** | **232.52** | **224.55** | **126.44** | **85095** | **67802** | **5** |
| 市郊区 | 60.35 | 61.89 | 18.22 | 22681 | 16511 | 2 |
| 蔡甸区 | 39.1 | 16.67 | 14.75 | 16170 | 7302 | 3 |
| 江夏区 | 48.95 | 56.09 | 29.1 | 15607 | 12319 | |
| 黄陂区 | 43 | 42.12 | 28.5 | 15049 | 16375 | |
| 新洲区 | 41.12 | 47.78 | 35.87 | 15588 | 15295 | |
| **黄石市** | **1215** | **70** | **57.3** | **13068** | **10141** | **18** |
| 市郊区 | 1180 | | 0.3 | 6500 | 144 | 1 |
| 大冶市 | 17 | 50 | 30 | 6100 | 7862 | 2 |
| 阳新县 | 18 | 20 | 27 | 468 | 2135 | 15 |
| **十堰市** | **32.2** | **106.6** | **45.2** | **18406.78** | **54390** | **8** |
| 市郊区 | 2 | 2 | 2.1 | 940 | 3315 | 2 |
| 丹江口市 | 6 | 12 | 6.8 | 6100 | 17810 | |
| 郧　县 | 6 | 22.5 | 11.5 | 1812 | 7880 | |
| 郧西县 | 6 | 32 | 4.8 | 2900 | 7800 | |
| 竹山县 | 5.5 | 20.5 | 8 | 2510 | 9625 | |
| 竹溪县 | 6.7 | 17 | 3.5 | 2150 | 4000 | 1 |
| 房　县 | 5.8 | 0.6 | 8.5 | 1994.78 | 3960 | 5 |
| **荆州市** | **490.94** | **411** | **276.1** | **15919** | **297114** | **6** |
| 市郊区 | 149.94 | 865 | 52.9 | 2024 | 34748 | 2 |
| 江陵县 | 8 | 12 | 49 | 281 | 34900 | |
| 松滋区 | 98 | 30 | 29 | 3785 | 16000 | 2 |
| 公安县 | 77 | 63 | 15 | 5205 | 39388 | |
| 石首市 | 98 | 20.5 | 9.2 | 652 | 28178 | |
| 监利县 | | 139 | 85 | 1572 | 99300 | 2 |
| 洪湖市 | 60 | 60 | 36 | 2400 | 44600 | |
| **宜昌市** | **85.32** | **379** | **98.17** | **57650** | **177962** | **33** |
| 市郊区 | 3 | 38 | 0.9 | 4586 | 5375 | 5 |
| 宜昌县 | 4 | 40 | 15.9 | 2851 | 3850 | |
| 宜都市 | 8.62 | 42 | 12.84 | 4893 | 8093 | |
| 枝江市 | 21.5 | 44 | 22.2 | 21459 | 79766 | 11 |
| 当阳市 | 32 | 80 | 21 | 9185 | 41126 | |
| 远安县 | 4 | 28 | 6 | 2568 | 5000 | 15 |
| 兴山县 | 1.2 | 22 | 3.4 | 2200 | 2500 | |
| 秭归县 | 9 | 29 | 0.63 | 5298 | 19822 | |
| 长阳县 | 2 | 26 | 9.8 | 3800 | 9650 | |
| 五峰县 | | 30 | 5.5 | 810 | 2780 | 2 |
| **襄樊市** | **234.34** | **404.57** | **325.34** | **86833.34** | **210718** | **12** |
| 市郊区 | 1 | 50 | 45.6 | 19693 | 1102 | 2 |
| 老河口市 | 18 | 75 | 23 | 6222 | 24700 | |
| 襄阳区 | 80 | 64 | 65 | 42408 | 32500 | 7 |
| 枣阳市 | 72 | 88 | 72 | 7558 | 37895 | 3 |
| 宜城市 | 28 | 45 | 53 | 1867 | 63120 | |
| 南漳县 | 15.47 | 39.67 | 32.18 | 4172.34 | 33930 | |
| 谷城县 | 17 | 35.5 | 29.47 | 4613 | 1791 | |
| 保康县 | 2.2 | 7 | 4.6 | 220 | 15000 | |
| 襄北农场 | 0.67 | 0.4 | 0.49 | 80 | 680 | |
| **鄂州市** | **65** | **43** | **45** | **15931** | **22370** | **35** |

续表

| | 机电排灌作业量（千公顷） | 机械加工农副产品（万吨） | 机 械 脱粒量（万吨） | 农机运输作业量（万吨公里） | 全年农机消耗柴油（吨） | 乡镇农机供油站点（个） |
|---|---|---|---|---|---|---|
| **荆门市** | **163.5** | **173.4** | **142.99** | **31566** | **56492** | **343** |
| 市郊区 | 19.1 | 37 | 30.39 | 7757 | 8693 | 4 |
| 钟祥市 | 28 | 54 | 19.5 | 21267 | 33896 | 325 |
| 京山县 | 42.4 | 38.9 | 51 | 200 | 320 | |
| 沙洋县 | 36 | 36 | 38.3 | 1632 | 7623 | |
| 沙洋农场 | 13 | 2 | | 90 | 1000 | 7 |
| 五三农场 | 25 | 5.5 | 3.8 | 620 | 4960 | 7 |
| **孝感市** | **211.3** | **229.6** | **171** | **37931** | **121940** | **187** |
| 市郊区 | 14.5 | 28.8 | 19.5 | 10500 | 25665 | 60 |
| 孝昌县 | 30 | 23 | 22.5 | 2230 | 9560 | 25 |
| 大悟县 | 16 | 48 | 19.3 | 3780 | 5388 | 8 |
| 安陆市 | 23 | 17.7 | 25.9 | 5734 | 10597 | 1 |
| 云梦县 | 24.6 | 35.5 | 17.3 | 5323 | 14920 | 33 |
| 应城市 | 40.2 | 41.6 | 40.1 | 2707 | 16810 | 34 |
| 汉川市 | 63 | 35 | 26.4 | 7657 | 39000 | 26 |
| **黄冈市** | **378.64** | **359.5** | **459.84** | **66616** | **136450** | **29** |
| 市郊区 | 6.84 | 5.9 | 3.94 | 240 | 1243 | 18 |
| 团风县 | 51.3 | 21.6 | 26.1 | 3200 | 4300 | |
| 红安县 | 16.5 | 53 | 30 | 5567 | 6730 | |
| 麻城市 | 35 | 38 | 43 | 3125 | 23702 | 7 |
| 罗田县 | 5 | 30 | 30 | 3200 | 8000 | |
| 英山县 | 18 | 50 | 160 | 18350 | 15327 | 2 |
| 浠水县 | 121 | 47 | 38 | 3986 | 15700 | |
| 蕲春县 | 12 | 27 | 29 | 3600 | 35565 | |
| 武穴市 | 26 | 39 | 50 | 11650 | 10523 | |
| 黄梅县 | 87 | 48 | 49.8 | 13698 | 15360 | 2 |
| **咸宁市** | **96.21** | **143.3** | **66.64** | **24297** | **52313** | **60** |
| 咸安区 | 21 | 24.3 | 18.5 | 3400 | 4800 | 20 |
| 嘉鱼县 | 17.51 | 21.7 | 17.9 | 9716 | 10000 | 4 |
| 赤壁市 | 32 | 15 | 27 | 3969 | 23885 | 2 |
| 通城县 | 7.6 | 21.8 | 0.24 | 1546 | 5382 | 34 |
| 崇阳县 | 15 | 52 | | 1560 | 2240 | |
| 通山县 | 3.1 | 8.5 | 3 | 4106 | 6006 | |
| **恩施自治州** | **16.75** | **506** | **48** | **12885** | **48277** | **55** |
| 恩施市 | | 78 | 9 | 364 | 585 | 4 |
| 建始县 | 2.8 | 18.5 | 13 | 4580 | 4150 | 30 |
| 巴东县 | 1 | 1.5 | 2.3 | 1950 | 18812 | |
| 利川市 | 2.7 | 38 | 11 | 3050 | 4360 | 7 |
| 宣恩县 | 0.43 | 310 | 2.7 | 630 | 270 | 11 |
| 咸丰县 | 0.32 | 13 | 3.2 | 500 | 2600 | |
| 来凤县 | 1.5 | 25 | 4.2 | 1800 | 4500 | |
| 鹤峰县 | 8 | 22 | 2.6 | 11 | 13000 | 3 |
| **随州市** | **30.6** | **146.8** | **122** | **13127** | **54700** | **93** |
| 曾都区 | 15.6 | 106.8 | 77 | 11327 | 50400 | 93 |
| 广水市 | 15 | 40 | 45 | 1800 | 4300 | |
| **仙桃市** | **93** | **65** | **58** | **455** | **21000** | **60** |
| **天门市** | **138** | **267** | **54** | **28162** | **20085** | **3** |
| **潜江市** | **245** | **262** | **34** | **18435** | **23886** | **117** |
| **神农架林区** | **0.6** | **1.5** | **0.43** | **920** | **901** | **1** |

# 农机化新技术推广

| | 机修反坡梯田面积（公顷） | 覆盖免耕播种面积（公顷） | 飞机作业面积（公顷） | 化肥机械深施面积（公顷） | 秸杆粉碎还田面积（公顷） | 水稻工厂化育秧播种面积（公顷） |
|---|---|---|---|---|---|---|
| **全省合计** | **1537** | **4502** | **1003** | **317139** | **249927** | **3912** |
| **武汉市** | | **62** | | **38609** | **14407** | |
| 市郊区 | | | | 9290 | 3450 | |
| 蔡甸区 | | | | 4 | 1335 | |
| 江夏区 | | | | 6584 | 9390 | |
| 黄陂区 | | | | 9200 | 232 | |
| 新洲区 | | 62 | | 13531 | | |
| **黄石市** | **120** | | **6610** | | | |
| 市郊区 | | | | | | |
| 大冶市 | 120 | | 6610 | | | |
| 阳新县 | | | | | | |
| **十堰市** | **227** | **20** | | **18815** | **4825** | |
| 市郊区 | | | | | | |
| 丹江口市 | 60 | | | | 800 | |
| 郧　县 | 25 | | | | 605 | |
| 郧西县 | 17 | 20 | | 3000 | 1000 | |
| 竹山县 | 125 | | | 11815 | 420 | |
| 竹溪县 | | | | 4000 | 2000 | |
| 房　县 | | | | | | |
| **荆州市** | | **380** | **3** | **39983** | **1120** | **813** |
| 市郊区 | | 380 | | 2600 | | 6 |
| 江陵县 | | | | 283 | 1120 | 800 |
| 松滋区 | | | | 7900 | | |
| 公安县 | | | | 14200 | | 7 |
| 石首市 | | | | | | |
| 监利县 | | | | | | |
| 洪湖市 | | | 3 | 15000 | | |
| **宜昌市** | **38** | **816** | | **21018** | **14337** | |
| 市郊区 | | | | 500 | 1500 | |
| 宜昌县 | | | | | | |
| 宜都市 | | | | 1303 | 1157 | |
| 枝江市 | 38 | 816 | | | 1530 | |
| 当阳市 | | | | 8700 | 8150 | |
| 远安县 | | | | | | |
| 兴山县 | | | | | | |
| 秭归县 | | | | 3515 | | |
| 长阳县 | | | | | | |
| 五峰县 | | | | 7000 | 2000 | |
| **襄樊市** | **330** | **4** | | **130142** | **85552** | **1485** |
| 市郊区 | | 4 | | | | |
| 老河口市 | | | | 15000 | 12000 | |
| 襄阳区 | | | | 61080 | 38850 | |
| 枣阳市 | 170 | | | 18678 | 24521 | |
| 宜城市 | 60 | | | 28000 | 625 | 1285 |
| 南漳县 | | | | | | |
| 谷城县 | | | | | 7670 | 200 |
| 保康县 | 100 | | | 350 | 320 | |
| 襄北农场 | | | | 7034 | 1566 | |
| **鄂州市** | | | | **2400** | **500** | |

续表

| | 机修反坡梯田面积（公顷） | 覆盖免耕播种面积（公顷） | 飞机作业面　积（公顷） | 化肥机械深施面积（公顷） | 秸杆粉碎还田面积（公顷） | 水稻工厂化育秧播种面积（公顷） |
|---|---|---|---|---|---|---|
| **荆门市** | | **1180** | **1000** | **5038** | **42999** | **1004** |
| 市郊区 | | 180 | | | 5999 | |
| 钟祥市 | | | | 2400 | | 4 |
| 京山县 | | | | | | |
| 沙洋县 | | | | 538 | 34000 | |
| 沙洋农场 | | 1000 | 1000 | 2100 | 500 | 1000 |
| 五三农场 | | | | | 2500 | |
| **孝感市** | **607** | **1892** | | **14180** | **14660** | **5** |
| 市郊区 | | 1800 | | | 1333 | 5 |
| 孝昌县 | | | | 550 | 1700 | |
| 大悟县 | 420 | | | 81 | | |
| 安陆市 | | | | 12536 | 10097 | |
| 云梦县 | 180 | | | | | |
| 应城市 | 7 | 92 | | 213 | 1530 | |
| 汉川市 | | | | 800 | | |
| **黄冈市** | **155** | **143** | | **15026** | **4263** | **220** |
| 市郊区 | | | | 1340 | 133 | |
| 团风县 | 35 | 63 | | 960 | 2830 | |
| 红安县 | | | | 9500 | | |
| 麻城市 | | | | 6 | | |
| 罗田县 | | | | | | |
| 英山县 | 120 | 80 | | 220 | 1300 | 20 |
| 浠水县 | | | | | | |
| 蕲春县 | | | | | | |
| 武穴市 | | | | 3000 | | 200 |
| 黄梅县 | | | | | | |
| **咸宁市** | **40** | | | **20212** | **18247** | **385** |
| 咸安区 | 40 | | | 11000 | 1000 | |
| 嘉鱼县 | | | | 7245 | 5267 | 385 |
| 赤壁市 | | | | 1900 | 11800 | |
| 通城县 | | | | | | |
| 崇阳县 | | | | 15 | 180 | |
| 通山县 | | | | 52 | | |
| **恩施自治州** | **20** | **5** | | **350** | **490** | |
| 恩施市 | | | | | | |
| 建始县 | | | | | 100 | |
| 巴东县 | | | | 100 | | |
| 利川市 | | | | 200 | 300 | |
| 宣恩县 | | | | | 90 | |
| 咸丰县 | | | | | | |
| 来凤县 | | | | | | |
| 鹤峰县 | 20 | 5 | | 50 | | |
| **随州市** | | | | **100** | **90** | |
| 曾都区 | | | | | | |
| 广水市 | | | | 100 | 90 | |
| **仙桃市** | | | | | **45000** | |
| **天门市** | | | | **4656** | **104** | |
| **潜江市** | | | | | **3333** | |
| **神农架林区** | | | | | | |

# 农机化管理机构及人员

| | 农机管理局 | | | 农机试验鉴定机构 | | | 农机化研究机构 | | | 农机化技术推广机构 | | |
|---|---|---|---|---|---|---|---|---|---|---|---|---|
| | 机构数（个） | 人数（个） | 其中科技人员 | 机构数（个） | 人数（个） | 其中科技人员 | 机构数（个） | 人数（个） | 其中科技人员 | 机构数（个） | 人数（个） | 其中科技人员 |
| **全省合计** | **98** | **1343** | **911** | **1** | **8** | **4** | **2** | **37** | **6** | **99** | **918** | **664** |
| **武汉市** | **8** | **107** | **73** | **1** | **8** | **4** | | | | **6** | **74** | **43** |
| 市郊区 | 3 | 6 | 4 | | | | | | | 1 | 1 | 1 |
| 蔡甸区 | 1 | 16 | 11 | | | | | | | 1 | 4 | 1 |
| 江夏区 | 1 | 22 | 19 | | | | | | | 1 | 7 | 7 |
| 黄陂区 | 1 | 16 | 7 | | | | | | | 1 | 7 | 3 |
| 新洲区 | 1 | 27 | 20 | | | | | | | 1 | 52 | 29 |
| 市　直 | 1 | 20 | 12 | 1 | 8 | 4 | | | | 1 | 3 | 2 |
| **黄石市** | **4** | **42** | **30** | | | | | | | **4** | **57** | **36** |
| 市郊区 | 1 | 2 | 1 | | | | | | | 1 | 10 | 6 |
| 大冶市 | 1 | 15 | 13 | | | | | | | 1 | 38 | 23 |
| 阳新县 | 1 | 22 | 15 | | | | | | | 1 | 4 | 3 |
| 市　直 | 1 | 3 | 1 | | | | | | | 1 | 5 | 4 |
| **十堰市** | **9** | **117** | **71** | | | | | | | **9** | **50** | **43** |
| 市郊区 | 2 | 16 | 15 | | | | | | | 1 | 3 | 3 |
| 丹江口市 | 1 | 12 | | | | | | | | 1 | 7 | 6 |
| 郧　县 | 1 | 16 | 16 | | | | | | | 1 | 9 | 9 |
| 郧西县 | 1 | 7 | 4 | | | | | | | 1 | 6 | 6 |
| 竹山县 | 1 | 15 | 14 | | | | | | | 2 | 7 | 6 |
| 竹溪县 | 1 | 13 | 4 | | | | | | | 1 | 5 | 4 |
| 房　县 | 1 | 13 | | | | | | | | 1 | 3 | 3 |
| 市　直 | 1 | 25 | 18 | | | | | | | 1 | 10 | 6 |
| **荆州市** | **8** | **99** | **49** | | | | | | | **9** | **67** | **49** |
| 市郊区 | 2 | 5 | 3 | | | | | | | 2 | 7 | 7 |
| 江陵县 | | | | | | | | | | 1 | 2 | 2 |
| 松滋区 | 1 | 15 | 8 | | | | | | | 1 | 7 | 5 |
| 公安县 | 1 | 23 | 11 | | | | | | | 1 | 18 | 9 |
| 石首市 | 1 | 15 | 6 | | | | | | | 1 | 3 | 2 |
| 监利县 | 1 | 20 | 14 | | | | | | | 1 | 6 | 5 |
| 洪湖市 | 1 | 13 | 7 | | | | | | | 1 | 14 | 10 |
| 市　直 | 1 | 8 | | | | | | | | 1 | 10 | 9 |
| **宜昌市** | **10** | **56** | **38** | | | | | | | **10** | **66** | **51** |
| 市郊区 | | | | | | | | | | | | |
| 宜昌县 | 1 | 2 | 1 | | | | | | | 1 | 6 | 5 |
| 宜都市 | 1 | 9 | 8 | | | | | | | 1 | 16 | 11 |
| 枝江市 | 1 | 10 | 8 | | | | | | | 1 | 7 | 4 |
| 当阳市 | 1 | 4 | 2 | | | | | | | 1 | 11 | 11 |
| 远安县 | 1 | 4 | 2 | | | | | | | 1 | 2 | 2 |
| 兴山县 | 1 | 4 | 2 | | | | | | | 1 | 3 | 1 |
| 秭归县 | 1 | 2 | | | | | | | | 1 | 2 | 2 |
| 长阳县 | 1 | 7 | 2 | | | | | | | 1 | 7 | 5 |
| 五峰县 | 1 | 2 | 2 | | | | | | | 1 | 2 | 1 |
| 市　直 | 1 | 12 | 11 | | | | | | | 1 | 10 | 9 |
| **襄樊市** | **8** | **151** | **112** | | | | | | | **8** | **108** | **66** |
| 市郊区 | | | | | | | | | | | | |
| 老河口市 | 1 | 20 | 3 | | | | | | | 1 | 2 | 1 |
| 襄阳区 | 1 | 25 | 20 | | | | | | | 1 | 8 | 6 |
| 枣阳市 | 1 | 21 | 20 | | | | | | | 1 | 18 | 11 |
| 宜城市 | 1 | 13 | 9 | | | | | | | 1 | 5 | 4 |
| 南漳县 | 1 | 20 | 16 | | | | | | | 1 | 3 | 3 |
| 谷城县 | 1 | 17 | 14 | | | | | | | 1 | 12 | 4 |
| 保康县 | 1 | 15 | 11 | | | | | | | 1 | 13 | 8 |
| 襄北农场 | | | | | | | | | | | | |
| 市　直 | 1 | 20 | 19 | | | | | | | 1 | 47 | 29 |
| **鄂州市** | **1** | **18** | **15** | | | | **1** | **34** | **5** | **1** | **5** | **4** |

续表 1

| | 农机管理局 | | | 农机试验鉴定机构 | | | 农机化研究机构 | | | 农机化技术推广机构 | | |
|---|---|---|---|---|---|---|---|---|---|---|---|---|
| | 机构数（个） | 人数（个） | 其中科技人员 | 机构数（个） | 人数（个） | 其中科技人员 | 机构数（个） | 人数（个） | 其中科技人员 | 机构数（个） | 人数（个） | 其中科技人员 |
| **荆门市** | **7** | **106** | **80** | | | | | | | **14** | **111** | **90** |
| 市郊区 | 2 | 13 | 9 | | | | | | | 10 | 53 | 53 |
| 钟祥市 | 1 | 12 | 12 | | | | | | | 1 | 23 | 13 |
| 京山县 | 1 | 16 | 14 | | | | | | | 1 | 14 | 7 |
| 沙洋县 | 1 | 11 | 11 | | | | | | | 1 | 4 | 2 |
| 沙洋农场 | 1 | 35 | 34 | | | | | | | | | |
| 五三农场 | | | | | | | | | | | | |
| 市　直 | 1 | 19 | | | | | | | | 1 | 17 | 15 |
| **孝感市** | **8** | **124** | **84** | | | | | | | **7** | **57** | **48** |
| 市郊区 | 1 | 12 | 12 | | | | | | | 1 | 8 | 8 |
| 孝昌县 | 1 | 9 | 7 | | | | | | | 1 | 5 | 3 |
| 大悟县 | 1 | 18 | 13 | | | | | | | 1 | 6 | 3 |
| 安陆市 | 1 | 17 | 9 | | | | | | | 1 | 15 | 12 |
| 云梦县 | 1 | 15 | 13 | | | | | | | 1 | 10 | 10 |
| 应城市 | 1 | 18 | 13 | | | | | | | 1 | 4 | 3 |
| 汉川市 | 1 | 18 | 17 | | | | | | | 1 | 9 | 9 |
| 市　直 | 1 | 17 | | | | | | | | | | |
| **黄冈市** | **12** | **218** | **164** | | | | | | | **11** | **111** | **73** |
| 市郊区 | 1 | 8 | 5 | | | | | | | 1 | 3 | 2 |
| 团风县 | 1 | 8 | 6 | | | | | | | 1 | 7 | 7 |
| 红安县 | 1 | 44 | 40 | | | | | | | 1 | 9 | 7 |
| 麻城市 | 1 | 24 | 17 | | | | | | | 1 | 10 | 6 |
| 罗田县 | 1 | 15 | 8 | | | | | | | 1 | 8 | 4 |
| 英山县 | 1 | 21 | 11 | | | | | | | 1 | 4 | 4 |
| 浠水县 | 1 | 22 | 20 | | | | | | | 1 | 20 | 9 |
| 蕲春县 | 1 | 19 | 17 | | | | | | | 1 | 5 | 5 |
| 武穴市 | 1 | 22 | 13 | | | | | | | 1 | 7 | 6 |
| 黄梅县 | 2 | 20 | 16 | | | | | | | 1 | 5 | 5 |
| 市　直 | 1 | 15 | 11 | | | | | | | 1 | 33 | 18 |
| **咸宁市** | **7** | **211** | **131** | | | | | | | **7** | **76** | **48** |
| 咸安区 | 1 | 47 | 40 | | | | | | | 1 | 7 | 4 |
| 嘉鱼县 | 1 | 24 | 15 | | | | | | | 1 | 5 | 5 |
| 赤壁市 | 1 | 54 | 30 | | | | | | | 1 | 5 | 3 |
| 通城县 | 1 | 21 | 10 | | | | | | | 1 | 5 | 3 |
| 崇阳县 | 1 | 30 | 12 | | | | | | | 1 | 24 | 10 |
| 通山县 | 1 | 12 | 4 | | | | | | | 1 | 7 | 3 |
| 市　直 | 1 | 23 | 20 | | | | | | | 1 | 23 | 20 |
| **恩施自治州** | **9** | **24** | **15** | | | | **1** | **3** | **1** | **6** | **23** | **21** |
| 恩施市 | 1 | 1 | 1 | | | | | | | | | |
| 建始县 | 1 | 2 | | | | | | | | | | |
| 巴东县 | 1 | 8 | 6 | | | | | | | 1 | 2 | 3 |
| 利川市 | 1 | 2 | 2 | | | | | | | 1 | 3 | 3 |
| 宣恩县 | 1 | 1 | | | | | | | | 1 | 6 | 5 |
| 咸丰县 | 1 | 2 | 1 | | | | | | | 1 | 6 | 5 |
| 来凤县 | 1 | 1 | | | | | | | | 1 | 3 | 2 |
| 鹤峰县 | 1 | 1 | | | | | | | | 1 | 3 | 3 |
| 市　直 | 1 | 6 | 5 | | | | 1 | 3 | 1 | | | |
| **随州市** | **3** | **35** | **25** | | | | | | | **3** | **34** | **29** |
| 曾都区 | 1 | 9 | 8 | | | | | | | 1 | 7 | 6 |
| 广水市 | 1 | 20 | 13 | | | | | | | 1 | 27 | 23 |
| 市　直 | 1 | 6 | 4 | | | | | | | 1 | | |
| **仙桃市** | **1** | **8** | **6** | | | | | | | **1** | **7** | **6** |
| **天门市** | **1** | **8** | **5** | | | | | | | **1** | **11** | **8** |
| **潜江市** | **1** | **11** | **11** | | | | | | | **1** | **55** | **48** |
| **神农架林区** | **1** | **8** | **2** | | | | | | | **1** | **6** | **1** |

续表2

| | 农机安全监理机构 | | | 农机化中专学校 | | | 农机化学校(培训) | | |
|---|---|---|---|---|---|---|---|---|---|
| | 机构数（个） | 人数（人） | 其中科技人员 | 机构数（个） | 人数（人） | 其中科技人员 | 机构数（个） | 人数（人） | 其中科技人员 |
| **全省合计** | **113** | **1246** | **688** | **1** | **133** | **110** | **7** | **1175** | **769** |
| **武汉市** | **10** | **65** | **38** | | | | **4** | **34** | **18** |
| 市郊区 | 5 | 14 | 5 | | | | | | |
| 蔡甸区 | 1 | 7 | 1 | | | | 1 | 5 | 5 |
| 江夏区 | 1 | 11 | 10 | | | | 1 | 4 | 2 |
| 黄陂区 | 1 | 12 | 9 | | | | 1 | 22 | 10 |
| 新洲区 | 1 | 15 | 10 | | | | | | |
| 市　直 | 1 | 6 | 3 | | | | 1 | 3 | 1 |
| **黄石市** | **4** | **39** | **24** | | | | **1** | **56** | **32** |
| 市郊区 | 1 | 4 | 4 | | | | | | |
| 大冶市 | 1 | 14 | 7 | | | | | | |
| 阳新县 | 1 | 17 | 12 | | | | 1 | 56 | 32 |
| 市　直 | 1 | 4 | 1 | | | | | | |
| **十堰市** | **8** | **64** | **57** | | | | **5** | **64** | **52** |
| 市郊区 | 1 | 4 | 4 | | | | | | |
| 丹江口市 | 1 | 9 | 9 | | | | 1 | 21 | 14 |
| 郧　县 | 1 | 9 | 9 | | | | | | |
| 郧西县 | 1 | 8 | 8 | | | | 1 | 10 | 10 |
| 竹山县 | 1 | 9 | 9 | | | | 1 | 11 | 10 |
| 竹溪县 | 1 | 5 | 5 | | | | 1 | 6 | 6 |
| 房　县 | 1 | 8 | 5 | | | | 1 | 16 | 12 |
| 市　直 | 1 | 12 | 8 | | | | | | |
| **荆州市** | **9** | **138** | **62** | | | | **6** | **132** | **90** |
| 市郊区 | 2 | 34 | 14 | | | | 1 | 23 | 20 |
| 江陵县 | 1 | 2 | 2 | | | | | | |
| 松滋区 | 1 | 22 | 7 | | | | 1 | 20 | 15 |
| 公安县 | 1 | 14 | 5 | | | | 1 | 19 | 7 |
| 石首市 | 1 | 20 | 6 | | | | 1 | 28 | 18 |
| 监利县 | 1 | 12 | 5 | | | | 1 | 13 | 12 |
| 洪湖市 | 1 | 24 | 15 | | | | 1 | 29 | 18 |
| 市　直 | 1 | 10 | 8 | | | | | | |
| **宜昌市** | **11** | **93** | **64** | **1** | **133** | **110** | **9** | **81** | **55** |
| 市郊区 | 1 | 2 | 2 | | | | | | |
| 宜昌县 | 1 | 6 | 5 | | | | 1 | 5 | 5 |
| 宜都市 | 1 | 7 | 7 | | | | 1 | 16 | 8 |
| 枝江市 | 1 | 14 | 8 | | | | 1 | 20 | 16 |
| 当阳市 | 1 | 15 | 8 | | | | 1 | 14 | 7 |
| 远安县 | 1 | 6 | 5 | | | | 1 | 8 | 5 |
| 兴山县 | 1 | 4 | 1 | | | | 1 | 4 | 3 |
| 秭归县 | 1 | 5 | 5 | | | | 1 | 6 | 4 |
| 长阳县 | 1 | 11 | 5 | | | | 1 | 5 | 4 |
| 五峰县 | 1 | 4 | 3 | | | | 1 | 3 | 3 |
| 市　直 | 1 | 19 | 15 | 1 | 133 | 110 | | | |
| **襄樊市** | **13** | **194** | **79** | | | | **6** | **115** | **73** |
| 市郊区 | 3 | 9 | 6 | | | | 1 | 8 | 3 |
| 老河口市 | 1 | 40 | | | | | 1 | 4 | 4 |
| 襄阳区 | 1 | 43 | 13 | | | | | | |
| 枣阳市 | 1 | 18 | 10 | | | | 1 | 42 | 32 |
| 宜城市 | 1 | 13 | 8 | | | | 1 | 13 | 8 |
| 南漳县 | 1 | 20 | 3 | | | | 1 | 22 | 12 |
| 谷城县 | 1 | 17 | 14 | | | | 1 | 26 | 14 |
| 保康县 | 1 | 13 | 8 | | | | | | |
| 襄北农场 | 2 | 3 | 3 | | | | | | |
| 市　直 | 1 | 18 | 14 | | | | | | |
| **鄂州市** | **1** | **10** | **5** | | | | **1** | **6** | **5** |

续表 3

| | 农机安全监理机构 | | | 农机化中专学校 | | | 农机化学校(培训) | | |
|---|---|---|---|---|---|---|---|---|---|
| | 机构数（个） | 人数（人） | 其中科技人员 | 机构数（个） | 人数（人） | 其中科技人员 | 机构数（个） | 人数（人） | 其中科技人员 |
| **荆门市** | **14** | **88** | **46** | | | | **4** | **53** | **28** |
| 市郊区 | 1 | 10 | 8 | | | | 1 | 3 | 3 |
| 钟祥市 | 1 | 25 | 15 | | | | 1 | 45 | 25 |
| 京山县 | 1 | 14 | | | | | | | |
| 沙洋县 | 1 | 5 | 1 | | | | 1 | 1 | |
| 沙洋农场 | 8 | 10 | 5 | | | | | | |
| 五三农场 | 1 | 5 | 1 | | | | | | |
| 市　直 | 1 | 19 | 16 | | | | 1 | 4 | |
| **孝感市** | **8** | **135** | **69** | | | | **7** | **83** | **53** |
| 市郊区 | 1 | 19 | 18 | | | | 1 | 10 | 5 |
| 孝昌县 | 1 | 18 | 15 | | | | 1 | 5 | 3 |
| 大悟县 | 1 | 21 | 4 | | | | 1 | 11 | 4 |
| 安陆市 | 1 | 18 | 11 | | | | 1 | 11 | 5 |
| 云梦县 | 1 | 8 | 5 | | | | 1 | 9 | 2 |
| 应城市 | 1 | 15 | 8 | | | | 1 | 2 | 2 |
| 汉川市 | 1 | 29 | 8 | | | | 1 | 35 | 32 |
| 市　直 | 1 | 7 | | | | | | | |
| **黄冈市** | **12** | **156** | **98** | | | | **9** | **191** | **111** |
| 市郊区 | 1 | 7 | 3 | | | | 1 | 42 | 15 |
| 团风县 | 1 | 9 | 4 | | | | | | |
| 红安县 | 1 | 35 | 28 | | | | 1 | 17 | 13 |
| 麻城市 | 1 | 20 | 8 | | | | 1 | 59 | 31 |
| 罗田县 | 1 | 12 | 4 | | | | 1 | 4 | 3 |
| 英山县 | 1 | 8 | 4 | | | | 1 | 4 | 3 |
| 浠水县 | 1 | 13 | 6 | | | | 1 | 16 | 9 |
| 蕲春县 | 1 | 6 | 6 | | | | 1 | 6 | 5 |
| 武穴市 | 1 | 24 | 15 | | | | 1 | 31 | 25 |
| 黄梅县 | 2 | 12 | 11 | | | | 1 | 12 | 7 |
| 市　直 | 1 | 10 | 9 | | | | | | |
| **咸宁市** | **7** | **80** | **30** | | | | **6** | **42** | **30** |
| 咸安区 | 1 | 14 | 3 | | | | 1 | 9 | 5 |
| 嘉鱼县 | 1 | 7 | 3 | | | | 1 | 5 | 3 |
| 赤壁市 | 1 | 20 | 7 | | | | 1 | 10 | 6 |
| 通城县 | 1 | 15 | 6 | | | | 1 | 10 | 9 |
| 崇阳县 | 1 | 7 | 4 | | | | 1 | 5 | 4 |
| 通山县 | 1 | 9 | 2 | | | | 1 | 3 | 3 |
| 市　直 | 1 | 8 | 5 | | | | | | |
| **恩施自治州** | **9** | **65** | **50** | | | | **7** | **88** | **46** |
| 恩施市 | 1 | 4 | 3 | | | | 1 | 18 | |
| 建始县 | 1 | 3 | 3 | | | | 1 | 15 | 10 |
| 巴东县 | 1 | 7 | 6 | | | | 1 | 9 | 8 |
| 利川市 | 1 | 14 | 12 | | | | 1 | 18 | 6 |
| 宣恩县 | 1 | 5 | 3 | | | | 1 | 2 | 2 |
| 咸丰县 | 1 | 10 | 9 | | | | 1 | 17 | 11 |
| 来凤县 | 1 | 12 | 6 | | | | 1 | 9 | 9 |
| 鹤峰县 | 1 | 6 | 6 | | | | | | |
| 市　直 | 1 | 4 | 2 | | | | | | |
| **随州市** | **3** | **40** | **28** | | | | **3** | **183** | **146** |
| 曾都区 | 1 | 16 | 6 | | | | 2 | 162 | 126 |
| 广水市 | 1 | 24 | 22 | | | | 1 | 21 | 20 |
| 市　直 | 1 | | | | | | | | |
| **仙桃市** | **1** | **16** | **8** | | | | **1** | **7** | **5** |
| **天门市** | **1** | **35** | **12** | | | | **1** | **33** | **20** |
| **潜江市** | **1** | **25** | **18** | | | | **1** | **7** | **5** |
| **神农架林区** | **1** | **3** | | | | | | | |

续表 4

| | 乡(镇)农机管理站 | | | 乡农机管理服务站 | | | 国营农机站 | | |
|---|---|---|---|---|---|---|---|---|---|
| | 机构数（个） | 人数（人） | 其中国家职工(人) | 机构数（个） | 人数（人） | 其中国家职工(人) | 机构数（个） | 人数（人） | 其中国家职工(人) |
| **全省合计** | **473** | **2013** | **1714** | **270** | **1214** | **981** | **11** | **69** | **55** |
| **武汉市** | **24** | **56** | **20** | **27** | **166** | **160** | **4** | **14** | |
| 市郊区 | 10 | 26 | 14 | 4 | 11 | 7 | 4 | 14 | |
| 蔡甸区 | | | | 11 | 53 | 51 | | | |
| 江夏区 | | | | 12 | 102 | 102 | | | |
| 黄陂区 | | | | | | | | | |
| 新洲区 | 14 | 30 | 6 | | | | | | |
| **黄石市** | **5** | **12** | **11** | **33** | **208** | **129** | **3** | **3** | **3** |
| 市郊区 | 2 | 4 | 3 | | | | | | |
| 大冶市 | 3 | 8 | 8 | 12 | 111 | 56 | | | |
| 阳新县 | | | | 21 | 97 | 73 | 3 | 3 | 3 |
| **十堰市** | **17** | **33** | **33** | **68** | **147** | **113** | | | |
| 市郊区 | | | | | | | | | |
| 丹江口市 | | | | 16 | 34 | | | | |
| 郧　县 | | | | 13 | 19 | 19 | | | |
| 郧西县 | | | | 18 | 17 | 17 | | | |
| 竹山县 | 8 | 15 | 15 | 1 | 1 | 1 | | | |
| 竹溪县 | 9 | 18 | 18 | | | | | | |
| 房　县 | | | | 20 | 76 | 76 | | | |
| **荆州市** | **56** | **194** | **155** | | | | | | |
| 市郊区 | 15 | 35 | 28 | | | | | | |
| 江陵县 | | | | | | | | | |
| 松滋区 | 16 | 82 | 71 | | | | | | |
| 公安县 | | | | | | | | | |
| 石首市 | 15 | 15 | 15 | | | | | | |
| 监利县 | 10 | 62 | 41 | | | | | | |
| 洪湖市 | | | | | | | | | |
| **宜昌市** | **10** | **123** | **78** | | | | | | |
| 市郊区 | | 4 | 4 | | | | | | |
| 宜昌县 | | 25 | 25 | | | | | | |
| 宜都市 | 5 | 18 | 18 | | | | | | |
| 枝江市 | | | | | | | | | |
| 当阳市 | | 18 | | | | | | | |
| 远安县 | | | | | | | | | |
| 兴山县 | | 18 | 18 | | | | | | |
| 秭归县 | | 16 | | | | | | | |
| 长阳县 | | 11 | | | | | | | |
| 五峰县 | 5 | 13 | 13 | | | | | | |
| **襄樊市** | **39** | **462** | **459** | **16** | **195** | **195** | **3** | **26** | **26** |
| 市郊区 | 3 | 17 | 14 | 6 | 91 | 91 | | | |
| 老河口市 | | | | 10 | 104 | 104 | 1 | 11 | 11 |
| 襄阳区 | | | | | | | | | |
| 枣阳市 | 15 | 368 | 368 | | | | 2 | 15 | 15 |
| 宜城市 | | | | | | | | | |
| 南漳县 | 11 | 54 | 54 | | | | | | |
| 谷城县 | 10 | 23 | 23 | | | | | | |
| 保康县 | | | | | | | | | |
| 襄北农场 | | | | | | | | | |
| **鄂州市** | | | | | | | | | |

续表 5

| | 乡(镇)农机管理站 | | | 乡农机管理服务站 | | | 国营农机站 | | |
|---|---|---|---|---|---|---|---|---|---|
| | 机构数（个） | 人数（人） | 其中国家职工(人) | 机构数（个） | 人数（人） | 其中国家职工(人) | 机构数（个） | 人数（人） | 其中国家职工(人) |
| **荆门市** | | | | | | | | | |
| 市郊区 | | | | | | | | | |
| 钟祥市 | | | | | | | | | |
| 京山县 | | | | | | | | | |
| 沙洋县 | | | | | | | | | |
| 沙洋农场 | | | | | | | | | |
| 五三农场 | | | | | | | | | |
| **孝感市** | **106** | **479** | **426** | **13** | **90** | **57** | | | |
| 市郊区 | 17 | 197 | 187 | | | | | | |
| 孝昌县 | 7 | 34 | 34 | 6 | 46 | 46 | | | |
| 大悟县 | 17 | 42 | 35 | 6 | 42 | 9 | | | |
| 安陆市 | 14 | 15 | 15 | 1 | 2 | 2 | | | |
| 云梦县 | 12 | 12 | 12 | | | | | | |
| 应城市 | 15 | 52 | 52 | | | | | | |
| 汉川市 | 24 | 127 | 91 | | | | | | |
| **黄冈市** | **123** | **442** | **355** | **39** | **128** | **74** | **1** | **26** | **26** |
| 市郊区 | 8 | 5 | 5 | 3 | 3 | 1 | | | |
| 团风县 | 6 | 11 | 8 | 10 | 28 | 8 | | | |
| 红安县 | 12 | 60 | 60 | | | | | | |
| 麻城市 | 19 | 64 | 64 | 3 | 6 | 3 | 1 | 26 | 26 |
| 罗田县 | 12 | 19 | | | | | | | |
| 英山县 | 11 | 23 | 19 | 6 | 46 | 24 | | | |
| 浠水县 | 13 | 107 | 107 | 3 | 10 | 3 | | | |
| 蕲春县 | 14 | 35 | 35 | 14 | 35 | 35 | | | |
| 武穴市 | 12 | 57 | 57 | | | | | | |
| 黄梅县 | 16 | 61 | | | | | | | |
| **咸宁市** | **41** | **78** | **72** | **3** | **7** | **2** | | | |
| 咸安区 | | | | | | | | | |
| 嘉鱼县 | 4 | 9 | 4 | 3 | 7 | 2 | | | |
| 赤壁市 | 14 | 14 | 14 | | | | | | |
| 通城县 | 11 | 34 | 34 | | | | | | |
| 崇阳县 | 12 | 21 | 20 | | | | | | |
| 通山县 | | | | | | | | | |
| **恩施自治州** | | | | **60** | **245** | **245** | | | |
| 恩施市 | | | | | | | | | |
| 建始县 | | | | 9 | 59 | 59 | | | |
| 巴东县 | | | | | | | | | |
| 利川市 | | | | 14 | 85 | 85 | | | |
| 宣恩县 | | | | 9 | 39 | 39 | | | |
| 咸丰县 | | | | 11 | 18 | 18 | | | |
| 来凤县 | | | | 8 | 32 | 32 | | | |
| 鹤峰县 | | | | 9 | 12 | 12 | | | |
| **随州市** | **25** | **107** | **105** | **11** | **28** | **6** | | | |
| 曾都区 | 25 | 107 | 105 | 11 | 28 | 6 | | | |
| 广水市 | | | | | | | | | |
| **仙桃市** | | | | | | | | | |
| **天门市** | **27** | **27** | | | | | | | |
| **潜江市** | | | | | | | | | |
| **神农架林区** | | | | | | | | | |

续表 6

| | 乡（镇）农机站 | | | 村农机管理员（人） | 村机务队 | | 村民小组机务组 | |
|---|---|---|---|---|---|---|---|---|
| | 机构数（个） | 人数（人） | 其中：国家职工（人） | | 机构数（个） | 人数（人） | 机构数（个） | 人数（人） |
| **全省合计** | **14** | **65** | **25** | **7079** | **4231** | **27312** | **6499** | **15712** |
| **武汉市** | | | | **1016** | **235** | **1527** | **233** | **686** |
| 市郊区 | | | | 222 | 34 | 316 | | |
| 蔡甸区 | | | | 207 | 8 | 53 | 72 | 174 |
| 江夏区 | | | | 332 | 65 | 615 | 47 | 215 |
| 黄陂区 | | | | | 60 | 308 | 18 | 49 |
| 新洲区 | | | | 255 | 68 | 235 | 96 | 248 |
| **黄石市** | | | | **120** | **19** | **217** | **225** | **483** |
| 市郊区 | | | | | 3 | 7 | | |
| 大冶市 | | | | 120 | | | 43 | 126 |
| 阳新县 | | | | | 16 | 210 | 182 | 357 |
| **十堰市** | | | | | | | | |
| 市郊区 | | | | | | | | |
| 丹江口市 | | | | | | | | |
| 郧　县 | | | | | | | | |
| 郧西县 | | | | | | | | |
| 竹山县 | | | | | | | | |
| 竹溪县 | | | | | | | | |
| 房　县 | | | | | | | | |
| **荆州市** | | | | **456** | **166** | **635** | **474** | **1183** |
| 市郊区 | | | | | | | | |
| 江陵县 | | | | | | | | |
| 松滋区 | | | | 451 | 67 | 188 | 278 | 511 |
| 公安县 | | | | | | | | |
| 石首市 | | | | | | | | |
| 监利县 | | | | 5 | 99 | 447 | 196 | 672 |
| 洪湖市 | | | | | | | | |
| **宜昌市** | | | | **148** | **108** | **948** | **225** | **1115** |
| 市郊区 | | | | 31 | | | | |
| 宜昌县 | | | | | | | | |
| 宜都市 | | | | | | | | |
| 枝江市 | | | | 117 | 55 | 546 | 164 | 641 |
| 当阳市 | | | | | 53 | 402 | 61 | 474 |
| 远安县 | | | | | | | | |
| 兴山县 | | | | | | | | |
| 秭归县 | | | | | | | | |
| 长阳县 | | | | | | | | |
| 五峰县 | | | | | | | | |
| **襄樊市** | **2** | **17** | **17** | **1973** | **268** | **946** | **1117** | **1678** |
| 市郊区 | 2 | 17 | 17 | 105 | 19 | 117 | 370 | 383 |
| 老河口市 | | | | 229 | 61 | 260 | 490 | 650 |
| 襄阳区 | | | | 453 | 188 | 569 | 257 | 645 |
| 枣阳市 | | | | 264 | | | | |
| 宜城市 | | | | 182 | | | | |
| 南漳县 | | | | 349 | | | | |
| 谷城县 | | | | 91 | | | | |
| 保康县 | | | | 300 | | | | |
| 襄北农场 | | | | | | | | |
| **鄂州市** | | | | **448** | **102** | **210** | **120** | **232** |

续表 7

| | 乡(镇)农机站 | | | 村农机管理员(人) | 村机务队 | | 村民小组机务组 | |
|---|---|---|---|---|---|---|---|---|
| | 机构数(个) | 人数(人) | 其中:国家职工(人) | | 机构数(个) | 人数(人) | 机构数(个) | 人数(人) |
| **荆门市** | | | | | **270** | **7889** | **330** | **626** |
| 市郊区 | | | | | 104 | 5951 | | |
| 钟祥市 | | | | | | | | |
| 京山县 | | | | | | | | |
| 沙洋县 | | | | | 150 | 1626 | 330 | 626 |
| 沙洋农场 | | | | | 16 | 312 | | |
| 五三农场 | | | | | | | | |
| **孝感市** | | | | **258** | **449** | **4586** | **537** | **1473** |
| 市郊区 | | | | | 67 | 220 | 55 | 106 |
| 孝昌县 | | | | 120 | 30 | 150 | | |
| 大悟县 | | | | 138 | 42 | 240 | | |
| 安陆市 | | | | | 310 | 3976 | | |
| 云梦县 | | | | | | | | |
| 应城市 | | | | | | | 482 | 1367 |
| 汉川市 | | | | | | | | |
| **黄冈市** | | | | **1493** | **141** | **619** | **245** | **467** |
| 市郊区 | | | | 57 | 23 | 138 | | |
| 团风县 | | | | 203 | | | 30 | 113 |
| 红安县 | | | | | 63 | 236 | 52 | 153 |
| 麻城市 | | | | 85 | 52 | 227 | 161 | 195 |
| 罗田县 | | | | | | | | |
| 英山县 | | | | 280 | 3 | 18 | 2 | 6 |
| 浠水县 | | | | 169 | | | | |
| 蕲春县 | | | | 246 | | | | |
| 武穴市 | | | | 453 | | | | |
| 黄梅县 | | | | | | | | |
| **咸宁市** | **12** | **48** | **8** | | **375** | **1521** | **2430** | **5301** |
| 咸安区 | | | | | | | | |
| 嘉鱼县 | | | | | 42 | 72 | | |
| 赤壁市 | 4 | 40 | | | 196 | 860 | 935 | 1870 |
| 通城县 | | | | | 136 | 583 | 1495 | 3431 |
| 崇阳县 | | | | | | | | |
| 通山县 | 8 | 8 | 8 | | 1 | 6 | | |
| **恩施自治州** | | | | | **11** | **40** | | |
| 恩施市 | | | | | | | | |
| 建始县 | | | | | | | | |
| 巴东县 | | | | | | | | |
| 利川市 | | | | | 11 | 40 | | |
| 宣恩县 | | | | | | | | |
| 咸丰县 | | | | | | | | |
| 来凤县 | | | | | | | | |
| 鹤峰县 | | | | | | | | |
| **随州市** | | | | **505** | **1789** | **5469** | **563** | **2468** |
| 曾都区 | | | | 505 | 580 | 4105 | 563 | 2468 |
| 广水市 | | | | | 1209 | 1364 | | |
| **仙桃市** | | | | | | | | |
| **天门市** | | | | **328** | **298** | **2705** | | |
| **潜江市** | | | | **334** | | | | |
| **神农架林区** | | | | | | | | |

续表 8

| | 农机专业服务组织 | | 其他服务组织 | | 农 机 户 | | 其中:农机专业户 | |
|---|---|---|---|---|---|---|---|---|
| | 机构数（个） | 人数（人） | 机构数（个） | 人数（人） | 户 数（户） | 人 数（人） | 户 数（户） | 人 数（人） |
| **全省合计** | **4606** | **15198** | **2517** | **10068** | **1047789** | **1558092** | **182797** | **287873** |
| **武汉市** | **1010** | **2657** | **1007** | **2967** | **53981** | **61950** | **12165** | **14616** |
| 市郊区 | 28 | 178 | 10 | 121 | 22041 | 25450 | 3126 | 4226 |
| 蔡甸区 | 2 | 48 | 29 | 59 | 5474 | 6398 | 1857 | 2174 |
| 江夏区 | 902 | 2179 | 768 | 2462 | 6914 | 8058 | 4841 | 5468 |
| 黄陂区 | 18 | 92 | | | 10533 | 11436 | 1949 | 2168 |
| 新洲区 | 60 | 160 | 200 | 325 | 9019 | 10608 | 392 | 580 |
| **黄石市** | **532** | **873** | **154** | **241** | **6621** | **11140** | **3017** | **5256** |
| 市郊区 | 1 | 4 | 2 | 4 | 219 | 219 | 109 | 109 |
| 大冶市 | 16 | 151 | 24 | 69 | 4753 | 6353 | 2256 | 3040 |
| 阳新县 | 515 | 718 | 128 | 168 | 1649 | 4568 | 652 | 2107 |
| **十堰市** | **311** | **978** | **140** | **550** | **37202** | **53268** | **15925** | **21950** |
| 市郊区 | | | | | 1268 | 2542 | 791 | 1636 |
| 丹江口市 | 280 | 665 | 140 | 550 | 5890 | 6630 | 2160 | 2515 |
| 郧 县 | 25 | 100 | | | 4900 | 9856 | 1600 | 2976 |
| 郧西县 | 4 | 180 | | | 7500 | 12050 | 1830 | 2450 |
| 竹山县 | 1 | 25 | | | 3620 | 6912 | 2060 | 4265 |
| 竹溪县 | | | | | 5590 | 6650 | 4110 | 4650 |
| 房 县 | 1 | 8 | | | 8434 | 8628 | 3374 | 3458 |
| **荆州市** | **44** | **215** | **38** | **106** | **73032** | **112110** | **10630** | **15472** |
| 市郊区 | | | 18 | 40 | 9434 | 14874 | 565 | 940 |
| 江陵县 | 23 | 81 | 5 | 17 | 3244 | 3926 | 1070 | 1190 |
| 松滋区 | 15 | 100 | 5 | 12 | 6650 | 8280 | 3606 | 3895 |
| 公安县 | | | | | 9432 | 10320 | 739 | 795 |
| 石首市 | 5 | 27 | | | 5234 | 7714 | 447 | 680 |
| 监利县 | 1 | 7 | 10 | 37 | 31238 | 39869 | 2303 | 4172 |
| 洪湖市 | | | | | 7800 | 27127 | 1900 | 3800 |
| **宜昌市** | **357** | **1724** | **89** | **2973** | **122158** | **160911** | **25624** | **36068** |
| 市郊区 | | | | | 1824 | 3590 | 199 | 232 |
| 宜昌县 | | | 2 | 300 | 16805 | 19054 | 2500 | 3005 |
| 宜都市 | 39 | 221 | 10 | 549 | 3643 | 4035 | 990 | 1269 |
| 枝江市 | 306 | 1268 | 51 | 184 | 19131 | 23782 | 6374 | 6792 |
| 当阳市 | 11 | 223 | 10 | 1024 | 30535 | 45563 | 4821 | 6056 |
| 远安县 | | | | | 10200 | 12349 | 1168 | 1168 |
| 兴山县 | | | | | 2644 | 3282 | 482 | 573 |
| 秭归县 | 1 | 12 | 1 | 825 | 29918 | 38436 | 8975 | 16715 |
| 长阳县 | | | 1 | 27 | 5432 | 6364 | 54 | 118 |
| 五峰县 | | | 14 | 64 | 2026 | 4456 | 61 | 140 |
| **襄樊市** | **411** | **1387** | **587** | **1253** | **243638** | **271455** | **23967** | **36192** |
| 市郊区 | 2 | 27 | | | 22117 | 27877 | 42 | 46 |
| 老河口市 | | | | | 17469 | 18949 | 2370 | 3800 |
| 襄阳区 | 244 | 598 | 48 | 188 | 51180 | 57690 | 12880 | 19300 |
| 枣阳市 | 32 | 95 | 438 | 878 | 26439 | 27988 | 2564 | 2847 |
| 宜城市 | 11 | 40 | | | 77801 | 78112 | 180 | 480 |
| 南漳县 | | | | | 31123 | 32147 | 1723 | 2376 |
| 谷城县 | 58 | 107 | 101 | 187 | 12176 | 13359 | 2508 | 2543 |
| 保康县 | 64 | 520 | | | 5000 | 15000 | 1700 | 4800 |
| 襄北农场 | | | | | 333 | 333 | | |
| **鄂州市** | **184** | **510** | **20** | **88** | **7880** | **18230** | **3600** | **6600** |

续表 9

| | 农机专业服务组织 | | 其他服务组织 | | 农　机　户 | | 其中:农机专业户 | |
|---|---|---|---|---|---|---|---|---|
| | 机构数（个） | 人数（人） | 机构数（个） | 人数（人） | 户　数（户） | 人　数（人） | 户　数（户） | 人　数（人） |
| **荆门市** | **122** | **370** | **46** | **80** | **107255** | **130378** | **6292** | **9443** |
| 市郊区 | | | | | 24628 | 26670 | 1496 | 2199 |
| 钟祥市 | | | | | 64175 | 70840 | 2800 | 4574 |
| 京山县 | 62 | 163 | 46 | 80 | 7234 | 18170 | 945 | 1237 |
| 沙洋县 | 60 | 207 | | | 9940 | 13355 | 683 | 1058 |
| 沙洋农场 | | | | | 48 | 113 | 48 | 55 |
| 五三农场 | | | | | 1230 | 1230 | 320 | 320 |
| **孝感市** | **513** | **1667** | **200** | **935** | **48834** | **69490** | **17871** | **27809** |
| 市郊区 | 4 | 42 | | | 3600 | 10800 | 1800 | 5400 |
| 孝昌县 | | | | | 2950 | 4680 | 970 | 2700 |
| 大悟县 | | | | | 3250 | 4867 | 2080 | 2327 |
| 安陆市 | | | 198 | 927 | 9125 | 11367 | 1689 | 3357 |
| 云梦县 | 12 | 96 | 2 | 8 | 13500 | 17156 | 4800 | 5821 |
| 应城市 | 17 | 94 | | | 4072 | 6396 | 2293 | 2840 |
| 汉川市 | 480 | 1435 | | | 12337 | 14224 | 4239 | 5364 |
| **黄冈市** | **269** | **1603** | **162** | **597** | **63902** | **115862** | **12633** | **34116** |
| 市郊区 | 15 | 65 | | | 1450 | 2493 | 45 | 158 |
| 团风县 | 18 | 73 | 21 | 57 | 1586 | 1833 | 190 | 437 |
| 红安县 | 12 | 40 | | | 5420 | 6850 | 1320 | 2750 |
| 麻城市 | 16 | 52 | 1 | 65 | 6052 | 9264 | 131 | 269 |
| 罗田县 | | | | | 3800 | 5300 | 150 | 300 |
| 英山县 | 15 | 160 | 15 | 88 | 11810 | 48300 | 5210 | 21460 |
| 浠水县 | 107 | 427 | 125 | 387 | 6210 | 9746 | 612 | 2366 |
| 蕲春县 | | | | | 5450 | 5680 | 1200 | 1360 |
| 武穴市 | | | | | 5285 | 7928 | 1010 | 1500 |
| 黄梅县 | 86 | 786 | | | 16839 | 18468 | 2765 | 3516 |
| **咸宁市** | **693** | **1517** | **36** | **144** | **33412** | **52792** | **6760** | **12511** |
| 咸安区 | 464 | 830 | | | 2119 | 5123 | 242 | 801 |
| 嘉鱼县 | 135 | 264 | | | 17342 | 27994 | 1983 | 3498 |
| 赤壁市 | 70 | 350 | 36 | 144 | 2676 | 3389 | 768 | 1384 |
| 通城县 | 24 | 73 | | | 3994 | 5086 | 2371 | 2976 |
| 崇阳县 | | | | | 5300 | 8520 | 998 | 2764 |
| 通山县 | | | | | 1981 | 2680 | 398 | 1088 |
| **恩施自治州** | **13** | **59** | | | **128410** | **332386** | **7983** | **18602** |
| 恩施市 | | | | | 28000 | 29000 | | |
| 建始县 | 10 | 51 | | | 75145 | 272307 | 4226 | 13786 |
| 巴东县 | | | | | 2830 | 3679 | 56 | 108 |
| 利川市 | | | | | 3195 | 4490 | 1124 | 1510 |
| 宣恩县 | | | | | 12370 | 14620 | 875 | 1253 |
| 咸丰县 | | | | | 3100 | 4030 | 152 | 235 |
| 来凤县 | | | | | 3450 | 3860 | 1450 | 1530 |
| 鹤峰县 | 3 | 8 | | | 320 | 400 | 100 | 180 |
| **随州市** | **26** | **363** | | | **48537** | **59225** | **15987** | **20984** |
| 曾都区 | 26 | 363 | | | 44838 | 55393 | 14088 | 19085 |
| 广水市 | | | | | 3699 | 3832 | 1899 | 1899 |
| **仙桃市** | **1** | **60** | | | **31680** | **51679** | **14865** | **15968** |
| **天门市** | **115** | **1185** | **20** | **76** | **17193** | **29219** | **2465** | **5342** |
| **潜江市** | **5** | **30** | **18** | **58** | **23221** | **26561** | **2388** | **5728** |
| **神农架林区** | | | | | **833** | **1436** | **625** | **1216** |

# 省、地、市、州直属单位机构人员

| | 农机管理局 | | | 农机试验鉴定机构 | | | 农机化研究机构 | | | 农机化技术推广机构 | | |
|---|---|---|---|---|---|---|---|---|---|---|---|---|
| | 机构数（个） | 人数（人） | #科技人员 | 机构数（个） | 人数（人） | #科技人员 | 机构数（个） | 人数（人） | #科技人员 | 机构数（个） | 人数（人） | #科技人员 |
| 省　直 | 1 | 27 | | 1 | 20 | 14 | 1 | 73 | 63 | | | |
| 武汉市 | 1 | 20 | 12 | 1 | 8 | 4 | | | | 1 | 3 | 2 |
| 黄石市 | 1 | 3 | 1 | | | | | | | 1 | 10 | 6 |
| 十堰市 | 1 | 25 | | | | | | | | 1 | 10 | 6 |
| 荆州市 | 1 | 8 | | | | | | | | 1 | 10 | 9 |
| 宜昌市 | 1 | 12 | 11 | | | | | | | 1 | 10 | 9 |
| 襄樊市 | 1 | 20 | 19 | | | | | | | 1 | 47 | 29 |
| 鄂州市 | 1 | 18 | 15 | | | | 1 | 34 | 5 | 1 | 8 | 6 |
| 荆门市 | 1 | 19 | | | | | | | | 1 | 17 | 15 |
| 孝感市 | 1 | 17 | | | | | | | | 1 | 10 | 10 |
| 黄冈市 | 1 | 15 | 11 | | | | | | | 1 | 33 | 18 |
| 咸宁市 | 1 | 23 | 20 | | | | | | | 1 | 23 | 20 |
| 恩施自治州 | 1 | 6 | 5 | | | | | | | 1 | 3 | 1 |
| 随州市 | 1 | 6 | 4 | | | | | | | | | |
| 仙桃市 | 1 | 8 | 6 | | | | | | | 1 | 7 | 6 |
| 天门市 | 1 | 8 | 5 | | | | | | | 1 | 11 | 8 |
| 潜江市 | 1 | 11 | 11 | | | | | | | 1 | 55 | 48 |
| 神农架林区 | 1 | 8 | 2 | | | | | | | 1 | 6 | 1 |

续表

| | 农机安全监理机构 | | | 农机化中专学校 | | | 农机化学校（培训费） | | |
|---|---|---|---|---|---|---|---|---|---|
| | 机构数（个） | 人　数（人） | #科技人员 | 机构数（个） | 人　数（人） | #科技人员 | 机构数（个） | 人　数（人） | #科技人员 |
| 省　直 | 1 | 31 | 18 | | | | | | |
| 武汉市 | 1 | 6 | 3 | | | | 1 | 3 | 1 |
| 黄石市 | 1 | 4 | 1 | | | | 1 | 73 | 36 |
| 十堰市 | 1 | 10 | 9 | | | | | | |
| 荆州市 | 1 | 10 | 9 | | | | | | |
| 宜昌市 | 1 | 19 | 15 | 1 | 129 | 101 | | | |
| 襄樊市 | 1 | 18 | 14 | | | | | | |
| 鄂州市 | 1 | 10 | 5 | | | | 1 | 6 | 5 |
| 荆门市 | 1 | 19 | 16 | | | | | | |
| 孝感市 | 1 | 7 | 4 | | | | | | |
| 黄冈市 | 1 | 10 | 9 | | | | | | |
| 咸宁市 | 1 | 8 | 5 | | | | | | |
| 恩施自治州 | 1 | 6 | 6 | | | | | | |
| 随州市 | 1 | | | | | | | | |
| 仙桃市 | 1 | 16 | 8 | | | | | | |
| 天门市 | 1 | 35 | 12 | | | | 1 | 33 | 20 |
| 潜江市 | 1 | 25 | 18 | | | | | | |
| 神农架林区 | 1 | 3 | | | | | | | |

# 县(市)以下乡村农机人员

| | 县(市)以下乡村农机人员(人) | | | | | | |
|---|---|---|---|---|---|---|---|
| | 合　计 | 拖拉机驾驶员 | 汽车司机 | 内燃机手 | 农机技术员 | 修理人员 | 其他人员 |
| **全省合计** | **1665459** | **612284** | **95791** | **267284** | **33212** | **28637** | **628251** |
| **武汉市** | **73605** | **28216** | **18509** | **9457** | **1146** | **2566** | **13711** |
| 市郊区 | 26710 | 9815 | 10182 | 2077 | 126 | 372 | 4138 |
| 蔡甸区 | 7227 | 2048 | 755 | 2160 | 85 | 235 | 1944 |
| 江夏区 | 14789 | 4416 | 2441 | 2129 | 515 | 826 | 4462 |
| 黄陂区 | 12401 | 5587 | 4472 | 1223 | 86 | 516 | 517 |
| 新洲区 | 12478 | 6350 | 659 | 1868 | 334 | 617 | 2650 |
| **黄石市** | **14069** | **7611** | **1766** | **768** | **1700** | **772** | **1452** |
| 市郊区 | 247 | 158 | 78 | | 2 | 9 | |
| 大冶市 | 7270 | 2424 | 1688 | 768 | 724 | 332 | 1334 |
| 阳新县 | 6552 | 5029 | | | 974 | 431 | 118 |
| **十堰市** | **56885** | **6565** | **7040** | **16889** | **1550** | **1909** | **22932** |
| 市郊区 | 2625 | 94 | 450 | 183 | 435 | 83 | 1380 |
| 丹江口市 | 8075 | 1280 | 350 | 1699 | 220 | 196 | 4330 |
| 郧　县 | 10501 | 380 | 940 | 4000 | | 526 | 4655 |
| 郧西县 | 12451 | 1885 | 1950 | 5200 | 180 | 204 | 3032 |
| 竹山县 | 7548 | 795 | 1795 | 2443 | 315 | 595 | 1605 |
| 竹溪县 | 6798 | 1380 | 410 | 580 | 400 | 130 | 3898 |
| 房　县 | 8887 | 751 | 1145 | 2784 | | 175 | 4032 |
| **荆州市** | **117181** | **30159** | **7312** | **57832** | **1405** | **2282** | **18191** |
| 市郊区 | 15361 | 4854 | 2693 | 2520 | 212 | 412 | 4670 |
| 江陵县 | 4478 | 3285 | 35 | 87 | 128 | 454 | 489 |
| 松滋区 | 10164 | 3050 | 662 | 3577 | 285 | 540 | 2050 |
| 公安县 | 10770 | 3626 | 754 | 5278 | 120 | 450 | 542 |
| 石首市 | 7812 | 823 | 1212 | 5538 | 183 | 56 | |
| 监利县 | 41274 | 7821 | 1209 | 25832 | 197 | 175 | 6040 |
| 洪湖市 | 27322 | 6700 | 747 | 15000 | 280 | 195 | 4400 |
| **宜昌市** | **170248** | **60107** | **18869** | **17387** | **3307** | **2306** | **68272** |
| 市郊区 | 3722 | 478 | 2656 | 75 | 268 | 97 | 148 |
| 宜昌县 | 19829 | 2745 | 1737 | 1290]181 | 450 | 13426 | |
| 宜都市 | 4895 | 1454 | 1451 | 1032 | 1 | 72 | 885 |
| 枝江市 | 27343 | 17195 | 3438 | 1347 | 1213 | 805 | 3345 |
| 当阳市 | 48001 | 25827 | 7242 | 4953 | 72 | 297 | 9610 |
| 远安县 | 12487 | 8250 | 332 | 1537 | 32 | 138 | 2198 |
| 兴山县 | 3339 | 815 | 178 | 1018 | 7 | 39 | 1282 |
| 秭归县 | 39513 | 1698 | 1367 | 1515 | 1515 | 224 | 33194 |
| 长阳县 | 6552 | 450 | 205 | 3090 | 10 | 150 | 2647 |
| 五峰县 | 4567 | 1195 | 263 | 1530 | 8 | 34 | 1537 |
| **襄樊市** | **283004** | **225616** | **3094** | **12582** | **3512** | **3612** | **34588** |
| 市郊区 | 28791 | 22317 | 33 | | 61 | 157 | 6223 |
| 老河口市 | 20463 | 16590 | 280 | 650 | 162 | 260 | 2521 |
| 襄阳区 | 60643 | 46881 | 538 | 1520 | 388 | 500 | 10816 |
| 枣阳市 | 30795 | 25716 | 335 | 1763 | 368 | 1187 | 1426 |
| 宜城市 | 78834 | 72440 | 330 | 4704 | 75 | 500 | 785 |
| 南漳县 | 33059 | 30947 | 912 | 374 | 317 | 509 | 0 |
| 谷城县 | 14002 | 8128 | 125 | 2071 | 128 | 235 | 3315 |
| 保康县 | 16080 | 2352 | 540 | 1500 | 2000 | 260 | 9428 |
| 襄北农场 | 337 | 245 | 1 | | 13 | 4 | 74 |
| **鄂州市** | **20298** | **3620** | **2975** | **10760** | **368** | **580** | **1995** |

续表

| | 县(市)以下乡村农机人员(人) | | | | | | |
|---|---|---|---|---|---|---|---|
| | 合　计 | 拖拉机驾驶员 | 汽车司机 | 内燃机手 | 农机技术员 | 修理人员 | 其他人员 |
| **荆门市** | **141041** | **103717** | **5204** | **7685** | **1116** | **1698** | **21621** |
| 市郊区 | 32978 | 23467 | 1827 | 461 | 95 | 357 | 6771 |
| 钟祥市 | 71697 | 57204 | 1249 | 2380 | 540 | 857 | 9467 |
| 京山县 | 18548 | 13486 | 417 | 3022 | 249 | 135 | 1239 |
| 沙洋县 | 16057 | 9248 | 1711 | 1791 | 212 | 243 | 2852 |
| 沙洋农场 | 475 | 312 | | 31 | 20 | 50 | 62 |
| 五三农场 | 1286 | | | | | 56 | 1230 |
| **孝感市** | **81777** | **19118** | **3676** | **22962** | **12658** | **2799** | **20564** |
| 市郊区 | 11614 | 2100 | 300 | 1500 | 4160 | 249 | 3305 |
| 孝昌县 | 5106 | 1280 | 800 | 360 | 1300 | 76 | 1290 |
| 大悟县 | 5731 | 1482 | 29 | 2080 | 420 | 402 | 1318 |
| 安陆市 | 16702 | 2887 | 0 | 3582 | 3978 | 415 | 5840 |
| 云梦县 | 18300 | 3040 | 1876 | 5905 | 1903 | 1028 | 4548 |
| 应城市 | 8272 | 3116 | 96 | 3135 | 249 | 363 | 1313 |
| 汉川市 | 16052 | 5213 | 575 | 6400 | 648 | 266 | 2950 |
| **黄冈市** | **124093** | **17608** | **9236** | **38646** | **1864** | **2856** | **53883** |
| 市郊区 | 2878 | 765 | 216 | 208 | 69 | 117 | 1503 |
| 团风县 | 2427 | 935 | 518 | 289 | 221 | 109 | 355 |
| 红安县 | 7694 | 2508 | 2030 | 2080 | 120 | 355 | 601 |
| 麻城市 | 10272 | 3600 | 508 | 5100 | 69 | 288 | 707 |
| 罗田县 | 5399 | 1680 | 450 | 2520 | 130 | 80 | 539 |
| 英山县 | 49136 | 1650 | 1120 | 4620 | 560 | 215 | 40971 |
| 浠水县 | 10993 | 3381 | 953 | 4923 | 169 | 147 | 1420 |
| 蕲春县 | 6591 | 1650 | 410 | 2500 | 280 | 595 | 1156 |
| 武穴市 | 8893 | 150 | 135 | 3350 | 185 | 455 | 4618 |
| 黄梅县 | 19810 | 1289 | 2896 | 13056 | 61 | 495 | 2013 |
| **咸宁市** | **65433** | **16348** | **5640** | **8838** | **2992** | **4025** | **27590** |
| 咸安区 | 8238 | 3426 | 934 | 481 | 172 | 2285 | 940 |
| 嘉鱼县 | 28681 | 3210 | 493 | 4981 | 294 | 335 | 19368 |
| 赤壁市 | 6852 | 2120 | 475 | 2467 | 548 | 185 | 1057 |
| 通城县 | 9892 | 2876 | 1418 | 412 | 478 | 685 | 4023 |
| 崇阳县 | 8727 | 3450 | 1620 | 230 | 1340 | 186 | 1901 |
| 通山县 | 3043 | 1266 | 700 | 267 | 160 | 349 | 301 |
| **恩施自治州** | **333823** | **7803** | **5902** | **6162** | **361** | **1093** | **312502** |
| 恩施市 | 29033 | 588 | 1820 | 36 | 33 | 26556 | |
| 建始县 | 272685 | 1137 | 571 | 1137 | 45 | 268 | 269527 |
| 巴东县 | 3805 | 720 | 112 | 927 | | 126 | 1920 |
| 利川市 | 4891 | 1483 | 412 | 1338 | 224 | 276 | 1158 |
| 宣恩县 | 14733 | 510 | 1250 | 375 | 43 | 74 | 12481 |
| 咸丰县 | 4223 | 1455 | 1160 | 653 | | 175 | 780 |
| 来凤县 | 4024 | 1560 | 540 | 1712 | | 132 | 80 |
| 鹤峰县 | 429 | 350 \|37 | 20 | 13 | 9 | | |
| **随州市** | **69071** | **38114** | **1616** | **16985** | **180** | **906** | **11270** |
| 曾都区 | 63542 | 35006 | 1455 | 15138 | 100 | 573 | 11270 |
| 广水市 | 5529 | 3108 | 161 | 1847 | 80 | 333 | |
| **仙桃市** | **52067** | **9860** | **3060** | **21776** | **298** | **328** | **16745** |
| **天门市** | **333863** | **16248** | **1305** | **15655** | **156** | **323** | **176** |
| **潜江市** | **27445** | **21012** | **265** | **2818** | **599** | **462** | **2289** |
| **神农架林区** | **1556** | **562** | **322** | **82** | | **120** | **470** |

# 国营农林牧渔场农机人员

| | 附:全民所有农、林、牧、渔、场农机人员(人) | | | | | | |
|---|---|---|---|---|---|---|---|
| | 合 计 | 拖拉机驾驶员 | 汽车司机 | 内燃机手 | 农机技术员 | 修理人员 | 其他人员 |
| **全省合计** | **28426** | **13966** | **1523** | **4227** | **1028** | **1316** | **6366** |
| **武汉市** | **13987** | **8516** | **602** | **1800** | **137** | **324** | **2608** |
| 市郊区 | 11474 | 7555 | 243 | 1377 | 44 | 141 | 2114 |
| 蔡甸区 | 140 | 74 | 5 | 0 | 7 | 9 | 45 |
| 江夏区 | 1721 | 680 | 316 | 323 | 74 | 136 | 192 |
| 黄陂区 | | | | | | | |
| 新洲区 | 652 | 207 | 38 | 100 | 12 | 38 | 257 |
| **黄石市** | **149** | **55** | **16** | **4** | **53** | **6** | **15** |
| 市郊区 | 9 | 6 | 1 | | 2 | | |
| 大冶市 | 61 | 8 | 15 | 4 | 24 | 6 | 4 |
| 阳新县 | 79 | 41 | | | 27 | | 11 |
| **十堰市** | **98** | **15** | **25** | **10** | **21** | **10** | **17** |
| 市郊区 | | | | | | | |
| 丹江口市 | 98 | 15 | 25 | 10 | 21 | 10 | 17 |
| 郧　县 | | | | | | | |
| 郧西县 | | | | | | | |
| 竹山县 | | | | | | | |
| 竹溪县 | | | | | | | |
| 房　县 | | | | | | | |
| **荆州市** | **782** | **228** | **118** | **222** | **59** | **81** | **74** |
| 市郊区 | 227 | 78 | 20 | 50 | 25 | 32 | 22 |
| 江陵县 | 210 | 65 | 19 | 47 | 25 | 32 | 22 |
| 松滋区 | 198 | 54 | 49 | 53 | 4 | 10 | 28 |
| 公安县 | 61 | 19 | 3 | 29 | 3 | 5 | 2 |
| 石首市 | 86 | 12 | 27 | 43 | 2 | 2 | |
| 监利县 | | | | | | | |
| 洪湖市 | | | | | | | |
| **宜昌市** | **65** | **22** | **16** | **3** | | | **24** |
| 市郊区 | | | | | | | |
| 宜昌县 | | | | | | | |
| 宜都市 | | | | | | | |
| 枝江市 | | | | | | | |
| 当阳市 | 63 | 20 | 16 | 3 | | | 24 |
| 远安县 | | | | | | | |
| 兴山县 | 2 | 2 | | | | | |
| 秭归县 | | | | | | | |
| 长阳县 | | | | | | | |
| 五峰县 | | | | | | | |
| **襄樊市** | **2402** | **1454** | **50** | **166** | **31** | **54** | **647** |
| 市郊区 | 65 | 40 | 19 | | | 6 | |
| 老河口市 | 18 | 12 | | | 1 | 2 | 3 |
| 襄阳区 | 118 | 23 | 14 | 11 | 7 | 21 | 42 |
| 枣阳市 | 1868 | 1134 | 16 | 155 | 10 | 25 | 528 |
| 宜城市 | | | | | | | |
| 南漳县 | | | | | | | |
| 谷城县 | | | | | | | |
| 保康县 | | | | | | | |
| 襄北农场 | 333 | 245 | 1 | | 13 | | 74 |
| **鄂州市** | | | | | | | |

续表

| | 附:全民所有农、林、牧、渔、场农机人员(人) | | | | | | |
|---|---|---|---|---|---|---|---|
| | 合计 | 拖拉机驾驶员 | 汽车司机 | 内燃机手 | 农机技术员 | 修理人员 | 其他人员 |
| **荆门市** | **1772** | **1542** | | **31** | **31** | **106** | **62** |
| 市郊区 | | | | | | | |
| 钟祥市 | | | | | | | |
| 京山县 | | | | | | | |
| 沙洋县 | | | | | | | |
| 沙洋农场 | 475 | 312 | | 31 | 20 | 50 | 62 |
| 五三农场 | 1297 | 1230 | | | 11 | 56 | |
| **孝感市** | **3045** | **927** | **106** | **812** | **202** | **153** | **845** |
| 市郊区 | 170 | 20 | 50 | 30 | 50 | 20 | |
| 孝昌县 | | | | | | | |
| 大悟县 | 95 | 8 | 5 | 21 | 34 | 15 | 12 |
| 安陆市 | | | | | | | |
| 云梦县 | 140 | 28 | 10 | | 18 | 22 | 62 |
| 应城市 | 457 | 158 | 15 | 146 | 40 | 27 | 71 |
| 汉川市 | 2183 | 713 | 26 | 615 | 60 | 69 | 700 |
| **黄冈市** | **1203** | **328** | **191** | **236** | **128** | **106** | **214** |
| 市郊区 | | | | | | | |
| 团风县 | 282 | 134 | 46 | 38 | 55 | 7 | 2 |
| 红安县 | 51 | 12 | 14 | 8 | 5 | 9 | 3 |
| 麻城市 | 102 | 16 | 11 | 14 | | 5 | 56 |
| 罗田县 | 122 | 16 | 30 | 50 | 8 | 15 | 3 |
| 英山县 | 365 | 55 | 30 | 90 | 20 | 20 | 150 |
| 浠水县 | | | | | | | |
| 蕲春县 | 281 | 95 | 60 | 36 | 40 | 50 | |
| 武穴市 | | | | | | | |
| 黄梅县 | | | | | | | |
| **咸宁市** | **3239** | **618** | **287** | **467** | **222** | **277** | **1368** |
| 咸安区 | | | | | | | |
| 嘉鱼县 | 620 | 51 | 40 | 131 | 46 | 170 | 182 |
| 赤壁市 | 1650 | 200 | 105 | 108 | 134 | 70 | 1033 |
| 通城县 | 302 | 41 | 32 | 27 | 26 | 23 | 153 |
| 崇阳县 | | | | | | | |
| 通山县 | 667 | 326 | 110 | 201 | 16 | 14 | |
| **恩施自治州** | | | | | | | |
| 恩施市 | | | | | | | |
| 建始县 | | | | | | | |
| 巴东县 | | | | | | | |
| 利川市 | | | | | | | |
| 宣恩县 | | | | | | | |
| 咸丰县 | | | | | | | |
| 来凤县 | | | | | | | |
| 鹤峰县 | | | | | | | |
| **随州市** | **1000** | **121** | **70** | **91** | **94** | **145** | **479** |
| 曾都区 | 582 | 91 | 54 | 41 | 34 | 88 | 274 |
| 广水市 | 418 | 30 | 16 | 50 | 60 | 57 | 205 |
| **仙桃市** | **541** | **120** | **38** | **356** | **9** | **18** | |
| **天门市** | **143** | **20** | **4** | **29** | **41** | **36** | **13** |
| **潜江市** | | | | | | | |
| **神农架林区** | | | | | | | |

# 培训农机人员

| | 全年培训农机人员(人) | | | | | | | |
|---|---|---|---|---|---|---|---|---|
| | 合计 | 拖拉机驾驶员 | 汽车司机 | 内燃机手 | 电动机手 | 修理工 | 农机技术员 | 小计 |
| **全省合计** | **117489** | **53093** | **11193** | **14599** | **8408** | **5929** | **6050** | **2029** |
| **武汉市** | **15365** | **5867** | **1904** | **2211** | **878** | **743** | **748** | **232** |
| 市郊区 | 4421 | 1540 | 1585 | 757 | 217 | 98 | 58 | 10 |
| 蔡甸区 | 2778 | 778 | | 656 | 261 | 135 | 78 | 60 |
| 江夏区 | 2707 | 1085 | 253 | 293 | 230 | 179 | 241 | 47 |
| 黄陂区 | 2650 | 1080 | 40 | 380 | 60 | 30 | 30 | 60 |
| 新洲区 | 2809 | 1384 | 26 | 125 | 110 | 301 | 341 | 55 |
| **黄石市** | **1159** | **479** | | | | **30** | **20** | |
| 市郊区 | 9 | 9 | | | | | | |
| 大冶市 | 510 | 270 | | | | 30 | | |
| 阳新县 | 640 | 200 | | | | | 20 | |
| **十堰市** | **8904** | **391** | **1740** | **357** | **216** | **269** | **1315** | **75** |
| 市郊区 | 245 | 10 | 55 | | | 100 | 10 | |
| 丹江口市 | 1190 | 248 | 500 | 120 | 100 | 110 | 112 | |
| 郧　县 | 1050 | 8 | 250 | 56 | 66 | 62 | 608 | |
| 郧西县 | 1520 | 32 | 250 | 50 | 50 | | 50 | 17 |
| 竹山县 | 1016 | 20 | 350 | 131 | | 72 | 145 | 48 |
| 竹溪县 | 865 | 15 | | | | | 300 | |
| 房　县 | 3018 | 58 | 335 | | | 25 | | |
| **荆州市** | **15831** | **7556** | **1965** | **3085** | **2290** | **540** | **210** | **185** |
| 市郊区 | 3650 | 3650 | | | | | | |
| 江陵县 | 161 | 161 | | | | | | |
| 松滋区 | 5325 | 2600 | 615 | 885 | 790 | 210 | 110 | 115 |
| 公安县 | 4100 | 200 | 150 | 1800 | 1500 | 300 | 100 | 50 |
| 石首市 | 800 | 100 | 700 | | | | | |
| 监利县 | 985 | 485 | 500 | | | | | |
| 洪湖市 | 810 | 360 | | 400 | | 30 | | 20 |
| **宜昌市** | **6109** | **1460** | **1053** | **182** | **331** | **158** | **282** | **79** |
| 市郊区 | 507 | 62 | 337 | 40 | 25 | 21 | 12 | |
| 宜昌县 | 625 | 410 | | | | | | |
| 宜都市 | 1221 | 177 | 362 | 92 | 67 | 67 | | 18 |
| 枝江市 | 1210 | 206 | 354 | | | 60 | 130 | |
| 当阳市 | 577 | 307 | | | 52 | | | 58 |
| 远安县 | 40 | 15 | | | | | 25 | |
| 兴山县 | 300 | 100 | | | | | | |
| 秭归县 | 494 | 54 | | 50 | 187 | 10 | 112 | |
| 长阳县 | 105 | 99 | | | | | 3 | 3 |
| 五峰县 | 1030 | 30 | | | | | | |
| **襄樊市** | **13465** | **10631** | | | **200** | **512** | **333** | **60** |
| 市郊区 | 2167 | 2098 | | | | 33 | 28 | 8 |
| 老河口市 | 500 | 500 | | | | | | |
| 襄阳区 | 3330 | 3220 | | | | | 110 | |
| 枣阳市 | 1700 | 850 | | | | 290 | | |
| 宜城市 | 1654 | 1300 | | | | | | 4 |
| 南漳县 | 2228 | 1547 | | | | 169 | 81 | 14 |
| 谷城县 | 310 | | | | | | | |
| 保康县 | 1234 | 800 | | | 200 | 20 | 100 | 34 |
| 襄北农场 | 342 | 316 | | | | | 14 | |
| **鄂州市** | **1785** | **466** | **220** | **295** | **150** | **389** | **165** | **30** |

续表

| | 全年培训农机人员(人) | | | | | | | |
|---|---|---|---|---|---|---|---|---|
| | 合计 | 拖拉机驾驶员 | 汽车司机 | 内燃机手 | 电动机手 | 修理工 | 农机技术员 | 小计 |
| **荆门市** | **17055** | **12025** | **2002** | **1125** | **261** | **337** | **1255** | **17** |
| 市郊区 | 6996 | 6996 | | | | | | |
| 钟祥市 | 854 | 184 | 670 | | | | | |
| 京山县 | 2555 | 1285 | | 950 | 200 | 120 | | |
| 沙洋县 | 5390 | 2450 | 1332 | 165 | 40 | 132 | 1250 | |
| 沙洋农场 | 395 | 300 | | 10 | 21 | 30 | 5 | 17 |
| 五三农场 | 865 | 810 | | | | 55 | | |
| **孝感市** | **5981** | **2086** | **224** | **434** | **355** | **512** | **921** | **498** |
| 市郊区 | 1610 | 1000 | | 100 | 120 | 150 | 160 | 80 |
| 孝昌县 | 330 | 240 | | | | | 50 | 40 |
| 大悟县 | 426 | 26 | | | | 200 | | |
| 安陆市 | 847 | 232 | | | | | 580 | 35 |
| 云梦县 | 700 | 90 | 210 | 80 | | 70 | 100 | |
| 应城市 | 827 | 118 | 14 | 254 | 235 | 92 | 31 | 7 |
| 汉川市 | 1241 | 380 | | | | | | 336 |
| **黄冈市** | **13227** | **2042** | **750** | **4441** | **2378** | **1568** | **480** | **756** |
| 市郊区 | 75 | 75 | | | | | | |
| 团风县 | 202 | 73 | | 20 | 18 | 32 | 9 | 5 |
| 红安县 | 350 | 80 | | | | 100 | 120 | 50 |
| 麻城市 | 6797 | 1020 | 290 | 2341 | 2010 | 756 | 166 | 97 |
| 罗田县 | 450 | 85 | | 170 | 90 | 70 | 35 | |
| 英山县 | 350 | 60 | | 80 | | 10 | | |
| 浠水县 | 39 | 39 | | | | | | |
| 蕲春县 | 620 | 60 | | 100 | 260 | 200 | | |
| 武穴市 | 734 | 160 | | 150 | | 400 | | 24 |
| 黄梅县 | 3610 | 390 | 460 | 1580 | | | 150 | 580 |
| **咸宁市** | **2782** | **721** | **100** | **626** | **235** | **418** | **217** | **37** |
| 咸安区 | 870 | 220 | 50 | 400 | | 80 | 100 | 20 |
| 嘉鱼县 | 229 | 72 | | 97 | | 35 | 15 | 10 |
| 赤壁市 | 1000 | 200 | 50 | 100 | 150 | 200 | | |
| 通城县 | 483 | 108 | | | 85 | 53 | 102 | 7 |
| 崇阳县 | 80 | 50 | | | | 30 | | |
| 通山县 | 120 | 71 | | 29 | | 20 | | |
| **恩施自治州** | **4297** | **676** | **827** | **900** | **215** | **175** | **14** | |
| 恩施市 | 28 | 28 | | | | | | |
| 建始县 | 1462 | 102 | 2 | | | 58 | | |
| 巴东县 | 468 | | 298 | | | | | |
| 利川市 | 684 | 145 | 287 | 60 | 180 | 12 | | |
| 宣恩县 | 220 | 70 | | 40 | 35 | 55 | | |
| 咸丰县 | 336 | 96 | 240 | | | | | |
| 来凤县 | 1000 | 150 | | 800 | | 50 | | |
| 鹤峰县 | 99 | 85 | | | | | 14 | |
| **随州市** | **2931** | **1487** | **212** | **542** | **376** | **44** | **50** | **30** |
| 曾都区 | 2191 | 1247 | 212 | 322 | 376 | 34 | | |
| 广水市 | 740 | 240 | | 220 | | 10 | 50 | 30 |
| **仙桃市** | **530** | **530** | | | | | | |
| **天门市** | **3273** | **2549** | **176** | **219** | **233** | **36** | **30** | **30** |
| **潜江市** | **4539** | **4123** | | **182** | **36** | **198** | | |
| **神农架林区** | **256** | **4** | | | **252** | | | |

# 全省农机经营服务效益

| | 农机服务经营总收入(万元) | | | | |
|---|---|---|---|---|---|
| | 合 计 | 农机作业收入 | #运输收入 | 农机修理收入 | 其它收入 |
| **全省合计** | **977167.54** | **839663.7** | **449444.59** | **40320.92** | **97182.92** |
| **武汉市** | **109060.1** | **96190.4** | **67057.9** | **3746.65** | **9123.05** |
| 市郊区 | 32774.9 | 29425.15 | 18941 | 742 | 2607.75 |
| 蔡甸区 | 17350 | 16458 | 11891 | 361 | 531 |
| 江夏区 | 21497 | 16286 | 11308 | 1720 | 3491 |
| 黄陂区 | 18055 | 16740.15 | 12825.6 | 237.55 | 1077.3 |
| 新洲区 | 19383.2 | 17281.1 | 12092.3 | 686.1 | 1416 |
| **黄石市** | **8330** | **7355.2** | **5835.5** | **661** | **313.8** |
| 市郊区 | 1108 | 1103.2 | 1047.5 | 4 | 0.8 |
| 大冶市 | 4548 | 4119 | 3105 | 301 | 128 |
| 阳新县 | 2674 | 2133 | 1683 | 356 | 185 |
| **十堰市** | **37316** | **28492** | **22134.5** | **2587** | **6237** |
| 市郊区 | 4202 | 3000 | 2550 | 147 | 1055 |
| 丹江口市 | 6405 | 5360 | 5306 | 566 | 479 |
| 郧 县 | 6102 | 5286 | 4675 | 173 | 643 |
| 郧西县 | 9005 | 6423 | 4290 | 610 | 1972 |
| 竹山县 | 2450 | 1917 | 1495.5 | 353 | 180 |
| 竹溪县 | 2565 | 2200 | 2020 | 365 | |
| 房 县 | 6587 | 4306 | 1798 | 373 | 1908 |
| **荆州市** | **71870.61** | **65119.6** | **36648.1** | **2576.9** | **4174.11** |
| 市郊区 | 8965.8 | 7852.5 | 6868.5 | 342 | 771.3 |
| 江陵县 | 7878.51 | 7785.1 | 5613.6 | 84.9 | 8.51 |
| 松滋区 | 6310 | 5610 | 1800 | 400 | 300 |
| 公安县 | 8162.3 | 7742 | 3080 | 301 | 119.3 |
| 石首市 | 5368 | 5058 | 1956 | 150 | 160 |
| 监利县 | 21966 | 19372 | 14130 | 719 | 1875 |
| 洪湖市 | 13220 | 11700 | 3200 | 580 | 940 |
| **宜昌市** | **92535.52** | **80854.81** | **45817.8** | **3725.17** | **7955.54** |
| 市郊区 | 10326.47 | 8401 | 8296 | 133 | 1792.47 |
| 宜昌县 | 8624.08 | 7877.61 | 6226.1 | 240 | 506.47 |
| 宜都市 | 3570.97 | 3286.2 | 2799.7 | 125.17 | 159.6 |
| 枝江市 | 24542 | 18345 | 8226 | 2401 | 3796 |
| 当阳市 | 17344.2 | 16171 | 3683 | 312 | 861.2 |
| 远安县 | 2836 | 2526 | 986 | 192 | 118 |
| 兴山县 | 1235 | 1150 | 820 | 50 | 35 |
| 秭归县 | 19045 | 18530 | 12971 | 165 | 350 |
| 长阳县 | 2000 | 1600 | 1360 | 72 | 328 |
| 五峰县 | 3011.8 | 2968 | 450 | 35 | 8.8 |
| **襄樊市** | **200326.53** | **193572.57** | **87764.4** | **4795.34** | **1958.62** |
| 市郊区 | 2024 | 1906 | 1319 | 40 | 78 |
| 老河口市 | 36468.3 | 35857 | 26523 | 564 | 47.3 |
| 襄阳区 | 76940 | 75200 | 18900 | 1660 | 80 |
| 枣阳市 | 55016 | 54316 | 24542 | 633 | 67 |
| 宜城市 | 10283.45 | 9008.96 | 5704 | 644.49 | 630 |
| 南漳县 | 9241.35 | 7716.9 | 4243.2 | 824.6 | 699.85 |
| 谷城县 | 6958.43 | 6767.71 | 4033.2 | 129.25 | 61.47 |
| 保康县 | 3365 | 2800 | 2500 | 280 | 285 |
| 襄北农场 | 30 | | | 20 | 10 |
| **鄂州市** | **30688** | **21679** | **20771** | **1015** | **7994** |

续表 1

| | 农机服务经营总收入(万元) | | | | |
|---|---|---|---|---|---|
| | 合　计 | 农机作业收入 | #运输收入 | 农机修理收入 | 其它收入 |
| **荆门市** | **65855.1** | **59452** | **24258** | **4103.1** | **2300** |
| 市郊区 | 8620.1 | 7183 | 4270 | 484.1 | 953 |
| 钟祥市 | 35008 | 31964 | 15203 | 2784 | 260 |
| 京山县 | 6056 | 5500 | 200 | 306 | 250 |
| 沙洋县 | 12466 | 11561 | 4195 | 374 | 530 |
| 沙洋农场 | 1288 | 894 | 110 | 104 | 290 |
| 五三农场 | 2417 | 2350 | 280 | 50 | 17 |
| **孝感市** | **88604.8** | **70725.8** | **39323.9** | **4626** | **13253** |
| 市郊区 | 16277.6 | 5600 | 1300 | 2305.3 | 8372.3 |
| 孝昌县 | 6692 | 6307 | 4000 | 88 | 297 |
| 大悟县 | 4345 | 3823 | 3370 | 188 | 334 |
| 安陆市 | 15533 | 15260.8 | 6287.9 | 213.7 | 58.5 |
| 云梦县 | 12900 | 9173 | 5323 | 603 | 3124 |
| 应城市 | 13782.2 | 13009 | 734 | 402 | 371.2 |
| 汉川市 | 19075 | 17553 | 11409 | 826 | 696 |
| **黄冈市** | **76652.42** | **63717.62** | **28906.3** | **3084** | **9850.8** |
| 市郊区 | 2477 | 1183 | 501 | 215 | 1079 |
| 团风县 | 3690 | 3450 | 1520 | 173 | 67 |
| 红安县 | 4168.6 | 3671.3 | 1895.6 | 255 | 242.3 |
| 麻城市 | 11995 | 10920 | 812 | 220 | 855 |
| 罗田县 | 5920 | 4600 | 3250 | 150 | 1170 |
| 英山县 | 4986 | 2300 | 800 | 435 | 2251 |
| 浠水县 | 8527.82 | 5763.32 | 2607.7 | 529 | 2235.5 |
| 蕲春县 | 2305 | 1765 | 1015 | 510 | 30 |
| 武穴市 | 10298 | 9935 | 5525 | 242 | 121 |
| 黄梅县 | 22285 | 20130 | 10980 | 355 | 1800 |
| **咸宁市** | **23084.96** | **18853.3** | **12989.5** | **3037.66** | **1194** |
| 咸安区 | 4960 | 4100 | 3240 | 260 | 600 |
| 嘉鱼县 | 2480.66 | 1745 | 688 | 655.66 | 80 |
| 赤壁市 | 4408 | 4135 | 3587 | 140 | 133 |
| 通城县 | 5342 | 3940 | 1588 | 1323 | 79 |
| 崇阳县 | 1958 | 1658 | 1380 | 285 | 15 |
| 通山县 | 3936.3 | 3275.3 | 2506.5 | 374 | 287 |
| **恩施自治州** | **26012.75** | **22047.05** | **18429.29** | **2009.1** | **1956.6** |
| 恩施市 | 4940 | 3692 | 3692 | 1248 | |
| 建始县 | 4437.95 | 4251.35 | 4236.55 | 127.6 | 59 |
| 巴东县 | 1665 | 1484 | 985 | 25 | 156 |
| 利川市 | 6578 | 5465 | 3136 | 186 | 927 |
| 宣恩县 | 2434.5 | 2154.7 | 1779.74 | 78.5 | 201.3 |
| 咸丰县 | 2277.3 | 1600 | 1300 | 94 | 583.3 |
| 来凤县 | 2400 | 2250 | 2150 | 150 | |
| 鹤峰县 | 1280 | 1150 | 1150 | 100 | 30 |
| **随州市** | **42814** | **37117** | **3832** | **2694** | **3003** |
| 曾都区 | 38706 | 33517 | 2432 | 2286 | 2903 |
| 广水市 | 4108 | 3600 | 1400 | 408 | 100 |
| **仙桃市** | **18080** | **17940** | **5300** | **140** | |
| **天门市** | **47480** | **43849.2** | **23678.5** | **842** | **2788.8** |
| **潜江市** | **37373** | **11783** | **5881** | **578** | **25012** |
| **神农架林区** | **1083.75** | **915.15** | **816.9** | **100** | **68.6** |

续表 2

| | 农机服务总支出(万元) | | | | | 农机服务纯收入(万元) | | | |
|---|---|---|---|---|---|---|---|---|---|
| | 合　计 | 生产费用 | 管理费用 | 税金及附　加 | 其它费用 | 合　计 | 国家税费 | 上交提留 | 单位或农机户所　得 |
| **全省合计** | **639467.46** | **528097.96** | **35645.53** | **26978.68** | **48745.29** | **337700.08** | **17394.09** | **5321.53** | **314984.46** |
| **武汉市** | **63526.79** | **51948.22** | **3992.69** | **3371.72** | **4214.16** | **45533.31** | **3167.89** | **893.47** | **41471.95** |
| 市郊区 | 19379.82 | 14955.35 | 1044.21 | 952.68 | 2416.58 | 13395.08 | 164.94 | 91.47 | 13138.67 |
| 蔡甸区 | 13734 | 11968 | 490 | 694 | 582 | 3616 | 400 | 120 | 3096 |
| 江夏区 | 12140 | 9813 | 990 | 568 | 769 | 9357 | 955 | 343 | 8059 |
| 黄陂区 | 9076.27 | 7880.57 | 424.18 | 384.84 | 386.68 | 8978.73 | 1634.93 | | 7343.8 |
| 新洲区 | 9196.7 | 7320.3 | 1044.3 | 772.2 | 59.9 | 10186.5 | 13.02 | 339 | 9834.48 |
| **黄石市** | **6392.5** | **5724** | **136** | **93.5** | **439** | **1937.5** | **476** | **127** | **1334.5** |
| 市郊区 | 803.5 | 667 | | 4.5 | 132 | 304.5 | | | 304.5 |
| 大冶市 | 3526 | 3240 | 89 | 21 | 176 | 1022 | 384 | 20 | 618 |
| 阳新县 | 2063 | 1817 | 47 | 68 | 131 | 611 | 92 | 107 | 412 |
| **十堰市** | **25726.5** | **20365.8** | **1102.5** | **1360.8** | **2897.4** | **11589.5** | **712** | **527** | **10350.5** |
| 市郊区 | 3720 | 3133 | 250 | 270 | 67 | 482 | 51 | | 431 |
| 丹江口市 | 4976 | 4379 | 223 | 157 | 217 | 1429 | | | 1429 |
| 郧　县 | 4271 | 3075 | 40 | 90 | 1066 | 1831 | | | 1831 |
| 郧西县 | 5756.5 | 4821.5 | 270.5 | 356 | 308.5 | 3248.5 | 30 | | 3218.5 |
| 竹山县 | 1096 | 799.3 | 109 | 108.8 | 78.9 | 1354 | 135 | 135 | 1084 |
| 竹溪县 | 1820 | 1706 | 6 | 52 | 56 | 745 | 52 | | 693 |
| 房　县 | 4087 | 2452 | 204 | 327 | 1104 | 2500 | 444 | 392 | 1664 |
| **荆州市** | **47529.82** | **32007.9** | **1783.22** | **2513.3** | **11225.4** | **24340.79** | **1049.12** | **2142.2** | **21149.47** |
| 市郊区 | 6588.3 | 5970.8 | 87.7 | 320.4 | 209.4 | 2377.5 | 30.5 | 240 | 2107 |
| 江陵县 | 1224.32 | 673.8 | 323.62 | 226.9 | | 6654.19 | 879.62 | 669.2 | 5105.37 |
| 松滋区 | 3450 | 2950 | | 300 | 200 | 2860 | 20 | | 2840 |
| 公安县 | 5563.2 | 3245.3 | 49.9 | 116 | 2152 | 2599.1 | 14 | 28 | 2557.1 |
| 石首市 | 3268 | 2599 | 390 | 253 | 26 | 2100 | 10 | | 2090 |
| 监利县 | 17731 | 9489 | 907 | 1297 | 6038 | 4235 | | 1205 | 3030 |
| 洪湖市 | 9705 | 7080 | 25 | | 2600 | 3515 | 95 | | 3420 |
| **宜昌市** | **63361.98** | **48895.56** | **4370.63** | **6110.04** | **3985.75** | **29173.54** | **570.3** | **59** | **28544.24** |
| 市郊区 | 7714.52 | 6307.66 | 366.07 | 296.82 | 743.97 | 2611.95 | 87.3 | 59 | 2465.65 |
| 宜昌县 | 6468.88 | 5492.6 | 458.3 | 387.2 | 130.78 | 2155.2 | | | 2155.2 |
| 宜都市 | 2190.2 | 1693.2 | 68.2 | 156.8 | 272 | 1380.77 | 112 | | 1268.77 |
| 枝江市 | 15642 | 12406 | 600 | 1010 | 1626 | 8900 | 300 | | 8600 |
| 当阳市 | 11665.78 | 8725.6 | 880.96 | 1721.92 | 337.3 | 5678.42 | | | 5678.42 |
| 远安县 | 1730 | 1520 | 210 | | | 1106 | | | 1106 |
| 兴山县 | 812 | 465 | 102 | 70 | 175 | 423 | 65 | | 358 |
| 秭归县 | 13713 | 9713 | 1524 | 2095 | 381 | 5332 | | | 5332 |
| 长阳县 | 1281 | 1000 | 10 | 12 | 259 | 719 | 6 | | 713 |
| 五峰县 | 2144.6 | 1572.5 | 151.1 | 360.3 | 60.7 | 867.2 | | | 867.2 |
| **襄樊市** | **150137.44** | **136127.86** | **7917.71** | **1504.09** | **4587.78** | **50189.09** | **2341.1** | **272** | **47575.99** |
| 市郊区 | 813 | 708 | 17 | 14 | 74 | 1211 | 310 | | 901 |
| 老河口市 | 24979.3 | 23062 | 1661.3 | 250 | 6 | 11489 | 462 | | 11027 |
| 襄阳区 | 59360 | 59360 | | | | 17580 | 850 | 180 | 16550 |
| 枣阳市 | 45815 | 36546 | 5581 | 847 | 2841 | 9201 | 371 | 92 | 8738 |
| 宜城市 | 6551.39 | 6046.35 | 2.9 | | 502.14 | 3732.06 | | | 3732.06 |
| 南漳县 | 5692.13 | 4727.51 | 301.99 | 283.09 | 379.54 | 3549.22 | | | 3549.22 |
| 谷城县 | 4146.62 | 3308 | 153.52 | | 685.1 | 2811.81 | 168.1 | | 2643.71 |
| 保康县 | 2765 | 2370 | 200 | 110 | 85 | 600 | 180 | | 420 |
| 襄北农场 | 15 | | | | 15 | 15 | | | 15 |
| **鄂州市** | **23721** | **20319** | **2076** | **270** | **1056** | **6967** | **1663** | **289** | **5015** |

续表3

| | 农机服务总支出(万元) | | | | | 农机服务纯收入(万元) | | | |
|---|---|---|---|---|---|---|---|---|---|
| | 合　计 | 生产费用 | 管理费用 | 税金及附　加 | 其它费用 | 合　计 | 国家税费 | 上交提留 | 单位或农机户所　得 |
| **荆门市** | **34819** | **31707** | **1274** | **662** | **1176** | **31036.1** | **227** | **315** | **30494.1** |
| 市郊区 | 3704 | 2962 | 293 | 233 | 216 | 4916.1 | 102 | 16 | 4798.1 |
| 钟祥市 | 19189 | 19173 | 6 | | 10 | 15819 | | | 15819 |
| 京山县 | 2210 | 1600 | 300 | 290 | 20 | 3846 | 100 | 100 | 3646 |
| 沙洋县 | 6951 | 5430 | 526 | 135 | 860 | 5515 | | | 5515 |
| 沙洋农场 | 896 | 702 | 131 | | 63 | 392 | | 195 | 197 |
| 五三农场 | 1869 | 1840 | 18 | 4 | 7 | 548 | 25 | 4 | 519 |
| **孝感市** | **50029.5** | **39990.2** | **3266.5** | **2773.5** | **3999.3** | **38575.3** | **663.1** | **25.7** | **37886.5** |
| 市郊区 | 11882.6 | 8138.8 | 2441.6 | 813.9 | 488.3 | 4395 | | | 4395 |
| 孝昌县 | 2583 | 2367 | 69 | 47 | 100 | 4109 | 480 | 7 | 3622 |
| 大悟县 | 3649 | 3566 | 24 | 59 | | 696 | 15 | | 681 |
| 安陆市 | 6213.2 | 6188.9 | 24 | 0.3 | | 9319.8 | | | 9319.8 |
| 云梦县 | 4622 | 3630 | | 387 | 605 | 8278 | | | 8278 |
| 应城市 | 9050.9 | 7133.3 | 113.4 | 747.3 | 1056.9 | 4731.3 | 168.1 | 18.7 | 4544.5 |
| 汉川市 | 12028.8 | 8966.2 | 594.5 | 719 | 1749.1 | 7046.2 | | | 7046.2 |
| **黄冈市** | **50394.2** | **39714.02** | **3478.88** | **3598.6** | **3602.7** | **26258.22** | **844.7** | **255** | **25158.52** |
| 黄州区 | 1189 | 925 | | | 264 | 1288 | 130 | | 1158 |
| 团风县 | 1449 | 1145 | 49 | 121 | 134 | 2241 | 76 | 30 | 2135 |
| 红安县 | 3457.3 | 2851 | 168.2 | 268.3 | 169.8 | 711.3 | | | 711.3 |
| 麻城市 | 9432.3 | 7105 | 555.8 | 20.3 | 1751.2 | 2562.7 | 17.7 | 203 | 2342 |
| 罗田县 | 4350 | 3980 | 20 | 350 | | 1570 | 20 | | 1550 |
| 英山县 | 2700 | 2156 | 62 | 400 | 82 | 2286 | 10 | 22 | 2254 |
| 浠水县 | 6247.6 | 5200.02 | 665.88 | 63 | 318.7 | 2280.22 | | | 2280.22 |
| 蕲春县 | 1281 | 512 | 320 | 256 | 193 | 1024 | 171 | | 853 |
| 武穴市 | 5880 | 5280 | 200 | 190 | 210 | 4418 | 420 | | 3998 |
| 黄梅县 | 14408 | 10560 | 1438 | 1930 | 480 | 7877 | | | 7877 |
| **咸宁市** | **14286.1** | **11420.5** | **936.5** | **831.6** | **1097.5** | **8798.86** | **1206.2** | **81** | **7511.66** |
| 咸安区 | 3000 | 2339 | 11 | | 650 | 1960 | 360 | | 1600 |
| 嘉鱼县 | 489 | 483 | 6 | | | 1991.66 | 382 | 3 | 1606.66 |
| 赤壁市 | 2557 | 1663 | 205 | 356 | 333 | 1851 | 222 | 18 | 1611 |
| 通城县 | 4148 | 3560 | 184.4 | 339.5 | 64.1 | 1194 | 152 | 35 | 1007 |
| 崇阳县 | 1703 | 1570 | 55 | 65 | 13 | 255 | 30 | 25 | 200 |
| 通山县 | 2389.1 | 1805.5 | 475.1 | 71.1 | 37.4 | 1547.2 | 60.2 | | 1487 |
| **恩施自治州** | **16400.5** | **12993.4** | **7437** | **1724.7** | **938.7** | **9612.25** | **447.7** | **130.5** | **9034.05** |
| 恩施市 | 4212 | 3705 | | 481 | 26 | 728 | 156 | | 572 |
| 建始县 | 2802.9 | 2157.5 | 213.5 | 423.5 | 8.4 | 1635.05 | | | 1635.05 |
| 巴东县 | 1074 | 814 | 9 | 152 | 99 | 591 | | | 591 |
| 利川市 | 4007.2 | 3137.6 | 361.2 | 480.8 | 27.6 | 2570.8 | 10 | 0.5 | 2560.3 |
| 宣恩县 | 1291.1 | 1035 | 65 | 32.4 | 158.7 | 1143.4 | 131.7 | | 1011.7 |
| 咸丰县 | 1693.3 | 964.3 | 55 | 80 | 594 | 584 | | | 584 |
| 来凤县 | 900 | 880 | | 10 | 10 | 1500 | 50 | | 1450 |
| 鹤峰县 | 420 | 300 | 40 | 65 | 15 | 860 | 100 | 130 | 630 |
| **随州市** | **23105** | **21127** | **480** | **242** | **1256** | **19709** | **1970** | **46.4** | **17692.6** |
| 曾都区 | 20305 | 18897 | 250 | 122 | 1036 | 18401 | 1900 | 46 | 16455 |
| 广水市 | 2800 | 2230 | 230 | 120 | 220 | 1308 | 70 | 0.4 | 1237.6 |
| **仙桃市** | **8250** | **7838** | **200** | **212** | | **9830** | | | **9830** |
| **天门市** | **32977** | **23534** | **2413** | **1636** | **5394** | **14503** | **1159** | **138** | **13206** |
| **潜江市** | **28139** | **23918** | **1407** | | **2814** | **9234** | **823** | | **8411** |
| **神农架林区** | **671.13** | **467.5** | **67.2** | **74.83** | **61.6** | **412.62** | **73.98** | **20.26** | **318.38** |

# 县以下已审定级别的农机修理网点

| | 合　计 | | | # 一级点 | | |
|---|---|---|---|---|---|---|
| | 机构数（个） | 人　数（人） | #国家职工 | 机构数（个） | 人　数（人） | #国家职工 |
| **全省合计** | **4592** | **13864** | **868** | **17** | **224** | **87** |
| 武汉市 | 277 | 1057 | 17 | 4 | 26 | 3 |
| 黄石市 | 229 | 543 | 6 | 1 | 56 | 1 |
| 十堰市 | 240 | 522 | | | | |
| 荆州市 | | | | | | |
| 宜昌市 | 559 | 1467 | | 9 | 45 | |
| 襄樊市 | 730 | 2070 | 140 | 1 | 5 | 5 |
| 鄂州市 | 170 | 580 | | | | |
| 荆门市 | 495 | 1622 | 36 | | | |
| 孝感市 | 303 | 802 | 97 | | | |
| 黄冈市 | 631 | 1718 | 83 | | | |
| 咸宁市 | 224 | 1483 | 85 | | | |
| 恩施自治州 | 201 | 557 | 1 | | | |
| 随州市 | 211 | 818 | 403 | 2 | 92 | 78 |
| 仙桃市 | | | | | | |
| 天门市 | 180 | 323 | | | | |
| 潜江市 | 142 | 302 | | | | |
| 神农架林区 | | | | | | |

续表

| | # 二级点 | | | # 三级点 | | |
|---|---|---|---|---|---|---|
| | 机构数（个） | 人　数（人） | #国家职工 | 机构数（个） | 人　数（人） | #国家职工 |
| **全省合计** | **590** | **2561** | **273** | **3903** | **10284** | **360** |
| 武汉市 | 43 | 184 | 9 | 205 | 791 | 3 |
| 黄石市 | 24 | 89 | | 204 | 398 | 5 |
| 十堰市 | | | | 240 | 522 | |
| 荆州市 | | | | | | |
| 宜昌市 | 67 | 175 | | 483 | 1247 | |
| 襄樊市 | 54 | 363 | 77 | 675 | 1702 | 58 |
| 鄂州市 | 50 | 200 | | 120 | 380 | |
| 荆门市 | 54 | 205 | 36 | 441 | 826 | |
| 孝感市 | 56 | 174 | 6 | 190 | 480 | |
| 黄冈市 | 65 | 317 | 25 | 566 | 1401 | 33 |
| 咸宁市 | 73 | 389 | 5 | 151 | 1094 | 50 |
| 恩施自治州 | 81 | 200 | | 120 | 357 | 1 |
| 随州市 | 18 | 238 | 115 | 191 | 488 | 210 |
| 仙桃市 | | | | | | |
| 天门市 | 2 | 12 | | 178 | 311 | |
| 潜江市 | 3 | 15 | | 139 | 287 | |
| 神农架林区 | | | | | | |

# 全省农机修理网点

| | 修理网点 | | | | 修理设备（台） | | | |
|---|---|---|---|---|---|---|---|---|
| | 个数（个） | 年末总人数 | #修理工人 | #修理技术工人 | 合计 | 金属锻压设备 | 修理专用设备 | 修理试验设备 |
| 1、乡（镇）修理点 | 1057 | 4383 | 3124 | 1259 | 8578 | 1089 | 6907 | 582 |
| 2、村、村民小组修理点 | 605 | 1721 | 1284 | 437 | 2014 | 307 | 1558 | 149 |
| 3、修理户 | 8636 | 22533 | 16259 | 6274 | 23545 | 5118 | 16685 | 1742 |

续表1

| | 修理农具（台、辆） | | | | | |
|---|---|---|---|---|---|---|
| | 大中型拖拉机 | #大修 | 小型拖拉机 | 内燃机 | 汽车 | 其他农机具 |
| 1、乡（镇）修理点 | 11012 | 3931 | 15832 | 19110 | 8083 | 67292 |
| 2、村、村民小组修理点 | 2459 | 765 | 10857 | 8100 | 1652 | 30478 |
| 3、修理户 | 48658 | 15490 | 185934 | 70257 | 35000 | 540837 |

续表2

| | 修理农具（台、辆） | | | | | |
|---|---|---|---|---|---|---|
| | 产值合计（万元） | #修理（万元） | #旧件修复（万元） | 盈余金额（万元） | 亏损金额（万元） | 上交税利金额（万元） |
| 1、乡（镇）修理点 | 6806.15 | 4781.58 | 2024.57 | 2249.17 | | 500.99 |
| 2、村、村民小组修理点 | 2820.86 | 2020.26 | 800.6 | 630 | | 142.85 |
| 3、修理户 | 30693.91 | 25240.18 | 5453.73 | 10297.12 | | 1799.41 |

# 农 机 修 理 网 点

| | 修理网点 | | | | 修理设备(台、辆) | | | |
|---|---|---|---|---|---|---|---|---|
| | 个数(个) | 年末总人数 | #修理工人 | #修理技术人员 | 合计 | 金切锻压设备 | 修理专用设备 | 修理试验设备 |
| **全省合计** | **10298** | **28637** | **20667** | **7970** | **34137** | **6514** | **25150** | **2473** |
| **武汉市** | **728** | **2566** | **1929** | **637** | **2373** | **590** | **1468** | **315** |
| 市郊区 | 134 | 372 | 310 | 62 | 501 | 81 | 342 | 78 |
| 蔡甸区 | 94 | 235 | 190 | 45 | 278 | 70 | 198 | 10 |
| 江夏区 | 145 | 826 | 599 | 227 | 570 | 128 | 312 | 130 |
| 黄陂区 | 193 | 516 | 430 | 86 | 398 | 97 | 277 | 24 |
| 新洲区 | 162 | 617 | 400 | 217 | 626 | 214 | 339 | 73 |
| **黄石市** | **224** | **772** | **584** | **188** | **745** | **192** | **518** | **35** |
| 市郊区 | 3 | 9 | 6 | 3 | 5 | | 5 | |
| 大冶市 | 140 | 332 | 280 | 52 | 395 | 102 | 268 | 25 |
| 阳新县 | 81 | 431 | 298 | 133 | 345 | 90 | 245 | 10 |
| **十堰市** | **803** | **1909** | **1128** | **781** | **2105** | **477** | **1471** | **157** |
| 市郊区 | 24 | 83 | 38 | 45 | 71 | 30 | 28 | 13 |
| 丹江口市 | 115 | 196 | 95 | 101 | 355 | 60 | 280 | 15 |
| 郧　县 | 310 | 526 | 202 | 324 | 435 | 106 | 307 | 22 |
| 郧西县 | 88 | 204 | 184 | 20 | 188 | 19 | 137 | 32 |
| 竹山县 | 150 | 595 | 440 | 155 | 865 | 189 | 620 | 56 |
| 竹溪县 | 61 | 130 | 68 | 62 | 23 | 12 | 2 | 9 |
| 房　县 | 55 | 175 | 101 | 74 | 168 | 51 | 97 | 10 |
| **荆州市** | **1072** | **2282** | **1653** | **629** | **2665** | **529** | **2007** | **129** |
| 市郊区 | 275 | 412 | 289 | 123 | 587 | 54 | 527 | 6 |
| 江陵县 | 192 | 454 | 326 | 128 | 540 | 98 | 424 | 18 |
| 松滋区 | 181 | 540 | 372 | 168 | 405 | 82 | 297 | 26 |
| 公安县 | 212 | 450 | 350 | 100 | 517 | 181 | 302 | 34 |
| 石首市 | 34 | 56 | 56 | | 91 | 27 | 24 | 40 |
| 监利县 | 116 | 175 | 158 | 17 | 353 | 39 | 313 | 1 |
| 洪湖市 | 62 | 195 | 102 | 93 | 172 | 48 | 120 | 4 |
| **宜昌市** | **790** | **2306** | **1699** | **607** | **2931** | **885** | **1670** | **376** |
| 市郊区 | 40 | 97 | 55 | 42 | 68 | 43 | 25 | |
| 宜昌县 | 110 | 450 | 400 | 50 | 400 | 20 | 350 | 30 |
| 宜都市 | 42 | 72 | 71 | 1 | 177 | 25 | 96 | 56 |
| 枝江市 | 317 | 805 | 487 | 318 | 1160 | 651 | 327 | 182 |
| 当阳市 | 69 | 297 | 257 | 40 | 462 | 27 | 402 | 34 |
| 远安县 | 68 | 138 | 70 | 68 | 316 | 18 | 292 | 6 |
| 兴山县 | 27 | 39 | 30 | 9 | 15 | | 15 | |
| 秭归县 | 47 | 224 | 175 | 49 | 215 | 31 | 125 | 59 |
| 长阳县 | 55 | 150 | 140 | 10 | 45 | 25 | 15 | 5 |
| 五峰县 | 15 | 34 | 14 | 20 | 73 | 45 | 24 | 4 |
| **襄樊市** | **1324** | **3612** | **2629** | **983** | **2811** | **1295** | **1385** | **131** |
| 市郊区 | 40 | 157 | 139 | 18 | 26 | 6 | 17 | 3 |
| 老河口市 | 100 | 260 | 224 | 36 | 170 | 46 | 108 | 16 |
| 襄阳区 | 260 | 500 | 280 | 220 | 511 | 210 | 269 | 32 |
| 枣阳市 | 264 | 1187 | 819 | 368 | 289 | 524 | 55 | |
| 宜城市 | 227 | 500 | 470 | 30 | 207 | 198 | 4 | 5 |
| 南漳县 | 253 | 509 | 407 | 102 | 614 | 515 | 86 | 13 |
| 谷城县 | 83 | 235 | 156 | 79 | 84 | 31 | 49 | 4 |
| 保康县 | 85 | 260 | 130 | 130 | 327 | | 325 | 2 |
| 襄北农场 | 12 | 4 | 4 | | 4 | | 3 | 1 |
| **鄂州市** | **170** | **580** | **480** | **100** | **700** | **280** | **330** | **90** |

续表 1

| | 修理网点 | | | | 修理设备(台、辆) | | | |
|---|---|---|---|---|---|---|---|---|
| | 个数(个) | 年末总人数 | #修理工人 | #修理技术人员 | 合计 | 金切锻压设备 | 修理专用设备 | 修理试验设备 |
| **荆门市** | **1139** | **1698** | **1542** | **156** | **2598** | **380** | **1888** | **330** |
| 市郊区 | 114 | 357 | 274 | 83 | 481 | 73 | 371 | 37 |
| 钟祥市 | 794 | 857 | 857 | | 1046 | 226 | 712 | 108 |
| 京山县 | 61 | 135 | 120 | 15 | 265 | 22 | 94 | 149 |
| 沙洋县 | 134 | 243 | 200 | 43 | 694 | 26 | 654 | 14 |
| 沙洋农场 | 8 | 50 | 46 | 4 | 73 | 10 | 51 | 12 |
| 五三农场 | 28 | 56 | 45 | 11 | 39 | 23 | 6 | 10 |
| **孝感市** | **1190** | **2799** | **1769** | **1030** | **2909** | **434** | **2308** | **167** |
| 市郊区 | 83 | 249 | 163 | 86 | 710 | 180 | 498 | 32 |
| 孝昌县 | 28 | 76 | 20 | 56 | 199 | 41 | 131 | 27 |
| 大悟县 | 167 | 402 | 264 | 138 | 572 | 45 | 494 | 33 |
| 安陆市 | 176 | 415 | 218 | 197 | 483 | 67 | 387 | 29 |
| 云梦县 | 563 | 1028 | 746 | 282 | 392 | 3 | 387 | 2 |
| 应城市 | 93 | 363 | 183 | 180 | 320 | 54 | 237 | 29 |
| 汉川市 | 80 | 266 | 175 | 91 | 233 | 44 | 174 | 15 |
| **黄冈市** | **1057** | **2856** | **1995** | **861** | **8482** | **558** | **7601** | **323** |
| 市郊区 | 48 | 117 | 77 | 40 | 563 | 10 | 504 | 49 |
| 团风县 | 47 | 109 | 51 | 58 | 117 | 18 | 86 | 13 |
| 红安县 | 142 | 355 | 311 | 44 | 389 | 31 | 321 | 37 |
| 麻城市 | 96 | 288 | 211 | 77 | 5182 | 52 | 5054 | 76 |
| 罗田县 | 36 | 80 | 40 | 40 | 73 | 8 | 55 | 10 |
| 英山县 | 56 | 215 | 137 | 78 | 319 | 79 | 185 | 55 |
| 浠水县 | 61 | 147 | 102 | 45 | 508 | 110 | 391 | 7 |
| 蕲春县 | 170 | 595 | 357 | 238 | 510 | 84 | 390 | 36 |
| 武穴市 | 160 | 455 | 320 | 135 | 594 | 76 | 490 | 28 |
| 黄梅县 | 241 | 495 | 389 | 106 | 227 | 90 | 125 | 12 |
| **咸宁市** | **519** | **4025** | **2947** | **1078** | **1601** | **431** | **1030** | **140** |
| 咸安区 | 235 | 2285 | 1600 | 685 | 255 | 2 | 246 | 7 |
| 嘉鱼县 | 98 | 335 | 261 | 74 | 304 | 158 | 116 | 30 |
| 赤壁市 | 32 | 185 | 129 | 56 | 175 | 42 | 128 | 5 |
| 通城县 | 78 | 685 | 498 | 187 | 381 | 57 | 255 | 69 |
| 崇阳县 | 38 | 186 | 132 | 54 | 236 | 132 | 86 | 18 |
| 通山县 | 38 | 349 | 327 | 22 | 250 | 40 | 199 | 11 |
| **恩施自治州** | **416** | **1093** | **842** | **251** | **1000** | **162** | **732** | **106** |
| 恩施市 | 17 | 33 | 33 | | 29 | 7 | 22 | |
| 建始县 | 91 | 268 | 243 | 25 | 179 | 8 | 167 | 4 |
| 巴东县 | 55 | 126 | 65 | 61 | 167 | 15 | 150 | 2 |
| 利川市 | 77 | 276 | 214 | 62 | 204 | 38 | 164 | 2 |
| 宣恩县 | 19 | 74 | 50 | 24 | 46 | | 41 | 5 |
| 咸丰县 | 72 | 175 | 101 | 74 | 330 | 78 | 173 | 79 |
| 来凤县 | 76 | 132 | 132 | | 18 | 8 | 6 | 4 |
| 鹤峰县 | 9 | 9 | 4 | 5 | 27 | 8 | 9 | 10 |
| **随州市** | **285** | **906** | **683** | **223** | **1209** | **73** | **1064** | **72** |
| 曾都区 | 175 | 573 | 465 | 108 | 970 | 50 | 850 | 70 |
| 广水市 | 110 | 333 | 218 | 115 | 239 | 23 | 214 | 2 |
| **仙桃市** | **138** | **328** | **270** | **58** | **288** | **64** | **215** | **9** |
| **天门市** | **180** | **323** | **273** | **50** | **1079** | **53** | **971** | **55** |
| **潜江市** | **243** | **462** | **164** | **298** | **621** | **111** | **472** | **38** |
| **神农架林区** | **20** | **120** | **80** | **40** | **20** | | **20** | |

续表 2

| | 修理机具(台、辆) | | | | | |
|---|---|---|---|---|---|---|
| | 大中型拖拉机 | 大　修 | 小　型拖拉机 | 内燃机 | 汽　车 | 其　它农机具 |
| **全省合计** | **62129** | **20186** | **212623** | **97467** | **44735** | **638607** |
| **武汉市** | **4995** | **1561** | **6086** | **6384** | **4659** | **44230** |
| 市郊区 | 816 | 193 | 1357 | 971 | 1911 | 5149 |
| 蔡甸区 | 602 | 282 | 474 | 820 | 471 | 6029 |
| 江夏区 | 865 | 377 | 1526 | 1259 | 915 | 13821 |
| 黄陂区 | 1431 | 196 | 1196 | 2036 | 873 | 6126 |
| 新洲区 | 1281 | 513 | 1533 | 1298 | 489 | 13105 |
| **黄石市** | **1490** | **529** | **1161** | **259** | **362** | **11728** |
| 市郊区 | 3 | 1 | 9 | 1 | 2 | 20 |
| 大冶市 | 1022 | 212 | 320 | 258 | 360 | 7580 |
| 阳新县 | 465 | 316 | 832 | | | 4128 |
| **十堰市** | **1875** | **840** | **2128** | **8491** | **1835** | **36223** |
| 市郊区 | 57 | 22 | 25 | 90 | 235 | 739 |
| 丹江口市 | 310 | 150 | 950 | 650 | 450 | 1850 |
| 郧　县 | 256 | 186 | 145 | 2530 | 502 | 5437 |
| 郧西县 | 115 | 45 | 5 | 2500 | 205 | 15200 |
| 竹山县 | 225 | 136 | 250 | 379 | 285 | 2258 |
| 竹溪县 | 270 | 120 | 580 | 195 | 56 | 3800 |
| 房　县 | 642 | 181 | 173 | 2147 | 102 | 6939 |
| **荆州市** | **3742** | **1046** | **12424** | **15663** | **1503** | **43066** |
| 市郊区 | 765 | 256 | 3859 | 728 | 539 | 3730 |
| 江陵县 | 476 | 137 | 1743 | 661 | 117 | 674 |
| 松滋区 | 880 | 310 | 1050 | 610 | 220 | 3280 |
| 公安县 | 447 | 120 | 2145 | 1461 | 158 | 8320 |
| 石首市 | 310 | 142 | 253 | 1210 | 392 | 6350 |
| 监利县 | 489 | 21 | 1254 | 5913 | 37 | 11912 |
| 洪湖市 | 375 | 60 | 2120 | 5080 | 40 | 8800 |
| **宜昌市** | **6788** | **3028** | **20001** | **4754** | **11377** | **54163** |
| 市郊区 | 59 | 12 | 39 | 10 | 1815 | 35 |
| 宜昌县 | 725 | 150 | 1300 | 1110 | 6875 | 19150 |
| 宜都市 | 936 | 479 | 998 | 839 | 1300 | 1366 |
| 枝江市 | 2769 | 1408 | 7406 | 208 | 680 | 18922 |
| 当阳市 | 493 | 77 | 6195 | 33 | 195 | 3120 |
| 远安县 | 221 | 169 | 3323 | 347 | | 1832 |
| 兴山县 | 50 | 4 | 40 | 70 | 15 | 100 |
| 秭归县 | 1125 | 563 | 112 | 627 | 198 | 5103 |
| 长阳县 | 250 | 45 | 95 | 650 | 225 | 2500 |
| 五峰县 | 160 | 121 | 493 | 860 | 74 | 2035 |
| **襄樊市** | **14122** | **4796** | **93027** | **5335** | **2362** | **219508** |
| 市郊区 | | 168 | 2117 | | 45 | 240 |
| 老河口市 | 6750 | 1800 | 9230 | 712 | 190 | 11250 |
| 襄阳区 | 2800 | 900 | 33550 | 700 | 800 | 21000 |
| 枣阳市 | 962 | 546 | 18329 | 1576 | 331 | 129648 |
| 宜城市 | 865 | 310 | 18796 | 50 | 152 | 28691 |
| 南漳县 | 1517 | 532 | 7948 | 1765 | 534 | 26670 |
| 谷城县 | 1003 | 467 | 2202 | 382 | 108 | 1509 |
| 保康县 | 220 | 70 | 850 | 150 | 200 | 500 |
| 襄北农场 | 5 | 3 | 5 | | 2 | |
| **鄂州市** | **1121** | **540** | **1060** | **970** | **1350** | **5240** |

续表3

| | 修理机具(台、辆) | | | | | |
|---|---|---|---|---|---|---|
| | 大中型拖拉机 | 大修 | 小型拖拉机 | 内燃机 | 汽车 | 其它农机具 |
| **荆门市** | **4427** | **1538** | **36746** | **2159** | **3195** | **53388** |
| 市郊区 | 991 | 462 | 9355 | 235 | 1942 | 17080 |
| 钟祥市 | 1127 | 347 | 17371 | 1563 | 915 | 23167 |
| 京山县 | 780 | 245 | 4218 | | | 6789 |
| 沙洋县 | 768 | 164 | 5415 | 260 | 320 | 6128 |
| 沙洋农场 | 81 | 20 | 37 | 21 | 3 | 84 |
| 五三农场 | 680 | 300 | 350 | 80 | 15 | 140 |
| **孝感市** | **4399** | **1294** | **7335** | **8689** | **524** | **41892** |
| 市郊区 | 260 | 120 | 800 | 1700 | 80 | 3600 |
| 孝昌县 | 465 | 100 | 556 | 286 | 65 | 1325 |
| 大悟县 | 878 | 272 | 520 | 930 | 35 | 4880 |
| 安陆市 | 915 | 198 | 314 | 419 | 89 | 6897 |
| 云梦县 | 205 | 77 | 360 | 2390 | | 3487 |
| 应城市 | 869 | 342 | 1032 | 677 | 103 | 1953 |
| 汉川市 | 807 | 185 | 3753 | 2287 | 152 | 19750 |
| **黄冈市** | **6961** | **2342** | **3939** | **13520** | **4014** | **42425** |
| 市郊区 | 421 | 52 | 223 | 351 | 72 | 200 |
| 团风县 | 120 | 58 | 182 | 130 | 168 | 1631 |
| 红安县 | 731 | 330 | 581 | 756 | 261 | 834 |
| 麻城市 | 947 | 170 | 118 | 2500 | 420 | 1408 |
| 罗田县 | 420 | 250 | 280 | 380 | 150 | 1050 |
| 英山县 | 2080 | 545 | 1300 | 5500 | 400 | 14400 |
| 浠水县 | 892 | 303 | 457 | 521 | 208 | 3412 |
| 蕲春县 | 800 | 360 | 500 | 260 | 150 | 8600 |
| 武穴市 | 280 | 64 | 38 | 972 | 825 | 1740 |
| 黄梅县 | 270 | 210 | 260 | 2150 | 1360 | 9150 |
| **咸宁市** | **1333** | **356** | **4215** | **6131** | **2493** | **10520** |
| 咸安区 | 210 | 95 | 340 | 160 | 128 | 495 |
| 嘉鱼县 | 644 | 54 | 1428 | 1611 | 45 | |
| 赤壁市 | 310 | 92 | 276 | 730 | 67 | 2840 |
| 通城县 | 64 | 32 | 671 | 90 | 213 | 475 |
| 崇阳县 | 40 | 26 | 180 | 2850 | 1240 | 3750 |
| 通山县 | 65 | 57 | 1320 | 690 | 800 | 2960 |
| **恩施自治州** | **4560** | **1034** | **2660** | **6991** | **9341** | **19803** |
| 恩施市 | 13 | | 48 | 91 | 1105 | 364 |
| 建始县 | 2200 | 107 | 169 | 2325 | 6115 | 9198 |
| 巴东县 | 455 | 310 | 25 | 782 | 98 | 1426 |
| 利川市 | 587 | 220 | 890 | 1200 | 1294 | 5000 |
| 宣恩县 | 345 | 107 | 63 | 83 | 170 | 715 |
| 咸丰县 | 260 | 70 | 1060 | 960 | 285 | 2050 |
| 来凤县 | 450 | 180 | 205 | 1430 | 24 | 960 |
| 鹤峰县 | 250 | 40 | 200 | 120 | 250 | 90 |
| **随州市** | **4120** | **770** | **12220** | **5575** | **1180** | **18599** |
| 曾都区 | 2195 | 630 | 12000 | 4725 | 1150 | 18179 |
| 广水市 | 1925 | 140 | 220 | 850 | 30 | 420 |
| **仙桃市** | **80** | | **885** | **4600** | | **4765** |
| **天门市** | **1042** | **323** | **4498** | **6832** | **406** | **19975** |
| **潜江市** | **724** | **189** | **4238** | **1114** | **134** | **8982** |
| **神农架林区** | **350** | | | | | **4100** |

续表 4

| | 产　值(万元) | | | 盈余金额(万元) | 亏损金额(万元) | 上交税利总　额(万元) |
|---|---|---|---|---|---|---|
| | 合　计 | 其中:修理 | 旧件修复 | | | |
| **全省合计** | **40320.9** | **32042.02** | **8278.9** | **13176.29** | | **2443.25** |
| **武汉市** | **3746.65** | **3081.45** | **665.2** | **1210.9** | | **259.84** |
| 市郊区 | 742 | 644.5 | 97.5 | 205.7 | | 56.24 |
| 蔡甸区 | 361 | 279.5 | 81.5 | 167.5 | | 31.7 |
| 江夏区 | 1720 | 1347 | 373 | 565 | | 143 |
| 黄陂区 | 237.55 | 211.55 | 26 | 50.4 | | 9.6 |
| 新洲区 | 686.1 | 598.9 | 87.2 | 222.3 | | 19.3 |
| **黄石市** | **661** | **576** | **85** | **192** | | **64.4** |
| 市郊区 | 4 | 4 | | 2 | | 0.4 |
| 大冶市 | 301 | 261 | 40 | 180 | | 30 |
| 阳新县 | 356 | 311 | 45 | 10 | | 34 |
| **十堰市** | **2587** | **2257** | **330** | **876.3** | | **167.3** |
| 市郊区 | 147 | 137 | 10 | 24.3 | | 12.3 |
| 丹江口市 | 566 | 500 | 66 | 180 | | 30 |
| 郧　县 | 173 | 145 | 28 | 195 | | 49 |
| 郧西县 | 610 | 585 | 25 | 105 | | 15 |
| 竹山县 | 353 | 200 | 153 | 270 | | 27 |
| 竹溪县 | 365 | 340 | 25 | 48 | | 5 |
| 房　县 | 373 | 350 | 23 | 54 | | 29 |
| **荆州市** | **2576.9** | **2226.9** | **350** | **762.5** | | **208.88** |
| 市郊区 | 342 | 252 | 90 | 117.8 | | 44.88 |
| 江陵县 | 84.9 | 63.9 | 21 | 65.7 | | 14 |
| 松滋区 | 400 | 360 | 40 | 89 | | 60 |
| 公安县 | 301 | 262 | 39 | 118 | | 42 |
| 石首市 | 150 | 142 | 8 | 90 | | 12 |
| 监利县 | 719 | 642 | 77 | 137 | | 26 |
| 洪湖市 | 580 | 505 | 75 | 145 | | 10 |
| **宜昌市** | **3725.17** | **3504** | **221.17** | **1133.69** | | **125.21** |
| 市郊区 | 133 | 72.5 | 60.5 | 70.9 | | 11.6 |
| 宜昌县 | 240 | 240 | | 33.6 | | 14.4 |
| 宜都市 | 125.17 | 96.5 | 28.67 | 79.39 | | 5.91 |
| 枝江市 | 2401 | 2354 | 47 | 720 | | 40 |
| 当阳市 | 312 | 281 | 31 | | | 30 |
| 远安县 | 192 | 192 | | 78 | | |
| 兴山县 | 50 | 50 | | 15 | | |
| 秭归县 | 165 | 132 | 33 | 49 | | 15 |
| 长阳县 | 72 | 60 | 12 | 75 | | 6.5 |
| 五峰县 | 35 | 26 | 9 | 12.8 | | 1.8 |
| **襄樊市** | **4795.34** | **3492.51** | **1302.83** | **857.4** | | **213.21** |
| 市郊区 | 40 | 28 | 12 | 21 | | 4 |
| 老河口市 | 564 | 421 | 143 | 100 | | 16 |
| 襄阳区 | 1660 | 1010 | 650 | 80 | | 20 |
| 枣阳市 | 633 | 457 | 176 | 158 | | 32 |
| 宜城市 | 644.49 | 521.49 | 123 | 141 | | 43.51 |
| 南漳县 | 824.5 | 706.7 | 117.9 | 176.4 | | 44.7 |
| 谷城县 | 129.25 | 116.32 | 12.93 | 61 | | 13 |
| 保康县 | 280 | 220 | 60 | 120 | | 40 |
| 襄北农场 | 20 | 12 | 8 | | | |
| **鄂州市** | **1015** | **780** | **235** | **262** | | **78** |

续表 5

| | 产 值(万元) | | | 盈余金额（万元） | 亏损金额（万元） | 上交税利总 额（万元） |
|---|---|---|---|---|---|---|
| | 合 计 | 其中:修理 | 旧件修复 | | | |
| **荆门市** | **4103.1** | **3446.3** | **656.8** | **2059.8** | | **183.65** |
| 市郊区 | 484.1 | 351.3 | 132.8 | 232.8 | | 50.5 |
| 钟祥市 | 2784 | 2514 | 270 | 1626 | | 70.15 |
| 京山县 | 306 | 143 | 163 | 48 | | 19 |
| 沙洋县 | 375 | 319 | 56 | 106 | | 31 |
| 沙洋农场 | 104 | 84 | 20 | 41 | | 12 |
| 五三农场 | 50 | 35 | 15 | 6 | | 1 |
| **孝感市** | **4626** | **3538** | **1088** | **1144** | | **196.3** |
| 市郊区 | 2305.3 | 2100 | 205.3 | 461 | | 23.1 |
| 孝昌县 | 88 | 62 | 26 | 68 | | 20 |
| 大悟县 | 188 | 22 | 166 | 71 | | 43 |
| 安陆市 | 213.7 | 150 | 63.7 | 128 | | 38.9 |
| 云梦县 | 603 | 423 | 180 | 60 | | 24.6 |
| 应城市 | 402 | 338 | 64 | 110 | | 24.7 |
| 汉川市 | 826 | 443 | 383 | 246 | | 22 |
| **黄冈市** | **3084** | **2582** | **502** | **1960.8** | | **454.1** |
| 市郊区 | 215 | 156 | 59 | 84 | | 16.8 |
| 团风县 | 173 | 135 | 38 | 160 | | 13 |
| 红安县 | 255 | 228 | 27 | 25.8 | | 18.2 |
| 麻城市 | 220 | 200 | 20 | 82 | | 141 |
| 罗田县 | 150 | 120 | 30 | 120 | | 15 |
| 英山县 | 435 | 422 | 13 | 378 | | 24 |
| 浠水县 | 529 | 493 | 36 | 155 | | 50.1 |
| 蕲春县 | 510 | 306 | 204 | 306 | | 100 |
| 武穴市 | 242 | 242 | | 190 | | 48 |
| 黄梅县 | 355 | 280 | 75 | 460 | | 28 |
| **咸宁市** | **3037.66** | **1720.66** | **1317** | **570.5** | | **111.51** |
| 咸安区 | 260 | 198 | 62 | 52 | | |
| 嘉鱼县 | 655.55 | 390.66 | 265 | 115.7 | | 13.51 |
| 赤壁市 | 140 | 84 | 56 | 71 | | 16 |
| 通城县 | 1323 | 447 | 876 | 56.8 | | 45 |
| 崇阳县 | 285 | 240 | 45 | 48 | | 16 |
| 通山县 | 374 | 361 | 13 | 227 | | 21 |
| **恩施自治州** | **2009.1** | **1879.6** | **129.5** | **640.4** | | **166.85** |
| 恩施市 | 1248 | 1248 | | 325 | | 117 |
| 建始县 | 127.6 | 127.6 | | 31.7 | | 9.05 |
| 巴东县 | 25 | 22 | 3 | 3 | | 1 |
| 利川市 | 186 | 186 | | 59 | | 5.5 |
| 宣恩县 | 78.5 | 77 | 1.5 | 19.7 | | 9.3 |
| 咸丰县 | 94 | 94 | | 32 | | |
| 来凤县 | 150 | 105 | 45 | 120 | | 10 |
| 鹤峰县 | 100 | 20 | 80 | 50 | | 15 |
| **随州市** | **2694** | **1816** | **878** | **667** | | **56** |
| 曾都区 | 2286 | 1506 | 780 | 590 | | 36 |
| 广水市 | 408 | 310 | 98 | 77 | | 20 |
| **仙桃市** | **140** | **140** | | **120** | | **20** |
| **天门市** | **842** | **488.6** | **353.4** | **341** | | **67** |
| **潜江市** | **578** | **443** | **135** | **338** | | **66** |
| **神农架林区** | **100** | **70** | **30** | **40** | | **5** |

# 8 农村用电及化肥施用

# 农村电气化

| | 农村用电量（万千瓦小时） | 乡村和村以下办水电站 | | |
|---|---|---|---|---|
| | | 个 | 装机容量（万千瓦） | 发电量（万千瓦小时） |
| **湖北省** | **700858.87** | **609** | **35.72** | **56565.82** |
| **武汉市** | **129121.58** | **4** | **0.10** | **74.80** |
| 武汉市辖区 | 35587.00 | | | |
| 蔡甸区 | 18493.00 | | | |
| 江夏区 | 12181.58 | | | |
| 黄陂区 | 49275.00 | 2 | 0.09 | 72.00 |
| 新洲区 | 13585.00 | 2 | 0.01 | 2.80 |
| **黄石市** | **70367.00** | **6** | **0.07** | **21.50** |
| 黄石市辖区 | 4263.00 | | | |
| 大冶市 | 43872.00 | | | |
| 阳新县 | 22232.00 | 6 | 0.07 | 21.50 |
| **十堰市** | **21161.30** | **97** | **8.53** | **4423.30** |
| 十堰市辖区 | 1398.30 | | | |
| 丹江口市 | 5127.00 | 1 | 0.02 | 9.00 |
| 郧县 | 4256.00 | 14 | 0.57 | 57.30 |
| 郧西县 | 3189.00 | 5 | 1.24 | 284.00 |
| 竹山县 | 1600.00 | 12 | 2.40 | 410.00 |
| 竹溪县 | 1747.00 | 19 | 0.40 | 1779.00 |
| 房县 | 3844.00 | 46 | 3.90 | 1884.00 |
| **荆州市** | **70639.90** | **1** | **0.15** | **250.00** |
| 荆州市辖区 | 13178.00 | | | |
| 江陵县 | 6654.40 | | | |
| 松滋市 | 8879.05 | 1 | 0.15 | 250.00 |
| 公安县 | 13473.50 | | | |
| 石首市 | 5683.48 | | | |
| 监利县 | 12578.30 | | | |
| 洪湖市 | 10193.17 | | | |
| **宜昌市** | **36199.97** | **129** | **8.75** | **27161.00** |
| 宜昌市辖区 | 4660.10 | 1 | 0.06 | 50.00 |
| 夷陵区 | 5925.00 | 24 | 1.12 | 3792.00 |
| 宜都市 | 4492.90 | 7 | 1.04 | 2702.00 |
| 枝江市 | 4841.00 | | | |
| 当阳市 | 5212.97 | | | |
| 远安县 | 2045.00 | 12 | 0.40 | 938.00 |
| 兴山县 | 1606.00 | 16 | 1.69 | 5369.00 |
| 秭归县 | 3200.00 | 3 | 0.25 | 1250.00 |
| 长阳县 | 2691.00 | 31 | 1.39 | 3918.00 |
| 五峰县 | 1526.00 | 35 | 2.80 | 9142.00 |
| **襄樊市** | **40737.91** | **23** | **1.82** | **1091.20** |
| 襄樊市辖区 | 7158.20 | | | |
| 老河口市 | 2956.84 | 9 | 0.48 | 302.00 |
| 襄阳区 | 8548.00 | 2 | 0.20 | 1.10 |
| 枣阳市 | 8393.00 | 5 | 0.03 | 32.00 |
| 宜城市 | 5832.00 | | | |
| 南漳县 | 2197.00 | 1 | 0.80 | 24.10 |
| 谷城县 | 3718.00 | | | |
| 保康县 | 1767.27 | 6 | 0.31 | 732.00 |
| 农场小计 | 167.60 | | | |
| **鄂州市** | **27289.00** | | | |

续表

| | 农村用电量（万千瓦小时） | 乡村和村以下办水电站 | | |
|---|---|---|---|---|
| | | 个 | 装机容量（万千瓦） | 发电量（万千瓦小时） |
| **荆门市** | **39106.79** | **13** | **0.28** | **136.00** |
| 荆门市辖区 | 5533.70 | 1 | 0.03 | 90.00 |
| 沙洋县 | 10983.00 | | | |
| 钟祥市 | 12246.00 | 6 | 0.12 | 3.00 |
| 京山县 | 8556.50 | 6 | 0.13 | 43.00 |
| 沙洋农场 | 1787.59 | | | |
| **孝感市** | **48123.00** | **1** | **0.03** | **24.00** |
| 孝感市辖区 | 8558.00 | | | |
| 孝昌县 | 3123.00 | | | |
| 大悟县 | 6864.00 | | | |
| 安陆市 | 2626.00 | | | |
| 云梦县 | 5462.00 | | | |
| 应城市 | 8039.00 | 1 | 0.03 | 24.00 |
| 汉川市 | 13451.00 | | | |
| **黄冈市** | **92774.69** | **95** | **3.42** | **5167.75** |
| 黄冈市辖区 | 7480.00 | | | |
| 团风县 | 6734.00 | 7 | 0.05 | 389.00 |
| 红安县 | 4742.54 | 6 | 0.12 | 74.00 |
| 麻城市 | 11539.00 | 10 | 0.02 | 133.00 |
| 罗田县 | 6608.00 | 26 | 0.26 | 2019.00 |
| 英山县 | 3188.65 | 17 | 0.29 | 489.75 |
| 浠水县 | 9573.00 | 13 | 0.18 | 329.00 |
| 蕲春县 | 15978.00 | 4 | 2.48 | 439.00 |
| 武穴市 | 10230.00 | | | |
| 黄梅县 | 16701.50 | 12 | 0.02 | 1295.00 |
| 其中:龙感湖农场 | 69.00 | | | |
| **咸宁市** | **27184.21** | **88** | **4.29** | **5653.17** |
| 咸安区 | 4224.36 | 15 | 0.35 | 224.07 |
| 嘉鱼县 | 6919.34 | | | |
| 赤壁市 | 5513.00 | 9 | 1.59 | 1217.50 |
| 通城县 | 2497.00 | 33 | 0.80 | 1733.00 |
| 崇阳县 | 4125.51 | 11 | 0.20 | 658.60 |
| 通山县 | 3905.00 | 20 | 1.35 | 1820.00 |
| **随州市** | **20266.48** | **25** | **0.84** | **561.00** |
| 曾都区 | 13763.48 | 19 | 0.19 | 171.00 |
| 广水市 | 6503.00 | 6 | 0.65 | 390.00 |
| **恩施自治州** | **20340.54** | **122** | **7.34** | **12002.10** |
| 恩施市 | 3338.00 | 29 | 1.19 | 2862.00 |
| 建始县 | 2857.84 | 26 | 1.00 | 1200.00 |
| 巴东县 | 3695.00 | 1 | 0.04 | 120.00 |
| 利川市 | 3684.51 | 11 | 1.01 | 2290.70 |
| 宣恩县 | 2062.42 | 15 | 0.92 | 2353.40 |
| 咸丰县 | 1547.09 | 6 | 0.33 | 610.00 |
| 来凤县 | 1531.58 | 10 | 0.35 | 790.00 |
| 鹤峰县 | 1624.10 | 24 | 2.50 | 1776.00 |
| **仙桃市** | **29780.00** | | | |
| **天门市** | **13885.11** | | | |
| **潜江市** | **13342.29** | | | |
| **神农架林区** | **539.10** | **5** | **0.10** | |

# 按折纯量计算的化肥施用量

单位:吨

| | 合 计 | #氮 肥 | #磷 肥 | #钾 肥 | #复合肥 |
|---|---|---|---|---|---|
| **湖北省** | **2858326** | **1420351** | **598345** | **231619** | **608011** |
| **武汉市** | **162269** | **74323** | **30018** | **16532** | **41396** |
| 武汉市辖区 | 30500 | 11030 | 4961 | 3098 | 11411 |
| 蔡甸区 | 17846 | 8802 | 2953 | 1851 | 4240 |
| 江夏区 | 24671 | 9383 | 5343 | 2508 | 7437 |
| 黄陂区 | 46104 | 19413 | 8147 | 4990 | 13554 |
| 新洲区 | 43148 | 25695 | 8614 | 4085 | 4754 |
| **黄石市** | **39408** | **20218** | **6425** | **4711** | **8054** |
| 黄石市辖区 | 681 | 287 | 81 | 83 | 230 |
| 大冶市 | 19000 | 10500 | 3547 | 2410 | 2543 |
| 阳新县 | 19727 | 9431 | 2797 | 2218 | 5281 |
| **十堰市** | **105774** | **59174** | **14672** | **6124** | **25804** |
| 十堰市辖区 | 4427 | 1282 | 481 | 400 | 2264 |
| 丹江口市 | 13076 | 9060 | 2544 | 160 | 1312 |
| 郧县 | 23951 | 15063 | 3671 | 1341 | 3876 |
| 郧西县 | 32358 | 13420 | 4867 | 2240 | 11831 |
| 竹山县 | 10124 | 7315 | 993 | 569 | 1247 |
| 竹溪县 | 10998 | 7186 | 841 | 1017 | 1954 |
| 房县 | 10840 | 5848 | 1275 | 397 | 3320 |
| **荆州市** | **316713** | **163711** | **70604** | **30534** | **51864** |
| 荆州市辖区 | 40543 | 22674 | 9077 | 3974 | 4818 |
| 江陵县 | 32120 | 15908 | 7828 | 3020 | 5364 |
| 松滋市 | 47011 | 26506 | 7844 | 4486 | 8175 |
| 公安县 | 58875 | 31046 | 13733 | 5852 | 8244 |
| 石首市 | 24858 | 10423 | 4943 | 2801 | 6691 |
| 监利县 | 61212 | 29741 | 13384 | 6872 | 11215 |
| 洪湖市 | 52094 | 27413 | 13795 | 3529 | 7357 |
| **宜昌市** | **280353** | **126444** | **60729** | **18641** | **74539** |
| 宜昌市辖区 | 13876 | 8077 | 1412 | 405 | 3982 |
| 夷陵区 | 33176 | 12049 | 4584 | 1038 | 15505 |
| 宜都市 | 15854 | 7716 | 2351 | 1621 | 4166 |
| 枝江市 | 67809 | 27941 | 13341 | 5722 | 20805 |
| 当阳市 | 84952 | 38983 | 26216 | 7225 | 12528 |
| 远安县 | 7091 | 3967 | 1638 | 228 | 1258 |
| 兴山县 | 6623 | 2533 | 922 | 337 | 2831 |
| 秭归县 | 15873 | 6683 | 3703 | 866 | 4621 |
| 长阳县 | 18228 | 9535 | 1967 | 225 | 6501 |
| 五峰县 | 16871 | 8960 | 4595 | 974 | 2342 |
| **襄樊市** | **430987** | **239246** | **106279** | **23984** | **61478** |
| 襄樊市辖区 | 41000 | 22869 | 13397 | 1362 | 3372 |
| 老河口市 | 31462 | 16547 | 11339 | 1241 | 2335 |
| 襄阳区 | 109148 | 49582 | 33054 | 9309 | 17203 |
| 枣阳市 | 90716 | 46859 | 11123 | 8292 | 24442 |
| 宜城市 | 46931 | 23432 | 16646 | 2072 | 4781 |
| 南漳县 | 35333 | 19310 | 13932 | 899 | 1192 |
| 谷城县 | 26190 | 18568 | 5787 | 190 | 1645 |
| 保康县 | 48125 | 40736 | 772 | 571 | 6046 |
| 农场小计 | 2082 | 1343 | 229 | 48 | 462 |
| **鄂州市** | **113561** | **49455** | **32081** | **12428** | **19597** |

续表

单位:吨

| | 合计 | #氮肥 | #磷肥 | #钾肥 | #复合肥 |
|---|---|---|---|---|---|
| **荆门市** | **242230** | **103267** | **62295** | **24235** | **52433** |
| 荆门市辖区 | 40548 | 18835 | 13356 | 2631 | 5726 |
| 沙洋县 | 60987 | 26541 | 11391 | 5853 | 17202 |
| 钟祥市 | 93124 | 37665 | 29279 | 9130 | 17050 |
| 京山县 | 42684 | 18259 | 7976 | 6080 | 10369 |
| 沙洋农场 | 4887 | 1967 | 293 | 541 | 2086 |
| **孝感市** | **177531** | **100266** | **37725** | **14792** | **24748** |
| 孝感市辖区 | 17561 | 9263 | 2408 | 1705 | 4185 |
| 孝昌县 | 22426 | 10239 | 5520 | 3148 | 3519 |
| 大悟县 | 13831 | 9960 | 1355 | 86 | 2430 |
| 安陆市 | 35424 | 20959 | 8804 | 2346 | 3315 |
| 云梦县 | 12964 | 7412 | 1934 | 1239 | 2379 |
| 应城市 | 25126 | 12610 | 6654 | 2840 | 3022 |
| 汉川市 | 50199 | 29823 | 11050 | 3428 | 5898 |
| **黄冈市** | **365101** | **167271** | **56783** | **27583** | **113464** |
| 黄冈市辖区 | 19073 | 9888 | 4540 | 1547 | 3098 |
| 团风县 | 21896 | 12496 | 4152 | 1473 | 3775 |
| 红安县 | 53578 | 25460 | 8902 | 2013 | 17203 |
| 麻城市 | 29465 | 18986 | 5854 | 1850 | 2775 |
| 罗田县 | 10175 | 5823 | 908 | 879 | 2565 |
| 英山县 | 6710 | 2280 | 1403 | 1022 | 2005 |
| 浠水县 | 33646 | 17160 | 2020 | 671 | 13795 |
| 蕲春县 | 36110 | 14976 | 7837 | 2986 | 10311 |
| 武穴市 | 48121 | 27765 | 6470 | 5803 | 8083 |
| 黄梅县 | 106327 | 32437 | 14697 | 9339 | 49854 |
| 其中:龙感湖农场 | 5839 | 1489 | 583 | 758 | 3009 |
| **咸宁市** | **98463** | **40584** | **21022** | **10704** | **26153** |
| 咸安区 | 30386 | 11271 | 6163 | 2530 | 10422 |
| 嘉鱼县 | 22140 | 8726 | 5099 | 3230 | 5085 |
| 赤壁市 | 11286 | 5762 | 2919 | 1081 | 1524 |
| 通城县 | 12676 | 5531 | 2153 | 1431 | 3561 |
| 崇阳县 | 16964 | 6951 | 3805 | 2120 | 4088 |
| 通山县 | 5011 | 2343 | 883 | 312 | 1473 |
| **随州市** | **116125** | **62732** | **29738** | **7253** | **16402** |
| 曾都区 | 87044 | 45882 | 22196 | 4984 | 13982 |
| 广水市 | 29081 | 16850 | 7542 | 2269 | 2420 |
| 恩施自治州 | 185452 | 104947 | 29555 | 13787 | 37163 |
| 恩施市 | 34276 | 18590 | 5317 | 2771 | 7598 |
| 建始县 | 36318 | 27262 | 5248 | 1540 | 2268 |
| 巴东县 | 28161 | 16226 | 2634 | 1064 | 8237 |
| 利川市 | 38076 | 16915 | 7981 | 4118 | 9062 |
| 宣恩县 | 14899 | 6551 | 1890 | 1479 | 4979 |
| 咸丰县 | 14756 | 8749 | 3417 | 680 | 1910 |
| 来凤县 | 9694 | 4644 | 1869 | 1661 | 1520 |
| 鹤峰县 | 9272 | 6010 | 1199 | 474 | 1589 |
| **仙桃市** | **72601** | **43594** | **8209** | **2074** | **18724** |
| **天门市** | **66688** | **31644** | **9128** | **7524** | **18392** |
| **潜江市** | **81558** | **31903** | **22733** | **10659** | **16263** |
| **神农架林区** | **3512** | **1572** | **349** | **54** | **1537** |

# 9 农业技术推行及应用

# 全省农作物不同耕作制度所占耕地面积

单位:千公顷

| | 面 积 | | 面 积 | | 面 积 |
|---|---|---|---|---|---|
| 一、三熟制耕地面积 | 540.17 | 3、蚕豆稻 | 9.85 | 14、油苕 | 22.20 |
| (一)水田三熟制面积 | 327.52 | 4、花生稻 | 9.76 | 15、麦芝 | 20.09 |
| 1、油稻稻 | 191.70 | 5、玉稻 | 7.83 | 16、蚕豆芝 | 2.87 |
| 其中:油杂杂 | 83.49 | 6、大豆稻 | 6.27 | 17、油芝 | 24.22 |
| 2、麦稻稻 | 10.80 | 7、芋稻 | 11.66 | 18、麦花生 | 39.03 |
| 3、蚕豆稻稻 | 3.29 | 8、中杂再生 | 31.56 | 19、其它 | 88.17 |
| 4、油豆稻 | 4.55 | 9、瓜稻 | 14.06 | 三、一熟制耕地面积 | 211.96 |
| 5、油瓜稻 | 12.15 | 10、菜稻 | 46.18 | (一)水田一熟制面积 | 132.10 |
| 6、油杂再生 | 21.05 | 11、藕稻 | 6.01 | 1、肥稻 | 24.22 |
| 7、芋稻稻 | 2.57 | 12、鱼稻 | 3.51 | 2、冬泡稻 | 29.55 |
| 8、其它 | 81.41 | 13、肥稻稻 | 38.75 | 3、冬闲稻 | 50.63 |
| (二)旱地三熟制面积 | 212.65 | 14、其它 | 150.65 | 4、其它 | 27.70 |
| 1、麦玉豆 | 19.66 | (二)旱地二熟制面积 | 697.46 | (二)旱地一熟制面积 | 79.86 |
| 2、麦玉苕 | 20.35 | 1、小麦棉 | 78.96 | 1、高山油菜 | 2.63 |
| 3、麦豆苕 | 4.68 | 2、大麦棉 | 12.32 | 2、高山玉米 | 21.46 |
| 4、芋玉豆 | 21.27 | 3、蚕豆棉 | 11.93 | 3、高山洋芋 | 16.16 |
| 5、麦豆棉 | 5.81 | 4、油菜棉 | 122.41 | 4、其它 | 39.61 |
| 6、麦菜棉 | 9.51 | 5、蔬菜棉 | 19.79 | | |
| 7、麦棉菜 | 11.73 | 6、麦玉 | 56.35 | 附报: | |
| 8、菜豆棉 | 4.50 | 7、蚕豆玉 | 6.08 | 1、纯种麻类面积 | 7.45 |
| 9、菜瓜菜 | 19.12 | 8、芋玉 | 60.38 | 2、纯种蔬菜面积 | 106.11 |
| 10、其它 | 96.02 | 9、油玉 | 40.23 | 其中:高山纯蔬菜 | 16.74 |
| 二、二熟制耕地面积 | 1848.96 | 10、油花生 | 43.04 | 3、农民自留地菜地面积 | 55.47 |
| (一)水田二熟制面积 | 1151.50 | 11、麦豆 | 15.96 | 4、冬泡田 | 42.18 |
| 1、麦稻 | 318.18 | 12、麦苕 | 19.44 | 5、冬板田 | 31.66 |
| 2、油稻 | 497.23 | 13、麦烟 | 13.99 | 6、冬炕田 | 30.52 |

# 农作物不同耕作制度所占耕地面积

单位:千公顷

| | 三熟制耕地面积 | 水田三熟制 | 油稻稻 | 油杂杂 | 油瓜稻 | 油杂花生 | 旱地三熟制 | 麦玉豆 | 麦玉苕 | 芋玉豆 |
|---|---|---|---|---|---|---|---|---|---|---|
| **全省合计** | **540.17** | **327.52** | **191.70** | **83.49** | **12.15** | **21.05** | **212.65** | **19.66** | **20.35** | **21.27** |
| **武汉市** | **66.15** | **43.41** | **21.92** | **3.85** | **4.18** | **3.98** | **22.74** | **0.44** | | |
| 市辖区 | 1.31 | | | | | | 1.31 | | | |
| 蔡甸区 | 11.92 | 7.12 | 0.14 | | 0.06 | 0.06 | 4.80 | 0.15 | | |
| 江夏区 | 10.22 | 7.14 | 2.25 | 2.25 | 1.73 | 1.00 | 3.08 | 0.24 | | |
| 黄陂区 | 13.18 | 11.87 | 7.03 | | 1.35 | | 1.31 | | | |
| 新洲区 | 29.52 | 17.28 | 12.50 | 1.60 | 1.04 | 2.92 | 12.24 | 0.05 | | |
| **黄石市** | **26.67** | **21.47** | **20.55** | **15.30** | **0.10** | **0.30** | **5.20** | **1.65** | **2.40** | |
| 市辖区 | 0.30 | 0.27 | 0.15 | | | | 0.03 | | | |
| 大冶市 | 14.07 | 12.30 | 12.30 | 11.50 | | | 1.77 | 0.05 | 1.10 | |
| 阳新县 | 12.30 | 8.90 | 8.10 | 3.80 | 0.10 | 0.30 | 3.40 | 1.60 | 1.30 | |
| **十堰市** | **29.37** | | | | | | **29.37** | **8.49** | **6.85** | **2.61** |
| 市辖区 | 0.04 | | | | | | 0.04 | | | |
| 丹江口市 | 2.17 | | | | | | 2.17 | 0.86 | 0.20 | 0.09 |
| 郧　县 | 6.00 | | | | | | 6.00 | 2.20 | 2.00 | |
| 郧西县 | 4.52 | | | | | | 4.52 | 0.78 | 1.46 | 0.32 |
| 竹山县 | 6.24 | | | | | | 6.24 | 1.85 | 2.69 | |
| 竹溪县 | 3.70 | | | | | | 3.70 | 0.80 | 0.50 | 2.00 |
| 房　县 | 6.70 | | | | | | 6.70 | 2.00 | | 0.20 |
| **荆州市** | **83.17** | **62.42** | **31.89** | **9.06** | **2.80** | **3.71** | **20.75** | **0.30** | **0.62** | **0.10** |
| 市辖区 | 10.78 | 6.20 | 2.68 | 2.56 | 0.50 | 0.10 | 4.58 | 0.05 | | 0.10 |
| 江陵县 | 1.74 | 0.71 | 0.02 | | | | 1.03 | | | |
| 松滋市 | 14.04 | 11.01 | 8.85 | | 0.35 | | 3.03 | 0.14 | 0.62 | |
| 公安县 | 15.50 | 12.20 | 7.00 | 4.10 | 1.00 | 1.00 | 3.30 | | | |
| 石首市 | 4.30 | 2.00 | 0.30 | 0.30 | 0.60 | 0.40 | 2.30 | | | |
| 监利县 | 25.90 | 22.20 | 10.00 | 0.50 | 0.20 | 1.00 | 3.70 | | | |
| 洪湖市 | 10.91 | 8.10 | 3.04 | 1.60 | 0.15 | 1.21 | 2.81 | 0.11 | | |
| **宜昌市** | **41.70** | **4.86** | **2.53** | **1.87** | **1.02** | **0.07** | **36.84** | **1.27** | **3.17** | **5.35** |
| 市辖区 | 0.60 | | | | | | 0.60 | | 0.05 | 0.10 |
| 夷陵区 | 3.76 | 0.24 | | | 0.02 | | 3.52 | 0.10 | 0.25 | 0.20 |
| 宜都市 | 3.93 | 0.20 | 0.20 | 0.20 | | | 3.73 | | 0.40 | 0.33 |
| 枝江市 | 10.59 | 4.20 | 2.33 | 1.67 | 1.00 | 0.07 | 6.39 | 0.07 | 0.67 | 0.03 |
| 当阳市 | 2.00 | | | | | | 2.00 | | | |
| 远安县 | 0.47 | 0.02 | | | | | 0.45 | 0.03 | 0.30 | 0.02 |
| 兴山县 | 1.75 | | | | | | 1.75 | 0.40 | 0.25 | 1.00 |
| 秭归县 | 2.70 | 0.20 | | | | | 2.50 | 0.50 | 0.20 | 0.80 |
| 长阳县 | 11.40 | | | | | | 11.40 | 0.17 | 1.05 | 1.37 |
| 五峰县 | 4.50 | | | | | | 4.50 | | | 1.50 |
| **襄樊市** | **17.31** | **3.10** | | | | | **14.21** | **1.74** | **1.18** | |
| 市辖区 | 0.50 | 0.50 | | | | | | | | |
| 老河口市 | 2.40 | | | | | | 2.40 | | 0.80 | |
| 襄阳区 | 0.64 | | | | | | 0.64 | | | |
| 枣阳市 | 2.00 | 1.00 | | | | | 1.00 | | | |
| 宜城市 | 7.30 | 1.60 | | | | | 5.70 | | | |
| 南漳县 | 0.57 | | | | | | 0.57 | 0.01 | | |
| 谷城县 | 2.00 | | | | | | 2.00 | 0.53 | 0.33 | |
| 保康县 | 1.90 | | | | | | 1.90 | 1.20 | 0.05 | |
| 农场小计 | | | | | | | | | | |
| **鄂州市** | **11.48** | **9.68** | **7.88** | **6.20** | **0.10** | **0.90** | **1.80** | | | |

续表 1　　　　单位：千公顷

| | 三熟制耕地面积 | 水田三熟制 | 油稻稻 | 油杂杂 | 油瓜稻 | 油杂花生 | 旱地三熟制 | 麦玉豆 | 麦玉苕 | 芋玉豆 |
|---|---|---|---|---|---|---|---|---|---|---|
| **荆门市** | **7.88** | **2.46** | **2.11** | **0.68** | **0.20** | | **5.42** | **1.48** | **0.30** | **0.10** |
| 市辖区 | 0.10 | | | | | | 0.10 | | | 0.10 |
| 沙洋县 | 1.88 | 0.10 | 0.10 | | | | 1.78 | | | |
| 钟祥市 | 2.41 | | | | | | 2.41 | 1.28 | 0.10 | |
| 京山县 | 3.49 | 2.36 | 2.01 | 0.68 | 0.20 | | 1.13 | 0.20 | 0.20 | |
| 沙洋农场 | | | | | | | | | | |
| **孝感市** | **28.17** | **20.20** | **13.05** | **0.76** | **0.64** | | **7.97** | **0.34** | **0.01** | |
| 孝南区 | 7.33 | 6.02 | 2.62 | | 0.32 | | 1.31 | | | |
| 孝昌县 | 1.71 | 1.55 | 0.78 | | 0.02 | | 0.16 | | 0.01 | |
| 大悟县 | 0.74 | 0.48 | 0.36 | | 0.06 | | 0.26 | | | |
| 安陆市 | 0.36 | 0.06 | 0.04 | | | | 0.30 | | | |
| 云梦县 | 4.03 | 2.37 | 0.90 | | | | 1.66 | 0.14 | | |
| 应城市 | 9.25 | 8.35 | 7.05 | 0.06 | 0.20 | | 0.90 | | | |
| 汉川市 | 4.75 | 1.37 | 1.30 | 0.70 | 0.04 | | 3.38 | 0.20 | | |
| **黄冈市** | **142.85** | **129.19** | **75.25** | **37.83** | **1.34** | **9.75** | **13.66** | **0.18** | **0.30** | |
| 黄州区 | 4.27 | 3.46 | 2.42 | 1.45 | 0.16 | 0.02 | 0.81 | | | |
| 团风县 | 9.87 | 9.21 | 6.65 | 4.86 | 0.16 | 0.35 | 0.66 | 0.01 | | |
| 红安县 | 11.08 | 9.96 | 7.21 | 2.14 | | | 1.12 | | | |
| 麻城市 | 11.42 | 11.10 | 9.54 | 0.60 | | 0.07 | 0.32 | | | |
| 罗田县 | 1.84 | 0.84 | 0.67 | | 0.07 | | 1.00 | 0.07 | | |
| 英山县 | 2.99 | 2.39 | 0.45 | 0.45 | | | 0.60 | 0.10 | 0.10 | |
| 浠水县 | 30.50 | 27.40 | 17.00 | 15.00 | 0.20 | 3.23 | 3.10 | | 0.20 | |
| 蕲春县 | 28.80 | 25.80 | 6.00 | 4.00 | 0.30 | 5.50 | 3.00 | | | |
| 武穴市 | 23.82 | 21.15 | 13.25 | 4.15 | 0.45 | 0.58 | 2.67 | | | |
| 黄梅县 | 18.26 | 17.88 | 12.06 | 5.18 | | | 0.38 | | | |
| **咸宁市** | **24.87** | **17.49** | **11.28** | **7.94** | **0.41** | **1.84** | **7.38** | **0.20** | **0.30** | **0.01** |
| 咸安区 | 6.57 | 5.15 | 2.40 | 2.20 | 0.30 | 1.65 | 1.42 | 0.08 | | |
| 嘉鱼县 | 3.48 | 0.66 | 0.66 | | | | 2.82 | | | |
| 赤壁市 | 5.83 | 5.24 | 4.90 | 3.90 | 0.11 | 0.19 | 0.59 | | 0.11 | |
| 通城县 | 3.95 | 3.88 | 2.50 | 1.60 | | | 0.07 | 0.03 | 0.01 | |
| 崇阳县 | 3.78 | 1.78 | 0.64 | 0.18 | | | 2.00 | 0.01 | 0.06 | |
| 通山县 | 1.26 | 0.78 | 0.18 | 0.06 | | | 0.48 | 0.08 | 0.12 | 0.01 |
| **随州市** | | | | | | | | | | |
| 曾都区 | | | | | | | | | | |
| 广水市 | | | | | | | | | | |
| **恩施自治州** | **36.29** | **2.30** | | | | | **33.99** | **2.92** | **5.18** | **13.10** |
| 恩施市 | 11.16 | | | | | | 11.16 | 0.52 | 2.96 | 5.16 |
| 建始县 | 4.01 | | | | | | 4.01 | 2.28 | 0.88 | 0.81 |
| 巴东县 | 6.02 | | | | | | 6.02 | | 0.81 | 3.10 |
| 利川市 | 0.76 | | | | | | 0.76 | | 0.36 | 0.40 |
| 宣恩县 | 3.53 | 0.50 | | | | | 3.03 | 0.02 | 0.02 | 1.90 |
| 咸丰县 | 2.80 | | | | | | 2.80 | 0.10 | 0.15 | 0.75 |
| 来凤县 | 1.85 | 0.87 | | | | | 0.98 | | | 0.43 |
| 鹤峰县 | 6.16 | 0.93 | | | | | 5.23 | | | 0.55 |
| **仙桃市** | **6.50** | **3.80** | **2.50** | | **0.80** | **0.50** | **2.70** | | | |
| **天门市** | **10.06** | **5.89** | **2.33** | | **0.56** | | **4.17** | **0.54** | | |
| **潜江市** | **7.02** | **1.25** | **0.41** | | | | **5.77** | | | |
| **神农架林区** | **0.68** | | | | | | **0.68** | **0.11** | **0.04** | |

续表 2　　　　　　　　　　　　　　　　　　　　　　　　单位:千公顷

| | 旱地三熟(续) | 二熟制耕地面积 | | | | | | | | |
|---|---|---|---|---|---|---|---|---|---|---|
| | 菜瓜菜 | | 水田二熟制 | 麦稻 | 油稻 | 中杂再生 | 瓜稻 | 菜稻 | 肥稻稻 | 旱地二熟制面积 |
| **全省合计** | **19.12** | **1848.96** | **1151.50** | **318.18** | **497.23** | **31.56** | **14.06** | **46.18** | **38.75** | **697.46** |
| **武汉市** | **2.89** | **68.08** | **46.35** | **4.44** | **11.72** | **1.04** | **2.80** | **1.00** | **3.78** | **21.73** |
| 市辖区 | 0.64 | 4.86 | 2.20 | 0.53 | 0.24 | | 1.33 | | 0.10 | 2.66 |
| 蔡甸区 | 0.14 | 12.17 | 7.46 | | | 0.84 | 0.14 | | 1.53 | 4.71 |
| 江夏区 | 1.68 | 10.50 | 5.86 | | 1.50 | | 0.80 | 0.68 | 1.50 | 4.64 |
| 黄陂区 | | 33.83 | 27.06 | 3.81 | 9.48 | | 0.27 | 0.32 | 0.64 | 6.77 |
| 新洲区 | 0.43 | 6.72 | 3.77 | 0.10 | 0.50 | 0.20 | 0.26 | | 0.01 | 2.95 |
| **黄石市** | **0.39** | **20.57** | **7.15** | **0.10** | **5.82** | **0.30** | **0.04** | **0.05** | **0.45** | **13.42** |
| 市辖区 | 0.02 | 0.45 | 0.20 | | 0.05 | | | 0.05 | | 0.25 |
| 大冶市 | 0.27 | 9.60 | 3.30 | | 2.87 | | 0.04 | | 0.20 | 6.30 |
| 阳新县 | 0.10 | 10.52 | 3.65 | 0.10 | 2.90 | 0.30 | | | 0.25 | 6.87 |
| **十堰市** | **0.10** | **82.60** | **31.57** | **11.55** | **12.82** | | **0.70** | **2.99** | | **51.03** |
| 市辖区 | 0.04 | 0.94 | 0.46 | 0.20 | | | | | | 0.48 |
| 丹江口市 | 0.06 | 11.34 | 5.48 | 3.48 | 2.00 | | | | | 5.86 |
| 郧　县 | | 17.21 | 6.58 | 3.90 | 0.50 | | 0.70 | 1.00 | | 10.63 |
| 郧西县 | | 13.72 | 2.14 | 0.92 | 0.58 | | | | | 11.58 |
| 竹山县 | | 14.76 | 6.55 | 0.15 | 4.14 | | | 1.39 | | 8.21 |
| 竹溪县 | | 13.46 | 5.05 | 0.50 | 3.00 | | | 0.50 | | 8.41 |
| 房　县 | | 12.03 | 5.50 | 2.40 | 2.60 | | | 0.10 | | 6.53 |
| **荆州市** | **2.54** | **263.70** | **175.50** | **14.78** | **89.76** | **18.47** | **2.25** | **1.16** | **13.00** | **88.20** |
| 市辖区 | 0.65 | 20.67 | 15.63 | 3.24 | 7.23 | 0.05 | 0.85 | 0.76 | | 5.04 |
| 江陵县 | 0.15 | 27.54 | 20.54 | 6.00 | 12.30 | | | | | 7.00 |
| 松滋市 | | 40.65 | 21.71 | 2.67 | 12.81 | 3.01 | 0.44 | | | 18.94 |
| 公安县 | 0.50 | 52.00 | 25.30 | | 15.80 | 3.20 | 0.30 | | 3.00 | 26.70 |
| 石首市 | 0.30 | 14.64 | 9.09 | | 4.50 | 0.70 | 0.30 | | 2.00 | 5.55 |
| 监利县 | 0.80 | 80.90 | 63.70 | 1.00 | 25.00 | 10.00 | 0.30 | 0.40 | 8.00 | 17.20 |
| 洪湖市 | 0.14 | 27.30 | 19.53 | 1.87 | 12.12 | 1.51 | 0.06 | | | 7.77 |
| **宜昌市** | **1.63** | **123.93** | **65.42** | **6.30** | **50.27** | | **0.15** | **0.50** | **1.00** | **58.51** |
| 市辖区 | 0.01 | 4.04 | 0.94 | 0.46 | 0.40 | | | | | 3.10 |
| 夷陵区 | 0.20 | 13.28 | 7.80 | 0.08 | 6.55 | | 0.15 | | | 5.48 |
| 宜都市 | | 6.06 | 6.06 | 0.40 | 5.00 | | | | | |
| 枝江市 | 0.60 | 20.52 | 12.60 | 0.67 | 8.00 | | | 0.20 | 1.00 | 7.92 |
| 当阳市 | 0.80 | 37.93 | 25.66 | 3.04 | 21.18 | | | | | 12.27 |
| 远安县 | | 7.64 | 5.60 | 0.40 | 4.40 | | | | | 2.04 |
| 兴山县 | 0.02 | 8.27 | 1.73 | 0.15 | 1.18 | | | 0.30 | | 6.54 |
| 秭归县 | | 12.06 | 2.06 | 0.50 | 1.56 | | | | | 10.00 |
| 长阳县 | | 7.93 | 2.55 | 0.60 | 1.70 | | | | | 5.38 |
| 五峰县 | | 6.20 | 0.42 | | 0.30 | | | | | 5.78 |
| **襄樊市** | **3.44** | **319.84** | **179.51** | **110.66** | **33.87** | | **2.39** | **5.69** | | **140.33** |
| 市辖区 | | 20.30 | 15.50 | 12.00 | | | | | | 4.80 |
| 老河口市 | | 28.15 | 13.60 | 9.80 | 2.10 | | | | | 14.55 |
| 襄阳区 | 0.64 | 80.70 | 40.56 | 33.81 | 0.02 | | | 5.69 | | 40.14 |
| 枣阳市 | 0.50 | 79.68 | 42.90 | 26.50 | 8.00 | | | | | 36.78 |
| 宜城市 | 2.30 | 41.47 | 28.78 | 9.57 | 11.06 | | 2.39 | | | 12.69 |
| 南漳县 | | 35.77 | 20.96 | 8.63 | 10.06 | | | | | 14.81 |
| 谷城县 | | 19.86 | 13.83 | 8.00 | 2.60 | | | | | 6.03 |
| 保康县 | | 7.90 | 2.10 | 2.07 | 0.03 | | | | | 5.80 |
| 农场小计 | | 6.01 | 1.28 | 0.28 | | | | | | 4.73 |
| **鄂州市** | **1.50** | **20.97** | **13.18** | **0.45** | **5.66** | **0.10** | | **0.90** | **0.20** | **7.79** |

续表 3　　　　　　　　　　　　　　　　　　　　　　　　　　单位:千公顷

| | 旱地三熟(续) | 二熟制 | | | | | | | | |
|---|---|---|---|---|---|---|---|---|---|---|
| | 菜瓜菜 | 耕地面积 | 水田二熟制 | 麦稻 | 油稻 | 中杂再生 | 瓜稻 | 菜稻 | 肥稻稻 | 旱地二熟制面积 |
| **荆门市** | **0.28** | **166.09** | **114.61** | **27.67** | **70.91** | | **3.20** | **3.57** | **2.61** | **51.48** |
| 市辖区 | | 23.38 | 19.75 | 4.51 | 14.58 | | 0.23 | | | 3.63 |
| 沙洋县 | 0.28 | 44.83 | 37.56 | 9.20 | 25.00 | | 0.28 | 3.00 | 0.08 | 7.27 |
| 钟祥市 | | 54.38 | 29.07 | 9.10 | 19.23 | | | | | 25.31 |
| 京山县 | | 34.72 | 27.23 | 3.86 | 12.10 | | 2.69 | 0.57 | 2.53 | 7.49 |
| 沙洋农场 | | 8.78 | 1.00 | 1.00 | | | | | | 7.78 |
| **孝感市** | **2.53** | **172.01** | **134.23** | **47.19** | **58.09** | | **0.71** | **10.03** | **2.40** | **37.78** |
| 孝南区 | 0.37 | 21.32 | 19.07 | 7.78 | 8.76 | | | 0.15 | 0.06 | 2.25 |
| 孝昌县 | 0.11 | 20.97 | 16.35 | 9.32 | 5.04 | | 0.02 | | 0.10 | 4.62 |
| 大悟县 | 0.26 | 19.33 | 14.50 | 6.14 | 3.08 | | 0.19 | 4.98 | | 4.83 |
| 安陆市 | 0.30 | 29.46 | 26.00 | 12.61 | 8.31 | | 0.30 | 4.50 | | 3.46 |
| 云梦县 | 0.50 | 16.78 | 14.22 | 4.14 | 5.70 | | | | | 2.56 |
| 应城市 | 0.72 | 20.77 | 15.99 | 2.10 | 10.20 | | 0.10 | | 1.64 | 4.78 |
| 汉川市 | 0.27 | 43.38 | 28.10 | 5.10 | 17.00 | | 0.10 | 0.40 | 0.60 | 15.28 |
| **黄冈市** | **1.23** | **137.36** | **94.71** | **18.66** | **37.40** | **8.37** | **0.35** | **5.19** | **1.79** | **42.65** |
| 黄州区 | 0.20 | 2.12 | 0.95 | | 0.19 | 0.05 | 0.02 | 0.16 | | 1.17 |
| 团风县 | 0.02 | 5.05 | 4.36 | 0.08 | 0.11 | 3.11 | 0.09 | 0.07 | 0.15 | 0.69 |
| 红安县 | | 11.69 | 8.71 | 0.75 | 2.72 | | 0.12 | | | 2.98 |
| 麻城市 | 0.24 | 36.56 | 24.59 | 7.74 | 10.32 | 0.45 | | | 0.32 | 11.97 |
| 罗田县 | 0.20 | 17.78 | 14.77 | 6.67 | 6.67 | | | 1.33 | | 3.01 |
| 英山县 | 0.03 | 11.04 | 10.05 | 3.29 | 4.20 | 1.30 | | | 0.12 | 0.99 |
| 浠水县 | 0.26 | 9.50 | 4.60 | | 1.10 | 0.90 | | | | 4.90 |
| 蕲春县 | 0.10 | 9.71 | 7.60 | 0.10 | 2.00 | 1.00 | | | 1.00 | 2.11 |
| 武穴市 | 0.08 | 7.87 | 7.17 | 0.03 | 2.09 | 1.56 | 0.12 | 0.13 | 0.06 | 0.70 |
| 黄梅县 | 0.10 | 26.04 | 11.91 | | 8.00 | | | 3.50 | 0.14 | 14.13 |
| **咸宁市** | **2.18** | **69.51** | **58.28** | **0.25** | **15.99** | **2.68** | **1.47** | **5.12** | **12.71** | **11.23** |
| 咸安区 | 0.80 | 14.09 | 10.93 | 0.01 | 7.36 | 2.10 | 0.50 | 0.30 | 0.27 | 3.16 |
| 嘉鱼县 | 1.16 | 12.75 | 9.81 | | 5.17 | | 0.66 | 0.66 | 0.88 | 2.94 |
| 赤壁市 | | 10.73 | 9.72 | | 2.10 | 0.38 | 0.25 | 0.46 | 1.66 | 1.01 |
| 通城县 | | 10.31 | 10.02 | | 0.60 | 0.10 | 0.01 | 2.80 | 4.00 | 0.29 |
| 崇阳县 | 0.18 | 14.67 | 13.45 | | 0.11 | | | 0.60 | 5.70 | 1.22 |
| 通山县 | 0.04 | 6.96 | 4.35 | 0.24 | 0.65 | 0.10 | 0.05 | 0.30 | 0.20 | 2.61 |
| **随州市** | | **125.07** | **104.41** | **64.80** | **11.80** | | | **3.40** | | **20.66** |
| 曾都区 | | 91.70 | 74.53 | 45.81 | 7.56 | | | | | 17.17 |
| 广水市 | | 33.37 | 29.88 | 18.99 | 4.24 | | | 3.40 | | 3.49 |
| **恩施自治州** | **0.11** | **98.65** | **29.03** | **0.03** | **10.27** | | | **6.58** | | **69.62** |
| 恩施市 | | 14.05 | 7.60 | | 1.65 | | | 3.65 | | 6.45 |
| 建始县 | | 9.79 | 2.97 | | 2.21 | | | 0.26 | | 6.82 |
| 巴东县 | | 24.94 | 1.91 | | 0.35 | | | 0.65 | | 23.03 |
| 利川市 | | 14.53 | 2.33 | | 0.70 | | | 0.40 | | 12.20 |
| 宣恩县 | 0.03 | 8.98 | 3.26 | 0.03 | 1.60 | | | 0.23 | | 5.72 |
| 咸丰县 | 0.03 | 13.06 | 5.88 | | 2.33 | | | 0.70 | | 7.18 |
| 来凤县 | | 8.27 | 3.91 | | 0.76 | | | 0.39 | | 4.36 |
| 鹤峰县 | 0.05 | 5.03 | 1.17 | | 0.67 | | | 0.30 | | 3.86 |
| **仙桃市** | | **58.70** | **46.22** | **2.90** | **40.60** | **0.60** | | | **0.50** | **12.48** |
| **天门市** | **0.30** | **66.05** | **24.26** | **3.33** | **20.62** | | | | **0.31** | **41.79** |
| **潜江市** | | **54.81** | **27.03** | **5.06** | **21.60** | | | | | **27.78** |
| **神农架林区** | | **1.02** | **0.04** | **0.01** | **0.03** | | | | | **0.98** |

续表 4　　　　单位:千公顷

| | 二熟制耕地面积(续) | | | | | | | | | |
|---|---|---|---|---|---|---|---|---|---|---|
| | 旱地二熟制面积(续) | | | | | | | | | |
| | 小麦棉 | 大麦棉 | 蚕豆棉 | 油菜棉 | 蔬菜棉 | 麦玉 | 芋玉 | 油玉 | 油花生 | 麦豆 |
| **全省合计** | **78.96** | **12.32** | **11.93** | **122.41** | **19.79** | **56.35** | **60.38** | **40.23** | **43.04** | **15.96** |
| **武汉市** | **1.35** | **0.34** | **0.14** | **0.81** | **1.71** | **0.44** | | | **3.08** | **0.29** |
| 市辖区 | | 0.13 | | 0.27 | 0.97 | 0.30 | | | | 0.03 |
| 蔡甸区 | 0.25 | | 0.14 | 0.14 | | | | | | |
| 江夏区 | | | | | | 0.14 | | | 0.54 | 0.26 |
| 黄陂区 | 0.30 | 0.11 | | | 0.74 | | | | 2.54 | |
| 新洲区 | 0.80 | 0.10 | | 0.40 | | | | | | |
| **黄石市** | **0.51** | | **0.15** | **0.72** | | **0.25** | | **1.20** | **2.32** | **0.55** |
| 市辖区 | 0.01 | | | 0.02 | | | | | 0.02 | |
| 大冶市 | 0.13 | | 0.15 | | | 0.25 | | 0.50 | | 0.55 |
| 阳新县 | 0.37 | | | 0.70 | | | | 0.70 | 2.30 | |
| **十堰市** | **0.03** | | | | | **8.58** | **7.61** | **5.31** | **2.21** | **1.24** |
| 市辖区 | | | | | | | | 0.13 | | 0.11 |
| 丹江口市 | | | | | | 1.33 | | 0.55 | | |
| 郧　县 | 0.03 | | | | | 2.40 | 0.30 | 0.70 | | 0.30 |
| 郧西县 | | | | | | 1.85 | 2.26 | 0.23 | | 0.18 |
| 竹山县 | | | | | | | 3.25 | 0.40 | 1.11 | |
| 竹溪县 | | | | | | 0.80 | 0.50 | 3.00 | 1.00 | 0.30 |
| 房　县 | | | | | | 2.20 | 1.30 | 0.30 | 0.10 | 0.35 |
| **荆州市** | **13.93** | **2.49** | **3.01** | **41.18** | **6.97** | **0.69** | **0.10** | **5.00** | **0.58** | **0.51** |
| 市辖区 | 2.75 | 0.50 | 0.05 | 0.20 | 0.29 | 0.10 | 0.10 | 0.10 | 0.05 | 0.10 |
| 江陵县 | 3.00 | | | 2.00 | | | | | | |
| 松滋市 | 1.76 | 0.81 | | 5.92 | 2.78 | | | 4.70 | 0.53 | |
| 公安县 | 2.80 | 1.00 | 1.57 | 14.93 | 2.80 | | | 0.20 | | |
| 石首市 | | | 0.52 | 3.20 | 0.50 | | | | | |
| 监利县 | 1.30 | | 0.60 | 13.80 | 0.50 | | | | | |
| 洪湖市 | 2.32 | 0.18 | 0.27 | 1.13 | 0.10 | 0.59 | | | | 0.41 |
| **宜昌市** | **5.14** | **2.07** | **0.73** | **1.11** | **0.23** | **2.94** | **12.72** | **6.15** | **2.20** | **0.22** |
| 市辖区 | | | | | | | 0.01 | 0.59 | 0.07 | |
| 夷陵区 | | | | | | | 2.65 | 0.75 | 0.12 | 0.01 |
| 宜都市 | | | | | | | | | | |
| 枝江市 | 4.00 | 0.67 | 0.67 | 0.67 | | 0.20 | 0.13 | 0.07 | 0.13 | |
| 当阳市 | 1.14 | 1.40 | 0.06 | 0.44 | 0.23 | 1.00 | 0.88 | 0.66 | 1.01 | |
| 远安县 | | | | | | 0.60 | 0.40 | 0.60 | | 0.01 |
| 兴山县 | | | | | | 0.25 | 3.15 | 1.20 | 0.06 | |
| 秭归县 | | | | | | 0.50 | 3.50 | 1.00 | | |
| 长阳县 | | | | | | 0.39 | | | 0.81 | 0.20 |
| 五峰县 | | | | | | | 2.00 | 1.28 | | |
| **襄樊市** | **15.82** | **1.39** | | **9.16** | **2.20** | **40.65** | **2.08** | **5.50** | **9.28** | **5.24** |
| 市辖区 | 1.10 | | | | | | | 0.40 | 2.30 | |
| 老河口市 | 2.40 | | | | | 3.50 | | 0.80 | 0.40 | |
| 襄阳区 | 1.02 | 1.39 | | 5.16 | 0.43 | 13.97 | | 0.30 | 3.18 | 1.44 |
| 枣阳市 | 7.50 | | | 4.00 | 1.40 | 10.60 | | | | 2.00 |
| 宜城市 | 3.80 | | | | | | | 0.80 | 3.40 | 0.30 |
| 南漳县 | | | | | 0.30 | 8.15 | 0.20 | 3.00 | | |
| 谷城县 | | | | | | 2.33 | 0.48 | 0.20 | | |
| 保康县 | | | | | | 2.10 | 1.40 | | | |
| 农场小计 | | | | | 0.07 | | | | | 1.50 |
| **鄂州市** | **1.35** | **0.41** | | | | | | | **0.10** | |

续表 5　　　　单位:千公顷

| | 二熟制耕地面积(续) | | | | | | | | | |
|---|---|---|---|---|---|---|---|---|---|---|
| | 旱地二熟制面积(续) | | | | | | | | | |
| | 小麦棉 | 大麦棉 | 蚕豆棉 | 油菜棉 | 蔬菜棉 | 麦玉 | 芋玉 | 油玉 | 油花生 | 麦豆 |
| **荆门市** | **6.36** | **1.15** | **0.55** | **5.61** | **0.95** | **0.74** | | **1.38** | **8.87** | **1.68** |
| 市辖区 | 0.67 | | | 0.33 | | 0.11 | | 0.23 | 0.18 | 0.10 |
| 沙洋县 | 1.50 | | 0.20 | 1.50 | | | | | 1.00 | |
| 钟祥市 | 2.56 | 0.15 | 0.28 | 3.36 | 0.83 | 0.51 | | 1.08 | 5.40 | 1.38 |
| 京山县 | 0.63 | | 0.07 | 0.42 | 0.12 | 0.12 | | 0.07 | 2.29 | 0.20 |
| 沙洋农场 | 1.00 | 1.00 | | | | | | | | |
| **孝感市** | **7.03** | **0.47** | **2.51** | **6.95** | **2.16** | **0.16** | | **0.01** | **2.85** | **1.61** |
| 孝南区 | 0.04 | 0.01 | | | 0.03 | | | | 0.19 | 0.18 |
| 孝昌县 | 0.07 | 0.04 | | 0.18 | 0.03 | | | | 1.36 | 0.32 |
| 大悟县 | 0.13 | | | | | 0.13 | | | | 0.06 |
| 安陆市 | 0.10 | 0.02 | 0.05 | 0.06 | 0.30 | 0.02 | | | 0.40 | 0.30 |
| 云梦县 | 0.90 | | 0.30 | 0.16 | 0.20 | | | | 0.20 | 0.38 |
| 应城市 | 1.40 | | 0.06 | 1.20 | | 0.01 | | 0.01 | 0.40 | 0.20 |
| 汉川市 | 4.39 | 0.40 | 2.10 | 5.35 | 1.60 | | | | 0.30 | 0.17 |
| **黄冈市** | **6.44** | **0.30** | **0.32** | **9.85** | **2.14** | **0.45** | | | **2.68** | **1.87** |
| 黄州区 | 0.23 | | 0.04 | 0.06 | 0.05 | 0.03 | | | | 0.05 |
| 团风县 | 0.02 | | | | | | | | 0.11 | 0.09 |
| 红安县 | 0.31 | 0.10 | 0.08 | | | | | | 0.82 | |
| 麻城市 | 3.10 | 0.20 | | 1.19 | 1.78 | 0.06 | | | | 1.00 |
| 罗田县 | | | | | | | | | | 0.67 |
| 英山县 | 0.09 | | | | | 0.36 | | | | 0.06 |
| 浠水县 | 0.50 | | | 1.00 | 0.26 | | | | 1.10 | |
| 蕲春县 | 0.10 | | | | | | | | 0.50 | |
| 武穴市 | 0.19 | | 0.01 | 0.05 | 0.05 | | | | 0.15 | |
| 黄梅县 | 1.90 | | 0.19 | 7.55 | | | | | | |
| **咸宁市** | **0.02** | | | **0.51** | **0.14** | **0.85** | **0.02** | **2.23** | **1.31** | **0.59** |
| 咸安区 | 0.02 | | | 0.08 | 0.10 | 0.10 | | 0.20 | 0.58 | |
| 嘉鱼县 | | | | 0.33 | | 0.62 | | 0.53 | | 0.40 |
| 赤壁市 | | | | 0.10 | | 0.12 | | 0.10 | 0.15 | |
| 通城县 | | | | | | | | | 0.10 | |
| 崇阳县 | | | | | 0.04 | 0.01 | | 0.60 | 0.03 | 0.04 |
| 通山县 | | | | | | | 0.02 | 0.80 | 0.45 | 0.15 |
| **随州市** | **4.10** | **1.39** | | **2.05** | **0.47** | | | **1.41** | **1.20** | **1.09** |
| 曾都区 | 3.20 | 1.01 | | 1.55 | | | | 1.41 | 1.20 | 0.96 |
| 广水市 | 0.90 | 0.38 | | 0.50 | 0.47 | | | | | 0.13 |
| **恩施自治州** | | | | | | **0.52** | **37.07** | **11.37** | **1.23** | **0.40** |
| 恩施市 | | | | | | 0.50 | 3.40 | 0.60 | 0.10 | 0.20 |
| 建始县 | | | | | | | 3.00 | 0.12 | 0.30 | |
| 巴东县 | | | | | | | 10.01 | 4.62 | 0.80 | |
| 利川市 | | | | | | | 10.40 | 1.20 | | 0.20 |
| 宣恩县 | | | | | | 0.02 | 3.60 | 1.34 | | |
| 咸丰县 | | | | | | | 3.40 | 1.15 | | |
| 来凤县 | | | | | | | 1.84 | 0.80 | 0.03 | |
| 鹤峰县 | | | | | | | 1.42 | 1.54 | | |
| **仙桃市** | **1.93** | **0.97** | | **9.10** | **0.48** | | | | | |
| **天门市** | **5.33** | **1.34** | **4.52** | **22.12** | **0.67** | | | **0.67** | **5.13** | **0.67** |
| **潜江市** | **9.62** | | | **13.24** | **1.67** | | | | | |
| **神农架林区** | | | | | | **0.08** | **0.78** | | | |

续表 6　　单位:千公顷

| | 二熟制面积(续) | | | | | | 一熟制 | | | |
|---|---|---|---|---|---|---|---|---|---|---|
| | 旱地二熟制(续) | | | | | | 耕地面积 | 水田一熟制 | | |
| | 麦豆 | 麦烟 | 油苕 | 麦芝 | 油芝 | 麦花生 | | | 肥稻 | 冬泡稻 |
| **全省合计** | **19.44** | **13.99** | **22.20** | **20.09** | **24.22** | **39.03** | **211.96** | **132.10** | **24.22** | **29.55** |
| **武汉市** | **1.83** | **0.05** | **1.46** | **0.14** | **1.22** | **0.94** | **6.64** | **5.55** | | |
| 市辖区 | 0.07 | | | | | | | | | |
| 蔡甸区 | | | | | | | | | | |
| 江夏区 | 0.14 | | 1.35 | 0.14 | 1.22 | | 6.54 | 5.45 | | |
| 黄陂区 | 1.52 | | 0.11 | | | 0.94 | 0.10 | 0.10 | | |
| 新洲区 | 0.10 | 0.05 | | | | | | | | |
| **黄石市** | **2.50** | | **1.17** | **0.35** | **2.89** | **0.15** | **0.62** | **0.60** | | **0.60** |
| 市辖区 | | | 0.07 | | 0.04 | | 0.02 | | | |
| 大冶市 | 2.20 | | 1.10 | 0.25 | 0.65 | 0.05 | | | | |
| 阳新县 | 0.30 | | | 0.10 | 2.20 | 0.10 | 0.60 | 0.60 | | 0.60 |
| **十堰市** | **6.42** | **2.33** | **3.00** | **2.63** | **3.55** | **0.87** | **13.23** | **3.30** | **0.58** | **0.51** |
| 市辖区 | 0.18 | | | 0.01 | | | | | | |
| 丹江口市 | 0.65 | | 0.87 | 0.99 | 1.07 | 0.20 | 2.20 | 0.53 | | |
| 郧　县 | 3.80 | | | 1.10 | 1.60 | | 5.44 | 0.02 | | 0.01 |
| 郧西县 | 1.22 | 1.27 | 0.44 | 0.23 | | 0.26 | 1.16 | 0.12 | | |
| 竹山县 | 0.17 | 0.99 | 1.29 | 0.20 | 0.65 | 0.15 | 0.30 | | | |
| 竹溪县 | 0.20 | 0.07 | 0.20 | 0.10 | 0.03 | 0.21 | 0.21 | 0.21 | | 0.20 |
| 房　县 | 0.20 | | 0.20 | | 0.20 | 0.05 | 3.92 | 2.42 | 0.58 | 0.30 |
| **荆州市** | | **0.03** | **1.89** | **0.21** | **1.80** | **0.05** | **13.81** | **12.98** | **3.31** | **1.88** |
| 市辖区 | | | | 0.05 | 0.05 | 0.05 | 5.14 | 4.84 | 0.64 | 0.10 |
| 江陵县 | | | | | | | | | | |
| 松滋市 | | 0.03 | 1.89 | | 0.52 | | | | | |
| 公安县 | | | | | | | 6.00 | 5.70 | 1.50 | 1.50 |
| 石首市 | | | | | | | 1.25 | 1.02 | 0.52 | |
| 监利县 | | | | | 0.80 | | | | | |
| 洪湖市 | | | | 0.16 | 0.43 | | 1.42 | 1.42 | 0.65 | 0.28 |
| **宜昌市** | **1.74** | **1.56** | **5.39** | **0.19** | **1.07** | **1.32** | **24.80** | **7.42** | **1.42** | **1.84** |
| 市辖区 | | | 0.30 | | | | | | | |
| 夷陵区 | | | 0.35 | | | | 3.00 | 1.50 | | 0.50 |
| 宜都市 | | | | | | | | | | |
| 枝江市 | 0.33 | | 0.07 | 0.06 | 0.32 | 0.53 | 8.10 | 0.10 | 0.07 | |
| 当阳市 | | | | | 0.50 | 0.39 | 2.75 | 2.75 | 0.97 | 1.26 |
| 远安县 | 0.10 | | 0.10 | | 0.03 | | 2.59 | 1.99 | 0.15 | |
| 兴山县 | 0.01 | 0.36 | 0.55 | 0.11 | | 0.20 | 1.21 | 0.43 | 0.10 | 0.08 |
| 秭归县 | 1.00 | | 3.00 | | 0.20 | | 3.00 | 0.50 | 0.08 | |
| 长阳县 | 0.30 | 0.20 | 0.02 | 0.02 | 0.02 | 0.20 | 0.15 | 0.15 | 0.05 | |
| 五峰县 | | 1.00 | 1.00 | | | | 4.00 | | | |
| **襄樊市** | **0.13** | **4.69** | **0.83** | **7.40** | **4.83** | **16.88** | **13.43** | **6.66** | **2.01** | **0.56** |
| 市辖区 | | | | | 0.90 | | 0.40 | 0.40 | | |
| 老河口市 | | 0.50 | 0.70 | 0.80 | 1.50 | 0.70 | 0.78 | 0.43 | | |
| 襄阳区 | | 0.07 | | 2.07 | 0.28 | 10.11 | 0.55 | 0.18 | | |
| 枣阳市 | | | | 4.00 | 1.50 | 2.70 | 1.52 | 1.31 | 0.28 | |
| 宜城市 | | | | | 0.30 | 1.68 | 0.64 | 0.44 | 0.14 | 0.30 |
| 南漳县 | | 1.82 | | | | 0.10 | 2.44 | 1.03 | 0.41 | |
| 谷城县 | 0.13 | | 0.13 | 0.33 | 0.33 | 1.33 | 2.41 | 2.41 | 1.08 | |
| 保康县 | | 2.30 | | | | | 4.66 | 0.46 | 0.10 | 0.26 |
| 农场小计 | | | | 0.20 | 0.02 | 0.26 | 0.03 | | | |
| **鄂州市** | **1.23** | | **0.40** | **0.20** | **2.70** | | **1.00** | **1.00** | | **0.80** |

续表 7　　　　单位:千公顷

| | 二熟制面积(续) | | | | | | 一熟制耕地面积 | | | |
|---|---|---|---|---|---|---|---|---|---|---|
| | 旱地二熟制(续) | | | | | | | 水田一熟制 | | |
| | 麦豆 | 麦烟 | 油苕 | 麦芝 | 油芝 | 麦花生 | | | 肥稻 | 冬泡稻 |
| **荆门市** | **0.48** | | **0.72** | **1.77** | **1.50** | **6.57** | **14.96** | **10.51** | **4.68** | **1.39** |
| 市辖区 | 0.10 | | 0.10 | 0.56 | 0.10 | 0.08 | 3.93 | 2.33 | | |
| 沙洋县 | | | 0.27 | | 1.00 | 1.25 | 1.91 | 1.90 | 1.90 | |
| 钟祥市 | 0.20 | | 0.28 | 1.01 | 0.10 | 2.26 | 5.18 | 3.01 | 2.11 | |
| 京山县 | 0.18 | | 0.07 | 0.20 | 0.30 | 2.20 | 3.50 | 3.05 | 0.45 | 1.39 |
| 沙洋农场 | | | | | | 0.78 | 0.44 | 0.22 | 0.22 | |
| **孝感市** | **0.55** | | **0.05** | **1.97** | **1.75** | **7.09** | **20.45** | **19.98** | **1.57** | **2.39** |
| 孝南区 | | | 0.01 | 0.01 | | 0.21 | 1.17 | 0.91 | 0.13 | 0.08 |
| 孝昌县 | 0.03 | | 0.04 | 0.37 | 0.22 | 1.29 | 1.82 | 1.70 | | 0.56 |
| 大悟县 | | | | 0.33 | | 4.18 | 0.09 | 0.09 | 0.09 | |
| 安陆市 | 0.22 | | | 0.50 | 0.58 | 0.80 | 0.86 | 0.86 | 0.10 | 0.10 |
| 云梦县 | | | | 0.26 | | 0.16 | 1.55 | 1.55 | 0.13 | 0.25 |
| 应城市 | 0.20 | | | 0.40 | 0.60 | 0.10 | 5.12 | 5.12 | 0.02 | 0.20 |
| 汉川市 | 0.10 | | | 0.10 | 0.35 | 0.35 | 9.84 | 9.75 | 1.10 | 1.20 |
| **黄冈市** | **2.00** | **0.07** | **1.47** | **2.03** | **1.12** | **4.30** | **11.20** | **7.66** | **1.02** | **1.42** |
| 黄州区 | 0.04 | | | 0.29 | 0.04 | 0.01 | 0.04 | 0.04 | | |
| 团风县 | 0.13 | 0.07 | | 0.05 | 0.05 | 0.05 | 0.46 | 0.37 | 0.05 | 0.18 |
| 红安县 | 0.12 | | 0.65 | 0.02 | 0.06 | 0.42 | 0.40 | 0.23 | | |
| 麻城市 | 0.72 | | 0.10 | 0.70 | 0.08 | 3.04 | 0.16 | 0.16 | 0.15 | |
| 罗田县 | 0.67 | | | 0.67 | | 0.67 | 2.26 | 2.26 | 0.25 | 0.67 |
| 英山县 | 0.07 | | | 0.30 | | 0.11 | 2.60 | 2.10 | 0.20 | 0.45 |
| 浠水县 | | | 0.20 | | 0.60 | | 3.77 | 1.17 | 0.22 | |
| 蕲春县 | 0.10 | | 0.50 | | 0.28 | | | | | |
| 武穴市 | 0.15 | | 0.02 | | 0.01 | | 1.51 | 1.33 | 0.15 | 0.12 |
| 黄梅县 | | | | | | | | | | |
| **咸宁市** | **0.63** | | **1.78** | **0.91** | **0.36** | **0.01** | **12.98** | **11.14** | **3.84** | **2.45** |
| 咸安区 | 0.07 | | 0.87 | | 0.33 | | 1.48 | 1.34 | 0.35 | 0.24 |
| 嘉鱼县 | 0.23 | | | 0.80 | | | 1.96 | 1.96 | 0.20 | 0.70 |
| 赤壁市 | 0.12 | | 0.22 | 0.10 | | | 1.92 | 1.82 | 0.64 | 0.53 |
| 通城县 | | | 0.06 | | | | 1.59 | 1.54 | 0.50 | |
| 崇阳县 | 0.06 | | 0.18 | | | | 2.05 | 1.84 | 1.45 | 0.39 |
| 通山县 | 0.15 | | 0.45 | 0.01 | 0.03 | 0.01 | 3.98 | 2.64 | 0.70 | 0.59 |
| **随州市** | **0.10** | | | **2.08** | **0.20** | | **4.62** | **4.37** | **2.61** | **0.46** |
| 曾都区 | | | | 1.99 | | | 2.31 | 2.31 | 2.31 | |
| 广水市 | 0.10 | | | 0.09 | 0.20 | | 2.31 | 2.06 | 0.30 | 0.46 |
| **恩施自治州** | **1.80** | **5.25** | **3.35** | **0.21** | **0.22** | **0.84** | **69.78** | **38.06** | **0.31** | **15.25** |
| 恩施市 | 0.50 | 0.50 | 0.50 | | | 0.10 | 13.35 | 2.60 | | 1.00 |
| 建始县 | 1.20 | 1.00 | 1.20 | | | | 0.50 | 0.50 | | 0.20 |
| 巴东县 | | 3.59 | 0.03 | 0.21 | 0.22 | 0.74 | 3.64 | | | |
| 利川市 | | | | | | | 30.53 | 19.58 | 0.08 | 9.30 |
| 宣恩县 | 0.02 | 0.16 | 0.08 | | | | 7.98 | 5.58 | 0.01 | 2.20 |
| 咸丰县 | | | 0.35 | | | | 6.60 | 5.30 | 0.03 | 0.90 |
| 来凤县 | 0.08 | | 0.79 | | | | 5.51 | 3.83 | 0.01 | 1.30 |
| 鹤峰县 | | | 0.40 | | | | 1.67 | 0.67 | 0.18 | 0.35 |
| **仙桃市** | | | | | | | **1.80** | **1.80** | **1.80** | |
| **天门市** | | | **0.67** | | **0.67** | | | | | |
| **潜江市** | | | | | **0.34** | | **2.26** | **1.07** | **1.07** | |
| **神农架林区** | **0.03** | **0.01** | **0.02** | | | **0.01** | **0.38** | | | |

| | 水田一熟(续) | 一熟制耕地面积(续) | | | 附报: | | | | | |
|---|---|---|---|---|---|---|---|---|---|---|
| | 冬闲稻 | 旱地一熟制 | 高山玉米 | 高山洋芋 | 纯种麻类面积 | 纯种蔬菜面积 | 农民自留菜地面积 | 冬泡田 | 冬板田 | 冬炕田 |
| **全省合计** | **50.63** | **79.86** | **21.46** | **16.16** | **7.45** | **106.11** | **55.47** | **42.18** | **31.66** | **30.52** |
| **武汉市** | **3.65** | **1.09** | | | **0.79** | **7.79** | **2.72** | **0.40** | **1.30** | **1.90** |
| 市辖区 | | | | | | 0.32 | | | | 1.20 |
| 蔡甸区 | | | | | | | | | | |
| 江夏区 | 3.65 | 1.09 | | | 0.79 | 4.76 | 2.12 | | | |
| 黄陂区 | | | | | | 2.01 | | | | 0.20 |
| 新洲区 | | | | | | 0.70 | 0.60 | 0.40 | 1.30 | 0.50 |
| **黄石市** | | **0.02** | | | **1.60** | **1.20** | **0.58** | **2.60** | **1.20** | **1.20** |
| 市辖区 | | 0.02 | | | | | | | | |
| 大冶市 | | | | | | | | | | |
| 阳新县 | | | | | 1.60 | 1.20 | 0.58 | 2.60 | 1.20 | 1.20 |
| **十堰市** | **0.44** | **9.93** | **1.43** | **0.70** | | **6.32** | **5.91** | **1.18** | **0.30** | **0.30** |
| 市辖区 | | | | | | 1.01 | | | | |
| 丹江口市 | | 1.67 | | | | 1.86 | 0.87 | 0.07 | | |
| 郧　县 | 0.01 | 5.42 | 0.05 | 0.02 | | | | 0.01 | | |
| 郧西县 | 0.12 | 1.04 | 0.58 | 0.38 | | 1.75 | 1.94 | | | |
| 竹山县 | | 0.30 | 0.30 | | | | | 0.60 | | |
| 竹溪县 | 0.01 | | | | | 0.20 | 1.50 | 0.20 | | |
| 房　县 | 0.30 | 1.50 | 0.50 | 0.30 | | 1.50 | 1.60 | 0.30 | 0.30 | 0.30 |
| **荆州市** | **2.40** | **0.83** | **0.10** | **0.10** | **0.16** | **12.90** | **13.95** | **4.45** | **3.41** | **4.68** |
| 市辖区 | 0.90 | 0.30 | 0.10 | 0.10 | | 2.16 | 2.38 | 0.10 | 0.05 | 0.05 |
| 江陵县 | | | | | | 2.00 | 1.10 | | | |
| 松滋市 | | | | | | 2.71 | 2.26 | | | |
| 公安县 | 1.50 | 0.30 | | | 0.10 | 0.90 | 1.60 | 2.60 | 0.10 | 0.10 |
| 石首市 | | 0.23 | | | | 1.20 | 1.50 | 1.33 | | 2.00 |
| 监利县 | | | | | | 2.00 | 3.00 | | | |
| 洪湖市 | | | | | 0.06 | 1.93 | 2.11 | 0.42 | 3.26 | 2.53 |
| **宜昌市** | **3.50** | **17.38** | **5.65** | **2.95** | | **8.07** | **6.40** | **1.84** | **0.32** | **0.13** |
| 市辖区 | | | | | | 0.80 | 0.20 | | | |
| 夷陵区 | 0.60 | 1.50 | 1.00 | 0.25 | | | 0.50 | 0.50 | 0.15 | 0.10 |
| 宜都市 | | | | | | 1.33 | 1.30 | | | |
| 枝江市 | 0.03 | 8.00 | | | | | | | | |
| 当阳市 | 0.52 | | | | | | | 1.26 | | |
| 远安县 | 1.80 | 0.60 | 0.15 | 0.25 | | | | | | |
| 兴山县 | 0.25 | 0.78 | 0.50 | | | 1.40 | 0.30 | 0.08 | 0.17 | 0.03 |
| 秭归县 | 0.20 | 2.50 | 1.00 | 1.45 | | 0.10 | 1.50 | | | |
| 长阳县 | 0.10 | | | | | 3.44 | 1.30 | | | |
| 五峰县 | | 4.00 | 3.00 | 1.00 | | 1.00 | 1.30 | | | |
| **襄樊市** | **1.13** | **6.77** | **2.11** | **1.30** | **0.80** | **10.40** | **4.00** | **1.19** | **2.24** | **0.39** |
| 市辖区 | | | | | | | 2.00 | 0.30 | 0.08 | 0.05 |
| 老河口市 | 0.43 | 0.35 | | | | 3.50 | | | | |
| 襄阳区 | 0.18 | 0.37 | | | | | 0.20 | | | 0.30 |
| 枣阳市 | | 0.21 | 0.21 | | | 6.20 | | | 2.10 | |
| 宜城市 | | 0.20 | | | | | | 0.30 | | |
| 南漳县 | 0.42 | 1.41 | 0.20 | 0.30 | 0.80 | 0.70 | | | | |
| 谷城县 | | | | | | | | 0.33 | | |
| 保康县 | 0.10 | 4.20 | 1.70 | 1.00 | | | 1.80 | 0.26 | 0.06 | 0.04 |
| 农场小计 | | 0.03 | | | | | | | | |
| **鄂州市** | **0.20** | | | | **0.24** | **2.60** | **1.00** | **0.80** | **0.10** | **0.70** |

续表 9　　　　　　　　　　　　　　　　　　　　　　　　　　　　单位：千公顷

| | 水田一熟（续） | 一熟制耕地面积（续） | | | 附报： | | | | | |
|---|---|---|---|---|---|---|---|---|---|---|
| | 冬闲稻 | 旱地一熟制 | 高山玉米 | 高山洋芋 | 纯种麻类面积 | 纯种蔬菜面积 | 农民自留菜地面积 | 冬泡田 | 冬板田 | 冬炕田 |
| **荆门市** | **2.96** | **4.45** | | | **0.07** | **1.48** | **4.70** | **1.86** | **0.10** | **0.10** |
| 市辖区 | 1.75 | 1.60 | | | | 0.58 | 1.00 | 0.40 | | |
| 沙洋县 | | 0.01 | | | | | 0.41 | | | |
| 钟祥市 | | 2.17 | | | | 0.90 | 2.40 | 0.07 | | |
| 京山县 | 1.21 | 0.45 | | | 0.07 | | 0.89 | 1.39 | 0.10 | 0.10 |
| 沙洋农场 | | 0.22 | | | | | | | | |
| **孝感市** | **9.74** | **0.47** | | | | **12.51** | | **3.60** | **5.85** | **4.88** |
| 孝南区 | 0.07 | 0.26 | | | | 1.28 | | 0.89 | 0.03 | 0.45 |
| 孝昌县 | 0.87 | 0.12 | | | | 1.40 | | 0.56 | 0.42 | 0.58 |
| 大悟县 | | | | | | | | | | |
| 安陆市 | 0.35 | | | | | 1.07 | | 0.10 | 0.40 | 0.55 |
| 云梦县 | 0.10 | | | | | 0.96 | | 0.65 | 0.80 | 2.10 |
| 应城市 | 2.80 | | | | | 1.30 | | 0.20 | 4.20 | 1.20 |
| 汉川市 | 5.55 | 0.09 | | | | 6.50 | | 1.20 | | |
| **黄冈市** | **2.89** | **3.54** | **0.01** | **0.63** | **0.21** | **3.74** | **2.91** | **1.64** | **1.18** | **1.40** |
| 黄州区 | 0.04 | | | | | | | 0.01 | 0.01 | 0.01 |
| 团风县 | 0.07 | 0.09 | | | | 0.17 | 0.21 | 0.35 | 0.16 | 0.11 |
| 红安县 | 0.20 | 0.17 | | | | | 0.86 | | | |
| 麻城市 | 0.01 | | | | | 3.25 | 0.71 | 0.01 | 0.01 | 0.15 |
| 罗田县 | 0.67 | | | | | | | 0.67 | 0.67 | 0.67 |
| 英山县 | 0.95 | 0.50 | | 0.30 | 0.07 | 0.19 | 0.25 | 0.45 | | 0.20 |
| 浠水县 | 0.30 | 2.60 | | 0.30 | | | | | | |
| 蕲春县 | | | | | | | | | | |
| 武穴市 | 0.65 | 0.18 | 0.01 | 0.03 | 0.14 | 0.13 | 0.88 | 0.15 | 0.33 | 0.26 |
| 黄梅县 | | | | | | | | | | |
| **咸宁市** | **1.56** | **1.84** | **0.40** | **0.01** | **3.42** | **6.12** | **2.80** | **2.84** | **2.19** | **2.03** |
| 咸安区 | 0.15 | 0.14 | | | 0.35 | 0.38 | 0.30 | 0.28 | 0.03 | 0.04 |
| 嘉鱼县 | 0.66 | | | | 1.40 | 2.74 | 0.50 | 0.80 | 0.35 | 0.80 |
| 赤壁市 | 0.35 | 0.10 | | | 1.67 | 0.80 | 0.90 | 0.72 | 0.58 | 0.44 |
| 通城县 | | 0.05 | | | | 0.30 | 0.20 | | | |
| 崇阳县 | | 0.21 | 0.02 | | | 1.70 | 0.70 | 0.39 | | |
| 通山县 | 0.40 | 1.34 | 0.38 | 0.01 | | 0.20 | 0.20 | 0.65 | 1.23 | 0.75 |
| **随州市** | **1.30** | **0.25** | | | | **1.10** | **0.90** | **0.50** | **0.20** | **1.50** |
| 曾都区 | | | | | | | | | | |
| 广水市 | 1.30 | 0.25 | | | | 1.10 | 0.90 | 0.50 | 0.20 | 1.50 |
| **恩施自治州** | **20.86** | **31.72** | **11.74** | **10.27** | **0.03** | **16.71** | **5.36** | **15.95** | **9.94** | **7.98** |
| 恩施市 | 1.60 | 10.75 | 5.01 | 5.20 | 0.03 | 5.00 | 3.00 | 1.00 | 0.60 | 1.60 |
| 建始县 | 0.30 | | | | | | | 0.20 | 0.30 | |
| 巴东县 | | 3.64 | | | | | | | | |
| 利川市 | 10.10 | 10.95 | 4.55 | 3.40 | | 9.70 | 1.20 | 10.00 | 5.00 | 4.70 |
| 宣恩县 | 2.80 | 2.40 | 1.00 | 1.20 | | | | 2.20 | | |
| 咸丰县 | 3.40 | 1.30 | 0.10 | 0.15 | | 0.20 | 0.04 | 0.90 | 2.45 | 1.35 |
| 来凤县 | 2.52 | 1.68 | 0.71 | 0.22 | | 0.14 | 0.37 | 1.30 | 1.38 | 0.22 |
| 鹤峰县 | 0.14 | 1.00 | 0.37 | 0.10 | | 1.67 | 0.75 | 0.35 | 0.21 | 0.11 |
| **仙桃市** | | | | | **0.13** | **14.69** | **2.91** | | | |
| **天门市** | | | | | | | **1.33** | **3.33** | **3.33** | **3.33** |
| **潜江市** | | **1.19** | | | | **0.48** | | | | |
| **神农架林区** | | **0.38** | **0.02** | **0.20** | | | | | | |

# 全省农业技术推广面积

单位:千公顷

| | 面　积 | | 面　积 |
|---|---|---|---|
| 一、水稻育秧生产技术(大田) | — | 5. 油　菜 | 88.15 |
| 1. 早稻保温育秧面积 | 192.40 | 6. 其　它 | 23.40 |
| 其中:地膜育秧面积 | 143.78 | 十七、地膜覆盖栽培面积 | 648.50 |
| 2. 杂交稻两段育秧面积 | 329.70 | 1. 水　稻 | 60.52 |
| 其中:旱育抛寄两段秧 | 118.41 | 2. 小　麦 | 3.83 |
| 3. 水稻旱育秧面积 | 419.48 | 3. 玉　米 | 191.94 |
| (1)早稻旱育秧 | 69.40 | 其中:大田地膜玉米 | 67.78 |
| (2)中稻旱育秧 | 323.86 | 地膜育苗移栽 | 90.03 |
| (3)晚稻旱育秧 | 26.22 | 塑盘育苗移栽 | 12.28 |
| 4. 壮秧剂应用面积 | 238.40 | 4. 棉　花 | 97.92 |
| 二、水稻抛栽面积 | 289.17 | 其中:移栽地膜棉 | 68.68 |
| 1. 早稻抛栽 | 77.62 | 直播地膜棉 | 26.13 |
| 2. 中稻抛栽 | 179.05 | 5. 花　生 | 30.48 |
| 3. 晚稻抛栽 | 32.50 | 6. 烟　叶 | 34.37 |
| 三、水稻少免耕技术应用面积 | 132.92 | 7. 蔬　菜 | 172.33 |
| 其中:少免耕直播 | 92.41 | 8. 其　它 | 57.11 |
| 少免耕抛栽 | 36.95 | 十八、秸秆覆盖栽培面积 | 195.56 |
| 四、再生稻生产面积(大田) | 46.36 | 其中:麦田 | 72.22 |
| 其中:旱抛再面积 | 7.38 | 油菜田 | 61.96 |
| 五、小麦精量半精量播种面积 | 173.96 | 棉田 | 26.46 |
| 六、小麦旱稀肥控栽培面积 | 193.82 | 十九、秸秆还田面积 | 535.24 |
| 七、玉米预留行面积 | 225.21 | 二十、蔬菜遮阳网覆盖面积 | 47.78 |
| 其中:冬套蔬菜面积 | 25.49 | 二十一、蔬菜防虫网覆盖面积 | 16.69 |
| 小麦预留行面积 | 67.12 | 二十二、作物棚栽面积 | 191.62 |
| 八、稻、棉轮作面积 | 39.86 | 1. 大棚栽培面积 | 76.05 |
| 九、吨粮田面积 | 601.52 | 其中:蔬菜 | 52.93 |
| 十、双百棉面积 | 120.38 | 莲藕 | 1.86 |
| 十一、棉田套种情况 | — | 食用菌 | 5.72 |
| 1. 套种粮食面积 | 41.70 | 果用瓜 | 11.52 |
| 其中:套种旱黄豆 | 15.67 | 其中:西瓜 | 6.51 |
| 套种玉米或高粱 | 12.08 | 甜瓜 | 2.29 |
| 2. 套种油料面积 | 15.80 | 2. 中棚栽培面积 | 58.43 |
| 其中:套种花生 | 7.54 | 其中:蔬菜 | 45.31 |
| 套种芝麻 | 2.93 | 3. 小拱棚栽培面积 | 57.14 |
| 3. 间作套种蔬菜 | 56.48 | 其中:蔬菜 | 51.23 |
| 其中:春季套种 | 18.63 | 二十三、蔬菜良种繁育面积 | 6.67 |
| 夏季套种 | 13.42 | 二十四、配方施肥面积 | 4260.18 |
| 冬季预留行套菜 | 17.94 | 1. 小　麦 | 429.59 |
| 4. 套种瓜类面积 | 19.69 | 2. 早　稻 | 245.82 |
| 其中:套种西瓜 | 16.73 | 3. 中稻一晚 | 960.91 |
| 套种甜瓜 | 2.54 | 4. 双　晚 | 284.48 |
| 十二、棉花营养钵移栽面积 | 294.74 | 5. 玉　米 | 266.52 |
| 其中:麦林套栽面积 | 97.65 | 6. 薯　类 | 165.23 |
| 麦油豆后移栽面积 | 129.15 | 7. 棉　花 | 264.62 |
| 十三、油菜育苗移栽面积 | 689.38 | 8. 油　菜 | 806.81 |
| 十四、油菜秋冬发高产栽培面积 | 607.26 | 9. 花　生 | 60.34 |
| 十五、脱毒薯类栽培面积 | 110.33 | 10. 芝　麻 | 35.23 |
| 其中:脱毒马铃薯 | 81.75 | 11. 麻　类 | 10.98 |
| 十六、微机优化模式栽培面积 | 245.63 | 12. 蔬　菜 | 519.89 |
| 1. 小　麦 | 14.38 | 13. 其　它 | 209.76 |
| 2. 杂交水稻 | 82.89 | 二十五、化肥深施面积 | 1419.91 |
| 3. 杂交玉米 | 9.17 | 二十六、使用微量元素肥面积 | 2886.89 |
| 4. 棉　花 | 27.64 | 1. 专用配合微肥 | 1036.35 |

续表　　　　单位:千公顷

| | 面　积 | | 面　积 |
|---|---|---|---|
| 其中:小　麦 | 168.81 | 10. 赤霉素 | 63.92 |
| 　　　水　稻 | 336.25 | 11. 其　它 | 58.79 |
| 　　　棉　花 | 160.42 | 二十九、种子包衣面积 | 917.98 |
| 　　　蔬　菜 | 241.81 | 1. 小　麦 | 112.17 |
| 2. 硼　肥 | 1250.42 | 2. 水　稻 | 163.17 |
| 其中:小　麦 | 66.01 | 3. 玉　米 | 257.22 |
| 　　　水　稻 | 101.35 | 4. 棉　花 | 296.25 |
| 　　　棉　花 | 176.10 | 5. 油　菜 | 42.37 |
| 　　　油　菜 | 786.35 | 6. 其　它 | 46.80 |
| 　　　花　生 | 59.66 | 三十、化学除草剂使用面积 | 3781.49 |
| 　　　芝　麻 | 22.03 | 1. 小　麦 | 486.41 |
| 3. 锌　肥 | 428.56 | 2. 水　稻 | 1552.12 |
| 其中:水　稻 | 304.07 | 3. 玉　米 | 188.52 |
| 　　　玉　米 | 70.96 | 4. 棉　花 | 250.56 |
| 　　　棉　花 | 30.03 | 5. 油　菜 | 800.57 |
| 4. 钼　肥 | 77.50 | 6. 花　生 | 94.84 |
| 其中:小　麦 | 24.81 | 7. 芝　麻 | 38.38 |
| 　　　大　豆 | 21.53 | 8. 麻　类 | 0.73 |
| 　　　花　生 | 24.91 | 9. 蔬　菜 | 198.58 |
| 5. 其　它 | 94.06 | 10. 其　它 | 170.78 |
| 二十七、喷施磷酸二氢钾 | 2131.09 | 三十一、生物农药施用面积 | 1097.61 |
| 1. 小　麦 | 263.78 | 三十二、灯光诱蛾防治面积 | 449.36 |
| 2. 水　稻 | 750.95 | 其中:优质稻大田应用面积 | 124.10 |
| 3. 棉　花 | 235.77 | 　　　棉田应用面积 | 159.13 |
| 4. 油　菜 | 486.27 | 　　　蔬菜田(地)应用面积 | 51.17 |
| 5. 花　生 | 31.40 | 三十三、节水灌溉技术面积 | 439.32 |
| 6. 芝　麻 | 13.36 | 三十四、各种技术承包人数(人) | 39382 |
| 7. 蔬　菜 | 208.76 | 1. 行政干部 | 3726 |
| 8. 其　它 | 140.80 | 2. 技术干部 | 8612 |
| 二十八、化学调控面积 | 2639.63 | 3. 农民技术员 | 22458 |
| 1. 缩节安(助壮素) | 300.13 | 4. 其　它 | 4586 |
| 其中:小　麦 | 43.64 | 三十五、各种技术承包面积 | 1509.83 |
| 　　　棉　花 | 243.98 | 1. 种　子 | 219.91 |
| 2. 多效唑 | 1287.38 | 2. 植　保 | 484.63 |
| 其中:小　麦 | 73.60 | 3. 栽　培 | 375.86 |
| 　　　水　稻 | 659.21 | 4. 土　肥 | 226.51 |
| 　　　棉　花 | 45.92 | 5. 蔬　菜 | 123.46 |
| 　　　油　菜 | 461.39 | 6. 其　它 | 79.46 |
| 　　　花　生 | 32.26 | 三十六、科技示范园(场)个数 | 787 |
| 3. 乙烯利 | 47.91 | 　　　面积 | 335.15 |
| 其中:棉花催熟 | 22.74 | 1. 县(市)科技示范园个数 | 224 |
| 4. 802 | 207.82 | 　　　面积 | 185.26 |
| 其中:棉　花 | 147.14 | 2. 乡镇科技示范场个数 | 563.00 |
| 5. 生物有机肥 | 411.74 | 　　　面积 | 149.89 |
| 其中:小　麦 | 69.73 | 三十七、科技示范户(户) | 487611 |
| 　　　水　稻 | 152.06 | 1. 小　麦 | 72991 |
| 　　　玉　米 | 29.49 | 2. 水　稻 | 173603 |
| 　　　棉　花 | 55.34 | 3. 玉　米 | 38055 |
| 　　　油　菜 | 89.88 | 4. 棉　花 | 42238 |
| 6. 棉花应用调节安面积 | 118.25 | 5. 油　菜 | 63626 |
| 7. 棉花应用壮苗素、床草净 | 69.99 | 6. 蔬　菜 | 55329 |
| 8. 2.4－D | 25.81 | 7. 中药材 | 12924 |
| 9. 坐果灵 | 47.89 | 8. 其　它 | 28845 |

# 农业技术推广面积

单位:千公顷

| | 水稻育秧生产技术(大田) | | | | | | | | |
|---|---|---|---|---|---|---|---|---|---|
| | 早稻保温育秧 | 地膜育秧 | 杂交稻两段育秧 | 旱育抛寄两段秧 | 水稻旱育秧 | 早稻 | 中稻 | 晚稻 | 壮秧剂应用 |
| **全省合计** | **192.40** | **143.78** | **329.70** | **118.41** | **419.48** | **69.40** | **323.86** | **26.22** | **238.40** |
| **武汉市** | **16.30** | **14.45** | | | **7.66** | **3.73** | **3.13** | **0.80** | **3.30** |
| 市辖区 | 0.53 | 0.35 | | | | | | | |
| 蔡甸区 | 0.20 | 0.10 | | | | | | | 2.00 |
| 江夏区 | 1.47 | 1.20 | | | 7.66 | 3.73 | 3.13 | 0.80 | |
| 黄陂区 | 10.70 | 10.70 | | | | | | | |
| 新洲区 | 3.40 | 2.10 | | | | | | | 1.30 |
| **黄石市** | **23.43** | **7.74** | **3.30** | | **0.90** | **0.60** | **0.30** | | **20.00** |
| 市辖区 | 0.04 | 0.04 | | | | | | | |
| 大冶市 | 7.00 | | | | | | | | 20.00 |
| 阳新县 | 16.39 | 7.70 | 3.30 | | 0.90 | 0.60 | 0.30 | | |
| **十堰市** | | | **18.00** | **1.23** | **14.82** | | **14.82** | | **6.90** |
| 市辖区 | | | | | 0.33 | | 0.33 | | 0.33 |
| 丹江口市 | | | 5.70 | | 5.70 | | 5.70 | | |
| 郧县 | | | 1.90 | 0.03 | 0.02 | | 0.02 | | 0.05 |
| 郧西县 | | | | | | | | | |
| 竹山县 | | | 4.80 | 1.20 | 1.80 | | 1.80 | | 1.85 |
| 竹溪县 | | | | | 4.67 | | 4.67 | | 2.67 |
| 房县 | | | 5.60 | | 2.30 | | 2.30 | | 2.00 |
| **荆州市** | **45.55** | **42.47** | **12.90** | **8.55** | **96.91** | **35.51** | **48.28** | **13.12** | **76.83** |
| 市辖区 | 2.88 | 2.83 | 1.70 | 1.20 | 5.80 | 0.50 | 5.10 | 0.20 | 9.50 |
| 江陵县 | 0.20 | 0.20 | | | 7.00 | | 7.00 | | 7.00 |
| 松滋市 | 6.86 | 5.83 | | | 19.00 | 6.67 | 8.65 | 3.68 | 19.18 |
| 公安县 | 9.10 | 7.10 | | | 16.10 | 5.10 | 9.00 | 2.00 | |
| 石首市 | | | | | 7.26 | 3.73 | | 3.53 | 0.20 |
| 监利县 | 22.54 | 22.54 | | | 21.10 | 16.30 | 4.00 | 0.80 | 20.30 |
| 洪湖市 | 3.97 | 3.97 | 11.20 | 7.35 | 20.65 | 3.21 | 14.53 | 2.91 | 20.65 |
| **宜昌市** | **5.05** | **5.05** | **31.49** | **28.04** | **31.90** | **4.50** | **24.90** | **2.50** | **30.67** |
| 市辖区 | | | | | 0.50 | | 0.50 | | |
| 夷陵区 | | | 2.60 | 2.20 | 8.09 | | 8.09 | | 8.00 |
| 宜都市 | 0.20 | 0.20 | 6.00 | 6.00 | | | | | 6.00 |
| 枝江市 | 4.85 | 4.85 | 16.00 | 16.00 | 14.50 | 4.50 | 7.50 | 2.50 | 14.00 |
| 当阳市 | | | 1.00 | 0.92 | 0.13 | | 0.13 | | |
| 远安县 | | | 2.67 | | 3.33 | | 3.33 | | 1.33 |
| 兴山县 | | | 0.30 | | 2.00 | | 2.00 | | 0.67 |
| 秭归县 | | | 1.72 | 1.72 | 1.70 | | 1.70 | | |
| 长阳县 | | | 1.20 | 1.20 | 1.43 | | 1.43 | | 0.67 |
| 五峰县 | | | | | 0.22 | | 0.22 | | |
| **襄樊市** | | | **66.28** | **3.96** | **89.48** | | **89.48** | | **40.72** |
| 市辖区 | | | 2.00 | | 2.00 | | 2.00 | | |
| 老河口市 | | | 2.10 | | 5.40 | | 5.40 | | 6.80 |
| 襄阳区 | | | 9.35 | 1.66 | 32.79 | | 32.79 | | 30.92 |
| 枣阳市 | | | 26.43 | | 17.50 | | 17.50 | | |
| 宜城市 | | | 25.00 | 1.20 | 15.00 | | 15.00 | | 1.50 |
| 南漳县 | | | | | 10.00 | | 10.00 | | |
| 谷城县 | | | | | 4.09 | | 4.09 | | |
| 保康县 | | | 1.10 | 1.10 | 2.40 | | 2.40 | | 1.50 |
| 农场小计 | | | 0.30 | | 0.30 | | 0.30 | | |
| **鄂州市** | **1.70** | **1.60** | | | **0.20** | **0.20** | | | **0.30** |

续表 1　　　　单位:千公顷

| | 水稻育秧生产技术(大田) | | | | | | | | |
|---|---|---|---|---|---|---|---|---|---|
| | 早稻保温育秧 | 地膜育秧 | 杂交稻两段育秧 | 旱育抛寄两段秧 | 水稻旱育秧 | 早稻 | 中稻 | 晚稻 | 壮秧剂应用 |
| **荆门市** | **3.99** | **3.63** | **20.65** | **1.75** | **24.00** | | **24.00** | | **9.72** |
| 市辖区 | | | 3.00 | | 2.00 | | 2.00 | | 1.00 |
| 沙洋县 | 0.36 | | 2.60 | 0.10 | 14.00 | | 14.00 | | 3.00 |
| 钟祥市 | | | 13.15 | 0.05 | 4.00 | | 4.00 | | 1.12 |
| 京山县 | 3.63 | 3.63 | 1.90 | 1.60 | 4.00 | | 4.00 | | 4.60 |
| 沙洋农场 | | | | | | | | | |
| **孝感市** | **23.04** | **19.43** | **27.93** | **27.85** | **13.59** | **0.65** | **12.69** | **0.25** | **20.31** |
| 孝南区 | 4.38 | 4.25 | | | 0.53 | 0.10 | 0.20 | 0.23 | 3.56 |
| 孝昌县 | 0.66 | 0.47 | 3.24 | 3.24 | 0.26 | 0.05 | 0.21 | | 0.17 |
| 大悟县 | 0.50 | 0.50 | 12.91 | 12.83 | 12.68 | 0.50 | 12.18 | | 0.08 |
| 安陆市 | 0.06 | 0.06 | 11.60 | 11.60 | 0.10 | | 0.10 | | 0.70 |
| 云梦县 | 3.30 | 3.30 | 0.18 | 0.18 | 0.02 | | | 0.02 | |
| 应城市 | 12.06 | 9.05 | | | | | | | |
| 汉川市 | 2.08 | 1.80 | | | | | | | 15.80 |
| **黄冈市** | **43.79** | **28.54** | **31.75** | **5.03** | **43.64** | **17.62** | **19.69** | **6.33** | **13.86** |
| 黄州区 | 2.20 | 2.20 | 0.27 | 0.09 | 0.27 | 0.27 | | | |
| 团风县 | 7.15 | 4.13 | 4.05 | 3.26 | 5.45 | 1.84 | 1.35 | 2.26 | 5.65 |
| 红安县 | 0.71 | 0.71 | | | 3.42 | 0.68 | 2.21 | 0.53 | 3.56 |
| 麻城市 | 1.40 | 1.33 | 0.10 | | 0.50 | 0.30 | 0.20 | | |
| 罗田县 | 0.07 | | | | 0.15 | | 0.13 | 0.02 | |
| 英山县 | 0.20 | 0.15 | 0.10 | 0.07 | 0.40 | 0.05 | 0.25 | 0.10 | 0.60 |
| 浠水县 | 8.00 | 5.00 | 25.00 | 0.50 | 1.80 | 1.20 | 0.60 | | 0.60 |
| 蕲春县 | 3.00 | 2.50 | 1.50 | 0.50 | 18.50 | 7.50 | 9.00 | 2.00 | 3.00 |
| 武穴市 | 15.06 | 11.32 | 0.23 | 0.11 | 12.85 | 5.68 | 5.85 | 1.32 | 0.35 |
| 黄梅县 | 6.00 | 1.20 | 0.50 | 0.50 | 0.30 | 0.10 | 0.10 | 0.10 | 0.10 |
| **咸宁市** | **11.76** | **3.18** | **0.50** | **0.20** | **8.42** | **1.39** | **4.01** | **3.02** | **2.64** |
| 咸安区 | 0.10 | 0.10 | | | 0.13 | 0.02 | 0.11 | | 0.19 |
| 嘉鱼县 | 0.40 | 0.40 | | | | | | | |
| 赤壁市 | 0.60 | 0.20 | | | 0.10 | 0.04 | 0.05 | 0.01 | 0.33 |
| 通城县 | 9.68 | 1.50 | 0.50 | 0.20 | 2.50 | | 1.50 | 1.00 | 0.50 |
| 崇阳县 | 0.87 | 0.87 | | | 5.66 | 1.33 | 2.33 | 2.00 | 1.60 |
| 通山县 | 0.11 | 0.11 | | | 0.03 | | 0.02 | 0.01 | 0.02 |
| **随州市** | | | **91.58** | **41.80** | **17.40** | | **17.40** | | |
| 曾都区 | | | 60.28 | 10.50 | 17.40 | | 17.40 | | |
| 广水市 | | | 31.30 | 31.30 | | | | | |
| **恩施自治州** | | | **0.02** | | **51.96** | | **51.96** | | **7.91** |
| 恩施市 | | | | | 8.86 | | 8.86 | | 0.05 |
| 建始县 | | | | | 3.10 | | 3.10 | | 1.20 |
| 巴东县 | | | | | 1.60 | | 1.60 | | |
| 利川市 | | | | | 14.79 | | 14.79 | | |
| 宣恩县 | | | | | 7.50 | | 7.50 | | 3.80 |
| 咸丰县 | | | | | 6.90 | | 6.90 | | 0.22 |
| 来凤县 | | | 0.02 | | 6.90 | | 6.90 | | 0.59 |
| 鹤峰县 | | | | | 2.31 | | 2.31 | | 2.05 |
| **仙桃市** | **7.58** | **7.58** | **25.30** | | **5.20** | **5.20** | | | **5.20** |
| **天门市** | **9.80** | **9.80** | | | | | | | |
| **潜江市** | **0.41** | **0.31** | | | **13.40** | | **13.20** | **0.20** | |
| **神农架林区** | | | | | | | | | **0.04** |

续表 2

单位：千公顷

| | 水稻抛栽 | | | | 水稻少免耕技术 | | | 再生稻生产面积（大田） | 小麦精量半精量播种 |
|---|---|---|---|---|---|---|---|---|---|
| | | 早稻 | 中稻 | 晚稻 | | 少免耕直播 | 少免耕抛栽 | | |
| **全省合计** | **289.17** | **77.62** | **179.05** | **32.50** | **132.92** | **92.41** | **36.95** | **46.36** | **173.96** |
| **武汉市** | **14.86** | **6.83** | **4.83** | **3.20** | **23.87** | **21.73** | **2.13** | **6.27** | **2.25** |
| 市辖区 | | | | | | | | | |
| 蔡甸区 | | | | | | | | 2.15 | 1.00 |
| 江夏区 | 7.66 | 3.73 | 3.13 | 0.80 | 0.47 | 0.33 | 0.13 | 1.00 | |
| 黄陂区 | 0.20 | | | 0.20 | 20.00 | 20.00 | | | 0.20 |
| 新洲区 | 7.00 | 3.10 | 1.70 | 2.20 | 3.40 | 1.40 | 2.00 | 3.12 | 1.05 |
| **黄石市** | **0.70** | **0.60** | **0.10** | | **3.65** | **3.55** | **0.10** | **0.60** | **1.50** |
| 市辖区 | | | | | | | | | |
| 大冶市 | | | | | 0.25 | 0.25 | | | 1.50 |
| 阳新县 | 0.70 | 0.60 | 0.10 | | 3.40 | 3.30 | 0.10 | 0.60 | |
| **十堰市** | **0.39** | | **0.39** | | **0.38** | **0.10** | | | **13.37** |
| 市辖区 | | | | | 0.10 | 0.10 | | | 0.50 |
| 丹江口市 | | | | | | | | | 0.67 |
| 郧县 | 0.10 | | 0.10 | | | | | | |
| 郧西县 | | | | | | | | | |
| 竹山县 | 0.16 | | 0.16 | | 0.28 | | | | 3.40 |
| 竹溪县 | 0.13 | | 0.13 | | | | | | 3.80 |
| 房县 | | | | | | | | | 5.00 |
| **荆州市** | **75.22** | **34.61** | **30.05** | **10.56** | **10.26** | **7.74** | **2.12** | **14.21** | **16.25** |
| 市辖区 | 5.60 | 0.50 | 5.00 | 0.10 | 1.25 | 1.15 | 0.10 | 0.20 | 5.30 |
| 江陵县 | 0.50 | | 0.50 | | | | | | 0.60 |
| 松滋市 | 19.00 | 6.67 | 8.65 | 3.68 | 0.28 | 0.06 | 0.22 | 3.01 | 5.11 |
| 公安县 | 10.20 | 5.10 | 4.10 | 1.00 | 0.50 | 0.30 | | | |
| 石首市 | 7.26 | 3.73 | | 3.53 | 0.20 | | | | |
| 监利县 | 21.10 | 16.30 | 4.00 | 0.80 | 2.40 | 2.10 | 0.30 | 11.00 | |
| 洪湖市 | 11.56 | 2.31 | 7.80 | 1.45 | 5.63 | 4.13 | 1.50 | | 5.24 |
| **宜昌市** | **30.57** | **2.60** | **27.17** | **0.80** | **2.49** | **0.16** | **2.26** | | **5.67** |
| 市辖区 | 0.30 | | 0.30 | | | | | | |
| 夷陵区 | 6.40 | | 6.40 | | 0.80 | | 0.80 | | |
| 宜都市 | 6.00 | | 6.00 | | 0.13 | 0.06 | | | |
| 枝江市 | 8.00 | 2.60 | 4.60 | 0.80 | 1.33 | | 1.33 | | 4.00 |
| 当阳市 | 5.47 | | 5.47 | | 0.13 | | 0.13 | | |
| 远安县 | 0.13 | | 0.13 | | | | | | |
| 兴山县 | 1.35 | | 1.35 | | 0.10 | 0.10 | | | 1.67 |
| 秭归县 | 1.72 | | 1.72 | | | | | | |
| 长阳县 | 1.20 | | 1.20 | | | | | | |
| 五峰县 | | | | | | | | | |
| **襄樊市** | **18.15** | | **18.15** | | **0.80** | **0.07** | **0.73** | | **97.94** |
| 市辖区 | 1.00 | | 1.00 | | | | | | 3.00 |
| 老河口市 | | | | | | | | | 8.20 |
| 襄阳区 | 4.23 | | 4.23 | | 0.78 | 0.07 | 0.71 | | 56.33 |
| 枣阳市 | 11.40 | | 11.40 | | | | | | |
| 宜城市 | 0.02 | | 0.02 | | 0.02 | | 0.02 | | 15.00 |
| 南漳县 | | | | | | | | | 12.21 |
| 谷城县 | | | | | | | | | |
| 保康县 | 1.20 | | 1.20 | | | | | | |
| 农场小计 | 0.30 | | 0.30 | | | | | | 3.20 |
| **鄂州市** | **2.10** | **2.10** | | | **3.50** | **3.50** | | | |

续表 3

单位:千公顷

| | 水稻抛栽 | 早稻 | 中稻 | 晚稻 | 水稻少免耕技术 | 少免耕直播 | 少免耕抛栽 | 再生稻生产面积（大田） | 小麦精量半精量播种 |
|---|---|---|---|---|---|---|---|---|---|
| **荆门市** | **20.76** | | **20.50** | **0.26** | **4.00** | **1.00** | **3.00** | | **1.45** |
| 市辖区 | 2.00 | | 2.00 | | 2.00 | 1.00 | 1.00 | | |
| 沙洋县 | 13.00 | | 13.00 | | 1.00 | | 1.00 | | |
| 钟祥市 | 1.50 | | 1.50 | | 0.50 | | 0.50 | | |
| 京山县 | 4.26 | | 4.00 | 0.26 | 0.50 | | 0.50 | | 1.45 |
| 沙洋农场 | | | | | | | | | |
| **孝感市** | **12.60** | **0.48** | **12.12** | | **12.01** | **9.92** | **2.09** | | **16.10** |
| 孝南区 | 1.00 | 0.25 | 0.75 | | 0.23 | 0.05 | 0.18 | | |
| 孝昌县 | 0.16 | 0.01 | 0.15 | | 0.11 | 0.04 | 0.07 | | |
| 大悟县 | 10.73 | 0.22 | 10.51 | | 0.81 | | 0.81 | | |
| 安陆市 | 0.70 | | 0.70 | | 1.13 | 0.13 | 1.00 | | 7.70 |
| 云梦县 | | | | | 3.33 | 3.33 | | | 5.00 |
| 应城市 | 0.01 | | 0.01 | | 5.00 | 4.97 | 0.03 | | |
| 汉川市 | | | | | 1.40 | 1.40 | | | 3.40 |
| **黄冈市** | **33.20** | **14.15** | **13.31** | **5.74** | **51.79** | **40.58** | **8.41** | **21.96** | **4.10** |
| 黄州区 | 0.09 | 0.09 | | | 0.09 | | 0.09 | 0.02 | |
| 团风县 | 7.71 | 3.68 | 1.87 | 2.16 | 3.67 | 1.19 | 2.48 | 3.46 | 0.67 |
| 红安县 | 5.52 | 1.82 | 3.01 | 0.69 | 0.06 | 0.04 | 0.02 | | 0.73 |
| 麻城市 | 3.34 | 1.34 | 1.33 | 0.67 | 3.20 | 3.20 | | 0.53 | |
| 罗田县 | 0.20 | | 0.20 | | 6.70 | 6.70 | | 2.50 | 0.20 |
| 英山县 | 1.80 | 0.25 | 1.20 | 0.35 | 1.20 | 0.40 | 0.80 | 1.30 | 0.12 |
| 浠水县 | 0.80 | 0.60 | 0.20 | | 3.90 | 0.70 | 0.40 | 5.00 | |
| 蕲春县 | 8.50 | 4.00 | 3.00 | 1.50 | 16.00 | 13.00 | 3.00 | 7.00 | 0.50 |
| 武穴市 | 5.16 | 2.35 | 2.45 | 0.36 | 2.30 | 1.35 | 0.95 | 2.15 | 1.38 |
| 黄梅县 | 0.08 | 0.02 | 0.05 | 0.01 | 14.67 | 14.00 | 0.67 | | 0.50 |
| **咸宁市** | **25.48** | **5.05** | **11.12** | **9.31** | **4.25** | **2.08** | **2.17** | **3.32** | |
| 咸安区 | 5.40 | 0.90 | 4.50 | | 0.24 | 0.24 | | 2.55 | |
| 嘉鱼县 | 3.32 | | 0.66 | 2.66 | 2.66 | 1.33 | 1.33 | | |
| 赤壁市 | 6.00 | 2.50 | 3.00 | 0.50 | 0.13 | 0.08 | 0.05 | 0.57 | |
| 通城县 | 4.60 | 0.30 | 0.20 | 4.10 | 0.40 | 0.10 | 0.30 | 0.10 | |
| 崇阳县 | 5.66 | 1.33 | 2.33 | 2.00 | 0.80 | 0.33 | 0.47 | | |
| 通山县 | 0.50 | 0.02 | 0.43 | 0.05 | 0.02 | | 0.02 | 0.10 | |
| **随州市** | | | | | | | | | |
| 曾都区 | | | | | | | | | |
| 广水市 | | | | | | | | | |
| **恩施自治州** | **26.68** | | **26.68** | | **5.09** | **0.98** | **4.11** | | **0.16** |
| 恩施市 | 4.80 | | 4.80 | | 1.46 | | 1.46 | | |
| 建始县 | 2.40 | | 2.40 | | 0.34 | 0.01 | 0.33 | | |
| 巴东县 | 0.20 | | 0.20 | | | | | | |
| 利川市 | 6.79 | | 6.79 | | 1.25 | 0.50 | 0.75 | | |
| 宣恩县 | 5.00 | | 5.00 | | 0.67 | 0.14 | 0.53 | | 0.16 |
| 咸丰县 | 4.55 | | 4.55 | | 0.75 | 0.20 | 0.55 | | |
| 来凤县 | 0.89 | | 0.89 | | 0.27 | 0.13 | 0.14 | | |
| 鹤峰县 | 2.05 | | 2.05 | | 0.35 | | 0.35 | | |
| **仙桃市** | **7.00** | **5.20** | **1.30** | **0.50** | | | | | **2.30** |
| **天门市** | **16.00** | **6.00** | **8.00** | **2.00** | **7.50** | **1.00** | **6.50** | | |
| **潜江市** | **5.46** | | **5.33** | **0.13** | **3.33** | | **3.33** | | **12.87** |
| **神农架林区** | | | | | | | | | |

续表 4

单位:千公顷

| | 小麦早肥稀控栽培 | 玉米预留行(续) | 冬蔬套菜 | 小麦预留行 | 稻棉轮作 | 吨粮田 | 双百棉 | 棉田套种情况 | |
|---|---|---|---|---|---|---|---|---|---|
| | | | | | | | | 套种粮食 | 套种早黄豆 |
| **全省合计** | **193.82** | **225.21** | **25.49** | **67.12** | **39.86** | **601.52** | **120.38** | **41.70** | **15.67** |
| **武汉市** | **2.98** | **4.30** | | **1.43** | **1.82** | **10.36** | **4.07** | **2.01** | **1.17** |
| 市辖区 | | 1.30 | | | | 0.67 | | 1.46 | 0.86 |
| 蔡甸区 | 0.80 | 1.60 | | 0.50 | | 2.70 | 0.80 | 0.45 | 0.21 |
| 江夏区 | | 1.20 | | 0.73 | | 3.93 | | | |
| 黄陂区 | 0.10 | 0.20 | | 0.20 | | | 0.10 | 0.10 | 0.10 |
| 新洲区 | 2.08 | | | | 1.82 | 3.06 | 3.17 | | |
| **黄石市** | | **5.35** | **0.75** | **4.60** | | **11.80** | **0.60** | **0.10** | **0.10** |
| 市辖区 | | | | | | | | | |
| 大冶市 | | 0.35 | 0.35 | | | 8.50 | | | |
| 阳新县 | | 5.00 | 0.40 | 4.60 | | 3.30 | 0.60 | 0.10 | 0.10 |
| **十堰市** | **8.02** | **35.38** | **0.47** | **21.46** | | **12.83** | | | |
| 市辖区 | 0.50 | 0.57 | 0.27 | 0.30 | | 0.30 | | | |
| 丹江口市 | 2.00 | 2.67 | | 2.00 | | 2.33 | | | |
| 郧县 | 0.40 | 3.60 | | 3.60 | | 7.50 | | | |
| 郧西县 | 0.92 | 2.04 | | 1.16 | | | | | |
| 竹山县 | 3.10 | 10.50 | | 6.90 | | | | | |
| 竹溪县 | 0.50 | 10.00 | | 3.50 | | 2.00 | | | |
| 房县 | 0.60 | 6.00 | 0.20 | 4.00 | | 0.70 | | | |
| **荆州市** | **9.35** | **0.53** | **0.35** | **0.05** | **7.11** | **77.14** | **44.32** | **11.13** | **3.22** |
| 市辖区 | 2.40 | 0.40 | 0.35 | 0.05 | 3.20 | 11.06 | 10.40 | 0.96 | 0.65 |
| 江陵县 | | | | | 1.50 | | | 0.60 | 0.20 |
| 松滋市 | 3.28 | | | | 0.40 | 4.23 | 2.44 | 1.42 | 0.14 |
| 公安县 | | | | | | 35.00 | 23.00 | 2.00 | 0.90 |
| 石首市 | | 0.13 | | | 0.13 | 6.00 | 0.67 | 4.67 | |
| 监利县 | | | | | | 8.00 | 5.00 | 1.20 | 1.20 |
| 洪湖市 | 3.67 | | | | 1.88 | 12.85 | 2.81 | 0.28 | 0.13 |
| **宜昌市** | **10.80** | **50.03** | **9.78** | **5.53** | | **29.30** | **10.17** | **2.88** | **0.40** |
| 市辖区 | | 0.30 | 0.30 | | | | | | |
| 夷陵区 | 0.20 | 4.67 | 4.05 | 0.40 | | 2.10 | | | |
| 宜都市 | | 6.13 | 1.33 | 0.33 | | 0.67 | | | |
| 枝江市 | 5.33 | | | | | 6.67 | 6.67 | 2.67 | 0.33 |
| 当阳市 | | | | | | 2.24 | 3.50 | 0.21 | 0.07 |
| 远安县 | 1.00 | 1.33 | | | | | | | |
| 兴山县 | 1.50 | 6.50 | 0.80 | 1.20 | | 3.20 | | | |
| 秭归县 | 2.10 | 6.30 | 1.50 | 0.80 | | 10.60 | | | |
| 长阳县 | 0.67 | 12.00 | 1.80 | 2.80 | | 3.82 | | | |
| 五峰县 | | 12.80 | | | | | | | |
| **襄樊市** | **46.17** | **30.90** | **0.80** | **19.23** | **9.64** | **176.37** | **9.77** | **10.67** | **0.40** |
| 市辖区 | 1.30 | 1.50 | | 1.10 | | 9.00 | 0.56 | 0.50 | |
| 老河口市 | 7.20 | 1.90 | | 1.80 | 2.50 | 22.50 | 0.20 | 1.20 | 0.20 |
| 襄阳区 | | 2.19 | | 2.19 | 0.86 | 37.48 | 2.26 | | |
| 枣阳市 | 12.41 | 3.54 | | 3.54 | 2.78 | 53.79 | 2.25 | 7.77 | |
| 宜城市 | 1.50 | 1.50 | 0.80 | 0.50 | 3.50 | 20.00 | 4.50 | 1.20 | 0.20 |
| 南漳县 | 11.56 | 9.27 | | 8.10 | | 21.60 | | | |
| 谷城县 | 9.00 | 2.00 | | 2.00 | | 11.00 | | | |
| 保康县 | | 9.00 | | | | 1.00 | | | |
| 农场小计 | 3.20 | | | | | | | | |
| **鄂州市** | | | | | | | | | |

续表 5　　　　单位：千公顷

| | 小麦旱肥稀控栽培 | 玉米预留行（续） | 冬套蔬菜 | 小麦预留行 | 稻棉轮作 | 吨粮田 | 双百棉 | 棉田套种情况 套种粮食 | 棉田套种情况 套种早黄豆 |
|---|---|---|---|---|---|---|---|---|---|
| **荆门市** | **19.74** | **3.22** | **1.34** | **1.88** | **1.81** | **69.11** | **9.47** | **2.96** | **1.36** |
| 市辖区 | 3.63 | 0.19 | 0.09 | 0.10 | 0.35 | 2.70 | 0.87 | 1.28 | 0.48 |
| 沙洋县 | 8.00 | | | | | 21.30 | 3.60 | 0.20 | 0.12 |
| 钟祥市 | | 1.30 | 0.40 | 0.90 | 1.35 | 20.58 | 2.37 | 0.85 | 0.62 |
| 京山县 | 8.11 | 1.73 | 0.85 | 0.88 | 0.11 | 24.53 | 2.63 | 0.63 | 0.14 |
| 沙洋农场 | | | | | | | | | |
| **孝感市** | **36.38** | **0.15** | **0.01** | **0.14** | **3.67** | **45.92** | **6.66** | **1.49** | **1.37** |
| 孝南区 | 2.56 | 0.02 | 0.01 | 0.01 | | 3.58 | 0.32 | 0.02 | 0.01 |
| 孝昌县 | | | | | 0.10 | 3.64 | 0.06 | 0.01 | 0.01 |
| 大悟县 | 6.28 | 0.13 | | 0.13 | | | | | |
| 安陆市 | 12.30 | | | | 0.05 | 12.30 | 0.38 | | |
| 云梦县 | 5.50 | | | | | 2.00 | 0.50 | 0.08 | 0.08 |
| 应城市 | 4.14 | | | | 0.12 | 22.00 | 2.00 | 0.08 | 0.07 |
| 汉川市 | 5.60 | | | | 3.40 | 2.40 | 3.40 | 1.30 | 1.20 |
| **黄冈市** | **11.03** | **0.74** | **0.52** | **0.22** | **4.83** | **111.04** | **12.53** | **1.57** | **1.29** |
| 黄州区 | 1.38 | | | | | 0.96 | 0.73 | 0.20 | 0.18 |
| 团风县 | 0.84 | 0.01 | | 0.01 | 0.27 | 13.26 | 0.31 | 0.19 | 0.15 |
| 红安县 | | | | | 0.01 | | | 0.01 | 0.01 |
| 麻城市 | 4.28 | | | | 0.30 | 11.33 | 2.30 | 0.11 | 0.11 |
| 罗田县 | 0.20 | | | | | 3.33 | | | |
| 英山县 | 0.25 | 0.50 | 0.50 | | | 3.20 | | | |
| 浠水县 | 0.70 | 0.20 | | 0.20 | 1.50 | 23.11 | 2.10 | 0.80 | 0.60 |
| 蕲春县 | 1.00 | | | | 0.30 | 20.00 | 0.40 | 0.07 | 0.05 |
| 武穴市 | 1.68 | 0.03 | 0.02 | 0.01 | 1.45 | 33.35 | 4.69 | 0.18 | 0.18 |
| 黄梅县 | 0.70 | | | | 1.00 | 2.50 | 2.00 | 0.01 | 0.01 |
| **咸宁市** | **0.33** | **3.60** | **2.21** | **1.29** | | **5.48** | | **0.21** | **0.11** |
| 咸安区 | | 0.20 | 0.08 | 0.02 | | 1.98 | | | |
| 嘉鱼县 | 0.33 | 2.00 | 2.00 | | | 1.33 | | | |
| 赤壁市 | | | | | | | | 0.21 | 0.11 |
| 通城县 | | | | | | 1.80 | | | |
| 崇阳县 | | | | | | | | | |
| 通山县 | | 1.40 | 0.13 | 1.27 | | 0.37 | | | |
| **随州市** | **25.04** | | | | **0.33** | **22.75** | **6.12** | | |
| 曾都区 | 16.70 | | | | | 10.20 | 5.80 | | |
| 广水市 | 8.34 | | | | 0.33 | 12.55 | 0.32 | | |
| **恩施自治州** | **0.74** | **86.40** | **8.86** | **8.52** | | **11.84** | | | |
| 恩施市 | | 18.20 | 0.80 | 3.00 | | | | | |
| 建始县 | | 14.80 | | 2.00 | | 0.70 | | | |
| 巴东县 | | 15.10 | 0.30 | 2.80 | | 5.10 | | | |
| 利川市 | 0.56 | 21.30 | 4.70 | 0.40 | | 0.60 | | | |
| 宣恩县 | 0.18 | 2.50 | 1.50 | 0.20 | | 2.80 | | | |
| 咸丰县 | | 5.50 | 0.20 | 0.10 | | 1.25 | | | |
| 来凤县 | | 1.38 | 0.13 | 0.02 | | 0.14 | | | |
| 鹤峰县 | | 7.62 | 1.23 | | | 1.25 | | | |
| **仙桃市** | **3.10** | **2.50** | | **2.50** | | **15.50** | | **2.00** | **2.00** |
| **天门市** | **6.67** | **0.67** | **0.40** | **0.27** | **10.00** | **2.00** | **16.67** | **4.00** | **2.67** |
| **潜江市** | **13.19** | | | | **0.65** | | | **2.68** | **1.58** |
| **神农架林区** | **0.28** | **1.44** | | | | **0.08** | | | |

续表6　　　　单位:千公顷

| | 棉田套种情况(续) | | | | | | 棉花营养钵移栽 | 麦林套栽 | 麦油豆后移栽 |
|---|---|---|---|---|---|---|---|---|---|
| | 套种油料 | 间作套种蔬菜 | 春季套种 | 冬季预留行套菜 | 套种瓜类 | 套种西瓜 | | | |
| **全省合计** | **15.80** | **56.48** | **18.63** | **17.94** | **19.69** | **16.73** | **294.74** | **97.65** | **129.15** |
| **武汉市** | **3.26** | **3.86** | **2.93** | | **2.52** | **2.10** | **13.56** | **3.46** | **8.83** |
| 市辖区 | 0.13 | 1.61 | 1.61 | | 0.53 | 0.33 | 1.27 | | |
| 蔡甸区 | 0.30 | 0.54 | 0.13 | | 0.80 | 0.80 | 3.80 | 0.20 | 3.60 |
| 江夏区 | | | | | | | | | |
| 黄陂区 | | 0.15 | 0.15 | | 0.20 | 0.10 | 0.20 | 0.20 | |
| 新洲区 | 2.83 | 1.56 | 1.04 | | 0.99 | 0.87 | 8.29 | 3.06 | 5.23 |
| **黄石市** | | | | | **0.02** | | **1.30** | | |
| 市辖区 | | | | | | | | | |
| 大冶市 | | | | | 0.02 | | | | |
| 阳新县 | | | | | | | 1.30 | | |
| **十堰市** | | | | | | | **0.03** | **0.03** | |
| 市辖区 | | | | | | | | | |
| 丹江口市 | | | | | | | | | |
| 郧　县 | | | | | | | 0.03 | 0.03 | |
| 郧西县 | | | | | | | | | |
| 竹山县 | | | | | | | | | |
| 竹溪县 | | | | | | | | | |
| 房　县 | | | | | | | | | |
| **荆州市** | **2.11** | **18.01** | **3.48** | **5.96** | **4.95** | **3.58** | **67.33** | **19.40** | **45.19** |
| 市辖区 | 0.70 | 3.60 | 1.52 | 0.68 | 1.48 | 0.88 | 11.14 | 6.55 | 3.85 |
| 江陵县 | 0.11 | 0.02 | | | 0.19 | 0.16 | 1.20 | | 1.20 |
| 松滋市 | 0.16 | 1.43 | 0.34 | 0.44 | 1.71 | 1.45 | 12.78 | 4.35 | 8.43 |
| 公安县 | 1.00 | 7.50 | 1.00 | | | | 21.00 | 5.00 | 14.00 |
| 石首市 | 0.06 | 0.06 | 0.06 | | | | 1.33 | | 1.33 |
| 监利县 | | 4.00 | | 4.00 | 1.20 | 0.80 | 15.07 | 1.00 | 14.07 |
| 洪湖市 | 0.08 | 1.40 | 0.56 | 0.84 | 0.37 | 0.29 | 4.81 | 2.50 | 2.31 |
| **宜昌市** | **0.67** | **3.40** | | **2.07** | **0.20** | | **14.60** | **10.74** | **3.86** |
| 市辖区 | | | | | | | | | |
| 夷陵区 | | | | | | | | | |
| 宜都市 | | | | | | | | | |
| 枝江市 | 0.67 | 3.33 | | 2.00 | 0.20 | | 11.32 | 10.32 | 1.00 |
| 当阳市 | | 0.07 | | 0.07 | | | 3.28 | 0.42 | 2.86 |
| 远安县 | | | | | | | | | |
| 兴山县 | | | | | | | | | |
| 秭归县 | | | | | | | | | |
| 长阳县 | | | | | | | | | |
| 五峰县 | | | | | | | | | |
| **襄樊市** | **3.10** | **5.19** | **2.95** | **1.50** | **7.06** | **6.93** | **26.13** | **12.51** | **9.36** |
| 市辖区 | | 0.70 | 0.70 | | | | 1.10 | 1.10 | |
| 老河口市 | 0.80 | 0.30 | | | 0.60 | 0.50 | 2.20 | 1.50 | 0.50 |
| 襄阳区 | | | | | 0.84 | 0.81 | 6.78 | 0.91 | 2.71 |
| 枣阳市 | 2.00 | 1.05 | 1.05 | | 2.12 | 2.12 | 10.45 | 6.70 | 3.75 |
| 宜城市 | 0.30 | 2.80 | 1.20 | 1.50 | 3.50 | 3.50 | 5.50 | 2.30 | 2.40 |
| 南漳县 | | | | | | | | | |
| 谷城县 | | 0.34 | | | | | | | |
| 保康县 | | | | | | | | | |
| 农场小计 | | | | | | | 0.10 | | |
| **鄂州市** | | | | | | | | | |

续表7 单位:千公顷

| | 棉田套种情况(续) | | | | | | 棉花营养钵移栽 | 麦林套栽 | 麦油豆后移栽 |
|---|---|---|---|---|---|---|---|---|---|
| | 套种油料 | 间作套种蔬菜 | 春季套种 | 冬季预留行套菜 | 套种瓜类 | 套种西瓜 | | | |
| **荆门市** | **1.20** | **1.79** | **0.88** | **0.12** | **1.22** | **0.93** | **31.17** | **8.20** | **14.40** |
| 市辖区 | 0.08 | | | | 0.30 | 0.30 | 4.30 | 2.00 | 1.10 |
| 沙洋县 | 0.12 | 0.35 | 0.13 | 0.02 | 0.08 | 0.06 | 7.00 | 2.00 | 4.50 |
| 钟祥市 | 0.55 | 1.10 | 0.65 | | 0.81 | 0.55 | 10.20 | 2.20 | 7.50 |
| 京山县 | 0.45 | 0.34 | 0.10 | 0.10 | 0.03 | 0.02 | 3.50 | 2.00 | 1.30 |
| 沙洋农场 | | | | | | | 6.17 | | |
| **孝感市** | **1.06** | **5.66** | **1.32** | **1.99** | **0.48** | **0.44** | **17.93** | **7.42** | **8.75** |
| 孝南区 | 0.02 | 0.24 | 0.06 | 0.15 | 0.10 | 0.08 | 0.51 | 0.13 | 0.38 |
| 孝昌县 | 0.01 | | | | 0.03 | 0.03 | 0.10 | 0.04 | 0.06 |
| 大悟县 | | | | | | | 0.05 | 0.05 | |
| 安陆市 | 0.01 | 0.02 | | 0.02 | | | 0.42 | | |
| 云梦县 | | 0.40 | | 0.40 | | | 1.25 | 0.50 | 0.75 |
| 应城市 | 0.12 | 0.20 | 0.06 | 0.12 | 0.10 | 0.08 | 3.00 | 0.60 | 2.26 |
| 汉川市 | 0.90 | 4.80 | 1.20 | 1.30 | 0.25 | 0.25 | 12.60 | 6.10 | 5.30 |
| **黄冈市** | **1.97** | **6.53** | **1.72** | **3.05** | **0.52** | **0.40** | **28.21** | **9.57** | **1.08** |
| 黄州区 | 0.30 | 0.95 | 0.65 | | 0.10 | 0.08 | | | |
| 团风县 | 0.47 | 0.54 | 0.15 | 0.18 | 0.09 | 0.07 | 0.48 | 0.31 | 0.17 |
| 红安县 | 0.01 | 0.01 | | | 0.02 | 0.02 | 0.01 | | |
| 麻城市 | 0.26 | 3.08 | 0.46 | 2.03 | | | 6.10 | 6.00 | 0.10 |
| 罗田县 | | | | | | | | | |
| 英山县 | 0.15 | | | | | | 0.09 | 0.05 | |
| 浠水县 | 0.30 | | | | | | 0.90 | 0.20 | 0.40 |
| 蕲春县 | 0.06 | 0.50 | 0.20 | 0.10 | 0.03 | 0.02 | 0.60 | 0.40 | 0.20 |
| 武穴市 | 0.26 | 1.35 | 0.26 | 0.64 | 0.18 | 0.11 | 5.24 | 0.81 | 0.21 |
| 黄梅县 | 0.16 | 0.10 | | 0.10 | 0.10 | 0.10 | 14.79 | 1.80 | |
| **咸宁市** | | | | | | | **0.69** | | |
| 咸安区 | | | | | | | | | |
| 嘉鱼县 | | | | | | | 0.20 | | |
| 赤壁市 | | | | | | | 0.49 | | |
| 通城县 | | | | | | | | | |
| 崇阳县 | | | | | | | | | |
| 通山县 | | | | | | | | | |
| **随州市** | | | | | **0.57** | **0.57** | **8.11** | **0.90** | **7.16** |
| 曾都区 | | | | | 0.50 | 0.50 | 6.36 | 0.60 | 5.76 |
| 广水市 | | | | | 0.07 | 0.07 | 1.75 | 0.30 | 1.40 |
| **恩施自治州** | | | | | | | | | |
| 恩施市 | | | | | | | | | |
| 建始县 | | | | | | | | | |
| 巴东县 | | | | | | | | | |
| 利川市 | | | | | | | | | |
| 宣恩县 | | | | | | | | | |
| 咸丰县 | | | | | | | | | |
| 来凤县 | | | | | | | | | |
| 鹤峰县 | | | | | | | | | |
| **仙桃市** | | | | | | | **21.16** | **4.92** | |
| **天门市** | **0.67** | **7.78** | **4.45** | **1.33** | **0.60** | **0.48** | **37.31** | **10.00** | **13.81** |
| **潜江市** | **1.76** | **4.26** | **0.90** | **1.92** | **1.55** | **1.30** | **27.21** | **10.50** | **16.71** |
| **神农架林区** | | | | | | | | | |

续表8　　　　　　　　　　　　　　　　　　　　　　　　　　　　单位:千公顷

| | 油菜育苗移栽 | 油菜秋冬发高产栽培 | 脱毒薯类栽培 | | 微机优化模式栽培 | | | | 地膜覆盖栽培 |
|---|---|---|---|---|---|---|---|---|---|
| | | | | 脱毒马铃薯 | | 杂交水稻 | 棉花 | 油菜 | |
| **全省合计** | **689.38** | **607.26** | **110.33** | **81.75** | **245.63** | **82.89** | **27.64** | **88.15** | **648.50** |
| **武汉市** | **41.16** | **47.73** | **1.85** | **0.50** | **58.25** | **20.19** | **7.54** | **19.92** | **36.82** |
| 市辖区 | 0.96 | 1.98 | | | | | | | 15.50 |
| 蔡甸区 | 3.10 | 2.65 | | | 15.64 | 5.56 | 1.80 | 2.30 | 5.58 |
| 江夏区 | 4.47 | 8.40 | 0.73 | | | | | | 13.14 |
| 黄陂区 | 10.00 | 14.00 | 0.50 | 0.50 | | | | | 2.30 |
| 新洲区 | 22.63 | 20.70 | 0.62 | | 42.61 | 14.63 | 5.74 | 17.62 | 0.30 |
| **黄石市** | **25.10** | **21.10** | **0.43** | **0.05** | | | | | **23.43** |
| 市辖区 | 0.10 | 0.40 | 0.08 | 0.05 | | | | | 0.22 |
| 大冶市 | 13.00 | 14.00 | 0.05 | | | | | | 4.11 |
| 阳新县 | 12.00 | 6.70 | 0.30 | | | | | | 19.10 |
| **十堰市** | **24.39** | **18.80** | **8.20** | **6.96** | | | | | **63.04** |
| 市辖区 | 0.13 | 0.13 | 0.37 | 0.37 | | | | | 3.05 |
| 丹江口市 | 2.67 | 1.53 | 1.33 | 0.09 | | | | | 2.11 |
| 郧　县 | 2.20 | 2.00 | 0.70 | 0.70 | | | | | 7.20 |
| 郧西县 | 0.99 | 0.84 | | | | | | | 6.76 |
| 竹山县 | 7.20 | 5.10 | | | | | | | 12.79 |
| 竹溪县 | 7.70 | 6.00 | 4.80 | 4.80 | | | | | 19.03 |
| 房　县 | 3.50 | 3.20 | 1.00 | 1.00 | | | | | 12.10 |
| **荆州市** | **147.36** | **124.56** | **1.85** | **1.44** | **39.50** | **10.80** | **8.40** | **12.50** | **60.24** |
| 市辖区 | 22.70 | 20.10 | 0.68 | 0.68 | 39.50 | 10.80 | 8.40 | 12.50 | 11.22 |
| 江陵县 | 2.20 | 5.00 | 0.20 | 0.20 | | | | | 2.50 |
| 松滋市 | 26.44 | 6.61 | 0.95 | 0.56 | | | | | 11.96 |
| 公安县 | 40.16 | 40.16 | | | | | | | 18.00 |
| 石首市 | 12.00 | 1.33 | | | | | | | 2.21 |
| 监利县 | 40.00 | 33.33 | | | | | | | 6.93 |
| 洪湖市 | 3.86 | 18.03 | 0.02 | | | | | | 7.42 |
| **宜昌市** | **69.41** | **45.04** | **25.18** | **23.25** | **48.84** | **17.90** | **11.00** | **16.67** | **75.27** |
| 市辖区 | 0.40 | 0.33 | 0.30 | 0.10 | | | | | 0.50 |
| 夷陵区 | 6.62 | 5.70 | 1.90 | 1.90 | 1.80 | 1.20 | | | 13.71 |
| 宜都市 | 7.33 | 6.67 | 2.00 | 2.00 | | | | | 10.66 |
| 枝江市 | 18.78 | 15.30 | 1.33 | 0.60 | 47.04 | 16.70 | 11.00 | 16.67 | 2.50 |
| 当阳市 | 20.18 | 7.50 | | | | | | | 2.07 |
| 远安县 | 4.40 | 2.33 | | | | | | | 0.13 |
| 兴山县 | 2.00 | 2.50 | 4.50 | 3.50 | | | | | 11.47 |
| 秭归县 | 4.87 | | 6.48 | 6.48 | | | | | 12.38 |
| 长阳县 | 3.33 | 2.67 | 4.00 | 4.00 | | | | | 16.67 |
| 五峰县 | 1.50 | 2.04 | 4.67 | 4.67 | | | | | 5.18 |
| **襄樊市** | **38.83** | **48.57** | **0.30** | **0.07** | | | | | **67.60** |
| 市辖区 | 5.20 | 5.20 | | | | | | | 3.00 |
| 老河口市 | 2.50 | 5.30 | | | | | | | 7.80 |
| 襄阳区 | 3.06 | 8.96 | | | | | | | 7.53 |
| 枣阳市 | 4.31 | 4.22 | | | | | | | 15.95 |
| 宜城市 | 3.50 | 6.50 | | | | | | | 9.50 |
| 南漳县 | 12.70 | 11.53 | | | | | | | 8.00 |
| 谷城县 | 3.26 | 3.26 | 0.07 | 0.07 | | | | | 5.97 |
| 保康县 | 4.10 | 3.50 | 0.23 | | | | | | 9.80 |
| 农场小计 | 0.20 | 0.10 | | | | | | | 0.05 |
| **鄂州市** | | | | | | | | | |

续表 9　　　　　　　　　　　　　　　　　　　　　　　　单位:千公顷

| | 油菜育苗移栽 | 油菜秋冬发高产栽培 | 脱毒薯类栽培 | 脱毒马铃薯 | 微机优化模式栽培 | 杂交水稻 | 棉花 | 油菜 | 地膜覆盖栽培 |
|---|---|---|---|---|---|---|---|---|---|
| **荆门市** | **8.71** | **8.31** | | | | | | | **22.21** |
| 市辖区 | 1.87 | 0.69 | | | | | | | 1.24 |
| 沙洋县 | 1.90 | 2.70 | | | | | | | 1.67 |
| 钟祥市 | 2.11 | 4.84 | | | | | | | 7.81 |
| 京山县 | 2.83 | 0.08 | | | | | | | 11.49 |
| 沙洋农场 | | | | | | | | | |
| **孝感市** | **26.64** | **44.06** | | | **0.84** | | | **0.56** | **38.87** |
| 孝南区 | 4.85 | 1.91 | | | 0.84 | | | 0.56 | 3.07 |
| 孝昌县 | 0.86 | 2.03 | | | | | | | 1.77 |
| 大悟县 | 2.93 | 1.12 | | | | | | | 7.35 |
| 安陆市 | 1.50 | 5.90 | | | | | | | 1.91 |
| 云梦县 | 3.50 | 3.50 | | | | | | | 6.17 |
| 应城市 | 0.60 | 12.00 | | | | | | | 1.90 |
| 汉川市 | 12.40 | 17.60 | | | | | | | 16.70 |
| **黄冈市** | **123.27** | **91.11** | **6.10** | **5.93** | **78.20** | **32.00** | **0.70** | **36.00** | **59.46** |
| 黄州区 | 2.37 | 1.58 | | | | | | | 4.64 |
| 团风县 | 6.95 | 5.38 | 0.28 | 0.11 | | | | | 11.38 |
| 红安县 | 11.86 | | 0.01 | 0.01 | | | | | 15.19 |
| 麻城市 | 20.33 | 11.25 | | | | | | | 5.25 |
| 罗田县 | 6.70 | 0.67 | | | | | | | 2.00 |
| 英山县 | 5.00 | 1.20 | | | | | | | 0.80 |
| 浠水县 | 24.50 | 21.00 | 0.30 | 0.30 | 23.20 | | 0.30 | 21.00 | 1.95 |
| 蕲春县 | 10.00 | 12.00 | 5.00 | 5.00 | 55.00 | 32.00 | 0.40 | 15.00 | 13.90 |
| 武穴市 | 16.28 | 20.03 | 0.21 | 0.21 | | | | | 4.25 |
| 黄梅县 | 19.28 | 18.00 | 0.30 | 0.30 | | | | | 0.10 |
| **咸宁市** | **20.79** | **15.74** | **1.62** | **0.50** | | | | | **19.20** |
| 咸安区 | 12.00 | 6.01 | | | | | | | 6.12 |
| 嘉鱼县 | 2.66 | 5.33 | 0.16 | 0.16 | | | | | 2.31 |
| 赤壁市 | | | | | | | | | 1.37 |
| 通城县 | 2.99 | 2.50 | 0.30 | 0.30 | | | | | 0.20 |
| 崇阳县 | 1.69 | 1.35 | | | | | | | 4.45 |
| 通山县 | 1.45 | 0.55 | 1.16 | 0.04 | | | | | 4.75 |
| **随州市** | **12.91** | **4.13** | | | | | | | **18.85** |
| 曾都区 | 10.80 | 3.60 | | | | | | | 17.96 |
| 广水市 | 2.11 | 0.53 | | | | | | | 0.89 |
| **恩施自治州** | **22.25** | **20.49** | **62.28** | **40.80** | **20.00** | **2.00** | | **2.50** | **124.88** |
| 恩施市 | 5.50 | 5.00 | 18.00 | 18.00 | | | | | 14.17 |
| 建始县 | 4.20 | 4.00 | 8.00 | | | | | | 17.92 |
| 巴东县 | 2.14 | 4.00 | 5.60 | | | | | | 30.28 |
| 利川市 | 0.60 | 2.18 | 12.00 | 12.00 | | | | | 38.50 |
| 宣恩县 | 2.70 | 1.80 | 5.33 | 5.33 | | | | | 3.13 |
| 咸丰县 | 2.55 | 1.55 | 4.65 | 4.55 | | | | | 6.50 |
| 来凤县 | 3.31 | 1.96 | 2.14 | 0.92 | | | | | 5.80 |
| 鹤峰县 | 1.25 | | 6.56 | | 20.00 | 2.00 | | 2.50 | 8.58 |
| **仙桃市** | **41.10** | **52.30** | | | | | | | **7.50** |
| **天门市** | **55.00** | **40.00** | **0.60** | **0.60** | | | | | **3.00** |
| **潜江市** | **32.30** | **25.14** | **0.03** | **0.03** | | | | | **27.48** |
| **神农架林区** | **0.16** | **0.18** | **1.89** | **1.62** | | | | | **0.65** |

续表 10　　　　单位:千公顷

| | 地膜覆盖栽培面积(续) | | | | | | | | |
|---|---|---|---|---|---|---|---|---|---|
| | 水　稻 | 玉　米 | 大田地膜玉米 | 地膜育苗移栽 | 棉　花 | 移　栽地膜棉 | 直　播地膜棉 | 花　生 | 烟　叶 |
| **全省合计** | **60.52** | **191.94** | **67.78** | **90.03** | **97.92** | **68.68** | **26.13** | **30.48** | **34.37** |
| **武汉市** | **1.47** | **1.33** | **1.17** | **0.14** | **4.53** | **0.43** | **4.09** | **0.65** | |
| 市辖区 | | 0.27 | 0.23 | 0.04 | 3.87 | 0.13 | 3.73 | 0.43 | |
| 蔡甸区 | | 0.35 | 0.35 | | 0.30 | 0.20 | 0.10 | 0.22 | |
| 江夏区 | 1.47 | 0.47 | 0.47 | | | | | | |
| 黄陂区 | | 0.10 | | 0.10 | 0.20 | 0.10 | 0.10 | | |
| 新洲区 | | 0.14 | 0.12 | | 0.16 | | 0.16 | | |
| **黄石市** | **16.40** | **1.42** | **1.39** | **0.02** | **0.11** | **0.10** | | **0.50** | |
| 市辖区 | | 0.01 | | | 0.01 | | | | |
| 大冶市 | | 0.11 | 0.09 | 0.02 | | | | 0.50 | |
| 阳新县 | 16.40 | 1.30 | 1.30 | | 0.10 | 0.10 | | | |
| **十堰市** | **8.53** | **29.82** | **6.21** | **22.15** | | | | **1.70** | **2.37** |
| 市辖区 | 0.25 | 0.40 | | 0.40 | | | | | |
| 丹江口市 | 0.40 | 0.40 | 0.40 | | | | | 0.07 | 0.10 |
| 郧县 | 0.20 | | | | | | | 0.20 | |
| 郧西县 | 0.68 | 3.22 | 2.61 | 0.45 | | | | | 0.38 |
| 竹山县 | 2.90 | 7.90 | 1.40 | 5.40 | | | | | 0.99 |
| 竹溪县 | 2.50 | 10.00 | | 10.00 | | | | 1.33 | 0.70 |
| 房县 | 1.60 | 7.90 | 1.80 | 5.90 | | | | 0.10 | 0.20 |
| **荆州市** | **2.88** | **10.18** | **3.69** | **6.29** | **21.87** | **13.11** | **7.56** | **0.25** | |
| 市辖区 | 2.88 | 1.41 | 1.06 | 0.25 | 2.81 | 1.55 | 1.26 | 0.10 | |
| 江陵县 | | | | | 2.50 | 1.80 | 0.70 | | |
| 松滋市 | | 7.25 | 1.81 | 5.44 | 0.76 | 0.76 | | 0.14 | |
| 公安县 | | | | | 6.50 | 4.20 | 2.30 | | |
| 石首市 | | 0.20 | | 0.10 | 2.00 | | 2.00 | 0.01 | |
| 监利县 | | 0.60 | 0.10 | 0.50 | 1.80 | 0.60 | | | |
| 洪湖市 | | 0.72 | 0.72 | | 5.50 | 4.20 | 1.30 | | |
| **宜昌市** | **7.87** | **48.23** | **17.22** | **21.65** | **1.09** | **0.67** | **0.42** | **0.54** | **3.66** |
| 市辖区 | | 0.20 | 0.20 | | | | | | |
| 夷陵区 | | 11.94 | 3.00 | 7.94 | | | | 0.12 | |
| 宜都市 | 5.26 | 5.40 | 0.67 | 4.00 | | | | | |
| 枝江市 | | 0.43 | 0.33 | 0.07 | 0.67 | 0.67 | | 0.07 | |
| 当阳市 | | 0.10 | | 0.10 | 0.42 | | 0.42 | 0.33 | |
| 远安县 | | 0.13 | 0.13 | | | | | | |
| 兴山县 | 0.01 | 5.50 | 2.30 | 2.60 | | | | 0.02 | 2.44 |
| 秭归县 | 2.60 | 8.86 | 5.26 | 3.60 | | | | | 0.92 |
| 长阳县 | | 12.67 | 5.33 | 3.34 | | | | | 0.30 |
| 五峰县 | | 3.00 | | | | | | | |
| **襄樊市** | **1.65** | **13.44** | **10.21** | **1.73** | **10.03** | **2.75** | **5.70** | **4.48** | **4.48** |
| 市辖区 | | 0.40 | 0.40 | | 1.00 | | | | |
| 老河口市 | | 1.00 | | | 2.80 | 0.80 | 2.00 | 0.20 | 0.30 |
| 襄阳区 | | 0.71 | 0.71 | | 0.58 | | | | |
| 枣阳市 | 0.32 | 3.55 | 2.75 | 0.80 | 5.40 | 1.80 | 3.60 | 1.11 | 0.12 |
| 宜城市 | | 0.80 | 0.80 | | | | | 2.50 | |
| 南漳县 | | 0.80 | 0.80 | | 0.10 | | 0.10 | | 1.40 |
| 谷城县 | | 3.33 | 2.50 | 0.83 | 0.10 | 0.10 | | 0.67 | |
| 保康县 | 1.33 | 2.85 | 2.25 | 0.10 | | | | | 2.66 |
| 农场小计 | | | | | 0.05 | 0.05 | | | |
| **鄂州市** | | | | | | | | | |

续表 11　　　　单位:千公顷

| | 地膜覆盖栽培面积(续) | | | | | | | | |
|---|---|---|---|---|---|---|---|---|---|
| | 水　稻 | 玉　米 | 大田地膜玉米 | 地膜育苗移栽 | 棉　花 | 移　栽地膜棉 | 直　播地膜棉 | 花　生 | 烟　叶 |
| **荆门市** | **3.15** | **2.92** | | | **7.25** | **5.80** | **1.34** | | |
| 市辖区 | | | | | 0.37 | 0.23 | 0.14 | | |
| 沙洋县 | | 0.37 | | | 0.37 | 0.27 | 0.10 | | |
| 钟祥市 | 1.50 | | | | 3.30 | 2.20 | 1.10 | | |
| 京山县 | 1.65 | 2.55 | | | 3.21 | 3.10 | | | |
| 沙洋农场 | | | | | | | | | |
| **孝感市** | **0.89** | **0.29** | **0.28** | **0.01** | **5.40** | **2.13** | **3.27** | **6.26** | |
| 孝南区 | 0.16 | 0.02 | 0.02 | | 0.46 | 0.26 | 0.20 | 0.11 | |
| 孝昌县 | | | | | 0.01 | 0.01 | | | |
| 大悟县 | 0.33 | 0.01 | 0.01 | | | | | 5.89 | |
| 安陆市 | 0.40 | | | | 0.01 | 0.01 | | | |
| 云梦县 | | 0.14 | 0.14 | | 0.70 | 0.70 | | | |
| 应城市 | | 0.02 | 0.01 | 0.01 | 0.12 | 0.05 | 0.07 | 0.06 | |
| 汉川市 | | 0.10 | 0.10 | | 4.10 | 1.10 | 3.00 | 0.20 | |
| **黄冈市** | **10.67** | **0.76** | **0.17** | **0.10** | **8.04** | **6.30** | **1.54** | **11.20** | **0.05** |
| 黄州区 | | 0.02 | | 0.02 | 2.02 | 1.62 | 0.40 | 0.10 | |
| 团风县 | 5.67 | 0.01 | 0.01 | | 0.59 | 0.48 | 0.11 | 0.38 | 0.05 |
| 红安县 | | | | | | | | 8.76 | |
| 麻城市 | | 0.10 | 0.10 | | 3.00 | 2.00 | 1.00 | 0.40 | |
| 罗田县 | | 0.07 | | | | | | 0.33 | |
| 英山县 | | 0.15 | 0.05 | 0.08 | 0.08 | 0.05 | 0.03 | 0.07 | |
| 浠水县 | | 0.40 | | | 0.20 | | | 0.75 | |
| 蕲春县 | 5.00 | | | | 0.60 | 0.60 | | 0.30 | |
| 武穴市 | | 0.01 | 0.01 | | 1.55 | 1.55 | | 0.11 | |
| 黄梅县 | | | | | | | | | |
| **咸宁市** | **1.59** | **7.52** | **3.46** | **0.80** | **0.33** | **0.13** | **0.20** | **1.44** | |
| 咸安区 | | 0.40 | 0.30 | 0.10 | | | | 0.30 | |
| 嘉鱼县 | | 1.98 | 0.66 | 0.66 | 0.33 | 0.13 | 0.20 | | |
| 赤壁市 | 0.29 | 0.08 | 0.04 | 0.04 | | | | 0.10 | |
| 通城县 | | | | | | | | | |
| 崇阳县 | 1.30 | 1.33 | 1.33 | | | | | 0.72 | |
| 通山县 | | 3.73 | 1.13 | | | | | 0.32 | |
| **随州市** | | | | | **6.36** | **6.36** | | | |
| 曾都区 | | | | | 6.36 | 6.36 | | | |
| 广水市 | | | | | | | | | |
| **恩施自治州** | **5.42** | **73.58** | **22.05** | **36.67** | | | | **0.79** | **23.81** |
| 恩施市 | 0.01 | 6.45 | 3.80 | 2.50 | | | | 0.20 | 4.50 |
| 建始县 | 0.02 | 16.31 | 4.02 | 0.67 | | | | 0.59 | |
| 巴东县 | 0.13 | 18.30 | 5.00 | 11.40 | | | | | 4.45 |
| 利川市 | 2.30 | 23.50 | 4.20 | 19.00 | | | | | 8.00 |
| 宣恩县 | 0.80 | 2.33 | 0.46 | 1.33 | | | | | |
| 咸丰县 | | 2.65 | 1.90 | 0.40 | | | | | 2.55 |
| 来凤县 | 2.11 | 1.37 | | 1.37 | | | | | 0.55 |
| 鹤峰县 | 0.05 | 2.67 | 2.67 | | | | | | 3.76 |
| **仙桃市** | | **1.80** | **1.80** | | **5.70** | **5.00** | **0.70** | | |
| **天门市** | | **0.33** | | **0.33** | | | | **2.67** | |
| **潜江市** | | **0.27** | **0.13** | **0.14** | **27.21** | **25.90** | **1.31** | | |
| **神农架林区** | | **0.05** | | | | | | | |

续表 12　　　　单位:千公顷

| | 地膜覆盖(续) | 秸秆覆 | | | | 秸秆还田 | 蔬菜遮阳网覆盖 | 蔬菜防虫网覆盖 | 作物棚栽 |
|---|---|---|---|---|---|---|---|---|---|
| | 蔬菜 | 盖栽培 | 麦田 | 油菜田 | 棉田 | | | | |
| **全省合计** | **172.33** | **195.56** | **72.22** | **61.96** | **26.46** | **535.24** | **47.78** | **16.69** | **191.62** |
| **武汉市** | **22.27** | | | | | **9.62** | **16.32** | **8.31** | **42.50** |
| 市辖区 | 7.93 | | | | | | 2.80 | 1.20 | 20.08 |
| 蔡甸区 | 2.81 | | | | | 1.52 | 1.22 | 1.48 | 6.62 |
| 江夏区 | 9.53 | | | | | 6.60 | 10.30 | 5.53 | 6.80 |
| 黄陂区 | 2.00 | | | | | 1.50 | 2.00 | 0.10 | 9.00 |
| 新洲区 | | | | | | | | | |
| **黄石市** | **3.50** | **5.40** | **1.10** | **4.30** | | **42.00** | **2.26** | **0.04** | **6.23** |
| 市辖区 | 0.20 | | | | | | 0.06 | 0.01 | 0.40 |
| 大冶市 | 2.00 | 5.30 | 1.10 | 4.20 | | 27.00 | 1.10 | 0.03 | 4.61 |
| 阳新县 | 1.30 | 0.10 | | 0.10 | | 15.00 | 1.10 | | 1.22 |
| **十堰市** | **13.73** | **3.67** | **2.67** | | | **9.00** | **0.29** | **0.20** | **2.45** |
| 市辖区 | 2.10 | | | | | | | | 0.20 |
| 丹江口市 | 0.67 | | | | | | | | 0.10 |
| 郧　县 | 6.10 | | | | | | | | |
| 郧西县 | 1.86 | | | | | | | | 0.34 |
| 竹山县 | 0.20 | | | | | | 0.25 | 0.15 | 0.71 |
| 竹溪县 | 2.00 | 2.67 | 2.67 | | | | 0.03 | 0.05 | 0.55 |
| 房　县 | 0.80 | 1.00 | | | | 9.00 | 0.01 | | 0.55 |
| **荆州市** | **22.55** | **32.56** | **5.68** | **14.80** | **9.95** | **57.17** | **0.76** | **0.06** | **16.06** |
| 市辖区 | 3.36 | 6.70 | 0.10 | 0.40 | 4.20 | 15.40 | 0.72 | 0.05 | 1.38 |
| 江陵县 | | 4.50 | 0.90 | 3.20 | 0.40 | 6.50 | | | 1.80 |
| 松滋市 | 3.69 | 11.08 | 2.87 | 5.50 | 2.71 | 10.44 | 0.01 | 0.01 | 2.11 |
| 公安县 | 11.50 | | | | | | | | 1.70 |
| 石首市 | | 0.13 | | | | 3.33 | | | 4.43 |
| 监利县 | 2.80 | 1.50 | | | 1.50 | | | | 1.15 |
| 洪湖市 | 1.20 | 8.65 | 1.81 | 5.70 | 1.14 | 21.50 | 0.03 | | 3.49 |
| **宜昌市** | **11.45** | **12.95** | **2.65** | **6.36** | **1.33** | **69.94** | **0.94** | **0.47** | **7.87** |
| 市辖区 | 0.30 | | | | | | 0.30 | 0.20 | 0.60 |
| 夷陵区 | 1.40 | 2.00 | 0.30 | 1.50 | | 0.10 | 0.10 | 0.10 | 0.21 |
| 宜都市 | | 1.53 | 0.10 | 1.33 | | 5.34 | 0.10 | | 0.67 |
| 枝江市 | 1.33 | 6.67 | 2.00 | 3.33 | 1.33 | 20.00 | 0.13 | 0.07 | 3.16 |
| 当阳市 | 1.22 | 2.00 | | | | 20.00 | | | 1.50 |
| 远安县 | | 0.25 | 0.25 | | | 6.50 | 0.01 | | 0.03 |
| 兴山县 | 3.00 | 0.50 | | 0.20 | | 13.00 | 0.30 | 0.10 | 1.70 |
| 秭归县 | | | | | | | | | |
| 长阳县 | 2.20 | | | | | | | | |
| 五峰县 | 2.00 | | | | | 5.00 | | | |
| **襄樊市** | **18.11** | **37.15** | **27.55** | **6.60** | **2.90** | **89.73** | **7.73** | **1.80** | **27.40** |
| 市辖区 | 0.40 | 10.50 | 6.00 | 4.00 | 0.50 | 30.00 | 6.00 | 0.80 | 9.10 |
| 老河口市 | 2.30 | 3.00 | 2.00 | 1.00 | | 3.00 | 1.00 | 1.00 | 5.00 |
| 襄阳区 | 6.24 | 1.18 | 1.18 | | | 14.78 | 0.46 | | 1.79 |
| 枣阳市 | 2.50 | 16.30 | 13.40 | 0.50 | 2.40 | 12.75 | 0.10 | | 1.91 |
| 宜城市 | 1.50 | 2.50 | 2.50 | | | 18.00 | 0.10 | | 9.00 |
| 南漳县 | 2.20 | | | | | 3.20 | | | |
| 谷城县 | 1.67 | 2.67 | 1.67 | 1.00 | | 6.00 | 0.07 | | 0.60 |
| 保康县 | 1.30 | | | | | | | | |
| 农场小计 | | 1.00 | 0.80 | 0.10 | | 2.00 | | | |
| **鄂州市** | | | | | | | | | **4.10** |

续表 13 单位:千公顷

| | 地膜覆盖(续) | 秸秆覆盖栽培 | | | | 秸秆还田 | 蔬菜遮阳网覆盖 | 蔬菜防虫网覆盖 | 作物棚栽 |
|---|---|---|---|---|---|---|---|---|---|
| | 蔬菜 | | 麦田 | 油菜田 | 棉田 | | | | |
| **荆门市** | **5.93** | **12.91** | **0.30** | | | | | **0.30** | **10.10** |
| 市辖区 | 0.87 | 1.23 | 0.30 | | | | | 0.30 | 0.05 |
| 沙洋县 | 0.80 | 5.30 | | | | | | | 3.50 |
| 钟祥市 | 3.01 | 6.38 | | | | | | | 4.40 |
| 京山县 | 1.25 | | | | | | | | 2.10 |
| 沙洋农场 | | | | | | | | | 0.05 |
| **孝感市** | **22.24** | **37.50** | **21.02** | **10.10** | **5.95** | **37.47** | **4.98** | **2.99** | **14.73** |
| 孝南区 | 2.16 | 0.87 | 0.46 | 0.25 | 0.16 | 1.38 | 0.25 | 0.02 | 0.33 |
| 孝昌县 | 1.43 | 0.70 | 0.13 | 0.48 | 0.09 | 5.47 | 0.25 | | 0.79 |
| 大悟县 | 1.12 | 11.63 | 10.33 | 0.87 | | 1.12 | 0.23 | | 0.69 |
| 安陆市 | 1.50 | 9.40 | 7.80 | 1.60 | | 6.80 | 0.10 | 0.06 | 0.90 |
| 云梦县 | 5.33 | 0.80 | 0.80 | | | 1.50 | 1.33 | | 3.16 |
| 应城市 | 1.20 | | | | | 7.20 | 0.22 | 0.01 | 0.86 |
| 汉川市 | 9.50 | 14.10 | 1.50 | 6.90 | 5.70 | 14.00 | 2.60 | 2.90 | 8.00 |
| **黄冈市** | **19.85** | **25.09** | **5.02** | **11.27** | **2.62** | **64.20** | **5.39** | **1.73** | **14.84** |
| 黄州区 | 2.50 | 1.28 | 0.28 | 0.70 | 0.30 | 0.28 | 0.67 | 0.02 | 1.53 |
| 团风县 | 2.67 | 5.87 | 0.75 | 2.48 | 0.46 | 9.76 | 0.48 | 0.27 | 1.55 |
| 红安县 | 4.77 | | | | | 0.06 | | | 0.15 |
| 麻城市 | 1.75 | | | | | 0.02 | 0.34 | | 0.97 |
| 罗田县 | 0.20 | 2.00 | 1.67 | 0.33 | | 2.00 | | | 3.23 |
| 英山县 | 0.50 | 1.80 | 1.80 | | | 2.00 | 0.06 | 0.06 | 0.31 |
| 浠水县 | | 4.00 | | | | 24.00 | 2.20 | 0.80 | 1.80 |
| 蕲春县 | 5.00 | 6.60 | 0.20 | 6.00 | 0.40 | 20.00 | 0.06 | | 1.50 |
| 武穴市 | 2.36 | 2.97 | 0.22 | 1.50 | 1.25 | 6.08 | 1.58 | 0.58 | 2.57 |
| 黄梅县 | 0.10 | 0.57 | 0.10 | 0.26 | 0.21 | | | | 1.23 |
| **咸宁市** | **5.16** | **11.86** | | **2.00** | | **20.13** | **4.32** | | **9.66** |
| 咸安区 | 3.39 | 2.00 | | 2.00 | | 6.72 | 0.60 | | 0.56 |
| 嘉鱼县 | | 6.66 | | | | 1.33 | 2.00 | | 4.32 |
| 赤壁市 | 0.70 | 2.20 | | | | 3.50 | | | 0.36 |
| 通城县 | 0.20 | 0.90 | | | | 6.67 | | | 2.00 |
| 崇阳县 | 0.40 | | | | | | 0.12 | | 0.47 |
| 通山县 | 0.47 | 0.10 | | | | 1.91 | 1.60 | | 1.95 |
| **随州市** | **12.44** | **2.10** | **1.60** | **0.50** | | **2.10** | **1.80** | | **14.24** |
| 曾都区 | 11.60 | 2.10 | 1.60 | 0.50 | | 2.10 | 1.20 | | 13.40 |
| 广水市 | 0.84 | | | | | | 0.60 | | 0.84 |
| **恩施自治州** | **15.10** | **4.00** | **1.30** | **2.70** | | **40.58** | **0.95** | **0.12** | **2.34** |
| 恩施市 | 3.00 | 0.40 | 0.30 | 0.10 | | 6.00 | 0.10 | | 1.30 |
| 建始县 | 0.82 | | | | | 6.50 | 0.80 | 0.10 | 0.05 |
| 巴东县 | 3.10 | 3.10 | 1.00 | 2.10 | | 4.50 | | | 0.15 |
| 利川市 | 4.50 | | | | | | | | 0.18 |
| 宣恩县 | | | | | | | | | |
| 咸丰县 | 0.75 | | | | | 7.80 | 0.03 | 0.02 | 0.45 |
| 来凤县 | 1.58 | | | | | 0.58 | | | 0.16 |
| 鹤峰县 | 1.35 | 0.50 | | 0.50 | | 15.20 | 0.02 | | 0.05 |
| **仙桃市** | | | | | | **45.00** | | | **11.70** |
| **天门市** | | **8.67** | **3.33** | **3.33** | **2.01** | **10.00** | **2.00** | **0.67** | **6.01** |
| **潜江市** | | **1.70** | | | **1.70** | **38.30** | **0.04** | | **1.39** |
| **神农架林区** | | | | | | | | | |

续表 14　　　　单位:千公顷

| | 作物棚栽面积(续) | | | | | | 配方施肥 | | |
|---|---|---|---|---|---|---|---|---|---|
| | 大棚 | 蔬菜 | 中棚 | 蔬菜 | 小拱棚 | 蔬菜 | | 小麦 | 早稻 |
| **全省合计** | **76.05** | **52.93** | **58.43** | **45.31** | **57.14** | **51.23** | **4260.18** | **429.59** | **245.82** |
| **武汉市** | **12.26** | **6.06** | **17.87** | **15.65** | **12.37** | **9.92** | **240.87** | **0.80** | **46.53** |
| 市辖区 | 5.33 | 1.33 | 10.75 | 9.75 | 4.00 | 3.00 | 20.98 | | |
| 蔡甸区 | 2.50 | 1.20 | 1.92 | 1.20 | 2.20 | 1.25 | 57.20 | 0.80 | 1.20 |
| 江夏区 | 1.93 | 1.13 | 2.20 | 2.20 | 2.67 | 2.67 | 63.59 | | 10.33 |
| 黄陂区 | 2.50 | 2.40 | 3.00 | 2.50 | 3.50 | 3.00 | 59.10 | | 20.00 |
| 新洲区 | | | | | | | 40.00 | | 15.00 |
| **黄石市** | **2.66** | **2.49** | **1.46** | **0.26** | **2.11** | **2.11** | **154.77** | **6.12** | **26.53** |
| 市辖区 | 0.20 | 0.20 | 0.10 | 0.10 | 0.10 | 0.10 | 0.32 | 0.02 | 0.03 |
| 大冶市 | 1.26 | 1.10 | 1.35 | 0.15 | 2.00 | 2.00 | 58.93 | 2.10 | 13.20 |
| 阳新县 | 1.20 | 1.19 | 0.01 | 0.01 | 0.01 | 0.01 | 95.52 | 4.00 | 13.30 |
| **十堰市** | **1.43** | **1.35** | **0.44** | **0.36** | **0.58** | **0.46** | **212.96** | **37.47** | |
| 市辖区 | 0.20 | 0.20 | | | | | 4.84 | 0.50 | |
| 丹江口市 | 0.03 | 0.03 | 0.05 | 0.05 | 0.02 | 0.02 | 24.33 | 6.33 | |
| 郧　县 | | | | | | | 48.00 | 15.50 | |
| 郧西县 | | | 0.05 | 0.05 | 0.29 | 0.22 | 21.13 | 2.06 | |
| 竹山县 | 0.65 | 0.60 | 0.02 | 0.02 | 0.04 | 0.04 | 22.70 | 3.20 | |
| 竹溪县 | 0.50 | 0.50 | 0.02 | 0.02 | 0.03 | 0.03 | 52.96 | 3.88 | |
| 房　县 | 0.05 | 0.02 | 0.30 | 0.22 | 0.20 | 0.15 | 39.00 | 6.00 | |
| **荆州市** | **6.73** | **4.72** | **3.66** | **3.49** | **5.67** | **5.42** | **568.99** | **17.82** | **43.20** |
| 市辖区 | 0.43 | 0.27 | 0.35 | 0.20 | 0.60 | 0.60 | 39.61 | 2.00 | 1.20 |
| 江陵县 | 1.00 | 0.40 | 0.50 | 0.50 | 0.30 | 0.30 | 58.28 | 5.60 | 0.15 |
| 松滋市 | 0.26 | 0.16 | 0.20 | 0.18 | 1.65 | 1.50 | 93.13 | 3.28 | 6.14 |
| 公安县 | 0.60 | 0.50 | 0.30 | 0.30 | 0.80 | 0.80 | 133.19 | 5.20 | 10.50 |
| 石首市 | 2.33 | 1.33 | 0.60 | 0.60 | 1.50 | 1.50 | 31.12 | | 3.50 |
| 监利县 | 0.65 | 0.60 | 0.20 | 0.20 | 0.30 | 0.20 | 184.26 | 1.74 | 20.90 |
| 洪湖市 | 1.46 | 1.46 | 1.51 | 1.51 | 0.52 | 0.52 | 29.40 | | 0.81 |
| **宜昌市** | **3.32** | **1.32** | **1.69** | **1.63** | **2.86** | **2.76** | **247.18** | **12.97** | **5.53** |
| 市辖区 | 0.30 | 0.30 | 0.20 | 0.20 | 0.10 | 0.10 | 3.30 | | |
| 夷陵区 | 0.20 | 0.10 | 0.01 | 0.01 | | | 49.45 | | |
| 宜都市 | 0.40 | | 0.14 | 0.14 | 0.13 | 0.13 | 23.33 | 0.60 | 0.20 |
| 枝江市 | 1.50 | 0.13 | 0.33 | 0.33 | 1.33 | 1.33 | 70.03 | 6.67 | 5.33 |
| 当阳市 | 0.50 | 0.40 | 0.50 | 0.50 | 0.50 | 0.50 | 5.00 | | |
| 远安县 | 0.02 | 0.01 | 0.01 | | | | 0.80 | | |
| 兴山县 | 0.40 | 0.38 | 0.50 | 0.45 | 0.80 | 0.70 | 23.50 | 1.50 | |
| 秭归县 | | | | | | | 8.60 | 1.20 | |
| 长阳县 | | | | | | | 34.97 | 2.00 | |
| 五峰县 | | | | | | | 28.20 | 1.00 | |
| **襄樊市** | **11.34** | **6.26** | **8.60** | **5.47** | **7.46** | **7.24** | **503.66** | **140.43** | |
| 市辖区 | 3.60 | 2.50 | 3.00 | 3.00 | 2.50 | 2.50 | 44.70 | 11.00 | |
| 老河口市 | 1.00 | | 2.00 | | 2.00 | 2.00 | 40.20 | 14.20 | |
| 襄阳区 | 0.63 | 0.54 | 0.67 | 0.67 | 0.49 | 0.44 | 65.35 | 21.43 | |
| 枣阳市 | 1.91 | 1.42 | | | | | 136.24 | 52.00 | |
| 宜城市 | 4.00 | 1.80 | 2.70 | 1.80 | 2.30 | 2.30 | 71.50 | 12.00 | |
| 南漳县 | | | | | | | 69.60 | 9.00 | |
| 谷城县 | 0.20 | | 0.23 | | 0.17 | | 44.76 | 13.40 | |
| 保康县 | | | | | | | 25.31 | 3.60 | |
| 农场小计 | | | | | | | 6.00 | 3.80 | |
| **鄂州市** | **2.00** | **2.00** | **0.90** | **0.90** | **1.20** | **1.20** | | | |

续表 15　　　　　　　　　　　　　　　　　　　　　　　　　　单位:千公顷

| | 作物棚栽面积(续) | | | | | | 配方施肥 | | |
|---|---|---|---|---|---|---|---|---|---|
| | 大棚 | 蔬菜 | 中棚 | 蔬菜 | 小拱棚 | 蔬菜 | | 小麦 | 早稻 |
| **荆门市** | **2.49** | **2.49** | **3.60** | **2.73** | **4.01** | **3.81** | **317.01** | **37.69** | **4.03** |
| 市辖区 | 0.04 | 0.04 | | | 0.01 | 0.01 | 48.12 | 5.77 | |
| 沙洋县 | 1.30 | 1.30 | 1.30 | 0.93 | 0.90 | 0.85 | 92.87 | 10.60 | 0.53 |
| 钟祥市 | 1.10 | 1.10 | 1.50 | 1.30 | 1.80 | 1.75 | 91.01 | 12.00 | |
| 京山县 | | | 0.80 | 0.50 | 1.30 | 1.20 | 84.70 | 9.32 | 3.50 |
| 沙洋农场 | 0.05 | 0.05 | | | | | 0.31 | | |
| **孝感市** | **7.53** | **6.66** | **3.58** | **3.31** | **3.62** | **3.24** | **373.00** | **62.69** | **17.02** |
| 孝南区 | 0.04 | 0.03 | 0.12 | 0.11 | 0.17 | 0.15 | 51.18 | 8.28 | 4.67 |
| 孝昌县 | 0.38 | 0.37 | 0.24 | 0.24 | 0.17 | 0.15 | 51.58 | 12.83 | 3.21 |
| 大悟县 | 0.35 | 0.35 | 0.21 | 0.21 | 0.13 | 0.13 | 43.86 | 10.78 | 0.50 |
| 安陆市 | 0.35 | 0.35 | 0.35 | 0.35 | 0.20 | 0.20 | 49.96 | 12.30 | 0.04 |
| 云梦县 | 2.63 | 2.33 | | | 0.53 | 0.53 | 38.02 | 6.00 | 2.00 |
| 应城市 | 0.28 | 0.13 | 0.26 | 0.20 | 0.32 | 0.28 | 40.00 | 1.50 | 5.00 |
| 汉川市 | 3.50 | 3.10 | 2.40 | 2.20 | 2.10 | 1.80 | 98.40 | 11.00 | 1.60 |
| **黄冈市** | **6.76** | **5.17** | **5.77** | **1.83** | **2.31** | **0.82** | **546.02** | **35.12** | **76.09** |
| 黄州区 | 0.67 | 0.67 | 0.33 | 0.33 | 0.53 | | 19.85 | 1.38 | 2.44 |
| 团风县 | 0.19 | 0.07 | 0.47 | 0.17 | 0.89 | 0.46 | 41.61 | 2.11 | 9.08 |
| 红安县 | 0.11 | 0.10 | 0.04 | 0.04 | | | 0.67 | 0.02 | 0.01 |
| 麻城市 | 0.67 | 0.64 | 0.25 | 0.22 | 0.05 | | 92.07 | 14.48 | 11.15 |
| 罗田县 | 0.03 | | 3.00 | | 0.20 | | 41.66 | 5.00 | 0.80 |
| 英山县 | 0.25 | 0.20 | 0.04 | 0.04 | 0.02 | 0.02 | 27.50 | 4.90 | 0.73 |
| 浠水县 | 1.20 | 1.00 | 0.50 | | 0.10 | | 62.10 | | 13.00 |
| 蕲春县 | 1.35 | 0.85 | 0.09 | 0.09 | 0.06 | 0.06 | 84.20 | 1.00 | 15.00 |
| 武穴市 | 1.31 | 1.25 | 0.90 | 0.79 | 0.36 | 0.18 | 73.42 | 1.58 | 11.88 |
| 黄梅县 | 0.98 | 0.39 | 0.15 | 0.15 | 0.10 | 0.10 | 102.94 | 4.65 | 12.00 |
| **咸宁市** | **4.06** | **3.61** | **1.00** | **0.98** | **4.60** | **4.48** | **194.50** | **2.65** | **14.03** |
| 咸安区 | 0.20 | 0.14 | 0.10 | 0.08 | 0.26 | 0.20 | 57.48 | 0.28 | 2.60 |
| 嘉鱼县 | 3.66 | 3.33 | | | 0.66 | 0.66 | 33.84 | 1.33 | 1.33 |
| 赤壁市 | 0.02 | 0.01 | 0.01 | 0.01 | 0.33 | 0.33 | 48.03 | | 4.70 |
| 通城县 | | | | | 2.00 | 2.00 | 3.12 | 0.02 | |
| 崇阳县 | 0.05 | 0.03 | | | 0.42 | 0.36 | 25.28 | 0.70 | 4.95 |
| 通山县 | 0.13 | 0.10 | 0.89 | 0.89 | 0.93 | 0.93 | 26.75 | 0.32 | 0.45 |
| **随州市** | **3.47** | **1.87** | **7.17** | **6.27** | **3.60** | **3.60** | **131.10** | **31.20** | |
| 曾都区 | 3.40 | 1.80 | 6.80 | 5.90 | 3.20 | 3.20 | 111.10 | 31.20 | |
| 广水市 | 0.07 | 0.07 | 0.37 | 0.37 | 0.40 | 0.40 | 20.00 | | |
| **恩施自治州** | **0.69** | **0.42** | **0.14** | **0.14** | **1.51** | **1.49** | **351.32** | **12.51** | |
| 恩施市 | 0.10 | 0.10 | 0.10 | 0.10 | 1.10 | 1.10 | 89.65 | 4.50 | |
| 建始县 | 0.03 | 0.02 | | | 0.02 | | 36.50 | 4.00 | |
| 巴东县 | 0.15 | | | | | | 51.40 | 3.50 | |
| 利川市 | 0.02 | 0.02 | 0.01 | 0.01 | 0.15 | 0.15 | 88.17 | 0.30 | |
| 宣恩县 | | | | | | | 32.80 | 0.20 | |
| 咸丰县 | 0.25 | 0.15 | | | 0.20 | 0.20 | 9.55 | | |
| 来凤县 | 0.12 | 0.12 | 0.02 | 0.02 | 0.02 | 0.02 | 20.42 | 0.01 | |
| 鹤峰县 | 0.02 | 0.01 | 0.01 | 0.01 | 0.02 | 0.02 | 22.83 | | |
| **仙桃市** | **6.10** | **4.00** | **1.60** | **1.50** | **4.00** | **3.80** | **123.90** | **3.50** | **5.80** |
| **天门市** | **4.67** | **4.00** | **0.67** | **0.53** | **0.67** | **0.33** | **163.67** | **13.33** | **6.67** |
| **潜江市** | **0.54** | **0.51** | **0.28** | **0.26** | **0.57** | **0.55** | **128.46** | **15.09** | **0.39** |
| **神农架林区** | | | | | | | **2.77** | **0.20** | |

续表 16 单位：千公顷

| | 配方施肥面积(续) | | | | | | | | |
|---|---|---|---|---|---|---|---|---|---|
| | 中稻 | 双晚 | 玉米 | 薯类 | 棉花 | 油菜 | 花生 | 芝麻 | 蔬菜 |
| **全省合计** | **960.91** | **284.48** | **266.52** | **165.23** | **264.62** | **806.81** | **60.34** | **35.23** | **519.89** |
| **武汉市** | **32.43** | **34.60** | **1.47** | | **10.87** | **10.27** | **2.00** | **1.40** | **39.91** |
| 市辖区 | 4.00 | 0.47 | 0.27 | | 2.67 | 2.87 | | | 5.58 |
| 蔡甸区 | 8.10 | 2.00 | | | 3.20 | 7.20 | | 1.40 | 13.60 |
| 江夏区 | 7.33 | 12.13 | 1.20 | | | | | | 20.73 |
| 黄陂区 | 10.00 | 20.00 | | | | 0.20 | 2.00 | | |
| 新洲区 | 3.00 | | | | 5.00 | | | | |
| **黄石市** | **12.61** | **34.57** | **8.70** | **5.10** | **1.60** | **30.00** | **1.80** | **4.70** | **17.04** |
| 市辖区 | 0.03 | 0.07 | | | | 0.10 | | | 0.07 |
| 大冶市 | 5.66 | 18.50 | 1.50 | | | 15.40 | | | 1.87 |
| 阳新县 | 6.92 | 16.00 | 7.20 | 5.10 | 1.60 | 14.50 | 1.80 | 4.70 | 15.10 |
| **十堰市** | **29.57** | · | **41.52** | **18.99** | | **23.04** | **2.47** | **5.79** | **36.35** |
| 市辖区 | 0.30 | | 0.50 | 0.20 | | 0.10 | 0.10 | 0.04 | 3.10 |
| 丹江口市 | 5.33 | | 2.67 | 2.00 | | 3.33 | | 1.67 | 3.00 |
| 郧　县 | 6.00 | | 8.20 | 5.50 | | 1.90 | 0.40 | 1.20 | 8.40 |
| 郧西县 | 1.28 | | 5.04 | | | 0.68 | | | 5.25 |
| 竹山县 | 5.40 | | 7.10 | | | 6.30 | | | 0.70 |
| 竹溪县 | 5.26 | | 10.01 | 8.29 | | 7.73 | 1.97 | 2.88 | 10.90 |
| 房　县 | 6.00 | | 8.00 | 3.00 | | 3.00 | | | 5.00 |
| **荆州市** | **152.98** | **55.73** | **7.81** | **2.16** | **71.82** | **155.33** | **0.59** | **0.81** | **52.27** |
| 市辖区 | 9.80 | 1.16 | 0.81 | 0.40 | 7.54 | 12.39 | 0.20 | 0.10 | 3.49 |
| 江陵县 | 24.50 | 0.03 | | | 10.00 | 18.00 | | | |
| 松滋市 | 14.85 | 7.56 | 5.67 | 1.33 | 11.50 | 29.24 | 0.24 | 0.31 | 10.28 |
| 公安县 | 26.50 | 13.30 | 0.50 | | 23.90 | 40.16 | | | 13.13 |
| 石首市 | 10.00 | 4.00 | 0.20 | 0.18 | 0.33 | | | | 7.91 |
| 监利县 | 54.48 | 25.48 | 0.50 | 0.25 | 14.34 | 48.34 | 0.15 | 0.40 | 17.46 |
| 洪湖市 | 12.85 | 4.20 | 0.13 | | 4.21 | 7.20 | | | |
| **宜昌市** | **33.33** | **6.67** | **50.77** | **22.20** | **10.33** | **45.65** | **1.03** | **0.60** | **35.77** |
| 市辖区 | 0.50 | | 0.80 | | | 0.50 | | | 1.20 |
| 夷陵区 | 9.27 | | 9.71 | 4.60 | | 6.74 | 0.10 | | 6.17 |
| 宜都市 | 6.00 | | 4.66 | | | 6.00 | | | 0.67 |
| 枝江市 | 11.33 | 6.67 | 2.10 | 2.10 | 10.00 | 16.00 | 0.73 | 0.50 | 8.60 |
| 当阳市 | 1.33 | | | | 0.33 | 2.34 | | | 0.33 |
| 远安县 | 0.50 | | | | | 0.30 | | | |
| 兴山县 | 2.00 | | 6.50 | 5.30 | | 3.20 | 0.20 | 0.10 | 4.20 |
| 秭归县 | | | 4.50 | | | 2.90 | | | |
| 长阳县 | 2.00 | | 10.50 | 5.20 | | 4.67 | | | 8.60 |
| 五峰县 | 0.40 | | 12.00 | 5.00 | | 3.00 | | | 6.00 |
| **襄樊市** | **128.37** | | **39.27** | **2.20** | **18.51** | **56.83** | **24.81** | **7.44** | **34.75** |
| 市辖区 | 8.00 | | 1.20 | | 1.00 | 6.50 | 2.00 | 1.00 | 12.00 |
| 老河口市 | 8.20 | | 3.20 | 0.80 | 3.00 | 2.00 | 0.60 | 1.20 | 5.80 |
| 襄阳区 | 16.98 | | 3.67 | | 2.39 | 7.70 | 10.61 | | 1.48 |
| 枣阳市 | 32.50 | | 7.50 | | 5.90 | 12.60 | 5.30 | 2.74 | |
| 宜城市 | 25.00 | | 1.50 | | 5.50 | 12.00 | 5.00 | 1.00 | 4.50 |
| 南漳县 | 18.10 | | 9.20 | 0.20 | 0.30 | 8.40 | 0.10 | 0.30 | 3.00 |
| 谷城县 | 16.09 | | 5.00 | | 0.34 | 3.26 | 1.00 | 1.00 | 4.67 |
| 保康县 | 3.10 | | 8.00 | 1.20 | | 4.25 | | | 3.30 |
| 农场小计 | 0.40 | | | | 0.08 | 0.12 | 0.20 | 0.20 | |
| **鄂州市** | | | | | | | | | |

续表 17　　　　　　　　　　　　　　　　　　　　　　　　　　单位:千公顷

| | 配方施肥面积(续) | | | | | | | | |
|---|---|---|---|---|---|---|---|---|---|
| | 中　稻 | 双　晚 | 玉　米 | 薯　类 | 棉　花 | 油　菜 | 花　生 | 芝　麻 | 蔬　菜 |
| **荆门市** | **100.85** | **6.53** | **9.81** | **0.15** | **17.53** | **86.50** | **0.46** | **3.38** | **48.60** |
| 市辖区 | 10.80 | | 1.10 | 0.15 | 1.82 | 15.37 | 0.46 | 0.15 | 12.17 |
| 沙洋县 | 36.70 | 0.18 | 0.09 | | 4.00 | 30.00 | | | 10.77 |
| 钟祥市 | 22.00 | | 4.50 | | 8.50 | 26.00 | | 1.10 | 16.91 |
| 京山县 | 31.35 | 6.35 | 4.12 | | 3.21 | 15.13 | | 2.13 | 8.44 |
| 沙洋农场 | | | | | | | | | 0.31 |
| **孝感市** | **112.43** | **20.23** | **0.44** | **1.48** | **19.34** | **60.67** | **8.77** | **2.05** | **58.87** |
| 孝南区 | 12.37 | 5.36 | 0.05 | | 0.84 | 7.69 | 0.43 | 0.45 | 7.78 |
| 孝昌县 | 18.25 | 3.96 | 0.01 | | 0.42 | 3.76 | 0.81 | 0.27 | 4.91 |
| 大悟县 | 16.61 | 0.55 | 0.15 | 0.96 | | 4.37 | 6.13 | 0.33 | 3.48 |
| 安陆市 | 23.60 | 0.06 | 0.03 | 0.50 | 0.38 | 6.85 | 0.90 | 0.70 | 4.60 |
| 云梦县 | 6.00 | 2.50 | | 0.02 | 1.50 | 6.50 | | | 13.50 |
| 应城市 | 10.00 | 6.00 | | | 3.00 | 10.00 | | | 4.50 |
| 汉川市 | 25.60 | 1.80 | 0.20 | | 13.20 | 21.50 | 0.50 | 0.30 | 20.10 |
| **黄冈市** | **103.61** | **92.49** | **1.10** | **11.08** | **30.71** | **131.67** | **4.63** | **2.79** | **42.18** |
| 黄州区 | 2.35 | 2.58 | 0.03 | 0.34 | 2.07 | 3.16 | 0.12 | 0.50 | 4.88 |
| 团风县 | 5.17 | 9.84 | 0.01 | 0.56 | 0.62 | 7.41 | 0.57 | 0.43 | 2.86 |
| 红安县 | 0.03 | 0.02 | | | | 0.03 | 0.56 | | |
| 麻城市 | 19.88 | 15.00 | 0.21 | | 6.25 | 22.30 | | | 2.80 |
| 罗田县 | 17.33 | 0.50 | | | | 8.00 | 1.33 | | 6.70 |
| 英山县 | 8.90 | 0.50 | 0.40 | 2.20 | 0.04 | 4.20 | 0.40 | 0.30 | 2.90 |
| 浠水县 | 2.00 | 18.00 | 0.40 | | 1.20 | 21.00 | | | 6.50 |
| 蕲春县 | 16.00 | 17.00 | 0.04 | 7.00 | 0.66 | 15.00 | 1.10 | 0.90 | 6.00 |
| 武穴市 | 11.35 | 13.55 | 0.01 | 0.98 | 4.58 | 21.65 | 0.55 | 0.66 | 3.56 |
| 黄梅县 | 20.60 | 15.50 | | | 15.29 | 28.92 | | | 5.98 |
| **咸宁市** | **37.68** | **19.80** | **10.76** | **8.88** | **1.13** | **36.80** | **3.63** | **3.69** | **47.87** |
| 咸安区 | 15.10 | 3.00 | 2.10 | 3.90 | 0.20 | 13.00 | 2.30 | 1.50 | 12.00 |
| 嘉鱼县 | 6.66 | 2.00 | 1.33 | 0.20 | 0.33 | 4.00 | 0.33 | 1.00 | 13.33 |
| 赤壁市 | 6.30 | 7.61 | 0.37 | | 0.60 | 11.90 | 0.35 | 1.10 | 13.00 |
| 通城县 | | | | | | 3.10 | | | |
| 崇阳县 | 4.65 | 6.70 | 2.40 | | | 1.47 | | | 3.98 |
| 通山县 | 4.97 | 0.49 | 4.56 | 4.78 | | 3.33 | 0.65 | 0.09 | 5.56 |
| **随州市** | **72.97** | | **1.00** | | **4.50** | **7.03** | **1.60** | **0.80** | **12.00** |
| 曾都区 | 56.30 | | 1.00 | | 4.50 | 3.70 | 1.60 | 0.80 | 12.00 |
| 广水市 | 16.67 | | | | | 3.33 | | | |
| **恩施自治州** | **49.80** | | **88.09** | **91.86** | | **24.80** | **3.32** | | **65.80** |
| 恩施市 | 9.00 | | 18.00 | 29.40 | | 7.00 | 0.75 | | 21.00 |
| 建始县 | 3.80 | | 16.31 | | | 4.50 | 0.59 | | 6.70 |
| 巴东县 | 1.50 | | 15.10 | 18.00 | | 3.80 | 1.00 | | 4.00 |
| 利川市 | 18.10 | | 18.67 | 23.50 | | 2.00 | | | 22.10 |
| 宣恩县 | 7.20 | | 7.00 | 8.80 | | 2.60 | 0.40 | | 5.60 |
| 咸丰县 | 2.55 | | 3.35 | 0.50 | | 0.35 | | | 0.70 |
| 来凤县 | 5.39 | | 3.03 | 2.88 | | 2.38 | 0.43 | | 2.86 |
| 鹤峰县 | 2.26 | | 6.63 | 8.78 | | 2.17 | 0.15 | | 2.84 |
| **仙桃市** | **40.00** | **6.00** | **1.50** | | **19.10** | **48.00** | | | |
| **天门市** | **26.67** | **6.67** | **1.00** | **0.67** | **33.33** | **53.33** | **4.00** | **1.33** | **16.67** |
| **潜江市** | **27.54** | **1.19** | **1.05** | **0.46** | **25.85** | **36.74** | **1.23** | **0.45** | **11.81** |
| **神农架林区** | **0.07** | | **2.23** | | | **0.15** | | | |

| | 化肥深施 | 使用微量元素肥 | 使用微量元素肥面积(续) | | | | | | |
|---|---|---|---|---|---|---|---|---|---|
| | | | 专用配合微肥 | 小麦 | 水稻 | 棉花 | 蔬菜 | 硼肥 | 小麦 |
| **全省合计** | **1419.91** | **2886.89** | **1036.35** | **168.81** | **336.25** | **160.42** | **241.81** | **1250.42** | **66.01** |
| **武汉市** | **101.10** | **222.04** | **117.09** | **0.47** | **39.10** | **3.52** | **30.40** | **68.23** | **0.80** |
| 市辖区 | 5.23 | 18.60 | 14.70 | | | | 14.70 | 3.60 | |
| 蔡甸区 | 26.80 | 56.90 | 42.62 | 0.40 | 15.10 | 3.52 | | 12.93 | 0.80 |
| 江夏区 | 28.87 | 52.94 | 21.47 | 0.07 | 14.00 | | 7.40 | 14.00 | |
| 黄陂区 | 0.20 | 28.60 | | | | | | 24.50 | |
| 新洲区 | 40.00 | 65.00 | 38.30 | | 10.00 | | 8.30 | 13.20 | |
| **黄石市** | **44.93** | **58.92** | **20.29** | **1.62** | **11.40** | **0.70** | **6.57** | **29.66** | |
| 市辖区 | 0.13 | 0.25 | 0.19 | 0.02 | 0.10 | | 0.07 | 0.06 | |
| 大冶市 | 31.00 | 35.17 | 16.60 | 1.60 | 10.00 | | 5.00 | 15.40 | |
| 阳新县 | 13.80 | 23.50 | 3.50 | | 1.30 | 0.70 | 1.50 | 14.20 | |
| **十堰市** | **135.17** | **121.91** | **51.66** | **16.50** | **11.20** | | **20.96** | **32.55** | **1.30** |
| 市辖区 | | | | | | | | | |
| 丹江口市 | 18.67 | 8.07 | | | | | | 7.67 | 1.00 |
| 郧　县 | 32.00 | 25.70 | 20.50 | 10.00 | 4.00 | | 6.50 | 5.20 | |
| 郧西县 | | 2.24 | 1.56 | | | | 1.56 | 0.68 | |
| 竹山县 | 14.00 | 6.80 | | | | | | 3.60 | |
| 竹溪县 | 50.50 | 45.10 | 19.60 | 3.50 | 5.20 | | 10.90 | 11.40 | |
| 房　县 | 20.00 | 34.00 | 10.00 | 3.00 | 2.00 | | 2.00 | 4.00 | 0.30 |
| **荆州市** | **199.88** | **433.63** | **92.97** | **3.78** | **12.89** | **31.06** | **4.24** | **249.25** | **5.03** |
| 市辖区 | 15.80 | 78.80 | 12.70 | 1.20 | 3.10 | 7.80 | 0.60 | 42.93 | 1.47 |
| 江陵县 | 49.30 | 53.20 | 25.00 | | | | | 15.20 | |
| 松滋市 | 123.48 | 54.74 | 12.95 | 1.31 | 6.38 | 2.16 | 3.10 | 38.66 | |
| 公安县 | | 98.50 | 26.00 | | | 10.00 | | 65.00 | |
| 石首市 | 10.00 | 34.00 | 5.00 | | | 5.00 | | 25.00 | |
| 监利县 | | 43.72 | 5.00 | | | 5.00 | | 30.72 | |
| 洪湖市 | 1.30 | 70.67 | 6.32 | 1.27 | 3.41 | 1.10 | 0.54 | 31.74 | 3.56 |
| **宜昌市** | **144.47** | **155.39** | **27.50** | **3.90** | **7.33** | **6.67** | **8.93** | **87.36** | |
| 市辖区 | 0.50 | 0.80 | 0.50 | 0.10 | 0.10 | | 0.30 | 0.30 | |
| 夷陵区 | 26.50 | 16.45 | 3.20 | | 1.90 | | 1.30 | 7.95 | |
| 宜都市 | 2.00 | 10.06 | 2.67 | | 2.00 | | | 6.67 | |
| 枝江市 | 26.67 | 78.73 | 15.33 | 2.00 | 3.33 | 6.67 | 3.33 | 32.73 | |
| 当阳市 | 67.00 | 24.67 | | | | | | 23.33 | |
| 远安县 | | 5.50 | | | | | | 4.50 | |
| 兴山县 | 8.50 | 2.85 | | | | | | 2.50 | |
| 秭归县 | | 7.06 | 4.00 | 1.50 | | | 2.50 | 3.06 | |
| 长阳县 | | 9.27 | 1.80 | 0.30 | | | 1.50 | 6.32 | |
| 五峰县 | 13.30 | | | | | | | | |
| **襄樊市** | **323.56** | **418.38** | **199.69** | **79.71** | **55.44** | **16.39** | **27.36** | **166.83** | **38.86** |
| 市辖区 | 36.00 | 60.00 | 23.00 | 8.00 | 2.00 | 1.00 | 10.00 | 26.00 | 6.00 |
| 老河口市 | 21.00 | 26.80 | 15.00 | | | | | 5.00 | |
| 襄阳区 | 57.26 | 34.89 | 11.14 | 3.79 | 5.18 | 1.44 | 0.73 | 21.18 | 0.41 |
| 枣阳市 | 168.80 | 166.07 | 117.70 | 56.42 | 34.86 | 12.00 | 11.23 | 45.97 | 19.45 |
| 宜城市 | 21.50 | 30.50 | 5.50 | 1.50 | | 1.60 | 2.40 | 22.00 | |
| 南漳县 | 19.00 | 78.30 | 24.30 | 8.00 | 13.00 | 0.30 | 3.00 | 36.00 | 11.00 |
| 谷城县 | | 6.59 | | | | | | 3.26 | |
| 保康县 | | 6.56 | | | | | | 3.70 | |
| 农场小计 | | 8.67 | 3.05 | 2.00 | 0.40 | 0.05 | | 3.72 | 2.00 |
| **鄂州市** | | | | | | | | | |

续表 19　　单位:千公顷

| | 化肥深施 | 使用微量元素肥 | 使用微量元素肥面积(续) | | | | | | |
|---|---|---|---|---|---|---|---|---|---|
| | | | 专用配合微肥 | 小麦 | 水稻 | 棉花 | 蔬菜 | 硼肥 | 小麦 |
| **荆门市** | **0.15** | **168.98** | **83.92** | **25.85** | **13.64** | **16.43** | **28.00** | **52.04** | **6.67** |
| 市辖区 | 0.15 | 20.53 | 9.53 | 1.00 | 0.33 | 1.20 | 7.00 | 6.85 | 0.67 |
| 沙洋县 | | 41.72 | 20.97 | 5.00 | 4.67 | 5.30 | 6.00 | 11.75 | 0.67 |
| 钟祥市 | | 66.65 | 35.00 | 13.00 | 7.00 | 7.00 | 8.00 | 19.85 | 2.50 |
| 京山县 | | 40.08 | 18.42 | 6.85 | 1.64 | 2.93 | 7.00 | 13.59 | 2.83 |
| 沙洋农场 | | | | | | | | | |
| **孝感市** | **79.26** | **216.19** | **81.47** | **7.37** | **25.38** | **17.29** | **30.84** | **100.14** | **0.29** |
| 孝南区 | 8.59 | 20.09 | 10.38 | 2.56 | 3.25 | 0.52 | 3.86 | 8.48 | 0.01 |
| 孝昌县 | 29.87 | 22.32 | 7.47 | 1.14 | 3.93 | 0.27 | 2.13 | 9.87 | 0.28 |
| 大悟县 | | 9.78 | 2.42 | 0.67 | | | 1.75 | 5.59 | |
| 安陆市 | | 14.92 | 2.00 | 0.50 | | | 1.50 | 11.12 | |
| 云梦县 | | 7.96 | | | | | | 7.46 | |
| 应城市 | 2.60 | 28.42 | 6.90 | 0.60 | 2.60 | 1.90 | 1.80 | 20.62 | |
| 汉川市 | 38.20 | 112.70 | 52.30 | 1.90 | 15.60 | 14.60 | 19.80 | 37.00 | |
| **黄冈市** | **172.23** | **412.11** | **148.54** | **8.82** | **84.31** | **14.73** | **29.14** | **197.93** | **11.37** |
| 黄州区 | | 9.01 | 2.22 | | | 1.24 | 0.98 | 5.66 | 0.14 |
| 团风县 | 17.67 | 34.71 | 7.67 | 0.66 | 5.17 | 0.53 | 0.96 | 14.87 | 0.37 |
| 红安县 | 0.03 | 58.16 | 15.33 | 1.21 | 8.99 | 0.31 | 4.82 | 37.71 | 1.21 |
| 麻城市 | 5.90 | 46.74 | 11.06 | 2.85 | 3.55 | 3.33 | 1.33 | 33.53 | 8.20 |
| 罗田县 | | 7.73 | 2.00 | | | | | 5.00 | |
| 英山县 | 2.20 | 22.40 | 7.30 | 2.10 | 3.60 | 0.06 | 1.54 | 7.55 | 1.40 |
| 浠水县 | 3.20 | 59.50 | 28.50 | 0.50 | 11.50 | 1.10 | 9.00 | 26.00 | |
| 蕲春县 | 20.00 | 91.70 | 46.80 | 0.30 | 40.00 | 0.50 | 6.00 | 20.00 | |
| 武穴市 | 24.25 | 52.97 | 19.14 | 1.20 | 11.50 | 3.56 | 2.25 | 28.35 | 0.05 |
| 黄梅县 | 98.98 | 29.19 | 8.52 | | | 4.10 | 2.26 | 19.26 | |
| **咸宁市** | **58.69** | **84.18** | **25.32** | **0.01** | **11.74** | **0.10** | **13.47** | **46.48** | |
| 咸安区 | 34.10 | 23.29 | | | | | | 17.31 | |
| 嘉鱼县 | 6.66 | 15.20 | | | | | | 13.20 | |
| 赤壁市 | 6.20 | 21.02 | 12.90 | | 6.70 | 0.10 | 6.10 | 7.60 | |
| 通城县 | 6.00 | 2.91 | 2.53 | 0.01 | 2.50 | | 0.02 | | |
| 崇阳县 | 3.00 | 13.08 | 5.10 | | 2.00 | | 3.10 | 4.62 | |
| 通山县 | 2.73 | 8.68 | 4.79 | | 0.54 | | 4.25 | 3.75 | |
| **随州市** | **52.20** | **47.65** | | | | | | **14.65** | |
| 曾都区 | 52.20 | 42.40 | | | | | | 9.40 | |
| 广水市 | | 5.25 | | | | | | 5.25 | |
| **恩施自治州** | **108.27** | **158.53** | **33.43** | **1.20** | **12.57** | | **15.11** | **28.16** | **0.10** |
| 恩施市 | 36.50 | 43.30 | 12.20 | 1.20 | 3.50 | | 7.50 | 6.60 | |
| 建始县 | 20.00 | 13.25 | 0.87 | | 0.67 | | 0.20 | 1.30 | |
| 巴东县 | 5.50 | 15.10 | 3.50 | | 0.50 | | 3.00 | 2.40 | |
| 利川市 | 1.00 | 25.80 | | | | | | 0.50 | |
| 宣恩县 | 18.00 | 33.25 | 8.40 | | 5.20 | | 3.20 | 9.80 | 0.10 |
| 咸丰县 | 2.25 | 13.50 | 4.55 | | | | | 3.25 | |
| 来凤县 | 0.66 | 8.12 | 2.21 | | 2.20 | | 0.01 | 1.71 | |
| 鹤峰县 | 24.36 | 6.21 | 1.70 | | 0.50 | | 1.20 | 2.60 | |
| **仙桃市** | | **102.56** | **5.10** | | | **5.10** | | **76.16** | |
| **天门市** | | **121.99** | **80.00** | **6.67** | **26.67** | **26.67** | **16.67** | **34.66** | |
| **潜江市** | | **163.89** | **68.93** | **12.71** | **24.52** | **21.76** | **9.94** | **66.22** | **1.59** |
| **神农架林区** | | **0.54** | **0.44** | **0.20** | **0.06** | | **0.18** | **0.10** | |

续表 20　　　　单位:千公顷

| | 使用微量元素肥面积(续) | | | | | | | | |
|---|---|---|---|---|---|---|---|---|---|
| | 硼　肥　(续) | | | | | 锌　肥 | | | |
| | 水　稻 | 棉　花 | 油　菜 | 花　生 | 芝　麻 | | 水　稻 | 玉　米 | 棉　花 |
| **全省合计** | **101.35** | **176.10** | **786.35** | **59.66** | **22.03** | **428.56** | **304.07** | **70.96** | **30.03** |
| **武汉市** | **2.20** | **11.09** | **50.96** | **2.40** | **0.78** | **21.27** | **20.23** | | **1.04** |
| 市辖区 | | 1.00 | 2.60 | | | | | | |
| 蔡甸区 | 2.20 | 0.95 | 8.50 | 0.34 | 0.14 | | | | |
| 江夏区 | | | 14.00 | | | 14.00 | 14.00 | | |
| 黄陂区 | | 1.00 | 22.00 | 1.50 | | 1.00 | 1.00 | | |
| 新洲区 | | 8.14 | 3.86 | 0.56 | 0.64 | 6.27 | 5.23 | | 1.04 |
| **黄石市** | **0.03** | | **29.03** | | **0.60** | **5.30** | **5.30** | | |
| 市辖区 | 0.03 | | 0.03 | | | | | | |
| 大冶市 | | | 15.40 | | | 2.00 | 2.00 | | |
| 阳新县 | | | 13.60 | | 0.60 | 3.30 | 3.30 | | |
| **十堰市** | **3.33** | | **18.62** | **2.43** | **4.17** | **23.00** | **6.10** | **13.70** | |
| 市辖区 | | | | | | | | | |
| 丹江口市 | 1.33 | | 4.34 | 0.33 | 0.67 | 0.20 | | | |
| 郧　县 | 1.40 | | 2.10 | 0.20 | 1.50 | | | | |
| 郧西县 | | | 0.68 | | | | | | |
| 竹山县 | | | 3.60 | | | 0.80 | 0.60 | 0.20 | |
| 竹溪县 | | | 7.50 | 1.90 | 2.00 | 10.00 | 3.50 | 6.50 | |
| 房　县 | 0.60 | | 0.40 | | | 12.00 | 2.00 | 7.00 | |
| **荆州市** | **13.94** | **56.96** | **162.88** | **0.20** | **0.40** | **89.32** | **67.66** | **2.81** | **17.85** |
| 市辖区 | 5.64 | 11.34 | 23.88 | 0.20 | 0.40 | 21.73 | 11.42 | 1.20 | 9.11 |
| 江陵县 | 1.00 | 3.40 | 10.80 | | | 13.00 | 8.00 | | 5.00 |
| 松滋市 | | 3.80 | 34.86 | | | 2.48 | 2.12 | 0.36 | |
| 公安县 | | 15.00 | 40.16 | | | 7.50 | 6.50 | | |
| 石首市 | | 5.00 | 20.00 | | | 4.00 | 4.00 | | |
| 监利县 | | 14.80 | 15.92 | | | 8.00 | 8.00 | | |
| 洪湖市 | 7.30 | 3.62 | 17.26 | | | 32.61 | 27.62 | 1.25 | 3.74 |
| **宜昌市** | **8.92** | **13.73** | **63.71** | **0.67** | **0.33** | **31.04** | **19.89** | **1.82** | **5.33** |
| 市辖区 | | | 0.30 | | | | | | |
| 夷陵区 | 0.59 | | 7.36 | | | 2.00 | 0.85 | 1.15 | |
| 宜都市 | | | 6.67 | | | 0.20 | 0.20 | | |
| 枝江市 | 8.33 | 10.40 | 13.00 | 0.67 | 0.33 | 26.67 | 16.67 | 0.67 | 5.33 |
| 当阳市 | | 3.33 | 20.00 | | | 0.67 | 0.67 | | |
| 远安县 | | | 4.50 | | | 1.00 | 1.00 | | |
| 兴山县 | | | 2.50 | | | 0.20 | 0.20 | | |
| 秭归县 | | | 3.06 | | | | | | |
| 长阳县 | | | 6.32 | | | 0.30 | 0.30 | | |
| 五峰县 | | | | | | | | | |
| **襄樊市** | **20.40** | **7.96** | **59.43** | **21.88** | **4.70** | **17.29** | **13.99** | **2.50** | **0.50** |
| 市辖区 | 4.00 | 1.00 | 6.00 | 1.00 | 1.00 | 3.00 | 1.00 | 1.50 | 0.50 |
| 老河口市 | 1.00 | | 1.00 | 1.50 | 1.50 | 2.00 | 1.00 | 1.00 | |
| 襄阳区 | | 0.26 | 9.13 | 11.38 | | 1.06 | 1.06 | | |
| 枣阳市 | | 6.40 | 13.42 | 4.50 | 2.20 | 2.40 | 2.40 | | |
| 宜城市 | | | 18.50 | 3.50 | | 2.50 | 2.50 | | |
| 南漳县 | 15.00 | 0.30 | 8.00 | | | | | | |
| 谷城县 | | | 3.26 | | | 3.33 | 3.33 | | |
| 保康县 | | | | | | 2.30 | 2.30 | | |
| 农场小计 | 0.40 | | 0.12 | | | 0.70 | 0.40 | | |
| **鄂州市** | | | | | | | | | |

续表 21　　　　　　　　　　　　　　　　　　　　　　单位:千公顷

| | 使用微量元素肥面积(续) | | | | | | | | |
|---|---|---|---|---|---|---|---|---|---|
| | 硼　肥　(续) | | | | | 锌　肥 | | | |
| | 水　稻 | 棉　花 | 油　菜 | 花　生 | 芝　麻 | | 水　稻 | 玉　米 | 棉　花 |
| **荆门市** | **14.72** | **11.00** | **0.28** | **12.42** | **6.95** | **15.85** | **5.37** | **5.53** | **1.75** |
| 市辖区 | 2.30 | 2.00 | 0.07 | 0.64 | 1.17 | 3.01 | 0.11 | 1.90 | 0.80 |
| 沙洋县 | 4.30 | 3.00 | | 2.00 | 1.78 | 3.50 | 3.50 | | |
| 钟祥市 | 6.00 | 4.00 | | 6.00 | 1.35 | 5.00 | 1.00 | 1.00 | |
| 京山县 | 2.12 | 2.00 | 0.21 | 3.78 | 2.65 | 4.34 | 0.76 | 2.63 | 0.95 |
| 沙洋农场 | | | | | | | | | |
| **孝感市** | **0.17** | **15.79** | **78.38** | **4.23** | **0.18** | **20.89** | **19.99** | | **0.10** |
| 孝南区 | | 0.45 | 7.89 | 0.05 | 0.08 | 0.21 | 0.20 | | 0.01 |
| 孝昌县 | 0.17 | 0.31 | 8.47 | 0.04 | | 1.36 | 1.27 | | 0.09 |
| 大悟县 | | | 2.35 | 3.24 | | 0.22 | 0.22 | | |
| 安陆市 | | 0.53 | 9.79 | 0.80 | | 1.00 | 1.00 | | |
| 云梦县 | | | 7.46 | | | 0.50 | 0.50 | | |
| 应城市 | | | 20.62 | | | 0.60 | 0.60 | | |
| 汉川市 | | 14.50 | 21.80 | 0.10 | 0.10 | 17.00 | 16.20 | | |
| **黄冈市** | **21.93** | **12.73** | **125.91** | **14.35** | **2.04** | **31.92** | **29.69** | **0.42** | **0.74** |
| 黄州区 | | 1.86 | 3.16 | | 0.50 | 1.13 | 1.11 | | 0.02 |
| 团风县 | 4.98 | 0.57 | 7.45 | 0.67 | 0.48 | 7.43 | 6.39 | 0.01 | 0.47 |
| 红安县 | 6.72 | 0.21 | 14.52 | 12.23 | | | | | |
| 麻城市 | 2.65 | 4.80 | 17.88 | | | 1.18 | 1.13 | | 0.05 |
| 罗田县 | | | | | | 0.20 | | | |
| 英山县 | 2.20 | 0.03 | 3.26 | 0.30 | 0.33 | 4.60 | 3.85 | 0.40 | 0.09 |
| 浠水县 | | | 26.00 | | | 3.50 | 3.50 | | |
| 蕲春县 | 2.00 | 0.30 | 15.00 | 1.00 | 0.50 | 8.50 | 8.50 | | |
| 武穴市 | 3.38 | 3.12 | 21.22 | 0.15 | 0.23 | 4.02 | 3.85 | 0.01 | 0.11 |
| 黄梅县 | | 1.84 | 17.42 | | | 1.36 | 1.36 | | |
| **咸宁市** | **5.48** | **0.20** | **38.47** | **0.45** | **0.50** | **5.50** | **2.95** | **2.23** | |
| 咸安区 | | | 17.31 | | | 2.23 | | 2.23 | |
| 嘉鱼县 | 4.66 | | 6.66 | | 0.50 | 2.00 | 2.00 | | |
| 赤壁市 | | 0.20 | 7.40 | | | 0.32 | | | |
| 通城县 | | | | | | 0.08 | 0.08 | | |
| 崇阳县 | 0.82 | | 3.80 | | | 0.80 | 0.80 | | |
| 通山县 | | | 3.30 | 0.45 | | 0.07 | 0.07 | | |
| **随州市** | | | **14.65** | | | **33.00** | **32.20** | **0.80** | |
| 曾都区 | | | 9.40 | | | 33.00 | 32.20 | 0.80 | |
| 广水市 | | | 5.25 | | | | | | |
| **恩施自治州** | **7.17** | | **19.69** | **0.50** | | **83.76** | **45.65** | **37.51** | |
| 恩施市 | | | 6.50 | 0.10 | | 24.00 | 8.00 | 16.00 | |
| 建始县 | | | 1.30 | | | 6.53 | 1.51 | 4.52 | |
| 巴东县 | | | 2.40 | | | 5.20 | 1.80 | 3.40 | |
| 利川市 | | | 0.50 | | | 25.00 | 20.00 | 5.00 | |
| 宣恩县 | 6.50 | | 2.80 | 0.40 | | 13.20 | 7.20 | 6.00 | |
| 咸丰县 | | | 2.55 | | | 3.95 | 2.30 | 1.55 | |
| 来凤县 | 0.17 | | 1.54 | | | 4.07 | 3.03 | 1.04 | |
| 鹤峰县 | 0.50 | | 2.10 | | | 1.81 | 1.81 | | |
| **仙桃市** | | **22.16** | **54.00** | | | **17.30** | **5.20** | **3.09** | |
| **天门市** | | | **33.33** | | **1.33** | **5.33** | **5.33** | | |
| **潜江市** | **3.06** | **24.48** | **36.91** | **0.13** | **0.05** | **27.79** | **24.52** | **0.55** | **2.72** |
| **神农架林区** | | | **0.10** | | | | | | |

续表 22　　　　单位:千公顷

| | 使用微量元素肥面积(续) | | | | 喷施磷酸二氢钾 | | | | |
|---|---|---|---|---|---|---|---|---|---|
| | 钼　肥 | 小　麦 | 大　豆 | 花　生 | | 小　麦 | 水　稻 | 棉　花 | 油　菜 |
| **全省合计** | **77.50** | **24.81** | **21.53** | **24.91** | **2131.09** | **263.78** | **750.95** | **235.77** | **486.27** |
| **武汉市** | **13.80** | **5.30** | **4.03** | **4.47** | **216.09** | **5.37** | **60.86** | **12.64** | **37.63** |
| 市辖区 | | | | | 25.34 | 1.27 | | | 2.87 |
| 蔡甸区 | | | | | 66.08 | 1.10 | 9.80 | 3.50 | 8.10 |
| 江夏区 | 3.47 | | 3.47 | | 10.70 | | 1.80 | | |
| 黄陂区 | 3.10 | 0.10 | | 3.00 | 21.70 | 1.50 | 10.00 | 1.20 | 3.00 |
| 新洲区 | 7.23 | 5.20 | 0.56 | 1.47 | 92.27 | 1.50 | 39.26 | 7.94 | 23.66 |
| **黄石市** | **2.50** | | **1.90** | **0.60** | **43.46** | **1.63** | **25.40** | **0.70** | **7.43** |
| 市辖区 | | | | | 0.16 | 0.03 | | | 0.03 |
| 大冶市 | | | | | 34.50 | 1.60 | 23.50 | | 6.10 |
| 阳新县 | 2.50 | | 1.90 | 0.60 | 8.80 | | 1.90 | 0.70 | 1.30 |
| **十堰市** | **5.20** | **0.80** | **2.40** | **2.00** | **70.34** | **13.82** | **14.85** | | **13.39** |
| 市辖区 | | | | | | | | | |
| 丹江口市 | 0.20 | | | 0.20 | 13.13 | 3.87 | 3.33 | | 3.60 |
| 郧　县 | | | | | 24.50 | 7.50 | 4.20 | | 2.10 |
| 郧西县 | | | | | 7.61 | 1.95 | 0.82 | | 0.89 |
| 竹山县 | 2.40 | | 2.40 | | 8.00 | | 1.40 | | 5.80 |
| 竹溪县 | 2.60 | 0.80 | | 1.80 | 12.60 | | 4.10 | | |
| 房　县 | | | | | 4.50 | 0.50 | 1.00 | | 1.00 |
| **荆州市** | **1.29** | **0.40** | **0.55** | **0.34** | **354.90** | **12.51** | **126.81** | **58.78** | **128.73** |
| 市辖区 | 1.04 | 0.40 | 0.30 | 0.34 | 45.09 | 1.20 | 7.00 | 11.04 | 21.45 |
| 江陵县 | | | | | 43.60 | 5.00 | 20.00 | | 15.00 |
| 松滋市 | 0.25 | | 0.25 | | 57.45 | 3.28 | 27.60 | 9.62 | 10.46 |
| 公安县 | | | | | 62.16 | 1.60 | | 20.40 | 40.16 |
| 石首市 | | | | | 23.00 | | 13.00 | | 10.00 |
| 监利县 | | | | | 67.93 | 1.00 | 23.00 | 16.87 | 17.06 |
| 洪湖市 | | | | | 55.67 | 0.43 | 36.21 | 0.85 | 14.60 |
| **宜昌市** | **6.61** | **2.00** | **1.15** | **2.70** | **78.82** | **6.88** | **28.20** | **10.00** | **19.80** |
| 市辖区 | | | | | 0.60 | 0.10 | 0.10 | | 0.30 |
| 夷陵区 | 0.99 | | 0.15 | 0.80 | 14.46 | | 5.30 | | 6.91 |
| 宜都市 | | | | | 12.00 | 0.60 | 6.00 | | 3.40 |
| 枝江市 | 4.00 | 2.00 | 1.00 | 1.00 | 40.21 | 2.67 | 13.20 | 10.00 | 6.67 |
| 当阳市 | 0.67 | | | | 3.40 | 1.60 | 1.80 | | |
| 远安县 | | | | | 1.50 | | 1.50 | | |
| 兴山县 | 0.10 | | | 0.05 | 1.30 | 0.20 | 0.30 | | 0.40 |
| 秭归县 | | | | | | | | | |
| 长阳县 | 0.85 | | | 0.85 | 5.35 | 1.71 | | | 2.12 |
| 五峰县 | | | | | | | | | |
| **襄樊市** | **4.34** | | **0.34** | **0.70** | **297.06** | **90.65** | **79.63** | **13.90** | **38.41** |
| 市辖区 | 2.00 | | | 0.50 | 51.50 | 12.00 | 8.00 | 1.00 | 6.00 |
| 老河口市 | 1.80 | | | | 21.00 | 8.00 | 6.00 | 3.00 | 2.00 |
| 襄阳区 | 0.34 | | 0.34 | | 10.94 | 1.92 | 3.48 | 1.00 | 1.76 |
| 枣阳市 | | | | | 99.73 | 34.09 | 27.40 | 8.55 | 9.20 |
| 宜城市 | | | | | 22.50 | 5.50 | | | 11.00 |
| 南漳县 | | | | | 53.90 | 10.00 | 17.00 | 0.30 | 8.00 |
| 谷城县 | | | | | 29.82 | 13.40 | 16.09 | | 0.33 |
| 保康县 | | | | | 5.00 | 3.74 | 1.26 | | |
| 农场小计 | 0.20 | | | 0.20 | 2.67 | 2.00 | 0.40 | 0.05 | 0.12 |
| **鄂州市** | | | | | | | | | |

续表 23　　　　单位:千公顷

| | 使用微量元素肥面积(续) | | | | 喷施磷酸二氢钾 | | | | |
|---|---|---|---|---|---|---|---|---|---|
| | 钼肥 | 小麦 | 大豆 | 花生 | | 小麦 | 水稻 | 棉花 | 油菜 |
| **荆门市** | **11.80** | **7.98** | **0.54** | **3.28** | **156.20** | **40.00** | **24.81** | **28.00** | **31.00** |
| 市辖区 | 1.03 | 0.97 | | 0.06 | 28.97 | 8.00 | 4.72 | 4.00 | 8.00 |
| 沙洋县 | 2.00 | 2.00 | | | 39.27 | 11.00 | 4.67 | 6.00 | 10.00 |
| 钟祥市 | 5.80 | 3.80 | | 2.00 | 53.41 | 12.00 | 11.97 | 10.00 | 7.00 |
| 京山县 | 2.97 | 1.21 | 0.54 | 1.22 | 29.55 | 8.00 | 3.45 | 4.00 | 6.00 |
| 沙洋农场 | | | | | 5.00 | 1.00 | | 4.00 | |
| **孝感市** | **6.86** | **0.98** | **1.72** | **4.06** | **157.18** | **23.40** | **36.21** | **19.36** | **38.13** |
| 孝南区 | 0.96 | 0.15 | 0.43 | 0.38 | 23.81 | 4.28 | 8.65 | 0.39 | 6.82 |
| 孝昌县 | 2.05 | 0.03 | 0.24 | 1.78 | 16.68 | 2.78 | 6.76 | 0.24 | 1.94 |
| 大悟县 | 1.55 | | | 1.55 | 12.96 | 7.24 | | | 2.47 |
| 安陆市 | 0.80 | | 0.80 | | 5.00 | | | 0.20 | 3.00 |
| 云梦县 | | | | | 9.03 | 1.50 | 1.50 | 1.53 | 1.50 |
| 应城市 | 0.10 | | 0.05 | 0.05 | 13.70 | | 6.50 | 2.80 | 2.80 |
| 汉川市 | 1.40 | 0.80 | 0.20 | 0.30 | 76.00 | 7.60 | 12.80 | 14.20 | 19.60 |
| **黄冈市** | **8.03** | **2.10** | **2.24** | **1.85** | **240.28** | **10.40** | **143.72** | **16.01** | **43.88** |
| 黄州区 | | | | | 7.85 | 0.01 | 2.73 | 2.07 | 2.84 |
| 团风县 | 1.87 | 0.35 | 0.18 | 0.83 | 28.75 | 1.46 | 14.57 | 0.51 | 7.14 |
| 红安县 | | | | | | | | | |
| 麻城市 | 0.97 | 0.12 | 0.85 | | 26.99 | 4.50 | 11.20 | 4.59 | 6.70 |
| 罗田县 | 0.33 | | | | 5.67 | | 4.00 | | |
| 英山县 | 2.20 | 1.30 | 0.60 | 0.30 | 15.40 | 2.70 | 6.60 | | 4.20 |
| 浠水县 | 1.00 | | | | 15.00 | | 15.00 | | |
| 蕲春县 | 1.40 | 0.20 | 0.60 | 0.60 | 60.20 | 0.30 | 45.00 | 0.60 | 3.00 |
| 武穴市 | 0.21 | 0.13 | 0.01 | 0.07 | 55.09 | 1.03 | 26.35 | 3.58 | 18.00 |
| 黄梅县 | 0.05 | | | 0.05 | 25.33 | 0.40 | 18.27 | 4.66 | 2.00 |
| **咸宁市** | **6.67** | **1.00** | **3.61** | **2.06** | **29.59** | | **20.16** | **0.39** | **4.31** |
| 咸安区 | 3.75 | | 1.85 | 1.90 | 4.10 | | 1.10 | | |
| 嘉鱼县 | | | | | 11.65 | | 6.66 | 0.33 | 3.33 |
| 赤壁市 | 0.20 | | 0.10 | 0.10 | 7.37 | | 7.10 | 0.06 | 0.21 |
| 通城县 | 0.10 | | 0.10 | | 1.10 | | 1.00 | | 0.10 |
| 崇阳县 | 2.56 | 1.00 | 1.56 | | 2.50 | | 2.30 | | |
| 通山县 | 0.06 | | | 0.06 | 2.87 | | 2.00 | | 0.67 |
| **随州市** | | | | | **79.80** | **28.30** | **41.20** | **5.40** | **4.90** |
| 曾都区 | | | | | 79.80 | 28.30 | 41.20 | 5.40 | 4.90 |
| 广水市 | | | | | | | | | |
| **恩施自治州** | **3.45** | **0.25** | **2.35** | **0.60** | **69.23** | **0.70** | **36.53** | | **7.64** |
| 恩施市 | 0.50 | | 0.40 | 0.10 | 21.90 | | 8.00 | | 2.00 |
| 建始县 | 0.30 | 0.10 | 0.10 | 0.10 | 3.06 | 0.20 | 0.80 | | 0.72 |
| 巴东县 | | | | | 6.03 | 0.40 | 1.80 | | 1.20 |
| 利川市 | 0.30 | | 0.20 | 0.10 | 10.00 | | 10.00 | | |
| 宣恩县 | 1.35 | 0.15 | 0.90 | 0.30 | 14.20 | 0.10 | 7.50 | | 0.80 |
| 咸丰县 | 0.90 | | 0.75 | | 5.55 | | 2.30 | | 0.80 |
| 来凤县 | | | | | 4.69 | | 4.03 | | 0.42 |
| 鹤峰县 | 0.10 | | | | 3.80 | | 2.10 | | 1.70 |
| **仙桃市** | **4.00** | **4.00** | | | **134.16** | **4.00** | **58.00** | **22.16** | **50.00** |
| **天门市** | **2.00** | | | **2.00** | **102.50** | **13.33** | **30.00** | **26.67** | **30.00** |
| **潜江市** | **0.95** | | **0.70** | **0.25** | **101.26** | **12.71** | **24.52** | **21.76** | **30.93** |
| **神农架林区** | | | | | **0.22** | **0.08** | **0.05** | | **0.09** |

续表 24　　　　单位:千公顷

| | 喷施磷酸二氢钾(续) | | 化学调控 | | | | | | |
|---|---|---|---|---|---|---|---|---|---|
| | 花生 | 蔬菜 | | 缩节安(助壮素) | 小麦 | 棉花 | 多效唑 | 小麦 | 水稻 |
| **全省合计** | **31.40** | **208.76** | **2639.63** | **300.13** | **43.64** | **243.98** | **1287.38** | **73.60** | **659.21** |
| **武汉市** | **1.46** | **60.50** | **137.93** | **14.90** | **0.12** | **9.84** | **61.17** | **3.02** | **26.42** |
| 市辖区 | | 16.93 | 6.69 | 4.94 | | | 1.75 | | |
| 蔡甸区 | | 20.50 | 24.69 | 1.73 | 0.12 | 1.61 | 4.03 | 0.20 | 2.15 |
| 江夏区 | | 5.90 | 16.87 | | | | 11.20 | | 8.60 |
| 黄陂区 | | 5.00 | 8.40 | 1.00 | | 1.00 | 4.00 | | |
| 新洲区 | 1.46 | 12.17 | 81.28 | 7.23 | | 7.23 | 40.19 | 2.82 | 15.67 |
| **黄石市** | | **6.90** | **23.77** | **1.90** | | **1.83** | **20.80** | | **18.90** |
| 市辖区 | | 0.10 | 0.07 | | | | | | |
| 大冶市 | | 3.30 | | | | | | | |
| 阳新县 | | 3.50 | 23.70 | 1.90 | | 1.83 | 20.80 | | 18.90 |
| **十堰市** | **0.50** | **18.58** | **79.63** | **0.20** | **0.10** | | **22.10** | **2.20** | **8.90** |
| 市辖区 | | | 0.90 | | | | | | |
| 丹江口市 | 0.20 | 1.33 | 2.33 | | | | 1.00 | | 1.00 |
| 郧　县 | 0.30 | 5.80 | 39.90 | | | | 6.20 | | 4.80 |
| 郧西县 | | 3.95 | | | | | | | |
| 竹山县 | | | 9.60 | | | | 3.10 | 0.50 | 1.10 |
| 竹溪县 | | 7.50 | 17.00 | | | | 10.00 | 1.50 | 2.00 |
| 房　县 | | | 9.90 | 0.20 | 0.10 | | 1.80 | 0.20 | |
| **荆州市** | **0.26** | **13.36** | **574.93** | **84.51** | **5.75** | **74.86** | **282.43** | **4.90** | **132.00** |
| 市辖区 | 0.20 | 2.40 | 93.41 | 13.34 | 2.20 | 11.14 | 19.93 | 0.90 | 4.45 |
| 江陵县 | | 3.60 | 59.10 | 6.50 | | 6.50 | 32.50 | | 17.50 |
| 松滋市 | 0.06 | 3.78 | 101.18 | 15.21 | 2.35 | 12.86 | 38.15 | | 14.30 |
| 公安县 | | | 158.30 | 27.80 | | 23.90 | 105.00 | 4.00 | 40.00 |
| 石首市 | | | 0.28 | | | | 0.28 | | |
| 监利县 | | | 102.39 | 16.05 | 1.20 | 14.85 | 54.34 | | 28.74 |
| 洪湖市 | | 3.58 | 60.27 | 5.61 | | 5.61 | 32.23 | | 27.01 |
| **宜昌市** | **0.82** | **10.59** | **106.33** | **17.70** | **3.53** | **14.17** | **47.20** | **2.12** | **26.84** |
| 市辖区 | 0.10 | | 0.80 | 0.20 | 0.20 | | 0.30 | | |
| 夷陵区 | 0.05 | 0.30 | 8.85 | | | | 3.80 | | 2.17 |
| 宜都市 | | 2.00 | 5.70 | | | | 4.50 | | 2.50 |
| 枝江市 | 0.67 | 6.67 | 69.13 | 13.73 | 3.33 | 10.40 | 24.00 | 0.67 | 16.67 |
| 当阳市 | | | 8.07 | 3.77 | | 3.77 | 4.30 | | |
| 远安县 | | | 2.50 | | | | 2.50 | | 2.50 |
| 兴山县 | | 0.10 | 3.30 | | | | 0.70 | | 0.25 |
| 秭归县 | | | 5.30 | | | | 5.30 | 1.30 | 1.50 |
| 长阳县 | | 1.52 | 2.68 | | | | 1.80 | 0.15 | 1.25 |
| 五峰县 | | | | | | | | | |
| **襄樊市** | **7.42** | **25.99** | **331.37** | **47.00** | **18.71** | **26.29** | **127.92** | **32.84** | **44.69** |
| 市辖区 | 2.00 | 11.50 | 37.10 | 8.40 | 8.00 | 0.40 | 10.00 | 2.00 | 5.00 |
| 老河口市 | | | 31.70 | 3.50 | | 2.50 | 3.00 | | 2.00 |
| 襄阳区 | 2.47 | | 30.64 | 8.25 | 0.79 | 7.46 | 19.37 | 2.31 | 3.58 |
| 枣阳市 | 2.75 | 7.99 | 125.14 | 20.01 | 8.92 | 11.09 | 31.42 | 6.85 | 11.41 |
| 宜城市 | | 3.50 | 17.70 | 4.50 | | 4.50 | 11.10 | 3.50 | 2.50 |
| 南漳县 | 0.20 | 3.00 | 71.30 | | | | 41.60 | 9.10 | 19.00 |
| 谷城县 | | | 8.78 | 0.34 | | 0.34 | 7.67 | 6.67 | |
| 保康县 | | | 1.71 | | | | 1.71 | 0.91 | 0.80 |
| 农场小计 | | | 7.30 | 2.00 | 1.00 | | 2.05 | 1.50 | 0.40 |
| **鄂州市** | | | **42.90** | **1.30** | | **1.30** | **27.60** | | **7.90** |

续表 25　　　　单位：千公顷

| | 喷施磷酸二氢钾（续） | | 化学调控 | | | | | | |
|---|---|---|---|---|---|---|---|---|---|
| | 花生 | 蔬菜 | | 缩节安（助壮素） | 小麦 | 棉花 | 多效唑 | 小麦 | 水稻 |
| **荆门市** | **12.00** | **1.98** | **179.55** | **3.00** | | **3.00** | **135.13** | | **95.13** |
| 市辖区 | 2.00 | 0.61 | 52.71 | | | | 37.14 | | 27.14 |
| 沙洋县 | 2.00 | | 39.00 | 1.00 | | 1.00 | 36.00 | | 21.00 |
| 钟祥市 | 5.00 | 0.37 | 49.00 | 1.00 | | 1.00 | 30.00 | | 20.00 |
| 京山县 | 3.00 | 1.00 | 38.84 | 1.00 | | 1.00 | 31.99 | | 26.99 |
| 沙洋农场 | | | | | | | | | |
| **孝感市** | **2.41** | **32.21** | **206.97** | **23.88** | **3.92** | **19.96** | **85.17** | **5.23** | **55.84** |
| 孝南区 | 0.18 | 2.16 | 15.02 | 2.68 | 1.82 | 0.86 | 8.95 | 1.56 | 4.68 |
| 孝昌县 | 0.61 | 3.52 | 13.30 | 0.27 | | 0.27 | 9.80 | 0.47 | 7.36 |
| 大悟县 | 1.52 | 1.73 | 18.72 | | | | 11.32 | | 5.60 |
| 安陆市 | | 1.80 | 12.60 | 0.50 | | 0.50 | 8.50 | | 6.50 |
| 云梦县 | | 3.00 | 7.00 | 0.40 | | 0.40 | 3.20 | 0.50 | 2.50 |
| 应城市 | | 1.40 | 18.43 | 3.23 | | 3.23 | 6.50 | 0.10 | 6.40 |
| 汉川市 | 0.10 | 18.60 | 121.90 | 16.80 | 2.10 | 14.70 | 36.90 | 2.60 | 22.80 |
| **黄冈市** | **1.87** | **13.48** | **310.40** | **22.37** | **5.29** | **15.58** | **171.38** | **6.73** | **99.69** |
| 黄州区 | | 0.15 | 13.37 | 2.24 | 0.69 | 1.55 | 6.64 | 0.69 | 3.69 |
| 团风县 | 0.67 | 2.45 | 41.89 | 1.16 | 0.26 | 0.51 | 18.66 | 0.81 | 9.47 |
| 红安县 | | | 1.06 | 0.06 | 0.01 | 0.02 | 0.71 | | |
| 麻城市 | | | 50.80 | 4.13 | 4.13 | | 18.15 | 2.55 | |
| 罗田县 | | 1.33 | 7.46 | | | | 3.33 | | |
| 英山县 | 0.20 | 1.30 | 8.70 | | | | 5.00 | 1.30 | 2.30 |
| 浠水县 | | | 33.70 | 0.90 | | 0.90 | 32.00 | | 31.00 |
| 蕲春县 | 0.80 | 5.00 | 84.90 | 0.60 | | 0.60 | 41.00 | | 30.00 |
| 武穴市 | 0.20 | 3.25 | 58.38 | 4.88 | 0.20 | 3.60 | 44.51 | 0.88 | 22.85 |
| 黄梅县 | | | 10.14 | 8.40 | | 8.40 | 1.38 | 0.50 | 0.38 |
| **咸宁市** | **1.60** | **1.60** | **51.49** | **0.33** | | **0.33** | **25.14** | | **14.13** |
| 咸安区 | 1.60 | 1.40 | 1.65 | | | | 1.30 | | 0.70 |
| 嘉鱼县 | | | 21.31 | 0.33 | | 0.33 | 15.99 | | 13.33 |
| 赤壁市 | | | 2.67 | | | | 2.67 | | |
| 通城县 | | | 20.23 | | | | 2.60 | | |
| 崇阳县 | | | 2.38 | | | | 1.38 | | |
| 通山县 | | 0.20 | 3.25 | | | | 1.20 | | 0.10 |
| **随州市** | | | **78.05** | **7.45** | | **7.45** | **49.60** | **13.10** | **31.00** |
| 曾都区 | | | 76.30 | 5.70 | | 5.70 | 49.60 | 13.10 | 31.00 |
| 广水市 | | | 1.75 | 1.75 | | 1.75 | | | |
| **恩施自治州** | **0.03** | **13.63** | **59.75** | **0.50** | **0.50** | | **25.03** | **0.50** | **13.79** |
| 恩施市 | | 6.40 | 11.35 | | | | 1.25 | | |
| 建始县 | | 0.56 | 2.88 | | | | 2.86 | | 1.42 |
| 巴东县 | 0.03 | 1.20 | 8.40 | 0.40 | 0.40 | | 1.40 | 0.40 | 0.70 |
| 利川市 | | | 11.00 | | | | 5.50 | | 5.50 |
| 宣恩县 | | 4.80 | 13.90 | 0.10 | 0.10 | | 8.00 | 0.10 | 5.50 |
| 咸丰县 | | 0.45 | 7.61 | | | | 5.20 | | 0.15 |
| 来凤县 | | 0.22 | 1.36 | | | | 0.82 | | 0.52 |
| 鹤峰县 | | | 3.25 | | | | | | |
| **仙桃市** | | | **150.56** | **22.96** | **0.80** | **22.16** | **95.00** | | **50.00** |
| **天门市** | **2.00** | | **106.00** | **23.33** | **3.33** | **20.00** | **42.67** | **1.33** | **3.33** |
| **潜江市** | **1.03** | **9.94** | **199.94** | **28.80** | **1.59** | **27.21** | **68.98** | **1.59** | **30.65** |
| **神农架林区** | | | **0.06** | | | | **0.06** | **0.04** | |

续表26 单位:千公顷

| | 化学调控面积(续) | | | | | | | | |
|---|---|---|---|---|---|---|---|---|---|
| | 多效唑使用面积(续) | | | 乙烯利 | 棉花催熟 | 802 | 棉花 | 生物有机肥 | 小麦 |
| | 棉花 | 油菜 | 花生 | | | | | | |
| **全省合计** | **45.92** | **461.39** | **32.26** | **47.91** | **22.74** | **207.82** | **147.14** | **411.74** | **69.73** |
| **武汉市** | **0.40** | **25.12** | **4.23** | **2.62** | **0.83** | **10.87** | **4.46** | **32.01** | **1.31** |
| 市辖区 | | 1.50 | | | | | | | |
| 蔡甸区 | 0.40 | 1.02 | 0.26 | | | | | 15.75 | 0.53 |
| 江夏区 | | | 0.87 | | | | | 5.53 | |
| 黄陂区 | | 2.00 | 2.00 | | | 0.20 | 0.20 | 1.10 | 0.10 |
| 新洲区 | | 20.60 | 1.10 | 2.62 | 0.83 | 10.67 | 4.26 | 9.63 | 0.68 |
| **黄石市** | | **1.90** | | **0.10** | **0.10** | **0.60** | **0.60** | **0.07** | **0.01** |
| 市辖区 | | | | | | | | 0.07 | 0.01 |
| 大冶市 | | | | | | | | | |
| 阳新县 | | 1.90 | | 0.10 | 0.10 | 0.60 | 0.60 | | |
| **十堰市** | | **9.70** | | | | | | **38.03** | **17.20** |
| 市辖区 | | | | | | | | 0.90 | 0.40 |
| 丹江口市 | | | | | | | | 1.33 | |
| 郧县 | | 1.40 | | | | | | 26.10 | 15.00 |
| 郧西县 | | | | | | | | | |
| 竹山县 | | 1.50 | | | | | | 6.20 | 1.50 |
| 竹溪县 | | 6.50 | | | | | | | |
| 房县 | | 0.30 | | | | | | 3.50 | 0.30 |
| **荆州市** | **25.05** | **118.86** | **0.34** | **6.88** | **3.59** | **67.30** | **58.75** | **62.64** | **5.06** |
| 市辖区 | 0.40 | 13.98 | 0.20 | 2.62 | 1.42 | 14.50 | 9.20 | 20.57 | 1.40 |
| 江陵县 | 3.00 | 12.00 | | | | | | 16.60 | 1.10 |
| 松滋市 | | 23.71 | 0.14 | 4.21 | 2.17 | 9.34 | 6.09 | 8.87 | 1.14 |
| 公安县 | 20.00 | 40.00 | | | | 23.90 | 23.90 | | |
| 石首市 | | | | | | | | | |
| 监利县 | | 25.60 | | 0.05 | | 16.75 | 16.75 | 2.00 | |
| 洪湖市 | 1.65 | 3.57 | | | | 2.81 | 2.81 | 14.60 | 1.42 |
| **宜昌市** | | **16.89** | **1.30** | **0.20** | | **10.40** | **10.40** | **21.98** | **1.43** |
| 市辖区 | | 0.30 | | | | | | 0.30 | |
| 夷陵区 | | 1.63 | | | | | | 3.25 | |
| 宜都市 | | 2.00 | | | | | | 0.60 | |
| 枝江市 | | 6.66 | | | | 10.40 | 10.40 | 17.33 | 1.33 |
| 当阳市 | | 3.00 | 1.30 | | | | | | |
| 远安县 | | | | | | | | | |
| 兴山县 | | 0.40 | | 0.10 | | | | 0.50 | 0.10 |
| 秭归县 | | 2.50 | | | | | | | |
| 长阳县 | | 0.40 | | 0.10 | | | | | |
| 五峰县 | | | | | | | | | |
| **襄樊市** | **9.02** | **25.11** | **16.16** | **8.81** | **3.64** | **16.74** | **11.29** | **64.98** | **29.29** |
| 市辖区 | 1.00 | 2.00 | | 0.10 | 0.10 | 0.10 | 0.10 | 10.00 | 6.00 |
| 老河口市 | 1.00 | | | 1.00 | | 1.20 | | 4.00 | |
| 襄阳区 | | 1.67 | 11.81 | | | 1.19 | 1.19 | | |
| 枣阳市 | 6.47 | 2.94 | 3.75 | 6.67 | 3.00 | 13.00 | 8.95 | 28.58 | 15.29 |
| 宜城市 | | 4.50 | 0.60 | 0.50 | | 1.20 | 1.00 | 0.20 | |
| 南漳县 | 0.50 | 13.00 | | 0.20 | 0.20 | | | 19.00 | 6.00 |
| 谷城县 | | 1.00 | | 0.34 | 0.34 | | | | |
| 保康县 | | | | | | | | | |
| 农场小计 | 0.05 | | | | | 0.05 | 0.05 | 3.20 | 2.00 |
| **鄂州市** | | **19.70** | | | | | | **10.90** | |

续表 27　　　　单位:千公顷

| | 化学调控面积(续) | | | | | | | 生物 | |
|---|---|---|---|---|---|---|---|---|---|
| | 多效唑使用面积(续) | | | 乙烯利 | 棉花催熟 | 802 | 棉花 | 有机肥 | 小麦 |
| | 棉花 | 油菜 | 花生 | | | | | | |
| **荆门市** | | **40.00** | | **4.00** | **3.92** | **34.42** | **3.07** | | |
| 市辖区 | | 10.00 | | 1.00 | 0.92 | 14.57 | | | |
| 沙洋县 | | 15.00 | | 1.00 | 1.00 | | | | |
| 钟祥市 | | 10.00 | | 1.00 | 1.00 | 16.00 | 2.20 | | |
| 京山县 | | 5.00 | | 1.00 | 1.00 | 3.85 | 0.87 | | |
| 沙洋农场 | | | | | | | | | |
| **孝感市** | **2.70** | **15.46** | **5.84** | **12.92** | **9.05** | **10.26** | **9.48** | **31.52** | **3.16** |
| 孝南区 | 0.23 | 2.35 | 0.13 | 0.05 | 0.02 | 0.02 | 0.01 | 2.42 | 0.46 |
| 孝昌县 | 0.17 | 1.26 | 0.54 | 0.37 | 0.03 | 0.24 | 0.07 | | |
| 大悟县 | | 0.75 | 4.97 | | | | | 5.20 | |
| 安陆市 | | 2.00 | | | | | | 3.50 | |
| 云梦县 | | 0.20 | | 0.30 | | | | | |
| 应城市 | | | | 0.90 | 0.40 | 2.60 | 2.60 | 0.50 | |
| 汉川市 | 2.30 | 8.90 | 0.20 | 11.30 | 8.60 | 7.40 | 6.80 | 19.90 | 2.70 |
| **黄冈市** | **4.95** | **53.31** | **2.81** | **6.52** | **0.25** | **8.77** | **7.93** | **47.78** | **3.60** |
| 黄州区 | 0.62 | 1.58 | 0.06 | | | 1.04 | 1.04 | 2.41 | 0.41 |
| 团风县 | 0.36 | 7.05 | 0.41 | 0.48 | 0.16 | 0.75 | 0.11 | 15.78 | 1.34 |
| 红安县 | 0.02 | 0.23 | 0.46 | | | | | 0.03 | |
| 麻城市 | | 15.60 | | 5.78 | | 6.00 | 6.00 | 8.64 | 0.67 |
| 罗田县 | | | | | | | | 0.67 | |
| 英山县 | | 1.20 | 0.20 | | | | | 3.40 | 0.50 |
| 浠水县 | | | 1.00 | | | | | | |
| 蕲春县 | 0.40 | 10.00 | 0.60 | | | 0.30 | 0.30 | 13.00 | |
| 武穴市 | 3.55 | 17.15 | 0.08 | 0.25 | 0.08 | 0.65 | 0.45 | 3.85 | 0.68 |
| 黄梅县 | | 0.50 | | 0.01 | 0.01 | 0.03 | 0.03 | | |
| **咸宁市** | **0.47** | **9.16** | | **0.40** | | | | **22.79** | **0.03** |
| 咸安区 | | 0.60 | | 0.10 | | | | | |
| 嘉鱼县 | | 2.66 | | | | | | 4.66 | |
| 赤壁市 | 0.47 | 2.20 | | | | | | | |
| 通城县 | | 2.60 | | | | | | 17.63 | 0.03 |
| 崇阳县 | | | | 0.30 | | | | 0.10 | |
| 通山县 | | 1.10 | | | | | | 0.40 | |
| **随州市** | | **5.30** | | **4.10** | | **11.50** | **4.20** | | |
| 曾都区 | | 5.30 | | 4.10 | | 11.50 | 4.20 | | |
| 广水市 | | | | | | | | | |
| **恩施自治州** | | **5.79** | **0.25** | | | | | **16.60** | **0.70** |
| 恩施市 | | 1.20 | 0.05 | | | | | | |
| 建始县 | | 1.44 | | | | | | | |
| 巴东县 | | 0.30 | | | | | | 6.20 | 0.60 |
| 利川市 | | | | | | | | | |
| 宣恩县 | | 2.20 | 0.20 | | | | | 5.80 | |
| 咸丰县 | | 0.35 | | | | | | 1.35 | 0.10 |
| 来凤县 | | 0.30 | | | | | | | |
| 鹤峰县 | | | | | | | | 3.25 | |
| **仙桃市** | | **45.00** | | | | **15.20** | **15.20** | **5.70** | |
| **天门市** | **3.33** | **33.33** | **1.33** | | | | | | |
| **潜江市** | | **36.74** | | **1.36** | **1.36** | **21.76** | **21.76** | **56.74** | **7.94** |
| **神农架林区** | | **0.02** | | | | | | | |

续表 28 单位:千公顷

| | 化学调控面积(续) | | | | | | | | |
|---|---|---|---|---|---|---|---|---|---|
| | 生物有机肥(续) | | | | 棉花应用调节安 | 棉花应用壮苗素 | 2.4－D | 坐果灵 | 赤霉素 |
| | 水稻 | 玉米 | 棉花 | 油菜 | | | | | |
| **全省合计** | **152.06** | **29.49** | **55.34** | **89.88** | **118.25** | **69.99** | **25.81** | **47.89** | **63.92** |
| **武汉市** | **15.37** | **2.03** | **2.35** | **5.12** | **7.85** | | | **4.97** | **2.37** |
| 市辖区 | | | | | | | | | |
| 蔡甸区 | 8.10 | 1.50 | 1.52 | 4.10 | | | | 1.50 | 0.68 |
| 江夏区 | 5.00 | 0.53 | | | | | | | 0.07 |
| 黄陂区 | 1.00 | | | | 1.00 | | | 1.00 | |
| 新洲区 | 1.27 | | 0.83 | 1.02 | 6.85 | | | 2.47 | 1.62 |
| **黄石市** | **0.03** | | | **0.03** | **0.30** | | | | |
| 市辖区 | 0.03 | | | 0.03 | | | | | |
| 大冶市 | | | | | | | | | |
| 阳新县 | | | | | 0.30 | | | | |
| **十堰市** | **8.33** | **7.60** | | **2.20** | | | | **3.95** | **10.45** |
| 市辖区 | 0.20 | 0.20 | | 0.10 | | | | | |
| 丹江口市 | 1.33 | | | | | | | | |
| 郧县 | 5.50 | 4.90 | | 0.70 | | | | 3.40 | 2.30 |
| 郧西县 | | | | | | | | | |
| 竹山县 | 0.90 | 2.10 | | 1.40 | | | | 0.15 | 0.15 |
| 竹溪县 | | | | | | | | | 7.00 |
| 房县 | 0.40 | 0.40 | | | | | | 0.40 | 1.00 |
| **荆州市** | **19.12** | **2.51** | **14.23** | **21.72** | **25.84** | **18.50** | **6.43** | **7.70** | **6.24** |
| 市辖区 | 1.50 | 1.15 | 5.92 | 10.60 | 9.10 | 4.20 | 3.45 | 2.65 | 1.20 |
| 江陵县 | 7.00 | | 3.00 | 5.50 | | 3.50 | | | |
| 松滋市 | 3.32 | | 1.87 | 2.54 | 2.40 | 8.12 | 2.18 | 4.65 | 3.84 |
| 公安县 | | | | | | | 0.50 | 0.30 | 0.40 |
| 石首市 | | | | | | | | | |
| 监利县 | | | 2.00 | | 10.00 | 2.00 | 0.30 | 0.10 | 0.80 |
| 洪湖市 | 7.30 | 1.36 | 1.44 | 3.08 | 4.34 | 0.68 | | | |
| **宜昌市** | **8.97** | **2.07** | **3.33** | **6.18** | | **3.67** | **0.48** | **2.20** | **1.35** |
| 市辖区 | | 0.30 | | | | | | | |
| 夷陵区 | 1.60 | 1.00 | | 0.65 | | | 0.15 | 0.80 | 0.80 |
| 宜都市 | 0.60 | | | | | | | | |
| 枝江市 | 6.67 | 0.67 | 3.33 | 5.33 | | 3.67 | | | |
| 当阳市 | | | | | | | | | |
| 远安县 | | | | | | | | | |
| 兴山县 | 0.10 | 0.10 | | 0.20 | | | | 1.40 | 0.10 |
| 秭归县 | | | | | | | | | |
| 长阳县 | | | | | | | 0.33 | | 0.45 |
| 五峰县 | | | | | | | | | |
| **襄樊市** | **22.42** | **6.00** | **4.47** | **2.00** | **13.43** | **4.11** | **13.00** | **8.63** | **6.48** |
| 市辖区 | 2.00 | 1.00 | | 1.00 | 1.00 | 1.00 | 1.00 | 0.50 | 1.50 |
| 老河口市 | 2.00 | | 1.00 | 1.00 | 3.10 | 2.10 | 1.80 | 3.00 | 3.00 |
| 襄阳区 | | | | | 1.63 | | | | 0.11 |
| 枣阳市 | 10.02 | | 3.27 | | 7.70 | 0.81 | 10.20 | 4.70 | 1.37 |
| 宜城市 | | | 0.20 | | | 0.20 | | | |
| 南漳县 | 8.00 | 5.00 | | | | | | | 0.50 |
| 谷城县 | | | | | | | | 0.43 | |
| 保康县 | | | | | | | | | |
| 农场小计 | 0.40 | | | | | | | | |
| **鄂州市** | **9.60** | | **0.10** | **1.20** | **1.80** | **0.10** | | **1.20** | |

续表 29　　　　单位:千公顷

| | 化学调控面积(续) | | | | | | | | |
|---|---|---|---|---|---|---|---|---|---|
| | 生物有机肥(续) | | | | 棉花应用调节安 | 棉花应用壮苗素 | 2.4-D | 坐果灵 | 赤霉素 |
| | 水稻 | 玉米 | 棉花 | 油菜 | | | | | |
| **荆门市** | | | | | **3.00** | | | | |
| 市辖区 | | | | | | | | | |
| 沙洋县 | | | | | 1.00 | | | | |
| 钟祥市 | | | | | 1.00 | | | | |
| 京山县 | | | | | 1.00 | | | | |
| 沙洋农场 | | | | | | | | | |
| **孝感市** | **11.36** | **0.20** | **6.50** | **8.51** | **19.05** | **3.68** | **3.87** | **7.16** | **5.54** |
| 孝南区 | 0.82 | | 0.10 | 1.04 | 0.29 | 0.34 | 0.07 | 0.09 | 0.06 |
| 孝昌县 | | | | | 0.13 | 0.02 | | 0.72 | 1.18 |
| 大悟县 | 3.14 | | | 0.67 | | | | 2.20 | |
| 安陆市 | 3.50 | | | | 0.10 | | | | |
| 云梦县 | | | | | 1.50 | | | | |
| 应城市 | 0.30 | | | | 3.23 | 0.52 | 0.40 | 0.25 | 0.20 |
| 汉川市 | 3.60 | 0.20 | 6.40 | 6.80 | 13.80 | 2.80 | 3.40 | 3.90 | 4.10 |
| **黄冈市** | **18.29** | **0.03** | **4.67** | **18.04** | **8.22** | **4.36** | **1.92** | **7.02** | **17.06** |
| 黄州区 | | 0.01 | 1.04 | 0.95 | 1.04 | | | | |
| 团风县 | 6.65 | 0.01 | 0.54 | 6.11 | 0.51 | 0.57 | 0.68 | 0.79 | 1.64 |
| 红安县 | 0.01 | | | 0.01 | 0.01 | | | | |
| 麻城市 | 1.33 | | 2.50 | 2.80 | 4.50 | 3.60 | | | |
| 罗田县 | | | | | | | 0.13 | | |
| 英山县 | 2.30 | | | 0.60 | | | | | |
| 浠水县 | | | | | 0.80 | | | | |
| 蕲春县 | 8.00 | | | 5.00 | | | 1.00 | 4.00 | 15.00 |
| 武穴市 | | 0.01 | 0.59 | 2.57 | 1.05 | 0.18 | 0.11 | 2.23 | 0.42 |
| 黄梅县 | | | | | 0.31 | 0.01 | | | |
| **咸宁市** | **19.30** | | **0.39** | **2.70** | **0.33** | | **0.10** | **1.55** | **0.85** |
| 咸安区 | | | | | | | 0.10 | 0.10 | 0.05 |
| 嘉鱼县 | 4.00 | | 0.39 | | 0.33 | | | | |
| 赤壁市 | | | | | | | | | |
| 通城县 | 15.00 | | | 2.60 | | | | | |
| 崇阳县 | | | | | | | | 0.30 | 0.30 |
| 通山县 | 0.30 | | | 0.10 | | | | 1.15 | 0.50 |
| **随州市** | | | | | | | | **3.10** | **2.30** |
| 曾都区 | | | | | | | | 3.10 | 2.30 |
| 广水市 | | | | | | | | | |
| **恩施自治州** | **3.95** | **8.50** | | **2.85** | | | **0.01** | **0.41** | **11.28** |
| 恩施市 | | | | | | | | | 4.40 |
| 建始县 | | | | | | | | | |
| 巴东县 | 0.60 | 3.00 | | 2.00 | | | | 0.40 | |
| 利川市 | | | | | | | | | 5.50 |
| 宣恩县 | 2.50 | 2.50 | | 0.80 | | | | | |
| 咸丰县 | 0.35 | 0.30 | | | | | | 0.01 | 0.85 |
| 来凤县 | | | | | | | 0.01 | | 0.53 |
| 鹤峰县 | 0.50 | 2.70 | | 0.05 | | | | | |
| **仙桃市** | | | **5.70** | | | **11.70** | | | |
| **天门市** | | | | | **16.67** | **23.33** | | | |
| **潜江市** | **15.32** | **0.55** | **13.60** | **19.33** | **21.76** | **0.54** | | | |
| **神农架林区** | | | | | | | | | |

续表 30　　单位:千公顷

| | 种子包衣 | | | | | | 化学除草剂使用 | | |
|---|---|---|---|---|---|---|---|---|---|
| | | 小麦 | 水稻 | 玉米 | 棉花 | 油菜 | | 小麦 | 水稻 |
| **全省合计** | **917.98** | **112.17** | **163.17** | **257.22** | **296.25** | **42.37** | **3781.49** | **486.41** | **1552.12** |
| **武汉市** | **51.23** | **3.62** | **13.02** | **2.81** | **12.92** | **14.39** | **225.92** | **9.63** | **80.73** |
| 市辖区 | 2.93 | | | | | 0.26 | 17.92 | 0.16 | 9.37 |
| 蔡甸区 | 15.69 | 0.35 | 2.50 | 2.10 | 3.60 | 5.34 | 69.28 | 1.20 | 10.90 |
| 江夏区 | 0.47 | | | 0.47 | | | 49.80 | | 20.70 |
| 黄陂区 | 11.00 | | 10.00 | | 1.00 | | 38.60 | 2.00 | 20.00 |
| 新洲区 | 21.14 | 3.27 | 0.52 | 0.24 | 8.32 | 8.79 | 50.32 | 6.27 | 19.76 |
| **黄石市** | **3.03** | | **0.07** | **1.10** | **1.83** | **0.03** | **40.00** | **1.41** | **27.14** |
| 市辖区 | 0.10 | | 0.07 | | | 0.03 | 0.10 | 0.01 | 0.04 |
| 大冶市 | | | | | | | | | |
| 阳新县 | 2.93 | | | 1.10 | 1.83 | | 39.90 | 1.40 | 27.10 |
| **十堰市** | **72.62** | **17.64** | **5.26** | **49.72** | | | **129.35** | **32.86** | **30.68** |
| 市辖区 | 0.50 | 0.30 | | 0.20 | | | 2.80 | 0.40 | 0.10 |
| 丹江口市 | 2.00 | | | 2.00 | | | 20.20 | 4.00 | 5.33 |
| 郧　县 | 20.60 | 13.00 | | 7.60 | | | 26.40 | 13.00 | 5.50 |
| 郧西县 | 3.98 | 0.46 | | 3.52 | | | 14.16 | 3.88 | 2.09 |
| 竹山县 | 15.40 | | | 15.40 | | | 19.20 | 3.80 | 6.50 |
| 竹溪县 | 19.14 | 3.88 | 5.26 | 10.00 | | | 27.34 | 3.88 | 5.26 |
| 房　县 | 11.00 | | | 11.00 | | | 19.25 | 3.90 | 5.90 |
| **荆州市** | **110.30** | **6.71** | **10.61** | **3.07** | **70.41** | **5.70** | **513.30** | **19.08** | **245.56** |
| 市辖区 | 18.81 | 5.57 | | 0.67 | 11.37 | 0.20 | 25.82 | 2.37 | 7.40 |
| 江陵县 | 7.93 | | 4.52 | | 3.41 | | 31.96 | | 15.33 |
| 松滋市 | 24.07 | 1.14 | 2.84 | 2.40 | 12.19 | 5.50 | 80.23 | 5.47 | 27.63 |
| 公安县 | 24.50 | | | | 23.50 | | 131.29 | 5.20 | 50.20 |
| 石首市 | 10.00 | | | | | | 50.50 | | 20.00 |
| 监利县 | 18.67 | | | | 16.87 | | 146.98 | 2.98 | 97.70 |
| 洪湖市 | 6.32 | | 3.25 | | 3.07 | | 46.52 | 3.06 | 27.30 |
| **宜昌市** | **89.28** | **2.40** | **2.00** | **69.28** | **14.60** | | **236.59** | **7.62** | **75.77** |
| 市辖区 | 0.80 | 0.30 | | 0.50 | | | 1.33 | 0.33 | 0.50 |
| 夷陵区 | 12.60 | | | 12.60 | | | 29.15 | | 8.70 |
| 宜都市 | 5.50 | | | 5.50 | | | 13.10 | | 6.20 |
| 枝江市 | 11.00 | | | 0.40 | 10.60 | | 60.00 | 5.31 | 23.36 |
| 当阳市 | 11.48 | | 0.20 | 6.78 | 4.00 | | 85.27 | 1.14 | 28.41 |
| 远安县 | 2.70 | | | 2.70 | | | 2.00 | | 1.50 |
| 兴山县 | 11.00 | 1.20 | 1.80 | 7.50 | | | 8.80 | 0.10 | 1.70 |
| 秭归县 | 9.40 | 0.90 | | 8.50 | | | 9.40 | | 2.70 |
| 长阳县 | 12.00 | | | 12.00 | | | 20.94 | 0.74 | 2.70 |
| 五峰县 | 12.80 | | | 12.80 | | | 6.60 | | |
| **襄樊市** | **154.12** | **58.63** | **29.78** | **23.07** | **25.69** | **8.86** | **553.52** | **188.58** | **161.71** |
| 市辖区 | 35.00 | 14.00 | 9.50 | 1.00 | 1.00 | 5.50 | 54.50 | 13.00 | 12.00 |
| 老河口市 | 14.00 | 7.00 | 1.00 | 1.00 | 3.00 | | 33.50 | 12.00 | 8.00 |
| 襄阳区 | 12.95 | 4.38 | | 0.32 | 7.76 | | 172.29 | 68.13 | 40.62 |
| 枣阳市 | 30.59 | 12.25 | 2.79 | 5.55 | 10.00 | | 125.62 | 51.25 | 39.04 |
| 宜城市 | 5.10 | | | 1.10 | 3.50 | | 65.20 | 11.50 | 24.00 |
| 南漳县 | | | | | | | 54.60 | 15.30 | 18.26 |
| 谷城县 | 38.09 | 13.40 | 16.09 | 5.00 | 0.34 | 3.26 | 29.49 | 13.40 | 16.09 |
| 保康县 | 12.70 | 3.60 | | 9.10 | | | 12.23 | | 3.30 |
| 农场小计 | 5.69 | 4.00 | 0.40 | | 0.09 | 0.10 | 6.09 | 4.00 | 0.40 |
| **鄂州市** | **0.30** | | | | **0.30** | | **42.30** | **2.60** | **18.70** |

续表31　　　　　　　　　　　　　　　　　　　　　　　　　　　　单位:千公顷

| | 种子包衣 | 小麦 | 水稻 | 玉米 | 棉花 | 油菜 | 化学除草剂使用 | 小麦 | 水稻 |
|---|---|---|---|---|---|---|---|---|---|
| **荆门市** | **31.00** | | | | **31.00** | | **281.10** | **34.51** | **118.26** |
| 市辖区 | 5.00 | | | | 5.00 | | 34.50 | 3.00 | 15.20 |
| 沙洋县 | 7.00 | | | | 7.00 | | 82.34 | 9.30 | 40.00 |
| 钟祥市 | 10.00 | | | | 10.00 | | 106.70 | 16.00 | 30.50 |
| 京山县 | 4.00 | | | | 4.00 | | 57.56 | 6.21 | 32.56 |
| 沙洋农场 | 5.00 | | | | 5.00 | | | | |
| **孝感市** | **54.02** | **12.53** | **21.86** | **0.15** | **19.14** | **0.12** | **266.50** | **45.96** | **103.76** |
| 孝南区 | 13.59 | 4.39 | 8.59 | 0.02 | 0.45 | 0.12 | 39.50 | 3.68 | 18.36 |
| 孝昌县 | 0.21 | | | | 0.21 | | 32.29 | 9.43 | 14.67 |
| 大悟县 | 19.27 | 6.64 | 12.37 | 0.13 | 0.13 | | 36.20 | 10.65 | 18.13 |
| 安陆市 | 0.45 | | | | 0.45 | | 38.80 | 10.00 | 13.00 |
| 云梦县 | 3.60 | 1.50 | 0.90 | | 1.20 | | 10.00 | 3.00 | |
| 应城市 | 2.50 | | | | 2.50 | | 44.31 | 1.90 | 21.00 |
| 汉川市 | 14.40 | | | | 14.20 | | 65.40 | 7.30 | 18.60 |
| **黄冈市** | **89.26** | **6.38** | **26.55** | **0.01** | **28.43** | **11.34** | **569.77** | **38.93** | **304.67** |
| 黄州区 | 1.80 | 0.14 | | | 1.66 | | 16.88 | 1.10 | 6.63 |
| 团风县 | 33.48 | 1.68 | 17.67 | 0.01 | 0.49 | 7.16 | 36.92 | 1.83 | 18.95 |
| 红安县 | 2.13 | | | | | | 52.11 | 3.20 | 20.13 |
| 麻城市 | 9.04 | 2.95 | 0.26 | | 5.83 | | 90.15 | 16.50 | 47.00 |
| 罗田县 | | | | | | | 36.33 | 5.00 | 17.33 |
| 英山县 | 2.60 | 1.60 | | | | 0.70 | 18.40 | 3.00 | 10.80 |
| 浠水县 | 2.20 | | 0.10 | | 2.10 | | 71.20 | 0.80 | 48.00 |
| 蕲春县 | 13.40 | | 5.00 | | 0.40 | 3.00 | 85.70 | 1.00 | 48.00 |
| 武穴市 | 11.31 | 0.01 | 3.52 | | 4.65 | 0.48 | 76.15 | 1.89 | 45.23 |
| 黄梅县 | 13.30 | | | | 13.30 | | 85.93 | 4.61 | 42.60 |
| **咸宁市** | **8.11** | **1.01** | **4.61** | **1.87** | **0.62** | | **156.87** | **1.67** | **106.90** |
| 咸安区 | 1.81 | | 1.50 | 0.30 | 0.01 | | 36.81 | | 19.10 |
| 嘉鱼县 | 2.99 | 1.00 | 1.66 | | 0.33 | | 28.48 | 1.33 | 18.66 |
| 赤壁市 | 0.28 | | | | 0.28 | | 21.30 | | 17.50 |
| 通城县 | 0.07 | 0.01 | | 0.06 | | | 20.20 | | 20.00 |
| 崇阳县 | | | | | | | 30.60 | | 22.00 |
| 通山县 | 2.96 | | 1.45 | 1.51 | | | 19.48 | 0.34 | 9.64 |
| **随州市** | **8.61** | | | | **8.61** | | **160.51** | **54.85** | **86.62** |
| 曾都区 | 6.36 | | | | 6.36 | | 104.00 | 38.40 | 55.20 |
| 广水市 | 2.25 | | | | 2.25 | | 56.51 | 16.45 | 31.42 |
| **恩施自治州** | **155.99** | **0.07** | **47.88** | **105.37** | | | **163.06** | **6.89** | **51.80** |
| 恩施市 | 28.87 | | 9.97 | 18.90 | | | 54.32 | 3.20 | 9.97 |
| 建始县 | 19.84 | | 3.53 | 16.31 | | | 8.92 | 1.51 | 3.02 |
| 巴东县 | 26.54 | | 1.91 | 22.63 | | | 9.30 | 2.10 | 1.90 |
| 利川市 | 32.18 | | 6.70 | 25.48 | | | 20.00 | | 13.30 |
| 宣恩县 | 17.08 | | 8.40 | 8.18 | | | 16.80 | 0.08 | 7.50 |
| 咸丰县 | 18.70 | | 10.40 | 8.20 | | | 13.60 | | 6.95 |
| 来凤县 | 12.78 | 0.07 | 6.97 | 5.67 | | | 10.14 | | 6.50 |
| 鹤峰县 | | | | | | | 29.98 | | 2.66 |
| **仙桃市** | **22.16** | | | | **22.16** | | **135.58** | **4.90** | **60.00** |
| **天门市** | **33.33** | | | | **33.33** | | **189.64** | **22.62** | **50.71** |
| **潜江市** | **34.62** | **3.18** | **1.53** | **0.77** | **27.21** | **1.93** | **114.80** | **14.30** | **29.11** |
| 神农架林区 | | | | | | | 2.68 | | |

续表 32 单位:千公顷

| | 化学除草剂使用面积(续) | | | | | | 生物农药施用 | 灯光诱蛾防治 | 优质稻大田应用面积 |
|---|---|---|---|---|---|---|---|---|---|
| | 玉米 | 棉花 | 油菜 | 花生 | 芝麻 | 蔬菜 | | | |
| **全省合计** | **188.52** | **250.56** | **800.57** | **94.84** | **38.38** | **198.58** | **1097.61** | **449.36** | **124.10** |
| **武汉市** | **5.11** | **9.71** | **41.75** | **3.30** | **1.33** | **24.61** | **249.69** | **20.52** | |
| 市辖区 | 2.27 | | 2.22 | 0.20 | | | 25.08 | 1.50 | |
| 蔡甸区 | 1.60 | 3.50 | 6.30 | 1.10 | 1.33 | 20.30 | 4.00 | 2.00 | |
| 江夏区 | 0.93 | | 1.47 | | | 3.70 | 50.40 | 5.77 | |
| 黄陂区 | 0.10 | | 14.50 | 2.00 | | | 120.00 | 2.70 | |
| 新洲区 | 0.21 | 6.21 | 17.26 | | | 0.61 | 50.21 | 8.55 | |
| **黄石市** | **1.40** | **1.50** | **3.33** | **1.40** | **3.80** | **0.02** | **1.40** | **0.60** | **0.30** |
| 市辖区 | | | 0.03 | | | 0.02 | | | |
| 大冶市 | | | | | | | | | |
| 阳新县 | 1.40 | 1.50 | 3.30 | 1.40 | 3.80 | | 1.40 | 0.60 | 0.30 |
| **十堰市** | **22.77** | | **16.99** | **1.90** | **0.73** | **3.47** | **40.20** | **8.30** | **0.07** |
| 市辖区 | 0.40 | | 0.10 | | | 1.80 | | | |
| 丹江口市 | 1.67 | | 1.33 | | 0.53 | 0.67 | 10.00 | 0.20 | 0.07 |
| 郧县 | 4.20 | | | | | | 11.50 | 6.50 | |
| 郧西县 | 2.15 | | 0.76 | | | | | | |
| 竹山县 | 1.40 | | 6.90 | 0.40 | 0.20 | | 1.70 | 0.30 | |
| 竹溪县 | 9.00 | | 7.70 | 1.50 | | | 6.00 | 1.30 | |
| 房县 | 3.95 | | 0.20 | | | 1.00 | 11.00 | | |
| **荆州市** | **6.05** | **60.66** | **155.64** | **0.31** | **0.37** | **22.93** | **137.28** | **126.10** | **15.30** |
| 市辖区 | 0.40 | 3.12 | 9.28 | 0.10 | 0.05 | 2.40 | 21.40 | 16.54 | 4.84 |
| 江陵县 | | 6.41 | 10.22 | | | | 4.00 | 16.09 | 6.00 |
| 松滋市 | 4.95 | 8.80 | 29.33 | 0.21 | 0.12 | 3.72 | 13.38 | 18.07 | 4.46 |
| 公安县 | 0.40 | 22.00 | 40.16 | | 0.20 | 13.13 | 15.00 | 46.00 | |
| 石首市 | | 6.50 | 20.00 | | | 2.00 | 10.00 | 6.70 | |
| 监利县 | 0.30 | 12.00 | 34.00 | | | | 45.00 | 4.00 | |
| 洪湖市 | | 1.83 | 12.65 | | | 1.68 | 28.50 | 18.70 | |
| **宜昌市** | **44.81** | **14.00** | **63.10** | **7.08** | **0.40** | **9.25** | **91.29** | **76.29** | **22.97** |
| 市辖区 | | | 0.20 | | | 0.30 | 1.50 | 1.33 | 0.30 |
| 夷陵区 | 9.10 | | 6.40 | 0.15 | | 0.35 | 0.87 | 31.10 | 5.00 |
| 宜都市 | 0.60 | | 4.50 | | | 1.80 | 12.00 | 6.00 | 2.00 |
| 枝江市 | 1.33 | 10.00 | 18.00 | 1.33 | 0.40 | | 26.67 | 17.33 | 6.67 |
| 当阳市 | 7.78 | 4.00 | 24.00 | 5.30 | | 6.00 | 40.00 | 10.00 | 6.00 |
| 远安县 | | | 0.50 | | | | 0.25 | 3.00 | 3.00 |
| 兴山县 | 2.80 | | 2.90 | | | 0.80 | 2.00 | 1.33 | |
| 秭归县 | 4.60 | | 2.10 | | | | | 1.80 | |
| 长阳县 | 12.00 | | 4.50 | 0.30 | | | 8.00 | 4.40 | |
| 五峰县 | 6.60 | | | | | | | | |
| **襄樊市** | **42.95** | **23.41** | **57.32** | **25.92** | **11.61** | **24.04** | **92.62** | **16.94** | **1.69** |
| 市辖区 | 1.50 | 1.00 | 5.00 | 2.00 | 1.00 | 13.00 | 2.00 | 2.00 | 1.00 |
| 老河口市 | 3.00 | 3.00 | 1.00 | 0.50 | 3.00 | | 21.00 | 0.30 | |
| 襄阳区 | 15.77 | 7.51 | 9.78 | 14.36 | 2.40 | 10.94 | 24.91 | | |
| 枣阳市 | 9.28 | 10.11 | 8.47 | 3.46 | 4.01 | | 17.41 | 0.38 | 0.19 |
| 宜城市 | 0.50 | 1.50 | 20.00 | 5.20 | 1.00 | | 12.50 | 1.50 | |
| 南漳县 | 6.60 | 0.20 | 10.34 | 0.20 | | 0.10 | 3.00 | 8.00 | |
| 谷城县 | | | | | | | | 0.26 | |
| 保康县 | 6.30 | | 2.63 | | | | 10.80 | 4.50 | 0.50 |
| 农场小计 | | 0.09 | 0.10 | 0.20 | 0.20 | | 1.00 | | |
| **鄂州市** | | **0.10** | **16.20** | **0.50** | **4.20** | | **27.20** | **8.10** | **7.20** |

续表33 单位:千公顷

| | 化学除草剂使用面积(续) | | | | | | 生物农药施用 | 灯光诱蛾防治 | 优质稻大田应用面积 |
|---|---|---|---|---|---|---|---|---|---|
| | 玉米 | 棉花 | 油菜 | 花生 | 芝麻 | 蔬菜 | | | |
| **荆门市** | **5.73** | **15.10** | **80.93** | **8.12** | **4.26** | **10.54** | **80.93** | **14.00** | **8.50** |
| 市辖区 | 0.88 | 2.50 | 11.38 | 0.49 | 0.72 | 0.33 | 11.38 | 1.50 | 1.00 |
| 沙洋县 | | 2.67 | 29.30 | | 1.07 | | 29.30 | 6.00 | 4.00 |
| 钟祥市 | 3.00 | 7.00 | 32.00 | 5.00 | 1.00 | 10.00 | 32.00 | 4.00 | 2.00 |
| 京山县 | 1.85 | 2.93 | 8.25 | 2.63 | 1.47 | 0.21 | 8.25 | 2.50 | 1.50 |
| 沙洋农场 | | | | | | | | | |
| **孝感市** | **0.03** | **14.35** | **54.90** | **10.63** | **1.97** | **30.52** | **64.77** | **28.30** | **4.12** |
| 孝南区 | 0.02 | 0.69 | 7.96 | 0.47 | 0.36 | 6.85 | 1.18 | 5.78 | |
| 孝昌县 | | 0.16 | 5.24 | 1.14 | 0.11 | 0.57 | 6.28 | 0.37 | 0.29 |
| 大悟县 | | | | 7.42 | | | 1.21 | 0.05 | 0.03 |
| 安陆市 | | 0.50 | 8.50 | 1.30 | 1.00 | 4.50 | 8.50 | 1.50 | 1.50 |
| 云梦县 | | | 3.00 | | | 4.00 | 25.00 | 2.00 | 0.50 |
| 应城市 | 0.01 | 1.80 | 14.00 | 0.20 | 0.40 | 5.00 | 2.20 | 2.80 | 1.80 |
| 汉川市 | | 11.20 | 16.20 | 0.10 | 0.10 | 9.60 | 20.40 | 15.80 | |
| **黄冈市** | **0.36** | **25.65** | **131.86** | **22.43** | **3.03** | **19.47** | **131.74** | **41.29** | **24.63** |
| 黄州区 | | 2.07 | 3.16 | | 0.50 | 3.42 | 6.92 | 2.46 | 1.11 |
| 团风县 | 0.01 | 0.57 | 7.47 | 0.75 | 0.68 | 2.87 | 14.58 | 1.90 | 1.35 |
| 红安县 | | 0.62 | 12.45 | 14.67 | | | 8.77 | | |
| 麻城市 | | 5.35 | 17.50 | 3.60 | | 0.20 | 8.44 | 0.15 | 0.09 |
| 罗田县 | | | 6.00 | 1.33 | 0.67 | 5.33 | 0.67 | 0.13 | |
| 英山县 | 0.30 | | 3.50 | 0.30 | 0.20 | | 1.70 | | |
| 浠水县 | | 1.00 | 21.00 | | 0.40 | | 8.50 | 5.50 | |
| 蕲春县 | 0.04 | 0.66 | 15.00 | 1.00 | | 5.00 | 30.00 | 8.00 | 6.00 |
| 武穴市 | 0.01 | 4.12 | 20.12 | 0.78 | 0.58 | 0.85 | 22.36 | 15.55 | 10.58 |
| 黄梅县 | | 11.26 | 25.66 | | | 1.80 | 29.80 | 7.60 | 5.50 |
| **咸宁市** | **8.99** | **0.74** | **18.95** | **2.42** | **2.80** | **10.10** | **39.51** | **2.39** | **1.32** |
| 咸安区 | 0.65 | 0.01 | 8.91 | 1.17 | 1.25 | 3.82 | | | |
| 嘉鱼县 | 2.66 | 0.33 | 4.00 | | 1.50 | | 13.33 | 1.33 | 0.66 |
| 赤壁市 | | 0.40 | 1.50 | | | 1.10 | 3.53 | | |
| 通城县 | | | | 0.20 | | | 20.28 | 0.30 | 0.20 |
| 崇阳县 | 2.00 | | 2.00 | 0.50 | | 2.50 | | 0.40 | 0.27 |
| 通山县 | 3.68 | | 2.54 | 0.55 | 0.05 | 2.68 | 2.37 | 0.36 | 0.19 |
| **随州市** | | **4.58** | **9.43** | **3.46** | **1.57** | | **22.20** | **6.80** | |
| 曾都区 | | 4.10 | 5.20 | | 1.10 | | 22.20 | 6.80 | |
| 广水市 | | 0.48 | 4.23 | 3.46 | 0.47 | | | | |
| **恩施自治州** | **42.52** | | **7.67** | **1.08** | | **22.42** | **32.15** | **3.00** | |
| 恩施市 | 15.00 | | 3.60 | 0.75 | | 16.40 | 0.40 | 0.15 | |
| 建始县 | | | | | | 1.55 | 2.00 | | |
| 巴东县 | 3.60 | | 0.50 | | | 0.20 | 5.00 | 0.70 | |
| 利川市 | 6.70 | | | | | | 1.00 | | |
| 宣恩县 | 5.50 | | 0.60 | 0.12 | | 2.50 | | | |
| 咸丰县 | 2.65 | | 0.35 | | | | 3.25 | 0.05 | |
| 来凤县 | 1.97 | | 0.62 | 0.21 | | 0.57 | 0.40 | | |
| 鹤峰县 | 7.10 | | 2.00 | | | 1.20 | 20.10 | 2.10 | |
| **仙桃市** | **3.00** | **17.60** | **50.00** | | | | | **46.10** | **38.00** |
| **天门市** | **1.21** | **37.31** | **55.77** | **5.13** | **1.89** | **15.00** | **33.33** | **23.33** | |
| **潜江市** | **0.99** | **25.85** | **36.73** | **1.16** | **0.42** | **6.21** | **53.30** | **27.30** | |
| **神农架林区** | **2.60** | | | | | | | | |

续表 34　　　　　　　　　　　　　　　　　　　　单位:千公顷

| | 灯光诱蛾(续) | | 节水灌溉 | 各种技术承包(人) | 技术干部 | 农民技术员 | 各种技术承包 | 种子 | 植保 |
|---|---|---|---|---|---|---|---|---|---|
| | 棉田 | 蔬菜田地 | | | | | | | |
| **全省合计** | **159.13** | **51.17** | **439.32** | **39382** | **8612** | **22458** | **1509.83** | **219.91** | **484.63** |
| **武汉市** | **1.21** | **10.67** | **48.95** | **758** | **45** | **330** | **113.47** | **1.30** | **44.70** |
| 市辖区 | | 1.50 | | | | | | | |
| 蔡甸区 | | 2.00 | 1.80 | | | | | | |
| 江夏区 | | 2.10 | 19.50 | 758 | 45 | 330 | 113.47 | 1.30 | 44.70 |
| 黄陂区 | | | 20.00 | | | | | | |
| 新洲区 | 1.21 | 5.07 | 7.65 | | | | | | |
| **黄石市** | | **0.30** | **0.01** | **207** | **123** | **69** | **16.20** | **1.10** | **12.20** |
| 市辖区 | | | | 44 | 2 | 40 | | | |
| 大冶市 | | | | | | | | | |
| 阳新县 | | 0.30 | 0.01 | 163 | 121 | 29 | 16.20 | 1.10 | 12.20 |
| **十堰市** | | **3.43** | **39.37** | **9402** | **1382** | **6410** | **190.14** | **25.35** | **49.66** |
| 市辖区 | | | | | | | | | |
| 丹江口市 | | 0.13 | | 340 | 50 | 110 | 4.93 | | 1.20 |
| 郧县 | | 2.00 | 19.00 | 2460 | 580 | 1200 | 57.00 | | 21.00 |
| 郧西县 | | | | 588 | 148 | 350 | 37.80 | 8.45 | 3.16 |
| 竹山县 | | | 0.70 | 34 | 34 | | 17.50 | 10.70 | 2.30 |
| 竹溪县 | | 1.30 | 6.67 | 5280 | 380 | 4500 | 44.21 | 6.00 | 20.00 |
| 房县 | | | 13.00 | 700 | 190 | 250 | 28.70 | 0.20 | 2.00 |
| **荆州市** | **66.58** | **2.63** | **44.26** | **1791** | **448** | **1068** | **150.45** | **21.44** | **53.18** |
| 市辖区 | 10.51 | 0.40 | 5.70 | 87 | 34 | 30 | 21.89 | 5.20 | 6.80 |
| 江陵县 | 10.00 | 0.09 | 34.00 | 225 | 20 | 200 | | | |
| 松滋市 | 11.47 | 2.14 | 4.56 | 599 | 162 | 341 | 33.78 | 5.74 | 10.28 |
| 公安县 | 23.90 | | | 580 | 150 | 385 | 24.50 | 3.30 | 10.00 |
| 石首市 | 6.70 | | | 252 | 52 | 100 | 36.00 | | 20.00 |
| 监利县 | 4.00 | | | | | | | | |
| 洪湖市 | | | | 48 | 30 | 12 | 34.28 | 7.20 | 6.10 |
| **宜昌市** | **13.00** | **5.36** | **12.27** | **1375** | **807** | **368** | **149.52** | **24.86** | **47.50** |
| 市辖区 | | 1.00 | | 15 | 5 | 5 | 4.00 | | 2.00 |
| 夷陵区 | | 0.80 | | 172 | 128 | 44 | 20.77 | 5.98 | 5.86 |
| 宜都市 | | 1.00 | 3.00 | 290 | 70 | 120 | 10.00 | 1.33 | 3.34 |
| 枝江市 | 10.00 | 0.66 | 6.67 | 100 | 50 | 50 | 23.05 | 0.05 | 5.50 |
| 当阳市 | 3.00 | 1.00 | | | | | | | |
| 远安县 | | | | 60 | 23 | 37 | 15.00 | | 14.80 |
| 兴山县 | | 0.50 | 2.60 | 100 | 85 | | 13.80 | 1.50 | 4.50 |
| 秭归县 | | | | 398 | 383 | 15 | 2.90 | | 1.50 |
| 长阳县 | | 0.40 | | 240 | 63 | 97 | 60.00 | 16.00 | 10.00 |
| 五峰县 | | | | | | | | | |
| **襄樊市** | **1.99** | **3.33** | **74.00** | **6471** | **1785** | **2976** | **146.44** | **29.45** | **44.11** |
| 市辖区 | 1.00 | | 16.00 | 100 | 40 | | 33.00 | 8.00 | 9.00 |
| 老河口市 | | | 20.00 | 3150 | 1020 | 1200 | 2.20 | 1.00 | 0.20 |
| 襄阳区 | | | | 129 | 70 | 32 | 52.10 | 11.30 | 19.60 |
| 枣阳市 | 0.19 | | 27.50 | 977 | 175 | 699 | 34.25 | 2.25 | 4.81 |
| 宜城市 | 0.80 | 0.20 | 3.50 | 60 | 25 | 5 | 8.80 | 6.50 | 1.50 |
| 南漳县 | | | | | | | | | |
| 谷城县 | | 0.13 | | 135 | 55 | 40 | 14.07 | 0.30 | 9.00 |
| 保康县 | | 3.00 | | 1920 | 400 | 1000 | 2.02 | 0.10 | |
| 农场小计 | | | 7.00 | | | | | | |
| **鄂州市** | **0.10** | **0.80** | **4.50** | **514** | **128** | **321** | **24.50** | **0.30** | **10.00** |

续表 35　　　　　　　　　　　　　　　　　　　　　　　　　　单位：千公顷

| | 灯光诱蛾(续) | | 节水灌溉 | 各种技术承包(人) | | | 各种技术承包 | | |
|---|---|---|---|---|---|---|---|---|---|
| | 棉田 | 蔬菜田地 | | | 技术干部 | 农民技术员 | | 种子 | 植保 |
| **荆门市** | | **5.50** | **4.00** | | | | | | |
| 市辖区 | | 0.50 | 1.00 | | | | | | |
| 沙洋县 | | 2.00 | 1.00 | | | | | | |
| 钟祥市 | | 2.00 | 1.00 | | | | | | |
| 京山县 | | 1.00 | 1.00 | | | | | | |
| 沙洋农场 | | | | | | | | | |
| **孝感市** | **10.29** | **7.90** | **24.47** | **1369** | **462** | **699** | **74.26** | **22.41** | **17.06** |
| 孝南区 | 0.89 | 0.58 | 5.53 | 875 | 270 | 480 | 4.85 | 0.11 | 1.65 |
| 孝昌县 | | | | | | | | | |
| 大悟县 | | 0.02 | 3.24 | 152 | 86 | 31 | 12.51 | | 5.06 |
| 安陆市 | | | | | | | 0.70 | | 0.35 |
| 云梦县 | | 1.50 | 1.50 | 70 | 20 | 50 | 7.00 | 1.00 | 2.00 |
| 应城市 | 0.80 | 0.20 | | 105 | 40 | 60 | 7.20 | | 2.20 |
| 汉川市 | 8.60 | 5.60 | 14.20 | 167 | 46 | 78 | 42.00 | 21.30 | 5.80 |
| **黄冈市** | **6.86** | **2.23** | **101.94** | **6996** | **1252** | **3520** | **205.88** | **62.85** | **64.92** |
| 黄州区 | 0.62 | 0.73 | | 125 | 52 | 27 | 13.40 | 2.30 | 2.50 |
| 团风县 | 0.27 | 0.28 | 5.76 | 1182 | 115 | 745 | 36.37 | 2.67 | 7.65 |
| 红安县 | | | | 54 | 15 | 26 | 0.28 | | 0.12 |
| 麻城市 | 0.06 | | 1.73 | 135 | 40 | 50 | 16.50 | 7.00 | 3.40 |
| 罗田县 | | | 0.20 | 400 | 70 | 300 | 2.00 | | 0.50 |
| 英山县 | | | | 240 | 120 | 100 | 4.50 | 0.70 | 2.10 |
| 浠水县 | | | | 650 | 190 | 245 | 63.50 | 42.00 | 13.00 |
| 蕲春县 | | 1.00 | 90.00 | 2910 | 495 | 1480 | 47.80 | 1.20 | 33.00 |
| 武穴市 | 3.81 | 0.22 | 4.25 | 775 | 135 | 68 | 15.61 | 6.98 | 2.65 |
| 黄梅县 | 2.10 | | | 525 | 20 | 479 | 5.92 | | |
| **咸宁市** | | **1.06** | | **673** | **288** | **340** | **76.38** | **0.73** | **31.20** |
| 咸安区 | | | | 47 | 36 | 11 | 50.00 | | 24.00 |
| 嘉鱼县 | | 0.66 | | 6 | 6 | | 8.00 | | |
| 赤壁市 | | | | 119 | 74 | 19 | 2.36 | 0.13 | 1.33 |
| 通城县 | | 0.10 | | 120 | 80 | 40 | 4.70 | 0.60 | 2.00 |
| 崇阳县 | | 0.13 | | 30 | 30 | | 6.00 | | 3.00 |
| 通山县 | | 0.17 | | 351 | 62 | 270 | 5.32 | | 0.87 |
| **随州市** | **4.40** | **2.40** | **1.20** | **303** | **71** | **102** | **0.69** | **0.02** | **0.67** |
| 曾都区 | 4.40 | 2.40 | 1.20 | 298 | 66 | 102 | | | |
| 广水市 | | | | 5 | 5 | | 0.69 | 0.02 | 0.67 |
| **恩施自治州** | | **1.53** | **22.05** | **1522** | **539** | **301** | **33.67** | **4.75** | **6.80** |
| 恩施市 | | | | | | | | | |
| 建始县 | | | | | | | | | |
| 巴东县 | | 0.50 | | 480 | 180 | 130 | 16.90 | 4.30 | 3.00 |
| 利川市 | | | | 156 | 105 | 30 | 11.60 | 0.10 | 2.00 |
| 宣恩县 | | | | | | | | | |
| 咸丰县 | | 0.03 | 0.65 | 276 | 59 | 74 | 3.98 | 0.35 | 1.37 |
| 来凤县 | | | | 307 | 90 | 67 | 1.19 | | 0.43 |
| 鹤峰县 | | 1.00 | 21.40 | 303 | 105 | | | | |
| **仙桃市** | **8.10** | | | **553** | **150** | **380** | **96.00** | **5.00** | **30.00** |
| **天门市** | **20.00** | **3.33** | **60.00** | **6310** | **810** | **5000** | **123.33** | | **33.33** |
| **潜江市** | **26.60** | **0.70** | **2.30** | **518** | **122** | **334** | **96.60** | **20.35** | **35.50** |
| **神农架林区** | | | | **620** | **200** | **240** | **12.30** | | **3.80** |

续表36 单位:千公顷

| | 各种技术承包面积(续) | | | 科技示范园(场) | | | | | |
|---|---|---|---|---|---|---|---|---|---|
| | | | | 合计 | | 县市园 | | 乡镇场 | |
| | 栽培 | 土肥 | 蔬菜 | 个数 | 面积 | 个数 | 面积 | 个数 | 面积 |
| **全省合计** | **375.86** | **226.51** | **123.46** | **787** | **335.15** | **224** | **185.26** | **563** | **149.89** |
| **武汉市** | **28.00** | **25.30** | **10.30** | **30** | **5.52** | **6** | **0.72** | **24** | **4.80** |
| 市辖区 | | | | 9 | 0.10 | 1 | 0.02 | 8 | 0.08 |
| 蔡甸区 | | | | 2 | 0.30 | 1 | 0.20 | 1 | 0.10 |
| 江夏区 | 28.00 | 25.30 | 10.30 | 10 | 0.87 | 2 | 0.30 | 8 | 0.57 |
| 黄陂区 | | | | 1 | 0.01 | | | 1 | 0.01 |
| 新洲区 | | | | 8 | 4.24 | 2 | 0.20 | 6 | 4.04 |
| **黄石市** | | | **1.10** | **39** | **3.00** | **3** | **0.10** | **36** | **2.90** |
| 市辖区 | | | | | | | | | |
| 大冶市 | | | | | | | | | |
| 阳新县 | | | 1.10 | 39 | 3.00 | 3 | 0.10 | 36 | 2.90 |
| **十堰市** | **50.45** | **31.36** | **10.02** | **35** | **1.31** | **14** | **0.65** | **21** | **0.66** |
| 市辖区 | | | | 2 | 0.06 | 2 | 0.06 | | |
| 丹江口市 | 1.53 | 1.00 | | 24 | 0.61 | 8 | 0.27 | 16 | 0.34 |
| 郧　县 | 13.00 | 17.00 | 4.00 | 4 | 0.03 | 1 | 0.01 | 3 | 0.02 |
| 郧西县 | 14.25 | 2.36 | 1.98 | 1 | 0.01 | 1 | 0.01 | | |
| 竹山县 | | 1.70 | | | | | | | |
| 竹溪县 | 6.67 | 5.30 | 1.54 | 1 | 0.20 | 1 | 0.20 | | |
| 房　县 | 15.00 | 4.00 | 2.50 | 3 | 0.40 | 1 | 0.10 | 2 | 0.30 |
| **荆州市** | **37.08** | **15.03** | **9.21** | **108** | **8.24** | **34** | **3.01** | **74** | **5.23** |
| 市辖区 | 4.90 | 2.56 | 1.78 | 14 | 1.44 | 3 | 0.24 | 11 | 1.20 |
| 江陵县 | | | | | | | | | |
| 松滋市 | 6.68 | 2.79 | 3.43 | 4 | 0.11 | 1 | 0.07 | 3 | 0.04 |
| 公安县 | 4.90 | 1.30 | | 28 | 0.10 | | | 28 | 0.10 |
| 石首市 | 4.00 | 4.00 | 4.00 | 18 | 1.08 | 17 | 1.02 | 1 | 0.06 |
| 监利县 | | | | 4 | 0.27 | 1 | 0.07 | 3 | 0.20 |
| 洪湖市 | 16.60 | 4.38 | | 40 | 5.24 | 12 | 1.61 | 28 | 3.63 |
| **宜昌市** | **40.79** | **21.05** | **11.07** | **95** | **7.44** | **43** | **6.03** | **52** | **1.41** |
| 市辖区 | | | 2.00 | 3 | 0.20 | 1 | 0.15 | 2 | 0.05 |
| 夷陵区 | 4.39 | 2.49 | 1.70 | 46 | 3.62 | 21 | 2.94 | 25 | 0.68 |
| 宜都市 | 2.00 | 2.06 | 0.67 | 20 | 1.34 | 4 | 0.67 | 16 | 0.67 |
| 枝江市 | 8.00 | 5.00 | 4.50 | 10 | 0.01 | 1 | | 9 | 0.01 |
| 当阳市 | | | | | | | | | |
| 远安县 | | | 0.20 | 1 | 0.02 | 1 | 0.02 | | |
| 兴山县 | 3.50 | 1.50 | 2.00 | 3 | 0.70 | 3 | 0.70 | | |
| 秭归县 | 0.90 | | | 11 | 1.50 | 11 | 1.50 | | |
| 长阳县 | 22.00 | 10.00 | | 1 | 0.05 | 1 | 0.05 | | |
| 五峰县 | | | | | | | | | |
| **襄樊市** | **27.77** | **31.02** | **7.74** | **15** | **2.06** | **7** | **1.41** | **8** | **0.65** |
| 市辖区 | 11.00 | 1.00 | 2.00 | | | | | | |
| 老河口市 | 0.50 | 0.50 | | 4 | 0.80 | 1 | 0.30 | 3 | 0.50 |
| 襄阳区 | 3.50 | 14.70 | 2.10 | | | | | | |
| 枣阳市 | 10.07 | 14.20 | 2.74 | 4 | 0.03 | 3 | 0.03 | 1 | |
| 宜城市 | | | 0.50 | 2 | 0.05 | | | 2 | 0.05 |
| 南漳县 | | | | | | | | | |
| 谷城县 | 1.50 | 0.50 | 0.10 | 1 | 0.08 | 1 | 0.08 | | |
| 保康县 | 1.20 | 0.12 | 0.30 | 4 | 1.10 | 2 | 1.00 | 2 | 0.10 |
| 农场小计 | | | | | | | | | |
| **鄂州市** | **4.20** | **8.50** | **1.50** | **12** | **5.30** | **4** | **1.90** | **8** | **3.40** |

续表 37 　　　　　　单位:千公顷

| | 各种技术承包面积(续) | | | 科技示范园(场) | | | | | |
|---|---|---|---|---|---|---|---|---|---|
| | 栽培 | 土肥 | 蔬菜 | 合计 | | 县市园 | | 乡镇场 | |
| | | | | 个数 | 面积 | 个数 | 面积 | 个数 | 面积 |
| **荆门市** | | | | **2** | **50.00** | **2** | **50.00** | | |
| 市辖区 | | | | 1 | | 1 | | | |
| 沙洋县 | | | | | | | | | |
| 钟祥市 | | | | | | | | | |
| 京山县 | | | | 1 | 50.00 | 1 | 50.00 | | |
| 沙洋农场 | | | | | | | | | |
| **孝感市** | **14.69** | **6.21** | **11.35** | **107** | **10.09** | **27** | **2.38** | **80** | **7.71** |
| 孝南区 | 0.47 | 0.26 | 1.52 | 13 | 2.22 | 1 | 0.31 | 12 | 1.91 |
| 孝昌县 | | | | 19 | 2.81 | 7 | 0.95 | 12 | 1.86 |
| 大悟县 | 3.07 | 0.85 | 3.53 | 25 | 0.56 | 8 | 0.12 | 17 | 0.44 |
| 安陆市 | 0.35 | | | 7 | 0.35 | 2 | 0.05 | 5 | 0.30 |
| 云梦县 | | 2.00 | 2.00 | 5 | 0.50 | 5 | 0.50 | | |
| 应城市 | 3.50 | 0.60 | 0.50 | 19 | 0.75 | 3 | 0.15 | 16 | 0.60 |
| 汉川市 | 7.30 | 2.50 | 3.80 | 19 | 2.90 | 1 | 0.30 | 18 | 2.60 |
| **黄冈市** | **35.15** | **12.37** | **17.67** | **145** | **79.58** | **28** | **72.93** | **117** | **6.65** |
| 黄州区 | 3.50 | 1.80 | 3.30 | 23 | 0.51 | 2 | 0.01 | 21 | 0.50 |
| 团风县 | 9.74 | 6.77 | 2.65 | 4 | 0.45 | 1 | 0.24 | 3 | 0.21 |
| 红安县 | 0.03 | | | 7 | | 3 | | 4 | |
| 麻城市 | 3.00 | | 3.10 | 2 | 0.06 | 2 | 0.06 | | |
| 罗田县 | 1.00 | | 0.40 | 39 | 3.00 | 8 | 1.00 | 31 | 2.00 |
| 英山县 | 1.10 | 0.30 | 0.30 | 7 | 0.29 | | | 7 | 0.29 |
| 浠水县 | 6.00 | 1.50 | | 1 | 70.00 | 1 | 70.00 | | |
| 蕲春县 | 7.00 | 2.00 | 2.00 | 21 | 2.10 | 3 | 0.30 | 18 | 1.80 |
| 武穴市 | 3.78 | | | 13 | 0.30 | 1 | 0.12 | 12 | 0.18 |
| 黄梅县 | | | 5.92 | 28 | 2.87 | 7 | 1.20 | 21 | 1.67 |
| **咸宁市** | **32.45** | **1.95** | **8.95** | **14** | **0.79** | **8** | **0.48** | **6** | **0.31** |
| 咸安区 | 24.00 | | 2.00 | 1 | 0.01 | 1 | 0.01 | | |
| 嘉鱼县 | 3.00 | | 5.00 | 3 | 0.20 | 3 | 0.20 | | |
| 赤壁市 | 0.20 | 0.20 | 0.50 | 1 | 0.10 | 1 | 0.10 | | |
| 通城县 | 0.10 | 1.50 | 0.50 | 4 | 0.13 | 1 | 0.05 | 3 | 0.08 |
| 崇阳县 | 3.00 | | | 1 | 0.03 | 1 | 0.03 | | |
| 通山县 | 2.15 | 0.25 | 0.95 | 4 | 0.32 | 1 | 0.09 | 3 | 0.23 |
| **随州市** | | | | **37** | **1.03** | **13** | **0.61** | **24** | **0.42** |
| 曾都区 | | | | 33 | 1.00 | 12 | 0.60 | 21 | 0.40 |
| 广水市 | | | | 4 | 0.03 | 1 | 0.01 | 3 | 0.02 |
| **恩施自治州** | **9.85** | **2.17** | **4.68** | **114** | **46.15** | **28** | **11.69** | **86** | **34.46** |
| 恩施市 | | | | 3 | 40.00 | 1 | 10.00 | 2 | 30.00 |
| 建始县 | | | | 1 | | | | 1 | |
| 巴东县 | 3.40 | 0.70 | 2.30 | 32 | 3.00 | 8 | 0.70 | 24 | 2.30 |
| 利川市 | 4.50 | 1.00 | 2.00 | 1 | 0.02 | 1 | 0.02 | | |
| 宣恩县 | | | | 1 | 0.01 | | | 1 | 0.01 |
| 咸丰县 | 1.25 | 0.44 | 0.35 | 65 | 2.25 | 15 | 0.75 | 50 | 1.50 |
| 来凤县 | 0.70 | 0.03 | 0.03 | 4 | 0.07 | 1 | 0.02 | 3 | 0.05 |
| 鹤峰县 | | | | 7 | 0.80 | 2 | 0.20 | 5 | 0.60 |
| **仙桃市** | **40.00** | **7.00** | **14.00** | **1** | **0.01** | **1** | **0.01** | | |
| **天门市** | **33.33** | **50.00** | **6.67** | **30** | **1.33** | **5** | **0.04** | **25** | **1.29** |
| **潜江市** | **18.60** | **12.25** | **7.70** | **3** | **113.30** | **1** | **33.30** | **2** | **80.00** |
| **神农架林区** | **3.50** | **2.30** | **1.50** | | | | | | |

续表 38　　　　单位:千公顷

| | 科技示范户(户) | 小麦 | 水稻 | 玉米 | 棉花 | 油菜 | 蔬菜 | 中药材 | 其它 |
|---|---|---|---|---|---|---|---|---|---|
| **全省合计** | **487611** | **72991** | **173603** | **38055** | **42238** | **63626** | **55329** | **12924** | **28845** |
| **武汉市** | **2045** | **10** | **50** | **13** | **30** | **30** | **1777** | **5** | **130** |
| 市辖区 | 1709 | | | | | | 1709 | | |
| 蔡甸区 | 81 | | | | | | 20 | | 61 |
| 江夏区 | 90 | | 10 | | | | 18 | | 62 |
| 黄陂区 | 55 | | 20 | 5 | 10 | 10 | 10 | | |
| 新洲区 | 110 | 10 | 20 | 8 | 20 | 20 | 20 | 5 | 7 |
| **黄石市** | **1147** | **72** | **446** | **25** | **38** | **310** | **220** | | **36** |
| 市辖区 | 240 | | 60 | | | | 180 | | |
| 大冶市 | | | | | | | | | |
| 阳新县 | 907 | 72 | 386 | 25 | 38 | 310 | 40 | | 36 |
| **十堰市** | **68775** | **11545** | **8324** | **11930** | | **5519** | **10337** | **5480** | **15640** |
| 市辖区 | 2200 | 400 | 400 | 400 | | | 1000 | | |
| 丹江口市 | 1000 | 270 | 180 | 320 | | 70 | 50 | 30 | 80 |
| 郧　县 | 18000 | 5000 | 3000 | 2000 | | 500 | 5000 | 500 | 2000 |
| 郧西县 | 6460 | 1260 | 620 | 1200 | | 330 | 1150 | 940 | 960 |
| 竹山县 | 115 | 15 | 24 | 10 | | 19 | 37 | 10 | |
| 竹溪县 | 30000 | 4000 | 2000 | 6000 | | 3000 | 1000 | 2000 | 12000 |
| 房　县 | 11000 | 600 | 2100 | 2000 | | 1600 | 2100 | 2000 | 600 |
| **荆州市** | **24000** | **223** | **10551** | **381** | **6946** | **3441** | **2100** | **100** | **258** |
| 市辖区 | 2425 | 100 | 520 | 50 | 720 | 832 | 183 | | 20 |
| 江陵县 | 336 | | 200 | | | 136 | | | |
| 松滋市 | 1244 | 102 | 346 | 108 | 176 | 210 | 188 | | 114 |
| 公安县 | 12294 | | 2815 | 208 | 5845 | 1923 | 1503 | | |
| 石首市 | 1121 | 1 | 610 | | 100 | 10 | 200 | 100 | 100 |
| 监利县 | 6350 | | 6000 | | 70 | 280 | | | |
| 洪湖市 | 230 | 20 | 60 | 15 | 35 | 50 | 26 | | 24 |
| **宜昌市** | **20935** | **800** | **7115** | **3335** | **550** | **2085** | **3580** | **755** | **2715** |
| 市辖区 | 300 | | | | | | 200 | | 100 |
| 夷陵区 | 7500 | | 2500 | 1000 | | 1000 | 1500 | 500 | 1000 |
| 宜都市 | 2000 | | 1000 | 500 | | | | | 500 |
| 枝江市 | 1800 | | 550 | | 550 | 500 | 200 | | |
| 当阳市 | 2000 | | 2000 | | | | | | |
| 远安县 | 150 | | 40 | 15 | | 5 | 15 | | 75 |
| 兴山县 | 4600 | 800 | 1000 | 1500 | | 500 | 500 | 100 | 200 |
| 秭归县 | 335 | | 25 | 120 | | 80 | 110 | | |
| 长阳县 | 1900 | | | | | | 925 | 155 | 820 |
| 五峰县 | 350 | | | 200 | | | 130 | | 20 |
| **襄樊市** | **98233** | **36043** | **30015** | **5880** | **7450** | **7880** | **8060** | **390** | **2515** |
| 市辖区 | 648 | 243 | 325 | | 20 | | 20 | | 40 |
| 老河口市 | 11800 | 3000 | 4000 | | 2000 | | 2000 | | 800 |
| 襄阳区 | 67000 | 26000 | 20000 | 4000 | 5000 | 7000 | 4000 | | 1000 |
| 枣阳市 | 1465 | 1000 | 150 | | 130 | | 80 | | 105 |
| 宜城市 | 1000 | 1000 | | | | | | | |
| 南漳县 | 6420 | 1800 | 2500 | 800 | 300 | 500 | 100 | 20 | 400 |
| 谷城县 | 8800 | 3000 | 3000 | 1000 | | 300 | 1500 | | |
| 保康县 | 1100 | | 40 | 80 | | 80 | 360 | 370 | 170 |
| 农场小计 | | | | | | | | | |
| **鄂州市** | **6710** | **30** | **2500** | **10** | **50** | **3000** | **1000** | **20** | **100** |

续表 39　　　　　　　　　　　　　　　　　　　　　　　　　　　　单位：千公顷

| | 科技示范户（户） | 小麦 | 水稻 | 玉米 | 棉花 | 油菜 | 蔬菜 | 中药材 | 其它 |
|---|---|---|---|---|---|---|---|---|---|
| **荆门市** | **50321** | **4900** | **24550** | **5310** | **5700** | **6100** | **3500** | **200** | **61** |
| 市辖区 | 5971 | 200 | 3000 | 10 | 1000 | 1000 | 500 | 200 | 61 |
| 沙洋县 | 11600 | 100 | 6000 | 1500 | 1500 | 1500 | 1000 | | |
| 钟祥市 | 17700 | 3500 | 7300 | 1700 | 2200 | 2000 | 1000 | | |
| 京山县 | 15050 | 1100 | 8250 | 2100 | 1000 | 1600 | 1000 | | |
| 沙洋农场 | | | | | | | | | |
| **孝感市** | **19007** | **855** | **10488** | **51** | **3746** | **1422** | **1904** | **36** | **505** |
| 孝南区 | 2870 | 280 | 1480 | 6 | 59 | 310 | 468 | 2 | 265 |
| 孝昌县 | | | | | | | | | |
| 大悟县 | 196 | 25 | 98 | | | 37 | 31 | 5 | |
| 安陆市 | 146 | 20 | 60 | | 2 | 30 | 30 | 4 | |
| 云梦县 | 300 | | 100 | | 15 | 35 | 100 | | 50 |
| 应城市 | 12800 | 400 | 8100 | 20 | 3150 | 500 | 455 | 25 | 150 |
| 汉川市 | 2695 | 130 | 650 | 25 | 520 | 510 | 820 | | 40 |
| **黄冈市** | **130831** | **16935** | **57403** | **730** | **10763** | **25736** | **11377** | **4815** | **3072** |
| 黄州区 | 5730 | 700 | 1050 | 20 | 680 | 980 | 2300 | | |
| 团风县 | 1600 | 40 | 600 | 10 | 100 | 400 | 200 | 50 | 200 |
| 红安县 | 30 | | 8 | | | 8 | 2 | | 12 |
| 麻城市 | 31120 | 10600 | 9100 | 10 | 4700 | 6100 | 530 | 20 | 60 |
| 罗田县 | 2000 | 420 | 480 | 10 | | 480 | 80 | 180 | 350 |
| 英山县 | 38000 | 4000 | 17000 | 600 | | 5000 | 6500 | 4200 | 700 |
| 浠水县 | 3950 | 110 | 1850 | 40 | 220 | 1100 | 350 | 80 | 200 |
| 蕲春县 | 2530 | | 1300 | 20 | 30 | 700 | 150 | 280 | 50 |
| 武穴市 | 33056 | 855 | 21000 | 20 | 2668 | 5958 | 1050 | 5 | 1500 |
| 黄梅县 | 12815 | 210 | 5015 | | 2365 | 5010 | 215 | | |
| **咸宁市** | **19069** | **58** | **9671** | **1063** | **5** | **4370** | **3602** | **140** | **160** |
| 咸安区 | 7538 | | 3141 | 152 | | 2860 | 1350 | 5 | 30 |
| 嘉鱼县 | 97 | 8 | 20 | 4 | 5 | 10 | 50 | | |
| 赤壁市 | 3214 | | 2110 | 402 | | | 702 | | |
| 通城县 | 4000 | 50 | 3200 | 20 | | 200 | 500 | 20 | 10 |
| 崇阳县 | 960 | | 500 | 25 | | 200 | 200 | 15 | 20 |
| 通山县 | 3260 | | 700 | 460 | | 1100 | 800 | 100 | 100 |
| **随州市** | **3630** | **1020** | **1060** | | **500** | **500** | **400** | **50** | **100** |
| 曾都区 | 3550 | 1000 | 1000 | | 500 | 500 | 400 | 50 | 100 |
| 广水市 | 80 | 20 | 60 | | | | | | |
| **恩施自治州** | **21333** | **120** | **5230** | **8782** | | **1068** | **2622** | **868** | **2643** |
| 恩施市 | 1650 | | | | | | 700 | 450 | 500 |
| 建始县 | 3800 | | 200 | 2000 | | 500 | 50 | 50 | 1000 |
| 巴东县 | 640 | 110 | 50 | 180 | | 80 | 100 | 60 | 60 |
| 利川市 | 750 | 10 | 200 | 210 | | 5 | 130 | 120 | 75 |
| 宣恩县 | 1300 | | 300 | 200 | | 100 | 400 | 100 | 200 |
| 咸丰县 | 673 | | 155 | 142 | | 28 | 105 | 45 | 198 |
| 来凤县 | 6510 | | 3425 | 1050 | | 355 | 1037 | 33 | 610 |
| 鹤峰县 | 6010 | | 900 | 5000 | | | 100 | 10 | |
| **仙桃市** | **660** | **30** | **350** | **40** | **90** | **100** | **50** | | |
| **天门市** | **5000** | | **2000** | | **2000** | | **1000** | | |
| **潜江市** | **15000** | **200** | **3850** | **105** | **4370** | **2015** | **3750** | | **710** |
| **神农架林区** | **915** | **150** | | **400** | | **50** | **50** | **65** | **200** |

# 全省经济作物技术推广情况

| | 计量单位 | 面　积 | | 计量单位 | 面　积 |
|---|---|---|---|---|---|
| 一、低产园改造面积 | 千公顷 | 49.47 | 六、柑桔贮藏保鲜量 | 吨 | 102594 |
| 1. 果树低产园改造面积 | 千公顷 | 33.21 | 其中:通风库贮藏 | 吨 | 92107 |
| 其中:柑桔 | 千公顷 | 19.32 | 冷库贮藏 | 吨 | 7086 |
| 2. 茶树低产园改造面积 | 千公顷 | 14.42 | 七、果树设施栽培面积 | 千公顷 | 4.77 |
| 3. 桑树低产园改造面积 | 千公顷 | 1.84 | 八、果实套袋数 | 万个 | 9992.08 |
| 二、育苗面积 | 千公顷 | 23.58 | 九、果品商品化处理 | — | — |
| 1. 果树育苗面积 | 千公顷 | 10.27 | 1. 商品化处理生产线 | 条 | 229 |
| 其中:柑桔 | 千公顷 | 2.50 | 2. 时处理能力 | 吨/小时 | 596 |
| 2. 茶树无性系育苗面积 | 千公顷 | 2.35 | 3. 商品化处理数量 | 吨 | 422470 |
| 其中:苗圃 | 千公顷 | 0.94 | 十、果汁加工生产线 | 条 | 9 |
| 母本园 | 千公顷 | 1.20 | 生产量 | 吨 | 1738 |
| 3. 桑树育苗面积 | 千公顷 | 0.48 | 十一、水果罐头加工生产线 | 条 | 19 |
| 4. 中药材育苗面积 | 千公顷 | 3.22 | 生产量 | 吨 | 61035 |
| 5. 花卉育苗面积 | 千公顷 | 7.26 | 其中:桔瓣罐头加工生产线 | 条 | 16 |
| 三、出圃苗数 | 万株 | 78411.45 | 生产量 | 吨 | 60535 |
| 1. 果树出圃苗数 | 万株 | 10538.70 | 十二、茶园行间覆草面积 | 千公顷 | 17.23 |
| (1)柑桔 | 万株 | 3680.81 | 十三、机械化采摘和修剪茶园面积 | 千公顷 | 23.12 |
| (2)桃子 | 万株 | 2119.73 | 十四、采茶机数量 | 台 | 764 |
| (3)梨子 | 万株 | 1506.26 | 十五、修剪机数量 | 台 | 933 |
| (4)其它 | 万株 | 3231.90 | 十六、茶叶冷藏保鲜量 | 吨 | 3902 |
| 2. 茶树出圃苗数 | 万株 | 17967.38 | 十七、名优茶机械数量 | 台 | 12699 |
| (1)福鼎大白茶 | 万株 | 7581.80 | 十八、名优茶产量 | 吨 | 32702 |
| (2)福云6号 | 万株 | 1197.46 | 其中:机制名优茶 | 吨 | 19158 |
| (3)白毫早 | 万株 | 427.67 | 十九、有机茶园面积 | 千公顷 | 12.14 |
| (4)乌牛早 | 万株 | 5111.65 | 有机茶产量 | 吨 | 4963 |
| (5)鄂茶1号 | 万株 | 4.67 | 二十、中药深加工厂 | 个 | 57 |
| (6)龙井43 | 万株 | 218.28 | 中药材加工产量 | 吨 | 255198 |
| (7)其它 | 万株 | 3425.85 | 二十一、遮阳网覆盖面积 | 千公顷 | 6.53 |
| 3. 桑苗出圃苗数 | 万株 | 4304.00 | 二十二、大棚面积(不含蔬菜瓜类) | 千公顷 | 5.15 |
| 其中:湖桑 | 万株 | 1000.00 | 其中:水果 | 千公顷 | 2.73 |
| 杂交桑 | 万株 | 500.00 | 茶叶 | 千公顷 | 1.38 |
| 4. 中药材出圃苗数 | 万株 | 32688.82 | 花卉苗木 | 千公顷 | 0.29 |
| 其中:木本 | 万株 | 3005.40 | 二十三、秸杆覆盖栽培面积 | 千公顷 | 41.69 |
| 草本 | 万株 | 14676.42 | 其中:果园 | 千公顷 | 21.43 |
| 5. 花卉出圃苗数 | 万株 | 12912.55 | 二十四、省力化养蚕张数 | 万张 | 11.48 |
| 四、果树高接换种 | 万株 | 1161.64 | 产量 | 吨 | 4594 |
| 其中:柑桔 | 万株 | 779.75 | 二十五、小蚕共育张数 | 万张 | 9.23 |
| 梨 | 万株 | 226.54 | 产量 | 吨 | 3855 |
| 五、柑桔园覆草栽培面积 | 千公顷 | 23.63 | 二十六、方格簇应用片数 | 万片 | 12354.19 |

# 经济作物技术推广情况

单位:千公顷

| | 低产园改造面积 | 果树 | 柑桔 | 茶树 | 育苗面积 | 果树 | 茶树无性系 | 中药材 | 花卉 |
|---|---|---|---|---|---|---|---|---|---|
| **全省合计** | **49.47** | **33.21** | **19.32** | **14.42** | **23.58** | **10.27** | **2.35** | **3.22** | **7.26** |
| **武汉市** | | | | | | | | | |
| 市辖区 | | | | | | | | | |
| 蔡甸区 | | | | | | | | | |
| 江夏区 | | | | | | | | | |
| 黄陂区 | | | | | | | | | |
| 新洲区 | | | | | | | | | |
| **黄石市** | **0.27** | **0.25** | **0.19** | **0.02** | **0.29** | **0.06** | | **0.01** | **0.22** |
| 市辖区 | 0.03 | 0.03 | 0.02 | | 0.04 | 0.03 | | | 0.01 |
| 大冶市 | 0.20 | 0.20 | 0.15 | | 0.22 | 0.02 | | | 0.20 |
| 阳新县 | 0.04 | 0.02 | 0.02 | 0.02 | 0.03 | 0.01 | | 0.01 | 0.01 |
| **十堰市** | **5.51** | **3.54** | **2.83** | **1.97** | **2.89** | **0.79** | **1.00** | **1.01** | **0.08** |
| 市辖区 | | | | | | | | | |
| 丹江口市 | 1.80 | 1.60 | 1.60 | 0.20 | 0.04 | 0.03 | | 0.01 | |
| 郧　县 | 1.20 | 0.90 | 0.88 | 0.30 | 0.12 | 0.10 | | | 0.01 |
| 郧西县 | 0.12 | 0.05 | | 0.07 | 0.28 | 0.28 | | | |
| 竹山县 | | | | | | | | | |
| 竹溪县 | 1.39 | 0.59 | 0.15 | 0.80 | 2.40 | 0.33 | 1.00 | 1.00 | 0.07 |
| 房　县 | 1.00 | 0.40 | 0.20 | 0.60 | 0.05 | 0.05 | | | |
| **荆州市** | **2.12** | **2.11** | **0.78** | **0.01** | **0.68** | **0.25** | | | **0.43** |
| 市辖区 | 0.21 | 0.21 | 0.21 | | 0.60 | 0.20 | | | 0.40 |
| 江陵县 | | | | | | | | | |
| 松滋市 | 0.50 | 0.50 | 0.50 | | 0.02 | 0.02 | | | |
| 公安县 | 1.30 | 1.30 | | | 0.03 | 0.02 | | | 0.01 |
| 石首市 | 0.01 | | | 0.01 | 0.02 | 0.01 | | | 0.01 |
| 监利县 | 0.08 | 0.08 | 0.07 | | 0.01 | | | | 0.01 |
| 洪湖市 | 0.02 | 0.02 | | | | | | | |
| **宜昌市** | **16.89** | **11.70** | **9.68** | **4.42** | **0.55** | **0.28** | **0.12** | **0.05** | **0.10** |
| 市辖区 | 0.60 | 0.40 | 0.30 | 0.20 | 0.02 | 0.02 | | | |
| 夷陵区 | 6.00 | 4.00 | 3.70 | 1.67 | 0.04 | 0.02 | 0.02 | | |
| 宜都市 | 2.81 | 2.00 | 2.00 | 0.67 | 0.03 | 0.03 | | | |
| 枝江市 | 2.00 | 2.00 | 1.00 | | 0.10 | 0.06 | | | 0.04 |
| 当阳市 | 0.05 | 0.05 | 0.05 | | 0.01 | 0.01 | | | |
| 远安县 | 0.80 | 0.30 | 0.20 | 0.20 | | | | | |
| 兴山县 | 0.85 | 0.70 | 0.70 | 0.15 | 0.25 | 0.10 | 0.05 | 0.05 | 0.05 |
| 秭归县 | 2.48 | 2.15 | 1.63 | 0.33 | 0.06 | 0.03 | 0.02 | | 0.01 |
| 长阳县 | 0.60 | 0.10 | 0.10 | 0.50 | 0.01 | 0.01 | | | |
| 五峰县 | 0.70 | | | 0.70 | 0.03 | | 0.03 | | |
| **襄樊市** | **6.02** | **4.48** | **0.64** | **1.04** | **11.35** | **4.75** | **0.61** | **0.69** | **4.99** |
| 市辖区 | 0.03 | 0.02 | | 0.01 | 0.30 | 0.30 | | | |
| 老河口市 | 1.00 | 1.00 | | | 1.00 | 1.00 | | | |
| 襄阳区 | 1.20 | 1.20 | 0.03 | | 2.74 | 1.62 | | 0.68 | 0.44 |
| 枣阳市 | 1.33 | 1.33 | | | 0.05 | 0.03 | | | 0.02 |
| 宜城市 | 0.04 | 0.03 | 0.02 | 0.01 | 5.00 | 0.47 | 0.01 | 0.01 | 4.50 |
| 南漳县 | 1.80 | 0.80 | 0.50 | 0.50 | 0.20 | | | | |
| 谷城县 | 0.11 | 0.01 | 0.01 | 0.10 | 1.73 | 1.33 | 0.40 | | |
| 保康县 | 0.50 | 0.08 | 0.08 | 0.42 | 0.33 | | 0.20 | | 0.03 |
| 农场小计 | 0.01 | 0.01 | | | | | | | |
| **鄂州市** | **0.80** | **0.70** | **0.60** | **0.10** | **0.60** | **0.50** | | | **0.10** |

续表 1　　　　　　　　　　　　　　　　　　　　　　　　　　　　单位:千公顷

| | 低产园改造面积 | 果树 | 柑桔 | 茶树 | 育苗面积 | 果树 | 茶树无性系 | 中药材 | 花卉 |
|---|---|---|---|---|---|---|---|---|---|
| **荆门市** | **2.21** | **1.86** | **1.48** | **0.35** | **0.26** | **0.16** | **0.01** | **0.01** | **0.08** |
| 市辖区 | 0.88 | 0.73 | 0.71 | 0.15 | 0.03 | 0.02 | | | 0.01 |
| 沙洋县 | 0.13 | 0.13 | 0.07 | | 0.03 | | | | 0.03 |
| 钟祥市 | 0.40 | 0.40 | 0.40 | | 0.11 | 0.11 | | | |
| 京山县 | 0.80 | 0.60 | 0.30 | 0.20 | 0.09 | 0.03 | 0.01 | 0.01 | 0.04 |
| 沙洋农场 | | | | | | | | | |
| **孝感市** | **2.80** | **0.94** | **0.06** | **1.86** | **0.49** | **0.05** | **0.18** | **0.08** | **0.18** |
| 孝南区 | 0.18 | 0.16 | 0.02 | 0.02 | 0.03 | 0.03 | | | |
| 孝昌县 | 0.58 | 0.34 | 0.01 | 0.24 | 0.10 | | 0.04 | 0.02 | 0.04 |
| 大悟县 | 1.71 | 0.15 | | 1.56 | 0.19 | | 0.14 | 0.05 | |
| 安陆市 | 0.20 | 0.20 | | | 0.03 | 0.02 | | 0.01 | |
| 云梦县 | | | | | 0.03 | | | | 0.03 |
| 应城市 | 0.08 | 0.05 | 0.01 | 0.03 | 0.01 | | | | 0.01 |
| 汉川市 | 0.05 | 0.04 | 0.02 | 0.01 | 0.10 | | | | 0.10 |
| **黄冈市** | **5.18** | **3.16** | **0.88** | **1.52** | **1.03** | **0.49** | **0.17** | **0.17** | **0.08** |
| 黄州区 | 0.20 | 0.20 | 0.02 | | 0.08 | 0.08 | | | |
| 团风县 | 0.19 | 0.15 | 0.11 | 0.04 | 0.13 | 0.07 | 0.01 | 0.02 | 0.03 |
| 红安县 | | | | | | | | | |
| 麻城市 | 1.06 | 0.60 | | 0.16 | 0.04 | 0.01 | | 0.02 | 0.01 |
| 罗田县 | 0.57 | 0.34 | | 0.23 | 0.13 | 0.03 | | 0.03 | |
| 英山县 | 1.30 | 0.30 | | 0.80 | 0.41 | 0.11 | 0.15 | 0.08 | 0.02 |
| 浠水县 | 0.62 | 0.50 | | 0.12 | 0.18 | 0.16 | 0.01 | | 0.01 |
| 蕲春县 | 0.32 | 0.30 | 0.30 | 0.02 | 0.04 | 0.02 | | 0.02 | |
| 武穴市 | 0.72 | 0.67 | 0.40 | 0.05 | 0.02 | 0.01 | | | 0.01 |
| 黄梅县 | 0.20 | 0.10 | 0.05 | 0.10 | | | | | |
| **咸宁市** | **2.54** | **1.51** | **0.80** | **0.96** | **1.09** | **0.21** | **0.09** | **0.20** | **0.55** |
| 咸安区 | 0.33 | 0.21 | 0.10 | 0.12 | 0.39 | 0.04 | 0.02 | | 0.33 |
| 嘉鱼县 | 0.43 | 0.13 | 0.03 | 0.30 | 0.04 | 0.04 | | | |
| 赤壁市 | 0.05 | 0.03 | | 0.02 | 0.24 | 0.02 | 0.02 | | 0.20 |
| 通城县 | | | | | 0.26 | 0.02 | 0.05 | 0.15 | |
| 崇阳县 | 1.07 | 0.80 | 0.33 | 0.20 | 0.01 | 0.01 | | | |
| 通山县 | 0.66 | 0.34 | 0.34 | 0.32 | 0.15 | 0.08 | | 0.05 | 0.02 |
| **随州市** | **0.67** | **0.40** | | **0.27** | **1.23** | **1.20** | | **0.03** | |
| 曾都区 | | | | | 1.23 | 1.20 | | 0.03 | |
| 广水市 | 0.67 | 0.40 | | 0.27 | | | | | |
| **恩施自治州** | **3.80** | **1.90** | **1.22** | **1.90** | **2.81** | **1.37** | **0.17** | **0.96** | **0.31** |
| 恩施市 | 0.70 | 0.40 | 0.15 | 0.30 | 1.00 | 0.01 | 0.02 | 0.87 | 0.10 |
| 建始县 | 0.40 | 0.30 | 0.25 | 0.10 | 0.02 | 0.01 | 0.01 | | |
| 巴东县 | 0.40 | 0.20 | 0.15 | 0.20 | 1.40 | 1.20 | | | 0.20 |
| 利川市 | 0.20 | 0.10 | 0.03 | 0.10 | 0.07 | 0.01 | 0.02 | 0.04 | |
| 宣恩县 | 0.30 | 0.10 | 0.10 | 0.20 | 0.02 | 0.01 | 0.01 | | |
| 咸丰县 | 0.55 | 0.20 | 0.10 | 0.35 | 0.28 | 0.12 | 0.10 | 0.05 | 0.01 |
| 来凤县 | 0.73 | 0.48 | 0.34 | 0.25 | 0.01 | 0.01 | | | |
| 鹤峰县 | 0.52 | 0.12 | 0.10 | 0.40 | 0.01 | | 0.01 | | |
| **仙桃市** | **0.45** | **0.45** | **0.06** | | **0.11** | **0.01** | | | **0.10** |
| **天门市** | **0.01** | **0.01** | | | **0.01** | **0.01** | | | |
| **潜江市** | **0.20** | **0.20** | **0.10** | | **0.18** | **0.14** | | | **0.04** |
| **神农架林区** | | | | | **0.01** | | | **0.01** | |

续表2　　　　　　　　　　　　　　　　　　　　　　　　　　　　　　　单位:千公顷

| | 出圃苗数 | 果树 | | | | 茶树 | | | |
|---|---|---|---|---|---|---|---|---|---|
| | | 果树 | 柑桔 | 桃子 | 梨子 | 茶树 | 福鼎大白茶 | 福云6号 | 白毫早 |
| **全省合计** | **78411.45** | **10538.70** | **3680.81** | **2119.73** | **1506.26** | **17967.38** | **7581.80** | **1197.46** | **427.67** |
| **武汉市** | | | | | | | | | |
| 市辖区 | | | | | | | | | |
| 蔡甸区 | | | | | | | | | |
| 江夏区 | | | | | | | | | |
| 黄陂区 | | | | | | | | | |
| 新洲区 | | | | | | | | | |
| **黄石市** | **606.30** | **44.60** | **11.00** | **14.00** | **7.00** | **10.00** | | | |
| 市辖区 | 30.00 | 15.00 | 3.00 | 4.00 | 4.00 | 10.00 | | | |
| 大冶市 | 541.00 | 11.00 | 3.00 | 7.00 | 1.00 | | | | |
| 阳新县 | 35.30 | 18.60 | 5.00 | 3.00 | 2.00 | | | | |
| **十堰市** | **3171.50** | **1490.00** | **755.00** | **40.00** | **35.00** | **20.00** | **20.00** | | |
| 市辖区 | | | | | | | | | |
| 丹江口市 | 831.50 | 620.00 | 600.00 | | | | | | |
| 郧　县 | 295.00 | 255.00 | 130.00 | 5.00 | | | | | |
| 郧西县 | 420.00 | 420.00 | | | | | | | |
| 竹山县 | | | | | | | | | |
| 竹溪县 | 1575.00 | 155.00 | 20.00 | 35.00 | | 20.00 | 20.00 | | |
| 房　县 | 50.00 | 40.00 | 5.00 | | 35.00 | | | | |
| **荆州市** | **768.12** | **498.82** | **438.86** | **19.86** | **24.60** | | | | |
| 市辖区 | 13.62 | 3.82 | 1.86 | 0.86 | 0.60 | | | | |
| 江陵县 | | | | | | | | | |
| 松滋市 | 300.00 | 300.00 | 300.00 | | | | | | |
| 公安县 | 91.50 | 85.00 | 75.00 | 5.00 | 2.00 | | | | |
| 石首市 | 110.00 | 10.00 | 4.00 | 2.00 | 2.00 | | | | |
| 监利县 | 250.00 | 100.00 | 58.00 | 12.00 | 20.00 | | | | |
| 洪湖市 | 3.00 | | | | | | | | |
| **宜昌市** | **4834.25** | **1589.75** | **1368.50** | **109.60** | **13.10** | **3126.50** | **231.00** | **260.00** | |
| 市辖区 | 4.40 | 2.40 | 2.00 | 0.10 | | 1.00 | 1.00 | | |
| 夷陵区 | 2155.00 | 155.00 | 150.00 | 2.00 | | 2000.00 | | | |
| 宜都市 | 390.00 | 150.00 | 130.00 | 8.00 | 10.00 | 240.00 | 40.00 | | |
| 枝江市 | 384.00 | 384.00 | 300.00 | 48.00 | 3.00 | | | | |
| 当阳市 | 500.00 | 500.00 | 450.00 | 50.00 | | | | | |
| 远安县 | 134.15 | 51.15 | 50.00 | 1.00 | 0.10 | | | | |
| 兴山县 | 26.70 | 7.20 | 6.50 | 0.50 | | 5.50 | | | |
| 秭归县 | 270.00 | 150.00 | 100.00 | | | 100.00 | 40.00 | 60.00 | |
| 长阳县 | 590.00 | 190.00 | 180.00 | | | 400.00 | 150.00 | 200.00 | |
| 五峰县 | 380.00 | | | | | 380.00 | | | |
| **襄樊市** | **4394.50** | **630.00** | **45.30** | **485.20** | **62.50** | **2717.00** | **1303.00** | | **6.00** |
| 市辖区 | 3.00 | 3.00 | | 1.00 | 1.00 | | | | |
| 老河口市 | 150.00 | 150.00 | | 100.00 | 50.00 | | | | |
| 襄阳区 | 78.00 | 57.00 | | 16.00 | 11.00 | | | | |
| 枣阳市 | 570.00 | 360.00 | | 360.00 | | | | | |
| 宜城市 | 65.00 | 55.00 | 45.00 | 5.00 | | | | | |
| 南漳县 | | | | | | | | | |
| 谷城县 | 22.00 | 5.00 | 0.30 | 3.20 | 0.50 | 17.00 | 3.00 | | 6.00 |
| 保康县 | 3506.50 | | | | | 2700.00 | 1300.00 | | |
| 农场小计 | | | | | | | | | |
| **鄂州市** | **85.00** | **60.00** | **2.00** | **5.00** | **10.00** | | | | |

续表3 单位:千公顷

| | 出圃苗数 | 果树 | 柑桔 | 桃子 | 梨子 | 茶树 | 福鼎大白茶 | 福云6号 | 白毫早 |
|---|---|---|---|---|---|---|---|---|---|
| **荆门市** | **1884.05** | **1074.00** | **385.50** | **180.60** | **282.50** | **70.00** | **45.00** | **15.00** | **10.00** |
| 市辖区 | 95.05 | 95.00 | 17.50 | 45.60 | 11.50 | | | | |
| 沙洋县 | 250.00 | | | | | | | | |
| 钟祥市 | 654.00 | 654.00 | 288.00 | | 211.00 | | | | |
| 京山县 | 885.00 | 325.00 | 80.00 | 135.00 | 60.00 | 70.00 | 45.00 | 15.00 | 10.00 |
| 沙洋农场 | | | | | | | | | |
| **孝感市** | **3893.11** | **1563.00** | **10.00** | **1010.00** | **258.00** | **1483.50** | **1364.15** | **5.00** | **100.00** |
| 孝南区 | 171.61 | 133.00 | 10.00 | 70.00 | 28.00 | 3.50 | 2.15 | | |
| 孝昌县 | 1402.00 | 730.00 | | 600.00 | | 22.00 | 8.00 | 5.00 | |
| 大悟县 | 2146.00 | 640.00 | | 310.00 | 200.00 | 1450.00 | 1350.00 | | 100.00 |
| 安陆市 | 90.00 | 60.00 | | 30.00 | 30.00 | | | | |
| 云梦县 | 53.00 | | | | | | | | |
| 应城市 | 25.70 | | | | | 8.00 | 4.00 | | |
| 汉川市 | 4.80 | | | | | | | | |
| **黄冈市** | **27233.02** | **1698.43** | **234.65** | **61.87** | **58.56** | **3545.38** | **23.65** | **7.46** | **1.67** |
| 黄州区 | 140.00 | 140.00 | 70.00 | 25.00 | 30.00 | | | | |
| 团风县 | 64.02 | 31.43 | 4.65 | 6.87 | 8.56 | 13.38 | 1.65 | 2.46 | 1.67 |
| 红安县 | | | | | | | | | |
| 麻城市 | 235.00 | 70.00 | 50.00 | 15.00 | 5.00 | | | | |
| 罗田县 | 1100.00 | 100.00 | | | | | | | |
| 英山县 | 25000.00 | 1200.00 | | | | 3500.00 | | | |
| 浠水县 | 112.00 | 82.00 | 70.00 | 5.00 | 5.00 | 30.00 | 20.00 | 5.00 | |
| 蕲春县 | 527.00 | 25.00 | 10.00 | 5.00 | 5.00 | 2.00 | 2.00 | | |
| 武穴市 | 55.00 | 50.00 | 30.00 | 5.00 | 5.00 | | | | |
| 黄梅县 | | | | | | | | | |
| **咸宁市** | **3351.00** | **300.00** | **109.00** | **75.00** | **42.00** | **425.00** | **15.00** | **100.00** | **310.00** |
| 咸安区 | 571.00 | 46.00 | 22.00 | 15.00 | 4.00 | 25.00 | 15.00 | | 10.00 |
| 嘉鱼县 | 45.00 | 45.00 | 8.00 | 22.00 | 3.00 | | | | |
| 赤壁市 | 755.00 | 55.00 | 28.00 | 10.00 | 6.00 | 200.00 | | 100.00 | 100.00 |
| 通城县 | 1800.00 | 50.00 | 25.00 | 8.00 | 1.00 | 200.00 | | | 200.00 |
| 崇阳县 | 111.00 | 61.00 | 6.00 | 15.00 | 20.00 | | | | |
| 通山县 | 69.00 | 43.00 | 20.00 | 5.00 | 8.00 | | | | |
| **随州市** | **110.00** | **50.00** | **50.00** | | | | | | |
| 曾都区 | 110.00 | 50.00 | 50.00 | | | | | | |
| 广水市 | | | | | | | | | |
| **恩施自治州** | **27707.50** | **1221.50** | **251.00** | **43.00** | **611.00** | **6570.00** | **4580.00** | **810.00** | |
| 恩施市 | 9800.00 | 300.00 | 60.00 | 30.00 | 10.00 | 2000.00 | 1500.00 | 300.00 | |
| 建始县 | 41.50 | 11.50 | 5.00 | 2.00 | 3.00 | 30.00 | 20.00 | 10.00 | |
| 巴东县 | 1081.00 | 65.00 | 48.00 | 5.00 | 2.00 | | | | |
| 利川市 | 7335.00 | 135.00 | 15.00 | 5.00 | 110.00 | 1000.00 | 500.00 | 500.00 | |
| 宣恩县 | 460.00 | 120.00 | 115.00 | | 5.00 | 340.00 | 210.00 | | |
| 咸丰县 | 8580.00 | 580.00 | | | 480.00 | 2800.00 | 2000.00 | | |
| 来凤县 | 10.00 | 10.00 | 8.00 | 1.00 | 1.00 | | | | |
| 鹤峰县 | 400.00 | | | | | 400.00 | 350.00 | | |
| **仙桃市** | **46.00** | **46.00** | **18.00** | **20.00** | **2.00** | | | | |
| **天门市** | **200.50** | **200.00** | | **50.00** | **50.00** | | | | |
| **潜江市** | **76.60** | **72.60** | **2.00** | **5.60** | **50.00** | | | | |
| **神农架林区** | **50.00** | | | | | | | | |

续表4　　　　　　　　　　　　　　　　　　　　　　　　　　　　单位:千公顷

| | 出圃苗数（续） | | | | | | | 果树高接换种 | |
|---|---|---|---|---|---|---|---|---|---|
| | 茶树(续) | | 桑苗 | | 中药材 | | 花卉 | | |
| | 乌牛早 | 龙井43 | | 湖桑 | | 草木 | | | 柑桔 |
| **全省合计** | **5111.65** | **218.28** | **4304.00** | **1000.00** | **32688.82** | **14676.42** | **12912.55** | **1161.64** | **779.75** |
| **武汉市** | | | | | | | | | |
| 市辖区 | | | | | | | | | |
| 蔡甸区 | | | | | | | | | |
| 江夏区 | | | | | | | | | |
| 黄陂区 | | | | | | | | | |
| 新洲区 | | | | | | | | | |
| **黄石市** | | **10.00** | | | **6.70** | **3.70** | **545.00** | **242.20** | **134.20** |
| 市辖区 | | 10.00 | | | | | 5.00 | 240.00 | 132.00 |
| 大冶市 | | | | | | | 530.00 | 0.20 | 0.20 |
| 阳新县 | | | | | 6.70 | 3.70 | 10.00 | 2.00 | 2.00 |
| **十堰市** | | | | | **810.00** | **250.00** | **851.50** | **60.00** | **57.00** |
| 市辖区 | | | | | | | | | |
| 丹江口市 | | | | | 210.00 | 50.00 | 1.50 | 30.00 | 30.00 |
| 郧　县 | | | | | | | 40.00 | 22.00 | 22.00 |
| 郧西县 | | | | | | | | | |
| 竹山县 | | | | | | | | | |
| 竹溪县 | | | | | 600.00 | 200.00 | 800.00 | | |
| 房　县 | | | | | | | 10.00 | 8.00 | 5.00 |
| **荆州市** | | | **4.00** | | | | **265.30** | **37.80** | **27.40** |
| 市辖区 | | | | | | | 9.80 | 2.80 | 2.40 |
| 江陵县 | | | | | | | | | |
| 松滋市 | | | | | | | | | |
| 公安县 | | | 4.00 | | | | 2.50 | 20.00 | 15.00 |
| 石首市 | | | | | | | 100.00 | 15.00 | 10.00 |
| 监利县 | | | | | | | 150.00 | | |
| 洪湖市 | | | | | | | 3.00 | | |
| **宜昌市** | **200.00** | | | | **8.50** | **5.00** | **109.50** | **558.03** | **465.43** |
| 市辖区 | | | | | | | 1.00 | 0.50 | 0.50 |
| 夷陵区 | | | | | | | | 0.33 | 0.33 |
| 宜都市 | 200.00 | | | | | | | 5.00 | 4.50 |
| 枝江市 | | | | | | | | 190.00 | 100.00 |
| 当阳市 | | | | | | | | 100.00 | 100.00 |
| 远安县 | | | | | 3.00 | 2.00 | 80.00 | 0.20 | 0.10 |
| 兴山县 | | | | | 5.50 | 3.00 | 8.50 | 55.00 | 53.00 |
| 秭归县 | | | | | | | 20.00 | 195.00 | 195.00 |
| 长阳县 | | | | | | | | 12.00 | 12.00 |
| 五峰县 | | | | | | | | | |
| **襄樊市** | **1408.00** | | | | **813.50** | **800.00** | **234.00** | **106.70** | **18.00** |
| 市辖区 | | | | | | | | 0.20 | |
| 老河口市 | | | | | | | | 58.00 | |
| 襄阳区 | | | | | 7.00 | | 14.00 | 3.00 | |
| 枣阳市 | | | | | | | 210.00 | 16.50 | |
| 宜城市 | | | | | | | 10.00 | 1.00 | 1.00 |
| 南漳县 | | | | | | | | 22.00 | 12.00 |
| 谷城县 | 8.00 | | | | | | | 6.00 | 5.00 |
| 保康县 | 1400.00 | | | | 806.50 | 800.00 | | | |
| 农场小计 | | | | | | | | | |
| **鄂州市** | | | | | | | **25.00** | **0.01** | **0.01** |

续表5　　　　　　　　　　　　　　　　　　　　　　　　　　　　单位:千公顷

| | 出圃苗数（续） | | | | | | | 果树高接换种 | |
|---|---|---|---|---|---|---|---|---|---|
| | 茶树(续) | | 桑苗 | | 中药材 | | 花卉 | | 柑桔 |
| | 乌牛早 | 龙井43 | | 湖桑 | | 草木 | | | |
| **荆门市** | | | | | **240.00** | **130.00** | **500.05** | **52.13** | **23.08** |
| 市辖区 | | | | | | | 0.05 | 0.13 | 0.08 |
| 沙洋县 | | | | | | | 250.00 | | |
| 钟祥市 | | | | | | | | | |
| 京山县 | | | | | 240.00 | 130.00 | 250.00 | 52.00 | 23.00 |
| 沙洋农场 | | | | | | | | | |
| **孝感市** | | **2.00** | | | **238.79** | **106.24** | **607.82** | **6.35** | |
| 孝南区 | | | | | 2.79 | 1.24 | 32.32 | 0.45 | |
| 孝昌县 | | | | | 150.00 | 90.00 | 500.00 | 1.20 | |
| 大悟县 | | | | | 56.00 | 15.00 | | 4.00 | |
| 安陆市 | | | | | 30.00 | | | 0.10 | |
| 云梦县 | | | | | | | 53.00 | | |
| 应城市 | | 2.00 | | | | | 17.70 | 0.50 | |
| 汉川市 | | | | | | | 4.80 | 0.10 | |
| **黄冈市** | **3503.65** | **6.28** | **2600.00** | | **15446.83** | **221.98** | **3942.38** | **23.65** | **6.32** |
| 黄州区 | | | | | | | | 0.65 | 0.65 |
| 团风县 | 1.15 | 3.78 | | | 11.83 | 6.98 | 7.38 | 2.70 | 1.67 |
| 红安县 | | | | | | | | | |
| 麻城市 | | | | | 35.00 | 15.00 | 130.00 | 15.00 | |
| 罗田县 | | | 1000.00 | | | | | | |
| 英山县 | 3500.00 | | 1600.00 | | 15000.00 | | 3700.00 | | |
| 浠水县 | 2.50 | 2.50 | | | | | | | |
| 蕲春县 | | | | | 400.00 | 200.00 | 100.00 | 3.00 | 2.00 |
| 武穴市 | | | | | | | 5.00 | 2.30 | 2.00 |
| 黄梅县 | | | | | | | | | |
| **咸宁市** | | | **500.00** | | **1005.50** | **205.50** | **1120.50** | **24.21** | **18.01** |
| 咸安区 | | | | | | | 500.00 | 0.01 | 0.01 |
| 嘉鱼县 | | | | | | | | | |
| 赤壁市 | | | | | | | 500.00 | | |
| 通城县 | | | 500.00 | | 1000.00 | 200.00 | 50.00 | 5.00 | |
| 崇阳县 | | | | | | | 50.00 | 6.00 | 6.00 |
| 通山县 | | | | | 5.50 | 5.50 | 20.50 | 13.20 | 12.00 |
| **随州市** | | | | | **60.00** | **50.00** | | | |
| 曾都区 | | | | | 60.00 | 50.00 | | | |
| 广水市 | | | | | | | | | |
| **恩施自治州** | | **200.00** | **1200.00** | **1000.00** | **14009.00** | **12854.00** | **4707.00** | **45.76** | **29.70** |
| 恩施市 | | 200.00 | | | 3000.00 | 2000.00 | 4500.00 | 10.00 | 3.00 |
| 建始县 | | | | | | | | 10.00 | 10.00 |
| 巴东县 | | | 1000.00 | 1000.00 | 9.00 | 4.00 | 7.00 | 5.00 | 5.00 |
| 利川市 | | | 200.00 | | 6000.00 | 6000.00 | | | |
| 宣恩县 | | | | | | | | 10.00 | 10.00 |
| 咸丰县 | | | | | 5000.00 | 4850.00 | 200.00 | 9.50 | 0.50 |
| 来凤县 | | | | | | | | | |
| 鹤峰县 | | | | | | | | 1.26 | 1.20 |
| **仙桃市** | | | | | | | | **0.80** | **0.60** |
| **天门市** | | | | | | | **0.50** | **2.00** | |
| **潜江市** | | | | | | | **4.00** | **2.00** | |
| **神农架林区** | | | | | **50.00** | **50.00** | | | |

续表 6　　　　　　　　　　　　　　　　　　　　　　　　　　　　　　　单位:千公顷

| | 梨树高接换种(万株) | 柑桔园覆草栽培面积 | 柑桔贮藏保鲜量 | | | 果实套袋(万个) | 果品商品化处理 | | |
|---|---|---|---|---|---|---|---|---|---|
| | | | | 通风库贮藏 | 冷库贮藏 | | 生产线(条) | 时处理能力(吨/时) | 处理数量 |
| **全省合计** | **226.54** | **23.63** | **102594** | **92107** | **7086** | **9992.08** | **229** | **596** | **422470** |
| **武汉市** | | | | | | | | | |
| 市辖区 | | | | | | | | | |
| 蔡甸区 | | | | | | | | | |
| 江夏区 | | | | | | | | | |
| 黄陂区 | | | | | | | | | |
| 新洲区 | | | | | | | | | |
| **黄石市** | **8.00** | **1.57** | **510** | **510** | | | | | |
| 市辖区 | 8.00 | 0.07 | 10 | 10 | | | | | |
| 大冶市 | | | | | | | | | |
| 阳新县 | | 1.50 | 500 | 500 | | | | | |
| **十堰市** | | **2.42** | **1800** | **1700** | | **813.00** | **7** | **30** | **5200** |
| 市辖区 | | | | | | | | | |
| 丹江口市 | | 0.27 | 1000 | 1000 | | 500.00 | 5 | 25 | 4000 |
| 郧　县 | | 1.80 | 200 | 200 | | 13.00 | 2 | 5 | 1200 |
| 郧西县 | | | | | | | | | |
| 竹山县 | | | | | | | | | |
| 竹溪县 | | 0.15 | | | | | | | |
| 房　县 | | 0.20 | 600 | 500 | | 300.00 | | | |
| **荆州市** | **10.40** | **0.24** | **120** | **50** | **70** | **103.20** | **14** | **60** | **50000** |
| 市辖区 | 0.40 | 0.20 | 120 | 50 | 70 | 21.20 | | | |
| 江陵县 | | | | | | | | | |
| 松滋市 | | 0.04 | | | | | 14 | 60 | 50000 |
| 公安县 | 5.00 | | | | | 62.00 | | | |
| 石首市 | 5.00 | | | | | 20.00 | | | |
| 监利县 | | | | | | | | | |
| 洪湖市 | | | | | | | | | |
| **宜昌市** | **90.55** | **12.96** | **85824** | **77603** | **6120** | **6041.00** | **197** | **497** | **356220** |
| 市辖区 | | 1.00 | 6000 | 6000 | | | 13 | 52 | 52000 |
| 夷陵区 | | 0.80 | 2 | 1 | | | 47 | 5 | 160000 |
| 宜都市 | 0.50 | 5.50 | 20000 | 15000 | 5000 | | 61 | 225 | 100000 |
| 枝江市 | 90.00 | 4.00 | 2 | 2 | | 6000.00 | 36 | 200 | 40000 |
| 当阳市 | | 0.08 | 50000 | 50000 | | | 2 | 5 | 500 |
| 远安县 | 0.05 | 0.08 | 100 | | | 1.00 | 1 | 4 | 220 |
| 兴山县 | | 0.50 | 5000 | 2000 | 1000 | 30.00 | 2 | 6 | 3500 |
| 秭归县 | | 1.00 | 220 | 100 | 120 | 10.00 | 35 | | |
| 长阳县 | | | 4500 | 4500 | | | | | |
| 五峰县 | | | | | | | | | |
| **襄樊市** | **64.20** | **0.64** | **1130** | **700** | **365** | **1343.80** | | | |
| 市辖区 | 0.20 | 0.10 | 200 | 20 | 140 | 3.80 | | | |
| 老河口市 | 50.00 | | | | | 1100.00 | | | |
| 襄阳区 | 3.00 | | | | | | | | |
| 枣阳市 | | | | | | 230.00 | | | |
| 宜城市 | | 0.20 | 25 | | | 10.00 | | | |
| 南漳县 | 10.00 | | 800 | 600 | 200 | | | | |
| 谷城县 | 1.00 | 0.33 | 105 | 80 | 25 | | | | |
| 保康县 | | | | | | | | | |
| 农场小计 | | 0.01 | | | | | | | |
| **鄂州市** | | | **5000** | **5000** | | **0.30** | | | |

续表 7　　　　　　　　　　　　　　　　　　　　　　　　单位：千公顷

| | 梨树高接换种（万株） | 柑桔园覆草栽培面积 | 柑桔贮藏保鲜量 | 通风库贮藏 | 冷库贮藏 | 果实套袋（万个） | 果品商品化处理 | | |
|---|---|---|---|---|---|---|---|---|---|
| | | | | | | | 生产线（条） | 时处理能力（吨/时） | 处理数量 |
| **荆门市** | **29.05** | **0.16** | **1300** | **900** | **400** | **1.60** | **2** | | |
| 市辖区 | 0.05 | | | | | 0.10 | 0 | | |
| 沙洋县 | | 0.06 | | | | | | | |
| 钟祥市 | | | | | | | | | |
| 京山县 | 29.00 | 0.10 | 1300 | 900 | 400 | 1.50 | 2 | | |
| 沙洋农场 | | | | | | | | | |
| **孝感市** | **4.75** | **0.02** | **110** | | | **28.51** | | | |
| 孝南区 | 0.25 | 0.02 | | | | 0.31 | | | |
| 孝昌县 | | | 110 | | | 1.20 | | | |
| 大悟县 | 4.00 | | | | | | | | |
| 安陆市 | 0.10 | | | | | 10.00 | | | |
| 云梦县 | | | | | | | | | |
| 应城市 | 0.30 | | | | | 5.00 | | | |
| 汉川市 | 0.10 | | | | | 12.00 | | | |
| **黄冈市** | **10.33** | **1.06** | **2350** | **2214** | **111** | **107.47** | **1** | **1** | **150** |
| 黄州区 | | | | | | | | | |
| 团风县 | 1.03 | 0.23 | 325 | 214 | 111 | 7.47 | | | |
| 红安县 | | | | | | | | | |
| 麻城市 | 8.00 | 0.02 | | | | | | | |
| 罗田县 | | | | | | | | | |
| 英山县 | | 0.01 | | | | | | | |
| 浠水县 | | | 25 | | | | | | |
| 蕲春县 | 1.00 | 0.30 | 500 | 500 | | | | | |
| 武穴市 | 0.30 | 0.50 | 1500 | 1500 | | 100.00 | 1 | 1 | 150 |
| 黄梅县 | | | | | | | | | |
| **咸宁市** | **1.20** | **3.76** | **800** | **800** | | **275.00** | **1** | | |
| 咸安区 | | 0.10 | | | | 10.00 | | | |
| 嘉鱼县 | | 0.01 | | | | 5.00 | | | |
| 赤壁市 | | 0.50 | | | | 150.00 | | | |
| 通城县 | | 0.60 | | | | | | | |
| 崇阳县 | | 0.27 | 300 | 300 | | 100.00 | | | |
| 通山县 | 1.20 | 2.28 | 500 | 500 | | 10.00 | 1 | | |
| **随州市** | | | | | | **16.00** | | | |
| 曾都区 | | | | | | | | | |
| 广水市 | | | | | | 16.00 | | | |
| **恩施自治州** | **3.86** | **0.38** | **3650** | **2630** | **20** | **227.00** | **7** | **8** | **10900** |
| 恩施市 | 1.00 | 0.01 | 50 | 30 | 20 | 2.00 | | | |
| 建始县 | | | | | | 150.00 | | | |
| 巴东县 | | | 2400 | 1500 | | | | | |
| 利川市 | | | | | | 20.00 | | | |
| 宣恩县 | | | | | | 5.00 | 1 | 5 | 10000 |
| 咸丰县 | 2.80 | 0.15 | 250 | 150 | | 50.00 | 6 | 3 | 900 |
| 来凤县 | | | | | | | | | |
| 鹤峰县 | 0.06 | 0.22 | 950 | 950 | | | | | |
| **仙桃市** | **0.20** | **0.40** | | | | **20.00** | | | |
| **天门市** | **2.00** | **0.02** | | | | **1000.00** | | | |
| **潜江市** | **2.00** | | | | | **15.20** | | | |
| **神农架林区** | | | | | | | | | |

续表 8 单位:千公顷

| | 果汁加工 | | 水果罐头加工 | | 桔瓣罐头加工 | | 茶园行间覆草面积 | 机械化采摘和修剪茶园面积 | 采茶机数量(台) |
|---|---|---|---|---|---|---|---|---|---|
| | 生产线 | 生产量 | 生产线 | 生产量 | 生产线 | 生产量 | | | |
| **全省合计** | **9** | **1738** | **19** | **61035** | **16** | **60535** | **17.23** | **23.12** | **764** |
| **武汉市** | | | | | | | | | |
| 市辖区 | | | | | | | | | |
| 蔡甸区 | | | | | | | | | |
| 江夏区 | | | | | | | | | |
| 黄陂区 | | | | | | | | | |
| 新洲区 | | | | | | | | | |
| **黄石市** | | | **1** | **100** | **1** | **100** | **0.50** | **1.10** | |
| 市辖区 | | | | | | | | | |
| 大冶市 | | | 1 | 100 | 1 | 100 | 0.20 | | |
| 阳新县 | | | | | | | 0.30 | 1.10 | |
| **十堰市** | | | | | | | **2.80** | **0.63** | **5** |
| 市辖区 | | | | | | | | | |
| 丹江口市 | | | | | | | 0.17 | 0.20 | |
| 郧　县 | | | | | | | 0.50 | | |
| 郧西县 | | | | | | | | | |
| 竹山县 | | | | | | | 0.70 | | |
| 竹溪县 | | | | | | | 1.33 | 0.33 | 5 |
| 房　县 | | | | | | | 0.10 | 0.10 | |
| **荆州市** | **1** | **100** | | | | | | | |
| 市辖区 | | | | | | | | | |
| 江陵县 | | | | | | | | | |
| 松滋市 | 1 | 100 | | | | | | | |
| 公安县 | | | | | | | | | |
| 石首市 | | | | | | | | | |
| 监利县 | | | | | | | | | |
| 洪湖市 | | | | | | | | | |
| **宜昌市** | | | **12** | **58935** | **11** | **58935** | **0.78** | **4.93** | **41** |
| 市辖区 | | | 1 | | | | | | |
| 夷陵区 | | | 2 | 8000 | 2 | 8000 | 0.20 | 0.30 | 20 |
| 宜都市 | | | 3 | 15000 | 3 | 15000 | 0.33 | 1.33 | 10 |
| 枝江市 | | | 4 | 20000 | 4 | 20000 | | | |
| 当阳市 | | | 1 | | 1 | | | | |
| 远安县 | | | | | | | 0.05 | | |
| 兴山县 | | | | | | | 0.20 | 0.10 | 1 |
| 秭归县 | | | 1 | 15935 | 1 | 15935 | | | |
| 长阳县 | | | | | | | | 0.10 | |
| 五峰县 | | | | | | | | 3.10 | 10 |
| **襄樊市** | | | | | | | **3.02** | **5.57** | **62** |
| 市辖区 | | | | | | | 0.05 | 0.02 | |
| 老河口市 | | | | | | | | | |
| 襄阳区 | | | | | | | | | |
| 枣阳市 | | | | | | | 0.34 | 0.40 | 62 |
| 宜城市 | | | | | | | 0.10 | | |
| 南漳县 | | | | | | | 1.33 | 1.05 | |
| 谷城县 | | | | | | | | 4.00 | |
| 保康县 | | | | | | | 1.20 | 0.10 | |
| 农场小计 | | | | | | | | | |
| **鄂州市** | | | | | | | **0.13** | **0.02** | **1** |

续表 9　　　　　　　　　　　　　　　　　　　　　　　　　　单位：千公顷

| | 果汁加工 | | 水果罐头加工 | | 桔瓣罐头加工 | | 茶园行间覆草面积 | 机械化采摘和修剪茶园面积 | 采茶机数量（台） |
|---|---|---|---|---|---|---|---|---|---|
| | 生产线 | 生产量 | 生产线 | 生产量 | 生产线 | 生产量 | | | |
| **荆门市** | | | | | | | | | |
| 市辖区 | | | | | | | | | |
| 沙洋县 | | | | | | | | | |
| 钟祥市 | | | | | | | | | |
| 京山县 | | | | | | | | | 0 |
| 沙洋农场 | | | | | | | | | |
| **孝感市** | **2** | **38** | | | | | **3.16** | **3.15** | **254** |
| 孝南区 | 2 | 38 | | | | | 0.05 | | |
| 孝昌县 | | | | | | | 0.56 | | |
| 大悟县 | | | | | | | 2.53 | 2.95 | 254 |
| 安陆市 | | | | | | | | | |
| 云梦县 | | | | | | | | | |
| 应城市 | | | | | | | 0.02 | 0.20 | |
| 汉川市 | | | | | | | | | |
| **黄冈市** | | | | | | | **0.71** | **0.98** | **32** |
| 黄州区 | | | | | | | | | |
| 团风县 | | | | | | | 0.12 | | |
| 红安县 | | | | | | | | 0.52 | 12 |
| 麻城市 | | | | | | | | | |
| 罗田县 | | | | | | | | | |
| 英山县 | | | | | | | 0.31 | 0.31 | 20 |
| 浠水县 | | | | | | | | | |
| 蕲春县 | | | | | | | 0.10 | | |
| 武穴市 | | | | | | | 0.18 | 0.15 | |
| 黄梅县 | | | | | | | | | |
| **咸宁市** | | | | | | | **1.94** | **1.85** | **90** |
| 咸安区 | | | | | | | 0.30 | | |
| 嘉鱼县 | | | | | | | 0.40 | 0.60 | |
| 赤壁市 | | | | | | | 0.10 | 0.10 | 50 |
| 通城县 | | | | | | | 0.67 | 0.67 | 30 |
| 崇阳县 | | | | | | | | 0.33 | 10 |
| 通山县 | | | | | | | 0.47 | 0.15 | |
| **随州市** | **6** | **1600** | **6** | **2000** | **4** | **1500** | | | |
| 曾都区 | 6 | 1600 | 6 | 2000 | 4 | 1500 | | | |
| 广水市 | | | | | | | | | |
| **恩施自治州** | | | | | | | **4.19** | **4.89** | **279** |
| 恩施市 | | | | | | | 2.00 | | |
| 建始县 | | | | | | | | 0.02 | |
| 巴东县 | | | | | | | | | |
| 利川市 | | | | | | | | 1.80 | 28 |
| 宣恩县 | | | | | | | 0.13 | 0.07 | 1 |
| 咸丰县 | | | | | | | | | |
| 来凤县 | | | | | | | 0.06 | | |
| 鹤峰县 | | | | | | | 2.00 | 3.00 | 250 |
| **仙桃市** | | | | | | | | | |
| **天门市** | | | | | | | | | |
| **潜江市** | | | | | | | | | |
| **神农架林区** | | | | | | | | | |

续表 10　　　　单位:千公顷

| | 茶树修剪机数量 | 茶叶冷藏保鲜量 | 名优茶机械数量 | 名优茶产量 | 机制名优茶 | 有机茶园面积(千公顷) | 有机茶产量 | 中药深加工厂(个) | 中药材加工产量 |
|---|---|---|---|---|---|---|---|---|---|
| **全省合计** | **933** | **3902** | **12699** | **32702** | **19158** | **12.14** | **4963** | **57** | **255198** |
| **武汉市** | | | | | | | | | |
| 市辖区 | | | | | | | | | |
| 蔡甸区 | | | | | | | | | |
| 江夏区 | | | | | | | | | |
| 黄陂区 | | | | | | | | | |
| 新洲区 | | | | | | | | | |
| **黄石市** | | **10** | **2** | **85** | **3** | **0.10** | | | |
| 市辖区 | | | 2 | | | | | | |
| 大冶市 | | | | 5 | 3 | 0.10 | | | |
| 阳新县 | | 10 | | 80 | | | | | |
| **十堰市** | **20** | **1020** | **933** | **1136** | **1041** | **1.97** | **342** | **29** | **247700** |
| 市辖区 | | | | 29 | 23 | 0.05 | 10 | | |
| 丹江口市 | 5 | 2 | 60 | 60 | 40 | 0.03 | 15 | 5 | 50700 |
| 郧　县 | | 11 | 63 | 42 | 38 | 0.30 | 22 | 2 | |
| 郧西县 | | | 2 | 25 | 25 | | | 11 | 150000 |
| 竹山县 | | 4 | 85 | 420 | 360 | 0.06 | 25 | | |
| 竹溪县 | 5 | 1000 | 708 | 500 | 500 | 1.33 | 250 | 6 | |
| 房　县 | 10 | 3 | 15 | 60 | 55 | 0.20 | 20 | 5 | 47000 |
| **荆州市** | | | **20** | **7** | **7** | | | | |
| 市辖区 | | | | | | | | | |
| 江陵县 | | | | | | | | | |
| 松滋市 | | | | | | | | | |
| 公安县 | | | | | | | | | |
| 石首市 | | | 20 | 7 | 7 | | | | |
| 监利县 | | | | | | | | | |
| 洪湖市 | | | | | | | | | |
| **宜昌市** | **191** | **750** | **4944** | **8326** | **3370** | **2.24** | **1315** | **1** | **15** |
| 市辖区 | | | | | | | | | |
| 夷陵区 | 40 | 600 | 712 | 2020 | 1900 | 0.41 | 900 | | |
| 宜都市 | 100 | 50 | 800 | 810 | 810 | 0.11 | 60 | | |
| 枝江市 | | | | | | | | | |
| 当阳市 | | | | | | | | | |
| 远安县 | | | 20 | 150 | 70 | 0.01 | 75 | 1 | 15 |
| 兴山县 | 15 | 100 | 12 | 300 | 220 | 0.20 | 160 | | |
| 秭归县 | | | 40 | 120 | 90 | 1.50 | 120 | | |
| 长阳县 | 6 | | 260 | 320 | 280 | | | | |
| 五峰县 | 30 | | 3100 | 4606 | | 0.01 | | | |
| **襄樊市** | **80** | **129** | **1401** | **1985** | **1640** | **1.63** | **139** | **6** | **13** |
| 市辖区 | 12 | 7 | 13 | 22 | 22 | | | | |
| 老河口市 | | | | | | | | | |
| 襄阳区 | | | | | | | | | |
| 枣阳市 | 68 | | 28 | 120 | 95 | 0.04 | 9 | | |
| 宜城市 | | | 10 | 3 | 3 | 0.05 | 3 | | |
| 南漳县 | | 2 | 800 | 280 | 280 | 1.20 | 40 | | 13 |
| 谷城县 | | | 425 | 810 | 620 | 0.03 | 5 | | |
| 保康县 | | 120 | 125 | 750 | 620 | 0.31 | 82 | 6 | |
| 农场小计 | | | | | | | | | |
| **鄂州市** | **2** | | **10** | **130** | **60** | **0.01** | **1** | | |

续表 11　　　　　　　　　　　　　　　　　　　　　　单位：千公顷

| | 茶树修剪机数量 | 茶叶冷藏保鲜量 | 名优茶机械数量 | 名优茶产量 | 机制名优茶 | 有机茶园面积（千公顷） | 有机茶产量 | 中药深加工厂（个） | 中药材加工产量 |
|---|---|---|---|---|---|---|---|---|---|
| **荆门市** | | **21** | | **55** | | **0.10** | **10** | | |
| 市辖区 | | 5 | | 15 | | 0.10 | 10 | | |
| 沙洋县 | | 1 | | 5 | | | | | |
| 钟祥市 | | 2 | | 20 | | | | | |
| 京山县 | 0 | 10 | | 13 | | | | | |
| 沙洋农场 | | 3 | | 2 | | | | | |
| **孝感市** | **159** | **6** | **210** | **816** | **435** | **3.15** | **326** | **1** | **800** |
| 孝南区 | | | 9 | 65 | 49 | 0.13 | 3 | | |
| 孝昌县 | | | | 190 | 130 | 0.01 | 3 | | |
| 大悟县 | 156 | | 185 | 385 | 196 | 2.95 | 289 | | |
| 安陆市 | | | | 160 | 50 | 0.06 | 31 | 1 | 800 |
| 云梦县 | | | | | | | | | |
| 应城市 | 3 | 6 | 16 | 16 | 10 | | | | |
| 汉川市 | | | | | | | | | |
| **黄冈市** | **38** | **528** | **1320** | **7700** | **4852** | **1.25** | **2472** | **12** | **4500** |
| 黄州区 | | | | | | | | | |
| 团风县 | | 8 | 3 | 6 | 5 | 0.02 | 2 | | |
| 红安县 | 12 | | 377 | 354 | 204 | | | | |
| 麻城市 | | 10 | 50 | 200 | 40 | 0.13 | 200 | | |
| 罗田县 | | | 50 | 80 | 60 | | | 2 | |
| 英山县 | 22 | 500 | 800 | 7000 | 4500 | 1.00 | 2250 | | |
| 浠水县 | | | | | | | | | |
| 蕲春县 | | | 30 | 30 | 20 | 0.10 | 20 | 10 | 4500 |
| 武穴市 | 4 | 10 | 10 | 30 | 23 | | | | |
| 黄梅县 | | | | | | | | | |
| **咸宁市** | **64** | **158** | **1175** | **5877** | **2087** | **0.11** | **85** | **1** | **50** |
| 咸安区 | | 2 | 100 | 440 | 170 | 0.10 | 75 | | |
| 嘉鱼县 | 11 | | 80 | 115 | 85 | | | | |
| 赤壁市 | 10 | 100 | 300 | 4522 | 1492 | | | | |
| 通城县 | 30 | 45 | 300 | 320 | 80 | 0.01 | 10 | 1 | 50 |
| 崇阳县 | 5 | 10 | 220 | 220 | 110 | | | | |
| 通山县 | 8 | 1 | 175 | 260 | 150 | | | | |
| **随州市** | | **20** | **10** | **120** | **80** | | | | |
| 曾都区 | | | | | | | | | |
| 广水市 | | 20 | 10 | 120 | 80 | | | | |
| **恩施自治州** | **379** | **1260** | **2624** | **6390** | **5508** | **1.46** | **243** | **7** | **2120** |
| 恩施市 | | 500 | 1200 | 1200 | 1000 | | | 4 | 2000 |
| 建始县 | 5 | | 120 | 180 | 180 | | | | |
| 巴东县 | | | | 210 | 180 | 0.95 | 185 | | |
| 利川市 | 20 | | 300 | 1500 | 1000 | | | | |
| 宣恩县 | 4 | 10 | 550 | 1150 | 1100 | 0.08 | 8 | | |
| 咸丰县 | | | 135 | 900 | 800 | | | 1 | 100 |
| 来凤县 | | | 19 | | | 0.18 | | | |
| 鹤峰县 | 350 | 750 | 300 | 1250 | 1248 | 0.25 | 50 | 2 | 20 |
| **仙桃市** | | | | | | | | | |
| **天门市** | | | | | | | | | |
| **潜江市** | | | | | | | | | |
| **神农架林区** | | | **50** | **75** | **75** | **0.12** | **30** | | |

续表 12

单位：千公顷

| | 遮阳网覆盖 | 大棚栽培 | 秸秆覆盖栽培 | 果园 | 省力化养蚕 张数（万张） | 省力化养蚕 产量 | 小蚕共育 张数（万张） | 小蚕共育 产量 | 方格簇应用（万片） |
|---|---|---|---|---|---|---|---|---|---|
| **全省合计** | **6.53** | **5.15** | **41.69** | **21.43** | **11.48** | **4594** | **9.23** | **3855** | **12354.19** |
| **武汉市** | | | | | | | | | |
| 市辖区 | | | | | | | | | |
| 蔡甸区 | | | | | | | | | |
| 江夏区 | | | | | | | | | |
| 黄陂区 | | | | | | | | | |
| 新洲区 | | | | | | | | | |
| **黄石市** | **0.50** | **0.01** | **0.28** | **0.23** | | | | | |
| 市辖区 | | | | | | | | | |
| 大冶市 | | | 0.20 | 0.20 | | | | | |
| 阳新县 | 0.50 | 0.01 | 0.08 | 0.03 | | | | | |
| **十堰市** | | **0.02** | **0.60** | **0.50** | | | **0.10** | | **1700.00** |
| 市辖区 | | | | | | | | | |
| 丹江口市 | | | | | | | | | |
| 郧　县 | | 0.02 | 0.60 | 0.50 | | | 0.10 | | 1700.00 |
| 郧西县 | | | | | | | | | |
| 竹山县 | | | | | | | | | |
| 竹溪县 | | | | | | | | | |
| 房　县 | | | | | | | | | |
| **荆州市** | **0.43** | **0.12** | **1.91** | **1.30** | | | | | |
| 市辖区 | 0.40 | 0.11 | 0.90 | 0.30 | | | | | |
| 江陵县 | | | | | | | | | |
| 松滋市 | | | 1.00 | 1.00 | | | | | |
| 公安县 | | | | | | | | | |
| 石首市 | 0.01 | | | | | | | | |
| 监利县 | 0.02 | 0.01 | 0.01 | | | | | | |
| 洪湖市 | | | | | | | | | |
| **宜昌市** | **0.20** | **0.02** | **6.59** | **4.54** | **2.95** | **1046** | **0.20** | **60** | **1.50** |
| 市辖区 | | | | | | | | | |
| 夷陵区 | | | | | | | | | |
| 宜都市 | | 0.01 | 4.00 | 4.00 | 0.95 | 346 | 0.10 | 40 | 1.00 |
| 枝江市 | | | 2.00 | | | | | | |
| 当阳市 | | | 0.04 | 0.04 | | | | | |
| 远安县 | | | 0.10 | 0.05 | 2.00 | 700 | 0.10 | 20 | 0.50 |
| 兴山县 | 0.20 | | 0.45 | 0.45 | | | | | |
| 秭归县 | | 0.01 | | | | | | | |
| 长阳县 | | | | | | | | | |
| 五峰县 | | | | | | | | | |
| **襄樊市** | **2.07** | **1.05** | **13.48** | **8.08** | **2.10** | **1268** | **2.50** | **1138** | **2.65** |
| 市辖区 | 0.20 | 0.20 | 0.50 | 0.40 | | | | | |
| 老河口市 | 1.60 | 0.80 | | | | | | | |
| 襄阳区 | | | | | | | | | |
| 枣阳市 | | 0.02 | 6.00 | 5.50 | | | | | |
| 宜城市 | 0.20 | 0.02 | 0.20 | 0.20 | | | | | |
| 南漳县 | | | 3.50 | 1.30 | 2.10 | 1180 | 2.50 | 1050 | 2.65 |
| 谷城县 | 0.07 | | 0.67 | 0.67 | | | | | |
| 保康县 | | 0.01 | 2.61 | 0.01 | | 88 | | 88 | |
| 农场小计 | | | | | | | | | |
| **鄂州市** | | | **2.00** | **1.50** | | | | | |

续表 13　　　　　　　　　　　　　　　　　　　　　　　　　　　　　　　　单位:千公顷

| | 遮阳网覆盖 | 大棚栽培 | 秸秆 | | 省力化养蚕 | | 小蚕共育 | | 方格簇应用(万片) |
|---|---|---|---|---|---|---|---|---|---|
| | | | 覆盖栽培 | 果园 | 张数(万张) | 产量 | 张数(万张) | 产量 | |
| **荆门市** | | **0.30** | **2.44** | | | | | | |
| 市辖区 | | 0.10 | 0.04 | | | | | | |
| 沙洋县 | | | 1.30 | | | | | | |
| 钟祥市 | | 0.10 | 1.10 | | | | | | |
| 京山县 | | 0.10 | | | | | | | |
| 沙洋农场 | | | | | | | | | |
| **孝感市** | **0.46** | **0.06** | **8.07** | **0.95** | | | | | |
| 孝南区 | | 0.01 | 1.50 | 0.38 | | | | | |
| 孝昌县 | | | | | | | | | |
| 大悟县 | 0.20 | | 6.54 | 0.54 | | | | | |
| 安陆市 | 0.10 | 0.01 | | | | | | | |
| 云梦县 | | | | | | | | | |
| 应城市 | 0.01 | 0.03 | | | | | | | |
| 汉川市 | 0.15 | 0.01 | 0.03 | 0.03 | | | | | |
| **黄冈市** | **1.55** | **0.24** | **3.45** | **2.06** | **6.40** | **2240** | **6.40** | **2617** | **10650.00** |
| 黄州区 | 0.12 | 0.12 | 0.19 | 0.07 | | | | | |
| 团风县 | 0.26 | 0.08 | 0.72 | 0.57 | | | | | |
| 红安县 | | 0.02 | | | | | | | |
| 麻城市 | 0.13 | 0.01 | | | 6.40 | 2240 | 4.00 | 1480 | 500.00 |
| 罗田县 | | | 0.67 | 0.02 | | | | | 10000.00 |
| 英山县 | 0.04 | | 0.20 | | | | 2.40 | 1137 | 150.00 |
| 浠水县 | | | | | | | | | |
| 蕲春县 | 1.00 | | 1.00 | 0.90 | | | | | |
| 武穴市 | | 0.01 | 0.67 | 0.50 | | | | | |
| 黄梅县 | | | | | | | | | |
| **咸宁市** | **0.17** | **0.07** | **0.53** | **0.43** | **0.03** | **40** | **0.03** | **40** | **0.04** |
| 咸安区 | 0.10 | | 0.20 | 0.10 | | | | | |
| 嘉鱼县 | | | | | | | | | |
| 赤壁市 | | 0.01 | | | | | | | |
| 通城县 | 0.07 | | | | | | | | |
| 崇阳县 | | | 0.13 | 0.13 | 0.03 | 40 | 0.03 | 40 | 0.04 |
| 通山县 | | 0.06 | 0.20 | 0.20 | | | | | |
| **随州市** | **0.60** | | | | | | | | |
| 曾都区 | | | | | | | | | |
| 广水市 | 0.60 | | | | | | | | |
| **恩施自治州** | **0.35** | **3.12** | **0.80** | **0.30** | | | | | |
| 恩施市 | | | | | | | | | |
| 建始县 | | | | | | | | | |
| 巴东县 | | 3.00 | | | | | | | |
| 利川市 | 0.30 | | | | | | | | |
| 宣恩县 | | | | | | | | | |
| 咸丰县 | 0.05 | 0.10 | 0.50 | 0.20 | | | | | |
| 来凤县 | | 0.02 | | | | | | | |
| 鹤峰县 | | | 0.30 | 0.10 | | | | | |
| **仙桃市** | | | | | | | | | |
| **天门市** | | **0.11** | **1.34** | **1.34** | | | | | |
| **潜江市** | **0.20** | **0.03** | **0.20** | **0.20** | | | | | |
| **神农架林区** | | | | | | | | | |

# 全省主要粮食作物良种面积

单位:千公顷

| | 面　积 | | 面　积 |
|---|---|---|---|
| 一、水稻 | 2067.34 | (3)金优 402 | 65.36 |
| (一)常规品种 | 401.31 | (4)金优 928 | 7.34 |
| 1.早　稻 | 228.82 | (5)马协 118－2 | 0.1 |
| (1)鄂早 18 | 35.51 | (6)其它 | 27.88 |
| (2)嘉育 948 | 36.06 | 2.中　稻 | 1237.19 |
| (3)鄂早 16 | 12.24 | (1)Ⅱ优 87 | 23.1 |
| (4)舟 903 | 23.48 | (2)Ⅱ优明 86 | 73.26 |
| (5)嘉育 164 | 0.85 | (3)Ⅱ优 725 | 125.01 |
| (6)鄂早 13 | 10.4 | (4)绵Ⅱ优 838 | 86.71 |
| (7)鄂早 14 | 16.29 | (5)两优培九 | 338.51 |
| (8)浙 9248 | 0.6 | (6)两优 932 | 18.58 |
| (9)2318 | 4.13 | (7)冈优 725 | 96.54 |
| (10)鄂早 11 | 8.41 | (8)金优 63 | 15.7 |
| (11)鄂早 12 | 3.68 | (9)金优 725 | 59.77 |
| (12)华矮 837 | 7.28 | (10)红莲优 6 号 | 87.07 |
| (13)华稻(矮)21 | 2.86 | (11)Ⅱ优 084 | 26.48 |
| (14)中鉴 100 | 23.42 | (12)福优 325 | 10.26 |
| (15)其　它 | 43.61 | (13)其它 | 276.2 |
| 2.中　稻 | 106.45 | 3.晚　稻 | 315.04 |
| (1)扬稻 6 号 | 19.36 | (1)荆楚优 148 | 12.82 |
| (2)鉴真 2 号 | 23.75 | (2)金优 207 | 26.44 |
| (3)粳籼 89 | 4 | (3)金优 928 | 96.21 |
| (4)鄂荆糯 6 号 | 17.51 | (4)金优 12 | 2.88 |
| (5)鄂香 1 号 | 9.58 | (5)金优 38 | 5.1 |
| (6)其　它 | 32.25 | (6)金优桂 99 | 9.92 |
| 3.晚　稻 | 66.04 | (7)金优 77 | 13.42 |
| (1)鄂宜 105 | 3.79 | (8)金优晚 3 | 7.9 |
| (2)鄂晚 5 号 | 3.69 | (9)中 9 优 288 | 33.63 |
| (3)鄂晚 9 号 | 5.53 | (10)汕优晚 3 | 5.93 |
| (4)鄂晚 10 号 | 5.11 | (11)协优 64 | 0.85 |
| (5)鄂晚 11 号 | 12.93 | (12)荆优 928 | 1.29 |
| (6)湘晚籼 9 号 | 6.03 | (13)新香优 96 | 3.88 |
| (7)湘晚籼 10 号 | 1.75 | (14)鄂粳杂 1 号 | 22.65 |
| (8)湘晚籼 11 号 | 2.29 | (15)华粳杂 2 号 | 1.07 |
| (9)秀水 13 | 3.36 | (16)鄂籼杂 1 号 | 5.75 |
| (10)其　它 | 21.56 | (17)其　它 | 65.3 |
| (二)杂交组合 | 1666.03 | 二、小　麦 | 679.84 |
| 1.早　稻 | 113.8 | 1.鄂恩 4 号 | 8.13 |
| (1)金优 1176 | 3.68 | 2.鄂麦 12 | 7.67 |
| (2)金优 152 | 9.44 | 3.鄂麦 13 | 1.72 |

续表

单位:千公顷

| | 面积 | | 面积 |
|---|---|---|---|
| 4. 鄂麦 14 | 83.23 | 五、高粱良种 | 1.94 |
| 5. 鄂麦 15 | 21.89 | 1. 辽杂 10 号 | 0.39 |
| 6. 鄂麦 16 | 35.28 | 2. 晋杂 12 号 | 0.55 |
| 7. 鄂麦 17 | 9.6 | 3. 其 它 | 1 |
| 8. 鄂麦 18 | 81.88 | 六、马铃薯良种 | 115.96 |
| 9. 鄂麦 19 | 29.64 | 1. 鄂马铃薯 1 号 | 12.12 |
| 10. 鄂麦 20 | 1.54 | 2. 鄂马铃薯 3 号 | 50.29 |
| 11. 鄂麦 21 | 8.94 | 3. 鄂马铃薯 4 号 | 7.7 |
| 12. 华麦 12 | 5.17 | 4. 鄂芋一号 | 4.35 |
| 13. 郑麦 9023 | 266.05 | 5. 南中 552 | 10.72 |
| 14. 鄂恩 1 号 | 33.84 | 6. 其 它 | 30.78 |
| 15. 其 它 | 85.26 | 七、红薯良种 | 141.01 |
| 三、大麦良种 | 41.33 | 1. 鄂薯 1 号 | 9.03 |
| 1. 鄂大麦 6 号 | 5.87 | 2. 鄂薯 2 号 | 12.5 |
| 2. 鄂大麦 7 号 | 12.68 | 3. 鄂薯 3 号 | 7.78 |
| 3. 鄂大麦 8 号 | 10.41 | 4. 鄂薯 407 | 4.69 |
| 4. 华大麦 1 号 | 0.27 | 5. 鄂薯 603 | 1.94 |
| 5. 华大麦 2 号 | 1.31 | 6. 恩薯 1 号 | 18.81 |
| 6. 华大麦 3 号 | 2.11 | 7. 徐薯 18 | 43.97 |
| 7. 鄂啤 5 号 | 1.34 | 8. 其 它 | 42.29 |
| 8. 西引 2 号 | 1.58 | 八、大豆良种 | 151.81 |
| 9. 其 它 | 5.76 | 1. 猴子毛 | 10.72 |
| 四、玉米良种 | 376.15 | 2. 六月爆 | 21.8 |
| 1. 华玉 4 号 | 19.55 | 3. 矮脚早 | 8.41 |
| 2. 农大 108 | 28.62 | 4. 鄂豆 6 号 | 17.02 |
| 3. 鄂玉 9 号 | 1.84 | 5. 鄂豆 7 号 | 12.42 |
| 4. 鄂玉 10 号 | 49.13 | 6. 中豆 8 号 | 13.12 |
| 5. 鄂玉 11 | 0.65 | 7. 中豆 29 | 12.93 |
| 6. 鄂玉 12 | 5.96 | 8. 中豆 30 | 17.48 |
| 7. 鄂玉 13 | 4.65 | 9. 中豆 32 | 6.62 |
| 8. 鄂玉 14 | 2.2 | 10. 其 它 | 31.29 |
| 9. 鄂玉 15 | 0.1 | 九、蚕豆良种 | 41.87 |
| 10. 鄂玉 16 | 6.32 | 1. 启豆 50 号 | 12.19 |
| 11. 鄂玉 17 | 12.59 | 2. 青皮豆 | 13.53 |
| 12. 鄂玉 18 | 13.7 | 3. 78 -2 | 1.84 |
| 13. 雅玉 2 号 | 13.24 | 4. 其 它 | 14.31 |
| 14. 绵阳系列 | 0.13 | 十、豌豆良种 | 12.73 |
| 15. 华甜玉 1 号 | 3.29 | 1. 中豌 6 号 | 9.58 |
| 16. 掖单 13 | 40.99 | 2. 秦选 1 号 | 0.62 |
| 17. 其 它 | 173.19 | 3. 其它 | 2.53 |

# 主要粮食作物良种面积

单位:千公顷

| | 水稻合计 | 常规水稻 | 早稻 | 常规早稻 | | | | | | |
|---|---|---|---|---|---|---|---|---|---|---|
| | | | | 鄂早18 | 嘉育948 | 鄂早16 | 舟903 | 鄂早13 | 鄂早14 | 鄂早11 |
| **全省合计** | **2067.34** | **401.31** | **228.82** | **35.51** | **36.06** | **12.24** | **23.48** | **10.40** | **16.29** | **8.41** |
| **武汉市** | 134.02 | 53.71 | 30.34 | 3.08 | 3.55 | 4.21 | 2.49 | 1.75 | 2.76 | 3.40 |
| 市辖区 | 7.65 | 1.69 | 0.67 | | 0.10 | | | | | |
| 蔡甸区 | 3.33 | 1.58 | 1.46 | 0.75 | 0.16 | 0.07 | 0.03 | | | |
| 江夏区 | 38.45 | 7.82 | 7.80 | 1.00 | 1.40 | 1.10 | 1.30 | 0.30 | 0.40 | |
| 黄陂区 | 49.90 | 22.59 | 10.06 | 1.33 | 0.33 | 2.00 | 0.13 | 0.67 | 1.33 | 1.33 |
| 新洲区 | 34.69 | 20.03 | 10.35 | | 1.56 | 1.04 | 1.03 | 0.78 | 1.03 | 2.07 |
| **黄石市** | **84.39** | **17.94** | **14.09** | **0.70** | **0.70** | **0.40** | **5.19** | | **4.00** | |
| 市辖区 | 0.73 | | | | | | | | | |
| 大冶市 | 42.69 | 8.49 | 7.00 | | | | 2.00 | | 4.00 | |
| 阳新县 | 40.97 | 9.45 | 7.09 | 0.70 | 0.70 | 0.40 | 3.19 | | | |
| **十堰市** | **35.44** | **1.56** | | | | | | | | |
| 市辖区 | 0.33 | | | | | | | | | |
| 丹江口市 | 6.01 | 0.31 | | | | | | | | |
| 郧县 | 6.54 | | | | | | | | | |
| 郧西县 | 2.83 | | | | | | | | | |
| 竹山县 | 6.55 | | | | | | | | | |
| 竹溪县 | 5.26 | | | | | | | | | |
| 房县 | 7.92 | 1.25 | | | | | | | | |
| **荆州市** | **344.82** | **56.76** | **47.55** | **1.62** | **13.11** | | **6.62** | **0.03** | **0.25** | **1.52** |
| 市辖区 | 25.10 | 2.62 | 0.62 | 0.10 | 0.22 | | 0.10 | | | |
| 江陵县 | 28.23 | 3.15 | 0.15 | 0.05 | 0.05 | | 0.02 | | | |
| 松滋市 | 42.50 | 9.79 | 8.69 | 0.24 | 1.00 | | | | | 1.52 |
| 公安县 | 58.94 | 14.50 | 12.50 | | 4.00 | | 4.50 | | | |
| 石首市 | 28.40 | 5.06 | 5.06 | | 1.04 | | | | | |
| 监利县 | 114.94 | 18.54 | 18.54 | 1.00 | 5.40 | | 2.00 | | | |
| 洪湖市 | 46.71 | 3.10 | 1.99 | 0.23 | 1.40 | | | 0.03 | 0.25 | |
| **宜昌市** | **88.85** | **5.14** | **3.87** | | **0.67** | **0.67** | **1.00** | | | |
| 市辖区 | 0.60 | | | | | | | | | |
| 夷陵区 | 10.51 | | | | | | | | | |
| 宜都市 | 6.80 | 0.20 | 0.20 | | | | | | | |
| 枝江市 | 27.18 | 4.94 | 3.67 | | 0.67 | 0.67 | 1.00 | | | |
| 当阳市 | 28.41 | | | | | | | | | |
| 远安县 | 7.20 | | | | | | | | | |
| 兴山县 | 2.16 | | | | | | | | | |
| 秭归县 | 2.87 | | | | | | | | | |
| 长阳县 | 2.70 | | | | | | | | | |
| 五峰县 | 0.42 | | | | | | | | | |
| **襄樊市** | **190.86** | **9.64** | | | | | | | | |
| 市辖区 | 17.53 | 1.53 | | | | | | | | |
| 老河口市 | 13.56 | | | | | | | | | |
| 襄阳区 | 41.14 | 2.41 | | | | | | | | |
| 枣阳市 | 46.90 | 3.90 | | | | | | | | |
| 宜城市 | 29.53 | 0.33 | | | | | | | | |
| 南漳县 | 22.47 | 1.47 | | | | | | | | |
| 谷城县 | 16.09 | | | | | | | | | |
| 保康县 | 3.17 | | | | | | | | | |
| 农场 | 0.47 | | | | | | | | | |
| **鄂州市** | **39.17** | **11.87** | **9.47** | **5.17** | | **2.20** | | | **2.10** | |

续表 1

单位:千公顷

| | 水稻合计 | 常规水稻 | 常规早稻 | | | | | | | |
|---|---|---|---|---|---|---|---|---|---|---|
| | | | 早稻 | 鄂早18 | 嘉育948 | 鄂早16 | 舟903 | 鄂早13 | 鄂早14 | 鄂早11 |
| **荆门市** | **167.09** | **32.05** | **6.08** | **0.29** | **0.90** | | **0.50** | | | |
| 市辖区 | 27.60 | 4.00 | | | | | | | | |
| 沙洋县 | 49.07 | 1.34 | 0.59 | | 0.20 | | 0.20 | | | |
| 钟祥市 | 39.42 | | | | | | | | | |
| 京山县 | 48.83 | 26.49 | 5.49 | 0.29 | 0.70 | | 0.30 | | | |
| 沙洋农场 | 2.17 | 0.22 | | | | | | | | |
| **孝感市** | **200.99** | **62.97** | **24.49** | **1.80** | **3.37** | **1.94** | **1.31** | **0.31** | **0.21** | **1.35** |
| 孝南区 | 29.40 | 12.65 | 4.41 | 0.18 | 1.29 | | | 0.03 | | 1.27 |
| 孝昌县 | 24.05 | 9.36 | 3.17 | 0.48 | 0.27 | 0.38 | 0.21 | 0.15 | 0.21 | |
| 大悟县 | 18.60 | 0.82 | 0.38 | | 0.21 | | | | | 0.08 |
| 安陆市 | 27.18 | 1.36 | 0.06 | 0.06 | | | | | | |
| 云梦县 | 21.64 | 12.31 | 4.00 | 0.70 | 0.40 | 1.30 | 1.10 | 0.13 | | |
| 应城市 | 42.83 | 21.30 | 12.00 | 0.28 | 1.10 | 0.26 | | | | |
| 汉川市 | 37.29 | 5.17 | 0.47 | 0.10 | 0.10 | | | | | |
| **黄冈市** | **326.32** | **105.77** | **58.73** | **13.34** | **5.11** | **2.46** | **4.00** | **7.37** | **5.67** | **2.14** |
| 市辖区 | 5.98 | 2.20 | 1.58 | | 0.19 | | | | | |
| 团风县 | 24.43 | 6.38 | 4.25 | 0.34 | 0.32 | 0.28 | | 0.36 | 0.32 | 0.34 |
| 红安县 | 24.26 | 10.03 | 4.21 | 0.03 | 0.30 | 0.21 | | 0.24 | 2.35 | |
| 麻城市 | 52.66 | 19.19 | 8.47 | 0.67 | | 1.67 | | 1.67 | 2.00 | 1.30 |
| 罗田县 | 18.40 | 2.00 | 0.50 | | | | | | | |
| 英山县 | 15.27 | 1.27 | 0.53 | | | | | | | 0.20 |
| 浠水县 | 52.51 | 11.96 | 11.96 | 4.00 | 2.00 | | | 2.00 | | |
| 蕲春县 | 49.12 | 15.12 | 9.72 | 3.00 | 0.50 | 0.30 | 1.00 | 0.40 | 1.00 | 0.30 |
| 武穴市 | 34.99 | 9.48 | 9.48 | 3.30 | | | | 2.00 | | |
| 黄梅县 | 48.70 | 28.14 | 8.03 | 2.00 | 1.80 | | 3.00 | 0.70 | | |
| **咸宁市** | **135.03** | **18.52** | **16.82** | **6.41** | **3.45** | **0.36** | **1.39** | **0.94** | | |
| 咸安区 | 21.60 | 1.80 | 0.80 | 0.41 | | | | 0.28 | | |
| 嘉鱼县 | 19.56 | 1.92 | 1.92 | 0.67 | | 0.36 | | 0.66 | | |
| 赤壁市 | 32.17 | 5.90 | 5.90 | 1.58 | 1.35 | | 0.44 | | | |
| 通城县 | 25.47 | 3.26 | 3.15 | 2.75 | 0.40 | | | | | |
| 崇阳县 | 26.55 | 5.33 | 4.74 | 1.00 | 1.43 | | 0.95 | | | |
| 通山县 | 9.68 | 0.31 | 0.31 | | 0.27 | | | | | |
| **随州市** | **108.77** | | | | | | | | | |
| 广水市 | 77.68 | | | | | | | | | |
| 曾都区 | 31.09 | | | | | | | | | |
| **恩施自治州** | **65.98** | **3.67** | | | | | | | | |
| 恩施市 | 10.17 | 0.17 | | | | | | | | |
| 建始县 | 2.63 | 0.30 | | | | | | | | |
| 巴东县 | 1.91 | | | | | | | | | |
| 利川市 | 21.06 | 1.58 | | | | | | | | |
| 宣恩县 | 9.36 | 1.11 | | | | | | | | |
| 咸丰县 | 9.90 | 0.35 | | | | | | | | |
| 来凤县 | 8.29 | | | | | | | | | |
| 鹤峰县 | 2.66 | 0.16 | | | | | | | | |
| **仙桃市** | **64.17** | **7.58** | **7.58** | **2.10** | **3.20** | | **0.98** | | **1.30** | |
| **天门市** | **50.71** | **12.80** | **9.80** | **1.00** | **2.00** | | | | | |
| **潜江市** | **30.65** | **1.33** | | | | | | | | |
| **神农架林区** | **0.08** | | | | | | | | | |

续表2

单位:千公顷

| | 常规早稻 | 常规水稻良种(续) | | | | | | | 杂交组合 |
|---|---|---|---|---|---|---|---|---|---|
| | 中鉴100 | 中稻 | 扬稻6号 | 鉴真2号 | 鄂荆糯6号 | 鄂香1号 | 晚稻 | 鄂晚11号 | |
| **全省合计** | **23.42** | **106.45** | **19.36** | **23.75** | **17.51** | **9.58** | **66.04** | **12.93** | **1666.03** |
| **武汉市** | **1.29** | **6.25** | **0.64** | **0.56** | **1.12** | **0.28** | **17.12** | **5.48** | **80.31** |
| 市辖区 | | 0.43 | 0.20 | | 0.23 | | 0.59 | | 5.96 |
| 蔡甸区 | | 0.06 | | | | | 0.06 | | 1.75 |
| 江夏区 | | | | | | | 0.02 | | 30.63 |
| 黄陂区 | | 4.47 | 0.11 | 0.23 | 0.56 | 0.28 | 8.06 | 2.68 | 27.31 |
| 新洲区 | 1.29 | 1.29 | 0.33 | 0.33 | 0.33 | | 8.39 | 2.80 | 14.66 |
| **黄石市** | **0.20** | **1.30** | **0.10** | | | | **2.55** | | **66.45** |
| 市辖区 | | | | | | | | | 0.73 |
| 大冶市 | | | | | | | 1.49 | | 34.20 |
| 阳新县 | 0.20 | 1.30 | 0.10 | | | | 1.06 | | 31.52 |
| **十堰市** | **0.00** | **1.56** | | | **0.20** | | | | **33.88** |
| 市辖区 | | | | | | | | | 0.33 |
| 丹江口市 | | 0.31 | | | 0.20 | | | | 5.70 |
| 郧县 | | | | | | | | | 6.54 |
| 郧西县 | | | | | | | | | 2.83 |
| 竹山县 | | | | | | | | | 6.55 |
| 竹溪县 | | | | | | | | | 5.26 |
| 房县 | | 1.25 | | | | | | | 6.67 |
| **荆州市** | **5.56** | **6.63** | **0.85** | **1.90** | **1.06** | **2.30** | **2.58** | **0.10** | **288.06** |
| 市辖区 | 0.20 | 1.20 | 0.30 | 0.10 | 0.50 | 0.10 | 0.80 | 0.10 | 22.48 |
| 江陵县 | | 3.00 | | 1.80 | | 1.20 | | | 25.08 |
| 松滋市 | 0.36 | 0.88 | | | 0.56 | | 0.22 | | 32.71 |
| 公安县 | 4.00 | 1.00 | | | | 1.00 | 1.00 | | 44.44 |
| 石首市 | | | | | | | | | 23.34 |
| 监利县 | 1.00 | | | | | | | | 96.40 |
| 洪湖市 | | 0.55 | 0.55 | | | | 0.56 | | 43.61 |
| **宜昌市** | **1.33** | **1.27** | **0.20** | **0.40** | | **0.67** | | | **83.71** |
| 市辖区 | | | | | | | | | 0.60 |
| 夷陵区 | | | | | | | | | 10.51 |
| 宜都市 | | | | | | | | | 6.60 |
| 枝江市 | 1.33 | 1.27 | 0.20 | 0.40 | | 0.67 | | | 22.24 |
| 当阳市 | | | | | | | | | 28.41 |
| 远安县 | | | | | | | | | 7.20 |
| 兴山县 | | | | | | | | | 2.16 |
| 秭归县 | | | | | | | | | 2.87 |
| 长阳县 | | | | | | | | | 2.70 |
| 五峰县 | | | | | | | | | 0.42 |
| **襄樊市** | **0.00** | **9.64** | **3.62** | | **2.00** | **0.60** | | | **181.22** |
| 市辖区 | | 1.53 | 0.01 | | | | | | 16.00 |
| 老河口市 | | | | | | | | | 13.56 |
| 襄阳区 | | 2.41 | 2.11 | | 0.20 | | | | 38.73 |
| 枣阳市 | | 3.90 | 1.50 | | 1.80 | 0.60 | | | 43.00 |
| 宜城市 | | 0.33 | | | | | | | 29.20 |
| 南漳县 | | 1.47 | | | | | | | 21.00 |
| 谷城县 | | | | | | | | | 16.09 |
| 保康县 | | | | | | | | | 3.17 |
| 农场 | | | | | | | | | 0.47 |
| **鄂州市** | **0.00** | **0.10** | | | | **0.10** | **2.30** | | **27.30** |

续表 3　　　　单位:千公顷

| | 常规早稻 | 常规水稻良种(续) | | | | | | | 杂交组合 |
|---|---|---|---|---|---|---|---|---|---|
| | 中鉴100 | 中　稻 | 扬稻6号 | 鉴真2号 | 鄂荆糯6号 | 鄂香1号 | 晚　稻 | 鄂晚11号 | |
| **荆　门　市** | **3.60** | **25.97** | **0.20** | **20.00** | **2.25** | **0.30** | | | **135.04** |
| 市辖区 | | 4.00 | 0.20 | | 0.50 | 0.30 | | | 23.60 |
| 沙洋县 | 0.10 | 0.75 | | | 0.75 | | | | 47.73 |
| 钟祥市 | | | | | | | | | 39.42 |
| 京山县 | 3.50 | 21.00 | | 20.00 | 1.00 | | | | 22.34 |
| 沙洋农场 | | 0.22 | | | | | | | 1.95 |
| **孝　感　市** | **0.15** | **22.46** | **2.66** | **0.26** | **8.21** | **2.68** | **16.02** | **3.36** | **138.02** |
| 孝南区 | | 3.70 | 0.28 | 0.06 | 1.73 | 1.32 | 4.54 | 0.08 | 16.75 |
| 孝昌县 | 0.05 | 2.36 | 0.32 | | 0.47 | | 3.83 | 0.68 | 14.69 |
| 大悟县 | | 0.36 | 0.10 | | 0.17 | 0.09 | 0.08 | | 17.78 |
| 安陆市 | | 1.30 | 0.30 | | | 1.00 | | | 25.82 |
| 云梦县 | | 4.47 | 0.40 | | | 0.07 | 3.84 | 2.10 | 9.33 |
| 应城市 | | 6.10 | 0.46 | | 3.07 | | 3.20 | 0.40 | 21.53 |
| 汉川市 | 0.10 | 4.17 | 0.80 | 0.20 | 2.77 | 0.20 | 0.53 | 0.10 | 32.12 |
| **黄　冈　市** | **1.85** | **22.86** | **11.06** | **0.63** | **1.04** | **2.65** | **24.18** | **3.99** | **220.55** |
| 市辖区 | 0.59 | 0.12 | | | | 0.03 | 0.50 | | 3.78 |
| 团风县 | 0.58 | 0.32 | 0.06 | | 0.08 | 0.11 | 1.81 | 0.18 | 18.05 |
| 红安县 | 0.18 | 0.58 | | | | 0.51 | 5.24 | 0.81 | 14.23 |
| 麻城市 | | 1.99 | | | | | 8.73 | 3.00 | 33.47 |
| 罗田县 | | 1.00 | | 0.33 | | | 0.50 | | 16.40 |
| 英山县 | | 0.50 | | | 0.40 | | 0.24 | | 14.00 |
| 浠水县 | | | | | | | | | 40.55 |
| 蕲春县 | 0.50 | 3.58 | 0.50 | 0.30 | 0.50 | 0.50 | 1.82 | | 34.00 |
| 武穴市 | | | | | | | | | 25.51 |
| 黄梅县 | | 14.77 | 10.50 | | 0.06 | 1.50 | 5.34 | | 20.56 |
| **咸　宁　市** | **2.64** | **1.08** | **0.03** | | | | **0.62** | | **116.51** |
| 咸安区 | 0.00 | 1.00 | | | | | | | 19.80 |
| 嘉鱼县 | | | | | | | | | 17.64 |
| 赤壁市 | 1.34 | | | | | | | | 26.27 |
| 通城县 | | 0.04 | | | | | 0.07 | | 22.21 |
| 崇阳县 | 1.30 | 0.04 | 0.03 | | | | 0.55 | | 21.22 |
| 通山县 | | | | | | | | | 9.37 |
| **随　州　市** | **0.00** | | | | | | | | **108.77** |
| 广水市 | 0.00 | | | | | | | | 77.68 |
| 曾都区 | | | | | | | | | 31.09 |
| **恩施自治州** | **0.00** | **3.67** | | | **0.30** | | | | **62.31** |
| 恩施市 | | 0.17 | | | | | | | 10.00 |
| 建始县 | | 0.30 | | | | | | | 2.33 |
| 巴东县 | | | | | | | | | 1.91 |
| 利川市 | | 1.58 | | | | | | | 19.48 |
| 宣恩县 | | 1.11 | | | 0.30 | | | | 8.25 |
| 咸丰县 | | 0.35 | | | | | | | 9.55 |
| 来凤县 | | | | | | | | | 8.29 |
| 鹤峰县 | | 0.16 | | | | | | | 2.50 |
| **仙　桃　市** | **0.00** | | | | | | | | **56.59** |
| **天　门　市** | **6.80** | **2.33** | | | | | **0.67** | | **37.91** |
| **潜　江　市** | | **1.33** | | | **1.33** | | | | **29.32** |
| **神农架林区** | | | | | | | | | **0.08** |

续表4 单位:千公顷

| | 杂交水稻良种(续) | | | | | | | | | |
|---|---|---|---|---|---|---|---|---|---|---|
| | 早稻 | 金优152 | 金优402 | 中稻 | Ⅱ优87 | Ⅱ优明86 | Ⅱ优725 | 绵Ⅱ优838 | 两成培九 | 两优932 |
| **全省合计** | **113.80** | **9.44** | **65.36** | **1237.19** | **23.10** | **73.26** | **125.01** | **86.71** | **338.51** | **18.58** |
| **武汉市** | **16.37** | **0.53** | **10.14** | **35.56** | **0.87** | **2.65** | **2.87** | **1.79** | **12.30** | **0.30** |
| 市辖区 | 0.06 | | | 5.10 | 0.67 | 0.60 | | | 2.50 | |
| 蔡甸区 | 0.01 | | 0.01 | 1.51 | | 0.02 | | 0.02 | 0.60 | |
| 江夏区 | 5.30 | | 3.80 | 10.93 | 0.20 | 0.70 | 2.20 | 1.10 | 1.20 | 0.30 |
| 黄陂区 | 6.67 | | 4.00 | 12.69 | | 0.67 | 0.67 | 0.67 | 6.67 | |
| 新洲区 | 4.33 | 0.53 | 2.33 | 5.33 | | 0.66 | | | 1.33 | |
| **黄石市** | **20.08** | **2.55** | **13.19** | **12.08** | **1.20** | | | | **7.32** | **0.40** |
| 市辖区 | 0.29 | | 0.29 | 0.17 | | | | | 0.10 | |
| 大冶市 | 10.49 | 1.35 | 7.60 | 6.29 | 1.20 | | | | 2.70 | |
| 阳新县 | 9.30 | 1.20 | 5.30 | 5.62 | | | | | 4.52 | 0.40 |
| **十堰市** | **0.00** | | | **33.88** | **2.22** | **0.20** | **4.42** | **0.71** | **0.60** | |
| 市辖区 | | | | 0.33 | | | 0.33 | | | |
| 丹江口市 | | | | 5.70 | | | 1.34 | | | |
| 郧县 | | | | 6.54 | 1.80 | | 1.90 | | 0.60 | |
| 郧西县 | | | | 2.83 | 0.42 | | | 0.26 | | |
| 竹山县 | | | | 6.55 | | | 0.45 | | | |
| 竹溪县 | | | | 5.26 | | | | | | |
| 房县 | | | | 6.67 | | 0.20 | 0.40 | 0.45 | | |
| **荆州市** | **10.10** | **0.10** | **3.82** | **212.10** | **5.79** | **17.64** | **4.56** | **15.19** | **81.52** | **3.22** |
| 市辖区 | 2.56 | 0.10 | 0.40 | 17.01 | 0.80 | 0.70 | 1.00 | 5.69 | 3.20 | 0.20 |
| 江陵县 | 0.05 | | 0.05 | 25.00 | | 8.87 | | 7.50 | 2.10 | 2.30 |
| 松滋市 | 0.84 | | 0.50 | 21.08 | 0.47 | 1.12 | 1.36 | | 13.18 | 0.72 |
| 公安县 | 0.67 | | 0.40 | 30.04 | 1.00 | 2.00 | 1.00 | 2.00 | 14.54 | |
| 石首市 | | | | 17.48 | | | | | 11.00 | |
| 监利县 | 4.00 | | 0.80 | 64.09 | | 3.00 | | | 17.00 | |
| 洪湖市 | 1.98 | | 1.67 | 37.40 | 3.52 | 1.95 | 1.20 | | 20.50 | |
| **宜昌市** | **2.67** | | **2.33** | **72.53** | **0.97** | **5.66** | **2.58** | **4.42** | **7.79** | **2.00** |
| 市辖区 | | | | 0.60 | 0.30 | | | | | |
| 夷陵区 | | | | 10.49 | 0.67 | 3.00 | 1.00 | | 0.13 | 1.00 |
| 宜都市 | | | | 6.35 | | | | | 2.00 | |
| 枝江市 | 2.67 | | 2.33 | 11.33 | | | 1.00 | | 5.33 | |
| 当阳市 | | | | 28.41 | | 2.00 | | 4.42 | 0.20 | 1.00 |
| 远安县 | | | | 7.20 | | 0.66 | 0.23 | | 0.13 | |
| 兴山县 | | | | 2.16 | | | 0.35 | | | |
| 秭归县 | | | | 2.87 | | | | | | |
| 长阳县 | | | | 2.70 | | | | | | |
| 五峰县 | | | | 0.42 | | | | | | |
| **襄樊市** | **0.00** | | | **181.22** | **4.76** | **8.18** | **17.07** | **12.68** | **64.53** | **6.46** |
| 市辖区 | 0.00 | | | 16.00 | 2.00 | 2.00 | 2.00 | | 6.00 | 2.00 |
| 老河口市 | | | | 13.56 | 1.00 | 1.00 | | 1.00 | 5.00 | 1.00 |
| 襄阳区 | | | | 38.73 | 0.43 | | 8.59 | 9.43 | 2.74 | 3.26 |
| 枣阳市 | | | | 43.00 | | 1.48 | | 2.05 | 27.41 | |
| 宜城市 | | | | 29.20 | | 0.20 | 0.50 | 0.20 | 12.50 | 0.20 |
| 南漳县 | | | | 21.00 | | | 2.24 | | 8.48 | |
| 谷城县 | | | | 16.09 | 1.33 | 3.33 | 2.67 | | 2.00 | |
| 保康县 | | | | 3.17 | | 0.17 | 1.00 | | | |
| 农场 | | | | 0.47 | | | 0.07 | | 0.40 | |
| **鄂州市** | **5.10** | | **3.70** | **9.10** | | | **0.30** | | **5.30** | **0.10** |

续表5　　　　　　　　　　　　　　　　　　　　　　　　　　　　　　单位:千公顷

| | 杂交水稻良种（续） | | | | | | | | | |
|---|---|---|---|---|---|---|---|---|---|---|
| | 早　稻 | 金优152 | 金优402 | 中　稻 | Ⅱ优87 | Ⅱ优明86 | Ⅱ优725 | 绵Ⅱ优838 | 两成培九 | 两优932 |
| **荆　门　市** | **0.00** | | | **128.88** | **3.35** | **6.12** | **8.37** | **25.70** | **37.00** | **3.21** |
| 市辖区 | | | | 23.60 | 0.50 | 1.00 | 3.00 | 3.70 | 4.00 | |
| 沙洋县 | | | | 47.73 | 0.50 | 2.00 | 5.00 | 10.00 | 14.00 | 3.00 |
| 钟祥市 | | | | 39.42 | 1.00 | 2.00 | 0.21 | 10.00 | 14.00 | 0.21 |
| 京山县 | | | | 16.18 | 1.35 | 0.52 | 0.16 | 2.00 | 5.00 | |
| 沙洋农场 | | | | 1.95 | | 0.60 | | | | |
| **孝　感　市** | **2.75** | **0.07** | **2.09** | **118.76** | **1.44** | **8.14** | **23.12** | **7.57** | **15.54** | **0.30** |
| 孝南区 | 0.00 | | | 16.00 | | 1.57 | 3.28 | 1.34 | 1.95 | |
| 孝昌县 | 0.28 | | 0.28 | 14.25 | 0.44 | 1.21 | 2.31 | 0.47 | 1.14 | |
| 大悟县 | 0.12 | | 0.12 | 17.19 | | 1.86 | 4.13 | 1.56 | 1.35 | |
| 安陆市 | | | | 25.74 | 0.60 | 2.00 | 6.80 | 0.60 | 1.20 | 0.30 |
| 云梦县 | 0.67 | 0.07 | 0.53 | 7.33 | | | 1.20 | | 1.33 | |
| 应城市 | 0.06 | | 0.06 | 9.65 | | 0.30 | 1.60 | 1.20 | 1.87 | |
| 汉川市 | 1.62 | | 1.10 | 28.60 | 0.40 | 1.20 | 3.80 | 2.40 | 6.70 | |
| **黄　冈　市** | **38.14** | **6.19** | **18.25** | **95.77** | **0.50** | **6.51** | **5.16** | **4.45** | **30.58** | **0.63** |
| 市辖区 | 0.49 | | 0.02 | 2.23 | | 0.11 | | | 0.78 | |
| 团风县 | 4.86 | 0.47 | 0.76 | 5.05 | | | | | 1.87 | |
| 红安县 | 3.72 | 0.12 | | 5.23 | | | | 0.62 | 1.86 | |
| 麻城市 | 6.67 | | 5.73 | 18.33 | | | 1.33 | 1.33 | 0.67 | 0.13 |
| 罗田县 | 0.20 | | | 16.00 | | 3.00 | 2.00 | | 3.00 | |
| 英山县 | 0.20 | | 0.10 | 11.65 | | 2.40 | 0.60 | | 1.20 | |
| 浠水县 | 9.85 | 2.50 | 5.50 | 6.73 | | | 0.73 | 2.00 | 3.00 | |
| 蕲春县 | 6.00 | 0.20 | 3.00 | 12.50 | 0.50 | 1.00 | 0.50 | 0.50 | 6.50 | 0.50 |
| 武穴市 | 1.65 | | 1.54 | 12.19 | | | | | 9.30 | |
| 黄梅县 | 4.50 | 2.90 | 1.60 | 5.86 | | | | | 2.40 | |
| **咸　宁　市** | **18.18** | | **11.57** | **62.44** | **0.40** | **4.12** | **6.45** | **0.53** | **13.20** | |
| 咸安区 | 1.87 | | 1.21 | 14.88 | | 1.41 | | | 4.00 | |
| 嘉鱼县 | 0.93 | | 0.56 | 13.90 | | | 1.64 | | 5.33 | |
| 赤壁市 | 3.46 | | 1.56 | 13.31 | 0.33 | | 3.55 | | 2.67 | |
| 通城县 | 6.53 | | 6.53 | 5.43 | | | | | 0.50 | |
| 崇阳县 | 5.06 | | 1.43 | 6.56 | 0.07 | 0.56 | 0.56 | 0.13 | 0.35 | |
| 通山县 | 0.33 | | 0.28 | 8.36 | | 2.15 | 0.70 | 0.40 | 0.35 | |
| **随　州　市** | **0.00** | | | **108.77** | **1.60** | **8.31** | **48.25** | **1.00** | **1.63** | |
| 广水市 | 0.00 | | | 77.68 | 1.60 | 5.00 | 38.00 | 1.00 | 0.30 | |
| 曾都区 | | | | 31.09 | | 3.31 | 10.25 | | 1.33 | |
| **恩施自治州** | **0.00** | | | **62.31** | | | | | **1.10** | **0.63** |
| 恩施市 | | | | 10.00 | | | | | | |
| 建始县 | | | | 2.33 | | | | | | |
| 巴东县 | | | | 1.91 | | | | | | |
| 利川市 | | | | 19.48 | | | | | | |
| 宣恩县 | | | | 8.25 | | | | | 0.20 | |
| 咸丰县 | | | | 9.55 | | | | | | |
| 来凤县 | | | | 8.29 | | | | | 0.90 | 0.63 |
| 鹤峰县 | | | | 2.50 | | | | | | |
| **仙　桃　市** | **0.00** | | | **48.02** | | **4.30** | | **5.20** | **29.90** | |
| **天　门　市** | | | | **28.03** | | | **0.50** | | **20.00** | |
| **潜　江　市** | **0.41** | | **0.27** | **27.66** | | **1.43** | **1.33** | **7.47** | **10.20** | **1.33** |
| **神农架林区** | | | | **0.08** | | | **0.03** | | | |

续表6　　　　　　　　　　　　　　　　　　　　　　　　　　　　单位:千公顷

| | 杂交水稻良种(续) | | | | | | | | | |
|---|---|---|---|---|---|---|---|---|---|---|
| | 杂交中稻良种(续) | | | | | | | | | |
| | 冈优725 | 金优63 | 金优725 | 红莲优6号 | Ⅱ优084 | 福优325 | 晚稻 | 荆楚优148 | 金优207 | 金优928 |
| **全省合计** | **96.54** | **15.70** | **59.77** | **87.07** | **26.48** | **10.26** | **315.04** | **12.82** | **26.44** | **96.21** |
| **武汉市** | **0.97** | **0.55** | **1.17** | **4.42** | **1.07** | **0.20** | **28.38** | **1.15** | **1.20** | **2.89** |
| 市辖区 | | 0.15 | | 0.65 | | | 0.80 | | | 0.10 |
| 蔡甸区 | | | | 0.21 | | | 0.23 | 0.02 | | 0.03 |
| 江夏区 | 0.30 | 0.40 | 0.50 | 0.90 | 0.40 | 0.20 | 14.40 | 0.80 | 1.20 | 2.10 |
| 黄陂区 | 0.67 | | 0.67 | 2.00 | 0.67 | | 7.95 | 0.33 | | 0.33 |
| 新洲区 | | | | 0.66 | | | 5.00 | | | 0.33 |
| **黄石市** | **0.40** | | **1.00** | **0.47** | | | **34.29** | | **3.27** | **11.55** |
| 市辖区 | | | | 0.07 | | | 0.27 | | 0.07 | 0.15 |
| 大冶市 | | | 1.00 | 0.10 | | | 17.42 | | 1.10 | 10.50 |
| 阳新县 | 0.40 | | | 0.30 | | | 16.60 | | 2.10 | 0.90 |
| **十堰市** | **5.03** | **4.52** | **5.60** | **0.33** | **2.42** | **0.02** | | | | |
| 市辖区 | | | | | | | | | | |
| 丹江口市 | 2.00 | | 0.67 | 0.33 | | | | | | |
| 郧县 | | 0.40 | | | 1.02 | 0.02 | | | | |
| 郧西县 | | 0.72 | | | | | | | | |
| 竹山县 | 1.50 | 1.40 | 3.20 | | | | | | | |
| 竹溪县 | 1.33 | 2.00 | 1.33 | | | | | | | |
| 房县 | 0.20 | | 0.40 | | 1.40 | | | | | |
| **荆州市** | **5.40** | **0.40** | **0.50** | **12.93** | **1.74** | **0.10** | **65.86** | **5.64** | **5.64** | **30.45** |
| 市辖区 | 0.40 | 0.40 | 0.50 | 0.80 | 0.10 | 0.10 | 2.91 | 0.70 | | 0.60 |
| 江陵县 | | | | 3.50 | | | 0.03 | 0.01 | | 0.01 |
| 松滋市 | | | | | 1.64 | | 10.79 | 0.83 | 2.04 | 1.28 |
| 公安县 | 5.00 | | | 4.50 | | | 13.73 | | 2.10 | 10.63 |
| 石首市 | | | | 2.00 | | | 5.86 | | 1.00 | 3.00 |
| 监利县 | | | | 2.00 | | | 28.31 | 2.00 | 0.50 | 13.00 |
| 洪湖市 | | | | 0.13 | | | 4.23 | 2.10 | | 1.93 |
| **宜昌市** | **6.27** | **1.60** | **3.46** | **8.03** | **1.00** | **0.89** | **8.51** | | **2.33** | **5.54** |
| 市辖区 | | 0.30 | | | | | | | | |
| 夷陵区 | 2.00 | 1.00 | 0.50 | 0.50 | | 0.69 | 0.02 | | | |
| 宜都市 | 1.00 | | | 2.00 | 1.00 | | 0.25 | | | |
| 枝江市 | | | 1.00 | 4.00 | | | 8.24 | | 2.33 | 5.54 |
| 当阳市 | 1.07 | | 0.80 | 0.33 | | | | | | |
| 远安县 | 1.00 | 0.20 | 0.47 | 0.53 | | | | | | |
| 兴山县 | 0.20 | | 0.35 | | | 0.20 | | | | |
| 秭归县 | | | | | | | | | | |
| 长阳县 | 1.00 | 0.10 | 0.34 | 0.67 | | | | | | |
| 五峰县 | | | | | | | | | | |
| **襄樊市** | **11.70** | **1.00** | **1.54** | **14.03** | **0.93** | | | | | |
| 市辖区 | | | | | | | | | | |
| 老河口市 | | | | 2.00 | | | | | | |
| 襄阳区 | 4.49 | | 1.54 | 6.86 | 0.73 | | | | | |
| 枣阳市 | 3.46 | | | | | | | | | |
| 宜城市 | | | | 0.50 | 0.20 | | | | | |
| 南漳县 | 2.75 | | | 4.00 | | | | | | |
| 谷城县 | | | | 0.67 | | | | | | |
| 保康县 | 1.00 | 1.00 | | | | | | | | |
| 农场 | | | | | | | | | | |
| **鄂州市** | **0.00** | | **0.30** | **0.50** | | | **13.10** | | **2.50** | **4.00** |

续表 7　　单位：千公顷

| | 杂交水稻良种（续） | | | | | | | | | |
|---|---|---|---|---|---|---|---|---|---|---|
| | 杂交中稻良种（续） | | | | | | | | | |
| | 冈优725 | 金优63 | 金优725 | 红莲优6号 | Ⅱ优084 | 福优325 | 晚稻 | 荆楚优148 | 金优207 | 金优928 |
| **荆门市** | **1.35** | **0.55** | **19.50** | **14.40** | **4.33** | **5.00** | **6.16** | | | **0.75** |
| 市辖区 | | | 7.00 | 3.40 | 1.00 | | | | | |
| 沙洋县 | | | 10.00 | 3.00 | 0.23 | | | | | |
| 钟祥市 | | | | 4.00 | 3.00 | 5.00 | | | | |
| 京山县 | | 0.55 | 2.50 | 4.00 | 0.10 | | 6.16 | | | 0.75 |
| 沙洋农场 | 1.35 | | | | | | | | | |
| **孝感市** | **21.09** | **2.28** | **9.41** | **10.86** | **4.27** | **0.16** | **16.51** | **1.60** | **0.30** | **9.13** |
| 孝南区 | 3.64 | 0.60 | 3.27 | 0.22 | | | 0.75 | | | |
| 孝昌县 | 1.98 | | 0.66 | 2.06 | 1.17 | 0.16 | 0.16 | | | |
| 大悟县 | 3.57 | 1.08 | 3.18 | 0.25 | | | 0.47 | | | |
| 安陆市 | 9.50 | | | 0.60 | 2.00 | | 0.08 | | | |
| 云梦县 | 1.00 | | 1.00 | 1.33 | | | 1.33 | | | 0.13 |
| 应城市 | | | | 1.60 | | | 11.82 | 1.60 | 0.30 | 8.80 |
| 汉川市 | 1.40 | 0.60 | 1.30 | 4.80 | 1.10 | | 1.90 | | | 0.20 |
| **黄冈市** | **4.17** | **1.83** | **9.32** | **6.61** | **3.13** | | **86.64** | **2.00** | **1.15** | **17.22** |
| 市辖区 | | 0.11 | 0.12 | 0.45 | | | 1.06 | | | |
| 团风县 | | 1.05 | | 1.36 | | | 8.14 | | 0.75 | 2.84 |
| 红安县 | | | 0.93 | 1.13 | | | 5.28 | | | 0.63 |
| 麻城市 | 0.67 | 0.67 | 3.67 | 0.07 | | | 8.47 | | | 0.20 |
| 罗田县 | 1.00 | | | 0.67 | 1.33 | | 0.20 | | 0.20 | |
| 英山县 | 2.00 | | 3.60 | | 1.50 | | 2.15 | | | 0.25 |
| 浠水县 | 0.50 | | 0.50 | | | | 23.97 | | | 13.00 |
| 蕲春县 | | | 0.50 | 0.50 | 0.30 | | 15.50 | 2.00 | 0.20 | 0.30 |
| 武穴市 | | | | 1.00 | | | 11.67 | | | |
| 黄梅县 | | | | 1.43 | | | 10.20 | | | |
| **咸宁市** | **3.62** | **1.72** | **6.13** | **10.44** | **1.82** | | **35.89** | **0.55** | **6.05** | **10.48** |
| 咸安区 | 0.00 | | | 4.00 | 1.12 | | 3.05 | | 1.04 | 0.40 |
| 嘉鱼县 | | | 2.00 | 2.67 | | | 2.81 | | 0.55 | 1.44 |
| 赤壁市 | 2.12 | 0.72 | 1.64 | 1.25 | | | 9.50 | 0.33 | | 3.34 |
| 通城县 | | 1.00 | 2.00 | 1.03 | | | 10.25 | | | 5.30 |
| 崇阳县 | 0.30 | | 0.49 | 0.14 | | | 9.60 | 0.22 | 4.21 | |
| 通山县 | 1.20 | | | 1.35 | 0.70 | | 0.68 | | 0.25 | |
| **随州市** | **31.57** | | **1.00** | **0.64** | **3.65** | | | | | |
| 广水市 | 20.00 | | 1.00 | 0.30 | 3.00 | | | | | |
| 曾都区 | 11.57 | | | 0.34 | 0.65 | | | | | |
| **恩施自治州** | **0.97** | **1.20** | **0.84** | **0.02** | **0.09** | **3.89** | | | | |
| 恩施市 | | | | | | | | | | |
| 建始县 | | | | | | 0.03 | | | | |
| 巴东县 | | | | | | | | | | |
| 利川市 | | | | | | | | | | |
| 宣恩县 | | | 0.30 | | | 0.80 | | | | |
| 咸丰县 | | | | | | | | | | |
| 来凤县 | 0.97 | 1.20 | 0.54 | 0.02 | 0.09 | 2.56 | | | | |
| 鹤峰县 | | | | | | 0.50 | | | | |
| **仙桃市** | **0.00** | | | **1.50** | | | **8.57** | | | |
| **天门市** | **4.00** | | | **1.50** | | | **9.88** | **1.88** | **4.00** | **4.00** |
| **潜江市** | | | | **0.39** | **2.03** | | **1.25** | | | **0.20** |
| **神农架林区** | | **0.05** | | | | | | | | |

续表 8　　　　单位：千公顷

| | 杂交水稻良种（续）<br>杂交晚稻良种（续） | | | | 小　麦 | | | | | |
|---|---|---|---|---|---|---|---|---|---|---|
| | 金优桂 99 | 金优 77 | 中 9 优 288 | 鄂粳杂 1 号 | | 鄂恩 4 号 | 鄂麦 14 | 鄂麦 15 | 鄂麦 16 | 鄂麦 17 |
| **全省合计** | **9.92** | **13.42** | **33.63** | **22.65** | **679.84** | **8.13** | **83.23** | **21.89** | **35.28** | **9.60** |
| **武汉市** | **2.82** | **1.03** | **0.50** | **8.85** | **5.44** | **0.10** | | **0.07** | | |
| 市辖区 | | | | 0.11 | 0.16 | | | | | |
| 蔡甸区 | 0.02 | | | 0.08 | 0.07 | | | | | |
| 江夏区 | 1.80 | 0.50 | 0.50 | | 0.90 | 0.10 | | | | |
| 黄陂区 | | 0.53 | | 5.33 | 2.63 | | | | | |
| 新洲区 | 1.00 | | | 3.33 | 1.68 | | | 0.07 | | |
| **黄石市** | **0.95** | **2.00** | **11.80** | **1.20** | **10.11** | **1.35** | | **1.50** | | |
| 市辖区 | 0.05 | | | | 0.07 | | | | | |
| 大冶市 | | 2.00 | | 1.20 | 5.27 | | | 1.50 | | |
| 阳新县 | 0.90 | | 11.80 | | 4.77 | 1.35 | | | | |
| **十堰市** | **0.00** | | | | **52.16** | | **0.67** | **3.00** | | |
| 市辖区 | | | | | 0.40 | | | | | |
| 丹江口市 | | | | | 7.87 | | 0.67 | | | |
| 郧　县 | | | | | 17.16 | | | 3.00 | | |
| 郧西县 | | | | | 8.65 | | | | | |
| 竹山县 | | | | | 6.90 | | | | | |
| 竹溪县 | | | | | 3.88 | | | | | |
| 房　县 | | | | | 7.30 | | | | | |
| **荆州市** | **0.10** | **1.00** | **7.66** | **0.40** | **42.59** | **2.00** | **4.33** | **0.10** | **0.10** | **1.30** |
| 市辖区 | 0.10 | | | 0.21 | 7.87 | 1.20 | 0.20 | 0.10 | 0.10 | |
| 江陵县 | | | | 0.01 | 8.87 | 0.80 | | | | 1.30 |
| 松滋市 | | | 1.16 | | 7.30 | | 1.32 | | | |
| 公安县 | | | | | 5.20 | | | | | |
| 石首市 | | 1.00 | | | | | | | | |
| 监利县 | | | 6.50 | | 3.50 | | | | | |
| 洪湖市 | | | | 0.18 | 9.85 | | 2.81 | | | |
| **宜昌市** | **0.01** | | | **0.37** | **21.27** | **0.70** | **0.38** | **0.20** | **0.27** | |
| 市辖区 | | | | | 0.40 | | | 0.20 | | |
| 夷陵区 | 0.01 | | | | 0.49 | | 0.05 | | | |
| 宜都市 | | | | | 0.81 | | | | | |
| 枝江市 | | | | 0.37 | 8.40 | | | | | |
| 当阳市 | | | | | 1.92 | | | | | |
| 远安县 | | | | | 1.00 | | 0.20 | | | |
| 兴山县 | | | | | 1.76 | 0.70 | | | | |
| 秭归县 | | | | | 2.73 | | | | | |
| 长阳县 | | | | | 2.66 | | 0.13 | | 0.27 | |
| 五峰县 | | | | | 1.10 | | | | | |
| **襄樊市** | **0.00** | | | | **229.70** | | **38.14** | **13.90** | | **1.60** |
| 市辖区 | | | | | 14.50 | | 5.00 | 5.10 | | |
| 老河口市 | | | | | 18.50 | | 5.00 | 6.00 | | 1.50 |
| 襄阳区 | | | | | 68.17 | | 7.67 | | | |
| 枣阳市 | | | | | 62.96 | | 4.57 | | | |
| 宜城市 | | | | | 20.00 | | 9.50 | | | 0.10 |
| 南漳县 | | | | | 19.86 | | 1.30 | 1.80 | | |
| 谷城县 | | | | | 13.40 | | 2.00 | | | |
| 保康县 | | | | | 8.28 | | 3.10 | | | |
| 农　场 | | | | | 4.03 | | | 1.00 | | |
| **鄂州市** | **0.00** | **1.50** | | **1.10** | **3.85** | | | | | |

续表 9 单位：千公顷

| | 杂交水稻良种（续）<br>杂交晚稻良种（续） | | | | 小 麦 | | | | | |
|---|---|---|---|---|---|---|---|---|---|---|
| | 金优桂 99 | 金优 77 | 中 9 优 288 | 鄂粳杂 1 号 | | 鄂恩 4 号 | 鄂麦 14 | 鄂麦 15 | 鄂麦 16 | 鄂麦 17 |
| **荆门市** | **2.50** | | | | **60.35** | **1.20** | **0.50** | **0.50** | | |
| 市辖区 | | | | | 7.70 | 0.10 | | | | |
| 沙洋县 | | | | | 12.05 | 0.30 | | | | |
| 钟祥市 | | | | | 19.81 | 0.60 | | | | |
| 京山县 | 2.50 | | | | 18.89 | 0.20 | 0.50 | 0.50 | | |
| 沙洋农场 | | | | | 1.90 | | | | | |
| **孝感市** | **0.90** | | | **2.31** | **72.44** | | **9.30** | **0.93** | **6.13** | **2.10** |
| 孝南区 | | | | 0.65 | 9.18 | | 1.35 | | 1.25 | |
| 孝昌县 | | | | 0.16 | 11.14 | | 1.32 | 0.23 | 0.46 | |
| 大悟县 | | | | 0.47 | 11.17 | | 1.13 | | 1.22 | |
| 安陆市 | | | | | 15.40 | | 5.35 | 0.60 | 2.00 | 1.00 |
| 云梦县 | | | | 0.33 | 7.90 | | | | | |
| 应城市 | 0.60 | | | | 5.35 | | 0.15 | 0.10 | | |
| 汉川市 | 0.30 | | | 0.70 | 12.30 | | | | 1.20 | 1.10 |
| **黄冈市** | **2.64** | **3.89** | **11.65** | **7.54** | **43.38** | **2.62** | **9.10** | **1.69** | **0.78** | **1.00** |
| 市辖区 | 0.08 | 0.08 | | | 0.90 | | | 0.14 | | |
| 团风县 | 1.86 | | 0.75 | | 1.90 | 0.38 | | 0.45 | | |
| 红安县 | | 0.64 | | 1.74 | 0.97 | | | | | |
| 麻城市 | | 2.67 | | 5.30 | 17.00 | | 7.80 | | | |
| 罗田县 | | | | | 8.60 | 1.00 | | | | 1.00 |
| 英山县 | 0.20 | | | 0.50 | 5.76 | | 1.30 | 1.10 | | |
| 浠水县 | 0.50 | 0.50 | | | 0.50 | | | | | |
| 蕲春县 | | | 3.00 | | 1.00 | 0.20 | | | | |
| 武穴市 | | | 5.80 | | 2.10 | | | | | |
| 黄梅县 | | | 2.10 | | 4.65 | 1.04 | | | 0.78 | |
| **咸宁市** | **0.00** | **4.00** | **0.82** | **0.51** | **5.26** | | **1.79** | | | |
| 咸安区 | 0.00 | | | | 0.28 | | | | | |
| 嘉鱼县 | | | 0.82 | | 2.08 | | 1.23 | | | |
| 赤壁市 | | 1.30 | | 0.34 | 0.39 | | | | | |
| 通城县 | | 2.40 | | | 0.07 | | | | | |
| 崇阳县 | | | | 0.17 | 1.17 | | | | | |
| 通山县 | | 0.30 | | | 1.27 | | 0.56 | | | |
| **随州市** | **0.00** | | | | **76.36** | | **12.35** | | **28.00** | **3.60** |
| 广水市 | 0.00 | | | | 57.83 | | | | 28.00 | 3.60 |
| 曾都区 | | | | | 18.53 | | 12.35 | | | |
| **恩施自治州** | **0.00** | | | | **13.47** | **0.16** | | | | |
| 恩施市 | | | | | 5.50 | | | | | |
| 建始县 | | | | | 4.00 | | | | | |
| 巴东县 | | | | | 3.08 | | | | | |
| 利川市 | | | | | 0.56 | | | | | |
| 宣恩县 | | | | | 0.29 | 0.16 | | | | |
| 咸丰县 | | | | | | | | | | |
| 来凤县 | | | | | 0.04 | | | | | |
| 鹤峰县 | | | | | | | | | | |
| **仙桃市** | **0.00** | | **1.20** | | **4.92** | | | | | |
| **天门市** | | | | | **22.62** | | **6.67** | | | |
| **潜江市** | | | | **0.37** | **15.89** | | | | | |
| **神农架林区** | | | | | **0.03** | | | | | |

| | 小麦良种(续) | | | | | 大　麦 | | | 玉　米 | |
|---|---|---|---|---|---|---|---|---|---|---|
| | 鄂麦18 | 鄂麦19 | 鄂麦21 | 郑表9023 | 鄂恩1号 | | 鄂大麦7号 | 鄂大麦8号 | | 华玉4号 |
| **全省合计** | **81.88** | **29.64** | **8.94** | **266.05** | **33.84** | **41.33** | **12.68** | **10.41** | **376.15** | **19.55** |
| **武汉市** | **0.37** | | **0.67** | **1.08** | **0.77** | **1.39** | **0.07** | **0.55** | **1.36** | **0.18** |
| 市辖区 | | | | | | | | | | |
| 蔡甸区 | 0.02 | | | 0.04 | | 0.05 | 0.02 | 0.02 | 0.56 | 0.08 |
| 江夏区 | | | | 0.50 | 0.10 | 0.30 | | | 0.40 | 0.10 |
| 黄陂区 | 0.25 | | 0.67 | 0.37 | 0.67 | 1.00 | 0.01 | 0.53 | 0.17 | |
| 新洲区 | 0.10 | | | 0.17 | | 0.04 | 0.04 | | 0.23 | |
| **黄石市** | **2.25** | | | **1.37** | **0.70** | | | | **11.19** | **2.43** |
| 市辖区 | | | | | | | | | 0.05 | 0.03 |
| 大冶市 | 2.25 | | | | | | | | 2.32 | 0.50 |
| 阳新县 | | | | 1.37 | 0.70 | | | | 8.82 | 1.90 |
| **十堰市** | **5.53** | **0.30** | | **11.83** | **3.50** | | | | **65.18** | **2.83** |
| 市辖区 | 0.20 | | | 0.20 | | | | | 0.50 | |
| 丹江口市 | 3.33 | | | 1.33 | | | | | 3.85 | 0.33 |
| 郧　县 | 2.00 | | | 5.50 | 3.50 | | | | 9.20 | |
| 郧西县 | | | | | | | | | 11.15 | |
| 竹山县 | | | | 4.50 | | | | | 18.67 | 2.50 |
| 竹溪县 | | | | | | | | | 10.01 | |
| 房　县 | | 0.30 | | 0.30 | | | | | 11.80 | |
| **荆州市** | **5.93** | **1.40** | | **22.74** | **0.80** | **11.60** | **3.36** | **3.83** | **15.11** | **0.66** |
| 市辖区 | 0.20 | | | 4.30 | 0.80 | 1.97 | 0.15 | 0.65 | 3.46 | 0.25 |
| 江陵县 | | 1.40 | | 5.20 | | 3.90 | 1.50 | | 0.07 | |
| 松滋市 | 1.48 | | | 3.56 | | 4.19 | 1.14 | 2.38 | 8.24 | |
| 公安县 | | | | 5.06 | | 0.90 | 0.30 | 0.60 | 0.54 | |
| 石首市 | | | | | | | | | 0.11 | |
| 监利县 | 1.50 | | | 1.50 | | | | | 0.80 | |
| 洪湖市 | 2.75 | | | 3.12 | | 0.64 | 0.27 | 0.20 | 1.89 | 0.41 |
| **宜昌市** | **0.95** | | | **8.99** | **4.96** | **6.13** | **0.27** | **2.20** | **77.32** | **1.25** |
| 市辖区 | 0.20 | | | | | | | | 1.10 | |
| 夷陵区 | | | | 0.10 | 0.10 | 0.08 | 0.02 | | 10.45 | 0.50 |
| 宜都市 | | | | | 0.33 | | | | 7.82 | |
| 枝江市 | 0.36 | | | 5.43 | 2.28 | 0.20 | 0.05 | | 2.33 | |
| 当阳市 | 0.39 | | | 1.53 | | 5.05 | | 2.20 | 7.78 | |
| 远安县 | | | | 0.20 | | 0.80 | 0.20 | | 2.80 | 0.50 |
| 兴山县 | | | | 0.60 | 0.25 | | | | 7.55 | 0.25 |
| 秭归县 | | | | 1.00 | | | | | 8.86 | |
| 长阳县 | | | | 0.13 | 2.00 | | | | 15.83 | |
| 五峰县 | | | | | | | | | 12.80 | |
| **襄樊市** | **28.33** | **20.35** | **4.20** | **102.09** | **2.22** | **7.47** | **2.05** | **1.55** | **71.46** | **3.99** |
| 市辖区 | 1.00 | | | 3.30 | | | | | 2.50 | |
| 老河口市 | 1.50 | | 4.20 | | | | | | 7.10 | |
| 襄阳区 | 9.96 | 2.44 | | 45.69 | | 2.13 | 1.47 | | 11.87 | 1.49 |
| 枣阳市 | 12.44 | 7.81 | | 35.09 | 2.22 | 4.64 | | 1.55 | 16.76 | |
| 宜城市 | 0.10 | 0.10 | | 9.80 | | 0.12 | | | 4.50 | |
| 南漳县 | | 10.00 | | | | | | | 13.79 | 2.50 |
| 谷城县 | 1.33 | | | 2.00 | | | | | 5.02 | |
| 保康县 | 1.00 | | | 4.18 | | | | | 9.78 | |
| 农　场 | 1.00 | | | 2.03 | | 0.58 | 0.58 | | 0.14 | |
| **鄂州市** | **1.45** | | | **2.00** | **0.40** | **0.41** | | | **0.10** | |

续表 11　　　　单位:千公顷

| | 小麦良种(续) | | | | | 大麦 | | | 玉米 | |
|---|---|---|---|---|---|---|---|---|---|---|
| | 鄂麦 18 | 鄂麦 19 | 鄂麦 21 | 郑表 9023 | 鄂恩 1 号 | | 鄂大麦 7 号 | 鄂大麦 8 号 | | 华玉 4 号 |
| **荆门市** | **11.20** | | **3.00** | **30.80** | **3.31** | **2.91** | **1.60** | **1.27** | **13.92** | |
| 市辖区 | 2.00 | | 0.50 | 4.00 | 0.19 | 0.15 | 0.10 | 0.04 | 2.77 | |
| 沙洋县 | 1.00 | | 1.00 | 6.00 | 1.51 | 0.20 | 0.20 | | 0.55 | |
| 钟祥市 | 4.00 | | 1.00 | 10.00 | 0.89 | 0.93 | 0.50 | 0.40 | 4.10 | |
| 京山县 | 4.00 | | 0.50 | 10.00 | 0.22 | 0.17 | 0.10 | 0.07 | 6.00 | |
| 沙洋农场 | 0.20 | | | 0.80 | 0.50 | 1.46 | 0.70 | 0.76 | 0.50 | |
| **孝感市** | **12.18** | **1.94** | **1.07** | **30.68** | | **2.62** | **0.96** | **0.29** | **1.03** | **0.17** |
| 孝南区 | 1.76 | | | 3.67 | | 0.62 | 0.35 | | 0.05 | |
| 孝昌县 | 1.68 | 0.64 | 0.07 | 4.37 | | 0.51 | | 0.19 | 0.01 | |
| 大悟县 | 2.79 | | | 4.36 | | 0.82 | 0.38 | | 0.15 | 0.04 |
| 安陆市 | 2.00 | 0.30 | | 4.00 | | 0.04 | | | 0.03 | 0.03 |
| 云梦县 | 2.70 | | | 4.50 | | 0.03 | 0.03 | | 0.42 | |
| 应城市 | 0.45 | | | 4.28 | | | | | 0.02 | |
| 汉川市 | 0.80 | 1.00 | 1.00 | 5.50 | | 0.60 | 0.20 | 0.10 | 0.35 | 0.10 |
| **黄冈市** | **3.55** | | | **11.74** | **0.96** | **1.03** | **0.25** | **0.01** | **1.57** | **0.01** |
| 市辖区 | | | | 0.76 | | | | | 0.02 | |
| 团风县 | | | | 0.41 | | 0.02 | | 0.01 | 0.01 | |
| 红安县 | | | | 0.85 | | | | | | |
| 麻城市 | | | | 6.00 | | 0.70 | 0.25 | | 0.22 | |
| 罗田县 | | | | 2.00 | | | | | | |
| 英山县 | | | | | 0.40 | 0.31 | | | 0.56 | |
| 浠水县 | | | | 0.50 | | | | | 0.68 | |
| 蕲春县 | 0.30 | | | 0.10 | | | | | 0.04 | 0.01 |
| 武穴市 | 1.50 | | | 0.60 | | | | | 0.04 | |
| 黄梅县 | 1.75 | | | 0.52 | 0.56 | | | | | |
| **咸宁市** | **0.00** | **1.15** | | **0.83** | | | | | **16.17** | **1.57** |
| 咸安区 | 0.00 | | | 0.28 | | | | | 2.20 | |
| 嘉鱼县 | | | | | | | | | 3.77 | |
| 赤壁市 | | | | | | | | | 0.38 | 0.10 |
| 通城县 | | | | | | | | | 0.11 | |
| 崇阳县 | | 1.06 | | | | | | | 3.49 | |
| 通山县 | | 0.09 | | 0.55 | | | | | 6.22 | 1.47 |
| **随州市** | **5.95** | **2.90** | | **20.06** | **1.03** | **2.07** | **0.40** | **0.16** | **1.51** | |
| 广水市 | 3.80 | 2.90 | | 18.00 | | 1.61 | 0.40 | | 1.41 | |
| 曾都区 | 2.15 | | | 2.06 | 1.03 | 0.46 | | 0.16 | 0.10 | |
| **恩施自治州** | **0.00** | | | | **7.25** | | | | **92.53** | **5.37** |
| 恩施市 | | | | | 5.00 | | | | 19.00 | |
| 建始县 | | | | | 1.00 | | | | 8.90 | 3.00 |
| 巴东县 | | | | | 1.20 | | | | 12.77 | |
| 利川市 | | | | | | | | | 23.50 | 0.50 |
| 宣恩县 | | | | | 0.05 | | | | 8.10 | 0.50 |
| 咸丰县 | | | | | | | | | 7.98 | 0.10 |
| 来凤县 | | | | | | | | | 4.93 | 1.27 |
| 鹤峰县 | | | | | | | | | 7.35 | |
| **仙桃市** | **0.00** | | | **4.50** | | **4.01** | **2.31** | **0.50** | **3.09** | **1.09** |
| **天门市** | **2.28** | | | **7.00** | **6.67** | **1.34** | **1.34** | | **1.21** | |
| **潜江市** | **1.91** | **1.59** | | **10.33** | **1.27** | **0.35** | **0.07** | **0.05** | **1.10** | |
| **神农架林区** | | **0.01** | | **0.01** | | | | | **2.30** | |

续表 12　　　　　　　　　　　　　　　　　　　　　　　　　　　　单位:千公顷

| | 玉米良种（续） | | | | | | 马铃薯 | | | |
|---|---|---|---|---|---|---|---|---|---|---|
| | 农大108 | 鄂玉10号 | 鄂玉17 | 鄂玉18 | 雅玉2号 | 掖单13 | | 鄂马铃薯1号 | 鄂马铃薯3号 | 南中552 |
| **全省合计** | **28.62** | **49.13** | **12.59** | **13.70** | **13.24** | **40.99** | **115.96** | **12.12** | **50.29** | **10.72** |
| **武汉市** | **0.24** | | | | **0.07** | **0.26** | **1.40** | **0.21** | **0.13** | |
| 市辖区 | | | | | | | 0.01 | | | |
| 蔡甸区 | 0.04 | | | | | 0.03 | | | | |
| 江夏区 | 0.10 | | | | | 0.10 | | | | |
| 黄陂区 | 0.10 | | | | 0.07 | | 1.00 | 0.07 | 0.13 | |
| 新洲区 | | | | | | 0.13 | 0.39 | 0.14 | | |
| **黄石市** | **2.40** | **3.50** | | | | **0.70** | **1.25** | **0.45** | **0.29** | |
| 市辖区 | | | | | | | 0.29 | | 0.29 | |
| 大冶市 | 1.00 | | | | | | | | | |
| 阳新县 | 1.40 | 3.50 | | | | 0.70 | 0.96 | 0.45 | | |
| **十堰市** | **3.54** | **21.77** | **1.10** | **7.24** | **1.00** | **6.27** | **11.85** | **0.09** | **0.57** | **0.12** |
| 市辖区 | | 0.40 | | | | 0.10 | 0.24 | | 0.12 | 0.10 |
| 丹江口市 | 1.34 | | | | | 0.67 | 0.09 | 0.09 | | |
| 郧县 | | 3.20 | | | | 1.50 | 0.77 | | 0.45 | 0.02 |
| 郧西县 | | | | 6.24 | | 0.30 | | | | |
| 竹山县 | 1.50 | 10.80 | | | | 3.70 | 3.25 | | | |
| 竹溪县 | | 6.67 | | | | | 4.80 | | | |
| 房县 | 0.70 | 0.70 | 1.10 | 1.00 | 1.00 | | 2.70 | | | |
| **荆州市** | **2.47** | **1.19** | **0.20** | **0.85** | **0.10** | **2.25** | **1.92** | **0.24** | **0.54** | **0.58** |
| 市辖区 | 0.20 | 0.10 | 0.20 | 0.20 | 0.10 | 1.25 | 0.65 | 0.10 | 0.10 | 0.10 |
| 江陵县 | 0.05 | 0.02 | | | | | 0.33 | | 0.12 | 0.21 |
| 松滋市 | 2.12 | 1.07 | | | | | 0.94 | 0.14 | 0.32 | 0.27 |
| 公安县 | | | | | | 0.30 | | | | |
| 石首市 | | | | | | 0.10 | | | | |
| 监利县 | | | | | | 0.60 | | | | |
| 洪湖市 | 0.10 | | | 0.65 | | | | | | |
| **宜昌市** | **1.90** | **6.68** | **3.25** | | **1.94** | **4.95** | **41.85** | **4.40** | **20.87** | **1.12** |
| 市辖区 | | 0.60 | | | 0.20 | 0.10 | 0.15 | | 0.15 | |
| 夷陵区 | 0.50 | 0.88 | 0.80 | | 0.09 | 0.04 | 7.02 | 1.90 | 2.64 | 0.79 |
| 宜都市 | | | | | | 0.48 | 4.07 | | 2.00 | |
| 枝江市 | | | | | | 1.33 | 0.90 | 0.50 | 0.40 | |
| 当阳市 | | | | | | 3.00 | 2.07 | | | |
| 远安县 | 0.50 | | | | | | 0.50 | | 0.20 | 0.20 |
| 兴山县 | 0.30 | 0.20 | 0.35 | | 0.20 | | 5.33 | | | |
| 秭归县 | | | 2.10 | | 0.05 | | 6.48 | | 6.48 | |
| 长阳县 | 0.60 | | | | 1.40 | | 6.80 | 2.00 | 4.00 | 0.13 |
| 五峰县 | | 5.00 | | | | | 8.53 | | 5.00 | |
| **襄樊市** | **13.50** | **10.57** | **0.80** | **4.91** | **4.60** | **8.70** | **4.11** | **0.04** | **1.20** | |
| 市辖区 | | | 0.80 | | | 0.40 | 0.03 | 0.03 | | |
| 老河口市 | | | | | | 3.10 | | | | |
| 襄阳区 | 3.56 | 3.27 | | | | | | | | |
| 枣阳市 | 4.74 | | | 4.91 | | 3.40 | 0.02 | 0.01 | | |
| 宜城市 | 1.00 | 0.50 | | | | 0.20 | | | | |
| 南漳县 | 3.20 | 1.80 | | | 2.60 | 0.60 | 0.58 | | | |
| 谷城县 | | | | | | 1.00 | 0.48 | | 0.40 | |
| 保康县 | 1.00 | 5.00 | | | 2.00 | | 3.00 | | 0.80 | |
| 农场 | | | | | | | | | | |
| **鄂州市** | **0.00** | | | | | | | | | |

续表 13　　　　　　　　　　　　　　　　　　　　　　　　单位：千公顷

| | 玉米良种（续） | | | | | | 马铃薯 | | | |
|---|---|---|---|---|---|---|---|---|---|---|
| | 农大108 | 鄂玉10号 | 鄂玉17 | 鄂玉18 | 雅玉2号 | 掖单13 | | 鄂马铃薯1号 | 鄂马铃薯3号 | 南中552 |
| **荆门市** | **0.00** | **1.48** | **5.04** | | | **2.60** | **0.46** | **0.06** | | **0.20** |
| 市辖区 | | 0.33 | 1.34 | | | | 0.16 | | | 0.10 |
| 沙洋县 | | 0.15 | 0.20 | | | | 0.04 | | | |
| 钟祥市 | | | 2.00 | | | 0.10 | 0.06 | 0.06 | | |
| 京山县 | | 1.00 | 1.00 | | | 2.50 | | | | |
| 沙洋农场 | | | 0.50 | | | | 0.20 | | | 0.10 |
| **孝感市** | **0.36** | **0.01** | | | | **0.42** | | | | |
| 孝南区 | | | | | | 0.04 | | | | |
| 孝昌县 | | | | | | | | | | |
| 大悟县 | | | | | | 0.11 | | | | |
| 安陆市 | | | | | | | | | | |
| 云梦县 | 0.25 | | | | | 0.17 | | | | |
| 应城市 | 0.01 | 0.01 | | | | | | | | |
| 汉川市 | 0.10 | | | | | 0.10 | | | | |
| **黄冈市** | **0.04** | | | | | **1.27** | **9.67** | **3.23** | **1.95** | **2.40** |
| 市辖区 | | | | | | | 0.21 | | | |
| 团风县 | | | | | | | 0.25 | | | |
| 红安县 | | | | | | | | | | |
| 麻城市 | | | | | | 0.22 | | | | |
| 罗田县 | | | | | | | | | | |
| 英山县 | | | | | | 0.43 | 1.23 | 1.23 | | |
| 浠水县 | | | | | | 0.60 | 1.00 | 1.00 | | |
| 蕲春县 | | | | | | 0.02 | 5.00 | 1.00 | 1.00 | 2.00 |
| 武穴市 | 0.04 | | | | | | 1.03 | | | 0.40 |
| 黄梅县 | | | | | | | 0.95 | | 0.95 | |
| **咸宁市** | **1.55** | | | | | **6.45** | **2.07** | | **1.43** | |
| 咸安区 | 0.00 | | | | | 0.20 | 0.57 | | | |
| 嘉鱼县 | | | | | | 1.87 | 0.16 | | 0.16 | |
| 赤壁市 | | | | | | 0.28 | 0.94 | | 0.87 | |
| 通城县 | | | | | | 0.11 | | | | |
| 崇阳县 | | | | | | 2.14 | 0.36 | | 0.36 | |
| 通山县 | 1.55 | | | | | 1.85 | 0.04 | | 0.04 | |
| **随州市** | **0.00** | | | | | | | | | |
| 广水市 | 0.00 | | | | | | | | | |
| 曾都区 | | | | | | | | | | |
| **恩施自治州** | **2.12** | **2.83** | **1.10** | **0.70** | **4.73** | **4.81** | **36.72** | **2.00** | **23.24** | **5.40** |
| 恩施市 | | | | | | | 0.15 | | 0.05 | |
| 建始县 | 1.00 | 2.00 | 1.00 | | 1.00 | 0.10 | 1.30 | | | 0.20 |
| 巴东县 | | | | | 2.60 | 3.70 | 3.39 | | | 2.30 |
| 利川市 | | | | | 0.50 | | 11.00 | | 10.00 | |
| 宣恩县 | 0.35 | 0.55 | | 0.60 | 0.30 | 0.20 | 8.40 | 2.00 | 2.80 | 2.60 |
| 咸丰县 | 0.10 | 0.25 | 0.10 | 0.10 | | | 3.55 | | 3.50 | |
| 来凤县 | 0.67 | 0.03 | | | 0.33 | 0.81 | 2.37 | | 0.63 | |
| 鹤峰县 | | | | | | | 6.56 | | 6.26 | 0.30 |
| **仙桃市** | **0.20** | **0.80** | | | | **1.00** | **1.49** | | | **0.90** |
| **天门市** | **0.30** | **0.30** | | | | **0.44** | **1.11** | **1.11** | | |
| **潜江市** | | | | | | **0.87** | **0.48** | **0.29** | **0.05** | |
| **神农架林区** | | | **1.10** | | **0.80** | | **1.58** | | **0.02** | |

续表 14　　　　单位：千公顷

| | 红　薯 | 鄂薯<br>1号 | 鄂薯<br>2号 | 恩薯<br>1号 | 徐薯18 | 大　豆 | 猴大毛 | 六月爆 | 矮脚早 | 鄂豆<br>6号 |
|---|---|---|---|---|---|---|---|---|---|---|
| **全省合计** | **141.01** | **9.03** | **12.50** | **18.81** | **43.97** | **151.81** | **10.72** | **21.80** | **8.41** | **17.02** |
| **武汉市** | **5.70** | **0.95** | **0.68** | **0.43** | **0.30** | **9.54** | **0.44** | **1.45** | **1.46** | **0.82** |
| 市辖区 | 0.11 | 0.05 | 0.05 | | | 0.12 | | 0.12 | | |
| 蔡甸区 | | | | | | 0.10 | | | | 0.02 |
| 江夏区 | 2.80 | 0.50 | 0.30 | 0.30 | 0.30 | 7.62 | 0.44 | 1.06 | 1.33 | 0.53 |
| 黄陂区 | 1.93 | 0.07 | | 0.13 | | 0.80 | | 0.27 | 0.13 | |
| 新洲区 | 0.86 | 0.33 | 0.33 | | | 0.90 | | | | 0.27 |
| **黄石市** | **5.97** | | **1.80** | | **3.40** | **7.45** | **0.70** | **1.60** | **1.75** | **0.48** |
| 市辖区 | 0.14 | | | | | 0.13 | | 0.10 | | |
| 大冶市 | | | | | | 2.28 | | 0.20 | 0.25 | 0.48 |
| 阳新县 | 5.83 | | 1.80 | | 3.40 | 5.04 | 0.70 | 1.30 | 1.50 | |
| **十堰市** | **25.11** | | **0.10** | | **14.11** | **18.14** | | **0.53** | **0.30** | **0.70** |
| 市辖区 | 0.20 | | | | 0.20 | 0.10 | | | | 0.10 |
| 丹江口市 | 2.39 | | | | 1.72 | 0.67 | | | | |
| 郧　县 | 6.90 | | 0.10 | | 2.20 | 1.75 | | 0.05 | | 0.60 |
| 郧西县 | 5.88 | | | | 4.26 | 1.80 | | 0.18 | | |
| 竹山县 | 4.85 | | | | 4.00 | 6.05 | | | | |
| 竹溪县 | 3.49 | | | | 1.33 | 4.77 | | | | |
| 房　县 | 1.40 | | | | 0.40 | 3.00 | | 0.30 | 0.30 | |
| **荆州市** | **2.84** | | **0.81** | **1.12** | **0.35** | **14.10** | | **3.91** | **0.30** | **1.53** |
| 市辖区 | 0.00 | | | | | 0.77 | | 0.20 | 0.10 | 0.10 |
| 江陵县 | | | | | | 1.37 | | | | |
| 松滋市 | 2.84 | | 0.81 | 1.12 | 0.35 | 1.94 | | | | |
| 公安县 | | | | | | 2.05 | | 1.05 | | 1.00 |
| 石首市 | | | | | | 0.82 | | 0.30 | 0.20 | |
| 监利县 | | | | | | 4.50 | | 0.50 | | |
| 洪湖市 | | | | | | 2.65 | | 1.86 | | 0.43 |
| **宜昌市** | **28.51** | **2.93** | **5.28** | **2.20** | **7.77** | **13.23** | **1.98** | **2.25** | **1.01** | **0.37** |
| 市辖区 | 0.80 | 0.10 | 0.30 | | 0.10 | 0.10 | 0.05 | 0.02 | | |
| 夷陵区 | 4.73 | 0.40 | 1.60 | 0.07 | 1.05 | 1.60 | 0.02 | 0.03 | 0.50 | |
| 宜都市 | 4.22 | | 1.67 | | 2.33 | 0.38 | | | | |
| 枝江市 | 1.90 | 0.53 | | | | 1.03 | | | 0.33 | 0.37 |
| 当阳市 | 0.71 | 0.50 | | | | 3.42 | | | | |
| 远安县 | 0.20 | | | | 0.10 | | | | | |
| 兴山县 | 1.50 | | | | 1.00 | 1.32 | 0.70 | 0.52 | | |
| 秭归县 | 5.32 | | | 2.13 | 3.19 | 1.77 | 0.50 | 1.27 | | |
| 长阳县 | 5.66 | 1.40 | 1.71 | | | 1.95 | 0.71 | 0.41 | 0.18 | |
| 五峰县 | 3.47 | | | | | 1.66 | | | | |
| **襄樊市** | **6.00** | **0.31** | **1.09** | **0.40** | **1.66** | **10.49** | **1.20** | **1.47** | **0.24** | **0.10** |
| 市辖区 | 0.16 | 0.10 | 0.06 | | | 0.37 | | 0.17 | | |
| 老河口市 | 2.08 | | | | 1.00 | 0.50 | | | | |
| 襄阳区 | 0.21 | 0.21 | | | | 1.36 | | | 0.24 | |
| 枣阳市 | 1.38 | | 1.03 | | | 2.29 | | | | |
| 宜城市 | 0.30 | | | | | 0.40 | | | | 0.10 |
| 南漳县 | 0.16 | | | | | 0.11 | | | | |
| 谷城县 | 0.66 | | | | 0.66 | 0.54 | | | | |
| 保康县 | 1.05 | | | 0.40 | | 1.30 | 0.20 | 0.30 | | |
| 农　场 | | | | | | 3.62 | 1.00 | 1.00 | | |
| **鄂州市** | **0.60** | | | | | **2.00** | | **0.50** | | |

续表 15　　　　单位：千公顷

| | 红　薯 | 鄂薯1号 | 鄂薯2号 | 恩薯1号 | 徐薯18 | 大　豆 | 猴大毛 | 六月爆 | 矮脚早 | 鄂豆6号 |
|---|---|---|---|---|---|---|---|---|---|---|
| **荆门市** | **3.17** | **0.10** | **0.80** | **0.60** | **0.12** | **12.56** | | **0.30** | | **3.73** |
| 市辖区 | 1.12 | | 0.40 | | 0.12 | 1.06 | | | | 0.30 |
| 沙洋县 | 0.27 | | 0.10 | 0.10 | | 1.62 | | | | 0.50 |
| 钟祥市 | 0.58 | | 0.20 | | | 7.30 | | | | 2.00 |
| 京山县 | 1.20 | 0.10 | 0.10 | 0.50 | | 1.95 | | 0.30 | | 0.30 |
| 沙洋农场 | | | | | | 0.63 | | | | 0.63 |
| **孝感市** | **2.96** | **1.67** | **0.71** | **0.14** | | **7.74** | **1.51** | **1.81** | **0.49** | **0.97** |
| 孝南区 | 0.15 | 0.08 | 0.05 | | | 0.41 | 0.24 | 0.08 | | 0.07 |
| 孝昌县 | 0.07 | | | 0.02 | | 0.44 | | 0.14 | 0.09 | |
| 大悟县 | 1.75 | 0.99 | 0.65 | | | 0.96 | 0.67 | 0.29 | | |
| 安陆市 | 0.52 | 0.52 | | | | 1.15 | 0.40 | 0.15 | 0.20 | 0.40 |
| 云梦县 | 0.02 | | 0.01 | | | 1.54 | | 0.30 | | 0.40 |
| 应城市 | 0.33 | 0.08 | | 0.12 | | 1.74 | | 0.25 | | 0.10 |
| 汉川市 | 0.12 | | | | | 1.50 | 0.20 | 0.60 | 0.20 | |
| **黄冈市** | **5.73** | **0.74** | **0.42** | **0.07** | **1.97** | **8.17** | **0.30** | **2.48** | **0.99** | **2.32** |
| 市辖区 | 0.13 | 0.13 | | | | 0.21 | 0.06 | 0.06 | 0.09 | |
| 团风县 | 0.31 | 0.11 | | 0.07 | | 0.27 | 0.04 | 0.07 | 0.03 | |
| 红安县 | | | | | | | | | | |
| 麻城市 | 0.25 | | | | 0.17 | 1.50 | | 0.05 | | 1.42 |
| 罗田县 | | | | | | 1.00 | | | | |
| 英山县 | 1.70 | | | | 1.30 | 1.18 | | 0.60 | 0.40 | |
| 浠水县 | | | | | | 2.20 | | 1.30 | | 0.90 |
| 蕲春县 | 2.00 | 0.50 | | | 0.50 | 0.80 | 0.20 | 0.20 | 0.20 | |
| 武穴市 | 0.92 | | | | | 1.01 | | 0.20 | 0.27 | |
| 黄梅县 | 0.42 | | 0.42 | | | | | | | |
| **咸宁市** | **18.40** | **0.12** | **0.10** | **0.45** | **8.64** | **12.46** | | **1.73** | **1.67** | |
| 咸安区 | 4.17 | | | | 0.46 | 2.84 | | 0.36 | 1.67 | |
| 嘉鱼县 | 0.22 | 0.12 | 0.10 | | | 0.94 | | 0.26 | | |
| 赤壁市 | 3.12 | | | | 1.10 | 2.25 | | 0.45 | | |
| 通城县 | 0.71 | | | | | 0.84 | | 0.25 | | |
| 崇阳县 | 4.60 | | | 0.10 | 2.96 | 4.25 | | 0.10 | | |
| 通山县 | 5.58 | | | 0.35 | 4.12 | 1.34 | | 0.31 | | |
| **随州市** | **2.35** | **0.41** | | | | **1.64** | **0.80** | | | **0.35** |
| 广水市 | 1.76 | | | | | 0.89 | 0.80 | | | |
| 曾都区 | 0.59 | 0.41 | | | | 0.75 | | | | 0.35 |
| **恩施自治州** | **32.69** | **1.25** | **0.35** | **13.40** | **5.65** | **12.96** | **2.99** | **2.97** | **0.20** | **0.20** |
| 恩施市 | 9.00 | | | 7.00 | 1.00 | 5.30 | | 0.30 | | |
| 建始县 | 0.30 | | | | 0.10 | | | | | |
| 巴东县 | 2.68 | | | | 0.35 | | | | | |
| 利川市 | 9.50 | | | 2.50 | 3.00 | 3.00 | 2.00 | 0.50 | | |
| 宣恩县 | 5.00 | 0.25 | 0.25 | 1.50 | 1.20 | 2.27 | | 1.00 | 0.20 | 0.20 |
| 咸丰县 | 0.60 | | | | | 0.72 | 0.12 | 0.60 | | |
| 来凤县 | 3.31 | 1.00 | | 1.40 | | 0.67 | 0.40 | 0.27 | | |
| 鹤峰县 | 2.30 | | 0.10 | 1.00 | | 1.00 | 0.47 | 0.30 | | |
| **仙桃市** | **0.21** | **0.21** | | | | **5.52** | | | | **1.33** |
| **天门市** | **0.67** | **0.30** | **0.30** | | | **11.89** | **0.80** | **0.80** | | **1.50** |
| **潜江市** | **0.10** | **0.04** | **0.06** | | | **3.52** | | | | **2.62** |
| **神农架林区** | | | | | | **0.40** | | | | |

续表 16　　　　单位:千公顷

| | 大豆良种(续) | | | | | | | | |
|---|---|---|---|---|---|---|---|---|---|
| | 鄂豆7号 | 中豆8号 | 中豆29 | 中豆30 | 蚕　豆 | 启豆50号 | 青皮豆 | 豌　豆 | 中豌6号 |
| **全省合计** | **12.42** | **13.12** | **12.93** | **17.48** | **41.87** | **12.19** | **13.53** | **12.73** | **9.58** |
| **武汉市** | **0.44** | **0.87** | **1.80** | **1.07** | **1.97** | **0.36** | **0.79** | **0.02** | **0.02** |
| 市辖区 | | | | | 0.20 | | | 0.02 | 0.02 |
| 蔡甸区 | | 0.04 | 0.01 | | 0.14 | 0.06 | 0.02 | | |
| 江夏区 | 0.44 | 0.53 | 1.33 | 1.07 | 0.80 | 0.20 | 0.30 | | |
| 黄陂区 | | | 0.13 | | 0.50 | 0.10 | 0.20 | | |
| 新洲区 | | 0.30 | 0.33 | | 0.33 | | 0.27 | | |
| **黄石市** | **0.03** | | | **2.30** | **0.53** | | **0.42** | **1.40** | **1.25** |
| 市辖区 | 0.03 | | | | 0.02 | | 0.02 | | |
| 大冶市 | | | | 1.20 | | | | 1.10 | 1.10 |
| 阳新县 | | | | 1.10 | 0.51 | | 0.40 | 0.30 | 0.15 |
| **十堰市** | **0.00** | **3.43** | **5.70** | | **1.06** | | | **2.19** | **1.47** |
| 市辖区 | | | | | | | | | |
| 丹江口市 | | 0.67 | | | | | | 0.52 | |
| 郧　县 | | | | | | | | | |
| 郧西县 | | 0.86 | | | | | | | |
| 竹山县 | | | 5.70 | | 0.76 | | | 1.47 | 1.47 |
| 竹溪县 | | | | | 0.10 | | | | |
| 房　县 | | 1.90 | | | 0.20 | | | 0.20 | |
| **荆州市** | **0.30** | **2.17** | **0.41** | **1.32** | **6.81** | **1.04** | **1.98** | **0.16** | **0.16** |
| 市辖区 | 0.10 | 0.12 | 0.05 | 0.05 | 0.32 | 0.07 | 0.25 | | |
| 江陵县 | | 1.37 | | | 0.30 | 0.30 | | 0.15 | 0.15 |
| 松滋市 | | 0.68 | | 0.27 | 0.80 | 0.26 | 0.38 | 0.01 | 0.01 |
| 公安县 | | | | | 1.57 | | | | |
| 石首市 | 0.20 | | | | | | | | |
| 监利县 | | | | 1.00 | 2.50 | | 1.00 | | |
| 洪湖市 | | | 0.36 | | 1.32 | 0.41 | 0.35 | | |
| **宜昌市** | **0.00** | | | **1.53** | **2.39** | **0.80** | **0.94** | **0.73** | **0.01** |
| 市辖区 | | | | | | | | | |
| 夷陵区 | | | | | 0.24 | 0.04 | | 0.20 | |
| 宜都市 | | | | | 0.32 | | | 0.38 | |
| 枝江市 | | | | 0.33 | 1.20 | 0.66 | 0.54 | | |
| 当阳市 | | | | 1.20 | 0.13 | | | 0.05 | |
| 远安县 | | | | | 0.10 | 0.10 | | | |
| 兴山县 | | | | | 0.40 | | 0.40 | 0.09 | |
| 秭归县 | | | | | | | | 0.01 | 0.01 |
| 长阳县 | | | | | | | | | |
| 五峰县 | | | | | | | | | |
| **襄樊市** | **0.39** | **1.43** | **1.10** | **3.06** | **3.64** | | **0.41** | | |
| 市辖区 | | | | | | | | | |
| 老河口市 | | | | | 1.58 | | | | |
| 襄阳区 | 0.29 | | | 0.83 | 0.41 | | 0.41 | | |
| 枣阳市 | | | 1.10 | 1.03 | 0.94 | | | | |
| 宜城市 | 0.10 | 0.10 | | | 0.05 | | | | |
| 南漳县 | | 0.01 | | | | | | | |
| 谷城县 | | | | 0.50 | 0.66 | | | | |
| 保康县 | | 0.32 | | 0.08 | | | | | |
| 农　场 | | 1.00 | | 0.62 | | | | | |
| **鄂州市** | **0.00** | | **0.45** | **0.55** | **0.50** | **0.20** | **0.10** | **0.57** | **0.40** |

| | 大豆良种(续) | | | | 蚕豆 | | | 豌豆 | |
|---|---|---|---|---|---|---|---|---|---|
| | 鄂豆7号 | 中豆8号 | 中豆29 | 中豆30 | | 启豆50号 | 青皮豆 | | 中豌6号 |
| **荆门市** | **4.82** | **1.04** | **1.22** | | **4.09** | **2.07** | **2.02** | | |
| 市辖区 | 0.62 | 0.02 | 0.02 | | 0.55 | 0.30 | 0.25 | | |
| 沙洋县 | 0.50 | 0.12 | 0.20 | | 0.94 | 0.47 | 0.47 | | |
| 钟祥市 | 3.40 | 0.40 | 1.00 | | 1.40 | 0.70 | 0.70 | | |
| 京山县 | 0.30 | 0.50 | | | 1.20 | 0.60 | 0.60 | | |
| 沙洋农场 | | | | | | | | | |
| **孝感市** | **0.12** | **0.40** | **0.38** | **0.70** | **6.03** | **3.07** | **1.57** | **1.13** | **0.61** |
| 孝南区 | 0.02 | | | | 0.63 | 0.26 | 0.19 | 0.21 | 0.05 |
| 孝昌县 | | | | 0.10 | | | | 0.02 | 0.02 |
| 大悟县 | | | | | 0.14 | 0.08 | 0.06 | 0.06 | 0.06 |
| 安陆市 | | | | | 0.85 | 0.85 | | 0.08 | 0.08 |
| 云梦县 | | 0.40 | | 0.30 | | | | | |
| 应城市 | 0.10 | | 0.28 | | 1.41 | 0.48 | 0.22 | 0.46 | 0.20 |
| 汉川市 | | | 0.10 | 0.30 | 3.00 | 1.40 | 1.10 | 0.30 | 0.20 |
| **黄冈市** | **0.17** | **0.03** | **0.07** | | **1.64** | **0.49** | **0.39** | **0.03** | **0.03** |
| 市辖区 | | | | | 0.07 | | | 0.01 | 0.01 |
| 团风县 | 0.04 | 0.03 | | | 0.17 | | 0.09 | | |
| 红安县 | | | | | | | | | |
| 麻城市 | | | | | | | | | |
| 罗田县 | | | | | | | | | |
| 英山县 | | | | | 0.51 | | | | |
| 浠水县 | | | | | 0.10 | | 0.10 | 0.02 | 0.02 |
| 蕲春县 | | | | | 0.30 | | 0.20 | | |
| 武穴市 | 0.13 | | 0.07 | | 0.49 | 0.49 | | | |
| 黄梅县 | | | | | | | | | |
| **咸宁市** | **1.67** | **0.15** | **1.80** | **0.28** | **5.88** | **1.16** | **2.37** | **0.55** | **0.37** |
| 咸安区 | 0.00 | | | | 0.96 | 0.70 | | 0.37 | 0.37 |
| 嘉鱼县 | 0.15 | 0.15 | | | 1.20 | 0.46 | 0.32 | | |
| 赤壁市 | 0.40 | | | | 1.70 | | 0.50 | | |
| 通城县 | 0.32 | | | | 0.28 | | 0.28 | 0.10 | |
| 崇阳县 | 0.40 | | 1.60 | 0.14 | 0.72 | | 0.25 | | |
| 通山县 | 0.40 | | 0.20 | 0.14 | 1.02 | | 1.02 | 0.08 | |
| **随州市** | **0.00** | | | **0.37** | **0.34** | | **0.28** | **4.71** | **4.42** |
| 广水市 | 0.00 | | | | | | | 4.26 | 4.00 |
| 曾都区 | | | | 0.37 | 0.34 | | 0.28 | 0.45 | 0.42 |
| **恩施自治州** | **0.20** | **0.20** | | **4.30** | **0.71** | | | **0.40** | |
| 恩施市 | | | | 4.00 | | | | 0.10 | |
| 建始县 | | | | | | | | | |
| 巴东县 | | | | | | | | | |
| 利川市 | | | | | 0.56 | | | 0.10 | |
| 宣恩县 | 0.20 | 0.20 | | 0.10 | 0.08 | | | 0.11 | |
| 咸丰县 | | | | | | | | | |
| 来凤县 | | | | | 0.07 | | | 0.09 | |
| 鹤峰县 | | | | 0.20 | | | | | |
| **仙桃市** | **1.59** | **1.40** | | | **1.12** | | **1.12** | **0.84** | **0.84** |
| **天门市** | **2.00** | **2.00** | | **2.00** | **4.52** | **3.00** | **0.50** | | |
| **潜江市** | **0.69** | | | | **0.64** | | **0.64** | | |
| **神农架林区** | | | | | | | | | |

# 全省主要油料作物良种面积、产量

单位:千公顷、吨

| | 面　积 | | 面　积 |
|---|---|---|---|
| 主要油料作物良种面积合计 | 1356.74 | 6. 华油杂9号面积 | 28.20 |
| 一、花生良种 | 148.61 | 产量 | 58466 |
| 1. 鄂花4号 | 9.47 | 7. 中油杂2号面积 | 187.07 |
| 2. 鄂花5号 | 6.56 | 产量 | 369447 |
| 3. 中花4号 | 15.64 | 8. 中油杂3号面积 | 5.37 |
| 4. 中花5号 | 39.52 | 产量 | 10670 |
| 5. 中花6号 | 8.76 | 9. 中油杂4号面积 | 59.42 |
| 6. 中花7号 | 10.72 | 产量 | 111919 |
| 7. 中花8号 | 4.98 | 10. 中油杂6号面积 | 15.24 |
| 8. 天府11号 | 23.51 | 产量 | 28964 |
| 9. 其　它 | 29.45 | 11. 中油杂7号面积 | 3.36 |
| 二、芝麻良种 | 81.00 | 产量 | 5366 |
| 1. 鄂芝1号 | 10.96 | 12. 中油杂8号面积 | 32.80 |
| 2. 鄂芝2号 | 4.85 | 产量 | 67984 |
| 3. 鄂芝3号 | 7.80 | 13. 中双4号面积 | 24.20 |
| 4. 中芝9号 | 6.26 | 产量 | 41851 |
| 5. 中芝10号 | 17.43 | 14. 中双6号面积 | 11.68 |
| 6. 其　它 | 33.70 | 产量 | 20459 |
| 三、油菜良种面积 | 1121.88 | 15. 中双7号面积 | 57.11 |
| 产量 | 2104125 | 产量 | 94667 |
| (一)"双低"优质油菜面积 | 1052.99 | 16. 中双9号面积 | 83.23 |
| 产量 | 1985830 | 产量 | 141357 |
| 1. 华油杂4号面积 | 99.75 | 17. 中双10号面积 | 66.11 |
| 产量 | 160761 | 产量 | 133923 |
| 2. 华油杂5号面积 | 21.27 | 18. 华双3号面积 | 20.34 |
| 产量 | 45228 | 产量 | 37478 |
| 3. 华油杂6号面积 | 126.29 | 19. 华双4号面积 | 6.16 |
| 产量 | 265770 | 产量 | 9515 |
| 4. 华油杂7号面积 | 5.27 | 20. 其它面积 | 171.21 |
| 产量 | 10555 | 产量 | 309074 |
| 5. 华油杂8号面积 | 28.91 | (二)其它良种油菜面积 | 68.89 |
| 产量 | 62376 | 产量 | 118295 |

## 主要油料作物良种面积、产量

单位:千公顷

| | 油料良种面积合计 | 花生 | 中花4号 | 中花5号 | 中花7号 | 天府11号 | 芝麻 | 鄂芝1号 | 中芝10号 |
|---|---|---|---|---|---|---|---|---|---|
| **全省合计** | **1356.74** | **148.61** | **15.64** | **39.52** | **10.72** | **23.51** | **81.00** | **10.96** | **17.43** |
| **武汉市** | **52.05** | **7.32** | **0.20** | **0.70** | **1.95** | **0.71** | **3.92** | **0.07** | **0.65** |
| 市辖区 | 6.58 | 1.01 | 0.20 | | 0.10 | | 2.46 | | 0.30 |
| 蔡甸区 | 0.99 | 0.14 | | | 0.02 | 0.04 | 0.12 | | 0.02 |
| 江夏区 | | | | | | | | | |
| 黄陂区 | 22.69 | 4.67 | | | 1.33 | 0.67 | 1.34 | 0.07 | 0.33 |
| 新洲区 | 21.79 | 1.50 | | 0.70 | 0.50 | | | | |
| **黄石市** | **48.64** | **4.33** | **0.48** | **1.90** | **0.59** | | **8.06** | **0.06** | **4.42** |
| 市辖区 | 0.50 | 0.02 | | | | | 0.08 | 0.06 | 0.02 |
| 大冶市 | 22.63 | 1.67 | 0.48 | | 0.59 | | 2.71 | | 1.10 |
| 阳新县 | 25.51 | 2.64 | | 1.90 | | | 5.27 | | 3.30 |
| **十堰市** | **48.33** | **6.42** | | **2.58** | | | **11.40** | **0.97** | **2.20** |
| 市辖区 | 0.20 | 0.10 | | 0.10 | | | | | |
| 丹江口市 | 6.96 | 0.40 | | 0.40 | | | 2.07 | 0.67 | |
| 郧县 | 7.70 | 1.09 | | | | | 3.62 | 0.30 | |
| 郧西县 | 2.49 | | | | | | | | |
| 竹山县 | 12.36 | 2.16 | | 2.08 | | | 2.23 | | 2.20 |
| 竹溪县 | 12.58 | 1.97 | | | | | 2.88 | | |
| 房县 | 6.04 | 0.70 | | | | | 0.60 | | |
| **荆州市** | **220.09** | **1.79** | **0.20** | **0.17** | | | **4.15** | **0.20** | **0.45** |
| 市辖区 | 25.15 | 0.41 | | | | | 0.69 | | |
| 江陵县 | 18.61 | 0.33 | 0.20 | | | | 0.19 | | |
| 松滋市 | 37.78 | 0.53 | | 0.12 | | | 0.52 | | 0.24 |
| 公安县 | 40.58 | 0.14 | | | | | 0.28 | | |
| 石首市 | 22.50 | 0.01 | | | | | 0.17 | 0.05 | |
| 监利县 | 53.00 | 0.26 | | | | | 1.30 | | |
| 洪湖市 | 22.47 | 0.11 | | 0.05 | | | 1.00 | 0.15 | 0.21 |
| **宜昌市** | **100.61** | **11.69** | **0.10** | **0.19** | **0.13** | **1.16** | **2.65** | | **0.13** |
| 市辖区 | 1.52 | 0.40 | | | | | 0.02 | | |
| 夷陵区 | 10.60 | 0.57 | 0.10 | 0.09 | | | 0.28 | | |
| 宜都市 | 8.39 | 0.66 | | | | | 0.03 | | |
| 枝江市 | 20.90 | 1.49 | | | 0.13 | 0.36 | 0.63 | | 0.13 |
| 当阳市 | 31.21 | 5.30 | | | | | 1.13 | | |
| 远安县 | 4.00 | | | | | | | | |
| 兴山县 | 3.89 | 0.32 | | 0.10 | | 0.10 | 0.12 | | |
| 秭归县 | 8.34 | 1.66 | | | | | 0.44 | | |
| 长阳县 | 7.88 | 0.95 | | | | 0.70 | | | |
| 五峰县 | 3.88 | 0.34 | | | | | | | |
| **襄樊市** | **128.54** | **31.66** | **2.65** | **8.59** | **4.05** | **8.18** | **16.32** | **5.48** | **0.90** |
| 市辖区 | 10.35 | 2.37 | 1.60 | 0.60 | | | 1.24 | 0.60 | |
| 老河口市 | 12.55 | 1.92 | | 0.60 | 0.60 | | 3.77 | 1.50 | |
| 襄阳区 | 26.12 | 13.76 | | 5.47 | | 7.78 | 2.43 | 1.77 | 0.54 |
| 枣阳市 | 26.67 | 5.30 | | 1.50 | 1.25 | | 5.63 | 1.35 | |
| 宜城市 | 26.70 | 5.66 | | | 1.50 | 0.40 | 1.00 | | 0.20 |
| 南漳县 | 14.17 | 0.30 | 0.12 | 0.10 | | | 0.50 | | 0.16 |
| 谷城县 | 5.95 | 1.39 | 0.69 | | 0.70 | | 1.30 | | |
| 保康县 | 4.98 | 0.40 | | | | | 0.20 | 0.06 | |
| 农场 | 1.05 | 0.56 | 0.24 | 0.32 | | | 0.25 | 0.20 | |
| **鄂州市** | **27.30** | **1.31** | | | **0.60** | | **4.00** | | **1.20** |

续表1

单位:千公顷

| | 油料良种面积合计 | 花生 | | | | | 芝麻 | | |
|---|---|---|---|---|---|---|---|---|---|
| | | 花生 | 中花4号 | 中花5号 | 中花7号 | 天府11号 | 芝麻 | 鄂芝1号 | 中芝10号 |
| **荆门市** | **151.08** | **19.06** | **3.90** | **12.95** | | **1.45** | **6.35** | | **3.11** |
| 市辖区 | 28.95 | 3.76 | | 2.85 | | 0.15 | 1.08 | | 0.76 |
| 沙洋县 | 44.37 | 2.26 | 0.90 | 1.10 | | 0.26 | 1.50 | | 1.00 |
| 钟祥市 | 50.56 | 7.40 | 2.00 | 5.00 | | 0.40 | 1.35 | | 0.35 |
| 京山县 | 24.16 | 4.09 | 1.00 | 2.50 | | 0.59 | 2.42 | | 1.00 |
| 沙洋农场 | 3.04 | 1.55 | | 1.50 | | 0.05 | | | |
| **孝感市** | **108.50** | **17.07** | **6.03** | **1.40** | **0.93** | **3.62** | **4.57** | **0.93** | **0.37** |
| 孝南区 | 13.23 | 0.94 | 0.38 | 0.04 | | 0.24 | 0.45 | 0.05 | |
| 孝昌县 | 11.81 | 2.99 | | 0.36 | 0.63 | 0.13 | 0.54 | | 0.07 |
| 大悟县 | 14.52 | 9.82 | 4.95 | 0.50 | 0.10 | 3.15 | 0.33 | | |
| 安陆市 | 12.57 | 1.60 | 0.60 | | | | 1.18 | 0.68 | |
| 云梦县 | 8.08 | 0.36 | | | | 0.10 | 0.26 | | |
| 应城市 | 22.64 | 0.66 | | 0.30 | | | 1.36 | 0.20 | 0.20 |
| 汉川市 | 25.65 | 0.70 | 0.10 | 0.20 | 0.20 | | 0.45 | | 0.10 |
| **黄冈市** | **180.47** | **21.65** | **2.08** | **5.00** | **0.28** | **3.73** | **5.82** | **0.38** | **0.93** |
| 市辖区 | 3.47 | 0.11 | 0.06 | | | | 0.45 | | |
| 团风县 | 9.08 | 0.91 | | | 0.28 | | 0.83 | 0.08 | 0.13 |
| 红安县 | 21.55 | 8.45 | 1.12 | | | 2.23 | | | |
| 麻城市 | 29.58 | 6.20 | 0.60 | 2.50 | | 1.40 | 1.00 | | |
| 罗田县 | 8.64 | 0.84 | | | | | 0.30 | | 0.20 |
| 英山县 | 6.00 | 0.45 | | | | | 0.33 | | |
| 浠水县 | 31.10 | 2.80 | | 2.20 | | | 1.35 | | 0.30 |
| 蕲春县 | 17.08 | 1.10 | 0.30 | | | 0.10 | 0.90 | 0.30 | |
| 武穴市 | 24.84 | 0.79 | | 0.30 | | | 0.66 | | 0.30 |
| 黄梅县 | 29.13 | | | | | | | | |
| **咸宁市** | **61.82** | **6.94** | | **1.86** | **0.30** | | **5.23** | **1.37** | **0.33** |
| 咸安区 | 21.98 | 2.93 | | 0.23 | 0.30 | | 1.69 | | 0.32 |
| 嘉鱼县 | 8.69 | 0.45 | | | | | 1.55 | 0.73 | |
| 赤壁市 | 17.60 | 0.95 | | 0.62 | | | 1.80 | 0.60 | |
| 通城县 | 4.36 | 0.83 | | | | | 0.01 | | |
| 崇阳县 | 4.89 | 1.01 | | 1.01 | | | 0.06 | | 0.01 |
| 通山县 | 4.30 | 0.77 | | | | | 0.12 | 0.04 | |
| **随州市** | **28.59** | **7.83** | | **1.97** | **1.80** | | **3.24** | | **0.63** |
| 广水市 | 17.82 | 3.34 | | | 1.30 | | 1.99 | | |
| 曾都区 | 10.77 | 4.49 | | 1.97 | 0.50 | | 1.25 | | 0.63 |
| **恩施自治州** | **40.85** | **4.22** | | **0.30** | **0.09** | **0.30** | **0.43** | | |
| 恩施市 | 8.01 | 0.70 | | | | | | | |
| 建始县 | 6.90 | 0.59 | | 0.20 | 0.09 | | | | |
| 巴东县 | 8.14 | 1.69 | | | | | 0.43 | | |
| 利川市 | 2.78 | | | | | | | | |
| 宣恩县 | 4.35 | 0.65 | | 0.10 | | 0.30 | | | |
| 咸丰县 | 5.50 | | | | | | | | |
| 来凤县 | 3.47 | 0.59 | | | | | | | |
| 鹤峰县 | 1.70 | | | | | | | | |
| **仙桃市** | **58.22** | **0.90** | | | | | **2.50** | | **1.50** |
| **天门市** | **62.79** | **5.13** | | **1.10** | | **4.00** | **1.89** | **1.50** | **0.39** |
| **潜江市** | **38.67** | **1.29** | | **0.81** | | **0.36** | **0.47** | | **0.22** |
| **神农架林区** | **0.19** | | | | | | | | |

续表 2

单位:千公顷

| | 油菜良种 | | “双低”优质油菜 | | 华油杂 4 号 | | 华油杂 5 号 | |
|---|---|---|---|---|---|---|---|---|
| | 面积合计 | 产量合计 | 面 积 | 产 量 | 面 积 | 产 量 | 面 积 | 产 量 |
| **全省合计** | **1121.88** | **2104125** | **1052.99** | **1985830** | **99.75** | **160761** | **21.27** | **45228** |
| **武 汉 市** | **40.48** | **76453** | **40.16** | **75123** | **1.93** | **3448** | | |
| 市辖区 | 3.08 | 5699 | 2.76 | 4369 | 0.56 | 850 | | |
| 蔡甸区 | 0.73 | 820 | 0.73 | 820 | | | | |
| 江夏区 | | | | | | | | |
| 黄陂区 | 16.68 | 37534 | 16.68 | 37534 | 0.67 | 1508 | | |
| 新洲区 | 19.99 | 32400 | 19.99 | 32400 | 0.70 | 1090 | | |
| **黄 石 市** | **36.25** | **49961** | **34.80** | **48311** | **0.65** | **120** | | |
| 市辖区 | 0.40 | 600 | 0.35 | 550 | | | | |
| 大冶市 | 18.25 | 27915 | 18.25 | 27915 | 0.65 | 120 | | |
| 阳新县 | 17.60 | 21446 | 16.20 | 19846 | | | | |
| **十 堰 市** | **30.41** | **45939** | **23.56** | **34345** | **8.57** | **11120** | **2.68** | **4653** |
| 市辖区 | 0.10 | 200 | 0.10 | 200 | 0.10 | 200 | | |
| 丹江口市 | 4.49 | 7479 | 4.49 | 7479 | | | 0.33 | 553 |
| 郧 县 | 2.99 | 3391 | 2.99 | 3391 | 1.80 | 2000 | | |
| 郧西县 | 2.49 | 3840 | 2.24 | 3760 | 1.27 | 2250 | | |
| 竹山县 | 7.87 | 10885 | 5.10 | 6340 | 3.70 | 3945 | | |
| 竹溪县 | 7.73 | 13144 | 4.50 | 6975 | 1.00 | 1725 | 2.00 | 3600 |
| 房 县 | 4.74 | 7000 | 4.14 | 6200 | 0.70 | 1000 | 0.35 | 500 |
| **荆 州 市** | **213.71** | **431993** | **204.98** | **414758** | **9.97** | **16846** | **0.48** | **1045** |
| 市辖区 | 24.05 | 54070 | 20.85 | 46817 | 0.10 | 214 | 0.40 | 855 |
| 江陵县 | 18.09 | 49705 | 18.09 | 49705 | | | | |
| 松滋市 | 36.73 | 64462 | 36.73 | 64462 | 1.86 | 3480 | | |
| 公安县 | 40.16 | 87383 | 40.16 | 87383 | | | | |
| 石首市 | 22.32 | 42679 | 20.60 | 39834 | 5.60 | 9324 | | |
| 监利县 | 51.00 | 82930 | 49.00 | 79930 | 2.00 | 2850 | | |
| 洪湖市 | 21.36 | 50764 | 19.55 | 46627 | 0.41 | 978 | 0.08 | 190 |
| **宜 昌 市** | **83.37** | **166802** | **75.32** | **156589** | **10.47** | **21707** | | |
| 市辖区 | 1.10 | 2350 | 1.10 | 2350 | 0.50 | 1100 | | |
| 夷陵区 | 7.13 | 13485 | 6.70 | 12659 | 1.30 | 2983 | | |
| 宜都市 | 7.70 | 15788 | 7.70 | 15788 | | | | |
| 枝江市 | 18.78 | 43768 | 16.00 | 41155 | 1.50 | 3690 | | |
| 当阳市 | 24.78 | 53818 | 24.62 | 53500 | 3.00 | 7300 | | |
| 远安县 | 4.00 | 7870 | 3.80 | 7600 | | | | |
| 兴山县 | 3.45 | 5495 | 3.25 | 5195 | 0.50 | 850 | | |
| 秭归县 | 5.96 | 9394 | 5.36 | 8455 | 3.58 | 5636 | | |
| 长阳县 | 6.93 | 10107 | 6.79 | 9887 | 0.09 | 148 | | |
| 五峰县 | 3.54 | 4727 | | | | | | |
| **襄 樊 市** | **80.46** | **179450** | **76.58** | **173465** | **6.04** | **11160** | **12.22** | **28006** |
| 市辖区 | 6.74 | 18863 | 6.74 | 18863 | | | 4.94 | 13743 |
| 老河口市 | 6.86 | 12578 | 5.20 | 10908 | 1.00 | 2500 | | |
| 襄阳区 | 9.93 | 22794 | 9.90 | 22788 | | | 2.04 | 4679 |
| 枣阳市 | 15.74 | 35387 | 15.74 | 35387 | 1.04 | 2245 | 1.00 | 2083 |
| 宜城市 | 20.02 | 53208 | 19.00 | 50558 | | | | |
| 南漳县 | 13.37 | 24414 | 12.70 | 23200 | 2.70 | 4930 | 4.00 | 7304 |
| 谷城县 | 3.26 | 7179 | 3.26 | 7179 | | | | |
| 保康县 | 4.30 | 4830 | 3.80 | 4385 | 1.30 | 1485 | | |
| 农 场 | 0.24 | 197 | 0.24 | 197 | | | 0.24 | 197 |
| **鄂 州 市** | **21.99** | **44260** | **21.99** | **44260** | **1.50** | **3182** | | |

续表3

单位:千公顷

| | 油菜良种 | | “双低”优质油菜 | | 华油杂4号 | | 华油杂5号 | |
|---|---|---|---|---|---|---|---|---|
| | 面积合计 | 产量合计 | 面积 | 产量 | 面积 | 产量 | 面积 | 产量 |
| 荆门市 | 125.67 | 264356 | 120.87 | 254136 | 3.00 | 6475 | | |
| 市辖区 | 24.11 | 51503 | 23.81 | 51083 | 1.00 | 2150 | | |
| 沙洋县 | 40.61 | 94413 | 39.11 | 90813 | 1.00 | 2320 | | |
| 钟祥市 | 41.81 | 81025 | 41.81 | 81025 | 1.00 | 2005 | | |
| 京山县 | 17.65 | 35240 | 15.65 | 30240 | | | | |
| 沙洋农场 | 1.49 | 2175 | 0.49 | 975 | | | | |
| 孝感市 | 86.86 | 133686 | 83.46 | 128724 | 7.47 | 12654 | 1.43 | 2494 |
| 孝南区 | 11.84 | 16839 | 10.99 | 15660 | 0.52 | 741 | 0.03 | 42 |
| 孝昌县 | 8.28 | 12318 | 8.02 | 11947 | 0.35 | 518 | | |
| 大悟县 | 4.37 | 4975 | 4.06 | 4536 | | | | |
| 安陆市 | 9.79 | 15702 | 9.79 | 15702 | 0.50 | 785 | | |
| 云梦县 | 7.46 | 13732 | 7.10 | 13070 | | | 1.00 | 1840 |
| 应城市 | 20.62 | 30831 | 19.00 | 28520 | 2.00 | 3060 | 0.40 | 612 |
| 汉川市 | 24.50 | 39289 | 24.50 | 39289 | 4.10 | 7550 | | |
| 黄冈市 | 152.98 | 280957 | 141.90 | 253080 | 6.70 | 12614 | | |
| 市辖区 | 2.91 | 5466 | 2.28 | 4385 | | | | |
| 团风县 | 7.34 | 11559 | 6.97 | 10977 | | | | |
| 红安县 | 13.10 | 26992 | 12.06 | 24907 | 2.83 | 5879 | | |
| 麻城市 | 22.38 | 35095 | 18.41 | 22696 | 0.67 | 695 | | |
| 罗田县 | 7.50 | 12970 | 7.00 | 11890 | 2.00 | 3400 | | |
| 英山县 | 5.20 | 11337 | 4.70 | 10160 | 1.20 | 2640 | | |
| 浠水县 | 26.95 | 50710 | 26.95 | 50710 | | | | |
| 蕲春县 | 15.08 | 23370 | 15.08 | 23370 | | | | |
| 武穴市 | 23.39 | 52883 | 23.39 | 52883 | | | | |
| 黄梅县 | 29.13 | 50575 | 25.06 | 41102 | | | | |
| 咸宁市 | 49.64 | 64224 | 48.45 | 62560 | 4.06 | 4520 | 1.26 | 1830 |
| 咸安区 | 17.35 | 26810 | 17.35 | 26810 | | | | |
| 嘉鱼县 | 6.69 | 9653 | 5.59 | 8069 | 1.76 | 2539 | 1.26 | 1830 |
| 赤壁市 | 14.85 | 17803 | 14.85 | 17803 | | | | |
| 通城县 | 3.52 | 2999 | 3.49 | 2971 | 1.00 | 850 | | |
| 崇阳县 | 3.82 | 3992 | 3.82 | 3992 | | | | |
| 通山县 | 3.41 | 2967 | 3.35 | 2915 | 1.30 | 1131 | | |
| 随州市 | 17.14 | 26012 | 15.57 | 23795 | 8.02 | 11273 | | |
| 广水市 | 12.11 | 15762 | 10.80 | 14061 | 6.90 | 8983 | | |
| 曾都区 | 5.03 | 10250 | 4.77 | 9734 | 1.12 | 2290 | | |
| 恩施自治州 | 35.24 | 42977 | 20.66 | 25883 | 4.70 | 5967 | | |
| 恩施市 | 7.31 | 8620 | | | | | | |
| 建始县 | 6.00 | 8601 | 4.00 | 7001 | 2.00 | 2800 | | |
| 巴东县 | 6.02 | 6651 | 2.10 | 1816 | | | | |
| 利川市 | 2.78 | 3599 | 1.45 | 1599 | 1.00 | 1099 | | |
| 宣恩县 | 3.12 | 3894 | 3.10 | 3855 | | | | |
| 咸丰县 | 5.50 | 5734 | 5.50 | 5734 | | | | |
| 来凤县 | 2.81 | 3848 | 2.81 | 3848 | 1.00 | 1232 | | |
| 鹤峰县 | 1.70 | 2030 | 1.70 | 2030 | 0.70 | 836 | | |
| 仙桃市 | 54.82 | 123353 | 54.82 | 123353 | | | 3.20 | 7200 |
| 天门市 | 55.77 | 82823 | 54.80 | 81523 | 26.67 | 39675 | | |
| 潜江市 | 36.91 | 90689 | 34.91 | 85775 | | | | |
| 神农架林区 | 0.18 | 190 | 0.16 | 150 | | | | |

续表 4

单位:千公顷

| | 油菜良种(续) | | | | | | | |
|---|---|---|---|---|---|---|---|---|
| | 双低油菜(续) | | | | | | | |
| | 华油杂6号 | | 华油杂8号 | | 华油杂9号 | | 中油杂2号 | |
| | 面积 | 产量 | 面积 | 产量 | 面积 | 产量 | 面积 | 产量 |
| **全省合计** | **126.29** | **265770** | **28.91** | **62376** | **28.20** | **58466** | **187.07** | **369447** |
| **武汉市** | | | **1.71** | **3398** | **1.08** | **2340** | **1.88** | **3821** |
| 市辖区 | | | | | | | | |
| 蔡甸区 | | | 0.05 | 58 | 0.08 | 90 | 0.22 | 283 |
| 江夏区 | | | | | | | | |
| 黄陂区 | | | 1.00 | 2250 | 1.00 | 2250 | 1.33 | 2993 |
| 新洲区 | | | 0.66 | 1090 | | | 0.33 | 545 |
| **黄石市** | **0.03** | **50** | | | **0.02** | **50** | **1.60** | **2410** |
| 市辖区 | 0.03 | 50 | | | 0.02 | 50 | | |
| 大冶市 | | | | | | | 0.90 | 1560 |
| 阳新县 | | | | | | | 0.70 | 850 |
| **十堰市** | **0.00** | | | | | | **1.70** | **1950** |
| 市辖区 | | | | | | | | |
| 丹江口市 | | | | | | | | |
| 郧县 | | | | | | | | |
| 郧西县 | | | | | | | | |
| 竹山县 | | | | | | | | |
| 竹溪县 | | | | | | | 1.50 | 1650 |
| 房县 | | | | | | | 0.20 | 300 |
| **荆州市** | **43.03** | **90287** | **8.48** | **19184** | **20.60** | **45534** | **55.71** | **113930** |
| 市辖区 | 3.40 | 8215 | 0.50 | 1139 | 1.20 | 2610 | 3.20 | 7308 |
| 江陵县 | | | 1.20 | 3196 | 6.80 | 18652 | 3.59 | 9861 |
| 松滋市 | 6.82 | 12786 | 2.56 | 4800 | 1.40 | 2624 | 4.21 | 7890 |
| 公安县 | 16.66 | 40983 | | | | | 22.50 | 45000 |
| 石首市 | 1.00 | 2200 | 2.80 | 6662 | 11.20 | 21648 | | |
| 监利县 | 13.00 | 20975 | | | | | 15.00 | 26675 |
| 洪湖市 | 2.15 | 5128 | 1.42 | 3387 | | | 7.21 | 17196 |
| **宜昌市** | **11.39** | **27944** | | | **0.03** | **49** | **9.20** | **19281** |
| 市辖区 | | | | | | | | |
| 夷陵区 | 0.54 | 632 | | | | | 0.10 | 164 |
| 宜都市 | | | | | | | | |
| 枝江市 | 3.50 | 9225 | | | | | 3.00 | 6453 |
| 当阳市 | 7.00 | 17500 | | | | | 6.00 | 12500 |
| 远安县 | 0.02 | 40 | | | | | | |
| 兴山县 | 0.25 | 415 | | | | | | |
| 秭归县 | | | | | | | | |
| 长阳县 | 0.08 | 132 | | | 0.03 | 49 | 0.10 | 164 |
| 五峰县 | | | | | | | | |
| **襄樊市** | **7.31** | **17598** | **2.06** | **4969** | | | **10.47** | **25941** |
| 市辖区 | 1.80 | 5120 | | | | | | |
| 老河口市 | 1.20 | 2600 | | | | | 1.00 | 1920 |
| 襄阳区 | 2.71 | 6178 | | | | | 3.56 | 9117 |
| 枣阳市 | 0.60 | 1050 | | | | | 0.21 | 633 |
| 宜城市 | 1.00 | 2650 | 0.80 | 2140 | | | 4.50 | 12080 |
| 南漳县 | | | | | | | 1.20 | 2191 |
| 谷城县 | | | 1.26 | 2829 | | | | |
| 保康县 | | | | | | | | |
| 农场 | | | | | | | | |
| **鄂州市** | **0.00** | | **0.50** | **1056** | | | | |

续表5　　　　单位:千公顷

| | 油菜良种（续） | | | | | | | |
|---|---|---|---|---|---|---|---|---|
| | 双低油菜（续） | | | | | | | |
| | 华油杂6号 | | 华油杂8号 | | 华油杂9号 | | 中油杂2号 | |
| | 面积 | 产量 | 面积 | 产量 | 面积 | 产量 | 面积 | 产量 |
| **荆门市** | **33.00** | **69339** | | | | | **40.49** | **84962** |
| 市辖区 | 7.00 | 15000 | | | | | 8.00 | 17140 |
| 沙洋县 | 11.00 | 25542 | | | | | 13.00 | 30186 |
| 钟祥市 | 12.00 | 23000 | | | | | 14.00 | 27000 |
| 京山县 | 3.00 | 5797 | | | | | 5.00 | 9661 |
| 沙洋农场 | | | | | | | 0.49 | 975 |
| **孝感市** | **7.14** | **12633** | **1.76** | **2504** | **2.04** | **2803** | **15.21** | **23816** |
| 孝南区 | | | | | | | 1.38 | 1966 |
| 孝昌县 | 0.84 | 1260 | 0.43 | 639 | 0.24 | 353 | 0.23 | 342 |
| 大悟县 | | | | | | | 1.88 | 2050 |
| 安陆市 | 0.50 | 785 | | | | | 3.00 | 4710 |
| 云梦县 | 1.00 | 1840 | | | | | 1.70 | 3129 |
| 应城市 | 0.60 | 918 | 0.13 | 205 | 0.20 | 310 | 3.32 | 5080 |
| 汉川市 | 4.20 | 7830 | 1.20 | 1660 | 1.60 | 2140 | 3.70 | 6539 |
| **黄冈市** | **5.47** | **9691** | **3.30** | **6270** | | | **10.47** | **16592** |
| 市辖区 | 0.25 | 480 | | | | | | |
| 团风县 | | | | | | | | |
| 红安县 | 1.45 | 2991 | | | | | | |
| 麻城市 | | | | | | | 3.50 | 3950 |
| 罗田县 | | | | | | | | |
| 英山县 | | | | | | | 0.20 | 471 |
| 浠水县 | | | 3.30 | 6270 | | | 4.00 | 7600 |
| 蕲春县 | 1.50 | 2475 | | | | | 0.50 | 825 |
| 武穴市 | | | | | | | | |
| 黄梅县 | 2.27 | 3745 | | | | | 2.27 | 3746 |
| **咸宁市** | **5.61** | **7535** | | | **3.23** | **4990** | **8.21** | **11573** |
| 咸安区 | 2.78 | 4295 | | | 3.23 | 4990 | 3.74 | 5778 |
| 嘉鱼县 | 1.43 | 2055 | | | | | 1.14 | 1645 |
| 赤壁市 | | | | | | | 3.33 | 4150 |
| 通城县 | 1.40 | 1185 | | | | | | |
| 崇阳县 | | | | | | | | |
| 通山县 | | | | | | | | |
| **随州市** | **0.61** | **1249** | | | | | **1.80** | **2344** |
| 广水市 | 0.00 | | | | | | 1.80 | 2344 |
| 曾都区 | 0.61 | 1249 | | | | | | |
| **恩施自治州** | **0.40** | **603** | **1.10** | **1096** | | | **1.70** | **2332** |
| 恩施市 | | | | | | | | |
| 建始县 | 0.10 | 225 | 0.10 | 200 | | | 0.20 | 500 |
| 巴东县 | | | 1.00 | 896 | | | | |
| 利川市 | | | | | | | | |
| 宣恩县 | 0.30 | 378 | | | | | 0.50 | 638 |
| 咸丰县 | | | | | | | | |
| 来凤县 | | | | | | | | |
| 鹤峰县 | | | | | | | 1.00 | 1194 |
| **仙桃市** | **6.80** | **15300** | **3.60** | **8100** | **1.20** | **2700** | **15.30** | **34425** |
| **天门市** | | | | | | | **6.67** | **9922** |
| **潜江市** | **5.50** | **13541** | **6.40** | **15799** | | | **6.50** | **15998** |
| **神农架林区** | | | | | | | **0.16** | **150** |

续表 6 单位:千公顷

| | 油菜良种(续) | | | | | | | | | |
|---|---|---|---|---|---|---|---|---|---|---|
| | 双低油菜(续) | | | | | | | | | |
| | 中油杂 4 号 | | 中油杂 6 号 | | 中油杂 8 号 | | 中双 4 号 | | 中双 6 号 | |
| | 面 积 | 产 量 | 面 积 | 产 量 | 面 积 | 产 量 | 面 积 | 产 量 | 面 积 | 产 量 |
| **全省合计** | **59.42** | **111919** | **15.24** | **28964** | **32.80** | **67984** | **24.20** | **41851** | **11.68** | **20459** |
| **武汉市** | **3.34** | **7008** | **0.66** | **1090** | **1.33** | **2598** | **1.20** | **1698** | **2.30** | **3820** |
| 市辖区 | 0.67 | 1000 | | | | | 1.17 | 1670 | 0.30 | 750 |
| 蔡甸区 | | | | | | | 0.03 | 28 | | |
| 江夏区 | | | | | | | | | | |
| 黄陂区 | 2.67 | 6008 | | | 0.67 | 1508 | | | | |
| 新洲区 | | | 0.66 | 1090 | 0.66 | 1090 | | | 2.00 | 3070 |
| **黄石市** | **0.63** | **1130** | | | | | | | | |
| 市辖区 | | | | | | | | | | |
| 大冶市 | 0.63 | 1130 | | | | | | | | |
| 阳新县 | | | | | | | | | | |
| **十堰市** | **0.00** | | **1.40** | **2395** | | | | | | |
| 市辖区 | | | | | | | | | | |
| 丹江口市 | | | | | | | | | | |
| 郧县 | | | | | | | | | | |
| 郧西县 | | | | | | | | | | |
| 竹山县 | | | 1.40 | 2395 | | | | | | |
| 竹溪县 | | | | | | | | | | |
| 房县 | | | | | | | | | | |
| **荆州市** | **4.02** | **9427** | **2.64** | **5927** | **10.08** | **20719** | **7.48** | **14164** | **2.39** | **4054** |
| 市辖区 | 1.60 | 4095 | 0.40 | 855 | 1.70 | 4414 | 0.40 | 830 | 0.50 | 1020 |
| 江陵县 | | | 1.00 | 2747 | | | 2.00 | 5535 | | |
| 松滋市 | 0.86 | 1612 | 1.24 | 2325 | 3.72 | 6970 | 1.93 | 2693 | 1.49 | 2080 |
| 公安县 | | | | | | | | | | |
| 石首市 | | | | | | | | | | |
| 监利县 | | | | | 3.00 | 5375 | 2.33 | 3150 | | |
| 洪湖市 | 1.56 | 3720 | | | 1.66 | 3960 | 0.82 | 1956 | 0.40 | 954 |
| **宜昌市** | **13.69** | **28249** | **2.80** | **6984** | **0.04** | **66** | **1.20** | **1800** | **0.36** | **539** |
| 市辖区 | | | | | | | | | | |
| 夷陵区 | 0.80 | 1800 | 0.80 | 1820 | | | | | 0.33 | 490 |
| 宜都市 | 2.33 | 4795 | | | | | | | | |
| 枝江市 | 3.00 | 6453 | 2.00 | 5164 | | | | | | |
| 当阳市 | 5.00 | 11000 | | | | | | | | |
| 远安县 | 0.20 | 400 | | | | | | | | |
| 兴山县 | 0.50 | 850 | | | | | 1.20 | 1800 | | |
| 秭归县 | 1.78 | 2819 | | | | | | | | |
| 长阳县 | 0.08 | 132 | | | 0.04 | 66 | | | 0.03 | 49 |
| 五峰县 | | | | | | | | | | |
| **襄樊市** | **3.50** | **7524** | | | **2.50** | **6750** | **6.20** | **10798** | | |
| 市辖区 | | | | | | | | | | |
| 老河口市 | | | | | | | 2.00 | 3888 | | |
| 襄阳区 | | | | | | | | | | |
| 枣阳市 | 3.50 | 7524 | | | | | | | | |
| 宜城市 | | | | | 2.50 | 6750 | | | | |
| 南漳县 | | | | | | | 3.00 | 5470 | | |
| 谷城县 | | | | | | | | | | |
| 保康县 | | | | | | | 1.20 | 1440 | | |
| 农场 | | | | | | | | | | |
| **鄂州市** | **2.30** | **4878** | | | | | | | **0.50** | **1065** |

续表 7　　单位:千公顷

| | 油菜良种（续） | | | | | | | | | |
|---|---|---|---|---|---|---|---|---|---|---|
| | 双低油菜（续） | | | | | | | | | |
| | 中油杂4号 | | 中油杂6号 | | 中油杂8号 | | 中双4号 | | 中双6号 | |
| | 面积 | 产量 | 面积 | 产量 | 面积 | 产量 | 面积 | 产量 | 面积 | 产量 |
| **荆门市** | **3.00** | **6475** | | | **10.00** | **21363** | | | | |
| 市辖区 | 1.00 | 2150 | | | 3.00 | 6450 | | | | |
| 沙洋县 | 1.00 | 2320 | | | 3.00 | 6966 | | | | |
| 钟祥市 | 1.00 | 2005 | | | 3.00 | 6015 | | | | |
| 京山县 | | | | | 1.00 | 1932 | | | | |
| 沙洋农场 | | | | | | | | | | |
| **孝感市** | **4.82** | **6707** | **3.67** | **5585** | **3.27** | **4750** | **1.82** | **2312** | **1.28** | **1904** |
| 孝南区 | 1.02 | 1453 | | | | | 1.32 | 1542 | | |
| 孝昌县 | 1.06 | 1584 | | | 0.87 | 1305 | | | 0.48 | 684 |
| 大悟县 | 1.14 | 1180 | | | | | | | | |
| 安陆市 | 1.00 | 1570 | | | 0.50 | 785 | | | | |
| 云梦县 | | | | | | | | | | |
| 应城市 | 0.60 | 920 | 0.47 | 715 | 0.40 | 610 | 0.50 | 770 | 0.80 | 1220 |
| 汉川市 | | | 3.20 | 4870 | 1.50 | 2050 | | | | |
| **黄冈市** | **2.57** | **3781** | **2.07** | **3262** | **1.27** | **2098** | **4.40** | **7908** | **1.66** | **3197** |
| 市辖区 | 0.77 | 1486 | | | | | | | | |
| 团风县 | | | 2.07 | 3262 | 0.68 | 1071 | | | 0.65 | 1023 |
| 红安县 | | | | | | | 1.40 | 2971 | 1.01 | 2174 |
| 麻城市 | 1.30 | 1470 | | | | | | | | |
| 罗田县 | | | | | | | 1.00 | 1750 | | |
| 英山县 | | | | | | | | | | |
| 浠水县 | | | | | | | | | | |
| 蕲春县 | 0.50 | 825 | | | 0.50 | 825 | | | | |
| 武穴市 | | | | | 0.09 | 202 | | | | |
| 黄梅县 | | | | | | | 2.00 | 3187 | | |
| **咸宁市** | **1.20** | **1726** | | | | | **0.80** | **696** | **0.79** | **680** |
| 咸安区 | 0.80 | 1236 | | | | | | | | |
| 嘉鱼县 | | | | | | | | | | |
| 赤壁市 | | | | | | | | | | |
| 通城县 | | | | | | | | | 0.79 | 680 |
| 崇阳县 | 0.40 | 490 | | | | | | | | |
| 通山县 | | | | | | | 0.80 | 696 | | |
| **随州市** | **1.02** | **2076** | | | | | | | | |
| 广水市 | 0.00 | | | | | | | | | |
| 曾都区 | 1.02 | 2076 | | | | | | | | |
| **恩施自治州** | **0.40** | **1000** | **1.33** | **2075** | **0.50** | **1000** | | | **0.70** | **1023** |
| 恩施市 | | | | | | | | | | |
| 建始县 | 0.40 | 1000 | 0.40 | 800 | 0.50 | 1000 | | | 0.20 | 400 |
| 巴东县 | | | | | | | | | | |
| 利川市 | | | | | | | | | | |
| 宣恩县 | | | | | | | | | 0.50 | 623 |
| 咸丰县 | | | | | | | | | | |
| 来凤县 | | | 0.93 | 1275 | | | | | | |
| 鹤峰县 | | | | | | | | | | |
| **仙桃市** | **1.10** | **2475** | | | **3.50** | **7875** | **1.10** | **2475** | | |
| **天门市** | **14.80** | **22018** | | | | | | | | |
| **潜江市** | **3.03** | **7445** | **0.67** | **1646** | **0.31** | **765** | | | **1.70** | **4177** |
| **神农架林区** | | | | | | | | | | |

续表 8　　单位:千公顷

| | 油菜良种(续) | | | | | | | | | |
|---|---|---|---|---|---|---|---|---|---|---|
| | 双低油菜(续) | | | | | | | | 其它良种油菜 | |
| | 中双7号 | | 中双9号 | | 中双10号 | | 华双4号 | | | |
| | 面积 | 产量 | 面积 | 产量 | 面积 | 产量 | 面积 | 产量 | 面积 | 产量 |
| **全省合计** | **57.11** | **94667** | **83.23** | **141357** | **66.11** | **133923** | **20.34** | **37478** | **68.89** | **118295** |
| **武汉市** | **6.05** | **10274** | **6.66** | **12130** | | | **2.66** | **5173** | **0.32** | **1330** |
| 市辖区 | | | | | | | | | 0.32 | 1330 |
| 蔡甸区 | 0.05 | 46 | | | | | | | | |
| 江夏区 | | | | | | | | | | |
| 黄陂区 | 0.67 | 1508 | 2.00 | 4500 | | | 1.33 | 2993 | | |
| 新洲区 | 5.33 | 8720 | 4.66 | 7630 | | | 1.33 | 2180 | | |
| **黄石市** | **17.62** | **26705** | **9.90** | **12506** | **3.70** | **4398** | | | **1.45** | **1650** |
| 市辖区 | | | 0.30 | 450 | | | | | 0.05 | 50 |
| 大冶市 | 14.92 | 23405 | | | 0.70 | 998 | | | | |
| 阳新县 | 2.70 | 3300 | 9.60 | 12056 | 3.00 | 3400 | | | 1.40 | 1600 |
| **十堰市** | **0.00** | | **0.70** | **1000** | **2.33** | **3900** | **0.67** | **1100** | **6.85** | **11594** |
| 市辖区 | | | | | | | | | | |
| 丹江口市 | | | | | 2.33 | 3900 | 0.67 | 1100 | | |
| 郧县 | | | | | | | | | | |
| 郧西县 | | | | | | | | | 0.25 | 80 |
| 竹山县 | | | | | | | | | 2.77 | 4545 |
| 竹溪县 | | | | | | | | | 3.23 | 6169 |
| 房县 | | | 0.70 | 1000 | | | | | 0.60 | 800 |
| **荆州市** | **2.57** | **4540** | **6.95** | **13769** | **2.34** | **3370** | **2.20** | **4223** | **8.73** | **17235** |
| 市辖区 | 0.50 | 1010 | 1.40 | 2758 | 1.00 | 1500 | 0.10 | 200 | 3.20 | 7253 |
| 江陵县 | | | 2.00 | 5514 | | | | | | |
| 松滋市 | 1.42 | 1980 | 3.00 | 4185 | 1.34 | 1870 | | | | |
| 公安县 | | | | | | | 1.00 | 1400 | | |
| 石首市 | | | | | | | | | 1.72 | 2845 |
| 监利县 | | | | | | | | | 2.00 | 3000 |
| 洪湖市 | 0.65 | 1550 | 0.55 | 1312 | | | 1.10 | 2623 | 1.81 | 4137 |
| **宜昌市** | **2.55** | **4293** | **1.64** | **6356** | **0.04** | **66** | | | **8.05** | **10213** |
| 市辖区 | 0.60 | 1250 | | | | | | | | |
| 夷陵区 | 1.33 | 1970 | | | | | | | 0.43 | 826 |
| 宜都市 | | | | | | | | | | |
| 枝江市 | | | 1.00 | 5250 | | | | | 2.78 | 2613 |
| 当阳市 | | | | | | | | | 0.16 | 318 |
| 远安县 | 0.20 | 400 | 0.20 | 400 | | | | | 0.20 | 270 |
| 兴山县 | 0.40 | 640 | 0.40 | 640 | | | | | 0.20 | 300 |
| 秭归县 | | | | | | | | | 0.60 | 939 |
| 长阳县 | 0.02 | 33 | 0.04 | 66 | 0.04 | 66 | | | 0.14 | 220 |
| 五峰县 | | | | | | | | | 3.54 | 4727 |
| **襄樊市** | **0.00** | | **5.09** | **9509** | | | **2.65** | **6527** | **3.88** | **5985** |
| 市辖区 | | | | | | | | | | |
| 老河口市 | | | | | | | | | 1.66 | 1670 |
| 襄阳区 | | | 1.59 | 2814 | | | | | 0.03 | 6 |
| 枣阳市 | | | 1.70 | 3390 | | | 2.05 | 5847 | | |
| 宜城市 | | | | | | | | | 1.02 | 2650 |
| 南漳县 | | | 1.80 | 3305 | | | | | 0.67 | 1214 |
| 谷城县 | | | | | | | | | | |
| 保康县 | | | | | | | 0.60 | 680 | 0.50 | 445 |
| 农场 | | | | | | | | | | |
| **鄂州市** | **5.80** | **12301** | **3.20** | **6787** | **4.00** | **7098** | | | | |

续表 9　　单位：千公顷

| | 油菜良种（续） | | | | | | | | | |
|---|---|---|---|---|---|---|---|---|---|---|
| | 双低油菜（续） | | | | | | | | 其它良种油菜 | |
| | 中双 7 号 | | 中双 9 号 | | 中双 10 号 | | 华双 4 号 | | | |
| | 面　积 | 产　量 | 面　积 | 产　量 | 面　积 | 产　量 | 面　积 | 产　量 | 面　积 | 产　量 |
| **荆　门　市** | **0.00** | | | | | | | | **4.80** | **10220** |
| 市辖区 | | | | | | | | | 0.30 | 420 |
| 沙洋县 | | | | | | | | | 1.50 | 3600 |
| 钟祥市 | | | | | | | | | | |
| 京山县 | | | | | | | | | 2.00 | 5000 |
| 沙洋农场 | | | | | | | | | 1.00 | 1200 |
| **孝　感　市** | **1.81** | **2791** | **4.49** | **6264** | **3.65** | **5362** | **4.67** | **7539** | **3.40** | **4962** |
| 孝南区 | | | 0.25 | 354 | 0.55 | 781 | | | 0.85 | 1179 |
| 孝昌县 | 0.31 | 437 | 0.41 | 597 | 0.69 | 983 | 0.27 | 377 | 0.26 | 371 |
| 大悟县 | | | 0.43 | 503 | 0.61 | 803 | | | 0.31 | 439 |
| 安陆市 | 1.00 | 1570 | 1.00 | 1570 | 1.00 | 1570 | | | | |
| 云梦县 | 0.10 | 184 | | | | | 2.50 | 4600 | 0.36 | 662 |
| 应城市 | 0.40 | 600 | 0.40 | 610 | 0.80 | 1225 | 0.50 | 782 | 1.62 | 2311 |
| 汉川市 | | | 2.00 | 2630 | | | 1.40 | 1780 | | |
| **黄　冈　市** | **5.15** | **9565** | **28.26** | **38258** | **36.50** | **88282** | **2.89** | **4809** | **11.08** | **27877** |
| 市辖区 | 0.76 | 1459 | 0.25 | 480 | | | 0.25 | 480 | 0.63 | 1081 |
| 团风县 | 0.89 | 1401 | | | | | 0.36 | 567 | 0.37 | 582 |
| 红安县 | | | 3.41 | 6892 | 1.00 | 2153 | | | 1.04 | 2085 |
| 麻城市 | | | | | | | | | 3.97 | 12399 |
| 罗田县 | 2.00 | 3400 | | | | | | | 0.50 | 1080 |
| 英山县 | 1.50 | 3305 | 1.30 | 2642 | 0.50 | 1102 | | | 0.50 | 1177 |
| 浠水县 | | | 10.00 | 18800 | 8.00 | 15040 | | | | |
| 蕲春县 | | | 5.00 | 7550 | 5.00 | 7650 | | | | |
| 武穴市 | | | 8.30 | 1894 | 15.00 | 50787 | | | | |
| 黄梅县 | | | | | 7.00 | 11550 | 2.28 | 3762 | 4.07 | 9473 |
| **咸　宁　市** | **8.23** | **10115** | **3.78** | **5378** | **6.62** | **8308** | **0.10** | **86** | **1.19** | **1664** |
| 咸安区 | 0.23 | 355 | 3.23 | 4899 | 3.00 | 4636 | | | | |
| 嘉鱼县 | | | | | | | | | 1.10 | 1584 |
| 赤壁市 | 8.00 | 9760 | | | | | | | | |
| 通城县 | | | | | 0.20 | 170 | 0.10 | 86 | 0.03 | 28 |
| 崇阳县 | | | | | 3.42 | 3502 | | | | |
| 通山县 | | | 0.55 | 479 | | | | | 0.06 | 52 |
| **随　州　市** | **0.00** | | **1.06** | **2166** | | | **1.60** | **2083** | **1.57** | **2217** |
| 广水市 | 0.00 | | | | | | 1.60 | 2083 | 1.31 | 1701 |
| 曾都区 | | | 1.06 | 2166 | | | | | 0.26 | 516 |
| **恩施自治州** | **0.00** | | **0.40** | **498** | | | **0.60** | **738** | **14.58** | **17094** |
| 恩施市 | | | | | | | | | 7.31 | 8620 |
| 建始县 | | | | | | | | | 2.00 | 1600 |
| 巴东县 | | | | | | | | | 3.92 | 4835 |
| 利川市 | | | | | | | | | 1.33 | 2000 |
| 宣恩县 | | | 0.40 | 498 | | | 0.60 | 738 | 0.02 | 39 |
| 咸丰县 | | | | | | | | | | |
| 来凤县 | | | | | | | | | | |
| 鹤峰县 | | | | | | | | | | |
| **仙　桃　市** | **2.20** | **4950** | **3.10** | **6975** | **3.20** | **7200** | **2.20** | **4950** | | |
| **天　门　市** | **3.33** | **4954** | | | **3.33** | **4954** | | | **0.97** | **1300** |
| **潜　江　市** | **1.80** | **4179** | **8.00** | **19761** | **0.40** | **985** | **0.10** | **250** | **2.00** | **4914** |
| **神农架林区** | | | | | | | | | **0.02** | **40** |

# 全省棉花良种面积、产量及主要麻类作物面积

单位:千公顷、吨

| | 数 量 | | 数 量 |
|---|---|---|---|
| 一、棉花良种面积 | 338.15 | 6.鄂抗棉10号面积 | 6.83 |
| 产量 | 408439 | 产量 | 8671 |
| 其中:优质棉花面积 | 281.45 | 7.华抗棉1号面积 | 0.10 |
| 产量 | 342997 | 产量 | 509 |
| (一)杂交棉面积 | 239.84 | 8.其它面积 | 10.21 |
| 产量 | 290263 | 产量 | 11204 |
| 1.鄂杂棉1号面积 | 21.15 | (三)抗虫棉品种面积 | 44.21 |
| 产量 | 25013 | 产量 | 55303 |
| 2.鄂杂棉4号面积 | 29.27 | 1.鄂抗虫棉1号面积 | 15.37 |
| 产量 | 34098 | 产量 | 22210 |
| 3.鄂杂棉5号F1面积 | 50.06 | 2.中棉所29面积 | 21.40 |
| 产量 | 58327 | 产量 | 24579 |
| 4.鄂杂棉6号F1面积 | 19.98 | 3.其它面积 | 7.44 |
| 产量 | 30424 | 产量 | 8514 |
| 5.鄂杂棉7号F1面积 | 4.63 | (四)其它品种面积 | 21.99 |
| 产量 | 4696 | 产量 | 23876 |
| 6.鄂杂棉8号F1面积 | 10.92 | 1.鄂棉20面积 | 0.24 |
| 产量 | 13018 | 产量 | 279 |
| 7.鄂杂棉9号F1面积 | 4.54 | 2.鄂棉22面积 | 4.21 |
| 产量 | 5944 | 产量 | 4780 |
| 8.湘杂棉2号面积 | 23.35 | 3.其它面积 | 17.54 |
| 产量 | 26179 | 产量 | 18817 |
| 9.湘杂棉3号面积 | 31.15 | 二、麻类良种面积 | 19.48 |
| 产量 | 38555 | 1.黄红麻良种 | 0.76 |
| 10.其它面积 | 44.79 | 其中:青皮三号 | 0.68 |
| 产量 | 54009 | 红引系列 | 0.08 |
| (二)抗病品种面积 | 32.11 | 2.苎麻良种 | 18.48 |
| 产量 | 38997 | 其中:细叶绿 | 3.39 |
| 1.鄂抗棉3号面积 | 5.01 | 华苎2号 | 2.47 |
| 产量 | 6179 | 华苎3号 | 1.13 |
| 2.鄂抗棉4号面积 | 2.33 | 华苎4号 | 4.17 |
| 产量 | 3207 | 华苎5号 | 2.00 |
| 3.鄂抗棉6号面积 | 1.30 | 湘苎2号 | 3.61 |
| 产量 | 1565 | 湘苎3号 | 1.25 |
| 4.鄂抗棉8号面积 | 1.03 | 3.其 它 | 0.24 |
| 产量 | 1241 | | |
| 5.鄂抗棉9号面积 | 5.30 | | |
| 产量 | 6421 | | |

# 棉花良种面积、产量及主要麻类作物良种面积

单位:千公顷

| | 棉花良种合计 | | 优质棉花 | | 杂交棉 | | 鄂杂棉1号 | |
|---|---|---|---|---|---|---|---|---|
| | 面积 | 产量 | 面积 | 产量 | 面积 | 产量 | 面积 | 产量 |
| **全省合计** | **338.15** | **408439** | **281.45** | **342997** | **239.84** | **290263** | **21.15** | **25013** |
| **武汉市** | **13.38** | **14966** | | | **7.28** | **8038** | **2.84** | **2970** |
| 市辖区 | 4.38 | 4670 | | | 2.54 | 2500 | 0.67 | 600 |
| 蔡甸区 | 0.46 | 1073 | | | 0.40 | 940 | 0.01 | 29 |
| 江夏区 | | | | | | | | |
| 黄陂区 | 1.87 | 2450 | | | 1.00 | 1325 | 0.07 | 95 |
| 新洲区 | 6.67 | 6773 | | | 3.34 | 3273 | 2.09 | 2246 |
| **黄石市** | **2.29** | **2812** | **1.83** | **2262** | **1.43** | **1799** | | |
| 市辖区 | 0.03 | 30 | | | 0.03 | 30 | | |
| 大冶市 | 0.43 | 520 | | | 0.30 | 410 | | |
| 阳新县 | 1.83 | 2262 | 1.83 | 2262 | 1.10 | 1359 | | |
| **十堰市** | **0.02** | **8** | | | | | | |
| 市辖区 | | | | | | | | |
| 丹江口市 | 0.02 | 8 | | | | | | |
| 郧县 | | | | | | | | |
| 郧西县 | | | | | | | | |
| 竹山县 | | | | | | | | |
| 竹溪县 | | | | | | | | |
| 房县 | | | | | | | | |
| **荆州市** | **90.85** | **122336** | **74.37** | **98817** | **71.72** | **96289** | **4.07** | **4813** |
| 市辖区 | 11.37 | 16754 | 9.24 | 13774 | 9.09 | 13594 | 0.40 | 750 |
| 江陵县 | 10.31 | 13686 | 10.31 | 13686 | 7.20 | 9292 | 0.50 | 645 |
| 松滋市 | 13.54 | 14792 | 11.51 | 12574 | 12.18 | 13315 | 0.47 | 518 |
| 公安县 | 22.60 | 32309 | 22.60 | 32309 | 20.10 | 29809 | 2.70 | 2900 |
| 石首市 | 9.95 | 15547 | | | 3.06 | 4791 | | |
| 监利县 | **16.87** | **20774** | **14.50** | **18000** | **14.80** | **18258** | | |
| 洪湖市 | 6.21 | 8474 | 6.21 | 8474 | 5.29 | 7230 | | |
| **宜昌市** | 16.82 | 20695 | 16.50 | 18920 | 11.76 | 14109 | | |
| 市辖区 | | | | | | | | |
| 夷陵区 | | | | | | | | |
| 宜都市 | | | | | | | | |
| 枝江市 | 12.32 | 14915 | 12.00 | 13140 | 8.41 | 10109 | | |
| 当阳市 | 4.50 | 5780 | 4.50 | 5780 | 3.35 | 4000 | | |
| 远安县 | | | | | | | | |
| 兴山县 | | | | | | | | |
| 秭归县 | | | | | | | | |
| 长阳县 | | | | | | | | |
| 五峰县 | | | | | | | | |
| **襄樊市** | **27.09** | **27203** | **14.84** | **19231** | **13.84** | **12857** | **1.30** | **1847** |
| 市辖区 | 1.10 | 1807 | 1.10 | 1807 | 1.10 | 1807 | 1.00 | 1657 |
| 老河口市 | 3.35 | 2299 | | | | | | |
| 襄阳区 | 6.70 | 5520 | | | 5.56 | 4596 | | |
| 枣阳市 | 8.84 | 10270 | 6.84 | 10270 | 2.47 | 1870 | | |
| 宜城市 | 5.53 | 6243 | 5.50 | 6238 | 3.65 | 3854 | | |
| 南漳县 | 0.57 | 508 | 0.40 | 360 | 0.40 | 360 | 0.10 | 90 |
| 谷城县 | 0.34 | 186 | 0.34 | 186 | | | | |
| 保康县 | | | | | | | | |
| 农场 | 0.66 | 370 | 0.66 | 370 | 0.66 | 370 | 0.20 | 100 |
| **鄂州市** | **2.66** | **2693** | **2.66** | **2693** | **1.30** | **1342** | | |

续表1　　　　单位:千公顷

| | 棉花良种合计 | | 优质棉花 | | 杂交棉 | | 鄂杂棉1号 | |
|---|---|---|---|---|---|---|---|---|
| | 面积 | 产量 | 面积 | 产量 | 面积 | 产量 | 面积 | 产量 |
| **荆门市** | **32.42** | **37931** | **30.77** | **35662** | **17.94** | **22200** | **3.00** | **3483** |
| 市辖区 | 4.73 | 5295 | 4.00 | 3800 | 2.03 | 2400 | | |
| 沙洋县 | 6.08 | 8318 | 6.00 | 8000 | 3.99 | 5700 | | |
| 钟祥市 | 11.64 | 13225 | 10.80 | 12769 | 7.30 | 8300 | | |
| 京山县 | 3.80 | 4954 | 3.80 | 4954 | 2.62 | 3800 | 1.00 | 1483 |
| 沙洋农场 | 6.17 | 6139 | 6.17 | 6139 | 2.00 | 2000 | 2.00 | 2000 |
| **孝感市** | **23.25** | **27866** | **20.26** | **25379** | **13.50** | **16554** | **0.65** | **811** |
| 孝南区 | 1.09 | 1382 | 0.55 | 653 | 0.93 | 1189 | | |
| 孝昌县 | 0.41 | 344 | | | 0.17 | 143 | | |
| 大悟县 | 0.13 | 162 | | | | | | |
| 安陆市 | 0.53 | 538 | 0.53 | 538 | 0.15 | 160 | 0.05 | 53 |
| 云梦县 | 1.56 | 1780 | 1.56 | 1780 | 0.50 | 572 | | |
| 应城市 | 3.23 | 4610 | 2.52 | 3628 | 2.35 | 3380 | 0.20 | 288 |
| 汉川市 | 16.30 | 19050 | 15.10 | 18780 | 9.40 | 11110 | 0.40 | 470 |
| **黄冈市** | **32.64** | **43789** | **26.87** | **36045** | **20.29** | **27082** | **1.73** | **2242** |
| 市辖区 | 1.67 | 2399 | 1.67 | 2399 | 0.62 | 895 | 0.19 | 271 |
| 团风县 | 0.60 | 991 | 0.26 | 448 | 0.27 | 465 | | |
| 红安县 | 0.06 | 60 | 0.04 | 42 | 0.02 | 22 | 0.01 | 14 |
| 麻城市 | 6.30 | 7943 | 2.69 | 3303 | 2.73 | 3276 | | |
| 罗田县 | 0.03 | 35 | | | | | | |
| 英山县 | 0.06 | 95 | | | | | | |
| 浠水县 | 2.26 | 3510 | 2.26 | 3510 | 2.26 | 3510 | | |
| 蕲春县 | 0.66 | 895 | 0.66 | 895 | 0.30 | 450 | | |
| 武穴市 | 5.71 | 8113 | 4.00 | 5700 | 2.96 | 4436 | 0.20 | 281 |
| 黄梅县 | 15.29 | 19748 | 15.29 | 19748 | 11.13 | 14028 | 1.33 | 1676 |
| **咸宁市** | **1.43** | **1654** | **0.85** | **1010** | **1.43** | **1654** | **0.13** | **135** |
| 咸安区 | 0.19 | 206 | | | 0.19 | 206 | | |
| 嘉鱼县 | 0.39 | 436 | | | 0.39 | 436 | 0.12 | 128 |
| 赤壁市 | 0.81 | 973 | 0.81 | 971 | 0.81 | 973 | | |
| 通城县 | | | | | | | | |
| 崇阳县 | 0.04 | 39 | 0.04 | 39 | 0.04 | 39 | 0.01 | 7 |
| 通山县 | | | | | | | | |
| **随州市** | **8.62** | **10477** | **6.36** | **7610** | **4.32** | **5200** | **3.56** | **4261** |
| 广水市 | 6.36 | 7610 | 6.36 | 7610 | 4.06 | 4860 | 3.56 | 4261 |
| 曾都区 | 2.26 | 2867 | | | 0.26 | 340 | | |
| **恩施自治州** | | | | | | | | |
| 恩施市 | | | | | | | | |
| 建始县 | | | | | | | | |
| 巴东县 | | | | | | | | |
| 利川市 | | | | | | | | |
| 宣恩县 | | | | | | | | |
| 咸丰县 | | | | | | | | |
| 来凤县 | | | | | | | | |
| 鹤峰县 | | | | | | | | |
| **仙桃市** | **22.16** | **20607** | **22.16** | **20607** | **19.36** | **18005** | **0.20** | **186** |
| **天门市** | **37.31** | **43152** | **37.31** | **43152** | **30.00** | **34710** | **3.00** | **3471** |
| **潜江市** | **27.21** | **32250** | **26.67** | **31609** | **25.67** | **30424** | **0.67** | **794** |
| **神农架林区** | | | | | | | | |

续表 2　　　　单位：千公顷

| | 棉花良种（续） | | | | | | | | | |
|---|---|---|---|---|---|---|---|---|---|---|
| | 良种杂交棉（续） | | | | | | | | | |
| | 鄂杂棉 4 号 | | 鄂杂棉 5 号 F1 | | 鄂杂棉 6 号 F1 | | 鄂杂棉 8 号 F1 | | 湘杂棉 2 号 | |
| | 面积 | 产量 | 面积 | 产量 | 面积 | 产量 | 面积 | 产量 | 面积 | 产量 |
| **全省合计** | **29.27** | **34098** | **50.06** | **58327** | **19.98** | **30424** | **10.92** | **13018** | **23.35** | **26179** |
| **武汉市** | **1.47** | **1564** | **0.08** | **140** | | | | | **0.60** | **673** |
| 市辖区 | 1.20 | 1200 | | | | | | | | |
| 蔡甸区 | | | 0.01 | 45 | | | | | 0.06 | 153 |
| 江夏区 | | | | | | | | | | |
| 黄陂区 | 0.27 | 364 | 0.07 | 95 | | | | | 0.13 | 175 |
| 新洲区 | | | | | | | | | 0.41 | 345 |
| **黄石市** | **0.20** | **290** | **0.03** | **30** | | | | | **0.10** | **120** |
| 市辖区 | | | 0.03 | 30 | | | | | | |
| 大冶市 | 0.20 | 290 | | | | | | | 0.10 | 120 |
| 阳新县 | | | | | | | | | | |
| **十堰市** | | | | | | | | | | |
| 市辖区 | | | | | | | | | | |
| 丹江口市 | | | | | | | | | | |
| 郧县 | | | | | | | | | | |
| 郧西县 | | | | | | | | | | |
| 竹山县 | | | | | | | | | | |
| 竹溪县 | | | | | | | | | | |
| 房县 | | | | | | | | | | |
| **荆州市** | **6.76** | **8415** | **13.35** | **15845** | **12.85** | **23233** | **4.90** | **6062** | **4.04** | **3811** |
| 市辖区 | 0.65 | 1149 | 1.15 | 1688 | 1.05 | 1553 | 0.90 | 1339 | 0.50 | 600 |
| 江陵县 | 0.70 | 903 | 2.60 | 3362 | 1.30 | 1677 | 0.10 | 128 | 0.72 | 930 |
| 松滋市 | 3.39 | 3720 | 1.87 | 2065 | 0.80 | 884 | | | | |
| 公安县 | 0.80 | 800 | 5.00 | 5200 | 9.10 | 18339 | 1.50 | 1500 | | |
| 石首市 | 1.02 | 1597 | | | | | | | 1.02 | 1597 |
| 监利县 | 0.20 | 246 | 1.60 | 1970 | 0.26 | 320 | 1.40 | 1725 | 1.80 | 684 |
| 洪湖市 | | | 1.13 | 1560 | 0.34 | 460 | 1.00 | 1370 | | |
| **宜昌市** | **4.00** | **4822** | **2.20** | **2766** | **1.00** | **1207** | | | | |
| 市辖区 | | | | | | | | | | |
| 夷陵区 | | | | | | | | | | |
| 宜都市 | | | | | | | | | | |
| 枝江市 | 3.00 | 3622 | 1.00 | 1216 | 1.00 | 1207 | | | | |
| 当阳市 | 1.00 | 1200 | 1.20 | 1550 | | | | | | |
| 远安县 | | | | | | | | | | |
| 兴山县 | | | | | | | | | | |
| 秭归县 | | | | | | | | | | |
| 长阳县 | | | | | | | | | | |
| 五峰县 | | | | | | | | | | |
| **襄樊市** | **3.72** | **3123** | **0.86** | **710** | **2.57** | **1985** | | | **2.09** | **1763** |
| 市辖区 | 0.10 | 150 | | | | | | | | |
| 老河口市 | | | | | | | | | | |
| 襄阳区 | 3.47 | 2833 | | | | | | | 2.09 | 1763 |
| 枣阳市 | | | | | 2.47 | 1870 | | | | |
| 宜城市 | | | 0.40 | 440 | 0.10 | 115 | | | | |
| 南漳县 | 0.15 | 140 | | | | | | | | |
| 谷城县 | | | | | | | | | | |
| 保康县 | | | | | | | | | | |
| 农场 | | | 0.46 | 270 | | | | | | |
| **鄂州市** | **0.70** | **723** | | | | | | | | |

续表3

单位:千公顷

| | 棉花良种(续) | | | | | | | | | |
|---|---|---|---|---|---|---|---|---|---|---|
| | 良种杂交棉(续) | | | | | | | | | |
| | 鄂杂棉4号 | | 鄂杂棉5号F1 | | 鄂杂棉6号F1 | | 鄂杂棉8号F1 | | 湘杂棉2号 | |
| | 面积 | 产量 | 面积 | 产量 | 面积 | 产量 | 面积 | 产量 | 面积 | 产量 |
| **荆门市** | **1.38** | **1800** | **6.14** | **7470** | | | | | **1.95** | **2591** |
| 市辖区 | 0.46 | 400 | 0.50 | 650 | | | | | 0.60 | 750 |
| 沙洋县 | 0.47 | 700 | 0.52 | 750 | | | | | 1.00 | 1440 |
| 钟祥市 | | | 4.00 | 4500 | | | | | 0.30 | 354 |
| 京山县 | 0.45 | 700 | 1.12 | 1570 | | | | | 0.05 | 47 |
| 沙洋农场 | | | | | | | | | | |
| **孝感市** | **1.30** | **1574** | **1.20** | **1445** | **1.46** | **1726** | **1.02** | **1217** | **1.69** | **2050** |
| 孝南区 | 0.05 | 63 | | | | | | | 0.29 | 365 |
| 孝昌县 | | | | | | | 0.06 | 51 | | |
| 大悟县 | | | | | | | | | | |
| 安陆市 | | | | | | | | | 0.10 | 107 |
| 云梦县 | 0.25 | 286 | | | | | | | | |
| 应城市 | 0.20 | 285 | 0.10 | 145 | 0.06 | 86 | 0.06 | 86 | 0.20 | 288 |
| 汉川市 | 0.80 | 940 | 1.10 | 1300 | 1.40 | 1640 | 0.90 | 1080 | 1.10 | 1290 |
| **黄冈市** | **2.52** | **3522** | **1.20** | **1564** | **0.10** | **158** | **1.00** | **1508** | **1.71** | **2208** |
| 市辖区 | | | | | | | | | 0.25 | 356 |
| 团风县 | 0.12 | 207 | | | | | | | | |
| 红安县 | | | | | | | | | | |
| 麻城市 | 0.93 | 1209 | | | | | | | | |
| 罗田县 | | | | | | | | | | |
| 英山县 | | | | | | | | | | |
| 浠水县 | 1.30 | 1863 | | | | | | 156 | | |
| 蕲春县 | 0.10 | 150 | | | | | | | | |
| 武穴市 | 0.07 | 93 | 0.53 | 720 | 0.10 | 158 | | 92 | 0.13 | 176 |
| 黄梅县 | | | 0.67 | 844 | | | 1.00 | 1260 | 1.33 | 1676 |
| **咸宁市** | **0.11** | **119** | | | | | | | **1.00** | **1179** |
| 咸安区 | 0.00 | | | | | | | | 0.19 | 206 |
| 嘉鱼县 | 0.11 | 119 | | | | | | | | |
| 赤壁市 | | | | | | | | | 0.81 | 973 |
| 通城县 | | | | | | | | | | |
| 崇阳县 | | | | | | | | | | |
| 通山县 | | | | | | | | | | |
| **随州市** | **0.08** | **105** | | | | | | | | |
| 广水市 | | | | | | | | | | |
| 曾都区 | 0.08 | 105 | | | | | | | | |
| **恩施自治州** | | | | | | | | | | |
| 恩施市 | | | | | | | | | | |
| 建始县 | | | | | | | | | | |
| 巴东县 | | | | | | | | | | |
| 利川市 | | | | | | | | | | |
| 宣恩县 | | | | | | | | | | |
| 咸丰县 | | | | | | | | | | |
| 来凤县 | | | | | | | | | | |
| 鹤峰县 | | | | | | | | | | |
| **仙桃市** | **0.70** | **651** | **3.00** | **2790** | **1.00** | **930** | **2.00** | **1860** | **1.00** | **930** |
| **天门市** | **4.00** | **4628** | **18.00** | **20826** | | | | | **0.50** | **579** |
| **潜江市** | **2.33** | **2762** | **4.00** | **4741** | **1.00** | **1185** | **2.00** | **2371** | **8.67** | **10275** |
| **神农架林区** | | | | | | | | | | |

续表 4　　　　单位:千公顷

| | 棉花良种(续) | | | | | | | | | |
|---|---|---|---|---|---|---|---|---|---|---|
| | 良种杂交棉(续)<br>湘杂棉 3 号 | | 抗病品种 | | 抗虫棉品种 | | 鄂抗虫棉 1 号 | | 中棉所 29 | |
| | 面　积 | 产　量 | 面　积 | 产　量 | 面　积 | 产　量 | 面　积 | 产　量 | 面　积 | 产　量 |
| **全省合计** | **31.15** | **38555** | **32.11** | **38997** | **44.21** | **55303** | **15.37** | **22210** | **21.40** | **24579** |
| **武汉市** | **0.47** | **486** | **2.26** | **2509** | **2.31** | **2595** | **1.42** | **1549** | **0.42** | **501** |
| 市辖区 | | | 0.58 | 670 | | | | | | |
| 蔡甸区 | 0.06 | 141 | 0.02 | 43 | 0.04 | 90 | 0.02 | 44 | 0.02 | 46 |
| 江夏区 | | | | | | | | | | |
| 黄陂区 | | | 0.33 | 396 | 0.27 | 405 | 0.07 | 105 | 0.07 | 105 |
| 新洲区 | 0.41 | 345 | 1.33 | 1400 | 2.00 | 2100 | 1.33 | 1400 | 0.33 | 350 |
| **黄石市** | **1.10** | **1359** | **0.66** | **762** | **0.20** | **251** | | | **0.20** | **251** |
| 市辖区 | | | | | | | | | | |
| 大冶市 | | | 0.13 | 110 | | | | | | |
| 阳新县 | 1.10 | 1359 | 0.53 | 652 | 0.20 | 251 | | | 0.20 | 251 |
| **十堰市** | | | | | | | | | | |
| 市辖区 | | | | | | | | | | |
| 丹江口市 | | | | | | | | | | |
| 郧县 | | | | | | | | | | |
| 郧西县 | | | | | | | | | | |
| 竹山县 | | | | | | | | | | |
| 竹溪县 | | | | | | | | | | |
| 房县 | | | | | | | | | | |
| **荆州市** | **10.87** | **14424** | **6.48** | **9227** | **8.40** | **10392** | **2.53** | **3474** | **4.37** | **5384** |
| 市辖区 | 1.29 | 2249 | 1.60 | 2280 | 0.68 | 880 | 0.10 | 131 | 0.28 | 357 |
| 江陵县 | 0.72 | 930 | 1.60 | 2295 | 1.51 | 2099 | 1.51 | 2099 | | |
| 松滋市 | 2.00 | 2180 | 0.44 | 478 | 0.57 | 620 | | | 0.57 | 620 |
| 公安县 | | | | | 2.50 | 2500 | | | 1.50 | 1600 |
| 石首市 | 1.02 | 1597 | 2.04 | 3194 | 1.02 | 1597 | | | 1.02 | 1597 |
| 监利县 | 4.00 | 4958 | 0.80 | 980 | 1.20 | 1452 | | | 1.00 | 1210 |
| 洪湖市 | 1.84 | 2510 | | | 0.92 | 1244 | 0.92 | 1244 | | |
| **宜昌市** | **2.21** | **2606** | **1.15** | **1780** | **3.91** | **4806** | **1.67** | **2054** | | |
| 市辖区 | | | | | | | | | | |
| 夷陵区 | | | | | | | | | | |
| 宜都市 | | | | | | | | | | |
| 枝江市 | 2.21 | 2606 | | | 3.91 | 4806 | 1.67 | 2054 | | |
| 当阳市 | | | 1.15 | 1780 | | | | | | |
| 远安县 | | | | | | | | | | |
| 兴山县 | | | | | | | | | | |
| 秭归县 | | | | | | | | | | |
| 长阳县 | | | | | | | | | | |
| 五峰县 | | | | | | | | | | |
| **襄樊市** | **0.50** | **560** | **0.50** | **569** | **3.69** | **7089** | **1.47** | **4685** | **1.79** | **1834** |
| 市辖区 | | | | | | | | | | |
| 老河口市 | | | | | | | | | | |
| 襄阳区 | | | | | 1.14 | 924 | | | 1.14 | 924 |
| 枣阳市 | | | | | 1.17 | 4345 | 1.17 | 4345 | | |
| 宜城市 | 0.50 | 560 | 0.50 | 569 | 1.38 | 1820 | 0.30 | 340 | 0.65 | 910 |
| 南漳县 | | | | | | | | | | |
| 谷城县 | | | | | | | | | | |
| 保康县 | | | | | | | | | | |
| 农场 | | | | | | | | | | |
| **鄂州市** | **0.60** | **619** | **0.25** | **258** | **1.11** | **1093** | **0.50** | **462** | **0.40** | **450** |

续表5 单位:千公顷

| | 棉花良种(续) | | | | | | | | | |
|---|---|---|---|---|---|---|---|---|---|---|
| | 良种杂交棉(续)湘杂棉3号 | | 抗病品种 | | 抗虫棉品种 | | 鄂抗虫棉1号 | | 中棉所29 | |
| | 面积 | 产量 | 面积 | 产量 | 面积 | 产量 | 面积 | 产量 | 面积 | 产量 |
| **荆门市** | **0.00** | | **8.12** | **8845** | **3.64** | **3893** | | | **2.84** | **3103** |
| 市辖区 | | | 0.76 | 818 | 1.14 | 1287 | | | 0.34 | 497 |
| 沙洋县 | | | 1.39 | 1851 | 0.50 | 500 | | | 0.50 | 500 |
| 钟祥市 | | | 2.14 | 2400 | 1.00 | 1106 | | | 1.00 | 1106 |
| 京山县 | | | 0.16 | 137 | 0.50 | 500 | | | 0.50 | 500 |
| 沙洋农场 | | | 3.67 | 3639 | 0.50 | 500 | | | 0.50 | 500 |
| **孝感市** | **2.00** | **2516** | **5.52** | **6609** | **3.21** | **3428** | **1.30** | **1384** | **1.39** | **1500** |
| 孝南区 | 0.05 | 62 | 0.10 | 120 | 0.03 | 37 | 0.02 | 24 | | |
| 孝昌县 | | | 0.09 | 75 | 0.13 | 110 | | | 0.04 | 34 |
| 大悟县 | | | | | | | | | | |
| 安陆市 | | | 0.08 | 80 | 0.24 | 242 | 0.08 | 80 | 0.16 | 162 |
| 云梦县 | 0.25 | 286 | 0.35 | 399 | 0.71 | 809 | 0.50 | 565 | 0.21 | 244 |
| 应城市 | 0.80 | 1158 | 0.20 | 285 | 0.40 | 550 | 0.10 | 135 | 0.18 | 250 |
| 汉川市 | 0.90 | 1010 | 4.70 | 5650 | 1.70 | 1680 | 0.60 | 580 | 0.80 | 810 |
| **黄冈市** | **4.39** | **6077** | **3.85** | **4868** | **6.80** | **9051** | **1.06** | **1200** | **4.79** | **6645** |
| 市辖区 | | | 0.41 | 584 | 0.64 | 920 | | | 0.21 | 299 |
| 团风县 | 0.07 | 120 | 0.09 | 143 | 0.07 | 113 | 0.02 | 31 | 0.02 | 32 |
| 红安县 | | | | | | | | | | |
| 麻城市 | 0.60 | 780 | 0.72 | 820 | 1.87 | 2102 | 0.73 | 820 | 1.07 | 1203 |
| 罗田县 | | | | | | | | | | |
| 英山县 | | | 0.03 | 42 | 0.02 | 36 | | | | |
| 浠水县 | 0.96 | 1491 | | | | | | | | |
| 蕲春县 | 0.10 | 150 | | | 0.36 | 445 | 0.20 | 240 | 0.16 | 205 |
| 武穴市 | 1.00 | 1440 | 0.10 | 140 | 2.18 | 2854 | 0.11 | 109 | 1.67 | 2325 |
| 黄梅县 | 1.66 | 2096 | 2.50 | 3139 | 1.66 | 2581 | | | 1.66 | 2581 |
| **咸宁市** | **0.01** | **7** | | | | | | | | |
| 咸安区 | 0.00 | | | | | | | | | |
| 嘉鱼县 | | | | | | | | | | |
| 赤壁市 | | | | | | | | | | |
| 通城县 | | | | | | | | | | |
| 崇阳县 | 0.01 | 7 | | | | | | | | |
| 通山县 | | | | | | | | | | |
| **随州市** | **0.00** | | **1.49** | **1793** | **2.81** | **3484** | **2.42** | **3002** | **0.07** | **90** |
| 广水市 | | | 1.10 | 1314 | 1.20 | 1436 | 1.00 | 1197 | | |
| 曾都区 | | | 0.39 | 479 | 1.61 | 2048 | 1.42 | 1805 | 0.07 | 90 |
| **恩施自治州** | | | | | | | | | | |
| 恩施市 | | | | | | | | | | |
| 建始县 | | | | | | | | | | |
| 巴东县 | | | | | | | | | | |
| 利川市 | | | | | | | | | | |
| 宣恩县 | | | | | | | | | | |
| 咸丰县 | | | | | | | | | | |
| 来凤县 | | | | | | | | | | |
| 鹤峰县 | | | | | | | | | | |
| **仙桃市** | **3.00** | **2790** | **1.50** | **1395** | **1.00** | **930** | | | **1.00** | **930** |
| **天门市** | | | **0.33** | **382** | **6.80** | **7900** | **3.00** | **4400** | **3.80** | **3500** |
| **潜江市** | **6.00** | **7111** | | | **0.33** | **391** | | | **0.33** | **391** |
| **神农架林区** | | | | | | | | | | |

续表 6　　　　单位:千公顷

| | 其它品种棉花良种(续) | | 麻类良种面积 | | | | | | | |
|---|---|---|---|---|---|---|---|---|---|---|
| | 面　积 | 产　量 | | 黄红麻 | 苎　麻 | 细叶绿 | 华苎2号 | 华苎4号 | 湘苎2号 | 其　它 |
| **全 省 合 计** | **21.99** | **23876** | **19.48** | **0.76** | **18.48** | **3.39** | **2.47** | **4.17** | **3.61** | **0.24** |
| **武 汉 市** | **1.53** | **1824** | | | | | | | | |
| 市辖区 | 1.26 | 1500 | | | | | | | | |
| 蔡甸区 | | | | | | | | | | |
| 江夏区 | | | | | | | | | | |
| 黄陂区 | 0.27 | 324 | | | | | | | | |
| 新洲区 | | | | | | | | | | |
| **黄 石 市** | **0.00** | | **5.27** | | **5.27** | **0.85** | **0.02** | **2.40** | | |
| 市辖区 | | | 0.02 | | 0.02 | | 0.02 | | | |
| 大冶市 | | | 0.98 | | 0.98 | 0.48 | | | | |
| 阳新县 | | | 4.27 | | 4.27 | 0.37 | | 2.40 | | |
| **十 堰 市** | **0.02** | **8** | | | | | | | | |
| 市辖区 | | | | | | | | | | |
| 丹江口市 | 0.02 | 8 | | | | | | | | |
| 郧　县 | | | | | | | | | | |
| 郧西县 | | | | | | | | | | |
| 竹山县 | | | | | | | | | | |
| 竹溪县 | | | | | | | | | | |
| 房　县 | | | | | | | | | | |
| **荆 州 市** | **4.25** | **6428** | **0.77** | **0.65** | **0.02** | **0.02** | | | | **0.10** |
| 市辖区 | 0.00 | | | | | | | | | |
| 江陵县 | | | | | | | | | | |
| 松滋市 | 0.35 | 379 | | | | | | | | |
| 公安县 | | | 0.10 | | | | | | | 0.10 |
| 石首市 | 3.83 | 5965 | | | | | | | | |
| 监利县 | 0.07 | 84 | 0.67 | 0.65 | 0.02 | 0.02 | | | | |
| 洪湖市 | | | | | | | | | | |
| **宜 昌 市** | | | | | | | | | | |
| 市辖区 | | | | | | | | | | |
| 夷陵区 | | | | | | | | | | |
| 宜都市 | | | | | | | | | | |
| 枝江市 | | | | | | | | | | |
| 当阳市 | | | | | | | | | | |
| 远安县 | | | | | | | | | | |
| 兴山县 | | | | | | | | | | |
| 秭归县 | | | | | | | | | | |
| 长阳县 | | | | | | | | | | |
| 五峰县 | | | | | | | | | | |
| **襄 樊 市** | **9.06** | **6688** | **1.12** | | **1.05** | | | **0.25** | | **0.07** |
| 市辖区 | | | | | | | | | | |
| 老河口市 | 3.35 | 2299 | | | | | | | | |
| 襄阳区 | | | | | | | | | | |
| 枣阳市 | 5.20 | 4055 | | | | | | | | |
| 宜城市 | | | | | | | | | | |
| 南漳县 | 0.17 | 148 | 1.12 | | 1.05 | | | 0.25 | | 0.07 |
| 谷城县 | 0.34 | 186 | | | | | | | | |
| 保康县 | | | | | | | | | | |
| 农　场 | | | | | | | | | | |
| **鄂 州 市** | **0.00** | | **0.24** | | **0.24** | **0.24** | | | | |

| | 其它品种棉花良种（续） | | 麻类良种面积 | 黄红麻 | 苎　麻 | | | | | |
|---|---|---|---|---|---|---|---|---|---|---|
| | 面　积 | 产　量 | | | | 细叶绿 | 华苎2号 | 华苎4号 | 湘苎2号 | 其　它 |
| **荆　门　市** | **2.72** | **2993** | | | | | | | | |
| 市辖区 | 0.80 | 790 | | | | | | | | |
| 沙洋县 | 0.20 | 267 | | | | | | | | |
| 钟祥市 | 1.20 | 1419 | | | | | | | | |
| 京山县 | 0.52 | 517 | | | | | | | | |
| 沙洋农场 | | | | | | | | | | |
| **孝　感　市** | **1.02** | **1275** | | | | | | | | |
| 孝南区 | 0.03 | 36 | | | | | | | | |
| 孝昌县 | 0.02 | 16 | | | | | | | | |
| 大悟县 | 0.13 | 162 | | | | | | | | |
| 安陆市 | 0.06 | 56 | | | | | | | | |
| 云梦县 | | | | | | | | | | |
| 应城市 | 0.28 | 395 | | | | | | | | |
| 汉川市 | 0.50 | 610 | | | | | | | | |
| **黄　冈　市** | **1.70** | **2788** | **1.97** | | **1.97** | **0.91** | **0.10** | **0.10** | | |
| 市辖区 | | | | | | | | | | |
| 团风县 | 0.17 | 270 | | | | | | | | |
| 红安县 | 0.04 | 38 | | | | | | | | |
| 麻城市 | 0.98 | 1745 | | | | | | | | |
| 罗田县 | 0.03 | 35 | 0.02 | | 0.02 | | | | | |
| 英山县 | 0.01 | 17 | 0.02 | | 0.02 | | | | | |
| 浠水县 | | | | | | | | | | |
| 蕲春县 | | | 1.56 | | 1.56 | 0.90 | | 0.10 | | |
| 武穴市 | 0.47 | 683 | 0.37 | | 0.37 | 0.01 | 0.10 | | | |
| 黄梅县 | | | | | | | | | | |
| **咸　宁　市** | **0.00** | | **9.87** | | **9.80** | **1.37** | **2.35** | **1.42** | **3.61** | **0.07** |
| 咸安区 | 0.00 | | 1.45 | | 1.45 | | | 0.75 | | |
| 嘉鱼县 | | | 2.93 | | 2.86 | | | | 2.86 | 0.07 |
| 赤壁市 | | | 5.48 | | 5.48 | 1.37 | 2.34 | 0.67 | 0.75 | |
| 通城县 | | | | | | | | | | |
| 崇阳县 | | | | | | | | | | |
| 通山县 | | | 0.01 | | 0.01 | | 0.01 | | | |
| **随　州　市** | | | | | | | | | | |
| 广水市 | | | | | | | | | | |
| 曾都区 | | | | | | | | | | |
| **恩施自治州** | | | | | | | | | | |
| 恩施市 | | | | | | | | | | |
| 建始县 | | | | | | | | | | |
| 巴东县 | | | | | | | | | | |
| 利川市 | | | | | | | | | | |
| 宣恩县 | | | | | | | | | | |
| 咸丰县 | | | | | | | | | | |
| 来凤县 | | | | | | | | | | |
| 鹤峰县 | | | | | | | | | | |
| **仙　桃　市** | **0.30** | **277** | **0.21** | **0.08** | **0.13** | | | | | |
| **天　门　市** | **0.18** | **160** | | | | | | | | |
| **潜　江　市** | **1.21** | **1435** | **0.03** | **0.03** | | | | | | |
| **神农架林区** | | | | | | | | | | |

# 全省粮、棉、油杂交生产情况

单位:千公顷、吨

| | 数　量 | | 数　量 |
|---|---|---|---|
| 一、杂交水稻 | | 二、杂交玉米 | |
| 1. 推广面积 | 1723.22 | 1. 推广面积 | 392.58 |
| 产量 | 13278518 | 产量 | 1856763 |
| (1)早杂面积 | 121.79 | 2. 制种面积 | 0.23 |
| 产量 | 781355 | 产量 | 670 |
| (2)中杂面积 | 1261.68 | 3. 亲繁面积 | |
| 产量 | 10178247 | 产量 | |
| (3)晚杂面积 | 339.75 | 三、杂交棉花推广面积 | 256.36 |
| 产量 | 2318916 | 产量 | 310639 |
| 2. 制种面积 | 3.18 | 四、杂交油菜 | |
| 产量 | 8759 | | |
| 其中:春制面积 | 1.63 | 1. 推广面积 | 887.12 |
| 产量 | 4913 | 产量 | 1682819 |
| 夏制面积 | 1.44 | 2. 制种面积 | 1.73 |
| 产量 | 3553 | 产量 | 2144 |
| 3. 亲繁面积 | 0.02 | 五、再生稻推广面积 | 61.70 |
| 产量 | 38 | 产量 | 492062 |

# 粮、棉、油杂交生产情况

单位:千公顷、吨

| | 杂交水稻 | | | | | | | |
|---|---|---|---|---|---|---|---|---|
| | 推广 | | 早杂 | | 中杂 | | 晚杂 | |
| | 面积 | 产量 | 面积 | 产量 | 面积 | 产量 | 面积 | 产量 |
| **全省合计** | **1723.22** | **13278518** | **121.79** | **781355** | **1261.68** | **10178247** | **339.75** | **2318916** |
| **武汉市** | **112.10** | **796162** | **23.54** | **167115** | **48.16** | **328391** | **40.40** | **300656** |
| 市辖区 | 7.88 | 57893 | 0.06 | 450 | 7.02 | 52239 | 0.80 | 5204 |
| 蔡甸区 | 13.27 | 110095 | 0.60 | 3600 | 11.47 | 98395 | 1.20 | 8100 |
| 江夏区 | 31.53 | 107737 | 5.30 | 3660 | 10.93 | 8627 | 15.30 | 95450 |
| 黄陂区 | 36.00 | 351837 | 10.00 | 106762 | 13.00 | 124530 | 13.00 | 120545 |
| 新洲区 | 23.42 | 168600 | 7.58 | 52643 | 5.74 | 44600 | 10.10 | 71357 |
| **黄石市** | **66.45** | **367811** | **20.08** | **98940** | **12.08** | **89135** | **34.29** | **179736** |
| 市辖区 | 0.73 | 4538 | 0.29 | 1690 | 0.17 | 1212 | 0.27 | 1636 |
| 大冶市 | 34.20 | 187390 | 10.49 | 55000 | 6.29 | 39390 | 17.42 | 93000 |
| 阳新县 | 31.52 | 175883 | 9.30 | 42250 | 5.62 | 48533 | 16.60 | 85100 |
| **十堰市** | **33.88** | **190732** | | | **33.88** | **190732** | | |
| 市辖区 | 0.33 | 1385 | | | 0.33 | 1385 | | |
| 丹江口市 | 5.70 | 26970 | | | 5.70 | 26970 | | |
| 郧县 | 6.54 | 30008 | | | 6.54 | 30008 | | |
| 郧西县 | 2.83 | 21240 | | | 2.83 | 21240 | | |
| 竹山县 | 6.55 | 37727 | | | 6.55 | 37727 | | |
| 竹溪县 | 5.26 | 38402 | | | 5.26 | 38402 | | |
| 房县 | 6.67 | 35000 | | | 6.67 | 35000 | | |
| **荆州市** | **288.06** | **2374246** | **10.10** | **78942** | **212.10** | **1830902** | **65.86** | **464402** |
| 市辖区 | 22.48 | 219808 | 2.56 | 21082 | 17.01 | 176212 | 2.91 | 22514 |
| 江陵县 | 25.08 | 234057 | 0.05 | 456 | 25.00 | 233410 | 0.03 | 191 |
| 松滋市 | 32.71 | 231556 | 0.84 | 5526 | 21.08 | 159560 | 10.79 | 66470 |
| 公安县 | 44.44 | 360743 | 0.67 | 5128 | 30.04 | 261624 | 13.73 | 93991 |
| 石首市 | 23.34 | 208777 | | | 17.48 | 166310 | 5.86 | 42467 |
| 监利县 | 96.40 | 710605 | 4.00 | 30000 | 64.09 | 481486 | 28.31 | 199119 |
| 洪湖市 | 43.61 | 408700 | 1.98 | 16750 | 37.40 | 352300 | 4.23 | 39650 |
| **宜昌市** | **84.48** | **616567** | **2.67** | **18000** | **73.30** | **541471** | **8.51** | **57096** |
| 市辖区 | 0.80 | 4000 | | | 0.80 | 4000 | | |
| 夷陵区 | 10.68 | 79686 | | | 10.66 | 79491 | 0.02 | 195 |
| 宜都市 | 6.60 | 49481 | | | 6.35 | 47531 | 0.25 | 1950 |
| 枝江市 | 22.24 | 162761 | 2.67 | 18000 | 11.33 | 89810 | 8.24 | 54951 |
| 当阳市 | 28.41 | 219789 | | | 28.41 | 219789 | | |
| 远安县 | 7.60 | 53080 | | | 7.60 | 53080 | | |
| 兴山县 | 2.16 | 14911 | | | 2.16 | 14911 | | |
| 秭归县 | 2.87 | 17919 | | | 2.87 | 17919 | | |
| 长阳县 | 2.70 | 14940 | | | 2.70 | 14940 | | |
| 五峰县 | 0.42 | | | | 0.42 | | | |
| **襄樊市** | **181.22** | **1542195** | | | **181.22** | **1542195** | | |
| 市辖区 | 16.00 | 139230 | | | 16.00 | 139230 | | |
| 老河口市 | 13.56 | 114783 | | | 13.56 | 114783 | | |
| 襄阳区 | 38.73 | 348778 | | | 38.73 | 348778 | | |
| 枣阳市 | 43.00 | 341740 | | | 43.00 | 341740 | | |
| 宜城市 | 29.20 | 306500 | | | 29.20 | 306500 | | |
| 南漳县 | 21.00 | 153350 | | | 21.00 | 153350 | | |
| 谷城县 | 16.09 | 120922 | | | 16.09 | 120922 | | |
| 保康县 | 3.17 | 14376 | | | 3.17 | 14376 | | |
| 农场 | 0.47 | 2516 | | | 0.47 | 2516 | | |
| **鄂州市** | **27.30** | **187132** | **5.10** | **36363** | **9.10** | **67572** | **13.10** | **83197** |

单位:千公顷、吨

| | 杂交水稻 | | | | | | | |
|---|---|---|---|---|---|---|---|---|
| | 推广 | | 早杂 | | 中杂 | | 晚杂 | |
| | 面积 | 产量 | 面积 | 产量 | 面积 | 产量 | 面积 | 产量 |
| **荆门市** | **141.64** | **1395766** | | | **135.11** | **1346070** | **6.53** | **49696** |
| 市辖区 | 24.90 | 190000 | | | 24.90 | 190000 | | |
| 沙洋县 | 50.47 | 506358 | | | 50.29 | 505000 | 0.18 | 1358 |
| 钟祥市 | 41.64 | 512270 | | | 41.64 | 512270 | | |
| 京山县 | 22.60 | 175338 | | | 16.25 | 127000 | 6.35 | 48338 |
| 沙洋农场 | 2.03 | 11800 | | | 2.03 | 11800 | | |
| **孝感市** | **138.02** | **1055367** | **2.75** | **19966** | **118.76** | **906439** | **16.51** | **128962** |
| 孝南区 | 16.75 | 135874 | | | 16.00 | 131040 | 0.75 | 4834 |
| 孝昌县 | 14.69 | 133630 | 0.28 | 2079 | 14.25 | 130387 | 0.16 | 1164 |
| 大悟县 | 17.78 | 197674 | 0.12 | 855 | 17.19 | 193135 | 0.47 | 3684 |
| 安陆市 | 25.82 | 263883 | | | 25.74 | 263287 | 0.08 | 596 |
| 云梦县 | 9.33 | 88144 | 0.67 | 5602 | 7.33 | 73610 | 1.33 | 8932 |
| 应城市 | 21.53 | 185212 | 0.06 | 450 | 9.65 | 89020 | 11.82 | 95742 |
| 汉川市 | 32.12 | 50950 | 1.62 | 10980 | 28.60 | 25960 | 1.90 | 14010 |
| **黄冈市** | **234.77** | **1764032** | **38.96** | **264340** | **96.85** | **799316** | **98.96** | **700376** |
| 市辖区 | 4.40 | 31509 | 0.49 | 2940 | 2.23 | 16876 | 1.68 | 11693 |
| 团风县 | 18.05 | 123802 | 4.86 | 30982 | 5.05 | 37875 | 8.14 | 54945 |
| 红安县 | 19.82 | 148782 | 3.96 | 28207 | 5.65 | 41973 | 10.21 | 78602 |
| 麻城市 | 33.47 | 290051 | 6.67 | 54000 | 18.33 | 178878 | 8.47 | 57173 |
| 罗田县 | 17.33 | 140463 | 0.33 | 2600 | 16.66 | 135163 | 0.34 | 2700 |
| 英山县 | 14.00 | 114696 | 0.20 | 1385 | 11.65 | 98856 | 2.15 | 14455 |
| 浠水县 | 41.85 | 317833 | 9.85 | 66488 | 6.73 | 55500 | 25.27 | 195845 |
| 蕲春县 | 34.00 | 241950 | 6.00 | 34200 | 12.50 | 103125 | 15.50 | 104625 |
| 武穴市 | 31.29 | 213317 | 2.10 | 14175 | 12.19 | 91153 | 17.00 | 107989 |
| 黄梅县 | 20.56 | 141629 | 4.50 | 29363 | 5.86 | 39917 | 10.20 | 72349 |
| **咸宁市** | **116.51** | **610631** | **18.18** | **94428** | **62.44** | **303325** | **35.89** | **212878** |
| 咸安区 | 19.80 | 38008 | 1.87 | 9865 | 14.88 | 10136 | 3.05 | 18007 |
| 嘉鱼县 | 17.64 | 117877 | 0.93 | 5095 | 13.90 | 95281 | 2.81 | 17501 |
| 赤壁市 | 26.27 | 156062 | 3.46 | 16867 | 13.31 | 86333 | 9.50 | 52862 |
| 通城县 | 22.21 | 130361 | 6.53 | 34283 | 5.43 | 32580 | 10.25 | 63498 |
| 崇阳县 | 21.22 | 123011 | 5.06 | 26588 | 6.56 | 39235 | 9.60 | 57188 |
| 通山县 | 9.37 | 45312 | 0.33 | 1730 | 8.36 | 39760 | 0.68 | 3822 |
| **随州市** | **109.73** | **938301** | | | **109.73** | **938301** | | |
| 广水市 | 77.68 | 619289 | | | 77.68 | 619289 | | |
| 曾都区 | 32.05 | 319012 | | | 32.05 | 319012 | | |
| **恩施自治州** | **65.16** | **336649** | | | **65.16** | **336649** | | |
| 恩施市 | 10.00 | 6100 | | | 10.00 | 6100 | | |
| 建始县 | 3.53 | 25837 | | | 3.53 | 25837 | | |
| 巴东县 | 1.91 | 10359 | | | 1.91 | 10359 | | |
| 利川市 | 20.50 | 105700 | | | 20.50 | 105700 | | |
| 宣恩县 | 8.25 | 48900 | | | 8.25 | 48900 | | |
| 咸丰县 | 9.55 | 65420 | | | 9.55 | 65420 | | |
| 来凤县 | 8.92 | 56244 | | | 8.92 | 56244 | | |
| 鹤峰县 | 2.50 | 18089 | | | 2.50 | 18089 | | |
| **仙桃市** | **56.59** | **525943** | | | **48.02** | **461038** | **8.57** | **64905** |
| **天门市** | **37.91** | **288002** | | | **28.03** | **219900** | **9.88** | **68102** |
| **潜江市** | **29.32** | **288607** | **0.41** | **3261** | **27.66** | **276436** | **1.25** | **8910** |
| **神农架林区** | **0.08** | **375** | | | **0.08** | **375** | | |

| | 杂交水稻（续） | | | | | | | |
|---|---|---|---|---|---|---|---|---|
| | 制种 | | 春制 | | 夏制 | | 亲繁 | |
| | 面积 | 产量 | 面积 | 产量 | 面积 | 产量 | 面积 | 产量 |
| **全省合计** | **3.18** | **8759** | **1.63** | **4913** | **1.44** | **3553** | **0.02** | **38** |
| **武汉市** | **0.03** | **83** | | | **0.03** | **83** | | |
| 市辖区 | | | | | | | | |
| 蔡甸区 | | | | | | | | |
| 江夏区 | 0.03 | 83 | | | 0.03 | 83 | | |
| 黄陂区 | | | | | | | | |
| 新洲区 | | | | | | | | |
| **黄石市** | | | | | | | | |
| 市辖区 | | | | | | | | |
| 大冶市 | | | | | | | | |
| 阳新县 | | | | | | | | |
| **十堰市** | **0.01** | **25** | | | **0.01** | **25** | | |
| 市辖区 | | | | | | | | |
| 丹江口市 | 0.01 | 25 | | | 0.01 | 25 | | |
| 郧县 | | | | | | | | |
| 郧西县 | | | | | | | | |
| 竹山县 | | | | | | | | |
| 竹溪县 | | | | | | | | |
| 房县 | | | | | | | | |
| **荆州市** | **1.38** | **4448** | **0.60** | **2780** | **0.78** | **1668** | | |
| 市辖区 | 0.00 | | | | | | | |
| 江陵县 | | | | | | | | |
| 松滋市 | 0.90 | 2130 | 0.30 | 780 | 0.60 | 1350 | | |
| 公安县 | 0.30 | 2000 | 0.30 | 2000 | | | | |
| 石首市 | | | | | | | | |
| 监利县 | 0.10 | 300 | | | 0.10 | 300 | | |
| 洪湖市 | 0.08 | 18 | | | 0.08 | 18 | | |
| **宜昌市** | **0.06** | **170** | **0.04** | **80** | **0.02** | **90** | | |
| 市辖区 | | | | | | | | |
| 夷陵区 | | | | | | | | |
| 宜都市 | | | | | | | | |
| 枝江市 | 0.04 | 80 | 0.04 | 80 | | | | |
| 当阳市 | | | | | | | | |
| 远安县 | | | | | | | | |
| 兴山县 | | | | | | | | |
| 秭归县 | 0.02 | 90 | | | 0.02 | 90 | | |
| 长阳县 | | | | | | | | |
| 五峰县 | | | | | | | | |
| **襄樊市** | **0.66** | **2001** | **0.36** | **1091** | **0.30** | **910** | | |
| 市辖区 | | | | | | | | |
| 老河口市 | | | | | | | | |
| 襄阳区 | 0.30 | 910 | | | 0.30 | 910 | | |
| 枣阳市 | 0.36 | 1091 | 0.36 | 1091 | | | | |
| 宜城市 | | | | | | | | |
| 南漳县 | | | | | | | | |
| 谷城县 | | | | | | | | |
| 保康县 | | | | | | | | |
| 农场 | | | | | | | | |
| **鄂州市** | | | | | | | | |

续表 3　　　　　　　　　　　　　　　　　　　　单位:千公顷、吨

| | 杂交水稻(续) | | | | | | | |
|---|---|---|---|---|---|---|---|---|
| | 制种 | | 春制 | | 夏制 | | 亲繁 | |
| | 面积 | 产量 | 面积 | 产量 | 面积 | 产量 | 面积 | 产量 |
| **荆门市** | **0.20** | **80** | **0.20** | **80** | | | | |
| 市辖区 | 0.20 | 80 | 0.20 | 80 | | | | |
| 沙洋县 | | | | | | | | |
| 钟祥市 | | | | | | | | |
| 京山县 | | | | | | | | |
| 沙洋农场 | | | | | | | | |
| **孝感市** | **0.09** | **212** | | | **0.09** | **212** | **0.01** | **17** |
| 孝南区 | 0.07 | 164 | | | 0.07 | 164 | 0.01 | 17 |
| 孝昌县 | | | | | | | | |
| 大悟县 | | | | | | | | |
| 安陆市 | | | | | | | | |
| 云梦县 | | | | | | | | |
| 应城市 | | | | | | | | |
| 汉川市 | 0.02 | 48 | | | 0.02 | 48 | | |
| **黄冈市** | **0.06** | **203** | | | **0.03** | **90** | | |
| 市辖区 | | | | | | | | |
| 团风县 | 0.03 | 90 | | | 0.03 | 90 | | |
| 红安县 | | | | | | | | |
| 麻城市 | | | | | | | | |
| 罗田县 | | | | | | | | |
| 英山县 | 0.03 | 113 | | | | | | |
| 浠水县 | | | | | | | | |
| 蕲春县 | | | | | | | | |
| 武穴市 | | | | | | | | |
| 黄梅县 | | | | | | | | |
| **咸宁市** | **0.51** | **1062** | **0.43** | **882** | | | **0.01** | **21** |
| 咸安区 | 0.10 | 182 | 0.10 | 182 | | | 0.01 | 21 |
| 嘉鱼县 | | | | | | | | |
| 赤壁市 | 0.13 | 200 | 0.13 | 200 | | | | |
| 通城县 | 0.28 | 680 | 0.20 | 500 | | | | |
| 崇阳县 | | | | | | | | |
| 通山县 | | | | | | | | |
| **随州市** | **0.13** | **350** | | | **0.13** | **350** | | |
| 广水市 | 0.00 | | | | | | | |
| 曾都区 | 0.13 | 350 | | | 0.13 | 350 | | |
| **恩施自治州** | **0.05** | **115** | | | **0.05** | **115** | | |
| 恩施市 | | | | | | | | |
| 建始县 | | | | | | | | |
| 巴东县 | | | | | | | | |
| 利川市 | 0.05 | 115 | | | 0.05 | 115 | | |
| 宣恩县 | | | | | | | | |
| 咸丰县 | | | | | | | | |
| 来凤县 | | | | | | | | |
| 鹤峰县 | | | | | | | | |
| **仙桃市** | **0.00** | | | | | | | |
| **天门市** | | **10** | | | | **10** | | |
| **潜江市** | | | | | | | | |
| **神农架林区** | | | | | | | | |

续表4 单位:千公顷、吨

| | 杂交玉米 | | 杂交棉花 | | 杂交油菜 | | 再生稻 | |
|---|---|---|---|---|---|---|---|---|
| | 推广面积 | 产量 | 推广面积 | 产量 | 推广面积 | 产量 | 推广面积 | 产量 |
| **全省合计** | **392.58** | **1856763** | **256.36** | **310639** | **887.12** | **1682819** | **61.70** | **492062** |
| **武汉市** | **3.18** | **23847** | **9.47** | **10148** | **24.62** | **44441** | **6.27** | **48015** |
| 市辖区 | 0.25 | 1692 | 3.80 | 3910 | 1.16 | 2058 | | |
| 蔡甸区 | 1.50 | 14625 | 1.33 | 1640 | 2.67 | 4356 | 2.15 | 7420 |
| 江夏区 | 1.20 | 6400 | | | 1.87 | 3080 | 1.00 | 7350 |
| 黄陂区 | | | 1.00 | 1325 | 13.30 | 25000 | | |
| 新洲区 | 0.23 | 1130 | 3.34 | 3273 | 5.62 | 9947 | 3.12 | 33245 |
| **黄石市** | **10.04** | **41076** | **2.29** | **2812** | **16.90** | **22485** | **0.68** | **5500** |
| 市辖区 | 0.05 | 228 | 0.03 | 30 | 0.40 | 600 | 0.08 | 500 |
| 大冶市 | 1.17 | 6300 | 0.43 | 520 | 2.70 | 5000 | | |
| 阳新县 | 8.82 | 34548 | 1.83 | 2262 | 13.80 | 16885 | 0.60 | 5000 |
| **十堰市** | **65.36** | **221472** | | | **28.37** | **42723** | | |
| 市辖区 | 0.57 | 2309 | | | 0.13 | 243 | | |
| 丹江口市 | 3.85 | 12340 | | | 2.67 | 4500 | | |
| 郧县 | 9.37 | 24001 | | | 2.99 | 3391 | | |
| 郧西县 | 11.15 | 45820 | | | 2.24 | 3760 | | |
| 竹山县 | 18.60 | 49554 | | | 7.87 | 10885 | | |
| 竹溪县 | 10.01 | 52448 | | | 7.73 | 13144 | | |
| 房县 | 11.81 | 35000 | | | 4.74 | 6800 | | |
| **荆州市** | **14.80** | **80781** | **78.69** | **104246** | **198.07** | **413710** | **25.74** | **218750** |
| 市辖区 | 3.46 | 11826 | 11.34 | 16739 | 22.68 | 51053 | 0.20 | 375 |
| 江陵县 | | | 7.20 | 9292 | 18.09 | 49705 | | |
| 松滋市 | 8.25 | 46240 | 12.18 | 13315 | 27.55 | 51650 | 3.01 | 7490 |
| 公安县 | 0.54 | 2902 | 23.90 | 33377 | 40.16 | 87383 | 4.50 | 15500 |
| 石首市 | 0.20 | 1636 | 3.06 | 4791 | 20.01 | 39251 | 1.10 | 3285 |
| 监利县 | 1.11 | 6117 | 14.80 | 18258 | 46.67 | 80000 | 11.00 | 115000 |
| 洪湖市 | 1.24 | 12060 | 6.21 | 8474 | 22.91 | 54668 | 5.93 | 77100 |
| **宜昌市** | **83.37** | **402486** | **12.87** | **16056** | **61.43** | **130053** | **0.07** | **420** |
| 市辖区 | 2.10 | 1023 | | | 1.30 | 2588 | | |
| 夷陵区 | 12.75 | 66797 | | | 5.92 | 8821 | | |
| 宜都市 | 7.82 | 48075 | | | 7.70 | 15788 | | |
| 枝江市 | 4.53 | 27404 | 9.50 | 10835 | 16.30 | 40273 | 0.07 | 420 |
| 当阳市 | 7.78 | 58952 | 3.35 | 5200 | 17.40 | 39680 | | |
| 远安县 | 3.35 | 15977 | 0.02 | 21 | 5.44 | 10723 | | |
| 兴山县 | 7.55 | 32376 | | | 1.33 | 2600 | | |
| 秭归县 | 8.86 | 45883 | | | 5.36 | 8455 | | |
| 长阳县 | 15.83 | 50391 | | | 0.68 | 1125 | | |
| 五峰县 | 12.80 | 55608 | | | | | | |
| **襄樊市** | **65.47** | **338357** | **17.12** | **16477** | **72.32** | **150618** | | |
| 市辖区 | 0.85 | 6004 | 1.10 | 1807 | 6.74 | 18863 | | |
| 老河口市 | 5.33 | 33999 | 2.20 | 1700 | 5.50 | 9550 | | |
| 襄阳区 | 8.85 | 62990 | 6.47 | 5638 | 8.14 | 18867 | | |
| 枣阳市 | 16.76 | 83783 | 2.47 | 2600 | 15.24 | 34842 | | |
| 宜城市 | 4.74 | 37980 | 3.65 | 3854 | 18.20 | 35870 | | |
| 南漳县 | 13.00 | 51400 | 0.57 | 508 | 13.00 | 23750 | | |
| 谷城县 | 5.02 | 24303 | | | 3.26 | 7179 | | |
| 保康县 | 10.78 | 37013 | | | 2.00 | 1500 | | |
| 农场 | 0.14 | 885 | 0.66 | 370 | 0.24 | 197 | | |
| **鄂州市** | **0.15** | **888** | **1.30** | **1342** | **6.10** | **16012** | **1.00** | **4500** |

续表5

单位:千公顷、吨

| | 杂交玉米 | | 杂交棉花 | | 杂交油菜 | | 再生稻 | |
|---|---|---|---|---|---|---|---|---|
| | 推广面积 | 产量 | 推广面积 | 产量 | 推广面积 | 产量 | 推广面积 | 产量 |
| **荆门市** | **13.95** | **87201** | **17.94** | **22200** | **120.87** | **258931** | | |
| 市辖区 | 3.30 | 18573 | 2.03 | 2400 | 23.81 | 51023 | | |
| 沙洋县 | 0.63 | 3253 | 3.99 | 5700 | 39.11 | 91687 | | |
| 钟祥市 | 5.31 | 39275 | 7.30 | 8300 | 41.81 | 81354 | | |
| 京山县 | 4.27 | 23500 | 2.62 | 3800 | 15.65 | 33905 | | |
| 沙洋农场 | 0.44 | 2600 | 2.00 | 2000 | 0.49 | 962 | | |
| **孝感市** | **0.83** | **6364** | **14.68** | **17892** | **73.39** | **114420** | | |
| 孝南区 | | | 0.93 | 1189 | 10.99 | 15660 | | |
| 孝昌县 | 0.01 | 68 | 0.17 | 143 | 6.14 | 9118 | | |
| 大悟县 | 0.15 | 1254 | | | 4.06 | 4975 | | |
| 安陆市 | 0.03 | 124 | 0.53 | 538 | 9.79 | 15702 | | |
| 云梦县 | 0.42 | 3102 | 0.50 | 572 | 7.40 | 13603 | | |
| 应城市 | 0.02 | 96 | 2.35 | 3380 | 14.41 | 22072 | | |
| 汉川市 | 0.20 | 1720 | 10.20 | 12070 | 20.60 | 33290 | | |
| **黄冈市** | **1.60** | **5624** | **20.55** | **29473** | **84.45** | **153709** | **22.29** | **185066** |
| 市辖区 | 0.03 | 139 | 0.62 | 907 | 1.11 | 2157 | 0.35 | 1058 |
| 团风县 | 0.01 | 22 | 0.27 | 465 | 6.97 | 10977 | 3.46 | 34513 |
| 红安县 | | | 0.02 | 22 | 10.96 | 21347 | | |
| 麻城市 | 0.22 | 67 | 2.73 | 3276 | 3.33 | 4329 | 0.53 | 1110 |
| 罗田县 | 0.10 | 657 | | | 3.33 | 6500 | 2.50 | 18760 |
| 英山县 | 0.53 | 1461 | 0.05 | 55 | 4.20 | 9655 | 1.30 | 8554 |
| 浠水县 | 0.68 | 3200 | 2.26 | 3510 | 26.95 | 50710 | 5.00 | 41233 |
| 蕲春县 | 0.03 | 78 | 0.30 | 450 | 3.50 | 5775 | 7.00 | 78750 |
| 武穴市 | | | 3.17 | 6760 | | | 2.15 | 1088 |
| 黄梅县 | | | 11.13 | 14028 | 24.10 | 42259 | | |
| **咸宁市** | **14.51** | **69851** | **1.43** | **1654** | **43.13** | **51932** | **4.55** | **17353** |
| 咸安区 | 2.28 | 11067 | 0.19 | 206 | 15.38 | 18976 | 3.75 | 9948 |
| 嘉鱼县 | 2.28 | 11107 | 0.39 | 436 | 6.69 | 9653 | 0.03 | 890 |
| 赤壁市 | 0.38 | 1707 | 0.81 | 973 | 14.85 | 17803 | 0.57 | 5160 |
| 通城县 | | | | | 2.40 | 2043 | 0.10 | 530 |
| 崇阳县 | 3.36 | 13554 | 0.04 | 39 | 0.40 | 490 | | |
| 通山县 | 6.21 | 32416 | | | 3.41 | 2967 | 0.10 | 825 |
| **随州市** | **1.41** | **7198** | **4.32** | **5200** | **15.82** | **23330** | | |
| 广水市 | 1.41 | 7198 | 4.06 | 4860 | 12.11 | 15762 | | |
| 曾都区 | | | 0.26 | 340 | 3.71 | 7568 | | |
| **恩施自治州** | **112.98** | **547379** | | | **25.14** | **32299** | | |
| 恩施市 | 19.00 | 89500 | | | 1.00 | 1500 | | |
| 建始县 | 16.30 | 99870 | | | 3.20 | 4800 | | |
| 巴东县 | 22.63 | 94009 | | | 5.60 | 6300 | | |
| 利川市 | 25.48 | 119102 | | | 2.00 | 4050 | | |
| 宣恩县 | 8.00 | 34200 | | | 2.60 | 3465 | | |
| 咸丰县 | 7.98 | 41550 | | | 5.20 | 5420 | | |
| 来凤县 | 6.24 | 27474 | | | 3.84 | 4733 | | |
| 鹤峰县 | 7.35 | 41674 | | | 1.70 | 2031 | | |
| **仙桃市** | **1.24** | **8603** | **19.36** | **18005** | **38.80** | **90210** | **1.10** | **12458** |
| **天门市** | **1.04** | **4197** | **30.00** | **34710** | **54.80** | **81523** | | |
| **潜江市** | **1.10** | **5763** | **26.34** | **30424** | **22.91** | **56423** | | |
| **神农架林区** | **1.55** | **5676** | | | | | | |

# 全省主要粮食作物优质专用品种面积、产量

单位:千公顷、吨

| | 播种面积<br>(千公顷) | 公顷单产<br>(公斤) | 总 产 量<br>(吨) |
|---|---|---|---|
| 粮食作物优质专用品种 | 2208.41 | 6315 | 13946627 |
| 其中:优质水稻合计 | 1399.96 | 7454 | 10434968 |
| 1.早　稻 | 287.90 | 6092 | 1753955 |
| (1)华矮837 | 7.28 | 6892 | 50177 |
| (2)嘉育948 | 36.06 | 6581 | 237317 |
| (3)金优402 | 65.36 | 6195 | 404908 |
| (4)中鉴100 | 23.42 | 6136 | 143714 |
| (5)其　它 | 155.78 | 5892 | 917839 |
| 2.中　稻 | 816.64 | 8208 | 6703205 |
| (1)鄂香1号 | 9.58 | 7225 | 69217 |
| (2)鉴真2号 | 23.75 | 7804 | 185346 |
| (3)中香1号 | 2.20 | 7125 | 15674 |
| (4)两优培九 | 338.51 | 8562 | 2898399 |
| (5)鄂荆糯6号 | 17.51 | 7560 | 132373 |
| (6)民科粘 | 2.05 | 5602 | 11485 |
| (7)丝优63 | 16.19 | 9912 | 160471 |
| (8)其　它 | 406.85 | 7940 | 3230240 |
| 3.晚　稻 | 295.42 | 6695 | 1977808 |
| (1)鄂晚9号 | 5.53 | 6372 | 35236 |
| (2)金优928 | 96.21 | 6925 | 666246 |
| (3)新香优96 | 3.88 | 6148 | 23853 |
| (4)湘晚籼9号 | 6.03 | 6329 | 38165 |
| (5)培两优288 | 2.00 | 5288 | 10575 |
| (6)鄂晚5号 | 3.69 | 7739 | 28558 |
| (7)天然香稻 | 2.00 | 6926 | 13852 |
| (8)春江03粳 | 1.31 | 6392 | 8374 |
| (9)其　它 | 174.77 | 6597 | 1152949 |
| 优质专用小麦 | 491.05 | 3889 | 1909932 |
| 1.强筋小麦 | 276.31 | 3887 | 1074125 |
| 其中:郑麦9023 | 266.05 | 3878 | 1031741 |
| 2.中筋小麦 | 45.26 | 4572 | 206937 |
| 3.弱筋小麦 | 169.48 | 3711 | 628870 |
| 其中:鄂麦15 | 21.89 | 3393 | 74270 |
| 鄂麦18 | 81.88 | 3964 | 324584 |
| 优质专用玉米 | 89.52 | 4607 | 412402 |
| 优质专用大豆 | 35.57 | 2132 | 75849 |
| 脱毒薯类 | 101.83 | 2982 | 303694 |
| 其中:马铃薯 | 71.66 | 2891 | 207145 |

# 主要粮食作物优质专用品种面积、产量

单位:千公顷、吨

| | 粮食作物优质专用品种 | | 优质水稻 | | 早稻 | | | |
|---|---|---|---|---|---|---|---|---|
| | | | | | | | 嘉育948 | |
| | 面积合计 | 产量合计 | 面积 | 产量 | 面积 | 产量 | 面积 | 水量 |
| **全省合计** | **2208.41** | **13946627** | **1399.96** | **10434968** | **287.90** | **1753955** | **36.06** | **237317** |
| **武汉市** | **143.39** | **959697** | **111.24** | **741668** | **46.08** | **265255** | **3.55** | **22156** |
| 市辖区 | 7.69 | 67201 | 7.38 | 54021 | 0.73 | 4212 | 0.10 | 624 |
| 蔡甸区 | 5.44 | 113722 | 3.33 | 21568 | 1.04 | 5714 | 0.16 | 1001 |
| 江夏区 | 29.63 | 212538 | 26.48 | 190048 | 13.00 | 78993 | 1.40 | 8722 |
| 黄陂区 | 53.34 | 307838 | 41.74 | 274438 | 16.66 | 91678 | 0.33 | 2096 |
| 新洲区 | 47.29 | 258398 | 32.31 | 201593 | 14.65 | 84658 | 1.56 | 9713 |
| **黄石市** | **112.29** | **565645** | **84.34** | **464560** | **34.17** | **167815** | **0.70** | **3188** |
| 市辖区 | 1.20 | 6406 | 0.68 | 4538 | 0.29 | 1690 | | |
| 大冶市 | 48.64 | 249269 | 42.69 | 233836 | 17.49 | 91479 | | |
| 阳新县 | 62.45 | 309970 | 40.97 | 226186 | 16.39 | 74646 | 0.70 | 3188 |
| **十堰市** | **103.12** | **345784** | **15.23** | **91160** | | | | |
| 市辖区 | 0.40 | 1090 | | | | | | |
| 丹江口市 | 9.53 | 38500 | 1.33 | 8000 | | | | |
| 郧县 | 36.08 | 87291 | 6.54 | 30008 | | | | |
| 郧西县 | | | | | | | | |
| 竹山县 | 6.20 | 25710 | 1.70 | 12750 | | | | |
| 竹溪县 | 36.01 | 147193 | 5.26 | 38402 | | | | |
| 房县 | 14.90 | 46000 | 0.40 | 2000 | | | | |
| **荆州市** | **289.12** | **2167700** | **242.21** | **2031471** | **44.33** | **318170** | **13.11** | **96026** |
| 市辖区 | 14.73 | 92709 | 8.33 | 72209 | 0.82 | 7267 | 0.22 | 1759 |
| 江陵县 | 25.53 | 215601 | 20.00 | 194085 | 0.10 | 720 | 0.05 | 360 |
| 松滋市 | 30.09 | 187835 | 20.49 | 161634 | 4.93 | 37580 | 1.00 | 11700 |
| 公安县 | 58.15 | 473400 | 53.09 | 454619 | 12.42 | 85869 | 4.00 | 28286 |
| 石首市 | 28.06 | 185759 | 20.64 | 185759 | 4.68 | 32504 | 1.04 | 9451 |
| 监利县 | 92.50 | 690110 | 89.50 | 683510 | 18.00 | 126360 | 5.40 | 33210 |
| 洪湖市 | 40.06 | 322286 | 30.16 | 279655 | 3.38 | 27870 | 1.40 | 11260 |
| **宜昌市** | **128.42** | **715066** | **66.76** | **489808** | **6.20** | **42897** | **0.67** | **4500** |
| 市辖区 | 2.50 | 8097 | 0.60 | 4521 | | | | |
| 夷陵区 | 23.70 | 103170 | 10.49 | 79050 | | | | |
| 宜都市 | 8.80 | 54958 | 6.80 | 50678 | 0.20 | 1197 | | |
| 枝江市 | 37.74 | 214985 | 25.31 | 182890 | 6.00 | 41700 | 0.67 | 4500 |
| 当阳市 | 16.22 | 113557 | 14.20 | 106500 | | | | |
| 远安县 | 5.90 | 43400 | 5.70 | 42750 | | | | |
| 兴山县 | 4.95 | 16700 | 0.45 | 3200 | | | | |
| 秭归县 | 16.47 | 68179 | 2.87 | 17919 | | | | |
| 长阳县 | 7.14 | 17020 | 0.34 | 2300 | | | | |
| 五峰县 | 5.00 | 75000 | | | | | | |
| **襄樊市** | **338.75** | **2294502** | **110.12** | **802033** | | | | |
| 市辖区 | 30.20 | 194400 | 11.00 | 94075 | | | | |
| 老河口市 | 29.80 | 214100 | 8.10 | 72900 | | | | |
| 襄阳区 | 71.39 | 384123 | 2.94 | 20440 | | | | |
| 枣阳市 | 99.09 | 771877 | 32.51 | 106509 | | | | |
| 宜城市 | 49.20 | 416284 | 29.20 | 306500 | | | | |
| 南漳县 | 36.47 | 214649 | 22.47 | 164089 | | | | |
| 谷城县 | 8.73 | 57100 | 3.00 | 31000 | | | | |
| 保康县 | 5.68 | 15820 | 0.50 | 4310 | | | | |
| 农场 | 8.19 | 26149 | 0.40 | 2210 | | | | |
| **鄂州市** | **42.97** | **265844** | **39.17** | **253704** | **14.57** | **87450** | | |

续表1 单位:千公顷、吨

| | 粮食作物优质专用品种 | | 优质水稻 | | 早稻 | | 嘉育948 | |
|---|---|---|---|---|---|---|---|---|
| | 面积合计 | 产量合计 | 面积 | 产量 | 面积 | 产量 | 面积 | 水量 |
| **荆门市** | **107.41** | **739725** | **64.91** | **596979** | **4.50** | **35193** | **0.90** | **7018** |
| 市辖区 | 10.80 | 57040 | 4.80 | 36190 | | | | |
| 沙洋县 | 22.05 | 178115 | 15.05 | 150058 | 0.30 | 2293 | 0.20 | 1528 |
| 钟祥市 | 28.00 | 210780 | 14.00 | 172235 | | | | |
| 京山县 | 45.56 | 289371 | 31.06 | 238496 | 4.20 | 32900 | 0.70 | 5490 |
| 沙洋农场 | 1.00 | 4419 | | | | | | |
| **孝感市** | **192.33** | **1337874** | **131.80** | **1141900** | **20.19** | **136476** | **3.37** | **22153** |
| 孝南区 | 32.67 | 212678 | 24.13 | 185936 | 3.45 | 20245 | 1.29 | 7732 |
| 孝昌县 | 16.05 | 77530 | 5.46 | 43414 | 0.71 | 5165 | 0.27 | 2001 |
| 大悟县 | 23.43 | 197199 | 15.17 | 168304 | 0.33 | 2425 | 0.21 | 1385 |
| 安陆市 | 13.80 | 91940 | 7.20 | 69050 | | | | |
| 云梦县 | 31.50 | 226827 | 21.64 | 190146 | 4.67 | 34551 | 0.40 | 2970 |
| 应城市 | 38.31 | 280580 | 33.33 | 266540 | 9.33 | 63280 | 1.10 | 7425 |
| 汉川市 | 36.57 | 251120 | 24.87 | 218510 | 1.70 | 10810 | 0.10 | 640 |
| **黄冈市** | **309.37** | **1980718** | **265.62** | **1824064** | **74.35** | **458329** | **5.11** | **31172** |
| 市辖区 | 7.11 | 55663 | 5.98 | 49978 | 2.07 | 14356 | 0.19 | 1120 |
| 团风县 | 24.94 | 149513 | 23.47 | 144553 | 8.64 | 46105 | 0.32 | 1707 |
| 红安县 | 21.36 | 127188 | 20.39 | 123837 | 6.09 | 36106 | 0.30 | 1213 |
| 麻城市 | 54.57 | 333015 | 39.57 | 274385 | 7.73 | 62440 | | |
| 罗田县 | 10.73 | 47250 | 6.73 | 36600 | 0.20 | 1450 | | |
| 英山县 | 22.12 | 143213 | 14.00 | 114697 | 0.20 | 1386 | | |
| 浠水县 | 47.68 | 339893 | 46.50 | 335393 | 15.80 | 94125 | 2.00 | 12000 |
| 蕲春县 | 41.90 | 263640 | 37.00 | 247875 | 10.00 | 53400 | 0.50 | 2550 |
| 武穴市 | 26.61 | 174204 | 23.28 | 161819 | 11.09 | 70666 | | |
| 黄梅县 | 52.35 | 347139 | 48.70 | 334927 | 12.53 | 78295 | 1.80 | 12582 |
| **咸宁市** | **117.84** | **684953** | **108.22** | **642682** | **27.30** | **139131** | **3.45** | **17291** |
| 咸安区 | 21.88 | 138939 | 21.60 | 138448 | 2.67 | 13841 | | |
| 嘉鱼县 | 19.30 | 122779 | 14.18 | 93801 | 1.43 | 7740 | | |
| 赤壁市 | 22.48 | 130917 | 22.12 | 129350 | 5.98 | 30860 | 1.35 | 6960 |
| 通城县 | 20.87 | 115085 | 19.61 | 112499 | 6.93 | 36232 | 0.40 | 1950 |
| 崇阳县 | 25.42 | 140795 | 25.42 | 140795 | 9.74 | 47628 | 1.43 | 6992 |
| 通山县 | 7.89 | 36438 | 5.29 | 27789 | 0.55 | 2830 | 0.27 | 1389 |
| **随州市** | **62.24** | **231372** | **1.63** | **15498** | | | | |
| 广水市 | 56.60 | 202199 | 0.30 | 2391 | | | | |
| 曾都区 | 5.64 | 29173 | 1.33 | 13107 | | | | |
| **恩施自治州** | **86.29** | **344793** | **21.02** | **128627** | | | | |
| 恩施市 | 16.32 | 54492 | 2.12 | 12992 | | | | |
| 建始县 | 11.27 | 38250 | 1.17 | 7500 | | | | |
| 巴东县 | 13.71 | 33161 | 1.91 | 10359 | | | | |
| 利川市 | 7.50 | 35895 | 4.50 | 24775 | | | | |
| 宣恩县 | 12.85 | 54720 | 5.52 | 33120 | | | | |
| 咸丰县 | 9.30 | 56155 | 3.20 | 22000 | | | | |
| 来凤县 | 1.89 | 15170 | 0.90 | 5973 | | | | |
| 鹤峰县 | 13.45 | 56950 | 1.70 | 11908 | | | | |
| **仙桃市** | **66.52** | **578564** | **62.02** | **567429** | **7.00** | **46869** | **3.20** | **21504** |
| **天门市** | **58.59** | **372140** | **46.71** | **341111** | **8.80** | **53109** | **2.00** | **12309** |
| **潜江市** | **47.66** | **356585** | **28.88** | **301899** | **0.41** | **3261** | | |
| **神农架林区** | **2.10** | **5665** | **0.08** | **375** | | | | |

续表 2 单位:千公顷、吨

| | 优质水稻(续) | | | | | | | |
|---|---|---|---|---|---|---|---|---|
| | 优质早稻(续) | | | | 中稻 | | | |
| | 金优 402 | | 中鉴 100 | | | | 鉴真 2 号 | |
| | 面积 | 产量 | 面积 | 产量 | 面积 | 产量 | 面积 | 产量 |
| **全省合计** | **65.36** | **404908** | **23.42** | **143714** | **816.64** | **6703205** | **23.75** | **185346** |
| **武汉市** | **10.14** | **60416** | **1.29** | **6747** | **41.64** | **320406** | **0.56** | **4269** |
| 市辖区 | | | | | 5.53 | 42007 | | |
| 蔡甸区 | 0.01 | 58 | | | 1.57 | 11896 | | |
| 江夏区 | 3.80 | 21964 | | | 10.93 | 86262 | | |
| 黄陂区 | 4.00 | 24600 | | | 17.02 | 130506 | 0.23 | 1766 |
| 新洲区 | 2.33 | 13794 | 1.29 | 6747 | 6.59 | 49735 | 0.33 | 2503 |
| **黄石市** | **13.19** | **67828** | **0.20** | **910** | **13.38** | **100362** | | |
| 市辖区 | 0.29 | 1690 | | | 0.17 | 1212 | | |
| 大冶市 | 7.60 | 42000 | | | 6.29 | 39390 | | |
| 阳新县 | 5.30 | 24138 | 0.20 | 910 | 6.92 | 59760 | | |
| **十堰市** | **0.00** | | | | **15.23** | **91160** | | |
| 市辖区 | | | | | | | | |
| 丹江口市 | | | | | 1.33 | 8000 | | |
| 郧县 | | | | | 6.54 | 30008 | | |
| 郧西县 | | | | | | | | |
| 竹山县 | | | | | 1.70 | 12750 | | |
| 竹溪县 | | | | | 5.26 | 38402 | | |
| 房县 | | | | | 0.40 | 2000 | | |
| **荆州市** | **3.82** | **32218** | **5.56** | **33540** | **150.55** | **1370633** | **1.90** | **18317** |
| 市辖区 | 0.40 | 4008 | 0.20 | 1500 | 5.80 | 53750 | 0.10 | 825 |
| 江陵县 | 0.05 | 360 | | | 19.89 | 193295 | 1.80 | 17492 |
| 松滋市 | 0.50 | 3000 | 0.36 | 1890 | 14.06 | 114670 | | |
| 公安县 | 0.40 | 5000 | 4.00 | 24000 | 30.04 | 289025 | | |
| 石首市 | | | | | 11.00 | 116543 | | |
| 监利县 | 0.80 | 6000 | 1.00 | 6150 | 45.00 | 370250 | | |
| 洪湖市 | 1.67 | 13850 | | | 24.76 | 233100 | | |
| **宜昌市** | **2.33** | **16800** | **1.33** | **8900** | **52.07** | **390961** | **0.40** | **3000** |
| 市辖区 | | | | | 0.60 | 4521 | | |
| 夷陵区 | | | | | 10.49 | 79050 | | |
| 宜都市 | | | | | 6.35 | 47531 | | |
| 枝江市 | 2.33 | 16800 | 1.33 | 8900 | 11.07 | 87190 | 0.40 | 3000 |
| 当阳市 | | | | | 14.20 | 106500 | | |
| 远安县 | | | | | 5.70 | 42750 | | |
| 兴山县 | | | | | 0.45 | 3200 | | |
| 秭归县 | | | | | 2.87 | 17919 | | |
| 长阳县 | | | | | 0.34 | 2300 | | |
| 五峰县 | | | | | | | | |
| **襄樊市** | **0.00** | | | | **110.12** | **802033** | | |
| 市辖区 | | | | | 11.00 | 94075 | | |
| 老河口市 | | | | | 8.10 | 72900 | | |
| 襄阳区 | | | | | 2.94 | 20440 | | |
| 枣阳市 | | | | | 32.51 | 106509 | | |
| 宜城市 | | | | | 29.20 | 306500 | | |
| 南漳县 | | | | | 22.47 | 164089 | | |
| 谷城县 | | | | | 3.00 | 31000 | | |
| 保康县 | | | | | 0.50 | 4310 | | |
| 农场 | | | | | 0.40 | 2210 | | |
| **鄂州市** | **3.70** | **23588** | | | **9.20** | **68450** | | |

续表 3 单位:千公顷、吨

| | 优质水稻(续) | | | | | | | |
|---|---|---|---|---|---|---|---|---|
| | 优质早稻(续) | | | | 中稻 | | | |
| | 金优 402 | | 中鉴 100 | | | | 鉴真 2 号 | |
| | 面积 | 产量 | 面积 | 产量 | 面积 | 产量 | 面积 | 产量 |
| **荆门市** | **0.00** | | **3.60** | **28175** | **59.55** | **555745** | **20.00** | **153000** |
| 市辖区 | | | | | 4.80 | 36190 | | |
| 沙洋县 | | | 0.10 | 765 | 14.75 | 147765 | | |
| 钟祥市 | | | | | 14.00 | 172235 | | |
| 京山县 | | | 3.50 | 27410 | 26.00 | 199555 | 20.00 | 153000 |
| 沙洋农场 | | | | | | | | |
| **孝感市** | **2.09** | **14514** | **0.15** | **990** | **87.29** | **819952** | **0.26** | **2235** |
| 孝南区 | | | | | 17.10 | 135827 | 0.06 | 485 |
| 孝昌县 | 0.28 | 2079 | 0.05 | 370 | 2.26 | 20994 | | |
| 大悟县 | 0.12 | 1040 | | | 14.76 | 165290 | | |
| 安陆市 | | | | | 7.20 | 69050 | | |
| 云梦县 | 0.53 | 3935 | | | 11.80 | 119441 | | |
| 应城市 | 0.06 | 450 | | | 13.00 | 116800 | | |
| 汉川市 | 1.10 | 7010 | 0.10 | 620 | 21.17 | 192550 | 0.20 | 1750 |
| **黄冈市** | **18.25** | **127198** | **1.85** | **10395** | **101.61** | **747527** | **0.63** | **4525** |
| 市辖区 | 0.02 | 120 | 0.59 | 3474 | 2.35 | 17788 | | |
| 团风县 | 0.76 | 4055 | 0.58 | 3095 | 5.11 | 37941 | | |
| 红安县 | | | 0.18 | 1201 | 5.80 | 36449 | | |
| 麻城市 | 5.73 | 46390 | | | 18.82 | 136411 | | |
| 罗田县 | | | | | 6.33 | 33650 | 0.33 | 2500 |
| 英山县 | 0.10 | 693 | | | 11.65 | 98856 | | |
| 浠水县 | 5.50 | 37125 | | | 6.73 | 55500 | | |
| 蕲春县 | 3.00 | 16875 | 0.50 | 2625 | 12.00 | 93375 | 0.30 | 2025 |
| 武穴市 | 1.54 | 11500 | | | 12.19 | 91153 | | |
| 黄梅县 | 1.60 | 10440 | | | 20.63 | 146404 | | |
| **咸宁市** | **11.57** | **60437** | **2.64** | **13257** | **50.12** | **322008** | | |
| 咸安区 | 1.21 | 6489 | | | 15.88 | 106600 | | |
| 嘉鱼县 | 0.56 | 3030 | | | 10.56 | 72410 | | |
| 赤壁市 | 1.56 | 8200 | 1.34 | 6900 | 9.30 | 60430 | | |
| 通城县 | 6.53 | 34282 | | | 4.38 | 25972 | | |
| 崇阳县 | 1.43 | 6995 | 1.30 | 6357 | 5.53 | 33097 | | |
| 通山县 | 0.28 | 1441 | | | 4.47 | 23499 | | |
| **随州市** | **0.00** | | | | **1.63** | **15498** | | |
| 广水市 | 0.00 | | | | 0.30 | 2391 | | |
| 曾都区 | | | | | 1.33 | 13107 | | |
| **恩施自治州** | **0.00** | | | | **21.02** | **128627** | | |
| 恩施市 | | | | | 2.12 | 12992 | | |
| 建始县 | | | | | 1.17 | 7500 | | |
| 巴东县 | | | | | 1.91 | 10359 | | |
| 利川市 | | | | | 4.50 | 24775 | | |
| 宣恩县 | | | | | 5.52 | 33120 | | |
| 咸丰县 | | | | | 3.20 | 22000 | | |
| 来凤县 | | | | | 0.90 | 5973 | | |
| 鹤峰县 | | | | | 1.70 | 11908 | | |
| **仙桃市** | **0.00** | | | | **47.90** | **459840** | | |
| **天门市** | | | **6.80** | **40800** | **28.03** | **219900** | | |
| **潜江市** | **0.27** | **1909** | | | **27.22** | **289728** | | |
| **神农架林区** | | | | | **0.08** | **375** | | |

续表4 单位:千公顷、吨

| | 优质水稻(续) | | | | | | | |
|---|---|---|---|---|---|---|---|---|
| | 优质早稻(续) | | | | | | 晚稻 | |
| | 两优培九 | | 鄂荆糯6号 | | 丝优63 | | | |
| | 面积 | 产量 | 面积 | 产量 | 面积 | 产量 | 面积 | 产量 |
| **全省合计** | **338.51** | **2898399** | **17.51** | **132373** | **16.19** | **160471** | **295.42** | **1977808** |
| **武汉市** | **12.30** | **95286** | **1.12** | **6752** | | | **23.52** | **156007** |
| 市辖区 | 2.50 | 19275 | 0.23 | 1388 | | | 1.12 | 7802 |
| 蔡甸区 | 0.60 | 4572 | | | | | 0.72 | 3958 |
| 江夏区 | 1.20 | 9852 | | | | | 2.55 | 24793 |
| 黄陂区 | 6.67 | 51426 | 0.56 | 3391 | | | 8.06 | 52254 |
| 新洲区 | 1.33 | 10161 | 0.33 | 1973 | | | 11.07 | 67200 |
| **黄石市** | **7.32** | **58370** | | | | | **36.79** | **196383** |
| 市辖区 | 0.10 | 1012 | | | | | 0.22 | 1636 |
| 大冶市 | 2.70 | 18225 | | | | | 18.91 | 102967 |
| 阳新县 | 4.52 | 39133 | | | | | 17.66 | 91780 |
| **十堰市** | **0.60** | **3500** | **0.20** | **1200** | | | | |
| 市辖区 | | | | | | | | |
| 丹江口市 | | | 0.20 | 1200 | | | | |
| 郧县 | 0.60 | 3500 | | | | | | |
| 郧西县 | | | | | | | | |
| 竹山县 | | | | | | | | |
| 竹溪县 | | | | | | | | |
| 房县 | | | | | | | | |
| **荆州市** | **81.52** | **775856** | **1.06** | **7280** | **0.20** | **1650** | **47.33** | **342668** |
| 市辖区 | 3.20 | 30300 | 0.50 | 3500 | 0.20 | 1650 | 1.71 | 11192 |
| 江陵县 | 2.10 | 20408 | | | | | 0.01 | 70 |
| 松滋市 | 13.18 | 108730 | 0.56 | 3780 | | | 1.50 | 9384 |
| 公安县 | 14.54 | 146025 | | | | | 10.63 | 79725 |
| 石首市 | 11.00 | 116543 | | | | | 4.96 | 36712 |
| 监利县 | 17.00 | 160250 | | | | | 26.50 | 186900 |
| 洪湖市 | 20.50 | 193600 | | | | | 2.02 | 18685 |
| **宜昌市** | **7.79** | **59350** | | | | | **8.49** | **55950** |
| 市辖区 | | | | | | | | |
| 夷陵区 | 0.13 | 1050 | | | | | | |
| 宜都市 | 2.00 | 14970 | | | | | 0.25 | 1950 |
| 枝江市 | 5.33 | 40300 | | | | | 8.24 | 54000 |
| 当阳市 | 0.20 | 1950 | | | | | | |
| 远安县 | 0.13 | 1080 | | | | | | |
| 兴山县 | | | | | | | | |
| 秭归县 | | | | | | | | |
| 长阳县 | | | | | | | | |
| 五峰县 | | | | | | | | |
| **襄樊市** | **64.53** | **425144** | **2.00** | **1260** | | | | |
| 市辖区 | 6.00 | 52175 | | | | | | |
| 老河口市 | 5.00 | 45560 | | | | | | |
| 襄阳区 | 2.74 | 19180 | 0.20 | 1260 | | | | |
| 枣阳市 | 27.41 | 98069 | 1.80 | | | | | |
| 宜城市 | 12.50 | 126250 | | | | | | |
| 南漳县 | 8.48 | 62700 | | | | | | |
| 谷城县 | 2.00 | 19000 | | | | | | |
| 保康县 | | | | | | | | |
| 农场 | 0.40 | 2210 | | | | | | |
| **鄂州市** | **5.30** | **42725** | | | | | **15.40** | **97804** |

续表 5　　单位：千公顷、吨

| | 优质水稻（续） | | | | | | | |
|---|---|---|---|---|---|---|---|---|
| | 优质早稻(续) | | | | | | 晚稻 | |
| | 两优培九 | | 鄂荆糯 6 号 | | 丝优 63 | | | |
| | 面积 | 产量 | 面积 | 产量 | 面积 | 产量 | 面积 | 产量 |
| **荆门市** | **37.00** | **381745** | **2.25** | **18900** | | | **0.86** | **6041** |
| 市辖区 | 4.00 | 30390 | 0.50 | 3700 | | | | |
| 沙洋县 | 14.00 | 140265 | 0.75 | 7500 | | | | |
| 钟祥市 | 14.00 | 172235 | | | | | | |
| 京山县 | 5.00 | 38855 | 1.00 | 7700 | | | 0.86 | 6041 |
| 沙洋农场 | | | | | | | | |
| **孝感市** | **15.54** | **146139** | **8.21** | **70233** | | | **24.32** | **185472** |
| 孝南区 | 1.95 | 15827 | 1.73 | 12856 | | | 3.58 | 29864 |
| 孝昌县 | 1.14 | 11250 | 0.47 | 4100 | | | 2.49 | 17255 |
| 大悟县 | 1.35 | 15296 | 0.17 | 1857 | | | 0.08 | 589 |
| 安陆市 | 1.20 | 12000 | | | | | | |
| 云梦县 | 1.33 | 13466 | | | | | 5.17 | 36154 |
| 应城市 | 1.87 | 17250 | 3.07 | 26200 | | | 11.00 | 86460 |
| 汉川市 | 6.70 | 61050 | 2.77 | 25220 | | | 2.00 | 15150 |
| **黄冈市** | **30.58** | **238202** | **1.04** | **7785** | | | **89.66** | **618208** |
| 市辖区 | 0.78 | 5880 | | | | | 1.56 | 17834 |
| 团风县 | 1.87 | 13884 | 0.08 | 594 | | | 9.72 | 60507 |
| 红安县 | 1.86 | 11689 | | | | | 8.50 | 51282 |
| 麻城市 | 0.67 | 5126 | | | | | 13.02 | 75534 |
| 罗田县 | 3.00 | 15700 | | | | | 0.20 | 1500 |
| 英山县 | 1.20 | 10183 | 0.40 | 3390 | | | 2.15 | 14455 |
| 浠水县 | 3.00 | 27100 | | | | | 23.97 | 185768 |
| 蕲春县 | 6.50 | 53625 | 0.50 | 3375 | | | 15.00 | 101100 |
| 武穴市 | 9.30 | 77840 | | | | | | |
| 黄梅县 | 2.40 | 17175 | 0.06 | 426 | | | 15.54 | 110228 |
| **咸宁市** | **13.20** | **89613** | | | **0.30** | **2014** | **30.80** | **181543** |
| 咸安区 | 4.00 | 28194 | | | 0.30 | 2014 | 3.05 | 18007 |
| 嘉鱼县 | 5.33 | 37240 | | | | | 2.19 | 13651 |
| 赤壁市 | 2.67 | 17260 | | | | | 6.84 | 38060 |
| 通城县 | 0.50 | 2925 | | | | | 8.30 | 50295 |
| 崇阳县 | 0.35 | 2125 | | | | | 10.15 | 60070 |
| 通山县 | 0.35 | 1869 | | | | | 0.27 | 1460 |
| **随州市** | **1.63** | **15498** | | | | | | |
| 广水市 | 0.30 | 2391 | | | | | | |
| 曾都区 | 1.33 | 13107 | | | | | | |
| **恩施自治州** | **1.10** | **7173** | **0.30** | **1800** | | | | |
| 恩施市 | | | | | | | | |
| 建始县 | | | | | | | | |
| 巴东县 | | | | | | | | |
| 利川市 | | | | | | | | |
| 宣恩县 | 0.20 | 1200 | 0.30 | 1800 | | | | |
| 咸丰县 | | | | | | | | |
| 来凤县 | 0.90 | 5973 | | | | | | |
| 鹤峰县 | | | | | | | | |
| **仙桃市** | **29.90** | **287040** | | | | | **7.12** | **60720** |
| **天门市** | **20.00** | **157000** | | | | | **9.88** | **68102** |
| **潜江市** | **10.20** | **115758** | **1.33** | **17163** | **15.69** | **156807** | **1.25** | **8910** |
| **神农架林区** | | | | | | | | |

续表 6 单位:千公顷、吨

| | 优质水稻(续)<br>优质晚稻(续)<br>金优 928 | | 优质专用小麦 | | 强筋小麦 | | 郑麦 9023 | |
|---|---|---|---|---|---|---|---|---|
| | 面 积 | 产 量 | 面 积 | 产 量 | 面 积 | 产 量 | 面 积 | 产 量 |
| **全 省 合 计** | **96.21** | **666246** | **491.05** | **1909932** | **276.31** | **1074125** | **266.05** | **1031741** |
| **武 汉 市** | **2.89** | **20478** | **1.52** | **4956** | **1.08** | **3635** | **1.08** | **3635** |
| 市辖区 | 0.10 | 709 | | | | | | |
| 蔡甸区 | 0.03 | 212 | 0.06 | 198 | 0.04 | 135 | 0.04 | 135 |
| 江夏区 | 2.10 | 14897 | 0.50 | 1676 | 0.50 | 1676 | 0.50 | 1676 |
| 黄陂区 | 0.33 | 2328 | 0.62 | 2054 | 0.37 | 1251 | 0.37 | 1251 |
| 新洲区 | 0.33 | 2332 | 0.34 | 1028 | 0.17 | 573 | 0.17 | 573 |
| **黄 石 市** | **11.55** | **61150** | **5.19** | **11817** | **1.44** | **2862** | **1.37** | **2727** |
| 市辖区 | 0.15 | 1000 | 0.07 | 135 | 0.07 | 135 | | |
| 大冶市 | 10.50 | 53550 | 3.75 | 8955 | | | | |
| 阳新县 | 0.90 | 6600 | 1.37 | 2727 | 1.37 | 2727 | 1.37 | 2727 |
| **十 堰 市** | **0.00** | | **32.95** | **98680** | **16.71** | **48210** | **11.83** | **33400** |
| 市辖区 | | | 0.40 | 1090 | 0.20 | 540 | 0.20 | 540 |
| 丹江口市 | | | 6.67 | 25000 | 1.33 | 5100 | 1.33 | 5100 |
| 郧 县 | | | 11.50 | 29320 | 6.50 | 16500 | 5.50 | 14000 |
| 郧西县 | | | | | | | | |
| 竹山县 | | | 4.50 | 12960 | 4.50 | 12960 | 4.50 | 12960 |
| 竹溪县 | | | 3.88 | 12310 | 3.88 | 12310 | | |
| 房 县 | | | 6.00 | 18000 | 0.30 | 800 | 0.30 | 800 |
| **荆 州 市** | **30.45** | **226798** | **31.83** | **102025** | **22.74** | **76909** | **22.74** | **76909** |
| 市辖区 | 0.60 | 4050 | 5.40 | 20500 | 4.30 | 16800 | 4.30 | 16800 |
| 江陵县 | 0.01 | 70 | 5.20 | 19013 | 5.20 | 19013 | 5.20 | 19013 |
| 松滋市 | 1.28 | 8064 | 7.30 | 16561 | 3.56 | 8120 | 3.56 | 8120 |
| 公安县 | 10.63 | 79725 | 5.06 | 18781 | 5.06 | 18781 | 5.06 | 18781 |
| 石首市 | 3.00 | 25329 | | | | | | |
| 监利县 | 13.00 | 91700 | 3.00 | 6600 | 1.50 | 3300 | 1.50 | 3300 |
| 洪湖市 | 1.93 | 17860 | 5.87 | 20570 | 3.12 | 10895 | 3.12 | 10895 |
| **宜 昌 市** | **5.54** | **36000** | **12.75** | **36350** | **8.99** | **24680** | **8.99** | **24680** |
| 市辖区 | | | 0.40 | 1096 | | | | |
| 夷陵区 | | | 0.40 | 820 | 0.10 | 220 | 0.10 | 220 |
| 宜都市 | | | | | | | | |
| 枝江市 | 5.54 | 36000 | 8.10 | 23095 | 5.43 | 14145 | 5.43 | 14145 |
| 当阳市 | | | 1.92 | 6269 | 1.53 | 5245 | 1.53 | 5245 |
| 远安县 | | | 0.20 | 650 | 0.20 | 650 | 0.20 | 650 |
| 兴山县 | | | 0.60 | 1800 | 0.60 | 1800 | 0.60 | 1800 |
| 秭归县 | | | 1.00 | 2300 | 1.00 | 2300 | 1.00 | 2300 |
| 长阳县 | | | 0.13 | 320 | 0.13 | 320 | 0.13 | 320 |
| 五峰县 | | | | | | | | |
| **襄 樊 市** | **0.00** | | **183.77** | **932600** | **104.09** | **537780** | **102.09** | **520796** |
| 市辖区 | | | 14.50 | 67530 | 5.30 | 29110 | 3.30 | 15320 |
| 老河口市 | | | 8.50 | 32512 | | | | |
| 襄阳区 | | | 64.70 | 363270 | 45.69 | 246906 | 45.69 | 246906 |
| 枣阳市 | | | 47.53 | 253376 | 35.09 | 182468 | 35.09 | 182468 |
| 宜城市 | | | 20.00 | 109784 | 9.80 | 50844 | 9.80 | 47650 |
| 南漳县 | | | 14.00 | 50560 | | | | |
| 谷城县 | | | 5.33 | 23000 | 2.00 | 8500 | 2.00 | 8500 |
| 保康县 | | | 5.18 | 11510 | 4.18 | 8500 | 4.18 | 8500 |
| 农 场 | | | 4.03 | 21058 | 2.03 | 11452 | 2.03 | 11452 |
| **鄂 州 市** | **4.00** | **24600** | **3.45** | **12140** | **2.00** | **7348** | **2.00** | **7347** |

续表 7 单位:千公顷、吨

| | 优质水稻(续) 优质晚稻(续) 金优 928 | | 优质专用小麦 | | 强筋小麦 | | 郑麦 9023 | |
|---|---|---|---|---|---|---|---|---|
| | 面 积 | 产 量 | 面 积 | 产 量 | 面 积 | 产 量 | 面 积 | 产 量 |
| **荆 门 市** | **0.75** | **5355** | **42.50** | **142746** | **30.80** | **99820** | **30.80** | **99820** |
| 市辖区 | | | 6.00 | 20850 | 4.00 | 13900 | 4.00 | 13900 |
| 沙洋县 | | | 7.00 | 28057 | 6.00 | 24050 | 6.00 | 24050 |
| 钟祥市 | | | 14.00 | 38545 | 10.00 | 23250 | 10.00 | 23250 |
| 京山县 | 0.75 | 5355 | 14.50 | 50875 | 10.00 | 35085 | 10.00 | 35085 |
| 沙洋农场 | | | 1.00 | 4419 | 0.80 | 3535 | 0.80 | 3535 |
| **孝 感 市** | **9.13** | **73692** | **55.29** | **171463** | **33.64** | **103514** | **30.68** | **94703** |
| 孝南区 | | | 8.08 | 25191 | 4.82 | 15037 | 3.67 | 11450 |
| 孝昌县 | | | 10.38 | 33596 | 4.58 | 14650 | 4.37 | 13960 |
| 大悟县 | | | 7.15 | 24434 | 4.36 | 14853 | 4.36 | 14853 |
| 安陆市 | | | 6.60 | 22890 | 4.00 | 13860 | 4.00 | 13860 |
| 云梦县 | 0.13 | 912 | 7.90 | 27962 | 5.20 | 18404 | 4.50 | 15930 |
| 应城市 | 8.80 | 71280 | 4.98 | 14040 | 4.28 | 12070 | 4.28 | 12070 |
| 汉川市 | 0.20 | 1500 | 10.20 | 23350 | 6.40 | 14640 | 5.50 | 12580 |
| **黄 冈 市** | **17.22** | **127521** | **33.24** | **107028** | **11.86** | **36754** | **11.74** | **36337** |
| 市辖区 | | | 0.90 | 2286 | 0.76 | 1930 | 0.76 | 1930 |
| 团风县 | 2.84 | 17679 | 0.86 | 2901 | 0.41 | 1383 | 0.41 | 1383 |
| 红安县 | 0.63 | 3812 | 0.97 | 3351 | 0.97 | 3351 | 0.85 | 2934 |
| 麻城市 | 0.20 | 1349 | 15.00 | 48630 | 6.00 | 19200 | 6.00 | 19200 |
| 罗田县 | | | 4.00 | 10650 | 2.00 | 5300 | 2.00 | 5300 |
| 英山县 | 0.25 | 1681 | 5.20 | 17298 | | | | |
| 浠水县 | 13.00 | 100750 | 0.50 | 1300 | 0.50 | 1300 | 0.50 | 1300 |
| 蕲春县 | 0.30 | 2250 | 0.40 | 915 | 0.10 | 240 | 0.10 | 240 |
| 武穴市 | | | 2.10 | 7485 | 0.60 | 2100 | 0.60 | 2100 |
| 黄梅县 | | | 3.31 | 12212 | 0.52 | 1950 | 0.52 | 1950 |
| **咸 宁 市** | **10.48** | **61586** | **1.90** | **4077** | **1.05** | **2119** | **0.83** | **1184** |
| 咸安区 | 0.40 | 2361 | 0.28 | 491 | 0.28 | 491 | 0.28 | 491 |
| 嘉鱼县 | 1.44 | 8925 | 0.85 | 1958 | | | | |
| 赤壁市 | 3.34 | 18500 | 0.22 | 935 | 0.22 | 935 | | |
| 通城县 | 5.30 | 31800 | | | | | | |
| 崇阳县 | | | | | | | | |
| 通山县 | | | 0.55 | 693 | 0.55 | 693 | 0.55 | 693 |
| **随 州 市** | **0.00** | | **60.61** | **215874** | **20.06** | **71476** | **20.06** | **71476** |
| 广水市 | 0.00 | | 56.30 | 199808 | 18.00 | 63882 | 18.00 | 63882 |
| 曾都区 | | | 4.31 | 16066 | 2.06 | 7594 | 2.06 | 7594 |
| **恩施自治州** | | | | | | | | |
| 恩施市 | | | | | | | | |
| 建始县 | | | | | | | | |
| 巴东县 | | | | | | | | |
| 利川市 | | | | | | | | |
| 宣恩县 | | | | | | | | |
| 咸丰县 | | | | | | | | |
| 来凤县 | | | | | | | | |
| 鹤峰县 | | | | | | | | |
| **仙 桃 市** | **0.00** | | **4.50** | **11135** | **4.50** | **11135** | **4.50** | **11135** |
| **天 门 市** | **4.00** | **27572** | **9.28** | **20989** | **7.00** | **15918** | **7.00** | **15918** |
| **潜 江 市** | **0.20** | **1494** | **12.24** | **37186** | **10.33** | **31384** | **10.33** | **31384** |
| **神农架林区** | | | **0.03** | **866** | **0.02** | **581** | **0.01** | **290** |

续表 8　　　　单位：千公顷、吨

| | 优质专用小麦（续） | | | | | | | |
|---|---|---|---|---|---|---|---|---|
| | 中筋小麦 | | 弱筋小麦 | | 鄂麦 15 | | 鄂麦 18 | |
| | 面　积 | 产　量 | 面　积 | 产　量 | 面　积 | 产　量 | 面　积 | 产　量 |
| **全省合计** | **45.26** | **206937** | **169.48** | **628870** | **21.89** | **74270** | **81.88** | **324584** |
| **武汉市** | | | **0.44** | **1321** | **0.07** | **192** | **0.37** | **1129** |
| 市辖区 | | | | | | | | |
| 蔡甸区 | | | 0.02 | 63 | | | 0.02 | 63 |
| 江夏区 | | | | | | | | |
| 黄陂区 | | | 0.25 | 803 | | | 0.25 | 803 |
| 新洲区 | | | 0.17 | 455 | 0.07 | 192 | 0.10 | 263 |
| **黄石市** | **0.00** | | **3.75** | **8955** | **1.50** | **3555** | **2.25** | **5400** |
| 市辖区 | | | | | | | | |
| 大冶市 | | | 3.75 | 8955 | 1.50 | 3555 | 2.25 | 5400 |
| 阳新县 | | | | | | | | |
| **十堰市** | **7.71** | **25900** | **8.53** | **24570** | **3.00** | **7692** | **5.53** | **16878** |
| 市辖区 | | | 0.20 | 550 | | | 0.20 | 550 |
| 丹江口市 | 2.01 | 8700 | 3.33 | 11200 | | | 3.33 | 11200 |
| 郧　县 | | | 5.00 | 12820 | 3.00 | 7692 | 2.00 | 5128 |
| 郧西县 | | | | | | | | |
| 竹山县 | | | | | | | | |
| 竹溪县 | | | | | | | | |
| 房　县 | 5.70 | 17200 | | | | | | |
| **荆州市** | **1.66** | **4746** | **7.43** | **20370** | **0.10** | **300** | **5.93** | **16905** |
| 市辖区 | 0.80 | 2700 | 0.30 | 1000 | 0.10 | 300 | 0.20 | 600 |
| 江陵县 | | | | | | | | |
| 松滋市 | 0.86 | 2046 | 2.88 | 6395 | | | 1.48 | 3330 |
| 公安县 | | | | | | | | |
| 石首市 | | | | | | | | |
| 监利县 | | | 1.50 | 3300 | | | 1.50 | 3300 |
| 洪湖市 | | | 2.75 | 9675 | | | 2.75 | 9675 |
| **宜昌市** | **1.30** | **4450** | **2.46** | **7220** | **0.20** | **530** | **0.95** | **2670** |
| 市辖区 | | | 0.40 | 1096 | 0.20 | 530 | 0.20 | 566 |
| 夷陵区 | | | 0.30 | 600 | | | | |
| 宜都市 | | | | | | | | |
| 枝江市 | 1.30 | 4450 | 1.37 | 4500 | | | 0.36 | 1080 |
| 当阳市 | | | 0.39 | 1024 | | | 0.39 | 1024 |
| 远安县 | | | | | | | | |
| 兴山县 | | | | | | | | |
| 秭归县 | | | | | | | | |
| 长阳县 | | | | | | | | |
| 五峰县 | | | | | | | | |
| **襄樊市** | **22.10** | **133744** | **57.58** | **261076** | **13.90** | **51961** | **28.33** | **150284** |
| 市辖区 | 3.10 | 13200 | 6.10 | 25220 | 5.10 | 19200 | 1.00 | 6020 |
| 老河口市 | | | 8.50 | 32512 | 6.00 | 21561 | 1.50 | 10951 |
| 襄阳区 | 8.90 | 62184 | 10.11 | 54180 | | | 9.96 | 49112 |
| 枣阳市 | | | 12.44 | 70908 | | | 12.44 | 70908 |
| 宜城市 | 10.10 | 58360 | 0.10 | 580 | | | 0.10 | 580 |
| 南漳县 | | | 14.00 | 50560 | 1.80 | 6500 | | |
| 谷城县 | | | 3.33 | 14500 | | | 1.33 | 4800 |
| 保康县 | | | 1.00 | 3010 | | | 1.00 | 3010 |
| 农　场 | | | 2.00 | 9606 | 1.00 | 4700 | 1.00 | 4903 |
| **鄂州市** | **0.00** | | **1.45** | **4792** | | | **1.45** | **4792** |

续表9　　　　单位:千公顷、吨

| | 优质专用小麦(续) | | | | | | | |
|---|---|---|---|---|---|---|---|---|
| | 中筋小麦 | | 弱筋小麦 | | 鄂麦15 | | 鄂麦18 | |
| | 面　积 | 产　量 | 面　积 | 产　量 | 面　积 | 产　量 | 面　积 | 产　量 |
| **荆　门　市** | **0.00** | | **11.70** | **42926** | **0.50** | **1755** | **11.20** | **41171** |
| 市辖区 | | | 2.00 | 6950 | | | 2.00 | 6950 |
| 沙洋县 | | | 1.00 | 4007 | | | 1.00 | 4007 |
| 钟祥市 | | | 4.00 | 15295 | | | 4.00 | 15295 |
| 京山县 | | | 4.50 | 15790 | 0.50 | 1755 | 4.00 | 14035 |
| 沙洋农场 | | | 0.20 | 884 | | | 0.20 | 884 |
| **孝　感　市** | **6.20** | **18429** | **15.45** | **49520** | **0.93** | **3111** | **12.18** | **40279** |
| 孝南区 | 1.11 | 3448 | 2.15 | 6706 | | | 1.76 | 5490 |
| 孝昌县 | 3.89 | 12231 | 1.91 | 6715 | 0.23 | 750 | 1.68 | 5965 |
| 大悟县 | | | 2.79 | 9581 | | | 2.79 | 9581 |
| 安陆市 | | | 2.60 | 9030 | 0.60 | 2080 | 2.00 | 6950 |
| 云梦县 | | | 2.70 | 9558 | | | 2.70 | 9558 |
| 应城市 | | | 0.70 | 1970 | 0.10 | 281 | 0.45 | 845 |
| 汉川市 | 1.20 | 2750 | 2.60 | 5960 | | | 0.80 | 1890 |
| **黄　冈　市** | **5.44** | **17710** | **15.94** | **52564** | **1.69** | **5174** | **3.55** | **12622** |
| 市辖区 | | | 0.14 | 356 | 0.14 | 356 | | |
| 团风县 | | | 0.45 | 1518 | 0.45 | 1518 | | |
| 红安县 | | | | | | | | |
| 麻城市 | | | 9.00 | 29430 | | | | |
| 罗田县 | 1.00 | 2700 | 1.00 | 2650 | | | | |
| 英山县 | 3.40 | 11310 | 1.80 | 5988 | 1.10 | 3300 | | |
| 浠水县 | | | | | | | | |
| 蕲春县 | | | 0.30 | 675 | | | 0.30 | 675 |
| 武穴市 | | | 1.50 | 5385 | | | 1.50 | 5385 |
| 黄梅县 | 1.04 | 3700 | 1.75 | 6562 | | | 1.75 | 6562 |
| **咸　宁　市** | **0.85** | **1958** | | | | | | |
| 咸安区 | 0.00 | | | | | | | |
| 嘉鱼县 | 0.85 | 1958 | | | | | | |
| 赤壁市 | | | | | | | | |
| 通城县 | | | | | | | | |
| 崇阳县 | | | | | | | | |
| 通山县 | | | | | | | | |
| **随　州　市** | **0.00** | | **40.55** | **144398** | | | **5.95** | **21581** |
| 广水市 | 0.00 | | 38.30 | 135926 | | | 3.80 | 13486 |
| 曾都区 | | | 2.25 | 8472 | | | 2.15 | 8095 |
| **恩施自治州** | | | | | | | | |
| 恩施市 | | | | | | | | |
| 建始县 | | | | | | | | |
| 巴东县 | | | | | | | | |
| 利川市 | | | | | | | | |
| 宣恩县 | | | | | | | | |
| 咸丰县 | | | | | | | | |
| 来凤县 | | | | | | | | |
| 鹤峰县 | | | | | | | | |
| **仙　桃　市** | **0.00** | | | | | | | |
| **天　门　市** | | | **2.28** | **5071** | | | **2.28** | **5071** |
| **潜　江　市** | | | **1.91** | **5802** | | | **1.91** | **5802** |
| **神农架林区** | | | **0.01** | **285** | | | | |

续表 10 单位:千公顷、吨

| | 优质专用玉米 | | 优质专用大豆 | | 脱毒薯类 | | 马铃薯 | |
|---|---|---|---|---|---|---|---|---|
| | 面积 | 产量 | 面积 | 产量 | 面积 | 产量 | 面积 | 产量 |
| **全省合计** | **89.52** | **412402** | **35.57** | **75849** | **101.83** | **303694** | **71.66** | **207145** |
| **武汉市** | | | | | | | | |
| 市辖区 | | | | | | | | |
| 蔡甸区 | | | | | | | | |
| 江夏区 | | | | | | | | |
| 黄陂区 | | | | | | | | |
| 新洲区 | | | | | | | | |
| **黄石市** | **9.97** | **39026** | **6.27** | **12347** | **6.47** | **37895** | **0.96** | **4235** |
| 市辖区 | 0.05 | 228 | 0.13 | 505 | 0.22 | 1000 | | |
| 大冶市 | 1.10 | 4250 | 1.10 | 2228 | | | | |
| 阳新县 | 8.82 | 34548 | 5.04 | 9614 | 6.25 | 36895 | 0.96 | 4235 |
| **十堰市** | **24.21** | **96449** | **9.02** | **11156** | **11.59** | **43375** | **6.66** | **22865** |
| 市辖区 | | | | | | | | |
| 丹江口市 | | | | | 1.53 | 5500 | 0.09 | 400 |
| 郧县 | 9.20 | 24001 | 1.75 | 1673 | 0.77 | 2289 | 0.77 | 2289 |
| 郧西县 | | | | | | | | |
| 竹山县 | | | | | | | | |
| 竹溪县 | 10.01 | 52448 | 4.77 | 6483 | 8.29 | 32586 | 4.80 | 17176 |
| 房县 | 5.00 | 20000 | 2.50 | 3000 | 1.00 | 3000 | 1.00 | 3000 |
| **荆州市** | **2.60** | **21013** | **3.13** | **8773** | **0.91** | **4183** | **0.80** | **3793** |
| 市辖区 | 0.00 | | | | | | | |
| 江陵县 | | | | | 0.33 | 2503 | 0.33 | 2503 |
| 松滋市 | 1.24 | 6938 | 0.48 | 1022 | 0.58 | 1680 | 0.47 | 1290 |
| 公安县 | | | | | | | | |
| 石首市 | | | | | | | | |
| 监利县 | | | | | | | | |
| 洪湖市 | 1.36 | 14075 | 2.65 | 7751 | | | | |
| **宜昌市** | **11.01** | **38388** | **1.72** | **3630** | **36.13** | **79390** | **29.57** | **65980** |
| 市辖区 | 1.10 | 1100 | 0.05 | 150 | 0.30 | 1230 | 0.10 | 350 |
| 夷陵区 | 1.88 | 2500 | | | 10.93 | 20800 | 6.50 | 13250 |
| 宜都市 | | | | | 2.00 | 4280 | 2.00 | 4280 |
| 枝江市 | 2.33 | 4000 | 0.67 | 1500 | 1.33 | 3500 | 0.90 | 2500 |
| 当阳市 | 0.10 | 788 | | | | | | |
| 远安县 | | | | | | | | |
| 兴山县 | | | | | 3.90 | 11700 | 3.90 | 11700 |
| 秭归县 | 5.60 | 30000 | 1.00 | 1980 | 6.00 | 15980 | 4.50 | 12000 |
| 长阳县 | | | | | 6.67 | 14400 | 6.67 | 14400 |
| 五峰县 | | | | | 5.00 | 7500 | 5.00 | 7500 |
| **襄樊市** | **19.40** | **99688** | **5.91** | **9818** | **0.40** | **3100** | **0.40** | **3100** |
| 市辖区 | 2.50 | 15020 | | | | | | |
| 老河口市 | | | | | | | | |
| 襄阳区 | | | | | | | | |
| 枣阳市 | 16.76 | 83783 | 2.29 | 7822 | | | | |
| 宜城市 | | | | | | | | |
| 南漳县 | | | | | | | | |
| 谷城县 | | | | | 0.40 | 3100 | 0.40 | 3100 |
| 保康县 | | | | | | | | |
| 农场 | 0.14 | 885 | 3.62 | 1996 | | | | |
| **鄂州市** | | | | | | | | |

续表11　　　　　　　　　　　　　　　　　　　　　　　　　　单位:千公顷、吨

| | 优质专用玉米 | | 优质专用大豆 | | 脱毒薯类 | | 马铃薯 | |
|---|---|---|---|---|---|---|---|---|
| | 面积 | 产量 | 面积 | 产量 | 面积 | 产量 | 面积 | 产量 |
| **荆门市** | | | | | | | | |
| 市辖区 | | | | | | | | |
| 沙洋县 | | | | | | | | |
| 钟祥市 | | | | | | | | |
| 京山县 | | | | | | | | |
| 沙洋农场 | | | | | | | | |
| **孝感市** | **0.82** | **6052** | **4.42** | **18459** | | | | |
| 孝南区 | 0.05 | 376 | 0.41 | 1175 | | | | |
| 孝昌县 | | | 0.21 | 520 | | | | |
| 大悟县 | 0.15 | 1254 | 0.96 | 3207 | | | | |
| 安陆市 | | | | | | | | |
| 云梦县 | 0.42 | 3102 | 1.54 | 5617 | | | | |
| 应城市 | | | | | | | | |
| 汉川市 | 0.20 | 1320 | 1.30 | 7940 | | | | |
| **黄冈市** | **1.16** | **4839** | **1.11** | **4125** | **7.67** | **27132** | **6.89** | **25708** |
| 市辖区 | 0.02 | 95 | 0.21 | 551 | | | | |
| 团风县 | | | | | 0.38 | 1282 | 0.13 | 438 |
| 红安县 | | | | | | | | |
| 麻城市 | | | | | | | | |
| 罗田县 | | | | | | | | |
| 英山县 | 0.46 | 1544 | 0.90 | 3574 | 1.56 | 6100 | 1.23 | 5618 |
| 浠水县 | 0.68 | 3200 | | | | | | |
| 蕲春县 | | | | | 4.50 | 14850 | 4.50 | 14850 |
| 武穴市 | | | | | 1.23 | 4900 | 1.03 | 4802 |
| 黄梅县 | | | | | | | | |
| **咸宁市** | **4.82** | **32931** | **2.19** | **3991** | **0.50** | **1272** | **0.20** | **672** |
| 咸安区 | 0.00 | | | | | | | |
| 嘉鱼县 | 3.17 | 24689 | 0.94 | 1747 | 0.16 | 584 | 0.16 | 584 |
| 赤壁市 | 0.14 | 632 | | | | | | |
| 通城县 | 0.11 | 302 | 0.84 | 1684 | 0.30 | 600 | | |
| 崇阳县 | | | | | | | | |
| 通山县 | 1.40 | 7308 | 0.41 | 560 | 0.04 | 88 | 0.04 | 88 |
| **随州市** | | | | | | | | |
| 广水市 | | | | | | | | |
| 曾都区 | | | | | | | | |
| **恩施自治州** | **13.44** | **63793** | **0.80** | **1200** | **35.95** | **99333** | **23.97** | **72778** |
| 恩施市 | 1.80 | 10500 | | | 9.15 | 19961 | 0.15 | 372 |
| 建始县 | 0.10 | 750 | | | 1.60 | 4238 | 1.30 | 4012 |
| 巴东县 | 2.40 | 1022 | | | 6.07 | 13822 | 3.39 | 7082 |
| 利川市 | | | | | 3.00 | 8395 | 3.00 | 8395 |
| 宣恩县 | 1.20 | 5400 | 0.80 | 1200 | 5.33 | 15000 | 5.33 | 15000 |
| 咸丰县 | 2.55 | 14390 | | | 3.55 | 19765 | 3.55 | 19765 |
| 来凤县 | 0.20 | 1000 | | | 0.69 | 3841 | 0.69 | 3841 |
| 鹤峰县 | 5.19 | 30731 | | | 6.56 | 14311 | 6.56 | 14311 |
| **仙桃市** | **0.00** | | | | | | | |
| **天门市** | **1.00** | **4460** | **1.00** | **2350** | **0.60** | **3230** | **0.60** | **3230** |
| **潜江市** | **1.09** | **5763** | | | **0.03** | **360** | **0.03** | **360** |
| **神农架林区** | | | | | **1.58** | **4424** | **1.58** | **4424** |

# 全省无公害农产品(种植业)生产情况

单位:千公顷、吨

| | 数　量 |
|---|---|
| 一、无公害水稻面积 | 631.92 |
| 产量 | 4735628 |
| 二、无公害小麦面积 | 119.99 |
| 产量 | 410247 |
| 三、无公害玉米面积 | 144.54 |
| 产量 | 616034 |
| 四、无公害油菜面积 | 600.51 |
| 产量 | 1119588 |
| 五、无公害蔬菜面积 | 374.71 |
| 产量 | 9808499 |
| 六、无公害茶园面积 | 63.03 |
| 无公害茶叶产量 | 42508 |
| 七、无公害果园面积 | 108.19 |
| 无公害水果产量 | 1167752 |
| 八、其它无公害产品面积 | 62.66 |
| 产量 | 318157 |

# 无公害农产品(种植业)生产情况

单位:千公顷、吨

| | 水稻 | | 小麦 | | 玉米 | | 油菜籽 | |
|---|---|---|---|---|---|---|---|---|
| | 面积 | 产量 | 面积 | 产量 | 面积 | 产量 | 面积 | 产量 |
| **全省合计** | **631.92** | **4735628** | **119.99** | **410247** | **144.54** | **616034** | **600.51** | **1119588** |
| **武汉市** | **0.44** | **5280** | | | | | | |
| 市辖区 | 0.00 | | | | | | | |
| 蔡甸区 | | | | | | | | |
| 江夏区 | | | | | | | | |
| 黄陂区 | 0.20 | 2400 | | | | | | |
| 新洲区 | 0.24 | 2880 | | | | | | |
| **黄石市** | **54.24** | **295636** | **4.77** | **8452** | **8.85** | **34776** | **17.60** | **21446** |
| 市辖区 | 0.27 | 1970 | | | 0.03 | 228 | | |
| 大冶市 | 13.00 | 67480 | | | | | | |
| 阳新县 | 40.97 | 226186 | 4.77 | 8452 | 8.82 | 34548 | 17.60 | 21446 |
| **十堰市** | **11.73** | **70592** | **10.48** | **32160** | **17.34** | **56418** | **12.40** | **20384** |
| 市辖区 | | | | | | | | |
| 丹江口市 | 0.47 | 2190 | 0.60 | 1850 | 0.33 | 970 | 0.17 | 240 |
| 郧县 | | | | | | | | |
| 郧西县 | | | | | | | | |
| 竹山县 | | | | | | | | |
| 竹溪县 | 5.26 | 38402 | 3.88 | 12310 | 10.01 | 52448 | 7.73 | 13144 |
| 房县 | 6.00 | 30000 | 6.00 | 18000 | 7.00 | 3000 | 4.50 | 7000 |
| **荆州市** | **89.22** | **614485** | **9.60** | **28748** | **4.23** | **21772** | **118.79** | **206229** |
| 市辖区 | 17.85 | 139125 | 5.30 | 13913 | 3.20 | 11600 | 20.10 | 44800 |
| 江陵县 | 9.60 | 93160 | | | 0.07 | 382 | 18.09 | 49705 |
| 松滋市 | 0.67 | 5500 | | | | | | |
| 公安县 | 1.50 | 12500 | | | | | 3.70 | 7188 |
| 石首市 | 15.60 | | | | 0.01 | | 22.00 | |
| 监利县 | 24.00 | 180000 | | | | | 40.00 | 69000 |
| 洪湖市 | 20.00 | 184200 | 4.30 | 14835 | 0.95 | 9790 | 14.90 | 35536 |
| **宜昌市** | **26.79** | **229975** | **4.09** | **11934** | **34.11** | **160559** | **29.00** | **54488** |
| 市辖区 | 0.30 | 2900 | 0.20 | 460 | 0.10 | 580 | 1.00 | 2000 |
| 夷陵区 | 2.60 | 18720 | 0.20 | 480 | 0.15 | 788 | 1.20 | 2200 |
| 宜都市 | 2.00 | 14500 | 0.20 | 550 | 2.20 | 13500 | 3.80 | 7410 |
| 枝江市 | 7.00 | 85000 | | | | | 6.50 | 16087 |
| 当阳市 | 5.60 | 44150 | | | | | | |
| 远安县 | 4.00 | 30800 | 0.90 | 2850 | 2.80 | 13400 | 4.00 | 7870 |
| 兴山县 | 2.00 | 13800 | 1.50 | 3300 | 7.20 | 30800 | 3.00 | 4800 |
| 秭归县 | 2.87 | 17919 | 1.09 | 2714 | 8.86 | 45883 | 5.96 | 9394 |
| 长阳县 | | | | | | | | |
| 五峰县 | 0.42 | 2186 | | 1580 | 12.80 | 55608 | 3.54 | 4727 |
| **襄樊市** | **55.50** | **490531** | **25.60** | **132187** | **20.78** | **74893** | **31.10** | **69811** |
| 市辖区 | 4.00 | 32050 | | | | | | |
| 老河口市 | 5.80 | 51000 | | | 6.50 | | 4.60 | 7800 |
| 襄阳区 | 7.90 | 61278 | 7.60 | 42187 | | | 4.10 | 9011 |
| 枣阳市 | 0.30 | 2907 | | | | | | |
| 宜城市 | 28.00 | 280000 | 18.00 | 90000 | 4.50 | 37980 | 20.00 | 53000 |
| 南漳县 | 5.33 | 35950 | | | | | | |
| 谷城县 | 1.00 | 9000 | | | | | | |
| 保康县 | 3.17 | 18346 | | | 9.78 | 36913 | 2.40 | |
| 农场 | | | | | | | | |
| **鄂州市** | **20.50** | **150675** | **1.80** | **5400** | | | **15.50** | **34200** |

续表1　　　　　　　　　　　　　　　　　　　　　　　　单位:千公顷、吨

| | 水稻 | | 小麦 | | 玉米 | | 油菜籽 | |
|---|---|---|---|---|---|---|---|---|
| | 面积 | 产量 | 面积 | 产量 | 面积 | 产量 | 面积 | 产量 |
| **荆门市** | **113.00** | **1076980** | | | | | **123.49** | **261575** |
| 市辖区 | 19.00 | 145000 | | | | | 24.00 | 51400 |
| 沙洋县 | 33.00 | 336000 | | | | | 40.00 | 94000 |
| 钟祥市 | 27.00 | 332900 | | | | | 41.00 | 80000 |
| 京山县 | 32.00 | 251900 | | | | | 17.00 | 34000 |
| 沙洋农场 | 2.00 | 11180 | | | | | 1.49 | 2175 |
| **孝感市** | **59.39** | **379787** | **30.93** | **98539** | **0.38** | **3048** | **45.40** | **74363** |
| 孝南区 | 3.55 | 25018 | 2.65 | 6271 | | | 2.84 | 4049 |
| 孝昌县 | | | | | | | | |
| 大悟县 | 0.25 | 2598 | 5.78 | 18716 | 0.15 | 1254 | 2.94 | 3347 |
| 安陆市 | 21.80 | 203571 | 11.00 | 38242 | 0.03 | 124 | 9.30 | 14917 |
| 云梦县 | 4.06 | 35500 | 5.20 | 18000 | | | 6.15 | 11350 |
| 应城市 | 13.33 | 100000 | | | | | 6.67 | 10000 |
| 汉川市 | 16.40 | 13100 | 6.30 | 17310 | 0.20 | 1670 | 17.50 | 30700 |
| **黄冈市** | **101.88** | **714197** | **11.83** | **39288** | **0.73** | **1439** | **90.45** | **168656** |
| 市辖区 | 0.67 | 8200 | | | | | 0.67 | 1500 |
| 团风县 | 13.69 | 86706 | | | 0.01 | 22 | 3.86 | 6079 |
| 红安县 | | | | | | | | |
| 麻城市 | 16.57 | 125400 | 10.30 | 34810 | 0.22 | 67 | 10.03 | 19200 |
| 罗田县 | 3.33 | 27000 | | | | | | |
| 英山县 | 1.55 | 8835 | 1.53 | 4478 | 0.50 | 1350 | 2.80 | 5712 |
| 浠水县 | 4.00 | 30000 | | | | | 26.60 | 50000 |
| 蕲春县 | 26.67 | 170006 | | | | | 13.32 | 21995 |
| 武穴市 | 2.90 | 37500 | | | | | 10.87 | 25570 |
| 黄梅县 | 32.50 | 220550 | | | | | 22.30 | 38600 |
| **咸宁市** | **34.32** | **191987** | **4.74** | **8845** | **10.80** | **58813** | **40.68** | **54570** |
| 咸安区 | 3.72 | 2359 | | | 0.21 | 964 | 15.23 | 23540 |
| 嘉鱼县 | 19.56 | 128203 | 2.08 | 4788 | 3.77 | 24775 | 6.69 | 9653 |
| 赤壁市 | 6.67 | 38865 | 0.22 | 935 | 0.21 | 605 | 14.85 | 17803 |
| 通城县 | 0.67 | 3770 | | | | | | |
| 崇阳县 | 1.20 | 6660 | 1.17 | 1520 | 1.60 | 6240 | 0.50 | 607 |
| 通山县 | 2.50 | 12130 | 1.27 | 1602 | 5.01 | 26229 | 3.41 | 2967 |
| **随州市** | **0.67** | **6528** | **0.67** | **2501** | | | | |
| 广水市 | 0.00 | | | | | | | |
| 曾都区 | 0.67 | 6528 | 0.67 | 2501 | | | | |
| **恩施自治州** | **15.29** | **75530** | | | **41.94** | **176918** | **13.43** | **14371** |
| 恩施市 | 3.00 | 18000 | | | 13.50 | 36450 | 5.60 | 5600 |
| 建始县 | | | | | | | | |
| 巴东县 | 1.91 | 10359 | | | 12.77 | 54099 | 6.02 | 6651 |
| 利川市 | 2.00 | 11000 | | | 4.30 | 25000 | | |
| 宣恩县 | 2.43 | 14264 | | | 3.40 | 15607 | | |
| 咸丰县 | 0.45 | 2580 | | | 0.35 | 800 | | |
| 来凤县 | 3.00 | 1800 | | | 0.27 | 1060 | 0.11 | 90 |
| 鹤峰县 | 2.50 | 17527 | | | 7.35 | 43902 | 1.70 | 2030 |
| **仙桃市** | **27.00** | **247050** | **3.50** | **8925** | **2.00** | **13500** | **54.82** | **123353** |
| **天门市** | **4.00** | **10000** | **4.00** | **9000** | **0.60** | **2700** | **4.00** | **6960** |
| **潜江市** | **17.87** | **176020** | **7.95** | **24138** | **0.77** | **4034** | **3.67** | **8992** |
| **神农架林区** | **0.08** | **375** | **0.03** | **130** | **2.01** | **7164** | **0.18** | **190** |

续表2　　　　单位:千公顷、吨

| | 蔬菜 | | 茶叶 | | 水果 | | 其它 | |
|---|---|---|---|---|---|---|---|---|
| | 面积 | 产量 | 面积 | 产量 | 面积 | 产量 | 面积 | 产量 |
| **全省合计** | **374.71** | **9808499** | **63.03** | **42508** | **108.19** | **1167752** | **62.66** | **318157** |
| **武汉市** | **6.51** | **487950** | | | | | | |
| 市辖区 | 0.01 | 450 | | | | | | |
| 蔡甸区 | | | | | | | | |
| 江夏区 | | | | | | | | |
| 黄陂区 | 6.50 | 487500 | | | | | | |
| 新洲区 | | | | | | | | |
| **黄石市** | **15.36** | **242050** | **1.13** | **255** | **4.90** | **10800** | **6.10** | **14000** |
| 市辖区 | 0.20 | 12000 | | | | | | |
| 大冶市 | 0.05 | 2400 | | | | | | |
| 阳新县 | 15.11 | 227650 | 1.13 | 255 | 4.90 | 10800 | 6.10 | 14000 |
| **十堰市** | **21.60** | **296271** | **11.31** | **1193** | **3.39** | **16595** | **23.00** | **161104** |
| 市辖区 | | | | | | | | |
| 丹江口市 | 0.20 | 6800 | 0.13 | 33 | 0.80 | 8000 | | |
| 郧县 | 5.50 | 130000 | 0.90 | 55 | 1.20 | 5000 | 0.50 | 5000 |
| 郧西县 | | | 0.22 | 4 | | | | |
| 竹山县 | | | | | | | | |
| 竹溪县 | 10.90 | 151471 | 9.46 | 1001 | 0.59 | 1095 | 12.50 | 106104 |
| 房县 | 5.00 | 8000 | 0.60 | 100 | 0.80 | 2500 | 10.00 | 50000 |
| **荆州市** | **18.40** | **427587** | **0.20** | **7** | **9.30** | **50380** | **2.93** | **31800** |
| 市辖区 | 6.25 | 279920 | | | 0.40 | 1500 | 1.20 | 9000 |
| 江陵县 | 3.60 | 123746 | | | | | | |
| 松滋市 | | | | | 8.90 | 48880 | | |
| 公安县 | 0.80 | 10500 | | | | | | |
| 石首市 | 2.50 | | 0.20 | 7 | | | | |
| 监利县 | 0.50 | 300 | | | | | | |
| 洪湖市 | 4.75 | 13121 | | | | | 1.73 | 22800 |
| **宜昌市** | **28.83** | **544852** | **14.88** | **10221** | **34.44** | **552261** | **5.40** | **10000** |
| 市辖区 | 1.30 | 20000 | 0.10 | 200 | 3.50 | 75000 | | |
| 夷陵区 | 0.60 | 9000 | 0.41 | 900 | 9.80 | 168000 | 2.70 | 5000 |
| 宜都市 | 0.27 | 5185 | 2.96 | 2689 | 10.35 | 120000 | | |
| 枝江市 | 3.33 | 48000 | | | 4.50 | 92000 | | |
| 当阳市 | 1.00 | 40000 | | | 1.30 | 60000 | | |
| 远安县 | 2.00 | 28000 | | | | | | |
| 兴山县 | 2.50 | 40000 | 0.01 | 10 | 0.60 | 1200 | 2.50 | 3500 |
| 秭归县 | 3.58 | 91726 | 1.80 | 1069 | 2.13 | 24725 | | |
| 长阳县 | 8.69 | 151612 | 2.60 | 747 | 2.26 | 11336 | 0.20 | 1500 |
| 五峰县 | 5.56 | 111329 | 7.00 | 4606 | | | | |
| **襄樊市** | **23.53** | **735657** | **2.55** | **1352** | **9.21** | **110455** | **1.00** | **25000** |
| 市辖区 | 8.00 | 445000 | | | | | | |
| 老河口市 | 2.00 | 100 | | | 3.50 | 20000 | 1.00 | 25000 |
| 襄阳区 | | | | | | | | |
| 枣阳市 | | | | | 4.00 | 58700 | | |
| 宜城市 | 7.20 | 220000 | 0.32 | 168 | 1.71 | 31755 | | |
| 南漳县 | | | 0.10 | 1 | | | | |
| 谷城县 | 3.33 | 65000 | 0.13 | 550 | | | | |
| 保康县 | 3.00 | 5557 | 2.00 | 633 | | | | |
| 农场 | | | | | | | | |
| **鄂州市** | **12.30** | **461250** | **0.01** | **172** | | | | |

续表 3

单位：千公顷、吨

| | 蔬菜 | | 茶叶 | | 水果 | | 其它 | |
|---|---|---|---|---|---|---|---|---|
| | 面积 | 产量 | 面积 | 产量 | 面积 | 产量 | 面积 | 产量 |
| **荆门市** | **46.31** | **1637363** | **1.01** | **188** | **16.87** | **276752** | | |
| 市辖区 | 12.00 | 303000 | 0.32 | 56 | 5.32 | 38672 | | |
| 沙洋县 | 10.00 | 301000 | | 16 | 1.31 | 17436 | | |
| 钟祥市 | 16.00 | 694000 | 0.42 | 87 | 6.46 | 130681 | | |
| 京山县 | 8.00 | 335000 | 0.23 | 26 | 3.73 | 89863 | | |
| 沙洋农场 | 0.31 | 4363 | 0.04 | 3 | 0.05 | 100 | | |
| **孝感市** | **44.02** | **1304154** | **3.13** | **632** | **1.94** | **27001** | **0.33** | **1102** |
| 孝南区 | 2.36 | 81064 | 0.02 | 54 | 0.06 | 5418 | 0.33 | 1102 |
| 孝昌县 | | | 0.20 | 90 | | | | |
| 大悟县 | 2.12 | 68451 | 2.65 | 356 | | | | |
| 安陆市 | 6.15 | 162935 | 0.24 | 128 | 1.20 | 5983 | | |
| 云梦县 | 17.89 | 576704 | | | | | | |
| 应城市 | 0.40 | 13500 | | | 0.10 | 2200 | | |
| 汉川市 | 15.10 | 401500 | 0.02 | 4 | 0.58 | 13400 | | |
| **黄冈市** | **32.74** | **683571** | **6.03** | **6279** | **2.79** | **15217** | **7.73** | **36202** |
| 市辖区 | | | | | 0.20 | 2025 | | |
| 团风县 | 2.46 | 42435 | 0.07 | 15 | 0.49 | 786 | 0.76 | 4389 |
| 红安县 | | | | | | | 0.67 | 2713 |
| 麻城市 | 11.60 | 31950 | 1.20 | 560 | 1.10 | 2206 | 4.00 | 8100 |
| 罗田县 | 1.00 | 35000 | 0.13 | 20 | | | | |
| 英山县 | 2.10 | 71876 | 4.20 | 4964 | | | | |
| 浠水县 | 7.00 | 80000 | 0.16 | 650 | | | 2.30 | 21000 |
| 蕲春县 | 6.33 | 326110 | 0.20 | 70 | 0.90 | 9100 | | |
| 武穴市 | | | | | | | | |
| 黄梅县 | 2.25 | 96200 | 0.07 | | 0.10 | 1100 | | |
| **咸宁市** | **46.54** | **1162704** | **4.76** | **14621** | **8.36** | **22395** | **6.42** | **10534** |
| 咸安区 | 0.82 | 1861 | 0.10 | 31 | 0.30 | 892 | 2.42 | 1374 |
| 嘉鱼县 | 29.75 | 900233 | 0.68 | 1339 | 0.36 | 1300 | | |
| 赤壁市 | 6.38 | 103400 | 0.31 | 11596 | 1.60 | 5400 | | |
| 通城县 | 0.27 | 700 | 1.00 | 750 | 0.67 | 2000 | | |
| 崇阳县 | 3.20 | 62340 | 0.82 | 520 | 1.50 | 2043 | | |
| 通山县 | 6.12 | 94170 | 1.85 | 385 | 3.93 | 10760 | 4.00 | 9160 |
| **随州市** | **6.83** | **239647** | **0.03** | **45** | **0.02** | **750** | | |
| 广水市 | 6.80 | 238897 | | | | | | |
| 曾都区 | 0.03 | 750 | 0.03 | 45 | 0.02 | 750 | | |
| **恩施自治州** | **37.71** | **722135** | **17.36** | **7465** | **13.87** | **30599** | **9.42** | **9775** |
| 恩施市 | 18.50 | 277500 | 9.00 | 3891 | 4.00 | 14544 | 1.50 | 225 |
| 建始县 | 0.52 | 24000 | | | | | 1.87 | 500 |
| 巴东县 | 8.09 | 120482 | 1.41 | 324 | 3.00 | 7015 | 5.60 | 7450 |
| 利川市 | 6.00 | 200000 | 3.70 | 800 | 2.40 | 2000 | | |
| 宣恩县 | 1.00 | 25000 | 2.87 | 2068 | 3.60 | 2810 | | |
| 咸丰县 | 0.55 | 2500 | 0.35 | 350 | 0.85 | 4000 | 0.45 | 1600 |
| 来凤县 | 0.54 | 6006 | 0.03 | 32 | 0.02 | 230 | | |
| 鹤峰县 | 2.51 | 66647 | | | | | | |
| **仙桃市** | **18.00** | **285206** | | | **1.20** | **17269** | | |
| **天门市** | **6.67** | **186000** | | | **1.00** | **19000** | | |
| **潜江市** | **7.46** | **359752** | | | **0.90** | **17734** | **0.33** | **18640** |
| **神农架林区** | **1.90** | **32350** | **0.63** | **78** | | **544** | | |

# 全省经作特产良种面积、产量

单位:千公顷、吨

|  | 面积 | 产量 |  | 面积 | 产量 |
|---|---|---|---|---|---|
| 一、茶叶无性系良种 | 46.77 |  | (1)芋角 |  | 40589 |
| 1.福鼎大白茶 | 23.49 |  | (2)精粉 |  | 35475 |
| 2.福云6号 | 7.41 |  | (3)食品 |  | 39790 |
| 3.白毫早 | 1.83 |  | (4)保健品 |  | 850 |
| 4.乌牛早 | 1.03 |  | (5)其它 |  | 20590 |
| 5.鄂茶1号 | 0.79 |  | 3.加工产值(万元) |  | 50562 |
| 6.龙井43 | 0.45 |  | 4.出口量 |  | 100 |
| 7.其 它 | 11.77 |  | 创汇额(万美元) |  | 50 |
| 二、水果(不含果用瓜) | 216.31 | 2171881 | 五、桑 园 | 14.35 |  |
| (一)柑桔 | 125.94 | 1233889 | 其中:湖桑 | 7.87 |  |
| 其中:温州蜜柑 | 64.11 | 661734 | 六、养蚕发种量(万张) | 18.07 | 6731 |
| 椪柑 | 20.73 | 182315 | 1.春蚕发种量 | 9.22 | 3685 |
| 锦橙 | 2.47 | 22024 | 2.夏蚕发种量 | 2.45 | 540 |
| 脐橙 | 11.35 | 79932 | 3.秋蚕发种量 | 6.40 | 2506 |
| 其中:纽荷尔 | 5.32 | 36827 | 七、一代杂交蚕种生产(万张) | 9.16 |  |
| 夏橙 | 0.74 | 3750 | 八、中药材 | 48.84 | 351940 |
| 桃叶橙 | 0.22 | 1857 | 1.黄连留存 | 1.23 | 4475 |
| 柚 | 3.62 | 6431 | 2.党参留存 | 2.36 | 1558 |
| (二)梨 | 31.24 | 435843 | 3.贝母留存 | 0.33 | 223 |
| 其中:丰水梨 | 0.56 | 11672 | 4.茯苓留存 | 2.10 | 10642 |
| 华梨 | 1.01 | 14355 | 5.天麻留存 | 1.57 | 2393 |
| 黄花梨 | 8.48 | 136307 | 6.黄 姜 | 16.70 | 282222 |
| 金水梨 | 3.47 | 46936 | 7.杜仲(万株) | 6947.70 | 3096 |
| 湘南梨 | 4.17 | 55310 | 8.厚朴(万株) | 2030.79 | 737 |
| (三)其它水果 | 59.13 | 502149 | 9.黄柏(万株) | 3595.43 | 645 |
| 其中:苹果 | 2.28 | 5851 | 10.其 它 | 24.55 | 45949 |
| 桃 | 32.60 | 365107 | 九、中药材出口量 |  | 1200.3 |
| 其中:油桃 | 15.13 | 156215 | 创汇额(万美元) |  | 1203.6 |
| 猕猴桃 | 1.64 | 5740 | 十、食用菌产销情况 |  |  |
| 葡萄 | 3.60 | 37262 | (一)产 量 |  | 81752 |
| 枣 | 1.87 | 19020 | 1.干菌产量 |  | 37073 |
| 李 | 1.81 | 8426 | (1)香菇产量 |  | 24064 |
| 柿 | 3.16 | 33641 | (2)黑木耳产量 |  | 12945 |
| 三、果用瓜 | 63.31 | 2366431 | (3)白木耳产量 |  | 64 |
| 其中:西瓜 | 53.00 | 2038118 | 2.鲜菌产量 |  | 44679 |
| 其中:无籽西瓜 | 14.02 | 470024 | (1)蘑菇产量 |  | 23268 |
| 特种西瓜 | 1.34 | 46616 | (2)平菇产量 |  | 8192 |
| 甜瓜 | 9.45 | 254476 | (3)草菇产量 |  | 522 |
| 草莓 | 0.53 | 16687 | (4)金针菇产量 |  | 1760 |
| 四、魔芋产加销情况 |  |  | (5)其 它 |  | 2175 |
| 1.魔芋(公顷) | 67527 | 600629 | (二)出口量 |  | 6158 |
| 2.魔芋加工量 |  | 137294 | 创汇额(万美元) |  | 8431.20 |

# 经作特产良种面积、产量

单位:千公顷、吨

| | 茶叶无性系良种面积 | 福鼎大白茶 | 水果(不含果用瓜) | | 柑桔 | | 温州蜜柑 | |
|---|---|---|---|---|---|---|---|---|
| | | | 面积 | 产量 | 面积 | 产量 | 面积 | 产量 |
| **全省合计** | **46.77** | **23.49** | **216.31** | **2171881** | **125.94** | **1233889** | **64.11** | **661734** |
| **武汉市** | | | | | | | | |
| 市辖区 | | | | | | | | |
| 蔡甸区 | | | | | | | | |
| 江夏区 | | | | | | | | |
| 黄陂区 | | | | | | | | |
| 新洲区 | | | | | | | | |
| **黄石市** | **0.50** | **0.40** | **5.15** | **12991** | **3.93** | **10785** | **0.40** | **1655** |
| 市辖区 | | | 0.18 | 1600 | 0.13 | 1400 | 0.13 | 1400 |
| 大冶市 | | | 0.29 | 951 | | | | |
| 阳新县 | 0.50 | 0.40 | 4.68 | 10440 | 3.80 | 9385 | 0.27 | 255 |
| **十堰市** | **2.06** | **1.84** | **21.10** | **106562** | **18.64** | **99170** | **14.62** | **89493** |
| 市辖区 | | | | | | | | |
| 丹江口市 | 0.10 | 0.10 | 13.33 | 86510 | 13.19 | 85697 | 11.99 | 83197 |
| 郧县 | 0.57 | 0.40 | 4.92 | 12374 | 4.20 | 11000 | 1.50 | 4000 |
| 郧西县 | | | 0.59 | 1795 | 0.33 | 462 | 0.26 | 450 |
| 竹山县 | | | 0.60 | 1986 | 0.28 | 746 | 0.28 | 746 |
| 竹溪县 | 1.38 | 1.33 | 0.45 | 911 | 0.15 | 100 | 0.15 | 100 |
| 房县 | 0.01 | 0.01 | 1.21 | 2986 | 0.49 | 1165 | 0.44 | 1000 |
| **荆州市** | **0.20** | | **14.88** | **172531** | **12.74** | **135989** | **9.33** | **50006** |
| 市辖区 | 0.00 | | 1.02 | 32122 | 0.56 | 24388 | 0.33 | 18806 |
| 江陵县 | | | 0.22 | 2417 | 0.15 | 1688 | 0.10 | 530 |
| 松滋市 | | | 10.25 | 57301 | 9.54 | 52284 | 7.51 | 12257 |
| 公安县 | | | 2.20 | 41041 | 1.83 | 35179 | 1.36 | 16620 |
| 石首市 | 0.20 | | 0.83 | 26983 | 0.56 | 19605 | | |
| 监利县 | | | 0.18 | 9530 | 0.05 | 2101 | 0.03 | 1793 |
| 洪湖市 | | | 0.18 | 3137 | 0.05 | 744 | | |
| **宜昌市** | **4.79** | **2.31** | **60.68** | **766690** | **56.68** | **716503** | **21.74** | **339719** |
| 市辖区 | 0.30 | 0.10 | 3.53 | 116540 | 3.50 | 116240 | 2.30 | 90000 |
| 夷陵区 | 1.13 | 0.33 | 11.39 | 145907 | 10.65 | 141630 | 4.76 | 86330 |
| 宜都市 | 0.43 | 0.30 | 10.63 | 125485 | 10.53 | 124401 | 7.57 | 123336 |
| 枝江市 | | | 9.67 | 148500 | 8.20 | 115900 | 2.80 | 16000 |
| 当阳市 | | | 9.20 | 101950 | 8.64 | 96072 | | |
| 远安县 | | | 0.98 | 7665 | 0.51 | 5069 | 0.51 | 3000 |
| 兴山县 | 0.05 | 0.03 | 3.35 | 28300 | 3.35 | 28300 | 0.50 | 500 |
| 秭归县 | 0.95 | 0.57 | 6.78 | 64003 | 6.30 | 62336 | 0.30 | 3500 |
| 长阳县 | 1.60 | 0.85 | 5.15 | 28340 | 5.00 | 26555 | 3.00 | 17053 |
| 五峰县 | 0.33 | 0.13 | | | | | | |
| **襄樊市** | **3.57** | **2.02** | **23.46** | **359680** | **3.36** | **38804** | **1.47** | **26991** |
| 市辖区 | | | 0.26 | 6407 | 0.10 | 920 | | |
| 老河口市 | | | 4.33 | 82557 | 0.18 | 3330 | 0.17 | 3182 |
| 襄阳区 | 0.02 | 0.02 | 1.60 | 31414 | | | | |
| 枣阳市 | 1.07 | 0.97 | 11.08 | 182427 | 0.24 | 2809 | 0.24 | 2809 |
| 宜城市 | 0.32 | 0.28 | 1.71 | 31755 | 1.16 | 21361 | 1.06 | 21000 |
| 南漳县 | | | 1.26 | 12568 | 1.05 | 9105 | | |
| 谷城县 | 0.66 | 0.15 | 3.18 | 10349 | 0.63 | 1279 | | |
| 保康县 | 1.50 | 0.60 | 0.01 | 2108 | | | | |
| 农场 | | | 0.03 | 95 | | | | |
| **鄂州市** | **0:00** | | **5.72** | **21005** | **1.97** | **11608** | **1.96** | **11353** |

续表 1

单位：千公顷、吨

| | 茶叶无性系良种面积 | 福鼎大白茶 | 水果(不含果用瓜) | | 柑桔 | | 温州蜜柑 | |
|---|---|---|---|---|---|---|---|---|
| | | | 面积 | 产量 | 面积 | 产量 | 面积 | 产量 |
| **荆门市** | **0.24** | **0.12** | **14.99** | **271740** | **6.99** | **93008** | **6.01** | **77870** |
| 市辖区 | 0.02 | | 4.57 | 38672 | 2.93 | 20394 | 2.50 | 18830 |
| 沙洋县 | | | 1.23 | 15391 | 0.61 | 10038 | 0.50 | 9784 |
| 钟祥市 | | | 5.79 | 130681 | 2.28 | 29371 | 2.00 | 17751 |
| 京山县 | 0.22 | 0.12 | 3.36 | 86901 | 1.14 | 33179 | 1.00 | 31503 |
| 沙洋农场 | | | 0.04 | 95 | 0.03 | 26 | 0.01 | 2 |
| **孝感市** | **7.61** | **4.75** | **12.14** | **110111** | **0.71** | **3707** | **0.12** | **1007** |
| 孝南区 | 0.37 | 0.29 | 1.82 | 11393 | 0.04 | 405 | 0.02 | 203 |
| 孝昌县 | 0.31 | 0.08 | 3.39 | 41003 | 0.50 | 1897 | 0.01 | 45 |
| 大悟县 | 6.42 | 4.18 | 2.58 | 6668 | | | | |
| 安陆市 | | | 1.53 | 7733 | 0.03 | 202 | 0.03 | 202 |
| 云梦县 | | | 0.93 | 6500 | 0.02 | 36 | | |
| 应城市 | 0.48 | 0.20 | 1.08 | 18313 | 0.07 | 695 | 0.01 | 85 |
| 汉川市 | 0.03 | | 0.81 | 18501 | 0.05 | 472 | 0.05 | 472 |
| **黄冈市** | **2.27** | **1.54** | **9.44** | **52544** | **4.14** | **36448** | **2.42** | **20960** |
| 市辖区 | | | 0.19 | 2025 | 0.12 | 1404 | 0.12 | 1404 |
| 团风县 | 0.15 | 0.02 | 0.72 | 1155 | 0.23 | 549 | 0.23 | 549 |
| 红安县 | 0.17 | 0.13 | 0.96 | 707 | 0.02 | 41 | | |
| 麻城市 | 0.81 | 0.75 | 1.64 | 3296 | 0.02 | 161 | | |
| 罗田县 | | | 0.24 | 440 | 0.10 | 150 | | |
| 英山县 | 1.10 | 0.60 | 0.38 | 2376 | 0.07 | 375 | 0.06 | 325 |
| 浠水县 | | | 1.83 | 14130 | 0.69 | 10906 | | |
| 蕲春县 | 0.03 | 0.03 | 0.91 | 9799 | 0.65 | 7632 | 0.65 | 7632 |
| 武穴市 | 0.01 | 0.01 | 2.47 | 17433 | 2.24 | 15210 | 1.36 | 11050 |
| 黄梅县 | | | 0.10 | 1183 | | 20 | | |
| **咸宁市** | **0.69** | **0.14** | **9.34** | **25405** | **4.94** | **14085** | **1.37** | **3990** |
| 咸安区 | 0.00 | | 0.36 | 1539 | 0.17 | 428 | | |
| 嘉鱼县 | 0.02 | 0.01 | 0.36 | 1300 | 0.14 | 856 | 0.14 | 856 |
| 赤壁市 | 0.13 | | 2.33 | 8288 | 0.82 | 2708 | 0.58 | 1925 |
| 通城县 | 0.15 | | 1.04 | 2318 | 0.88 | 2096 | | |
| 崇阳县 | 0.14 | 0.13 | 2.30 | 4026 | 0.88 | 1540 | 0.65 | 1209 |
| 通山县 | 0.25 | | 2.95 | 7934 | 2.05 | 6457 | | |
| **随州市** | **7.09** | **0.70** | **14.69** | **86238** | **0.67** | **6394** | | |
| 广水市 | 6.39 | | 11.57 | 64072 | 0.67 | 6394 | | |
| 曾都区 | 0.70 | 0.70 | 3.12 | 22166 | | | | |
| **恩施自治州** | **17.75** | **9.67** | **17.93** | **71911** | **10.07** | **48866** | **3.91** | **22571** |
| 恩施市 | 9.06 | 4.00 | 4.05 | 14588 | 2.39 | 9562 | 1.00 | 5000 |
| 建始县 | 0.13 | 0.10 | 0.90 | 2878 | 0.47 | 1588 | 0.10 | 352 |
| 巴东县 | 1.26 | | 3.00 | 6479 | 2.10 | 5297 | 0.10 | 140 |
| 利川市 | 1.67 | 0.50 | 1.84 | 5449 | 0.31 | 2581 | 0.30 | 560 |
| 宣恩县 | 1.65 | 1.40 | 3.57 | 13382 | 2.80 | 11839 | 1.47 | 6023 |
| 咸丰县 | 2.60 | 2.50 | 2.66 | 11697 | 0.47 | 2264 | 0.22 | |
| 来凤县 | 0.17 | 0.17 | 1.28 | 14862 | 1.11 | 13776 | 0.72 | 10496 |
| 鹤峰县 | 1.21 | 1.00 | 0.63 | 2576 | 0.42 | 1959 | | |
| **仙桃市** | **0.00** | | **4.16** | **62550** | **0.70** | **14060** | **0.41** | **11967** |
| **天门市** | | | **1.34** | **27249** | **0.25** | **2624** | **0.23** | **2390** |
| **潜江市** | | | **1.29** | **24674** | **0.15** | **1838** | **0.12** | **1762** |
| **神农架林区** | | | | | | | | |

续表2　　　　　　　　　　　　　　　　　　　　　　　　　单位:千公顷、吨

| | 水果良种(续) | | | | | | | |
|---|---|---|---|---|---|---|---|---|
| | 柑桔良种(续) | | | | 梨 | | 其它水果 | |
| | 椪柑 | | 脐橙 | | | | | |
| | 面积 | 产量 | 面积 | 产量 | 面积 | 产量 | 面积 | 产量 |
| **全省合计** | **20.73** | **182315** | **11.35** | **79932** | **31.24** | **435843** | **59.13** | **502149** |
| **武汉市** | | | | | | | | |
| 市辖区 | | | | | | | | |
| 蔡甸区 | | | | | | | | |
| 江夏区 | | | | | | | | |
| 黄陂区 | | | | | | | | |
| 新洲区 | | | | | | | | |
| **黄石市** | **0.10** | **10** | **0.10** | **50** | **0.11** | **280** | **1.11** | **1926** |
| 市辖区 | | | | | | | 0.05 | 200 |
| 大冶市 | | | | | 0.09 | 220 | 0.20 | 731 |
| 阳新县 | 0.10 | 10 | 0.10 | 50 | 0.02 | 60 | 0.86 | 995 |
| **十堰市** | **0.20** | **450** | **1.47** | **2768** | **0.30** | **350** | **2.16** | **7042** |
| 市辖区 | | | | | | | | |
| 丹江口市 | | | 1.20 | 2500 | | 14 | 0.14 | 799 |
| 郧县 | 0.20 | 450 | 0.15 | 250 | 0.24 | 175 | 0.48 | 1199 |
| 郧西县 | | | 0.07 | 12 | | | 0.26 | 1333 |
| 竹山县 | | | | | 0.05 | 127 | 0.27 | 1113 |
| 竹溪县 | | | | | | | 0.30 | 811 |
| 房县 | | | 0.05 | 6 | 0.01 | 34 | 0.71 | 1787 |
| **荆州市** | **0.54** | **7242** | **1.33** | **7133** | **1.32** | **22976** | **0.82** | **13566** |
| 市辖区 | 0.07 | 3804 | 0.04 | 820 | 0.17 | 3739 | 0.29 | 3995 |
| 江陵县 | | | | | 0.05 | 625 | 0.02 | 104 |
| 松滋市 | 0.33 | 150 | 1.00 | 1482 | 0.55 | 4319 | 0.16 | 698 |
| 公安县 | 0.13 | 3000 | 0.29 | 4831 | 0.24 | 3818 | 0.13 | 2044 |
| 石首市 | | | | | 0.07 | 3464 | 0.20 | 3914 |
| 监利县 | 0.01 | 288 | | | 0.12 | 5394 | 0.01 | 2035 |
| 洪湖市 | | | | | 0.12 | 1617 | 0.01 | 776 |
| **宜昌市** | **17.14** | **164998** | **6.26** | **60897** | **1.47** | **30418** | **2.53** | **19769** |
| 市辖区 | 0.80 | 25000 | 0.30 | 640 | | | 0.03 | 300 |
| 夷陵区 | 5.30 | 52000 | 0.13 | 1000 | 0.03 | 210 | 0.71 | 4067 |
| 宜都市 | 2.30 | 248 | 0.33 | 711 | 0.06 | 345 | 0.04 | 739 |
| 枝江市 | 0.80 | 11000 | 0.20 | 2700 | 1.00 | 25000 | 0.47 | 7600 |
| 当阳市 | 5.64 | 66072 | | 46 | 0.19 | 3292 | 0.37 | 2586 |
| 远安县 | | | | | 0.15 | 801 | 0.32 | 1795 |
| 兴山县 | | | 1.30 | 12000 | | | | |
| 秭归县 | 0.30 | 2850 | 4.00 | 42500 | 0.04 | 335 | 0.44 | 1332 |
| 长阳县 | 2.00 | 7828 | | 1300 | | 435 | 0.15 | 1350 |
| 五峰县 | | | | | | | | |
| **襄樊市** | **0.10** | **21** | | | **6.54** | **112015** | **13.56** | **208861** |
| 市辖区 | | | | | 0.10 | 2064 | 0.06 | 3423 |
| 老河口市 | | | | | 2.88 | 52521 | 1.27 | 26706 |
| 襄阳区 | | | | | 1.34 | 26570 | 0.26 | 4844 |
| 枣阳市 | | | | | 1.00 | 22500 | 9.84 | 157118 |
| 宜城市 | 0.10 | 21 | | | 0.38 | 4470 | 0.17 | 5924 |
| 南漳县 | | | | | 0.15 | 770 | 0.06 | 2693 |
| 谷城县 | | | | | 0.69 | 3120 | 1.86 | 5950 |
| 保康县 | | | | | | | 0.01 | 2108 |
| 农场 | | | | | | | 0.03 | 95 |
| **鄂州市** | **0.00** | | | | **1.02** | **1725** | **2.73** | **7672** |

续表3　　　　单位:千公顷、吨

| | 水果良种(续) | | | | | | | |
|---|---|---|---|---|---|---|---|---|
| | 柑桔良种(续) | | | | 梨 | | 其它水果 | |
| | 椪柑 | | 脐橙 | | | | | |
| | 面积 | 产量 | 面积 | 产量 | 面积 | 产量 | 面积 | 产量 |
| **荆门市** | **0.03** | **100** | | **2241** | **5.49** | **128384** | **2.51** | **50348** |
| 市辖区 | 0.00 | | | 30 | 0.66 | 8447 | 0.98 | 9831 |
| 沙洋县 | | | | 84 | 0.42 | 4716 | 0.20 | 637 |
| 钟祥市 | | | | 2127 | 2.82 | 79134 | 0.69 | 22176 |
| 京山县 | 0.03 | 100 | | | 1.59 | 36087 | 0.63 | 17635 |
| 沙洋农场 | | | | | | | 0.01 | 69 |
| **孝感市** | **0.00** | | **0.01** | **70** | **2.68** | **25883** | **8.75** | **80521** |
| 孝南区 | | | | | 0.08 | 730 | 1.70 | 10258 |
| 孝昌县 | | | | | 0.03 | 754 | 2.86 | 38352 |
| 大悟县 | | | | | 0.72 | 2463 | 1.86 | 4205 |
| 安陆市 | | | | | 0.84 | 2843 | 0.66 | 4688 |
| 云梦县 | | | | | 0.27 | 1912 | 0.64 | 4552 |
| 应城市 | | | 0.01 | 70 | 0.30 | 3751 | 0.71 | 13867 |
| 汉川市 | | | | | 0.44 | 13430 | 0.32 | 4599 |
| **黄冈市** | **0.20** | **666** | **0.01** | **147** | **1.14** | **5345** | **4.16** | **10751** |
| 市辖区 | | | | | 0.03 | 250 | 0.04 | 371 |
| 团风县 | | | | | 0.04 | 57 | 0.45 | 549 |
| 红安县 | | | | | 0.24 | 201 | 0.70 | 465 |
| 麻城市 | | | | | 0.32 | 1102 | 1.30 | 2033 |
| 罗田县 | | | | | 0.06 | 130 | 0.08 | 160 |
| 英山县 | | | | | 0.10 | 872 | 0.21 | 1129 |
| 浠水县 | | | | | 0.19 | 430 | 0.95 | 2794 |
| 蕲春县 | | | | | 0.08 | 943 | 0.18 | 1224 |
| 武穴市 | 0.20 | 666 | 0.01 | 147 | 0.03 | 260 | 0.20 | 1963 |
| 黄梅县 | | | | | 0.05 | 1100 | 0.05 | 63 |
| **咸宁市** | **0.88** | **2067** | **1.12** | **3573** | **1.11** | **3099** | **3.29** | **8221** |
| 咸安区 | 0.00 | | | | 0.05 | 121 | 0.14 | 990 |
| 嘉鱼县 | | | | | | | 0.22 | 444 |
| 赤壁市 | | | 0.04 | 142 | 0.30 | 1500 | 1.21 | 4080 |
| 通城县 | 0.88 | 2067 | | | 0.03 | 26 | 0.13 | 196 |
| 崇阳县 | | | 0.13 | 200 | 0.20 | 413 | 1.22 | 2073 |
| 通山县 | | | 0.95 | 3231 | 0.53 | 1039 | 0.37 | 438 |
| **随州市** | | | | | 1.50 | 7507 | 12.52 | 72337 |
| 广水市 | | | | | 1.07 | 6392 | 9.83 | 51286 |
| 曾都区 | | | | | 0.43 | 1115 | 2.69 | 21051 |
| **恩施自治州** | **1.41** | **6285** | **0.86** | **1360** | **3.86** | **12769** | **4.00** | **10276** |
| 恩施市 | 0.06 | 400 | 0.03 | 100 | 0.33 | 826 | 1.33 | 4200 |
| 建始县 | 0.10 | 200 | 0.07 | 9 | 0.09 | 469 | 0.34 | 821 |
| 巴东县 | 0.53 | 1124 | 0.68 | 1224 | 0.02 | 124 | 0.88 | 1058 |
| 利川市 | | | | | 1.20 | 1500 | 0.33 | 1368 |
| 宣恩县 | 0.20 | 1174 | | | 0.45 | 515 | 0.32 | 1028 |
| 咸丰县 | 0.05 | 286 | 0.08 | 27 | 1.64 | 8443 | 0.55 | 990 |
| 来凤县 | 0.19 | 2360 | | | 0.09 | 600 | 0.08 | 486 |
| 鹤峰县 | 0.28 | 741 | | | 0.04 | 292 | 0.17 | 325 |
| **仙桃市** | **0.12** | **438** | **0.17** | **1655** | **2.79** | **41346** | **0.67** | **7144** |
| **天门市** | | | | | **0.88** | **22480** | **0.21** | **2145** |
| **潜江市** | **0.01** | **38** | **0.02** | **38** | **1.03** | **21266** | **0.11** | **1570** |
| **神农架林区** | | | | | | | | |

续表4　　　　　　　　　　　　　　　　　　　　　　　　　　　　　　　　　单位:千公顷、吨

| | 水果良种(续) | | | | 果用瓜 | | | |
|---|---|---|---|---|---|---|---|---|
| | 桃 | | 油桃 | | | | 西瓜 | |
| | 面积 | 产量 | 面积 | 产量 | 面积 | 产量 | 面积 | 产量 |
| **全省合计** | **32.60** | **365107** | **15.13** | **156215** | **63.31** | **2366431** | **53.00** | **2038118** |
| **武汉市** | | | | | | | | |
| 市辖区 | | | | | | | | |
| 蔡甸区 | | | | | | | | |
| 江夏区 | | | | | | | | |
| 黄陂区 | | | | | | | | |
| 新洲区 | | | | | | | | |
| **黄石市** | **0.48** | **719** | **0.10** | **215** | **1.37** | **53794** | **1.16** | **38095** |
| 市辖区 | | | | | 0.02 | 1845 | 0.01 | 660 |
| 大冶市 | 0.18 | 389 | 0.10 | 215 | 0.33 | 20000 | 0.17 | 6000 |
| 阳新县 | 0.30 | 330 | | | 1.02 | 31949 | 0.98 | 31435 |
| **十堰市** | **0.60** | **2414** | **0.01** | **40** | **1.43** | **42238** | **1.37** | **40156** |
| 市辖区 | | | | | | | | |
| 丹江口市 | 0.04 | 267 | | | 0.06 | 1682 | 0.06 | 1678 |
| 郧县 | 0.30 | 850 | 0.01 | 40 | 1.28 | 39340 | 1.22 | 37285 |
| 郧西县 | 0.03 | 45 | | | | | | |
| 竹山县 | 0.09 | 312 | | | | 23 | | |
| 竹溪县 | 0.04 | 180 | | | 0.07 | 902 | 0.07 | 902 |
| 房县 | 0.10 | 760 | | | 0.02 | 291 | 0.02 | 291 |
| **荆州市** | **0.47** | **9539** | **0.01** | **187** | **13.02** | **407070** | **10.08** | **335226** |
| 市辖区 | 0.21 | 3409 | 0.01 | 187 | 2.30 | 90760 | 1.37 | 66265 |
| 江陵县 | 0.01 | 28 | | | 1.29 | 51605 | 1.16 | 48778 |
| 松滋市 | 0.07 | 447 | | | 1.72 | 40794 | 1.46 | 36819 |
| 公安县 | 0.04 | 746 | | | 2.09 | 72189 | 1.66 | 56223 |
| 石首市 | 0.12 | 2815 | | | 1.38 | | 0.96 | |
| 监利县 | 0.01 | 1907 | | | 2.91 | 103913 | 2.22 | 82798 |
| 洪湖市 | 0.01 | 187 | | | 1.33 | 47809 | 1.25 | 44343 |
| **宜昌市** | **1.21** | **9821** | **0.02** | **100** | **2.46** | **99212** | **2.07** | **62824** |
| 市辖区 | 0.03 | 300 | | | | | | |
| 夷陵区 | 0.25 | 2093 | | | 0.59 | 18073 | 0.38 | 13338 |
| 宜都市 | 0.01 | 150 | | | 0.05 | 2550 | 0.04 | 2363 |
| 枝江市 | 0.45 | 3800 | | | | | | |
| 当阳市 | 0.25 | 1894 | | | 1.64 | 75393 | 1.49 | 44054 |
| 远安县 | 0.15 | 901 | 0.02 | 100 | 0.02 | 900 | 0.02 | 900 |
| 兴山县 | | | | | | | | |
| 秭归县 | 0.04 | 385 | | | 0.11 | 2020 | 0.10 | 1949 |
| 长阳县 | 0.03 | 298 | | | 0.05 | 276 | 0.04 | 220 |
| 五峰县 | | | | | | | | |
| **襄樊市** | **11.09** | **179198** | **5.79** | **88056** | **10.83** | **585469** | **10.09** | **550624** |
| 市辖区 | | | | | | | | |
| 老河口市 | 1.05 | 19003 | | | 1.22 | 42552 | 0.84 | 32291 |
| 襄阳区 | 0.11 | 3286 | 0.11 | 3286 | 1.73 | 65012 | 1.66 | 55202 |
| 枣阳市 | 9.34 | 149170 | 5.67 | 84120 | 3.08 | 258582 | 2.88 | 251565 |
| 宜城市 | 0.07 | 3771 | 0.01 | 650 | 4.69 | 214095 | 4.61 | 207315 |
| 南漳县 | 0.03 | 1329 | | | | | | |
| 谷城县 | 0.49 | 2544 | | | 0.11 | 5228 | 0.10 | 4251 |
| 保康县 | | | | | | | | |
| 农场 | | 95 | | | | | | |
| **鄂州市** | **0.78** | **3434** | | | **2.25** | **159423** | **1.69** | **122948** |

续表 5

单位:千公顷、吨

| | 水果良种(续) | | | | 果用瓜 | | | |
|---|---|---|---|---|---|---|---|---|
| | 桃 | | 油桃 | | | | 西瓜 | |
| | 面积 | 产量 | 面积 | 产量 | 面积 | 产量 | 面积 | 产量 |
| **荆门市** | **1.95** | **37406** | **0.14** | **1342** | **6.97** | **208156** | **6.25** | **188420** |
| 市辖区 | 0.89 | 8808 | 0.06 | 79 | 1.86 | 56335 | 1.53 | 48948 |
| 沙洋县 | 0.18 | | 0.01 | | 0.56 | 20599 | 0.50 | 19002 |
| 钟祥市 | 0.32 | 15011 | 0.01 | 60 | 1.66 | 57442 | 1.61 | 55492 |
| 京山县 | 0.55 | 13518 | 0.06 | 1203 | 2.89 | 73780 | 2.61 | 64978 |
| 沙洋农场 | 0.01 | 69 | | | | | | |
| **孝感市** | **6.47** | **58031** | **3.52** | **24731** | **6.06** | **257256** | **5.25** | **235792** |
| 孝南区 | 1.65 | 9902 | 1.12 | 6716 | 1.16 | 48356 | 1.05 | 44598 |
| 孝昌县 | 2.13 | 32908 | 0.69 | 10660 | 0.36 | 7413 | 0.33 | 6600 |
| 大悟县 | 1.48 | 3356 | 1.25 | 2989 | 0.51 | 5369 | 0.41 | 4365 |
| 安陆市 | 0.41 | 2693 | 0.01 | 66 | 1.00 | 41826 | 0.80 | 37538 |
| 云梦县 | 0.30 | 2180 | 0.29 | 2160 | 0.96 | 33097 | 0.92 | 31600 |
| 应城市 | 0.30 | 4562 | 0.06 | 930 | 1.57 | 85145 | 1.34 | 79191 |
| 汉川市 | 0.20 | 2430 | 0.10 | 1210 | 0.50 | 36050 | 0.40 | 31900 |
| **黄冈市** | **1.33** | **6453** | **0.18** | **659** | **3.18** | **74367** | **2.48** | **55976** |
| 市辖区 | 0.04 | 343 | | | 0.46 | 15448 | 0.36 | 13613 |
| 团风县 | 0.18 | 236 | | | 0.29 | 6009 | 0.24 | 5355 |
| 红安县 | 0.16 | 380 | 0.09 | 214 | 0.34 | 3400 | 0.32 | 289 |
| 麻城市 | 0.22 | 765 | 0.03 | 125 | 0.37 | 4946 | 0.36 | 4866 |
| 罗田县 | | | | | | | | |
| 英山县 | 0.15 | 1033 | | | 0.03 | 279 | 0.02 | 262 |
| 浠水县 | 0.32 | 1800 | 0.03 | 50 | 0.46 | 18180 | 0.28 | 10910 |
| 蕲春县 | 0.10 | 665 | | | 0.47 | 9774 | 0.40 | 7553 |
| 武穴市 | 0.11 | 1168 | 0.03 | 270 | 0.69 | 15146 | 0.45 | 12043 |
| 黄梅县 | 0.05 | 63 | | | 0.07 | 1185 | 0.05 | 1085 |
| **咸宁市** | **1.36** | **3176** | **0.18** | **435** | **4.86** | **140751** | **4.66** | **137157** |
| 咸安区 | 0.00 | | | | 1.98 | 56588 | 1.91 | 55291 |
| 嘉鱼县 | 0.11 | 290 | 0.03 | 60 | 1.82 | 56534 | 1.73 | 54755 |
| 赤壁市 | 0.53 | 1713 | 0.10 | 340 | 0.04 | 707 | 0.03 | 598 |
| 通城县 | 0.06 | 162 | | | 0.04 | 707 | 0.03 | 598 |
| 崇阳县 | 0.46 | 886 | | | 0.81 | 22553 | 0.80 | 22495 |
| 通山县 | 0.20 | 125 | 0.05 | 35 | 0.17 | 3662 | 0.16 | 3420 |
| **随州市** | **5.43** | **43326** | **4.77** | **38273** | **2.36** | **136415** | **2.08** | **107280** |
| 广水市 | 3.18 | 26070 | 3.18 | 26070 | 1.22 | 65400 | 1.10 | 42800 |
| 曾都区 | 2.25 | 17256 | 1.59 | 12203 | 1.14 | 71015 | 0.98 | 64480 |
| **恩施自治州** | **0.87** | **2712** | **0.29** | **350** | **0.77** | **11086** | **0.49** | **9195** |
| 恩施市 | 0.10 | 1060 | | | 0.17 | 2947 | 0.13 | 2232 |
| 建始县 | 0.06 | 60 | 0.04 | 12 | 0.16 | 97 | 0.02 | 92 |
| 巴东县 | 0.29 | 372 | | | 0.10 | 1058 | 0.10 | 1058 |
| 利川市 | 0.21 | 176 | 0.20 | 150 | 0.03 | 577 | 0.03 | 569 |
| 宣恩县 | 0.02 | 421 | 0.01 | 50 | 0.03 | 498 | 0.03 | 498 |
| 咸丰县 | 0.05 | 207 | | | 0.03 | 423 | 0.03 | 423 |
| 来凤县 | 0.04 | 265 | | 42 | 0.20 | 5389 | 0.14 | 4246 |
| 鹤峰县 | 0.10 | 151 | 0.04 | 96 | 0.05 | 97 | 0.01 | 77 |
| **仙桃市** | **0.30** | **5568** | **0.02** | **274** | **5.18** | **91883** | **3.17** | **69505** |
| **天门市** | **0.18** | **1957** | **0.02** | **200** | **0.86** | **28541** | **0.74** | **25912** |
| **潜江市** | **0.08** | **1353** | **0.08** | **1353** | **1.71** | **70770** | **1.42** | **59008** |
| **神农架林区** | | | | | | | | |

续表 6

单位：千公顷、吨

| | 果用瓜良种(续) | | 魔芋产加销情况 | | | | | 桑园面积 |
|---|---|---|---|---|---|---|---|---|
| | 西瓜良种(续) | | 鲜芋生产 | | 魔芋加工量 | 加工产值(万元) | 出口量 | |
| | 无籽西瓜 | | | | | | | |
| | 面积 | 产量 | 面积(公顷) | 产量 | | | | |
| **全省合计** | **14.02** | **470024** | **67527** | **600629** | **137294** | **50562** | **100** | **14.35** |
| **武汉市** | | | | | | | | |
| 市辖区 | | | | | | | | |
| 蔡甸区 | | | | | | | | |
| 江夏区 | | | | | | | | |
| 黄陂区 | | | | | | | | |
| 新洲区 | | | | | | | | |
| **黄石市** | **0.10** | **3200** | | | | | | |
| 市辖区 | | | | | | | | |
| 大冶市 | 0.10 | 3200 | | | | | | |
| 阳新县 | | | | | | | | |
| **十堰市** | **0.07** | **902** | **5620** | **67548** | **37980** | **11720** | **100** | **0.85** |
| 市辖区 | | | | | | | | |
| 丹江口市 | | | 30 | 1200 | | | | |
| 郧县 | | | 200 | 9000 | 4000 | 1200 | | 0.85 |
| 郧西县 | | | 1350 | 50174 | 4500 | 820 | | |
| 竹山县 | | | | | | | | |
| 竹溪县 | 0.07 | 902 | 3870 | 5111 | 27680 | 9000 | 100 | |
| 房县 | | | 170 | 2063 | 1800 | 700 | | |
| **荆州市** | **3.10** | **127717** | | | | | | |
| 市辖区 | 0.50 | 22077 | | | | | | |
| 江陵县 | 0.80 | 33640 | | | | | | |
| 松滋市 | | | | | | | | |
| 公安县 | | | | | | | | |
| 石首市 | | | | | | | | |
| 监利县 | 1.80 | 72000 | | | | | | |
| 洪湖市 | | | | | | | | |
| **宜昌市** | **1.11** | **32529** | **6634** | **48678** | **9520** | **450** | | **4.18** |
| 市辖区 | | | | | | | | |
| 夷陵区 | | | | | | | | 1.16 |
| 宜都市 | 0.01 | 580 | | | | | | 0.43 |
| 枝江市 | | | | | | | | |
| 当阳市 | 1.00 | 30000 | | | | | | |
| 远安县 | | | | | | | | 2.48 |
| 兴山县 | | | | | | | | |
| 秭归县 | 0.10 | 1949 | 834 | 16794 | 9520 | 450 | | |
| 长阳县 | | | 3800 | 4400 | | | | 0.11 |
| 五峰县 | | | 2000 | 27484 | | | | |
| **襄樊市** | **0.70** | **51030** | **1200** | **810** | **150** | **200** | | **2.09** |
| 市辖区 | | | | | | | | |
| 老河口市 | | | | | | | | |
| 襄阳区 | | | | | | | | |
| 枣阳市 | 0.70 | 51030 | | | | | | |
| 宜城市 | | | | | | | | |
| 南漳县 | | | | | | | | 2.07 |
| 谷城县 | | | | | | | | |
| 保康县 | | | 1200 | 810 | 150 | 200 | | 0.02 |
| 农场 | | | | | | | | |
| **鄂州市** | | | | | | | | |

续表 7

单位：千公顷、吨

| | 果用瓜良种（续） | | 魔芋产加销情况 | | | | | |
|---|---|---|---|---|---|---|---|---|
| | 西瓜良种（续） | | 鲜芋生产 | | | | | |
| | 无籽西瓜 | | | | | | | |
| | 面积 | 产量 | 面积（公顷） | 产量 | 魔芋加工量 | 加工产值（万元） | 出口量 | 桑园面积 |
| **荆门市** | **2.73** | **60000** | | | | | | |
| 市辖区 | 0.00 | | | | | | | |
| 沙洋县 | | | | | | | | |
| 钟祥市 | 0.93 | 11000 | | | | | | |
| 京山县 | 1.80 | 49000 | | | | | | |
| 沙洋农场 | | | | | | | | |
| **孝感市** | **1.24** | **47491** | | | | | | |
| 孝南区 | 0.12 | 5091 | | | | | | |
| 孝昌县 | 0.06 | 1060 | | | | | | |
| 大悟县 | 0.24 | 2594 | | | | | | |
| 安陆市 | 0.25 | 11730 | | | | | | |
| 云梦县 | 0.16 | 5496 | | | | | | |
| 应城市 | 0.31 | 15000 | | | | | | |
| 汉川市 | 0.10 | 6520 | | | | | | |
| **黄冈市** | **0.48** | **14984** | | | | | | **6.61** |
| 市辖区 | 0.11 | 4356 | | | | | | |
| 团风县 | 0.07 | 1575 | | | | | | |
| 红安县 | 0.06 | 53 | | | | | | |
| 麻城市 | | | | | | | | 3.56 |
| 罗田县 | | | | | | | | 1.00 |
| 英山县 | | | | | | | | 2.05 |
| 浠水县 | 0.20 | 7500 | | | | | | |
| 蕲春县 | | | | | | | | |
| 武穴市 | 0.04 | 1500 | | | | | | |
| 黄梅县 | | | | | | | | |
| **咸宁市** | **0.62** | **15430** | | | | | | **0.34** |
| 咸安区 | 0.10 | 2895 | | | | | | |
| 嘉鱼县 | | | | | | | | |
| 赤壁市 | 0.03 | 598 | | | | | | |
| 通城县 | 0.02 | 250 | | | | | | 0.07 |
| 崇阳县 | 0.40 | 10000 | | | | | | 0.27 |
| 通山县 | 0.07 | 1687 | | | | | | |
| **随州市** | | | | | | | | |
| 广水市 | | | | | | | | |
| 曾都区 | | | | | | | | |
| **恩施自治州** | **0.06** | **1455** | **53923** | **480593** | **89294** | **38192** | | **0.28** |
| 恩施市 | | | 69 | 132000 | 6500 | 8000 | | |
| 建始县 | | | 5500 | 120000 | 20000 | 15000 | | |
| 巴东县 | | | 3300 | 78600 | 51400 | 461 | | |
| 利川市 | 0.02 | 255 | 2000 | 45000 | 2650 | 2000 | | 0.08 |
| 宣恩县 | | | 650 | 9750 | 1374 | 1516 | | |
| 咸丰县 | | | 39461 | 35163 | 1850 | 4565 | | |
| 来凤县 | 0.04 | 1200 | 610 | 10080 | | | | 0.20 |
| 鹤峰县 | | | 2333 | 50000 | 5520 | 6650 | | |
| **仙桃市** | **1.82** | **39905** | | | | | | |
| **天门市** | **0.60** | **20800** | | | | | | |
| **潜江市** | **1.39** | **54581** | | | | | | |
| **神农架林区** | | | **150** | **3000** | **350** | | | |

续表 8　　　　单位：千公顷、吨

|  | 蚕茧生产情况 |  |  |  | 一代杂交蚕种生产（万张） | 中药材生产 |  | 黄姜 |  |
|---|---|---|---|---|---|---|---|---|---|
|  | 发种量（万张） | 产茧量 | 春蚕 |  |  |  |  |  |  |
|  |  |  | 发种量 | 产茧量 |  | 面积 | 产量 | 面积 | 产量 |
| **全省合计** | **18.07** | **6731** | **9.22** | **3685** | **9.16** | **48.84** | **351940** | **16.7** | **282222** |
| **武汉市** |  |  |  |  |  |  |  |  |  |
| 市辖区 |  |  |  |  |  |  |  |  |  |
| 蔡甸区 |  |  |  |  |  |  |  |  |  |
| 江夏区 |  |  |  |  |  |  |  |  |  |
| 黄陂区 |  |  |  |  |  |  |  |  |  |
| 新洲区 |  |  |  |  |  |  |  |  |  |
| **黄石市** | **0.00** |  |  |  |  | **1.23** | **1017** | **1** | **1000** |
| 市辖区 |  |  |  |  |  |  |  |  |  |
| 大冶市 |  |  |  |  |  |  |  |  |  |
| 阳新县 |  |  |  |  |  | 1.23 | 1017 | 1 | 1000 |
| **十堰市** | **0.25** |  | **0.15** |  |  | **13.70** | **265801** | **12.11** | **258150** |
| 市辖区 |  |  |  |  |  | 0.02 | 100 | 0.02 | 100 |
| 丹江口市 |  |  |  |  |  | 0.89 | 9386 | 0.72 | 8130 |
| 郧县 | 0.25 |  | 0.15 |  |  | 0.44 | 1000 | 0.4 | 900 |
| 郧西县 |  |  |  |  |  | 3.64 | 160000 | 2.99 | 159100 |
| 竹山县 |  |  |  |  |  | 3.80 | 36156 | 3.8 | 36156 |
| 竹溪县 |  |  |  |  |  | 1.27 | 12138 | 1.12 | 12044 |
| 房县 |  |  |  |  |  | 3.64 | 47021 | 3.06 | 41720 |
| **荆州市** | **0.00** |  |  |  |  | **0.02** |  | **0.02** |  |
| 市辖区 | 0.00 |  |  |  |  |  |  |  |  |
| 江陵县 |  |  |  |  |  |  |  |  |  |
| 松滋市 |  |  |  |  |  | 0.02 |  | 0.02 |  |
| 公安县 |  |  |  |  |  |  |  |  |  |
| 石首市 |  |  |  |  |  |  |  |  |  |
| 监利县 |  |  |  |  |  |  |  |  |  |
| 洪湖市 |  |  |  |  |  |  |  |  |  |
| **宜昌市** | **6.28** | **2558** | **3.10** | **1318** | **5.00** | **0.77** | **12302** | **0.76** | **11146** |
| 市辖区 |  |  |  |  |  |  |  |  |  |
| 夷陵区 | 1.16 | 494 | 0.80 | 344 |  |  |  |  |  |
| 宜都市 | 0.95 | 346 | 0.30 | 128 |  | 0.01 | 1151 |  |  |
| 枝江市 |  |  |  |  |  |  |  |  |  |
| 当阳市 |  |  |  |  |  |  |  |  |  |
| 远安县 | 4.17 | 1672 | 2.00 | 800 | 5.00 | 0.33 | 7430 | 0.33 | 7425 |
| 兴山县 |  |  |  |  |  |  |  |  |  |
| 秭归县 |  | 46 |  | 46 |  | 0.43 | 3721 | 0.43 | 3721 |
| 长阳县 |  |  |  |  |  |  |  |  |  |
| 五峰县 |  |  |  |  |  |  |  |  |  |
| **襄樊市** | **3.10** | **1229** | **1.80** | **737** |  | **1.96** | **9422** | **0.8** | **5850** |
| 市辖区 |  |  |  |  |  |  |  |  |  |
| 老河口市 |  |  |  |  |  |  | 2 |  | 2 |
| 襄阳区 |  |  |  |  |  |  |  |  |  |
| 枣阳市 |  |  |  |  |  |  |  |  |  |
| 宜城市 |  |  |  |  |  |  |  |  |  |
| 南漳县 | 3.10 | 1229 | 1.80 | 737 |  |  |  |  |  |
| 谷城县 |  |  |  |  |  | 0.56 |  |  |  |
| 保康县 |  |  |  |  |  | 1.40 | 9420 | 0.8 | 5848 |
| 农场 |  |  |  |  |  |  |  |  |  |
| **鄂州市** |  |  |  |  |  |  |  |  |  |

续表 9　　　　单位：千公顷、吨

| | 蚕茧生产情况 | | | | 一代杂交蚕种生产（万张） | 中药材生产 | | 黄　姜 | |
|---|---|---|---|---|---|---|---|---|---|
| | 发种量（万张） | 产茧量 | 春蚕 发种量 | 春蚕 产茧量 | | 面　积 | 产　量 | 面　积 | 产　量 |
| **荆　门　市** | **0.00** | | | | | **1.60** | **6392** | **0.89** | **5000** |
| 市辖区 | 0.00 | | | | | 0.89 | 5000 | 0.89 | 5000 |
| 沙洋县 | | | | | | | | | |
| 钟祥市 | | | | | | 0.61 | 8 | | |
| 京山县 | | | | | | 0.10 | 1384 | | |
| 沙洋农场 | | | | | | | | | |
| **孝　感　市** | **0.00** | | | | | **0.44** | **4907** | | |
| 孝南区 | 0.00 | | | | | 0.09 | 2213 | | |
| 孝昌县 | | | | | | 0.13 | 612 | | |
| 大悟县 | | | | | | | | | |
| 安陆市 | | | | | | 0.07 | 1860 | | |
| 云梦县 | | | | | | | | | |
| 应城市 | | | | | | 0.03 | 4 | | |
| 汉川市 | | | | | | 0.12 | 218 | | |
| **黄　冈　市** | **8.00** | **2853** | **4.00** | **1600** | **4.00** | **10.00** | **20820** | **0.03** | **450** |
| 市辖区 | | | | | | | | | |
| 团风县 | | | | | | 0.10 | 101 | | |
| 红安县 | | | | | | 0.21 | | | |
| 麻城市 | 8.00 | 2853 | 4.00 | 1600 | 4.00 | 0.64 | 1236 | | |
| 罗田县 | | | | | | 0.50 | 6800 | | |
| 英山县 | | | | | | 5.70 | 10640 | 0.03 | 450 |
| 浠水县 | | | | | | 0.05 | 14 | | |
| 蕲春县 | | | | | | 2.80 | 2029 | | |
| 武穴市 | | | | | | | | | |
| 黄梅县 | | | | | | | | | |
| **咸　宁　市** | **0.03** | **40** | **0.02** | **26** | | **0.61** | **3146** | | |
| 咸安区 | 0.00 | | | | | 0.06 | 187 | | |
| 嘉鱼县 | | | | | | | | | |
| 赤壁市 | | | | | | 0.31 | 504 | | |
| 通城县 | | | | | | 0.03 | | | |
| 崇阳县 | 0.03 | 40 | 0.02 | 26 | | 0.21 | 2455 | | |
| 通山县 | | | | | | | | | |
| **随　州　市** | **0.00** | | | | | **0.11** | **3984** | | |
| 广水市 | 0.00 | | | | | 0.11 | 3984 | | |
| 曾都区 | | | | | | | | | |
| **恩施自治州** | **0.41** | **51** | **0.15** | **4** | **0.16** | **18.40** | **24149** | **1.09** | **626** |
| 恩施市 | | | | | | 6.49 | 10360 | | |
| 建始县 | | | | | | 3.17 | 877 | 0.5 | 100 |
| 巴东县 | | | | | | 1.26 | 956 | 0.45 | 121 |
| 利川市 | 0.40 | 19 | 0.15 | 4 | 0.16 | 4.22 | 5384 | 0.12 | 390 |
| 宣恩县 | | | | | | 0.74 | 1054 | | |
| 咸丰县 | | | | | | 1.73 | 3788 | 0.02 | 15 |
| 来凤县 | 0.01 | 32 | | | | 0.64 | 1705 | | |
| 鹤峰县 | | | | | | 0.15 | 25 | | |
| **仙　桃　市** | **0.00** | | | | | | | | |
| **天　门　市** | | | | | | | | | |
| **潜　江　市** | | | | | | | | | |
| **神农架林区** | | | | | | | | | |

续表 10 单位:千公顷、吨

| | 中药材出口 | | 食用菌产销情况 | | | | | | |
|---|---|---|---|---|---|---|---|---|---|
| | | | | | | | | 出口情况 | |
| | 出口量 | 创汇额（万美元） | 产量合计 | 干菌产量 | 香菇 | 鲜菌产量 | 蘑菇 | 出口量 | 创汇额（万美元） |
| **全省合计** | **1200.3** | **1203.6** | **81752** | **37073** | **24064** | **44679** | **23268** | **6158** | **8431.2** |
| **武汉市** | | | | | | | | | |
| 市辖区 | | | | | | | | | |
| 蔡甸区 | | | | | | | | | |
| 江夏区 | | | | | | | | | |
| 黄陂区 | | | | | | | | | |
| 新洲区 | | | | | | | | | |
| **黄石市** | | | **3219** | **138** | **97** | **3081** | **423** | | |
| 市辖区 | | | 1385 | | | 1385 | | | |
| 大冶市 | | | 1565 | 65 | 60 | 1500 | 300 | | |
| 阳新县 | | | 269 | 73 | 37 | 196 | 123 | | |
| **十堰市** | **0.3** | **3.6** | **2337** | **1063** | **425** | **1274** | **335** | **500** | **1000** |
| 市辖区 | | | | | | | | | |
| 丹江口市 | 0.3 | 3.6 | 694 | 214 | 107 | 480 | | | |
| 郧县 | | | 174 | 114 | 57 | 60 | 60 | | |
| 郧西县 | | | | | | | | | |
| 竹山县 | | | 521 | 62 | 55 | 459 | | | |
| 竹溪县 | | | 13 | 12 | 11 | 1 | 1 | | |
| 房县 | | | 935 | 661 | 195 | 274 | 274 | 500 | 1000 |
| **荆州市** | | | **3** | **3** | | | | | |
| 市辖区 | | | | | | | | | |
| 江陵县 | | | | | | | | | |
| 松滋市 | | | 3 | 3 | | | | | |
| 公安县 | | | | | | | | | |
| 石首市 | | | | | | | | | |
| 监利县 | | | | | | | | | |
| 洪湖市 | | | | | | | | | |
| **宜昌市** | | | **8314** | **4230** | **2888** | **4084** | **58** | **250** | **300.2** |
| 市辖区 | | | 475 | | | 475 | | | |
| 夷陵区 | | | 235 | 102 | 66 | 133 | | | |
| 宜都市 | | | | | | | | | |
| 枝江市 | | | | | | | | | |
| 当阳市 | | | 1935 | 1877 | 688 | 58 | 58 | | |
| 远安县 | | | 5600 | 2200 | 2120 | 3400 | | 250 | 300 |
| 兴山县 | | | | | | | | | |
| 秭归县 | | | 18 | 15 | 3 | 3 | | | |
| 长阳县 | | | 51 | 36 | 11 | 15 | | | 0.2 |
| 五峰县 | | | | | | | | | |
| **襄樊市** | | | **9338** | **5577** | **3319** | **3761** | **3561** | **40** | **50** |
| 市辖区 | | | 483 | | | 483 | 483 | | |
| 老河口市 | | | 2 | | | 2 | 2 | | |
| 襄阳区 | | | 220 | | | 220 | 220 | | |
| 枣阳市 | | | 3026 | 1143 | 491 | 1883 | 1883 | | |
| 宜城市 | | | 1425 | 925 | 665 | 500 | 500 | 40 | 50 |
| 南漳县 | | | 2642 | 2252 | 1477 | 390 | 390 | | |
| 谷城县 | | | 454 | 371 | 164 | 83 | 83 | | |
| 保康县 | | | 1086 | 886 | 522 | 200 | | | |
| 农场 | | | | | | | | | |
| **鄂州市** | | | **1900** | **50** | **50** | **1850** | **50** | | |

续表 11 单位:千公顷、吨

| | 中药材出口 | | 食用菌产销情况 | | | | | | |
|---|---|---|---|---|---|---|---|---|---|
| | | | | | | | | 出口情况 | |
| | 出口量 | 创汇额（万美元） | 产量合计 | 干菌产量 | 香菇 | 鲜菌产量 | 蘑菇 | 出口量 | 创汇额（万美元） |
| **荆门市** | | | **8624** | **6740** | **4625** | **1884** | | | |
| 市辖区 | | | 2592 | 2126 | 1520 | 466 | | | |
| 沙洋县 | | | | | | | | | |
| 钟祥市 | | | 2812 | 2555 | 1306 | 257 | | | |
| 京山县 | | | 3220 | 2059 | 1799 | 1161 | | | |
| 沙洋农场 | | | | | | | | | |
| **孝感市** | | | **16519** | **423** | **204** | **16096** | **15996** | **3200** | **230** |
| 孝南区 | | | 695 | | | 695 | 695 | | |
| 孝昌县 | | | 59 | 47 | | 12 | 12 | | |
| 大悟县 | | | 71 | 71 | 33 | | | | |
| 安陆市 | | | 578 | 270 | 136 | 308 | 208 | | |
| 云梦县 | | | 2785 | | | 2785 | 2785 | | |
| 应城市 | | | 11405 | 35 | 35 | 11370 | 11370 | 3200 | 230 |
| 汉川市 | | | 926 | | | 926 | 926 | | |
| **黄冈市** | | | **7249** | **241** | **34** | **7008** | **24** | | |
| 市辖区 | | | 10 | | | 10 | | | |
| 团风县 | | | 15 | | | 15 | 4 | | |
| 红安县 | | | | | | | | | |
| 麻城市 | | | 191 | 10 | 4 | 181 | | | |
| 罗田县 | | | 386 | 38 | 14 | 348 | 20 | | |
| 英山县 | | | 189 | 27 | 15 | 162 | | | |
| 浠水县 | | | 6300 | 100 | | 6200 | | | |
| 蕲春县 | | | 158 | 66 | 1 | 92 | | | |
| 武穴市 | | | | | | | | | |
| 黄梅县 | | | | | | | | | |
| **咸宁市** | | | **223** | **74** | **1** | **149** | | | |
| 咸安区 | | | | | | | | | |
| 嘉鱼县 | | | 20 | 1 | 1 | 19 | | | |
| 赤壁市 | | | | | | | | | |
| 通城县 | | | | | | | | | |
| 崇阳县 | | | 168 | 73 | | 95 | | | |
| 通山县 | | | 35 | | | 35 | | | |
| **随州市** | | | **20457** | **18486** | **12390** | **1971** | | **2000** | **6826** |
| 广水市 | | | 17558 | 16705 | 11896 | 853 | | | 5306 |
| 曾都区 | | | 2899 | 1781 | 494 | 1118 | | 2000 | 1520 |
| **恩施自治州** | **1200** | **1200** | **691** | **1** | **1** | **690** | | **160** | **25** |
| 恩施市 | 1200 | 1200 | 161 | | | 161 | | | |
| 建始县 | | | 23 | | | 23 | | | |
| 巴东县 | | | | | | | | | |
| 利川市 | | | 144 | | | 144 | | | |
| 宣恩县 | | | | | | | | | |
| 咸丰县 | | | 49 | | | 49 | | | |
| 来凤县 | | | 121 | | | 121 | | | |
| 鹤峰县 | | | 193 | 1 | 1 | 192 | | 160 | 25 |
| **仙桃市** | | | **1863** | **8** | **8** | **1855** | **1855** | | |
| **天门市** | | | **199** | | | **199** | **199** | | |
| **潜江市** | | | **767** | | | **767** | **767** | | |
| **神农架林区** | | | **49** | **39** | **22** | **10** | | **8** | |

# 2005年种植业产品生产成本收益与劳动生产率

| | 调查县数(个) | 调查户数(户) | 调查面积(亩) | 每亩 | | | | |
|---|---|---|---|---|---|---|---|---|
| | | | | 产量(市斤) | | 产值(元) | | |
| | | | | 主产品 | 副产品 | 合　计 | 主产品 | 副产品 |
| 一、粮　食 | 66 | 1819 | 3916.33 | 934.69 | 826.80 | 560.80 | 533.88 | 26.93 |
| 1.水　稻 | 34 | 954 | 2991.62 | 911.93 | 796.15 | 680.28 | 652.08 | 28.20 |
| 早籼稻 | 9 | 198 | 518.36 | 812.32 | 701.30 | 565.00 | 543.26 | 21.74 |
| 杂交中籼稻 | 11 | 450 | 1520.20 | 1068.36 | 826.60 | 694.28 | 658.36 | 35.92 |
| 晚籼稻 | 2 | 20 | 35.20 | 865.56 | 702.00 | 678.13 | 646.13 | 32.00 |
| 杂交晚籼稻 | 5 | 190 | 652.31 | 894.36 | 825.30 | 564.37 | 536.87 | 27.50 |
| 晚粳稻 | 4 | 39 | 93.25 | 905.30 | 815.90 | 724.26 | 700.21 | 24.05 |
| 糯　稻 | 3 | 57 | 172.30 | 925.65 | 905.80 | 855.65 | 827.65 | 28.00 |
| 2.其它粮食 | 32 | 865 | 924.71 | 957.46 | 857.45 | 441.33 | 415.67 | 25.65 |
| 大　麦 | 3 | 46 | 34.00 | 300.00 | 310.00 | 171.10 | 166.45 | 4.65 |
| 小　麦 | 7 | 240 | 520.20 | 385.50 | 482.65 | 260.11 | 249.69 | 10.42 |
| 蚕　豆 | 3 | 60 | 30.00 | 268.70 | 241.60 | 251.63 | 245.63 | 6.00 |
| 大　豆 | 6 | 184 | 36.65 | 256.68 | 405.58 | 482.83 | 462.58 | 20.25 |
| 玉　米 | 7 | 198 | 215.50 | 795.65 | 1250.50 | 516.30 | 482.65 | 33.65 |
| 地膜玉米 | 1 | 10 | 31.20 | 985.26 | 1549.80 | 667.50 | 625.50 | 42.00 |
| 马铃薯 | 2 | 70 | 25.40 | 2215.42 | 1487.00 | 680.15 | 649.90 | 30.25 |
| 红　苕 | 3 | 57 | 31.76 | 2452.50 | 1132.48 | 500.98 | 442.98 | 58.00 |
| 二、棉　花 | 8 | 206 | 509.65 | 152.24 | 721.50 | 1028.05 | 936.80 | 91.25 |
| 三、油　料 | 17 | .574 | 1368.10 | 289.49 | 409.34 | 582.19 | 556.45 | 25.74 |
| 油菜籽 | 10 | 386 | 1153.60 | 205.60 | 302.50 | 360.80 | 332.20 | 28.60 |
| 花生果 | 5 | 130 | 165.50 | 500.26 | 505.00 | 766.79 | 736.56 | 30.23 |
| 芝　麻 | 2 | 58 | 49.00 | 162.60 | 420.51 | 618.99 | 600.59 | 18.40 |
| 四、其它经济作物 | 2 | 50 | 13.60 | 746.62 | 158.83 | 1069.33 | 990.15 | 158.36 |
| 柑　桔 | 1 | 45 | 20.00 | 1382.36 | 30.00 | 725.65 | 725.65 | |
| 绞股兰 | 1 | 5 | 7.20 | 110.87 | 287.65 | 1413.01 | 1254.65 | 158.36 |

续表 1

| | 每 | | | 亩 | | | 每百元产值 | |
|---|---|---|---|---|---|---|---|---|
| | 物质费用（元） | 用工作价（元） | 标 准 用工量 | 劳动日 工 价（元） | 总生产 成 本（元） | 净产值（元） | 物质费用（元） | 生产成本（元） |
| 一、粮 食 | 155.60 | 189.87 | 12.08 | 15.72 | 345.47 | 405.20 | 27.49 | 51.93 |
| 1.水 稻 | 189.54 | 207.08 | 13.17 | 15.72 | 396.62 | 490.74 | 25.56 | 53.76 |
| 早籼稻 | 201.32 | 197.76 | 12.58 | 15.72 | 399.08 | 363.68 | | |
| 杂交中籼稻 | 212.30 | 260.32 | 16.56 | 15.72 | 472.62 | 481.98 | 29.16 | 76.71 |
| 晚籼稻 | 159.32 | 194.93 | 12.40 | 15.72 | 354.25 | 518.81 | | |
| 杂交晚籼稻 | 198.30 | 207.50 | 13.20 | 15.72 | 405.80 | 366.07 | 26.00 | 52.00 |
| 晚粳稻 | 175.20 | 196.50 | 12.50 | 15.72 | 371.70 | 549.06 | 25.60 | 45.69 |
| 糯 稻 | 190.80 | 185.50 | 11.80 | 15.72 | 376.30 | 664.85 | 21.50 | 40.63 |
| 2.其它粮食 | 121.66 | 172.66 | 10.98 | 15.72 | 294.32 | 319.67 | 29.41 | 50.10 |
| 大 麦 | 92.80 | 95.11 | 6.05 | 15.72 | 187.91 | 78.30 | 25.50 | 48.90 |
| 小 麦 | 125.50 | 161.92 | 10.30 | 15.72 | 287.42 | 134.61 | 30.30 | 41.25 |
| 蚕 豆 | 108.60 | 157.20 | 10.00 | 15.72 | 265.80 | 143.03 | 41.12 | 36.87 |
| 大 豆 | 125.75 | 143.05 | 9.10 | 15.72 | 268.80 | 357.08 | 28.69 | 48.79 |
| 玉 米 | 135.50 | 161.92 | 10.30 | 15.72 | 297.42 | 380.80 | 40.68 | 62.31 |
| 地膜玉米 | 170.88 | 220.08 | 14.00 | 15.72 | 390.96 | 496.62 | 30.21 | 56.80 |
| 马铃薯 | 142.70 | 221.97 | 14.12 | 15.72 | 364.67 | 537.45 | 21.89 | 51.64 |
| 红 苕 | 71.54 | 220.08 | 14.00 | 15.72 | 291.62 | 429.44 | 16.90 | 54.26 |
| 二、棉 花 | 312.50 | 474.74 | 30.20 | 15.72 | 787.24 | 715.55 | 35.60 | 85.26 |
| 三、油 料 | 131.66 | 182.88 | 11.63 | 15.72 | 314.54 | 450.53 | 29.36 | 52.48 |
| 油菜籽 | 125.58 | 188.64 | 12.00 | 15.72 | 314.22 | 235.22 | 42.68 | 59.78 |
| 花生果 | 198.80 | 213.79 | 13.60 | 15.72 | 412.59 | 567.99 | 28.90 | 59.00 |
| 芝 麻 | 70.60 | 146.20 | 9.30 | 15.72 | 216.80 | 548.39 | 16.50 | 38.65 |
| 四、其它经济作物 | 475.48 | 613.08 | 39.00 | 15.72 | 1088.56 | 593.85 | 54.64 | 119.82 |
| 柑 桔 | 263.36 | 518.76 | 33.00 | 15.72 | 782.12 | 462.29 | 52.48 | 138.79 |
| 绞股兰 | 687.60 | 707.40 | 45.00 | 15.72 | 1395.00 | 725.41 | 56.80 | 100.85 |

续表2

| | 每百斤主产品 | | | | 每一劳动日 | |
|---|---|---|---|---|---|---|
| | 物质费用（元） | 生产成本（元） | 平均出售价格（元） | 净产值（元） | 主产品产量（公斤） | 净产值（元） |
| 一、粮食 | 25.62 | 46.66 | 70.62 | 53.07 | 39.45 | 38.03 |
| 1.水稻 | 26.52 | 49.29 | 71.66 | 56.49 | 34.54 | 40.45 |
| 早籼稻 | 28.98 | 50.76 | 65.80 | 45.50 | 32.00 | 35.10 |
| 杂交中籼稻 | 22.47 | 59.11 | 72.00 | 54.59 | 33.50 | 43.54 |
| 晚籼稻 | 28.63 | 45.98 | 70.80 | 58.60 | 30.50 | 38.45 |
| 杂交晚籼稻 | 36.46 | 58.68 | 71.40 | 58.75 | 40.00 | 36.50 |
| 晚粳稻 | 24.63 | 42.58 | 73.50 | 56.87 | 34.52 | 38.96 |
| 糯稻 | 17.96 | 38.65 | 76.45 | 64.63 | 36.74 | 50.12 |
| 2.其它粮食 | 24.72 | 44.04 | 69.57 | 49.64 | 44.36 | 35.61 |
| 大麦 | 36.56 | 62.78 | 63.57 | 25.35 | 25.21 | 12.94 |
| 小麦 | 34.94 | 60.25 | 64.65 | 42.28 | 28.45 | 29.09 |
| 蚕豆 | 16.60 | 39.63 | 92.56 | 76.63 | 20.56 | 31.51 |
| 大豆 | 35.26 | 75.87 | 161.23 | 132.54 | 21.58 | 49.27 |
| 玉米 | 21.32 | 42.96 | 62.85 | 48.25 | 31.47 | 36.78 |
| 地膜玉米 | 36.97 | 36.59 | 59.87 | 31.12 | 64.89 | 60.70 |
| 马铃薯 | 12.23 | 18.75 | 28.54 | 22.86 | 75.26 | 32.80 |
| 红苕 | 3.87 | 15.45 | 23.32 | 18.12 | 87.49 | 31.78 |
| 秋粟 | | | | | | |
| 二、棉花 | 174.79 | 422.64 | 529.67 | 448.86 | 3.12 | 24.38 |
| 三、油料 | 51.52 | 121.91 | 216.82 | 194.41 | 12.35 | 38.00 |
| 油菜籽 | 62.36 | 110.22 | 127.58 | 96.25 | 14.25 | 25.12 |
| 花生果 | 45.54 | 89.96 | 132.65 | 125.54 | 14.61 | 37.65 |
| 芝麻 | 46.65 | 165.56 | 390.23 | 361.44 | 8.20 | 51.24 |
| 四、其它经济作物 | 31.78 | 508.41 | 560.89 | 437.86 | 12.76 | 15.96 |
| 黄红麻 | | | | | | |
| 苎麻 | | | | | | |
| 白肋烟 | | | | | | |
| 烤烟 | | | | | | |
| 绿茶 | | | | | | |
| 柑桔 | 21.30 | 54.52 | 41.25 | 23.36 | 22.92 | 10.52 |
| 大蒜 | | | | | | |
| 麦冬 | | | | | | |
| 绞股兰 | 42.26 | 962.30 | 1080.52 | 852.36 | 2.60 | 21.40 |

续表3

| | 附报：每亩成本外收入(元) | | | | 每亩成本外支出(元) | 每亩成本外用工(个) | 每亩主产品出售量(斤) | 商品率(%) | 每亩主产品出售产值(元) |
|---|---|---|---|---|---|---|---|---|---|
| | 小计 | 其中：粮食直补 | 良种补贴 | 购机补贴 | | | | | |
| 一、粮　食 | 8.72 | 3.82 | 4.90 | | 8.36 | 0.28 | 441.26 | 55.45 | 355.29 |
| 1.水　稻 | 17.44 | 7.64 | 9.80 | | 7.77 | 0.39 | 584.95 | 70.87 | 492.62 |
| 早籼稻 | 9.10 | 6.80 | 2.30 | | 4.50 | 0.30 | 502.30 | 65.00 | 452.56 |
| 杂交中籼稻 | 19.80 | 4.80 | 15.00 | | 8.69 | 0.90 | 520.40 | 73.00 | 386.90 |
| 晚籼稻 | 20.00 | 8.00 | 12.00 | | 12.50 | 0.50 | 625.50 | 62.35 | 512.32 |
| 杂交晚籼稻 | 17.58 | 9.60 | 7.98 | | 3.20 | 0.42 | 363.23 | 61.20 | 286.54 |
| 晚粳稻 | 11.10 | 4.20 | 6.90 | | 8.30 | 0.10 | 685.75 | 71.25 | 605.42 |
| 糯　稻 | 27.08 | 12.45 | 14.63 | | 9.45 | 0.10 | 812.54 | 92.42 | 712.00 |
| 2.其它粮食 | | | | | 8.95 | 0.18 | 297.56 | 40.03 | 217.97 |
| 大　麦 | | | | | 5.90 | 0.10 | | | |
| 小　麦 | | | | | 6.65 | 0.30 | 354.25 | 62.32 | 217.58 |
| 蚕　豆 | | | | | 12.23 | 0.10 | 225.00 | | 192.10 |
| 大　豆 | | | | | 5.84 | 0.20 | 192.78 | 56.24 | 330.62 |
| 玉　米 | | | | | 11.41 | 0.20 | 213.32 | 36.65 | 360.18 |
| 地膜玉米 | | | | | 6.35 | 0.10 | | | |
| 马铃薯 | | | | | 8.52 | 0.20 | 600.00 | 28.58 | 167.33 |
| 红　苕 | | | | | 14.67 | 0.20 | 200.00 | 16.37 | 40.00 |
| 秋　粟 | | | | | | | | | |
| 二、棉　花 | | | | | 6.20 | 0.27 | 133.29 | 97.30 | 825.16 |
| 三、油　料 | | | | | 6.20 | 0.27 | 186.92 | 70.45 | 420.03 |
| 油菜籽 | | | | | 7.80 | 0.50 | 152.20 | 51.25 | 201.23 |
| 花生果 | | | | | 6.38 | 0.10 | 256.36 | 75.60 | 546.63 |
| 芝　麻 | | | | | 4.42 | 0.20 | 152.21 | 84.50 | 512.24 |
| 四、其它经济作物 | | | | | | | 1325.52 | 95.26 | 512.55 |
| 黄红麻 | | | | | | | | | |
| 苎　麻 | | | | | | | | | |
| 白肋烟 | | | | | | | | | |
| 烤　烟 | | | | | | | | | |
| 绿　茶 | | | | | | | | | |
| 柑　桔 | | | | | 26.65 | 0.60 | 1325.52 | 95.26 | 512.55 |
| 大　蒜 | | | | | | | | | |
| 麦　冬 | | | | | | | | | |
| 绞股兰 | | | | | | | | | |

## 2005年种植业产品(汇总)每亩物质费用计算表

| 调查品种 | 每亩物质费用合计 | 一、直接生产费用小计 | 1.种子种苗费 | 2.农家肥费 | 3.化肥费 | 4.农膜费 | 5.农药费 | 6.畜力费 |
|---|---|---|---|---|---|---|---|---|
| 一、粮食 | 155.60 | 136.41 | 22.27 | 8.60 | 39.41 | 6.56 | 14.14 | 23.97 |
| 1.水稻 | 189.54 | 163.91 | 18.07 | 8.21 | 50.53 | 3.38 | 18.63 | 31.36 |
| 早籼稻 | 201.32 | 159.89 | 22.50 | 6.30 | 52.17 | 5.20 | 12.20 | 33.30 |
| 杂交中籼稻 | 212.30 | 182.30 | 21.65 | 19.85 | 42.95 | 3.40 | 21.40 | 29.98 |
| 晚籼稻 | 159.32 | 154.25 | 19.85 | 2.30 | 53.09 | 3.10 | 21.30 | 20.62 |
| 杂交晚籼稻 | 198.30 | 168.87 | 18.80 | 5.10 | 60.88 | 2.60 | 20.60 | 28.85 |
| 晚粳稻 | 175.20 | 155.85 | 13.20 | 9.45 | 40.87 | 3.20 | 15.89 | 40.21 |
| 糯稻 | 190.80 | 162.32 | 12.42 | 6.23 | 53.23 | 2.80 | 20.36 | 35.22 |
| 2.其它粮食 | 121.66 | 108.91 | 26.47 | 8.99 | 28.30 | 9.74 | 9.65 | 16.57 |
| 大麦 | 92.80 | 85.60 | 10.23 | 0.50 | 44.87 | | 4.20 | 15.40 |
| 小麦 | 125.50 | 114.23 | 21.20 | 9.30 | 34.84 | | 5.60 | 21.20 |
| 蚕豆 | 108.60 | 95.75 | 21.00 | 2.60 | 41.00 | | 6.50 | 11.70 |
| 大豆 | 125.75 | 114.52 | 21.90 | 16.60 | 24.66 | 7.40 | 16.50 | 18.93 |
| 玉米 | 135.50 | 120.00 | 13.60 | 8.20 | 32.73 | 9.80 | 14.62 | 21.85 |
| 地膜玉米 | 170.88 | 155.53 | 32.52 | 12.75 | 19.88 | 23.62 | 21.36 | 19.58 |
| 马铃薯 | 142.70 | 125.71 | 68.92 | 15.20 | 12.97 | 5.89 | 5.60 | 14.13 |
| 红苕 | 71.54 | 59.96 | 22.42 | 6.75 | 15.43 | 2.00 | 2.80 | 9.76 |
| 二、棉花 | 312.50 | 285.33 | 38.00 | 28.25 | 118.62 | 10.00 | 42.25 | 26.21 |
| 三、油料 | 131.66 | 119.07 | 29.87 | 8.81 | 27.48 | 8.40 | 8.27 | 16.33 |
| 油菜籽 | 125.58 | 113.28 | 6.70 | 11.00 | 35.98 | 8.69 | 8.71 | 18.94 |
| 花生果 | 198.80 | 188.49 | 76.31 | 10.21 | 26.10 | 8.10 | 10.24 | 16.65 |
| 芝麻 | 70.60 | 55.43 | 6.60 | 5.21 | 20.36 | | 5.85 | 13.41 |
| 四、其它经济作物 | 475.48 | 442.88 | 116.85 | 62.50 | 73.80 | | 51.50 | 22.50 |
| 黄红麻 | | | | | | | | |
| 苎麻 | | | | | | | | |
| 白肋烟 | | | | | | | | |
| 烤烟 | | | | | | | | |
| 绿茶 | | | | | | | | |
| 柑桔 | 263.36 | 232.25 | | 62.50 | 59.00 | | 51.50 | 22.50 |
| 大蒜 | | | | | | | | |
| 麦冬 | | | | | | | | |
| 绞股兰 | 687.60 | 653.50 | 116.85 | | 88.60 | | | |

续表1

| 调查品种 | 7. 机械作业费 | 8. 排灌费 | 9. 燃料动力费 | 10. 棚架材料费 | 11. 其它直接生产费 | 二、间接生产费用小计 | 1. 固定资产折旧费 | 2. 初期生产费用分摊 | 3. 小农具购置和修理费 |
|---|---|---|---|---|---|---|---|---|---|
| 一、粮　食 | 10.44 | 5.73 | 8.54 | | 3.88 | 19.19 | 3.54 | 3.53 | 1.95 |
| 1. 水　稻 | 12.30 | 9.64 | 7.84 | | 3.95 | 25.63 | 4.86 | 4.75 | 1.79 |
| 早籼稻 | 10.59 | 11.17 | 2.60 | | 3.87 | 41.43 | 1.00 | 0.80 | 1.20 |
| 杂交中籼稻 | 18.40 | 9.99 | 8.50 | | 6.18 | 30.00 | 0.20 | 0.50 | 0.30 |
| 晚籼稻 | 12.50 | 9.50 | 7.63 | | 4.36 | 5.07 | 1.00 | 0.50 | 1.50 |
| 杂交晚籼稻 | 9.71 | 9.53 | 10.21 | | 2.60 | 29.43 | 3.80 | 1.10 | 1.30 |
| 晚粳稻 | 11.20 | 7.75 | 11.22 | | 2.86 | 19.35 | 2.42 | 2.10 | 1.60 |
| 糯　稻 | 11.43 | 9.89 | 6.90 | | 3.84 | 28.48 | 11.00 | 4.50 | 1.24 |
| 2. 其它粮食 | 8.57 | 1.82 | 9.24 | 0.80 | 3.81 | 12.75 | 2.23 | 2.30 | 2.11 |
| 大　麦 | 9.00 | 1.00 | | | 0.40 | 7.20 | 1.00 | 2.30 | 1.20 |
| 小　麦 | 11.60 | 3.20 | | | 7.29 | 11.27 | | | |
| 蚕　豆 | 12.60 | | | | 0.35 | 12.85 | 0.50 | | |
| 大　豆 | 2.50 | 1.26 | | | 4.78 | 11.23 | 1.00 | | |
| 玉　米 | 6.80 | | 5.62 | | 6.78 | 15.50 | | | |
| 地膜玉米 | 8.92 | | 12.85 | | 4.05 | 15.35 | 5.25 | | 1.65 |
| 马铃薯 | | | | | 3.00 | 16.99 | 3.00 | | 3.00 |
| 红　苕 | | | | 0.80 | | 11.58 | 2.60 | | 2.60 |
| 二、棉　花 | 10.26 | 8.55 | 6.12 | 6.16 | 6.52 | 27.17 | 4.60 | | 3.96 |
| 三、油　料 | 10.72 | 4.24 | | 15.24 | 4.41 | 12.59 | 2.13 | 2.18 | 2.27 |
| 油菜籽 | 9.11 | 2.62 | 5.32 | | 6.22 | 12.30 | | | |
| 花生果 | 12.32 | 5.86 | 4.47 | 15.24 | 3.00 | 10.31 | 2.26 | 2.18 | 2.20 |
| 芝　麻 | | | | | 4.00 | 15.17 | 2.00 | | 2.33 |
| 四、其它经济作物 | 349.85 | | | | 49.65 | 33.78 | 7.20 | | 4.78 |
| 黄红麻 | | | | | | | | | |
| 苎　麻 | | | | | | | | | |
| 白肋烟 | | | | | | | | | |
| 烤　烟 | | | | | | | | | |
| 绿　茶 | | | | | | | | | |
| 柑　桔 | | | | | 36.75 | 31.11 | 10.00 | | 8.00 |
| 大　蒜 | | | | | | | | | |
| 麦　冬 | | | | | | | | | |
| 绞股兰 | 349.85 | | 35.66 | | 62.54 | 36.45 | 4.40 | | 1.55 |

续表2

| 调查品种 | 4.土地承包费 | 5.管理及其它间接生产费 | 6.销售费用 | 附报： | | | | | |
|---|---|---|---|---|---|---|---|---|---|
| | | | | 1.每亩种子种苗用量（斤） | 2.每亩化肥混合施用量（斤） | 其中氮肥 | | | |
| | | | | | | 小计 | 其中：尿素 | 碳酸氢铵 | 硫铵 |
| 一、粮食 | | 16.50 | 3.67 | 16.15 | 100.92 | 62.25 | 37.00 | 4.67 | 2.93 |
| 1.水稻 | | 23.98 | 5.45 | 11.22 | 133.07 | 89.21 | 74.00 | 9.34 | 5.87 |
| 早籼稻 | | 35.93 | 2.50 | 6.63 | 90.20 | 52.60 | 42.36 | 5.20 | 5.04 |
| 杂交中籼稻 | | 26.40 | 2.60 | 5.36 | 129.50 | 95.63 | 80.20 | 9.80 | 5.63 |
| 晚籼稻 | | 0.57 | 1.50 | 4.52 | 86.63 | 66.52 | 45.59 | 11.80 | 9.13 |
| 杂交晚籼稻 | | 20.33 | 2.90 | 3.20 | 92.52 | 59.36 | 52.25 | 5.60 | 1.51 |
| 晚粳稻 | | 7.43 | 5.80 | 15.52 | 95.96 | 69.75 | 60.00 | 7.51 | 2.24 |
| 糯稻 | | 5.24 | 6.50 | 9.63 | 170.52 | 102.20 | 89.62 | 6.80 | 5.78 |
| 2.其它粮食 | | 9.03 | 1.88 | 21.08 | 68.78 | 35.30 | | | |
| 大麦 | | 1.38 | 1.32 | | 56.42 | 29.63 | 20.22 | 6.25 | 3.16 |
| 小麦 | | 11.27 | | | 79.65 | 38.71 | 29.80 | 5.63 | 3.28 |
| 蚕豆 | | 12.35 | | | 36.25 | 18.96 | 11.50 | 5.26 | 2.20 |
| 大豆 | | 9.23 | 1.00 | 28.42 | 51.73 | 15.00 | 8.26 | 2.80 | 3.94 |
| 玉米 | | 15.50 | | | 83.48 | 38.96 | 27.58 | 5.80 | 5.58 |
| 地膜玉米 | | 8.45 | | 3.90 | 116.63 | 72.58 | 61.23 | 4.95 | 6.40 |
| 马铃薯 | | 7.66 | 3.33 | 40.00 | 80.24 | 42.00 | 29.65 | 8.21 | 4.14 |
| 红苕 | | 6.38 | | 12.00 | 45.85 | 26.53 | 15.88 | 4.52 | 6.13 |
| 二、棉花 | | 5.89 | 3.66 | 50.03 | 185.76 | 80.12 | 66.40 | 6.56 | 7.16 |
| 三、油料 | | 7.84 | 3.34 | 4.25 | 57.48 | 29.95 | 20.69 | 5.59 | 3.67 |
| 油菜籽 | | | | | 89.75 | 43.55 | 31.22 | 8.97 | 3.36 |
| 花生果 | | | 3.67 | 7.50 | 30.26 | 16.63 | 10.58 | 2.30 | 3.75 |
| 芝麻 | | 7.84 | 3.00 | 1.00 | 52.42 | 29.68 | 20.26 | 5.51 | 3.91 |
| 四、其它经济作物 | | | 7.73 | | 62.65 | | | | |
| 黄红麻 | | | | | | | | | |
| 苎麻 | | | | | | | | | |
| 白肋烟 | | | | | | | | | |
| 烤烟 | | | | | | | | | |
| 绿茶 | | | | | | | | | |
| 柑桔 | | | 10.00 | | 86.56 | 32.56 | 21.25 | 5.68 | 5.63 |
| 大蒜 | | | | | | | | | |
| 麦冬 | | | | | | | | | |
| 绞股兰 | | 0.90 | 5.45 | | 38.74 | 15.52 | | | 15.52 |

续表 3

| 调查品种 | 附　报： | | | | | | | |
|---|---|---|---|---|---|---|---|---|
| | 其　中 | | | | | | 3. 亩农膜用量（斤） | 4. 亩畜用量（个） |
| | 磷　肥 | | | 钾　肥 | | | | |
| | 小　计 | 其中：过磷酸钙 | 钙镁磷肥 | 小　计 | 其中：磷酸二氢钾 | 氯化钾 | | |
| 一、粮　食 | 24.55 | 10.91 | 4.41 | 14.12 | 1.57 | 11.06 | 0.88 | 1.09 |
| 1. 水　稻 | 30.64 | 21.83 | 8.82 | 13.21 | 3.13 | 10.08 | 0.76 | 1.37 |
| 早籼稻 | 26.60 | 21.36 | 5.24 | 11.00 | 1.40 | 9.60 | 0.80 | 1.10 |
| 杂交中籼稻 | 25.85 | 16.95 | 8.90 | 8.02 | 1.82 | 6.20 | 0.60 | 1.30 |
| 晚籼稻 | 10.52 | 4.25 | 6.27 | 9.59 | 2.93 | 6.66 | 0.55 | 0.90 |
| 杂交晚籼稻 | 24.50 | 19.88 | 4.62 | 8.66 | 1.36 | 7.30 | 0.96 | 1.30 |
| 晚粳稻 | 19.80 | 15.86 | 3.94 | 6.41 | 1.21 | 5.20 | 0.54 | 1.13 |
| 糯　稻 | 45.95 | 30.84 | 15.11 | 22.37 | 6.95 | 15.42 | 0.36 | 1.12 |
| 2. 其它粮食 | 18.45 | | | 15.03 | | 12.04 | 1.01 | 0.80 |
| 大　麦 | 6.86 | 2.63 | 4.23 | 19.93 | 3.33 | 16.60 | | |
| 小　麦 | 29.62 | 15.68 | 13.94 | 11.32 | 1.70 | 9.62 | | |
| 蚕　豆 | 6.20 | 3.48 | 2.72 | 11.09 | 2.84 | 8.25 | | |
| 大　豆 | 21.25 | 16.62 | 4.63 | 15.48 | 3.95 | 11.53 | 0.51 | |
| 玉　米 | 25.93 | 19.86 | 6.07 | 18.59 | 4.34 | 14.25 | | |
| 地膜玉米 | 25.00 | 14.26 | 10.74 | 19.05 | 2.79 | 16.26 | 1.50 | 0.80 |
| 马铃薯 | 21.53 | 16.30 | 5.23 | 16.71 | 3.86 | 12.85 | | |
| 红　苕 | 11.23 | 6.93 | 4.30 | 8.09 | 1.16 | 6.93 | | |
| 二、棉　花 | 51.22 | 32.13 | 19.09 | 54.42 | 26.99 | 27.43 | 0.76 | |
| 三、油　料 | 16.00 | 6.51 | 9.49 | 11.52 | 3.88 | 7.64 | 0.51 | 0.50 |
| 油菜籽 | 31.25 | 10.87 | 20.38 | 14.95 | 3.88 | 11.07 | | |
| 花生果 | 5.50 | 2.30 | 3.20 | 8.13 | 2.32 | 5.81 | 0.51 | 0.50 |
| 芝　麻 | 11.25 | 6.36 | 4.89 | 11.49 | 5.45 | 6.04 | | |
| 四、其它经济作物 | | | | | | | | |
| 黄红麻 | | | | | | | | |
| 苎　麻 | | | | | | | | |
| 白肋烟 | | | | | | | | |
| 烤　烟 | | | | | | | | |
| 绿　茶 | | | | | | | | |
| 柑　桔 | 23.62 | 12.54 | 11.08 | 30.38 | 10.85 | 19.53 | | |
| 大　蒜 | | | | | | | | |
| 麦　冬 | | | | | | | | |
| 绞股兰 | 12.25 | 8.54 | 3.71 | 10.97 | 3.64 | 7.33 | | |

# 2005年种植业产品(汇总)每亩用工计算表

| | 每亩劳动用工合计 | 一、直接生产用工小计 | 1.播种前翻耕整地用工 | 2.种子准备与播种用工 | 3.施肥用工 | 4.排灌用工 | 5.田间管理用工 | 6.收获用工 | 7.初制加工用工 |
|---|---|---|---|---|---|---|---|---|---|
| 一、粮　食 | 12.36 | 10.12 | | | | | | | |
| 1.水　稻 | 13.08 | 10.61 | | | | | | | |
| 早籼稻 | 13.19 | 10.25 | | | | | | | |
| 杂交中籼稻 | 12.23 | 9.88 | | | | | | | |
| 晚籼稻 | 14.27 | 11.52 | | | | | | | |
| 杂交晚籼稻 | 11.85 | 9.95 | | | | | | | |
| 晚粳稻 | 14.95 | 12.25 | | | | | | | |
| 糯　稻 | 12.01 | 9.81 | | | | | | | |
| 2.其它粮食 | 11.64 | 9.64 | | | | | | | |
| 大　麦 | 5.66 | 4.56 | | | | | | | |
| 小　麦 | 8.01 | 6.31 | | | | | | | |
| 蚕　豆 | 8.54 | 7.24 | | | | | | | |
| 大　豆 | 8.95 | 7.65 | | | | | | | |
| 玉　米 | 14.98 | 11.25 | | | | | | | |
| 地膜玉米 | 17.63 | 16.23 | | | | | | | |
| 马铃薯 | 13.56 | 10.20 | | | | | | | |
| 红　苕 | 15.75 | 13.65 | | | | | | | |
| 秋　粟 | | | | | | | | | |
| 二、棉　花 | 33.90 | 31.70 | | | | | | | |
| 三、油　料 | 11.11 | 9.17 | | | | | | | |
| 油菜籽 | 11.39 | 9.52 | | | | | | | |
| 花生果 | 11.79 | 9.45 | | | | | | | |
| 芝　麻 | 10.14 | 8.54 | | | | | | | |
| 四、其它经济作物 | 41.39 | 32.91 | | | | | | | |
| 黄红麻 | | | | | | | | | |
| 苎　麻 | | | | | | | | | |
| 白肋烟 | | | | | | | | | |
| 烤　烟 | | | | | | | | | |
| 绿　茶 | | | | | | | | | |
| 柑　桔 | 35.04 | 24.26 | | | | | | | |
| 大　蒜 | | | | | | | | | |
| 麦　冬 | | | | | | | | | |
| 绞股兰 | 47.74 | 41.55 | | | | | | | |

续表

| | 8、其它直接生产用工 | 二、间接生产用工小计 | 1. 初期生产用工分摊 | 2. 积肥用工 | 3. 经营管理用工 | 4. 义务工与积累工 | 5. 其它间接用工 | 6. 销售用工 | 附：每亩平均雇工数（个） |
|---|---|---|---|---|---|---|---|---|---|
| 一、粮　食 | | 2.11 | | | | | | | 0.10 |
| 1. 水　稻 | | 2.37 | | | | | | | 0.10 |
| 早籼稻 | | 2.84 | | | | | | | 0.10 |
| 杂交中籼稻 | | 2.15 | | | | | | | 0.20 |
| 晚籼稻 | | 2.75 | | | | | | | |
| 杂交晚籼稻 | | 1.80 | | | | | | | 0.10 |
| 晚粳稻 | | 2.58 | | | | | | | 0.12 |
| 糯　稻 | | 2.10 | | | | | | | 0.10 |
| 2. 其它粮食 | | 1.85 | | | | | | | 0.15 |
| 大　麦 | | 1.00 | | | | | | | 0.10 |
| 小　麦 | | 1.50 | | | | | | | 0.20 |
| 蚕　豆 | | 1.20 | | | | | | | 0.10 |
| 大　豆 | | 1.20 | | | | | | | 0.10 |
| 玉　米 | | 3.33 | | | | | | | 0.40 |
| 地膜玉米 | | 1.20 | | | | | | | 0.20 |
| 马铃薯 | | 3.26 | | | | | | | 0.10 |
| 红　苕 | | 2.10 | | | | | | | |
| 秋　粟 | | | | | | | | | |
| 二、棉　花 | | 2.20 | | | | | | | |
| 三、油　料 | | 1.80 | | | | | | | |
| 油菜籽 | | 1.77 | | | | | | | 0.10 |
| 花生果 | | 2.14 | | | | | | | 0.20 |
| 芝　麻 | | 1.50 | | | | | | | 0.10 |
| 四、其它经济作物 | | 6.12 | | | | | | | |
| 黄红麻 | | | | | | | | | |
| 苎　麻 | | | | | | | | | |
| 白肋烟 | | | | | | | | | |
| 烤　烟 | | | | | | | | | |
| 绿　茶 | | | | | | | | | |
| 柑　桔 | | 9.58 | | | | | | | 1.20 |
| 大　蒜 | | | | | | | | | |
| 麦　冬 | | | | | | | | | |
| 绞股兰 | | 2.65 | | | | | | | 3.54 |

# 全省35种高效种养模式面积

单位:千公顷

| | 数　量 | | 数　量 |
|---|---|---|---|
| 一、旱地立体种植模式 | 214.80 | 20. 马铃薯/青菜－玉米－后季稻 | 2.26 |
| 1. 菜/棉或麦/菜/棉 | 34.47 | 21. 草莓/西瓜－后季稻 | 6.30 |
| 2. 菜/椒/棉 | 12.42 | 22. 马铃薯－中稻(杂交中稻) | 24.07 |
| 3. 菜/瓜/棉 | 10.99 | 23. 小麦－地膜花生－杂交晚稻 | 4.71 |
| 4. 麦/玉/豆/玉/豆 | 7.51 | 24. 春马铃薯－杂交中稻－秋马铃薯 | 3.14 |
| 5. 油/玉/豆/玉/绿豆 | 4.76 | 三、果园立体种植模式 | 21.27 |
| 6. 马铃薯/春玉米/黄豆/秋玉米 | 3.68 | 25. 柑橘园/大蒜和白菜 | 6.52 |
| 7. 小麦/冬菜/玉米/芝麻 | 7.49 | 26. 果园(柑、梨、桃)/草莓 | 2.92 |
| 8. 玉米/包菜 | 17.51 | 27. 板栗园/小麦和花生 | 7.81 |
| 9. 早黄豆/春玉米－秋玉米－大白菜 | 6.83 | 四、林地立体开发模式 | 10.42 |
| 10. 地膜玉米－秋玉米－大白菜 | 2.45 | 28. 林、菇周年生产模式 | 3.63 |
| 11. 小麦－棉花/地膜花生 | 6.54 | 29. 杉木/天麻 | 0.15 |
| 12. 小麦－棉花/西瓜/红苕 | 5.85 | 五、鱼类立体养殖模式 | 83.77 |
| 13. 洋葱/棉花/辣椒 | 1.59 | 30. 名贵鱼和一般鱼类立体养殖 | 56.55 |
| 14. 玉米/魔芋 | 26.23 | 31. 鱼与其他水生动物混养 | 24.57 |
| 15. 马铃薯－玉米(－魔芋)/红苕 | 59.87 | 六、蔬菜立体种植模式 | 52.17 |
| 二、水田立体种养模式 | 232.64 | 32. 早辣椒/晚辣椒－白菜 | 32.35 |
| 16. 麦/瓜－稻 | 31.14 | 33. 马铃薯/番茄/大蒜 | 10.72 |
| 17. 垄稻/沟鱼/埂菜 | 5.84 | 七、庭院立体农业模式 | 3.09 |
| 18. 稻鸭共育 | 131.62 | 34. 庭院葡萄/天麻 | 0.80 |
| 19. 稻田养蟹 | 3.02 | 35. 竹荪/平菇/苦瓜 | 0.05 |

# 35 种高效种养模式面积

单位:千公顷

| | 旱地立体种植模式 | 菜/棉或麦/菜/棉 | 菜/椒/棉 | 菜/瓜/棉 | 玉米/包菜 | 玉米/魔芋 | 马铃薯-玉(魔)/红苕 | 水田立体种养模式 | 麦/瓜-稻 | 稻鸭共育 |
|---|---|---|---|---|---|---|---|---|---|---|
| **全省合计** | **214.80** | **34.47** | **12.42** | **10.99** | **17.51** | **26.23** | **59.87** | **232.64** | **31.14** | **131.62** |
| **武汉市** | **13.75** | **1.33** | **0.83** | **1.92** | **1.40** | | **0.20** | **31.44** | **6.73** | **8.15** |
| 市辖区 | 3.01 | 0.53 | 0.03 | 0.05 | | | | 3.30 | 2.60 | 0.62 |
| 蔡甸区 | 3.40 | 0.80 | 0.60 | 1.20 | 0.30 | | | 2.50 | 0.80 | 0.70 |
| 江夏区 | 6.27 | | | | 1.10 | | 0.20 | 9.34 | 2.87 | 0.13 |
| 黄陂区 | 0.30 | | | 0.10 | | | | 14.80 | | 6.70 |
| 新洲区 | 0.77 | | 0.20 | 0.57 | | | | 1.50 | 0.46 | |
| **黄石市** | **4.75** | **0.66** | | **0.34** | **0.14** | | **0.06** | **1.29** | **0.13** | **0.75** |
| 市辖区 | 0.08 | | | | 0.03 | | | 0.20 | | |
| 大冶市 | 1.28 | | | | 0.10 | | | 0.25 | | 0.10 |
| 阳新县 | 3.39 | 0.66 | | 0.34 | 0.01 | | 0.06 | 0.84 | 0.13 | 0.65 |
| **十堰市** | **8.73** | | | | **0.46** | **2.38** | **3.24** | **1.22** | **0.35** | |
| 市辖区 | | | | | | | | | | |
| 丹江口市 | | | | | | | | | | |
| 郧县 | 0.54 | | | | 0.10 | 0.05 | 0.04 | 0.45 | 0.35 | |
| 郧西县 | 0.26 | | | | 0.26 | | | | | |
| 竹山县 | | | | | | | | | | |
| 竹溪县 | 6.93 | | | | | 2.33 | 3.00 | 0.67 | | |
| 房县 | 1.00 | | | | 0.10 | | 0.20 | 0.10 | | |
| **荆州市** | **23.58** | **7.55** | **2.83** | **5.46** | **0.05** | | **0.17** | **15.18** | **3.05** | **6.22** |
| 市辖区 | 5.97 | 3.40 | 0.48 | 1.28 | 0.05 | | 0.01 | 5.36 | 1.24 | 0.40 |
| 江陵县 | 1.60 | 0.40 | 0.15 | 0.16 | | | | 0.60 | | 0.60 |
| 松滋市 | 1.70 | 0.08 | 0.12 | 0.95 | | | 0.16 | 3.65 | 0.20 | 2.67 |
| 公安县 | 10.00 | 3.20 | 1.10 | 2.20 | | | | 2.20 | 1.00 | 0.70 |
| 石首市 | 1.20 | | 0.80 | 0.40 | | | | | | |
| 监利县 | 0.48 | 0.32 | 0.10 | 0.06 | | | | | | |
| 洪湖市 | 2.63 | 0.15 | 0.08 | 0.41 | | | | 3.37 | 0.61 | 1.85 |
| **宜昌市** | **21.50** | **1.66** | **0.13** | | **1.33** | **0.36** | **12.70** | **8.48** | **2.34** | **4.04** |
| 市辖区 | 0.60 | | | | 0.10 | | | 0.20 | 0.20 | |
| 夷陵区 | 6.63 | | | | 0.13 | 0.01 | 5.10 | 0.82 | 0.07 | |
| 宜都市 | 7.80 | | | | 0.80 | | 4.00 | 0.20 | | |
| 枝江市 | 2.11 | 1.55 | 0.13 | | | | | 2.78 | 2.00 | 0.03 |
| 当阳市 | 0.11 | 0.11 | | | | | | 4.00 | | 4.00 |
| 远安县 | | | | | | | | 0.13 | 0.02 | 0.01 |
| 兴山县 | 1.10 | | | | 0.20 | 0.10 | 0.80 | 0.30 | | |
| 秭归县 | 2.75 | | | | | 0.15 | 2.60 | 0.05 | 0.05 | |
| 长阳县 | 0.40 | | | | 0.10 | 0.10 | 0.20 | | | |
| 五峰县 | | | | | | | | | | |
| **襄樊市** | **16.27** | **7.19** | **0.01** | **1.98** | **0.06** | | **0.30** | **0.26** | **0.20** | |
| 市辖区 | 3.40 | 1.60 | | | | | | 0.20 | 0.20 | |
| 老河口市 | 2.60 | 1.20 | | 0.20 | | | | | | |
| 襄阳区 | 4.59 | 1.74 | | 1.28 | | | | | | |
| 枣阳市 | 0.80 | 0.80 | | | | | | | | |
| 宜城市 | 2.06 | 1.50 | | 0.50 | 0.06 | | | | | |
| 南漳县 | 2.37 | | 0.01 | | | | 0.30 | | | |
| 谷城县 | 0.34 | 0.34 | | | | | | | | |
| 保康县 | 0.10 | | | | | | | 0.05 | | |
| 农场 | 0.01 | 0.01 | | | | | | 0.01 | | |
| **鄂州市** | **0.30** | | **0.10** | | | | | **3.80** | **0.30** | **3.50** |

续表1 单位:千公顷

| | 旱地立体种植模式 | 菜/棉或麦/菜/棉 | 菜/椒/棉 | 菜/瓜/棉 | 玉米/包菜 | 玉米/魔芋 | 马铃薯－玉(魔)/红苕 | 水田立体种养模式 | 麦/瓜－稻 | 稻鸭共育 |
|---|---|---|---|---|---|---|---|---|---|---|
| **荆门市** | **12.00** | **6.00** | **6.00** | | | | | **17.00** | **4.00** | **13.00** |
| 市辖区 | | | | | | | | 4.00 | 1.00 | 3.00 |
| 沙洋县 | 6.00 | 3.00 | 3.00 | | | | | 5.00 | 1.00 | 4.00 |
| 钟祥市 | 4.00 | 2.00 | 2.00 | | | | | 4.00 | 1.00 | 3.00 |
| 京山县 | 2.00 | 1.00 | 1.00 | | | | | 4.00 | 1.00 | 3.00 |
| 沙洋农场 | | | | | | | | | | |
| **孝感市** | **8.84** | **3.12** | **1.25** | **0.24** | **0.18** | | | **25.11** | **5.78** | **16.81** |
| 孝南区 | 0.08 | 0.05 | 0.02 | | 0.01 | | | 1.60 | 0.05 | 1.50 |
| 孝昌县 | 0.04 | 0.02 | 0.02 | | | | | 0.35 | 0.06 | 0.27 |
| 大悟县 | 0.25 | 0.05 | 0.01 | 0.01 | 0.02 | | | 0.35 | 0.15 | 0.05 |
| 安陆市 | 0.25 | 0.15 | | | | | | 3.53 | | 3.33 |
| 云梦县 | 0.15 | 0.10 | | | | | | 5.53 | 0.20 | 5.33 |
| 应城市 | 0.22 | 0.15 | | 0.03 | | | | 5.17 | 0.12 | 5.00 |
| 汉川市 | 7.85 | 2.60 | 1.20 | 0.20 | 0.15 | | | 8.58 | 5.20 | 1.33 |
| **黄冈市** | **5.64** | **1.34** | **0.75** | **0.65** | **0.13** | | **0.03** | **54.56** | **1.66** | **45.99** |
| 市辖区 | 0.21 | 0.07 | 0.07 | 0.07 | | | | 0.12 | | 0.04 |
| 团风县 | 0.65 | 0.07 | 0.05 | 0.11 | | | | 5.39 | 0.09 | 4.33 |
| 红安县 | 1.82 | 0.02 | | 0.01 | | | 0.02 | 1.11 | 0.43 | |
| 麻城市 | 0.74 | 0.10 | 0.54 | | 0.10 | | | 1.52 | 0.50 | 0.80 |
| 罗田县 | | | | | | | | 0.06 | 0.03 | |
| 英山县 | 0.05 | | | | 0.02 | | | 0.12 | | |
| 浠水县 | 0.60 | 0.20 | | 0.20 | | | | 3.15 | 0.50 | 0.85 |
| 蕲春县 | 0.52 | 0.30 | | 0.20 | 0.01 | | | 22.50 | 0.10 | 20.00 |
| 武穴市 | 0.75 | 0.53 | 0.08 | 0.01 | | | | 6.91 | 0.01 | 6.67 |
| 黄梅县 | 0.30 | 0.05 | 0.01 | 0.05 | | | 0.01 | 13.68 | | 13.30 |
| **咸宁市** | **2.80** | **0.12** | **0.03** | | **2.33** | | **0.22** | **5.91** | | **4.90** |
| 咸安区 | 0.14 | | | | | | 0.07 | 0.36 | | 0.24 |
| 嘉鱼县 | 2.00 | | | | 2.00 | | | 0.66 | | 0.66 |
| 赤壁市 | 0.56 | 0.07 | 0.03 | | 0.33 | | 0.13 | 3.87 | | 3.80 |
| 通城县 | | | | | | | | 0.66 | | 0.20 |
| 崇阳县 | 0.06 | 0.05 | | | | | | | | |
| 通山县 | 0.04 | | | | | | 0.02 | 0.36 | | |
| **随州市** | | | | | | | | | | |
| 广水市 | | | | | | | | | | |
| 曾都区 | | | | | | | | | | |
| **恩施自治州** | **82.55** | | | | **11.10** | **23.22** | **42.05** | **34.54** | **0.20** | **2.59** |
| 恩施市 | 17.40 | | | | 2.00 | 15.00 | | 4.20 | | |
| 建始县 | 7.16 | | | | 0.50 | 2.66 | 4.00 | 0.45 | | 0.15 |
| 巴东县 | 15.00 | | | | 5.70 | 1.50 | 5.80 | 0.08 | | |
| 利川市 | 24.81 | | | | 2.34 | 0.47 | 22.00 | 22.60 | 0.20 | 2.00 |
| 宣恩县 | 1.11 | | | | 0.28 | 0.33 | 0.50 | 2.82 | | |
| 咸丰县 | 10.80 | | | | 0.10 | 3.20 | 7.50 | 2.75 | | 0.25 |
| 来凤县 | 1.12 | | | | 0.03 | 0.06 | 0.25 | 1.47 | | 0.19 |
| 鹤峰县 | 5.15 | | | | 0.15 | | 2.00 | 0.17 | | |
| **仙桃市** | **0.86** | **0.50** | | | | | | **13.77** | | **13.67** |
| **天门市** | **9.44** | **3.33** | **0.34** | **0.30** | | | **0.40** | **9.35** | **1.34** | **6.67** |
| **潜江市** | **2.79** | **1.67** | **0.15** | **0.10** | | | **0.10** | **10.73** | **5.06** | **5.33** |
| **神农架林区** | **1.00** | | | | **0.33** | **0.27** | **0.40** | | | |

续表2

单位:千公顷

| | 水田立体模式(续) | 果园立体种植模式 | | 林地立体开发模式 | 鱼类立体开发模式 | | | 蔬菜立体种植模式 | | |
|---|---|---|---|---|---|---|---|---|---|---|
| | 马铃薯-中稻 | | 板栗园/小麦和花生 | | | 名贵鱼和一般鱼类立体养殖 | 鱼与其他水生动物混养 | | 早/晚辣椒-白菜 | 马铃薯/番茄/大蒜 |
| **全省合计** | **24.07** | **21.27** | **7.81** | **10.42** | **83.77** | **56.55** | **24.57** | **52.17** | **32.35** | **10.72** |
| **武汉市** | **7.99** | **1.78** | **0.56** | | **23.30** | **23.30** | | **7.13** | **1.00** | **0.63** |
| 市辖区 | | | | | | | | | | |
| 蔡甸区 | | | | | | | | 5.50 | | |
| 江夏区 | 1.20 | 1.10 | | | 23.30 | 23.30 | | 1.13 | 0.80 | 0.33 |
| 黄陂区 | 6.70 | | | | | | | 0.50 | 0.20 | 0.30 |
| 新洲区 | 0.09 | 0.68 | 0.56 | | | | | | | |
| **黄石市** | **0.26** | **0.39** | **0.16** | | **13.85** | **2.18** | **11.67** | **1.97** | **1.37** | **0.60** |
| 市辖区 | 0.20 | | | | 0.08 | 0.08 | | 0.07 | 0.07 | |
| 大冶市 | | 0.20 | 0.10 | | 3.17 | 1.50 | 1.67 | | | |
| 阳新县 | 0.06 | 0.19 | 0.06 | | 10.60 | 0.60 | 10.00 | 1.90 | 1.30 | 0.60 |
| **十堰市** | **0.20** | **0.70** | **0.20** | **5.00** | **2.37** | **0.73** | | **1.73** | **1.21** | **0.35** |
| 市辖区 | | | | | | | | | | |
| 丹江口市 | | | | | 2.37 | 0.73 | | | | |
| 郧县 | 0.10 | 0.40 | 0.20 | | | | | 0.20 | 0.20 | |
| 郧西县 | | | | | | | | | | |
| 竹山县 | | | | | | | | | | |
| 竹溪县 | | | | | | | | 1.33 | 1.00 | 0.33 |
| 房县 | 0.10 | 0.30 | | 5.00 | | | | 0.20 | 0.01 | 0.02 |
| **荆州市** | **1.08** | **0.50** | | **0.10** | **24.26** | **20.47** | **3.79** | **1.52** | **1.08** | **0.44** |
| 市辖区 | 0.30 | 0.50 | | 0.10 | 1.23 | 0.80 | 0.43 | 0.72 | 0.52 | 0.20 |
| 江陵县 | | | | | | | | | | |
| 松滋市 | 0.78 | | | | | | | 0.80 | 0.56 | 0.24 |
| 公安县 | | | | | | | | | | |
| 石首市 | | | | | | | | | | |
| 监利县 | | | | | | | | | | |
| 洪湖市 | | | | | 23.03 | 19.67 | 3.36 | | | |
| **宜昌市** | **0.62** | **0.80** | **0.20** | | | | | **5.92** | **4.56** | **1.36** |
| 市辖区 | 0.00 | | | | | | | 0.50 | 0.30 | 0.20 |
| 夷陵区 | 0.32 | 0.40 | 0.10 | | | | | 2.71 | 2.13 | 0.58 |
| 宜都市 | | | | | | | | 0.80 | 0.60 | 0.20 |
| 枝江市 | | 0.20 | | | | | | 1.46 | 1.33 | 0.13 |
| 当阳市 | | | | | | | | | | |
| 远安县 | 0.10 | | | | | | | | | |
| 兴山县 | 0.20 | 0.10 | | | | | | 0.35 | 0.20 | 0.15 |
| 秭归县 | | | | | | | | | | |
| 长阳县 | | 0.10 | 0.10 | | | | | 0.10 | | 0.10 |
| 五峰县 | | | | | | | | | | |
| **襄樊市** | **0.06** | **5.38** | **1.10** | **2.60** | **2.51** | **0.31** | **1.20** | **12.11** | **6.62** | **3.87** |
| 市辖区 | | 0.01 | | | 0.01 | 0.01 | | 1.00 | 1.00 | |
| 老河口市 | | 3.20 | | 2.20 | 1.00 | | 1.00 | 3.60 | 1.00 | 1.00 |
| 襄阳区 | | 0.27 | | | | | | 5.86 | 3.17 | 2.69 |
| 枣阳市 | | 0.80 | | | | | | 0.50 | 0.50 | |
| 宜城市 | | 1.00 | 1.00 | 0.40 | 1.50 | 0.30 | 0.20 | 0.55 | 0.50 | 0.05 |
| 南漳县 | | | | | | | | | | |
| 谷城县 | | | | | | | | 0.50 | 0.35 | 0.13 |
| 保康县 | 0.05 | 0.10 | 0.10 | | | | | 0.10 | 0.10 | |
| 农场 | 0.01 | | | | | | | | | |
| **鄂州市** | **0.00** | **0.30** | | | **1.20** | **1.20** | | **0.50** | **0.50** | |

续表3 单位:千公顷

| | 水田立体模式(续) | 果园立体种植模式 | | 林地立体开发模式 | 鱼类立体开发模式 | | | 蔬菜立体种植模式 | | |
|---|---|---|---|---|---|---|---|---|---|---|
| | 马铃薯-中稻 | | 板栗园/小麦和花生 | | | 名贵鱼和一般鱼类立体养殖 | 鱼与其他水生动物混养 | | 早/晚辣椒-白菜 | 马铃薯/番茄/大蒜 |
| **荆门市** | | | | | | | | | | |
| 市辖区 | | | | | | | | | | |
| 沙洋县 | | | | | | | | | | |
| 钟祥市 | | | | | | | | | | |
| 京山县 | | | | | | | | | | |
| 沙洋农场 | | | | | | | | | | |
| **孝感市** | **0.07** | **1.56** | **1.25** | **0.67** | **11.73** | **6.71** | **5.02** | **5.55** | **4.08** | **0.07** |
| 孝南区 | 0.05 | | | | 0.02 | | 0.02 | 0.05 | 0.05 | |
| 孝昌县 | 0.02 | | | | 0.89 | | 0.89 | 0.54 | 0.47 | 0.07 |
| 大悟县 | | 1.25 | 1.25 | 0.12 | 0.01 | | 0.01 | 0.06 | 0.06 | |
| 安陆市 | | | | 0.15 | | | | 0.20 | 0.20 | |
| 云梦县 | | 0.01 | | | 0.01 | 0.01 | | 0.20 | 0.20 | |
| 应城市 | | 0.30 | | | 2.00 | 1.50 | 0.50 | 1.80 | 0.40 | |
| 汉川市 | | | | 0.40 | 8.80 | 5.20 | 3.60 | 2.70 | 2.70 | |
| **黄冈市** | **2.19** | **3.57** | **3.31** | **0.08** | **0.97** | **0.26** | **0.71** | **7.45** | **6.20** | **1.25** |
| 市辖区 | 0.04 | | | | | | | 0.09 | 0.05 | 0.04 |
| 团风县 | 0.11 | 0.56 | 0.56 | 0.03 | 0.93 | 0.26 | 0.67 | 0.50 | 0.49 | 0.01 |
| 红安县 | 0.01 | | | | | | | | | |
| 麻城市 | | | | | | | | 2.05 | 1.55 | 0.50 |
| 罗田县 | | 1.50 | 1.50 | | | | | 0.33 | 0.33 | |
| 英山县 | | | | 0.05 | 0.04 | | 0.04 | | | |
| 浠水县 | 0.20 | 1.25 | 1.20 | | | | | 1.30 | 1.00 | 0.30 |
| 蕲春县 | 1.50 | | | | | | | | | |
| 武穴市 | | 0.16 | | | | | | 0.28 | 0.18 | 0.10 |
| 黄梅县 | 0.33 | 0.10 | 0.05 | | | | | 2.90 | 2.60 | 0.30 |
| **咸宁市** | **0.58** | **0.72** | **0.39** | **0.44** | **1.98** | **0.16** | **1.82** | **0.95** | **0.55** | **0.40** |
| 咸安区 | 0.06 | | | | 0.48 | 0.06 | 0.42 | 0.07 | | 0.07 |
| 嘉鱼县 | | 0.14 | 0.07 | 0.26 | 0.53 | | 0.53 | 0.73 | 0.40 | 0.33 |
| 赤壁市 | 0.07 | | | | | | | 0.13 | 0.13 | |
| 通城县 | 0.20 | 0.33 | 0.27 | 0.13 | 0.90 | 0.10 | 0.80 | | | |
| 崇阳县 | | | | | | | | 0.02 | 0.02 | |
| 通山县 | 0.25 | 0.25 | 0.05 | 0.05 | 0.07 | | 0.07 | | | |
| **随州市** | | | | | | | | | | |
| 广水市 | | | | | | | | | | |
| 曾都区 | | | | | | | | | | |
| **恩施自治州** | **10.35** | **5.09** | **0.44** | **1.53** | **0.09** | | **0.08** | **5.49** | **4.01** | **1.08** |
| 恩施市 | 3.00 | 0.40 | 0.20 | | | | | | | |
| 建始县 | 0.20 | 0.03 | 0.01 | 0.02 | 0.02 | | 0.02 | 0.02 | 0.01 | 0.01 |
| 巴东县 | 0.04 | 0.15 | | 0.01 | 0.01 | | 0.01 | 0.30 | | 0.30 |
| 利川市 | 1.50 | 0.40 | | | | | | 4.50 | 4.00 | 0.50 |
| 宣恩县 | 2.20 | | | | | | | | | |
| 咸丰县 | 2.45 | 3.55 | | 1.50 | 0.05 | | 0.05 | 0.65 | | 0.25 |
| 来凤县 | 0.79 | 0.26 | 0.23 | | 0.01 | | | 0.02 | | 0.02 |
| 鹤峰县 | 0.17 | 0.30 | | | | | | | | |
| **仙桃市** | **0.00** | | | | **0.80** | **0.80** | | **0.50** | **0.50** | |
| **天门市** | **0.67** | **0.24** | | | | | | **0.90** | **0.30** | **0.60** |
| **潜江市** | | **0.04** | | | **0.71** | **0.43** | **0.28** | **0.32** | **0.24** | **0.07** |
| **神农架林区** | | **0.20** | **0.20** | | | | | **0.13** | **0.13** | |

# 10 水利建设

# 灌 溉 面 积

单位:千公顷

| | 灌溉面积 | | | | | | 有效实灌面积 | 旱涝保收面积 |
|---|---|---|---|---|---|---|---|---|
| | 总计 | 有效灌面 | 林地 | 果园 | 牧草 | 其他 | | |
| **湖　北** | **2457.63** | **2365.74** | **22.11** | **35.23** | **0.78** | **33.77** | **2004.66** | **1838.36** |
| **武汉市** | **208.58** | **192.08** | **5.55** | **2.79** | **0.08** | **8.08** | **162.01** | **143.38** |
| 洪山区 | 8.70 | 6.80 | 1.10 | 0.40 | | 0.40 | 6.80 | 5.70 |
| 东西湖区 | 19.37 | 14.60 | 2.30 | 0.79 | 0.08 | 1.60 | 13.56 | 12.73 |
| 汉南区 | 13.14 | 10.90 | 1.44 | 0.60 | | 0.20 | 10.90 | 10.90 |
| 蔡甸区 | 28.83 | 26.43 | | 0.30 | | 2.10 | 26.43 | 24.50 |
| 江夏区 | 40.45 | 36.85 | 0.40 | 0.40 | | 2.80 | 29.47 | 17.92 |
| 黄陂区 | 52.60 | 52.60 | | | | | 34.05 | 32.27 |
| 新洲区 | 44.29 | 42.80 | 0.31 | 0.30 | | 0.88 | 39.70 | 38.50 |
| 开发区 | 1.20 | 1.10 | | | | 0.10 | 1.10 | 0.86 |
| **黄石市** | **56.18** | **55.61** | | **0.57** | | | **49.00** | **27.42** |
| 阳新县 | 22.49 | 22.28 | | 0.21 | | | 21.00 | 13.23 |
| 大冶市 | 33.69 | 33.33 | | 0.36 | | | 28.00 | 14.19 |
| **十堰市** | **68.69** | **59.15** | **3.11** | **1.98** | **0.70** | **3.75** | **41.46** | **37.73** |
| 茅箭区 | 0.92 | 0.89 | 0.01 | 0.01 | | 0.01 | 0.67 | 0.70 |
| 张湾区 | 1.22 | 1.19 | | 0.03 | | | 1.19 | 1.06 |
| 郧　县 | 15.29 | 11.50 | 0.13 | 0.13 | | 3.53 | 5.90 | 5.40 |
| 郧西县 | 6.97 | 6.95 | | 0.02 | | | 5.51 | 4.82 |
| 竹山县 | 12.73 | 12.11 | 0.24 | 0.17 | | 0.21 | 8.28 | 6.00 |
| 竹溪县 | 7.36 | 5.81 | 1.53 | 0.02 | | | 3.21 | 4.18 |
| 房　县 | 14.00 | 10.50 | 1.20 | 1.60 | 0.70 | | 10.50 | 8.27 |
| 丹江口市 | 10.20 | 10.20 | | | | | 6.20 | 7.30 |
| **宜昌市** | **126.81** | **121.03** | **0.55** | **5.05** | | **0.18** | **86.24** | **98.45** |
| 西陵区 | 0.55 | | | 0.38 | | 0.17 | | |
| 伍家岗区 | 0.64 | 0.37 | | 0.27 | | | 0.37 | 0.19 |
| 点军区 | 2.13 | 1.87 | | 0.26 | | | 1.72 | 1.71 |
| 虎亭区 | 1.46 | 1.46 | | | | | 1.18 | 1.46 |
| 宜昌县 | 12.06 | 12.06 | | | | | 11.40 | 10.82 |
| 远安县 | 8.34 | 8.30 | | 0.04 | | | 8.11 | 7.90 |
| 兴山县 | 3.22 | 2.41 | 0.55 | 0.26 | | | 2.41 | 2.41 |
| 秭归县 | 9.65 | 6.03 | | 3.61 | | 0.01 | 5.64 | 6.03 |
| 长阳土家族自治县 | 2.76 | 2.76 | | | | | 2.65 | 2.76 |
| 五峰土家族自治县 | 0.68 | 0.67 | | 0.01 | | | 0.56 | 0.66 |
| 宜都市 | 7.96 | 7.96 | | | | | 5.50 | 7.02 |
| 当阳市 | 37.69 | 37.69 | | | | | 28.00 | 22.06 |
| 枝江市 | 39.67 | 39.45 | | 0.22 | | | 18.70 | 35.43 |
| **襄樊市** | **278.17** | **271.49** | **1.54** | **5.14** | | | **192.79** | **204.63** |
| 市辖区 | 17.86 | 17.62 | 0.17 | 0.07 | | | 15.40 | 14.23 |
| 襄阳县 | 72.77 | 72.57 | 0.20 | | | | 59.90 | 52.19 |
| 南漳县 | 23.32 | 23.06 | 0.10 | 0.16 | | | 16.41 | 22.13 |
| 谷城县 | 23.86 | 21.33 | 0.86 | 1.67 | | | 12.33 | 15.66 |
| 保康县 | 6.11 | 6.08 | | 0.03 | | | 5.44 | 5.36 |
| 农场 | 3.06 | 3.06 | | | | | 3.06 | 2.69 |
| 老河口市 | 23.03 | 22.91 | 0.05 | 0.07 | | | 9.25 | 14.94 |
| 枣阳市 | 78.89 | 76.19 | | 2.70 | | | 43.00 | 52.10 |
| 宜城市 | 29.27 | 28.67 | 0.16 | 0.44 | | | 28.00 | 25.33 |
| **鄂州市** | **34.02** | **33.89** | **0.10** | **0.03** | | | **33.89** | **33.00** |
| **荆门市** | **221.62** | **213.86** | **3.20** | **2.70** | | **1.86** | **180.74** | **170.39** |
| 市辖区 | 12.00 | 12.00 | | | | | 9.90 | 11.60 |
| 东宝区 | 15.00 | 12.00 | 0.90 | 0.50 | | 1.60 | 10.10 | 7.47 |
| 屈家岭区 | 6.48 | 5.22 | | 1.00 | | 0.26 | 4.22 | 4.45 |
| 京山县 | 50.00 | 49.50 | 0.50 | | | | 49.50 | 30.00 |
| 沙洋县 | 60.41 | 57.54 | 1.67 | 1.20 | | | 49.53 | 48.72 |
| 钟祥市 | 63.60 | 63.60 | | | | | 48.00 | 58.66 |

续表

单位：千公顷

| | 灌溉面积 | | | | | | 有效实灌面积 | 旱涝保收面积 |
|---|---|---|---|---|---|---|---|---|
| | 总计 | 有效灌面 | 林地 | 果园 | 牧草 | 其他 | | |
| 沙洋农场 | 14.13 | 14.00 | 0.13 | | | | 9.49 | 9.49 |
| **孝感市** | **219.64** | **218.16** | **1.14** | **0.34** | | | **172.35** | **173.58** |
| 市辖区 | 0.40 | 0.40 | | | | | 0.40 | 0.28 |
| 孝南区 | 30.58 | 30.33 | 0.23 | 0.02 | | | 15.80 | 24.23 |
| 孝昌县 | 24.70 | 24.42 | 0.10 | 0.18 | | | 17.50 | 20.33 |
| 大悟县 | 21.00 | 21.00 | | | | | 18.50 | 13.33 |
| 云梦县 | 24.54 | 24.49 | 0.03 | 0.02 | | | 19.50 | 21.70 |
| 应城市 | 36.79 | 36.59 | 0.20 | | | | 28.00 | 25.93 |
| 安陆市 | 30.23 | 29.65 | 0.58 | | | | 29.65 | 25.63 |
| 汉川市 | 51.40 | 51.28 | | 0.12 | | | 43.00 | 42.15 |
| **荆州市** | **386.18** | **371.36** | **3.55** | **6.90** | | **4.37** | **363.78** | **335.33** |
| 沙市区 | 8.60 | 8.40 | | 0.20 | | | 8.24 | 8.40 |
| 荆州区 | 32.18 | 31.37 | 0.23 | 0.58 | | | 26.61 | 27.72 |
| 公安县 | 59.40 | 59.40 | | | | | 59.15 | 59.33 |
| 监利县 | 98.35 | 95.31 | | | | 3.04 | 94.80 | 79.18 |
| 江陵县 | 43.17 | 35.27 | 2.70 | 5.20 | | | 35.09 | 35.12 |
| 石首市 | 30.89 | 29.43 | 0.05 | 0.08 | | 1.33 | 29.43 | 27.00 |
| 洪湖市 | 62.08 | 60.67 | 0.57 | 0.84 | | | 58.96 | 55.47 |
| 松滋市 | 51.51 | 51.51 | | | | | 51.50 | 43.11 |
| **黄冈市** | **285.27** | **279.11** | **1.92** | **3.14** | | **1.10** | **251.70** | **207.62** |
| 黄州区 | 8.33 | 8.33 | | | | | 4.03 | 6.33 |
| 团风县 | 17.70 | 17.70 | | | | | 17.70 | 17.00 |
| 红安县 | 26.10 | 26.10 | | | | | 26.10 | 2.67 |
| 罗田县 | 18.99 | 18.95 | 0.04 | | | | 18.95 | 12.50 |
| 英山县 | 9.82 | 9.57 | 0.15 | 0.10 | | | 9.06 | 8.33 |
| 浠水县 | 39.79 | 39.52 | 0.12 | 0.15 | | | 38.80 | 37.47 |
| 蕲春县 | 33.40 | 33.40 | | | | | 22.08 | 25.21 |
| 黄梅县 | 46.08 | 44.68 | 0.71 | 0.69 | | | 44.68 | 40.00 |
| 麻城市 | 51.06 | 47.56 | 0.40 | 2.00 | | 1.10 | 40.30 | 29.31 |
| 武穴市 | 34.00 | 33.30 | 0.50 | 0.20 | | | 30.00 | 28.80 |
| **咸宁市** | **113.63** | **105.41** | **0.20** | **0.98** | | **7.04** | **89.55** | **66.49** |
| 咸安区 | 16.83 | 16.78 | | | | 0.05 | 6.33 | 8.00 |
| 嘉鱼县 | 26.65 | 26.65 | | | | | 26.40 | 17.90 |
| 通城县 | 15.00 | 14.80 | 0.20 | | | | 14.00 | 12.06 |
| 崇阳县 | 14.96 | 14.96 | | | | | 13.78 | 8.00 |
| 通山县 | 7.69 | 6.71 | | 0.98 | | | 5.80 | 4.50 |
| 赤壁市 | 32.50 | 25.51 | | | | 6.99 | 23.24 | 16.03 |
| **随州市** | **120.56** | **120.18** | **0.04** | **0.34** | | | **108.05** | **85.42** |
| 曾都区 | 83.89 | 83.85 | 0.04 | | | | 83.85 | 65.49 |
| 广水市(长) | 36.67 | 36.33 | | 0.34 | | | 24.20 | 19.93 |
| **恩施土家族苗族自治州** | **54.41** | **54.15** | **0.11** | **0.15** | | | **41.11** | **41.85** |
| 恩施市 | 8.65 | 8.65 | | | | | 3.80 | 6.91 |
| 利川市 | 16.11 | 16.11 | | | | | 13.60 | 12.60 |
| 建始县 | 2.65 | 2.56 | 0.09 | | | | 1.80 | 1.80 |
| 巴东县 | 1.87 | 1.77 | | 0.10 | | | 1.20 | 1.20 |
| 宣恩县 | 7.67 | 7.64 | 0.02 | 0.01 | | | 6.60 | 5.80 |
| 咸丰县 | 7.59 | 7.59 | | | | | 6.40 | 5.92 |
| 来凤县 | 7.45 | 7.43 | | 0.02 | | | 5.80 | 5.80 |
| 鹤峰县 | 2.42 | 2.40 | | 0.02 | | | 1.91 | 1.82 |
| **仙桃市** | **106.10** | **103.40** | **0.80** | **1.90** | | | **91.80** | **76.10** |
| **潜江市** | **67.00** | **56.59** | | **3.02** | | **7.39** | **56.59** | **53.37** |
| **天门市** | **109.60** | **109.60** | | | | | **83.10** | **83.10** |
| **神农架林区** | **1.17** | **0.67** | **0.30** | **0.20** | | | **0.50** | **0.50** |

# 机电灌溉面积

单位：千公顷

| | 机电排灌面积 | 机电排灌面积 | | | | 纯排面积 |
|---|---|---|---|---|---|---|
| | | 合计 | 机电井 | 固定站 | 流动机 | |
| **湖北** | **1421.95** | **1188.22** | **49.14** | **909.11** | **225.35** | **233.73** |
| **武汉市** | **172.96** | **148.68** | **5.14** | **120.92** | **21.31** | **24.28** |
| 洪山区 | 7.40 | 6.14 | 0.48 | 5.15 | 0.50 | 1.26 |
| 东西湖区 | 12.96 | 12.96 | 0.42 | 12.54 | | |
| 汉南区 | 20.76 | 10.74 | 0.67 | 10.07 | | 10.02 |
| 蔡甸区 | 29.43 | 26.43 | 0.50 | 23.00 | 2.93 | 3.00 |
| 江夏区 | 43.51 | 33.51 | | 26.21 | 6.00 | 10.00 |
| 黄陂区 | 21.00 | 21.00 | 1.07 | 15.95 | 3.98 | |
| 新洲区 | 36.90 | 36.90 | 2.00 | 28.00 | 6.90 | |
| 开发区 | 1.00 | 1.00 | | | 1.00 | |
| **黄石市** | **44.27** | **15.96** | | **11.76** | **4.20** | **28.31** |
| 阳新县 | 25.26 | 15.96 | | 11.76 | 4.20 | 9.30 |
| 大冶市 | 19.01 | | | | | 19.01 |
| **十堰市** | **7.11** | **7.11** | **0.47** | **3.98** | **2.66** | |
| 张湾区 | 0.07 | 0.07 | 0.07 | | | |
| 郧　县 | 0.55 | 0.55 | 0.02 | 0.53 | | |
| 郧西县 | 0.38 | 0.38 | 0.09 | 0.28 | 0.01 | |
| 竹山县 | 0.46 | 0.46 | | 0.15 | 0.31 | |
| 竹溪县 | 0.59 | 0.59 | 0.02 | 0.33 | 0.24 | |
| 房　县 | 2.26 | 2.26 | 0.27 | 0.29 | 1.70 | |
| 丹江口市 | 2.80 | 2.80 | | 2.40 | 0.40 | |
| **宜昌市** | **70.68** | **29.13** | **0.05** | **25.92** | **3.16** | **41.55** |
| 伍家岗区 | 0.23 | 0.13 | | 0.10 | 0.03 | 0.10 |
| 点军区 | 0.55 | 0.31 | | 0.25 | 0.06 | 0.24 |
| 虎亭区 | 0.45 | 0.13 | 0.03 | 0.10 | | 0.32 |
| 宜昌县 | 1.74 | 1.74 | | 1.58 | 0.16 | |
| 远安县 | 0.31 | 0.31 | | 0.31 | | |
| 秭归县 | 0.16 | 0.16 | | 0.16 | | |
| 五峰土家族自治县 | 0.08 | 0.08 | | 0.08 | | |
| 宜都市 | 3.12 | 0.95 | | 0.73 | 0.22 | 2.17 |
| 当阳市 | 20.91 | 7.16 | | 5.02 | 2.14 | 13.75 |
| 枝江市 | 43.13 | 18.16 | 0.02 | 17.59 | 0.55 | 24.97 |
| **襄樊市** | **112.40** | **112.40** | **26.36** | **78.54** | **6.43** | |
| 市辖区 | 6.96 | 6.96 | 3.04 | 3.59 | 0.30 | |
| 襄阳县 | 30.43 | 30.43 | 11.72 | 16.70 | 1.86 | |
| 南漳县 | 9.73 | 9.73 | 1.26 | 8.40 | | |
| 谷城县 | 5.54 | 5.54 | 0.63 | 3.06 | 1.66 | |
| 保康县 | 1.44 | 1.44 | 0.05 | 1.23 | 0.03 | |
| 农场 | 1.95 | 1.95 | 0.40 | 1.25 | | |
| 老河口市 | 12.30 | 12.30 | 2.29 | 8.44 | 1.44 | |
| 枣阳市 | 30.15 | 30.15 | 5.68 | 24.40 | | |
| 宜城市 | 13.90 | 13.90 | 1.29 | 11.47 | 1.14 | |
| **鄂州市** | **26.40** | **26.00** | | **24.00** | **2.00** | **0.40** |
| **荆门市** | **133.44** | **92.16** | **5.91** | **75.82** | **10.40** | **41.28** |
| 市辖区 | 8.00 | 8.00 | | 1.00 | 7.00 | |
| 东宝区 | 4.00 | 4.00 | | 4.00 | | |
| 屈家岭区 | 2.00 | 1.00 | | 1.00 | | 1.00 |
| 京山县 | 4.23 | 2.93 | 0.81 | 1.69 | 0.40 | 1.30 |
| 沙洋县 | 31.00 | 31.00 | 3.00 | 28.00 | | |
| 钟祥市 | 66.00 | 32.00 | 2.00 | 27.00 | 3.00 | 34.00 |

续表 单位:千公顷

| | 机电排灌面积 | 机电排灌面积 | | | | 纯排面积 |
|---|---|---|---|---|---|---|
| | | 合计 | 机电井 | 固定站 | 流动机 | |
| 沙洋农场 | 18.21 | 13.23 | 0.10 | 13.13 | | 4.98 |
| **孝感市** | **140.59** | **130.25** | **5.36** | **87.02** | **35.86** | **10.34** |
| 孝南区 | 20.55 | 20.55 | 1.00 | 19.20 | 0.33 | |
| 孝昌县 | 10.92 | 10.92 | 0.62 | 5.94 | 4.26 | |
| 大悟县 | 2.34 | 2.34 | | 1.15 | 1.06 | |
| 云梦县 | 12.85 | 12.85 | 2.55 | 10.14 | 0.10 | |
| 应城市 | 19.95 | 18.55 | 0.30 | 10.18 | 8.06 | 1.40 |
| 安陆市 | 16.15 | 16.15 | 0.89 | 11.91 | 1.66 | |
| 汉川市 | 57.83 | 48.89 | | 28.50 | 20.39 | 8.94 |
| **荆州市** | **353.71** | **309.62** | **0.62** | **223.15** | **85.64** | **44.09** |
| 沙市区 | 10.78 | 8.13 | | 7.53 | 0.60 | 2.65 |
| 荆州区 | 32.41 | 26.11 | 0.17 | 21.24 | 4.70 | 6.30 |
| 公安县 | 59.40 | 59.40 | | 51.13 | 8.27 | |
| 监利县 | 95.31 | 74.62 | | 41.76 | 32.86 | 20.69 |
| 江陵县 | 26.31 | 26.31 | 0.45 | 19.01 | 6.85 | |
| 石首市 | 36.76 | 26.59 | | 26.51 | | 10.17 |
| 洪湖市 | 63.78 | 60.58 | | 38.92 | 21.53 | 3.20 |
| 松滋市 | 28.96 | 27.88 | | 17.05 | 10.83 | 1.08 |
| **黄冈市** | **78.70** | **69.67** | **3.27** | **52.68** | **13.72** | **9.03** |
| 黄州区 | 6.05 | 4.00 | 0.10 | 3.80 | 0.10 | 2.05 |
| 团风县 | 5.80 | 1.20 | | 0.70 | 0.50 | 4.60 |
| 红安县 | 5.06 | 5.06 | | 5.06 | | |
| 罗田县 | 2.60 | 2.60 | | 2.00 | 0.60 | |
| 英山县 | 1.60 | 1.60 | | 0.30 | 1.30 | |
| 浠水县 | 14.57 | 14.57 | 3.17 | 11.40 | | |
| 蕲春县 | 9.67 | 7.29 | | 6.96 | 0.33 | 2.38 |
| 黄梅县 | 22.75 | 22.75 | | 15.86 | 6.89 | |
| 麻城市 | 1.30 | 1.30 | | 1.00 | 0.30 | |
| 武穴市 | 9.30 | 9.30 | | 5.60 | 3.70 | |
| **咸宁市** | **56.88** | **51.53** | **1.63** | **35.36** | **14.54** | **5.35** |
| 咸安区 | 9.32 | 6.99 | | 3.45 | 3.54 | 2.33 |
| 嘉鱼县 | 16.30 | 16.30 | | 11.20 | 5.10 | |
| 通城县 | 2.23 | 2.23 | 1.63 | 0.60 | | |
| 崇阳县 | 7.47 | 6.67 | | 3.70 | 2.97 | 0.80 |
| 通山县 | 1.16 | 1.16 | | 0.95 | 0.21 | |
| 赤壁市 | 20.40 | 18.18 | | 15.46 | 2.72 | 2.22 |
| **随州市** | **33.28** | **33.28** | **0.33** | **31.47** | **1.48** | |
| 曾都区 | 17.88 | 17.88 | 0.03 | 17.65 | 0.20 | |
| 广水市(长) | 15.40 | 15.40 | 0.30 | 13.82 | 1.28 | |
| **恩施土家族苗族自治州** | **4.21** | **4.21** | | **2.71** | **1.50** | |
| 恩施市 | 1.06 | 1.06 | | 0.35 | 0.71 | |
| 利川市 | 1.70 | 1.70 | | 1.47 | 0.23 | |
| 建始县 | 0.08 | 0.08 | | 0.01 | 0.07 | |
| 宣恩县 | 0.18 | 0.18 | | 0.03 | 0.15 | |
| 咸丰县 | 0.34 | 0.34 | | 0.20 | 0.14 | |
| 来凤县 | 0.85 | 0.85 | | 0.65 | 0.20 | |
| **仙桃市** | **93.30** | **81.70** | | **71.58** | **10.12** | **11.60** |
| **潜江市** | **44.03** | **44.03** | | **31.70** | **12.33** | |
| **天门市** | **50.00** | **32.50** | | **32.50** | | **17.50** |

# 有效灌溉面积减少原因

单位:千公顷

| | 本年有效灌溉面积 | | 本年有效灌溉面积减少 | | | | | 上年有效灌溉面积基数 |
|---|---|---|---|---|---|---|---|---|
| | 新　增 | 减　少 | 工程设施损坏报废 | 转供工业、生活 | 建设占地 | 退　耕 | 其　他 | |
| **湖　北** | **3.93** | **3.03** | **1.06** | **0.15** | **0.86** | **0.54** | **0.42** | **2364.84** |
| **武汉市** | **0.35** | **0.43** | | | **0.20** | **0.23** | | **192.16** |
| 洪山区 | | 0.20 | | | 0.20 | | | 7.00 |
| 东西湖区 | | 0.16 | | | | 0.16 | | 14.76 |
| 汉南区 | | | | | | | | 10.90 |
| 蔡甸区 | | 0.07 | | | | 0.07 | | 26.50 |
| 江夏区 | | | | | | | | 36.85 |
| 黄陂区 | 0.10 | | | | | | | 52.50 |
| 新洲区 | 0.25 | | | | | | | 42.55 |
| 开发区 | | | | | | | | 1.10 |
| **黄石市** | | **0.94** | **0.22** | **0.15** | **0.20** | **0.20** | **0.17** | **56.55** |
| 阳新县 | | | | | | | | 22.28 |
| 大冶市 | | 0.94 | 0.22 | 0.15 | 0.20 | 0.20 | 0.17 | 34.27 |
| **十堰市** | **0.07** | **0.81** | **0.80** | | **0.01** | | | **59.89** |
| 茅箭区 | 0.02 | | | | | | | 0.87 |
| 张湾区 | 0.03 | | | | | | | 1.16 |
| 郧　县 | | | | | | | | 11.50 |
| 郧西县 | | 0.01 | | | 0.01 | | | 6.96 |
| 竹山县 | | | | | | | | 12.11 |
| 竹溪县 | 0.02 | | | | | | | 5.79 |
| 房　县 | | | | | | | | 10.50 |
| 丹江口市 | | 0.80 | 0.80 | | | | | 11.00 |
| **宜昌市** | **0.23** | | | | | | | **120.80** |
| 伍家岗区 | | | | | | | | 0.37 |
| 点军区 | | | | | | | | 1.87 |
| 虎亭区 | | | | | | | | 1.46 |
| 宜昌县 | | | | | | | | 12.06 |
| 远安县 | | | | | | | | 8.30 |
| 兴山县 | 0.01 | | | | | | | 2.40 |
| 秭归县 | 0.06 | | | | | | | 5.97 |
| 长阳土家族自治县 | | | | | | | | 2.76 |
| 五峰土家族自治县 | | | | | | | | 0.67 |
| 宜都市 | 0.16 | | | | | | | 7.80 |
| 当阳市 | | | | | | | | 37.69 |
| 枝江市 | | | | | | | | 39.45 |
| **襄樊市** | **1.01** | **0.54** | | | **0.34** | | **0.20** | **271.02** |
| 市辖区 | 0.03 | | | | | | | 17.59 |
| 襄阳县 | | | | | | | | 72.57 |
| 南漳县 | | 0.54 | | | 0.34 | | 0.20 | 23.60 |
| 谷城县 | | | | | | | | 21.33 |
| 保康县 | 0.05 | | | | | | | 6.03 |
| 农场 | 0.33 | | | | | | | 2.73 |
| 老河口市 | | | | | | | | 22.91 |
| 枣阳市 | 0.60 | | | | | | | 75.59 |
| 宜城市 | | | | | | | | 28.67 |
| **鄂州市** | | | | | | | | **33.89** |
| **荆门市** | **1.70** | | | | | | | **212.16** |
| 市辖区 | | | | | | | | 12.00 |
| 东宝区 | | | | | | | | 12.00 |
| 屈家岭区 | 0.20 | | | | | | | 5.02 |
| 京山县 | 1.50 | | | | | | | 48.00 |
| 沙洋县 | | | | | | | | 57.54 |
| 钟祥市 | | | | | | | | 63.60 |

续表

单位:千公顷

| | 本年有效灌溉面积 | | 本年有效灌溉面积减少 | | | | | 上年有效灌溉面积基数 |
|---|---|---|---|---|---|---|---|---|
| | 新增 | 减少 | 工程设施损坏报废 | 转供工业、生活 | 建设占地 | 退耕 | 其他 | |
| 沙洋农场 | | | | | | | | 14.00 |
| **孝感市** | | **0.22** | | | **0.11** | **0.11** | | **218.38** |
| 市辖区 | | | | | | | | 0.40 |
| 孝南区 | | | | | | | | 30.33 |
| 孝昌县 | | 0.12 | | | 0.01 | 0.11 | | 24.54 |
| 大悟县 | | | | | | | | 21.00 |
| 云梦县 | | 0.10 | | | 0.10 | | | 24.59 |
| 应城市 | | | | | | | | 36.59 |
| 安陆市 | | | | | | | | 29.65 |
| 汉川市 | | | | | | | | 51.28 |
| **荆州市** | | | | | | | | **371.36** |
| 沙市区 | | | | | | | | 8.40 |
| 荆州区 | | | | | | | | 31.37 |
| 公安县 | | | | | | | | 59.40 |
| 监利县 | | | | | | | | 95.31 |
| 江陵县 | | | | | | | | 35.27 |
| 石首市 | | | | | | | | 29.43 |
| 洪湖市 | | | | | | | | 60.67 |
| 松滋市 | | | | | | | | 51.51 |
| **黄冈市** | | | | | | | | **279.11** |
| 黄州区 | | | | | | | | 8.33 |
| 团风县 | | | | | | | | 17.70 |
| 红安县 | | | | | | | | 26.10 |
| 罗田县 | | | | | | | | 18.95 |
| 英山县 | | | | | | | | 9.57 |
| 浠水县 | | | | | | | | 39.52 |
| 蕲春县 | | | | | | | | 33.40 |
| 黄梅县 | | | | | | | | 44.68 |
| 麻城市 | | | | | | | | 47.56 |
| 武穴市 | | | | | | | | 33.30 |
| **咸宁市** | | | | | | | | **105.41** |
| 咸安区 | | | | | | | | 16.78 |
| 嘉鱼县 | | | | | | | | 26.65 |
| 通城县 | | | | | | | | 14.80 |
| 崇阳县 | | | | | | | | 14.96 |
| 通山县 | | | | | | | | 6.71 |
| 赤壁市 | | | | | | | | 25.51 |
| **随州市** | **0.06** | | | | | | | **120.12** |
| 曾都区 | | | | | | | | 83.85 |
| 广水市(长) | 0.06 | | | | | | | 36.27 |
| **恩施土家族苗族自治州** | **0.32** | **0.09** | **0.04** | | | | **0.05** | **53.92** |
| 恩施市 | | | | | | | | 8.65 |
| 利川市 | 0.10 | | | | | | | 16.01 |
| 建始县 | | | | | | | | 2.56 |
| 巴东县 | 0.05 | 0.05 | | | | | 0.05 | 1.77 |
| 宣恩县 | | | | | | | | 7.64 |
| 咸丰县 | 0.17 | 0.04 | 0.04 | | | | | 7.46 |
| 来凤县 | | | | | | | | 7.43 |
| 鹤峰县 | | | | | | | | 2.40 |
| **仙桃市** | | | | | | | | **103.40** |
| **潜江市** | **0.19** | | | | | | | **56.40** |
| **天门市** | | | | | | | | **109.60** |
| **神农架林区** | | | | | | | | **0.67** |

# 机电排灌站

处数:处;装机容量:千千瓦

| | 排灌机械保有量 | 机电排灌站装机容量 | 固定机电 | | 流动机装机容量 | 喷滴灌装机容量 |
|---|---|---|---|---|---|---|
| | | | 处数 | 装机容量 | | |
| **湖　北** | **3454.62** | **3379.336** | **19266** | **2199.015** | **1150.106** | **30.215** |
| **武汉市** | **353.51** | **347.09** | **3296** | **304.22** | **38.4** | **4.47** |
| 洪山区 | 26.16 | 25.16 | 552 | 23.98 | 1 | 0.18 |
| 东西湖区 | 50.65 | 50.6 | 314 | 50.6 | | |
| 汉南区 | 17.93 | 17.7 | 28 | 14.5 | | 3.2 |
| 蔡甸区 | 60.19 | 59.5 | 1385 | 57.5 | 1 | 1 |
| 江夏区 | 34.30 | 34.3 | 228 | 34.3 | | |
| 黄陂区 | 82.65 | 82.45 | 324 | 45.96 | 36.4 | 0.09 |
| 新洲区 | 79.63 | 75.38 | 438 | 75.38 | | |
| 开发区 | 2.00 | 2 | 27 | 2 | | |
| **黄石市** | **121.51** | **121.23** | **562** | **100.76** | **19.2** | **1.27** |
| 阳新县 | 52.82 | 52.82 | 376 | 43.45 | 9 | 0.37 |
| 大冶市 | 68.69 | 68.41 | 186 | 57.31 | 10.2 | 0.9 |
| **十堰市** | **36.84** | **32.12** | **467** | **15.36** | **11.17** | **5.59** |
| 张湾区 | 1.50 | | | | | |
| 郧　县 | 9.60 | 9.38 | 194 | 8.65 | 0.73 | |
| 郧西县 | 6.49 | 4.89 | 56 | 1.6 | 0.19 | 3.1 |
| 竹山县 | 3.67 | 3.67 | 33 | 0.36 | 3.31 | |
| 竹溪县 | 3.76 | 2.36 | 42 | 1.68 | 0.68 | |
| 房　县 | 1.50 | 1.5 | 51 | 0.5 | 1 | |
| 丹江口市 | 10.32 | 10.32 | 91 | 2.57 | 5.26 | 2.49 |
| **宜昌市** | **135.87** | **135.74** | **783** | **70.12** | **65.08** | **0.54** |
| 西陵区 | 0.75 | 0.75 | 6 | 0.4 | 0.3 | 0.05 |
| 伍家岗区 | 2.01 | 2.01 | 31 | 0.85 | 1.16 | |
| 点军区 | 2.30 | 2.3 | 81 | 1.78 | 0.5 | 0.02 |
| 虎亭区 | 0.92 | 0.84 | 8 | 0.8 | 0.04 | |
| 宜昌县 | 4.21 | 4.21 | 67 | 3.34 | 0.72 | 0.15 |
| 远安县 | 11.13 | 11.13 | 120 | 1.99 | 9.14 | |
| 兴山县 | 3.06 | 3.06 | | | 3.06 | |
| 秭归县 | 0.56 | 0.56 | 22 | 0.44 | | 0.12 |
| 长阳土家族自治县 | 3.83 | 3.83 | | | 3.83 | |
| 五峰土家族自治县 | 0.21 | 0.21 | 19 | 0.21 | | |
| 宜都市 | 9.51 | 9.51 | 206 | 6.16 | 3.35 | |
| 当阳市 | 58.75 | 58.75 | 115 | 17.2 | 41.46 | 0.09 |
| 枝江市 | 38.63 | 38.58 | 108 | 36.95 | 1.52 | 0.11 |
| **襄樊市** | **204.29** | **165.33** | **2279** | **152.4** | **8.78** | **4.15** |
| 市辖区 | 16.63 | 8.77 | 77 | 8.18 | 0.5 | 0.09 |
| 襄阳县 | 33.69 | 28.21 | 269 | 25.62 | 0.32 | 2.27 |
| 南漳县 | 13.14 | 8.13 | 139 | 7.13 | 1 | |
| 谷城县 | 16.24 | 10.54 | 114 | 9.92 | 0.6 | 0.02 |
| 保康县 | 6.87 | 6.86 | 100 | 3.25 | 3.6 | 0.01 |
| 农场 | 3.94 | 2.81 | 54 | 1.95 | | 0.86 |
| 老河口市 | 23.46 | 17.2 | 169 | 16.35 | | 0.85 |
| 枣阳市 | 59.54 | 54.65 | 925 | 54.6 | | 0.05 |
| 宜城市 | 30.78 | 28.16 | 432 | 25.4 | 2.76 | |
| **鄂州市** | **105.38** | **105.38** | **1536** | **101.78** | **3** | **0.6** |
| **荆门市** | **394.37** | **382.33** | **955** | **165.08** | **216.89** | **0.36** |
| 市辖区 | 3.00 | 3 | 73 | 3 | | |
| 东宝区 | 6.30 | 6.3 | 74 | 6.3 | | |
| 屈家岭区 | 3.00 | 3 | 3 | 3 | | |
| 京山县 | 32.00 | 31 | 107 | 11 | 20 | |
| 沙洋县 | 175.00 | 175 | 245 | 59 | 116 | |
| 钟祥市 | 163.92 | 153 | 335 | 72.37 | 80.63 | |

续表 处数:处;装机容量:千千瓦

| | 排灌机械保有量 | 机电排灌站装机容量 | 固定机电 | | 流动机装机容量 | 喷滴灌装机容量 |
|---|---|---|---|---|---|---|
| | | | 处数 | 装机容量 | | |
| 沙洋农场 | 11.15 | 11.03 | 118 | 10.41 | 0.26 | 0.36 |
| **孝感市** | **432.87** | **424.68** | **1574** | **269.72** | **151.69** | **3.27** |
| 市辖区 | 2.50 | 2.5 | 2 | 2.5 | | |
| 孝南区 | 82.55 | 81.77 | 172 | 48.19 | 33.55 | 0.03 |
| 孝昌县 | 34.04 | 33 | 153 | 12.73 | 19.98 | 0.29 |
| 大悟县 | 20.87 | 20.87 | 69 | 3.51 | 15.81 | 1.55 |
| 云梦县 | 67.74 | 63.48 | 185 | 29.32 | 33.95 | 0.21 |
| 应城市 | 69.59 | 68.62 | 238 | 46.31 | 21.74 | 0.57 |
| 安陆市 | 43.52 | 42.38 | 170 | 27.52 | 14.37 | 0.49 |
| 汉川市 | 112.06 | 112.06 | 585 | 99.64 | 12.29 | 0.13 |
| **荆州市** | **820.32** | **820.088** | **2433** | **445.34** | **373.893** | **0.855** |
| 沙市区 | 38.35 | 38.349 | 306 | 16.208 | 22.111 | 0.03 |
| 荆州区 | 63.90 | 63.676 | 287 | 40.106 | 23.27 | 0.3 |
| 公安县 | 127.16 | 127.158 | 656 | 91.158 | 36 | |
| 监利县 | 170.90 | 170.903 | 283 | 91.193 | 79.71 | |
| 江陵县 | 57.07 | 57.064 | 271 | 34.272 | 22.792 | |
| 石首市 | 103.96 | 103.959 | 235 | 38.919 | 64.965 | 0.075 |
| 洪湖市 | 178.95 | 178.951 | 233 | 102.976 | 75.525 | 0.45 |
| 松滋市 | 80.03 | 80.028 | 162 | 30.508 | 49.52 | |
| **黄冈市** | **347.90** | **343.58** | **1879** | **209.57** | **126.3** | **7.71** |
| 黄州区 | 16.91 | 16.91 | 216 | 10.82 | 6.09 | |
| 团风县 | 34.00 | 34 | 158 | 21 | 12 | 1 |
| 红安县 | 47.00 | 47 | 336 | 18 | 24 | 5 |
| 罗田县 | 31.15 | 31.15 | 61 | 7 | 24 | 0.15 |
| 英山县 | 6.00 | 6 | 17 | 0.92 | 5.08 | |
| 浠水县 | 47.46 | 47.37 | 315 | 27.57 | 19.8 | |
| 蕲春县 | 34.02 | 34.02 | 225 | 24.96 | 8.13 | 0.93 |
| 黄梅县 | 66.00 | 66 | 100 | 58 | 8 | |
| 麻城市 | 14.57 | 10.34 | 166 | 10.23 | 0.08 | 0.03 |
| 武穴市 | 50.79 | 50.79 | 285 | 31.07 | 19.12 | 0.6 |
| **咸宁市** | **187.49** | **187.49** | **1846** | **112.88** | **74.61** | |
| 咸安区 | 26.39 | 26.39 | 60 | 5.76 | 20.63 | |
| 嘉鱼县 | 65.90 | 65.9 | 332 | 41 | 24.9 | |
| 通城县 | 7.43 | 7.43 | 352 | 6.45 | 0.98 | |
| 崇阳县 | 13.18 | 13.18 | 362 | 7.66 | 5.52 | |
| 通山县 | 13.76 | 13.76 | 247 | 9.76 | 4 | |
| 赤壁市 | 60.83 | 60.83 | 493 | 42.25 | 18.58 | |
| **随州市** | **45.20** | **45.2** | **639** | **36.704** | **7.316** | **1.18** |
| 曾都区 | 27.10 | 27.1 | 544 | 21.964 | 4.286 | 0.85 |
| 广水市(长) | 18.10 | 18.1 | 95 | 14.74 | 3.03 | 0.33 |
| **恩施土家族苗族自治州** | **6.52** | **6.518** | **199** | **4.351** | **1.947** | **0.22** |
| 恩施市 | 1.18 | 1.18 | 34 | 0.78 | 0.18 | 0.22 |
| 利川市 | 2.18 | 2.175 | 54 | 1.135 | 1.04 | |
| 建始县 | 0.29 | 0.29 | 3 | 0.15 | 0.14 | |
| 巴东县 | | | | | | |
| 宣恩县 | 0.38 | 0.38 | 10 | 0.28 | 0.1 | |
| 咸丰县 | 0.50 | 0.499 | 19 | 0.315 | 0.184 | |
| 来凤县 | 1.86 | 1.864 | 70 | 1.611 | 0.253 | |
| 鹤峰县 | 0.13 | 0.13 | 9 | 0.08 | 0.05 | |
| **仙桃市** | **89.40** | **89.4** | **239** | **87** | **2.4** | |
| **潜江市** | **92.20** | **92.2** | **243** | **56.2** | **36** | |
| **天门市** | **80.96** | **80.96** | **336** | **67.53** | **13.43** | |

# 节水灌溉面积

单位:千公顷

| | 节水灌溉面积 | 喷灌面积 | 微灌面积 | 低压管灌面积 | 渠道防渗面积 | 其他工程节水面积 | 本年节水灌溉面积新增 | 本年节水灌溉面积减少 |
|---|---|---|---|---|---|---|---|---|
| **湖　北** | **269.36** | **10.41** | **5.04** | **14.98** | **232.94** | **6.00** | **33.63** | **0.16** |
| **武汉市** | **34.05** | **1.02** | **0.37** | **10.70** | **20.63** | **1.33** | **3** | |
| 洪山区 | 1.54 | 0.09 | 0.03 | 0.27 | 1.15 | | 0.13 | |
| 东西湖区 | 8.73 | | | 5.41 | 2.90 | 0.42 | | |
| 汉南区 | 1.67 | | | | 1.67 | | | |
| 蔡甸区 | 8.80 | 0.30 | 0.20 | 1.80 | 6.50 | | 0.8 | |
| 江夏区 | 4.02 | 0.50 | | 1.00 | 2.52 | | | |
| 黄陂区 | 0.46 | | 0.07 | | 0.31 | 0.08 | 0.07 | |
| 新洲区 | 8.33 | 0.13 | 0.07 | 1.97 | 5.33 | 0.83 | 2 | |
| 开发区 | 0.50 | | | 0.25 | 0.25 | | | |
| **黄石市** | **5.23** | **0.57** | **0.01** | | **4.65** | | | |
| 阳新县 | 3.57 | 0.57 | | | 3.00 | | | |
| 大冶市 | 1.66 | | 0.01 | | 1.65 | | | |
| **十堰市** | **27.39** | **0.77** | **0.15** | **1.16** | **24.24** | **1.07** | **0.17** | **0.1** |
| 茅箭区 | 0.20 | 0.03 | 0.02 | | 0.11 | 0.04 | 0.02 | |
| 张湾区 | 0.67 | 0.08 | 0.02 | 0.07 | 0.50 | | 0.03 | |
| 郧　县 | 0.53 | 0.02 | 0.01 | | 0.50 | | | |
| 郧西县 | 1.35 | 0.02 | | | 1.33 | | | |
| 竹山县 | 7.76 | 0.06 | | 0.39 | 6.34 | 0.97 | 0.1 | 0.1 |
| 竹溪县 | 2.57 | 0.05 | | | 2.52 | | 0.02 | |
| 房　县 | 7.97 | 0.01 | 0.10 | 0.20 | 7.60 | 0.06 | | |
| 丹江口市 | 6.34 | 0.50 | | 0.50 | 5.34 | | | |
| **宜昌市** | **24.51** | **0.34** | **0.27** | **0.55** | **23.11** | **0.24** | **4.04** | |
| 西陵区 | 0.46 | | | 0.46 | | | | |
| 点军区 | 0.27 | 0.05 | | | 0.22 | | | |
| 虎亭区 | 0.03 | | | | 0.03 | | | |
| 宜昌县 | 3.23 | 0.04 | | | 3.19 | | 0.55 | |
| 远安县 | 3.29 | 0.02 | 0.02 | | 3.21 | 0.04 | | |
| 兴山县 | 0.60 | | | | 0.40 | 0.20 | | |
| 秭归县 | 2.51 | 0.16 | 0.25 | 0.09 | 2.01 | | 0.03 | |
| 长阳土家族自治县 | 0.20 | | | | 0.20 | | | |
| 五峰土家族自治县 | 0.06 | | | | 0.06 | | | |
| 宜都市 | 4.04 | | | | 4.04 | | 0.8 | |
| 当阳市 | 4.62 | 0.07 | | | 4.55 | | | |
| 枝江市 | 5.20 | | | | 5.20 | | 2.66 | |
| **襄樊市** | **29.15** | **1.86** | **0.51** | **0.71** | **25.93** | **0.14** | **0.07** | |
| 市辖区 | 1.06 | 0.03 | | 0.05 | 0.98 | | | |
| 襄阳县 | 3.49 | 0.15 | | | 3.34 | | | |
| 南漳县 | 7.67 | 0.07 | | | 7.60 | | | |
| 谷城县 | 2.06 | 0.06 | 0.13 | 0.53 | 1.20 | 0.14 | | |
| 保康县 | 5.82 | 0.13 | 0.25 | | 5.44 | | 0.02 | |
| 农场 | 2.30 | 1.22 | | | 1.08 | | 0.01 | |
| 老河口市 | 3.87 | 0.13 | 0.13 | | 3.61 | | 0.04 | |
| 枣阳市 | 0.46 | 0.07 | | 0.13 | 0.26 | | | |
| 宜城市 | 2.42 | | | | 2.42 | | | |
| **鄂州市** | **0.24** | **0.10** | **0.14** | | | | **0.02** | |
| **荆门市** | **32.87** | **0.74** | **0.03** | **0.63** | **31.47** | | **1.81** | |
| 市辖区 | 1.50 | | | | 1.50 | | 1.08 | |
| 东宝区 | 1.29 | | 0.03 | 0.63 | 0.63 | | 0.33 | |
| 屈家岭区 | 2.25 | 0.10 | | | 2.15 | | 0.2 | |

续表 单位:千公顷

| | 节水灌溉面积 | 喷灌面积 | 微灌面积 | 低压管灌面积 | 渠道防渗面积 | 其他工程节水面积 | 本年节水灌溉面积新增 | 本年节水灌溉面积减少 |
|---|---|---|---|---|---|---|---|---|
| 京山县 | 11.23 | 0.03 | | | 11.20 | | 0.2 | |
| 沙洋县 | 0.30 | | | | 0.30 | | | |
| 钟祥市 | 4.30 | | | | 4.30 | | | |
| 沙洋农场 | 12.00 | 0.61 | | | 11.39 | | | |
| **孝感市** | **18.51** | **2.13** | **0.06** | **0.10** | **16.22** | | **0.96** | |
| 孝南区 | 0.47 | 0.02 | | 0.02 | 0.43 | | | |
| 孝昌县 | 2.23 | 0.10 | | | 2.13 | | | |
| 大悟县 | 6.86 | 0.13 | | | 6.73 | | | |
| 云梦县 | 7.17 | 0.18 | 0.04 | 0.08 | 6.87 | | 0.96 | |
| 应城市 | 0.01 | 0.01 | | | | | | |
| 安陆市 | 1.69 | 1.69 | | | | | | |
| 汉川市 | 0.08 | | 0.02 | | 0.06 | | | |
| **荆州市** | **9.95** | **0.83** | **2.07** | | **4.55** | **2.50** | | |
| 沙市区 | 0.03 | | 0.03 | | | | | |
| 荆州区 | 2.34 | 0.34 | 2.00 | | | | | |
| 公安县 | 1.00 | | | | 1.00 | | | |
| 江陵县 | 2.50 | | | | | 2.50 | | |
| 石首市 | 0.08 | 0.04 | 0.04 | | | | | |
| 洪湖市 | 4.00 | 0.45 | | | 3.55 | | | |
| **黄冈市** | **20.94** | **0.75** | **0.04** | **0.20** | **19.95** | | **0.33** | |
| 黄州区 | 0.10 | 0.10 | | | | | | |
| 红安县 | 5.86 | | | | 5.86 | | | |
| 罗田县 | 0.20 | 0.20 | | | | | | |
| 英山县 | 1.25 | | | | 1.25 | | 0.33 | |
| 浠水县 | 0.02 | | 0.02 | | | | | |
| 黄梅县 | 0.03 | 0.03 | | | | | | |
| 麻城市 | 0.18 | 0.12 | 0.02 | | 0.04 | | | |
| 武穴市 | 13.30 | 0.30 | | 0.20 | 12.80 | | | |
| **咸宁市** | **13.32** | | **1.30** | **0.06** | **11.46** | **0.50** | | |
| 咸安区 | 2.66 | | | | 2.66 | | | |
| 嘉鱼县 | 5.87 | | 1.30 | | 4.07 | 0.50 | | |
| 通山县 | 4.70 | | | | 4.70 | | | |
| 赤壁市 | 0.09 | | | 0.06 | 0.03 | | | |
| **随州市** | **17.75** | **1.23** | **0.02** | **0.08** | **16.28** | **0.14** | **1.4** | |
| 曾都区 | 14.19 | 0.03 | 0.02 | 0.08 | 14.06 | | 0.2 | |
| 广水市(长) | 3.56 | 1.20 | | | 2.22 | 0.14 | 1.2 | |
| **恩施土家族苗族自治州** | **12.11** | | **0.05** | **0.52** | **11.46** | **0.08** | **0.17** | **0.06** |
| 恩施市 | 0.21 | | | 0.15 | 0.06 | | | |
| 利川市 | 3.50 | | | | 3.50 | | 0.1 | |
| 巴东县 | 1.05 | | 0.05 | 0.37 | 0.55 | 0.08 | 0.05 | 0.05 |
| 咸丰县 | 0.89 | | | | 0.89 | | 0.02 | 0.01 |
| 来凤县 | 6.42 | | | | 6.42 | | | |
| 鹤峰县 | 0.04 | | | | 0.04 | | | |
| **仙桃市** | **1.48** | | | | **1.48** | | | |
| **潜江市** | **11.66** | **0.07** | **0.02** | **0.27** | **11.30** | | **11.66** | |
| **天门市** | **10.00** | | | | **10.00** | | **10** | |
| **神农架林区** | **0.21** | | | | **0.21** | | | |

# 除 涝 面 积

单位:千公顷

| | 2001年初易涝耕地面积 | 除涝面积 | | | | 上年除涝面积 | 本年除涝面积 | |
|---|---|---|---|---|---|---|---|---|
| | | 小计 | 3－5年 | 5－10年 | 10年以上 | | 新增 | 减少 |
| **湖　北** | **1341.30** | **1195.63** | **224.99** | **506.91** | **463.73** | **1194.26** | **1.39** | **0.02** |
| **武汉市** | **108.97** | **96.05** | **16.91** | **43.14** | **36.00** | **95.52** | **0.53** | |
| 洪山区 | 5.58 | 5.58 | | | 5.58 | 5.58 | | |
| 东西湖区 | 20.05 | 15.90 | | 2.91 | 12.99 | 15.77 | 0.13 | |
| 汉南区 | 11.87 | 11.87 | | 3.54 | 8.33 | 11.87 | | |
| 蔡甸区 | 29.50 | 24.70 | 5.70 | 10.00 | 9.00 | 24.50 | 0.20 | |
| 江夏区 | 9.10 | 9.10 | 2.70 | 6.30 | 0.10 | 9.10 | | |
| 黄陂区 | 13.00 | 11.30 | 2.87 | 8.43 | | 11.20 | 0.10 | |
| 新洲区 | 16.70 | 16.60 | 5.47 | 11.13 | | 16.50 | 0.10 | |
| 开发区 | 3.17 | 1.00 | 0.17 | 0.83 | | 1.00 | | |
| **黄石市** | **35.46** | **29.20** | **9.60** | **19.60** | | **29.20** | | |
| 阳新县 | 26.40 | 20.87 | 3.60 | 17.27 | | 20.87 | | |
| 大冶市 | 9.06 | 8.33 | 6.00 | 2.33 | | 8.33 | | |
| **宜昌市** | **57.15** | **49.89** | **15.74** | **29.28** | **4.87** | **49.87** | **0.02** | |
| 伍家岗区 | 0.10 | 0.10 | | 0.10 | | 0.10 | | |
| 点军区 | 0.45 | 0.24 | | 0.24 | | 0.24 | | |
| 虎亭区 | 0.46 | 0.46 | | | 0.46 | 0.46 | | |
| 兴山县 | 3.96 | 3.76 | 3.76 | | | 3.74 | 0.02 | |
| 秭归县 | 1.67 | | | | | | | |
| 长阳土家族自治县 | 1.41 | 0.50 | 0.39 | 0.11 | | 0.50 | | |
| 五峰土家族自治县 | 2.65 | 1.82 | 1.75 | 0.07 | | 1.82 | | |
| 宜都市 | 3.77 | 3.25 | 1.19 | 2.06 | | 3.25 | | |
| 当阳市 | 17.55 | 14.78 | 7.04 | 3.33 | 4.41 | 14.78 | | |
| 枝江市 | 25.13 | 24.98 | 1.61 | 23.37 | | 24.98 | | |
| **襄樊市** | **36.53** | **29.64** | **10.36** | **18.48** | **0.80** | **29.64** | | |
| 市辖区 | 3.47 | 1.33 | | 1.33 | | 1.33 | | |
| 襄阳县 | 14.06 | 10.23 | 10.23 | | | 10.23 | | |
| 老河口市 | 2.33 | 1.67 | | 0.87 | 0.80 | 1.67 | | |
| 宜城市 | 16.67 | 16.41 | 0.13 | 16.28 | | 16.41 | | |
| **鄂州市** | **28.67** | **22.23** | **1.78** | **9.12** | **11.33** | **21.53** | **0.70** | |
| **荆门市** | **92.42** | **83.90** | **18.50** | **41.10** | **24.30** | **83.90** | | |
| 屈家岭区 | 3.00 | 3.00 | 0.16 | | 2.84 | 3.00 | | |
| 沙洋县 | 15.90 | 15.90 | 3.10 | 6.10 | 6.70 | 15.90 | | |
| 钟祥市 | 58.52 | 50.00 | 14.00 | 28.00 | 8.00 | 50.00 | | |
| 沙洋农场 | 15.00 | 15.00 | 1.24 | 7.00 | 6.76 | 15.00 | | |
| **孝感市** | **117.92** | **103.70** | **14.04** | **58.82** | **30.84** | **103.70** | | |
| 孝南区 | 19.47 | 17.78 | | | 17.78 | 17.78 | | |
| 云梦县 | 17.40 | 16.03 | 1.47 | 1.50 | 13.06 | 16.03 | | |
| 应城市 | 15.20 | 11.20 | | 11.20 | | 11.20 | | |
| 安陆市 | 2.93 | 1.20 | 1.20 | | | 1.20 | | |
| 汉川市 | 62.92 | 57.49 | 11.37 | 46.12 | | 57.49 | | |

续表

单位:千公顷

| | 2001年初易涝耕地面积 | 除涝面积 | | | | 上年除涝面积 | 本年除涝面积 | |
|---|---|---|---|---|---|---|---|---|
| | | 小计 | 3-5年 | 5-10年 | 10年以上 | | 新增 | 减少 |
| **荆州市** | **371.66** | **363.30** | **14.90** | **127.26** | **221.14** | **363.30** | | |
| 沙市区 | 10.62 | 10.08 | 0.04 | 0.93 | 9.11 | 10.08 | | |
| 荆州区 | 27.19 | 26.60 | 0.35 | 7.64 | 18.61 | 26.60 | | |
| 公安县 | 54.16 | 54.16 | | 17.03 | 37.13 | 54.16 | | |
| 监利县 | 111.30 | 107.87 | 11.65 | 54.21 | 42.01 | 107.87 | | |
| 江陵县 | 36.59 | 36.04 | 0.88 | 11.57 | 23.59 | 36.04 | | |
| 石首市 | 39.40 | 36.86 | 0.12 | 13.23 | 23.51 | 36.86 | | |
| 洪湖市 | 63.00 | 63.00 | | 9.42 | 53.58 | 63.00 | | |
| 松滋市 | 29.40 | 28.69 | 1.86 | 13.23 | 13.60 | 28.69 | | |
| **黄冈市** | **134.41** | **102.76** | **32.81** | **27.89** | **42.06** | **102.76** | | |
| 黄州区 | 6.15 | 6.05 | 0.05 | 1.67 | 4.33 | 6.05 | | |
| 团风县 | 10.50 | 6.30 | 1.50 | 1.50 | 3.30 | 6.30 | | |
| 红安县 | 2.93 | 0.10 | 0.05 | 0.05 | | 0.10 | | |
| 罗田县 | 4.60 | 3.45 | 3.45 | | | 3.45 | | |
| 英山县 | 6.60 | 0.50 | | 0.50 | | 0.50 | | |
| 浠水县 | 13.60 | 12.00 | 4.70 | 7.30 | | 12.00 | | |
| 蕲春县 | 23.45 | 18.27 | 10.63 | 5.85 | 1.79 | 18.27 | | |
| 黄梅县 | 39.43 | 37.89 | 3.50 | 5.67 | 28.72 | 37.89 | | |
| 麻城市 | 13.90 | 10.20 | 7.43 | 2.75 | 0.02 | 10.20 | | |
| 武穴市 | 13.25 | 8.00 | 1.50 | 2.60 | 3.90 | 8.00 | | |
| **咸宁市** | **48.77** | **43.65** | **12.43** | **13.43** | **17.79** | **43.65** | | |
| 咸安区 | 5.82 | 5.82 | 0.93 | 4.89 | | 5.82 | | |
| 嘉鱼县 | 22.94 | 20.34 | 9.50 | 5.52 | 5.32 | 20.34 | | |
| 通城县 | 3.20 | 3.20 | 0.20 | | 3.00 | 3.20 | | |
| 崇阳县 | 2.35 | 1.67 | 1.00 | 0.67 | | 1.67 | | |
| 通山县 | 2.13 | 0.95 | 0.80 | 0.15 | | 0.95 | | |
| 赤壁市 | 12.33 | 11.67 | | 2.20 | 9.47 | 11.67 | | |
| **恩施土家族苗族自治州** | **32.68** | **18.78** | **15.49** | **2.39** | **0.90** | **18.66** | **0.14** | **0.02** |
| 恩施市 | 3.72 | 2.25 | 2.25 | | | 2.25 | | |
| 利川市 | 10.50 | 6.31 | 6.31 | | | 6.31 | | |
| 建始县 | 4.93 | 3.58 | 2.62 | 0.77 | 0.19 | 3.58 | | |
| 巴东县 | 2.97 | 1.98 | 1.73 | 0.25 | | 1.98 | | |
| 宣恩县 | 2.65 | 0.60 | 0.45 | 0.15 | | 0.60 | | |
| 咸丰县 | 2.44 | 0.80 | 0.37 | 0.43 | | 0.80 | | |
| 来凤县 | 2.61 | 0.56 | 0.22 | 0.19 | 0.15 | 0.56 | | |
| 鹤峰县 | 2.86 | 2.70 | 1.54 | 0.60 | 0.56 | 2.58 | 0.14 | 0.02 |
| **仙桃市** | **105.00** | **93.30** | **9.60** | **36.20** | **47.50** | **93.30** | | |
| **潜江市** | **67.00** | **66.90** | **22.50** | **28.20** | **16.20** | **66.90** | | |
| **天门市** | **103.00** | **92.00** | **30.00** | **52.00** | **10.00** | **92.00** | | |
| **神农架林区** | **1.66** | **0.33** | **0.33** | | | **0.33** | | |

# 水土流失治理面积

单位:千公顷

| | 水土流失治理面积 | | 本年水土流失治理面积 | |
|---|---|---|---|---|
| | 合计 | 其中:小流域治理 | 新增 | 减少 |
| **湖北** | **4099.45** | **1500.22** | **66.73** | **0.88** |
| **武汉市** | **111.60** | **26.72** | **2.70** | **0.10** |
| 洪山区 | 2.17 | 0.20 | 0.20 | |
| 东西湖区 | 3.20 | | 1.60 | |
| 蔡甸区 | 9.50 | 0.08 | | |
| 江夏区 | 19.20 | | 0.04 | |
| 黄陂区 | 28.64 | 24.48 | 0.60 | |
| 新洲区 | 48.89 | 1.96 | 0.26 | 0.10 |
| **黄石市** | **107.67** | **21.00** | **1.00** | |
| 阳新县 | 86.67 | | 1.00 | |
| 大冶市 | 21.00 | 21.00 | | |
| **十堰市** | **864.35** | **218.69** | **10.35** | |
| 茅箭区 | 4.50 | 1.25 | 0.28 | |
| 张湾区 | 3.96 | 3.96 | 0.75 | |
| 郧县 | 95.27 | 2.67 | 2.00 | |
| 郧西县 | 221.85 | 38.40 | 2.09 | |
| 竹山县 | 51.95 | 4.61 | 0.50 | |
| 竹溪县 | 163.20 | 6.20 | 0.50 | |
| 房县 | 135.93 | 38.11 | 2.68 | |
| 丹江口市 | 187.69 | 123.49 | 1.55 | |
| **宜昌市** | **849.95** | **439.82** | **9.55** | **0.55** |
| 西陵区 | 3.37 | | | |
| 伍家岗区 | 2.90 | | | |
| 点军区 | 19.76 | 2.63 | 0.01 | |
| 虎亭区 | 6.01 | 0.50 | | |
| 宜昌县 | 201.91 | 58.79 | 1.68 | |
| 远安县 | 61.84 | 7.67 | | |
| 兴山县 | 138.99 | 84.75 | 1.50 | |
| 秭归县 | 224.46 | 224.46 | 1.61 | 0.55 |
| 长阳土家族自治县 | 101.93 | 21.86 | 2.00 | |
| 五峰土家族自治县 | 20.00 | 5.13 | 2.25 | |
| 宜都市 | 39.48 | 4.73 | 0.50 | |
| 当阳市 | 22.12 | 22.12 | | |
| 枝江市 | 7.18 | 7.18 | | |
| **襄樊市** | **325.62** | **230.17** | **8.95** | |
| 市辖区 | 3.70 | 3.70 | | |
| 襄阳县 | 3.70 | 2.80 | 0.50 | |
| 南漳县 | 61.37 | 52.73 | 0.50 | |
| 谷城县 | 89.82 | 44.63 | 4.31 | |
| 保康县 | 100.08 | 69.99 | 3.10 | |
| 老河口市 | 0.80 | 0.80 | | |
| 枣阳市 | 56.70 | 46.07 | 0.50 | |
| 宜城市 | 9.45 | 9.45 | 0.04 | |
| **鄂州市** | **20.84** | **10.57** | **1.05** | **0.03** |
| **荆门市** | **81.52** | **9.87** | **1.05** | |
| 市辖区 | 5.70 | | 0.50 | |
| 东宝区 | 7.67 | 7.67 | 0.30 | |
| 京山县 | 8.70 | 2.20 | 0.20 | |
| 沙洋县 | 1.85 | | 0.05 | |
| 钟祥市 | 57.60 | | | |

续表

单位:千公顷

| | 水土流失治理面积 | | 本年水土流失治理面积 | |
|---|---|---|---|---|
| | 合计 | 其中:小流域治理 | 新增 | 减少 |
| **孝感市** | **186.13** | **42.58** | **5.49** | |
| 市辖区 | 0.89 | 0.49 | 0.49 | |
| 孝南区 | 7.06 | | | |
| 孝昌县 | 33.71 | 4.10 | 1.10 | |
| 大悟县 | 103.34 | 26.47 | 3.20 | |
| 云梦县 | 0.22 | | | |
| 应城市 | 8.34 | 8.34 | 0.10 | |
| 安陆市 | 32.57 | 3.18 | 0.60 | |
| **荆州市** | **38.02** | **15.25** | **1.64** | |
| 沙市区 | 1.08 | | 0.39 | |
| 荆州区 | 8.61 | 8.61 | 0.25 | |
| 公安县 | 0.80 | | | |
| 石首市 | 1.60 | 1.60 | 0.50 | |
| 松滋市 | 25.93 | 5.04 | 0.50 | |
| **黄冈市** | **619.61** | **160.52** | **6.27** | |
| 黄州区 | 28.00 | | | |
| 团风县 | 17.02 | 4.20 | 0.02 | |
| 红安县 | 112.37 | 27.00 | 1.58 | |
| 罗田县 | 73.80 | 23.90 | | |
| 英山县 | 5.70 | 5.70 | | |
| 浠水县 | 82.12 | 26.27 | 0.07 | |
| 蕲春县 | 72.64 | 19.45 | | |
| 黄梅县 | 49.66 | 42.60 | 0.60 | |
| 麻城市 | 160.30 | 2.40 | 3.00 | |
| 武穴市 | 18.00 | 9.00 | 1.00 | |
| **咸宁市** | **197.76** | **29.38** | **3.55** | |
| 咸安区 | 37.69 | 14.53 | | |
| 嘉鱼县 | 14.50 | 6.50 | | |
| 通城县 | 53.64 | 1.95 | 2.25 | |
| 崇阳县 | 51.17 | 1.50 | 0.50 | |
| 通山县 | 21.65 | 0.50 | 0.50 | |
| 赤壁市 | 19.11 | 4.40 | 0.30 | |
| **随州市** | **139.40** | **56.50** | **3.00** | |
| 曾都区 | 131.00 | 48.90 | 3.00 | |
| 广水市(长) | 8.40 | 7.60 | | |
| **恩施土家族苗族自治州** | **501.77** | **231.26** | **6.49** | **0.20** |
| 恩施市 | 94.92 | 3.65 | 0.15 | |
| 利川市 | 99.14 | 94.36 | 2.36 | |
| 建始县 | 29.00 | 29.00 | 0.20 | |
| 巴东县 | 89.58 | 89.58 | 2.60 | 0.20 |
| 宣恩县 | 63.83 | 1.20 | 0.20 | |
| 咸丰县 | 63.80 | 2.33 | | |
| 来凤县 | 33.65 | 2.65 | 0.05 | |
| 鹤峰县 | 27.85 | 8.49 | 0.93 | |
| **仙桃市** | **15.50** | | | |
| **潜江市** | **2.01** | **2.01** | **2.01** | |
| **天门市** | **1.60** | | **1.00** | |
| **神农架林区** | **36.09** | **5.88** | **2.63** | |

# 已建成水库

座数:座;库容:万立方米

| | 已建成水库 | | 大型水库 | | 中型水库 | | 小型水库 | |
|---|---|---|---|---|---|---|---|---|
| | 座数 | 总库容 | 座数 | 总库容 | 座数 | 总库容 | 座数 | 总库容 |
| **湖　北** | **5808** | **5566899.95** | **59** | **4437152** | **248** | **688757.4** | **5501** | **440990.55** |
| **武汉市** | **274** | **92585** | **3** | **56078** | **6** | **18951** | **265** | **17556** |
| 洪山区 | 1 | 100 | | | | | 1 | 100 |
| 东西湖区 | 2 | 101 | | | | | 2 | 101 |
| 蔡甸区 | 20 | 468 | | | | | 20 | 468 |
| 江夏区 | 117 | 6448 | | | | | 117 | 6448 |
| 黄陂区 | 90 | 70281 | 2 | 45118 | 5 | 17211 | 83 | 7952 |
| 新洲区 | 44 | 15187 | 1 | 10960 | 1 | 1740 | 42 | 2487 |
| **黄石市** | **266** | **255047** | **2** | **224670** | **6** | **13183** | **258** | **17194** |
| 阳新县 | 145 | 239396 | 2 | 224670 | 3 | 7342 | 140 | 7384 |
| 大冶市 | 121 | 15651 | | | 3 | 5841 | 118 | 9810 |
| **十堰市** | **480** | **2324197.53** | **4** | **2265020** | **19** | **36972** | **457** | **22205.53** |
| 市辖区 | 6 | 5550 | | | 2 | 3835 | 4 | 1715 |
| 茅箭区 | 9 | 134.3 | | | | | 9 | 134.3 |
| 张湾区 | 17 | 117514 | 1 | 116320 | 3 | 1014 | 13 | 180 |
| 郧　县 | 90 | 17911 | | | 4 | 12850 | 86 | 5061 |
| 郧西县 | 94 | 54394.19 | 1 | 48400 | 2 | 2740 | 91 | 3254.19 |
| 竹山县 | 58 | 15642 | 1 | 10300 | 1 | 1668 | 56 | 3674 |
| 竹溪县 | 34 | 5299.1 | | | 2 | 4150 | 32 | 1149.1 |
| 房　县 | 75 | 8002 | | | 3 | 5205 | 72 | 2797 |
| 丹江口市 | 97 | 2099750.94 | 1 | 2090000 | 2 | 5510 | 94 | 4240.94 |
| **宜昌市** | **423** | **558354.73** | **4** | **456470** | **23** | **61543** | **396** | **40341.73** |
| 西陵区 | 3 | 71123 | 1 | 71100 | | | 2 | 23 |
| 伍家岗区 | 6 | 327 | | | | | 6 | 327 |
| 点军区 | 14 | 2366 | | | 1 | 1750 | 13 | 616 |
| 虎亭区 | 7 | 585 | | | | | 7 | 585 |
| 宜昌县 | 61 | 36696 | 1 | 21047 | 4 | 10662 | 56 | 4987 |
| 远安县 | 53 | 9739 | | | 1 | 6420 | 52 | 3319 |
| 兴山县 | 9 | 455 | | | | | 9 | 455 |
| 秭归县 | 16 | 917 | | | | | 16 | 917 |
| 长阳土家族自治县 | 11 | 347816 | 1 | 347000 | | | 10 | 816 |
| 五峰土家族自治县 | 1 | 190 | | | | | 1 | 190 |
| 宜都市 | 46 | 18259 | | | 5 | 15179 | 41 | 3080 |
| 当阳市 | 127 | 49682 | 1 | 17323 | 7 | 14880 | 119 | 17479 |
| 枝江市 | 69 | 20199.73 | | | 5 | 12652 | 64 | 7547.73 |
| **襄樊市** | **858** | **411531** | **10** | **177060** | **57** | **155801** | **791** | **78670** |
| 市辖区 | 66 | 16382 | | | 6 | 12690 | 60 | 3692 |
| 襄阳县 | 163 | 85439 | 2 | 44330 | 7 | 19041 | 154 | 22068 |
| 南漳县 | 132 | 51099 | 3 | 42700 | 1 | 1057 | 128 | 7342 |
| 谷城县 | 78 | 24628 | | | 6 | 19767 | 72 | 4861 |
| 保康县 | 6 | 1021 | | | | | 6 | 1021 |
| 农场 | 12 | 160 | | | | | 12 | 160 |
| 老河口市 | 58 | 62780 | 2 | 42120 | 7 | 11738 | 49 | 8922 |
| 枣阳市 | 270 | 124440 | 2 | 35970 | 20 | 65836 | 248 | 22634 |
| 宜城市 | 73 | 45582 | 1 | 11940 | 10 | 25672 | 62 | 7970 |
| **鄂州市** | **35** | **5410** | | | **1** | **1600** | **34** | **3810** |
| **荆门市** | **554** | **467102** | **6** | **336511** | **25** | **70063** | **523** | **60528** |
| 市辖区 | 33 | 7023 | | | 3 | 3955 | 30 | 3068 |
| 东宝区 | 91 | 218388 | 1 | 203500 | 4 | 7896 | 86 | 6992 |
| 屈家岭区 | 30 | 2624 | | | | | 30 | 2624 |

续表 座数:座;库容:万立方米

| | 已建成水库 | | 大型水库 | | 中型水库 | | 小型水库 | |
|---|---|---|---|---|---|---|---|---|
| | 座　数 | 总库容 | 座　数 | 总库容 | 座　数 | 总库容 | 座　数 | 总库容 |
| 京山县 | 151 | 98766 | 2 | 52540 | 5 | 32276 | 144 | 13950 |
| 沙洋县 | 65 | 20080 | | | 7 | 11513 | 58 | 8567 |
| 钟祥市 | 184 | 120221 | 3 | 80471 | 6 | 14423 | 175 | 25327 |
| **孝感市** | **400** | **195232.33** | **3** | **104770** | **14** | **51901** | **383** | **38561.33** |
| 市辖区 | 2 | 94730 | 2 | 94730 | | | | |
| 孝南区 | 20 | 4388.55 | | | 1 | 2335 | 19 | 2053.55 |
| 孝昌县 | 30 | 25017.15 | 1 | 10040 | 3 | 11780 | 26 | 3197.15 |
| 大悟县 | 129 | 34962.44 | | | 6 | 23584 | 123 | 11378.44 |
| 云梦县 | 6 | 502 | | | | | 6 | 502 |
| 应城市 | 88 | 16772.29 | | | 2 | 9002 | 86 | 7770.29 |
| 安陆市 | 125 | 18859.9 | | | 2 | 5200 | 123 | 13659.9 |
| **荆州市** | **66** | **88536.7** | **2** | **71500** | **5** | **10664** | **59** | **6372.7** |
| 市辖区 | 1 | 59300 | 1 | 59300 | | | | |
| 荆州区 | 18 | 15411.7 | 1 | 12200 | 1 | 1416 | 16 | 1795.7 |
| 公安县 | 1 | 1180 | | | 1 | 1180 | | |
| 石首市 | 11 | 356 | | | | | 11 | 356 |
| 松滋市 | 35 | 12289 | | | 3 | 8068 | 32 | 4221 |
| **黄冈市** | **1004** | **605838.26** | **12** | **432745** | **37** | **102741** | **955** | **70352.26** |
| 黄州区 | 2 | 831 | | | | | 2 | 831 |
| 团风县 | 59 | 27254 | 1 | 10103 | 7 | 13369 | 51 | 3782 |
| 红安县 | 140 | 54740 | 2 | 29150 | 4 | 15872 | 134 | 9718 |
| 罗田县 | 130 | 32183 | 1 | 16200 | 5 | 10719 | 124 | 5264 |
| 英山县 | 71 | 22084 | 1 | 10442 | 2 | 5090 | 68 | 6552 |
| 浠水县 | 67 | 119863 | 1 | 110400 | 2 | 3526 | 64 | 5937 |
| 蕲春县 | 159 | 54431.26 | 2 | 36580 | 4 | 6753 | 153 | 11098.26 |
| 黄梅县 | 22 | 146514 | 1 | 133000 | 2 | 12375 | 19 | 1139 |
| 麻城市 | 252 | 119738 | 3 | 86870 | 7 | 15766 | 242 | 17102 |
| 武穴市 | 102 | 28200 | | | 4 | 19271 | 98 | 8929 |
| **咸宁市** | **505** | **203040** | **4** | **135270** | **18** | **37640** | **483** | **30130** |
| 咸安区 | 81 | 19054 | 1 | 11190 | 1 | 3720 | 79 | 4144 |
| 嘉鱼县 | 26 | 13154 | 1 | 10580 | 1 | 1076 | 24 | 1498 |
| 通城县 | 74 | 16700 | | | 6 | 12078 | 68 | 4622 |
| 崇阳县 | 89 | 55812 | 1 | 42900 | 4 | 7067 | 84 | 5845 |
| 通山县 | 78 | 8961 | | | 3 | 4395 | 75 | 4566 |
| 赤壁市 | 157 | 89359 | 1 | 70600 | 3 | 9304 | 153 | 9455 |
| **随州市** | **690** | **226834** | **7** | **130708** | **21** | **57832** | **662** | **38294** |
| 市辖区 | 2 | 29500 | 1 | 27480 | 1 | 2020 | | |
| 曾都区 | 498 | 150111 | 5 | 85978 | 15 | 36977 | 478 | 27156 |
| 广水市(长) | 190 | 47223 | 1 | 17250 | 5 | 18835 | 184 | 11138 |
| **恩施土家族苗族自治州** | **230** | **125257.1** | **2** | **46350** | **14** | **63854.4** | **214** | **15052.7** |
| 恩施市 | 37 | 11134 | | | 2 | 9240 | 35 | 1894 |
| 利川市 | 51 | 11623.5 | | | 2 | 7873 | 49 | 3750.5 |
| 建始县 | 14 | 8568 | | | 2 | 7580 | 12 | 988 |
| 巴东县 | 14 | 2350 | | | | | 14 | 2350 |
| 宣恩县 | 27 | 50098 | 1 | 34300 | 2 | 15141 | 24 | 657 |
| 咸丰县 | 20 | 12910.2 | 1 | 12050 | | | 19 | 860.2 |
| 来凤县 | 53 | 12973 | | | 2 | 9280 | 51 | 3693 |
| 鹤峰县 | 14 | 15600.4 | | | 4 | 14740.4 | 10 | 860 |
| **天门市** | **20** | **7224.3** | | | **2** | **6012** | **18** | **1212.3** |
| **神农架林区** | **3** | **710** | | | | | **3** | **710** |

# 万亩以上灌区

处数:处;面积:千公顷

| | 合计 | | 50万亩以上灌区 | | 30－50万亩灌区 | |
|---|---|---|---|---|---|---|
| | 处数 | 有效灌面 | 处数 | 有效灌面 | 处数 | 有效灌面 |
| **湖　北** | **351** | **2069.09** | **10** | **628.16** | **22** | **467.78** |
| **武汉市** | **45** | **117.82** | | | **2** | **33.76** |
| 洪山区 | 3 | 3 | | | | |
| 东西湖区 | 1 | 14.76 | | | 1 | 14.76 |
| 汉南区 | 2 | 4.33 | | | | |
| 蔡甸区 | 12 | 15 | | | | |
| 江夏区 | 8 | 13.73 | | | | |
| 黄陂区 | 11 | 30 | | | 1 | 19 |
| 新洲区 | 8 | 37 | | | | |
| **黄石市** | **12** | **41.31** | | | **1** | **30** |
| 阳新县 | 7 | 39.61 | | | 1 | 30 |
| 大冶市 | 5 | 1.7 | | | | |
| **十堰市** | **9** | **10.62** | | | | |
| 郧　县 | 1 | 1.5 | | | | |
| 郧西县 | 1 | 0.6 | | | | |
| 竹山县 | 1 | 0.45 | | | | |
| 竹溪县 | 1 | 0.77 | | | | |
| 房　县 | 5 | 7.3 | | | | |
| **宜昌市** | **9** | **86.08** | **1** | **68.51** | | |
| 点军区 | 1 | 0.42 | | | | |
| 宜昌县 | 1 | 68.51 | 1 | 68.51 | | |
| 远安县 | 2 | 1.71 | | | | |
| 宜都市 | 4 | 6.72 | | | | |
| 枝江市 | 1 | 8.72 | | | | |
| **襄樊市** | **36** | **260.25** | **1** | **76.51** | **4** | **79.12** |
| 市辖区 | 5 | 17.37 | | 12.17 | | |
| 襄阳县 | 5 | 70.23 | | 39.43 | | |
| 南漳县 | 4 | 33.66 | | | 1 | 18.33 |
| 谷城县 | 5 | 12.13 | | | | |
| 农场 | | 2 | | 2 | | |
| 老河口市 | 1 | 22.91 | 1 | 22.91 | | |
| 枣阳市 | 12 | 73.43 | | | 3 | 60.79 |
| 宜城市 | 4 | 28.52 | | | | |
| **鄂州市** | **9** | **9** | | | | |
| **荆门市** | **48** | **375.97** | **1** | **143.1** | **4** | **82.11** |
| 市辖区 | 4 | 3.3 | | | | |
| 东宝区 | 3 | 128 | 1 | 125 | | |
| 京山县 | 10 | 73.9 | | | 2 | 40.27 |
| 沙洋县 | 25 | 96 | | | | |
| 钟祥市 | 6 | 74.77 | | 18.1 | 2 | 41.84 |
| **孝感市** | **29** | **152.4** | **1** | **38** | **1** | **17.13** |
| 市辖区 | 2 | 4.21 | 1 | 4.21 | 1 | |
| 孝南区 | 5 | 23.75 | | 2.13 | | |
| 孝昌县 | 4 | 24.47 | | 8.73 | | |
| 大悟县 | 4 | 10 | | | | |

续表　　　　处数:处;面积:千公顷

| | 合计 | | 50万亩以上灌区 | | 30－50万亩灌区 | |
|---|---|---|---|---|---|---|
| | 处数 | 有效灌面 | 处数 | 有效灌面 | 处数 | 有效灌面 |
| 云梦县 | 1 | 12.21 | | 9.6 | | |
| 应城市 | 2 | 28.79 | | | | 17.13 |
| 安陆市 | 1 | 24.8 | | 13.33 | | |
| 汉川市 | 10 | 24.17 | | | | |
| **荆州市** | **49** | **365.43** | **2** | **59.85** | **4** | **96.2** |
| 沙市区 | 1 | 8.4 | | | | 5.58 |
| 荆州区 | 3 | 30.82 | | 9.23 | | |
| 公安县 | 12 | 59.4 | | 3.15 | | |
| 监利县 | 9 | 95.31 | | | 3 | 69.93 |
| 江陵县 | 3 | 35.27 | | | 1 | 20.69 |
| 石首市 | 9 | 29.43 | | | | |
| 洪湖市 | 3 | 60.67 | 1 | 30.53 | | |
| 松滋市 | 9 | 46.13 | 1 | 16.94 | | |
| **黄冈市** | **52** | **219** | **1** | **23.3** | **2** | **43.9** |
| 黄州区 | 1 | 1 | | | | |
| 团风县 | 7 | 16.6 | | | | |
| 红安县 | 6 | 31.2 | | | 1 | 21.9 |
| 罗田县 | 8 | 10.9 | | | | |
| 英山县 | 3 | 5.2 | | | | |
| 浠水县 | 1 | 23.3 | 1 | 23.3 | | |
| 蕲春县 | 3 | 17.8 | | | | |
| 黄梅县 | 8 | 39 | | | | |
| 麻城市 | 8 | 41 | | | 1 | 22 |
| 武穴市 | 7 | 33 | | | | |
| **咸宁市** | **16** | **81.27** | | | **2** | **30.9** |
| 咸安区 | 2 | 16.42 | | | | |
| 嘉鱼县 | 2 | 18.1 | | | 1 | 16.9 |
| 通城县 | 4 | 15 | | | | |
| 崇阳县 | 4 | 10.37 | | | | |
| 通山县 | 1 | 4.18 | | | | |
| 赤壁市 | 3 | 17.2 | | | 1 | 14 |
| **随州市** | **16** | **69.84** | | | **2** | **54.66** |
| 市辖区 | 2 | 5.26 | | | | |
| 曾都区 | 10 | 41.08 | | | 1 | 35.33 |
| 广水市(长) | 4 | 23.5 | | | 1 | 19.33 |
| **恩施土家族苗族自治州** | **8** | **10.51** | | | | |
| 恩施市 | 1 | 0.97 | | | | |
| 利川市 | 1 | 0.8 | | | | |
| 巴东县 | 1 | 0.8 | | | | |
| 宣恩县 | 1 | 0.95 | | | | |
| 来凤县 | 2 | 5.13 | | | | |
| 鹤峰县 | 2 | 1.86 | | | | |
| **仙桃市** | **5** | **103.4** | **1** | **91.8** | | |
| **潜江市** | **5** | **56.59** | **1** | **37.2** | | |
| **天门市** | **3** | **109.6** | **1** | **89.89** | | |

# 水　　闸

单位:座

| | 水闸总座数 | 大型水闸 |
|---|---|---|
| **湖　　北** | **3382.00** | **9.00** |
| **武汉市** | **617.00** | **2.00** |
| 洪山区 | 8.00 | |
| 东西湖区 | 345.00 | |
| 汉南区 | 27.00 | |
| 蔡甸区 | 127.00 | 1.00 |
| 江夏区 | 58.00 | |
| 黄陂区 | 28.00 | |
| 新洲区 | 24.00 | 1.00 |
| **黄石市** | **14.00** | **1.00** |
| 阳新县 | 7.00 | 1.00 |
| 大冶市 | 7.00 | |
| **宜昌市** | **266.00** | |
| 伍家岗区 | 4.00 | |
| 点军区 | 13.00 | |
| 虎亭区 | 11.00 | |
| 宜都市 | 55.00 | |
| 当阳市 | 95.00 | |
| 枝江市 | 88.00 | |
| **襄樊市** | **914.00** | |
| 市辖区 | 12.00 | |
| 襄阳县 | 113.00 | |
| 南漳县 | 50.00 | |
| 谷城县 | 17.00 | |
| 老河口市 | 642.00 | |
| 枣阳市 | 52.00 | |
| 宜城市 | 28.00 | |
| **鄂州市** | **176.00** | **1.00** |
| **荆门市** | **182.00** | |
| 东宝区 | 17.00 | |
| 屈家岭区 | 7.00 | |
| 沙洋县 | 113.00 | |
| 钟祥市 | 43.00 | |

续表 单位:座

| | 水闸总座数 | 大型水闸 |
|---|---|---|
| 沙洋农场 | 2.00 | |
| **孝感市** | **138.00** | **1.00** |
| 市辖区 | 2.00 | |
| 孝南区 | 21.00 | |
| 云梦县 | 16.00 | |
| 应城市 | 34.00 | |
| 安陆市 | 11.00 | |
| 汉川市 | 54.00 | 1.00 |
| **荆州市** | **301.00** | **3.00** |
| 荆州区 | 28.00 | |
| 公安县 | 90.00 | 2.00 |
| 监利县 | 20.00 | |
| 江陵县 | 4.00 | |
| 石首市 | 72.00 | |
| 洪湖市 | 28.00 | 1.00 |
| 松滋市 | 59.00 | |
| **黄冈市** | **479.00** | |
| 黄州区 | 96.00 | |
| 团风县 | 4.00 | |
| 英山县 | 6.00 | |
| 浠水县 | 157.00 | |
| 蕲春县 | 102.00 | |
| 黄梅县 | 31.00 | |
| 麻城市 | 68.00 | |
| 武穴市 | 15.00 | |
| **咸宁市** | **186.00** | |
| 咸安区 | 4.00 | |
| 嘉鱼县 | 84.00 | |
| 赤壁市 | 98.00 | |
| **仙桃市** | **44.00** | **1.00** |
| **潜江市** | **9.00** | |
| **天门市** | **56.00** | |

# 机 电 井

眼数:眼;装机容量:千千瓦

| | 机电井眼数 | 配套机电井 | | | |
|---|---|---|---|---|---|
| | | 眼 数 | 装机容量 | 本年新增眼数 | 本年减少眼数 |
| **湖 北** | **13087.00** | **12355.00** | **75.29** | **16.00** | **105.00** |
| **武汉市** | **2658.00** | **2594.00** | **6.42** | | **64.00** |
| 洪山区 | 1830.00 | 1830.00 | 1.00 | | |
| 东西湖区 | 317.00 | 256.00 | 0.05 | | 64.00 |
| 汉南区 | 50.00 | 50.00 | 0.23 | | |
| 蔡甸区 | 80.00 | 80.00 | 0.69 | | |
| 黄陂区 | 21.00 | 18.00 | 0.20 | | |
| 新洲区 | 360.00 | 360.00 | 4.25 | | |
| **黄石市** | **5.00** | **5.00** | **0.28** | | |
| 大冶市 | 5.00 | 5.00 | 0.28 | | |
| **十堰市** | **2630.00** | **2130.00** | **4.72** | | |
| 张湾区 | 2000.00 | 1500.00 | 1.50 | | |
| 郧 县 | 570.00 | 570.00 | 0.22 | | |
| 郧西县 | 40.00 | 40.00 | 1.60 | | |
| 竹溪县 | 20.00 | 20.00 | 1.40 | | |
| **宜昌市** | **9.00** | **9.00** | **0.13** | | |
| 虎亭区 | 2.00 | 2.00 | 0.08 | | |
| 枝江市 | 7.00 | 7.00 | 0.05 | | |
| **襄樊市** | **4266.00** | **4098.00** | **38.96** | | |
| 市辖区 | 764.00 | 694.00 | 7.86 | | |
| 襄阳县 | 1420.00 | 1409.00 | 5.48 | | |
| 南漳县 | 397.00 | 339.00 | 5.01 | | |
| 谷城县 | 253.00 | 232.00 | 5.70 | | |
| 保康县 | 26.00 | 26.00 | 0.01 | | |
| 农场 | 37.00 | 33.00 | 1.13 | | |
| 老河口市 | 727.00 | 727.00 | 6.26 | | |
| 枣阳市 | 372.00 | 368.00 | 4.89 | | |
| 宜城市 | 270.00 | 270.00 | 2.62 | | |
| **荆门市** | **1368.00** | **1368.00** | **12.04** | **16.00** | |
| 京山县 | 55.00 | 55.00 | 1.00 | | |
| 钟祥市 | 1302.00 | 1302.00 | 10.92 | 16.00 | |
| 沙洋农场 | 11.00 | 11.00 | 0.12 | | |
| **孝感市** | **1510.00** | **1510.00** | **8.19** | | **41.00** |
| 孝南区 | 525.00 | 525.00 | 0.78 | | |
| 孝昌县 | 304.00 | 304.00 | 1.04 | | |
| 云梦县 | 471.00 | 471.00 | 4.26 | | 7.00 |
| 应城市 | 58.00 | 58.00 | 0.97 | | |
| 安陆市 | 152.00 | 152.00 | 1.14 | | 34.00 |
| **荆州市** | **29.00** | **29.00** | **0.23** | | |
| 荆州区 | 28.00 | 28.00 | 0.22 | | |
| 江陵县 | 1.00 | 1.00 | 0.01 | | |
| **黄冈市** | **612.00** | **612.00** | **4.32** | | |
| 浠水县 | 12.00 | 12.00 | 0.09 | | |
| 麻城市 | 600.00 | 600.00 | 4.23 | | |

# 水 利 总 投 入

| | 本年水利资金总投入 | 政府投资 | 民间投资 | 利用外资 | 群众自筹及其它 |
|---|---|---|---|---|---|
| **湖　北** | **157021.71** | **140004.71** | **10655.00** | | **6362.00** |
| **武汉市** | **12356.00** | **11010.00** | | | **1346.00** |
| 洪山区 | 2414.00 | 1714.00 | | | 700.00 |
| 东西湖区 | 3011.00 | 2485.00 | | | 526.00 |
| 汉南区 | 231.00 | 231.00 | | | |
| 蔡甸区 | 986.00 | 866.00 | | | 120.00 |
| 江夏区 | 1143.00 | 1143.00 | | | |
| 黄陂区 | 2034.00 | 2034.00 | | | |
| 新洲区 | 814.00 | 814.00 | | | |
| 开发区 | 1069.00 | 1069.00 | | | |
| **黄石市** | **5580.00** | **5580.00** | | | |
| 阳新县 | 4633.00 | 4633.00 | | | |
| 大冶市 | 947.00 | 947.00 | | | |
| **十堰市** | **6456.00** | **6056.00** | | | **400.00** |
| 市辖区 | 601.00 | 601.00 | | | |
| 茅箭区 | 87.00 | 87.00 | | | |
| 张湾区 | 148.00 | 148.00 | | | |
| 郧　县 | 829.00 | 829.00 | | | |
| 郧西县 | 1360.00 | 960.00 | | | 400.00 |
| 竹山县 | 552.00 | 552.00 | | | |
| 竹溪县 | 589.00 | 589.00 | | | |
| 房　县 | 1380.00 | 1380.00 | | | |
| 丹江口市 | 910.00 | 910.00 | | | |
| **宜昌市** | **22357.71** | **12502.71** | **9855.00** | | |
| 市辖区 | 2032.32 | 2032.32 | | | |
| 西陵区 | 100.00 | 100.00 | | | |
| 伍家岗区 | 68.58 | 68.58 | | | |
| 点军区 | 145.30 | 145.30 | | | |
| 虎亭区 | 42.51 | 42.51 | | | |
| 宜昌县 | 661.00 | 371.00 | 290.00 | | |
| 远安县 | 592.00 | 592.00 | | | |
| 兴山县 | 1767.00 | 167.00 | 1600.00 | | |
| 秭归县 | 4689.00 | 1189.00 | 3500.00 | | |
| 长阳土家族自治县 | 660.00 | 660.00 | | | |
| 五峰土家族自治县 | 5188.00 | 723.00 | 4465.00 | | |
| 宜都市 | 537.00 | 537.00 | | | |
| 当阳市 | 1694.00 | 1694.00 | | | |
| 枝江市 | 4181.00 | 4181.00 | | | |
| **襄樊市** | **14209.00** | **12935.00** | | | **1274.00** |
| 市辖区 | 284.00 | 163.00 | | | 121.00 |
| 襄阳县 | 2370.00 | 2370.00 | | | |
| 南漳县 | 3682.00 | 3682.00 | | | |
| 谷城县 | 914.00 | 914.00 | | | |
| 保康县 | 986.00 | 636.00 | | | 350.00 |
| 市直 | 2185.00 | 2185.00 | | | |
| 农场 | 210.00 | 165.00 | | | 45.00 |
| 老河口市 | 740.00 | 367.00 | | | 373.00 |
| 枣阳市 | 2056.00 | 1671.00 | | | 385.00 |
| 宜城市 | 782.00 | 782.00 | | | |
| **鄂州市** | **4588.00** | **4588.00** | | | |
| **荆门市** | **6834.00** | **6834.00** | | | |
| 市辖区 | 202.00 | 202.00 | | | |
| 东宝区 | 359.00 | 359.00 | | | |
| 屈家岭区 | 79.00 | 79.00 | | | |
| 京山县 | 1847.00 | 1847.00 | | | |
| 沙洋县 | 1111.00 | 1111.00 | | | |

续表

| | 本年水利资金总投入 | 政府投资 | 民间投资 | 利用外资 | 群众自筹及其它 |
|---|---|---|---|---|---|
| 钟祥市 | 3236.00 | 3236.00 | | | |
| **孝感市** | **5443.00** | **5443.00** | | | |
| 市辖区 | 1113.00 | 1113.00 | | | |
| 孝南区 | 93.00 | 93.00 | | | |
| 孝昌县 | 268.00 | 268.00 | | | |
| 大悟县 | 1157.00 | 1157.00 | | | |
| 云梦县 | 499.00 | 499.00 | | | |
| 应城市 | 501.00 | 501.00 | | | |
| 安陆市 | 349.00 | 349.00 | | | |
| 汉川市 | 1463.00 | 1463.00 | | | |
| **荆州市** | **38939.00** | **37209.00** | | | **1730.00** |
| 市辖区 | 27729.00 | 27729.00 | | | |
| 沙市区 | 200.00 | 135.00 | | | 65.00 |
| 荆州区 | 1191.00 | 851.00 | | | 340.00 |
| 公安县 | 947.00 | 947.00 | | | |
| 监利县 | 855.00 | 855.00 | | | |
| 江陵县 | 1767.00 | 1127.00 | | | 640.00 |
| 石首市 | 2059.00 | 1759.00 | | | 300.00 |
| 洪湖市 | 1760.00 | 1760.00 | | | |
| 松滋市 | 2431.00 | 2046.00 | | | 385.00 |
| **黄冈市** | **15436.00** | **13024.00** | **800.00** | | **1612.00** |
| 黄州区 | 500.00 | 500.00 | | | |
| 团风县 | 1362.00 | 1232.00 | | | 130.00 |
| 红安县 | 1346.00 | 1346.00 | | | |
| 罗田县 | 345.00 | 185.00 | | | 160.00 |
| 英山县 | 3858.00 | 2804.00 | 800.00 | | 254.00 |
| 浠水县 | 1210.00 | 816.00 | | | 394.00 |
| 蕲春县 | 3301.00 | 2947.00 | | | 354.00 |
| 黄梅县 | 1324.00 | 1004.00 | | | 320.00 |
| 麻城市 | 1499.00 | 1499.00 | | | |
| 武穴市 | 691.00 | 691.00 | | | |
| **咸宁市** | **3500.00** | **3500.00** | | | |
| 咸安区 | 727.00 | 727.00 | | | |
| 嘉鱼县 | 535.00 | 535.00 | | | |
| 通城县 | 376.00 | 376.00 | | | |
| 崇阳县 | 371.00 | 371.00 | | | |
| 通山县 | 387.00 | 387.00 | | | |
| 赤壁市 | 1104.00 | 1104.00 | | | |
| **随州市** | **4007.00** | **4007.00** | | | |
| 市辖区 | 493.00 | 493.00 | | | |
| 曾都区 | 1866.00 | 1866.00 | | | |
| 广水市(长) | 1648.00 | 1648.00 | | | |
| **恩施土家族苗族自治州** | **3591.00** | **3591.00** | | | |
| 恩施市 | 393.00 | 393.00 | | | |
| 利川市 | 575.00 | 575.00 | | | |
| 建始县 | 297.00 | 297.00 | | | |
| 巴东县 | 588.00 | 588.00 | | | |
| 宣恩县 | 391.00 | 391.00 | | | |
| 咸丰县 | 286.00 | 286.00 | | | |
| 来凤县 | 489.00 | 489.00 | | | |
| 鹤峰县 | 572.00 | 572.00 | | | |
| **仙桃市** | **4019.00** | **4019.00** | | | |
| **潜江市** | **4005.00** | **4005.00** | | | |
| **天门市** | **5267.00** | **5267.00** | | | |
| **神农架林区** | **434.00** | **434.00** | | | |

# 水利工程全年供水量

单位:亿立方米

| | 年供水量合计 | 按服务方向分 | | | | | 另:水电供水 |
|---|---|---|---|---|---|---|---|
| | | 向农业供水 | 向工业供水 | 向城镇生活供水 | 乡村生活 | 生态环境供水 | |
| **湖　北** | **169.80** | **148.19** | **18.12** | **8.46** | **0.16** | | **3808.13** |
| **武汉市** | **10.33** | **9.44** | **0.26** | **0.62** | **0.02** | | |
| 洪山区 | 0.90 | 0.90 | | | | | |
| 东西湖区 | 2.78 | 2.35 | 0.13 | 0.30 | | | |
| 汉南区 | 0.83 | 0.74 | 0.09 | | | | |
| 蔡甸区 | 0.71 | 0.63 | | 0.08 | | | |
| 江夏区 | 1.56 | 1.55 | | 0.01 | | | |
| 黄陂区 | 2.79 | 2.58 | | 0.21 | | | |
| 新洲区 | 0.76 | 0.68 | 0.04 | 0.02 | 0.02 | | |
| **黄石市** | **5.49** | **4.58** | **0.74** | **0.17** | | | **0.23** |
| 阳新县 | 1.47 | 1.11 | 0.29 | 0.07 | | | 0.23 |
| 大冶市 | 4.02 | 3.47 | 0.45 | 0.10 | | | |
| **十堰市** | **8.73** | **5.05** | **3.12** | **0.56** | | | **23.73** |
| 市辖区 | 0.37 | | 0.26 | 0.12 | | | |
| 张湾区 | 0.01 | 0.01 | | | | | |
| 郧　县 | 3.60 | 3.01 | 0.37 | 0.22 | | | 2.46 |
| 郧西县 | 0.41 | 0.33 | 0.03 | 0.05 | | | 18.46 |
| 竹山县 | 0.64 | 0.25 | 0.39 | | | | 0.70 |
| 竹溪县 | 2.56 | 1.16 | 1.36 | 0.04 | | | 1.20 |
| 房　县 | 0.33 | 0.29 | 0.04 | | | | 0.28 |
| 丹江口市 | 0.81 | | 0.68 | 0.13 | | | 0.63 |
| **宜昌市** | **5.70** | **3.88** | **0.61** | **1.13** | **0.08** | | **3706.85** |
| 市辖区 | 1.06 | 0.36 | | 0.70 | | | 3.39 |
| 西陵区 | | | | | | | 3497.13 |
| 伍家岗区 | 0.06 | 0.06 | | | | | |
| 点军区 | 0.12 | 0.12 | | | | | 0.28 |
| 虎亭区 | 0.03 | 0.03 | | | | | |
| 宜昌县 | 0.88 | 0.64 | 0.20 | 0.04 | | | 4.99 |
| 远安县 | 0.65 | 0.65 | | | | | 1.12 |
| 兴山县 | 0.46 | 0.15 | 0.19 | 0.13 | | | 60.30 |
| 秭归县 | 0.45 | 0.40 | 0.03 | 0.02 | | | |
| 长阳土家族自治县 | 0.32 | 0.18 | 0.07 | 0.07 | | | 122.48 |
| 五峰土家族自治县 | 0.07 | 0.02 | 0.01 | 0.03 | | | 5.16 |
| 宜都市 | 0.54 | 0.40 | 0.06 | | 0.08 | | 12.00 |
| 当阳市 | 0.79 | 0.63 | 0.05 | 0.11 | | | |
| 枝江市 | 0.27 | 0.25 | | 0.02 | | | |
| **襄樊市** | **30.84** | **28.21** | **1.24** | **1.38** | **0.01** | | **23.46** |
| 市辖区 | 2.19 | 0.58 | 0.99 | 0.63 | | | |
| 襄阳县 | 1.70 | 1.49 | | 0.21 | | | 4.83 |
| 南漳县 | 4.58 | 4.50 | 0.03 | 0.05 | | | 0.71 |
| 谷城县 | 1.45 | 1.34 | 0.04 | 0.06 | 0.01 | | |
| 保康县 | 0.61 | 0.54 | | 0.07 | | | 13.28 |
| 农场 | 0.05 | 0.05 | | | | | |
| 老河口市 | 4.67 | 4.44 | 0.07 | 0.15 | | | 4.64 |
| 枣阳市 | 0.74 | 0.51 | 0.04 | 0.19 | | | |
| 宜城市 | 14.84 | 14.76 | 0.07 | 0.01 | | | |
| **鄂州市** | **6.02** | **10.99** | **0.02** | **0.11** | | | |
| **荆门市** | **7.08** | **6.45** | **0.38** | **0.24** | **0.01** | | **0.05** |
| 市辖区 | 0.13 | 0.11 | 0.01 | 0.01 | | | |
| 东宝区 | 0.70 | 0.64 | 0.06 | | | | 0.05 |
| 屈家岭区 | 0.12 | 0.10 | 0.01 | 0.01 | | | |
| 京山县 | 2.77 | 2.38 | 0.26 | 0.12 | 0.01 | | |
| 沙洋县 | 2.36 | 2.26 | | 0.10 | | | |
| 钟祥市 | 1.00 | 0.96 | 0.04 | | | | |

续表 单位:亿立方米

| | 年供水量合计 | 按服务方向分 | | | | | 另:水电供水 |
|---|---|---|---|---|---|---|---|
| | | 向农业供水 | 向工业供水 | 向城镇生活供水 | 乡村生活 | 生态环境供水 | |
| **孝感市** | **5.10** | **4.56** | **0.34** | **0.21** | | | **11.26** |
| 孝南区 | 0.52 | 0.52 | | | | | |
| 孝昌县 | 0.84 | 0.79 | | 0.05 | | | |
| 大悟县 | 0.92 | 0.79 | | 0.13 | | | 0.53 |
| 云梦县 | 0.79 | 0.79 | | | | | |
| 应城市 | 0.78 | 0.45 | 0.32 | | | | |
| 安陆市 | 0.87 | 0.83 | 0.02 | 0.02 | | | 8.50 |
| 汉川市 | 0.39 | 0.39 | | | | | |
| **荆州市** | **20.69** | **17.90** | **2.23** | **0.56** | | | **6.92** |
| 市辖区 | 0.39 | 0.36 | 0.03 | | | | 5.29 |
| 沙市区 | 0.57 | 0.54 | 0.01 | 0.02 | | | |
| 荆州区 | 2.82 | 0.94 | 1.83 | 0.05 | | | 1.63 |
| 公安县 | 3.06 | 3.03 | | 0.03 | | | |
| 监利县 | 4.32 | 3.63 | 0.32 | 0.37 | | | |
| 江陵县 | 2.80 | 2.70 | 0.04 | 0.06 | | | |
| 石首市 | 2.40 | 2.39 | 0.01 | 0.01 | | | |
| 洪湖市 | 2.97 | 2.97 | | | | | |
| 松滋市 | 1.37 | 1.34 | | 0.03 | | | |
| **黄冈市** | **21.80** | **17.74** | **2.09** | **1.97** | **0.04** | | **4.80** |
| 黄州区 | 0.91 | 0.90 | | | | | |
| 团风县 | 0.59 | 0.59 | | | | | |
| 红安县 | 0.74 | 0.59 | 0.02 | 0.13 | | | |
| 罗田县 | 1.38 | 0.03 | 1.35 | | | | 1.35 |
| 英山县 | 3.14 | 3.00 | 0.04 | 0.10 | 0.04 | | 3.00 |
| 浠水县 | 2.03 | 2.03 | | | | | |
| 蕲春县 | 3.29 | 2.66 | 0.28 | 0.35 | | | 0.15 |
| 黄梅县 | 2.11 | 1.38 | 0.26 | 0.48 | | | 0.23 |
| 麻城市 | 5.39 | 4.57 | 0.04 | 0.78 | | | |
| 武穴市 | 2.23 | 2.00 | 0.10 | 0.13 | | | 0.07 |
| **咸宁市** | **16.22** | **10.43** | **5.00** | **0.79** | | | **4.13** |
| 咸安区 | 2.06 | 1.97 | 0.09 | | | | 0.28 |
| 嘉鱼县 | 2.50 | 2.25 | 0.26 | | | | |
| 通城县 | 2.19 | 2.00 | 0.06 | 0.13 | | | 1.00 |
| 崇阳县 | 1.53 | 1.43 | 0.03 | 0.07 | | | 2.67 |
| 通山县 | 0.32 | 0.32 | | | | | 0.18 |
| 赤壁市 | 7.62 | 2.46 | 4.57 | 0.59 | | | |
| **随州市** | **11.83** | **9.72** | **1.82** | **0.30** | | | **3.27** |
| 市辖区 | 2.30 | 0.50 | 1.80 | | | | 1.80 |
| 曾都区 | 9.02 | 8.90 | | 0.12 | | | 1.30 |
| 广水市(长) | 0.51 | 0.32 | 0.02 | 0.18 | | | 0.17 |
| **恩施土家族苗族自治州** | **1.43** | **0.79** | **0.23** | **0.40** | | | **23.42** |
| 恩施市 | 0.20 | 0.17 | | 0.02 | | | 1.30 |
| 利川市 | 0.33 | 0.14 | 0.03 | 0.16 | | | 5.75 |
| 建始县 | 0.17 | 0.05 | 0.02 | 0.10 | | | 0.61 |
| 巴东县 | 0.31 | 0.09 | 0.16 | 0.06 | | | 0.14 |
| 宣恩县 | 0.23 | 0.21 | 0.01 | 0.01 | | | 2.62 |
| 咸丰县 | 0.05 | 0.03 | | 0.02 | | | 4.01 |
| 来凤县 | 0.10 | 0.07 | | 0.02 | | | 4.37 |
| 鹤峰县 | 0.05 | 0.02 | 0.01 | 0.02 | | | 4.62 |
| **仙桃市** | **7.15** | **7.15** | | | | | |
| **潜江市** | **3.48** | **3.48** | | | | | |
| **天门市** | **7.78** | **7.78** | | | | | |
| **神农架林区** | **0.12** | **0.05** | **0.04** | **0.02** | | | |

# 分工程类型水利工程供水

单位:亿立方米

| | 年供水量合计 | 年按来源分 | | | | |
|---|---|---|---|---|---|---|
| | | 蓄水工程 | 引水工程 | 机电井工程 | 机电站及水轮泵 | 其它供水工程 |
| **湖　北** | **169.80** | **79.10** | **67.84** | **1.87** | **16.30** | **2.91** |
| **武汉市** | **10.33** | **3.57** | **1.69** | **0.48** | **2.60** | **2.00** |
| 洪山区 | 0.90 | 0.54 | | 0.36 | | |
| 东西湖区 | 2.78 | 0.28 | 0.34 | | 0.36 | 1.80 |
| 汉南区 | 0.83 | 0.30 | 0.24 | 0.02 | 0.27 | |
| 蔡甸区 | 0.71 | 0.17 | | | 0.44 | 0.10 |
| 江夏区 | 1.56 | 0.59 | | | 0.97 | |
| 黄陂区 | 2.79 | 1.40 | 0.75 | | 0.55 | 0.10 |
| 新洲区 | 0.76 | 0.29 | 0.36 | 0.10 | 0.01 | |
| **黄石市** | **5.49** | **2.98** | **1.71** | **0.20** | **0.40** | **0.20** |
| 阳新县 | 1.47 | 0.97 | 0.50 | | | |
| 大冶市 | 4.02 | 2.01 | 1.21 | 0.20 | 0.40 | 0.20 |
| **十堰市** | **8.73** | **7.26** | **1.34** | **0.02** | **0.11** | |
| 市辖区 | 0.37 | 0.37 | | | | |
| 张湾区 | 0.01 | 0.01 | | | | |
| 郧　县 | 3.60 | 3.36 | 0.22 | 0.02 | | |
| 郧西县 | 0.41 | 0.21 | 0.19 | | 0.01 | |
| 竹山县 | 0.64 | 0.44 | 0.20 | | | |
| 竹溪县 | 2.56 | 1.78 | 0.68 | | 0.10 | |
| 房　县 | 0.33 | 0.28 | 0.05 | | | |
| 丹江口市 | 0.81 | 0.81 | | | | |
| **宜昌市** | **5.70** | **2.44** | **2.94** | **0.02** | **0.29** | |
| 市辖区 | 1.06 | | 1.06 | | | |
| 西陵区 | | | | | | |
| 伍家岗区 | 0.06 | 0.02 | | | 0.03 | |
| 点军区 | 0.12 | 0.03 | 0.09 | | | |
| 虎亭区 | 0.03 | 0.02 | | 0.01 | | |
| 宜昌县 | 0.88 | 0.51 | 0.31 | | 0.06 | |
| 远安县 | 0.65 | 0.34 | 0.29 | | 0.02 | |
| 兴山县 | 0.46 | 0.06 | 0.41 | | | |
| 秭归县 | 0.45 | 0.37 | 0.08 | | | |
| 长阳土家族自治县 | 0.32 | 0.15 | 0.17 | | | |
| 五峰土家族自治县 | 0.07 | | 0.05 | 0.01 | 0.01 | |
| 宜都市 | 0.54 | 0.36 | 0.18 | | | |
| 当阳市 | 0.79 | 0.36 | 0.30 | 0.01 | 0.12 | |
| 枝江市 | 0.27 | 0.22 | | | 0.06 | |
| **襄樊市** | **30.84** | **8.98** | **18.27** | **0.96** | **2.63** | |
| 市辖区 | 2.19 | 0.20 | | 0.40 | 1.60 | |
| 襄阳县 | 1.70 | 1.10 | 0.26 | 0.35 | | |
| 南漳县 | 4.58 | 4.00 | 0.19 | | 0.39 | |
| 谷城县 | 1.45 | 0.83 | 0.16 | 0.11 | 0.36 | |
| 保康县 | 0.61 | 0.12 | 0.49 | | | |
| 农场 | 0.05 | 0.02 | 0.03 | | | |
| 老河口市 | 4.67 | 0.79 | 3.64 | 0.01 | 0.23 | |
| 枣阳市 | 0.74 | 0.70 | | 0.01 | 0.03 | |
| 宜城市 | 14.84 | 1.22 | 13.50 | 0.08 | 0.04 | |
| **鄂州市** | **6.02** | **0.25** | **5.30** | | **0.28** | |
| **荆门市** | **7.08** | **5.20** | **0.33** | **0.09** | **0.88** | **0.58** |
| 市辖区 | 0.13 | 0.10 | 0.01 | | | 0.02 |
| 东宝区 | 0.70 | 0.60 | | | 0.10 | |
| 屈家岭区 | 0.12 | 0.12 | | | | |
| 京山县 | 2.77 | 2.76 | 0.01 | | | |
| 沙洋县 | 2.36 | 0.72 | 0.31 | 0.05 | 0.72 | 0.56 |
| 钟祥市 | 1.00 | 0.90 | | 0.04 | 0.06 | |

续表

单位:亿立方米

| | 年供水量合计 | 年按来源分 | | | | |
|---|---|---|---|---|---|---|
| | | 蓄水工程 | 引水工程 | 机电井工程 | 机电站及水轮泵 | 其它供水工程 |
| **孝感市** | **5.10** | **3.94** | **0.57** | **0.08** | **0.51** | |
| 孝南区 | 0.52 | 0.43 | 0.08 | 0.01 | | |
| 孝昌县 | 0.84 | 0.72 | | 0.02 | 0.10 | |
| 大悟县 | 0.92 | 0.90 | | | 0.02 | |
| 云梦县 | 0.79 | 0.53 | 0.13 | 0.01 | 0.12 | |
| 应城市 | 0.78 | 0.75 | | | 0.03 | |
| 安陆市 | 0.87 | 0.58 | 0.11 | 0.04 | 0.14 | |
| 汉川市 | 0.39 | 0.03 | 0.25 | | 0.10 | |
| **荆州市** | **20.69** | **2.37** | **14.82** | **0.03** | **3.47** | |
| 市辖区 | 0.39 | 0.39 | | | | |
| 沙市区 | 0.57 | | 0.54 | 0.03 | | |
| 荆州区 | 2.82 | 0.85 | 1.96 | 0.01 | 0.01 | |
| 公安县 | 3.06 | 0.37 | 2.69 | | | |
| 监利县 | 4.32 | | 2.66 | | 1.66 | |
| 江陵县 | 2.80 | | 2.72 | | 0.08 | |
| 石首市 | 2.40 | 0.06 | 1.64 | | 0.70 | |
| 洪湖市 | 2.97 | | 1.96 | | 1.01 | |
| 松滋市 | 1.37 | 0.71 | 0.65 | | 0.01 | |
| **黄冈市** | **21.80** | **18.87** | **0.56** | | **0.73** | **0.07** |
| 黄州区 | 0.91 | 0.80 | | | 0.11 | |
| 团风县 | 0.59 | 0.59 | | | | |
| 红安县 | 0.74 | 0.74 | | | | |
| 罗田县 | 1.38 | 1.38 | | | | |
| 英山县 | 3.14 | 1.57 | | | | |
| 浠水县 | 2.03 | 1.60 | | | 0.43 | |
| 蕲春县 | 3.29 | 2.86 | 0.16 | | 0.20 | 0.07 |
| 黄梅县 | 2.11 | 1.72 | 0.40 | | | |
| 麻城市 | 5.39 | 5.39 | | | | |
| 武穴市 | 2.23 | 2.23 | | | | |
| **咸宁市** | **16.22** | **10.52** | **1.38** | | **4.26** | **0.06** |
| 咸安区 | 2.06 | 1.62 | 0.44 | | | |
| 嘉鱼县 | 2.50 | 0.64 | 0.43 | | 1.44 | |
| 通城县 | 2.19 | 1.70 | 0.28 | | 0.14 | 0.06 |
| 崇阳县 | 1.53 | 1.31 | 0.16 | | 0.07 | |
| 通山县 | 0.32 | 0.23 | 0.07 | | 0.02 | |
| 赤壁市 | 7.62 | 5.03 | | | 2.59 | |
| **随州市** | **11.83** | **11.81** | | | **0.02** | |
| 市辖区 | 2.30 | 2.30 | | | | |
| 曾都区 | 9.02 | 9.02 | | | | |
| 广水市(长) | 0.51 | 0.49 | | | 0.02 | |
| **恩施土家族苗族自治州** | **1.43** | **0.69** | **0.62** | | **0.12** | |
| 恩施市 | 0.20 | 0.08 | 0.10 | | 0.02 | |
| 利川市 | 0.33 | 0.14 | 0.10 | | 0.09 | |
| 建始县 | 0.17 | 0.13 | 0.04 | | | |
| 巴东县 | 0.31 | 0.24 | 0.07 | | | |
| 宣恩县 | 0.23 | 0.02 | 0.21 | | | |
| 咸丰县 | 0.05 | 0.02 | 0.03 | | | |
| 来凤县 | 0.10 | 0.05 | 0.03 | | 0.01 | |
| 鹤峰县 | 0.05 | 0.02 | 0.03 | | | |
| **仙桃市** | **7.15** | | **7.15** | | | |
| **潜江市** | **3.48** | | **3.48** | | | |
| **天门市** | **7.78** | **0.18** | **7.60** | | | |
| **神农架林区** | **0.12** | **0.03** | **0.09** | | | |

# 堤　　防

长度:公里;耕地:千公顷;人口:万人

| | 合　计 | | | 累计达标堤防长度 | 本年达标堤防长度 | 其中:1、2级堤防达标长度 |
|---|---|---|---|---|---|---|
| | 长　度 | 保护耕地 | 保护人口 | | | |
| **湖　北** | **12469.24** | **1787.131** | **2948.19** | **4312.132** | **1812.712** | **57.58** |
| **武汉市** | **981.26** | **178.65** | **312.42** | **500.09** | **212.16** | **11.3** |
| 洪山区 | 137.52 | 8.7 | 65 | 38.15 | 38.15 | |
| 东西湖区 | 94.65 | 24.81 | 23.94 | 94.65 | 34.65 | |
| 汉南区 | 95.19 | 10.65 | 10.73 | 95.19 | 50.25 | |
| 蔡甸区 | 103 | 27.04 | 47.97 | 56.1 | 49.55 | |
| 江夏区 | 34 | 45.25 | 67.7 | 34 | 30.66 | |
| 黄陂区 | 134 | 21 | 29.08 | 48.6 | | 6.8 |
| 新洲区 | 374 | 40 | 60 | 124.5 | | 4.5 |
| 开发区 | 8.9 | 1.2 | 8 | 8.9 | 8.9 | |
| **黄石市** | **661.06** | **95.02** | **226.7** | **65.27** | **59.54** | |
| 阳新县 | 284.66 | 95.02 | 139.1 | 58.27 | 58.27 | |
| 大冶市 | 376.4 | | 87.6 | 7 | 1.27 | |
| **十堰市** | **1703.2** | **29.6** | **105.95** | **69.72** | **15** | **6.06** |
| 市辖区 | 69.64 | 3 | 31 | | | |
| 张湾区 | 30 | 0.33 | 23 | 30 | 15 | |
| 郧　县 | 118.4 | 1.8 | | | | |
| 郧西县 | 440 | 0.55 | 6.3 | 11.69 | | 1 |
| 竹山县 | 154.86 | 9 | 14.35 | 4.83 | | 2.36 |
| 竹溪县 | 373.3 | 4.92 | 15.5 | 3.2 | | 0.7 |
| 房　县 | 517 | 10 | 15.8 | 20 | | 2 |
| **宜昌市** | **529.91** | **51.38** | **70.57** | **182.04** | | |
| 伍家岗区 | 20.54 | 0.26 | 1 | | | |
| 点军区 | 11.08 | 0.13 | 1 | | | |
| 虎亭区 | 12.48 | 0.59 | 1.5 | | | |
| 宜都市 | 69.69 | 3.88 | 8.5 | 5.8 | | |
| 当阳市 | 159.2 | 17.88 | 13.9 | 23.6 | | |
| 枝江市 | 256.92 | 28.64 | 44.67 | 152.64 | | |
| **襄樊市** | **509.06** | **105.93** | **228.71** | **288.8** | | |
| 市辖区 | 161.71 | 34.78 | 120 | 125 | | |
| 襄阳县 | 187.41 | 25.52 | 35 | 95.8 | | |
| 南漳县 | 4 | 9 | 12 | 3 | | |
| 谷城县 | 37.84 | 4.81 | 9.8 | 28 | | |
| 老河口市 | 11.4 | 2.52 | 21.91 | 5 | | |
| 宜城市 | 106.7 | 29.3 | 30 | 32 | | |
| **鄂州市** | **285** | **129** | **200** | **67** | **67** | |
| **荆门市** | **444** | **104** | **100** | **10** | **10** | |
| 沙洋县 | 126 | 51 | 42 | | | |
| 钟祥市 | 308 | 49 | 57 | | | |

续表　　长度:公里;耕地:千公顷;人口:万人

| | 合计 | | | 累计达标堤防长度 | 本年达标堤防长度 | 其中:1、2级堤防达标长度 |
|---|---|---|---|---|---|---|
| | 长度 | 保护耕地 | 保护人口 | | | |
| 沙洋农场 | 10 | 4 | 1 | 10 | 10 | |
| **孝感市** | **673.11** | **132.45** | **255.95** | **169.36** | **20.7** | |
| 孝南区 | 144.05 | 23.23 | 48.07 | 90.1 | | |
| 孝昌县 | 15.6 | 1 | 8 | | | |
| 云梦县 | 105.5 | 22.91 | 42.2 | 53.56 | | |
| 应城市 | 105.42 | 15.14 | 31.98 | | | |
| 安陆市 | 55.2 | 6.93 | 17.7 | 5 | | |
| 汉川市 | 247.34 | 63.24 | 108 | 20.7 | 20.7 | |
| **荆州市** | **2775.75** | **425.49** | **639.69** | **1867.48** | **898.25** | **40.22** |
| 沙市区 | 57.86 | 11.08 | 60 | 57 | 16.5 | |
| 荆州区 | 219.88 | 34.07 | 59.46 | 185 | 185 | |
| 公安县 | 735.4 | 76.9 | 103.48 | 452.62 | 117.8 | 34.52 |
| 监利县 | 332.02 | 115.63 | 138.09 | 274 | 138.39 | |
| 江陵县 | 83.3 | 38.65 | 40.83 | 70.3 | 70.3 | |
| 石首市 | 371.38 | 39.4 | 61.82 | 312.82 | 87.32 | 2.7 |
| 洪湖市 | 677.75 | 64.06 | 90.03 | 302 | 202 | |
| 松滋市 | 298.16 | 45.7 | 85.98 | 213.74 | 80.94 | 3 |
| **黄冈市** | **2259.92** | **175.791** | **313.07** | **291.137** | **187.777** | |
| 黄州区 | 170 | 1.181 | 57.69 | 47.977 | 47.977 | |
| 团风县 | 147.66 | 14 | 14.1 | 35 | 8 | |
| 红安县 | 2 | 10 | 12 | 0.9 | | |
| 罗田县 | 100 | 8 | 10 | 27 | | |
| 英山县 | 200 | 4.7 | 16 | | | |
| 浠水县 | 295 | 27 | 18.5 | 58 | 32.94 | |
| 蕲春县 | 98.74 | 26.65 | 35 | 19.4 | | |
| 黄梅县 | 169.52 | 37.26 | 60.38 | 58.86 | 58.86 | |
| 麻城市 | 1037 | 27 | 53.4 | 4 | | |
| 武穴市 | 40 | 20 | 36 | 40 | 40 | |
| **咸宁市** | **451.3** | **75.44** | **69.03** | **120.865** | **95.585** | |
| 咸安区 | 65 | 9.27 | 20 | 38.8 | 38.8 | |
| 嘉鱼县 | 184.8 | 45.5 | 36.19 | 50 | 50 | |
| 赤壁市 | 201.5 | 20.67 | 12.84 | 32.065 | 6.785 | |
| **恩施土家族苗族自治州** | **2.67** | **0.89** | **8** | **0.97** | | |
| 利川市 | 2.67 | 0.89 | 8 | 0.97 | | |
| **仙桃市** | **474** | **106.1** | **152.1** | **78.4** | **78.4** | |
| **潜江市** | **168.3** | **67** | **101** | **168.3** | **168.3** | |
| **天门市** | **432.7** | **109** | **161** | **432.7** | | |
| **神农架林区** | **118** | **1.39** | **4** | | | |

# 11 农垦和监狱系统农场

# 农垦基本情况

| 指　　　　标 | 单位 | 2004 年 | 2005 年 | 增减数 | 增减% |
|---|---|---|---|---|---|
| 一、农场组织情况 | | | | | |
| 农场个数 | 个 | 52 | 52 | | |
| 分场个数 | 个 | 162 | 180 | 18 | 11.1 |
| 场办工业个数 | 个 | 245 | 224 | -21 | -8.6 |
| 场办建筑业数 | 个 | 30 | 30 | | |
| 场办商业个数 | 个 | 72 | 68 | -4 | -5.6 |
| 生产队个数 | 个 | 2092 | 2101 | 90.4 | |
| 二、乡(镇)情况 | | | | | |
| 乡(镇)政权数 | 个 | 11 | 10 | -1 | -9.1 |
| 村民委员会数 | 个 | 150 | 178 | 28 | 18.7 |
| 三、农垦人口情况 | | | | | |
| 总户数 | 户 | 401186 | 412568 | 11382 | 2.8 |
| 年末人口 | 人 | 1288625 | 1336125 | 47500 | 3.7 |
| 年内平均人口 | 人 | 1280979 | 1331858 | 50879 | 4.0 |
| 年内出生人口 | 人 | 9751 | 10634 | 883 | 9.1 |
| 年内死亡人口 | 人 | 6171 | 6534 | 363 | 5.9 |
| 年末住房面积 | 万平米 | 3227 | 3371 | 144 | 4.5 |
| 劳平纯收入 | 元 | 7900 | 8453 | 553 | 7.0 |
| 人平纯收入 | 元 | 3652 | 3960 | 308 | 8.4 |
| 四、农垦土地情况 | | | | | |
| 土地总面积 | 公顷 | 349809 | 350586 | 777 | 0.2 |
| 耕地 | 公顷 | 131030 | 132452 | 1422 | 1.1 |
| 林地 | 公顷 | 52294 | 51914 | -380 | -0.7 |
| 水面 | 公顷 | 53828 | 54647 | 819 | 1.5 |
| 茶果桑园 | 公顷 | 10972 | 10514 | -458 | -4.2 |
| 五、农机及水利化肥 | | | | | |
| 农业机械总动力 | 千瓦 | 934652 | 952686 | 18034 | 1.9 |
| 大中型拖拉机 | 台 | 3254 | 3517 | 263 | 8.1 |
| 小型拖拉机 | 台 | 19]733 | 21788 | 2055 | 10.4 |
| 联合收获机 | 台 | 578 | 781 | 203 | 35.1 |
| 当年实际机耕面积 | 公顷 | 112192 | 117814 | 5622 | 5.0 |
| 当年实际机播面积 | 公顷 | 16275 | 17477 | 1202 | 7.4 |
| 当年机械收割面积 | 公顷 | 42250 | 62256 | 20006 | 47.4 |
| 农业用电量 | 万度 | 24119 | 25476 | 1357 | 5.6 |
| 农药施用量 | 吨 | 5720 | 6244 | 524 | 9.2 |
| 化学除草面积 | 公顷 | 76996 | 72045 | -4951 | -6.4 |
| 化肥施用折纯量 | 吨 | 120011 | 123892 | 3881 | 3.2 |
| 有效灌溉面积 | 公顷 | 112357 | 107557 | -4800 | -4.3 |
| 排灌站数量 | 座 | 624 | 671 | 47 | 7.5 |

续表

| 指 标 | 单位 | 2004 年 | 2005 年 | 增减数 | 增减% |
|---|---|---|---|---|---|
| **六、工业及固定资产投资** | | | | | |
| 工业企业个数 | 个 | 448 | 443 | -5 | -1.1 |
| 全部职工年末人数 | 人 | 64990 | 68453 | 3463 | 5.3 |
| 固定资产原值年末数 | 万元 | 580472 | 640982 | 60510 | 10.4 |
| 产品销售收入 | 万元 | 1035034 | 1363874 | 328840 | 31.8 |
| 企业利润总额 | 万元 | 28790 | 30419 | 1629 | 5.7 |
| 全年固定资产投资 | 万元 | 404241 | 534654 | 130413 | 32.3 |
| 第一产业 | 万元 | 27789 | 36755 | 8966 | 32.3 |
| 第二产业 | 万元 | 296049 | 391559 | 95510 | 32.3 |
| 第三产业 | 万元 | 80403 | 106340 | 25937 | 32.3 |
| **七、农垦从业情况** | | | | | |
| 社会平均从业人数 | 人 | 565206 | 585016 | 19810 | 3.5 |
| 第一产业 | 人 | 312163 | 333213 | 21050 | 6.7 |
| 第二产业 | 人 | 133405 | 134694 | 1289 | 1.0 |
| 第三产业 | 人 | 119638 | 117109 | -2529 | -2.1 |
| 国有经济从业人员 | 人 | 403551 | 401666 | -1885 | -0.5 |
| 从业人员劳动报酬 | 万元 | 237172 | 267949 | 30777 | 13.0 |
| **八、文教卫生及物质消耗** | | | | | |
| 科研单位 | 个 | 37 | 37 | | |
| 科技人员 | 人 | 389 | 339 | -50 | -12.9 |
| 科研经费 | 万元 | 1530 | 1576 | 46 | 3.0 |
| 学 校 | 个 | 440 | 408 | -32 | -7.3 |
| 普通中学 | 个 | 101 | 104 | 3 | 3.0 |
| 小学 | 个 | 322 | 302 | -20 | -6.2 |
| 教师人数 | 人 | 12046 | 11817 | -229 | -1.9 |
| 在校学生 | 人 | 205391 | 198829 | -6562 | -3.2 |
| 医疗单位 | 个 | 327 | 401 | 74 | 22.6 |
| 医院 | 个 | 70 | 82 | 12 | 17.1 |
| 病床 | 张 | 4292 | 4627 | 335 | 7.8 |
| 医生 | 人 | 2381 | 2283 | -98 | -4.1 |
| 物资消耗 | | | | | |
| 钢材 | 吨 | 82775 | 88965 | 6190 | 7.5 |
| 木材 | 立方米 | 100618 | 109155 | 8537 | 8.5 |
| 水泥 | 吨 | 452049 | 495781 | 43732 | 9.7 |
| 化肥 | 吨 | 379472 | 407652 | 28180 | 7.4 |
| 电力 | 万度 | 65684 | 77173 | 11489 | 17.5 |